NZZ **LIBRO**

Statistisches Jahrbuch der Schweiz 2016

Herausgegeben
vom Bundesamt für Statistik

Verlag Neue Zürcher Zeitung

Annuaire statistique de la Suisse 2016

Publié par
l'Office fédéral de la statistique

Editions Neue Zürcher Zeitung

123. Jahrgang

123ᵉ année

© 2016 Verlag Neue Zürcher Zeitung, Zürich
Herausgeber: Bundesamt für Statistik (BFS),
Sektion Diffusion und Amtspublikationen, Neuchâtel
www.statistik.admin.ch
Druckvorstufe: BFS
Druck, Einband: Kösel, Altusried-Krugzell (D)
Redaktion: Pierre-Alain Baeriswyl (Tabellen), Sabine Kuster, Gerhard Zbinden (Karten), Alain Nadeau (Schlagwortverzeichnis), Daniel von Burg (Grafiken), Heinz Wyder (Texte, Leitung)
Übersetzungen: Übersetzungsdienst BFS, Neuchâtel
Grafisches Konzept: 2. stock süd netthoevel & gaberthüel, Biel
ISBN: 978-3-03810-144-4
www.nzz-libro.ch
NZZ Libro ist ein Imprint der Neuen Zürcher Zeitung

© 2016 Editions Neue Zürcher Zeitung, Zurich
Editeur: Office fédéral de la statistique (OFS),
section Diffusion et publications, Neuchâtel
www.statistique.admin.ch
Préparation de l'impression: OFS
Impression, reliure: Kösel, Altusried-Krugzell (D)
Rédaction: Pierre-Alain Baeriswyl (tableaux), Sabine Kuster, Gerhard Zbinden (cartes), Alain Nadeau (index), Daniel von Burg (graphiques), Heinz Wyder (textes, direction)
Traduction: Services linguistiques de l'OFS, Neuchâtel
Conception graphique: 2. stock süd netthoevel & gaberthüel, Bienne
ISBN: 978-3-03810-144-4
www.nzz-libro.ch
NZZ Libro est un imprint de la Neue Zürcher Zeitung

Inhaltsübersicht

Inhaltsübersicht		5
Vorwort		9

Einleitung — 11
Das Konzept des
Statistischen Jahrbuchs der Schweiz — 11
Zum Gebrauch des Jahrbuchs:
Zeichenerklärung, Nomenklaturen — 14

1 Bevölkerung — 23
- Überblick — 23
- Erhebungen, Quellen — 29
- Glossar — 31
- Daten — 35
    - Stand und Entwicklung — 37
    - Zukünftige Entwicklung — 43
    - Geburten und Todesfälle — 44
    - Migration und Integration — 49
    - Heiraten, eingetragene Partnerschaften und Scheidungen — 54
    - Sprachen und Religion — 56

2 Raum und Umwelt — 59
- Überblick — 59
- Erhebungen, Quellen — 68
- Glossar — 70
- Daten — 73
    - Raumnutzung und Landschaft — 75
    - Umweltzustand und -entwicklung — 78
    - Umweltgesamtrechnung — 85

3 Arbeit und Erwerb — 87
- Überblick — 87
- Erhebungen, Quellen — 95
- Glossar — 97
- Daten — 101
    - Erwerbstätigkeit und Arbeitszeit — 105
    - Arbeitslosigkeit und offene Stellen — 109
    - Löhne und Erwerbseinkommen — 115
    - Organisation des Arbeitsmarktes und Gesamtarbeitsverträge — 118
    - Unbezahlte Arbeit — 120

4 Volkswirtschaft — 123
- Überblick — 123
- Erhebungen, Quellen — 128
- Glossar — 132
- Daten — 135
    - Volkswirtschaftliche Gesamtrechnung — 135
    - Produktivität — 141
    - Zahlungsbilanz — 142

Table des matières

Table des matières		5
Avant-propos		9

Introduction — 11
Le concept de
l'Annuaire statistique de la Suisse — 11
Mode d'emploi de l'annuaire:
signes utilisés, nomenclatures — 14

1 Population — 23
- Vue d'ensemble — 23
- Enquêtes, sources — 29
- Glossaire — 31
- Données — 35
    - Effectif et évolution — 37
    - Evolution future — 43
    - Naissances et décès — 44
    - Migration et intégration — 49
    - Mariages, partenariats et divorces — 54
    - Langues et religion — 56

2 Espace et environnement — 59
- Vue d'ensemble — 59
- Enquêtes, sources — 68
- Glossaire — 70
- Données — 73
    - Utilisation du territoire et paysage — 75
    - Etat et évolution de l'environnement — 78
    - Comptabilité environnementale — 85

3 Vie active et rémunération du travail — 87
- Vue d'ensemble — 87
- Enquêtes, sources — 95
- Glossaire — 97
- Données — 101
    - Vie active et durée du travail — 105
    - Chômage et places vacantes — 109
    - Salaires et revenu du travail — 115
    - Organisation du marché du travail et conventions collectives de travail — 118
    - Travail non rémunéré — 120

4 Economie nationale — 123
- Vue d'ensemble — 123
- Enquêtes, sources — 128
- Glossaire — 132
- Données — 135
    - Comptes nationaux — 135
    - Productivité — 141
    - Balance des paiements — 142

5	**Preise**	**145**
	Überblick	145
	Erhebungen, Quellen	149
	Glossar	150
	Daten	153
	Landesindex der Konsumentenpreise	154
	Krankenversicherungsprämien	154
	Produzenten- und Importpreise	155
	Baupreise	158
	Mieten	158
	Kaufkraftparität	159
	Harmonisierter Verbraucherpreisindex	160
6	**Industrie und Dienstleistungen**	**161**
	Überblick	161
	Erhebungen, Quellen	166
	Glossar	167
	Daten	169
	Stand, Struktur und Entwicklung der Unternehmen	170
	Produktion, Umsätze, Wertschöpfung, Investitionen	176
	Arbeitskosten	185
	Aussenhandel	186
7	**Land- und Forstwirtschaft**	**189**
	Überblick	189
	Erhebungen, Quellen	194
	Glossar	195
	Daten	197
	Landwirtschaft	197
	Forstwirtschaft	205
	Gesamtrechnungen und Satellitenkonten des Primärsektors	206
	Ernährung	211
8	**Energie**	**213**
	Überblick	213
	Erhebungen, Quellen	216
	Glossar	217
	Daten	219
	Versorgung	219
	Verbrauch	221
	Ökonomische Aspekte	222
9	**Bau- und Wohnungswesen**	**223**
	Überblick	223
	Erhebungen, Quellen	226
	Glossar	227
	Daten	229
	Stand und Struktur der Gebäude und Wohnungen	229
	Wohnverhältnisse	234
	Bautätigkeit (Hoch- und Tiefbau)	236
10	**Tourismus**	**239**
	Überblick	239
	Erhebungen, Quellen	242
	Glossar	243
	Daten	245
	Monetäre Aspekte	246
	Tourismusinfrastruktur und deren Nutzung	247

5	**Prix**	**145**
	Vue d'ensemble	145
	Enquêtes, sources	149
	Glossaire	150
	Données	153
	Indice des prix à la consommation	154
	Primes d'assurances-maladie	154
	Prix à la production et à l'importation	155
	Prix de la construction	158
	Loyers	158
	Parités de pouvoir d'achat	159
	Indice des prix à la consommation harmonisé	160
6	**Industrie et services**	**161**
	Vue d'ensemble	161
	Enquêtes, sources	166
	Glossaire	167
	Données	169
	Etat, structure et évolution des entreprises	170
	Production, chiffres d'affaire, valeur ajoutée, investissements	176
	Coûts de la main-d'œuvre	185
	Commerce extérieur	186
7	**Agriculture et sylviculture**	**189**
	Vue d'ensemble	189
	Enquêtes, sources	194
	Glossaire	195
	Données	197
	Agriculture	197
	Sylviculture	205
	Comptes économiques et satellites du secteur primaire	206
	Alimentation	211
8	**Energie**	**213**
	Vue d'ensemble	213
	Enquêtes, sources	216
	Glossaire	217
	Données	219
	Approvisionnement	219
	Consommation	221
	Aspects économiques	222
9	**Construction et logement**	**223**
	Vue d'ensemble	223
	Enquêtes, sources	226
	Glossaire	227
	Données	229
	Etat et structure des bâtiments et des logements	229
	Conditions d'habitation	234
	Activités dans la construction (bâtiment et génie civil)	236
10	**Tourisme**	**239**
	Vue d'ensemble	239
	Enquêtes, sources	242
	Glossaire	243
	Données	245
	Aspects monétaires	246
	Infrastructure touristique et utilisation de cette infrastructure	247

11 **Mobilität und Verkehr**	**249**
Überblick	249
Erhebungen, Quellen	255
Glossar	257
Daten	260
Kosten und Finanzierung des Verkehrs	260
Verkehrsinfrastruktur und Fahrzeuge	264
Personenverkehr	267
Güterverkehr	270
Verkehrsunfälle und Umweltauswirkungen	272
12 **Geld, Banken, Versicherungen**	**273**
Überblick	273
Erhebungen, Quellen	278
Glossar	279
Daten	282
Geldpolitik	282
Finanzmärkte	283
Banken	284
Privatversicherungen	287
13 **Soziale Sicherheit**	**291**
Überblick	291
Erhebungen, Quellen	300
Glossar	303
Daten	309
Gesamtrechnung Soziale Sicherheit	309
Sozialversicherungen	313
Bedarfsabhängige Sozialleistungen	323
14 **Gesundheit**	**327**
Überblick	327
Erhebungen, Quellen	333
Glossar	335
Daten	337
Gesundheitsdeterminanten	339
Gesundheitszustand	341
Gesundheitswesen	351
Kosten, Finanzierung	356
15 **Bildung und Wissenschaft**	**359**
Überblick	359
Erhebungen, Quellen	367
Glossar	369
Daten	372
Personen in Ausbildung	373
Szenarien für das Bildungssystem	388
Übertritte und Verläufe	389
Wissenschaft und Technologie	390
16 **Kultur, Medien und Informationsgesellschaft**	**391**
Überblick	391
Erhebungen, Quellen	397
Glossar	399
Daten	401
Kultur	401
Medien	405
Informationsgesellschaft	407

11 **Mobilité et transports**	**249**
Vue d'ensemble	249
Enquêtes, sources	255
Glossaire	257
Données	260
Coûts et financement des transports	260
Infrastructure des transports et véhicules	264
Transport de personnes	267
Transport de marchandises	270
Accidents des transports et impacts sur l'environnement	272
12 **Monnaie, banques, assurances**	**273**
Vue d'ensemble	273
Enquêtes, sources	278
Glossaire	279
Données	282
Politique monétaire	282
Marchés financiers	283
Banques	284
Assurances privées	287
13 **Protection sociale**	**291**
Vue d'ensemble	291
Enquêtes, sources	300
Glossaire	303
Données	309
Comptes globaux de la protection sociale	309
Assurances sociales	313
Prestations sociales sous condition de ressources	323
14 **Santé**	**327**
Vue d'ensemble	327
Enquêtes, sources	333
Glossaire	335
Données	337
Déterminants de la santé	339
Etat de santé	341
Système de santé	351
Coûts, financement	356
15 **Education et science**	**359**
Vue d'ensemble	359
Enquêtes, sources	367
Glossaire	369
Données	372
Personnes en formation	373
Scénarios pour le système de formation	388
Transitions et études longitudinales	389
Science et technologie	390
16 **Culture, médias et société de l'information**	**391**
Vue d'ensemble	391
Enquêtes, sources	397
Glossaire	399
Données	401
Culture	401
Médias	405
Société de l'information	407

17 Politik		**411**	**17 Politique**		**411**
Überblick		411	Vue d'ensemble		411
Erhebungen, Quellen		415	Enquêtes, sources		415
Glossar		416	Glossaire		416
Daten		420	Données		420
	Wahlen	420		Elections	420
	Abstimmungen	423		Votations	423
18 Öffentliche Finanzen		**427**	**18 Finances publiques**		**427**
Überblick		427	Vue d'ensemble		427
Erhebungen, Quellen		434	Enquêtes, sources		434
Glossar		435	Glossaire		435
Daten		439	Données		439
	Finanzlage	440		Situation financière	440
	Steuern und Einnahmen	441		Fiscalité et recettes	441
	Ausgaben und Schulden	445		Dépenses et dettes	445
19 Kriminalität und Strafrecht		**451**	**19 Criminalité et droit pénal**		**451**
Überblick		451	Vue d'ensemble		451
Erhebungen, Quellen		457	Enquêtes, sources		457
Glossar		458	Glossaire		458
Daten		461	Données		461
20 Wirtschaftliche und soziale Situation der Bevölkerung		**469**	**20 Situation économique et sociale de la population**		**469**
Überblick		469	Vue d'ensemble		469
Erhebungen, Quellen		477	Enquêtes, sources		477
Glossar		478	Glossaire		478
Daten		481	Données		481
	Einkommen, Vermögen und Verbrauch der privaten Haushalte	481		Revenus, fortune et consommation des ménages privés	481
	Lebensstandard, soziale Situation und Armut	483		Niveau de vie, situation sociale et pauvreté	483
	Gleichstellung von Frau und Mann	485		Egalité entre les sexes	485
21a Nachhaltige Entwicklung		**487**	**21a Développement durable**		**487**
21b Regionale Disparitäten		**496**	**21b Disparités régionales**		**496**
Überblick		496	Vue d'ensemble		496
Methoden und Quellen		501	Méthodes, sources		501
Daten		502	Données		502
21c Internationale Vergleiche und Entwicklungszusammenarbeit		**507**	**21c Comparaisons internationales et coopération au développement**		**507**
Lebensqualität in den Städten des Urban Audit		508	La qualité de vie dans les villes de l'Audit urbain		508
Der ökologische Fussabdruck		510	L'empreinte écologique		510
Der Index der menschlichen Entwicklung (HDI)		512	L'indice de développement humain (IDH)		512
Die Entwicklungszusammenarbeit		514	La coopération au développement		514
Glossar		517	Glossaire		517
Daten		518	Données		518
Die eidgenössischen Wahlen 2015		**523**	**Les élections fédérales 2015**		**523**
Dati statistici della Svizzera		**541**	**Dati statistici della Svizzera**		**541**
Statistical Data on Switzerland		**573**	**Statistical Data on Switzerland**		**573**
Quellenangaben zu den Grafiken		605	Sources des données des graphiques		605
Schlagwortverzeichnis		607	Index		607

Vorwort

Liebe Leserin, lieber Leser,

Die Produktion statistischer Informationen kann man als eine in die Zukunft gerichtete Geschichtsschreibung ansehen. Die Erhebung von Daten nach wissenschaftlich anerkannten und nachprüfbaren Methoden erzeugt ein Wissen, das einen Zeitpunkt oder einen Zeitraum aus der nahen Vergangenheit beleuchtet und gleichzeitig als Steuerungswissen für die Qualität politischer Entscheide, die auf die Zukunft gerichtet sind, unabdingbar ist. Es ist daher nicht verwunderlich, dass jedes Land Erhebungen vornimmt und seine Statistiker hat, und es ist eine zivilisatorische Errungenschaft, Daten methodisch korrekt zu erheben und die Statistikerinnen und Statistiker bei deren Publikation unabhängig arbeiten zu lassen, egal was die Daten aussagen.

Die Statistikproduktion des Bundesamtes für Statistik (BFS) geschieht nicht im luftleeren Raum, sondern basiert auf einem Verfassungsartikel und einem Bundesstatistikgesetz – mit entsprechendem Publikationsauftrag – und, aus diesen Grundlagen abgeleitet, auf dem statistischen Mehrjahresprogramm des Bundes. Der Bedarf an statistischen Informationen ist zum Teil von Kontinuität, zum Teil vom Bedarf neuer Informationen geprägt. Zur Erfüllung dieser Bedürfnisse und zur Sicherstellung einer rationellen Produktion werden Prioritäten gesetzt. Das Mehrjahresprogramm dient so als Grundlage für die Planung und Produktion der Erhebungen, legt die Ziele und Prioritäten fest und vermittelt einen Überblick über die wichtigsten statistischen Aktivitäten und Vorhaben.

Das Bundesstatistikgesetz formuliert explizit den Auftrag, die wichtigsten Ergebnisse und Grundlagen «in benützergerechter Form» zu veröffentlichen (Art. 18 BStatG). Diesen Auftrag erfüllt das BFS in hohem Masse mit einer reichen Palette von Medienmitteilungen, Publikationen und insbesondere den zahlreichen elektronischen Veröffentlichungen. Dabei hat es dem technologischen Wandel und dem Aufkommen neuer Medienkanäle stets und mitunter pionierhaft Rechnung getragen. Die Nutzung des Internets als Publikationskanal ist dabei seit seinen Anfängen (erste Webseite des BFS 1994) stetig gewachsen und vielfältiger geworden. Heute

Avant-propos

Chère lectrice, cher lecteur,

Produire des informations statistiques, c'est en quelque sorte écrire l'histoire en la projetant vers le futur. La collecte de données selon des méthodes scientifiques, reconnues et vérifiables, aboutit à un savoir qui éclaire un moment ou une période du passé proche tout en fournissant des connaissances indispensables pour guider l'action et contribuer à la qualité de décisions politiques qui engagent l'avenir. Il n'est dès lors pas surprenant que chaque pays ait ses statisticiens et réalise des enquêtes et relevés. C'est un acquis de la civilisation de collecter des données selon des méthodes fiables et de préserver l'indépendance des statisticiens lorsqu'ils publient les résultats de leurs travaux, quelle qu'en soit la teneur.

La production de l'Office fédéral de la statistique (OFS) a une assise solide. Elle se fonde sur un article de la Constitution et sur la loi sur la statistique fédérale, qui donne mandat de publier les résultats, ainsi que sur le programme pluriannuel de la statistique fédérale, qui découle de ces bases légales. La demande de données statistiques, tout en présentant une certaine continuité, reflète aussi l'apparition de nouveaux besoins en matière d'information. Pour concilier ces deux aspects et rationaliser la production statistique, des priorités sont fixées. Le programme pluriannuel sert de base de planification et de production des statistiques, il établit les objectifs, définit les priorités et donne une vue d'ensemble des activités et projets statistiques les plus importants.

La loi sur la statistique fédérale formule explicitement le mandat de publier les bases et les principaux résultats statistiques «sous une forme adaptée aux besoins des utilisateurs» (art. 18 LSF). L'OFS remplit largement ce mandat à travers une large palette de communiqués de presse et de brochures, sans oublier un grand nombre de publications en ligne. Ce faisant, il a toujours tenu compte des mutations technologiques et de l'émergence de nouveaux canaux de diffusion, se montrant parfois même pionnier sur ce plan. L'utilisation d'Internet comme moyen de diffusion n'a cessé de croître depuis les débuts (première page web de l'OFS en 1994) et de se diversifier. Actuellement, Internet est

ist das Internet die wichtigste Plattform für die BFS-Veröffentlichungen: Das Webportal «Statistik Schweiz» bietet – in der gleichen thematischen Struktur wie das Jahrbuch – umfassend und stets auf dem neuesten Stand die ganze Palette der veröffentlichten statistischen Daten und Auswertungen (www.statistik.ch → Themen). Neue Wege geht das BFS seit einem Jahr mit den zunehmenden Veröffentlichungen speziell für mobile Endgeräte. In der BFS-App «SwissStats» finden Sie ansprechende und aktuelle interaktive Publikationen – «Statistik für unterwegs» quasi: www.statistik.ch → Dienstleistungen → Publikationen → SwissStats.

Als «Fels in der Brandung» des Medienwandels bietet indessen das Statistische Jahrbuch der Schweiz in verschiedener Hinsicht Halt und Kontinuität. Es ist nach wie vor das gedruckte Standardwerk der Schweizer Statistik und garantiert als solches die Dauerhaftigkeit der Information durch den physischen «Datenträger» Buch. Und es fördert das Verständnis für die grösseren Zusammenhänge dank der Präsentationsform des statistischen Materials: 21 Themen-Kapitel beleuchten jeweils weite Teile des Zusammenlebens. Ein Textteil «Überblick» erläutert und setzt grafisch ins Bild. Im grossen Tabellenteil lässt sich die einzelne Zahl, die bestimmte Zeitreihe nachschlagen. Ein eingeschobener Methodenteil gibt Auskunft über die zugrunde liegenden Erhebungen und präzisiert Fachbegriffe in Definitionen. Das Zusammenspiel dieser Teile in ihrer thematischen Struktur ermöglicht Quer- und Längsschnitte über den Zustand unseres Landes zu einem bestimmten Zeitpunkt und dient der Einordnung wichtiger Entwicklungen in Wirtschaft und Gesellschaft. Die Kompaktheit «zwischen zwei Buchdeckeln» macht das Jahrbuch heute wie in Zukunft zum wichtigen Träger verständlichen statistischen Wissens.

Bereits zur Tradition geworden ist das Anhang-Kapitel, das von Jahr zu Jahr unterschiedliche Themen in ausgewählten gedruckten Karten behandelt. 2015 war in der Schweiz ein Wahljahr; somit liegt es nahe, dass die Jahrbuch-Ausgabe 2016, die Sie hier in Händen halten, sich dieses Themas annimmt und in einer Reihe von Karten auf Kantons- oder Bezirksebene Parteistärken, Veränderungsraten und Stimmbeteiligungen darstellt. Es gibt fast keine bessere Ausdrucksform, diese Resultate übersichtlich und schnell verständlich darzustellen. Die Kartographie hat im BFS im Übrigen eine lange und reiche Geschichte; hier sei nur auf das Online-Kartenangebot und die diversen aktuellen Atlanten hingewiesen: www.statistik.ch → Regional → Karten und Atlanten.

Das Statistische Jahrbuch 2016 ist wiederum ein Werk, das dank engagierter und kenntnisreicher Tätigkeit vieler Mitarbeiterinnen und Mitarbeiter des Bundesamtes für Statistik, mit der Unterstützung durch verschiedene Bundesämter sowie den Verlag Neue Zürcher Zeitung entstanden ist. Ihnen allen danke ich ganz herzlich.

Dr. MBA Georges-Simon Ulrich

Direktor des Bundesamtes für Statistik

Neuchâtel, im Januar 2016

la principale plateforme de diffusion des publications de l'OFS: le portail Statistique Suisse offre la gamme entière des données et analyses statistiques les plus actuelles, avec la même structure thématique que l'Annuaire (www.statistique.ch → Thèmes). Depuis un an, l'OFS innove en proposant un nombre croissant de publications spécialement conçues pour des appareils mobiles. L'application web de l'OFS «SwissStats» donne accès, partout et en tout temps, à de telles publications interactives: www.statistique.ch → Services → Les publications de Statistique suisse → SwissStats.

Face à l'essor des nouveaux médias, l'Annuaire statistique reste à bien des égards un pilier de stabilité et de continuité. Ouvrage de référence de la statistique suisse, il garantit la durabilité des informations de par sa forme matérielle. Sa structure – une division en 21 chapitres qui éclairent de larges aspects de la vie en société – favorise la compréhension des rapports qui existent entre les diverses informations. Chaque chapitre se compose d'une vue d'ensemble, qui commente et illustre les résultats à l'aide de graphiques, d'une série de tableaux, qui permettent de rechercher un chiffre précis ou une série chronologique, et d'une partie méthodologique, qui donne plus de détails sur les enquêtes et relevés et définit les termes utilisés. Cet ensemble cohérent offre une vue transversale et chronologique de l'état du pays à un moment donné et sert à replacer dans leur contexte d'importantes évolutions économiques et sociales. De forme compacte et reliée, l'Annuaire reste un support essentiel du savoir statistique accessible au plus grand nombre.

Le chapitre de l'annexe consacré chaque année à d'autres thèmes traités sous forme de cartes appartient déjà à la tradition. Comme 2015 a été une année d'élections en Suisse, il allait de soi de retenir ce thème pour l'édition 2016 de l'Annuaire et de représenter à l'aide d'une série de cartes la force des partis, les taux de variation dans les suffrages obtenus ainsi que les taux de participation aux niveaux des cantons et des districts. Y a-t-il une meilleure façon de visualiser les résultats et de les rendre rapidement compréhensibles? A propos, la cartographie à l'OFS a une longue et riche histoire; il suffit pour s'en convaincre de consulter l'offre de cartes en ligne et d'atlas divers sous www.statistique.ch → Les Régions → Cartes et atlas.

L'Annuaire statistique 2016, fruit du travail très professionnel de nombreux collaborateurs et collaboratrices de l'Office fédéral de la statistique, a été réalisé avec le concours de plusieurs autres offices fédéraux et des éditions Neue Zürcher Zeitung. Que toutes les personnes qui y ont contribué soient ici chaleureusement remerciées.

Georges-Simon Ulrich

Directeur de l'Office fédéral de la statistique

Neuchâtel, janvier 2016

Einleitung

Das Konzept des Statistischen Jahrbuchs der Schweiz

Ziele des Jahrbuchs

Das vom Bundesamt für Statistik (BFS) herausgegebene Statistische Jahrbuch ist das Standardwerk der Schweizer Statistik. Es fasst die wichtigsten statistischen Ergebnisse über den Zustand und die Entwicklung von Bevölkerung, Wirtschaft, Gesellschaft, Bildung, Gesundheit, Raum und Umwelt des Landes zusammen. Es dient nicht nur als Nachschlagewerk, sondern zeichnet mit seinen Übersichtsbeiträgen auch ein umfassendes Bild der sozialen und wirtschaftlichen Lage der Schweiz.

Der Aufbau des Jahrbuchs

Das Jahrbuch ist in 21 Hauptkapitel aufgeteilt. Diese entsprechen den 21 Themenbereichen der Statistik Schweiz. Ein Spezialkapitel «Die eidgenössischen Wahlen 2015» widmet sich in einer Reihe von Karten der Stärke der wichtigsten politischen Parteien sowie der Wahlbeteiligung inklusive Veränderungen im Vergleich zu ausgewählten früheren Wahljahren.

Jedes Hauptkapitel ist einheitlich in vier Teile gegliedert:
1. **«Überblick».** Der Text legt jeweils eine Synthese der wichtigsten Ergebnisse vor, analysiert längerfristige Entwicklungen, erläutert Zusammenhänge zwischen verschiedenen Kennzahlen. Dieser Teil, der auch zahlreiche Grafiken enthält, wendet sich an ein breites Publikum, soll aber durch seine Übersichtsfunktion auch für eher spezialisierte Gruppen wie Medienleute oder Politikerinnen und Politiker dienlich sein.
2. Der Teil **«Erhebungen, Quellen»** bringt eine kurze Beschreibung der wichtigsten Datenquellen.
3. Im **«Glossar»** werden zentrale Begriffe definiert.
4. Der **«Daten»**-Teil schliesslich entspricht dem klassischen statistischen Jahrbuch und ist nach wie vor der umfangreichste. Er enthält vor allem Tabellen (aber auch einige Grafiken und thematische Karten).

Die den Metainformationen gewidmeten Teile (2 und 3) sind auf sandfarbigem Grund gedruckt.

Die beiden für sich stehenden Querschnittskapitel in englischer und italienischer Sprache – sie befinden sich am Ende des

Introduction

Le concept de l'Annuaire statistique de la Suisse

Fonctions de l'annuaire

L'Annuaire statistique, qui est publié par l'Office fédéral de la statistique (OFS), est l'ouvrage de référence de la statistique suisse. Il présente la synthèse des résultats concernant l'état et l'évolution de la population, de l'économie, de la société, de l'éducation, de la santé, de l'espace et de l'environnement. A travers ses articles de fond, il décrit en outre toutes les facettes de la situation économique et sociale de la Suisse.

La structure de l'annuaire

L'annuaire est divisé en 21 chapitres principaux, qui correspondent aux 21 domaines de la statistique suisse. Un chapitre spécial «Élections fédérales 2015» est consacré à une série de cartes sur la force des principaux partis politiques ainsi qu'à la participation aux élections, y compris les modifications comparé à une sélection d'années électorales précédentes.

Chaque chapitre principal est lui-même subdivisé en quatre parties:
1. La **«Vue d'ensemble»** présente une synthèse des principaux résultats, analyse les évolutions à long terme, explique les corrélations qui existent entre différentes grandeurs. Enrichie de nombreux graphiques, cette partie s'adresse à un large public, tout en étant également utile à des lecteurs plus spécialisés (journalistes ou responsables politiques).
2. La partie **«Enquêtes, sources»** décrit brièvement les principales sources des données.
3. Le **«Glossaire»** donne la définition des notions essentielles.
4. Enfin, la partie **«Données»** – la substance même de tout annuaire classique – reste la plus importante en nombre de pages. Elle se compose principalement de tableaux et contient également quelques graphiques et cartes thématiques.

Les parties 2 et 3, consacrées aux métainformations, sont imprimées sur du papier couleur sable.

Les deux chapitres autonomes en anglais et en italien se trouvent à la fin de l'ouvrage et sont imprimés l'un sur du papier

Buches – wurden auf hellblauem und rosa Grund gedruckt. Sie sind in dreizehn Themenbereiche gegliedert, welche der Systematik des Statistischen Amtes der Europäischen Union, Eurostat, entsprechen.

Qualität

Das BFS ist bemüht um hohe Qualität der Informationen. Trotz allem Bestreben – Fehler lassen sich nie ganz ausschliessen. Das BFS kann deshalb die Verantwortung nicht übernehmen für allfällige Nachteile oder Schäden, welche sich – direkt oder indirekt – aus dem Gebrauch des im Jahrbuch veröffentlichten Materials ergeben. Allfällige Irrtümer werden auf der Website des Bundesamts für Statistik bekannt gemacht (http://www.statistik.admin.ch → Dienstleistungen → Publikationen Statistik Schweiz → Jahrbuch).

Regelung zu den Geschlechterbezeichnungen im Jahrbuch

Die gesellschaftliche, politische und berufliche Rolle der Frauen hat sich in den letzten Jahrzehnten grundlegend verändert (besonders eindrücklich dokumentieren dies nicht zuletzt die Statistischen Jahrbücher). Mit diesem Wandel hängt auch zusammen, die Frauen in der Sprache stärker als früher sichtbar zu machen und maskuline Personenbezeichnungen, die traditionellerweise als Oberbegriff für Frauen und Männer gelten (z.B. die Bürger, die Leser = so genannte generische Maskulina), zu vermeiden. Im Statistischen Jahrbuch werden deshalb geschlechtsneutrale Begriffe oder die Vollform (z.B. Bürgerinnen und Bürger) verwendet.

Mit dem Jahrbuch arbeiten

Zwei Hilfsmittel sollen die Arbeit mit dem Jahrbuch erleichtern: Eine erste Grob-Übersicht vermittelt die Inhaltsübersicht am Anfang des Buches. Wer von bestimmten Sachthemen oder -begriffen ausgeht, findet Unterstützung im Schlagwortregister am Schluss des Buches.

Das Informationsangebot des BFS

Die Aktualität des Jahrbuchs kann nicht diejenige der Online-Medien sein (die aktuellsten Angaben der Ausgabe 2016 beziehen sich in der Regel auf das Jahr 2014, weniger häufig auf 2015).

Aktuellere und auch detailliertere statistische Informationen liefert das BFS in einer breiten Palette von Publikationsmitteln. Alle **Publikationen** des BFS sind wie auch die **Medienmitteilungen** online verfügbar im Portal Statistik Schweiz (www.statistik.admin.ch). Hier kann auch zugegriffen werden auf das Statistische Lexikon, wo die laufend aktualisierten **Tabellen** des Jahrbuchs sowie zahlreiche weitere Tabellen, Grafiken und thematische Karten heruntergeladen werden können. Ausserdem wird auf dem Statistikportal die **Applikation STAT-TAB** angeboten, in der Variablen von Erhebungsergebnissen nach eigener Wahl interaktiv miteinander verknüpft werden können. Die Suchergebnisse werden als Tabellen angezeigt, deren Darstellung sich anhand verschiedener Optionen verändern lässt.

Neben diesem ausgebauten Tabellenangebot sind folgende **interaktive Atlanten** auf dem Statistikportal des BFS einfach erreichbar:
- Der **Statistische Atlas der Schweiz** (www.statatlas-schweiz.admin.ch) bietet Visualisierungen aus allen 21 Themenbereichen des BFS auf den verschiedensten geographi-

bleu clair, l'autre sur du papier rose. Ils passent en revue les treize domaines de la statistique qui correspondent à la nomenclature de l'Office statistique des Communautés européennes (Eurostat).

Qualité

L'OFS met tout en œuvre pour fournir des informations de qualité. Toute erreur ne peut cependant pas être totalement exclue. L'OFS décline toute responsabilité en cas de préjudice ou de dommage résultant directement ou indirectement de l'usage des informations publiées dans son annuaire. Au cas où une erreur serait découverte, sa rectification serait communiquée sur le site de l'Office fédéral de la statistique (http://www.statistique.admin.ch → Services → Publications Statistique suisse → Annuaire).

Règles de féminisation dans l'Annuaire statistique

Le rôle social, politique et professionnel de la femme a profondément évolué au cours des dernières décennies (comme le montrent d'ailleurs clairement les données de l'Annuaire statistique). Il convient par conséquent d'accroître à l'avenir la visibilité de la femme dans la langue écrite et d'éviter les dénominations traditionnelles au masculin générique (p. ex. «les citoyens», «les lecteurs» en parlant des hommes et des femmes). Dans la version française de l'Annuaire statistique, les termes se référant à des personnes ou à des fonctions ne sont pas encore systématiquement féminisés. L'OFS élabore actuellement des dispositions en vue de procéder aux adaptations nécessaires dans l'ensemble de ses publications en langue française.

L'utilisation de l'annuaire

Deux instruments facilitent l'utilisation de l'annuaire: premièrement, la table des matières au début de l'annuaire, qui donne un premier aperçu de son contenu; deuxièmement, l'index détaillé à la fin de l'ouvrage, qui rend la recherche thématique plus aisée.

L'offre d'informations de l'OFS

Pour ce qui est de l'actualité des informations, l'annuaire ne peut pas concurrencer les médias en ligne (les données les plus récentes de l'édition 2016 se réfèrent en général à l'année 2014, plus rarement à 2015).

L'OFS a recours à une large gamme de publications pour diffuser des informations plus actuelles et aussi plus détaillées. Toutes les **publications** de l'OFS, de même que ses **communiqués de presse** sont accessibles en ligne sur le portail Statistique suisse (www.statistique.admin.ch). Le portail donne également accès à l'Encyclopédie statistique, à partir de laquelle les **tableaux** de l'Annuaire, en permanence actualisés, et de multiples autres tableaux, graphiques et cartes thématiques peuvent être téléchargés. Le portail statistique propose par ailleurs **l'application STAT-TAB,** qui permet d'apparier à loisir les variables souhaitées. Les résultats sont affichés sous forme de tableaux, dont la structure peut être modifiée selon les préférences individuelles.

Outre cette offre de tableaux enrichie, **les atlas interactifs** suivants sont facilement atteignables sur le portail statistique de l'OFS:
- **L'Atlas statistique de la Suisse** (www.www.statatlas-suisse.admin.ch) propose des visualisations dans les 21 thèmes

schen Niveaus (bis auf die Ebene der Gemeinden). Zusätzlich bietet er im Kapitel «Räumliche Gliederungen der Schweiz» methodische Übersichten zu Raumnomenklaturen und im Kapitel «Historische Statistik» Zeitreihen für einzelne Themen bis in das Jahr 1850 zurück an.

- Der **Politische Atlas der Schweiz** (www.statatlas-politik.admin.ch) ist ein praktisches und benutzerfreundliches Instrument zur kartographischen Visualisierung von Wahl- und Abstimmungsergebnissen. Er enthält in über 2700 Gemeinde-, Bezirks- und Kantonskarten die Resultate der Nationalratswahlen seit 1919 und der eidgenössischen Volksabstimmungen seit 1866.
- Der **Statistische Atlas der Städte** (www.statatlas-staedte.admin.ch) stellt schliesslich die Kennzahlen des Urban Audits Schweiz (siehe auch Seite 508 im Jahrbuch) in den zehn grössten Städten der Schweiz dar (Stufen Agglomeration, Kernstadt und Quartiere). Mit dem Atlas lassen sich die Lebensbedingungen im urbanen Raum innerhalb der Städte, zwischen den Gemeinden und deren Agglomerationen zeigen.

Es ist klar, dass längst nicht alle erhobenen Daten veröffentlicht werden können. Dieses unveröffentlichte Material ist aber – soweit der Datenschutz gewährleistet ist – trotzdem zugänglich. Für individuelle Bedürfnisse stehen zur Verfügung der zentrale Auskunftsdienst des BFS (Tel. 058 463 60 11 bzw. info@bfs.admin.ch) oder die in den einzelnen Tabellen auf dem Statistikportal aufgeführten Auskunftsstellen.

Vorschläge und Bemerkungen

Für die Planung zukünftiger Ausgaben des Jahrbuchs nimmt das BFS Vorschläge und Bemerkungen gerne entgegen. Diese sind zu richten an: Redaktion Jahrbuch, Sektion Diffusion und Amtspublikationen, Bundesamt für Statistik, 2010 Neuchâtel, oder info@bfs.admin.ch.

traités par l'OFS aux différents niveaux géographiques (jusqu'à celui des communes). En plus, il présente des aperçus méthodologiques sur les nomenclatures spatiales dans le chapitre «Niveaux géographiques de la Suisse» et des séries chronologiques sur divers thèmes remontant jusqu'à l'année 1850 dans le chapitre «Statistique historique».

- **L'Atlas politique de la Suisse** (www.atlaspolitique.admin.ch) est un instrument pratique et convivial pour visualiser les résultats des élections et des votations sous forme de cartes. Il contient, sur plus de 2700 cartes des cantons, des districts et des communes, les résultats des élections au Conseil national depuis 1919 et des votations populaires fédérales depuis 1866.
- **L'Atlas statistique des villes** (www.atlasdesvilles.admin.ch) présente quant à lui les chiffres-clés de l'Audit urbain (voir aussi la page 508 dans l'annuaire) dans les dix plus grandes villes de la Suisse (niveaux agglomération, ville-centre et quartier). L'Atlas permet de montrer plusieurs aspects des conditions de vie dans l'espace urbain de ces dix villes, et de les mettre en comparaison les unes par rapport aux autres.

Il va sans dire qu'il est impossible de publier l'ensemble des données collectées. Mais les chiffres non publiés sont souvent disponibles, pour autant que la protection des données soit garantie. Les demandes spécifiques peuvent être adressées au service central de renseignements de l'OFS (tél. 058 463 60 11 ou info@bfs.admin.ch) ou aux personnes mentionnées au bas des divers tableaux sur le portail statistique.

Remarques et suggestions

En vue des prochaines éditions de l'annuaire, l'OFS accepte toute remarque ou suggestion. Merci de les adresser à: Rédaction de l'annuaire, Section Diffusion et publication, Office fédéral de la statistique, 2010 Neuchâtel ou à info@bfs.admin.ch.

Zum Gebrauch des Jahrbuchs: Zeichenerklärung, Nomenklaturen

Mode d'emploi de l'annuaire: signes utilisés, nomenclatures

Hinweise zu den Tabellen

Gliederung, Nummerierung

Die Tabellen werden nach einem mehrstufigen System nummeriert. Die erste Stufe bezeichnet die Kapitelnummer bzw. die Nummer des Statistikbereichs. Jeder der 21 Hauptbereiche wird unterteilt in eine Anzahl von Unterbereichen, diese werden bei Bedarf weiter untergliedert.

Die Tabellen im englischen und im italienischen Teil folgen einer eigenen Gliederung, die den Hauptbereichen der Statistik von Eurostat folgt.

Titel

Es wird unterschieden zwischen Haupt- und Untertitel.

Im **Haupttitel** wird in der Regel nur der Hauptbegriff genannt. Ergänzungen werden nur dann angebracht, wenn es zu einem Hauptbegriff verschiedene Tabellen gibt. Zum Beispiel:
- Erwerbstätige nach Geschlecht, Wirtschaftssektoren und Staatsangehörigkeit
- Erwerbstätige nach Wirtschaftszweig.

Angaben wie «in der Schweiz» oder «schweizerisch» werden gewöhnlich unterlassen. Der Raumbezug wird dann angegeben, wenn nicht nur gesamtschweizerische Daten wiedergegeben werden (also z. B. bei Kantonstabellen).

Im **Untertitel** werden für das Verständnis der gesamten Tabelle notwendige Angaben gemacht (in dieser Reihenfolge):
1. Das Jahr, falls es nicht sonst aus der Tabelle ersichtlich ist;
2. falls nötig, der Zeitpunkt (z. B. Jahresmitte, Jahresende);
3. allenfalls weitere Angaben wie das Bevölkerungskonzept (z. B. «ständige Wohnbevölkerung») oder Einschränkungen (z. B. «nur Vollzeitbeschäftigte»);
4. die Einheit (falls für die gesamte Tabelle gültig; sonst ist sie in der betreffenden Zeile/Spalte angegeben).

Tabellenkopf und Vorspalte

Die **Verteilung der Merkmale** auf Vorspalte und Tabellenkopf richtet sich hauptsächlich nach dem verfügbaren Platz. Die Vorspalte kann in der Regel längere und mehr Merkmalsnennungen aufnehmen.

Der Ausdruck **«davon»** wird nur verwendet, wenn nicht alle Teilmengen der Gesamtmenge genannt werden – es sei denn, die Unvollständigkeit der Aufgliederung ist klar zu erkennen (z. B. Wohnbevölkerung, weiblich).

Alter, Dauer

Alter und Altersgruppen werden, wenn nicht anders vermerkt, in annähernden Jahren angegeben, d.h. als Differenz zwischen dem Geburtsjahr und dem Ereignis- bzw. Beobachtungsjahr. Bei dieser Berechnungsart wird z. B. ein im Dezember eines Jahres geborenes Kind bereits im Januar des folgenden Jahres zu den Einjährigen gezählt. Die Berechnung von Zeiträumen (Dauer) erfolgt, wenn nicht anders vermerkt, analog der Altersberechnung, d.h. als Differenz zwischen zwei Ereignisjahren (bzw. -monaten oder -tagen).

Remarques concernant les tableaux

Structure, numérotation

Les tableaux sont numérotés selon une structure hiérarchique. Le premier niveau ou chiffre désigne le numéro du chapitre et donc du domaine statistique. Chacun des 21 domaines est subdivisé en un certain nombre de sous-domaines, qui sont eux-mêmes encore subdivisés si nécessaire.

Les tableaux des parties anglaise et italienne possèdent une structure propre, qui correspond à celle des domaines principaux de la statistique utilisée par Eurostat.

Titre

Il faut faire la distinction entre le titre principal et le sous-titre.

Le **titre principal** se limite en principe à l'information essentielle. Celle-ci n'est complétée que s'il existe plusieurs tableaux consacrés un même sujet. Par exemple:
- Personnes actives occupées selon le sexe, le secteur économique et la nationalité
- Personnes actives occupées selon l'activité économique.

En règle générale, on s'est abstenu de préciser encore «en Suisse» ou «suisse». La référence spatiale est indiquée si les résultats ne sont pas seulement présentés au niveau suisse (dans les tableaux cantonaux, p. ex.).

Le **sous-titre** apporte les précisions nécessaires à la compréhension du tableau dans son ensemble (dans cet ordre):
1. l'année, si elle n'est pas indiquée par ailleurs;
2. l'époque de l'année, si nécessaire (fin de l'année, p. ex.);
3. éventuellement d'autres informations en relation avec la notion de population («population résidante permanente») ou restrictions («seulement les emplois à plein temps»);
4. l'unité (si elle est valable pour tout le tableau; sinon, elle est mentionnée dans la colonne/sur la ligne correspondante).

En-tête et avant-colonne

La **répartition des caractères** entre l'en-tête et l'avant-colonne est principalement fonction de la place disponible. L'avant-colonne permet d'avoir des intitulés plus longs.

Le pronom relatif **«dont»** n'est employé que si les différents éléments ne sont pas mentionnés en totalité; ce n'est pas le cas si le caractère incomplet de l'énumération est évident (p. ex. population résidante, de sexe féminin).

Age, durée

Sauf indication contraire, l'âge d'un individu ou le groupe d'âges auquel il a été attribué se calcule en soustrayant l'année de naissance de l'année de l'événement observé. Par conséquent, un enfant né en décembre fait partie du groupe des enfants âgés d'un an dès le mois de janvier de l'année suivante. De même et sauf indication contraire, durée d'un phénomène est calculée en soustrayant l'année d'un événement de l'année d'un autre événement. Ce calcul peut être fait de la même façon en mois et en jours.

Erläuterungen, Fussnoten

Zusatzangaben, die sich auf die gesamte Tabelle beziehen, werden unter die Tabelle gesetzt.

Angaben, die sich auf einzelne Teile der Vorspalten, des Tabellenkopfs oder auf einzelne Zahlenfelder beziehen, sind als Fussnoten gebracht.

Quellenangaben

Die Quellenangabe erfolgt einheitlich unten nach den Fussnoten. Aufgeführt wird die für die Erhebung bzw. die Statistik verantwortliche Institution sowie die Erhebung(en)/Statistik(en).

Die Quellenangaben der Grafiken sowie die Verweise auf die diesen zugrundeliegenden Tabellen finden sich auf Seite 605.

Mittelwerte

Am häufigsten wird das **arithmetische Mittel** verwendet: Man addiert die Einzelwerte und dividiert sie durch die Anzahl Fälle. Der **Median** oder **Zentralwert** ist jener Einzelwert, welcher die der Grösse nach geordneten Einzelwerte in zwei gleich grosse Hälften teilt.

Pro-Kopf-Werte werden berechnet, indem man eine bestimmte Grösse (das Volkseinkommen, den Motorfahrzeugbestand, den Energieverbrauch usw.) durch die Anzahl Personen bzw. Einwohner teilt. Dabei werden unterschiedliche Bevölkerungskonzepte verwendet (siehe Glossar zu Kapitel 1).

Indizes

Ein Index ist eine Verhältniszahl von zwei inhaltlich gleichartigen, sich auf verschiedene Zeitpunkte oder verschiedene geographische Orte beziehenden Grössen. Beispiel: Preisniveau 2000 im Verhältnis zum Preisniveau 2010. Das Ergebnis ist eine prozentuale Veränderung oder ein Vergleich in Prozentform.

Über Indexe lassen sich auch die Entwicklungen ganz verschiedener Grössen direkt miteinander vergleichen, vorausgesetzt man wählt das gleiche Jahr als Basis (=100).

Genauigkeit

Die Werte werden nur aufgenommen, wenn sie ein bestimmtes Genauigkeitsniveau erfüllen. Andernfalls werden nur Klammern ohne Zahlenangabe gesetzt. Falls ein Benutzer nähere Angaben über Schätzwerte haben will, von denen nur leere Klammern veröffentlicht wurden, kann er sich an die Ersteller der Tabelle wenden. Bei den angegebenen Werten wird unterschieden zwischen solchen, die statistisch zuverlässig sind (sie werden nicht speziell gekennzeichnet), und solchen, die statistisch nur bedingt zuverlässig sind (sie werden in Klammern gesetzt; vgl. Abschnitt «Zeichenerklärung»).

Rundung

Im Allgemeinen wird ohne Rücksicht auf die Endsumme auf- bzw. abgerundet. Bei Differenzen zwischen addierten Teilsummen und Gesamtsumme werden die Einzelwerte also nicht angepasst.

Explications, notes de bas de page

Les indications supplémentaires qui concernent l'ensemble du tableau figurent sous celui-ci.

Les précisions relatives à certaines parties de l'avant-colonne ou de l'en-tête ou à certains chiffres sont mentionnées en notes de bas de page.

Indications des sources

Les sources sont indiquées en bas des tableaux, à la suite des notes de base de page. Sont précisés l'organe responsable du relevé ou de la statistique et la dénomination de celui-ci ou de celle-ci.

Les sources des graphiques et les renvois aux tableaux de base correspondants sont indiqués à la page 605.

Moyennes

La moyenne la plus souvent utilisée est la **moyenne arithmétique** ou somme des valeurs observées divisée par le nombre des observations. La **médiane** ou **valeur centrale** est la valeur telle que le nombre des observations qui lui sont inférieures soit égal au nombre des observations qui lui sont supérieures.

Les **valeurs par habitant** sont obtenues en divisant une grandeur donnée (revenu national, nombre de véhicules à moteur, consommation d'énergie, etc.) par le nombre d'habitants. Différentes définitions de la population sont utilisées (voir le glossaire du chapitre 1).

Indices

Un indice est un rapport entre deux grandeurs de même nature qui se réfèrent à des dates ou à des lieux différents. Exemple: niveau des prix en 2000 par rapport au niveau des prix en 2010. L'indice exprime une variation ou une comparaison en pour cent.

Les indices permettent aussi de comparer les évolutions de grandeurs totalement différentes, pour autant que l'on prenne la même année comme base (=100).

Précision

Ne sont indiquées que les valeurs qui présentent un degré de précision déterminé. Dans le cas contraire, la valeur est remplacée par des parenthèses vides. Si un utilisateur souhaite connaître les valeurs estimées correspondantes, il peut les demander au producteur du tableau. Quant aux valeurs indiquées, on distingue entre celles qui sont statistiquement fiables (elles ne sont pas signalées en tant que telles) et celles dont la fiabilité statistique est relative et qui sont mentionnées entre parenthèses (voir sous «Signes utilisés»).

Chiffres arrondis

En général, les chiffres sont arrondis à la valeur supérieure ou inférieure, ce qui peut avoir pour conséquence que la somme des chiffres arrondis diffère du total.

Zeichenerklärung

Zeichen, die eine gegebene Zahl charakterisieren:

e (hochgestellt)	**e**schätzt
p (hochgestellt)	**P**rovisorisch, z. B. 324^p
r (hochgestellt)	Gegenüber der vorhergehenden Ausgabe berichtigt bzw. **r**ektifiziert, z. B. 324^r (wird nicht verwendet, wenn eine provisorische Zahl durch eine definitive ergänzt wurde)
(Zahl)	Statistisch nur bedingt zuverlässig, z. B. (324)

Zeichen, die verwendet werden, wenn keine Zahlenangabe erfolgt:

X	Entfällt aus Datenschutzgründen
()	Entfällt, weil statistisch nicht sicher genug
…	Zahl unbekannt, weil (noch) nicht erhoben oder (noch) nicht berechnet
*	Entfällt, weil trivial oder Begriffe nicht anwendbar

Das Zeichen «–» wird bei gerundeten Zahlen verwendet und steht hier für den Wert absolut null.

Bei Bedarf werden zusätzliche Zeichen benutzt, die in den betreffenden Tabellen erläutert werden.

Räumliche Ordnung, administrative Einheiten der Schweiz

Der schweizerische Bundesstaat gliedert sich in 26 **Kantone** (davon 6 Halbkantone). Die nächsttiefere administrative Einheit nach dem Kanton ist der **Bezirk**. Insgesamt gibt es in der Schweiz 148 Bezirke; 8 Kantone (wie z. B. Uri, Zug und Appenzell I. Rh.) haben keine Bezirke (vgl. K 0.1).

Die kleinste Verwaltungseinheit ist die **Gemeinde**. Am 1. Januar 2016 betrug die Anzahl der Schweizer Gemeinden 2294 – eine Zahl, die laufend abnimmt (zu Beginn der 1990er-Jahre waren es noch mehr als 3000 gewesen). Für statistische Zwecke werden einzelne Gemeinden zu **Agglomerationen** zusammengefasst. Als die wichtigsten mikroregionalen Analyseräume der Schweiz gelten die 106 **MS-Regionen** (**M**obilité **s**patiale; vgl. K 0.3).

Im Zuge der europäischen Integration, der wirtschaftlichen Konzentrationsprozesse und der Globalisierung hat die Schweizer Statistik grossregionale Gebiete geschaffen, die für Regionalvergleiche im Lande selbst und in Europa dienen können. Diese Regionalisierung ist mit der europäischen Statistik abgestimmt. Sie unterscheidet sieben **Grossregionen** (vgl. K 0.2).

Région lémanique:	Waadt (VD), Wallis (VS), Genf (GE)
Espace Mittelland:	Bern (BE), Freiburg (FR), Solothurn (SO), Neuenburg (NE), Jura (JU)
Nordwestschweiz:	Basel-Stadt (BS), Basel-Landschaft (BL), Aargau (AG)
Zürich:	Zürich (ZH)
Ostschweiz:	Glarus (GL), Schaffhausen (SH), Appenzell A.Rh. (AR), Appenzell I.Rh. (AI), St.Gallen (SG), Graubünden (GR), Thurgau (TG)
Zentralschweiz:	Luzern (LU), Uri (UR), Schwyz (SZ), Obwalden (OW), Nidwalden (NW), Zug (ZG)
Ticino:	Tessin (TI)

Im Jahrbuch werden die Kantonstabellen, sofern sie die Werte für Grossregionen ausweisen, nach dieser Reihenfolge gegliedert. Sofern keine Werte für Grossregionen ausgewiesen werden, gilt

Signes utilisés

Les signes qui accompagnent un chiffre:

e (exposant)	**e**stimé
p (exposant)	chiffre **p**rovisoire, p. ex. 324^p
r (exposant)	corrigé/**r**ectifié par rapport à l'édition précédente, p. ex. 324^r (n'est pas utilisé lorsqu'une valeur définitive a remplacé une valeur provisoire)
(chiffre)	fiabilité statistique relative, p. ex. (324)

Les signes utilisés en l'absence de chiffres:

X	non indiqué pour des raisons liées à la protection des données
()	non indiqué par manque de fiabilité statistique
…	chiffre inconnu (pas [encore] relevé ou pas [encore] calculé)
*	non indiqué car évident ou non pertinent

Le signe «–» est utilisé pour les chiffres arrondis; il signifie zéro.

Au besoin, d'autres signes sont utilisés et expliqués dans les tableaux où ils apparaissent.

Niveaux géographiques, unités administratives de la Suisse

La Suisse est un Etat fédéral formé de 26 **cantons** (dont 6 demi-cantons). Le niveau administratif inférieur au canton est le **district**. La Suisse en compte 148; mais 8 cantons (notamment Uri, Zoug et Appenzell Rh.-Int.) n'en ont pas (cf. K 0.1).

La **commune** constitue le plus petit échelon administratif. Le 1er janvier 2016, la Suisse en comptait 2294, un chiffre en constante diminution (il se situait à plus de 3000 au début des années 1990). Certaines communes sont regroupées en **agglomérations** à des fins statistiques. Les 106 **régions MS** (**m**obilité **s**patiale) constituent à l'heure actuelle les espaces d'analyse microrégionale les plus importants (cf. K 0.3).

Dans le sillage de l'intégration européenne, des processus de concentration économique et de la globalisation, la statistique suisse a créé des unités spatiales à des fins de comparaison régionale en Suisse même et avec l'étranger. Cette régionalisation est compatible avec la statistique européenne. Le pays est découpé en sept **grandes régions** (cf. K 0.2):

Région lémanique:	Vaud (VD), Valais (VS), Genève (GE)
Espace Mittelland:	Berne (BE), Fribourg (FR), Soleure (SO), Neuchâtel (NE), Jura (JU),
Suisse du Nord-Ouest:	Bâle-Ville (BS), Bâle-Campagne (BL), Argovie (AG)
Zurich:	Zurich (ZH)
Suisse orientale:	Glaris (GL), Schaffhouse (SH), Appenzell Rh.-Ext. (AR), Appenzell Rh.-Int. (AI), St-Gall (SG), Grisons (GR), Thurgovie (TG)
Suisse centrale:	Lucerne (LU) Uri (UR), Schwytz (SZ), Obwald (OW), Nidwald (NW), Zoug (ZG)
Ticino:	Tessin (TI)

Les tableaux de l'Annuaire qui présentent des résultats cantonaux sont ventilés selon cet ordre s'ils comportent des données portant sur les grandes régions. Si ce n'est pas le cas, les cantons sont alors classés selon l'ordre historique (comme dans la constitution fédérale). Zurich, Berne, Lucerne, Uri, Schwytz, Obwald, Nidwald, Glaris, Zoug, Fribourg, Soleure, Bâle-Ville, Bâle-Campagne, Schaffhouse, Appenzell Rh.-Ext., Appenzell Rh.-Int.,

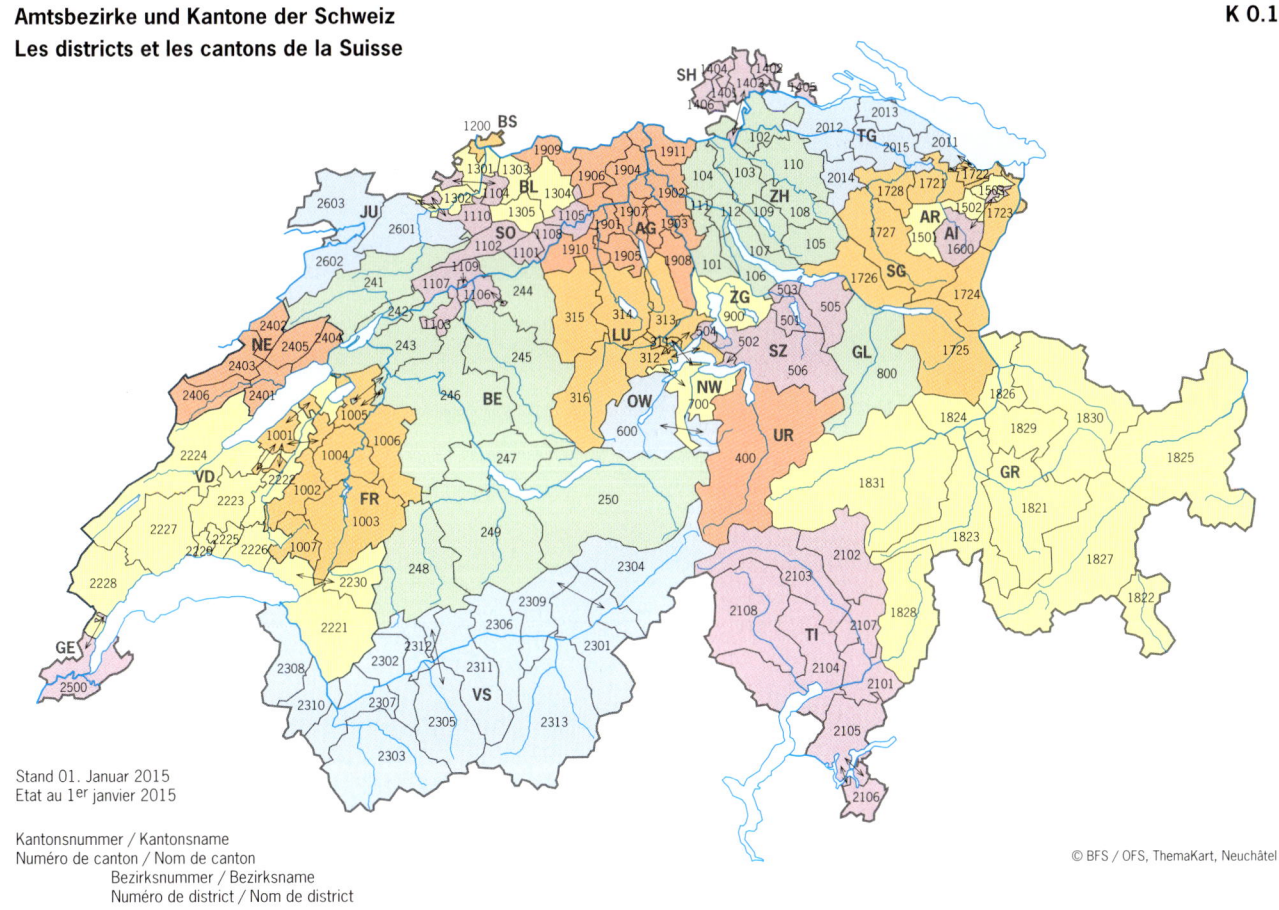

Amtsbezirke und Kantone der Schweiz
Les districts et les cantons de la Suisse

K 0.1

Stand 01. Januar 2015
Etat au 1er janvier 2015

Kantonsnummer / Kantonsname
Numéro de canton / Nom de canton
    Bezirksnummer / Bezirksname
    Numéro de district / Nom de district

© BFS / OFS, ThemaKart, Neuchâtel

1 Zürich
- 101 Affoltern
- 102 Andelfingen
- 103 Bülach
- 104 Dielsdorf
- 105 Hinwil
- 106 Horgen
- 107 Meilen
- 108 Pfäffikon
- 109 Uster
- 110 Winterthur
- 111 Dietikon
- 112 Zürich

2 Bern/Berne
- 241 Jura bernois
- 242 Biel/Bienne
- 243 Seeland
- 244 Oberaargau
- 245 Emmental
- 246 Bern-Mittelland
- 247 Thun
- 248 Obersimmental-Saanen
- 249 Frutigen-Niedersimmental
- 250 Interlaken-Oberhasli

3 Luzern
- 311 Luzern-Stadt
- 312 Luzern-Land
- 313 Hochdorf
- 314 Sursee
- 315 Willisau
- 316 Entlebuch

4 Uri
- 400 Uri

5 Schwyz
- 501 Einsiedeln
- 502 Gersau
- 503 Höfe
- 504 Küssnacht
- 505 March
- 506 Schwyz

6 Obwalden
- 600 Obwalden

7 Nidwalden
- 700 Nidwalden

8 Glarus
- 800 Glarus

9 Zug
- 900 Zug

10 Fribourg
- 1001 La Broye
- 1002 La Glâne
- 1003 La Gruyère
- 1004 La Sarine
- 1005 See/Lac
- 1006 Sense
- 1007 La Veveyse

11 Solothurn
- 1101 Gäu
- 1102 Thal
- 1103 Bucheggberg
- 1104 Dorneck
- 1105 Gösgen
- 1106 Wasseramt
- 1107 Lebern
- 1108 Olten
- 1109 Solothurn
- 1110 Thierstein

12 Basel-Stadt
- 1200 Basel-Stadt

13 Basel-Landschaft
- 1301 Arlesheim
- 1302 Laufen
- 1303 Liestal
- 1304 Sissach
- 1305 Waldenburg

14 Schaffhausen
- 1401 Oberklettgau
- 1402 Reiat
- 1403 Schaffhausen
- 1404 Schleitheim
- 1405 Stein
- 1406 Unterklettgau

15 Appenzell Ausserrhoden
- 1501 Hinterland
- 1502 Mittelland
- 1503 Vorderland

16 Appenzell Innerrhoden
- 1600 Appenzell Innerrhoden

17 St. Gallen
- 1721 St. Gallen
- 1722 Rorschach
- 1723 Rheintal
- 1724 Werdenberg
- 1725 Sarganserland
- 1726 See-Gaster
- 1727 Toggenburg
- 1728 Wil

18 Graubünden/Grigioni
- 1821 Albula
- 1822 Bernina
- 1823 Hinterrhein
- 1824 Imboden
- 1825 Inn
- 1826 Landquart
- 1827 Maloja
- 1828 Moesa
- 1829 Plessur
- 1830 Prättigau-Davos
- 1831 Surselva

19 Aargau
- 1901 Aarau
- 1902 Baden
- 1903 Bremgarten
- 1904 Brugg
- 1905 Kulm
- 1906 Laufenburg
- 1907 Lenzburg
- 1908 Muri
- 1909 Rheinfelden
- 1910 Zofingen
- 1911 Zurzach

20 Thurgau
- 2011 Arbon
- 2012 Frauenfeld
- 2013 Kreuzlingen
- 2014 Münchwilen
- 2015 Weinfelden

21 Ticino
- 2101 Bellinzona
- 2102 Blenio
- 2103 Leventina
- 2104 Locarno
- 2105 Lugano
- 2106 Mendrisio
- 2107 Riviera
- 2108 Vallemaggia

22 Vaud
- 2221 Aigle
- 2222 Broye - Vully
- 2223 Gros-de-Vaud
- 2224 Jura - Nord vaudois
- 2225 Lausanne
- 2226 Lavaux - Oron
- 2227 Morges
- 2228 Nyon
- 2229 Ouest lausannois
- 2230 Riviera - Pays-d'Enhaut

23 Valais/Wallis
- 2301 Brig
- 2302 Conthey
- 2303 Entremont
- 2304 Goms
- 2305 Hérens
- 2306 Leuk
- 2307 Martigny
- 2308 Monthey
- 2309 Raron
- 2310 Saint-Maurice
- 2311 Sierre
- 2312 Sion
- 2313 Visp

24 Neuchâtel
- 2401 Boudry
- 2402 La Chaux-de-Fonds
- 2403 Le Locle
- 2404 Neuchâtel
- 2405 Val-de-Ruz
- 2406 Val-de-Travers

25 Genève
- 2500 Genève

26 Jura
- 2601 Delémont
- 2602 Les Franches - Montagnes
- 2603 Porrentruy

BFS • STATISTISCHES JAHRBUCH 2016   INTRODUCTION

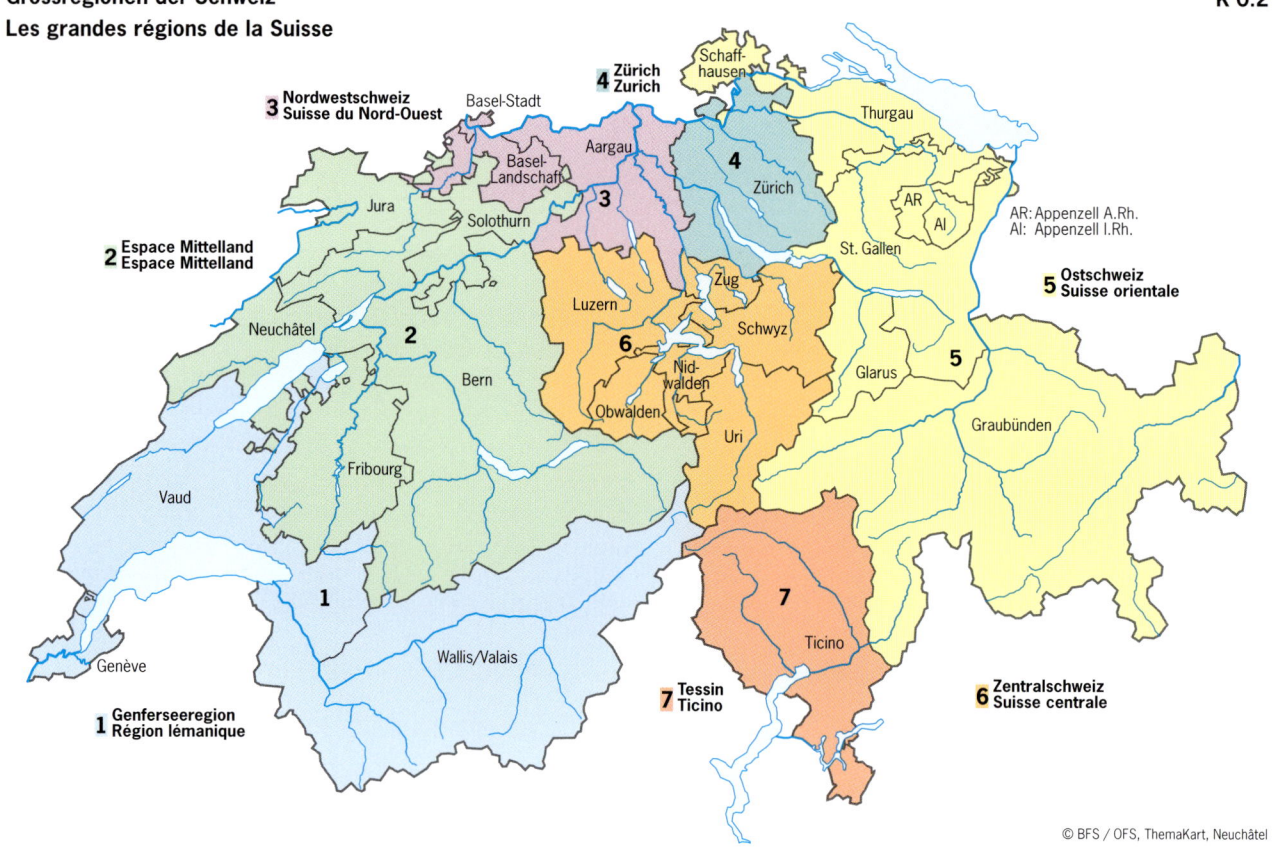

Grossregionen der Schweiz
Les grandes régions de la Suisse

K 0.2

1 Genferseeregion / Région lémanique
2 Espace Mittelland / Espace Mittelland
3 Nordwestschweiz / Suisse du Nord-Ouest
4 Zürich / Zurich
5 Ostschweiz / Suisse orientale
6 Zentralschweiz / Suisse centrale
7 Tessin / Ticino

AR: Appenzell A.Rh.
AI: Appenzell I.Rh.

© BFS / OFS, ThemaKart, Neuchâtel

MS-Regionen der Schweiz
Les régions MS de la Suisse

K 0.3

1: Mutschellen
2: Limmattal
3: Knonaueramt

© BFS / OFS, ThemaKart, Neuchâtel

EINLEITUNG   OFS • ANNUAIRE STATISTIQUE 2016

die historische Reihenfolge der Kantone (die auch derjenigen der Bundesverfassung entspricht): Zürich, Bern, Luzern, Uri, Schwyz, Obwalden, Nidwalden, Glarus, Zug, Freiburg, Solothurn, Basel-Stadt, Basel-Land, Schaffhausen, Appenzell A.Rh., Appenzell I.Rh., St. Gallen, Graubünden, Aargau, Thurgau, Tessin, Waadt, Wallis, Neuenburg, Genf, Jura.

Bisweilen wurde auch eine gröbere Einteilung gewählt, nämlich die in drei **Sprachregionen** (bei mehrsprachigen Kantonen ist dabei die am stärksten verbreitete Sprache massgebend):
- französische Schweiz (Kantone GE, VS, VD, FR, JU, NE),
- italienische Schweiz (Kanton TI),
- deutsche Schweiz (übrige Kantone).

In einzelnen Bereichen kommen **spezielle Regionalisierungen** zum Zug, z. B. im Tourismus die touristischen Regionen.

Alle raumbezogenen Angaben (Gemeinde, Agglomeration, Kanton, Grossregion) beziehen sich – falls nicht anders vermerkt – auf den **heutigen Gebietsstand**.

Staaten, Staatsangehörigkeiten

Die Angaben zur Staatsangehörigkeit beziehen sich grundsätzlich auf autonome Heimatstaaten, einschliesslich deren überseeische Gebiete (z. B. Kanalinseln, Färöer, Gibraltar etc.). Ausnahmen sind Tibet, Taiwan, Palästina und Hongkong, die in der amtlichen Bevölkerungsstatistik der Schweiz separat ausgewiesen werden.

Personen, die ausser dem Schweizer Bürgerrecht eine weitere Staatsangehörigkeit besitzen, werden nur als Schweizer gezählt.

Die Reihenfolge der Staaten erfolgt gemäss offiziellem BFS-Staatenschlüssel – mit Ausnahme der EU- und EFTA-Staaten; diese sind nach der offiziellen Eurostat-Sortierung geordnet.

Für die Grafiken werden die Namen der Länder in der Regel abgekürzt. Dabei wird ein international gebräuchlicher Code verwendet (ISO 3166):

St-Gall, Grisons, Argovie, Thurgovie, Tessin, Vaud, Valais, Neuchâtel, Genève, Jura.

Dans certains cas, on a eu recours a une ventilation plus sommaire, en présentant les résultats par **région linguistique** (dans les cantons ayant plus d'une langue officielle, on a tenu compte de celle qui est la plus répandue):
- Suisse romande (GE, VS, VD, FR, JU, NE),
- Suisse italienne (TI),
- Suisse alémanique (autres cantons).

Pour l'un ou l'autre domaine, des **régionalisations spécifiques** ont en outre été utilisées: p. ex. régions touristiques pour la statistique du tourisme.

Toutes les informations à référence spatiale (commune, agglomération, canton, grande région) se rapportent, sauf avis contraire, au **découpage actuel du territoire**.

Etats, nationalités

Les indications de nationalité se réfèrent a des Etats autonomes dont sont originaires les personnes concernées, y compris leurs territoires d'outre-mer (îles anglo-normandes, îles Féroé, Gibraltar, etc.). Font exception le Tibet, Taïwan, la Palestine et Hong Kong, qui figurent séparément dans la statistique démographique de la Suisse.

Les binationaux qui ont la nationalité suisse sont enregistrés exclusivement en tant que citoyens suisses.

Les Etats sont classés dans l'ordre de la liste officielle des Etats de l'OFS, à l'exception des Etats membres de l'UE ou de l'AELE, qui sont classés dans l'ordre en usage chez Eurostat.

Dans les graphiques, les noms des pays sont en général abrégés. Les abréviations sont tirées d'un code dont l'usage est international (ISO 3166):

Code		Deutsch	Français
ALB	AL	Albanien	Albanie
AND	AD	Andorra	Andorre
ARM	AM	Armenien	Arménie
AUS	AU	Australien	Australie
AUT	AT	Österreich	Autriche
AZE	AZ	Aserbaidschan	Azerbaïdjan
BEL	BE	Belgien	Belgique
BGR	BG	Bulgarien	Bulgarie
BIH	BA	Bosnien und Herzegowina	Bosnie et Herzégovine
BLR	BY	Weissrussland	Bélarus
CAN	CA	Kanada	Canada
CHE	CH	Schweiz	Suisse
CHN	CN	China	Chine
CYP	CY	Zypern	Chypre
CZE	CZ	Tschechische Rep.	République Tchèque
DEU	DE	Deutschland	Allemagne
DNK	DK	Dänemark	Danemark
DZA	DZ	Algerien	Algérie
EGY	EG	Ägypten	Egypte
ESP	ES	Spanien	Espagne
EST	EE	Estland	Estonie
FIN	FI	Finnland	Finlande

Code		Deutsch	Français
FRA	FR	Frankreich	France
GBR	GB	Vereinigtes Königreich	Royaume-Uni
GEO	GE	Georgien	Géorgie
GRC	GR	Griechenland	Grèce
HKG	HK	Hong Kong	Hong Kong
HRV	HR	Kroatien	Croatie
HUN	HU	Ungarn	Hongrie
IND	IN	Indien	Inde
IRL	IE	Irland	Irlande
IRN	IR	Iran	Iran
IRQ	IQ	Irak	Iraq
ISL	IS	Island	Islande
ISR	IL	Israel	Israël
ITA	IT	Italien	Italie
JOR	JO	Jordanien	Jordanie
JPN	JP	Japan	Japon
KAZ	KZ	Kasachstan	Kazakhstan
LBN	LB	Libanon	Liban
LIE	LI	Liechtenstein	Liechtenstein
LTU	LT	Litauen	Lituanie
LUX	LU	Luxemburg	Luxembourg
LVA	LV	Lettland	Lettonie

Code		Deutsch	Français
MAR	MA	Marokko	Maroc
MCO	MC	Monaco	Monaco
MDA	MD	Moldau	Moldova
MKD	MK	Mazedonien	Macédoine
MLT	MT	Malta	Malte
NLD	NL	Niederlande	Pays-Bas
NOR	NO	Norwegen	Norvège
POL	PL	Polen	Pologne
PRT	PT	Portugal	Portugal
ROU	RO	Rumänien	Roumanie
RUS	RU	Russland	Russie
SCG	YU[1]	Serbien und Montenegro	Serbie-et-Monténégro
SMR	SM	San Marino	Saint-Marin
SVK	SK	Slowakei	Slovaquie
SVN	SI	Slowenien	Slovénie
SWE	SE	Schweden	Suède
SYR	SY	Syrien	Syrie
TUN	TN	Tunesien	Tunisie
TUR	TR	Türkei	Turquie
UKR	UA	Ukraine	Ukraine
USA	US	Vereinigte Staaten	Etats-Unis
VAT	VA	Vatikanstadt	Cité du Vatican

---

[1] Ehemals Jugoslawien, neu Serbien (SRB/RS) und Montenegro (MNE/ME)

[1] Auparavant Yougoslavie, maintenant Serbie (SRB/RS) et Monténégro (MNE/ME)

Nomenklatur der Wirtschaftszweige NOGA

Die «Allgemeine Systematik der Wirtschaftszweige NOGA» (Nomenclature Générale des Activités économiques) ist ein grundlegendes Arbeitsinstrument, um statistische Informationen im Bereich der Unternehmensstatistik zu strukturieren, zu analysieren und darzustellen. Diese Systematik ermöglicht, die statistischen Einheiten «Unternehmen» und «Arbeitsstätten» aufgrund ihrer wirtschaftlichen Tätigkeit zu klassieren und in eine übersichtliche und einheitliche Gruppierung zu bringen.

Die NOGA wurde vom BFS im Jahre 1995 eingeführt und 2002 erstmals revidiert. Sie ersetzt die alte Systematik von 1985 (Allgemeine Systematik der Wirtschaftszweige 1985, ASWZ 85), stützt sich auf die Systematik der EU ab (Nomenclature statistique des activités économiques dans la Communauté européenne, NACE) und erlaubt somit auch Vergleiche im europäischen Rahmen. Die NACE lehnt sich ihrerseits an die ISIC (International Standard Industrial Classification of All Economic Activities) an, mit der sie die Struktur bis zur zweiten Gliederungsstufe teilt.

2008 wurde die NOGA, abgestützt auf eine NACE- und ISIC-Revision, erneut revidiert. Ziel der Revision war es, die Klassifikationen der Wirtschaftsaktivitäten anderen Klassifikationen anzunähern. Gleichzeitig erlaubte die Revision die Anpassung der Nomenklatur an die Veränderungen in der realen Wirtschaft, beispielsweise in einer detaillierteren Aufgliederung des Dienstleistungssektors. Dabei wurde versucht, den Aufbau der Systematik überall dort unangetastet zu lassen, wo Veränderungen nicht zwingend erforderlich waren.

Die NOGA 2008 umfasst 5 Stufen und unterscheidet 794 wirtschaftliche Tätigkeiten. Sie ist wie folgt aufgebaut: 1. Stufe 21 Abschnitte, 2. Stufe 88 Abteilungen, 3. Stufe 272 Gruppen, 4. Stufe 615 Klassen, 5. Stufe 794 Arten. Bis zur Stufe 4, Klassen, ist die NOGA kompatibel mit der NACE. Mit der Stufe 5, Arten, wird den schweizerischen Eigenheiten Rechnung getragen.

In den Tabellen-Teilen der Jahrbuch-Kapitel werden die Wirtschaftszweige in der Regel nach der ersten Stufe der NOGA unterschieden (21 Wirtschaftsabschnitte). Für die einzelnen Wirtschaftszweige werden einheitliche Kurzbezeichnungen verwendet; gewöhnlich wird auch der entsprechende Code angegeben.

Die Tabellen im Jahrbuch sind nach NOGA 2008 gegliedert. Die folgende Tabelle führt die Wirtschaftszweige auf Stufe 2, Abteilungen, auf:

Nomenclature des activités économiques NOGA

La Nomenclature Générale des Activités économiques (NOGA) est un instrument de travail fondamental pour structurer, analyser et présenter des informations statistiques dans le domaine de la statistique des entreprises. Elle permet de classer les unités statistiques «entreprises» et «établissements» en fonction de leur activité économique et de les regrouper en des ensembles cohérents.

La NOGA a été introduite par l'OFS en 1995 et révisée pour la première fois en 2002. Elle a remplacé la nomenclature de 1985 (Nomenclature générale des activités économiques de 1985, NGAE 85) et s'appuie sur la nomenclature de l'UE (Nomenclature statistique des activités économiques dans la Communauté européenne, NACE), permettant ainsi de procéder à des comparaisons avec des pays de l'UE. La NACE, quant à elle, se fonde sur l'ISIC (International Standard Industrial Classification of All Economic Activities), dont elle reprend la structure jusqu'au niveau 2.

En 2008, la NOGA a été à nouveau révisée, suite à la révision dont ont fait l'objet la NACE et l'ISIC. Cette révision visait à rapprocher les classifications des activités économiques d'autres classifications. Elle a en même temps permis d'adapter la nomenclature aux changements intervenus dans l'économie réelle, par exemple en subdivisant le secteur des services de manière plus détaillée. La structure de la nomenclature est restée inchangée chaque fois qu'aucun changement ne s'imposait.

La NOGA 2008 comprend 5 niveaux et distingue 794 activités économiques. Elle est structurée comme suit: niveau 1: 21 sections; niveau 2: 88 divisions; niveau 3: 272 groupes; niveau 4: 615 classes; niveau 5: 794 genres. La NOGA est compatible avec la NACE jusqu'au niveau 4 (classes). Le niveau 5 (genre) permet de prendre en compte les spécificités suisses.

Les tableaux de l'Annuaire présentent en général les activités économiques au niveau 1 de la NOGA (21 sections). Des titres courts harmonisés, complétés le plus souvent de codes, permettent d'identifier les activités économiques.

Les tableaux de l'Annuaire se réfèrent à la NOGA 2008. Le tableau ci-après présente les activités économiques au niveau 2 (divisions):

Allgemeine Systematik der Wirtschaftszweige NOGA 2008
Nomenclature générale des activités économiques (NOGA 2008)

Abschnitt / Section	Abteilung / Division	Titel	Intitulé
		Sektor 1	**Secteur 1**
A		**Land- und Forstwirtschaft, Fischerei**	**Agriculture, sylviculture et pêche**
	01	Landwirtschaft, Jagd und damit verbundene Tätigkeiten	Culture et production animale, chasse et services annexes
	02	Forstwirtschaft und Holzeinschlag	Sylviculture et exploitation forestière
	03	Fischerei und Aquakultur	Pêche et aquaculture

Abschnitt / Section	Abteilung / Division	Titel	Intitulé
		Sektor 2	**Secteur 2**
B		**Bergbau und Gewinnung von Steinen und Erden**	**Industries extractives**
	05	Kohlenbergbau	Extraction de houille et de lignite
	06	Gewinnung von Erdöl und Erdgas	Extraction d'hydrocarbures
	07	Erzbergbau	Extraction de minerais métalliques
	08	Gewinnung von Steinen und Erden, sonstiger Bergbau	Autres industries extractives
	09	Dienstleist. für den Bergbau und für die Gewinnung von Steinen und Erden	Services de soutien aux industries extractives
C		**Verarbeitendes Gewerbe/Herstellung von Waren**	**Industrie manufacturière**
	10	Herstellung von Nahrungs- und Futtermitteln	Industries alimentaires
	11	Getränkeherstellung	Fabrication de boissons
	12	Tabakverarbeitung	Fabrication de produits à base de tabac
	13	Herstellung von Textilien	Fabrication de textiles
	14	Herstellung von Bekleidung	Industrie de l'habillement
	15	Herstellung von Leder, Lederwaren und Schuhen	Industrie du cuir et de la chaussure
	16	Herstellung von Holz-, Flecht-, Korb- und Korkwaren (ohne Möbel)	Travail du bois et fabrication d'articles en bois et en liège, à l'exception des meubles; fabrication d'articles en vannerie et sparterie
	17	Herstellung von Papier, Pappe und Waren daraus	Industrie du papier et du carton
	18	Herstellung von Druckerzeugnissen; Vervielfältigung von bespielten Ton-, Bild- und Datenträgern	Imprimerie et reproduction d'enregistrements
	19	Kokerei und Mineralölverarbeitung	Cokéfaction et raffinage
	20	Herstellung von chemischen Erzeugnissen	Industrie chimique
	21	Herstellung von pharmazeutischen Erzeugnissen	Industrie pharmaceutique
	22	Herstellung von Gummi- und Kunststoffwaren	Fabrication de produits en caoutchouc et en plastique
	23	Herstellung von Glas und Glaswaren, Keramik, Verarbeitung von Steinen und Erden	Fabrication d'autres produits minéraux non métalliques
	24	Metallerzeugung und -bearbeitung	Métallurgie
	25	Herstellung von Metallerzeugnissen	Fabrication de produits métalliques, à l'exception des machines et des équipements
	26	Herstellung von Datenverarbeitungsgeräten, elektronischen und optischen Erzeugnissen	Fabrication de produits informatiques, électroniques et optiques
	27	Herstellung von elektrischen Ausrüstungen	Fabrication d'équipements électriques
	28	Maschinenbau	Fabrication de machines et équipements n.c.a.
	29	Herstellung von Automobilen und Automobilteilen	Industrie automobile
	30	Sonstiger Fahrzeugbau	Fabrication d'autres matériels de transport
	31	Herstellung von Möbeln	Fabrication de meubles
	32	Herstellung von sonstigen Waren	Autres industries manufacturières
	33	Reparatur und Installation von Maschinen und Ausrüstungen	Réparation et installation de machines et d'équipements
D	35	**Energieversorgung**	**Production et distribution d'électricité, de gaz, de vapeur et d'air conditionné**
E		**Wasserversorgung; Abwasser- und Abfallentsorgung und Beseitigung von Umweltverschmutzungen**	**Production et distribution d'eau; assainissement, gestion des déchets et depollution**
	36	Wasserversorgung	Captage, traitement et distribution d'eau
	37	Abwasserentsorgung	Collecte et traitement des eaux usées
	38	Sammlung, Behandlung und Beseitigung von Abfällen; Rückgewinnung	Collecte, traitement et élimination des déchets; récupération
	39	Beseitigung von Umweltverschmutzungen und sonstige Entsorgung	Dépollution et autres services de gestion des déchets
F		**Baugewerbe/Bau**	**Construction**
	41	Hochbau	Construction de bâtiments
	42	Tiefbau	Génie civil
	43	Vorbereitende Baustellenarbeiten, Bauinstallation und sonst. Ausbaugewerbe	Travaux de construction spécialisés
		Sektor 3	**Secteur 3**
G		**Handel; Instandhaltung und Reparatur von Motorfahrzeuge**	**Commerce; réparation d'automobiles et de motocycles**
	45	Handel mit Motorfahrzeugen; Instandhaltung und Reparatur von Motorfahrz.	Commerce et réparation d'automobiles et de motocycles
	46	Grosshandel (ohne Handel mit Motorfahrzeugen)	Commerce de gros, à l'exception des automobiles et des motocycles
	47	Detailhandel (ohne Handel mit Motorfahrzeugen)	Commerce de détail, à l'exception des automobiles et des motocycles
H		**Verkehr und Lagerei**	**Transports et entreposage**
	49	Landverkehr und Transport in Rohrfernleitungen	Transports terrestres et transport par conduites
	50	Schifffahrt	Transports par eau
	51	Luftfahrt	Transports aériens
	52	Lagerei sowie Erbringung von sonstigen Dienstleistungen für den Verkehr	Entreposage et services auxiliaires des transports
	53	Post-, Kurier- und Expressdienste	Activités de poste et de courrier

Abschnitt / Section	Abteilung / Division	Titel	Intitulé
I		**Gastgewerbe / Beherbergung und Gastronomie**	**Hébergement et restauration**
	55	Beherbergung	Hébergement
	56	Gastronomie	Restauration
J		**Information und Kommunikation**	**Information et communication**
	58	Verlagswesen	Édition
	59	Herstellung, Verleih und Vertrieb von Filmen und Fernsehprogrammen; Kinos; Tonstudios und Verlegen von Musik	Production de films cinématographiques, de vidéo et de programmes de télévision; enregistrement sonore et édition musicale
	60	Rundfunkveranstalter	Programmation et diffusion
	61	Telekommunikation	Télécommunications
	62	Erbringung von Dienstleistungen der Informationstechnologie	Programmation, conseil et autres activités informatiques
	63	Informationsdienstleistungen	Services d'information
K		**Erbringung von Finanz- und Versicherungsdienstleistungen**	**Activités financières et d'assurance**
	64	Erbringung von Finanzdienstleistungen	Activités des services financiers, hors assurance et caisses de retraite
	65	Versicherungen, Rückversicherungen und Pensionskassen (ohne Sozialvers.)	Assurance
	66	Mit Finanz- und Versicherungsdienstleistungen verbundene Tätigkeiten	Activités auxiliaires de services financiers et d'assurance
L	68	**Grundstücks- und Wohnungswesen**	**Activités immobilières**
M		**Erbringung von freiberuflichen, wissenschaftlichen und technischen Dienstleistungen**	**Activités spécialisées, scientifiques et techniques**
	69	Rechts- und Steuerberatung, Wirtschaftsprüfung	Activités juridiques et comptables
	70	Verwaltung und Führung von Unternehmen und Betrieben; Unternehmensberatung	Activités des sièges sociaux; conseil de gestion
	71	Architektur- und Ingenieurbüros; technische, physikalische und chemische Untersuchung	Activités d'architecture et d'ingénierie; activités de contrôle et analyses techniques
	72	Forschung und Entwicklung	Recherche-développement scientifique
	73	Werbung und Marktforschung	Publicité et études de marché
	74	Sonstige freiberufliche, wissenschaftliche und technische Tätigkeiten	Autres activités spécialisées, scientifiques et techniques
	75	Veterinärwesen	Activités vétérinaires
N		**Erbringung von sonstigen wirtschaftlichen Dienstleistungen**	**Activités de services administratifs et de soutien**
	77	Vermietung von beweglichen Sachen	Activités de location et location-bail
	78	Vermittlung und Überlassung von Arbeitskräften	Activités liées à l'emploi
	79	Reisebüros, Reiseveranstalter und Erbringung sonstiger Reservierungsdienstleistungen	Activités des agences de voyage, voyagistes, services de réservation et activités connexes
	80	Wach- und Sicherheitsdienste sowie Detekteien	Enquêtes et sécurité
	81	Gebäudebetreuung; Garten- und Landschaftsbau	Services relatifs aux bâtiments et aménagement paysager
	82	Erbringung von wirtschaftlichen Dienstleistungen für Unternehmen und Privatpersonen a. n. g.	Activités administratives et autres activités de soutien aux entreprises
O	84	**Öffentliche Verwaltung, Verteidigung; Sozialversicherung**	**Administration publique et défense; sécurité sociale obligatoire**
P	85	**Erziehung und Unterricht**	**Enseignement**
Q		**Gesundheits- und Sozialwesen**	**Santé humaine et action sociale**
	86	Gesundheitswesen	Activités pour la santé humaine
	87	Heime (ohne Erholungs- und Ferienheime)	Hébergement médico-social et social
	88	Sozialwesen (ohne Heime)	Action sociale sans hébergement
R		**Kunst, Unterhaltung und Erholung**	**Arts, spectacles et activités récréatives**
	90	Kreative, künstlerische und unterhaltende Tätigkeiten	Activités créatives, artistiques et de spectacle
	91	Bibliotheken, Archive, Museen, botanische und zoologische Gärten	Bibliothèques, archives, musées et autres activités culturelles
	92	Spiel-, Wett- und Lotteriewesen	Organisation de jeux de hasard et d'argent
	93	Erbringung von Dienstleistungen des Sports, der Unterhaltung und der Erholung	Activités sportives, récréatives et de loisirs
S		**Erbringung von sonstigen Dienstleistungen**	**Autres activités de services**
	94	Interessenvertretungen sowie kirchliche und sonstige religiöse Vereinigungen (ohne Sozialwesen und Sport)	Activités des organisations associatives
	95	Reparatur von Datenverarbeitungsgeräten und Gebrauchsgütern	Réparation d'ordinateurs et de biens personnels et domestiques
	96	Erbringung von sonstigen überwiegend persönlichen Dienstleistungen	Autres services personnels
T		**Private Haushalte mit Hauspersonal; Herstellung von Waren und Erbringung von Dienstleistungen durch private Haushalte für den Eigenbedarf ohne ausgeprägten Schwerpunkt**	**Activités des ménages en tant qu'employeurs; activités indifférenciées des ménages en tant que producteurs de biens et services pour usage propre**
	97	Private Haushalte mit Hauspersonal	Activités des ménages en tant qu'employeurs de personnel domestique
	98	Herstellung von Waren und Erbringung von Dienstleistungen durch private Haushalte für den Eigenbedarf ohne ausgeprägten Schwerpunkt	Activités indifférenciées des ménages en tant que producteurs de biens et services pour usage propre
U	99	**Exterritoriale Organisationen und Körperschaften**	**Activités des organisations et organismes extraterritoriaux**

1

Bevölkerung

Population

Überblick

Bevölkerungswachstum

Seit Beginn des 20. Jahrhunderts hat sich die Bevölkerung der Schweiz mehr als verdoppelt: von 3,3 Mio. (1900) auf 8,2 Mio. (2014). Die Zunahme erreichte ihren Höhepunkt zwischen 1950 und 1970, mit jährlichen Wachstumsraten von durchschnittlich über 1,4%. Am geringsten war sie mit 0,15% zwischen 1970 und 1980 – eine Folge der Einwanderungsbegrenzung für ausländische Arbeitskräfte und der wirtschaftlichen Rezession in den Jahren 1975 und 1976, die für einen vorübergehenden Auswanderungsüberschuss sorgte. In die Mitte der 1970er-Jahre fällt auch ein Rückgang der Einwohnerzahl (1976: –0,6%). Seither ist der Zuwachs der Bevölkerung wieder kräftiger: die jährlichen Wachstumsraten lagen zwischen 1980 und 1990 im Durchschnitt bei 0,6%, in den 1990er-Jahren bei 0,7% und seit 2000 bei 0,9%, wobei seit 2007 die 1%-Marke erreicht oder überschritten wurde.

Wachstum vor allem durch Zuwanderung

Das Wachstum der Bevölkerung ist von zwei Faktoren abhängig: vom Geburtenüberschuss (Geburten minus Todesfälle) und vom Wanderungssaldo (Einwanderung minus Auswanderung).

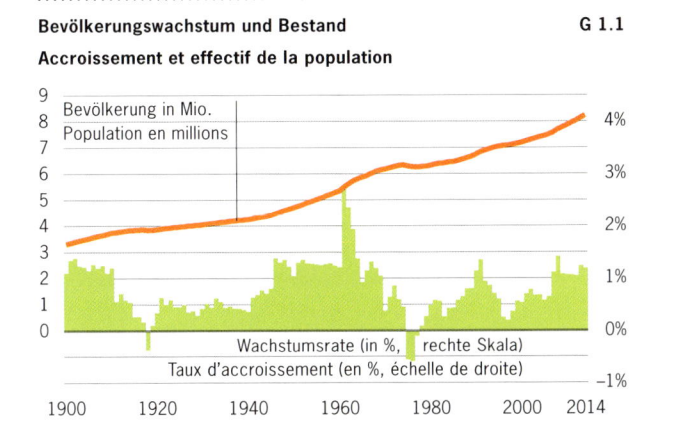

Vue d'ensemble

Croissance démographique

Depuis le début du 20ᵉ siècle, la population de la Suisse a plus que doublé, passant de 3,3 millions en 1900 à 8,2 millions en 2014. Le plus fort accroissement a été enregistré dans les années 1950 à 1970, période durant laquelle le taux de croissance annuel dépassait en moyenne 1,4%. Il est tombé à son niveau le plus bas (0,15%) pendant la décennie 1970 – 1980, suite à la limitation de l'immigration de travailleurs étrangers et à la crise économique des années 1975 et 1976. Cette crise a occasionné un solde migratoire passagèrement négatif. Au milieu des années 1970, le nombre d'habitants de notre pays a même accusé une baisse (1976: –0,6%). La croissance démographique a repris dans les années 1980 (0,6% en moyenne par an) et s'est encore quelque peu accentuée dans les années 1990 (moyenne de 0,7% pour la décennie). Depuis 2000, la croissance a été de 0,9% en moyenne, mais est égale ou supérieure à 1% à partir de 2007.

Rôle déterminant de l'immigration

La croissance démographique est déterminée par deux facteurs: l'accroissement naturel (différence entre le nombre de

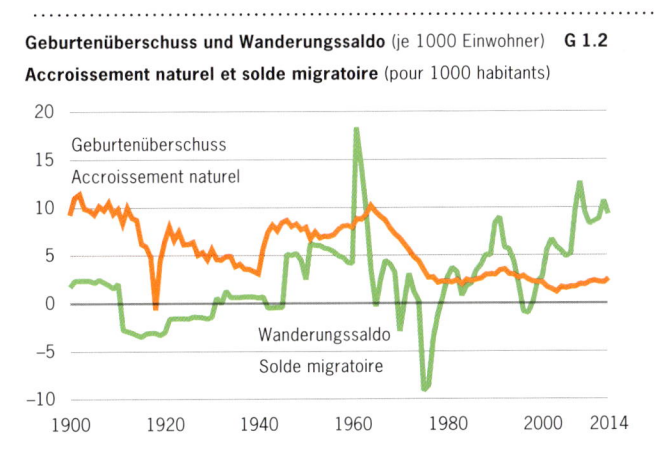

Altersaufbau der Bevölkerung G 1.3
Structure par âge de la population

Männer / Hommes: 1900, 2014
Frauen / Femmes: 1900, 2014

Alter / Age
Anzahl Personen, in 1000 / Nombre de personnes, en milliers

Altersgruppen in % gemäss dem mittleren Szenario G 1.4
Groupes d'âges en % selon le scénario «moyen»

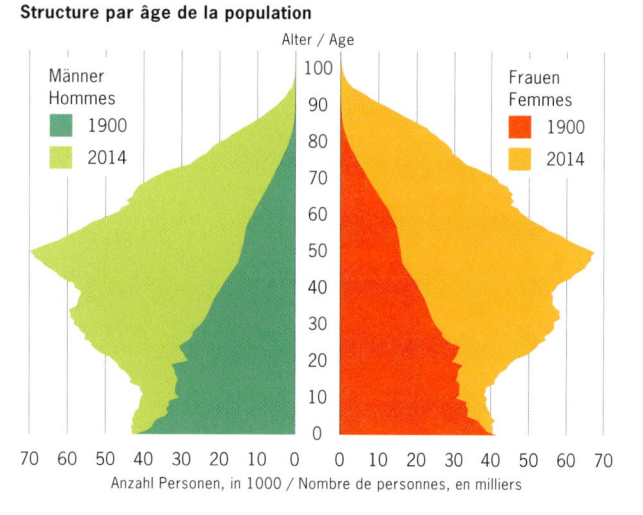

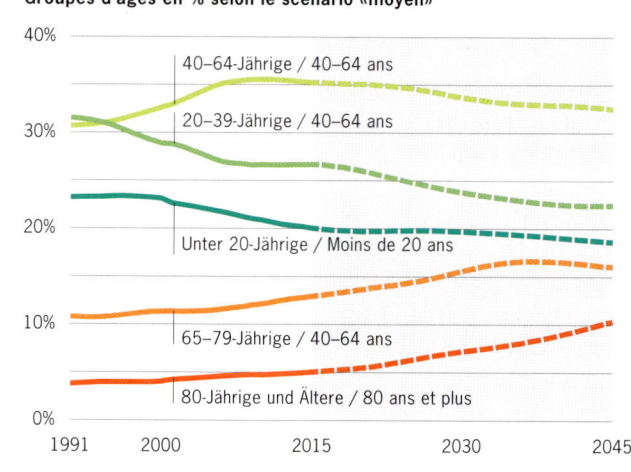

- 40–64-Jährige / 40–64 ans
- 20–39-Jährige / 40–64 ans
- Unter 20-Jährige / Moins de 20 ans
- 65–79-Jährige / 40–64 ans
- 80-Jährige und Ältere / 80 ans et plus

Bis Ende der 1970er-Jahre war der Geburtenüberschuss der wichtigere Faktor. Die Geburten sind aber seit 1965 rückgängig, und seit den 1980er-Jahren übertrifft der Wanderungssaldo den Geburtenüberschuss deutlich (Jahresmittel der 10-Jahres-Perioden); in einzelnen Jahren wurde diese Tendenz allerdings unterbrochen, zuletzt 1995 – 1998.

Der Geburtenüberschuss ist bei der ausländischen Wohnbevölkerung seit Ende der 1960er-Jahre weit höher als bei der schweizerischen. Dies ist auf drei Sachverhalte zurückzuführen:
- Die Ausländerinnen bringen im Durchschnitt mehr Kinder zur Welt als die Schweizerinnen (2014: 1,87 gegenüber 1,43);
- der Anteil der Ausländerinnen im reproduktiven Alter ist wesentlich höher als derjenige der Schweizerinnen; und
- die Ausländerinnen und Ausländer verbringen ihren Lebensabend selten in der Schweiz; entsprechend niedrig ist die Sterbehäufigkeit der ausländischen Bevölkerung (2014: 3,0 Todesfälle auf 1000 Einwohner; Schweizer: 9,5 Todesfälle auf 1000 Einwohner).

Seit 1998 wächst die Schweizer Bevölkerung fast nur auf Grund der Einbürgerungen. 1,8% der ausländischen Staatsangehörigen erwarben 2014 das Schweizer Bürgerrecht.

Expansion des städtischen Raums

84,5% der Bevölkerung wohnen heute (2014) in städtischen Gebieten. Rund die Hälfte der städtischen Bevölkerung wohnt in einem der fünf grössten Agglomerationen der Schweiz (Zürich, Genf, Basel, Bern und Lausanne).

Das Bevölkerungswachstum in den städtischen Regionen ist ausgeprägter als in den ländlichen Gebieten (2014: +1,2% gegenüber +1,0%).

Weniger junge, mehr ältere Menschen

Der Altersaufbau der Bevölkerung hat sich im Laufe des 20. Jahrhunderts massiv verändert. Der Anteil der Jugendlichen (unter 20 Jahren) sank von 40,7% (1900) auf 20,2% (2014); bei den älteren Personen (über 64 Jahre) stieg er von 5,8% auf 17,8%, bei den Betagten (80-jährig und mehr) ist der Anstieg besonders ausgeprägt (von 0,5% auf 5,0%). Dieser demografische Alterungsprozess ist eine Folge der steigenden Lebenserwartung und vor allem der abnehmenden Geburtenhäufigkeit. Er wird sich

naissances et de décès) et le solde migratoire (différence entre l'immigration et l'émigration).

Jusqu'à la fin des années 1970, l'accroissement naturel a été le facteur prépondérant. Mais, le nombre des naissances diminuant depuis 1965, le solde migratoire a nettement pris le pas, depuis les années 1980, sur l'accroissement naturel (moyenne de chaque décennie). Le rapport s'est toutefois inversé certaines années, notamment de 1995 à 1998.

Depuis la fin des années 1960, l'accroissement naturel est nettement plus élevé dans la population étrangère que dans la population suisse. Ce phénomène tient à trois facteurs:
- les femmes de nationalité étrangère mettent au monde plus d'enfants en moyenne que les Suissesses (en 2014: 1,87 contre 1,43);
- la part des femmes en âge de procréer est sensiblement plus élevée dans la population étrangère;
- les personnes de nationalité étrangère sont peu nombreuses à finir leur vie en Suisse. Le taux de mortalité chez les étrangers vivant en Suisse est bas (en 2014: 3 décès pour 1000 habitants, contre 9,5 chez les Suisses).

Depuis 1998, l'accroissement de la population de nationalité suisse est presque exclusivement dû aux naturalisations. 1,8% des résidents étrangers ont acquis la nationalité suisse en 2014.

Expansion des zones urbaines

En 2014, la part de la population vivant dans des régions urbaines atteint 84,5%. Près de la moitié de cette population habite dans l'une des cinq plus grandes agglomérations de Suisse (Zurich, Genève, Bâle, Berne et Lausanne).

La croissance démographique dans les régions urbaines est plus marquée que dans les régions rurales (2014: +1,2% contre +1,0).

Moins de jeunes, plus de personnes âgées

La pyramide des âges s'est considérablement modifiée au cours du 20ᵉ siècle. La proportion des jeunes (de moins de 20 ans) a régressé de 40,7% en 1900 à 20,2% en 2014, celle des personnes âgées (plus de 64 ans) a progressé de 5,8% à 17,8%. L'augmentation est particulièrement marquée (de 0,5% à 5,0%) pour les personnes du quatrième âge (80 ans ou plus). Ce phé-

auch im 21. Jahrhundert fortsetzen. Bis 2045 dürfte der Anteil der 65-jährigen und älteren Personen von 18% (2015) auf rund 26% ansteigen.

Insgesamt mehr Frauen als Männer

Frauen leben länger als Männer, und dieser Unterschied in der Lebenserwartung führt dazu, dass die Frauen in der Gesamtbevölkerung leicht in der Mehrheit sind (2014: 50,5%). Besonders hoch ist ihr Anteil bei den 65- bis 79-Jährigen (53,1%) und ausgeprägt bei den 80-Jährigen und Älteren (63,7%). In den jüngeren Altersklassen bilden die Frauen jedoch die Minderheit (z. B. 0- bis 19-Jährige: 48,7%). Die Ursache liegt darin, dass einerseits mehr Knaben als Mädchen geboren werden (105,8 Knaben auf 100 Mädchen) und andererseits unter den Zuwanderern mehr Männer als Frauen zu verzeichnen sind.

Ein Fünftel ist konfessionslos

Die landesweit stärksten Konfessionsgruppen bei der ständigen Wohnbevölkerung ab 15 Jahren sind zwischen 2011 und 2013[1] die römisch-katholische Landeskirche mit 38,2% und die evangelisch-reformierte Landeskirche mit 26,9%. Die islamischen Glaubensgemeinschaften sind mit einem Anteil von 5,0% und die jüdischen mit 0,3% vertreten. Der Anteil der Konfessionslosen beträgt 21,4%, das entspricht einer Zunahme von 10,2 Prozentpunkten seit 2000. Die Anteile der römisch-katholischen und der evangelisch-reformierten Landeskirchen haben in diesem Zeitraum abgenommen (um 4,1 Prozentpunkte bzw. 7 Prozentpunkte), im Gegensatz zu demjenigen der islamischen Glaubensgemeinschaften (+1,4 Prozentpunkte). Der Anteil der jüdischen Glaubensgemeinschaften ist sehr leicht angestiegen (+0,1 Prozentpunkte).

Neun von zehn Personen haben eine Landessprache als Hauptsprache

Ende 2013 bezeichnen sich 84,4% der ständigen Wohnbevölkerung ab 15 Jahren als einsprachig, 15,6% sprechen mehrere Hauptsprachen. Die meistgesprochene Hauptsprache zwischen 2011 und 2013 ist mit einem Anteil von 63,5% Deutsch. Danach folgen Französisch (22,5%), Italienisch (8,1%), Englisch (4,4%) und Rätoromanisch (0,5%). Ende 2013 haben insgesamt 90,5% der Personen ab 15 Jahren mindestens eine Landessprache als Hauptsprache angegeben.

43% der Personen ab 15 Jahren sprechen üblicherweise zwei oder mehrere Sprachen

Auf dem Arbeitsmarkt wird mehrheitlich Schweizerdeutsch gesprochen (66,0% der Erwerbspersonen), gefolgt von Hochdeutsch (33,4%), Französisch (29,1%), dann Englisch (18,2%) und Italienisch (8,7%). Zu Hause oder mit den Angehörigen sprechen 60,1% der ständigen Wohnbevölkerung ab 15 Jahren üblicherweise Schweizerdeutsch, 23,4% Französisch, 10,1% Hochdeutsch, 8,4% Italienisch und 4,6% Englisch. Betrachtet man die Sprachen, die zu Hause, bei der Arbeit bzw. am Ausbildungsort gesprochen werden, so gaben 43,0% der ständigen Wohnbevölkerung ab 15 Jahren an, dass gewöhnlich mehr als eine Sprache benutzt wird. Das Englische und das Portugiesische sind die zwei Fremdsprachen, die am häufigsten erwähnt werden.

---

[1] Die Daten basieren auf drei aufeinanderfolgenden jährlichen Strukturerhebungen (2011, 2012 und 2013).

---

nomène, connu sous le nom de vieillissement démographique, résulte de l'allongement de l'espérance de vie et surtout du recul de la fécondité. Il se poursuivra au cours du 21e siècle. La part des personnes de 65 ans ou plus devrait passer de 18% (2015) à environ 26% en 2045.

Plus de femmes que d'hommes

Les femmes vivent plus longtemps que les hommes et cette différence dans l'espérance de vie fait que les femmes sont en légère majorité dans la population totale (2014: 50,5%). La part des femmes est relativement élevée chez les personnes de 65 à 79 ans (53,1%) et très importante chez celles de 80 ans ou plus (63,7%). Mais les femmes sont minoritaires dans les classes d'âges plus jeunes (48,7% chez les 0 à 19 ans). Ce phénomène tient au fait, d'une part, qu'il naît plus de garçons que de filles (105,8 garçons pour 100 filles) et, d'autre part, que les hommes sont plus nombreux que les femmes parmi les personnes immigrant en Suisse.

Un cinquième des personnes n'a pas d'appartenance religieuse

A l'échelle suisse, entre 2011 et 2013[1], les groupes confessionnels les plus importants parmi la population résidante permanente âgée de 15 ans ou plus sont l'Eglise catholique romaine (38,2%) et l'Eglise réformée évangélique (26,9%). 5,0% font partie des communautés islamiques et 0,3% des communautés juives. La part des personnes sans appartenance religieuse atteint 21,4%, soit une progression de 10,2 points depuis 2000. La part des catholiques romains et des réformés évangéliques a diminué (respectivement de 4,1 points et de 7 points), à l'inverse de celle des musulmans (+1,4 point). La part des communautés juives a très légèrement augmenté (+0,1 point).

Neuf personnes sur dix ont une langue nationale comme langue principale

A fin 2013, 84,4% des personnes faisant partie de la population résidante permanente de 15 ans ou plus déclarent ne parler qu'une langue principale. 15,6% déclarent parler plusieurs langues principales. Entre 2011 et 2013, l'allemand est la langue principale la plus parlée, avec une part de 63,5% sur la population résidante permanente totale. On trouve ensuite le français (22,5%), l'italien (8,1%), l'anglais (4,4%) et le romanche (0,5%). Fin 2013, 90,5% des personnes de 15 ans ou plus ont indiqué au moins une langue nationale comme langue principale.

43% des personnes de 15 ans ou plus parlent habituellement deux langues ou plus

Sur le marché du travail, le suisse-allemand est majoritairement utilisé (66,0% des personnes actives), suivi de l'allemand (33,4%), du français (29,1%), puis de l'anglais (18,2%) et de l'italien (8,7%). A la maison ou avec les proches, 60,1% de toutes les personnes considérées parlent habituellement le suisse-allemand, 23,4% le français, 10,1% l'allemand (langue standard), 8,4% l'italien et 4,6% l'anglais. En considérant les langues parlées à la maison ou au travail, respectivement sur le lieu de formation, 43,0% de la population résidante permanente de 15 ans ou plus ont indiqué

---

[1] Les données se basent sur trois relevés structurels annuels consécutifs (2011, 2012 et 2013).

Anteil der ständigen ausländischen Wohnbevölkerung G 1.5
Part de la population résidante permanente étrangère

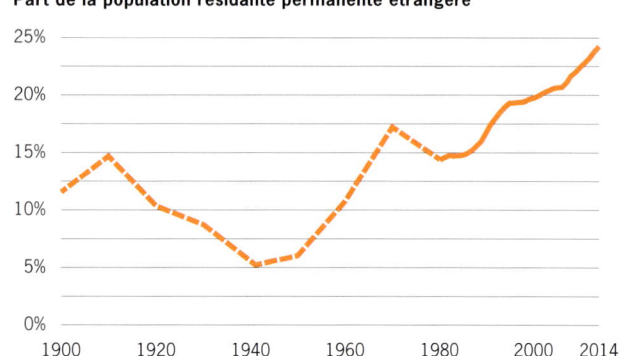

Staatsangehörigkeit der ausländischen Bevölkerung G 1.6
Nationalité de la population étrangère

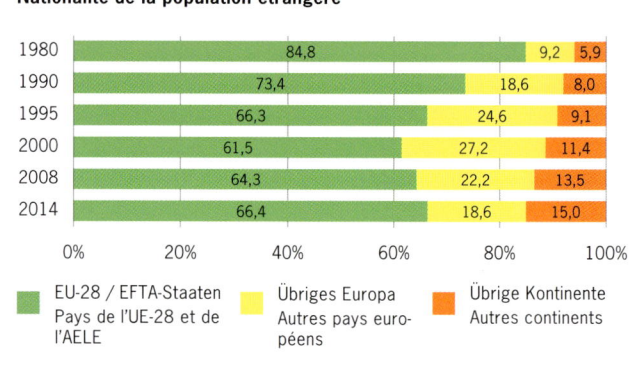

Année	EU-28 / EFTA-Staaten – Pays de l'UE-28 et de l'AELE	Übriges Europa – Autres pays européens	Übrige Kontinente – Autres continents
1980	84,8	9,2	5,9
1990	73,4	18,6	8,0
1995	66,3	24,6	9,1
2000	61,5	27,2	11,4
2008	64,3	22,2	13,5
2014	66,4	18,6	15,0

Fast ein Viertel der Bevölkerung ist ausländischer Nationalität

Der Ausländeranteil schwankte im 20. Jahrhundert stark. Auf Phasen der Immigration folgten Phasen der Emigration und der Rückwanderung. Dieses Auf und Ab ging in der Regel einher mit der Wirtschafts- und Arbeitsplatzentwicklung. Im europäischen Vergleich hat die Schweiz mit 24,3% (2014) einen der höchsten Anteile an Ausländerinnen und Ausländern.

Der überwiegende Teil der ausländischen Staatsangehörigen lebt seit langem in der Schweiz: Fast ein Fünftel ist hier geboren und gehört somit zur zweiten oder sogar dritten Ausländergeneration. Von den im Ausland Geborenen leben 46,9% seit mindestens 10 Jahren in der Schweiz. Fast zwei Drittel der Ausländerinnen und Ausländer besitzt eine zeitlich unbeschränkte Niederlassungsbewilligung. Sowohl in Bezug auf die Anwesenheitsdauer wie auch auf die Anwesenheitsbewilligung gibt es je nach Nationalität beträchtliche Unterschiede.

Globalisierung der Einwanderungsströme

Der Anteil der Personen aus aussereuropäischen Ländern ist von 5,9% (1980) auf 14,9% (2014) gestiegen, während jener der Personen aus den Nachbarländern der Schweiz von 64,8% auf 38,1% zurückgegangen ist. Der Anteil der EU-28- und EFTA-Bürgerinnen und Bürger beträgt 66,4%.

Dass sich die Migrationsströme globalisiert haben, liegt auch an der hohen Zahl von Asylgesuchen. Mit über 40 000 in den Jahren 1991, 1998 und 1999 wurde in der Schweiz ein Höchstniveau erreicht. Seit 2000 geht diese Zahl zurück. 2014 lag sie bei rund 23 800.

Dominanz der kleinen Haushalte in den Kernstädten der Agglomerationen

Im Jahr 2013 liegt die durchschnittliche Grösse der Privathaushalte bei 2,25 Personen. Sie variiert von 1,96 Personen in den Gemeinden mit über 100 000 Einwohnern bis 2,43 Personen in den Gemeinden mit weniger als 2000 Einwohnern. In den grossen Agglomerationen besteht ein grosser Unterschied zwischen den Kernstädten, wo fast die Hälfte der Haushalte Einpersonenhaushalte sind, und den suburbanen Zonen, wo die durchschnittliche Haushaltsgrösse mit derjenigen in den ländlichen Gebieten vergleichbar ist.

utiliser habituellement plus d'une langue. L'anglais et le portugais sont les deux langues étrangères les plus souvent mentionnées.

Près d'un quart de la population n'est pas de nationalité suisse

Au cours du 20e siècle, la proportion d'étrangers a beaucoup fluctué. Aux phases d'immigration ont succédé des phases d'émigration et de retour au pays. Ces mouvements de va-et-vient sont en général liés à l'évolution de la conjoncture et du marché du travail. La Suisse est l'un des pays d'Europe où la proportion d'étrangers est la plus élevée (24,3% en 2014).

Cependant, la majorité des résidents étrangers vivent depuis longtemps en Suisse. Près d'un cinquième est né en Suisse et se compose d'étrangers de la deuxième, voire de la troisième génération. Parmi ceux qui sont nés à l'étranger, 46,9% vit depuis au moins 10 ans dans notre pays. Près des deux tiers des étrangers possèdent une autorisation d'établissement illimitée. Toutefois, la durée et l'autorisation de résidence des étrangers varient considérablement selon les nationalités.

Mondialisation des flux migratoires

La part des ressortissants de pays non européens, qui était de 5,9% en 1980, est passée à 14,9% en 2014, celle des étrangers originaires des pays voisins de la Suisse de 64,8% à 38,1%. Pour l'UE-28 et l'AELE, la part est de 66,4%.

La mondialisation des flux migratoires va de pair avec un nombre élevé de requérants d'asile. Le nombre de ces derniers avait atteint un niveau record (plus de 40 000) en 1991, 1998 et 1999. Leur nombre a ensuite diminué à partir de l'an 2000 pour se situer à 23 800 en 2014.

Prédominance des petits ménages dans les villes-centres d'agglomérations

En 2013, la taille moyenne des ménages privés est de 2,25 personnes. Elle varie de 1,96 dans les communes de plus de 100 000 habitants à 2,43 dans les communes de moins de 2000 habitants. Dans les grandes agglomérations, le contraste est important entre les villes-centres d'agglomération, composés pour presque moitié de ménages de personnes seules, et les zones suburbaines où la taille moyenne des ménages est semblable à celle des régions rurales.

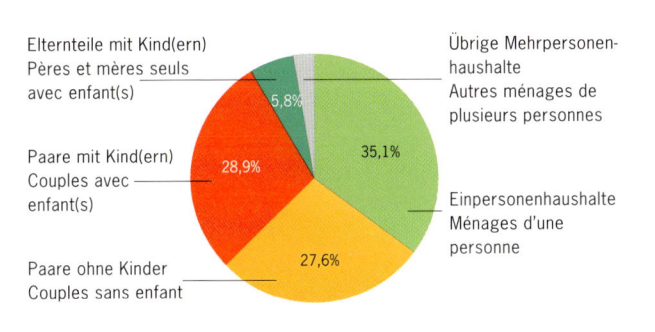

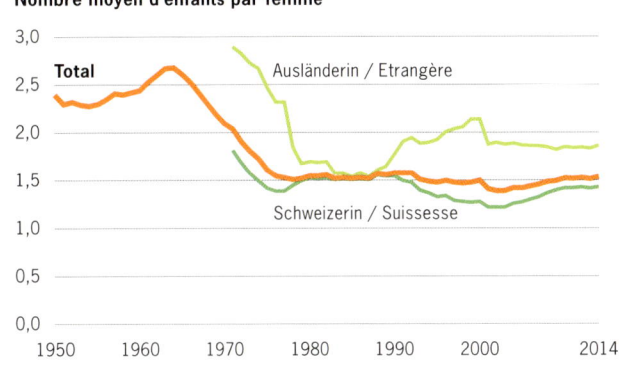

Privathaushalte nach Haushaltstyp 2013   G 1.7
Ménages privés selon le type de ménage, en 2013

- Elternteile mit Kind(ern) / Pères et mères seuls avec enfant(s): 5,8%
- Übrige Mehrpersonenhaushalte / Autres ménages de plusieurs personnes
- Paare mit Kind(ern) / Couples avec enfant(s): 28,9%
- Einpersonenhaushalte / Ménages d'une personne: 35,1%
- Paare ohne Kinder / Couples sans enfant: 27,6%

Durchschnittliche Zahl der Kinder je Frau   G 1.8
Nombre moyen d'enfants par femme

(Graphique 1950–2014: Total, Ausländerin / Etrangère, Schweizerin / Suissesse)

Die bürgerliche Familie mit Vater als Ernährer – ein Auslaufmodell?

Zu Beginn des 21. Jahrhunderts haben die Familienhaushalte ihre dominante Stellung eingebüsst. Im Jahr 2013 gehörten nur 29% der Privathaushalte zum Haushaltstyp «Paar mit Kind(ern)».

Das traditionelle bürgerliche «Alleinernährermodell» ist seltener geworden. 2014 sind beinahe acht von zehn Müttern mit Partner (78,5%) erwerbstätig – jedoch meist nur teilzeitlich, denn nach wie vor gilt in den meisten Familien: Erwerbsarbeit leisten überwiegend die Väter (in der Regel vollzeitlich), Haus- und Familienarbeit hauptsächlich die Mütter[2], und daran scheint sich kaum etwas zu ändern (immerhin ist der Anteil der in Partnerschaft lebenden vollzeitlich erwerbstätigen Väter mit jüngstem Kind unter 7 Jahren zwischen 1995 und 2014 von 95% auf 86% gesunken).

Heiraten und Geburten immer später

Die schwierige Vereinbarkeit von Beruf und Familie dürfte – nebst der längeren Ausbildungszeit – ein Grund sein, dass die Familiengründung – wenn überhaupt – immer später erfolgt. Das durchschnittliche Erstheiratsalter ist seit 1971 von 26,4 (Männer) bzw. 24,1 Jahren (Frauen) auf 31,8 bzw. 29,6 Jahre im Jahr 2014 gestiegen. Auch das Alter der Mutter bei der Geburt nimmt zu: kam 1970 noch eine klare Mehrheit (70%) der Kinder vor dem 30. Lebensjahr der Mutter zur Welt, waren 2014 mehr als zwei Drittel aller Mütter 30 Jahre oder älter.

Das Hinausschieben der Familiengründung ist mit ein Grund für die rückläufige Geburtenzahl, die seit Beginn der 1970er-Jahre nicht mehr ausreicht für die Bestandeserhaltung der Bevölkerung. Hierfür müssten die Frauen durchschnittlich 2,1 Kinder zur Welt bringen. Im Jahr 2014 waren es nur 1,54 Kinder pro Frau (Schweizerinnen 1,43; Ausländerinnen 1,87).

Formen des Zusammenlebens werden vielfältiger

Einige Formen des Zusammenlebens, die vor einigen Jahrzehnten noch selten oder sogar unmöglich waren, sind heute selbstverständlich geworden. Diese Entwicklung hängt mit der Zunahme der Scheidungen (6406 im Jahr 1970, 16 737 im Jahr 2014), aber auch mit der Entstehung neuer Formen des Zusammenlebens zwischen den Partnern zusammen. Bei den 2013 geschlossenen Ehen geht man davon aus, dass zwei von fünf Ehen (41%) mit einer Scheidung enden, falls sich das heutige Schei-

---

[2] Vgl. den Abschnitt «Unbezahlte Arbeit: Haus- und Familienarbeit» im Überblicksteil des Kapitels 3.

Vers le déclin de la famille traditionnelle avec le père subvenant seul aux besoins du ménage?

Au début du 21e siècle, les ménages familiaux ne prédominent plus. En 2013, seuls 29% des ménages privés sont du type «couple avec enfant(s)».

Le modèle classique où seul le père subvient aux besoins de la famille est devenu plus rare. En 2014, presque huit mères sur dix vivant en couple (78,5%) sont actives occupées, mais le plus souvent à temps partiel, car dans la plupart des familles, la répartition des rôles paraît presque immuable: le père exerce une activité rémunérée (le plus souvent à plein temps) et la mère[2] s'occupe du travail domestique et familial. Il reste que la part des pères vivant en couple avec un enfant de moins de 7 ans qui travaillent à plein temps est passée de 95% à 86% entre 1995 et 2014.

Mariages et naissances plus tardifs

Les difficultés de concilier vie professionnelle et vie familiale ainsi que l'allongement du temps de formation peuvent expliquer que la fondation d'une famille, lorsqu'elle a lieu, survient toujours plus tard. L'âge moyen au premier mariage n'a cessé d'augmenter depuis 1971, passant de 26,4 ans pour les hommes et 24,1 ans pour les femmes à respectivement 31,8 ans et 29,6 ans en 2014. L'âge de la mère à la naissance de ses enfants est aussi en hausse: plus des deux tiers des mères ont 30 ans ou plus à la naissance de leur enfant, alors qu'en 1970 la grande majorité (70%) avait moins de 30 ans.

Cette dernière évolution contribue à expliquer le recul du nombre de naissances au point que depuis le début des années 1970, la fécondité n'est pas suffisante pour permettre le remplacement des générations. Pour cela, il faudrait que les femmes aient chacune 2,1 enfants en moyenne; or, en 2014, elles en ont eu 1,54 (Suissesses: 1,43; étrangères: 1,87).

Diversification des formes de vie commune

Certaines formes de vie commune qui étaient encore rares, voire impossibles il y a quelques décennies, sont aujourd'hui bien établies. Leur développement tient à l'augmentation des divorces (6406 en 1970, 16 737 en 2014), mais aussi à l'émergence de nouvelles formes d'union entre partenaires. Si les comportements actuellement observés restent identiques à l'avenir,

---

[2] Voir aussi le sous-chapitre «Travail non rémunéré: travail domestique et familial» dans la vue d'ensemble du chapitre 3.

Zusammengefasste Scheidungsziffer G 1.9
Indicateur conjoncturel de divortialité

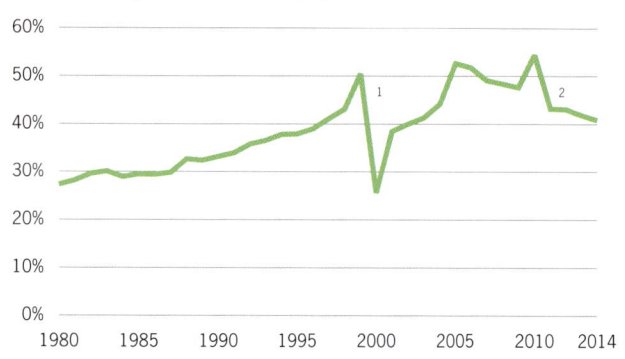

1 Die Entwicklung der Scheidungen nach 1998 (starke Zunahme 1999, starke Abnahme 2000) steht im Zusammenhang mit dem neuen Scheidungsrecht, das am 1. Januar 2000 in Kraft getreten ist. / L'évolution du nombre de divorces après 1998 (forte progression en 1999, important recul en 2000) est liée à l'introduction, le 1er janvier 2000, du nouveau droit du divorce.
2 2011: Bruch in der Reihe wegen der Verwendung einer neuen Datenquelle
2011: Rupture de série due à un changement de source

---

dungsverhalten zukünftig nicht ändern sollte. Die Folgen dieser bedeutenden Scheidungsneigung sind eine steigende Zahl von Patchworkfamilien und Einelternhaushalten.

Einelternhaushalte: Im Jahr 2013 umfassten 14% der Haushalte mit mindestens einem Kind unter 25 Jahren nur einen Elternteil. In 84% der Fällen handelte es sich um die Mutter.

Patchworkfamilienhaushalte: Im Jahr 2013 lebten in 6% der Haushalte mit mindestens einem Kind unter 25 Jahren Familien, in denen zumindest ein Kind aus einer früheren Beziehung eines der beiden Partner stammt.

Nicht-eheliche Lebensgemeinschaften: Im Jahr 2013 lebten in 15% aller Paarhaushalte mit oder ohne Kind(er) unverheiratete Paare. Dieser Anteil variiert zwischen 8% in den Haushalten von Paaren mit Kind(ern) und 23% in den Paarhaushalten ohne Kinder. Der Anteil nicht-ehelicher Geburten hat sich zwischen dem Jahr 2000 und 2013 fast verdoppelt. Er stieg von 10,7% auf 21,7% an. In den Paarhaushalten mit mindestens einem Kind unter 25 Jahren variiert der Anteil der nicht verheirateten Paare zwischen 6% in den Erstfamilien und 44% in den Patchworkfamilien.

Eingetragene Partnerschaften: Am 1. Januar 2007 trat das Partnerschaftsgesetz auf Bundesebene in Kraft. Gleichgeschlechtliche Paare können sich beim Zivilstandsamt ihres Wohnortes eintragen lassen und verbinden sich damit zu einer Lebensgemeinschaft mit genau definierten Rechten und Pflichten. Im Jahr 2007 machten 2004 Paare von dieser Möglichkeit Gebrauch, während es im Jahr 2014 nur noch 720 Paare (450 männliche und 270 weibliche) waren.

on estime que deux mariages sur cinq (41%) conclus en 2014 pourraient se terminer par un divorce. Conséquence de cette propension plus grande à divorcer, le nombre de ménages monoparentaux et de familles recomposées croît.

Ménages monoparentaux: en 2013, 14% des ménages avec au moins un enfant de moins de 25 ans ne comprenaient qu'un seul parent. Dans 84% des cas, il s'agissait de la mère.

Ménages de famille recomposée: en 2013, 6% des ménages avec au moins un enfant de moins de 25 ans sont des familles dans lesquelles au moins un enfant n'est pas commun aux deux partenaires.

Couples en union libre: en 2013, 15% de tous les ménages de couples, avec ou sans enfant(s), comprennent un couple non marié. Cette proportion varie de 8% parmi les ménages de couples avec enfant(s) à 23% parmi les ménages de couples sans enfant. La proportion des naissances hors mariage a presque doublé entre 2000 et 2014, passant de 10,7% à 21,7%. Parmi les ménages de couples avec au moins un enfant de moins de 25 ans, la proportion de couples non mariés varie de 6% dans les familles non recomposées à 44% dans les familles recomposées.

Partenariats enregistrés: la loi fédérale sur le partenariat enregistré entre personnes de même sexe est entrée en vigueur le 1er janvier 2007. Ces couples peuvent faire enregistrer leur union à l'état civil de leur lieu de domicile et créer une communauté de vie avec des droits et devoirs bien définis. En 2007, 2004 couples ont fait usage de cette possibilité. En 2014, seuls 720 couples (450 masculins et 270 féminins) ont fait enregistrer leur partenariat.

Erhebungen, Quellen / Enquêtes, sources

Die wichtigsten Erhebungen und Quellen zur Bevölkerung   M 1

Erhebung/Statistik	Verantwortliche Stelle	Periodizität	Seit/bis	Erhebungsmethode	Bevölkerungskonzept	Regionalisierungsgrad
Personenerhebungen						
Volkszählung (VZ)	BFS	10 Jahre / jährlich [1]	1850	Vollerhebung [1]	Wohnbevölkerung	Gemeinden, Quartiere, Hektaren
Strukturerhebung (SE)	BFS	Jährlich	2010	Stichprobenerhebung bei 200 000 Personen	Personen ab 15 Jahren der ständigen Wohnbevölkerung in Privathaushalten [2]	Kantone
Mikrozensus Familie in der Schweiz	BFS	... [3]	1994/95 [3]	Stichprobenerhebung bei 6000 Personen	Ständige Wohnbevölkerung zwischen 20 und 49 Jahren	Schweiz
Verwaltungsdaten						
Statistik der Bevölkerung und der Haushalte (STATPOP)	BFS	Jährlich (Erhebung vierteljährlich)	2011 [4]	Vollerhebung	Ständige Wohnbevölkerung, nichtständige Wohnbevölkerung	Gemeinden, Hektaren
Statistik der natürlichen Bevölkerungsbewegung (BEVNAT)	BFS	Jährlich (Erhebung laufend)	1871/76	Vollerhebung [5]	Ständige Wohnbevölkerung [6]	Gemeinden
Wanderungsstatistik der Schweizer Bürger	BFS	Jährlich	1981–2010	Vollerhebung [7]	Ständige Wohnbevölkerung	Gemeinden
Statistik der Auslandschweizer	EDA	Jährlich	1926	Vollerhebung [8]	...	Konsularbezirke
Synthesestatistiken						
Statistik des jährlichen Bevölkerungsstandes (ESPOP)	BFS	Jährlich	1981–2010 [9]	... [10]	Ständige Wohnbevölkerung, Mittlere Wohnbevölkerung	Gemeinden
Statistik der ausländischen Wohnbevölkerung (PETRA)	BFS	Jährlich	1991–2010 [9]	... [11]	Wohnbevölkerung, Ständige Wohnbevölkerung	Gemeinden
Bevölkerungsszenarien	BFS	5 Jahre [12]	1985	... [13]	Ständige Wohnbevölkerung	Kantone
Sterbetafel	BFS	10 Jahre [14]	1876/80	... [13]	Ständige Wohnbevölkerung	Schweiz
Demografische Indikatoren	BFS	Jährlich	1950	... [15]	Ständige Wohnbevölkerung	Kantone

[1] Vollerhebung alle 10 Jahre bis 2000. Ab 2010 wird die Volkszählung jährlich als Kombination von Daten aus Registern (z.B. STATPOP) und Stichprobenerhebungen (z.B. SE) durchgeführt.
[2] Ausser Diplomaten und internationale Funktionäre.
[3] Die Erhebung wurde im Rahmen des Projektes «Familiy and Fertility Surveys in Countries of the ECE Region» der Vereinten Nationen einmalig 1994/95 durchgeführt.
[4] Ab 31.12.2010 für Bestand, ab 2011 für Bewegungen.
[5] Basiert auf dem informatisierten Standesregister (INFOSTAR) und bis 2010 Meldungen von Gerichten.
[6] Vor 1999 lässt sich nicht feststellen, ob ein Ereignis eine Person ohne oder eine solche mit ständigem Wohnsitz in der Schweiz betrifft.
[7] Bei den kommunalen Einwohnerkontrollen.
[8] Bei den diplomatischen Vertretungen der Schweiz im Ausland. Diese Statistik berücksichtigt in der Regel nur diejenigen Bürgerinnen und Bürger, die sich freiwillig in den Konsularbezirken registrieren lassen.
[9] 2010: nur für Wanderungen, Erwerb des Schweizer Bürgerrechts, Veränderung, Bevölkerungsbilanz.
[10] Basiert auf den Ergebnissen von PETRA, BEVNAT und der Wanderungsstatistik der Schweizer Bürgerinnen und Bürger.
[11] Basiert auf BEVNAT und folgenden Verwaltungsregistern: Zentrales Migrationsinformations-System (ZEMIS), Register (ORDIPRO) der Personen mit einer Anwesenheitsbewilligung des EDA.
[12] Das Referenzszenario wird seit 2008 jährlich aktualisiert.
[13] Basiert auf den Ergebnissen von STATPOP, ESPOP, PETRA und BEVNAT.
[14] Sterbetafeln nach Geschlecht und Zivilstand wurden seit 1948/53 für einen Zeitraum von 6 Jahren rund um ein Volkszählungsjahr berechnet, das letzte Mal für 1998/2003. Seit 1981 sind jährliche vollständige Tafeln nach Geschlecht und Alter verfügbar.
[15] Basiert auf den Ergebnissen von ESPOP, PETRA und BEVNAT bis 2010, von STATPOP und BEVNAT ab 2011.

Les principales enquêtes et sources relatives à la population   M 1

Relevé/statistique	Institution responsable	Périodicité	Depuis / jusqu'en	Méthode de relevé	Type de population	Niveau de régionalisation
Relevés auprès des personnes						
Recensement de la population (RFP)	OFS	Décennale / annuelle[1]	1850	Relevé exhaustif[1]	Population résidante	Communes, quartiers, hectares
Relevé structurel (RS)	OFS	Annuelle	2010	Enquête par échantillonnage auprès de 200 000 personnes	Personnes âgées de 15 ans ou plus de la population résidante permanente vivant dans des ménages privés[2]	Cantons
Enquête suisse sur la famille	OFS	...[3]	1994/95[3]	Enquête par échantillonnage auprès de 6000 personnes	Population résidante permanente âgée de 20 à 49 ans	Suisse
Données administratives						
Statistique de la population et des ménages (STATPOP)	OFS	Annuelle (relevé trimestriel)	2011[4]	Relevé exhaustif	Population résidante permanente, population résidante non permanente	Communes, hectares
Statistique du mouvement naturel de la population (BEVNAT)	OFS	Annuelle (relevé continu)	1871/76	Relevé exhaustif[5]	Population résidante permanente[6]	Communes
Statistique des migrations des personnes de nationalité suisse	OFS	Annuelle	1981–2010	Relevé exhaustif[7]	Population résidante permanente	Communes
Statistique des Suisses à l'étranger	DFAE	Annuelle	1926	Relevé exhaustif[8]	...	Arrondissements consulaires
Statistiques de synthèse						
Statistique de l'état annuel de la population (ESPOP)	OFS	Annuelle	1981–2010[9]	...[10]	Population résidante permanente, population résidante moyenne	Communes
Statistique de la population résidante de nationalité étrangère (PETRA)	OFS	Annuelle	1991–2010[9]	...[11]	Population résidante, population résidante permanente	Communes
Scénarios démographiques	OFS	Quinquennale[12]	1985	...[13]	Population résidante permanente	Cantons
Tables de mortalité	OFS	Décennale[14]	1876/80	...[13]	Population résidante permanente	Suisse
Indicateurs démographiques	OFS	Annuelle	1950	...[15]	Population résidante permanente	Cantons

1 Décennal et exhaustif jusqu'en 2000. A partir de 2010, le recensement de la population est réalisé annuellement sur la base d'une combinaison des données des registres (p. ex. STATPOP) et des enquêtes par échantillonnage (p. ex. RS).
2 Excepté les diplomates et les fonctionnaires internationaux.
3 Cette enquête a été réalisée une seule fois en 1994/95 dans le cadre du projet «Family and Fertility Surveys in Countries of the ECE Region» des Nations Unies.
4 Dès le 31.12.2010 pour l'effet, dès 2011 pour les mouvements.
5 Etablie à partir du registre informatisé de l'état civil (INFOSTAR) et jusqu'en 2010 des communications par les tribunaux.
6 Avant 1999, il n'est pas possible de déterminer si un événement donné concerne une personne n'ayant pas de domicile permanent en Suisse ou une personne en ayant un.
7 Auprès des services communaux du contrôle des habitants.
8 Auprès des représentations diplomatiques de la Suisse à l'étranger. Cette statistique ne tient compte en général que des citoyens qui choisissent de se faire enregistrer auprès des arrondissements consulaires.
9 2010: uniquement pour les migrations, l'acquisition de la nationalité suisse, la variation et le bilan démographique.
10 Etablie à partir des résultats de PETRA, de BEVNAT et de la statistique des migrations des personnes de nationalité suisse.
11 Etablie à partir de BEVNAT et des registres administratifs suivants: Système d'information central sur la migration (SYMIC), Registre (ORDIPRO) des personnes ayant une autorisation de résidence du DFAE.
12 Dès 2008, le scénario de référence est actualisé annuellement.
13 Etablis à partir des résultats de STATPOP, d'ESPOP, de PETRA et de BEVNAT.
14 Les tables de mortalité, établies selon le sexe et l'état civil, ont été, depuis les tables de 1948/53, calculées pour une période de six ans centrée sur l'année d'un recensement, la dernière fois pour 1998/2003. Depuis 1981, des tables complètes établies selon le sexe et l'âge sont disponibles chaque année.
15 Etablis à partir des résultats d'ESPOP, de PETRA et de BEVNAT jusqu'en 2010, de STATPOP et BEVNAT dès 2011.

Glossar

Agglomerationen, städtische/ländliche Gebiete

Die **Agglomerationen** werden nach einheitlichen statistischen Kriterien definiert. Zu diesen Kriterien gehören die Einwohnerzahl und die Bevölkerungsentwicklung, der bauliche Zusammenhang, das Verhältnis der Erwerbstätigen zur Wohnbevölkerung, die Wirtschaftsstruktur und die Verflechtung mit der Kernzone durch Pendler. Die Zuteilung der Gemeinden zu den Agglomerationen wurde auf Grund der Resultate der Volkszählung 2000 vorgenommen.

Als **städtische Gebiete** gelten Agglomerationen und isolierte Städte (d.h. Gemeinden, die keiner Agglomeration angehören, zum Zeitpunkt der Volkszählung 2000 aber mindestens 10 000 Einwohner aufwiesen).

Die **ländlichen Gebiete** umfassen alle Gemeinden, die weder zu einer Agglomeration gehören noch isolierte Städte sind.

Familie

In der Haushaltsstatistik wird die Familie auf die dem Familienkern angehörenden Personen beschränkt, die im gleichen Haushalt zusammenleben. Wenn es die Datenlage erlaubt, werden auch breitere Definitionen von Familie verwendet, die sich nicht auf Verwandtschaftsbeziehungen des ersten Grades zwischen Personen des gleichen Haushalts beschränken, sondern z. B. auch Beziehungen zwischen erwachsenen Kindern und ihren Eltern einschliessen, die nicht unter dem gleichen Dach leben.

Familienkern

Ein Familienkern besteht mindestens aus a) einem Paar (verheiratet oder in eingetragener Partnerschaft oder keines von beiden, hetero- oder homosexuell) mit oder ohne Kind(er) oder b) aus einem Elternteil mit mindestens einem Kind.

Geburtenziffer

Die Anzahl Lebendgeburten bezogen auf die mittlere ständige Wohnbevölkerung eines bestimmten Kalenderjahres. Die **zusammengefasste Geburtenziffer** weist die durchschnittliche Kinderzahl je Frau aus, d.h. die Zahl der Kinder, welche die Frau im Verlauf ihres Lebens gebären würde, wenn die altersspezifischen Fruchtbarkeitsziffern im Beobachtungsjahr bis zum Ende des Gebärfähigkeitsalters der Frau konstant bleiben würden.

Hauptsprache(n)

Angegebene Sprache, in der die in der Strukturerhebung befragten Personen denken und die sie am besten beherrschen. Seit 2010 können die befragten Personen mehrere Hauptsprachen nennen. Bis zu drei Hauptsprachen je Person werden berücksichtigt.

Heiratsziffer

Die Anzahl Eheschliessungen bezogen auf die mittlere ständige Wohnbevölkerung eines bestimmten Kalenderjahres. Die **zusammengefasste Heiratsziffer** weist den durchschnittlichen Prozentanteil der Personen aus, die im Laufe der Zeit heiraten, wenn sie das Heiratsverhalten der verschiedenen Altersgruppen im Beobachtungsjahr aufweisen würden.

Glossaire

Agglomérations, régions urbaines/rurales

Les **agglomérations** sont définies en fonction de critères statistiques uniformes, comme le nombre d'habitants et l'évolution de la population, le lien de continuité de la zone bâtie, le rapport entre la population active occupée et la population résidante, la structure économique et la présence de navetteurs entre la commune et la zone centrale de l'agglomération. L'attribution des communes aux agglomérations a été effectuée sur la base des résultats du recensement de la population de 2000.

On entend par **régions urbaines** les agglomérations et les villes isolées. Sont considérées, comme villes isolées, les communes qui ne sont rattachées à aucune agglomération mais qui comptaient au moins 10 000 habitants lors du recensement de la population de 2000.

Les **régions rurales** comprennent toutes les communes qui n'appartiennent à aucune agglomération et qui ne sont pas des villes.

Appartenance religieuse

Eglise ou communauté religieuse déclarée par les personnes interrogées dans le cadre du Relevé structurel. Il ne s'agit donc pas uniquement de celles reconnues de droit public par les cantons mais de toutes les religions ou communautés religieuses.

Espérance de vie

Nombre moyen d'années (restantes) à vivre, compte tenu des taux actuels de mortalité pour l'âge considéré.

Famille

Dans la statistique des ménages, la famille se restreint au noyau familial co-résident. Lorsque les sources le permettent, on fait également appel à des définitions plus larges de la notion de famille, qui ne se restreignent pas aux relations au premier degré à l'intérieur d'un ménage, mais recouvrent par exemple aussi les relations entre des adultes et leurs parents âgés qui ne vivent pas sous le même toit.

Langue(s) principale(s)

Langue indiquée comme étant celle dans laquelle les personnes interrogées pensent et celle qu'elles savent le mieux. Depuis la mise en place du Relevé structurel en 2010, les personnes interrogées peuvent mentionner plusieurs langues principales, un maximum de trois étant pris en compte.

Ménage privé

Personne vivant seule ou groupe de personnes vivant dans le même logement. On distingue les **ménages familiaux** et les **ménages non familiaux.** Un ménage familial est un ménage privé comprenant au moins un noyau familial. Un ménage familial peut aussi comprendre d'autres personnes que celles faisant partie du ou des noyau(x) familial/familiaux.

Migrations

Est considéré comme migration tout changement de domicile principal. On fait une distinction entre les migrations internationales (entre la Suisse et l'étranger) et les migrations internes (à l'intérieur de la

Lebendgeburt
Unter Lebendgeburt versteht man eine Geburt, bei der das Kind lebend geboren wurde. Dies ist der Fall, wenn es atmet oder mindestens Herzschläge aufweist.

Lebenserwartung
Durchschnittliche Zahl der zu erwartenden (weiteren) Lebensjahre eines Menschen unter der Voraussetzung, dass die gegenwärtigen altersspezifischen Sterbeziffern konstant bleiben.

Privathaushalt
Allein lebende Person oder eine Gruppe von Personen, die in der gleichen Wohnung leben. Privathaushalte werden unterschieden nach **Familienhaushalten** und **Nichtfamilienhaushalten**. Ein Familienhaushalt ist ein Privathaushalt mit mindestens einem Familienkern. Ein Familienhaushalt kann auch andere Personen beinhalten, die nicht zum/zu den Familienkern(en) gehören.

Religiöse Zugehörigkeit
Kirchen oder Religionsgemeinschaften, welche die in der Strukturerhebung befragten Personen angegeben haben. Es werden alle Religionen oder Religionsgemeinschaften berücksichtigt, also nicht nur diejenigen, die von den Kantonen öffentlich-rechtlich anerkannt sind.

Scheidungsziffer
Die Anzahl Ehescheidungen bezogen auf die mittlere ständige Wohnbevölkerung eines bestimmten Kalenderjahres oder das Verhältnis zwischen der Anzahl Ehescheidungen nach Ehedauer und der Zahl der Heiraten nach Heiratsjahrgang. Die **zusammengefasste Scheidungsziffer** weist den durchschnittlichen Prozentanteil der Ehepaare aus, die sich im Laufe der Zeit scheiden lassen, wenn sie das Scheidungsverhalten der verschiedenen Heiratsjahrgänge im Beobachtungsjahr aufweisen würden.

Wanderungen
Als Wanderungen (Migrationen) werden alle Wechsel des Hauptwohnsitzes bezeichnet. Es wird zwischen der Aussenwanderung (internationale Wanderung, d.h. über die Schweizer Staatsgrenzen) und der Binnenwanderung (innerhalb der Schweiz) unterschieden. Umzüge innerhalb einer politischen Gemeinde (Ortsumzüge) werden in der Wanderungsstatistik nicht erfasst. Die täglichen Ein- und Ausreisen der Grenzgänger gelten als internationale Pendlerströme und nicht als Wanderungen.

Wohnbevölkerung
Die Bevölkerungsstatistik der Schweiz verwendet verschiedene Bevölkerungskonzepte (siehe Tabelle G 1), darunter:

Die **ständige Wohnbevölkerung** umfasste bis Ende 2009 alle Personen mit einem zivilrechtlichen Wohnsitz in der Schweiz. Der zivilrechtliche Wohnsitz ist in der Regel bei den schweizerischen Staatsangehörigen die Gemeinde, in welcher der Heimatschein hinterlegt ist und die Steuern entrichtet werden, und bei ausländischen Staatsangehörigen die Gemeinde, für welche die entsprechende Aufenthalts- oder Niederlassungsbewilligung ausgestellt wurde. Gemäss Schweizerischem Zivilgesetzbuch (Artikel 23 – 26) handelt es sich um die Gemeinde, in der sich jemand mit der «Absicht dauernden Verbleibens aufhält».

Mit der Einführung der Statistik der Bevölkerung und der Haushalte (STATPOP) wurde dieses Bevölkerungskonzept neu definiert. Zur ständigen Wohnbevölkerung zählen ab Ende 2010 alle schweizerischen Staatsangehörigen mit einem Hauptwohnsitz in der Schweiz; ausländische Suisse). Les déménagements effectués dans une même commune ne sont pas pris en compte dans la statistique des mouvements migratoires. Les navettes quotidiennes des frontaliers sont considérées comme des flux internationaux de navetteurs et non comme des mouvements migratoires.

Naissance vivante
Par naissance vivante, on entend la naissance d'un enfant dont on a constaté la viabilité sur la base de deux critères que sont la respiration et le battement du cœur.

Noyau familial
Un noyau familial est constitué, au minimum, a) d'un couple (marié ou en partenariat fédéral ou non, hétéro- ou homosexuel), avec ou sans enfant(s), ou b) d'un parent seul avec au moins un enfant.

Population
La statistique démographique suisse considère différents types de population (voir le tableau G 1) dont:

La **population résidante permanente** comprend, jusqu'à la fin de l'année 2009, toutes les personnes dont le domicile civil est en Suisse. Pour les Suisses, le domicile civil est en général la commune où est déposé l'acte d'origine et où sont versés les impôts. Pour les étrangers, c'est celle où la personne s'est vu remettre une autorisation de séjour ou d'établissement. Selon le Code civil suisse (art. 23 à 26), il s'agit du lieu où la personne réside «avec l'intention de s'y établir».

Avec l'introduction de la statistique de la population et des ménages (STATPOP), ce concept de population a été redéfini. En effet, à partir de la fin de l'année 2010, la population résidante permanente comprend toutes les personnes de nationalité suisse ayant un domicile principal en Suisse; les personnes de nationalité étrangère titulaires d'une autorisation de séjour ou d'établissement d'une durée minimale de 12 mois (livrets B ou C, ainsi que les fonctionnaires internationaux, les diplomates et les membres de leur famille); les personnes de nationalité étrangère titulaires d'une autorisation de séjour de courte durée pour une durée cumulée minimale de 12 mois (livret L); les personnes dans le processus d'asile totalisant au moins 12 mois de résidence en Suisse (livrets F ou N).

L'effectif de la population résidante permanente est généralement calculé **à la fin de l'année.** L'attribution d'une personne à une commune s'effectue en fonction de son domicile principal au sens de l'art. 2, let. a, de l'ordonnance sur le recensement. Chaque personne ne peut avoir qu'un seul domicile principal en Suisse.

La **population résidante permanente moyenne** correspond à la moyenne arithmétique de la population résidante permanente au 1er janvier et au 31 décembre de la même année.

Appliqué aux recensements fédéraux de la population jusqu'en 2000, le concept de **population résidante** portait sur des groupes de personnes qui n'étaient pas pris en compte dans la population résidante permanente (voir le tableau G 1). Le domicile économique était déterminant.

Taux de divortialité
Nombre de divorces par rapport à la population résidante permanente moyenne d'une année civile donnée ou rapport entre le nombre de divorces selon la durée du mariage et le nombre de mariages selon l'année de mariage. **L'indicateur conjoncturel de divortialité** traduit le pourcentage de personnes qui devraient divorcer un jour, compte tenu de la divortialité observée à une année donnée.

Staatsangehörige mit einer Aufenthalts- oder Niederlassungsbewilligung für mindestens zwölf Monate (Ausweis B oder C oder EDA-Ausweis [internationale Funktionäre, Diplomaten und deren Familienangehörige]); ausländische Staatsangehörige mit einer Kurzaufenthaltsbewilligung (Ausweis L) für eine kumulierte Aufenthaltsdauer von mindestens zwölf Monaten; Personen im Asylprozess (Ausweis F oder N) mit einer Gesamtaufenthaltsdauer von mindestens zwölf Monaten.

Die ständige Wohnbevölkerung wird in der Regel auf das **Jahresende** ausgewiesen. Für die Zuordnung einer Person zu einer Gemeinde ist deren Hauptwohnsitz nach Art. 2 Bst. a der Volkszählungsverordnung massgebend. Eine Person kann nur einen Hauptwohnsitz in der Schweiz haben.

Die **mittlere ständige Wohnbevölkerung** entspricht dem arithmetischen Mittel der ständigen Wohnbevölkerung am 1. Januar und am 31. Dezember desselben Jahres.

Für die **Wohnbevölkerung** – das Bevölkerungskonzept, welches die Eidgenössische Volkszählung bis 2000 verwendete – ist die Bevölkerung nach wirtschaftlichem Wohnsitz massgebend. Zur Zielpopulation der Volkszählung gehörten auch Personengruppen, die in der ständigen Wohnbevölkerung nicht berücksichtigt wurden (siehe Tabelle G 1).

Taux de fécondité

Nombre de naissances vivantes par rapport à la population résidante permanente moyenne d'une année civile donnée. **L'indicateur conjoncturel de fécondité** exprime le nombre moyen d'enfants (nés vivants) par femme, c'est-à-dire le nombre d'enfants qu'une femme mettrait au monde au cours de sa période de procréation compte tenu de la fécondité des femmes des différents âges lors de l'année considérée.

Taux de nuptialité

Nombre de mariages par rapport à la population résidante permanente moyenne d'une année civile donnée. **L'indicateur conjoncturel de nuptialité** traduit le pourcentage de personnes qui devraient se marier un jour, compte tenu de la nuptialité observée à une année donnée.

Bevölkerungsdefinitionen G 1

Personengruppen	Bevölkerungsbegriff		
	Ständige Wohnbevölkerung		Wohnbevölkerung
	bis 31.12.2009	ab 31.12.2010	bis 31.12.2009
Schweizer Staatsangehörige			
Zivilrechtlicher Wohnsitz in der Schweiz	enthalten	…	enthalten
Hauptwohnsitz in der Schweiz	…	enthalten	…
(ständiger) Wohnsitz im Ausland			
Wirtschaftlicher Wohnsitz in der Schweiz	nicht enthalten	…	enthalten
Nebenwohnsitz in der Schweiz	…	nicht enthalten	…
Ausländische Staatsangehörige			
Aufenthalter (B), Niedergelassene (C), Kurzaufenthalter ≥ 12 Monate (L)	enthalten	enthalten	enthalten
Saisonarbeiter (A)[1]	nicht enthalten	…	enthalten
Kurzaufenthalter < 12 Monate (L)	nicht enthalten	nicht enthalten	enthalten
Asylsuchende (N) und Vorläufig Aufgenommene (F)	nicht enthalten	z.T. enthalten[2]	enthalten
Diplomaten, internationale Funktionäre (EDA-Ausweis)	enthalten	enthalten	enthalten
Grenzgänger (G)	nicht enthalten	nicht enthalten	nicht enthalten

Définitions de la population G 1

Catégories de personnes	Notion		
	Population résidante permanente		Population résidante
	jusqu'au 31.12.2009	dès le 31.12.2010	jusqu'au 31.12.2009
Personnes de nationalité suisse			
Domicile civil en Suisse	inclus	…	inclus
Domicile principal en Suisse	…	inclus	…
Domicile (permanent) à l'étranger			
Domicile économique en Suisse	pas inclus	…	inclus
Domicile secondaire en Suisse	…	pas inclus	…
Personnes de nationalité étrangère			
Titulaires d'une autorisation d'établissement (C), d'une autorisation de séjour (B), d'une autorisation de séjour de courte durée de ≥ 12 mois (L)	inclus	inclus	inclus
Saisonniers (A)[1]	pas inclus	…	inclus
Titulaires d'une autorisation de séjour de courte durée de moins de 12 mois (L)	pas inclus	pas inclus	inclus
Requérants d'asile (N) et personnes admises à titre provisoire (F)	pas inclus	partiellement inclus[2]	inclus
Diplomates, fonctionnaires internationaux (autorisation du DFAE)	inclus	inclus	inclus
Frontaliers (G)	pas inclus	pas inclus	pas inclus

---

1 Saisonarbeiterbewilligungen werden seit dem 1.6.2002 nicht mehr ausgestellt.
2 Nur wenn Gesamtaufenthaltsdauer von mindestens 12 Monaten.

1 Le statut de saisonnier (livret A) n'est plus attribué depuis le 1er juin 2002.
2 Totalisant au moins 12 mois de résidence.

Daten / Données

Stand und Entwicklung / Population en général
Bevölkerungsdaten im Zeitvergleich
Evolution des données démographiques
T 1.1.1

	1950	1960	1970	1980	1990	2000	2010[1]	2012	2013	2014	
Bestand und Struktur											**Etat et structure**
Ständige Wohnbevölkerung[2] in 1000	4 717	5 360	6 193	6 335	6 751	7 204	7 870	8 039	8 140	8 238	Population résidante permanente[2] en milliers
Ausländer	285	514	1 002	914	1 127	1 424	1 766	1 870	1 937	1 998	Etrangers
Städtisch	...	...	...	5 341	5 675	6 033	6 637	6 786	6 874	6 959	Régions urbaines
Ländlich	...	...	...	995	1 076	1 171	1 233	1 253	1 266	1 279	Régions rurales
Altersgruppen, in %											Groupes d'âges, en %
0–19 Jahre	30,6	31,8	31,0	27,5	23,4	23,1	20,9	20,4	20,3	20,2	0–19 ans
20–64 Jahre	59,8	57,9	57,5	58,6	62,0	61,5	62,2	62,2	62,1	62,0	20–64 ans
65 und mehr Jahre	9,6	10,3	11,5	13,9	14,6	15,4	16,9	17,4	17,6	17,8	65 ans et plus
Entwicklung											**Evolution**
Geburtenüberschuss, je 1000 Einwohner	8,0	7,9	6,8	2,3	3,0	2,2	2,3	2,2	2,2	2,6	Accroissement naturel, pour 1000 habitants
Wanderungssaldo, je 1000 Einwohner	2,5	4,2	-2,9	2,7	8,4	2,8	8,3	8,9	10,8	9,3	Solde migratoire, pour 1000 habitants
Lebendgeburten											**Naissances vivantes**
je 1000 Einwohner	18,1	17,7	16,1	11,7	12,5	11,0	10,3	10,3	10,2	10,4	pour 1000 habitants
von nicht verheirateten Müttern, in %	3,8	3,8	3,8	4,8	6,1	10,7	18,6	20,2	21,1	21,7	de mères pas mariées, en %
Durchschnittsalter der Mutter bei Geburt des ersten Kindes	26,8	26,0	25,3	26,3	27,6	28,7	30,2	30,4	30,6	30,7	Age moyen de la mère à la naissance de son premier enfant
Zusammengefasste Geburtenziffer	2,40	2,44	2,10	1,55	1,59	1,50	1,52	1,53	1,52	1,54	Indicateur conjoncturel de fécondité
Todesfälle											**Décès**
je 1000 Einwohner	10,1	9,8	9,2	9,4	9,5	8,7	8,0	8,0	8,0	7,8	pour 1000 habitants
Todesfälle im ersten Lebensjahr, je 1000 Lebendgeburten	31,2	21,1	15,1	9,1	6,8	4,9	3,8	3,6	3,9	3,9	Décès pendant la première année de vie, pour 1000 naissances vivantes
Heiraten											**Mariages**
je 1000 Einwohner	7,9	7,8	7,6	5,7	6,9	5,5	5,5	5,3	4,9	5,1	pour 1000 habitants
Durchschnittliches Heiratsalter der ledigen Frauen	25,8	24,9	24,1	25,0	26,7	27,9	29,4	29,5	29,6	29,6	Age moyen des femmes célibataires au mariage
Zusammengefasste Heiratsziffer der ledigen Frauen (< 50 Jahre), in %	92	96	87	66	75	64	65	64	59	61	Indic. conjoncturel de nuptialité des femmes célibataires (< 50 ans), en %
Scheidungen[3]											**Divorces[3]**
je 1000 Einwohner	0,9	0,9	1,0	1,7	2,0	1,5	2,8	2,2	2,1	2,0	pour 1000 habitants
Zusammengefasste Scheidungsziffer, in %	12	13	15	27	33	26	54	43	42	41	Indicateur conjoncturel de divortialité, en %
Lebenserwartung (Jahre)[4]											**Espérance de vie** (années)[4]
Männer	66,4	68,7	70,3	72,3	74,0	76,9	80,2	80,5	80,5	81,0	Hommes
Frauen	70,9	74,1	76,2	78,8	80,8	82,6	84,6	84,7	84,8	85,2	Femmes

1 Ab 2010: Neue Definition der ständigen Wohnbevölkerung, die zusätzlich Personen im Asylprozess mit einer Gesamtaufenthaltsdauer von mindestens 12 Monaten umfasst.
2 Am Jahresende; Definition «städtisch/ländlich» gemäss BFS-Typologie «Raum mit städtischem Charakter, 2012»
3 Ab 2011: Bruch in der Reihe wegen der Verwendung einer neuen Datenquelle
4 Quellen: bis 1980: offizielle Sterbetafel; ab 1981: vollständige jährliche Sterbetafeln

Quellen: BFS – VZ, ESPOP, BEVNAT, STATPOP

1 Dès 2010, changement de définition pour la population résidante permanente: elle comprend désormais les personnes dans le processus d'asile résidant depuis 12 mois ou plus en Suisse.
2 A la fin de l'année; définition «régions urbaines / régions rurales» selon la typologie de l'OFS «L'espace à caractère urbain, 2012»
3 Dès 2011, rupture de série due à un changement de source
4 Sources: jusqu'en 1980, tables officielles de mortalité; dès 1981, tables de mortalité complètes annuelles

Sources: BFS – RFP, ESPOP, BEVNAT, STATPOP

Bevölkerungsdaten im europäischen Vergleich
Données démographiques de divers pays d'Europe

T 1.1.2

	Jahr / Année	Schweiz / Suisse	Deutschland / Allemagne	Frankreich[1] / France[1]	Italien / Italie	Niederlande / Pays-Bas	Österreich / Autriche	Schweden / Suède	Ver. Königreich / Royaume-Uni	
Bestand										**Etat**
Wohnbevölkerung in 1000	1991[2]	6 757	79 753	58 313	56 744	15 010	7 711	8 591	57 338	Population résidante en milliers
	2014[2]	8 140	80 767	65 835	60 782	16 829	8 506	9 644	64 351	
Einwohner je km²	2008	188,8	229,9	101,4	202,7	487,2	101,1	22,5	252,5	Habitants par km²
Alter in %										**Age** en %
0–14 Jahre	2014[2]	14,9	13,1	18,6	13,9	16,9	14,3	17,1	17,6	0–14 ans
15–64 Jahre	2014[2]	67,5	66,1	63,5	64,7	65,7	67,4	63,5	64,8	15–64 ans
65 und mehr Jahre	2014[2]	17,6	20,8	18,0	21,4	17,3	18,3	19,4	17,5	65 ans et plus
Entwicklung										**Evolution**
Geburtenüberschuss je 1000 Einwohner	1980	2,3	−1,1	...	1,5	4,7	−0,2	0,6	1,6	Accroissement naturel pour 1000 habitants
	2014	2,6	−2,2	4,0	−1,5	2,1	0,4	2,7	3,2	
Wanderungssaldo je 1000 Einwohner	1980	2,7	3,9	0,8	0,1	3,6	1,2	1,2	−0,6	Solde migratoire pour 1000 habitants
	2014	9,3	7,1	0,5	1,8	2,1	8,7	7,9	3,3	
Lebendgeburten										**Naissances vivantes**
Lebendgeburten je 1000 Einwohner	1980	11,7	11,1	...	11,3	12,8	12,0	11,7	13,4	Naissances vivantes pour 1000 habitants
	2014	10,4	8,6	12,4	8,3	10,4	9,6	11,9	12,0	
von nicht verheirateten Müttern, in %	1980	4,8	11,9	...	4,3	4,1	17,8	39,7	11,5	de mères pas mariées, en %
	2014	21,7	34,8	...	26,9	47,4	...	54,4	...	
Durchschnittsalter der Mutter bei Geburt[3]	1980	27,9	...	...	27,5	27,7	26,3	27,6	26,9	Age moyen de la mère à la naissance[3]
	2014	31,7	30,8	30,2	31,5	31,0	30,3	30,9	30,0	
Zusammengefasste Geburtenziffer	1980	1,6	...	...	1,6	1,6	1,7	1,7	1,9	Indicateur conjoncturel de fécondité
	2014	1,5	1,4	2,0	1,4	1,7	1,4	1,9	1,9	
Todesfälle										**Décès**
Todesfälle je 1000 Einwohner	1980	9,4	12,2	...	9,8	8,1	12,2	11,0	11,7	Décès pour 1000 habitants
	2014	7,8	10,8	8,4	9,8	8,3	9,2	9,2	8,8	
Todesfälle im ersten Lebensjahr, je 1000 Lebendgeburten	1980	9,0	12,4	...	14,6	8,6	14,3	6,9	13,9	Décès pendant la première année de vie, pour 1000 naissances vivantes
	2014	3,9	3,3	3,6	2,9	3,8	3,1	2,7	3,8	
Heiraten										**Mariages**
Heiraten je 1000 Einwohner	1980	5,7	6,3	...	5,7	6,4	6,2	4,5	7,4	Mariages pour 1000 habitants
	2014	5,1	4,6	...	3,2	3,8	4,3	5,4	...	
Scheidungen										**Divorces**
Scheidungen je 1000 Einwohner	1980	1,7	1,8	...	0,2	1,8	1,8	2,4	2,6	Divorces pour 1000 habitants
	2014	2,0	2,1	...	...	2,0	...	2,8	...	
Lebenserwartung (Jahre)										**Espérance de vie** (années)
Männer	2014	81,0	77,9	78,3	79,5	78,9	77,9	79,4	78,5	Hommes
Frauen	2014	85,2	82,4	84,9	84,4	82,5	83,0	83,0	82,2	Femmes

1 Frankreich inkl. Überseegebiete
2 Am 1. Januar
3 Die Informationen über das Geburtsjahr der Mutter erlauben, das durchschnittliche Alter zum Zeitpunkt der Geburt aller Frauen, welche in einem bestimmten Kalenderjahr ein Kind zur Welt gebracht haben, zu ermitteln.

Quellen: BFS (Schweiz), Eurostat

1 France, inclus les départements et territoires d'outre-mer
2 Au 1er janvier
3 Les informations sur l'âge de la mère à la naissance de son enfant permettent d'établir l'âge moyen à la maternité durant l'année civile. Dans le calcul de cet indicateur, toutes les naissances sont prises en compte sans distinction des rangs de naissance.

Sources: OFS (Suisse), Eurostat

Stand und Entwicklung
Effectif et évolution
Haushaltsgrösse[1] in den grössten Agglomerationen. 2013
Taille des ménages[1] dans les plus grandes agglomérations. En 2013

T 1.2.2.8

	Haushaltsgrösse Taille des ménages	Anteil Proportion %	Durchschnittliche Anzahl Personen je Haushalt Nombre moyen de personnes par ménage	
Schweiz	1	35,1		
	2	32,6	2,25	Suisse
	3+	32,3		
Zürich				**Zurich**
Kernstadt	1	45,7		
	2	30,1	1,98	Ville-centre
	3+	24,1		
Agglomerationsgürtel	1	32,1		
	2	34,8	2,28	Couronne extérieure de l'agglomération
	3+	33,0		
Bern				**Berne**
Kernstadt	1	45,9		
	2	29,6	1,99	Ville-centre
	3+	24,5		
Agglomerationsgürtel	1	33,5		
	2	36,9	2,20	Couronne extérieure de l'agglomération
	3+	29,7		
Basel (CH)				**Bâle (CH)**
Kernstadt	1	49,9		
	2	28,4	1,88	Ville-centre
	3+	21,7		
Agglomerationsgürtel	1	32,5		
	2	36,1	2,24	Couronne extérieure de l'agglomération
	3+	31,4		
Lausanne				**Lausanne**
Kernstadt	1	48,1		
	2	26,8	1,96	Ville-centre
	3+	25,1		
Agglomerationsgürtel	1	32,7		
	2	31,0	2,33	Couronne extérieure de l'agglomération
	3+	36,3		
Genf (CH)				**Genève (CH)**
Kernstadt	1	49,1		
	2	23,9	2,01	Ville-centre
	3+	27,0		
Agglomerationsgürtel	1	29,9		
	2	27,3	2,57	Couronne extérieure de l'agglomération
	3+	42,8		

[1] Nur Privathaushalte
Quelle: BFS – STATPOP

[1] Uniquement les ménages privés
Source: OFS – STATPOP

Struktur der ständigen Wohnbevölkerung. In 1000
Structure de la population résidante permanente. En milliers

T 1.2.3.1

	2012			2013			2014			
	Total	Männer Hommes	Frauen Femmes	Total	Männer Hommes	Frauen Femmes	Total	Männer Hommes	Frauen Femmes	
Total	8 039,1	3 968,5	4 070,5	8 139,6	4 022,1	4 117,5	8 237,7	4 073,9	4 163,8	**Total**
Staatsangehörigkeit										**Nationalité**
Schweizer	6 169,1	2 975,4	3 193,7	6 202,2	2 993,6	3 208,6	6 239,2	3 013,8	3 225,4	Suisses
Ausländer	1 870,0	993,1	876,8	1 937,4	1 028,5	909,0	1 998,5	1 060,0	938,4	Etrangers
Zivilstand[1]										**Etat civil**[1]
Ledig	3 477,7	1 846,0	1 631,7	3 537,8	1 878,0	1 659,9	3 594,0	1 908,2	1 685,8	Célibataire
Verheiratet	3 507,1	1 770,3	1 736,8	3 527,9	1 782,2	1 745,8	3 551,9	1 795,3	1 756,6	Marié
Verwitwet	407,7	75,3	332,4	407,7	76,0	331,6	407,6	76,6	330,9	Veuf
Geschieden	634,4	268,8	365,6	652,6	276,8	375,8	669,0	283,8	385,3	Divorcé
Unverheiratet	0,5	0,2	0,3	0,5	0,2	0,3	0,5	0,2	0,4	Non marié
In eingetragener Partnerschaft	11,1	7,6	3,5	12,2	8,3	3,9	13,3	9,0	4,3	Lié par un partenariat enregistré
Aufgelöste Partnerschaft	0,7	0,4	0,2	0,9	0,6	0,3	1,1	0,7	0,4	Partenariat dissous
Alter										**Age**
0–19	1 643,3	843,6	799,7	1 653,5	849,0	804,5	1 663,8	854,3	809,5	0–19
20–39	2 143,6	1 082,5	1 061,1	2 172,5	1 097,6	1 074,9	2 198,9	1 111,6	1 087,4	20–39
40–64	2 853,5	1 434,1	1 419,4	2 880,9	1 449,0	1 431,9	2 909,4	1 464,3	1 445,1	40–64
65–79	1 008,0	469,2	538,7	1 034,0	483,2	550,8	1 056,9	495,3	561,6	65–79
80 und mehr	390,7	139,0	251,6	398,7	143,2	255,5	408,7	148,4	260,3	80 et plus

[1] Serienbruch ab 2014: Exkl. «ohne Angabe»
Quelle: BFS – STATPOP

[1] Rupture de série: à partir de 2014, les «Sans indication» ne sont pas compris.
Source: OFS – STATPOP

Altersmasszahlen der ständigen Wohnbevölkerung nach Staatsangehörigkeitskategorie und Geschlecht. 2014
Données relatives à l'âge de la population résidante permanente selon la catégorie de nationalité et le sexe. En 2014

T 1.2.3.3

	Total	Alter Age					Alter im Durchschnitt Age moyen	Masszahlen zur Altersstruktur, in %[1] Rapports de dépendance, en %[1]			
		0–19	20–39	40–64	65–79	80+		Alters- quotient Rapport de dép. des plus de 64 ans	Jugend- quotient Rapport de dép. des moins de 20 ans	Gesamt- quotient Rapport global de dépendance	
Total	8 237 666	1 663 752	2 198 925	2 909 424	1 056 864	408 701	41,9	28,7	32,6	61,3	**Total**
Schweizer	6 239 207	1 256 302	1 460 545	2 213 649	929 627	379 084	43,5	35,6	34,2	69,8	Suisses
Männer	3 013 838	644 485	729 610	1 078 744	425 868	135 131	42,1	31,0	35,6	66,7	Hommes
Frauen	3 225 369	611 817	730 935	1 134 905	503 759	243 953	44,9	40,1	32,8	72,9	Femmes
Ausländer	1 998 459	407 450	738 380	695 775	127 237	29 617	36,8	10,9	28,4	39,3	Etrangers
Männer	1 060 042	209 808	381 952	385 580	69 384	13 318	37,2	10,8	27,3	38,1	Hommes
Frauen	938 417	197 642	356 428	310 195	57 853	16 299	36,3	11,1	29,6	40,8	Femmes

[1] Altersquotient = Verhältnis der über 64-Jährigen zu den 20- bis 64-Jährigen
Jugendquotient = Verhältnis der 0- bis 19-Jährigen zu den 20- bis 64-Jährigen
Gesamtquotient = Verhältnis der 0- bis 19-Jährigen und über 64-Jährigen zu den 20- bis 64-Jährigen

Quelle: BFS – STATPOP

[1] Rapport de dépendance des personnes âgées = Rapport des personnes âgées de 65 ans ou plus à celles de 20 à 64 ans
Rapport de dépendance des jeunes = Rapport des personnes âgées de 0 à 19 ans à celles de 20 à 64 ans
Rapport total de dépendance = Rapport des personnes âgées de 0 à 19 ans et de plus de 64 ans à celles de 20 à 64 ans

Source: OFS – STATPOP

Struktur der ständigen Wohnbevölkerung nach Kantonen. 2014
Structure de la population résidante permanente selon les cantons. En 2014

T 1.2.3.4

	Total	Alter / Age			Geschlecht / Sexe		Staatsangehörigkeit / Nationalité		Stadt/Land¹ / Ville/Campagne¹	
		0–19	20–64	>64	Männer Hommes	Frauen Femmes	Schweizer Suisses	Ausländer Etrangers	Stadt Ville	Land Campagne
Total	8 237 666	1 663 752	5 108 349	1 465 565	4 073 880	4 163 786	6 239 207	1 998 459	6 959 114	1 278 552
Région lémanique	1 570 594	336 857	970 056	263 681	768 192	802 402	1 047 506	523 088	1 408 974	161 620
Vaud	761 446	168 899	468 935	123 612	373 187	388 259	509 124	252 322	682 352	79 094
Valais	331 763	67 069	203 445	61 249	164 399	167 364	256 485	75 278	249 237	82 526
Genève	477 385	100 889	297 676	78 820	230 606	246 779	281 897	195 488	477 385	0
Espace Mittelland	1 826 251	368 125	1 115 781	342 345	898 913	927 338	1 499 972	326 279	1 399 978	426 273
Bern	1 009 418	193 024	615 175	201 219	494 008	515 410	857 915	151 503	750 768	258 650
Fribourg	303 377	69 985	188 624	44 768	151 587	151 790	238 449	64 928	224 538	78 839
Solothurn	263 719	50 998	163 222	49 499	131 036	132 683	208 749	54 970	227 175	36 544
Neuchâtel	177 327	38 257	106 437	32 633	86 540	90 787	132 575	44 752	159 102	18 225
Jura	72 410	15 861	42 323	14 226	35 742	36 668	62 284	10 126	38 395	34 015
Nordwestschweiz	1 117 158	217 881	694 046	205 231	552 700	564 458	836 996	280 162	1 014 033	103 125
Basel-Stadt	190 580	31 708	120 006	38 866	91 760	98 820	124 274	66 306	190 580	0
Basel-Landschaft	281 301	54 274	168 014	59 013	137 719	143 582	221 378	59 923	274 225	7 076
Aargau	645 277	131 899	406 026	107 352	323 221	322 056	491 344	153 933	549 228	96 049
Zürich	1 446 354	283 522	919 491	243 341	717 702	728 652	1 073 065	373 289	1 436 587	9 767
Ostschweiz	1 144 572	231 934	709 088	203 550	572 509	572 063	892 118	252 454	816 513	328 059
Glarus	39 794	7 739	24 572	7 483	20 136	19 658	30 798	8 996	30 033	9 761
Schaffhausen	79 417	15 049	48 304	16 064	39 111	40 306	59 542	19 875	71 371	8 046
Appenzell A. Rh.	54 064	11 061	32 947	10 056	27 271	26 793	45 763	8 301	41 437	12 627
Appenzell I. Rh.	15 854	3 560	9 429	2 865	8 121	7 733	14 169	1 685	0	15 854
St. Gallen	495 824	103 606	306 925	85 293	247 516	248 308	380 500	115 324	409 371	86 453
Graubünden	195 886	36 216	121 197	38 473	97 752	98 134	160 497	35 389	87 122	108 764
Thurgau	263 733	54 703	165 714	43 316	132 602	131 131	200 849	62 884	177 179	86 554
Zentralschweiz	782 374	160 543	489 963	131 868	393 323	389 051	635 917	146 457	560 759	221 615
Luzern	394 604	82 193	246 105	66 306	195 965	198 639	325 336	69 268	252 402	142 202
Uri	36 008	7 432	21 672	6 904	18 399	17 609	31 864	4 144	31 740	4 268
Schwyz	152 759	30 943	96 701	25 115	78 152	74 607	122 299	30 460	125 016	27 743
Obwalden	36 834	7 697	22 853	6 284	18 693	18 141	31 609	5 225	10 232	26 602
Nidwalden	42 080	7 859	26 407	7 814	21 481	20 599	36 363	5 717	21 280	20 800
Zug	120 089	24 419	76 225	19 445	60 633	59 456	88 446	31 643	120 089	0
Ticino	350 363	64 890	209 924	75 549	170 541	179 822	253 633	96 730	322 270	28 093

1 Gemäss BFS-Typologie «Raum mit städtischem Charakter, 2012»
Quelle: BFS – STATPOP

1 Selon la typologie de l'OFS «L'espace à caractère urbain, 2012»
Source: OFS – STATPOP

Bilanz der ständigen Wohnbevölkerung nach Kantonen. 2014
Bilan de la population résidante permanente selon les cantons. En 2014

T 1.2.4.1

	Stand am 1. Januar / Etat au 1er janvier	Komponenten der Bevölkerungsentwicklung / Composantes de l'évolution de la population						Stand am 31. Dezember / Etat au 31 décembre	Veränderung[1] / Variation[1]	%
		Lebendgeburten / Naissances vivantes	Todesfälle / Décès	Geburtenüberschuss / Accroissement naturel	Zuzüge[2] / Arrivées[2]	Wegzüge / Départs	Wanderungssaldo[2] / Solde migratoire[2]			
Total[3]	8 139 631	85 287	63 938	21 349	328 276	252 053	76 223	8 237 666	98 035	1,2
Région lémanique	**1 545 817**	**16 867**	**10 935**	**5 932**	**73 529**	**54 686**	**18 843**	**1 570 594**	**24 777**	**1,6**
Vaud	749 373	8 387	5 275	3 112	34 964	28 163	6 801	761 446	12 073	1,6
Valais	327 011	3 198	2 501	697	12 484	8 231	4 253	331 763	4 752	1,5
Genève	469 433	5 282	3 159	2 123	26 081	18 292	7 789	477 385	7 952	1,7
Espace Mittelland	**1 808 480**	**18 002**	**15 739**	**2 263**	**58 939**	**43 068**	**15 871**	**1 826 251**	**17 771**	**1,0**
Bern	1 001 281	9 731	9 111	620	27 785	20 032	7 753	1 009 418	8 137	0,8
Fribourg	297 622	3 369	2 009	1 360	12 172	7 827	4 345	303 377	5 755	1,9
Solothurn	261 437	2 418	2 333	85	10 685	8 457	2 228	263 719	2 282	0,9
Neuchâtel	176 402	1 803	1 626	177	6 218	5 349	869	177 327	925	0,5
Jura	71 738	681	660	21	2 079	1 403	676	72 410	672	0,9
Nordwestschweiz	**1 104 353**	**11 217**	**9 014**	**2 203**	**47 707**	**37 355**	**10 352**	**1 117 158**	**12 805**	**1,2**
Basel-Stadt	189 335	1 996	2 138	–142	12 241	11 184	1 057	190 580	1 245	0,7
Basel-Landschaft	278 656	2 534	2 366	168	11 215	8 724	2 491	281 301	2 645	0,9
Aargau	636 362	6 687	4 510	2 177	24 251	17 447	6 804	645 277	8 915	1,4
Zürich	**1 425 538**	**16 884**	**10 521**	**6 363**	**58 591**	**43 688**	**14 903**	**1 446 354**	**20 816**	**1,5**
Ostschweiz	**1 134 781**	**11 331**	**9 220**	**2 111**	**46 620**	**38 307**	**8 313**	**1 144 572**	**9 791**	**0,9**
Glarus	39 593	378	372	6	1 712	1 451	261	39 794	201	0,5
Schaffhausen	78 783	725	772	–47	3 486	2 749	737	79 417	634	0,8
Appenzell A. Rh.	53 691	537	478	59	2 785	2 438	347	54 064	373	0,7
Appenzell I. Rh.	15 778	166	131	35	558	490	68	15 854	76	0,5
St. Gallen	491 699	5 058	3 805	1 253	18 769	15 725	3 044	495 824	4 125	0,8
Graubünden	194 959	1 803	1 704	99	7 809	6 773	1 036	195 886	927	0,5
Thurgau	260 278	2 664	1 958	706	11 501	8 681	2 820	263 733	3 455	1,3
Zentralschweiz	**774 123**	**8 078**	**5 585**	**2 493**	**31 437**	**25 836**	**5 601**	**782 374**	**8 251**	**1,1**
Luzern	390 349	4 153	2 900	1 253	13 863	11 014	2 849	394 604	4 255	1,1
Uri	35 865	324	320	4	1 060	918	142	36 008	143	0,4
Schwyz	151 396	1 545	1 068	477	6 591	5 725	866	152 759	1 363	0,9
Obwalden	36 507	395	255	140	1 373	1 195	178	36 834	327	0,9
Nidwalden	41 888	377	300	77	1 718	1 562	156	42 080	192	0,5
Zug	118 118	1 284	742	542	6 832	5 422	1 410	120 089	1 971	1,7
Ticino	**346 539**	**2 908**	**2 924**	**–16**	**11 450**	**7 830**	**3 620**	**350 363**	**3 824**	**1,1**

1 Inklusive Bestandesbereinigungen
2 Inkl. Übertritte von der nichtständigen Wohnbevölkerung
3 Inklusive Personen mit unbekanntem Wohnkanton.

Quelle: BFS – STATPOP

1 Y compris les divergences statistiques
2 Y compris les passages de la population résidante non permanente
3 Y compris les personnes dont le canton de résidence est inconnu.

Source: OFS – STATPOP

Natürliche Bevölkerungsbewegung nach Kantonen. 2014
Mouvement naturel de la population selon les cantons. En 2014

T 1.2.4.5

	Lebendgeburten Naissances vivantes	je 1000 Einwohner pour 1000 habitants	Todesfälle Décès	je 1000 Einwohner pour 1000 habitants	Heiraten Mariages	je 1000 Einwohner pour 1000 habitants	Scheidungen Divorces	je 1000 Einwohner pour 1000 habitants	Eintragung der Partnerschaft Enregistrement du partenariat	je 1000 Einwohner pour 1000 habitants	Anerkennungen[1] Reconnaissances[1]	Adoptionen Adoptions
Total	85 287	10,4	63 938	7,8	41 891	5,1	16 737	2,0	720	0,1	17 973	383
Région lémanique	**16 867**	**10,8**	**10 935**	**7,0**	**7 397**	**4,7**	**3 326**	**2,1**	**151**	**0,1**	**4 213**	**97**
Vaud	8 387	11,1	5 275	7,0	3 500	4,6	1 508	2,0	77	0,1	2 186	45
Valais	3 198	9,7	2 501	7,6	1 560	4,7	653	2,0	9	0,0	656	24
Genève	5 282	11,2	3 159	6,7	2 337	4,9	1 165	2,5	65	0,1	1 371	28
Espace Mittelland	**18 002**	**9,9**	**15 739**	**8,7**	**8 958**	**4,9**	**3 840**	**2,1**	**117**	**0,1**	**4 088**	**79**
Bern	9 731	9,7	9 111	9,1	5 250	5,2	2 055	2,0	75	0,1	2 096	37
Fribourg	3 369	11,2	2 009	6,7	1 390	4,6	626	2,1	20	0,1	864	16
Solothurn	2 418	9,2	2 333	8,9	1 256	4,8	532	2,0	16	0,1	445	10
Neuchâtel	1 803	10,2	1 626	9,2	765	4,3	468	2,6	3	0,0	507	15
Jura	681	9,4	660	9,2	297	4,1	159	2,2	3	0,0	176	1
Nordwestschweiz	**11 217**	**10,1**	**9 014**	**8,1**	**5 601**	**5,0**	**2 186**	**2,0**	**108**	**0,1**	**1 995**	**45**
Basel-Stadt	1 996	10,5	2 138	11,3	980	5,2	405	2,1	31	0,2	451	7
Basel-Landschaft	2 534	9,1	2 366	8,5	1 328	4,7	542	1,9	30	0,1	460	9
Aargau	6 687	10,4	4 510	7,0	3 293	5,1	1 239	1,9	47	0,1	1 084	29
Zürich	**16 884**	**11,8**	**10 521**	**7,3**	**8 470**	**5,9**	**3 184**	**2,2**	**220**	**0,2**	**3 435**	**59**
Ostschweiz	**11 331**	**9,9**	**9 220**	**8,1**	**5 891**	**5,2**	**2 176**	**1,9**	**59**	**0,1**	**2 020**	**51**
Glarus	378	9,5	372	9,4	190	4,8	70	1,8	4	0,1	85	1
Schaffhausen	725	9,2	772	9,8	385	4,9	169	2,1	4	0,1	115	3
Appenzell A. Rh.	537	10,0	478	8,9	294	5,5	99	1,8	2	0,0	77	1
Appenzell I. Rh.	166	10,5	131	8,3	82	5,2	27	1,7	1	0,1	30	1
St. Gallen	5 058	10,2	3 805	7,7	2 664	5,4	958	1,9	29	0,1	812	16
Graubünden	1 803	9,2	1 704	8,7	908	4,6	352	1,8	9	0,0	406	8
Thurgau	2 664	10,2	1 958	7,5	1 368	5,2	501	1,9	10	0,0	495	21
Zentralschweiz	**8 078**	**10,4**	**5 585**	**7,2**	**4 001**	**5,1**	**1 324**	**1,7**	**42**	**0,1**	**1 494**	**21**
Luzern	4 153	10,6	2 900	7,4	2 070	5,3	665	1,7	20	0,1	811	12
Uri	324	9,0	320	8,9	168	4,7	41	1,1	4	0,1	60	3
Schwyz	1 545	10,2	1 068	7,0	765	5,0	279	1,8	7	0,0	267	3
Obwalden	395	10,8	255	7,0	176	4,8	52	1,4	1	0,0	80	1
Nidwalden	377	9,0	300	7,1	199	4,7	82	2,0	0	*	70	1
Zug	1 284	10,8	742	6,2	623	5,2	205	1,7	10	0,1	206	1
Ticino	**2 908**	**8,3**	**2 924**	**8,4**	**1 573**	**4,5**	**701**	**2,0**	**23**	**0,1**	**728**	**31**

1 Einschliesslich gerichtliche Feststellungen der Vaterschaft und Anerkennungen vor Gericht
Quellen: BFS – BEVNAT, STATPOP

1 Y compris les reconnaissances judiciaires et les constatations judiciaires de la paternité
Sources: OFS – BEVNAT, STATPOP

Bilanz der ständigen Wohnbevölkerung nach Staatsangehörigkeit. 2014
Bilan de la population résidante permanente selon la nationalité. En 2014

T 1.2.4.7

Staatsangehörigkeit	Komponenten der Bevölkerungsentwicklung / Composantes de l'évolution de la population											Nationalité
	Stand 1. Januar / Etat au 1er janvier	Lebendgeburten / Naissances vivantes	Todesfälle / Décès	Geburtenüberschuss / Accroissement naturel	Einwanderung[1] / Immigration[1]	Auswanderung / Emigration	Wanderungssaldo[1] / Solde migratoire[1]	Erwerb des Schweizer Bürgerrechts / Acquisition de la nationalité suisse	Bürgerrechtswechsel unter Ausl.[2] / Acquisition d'une nationalité étrangère[2]	Bestandesbereinigungen / Divergences statistiques	Stand 31. Dezember / Etat au 31 décembre	
Total	8 139 631	85 287	63 938	21 349	187 326	111 103	76 223	32 836	0	463	8 237 666	**Total**
Schweiz	6 202 184	60 707	57 971	2 736	26 177	28 496	-2 319	0	0	3 770	6 239 207	Suisse
Ausland	1 937 447	24 580	5 967	18 613	161 149	82 607	78 542	32 836	0	-3 307	1 998 459	**Etranger**
Europa	1 646 825	19 569	5 542	14 027	127 647	61 710	65 937	25 885	1 123	-3 786	1 698 241	Europe
EU-28-Staaten	1 272 880	13 799	4 937	8 862	116 093	55 780	60 313	17 035	1 644	-3 819	1 322 845	Pays UE-28
Belgien	12 091	134	39	95	1 367	798	569	218	26	-28	12 535	Belgique
Bulgarien	5 167	56	9	47	1 027	332	695	92	13	-4	5 826	Bulgarie
Tschechische Republik	6 219	75	19	56	1 279	469	810	106	-7	-25	6 947	République tchèque
Dänemark	4 779	60	15	45	523	450	73	10	16	-9	4 894	Danemark
Deutschland	292 291	3 593	989	2 604	24 720	16 284	8 436	4 037	345	-1 612	298 027	Allemagne
Estland	601	8	1	7	186	80	106	5	1	6	716	Estonie
Irland	3 773	54	11	43	568	401	167	49	18	-18	3 934	Irlande
Griechenland	9 788	114	27	87	1 464	604	860	113	-18	-27	10 577	Grèce
Spanien	75 333	643	268	375	8 058	3 229	4 829	1 067	227	-87	79 610	Espagne
Frankreich	110 103	1 432	441	991	14 525	6 658	7 867	1 731	214	-548	116 896	France
Kroatien	30 471	226	85	141	507	381	126	821	66	-43	29 940	Croatie
Italien	298 875	2 036	2 169	-133	19 006	6 957	12 049	4 456	455	-376	306 414	Italie
Zypern	280	7	0	7	81	42	39	1	11	4	340	Chypre
Lettland	1 808	34	1	33	324	124	200	32	0	-29	1 980	Lettonie
Litauen	1 396	22	0	22	323	117	206	15	4	0	1 613	Lituanie
Luxemburg	1 401	16	7	9	185	136	49	18	0	-13	1 428	Luxembourg
Ungarn	11 596	187	30	157	4 219	1 028	3 191	123	64	-3	14 882	Hongrie
Malta	176	2	0	2	18	18	0	2	3	-1	178	Malte
Niederlande	20 144	167	84	83	1 734	1 161	573	231	21	-65	20 525	Pays-Bas
Österreich	39 494	255	283	-28	3 093	1 927	1 166	258	66	-149	40 291	Autriche
Polen	18 116	292	23	269	5 042	1 552	3 490	218	22	-67	21 612	Pologne
Portugal	253 227	3 371	258	3 113	15 221	5 923	9 298	2 447	85	-528	262 748	Portugal
Rumänien	10 059	167	5	162	2 618	1 252	1 366	159	-73	-47	11 308	Roumanie
Slowenien	3 423	54	12	42	1 180	171	1 009	67	8	2	4 417	Slovénie
Slowakei	9 726	157	13	144	2 727	666	2 061	116	24	34	11 873	Slovaquie
Finnland	3 696	31	10	21	525	429	96	74	21	5	3 765	Finlande
Schweden	7 949	112	26	86	918	808	110	136	23	-40	7 992	Suède
Vereinigtes Königreich	40 898	494	112	382	4 655	3 783	872	433	9	-151	41 577	Royaume-Uni
EFTA-Staaten	4 033	40	22	18	400	408	-8	35	14	7	4 029	Pays de l'AELE
Übrige europ. Staaten	369 912	5 730	583	5 147	11 154	5 522	5 632	8 815	-535	26	371 367	Autres pays européens
Andere Kontinente	289 392	4 578	359	4 219	33 265	20 686	12 579	6 920	-1 123	531	298 678	Autres continents
Staatenlos / Unbekannt	1 230	433	66	367	237	211	26	31	0	-52	1 540	Apatride / Inconnue

1 Inkl. Übertritte von der nichtständigen Wohnbevölkerung
2 Saldo des Erwerbs und Verlusts ausländischer Staatsbürgerschaft (ohne Verlust durch Erwerb des Schweizer Bürgerrechts)

Quelle: BFS – STATPOP

1 Y compris les passages de la population résidante non permanente
2 Solde des acquisitions et des pertes de nationalité étrangère (en dehors de l'acquisition de la nationalité suisse)

Source: OFS – STATPOP

Zukünftige Entwicklung
Evolution future
Szenarien zur Bevölkerungsentwicklung. Ergebnisse des Mittleren Szenarios
Scénarios de l'évolution de la population. Résultats du scénario «moyen»

T 1.3.1.1

	Referenzszenario A-00-2015 / Scénario de référence A-00-2015							
	2015	2020	2025	2030	2035	2040	2045	
Ständige Wohnbevölkerung am 31. Dezember in 1000	8 339,5	8 757,6	9 159,9	9 541,5	9 857,0	10 044,3	10 176,1	Population résidante permanente au 31 décembre, en milliers
Jährliches Wachstum								**Accroissement annuel**
in %	1,2	0,9	0,9	0,8	0,5	0,3	0,2	en %
auf Grund des Wanderungssaldos in %	1,0	0,7	0,7	0,6	0,5	0,3	0,3	dû au solde migratoire, en %
auf Grund des Geburtenüberschusses in %	0,3	0,3	0,2	0,2	0,1	0,0	−0,1	dû à l'excédent des naissances, en %
Ausländeranteil in %	24,8	26,5	27,9	29,2	30,2	30,5	30,7	**Proportion d'étrangers,** en %
Alter								**Age**
Anteil der unter 15-Jährigen in %	14,8	15,0	15,0	14,8	14,5	14,1	13,8	Proportion des personnes âgées de moins de 15 ans, en %
Anteil der 65-Jährigen und Älteren in %	18,0	19,2	20,8	22,8	24,5	25,5	26,4	Proportion des personnes âgées de 65 ans ou plus, en %
Anteil der 80-Jährigen und Älteren in %	5,0	5,5	6,3	7,2	7,9	9,0	10,4	Proportion des personnes âgées de 80 ans ou plus, en %
Altersquotient in %[1]	29,1	31,4	34,9	39,6	43,6	46,1	48,1	Rapport de dépendance des personnes âgées, en %[1]
Jugendquotient in %[2]	32,4	32,3	33,3	34,3	34,6	34,4	33,9	Rapport de dépendance des jeunes, en %[2]
Erwerbsbevölkerung in 1000	4 871,8	5 024,0	5 127,8	5 208,4	5 282,9	5 317,8	5 328,3	**Population active,** en milliers
Gesamterwerbsquote in %	58,4	57,4	56,0	54,6	53,6	52,9	52,4	Taux d'activité global, en %
Erwerbsquote der 15–64-Jährigen in %	84,0	84,0	83,8	83,7	83,9	83,9	83,9	Taux d'activité des personnes âgées de 15 à 64 ans, en %
Anzahl 65-Jährige und Ältere pro 100 20–64-jährige Erwerbspersonen	33,6	36,3	40,5	46,0	50,4	53,3	55,7	Nombre de personnes de 65 ans et plus pour 100 actifs de 20 à 64 ans

1 65-Jährige und Ältere im Verhältnis zu den 20–64-Jährigen
2 Unter 20-Jährige im Verhältnis zu den 20–64-Jährigen

Quelle: BFS – Bevölkerungsszenarien

1 Rapport des personnes âgées de 65 ans ou plus à celles âgées de 20 à 64 ans
2 Rapport des personnes âgées de moins de 20 ans à celles âgées de 20 à 64 ans

Source: OFS – Scénarios de l'évolution démographique

Geburten und Todesfälle
Naissances et décès

Lebendgeburten nach Alter der Mutter und zusammengefasste Geburtenziffer T 1.4.1.1
Naissances vivantes selon l'âge de la mère et indicateur conjoncturel de fécondité

	1960	1970	1980	1990	2000	2010[1]	2012	2013	2014	
Total	94 372	99 216	73 661	83 939	78 458	80 290	82 164	82 731	85 287	Total
Alter der Mutter[2]										**Age de la mère[2]**
Unter 20 Jahre	...	3 562	1 746	1 007	834	581	523	446	440	Moins de 20 ans
20–24 Jahre	...	29 262	16 671	12 853	8 529	6 938	6 442	6 259	5 971	20–24 ans
25–29 Jahre	...	35 565	29 333	34 261	22 861	19 773	19 611	19 977	19 971	25–29 ans
30–34 Jahre	...	19 609	19 197	26 133	30 130	29 652	31 100	31 100	32 732	30–34 ans
35–39 Jahre	...	8 569	5 660	8 393	13 798	18 707	19 474	19 835	20 829	35–39 ans
40–44 Jahre	...	2 423	972	1 248	2 205	4 392	4 676	4 751	4 940	40–44 ans
45 Jahre und mehr	...	226	82	44	101	247	338	363	404	45 ans et plus
Durchschnittsalter der Mutter[3]										**Age moyen de la mère[3]**
bei der Geburt des Kindes	28,7	27,8	27,9	28,9	29,8	31,2	31,5	31,6	31,7	à la naissance de l'enfant
Mutter verheiratet	28,9	27,9	28,0	29,0	30,0	31,4	31,7	31,7	31,9	Mère mariée
bei Geburt des 1. Kindes	26,0	25,3	26,3	27,6	28,7	30,2	30,4	30,6	30,7	lors de la naissance du 1er enfant
Mutter nicht verheiratet	23,9	23,9	25,1	27,7	28,4	30,5	30,9	31,0	31,3	Mère pas mariée
Lebendgeburten je 1000 Frauen im Alter von										**Naissances vivantes pour 1000 femmes âgées de**
15–19 Jahren[4]	11,1	16,0	7,2	4,6	4,1	2,7	2,4	2,1	2,1	15–19 ans[4]
20–24 Jahren[4]	113,3	116,3	71,6	50,6	41,5	29,7	26,6	25,8	24,7	20–24 ans[4]
25–29 Jahren[4]	167,1	142,8	125,9	124,7	96,0	78,6	75,6	75,6	74,3	25–29 ans[4]
30–34 Jahren[4]	116,8	90,5	77,4	99,7	104,8	111,7	113,2	111,2	114,9	30–34 ans[4]
35–39 Jahren[4]	58,6	41,7	23,7	33,8	44,7	66,9	71,0	71,8	74,5	35–39 ans[4]
40–44 Jahren[4]	20,2	12,2	4,7	5,0	7,8	14,0	15,3	15,9	16,7	40–44 ans[4]
45 Jahren und mehr[4]	2,0	1,2	0,4	0,2	0,4	0,8	1,0	1,1	1,2	45 ans et plus[4]
Zusammengefasste Geburtenziffer	2,44	2,10	1,55	1,59	1,50	1,52	1,53	1,52	1,54	**Indicateur conjoncturel de fécondité**
Nettoreproduktionsziffer[5]	1,17	1,00	0,74	0,77	0,72	0,74	0,74	0,73	0,74	Taux net de reproduction[5]

1 Siehe Fussnote 1 der Tabelle T 1.1.1
2 In erreichten Jahren
3 Berechnungsbasis: erreichtes Alter
4 Durchschnitt pro Altersjahr
5 Mittlere Zahl von Mädchengeburten einer Frau in einem gegebenen Jahr, wenn sie in jedem Alter (15–49 Jahren) die beobachtete Fruchtbarkeit und Sterblichkeit der Frauen dieses Alters aufwiese. Bleibt diese Ziffer über einen Zeitraum konstant, so bewirkt sie, falls sie über 1 liegt, eine Zunahme, falls sie unter 1 liegt, eine Abnahme der Bevölkerung.

Quellen: BFS – BEVNAT, ESPOP, STATPOP

1 Voir note 1 du tableau T 1.1.1
2 Age atteint
3 Base de calcul: âge atteint
4 Moyenne par année d'âge
5 Pour une année déterminée, nombre moyen de filles que mettrait au monde une femme si, à chaque âge (de 15 à 49 ans), elle avait la fécondité et la mortalité observées, au cours de l'année considérée, chez les femmes de cet âge. Maintenue indéfiniment constante, une valeur du taux net de reproduction supérieure à 1 entraîne un accroissement de la population, une valeur inférieure à 1 une diminution.

Sources: OFS – BEVNAT, ESPOP, STATPOP

Lebendgeburten nach Staatsangehörigkeit, Geschlecht und Zivilstand der Mutter; Mehrlingsgeburten

Naissances vivantes selon la nationalité, le sexe de l'enfant et l'état civil de la mère; accouchements multiples

T 1.4.1.1.1

	1960	1970	1980	1990	2000	2010[1]	2012	2013	2014	
Total	94 372	99 216	73 661	83 939	78 458	80 290	82 164	82 731	85 287	**Total**
je 1000 Einwohner	17,7	16,1	11,7	12,5	10,9	10,3	10,3	10,2	10,4	pour 1000 habitants
Staatsangehörigkeit										**Nationalité**
Schweizer	83 004	69 529	61 668	67 440	56 885	59 361	59 684	59 440	60 707	Suisses
je 1000 Einwohner	17,4	13,5	11,4	12,0	9,8	8,3	8,3	8,2	8,3	pour 1000 habitants
Ausländer	11 368	29 687	11 993	16 499	21 573	20 929	22 480	23 291	24 580	Etrangers
je 1000 Einwohner	23,7	30,2	13,2	15,0	15,2	17,1	17,0	16,8	17,1	pour 1000 habitants
Geschlecht										**Sexe**
Knaben	48 187	51 235	37 717	42 914	40 402	41 111	42 435	42 595	43 850	Garçons
Mädchen	46 185	47 981	35 944	41 025	38 056	39 179	39 729	40 136	41 437	Filles
Anzahl Knaben je 100 Mädchen	104,3	106,8	104,9	104,6	106,2	104,9	106,8	106,1	105,8	Nombre de garçons pour 100 filles
Zivilstand der Mutter										**Etat civil de la mère**
Verheiratet	90 762	95 470	70 165	78 798	70 069	65 343	65 587	65 274	66 816	Mariée
Nicht verheiratet	3 610	3 746	3 496	5 141	8 389	14 947	16 577	17 457	18 471	Pas mariée
in % aller Lebendgeburten	3,8	3,8	4,7	6,1	10,7	18,6	20,2	21,1	21,7	en % de toutes les naissances vivantes
ledig	...	3 489	2 997	4 458	7 009	12 651	14 268	15 128	16 034	célibataire
anderer Zivilstand	...	257	499	683	1 380	2 296	2 309	2 329	2 437	autre état civil
Mehrlingsgeburten[2]	**1 043**	**908**	**761**	**980**	**1 110**	**1 478**	**1 588**	**1 503**	**1 549**	**Accouchements multiples**[2]
Zwillingsgeburten	1 031	898	747	949	1 079	1 456	1 559	1 478	1 517	Jumeaux
Drillingsgeburten	12	10	14	29	31	22	28	24	31	Triplés
Vier- und Fünflingsgeburten	0	0	0	2	0	0	1	1	1	Quadruplés et quintuplés

1 Siehe Fussnote 1 der Tabelle T 1.1.1
2 Entbindungen (lebend- und totgeborene Kinder)

Quellen: BFS – BEVNAT, ESPOP, STATPOP

1 Voir note 1 du tableau T 1.1.1
2 Nombre d'accouchements; enfants nés vivants et morts-nés

Sources: OFS – BEVNAT, ESPOP, STATPOP

Todesfälle nach Geschlecht, Alter und Zivilstand
Décès selon le sexe, l'âge et l'état civil

T 1.4.2.1.1

	1980	1990	2000	2009	2010[1]	2011	2012	2013	2014	
Total	**59 097**	**63 739**	**62 528**	**62 476**	**62 649**	**62 091**	**64 173**	**64 961**	**63 938**	**Total**
je 1000 Einwohner	9,4	9,5	8,7	8,1	8,0	7,8	8,0	8,0	7,8	pour 1000 habitants
Geschlecht										**Sexe**
Männer	30 847	32 492	30 400	30 028	30 283	30 094	30 697	31 257	30 950	Hommes
Frauen	28 250	31 247	32 128	32 448	32 366	31 997	33 476	33 704	32 988	Femmes
Männer je 100 Frauen	109	104	95	93	94	94	92	93	94	Nombre d'hommes pour 100 femmes
Alter[2]										**Age**[2]
unter 20 Jahre										moins de 20 ans
Männer	859	653	437	351	279	301	285	312	305	Hommes
Frauen	508	428	279	235	236	214	203	212	209	Femmes
20–39 Jahre										20–39 ans
Männer	1 409	1 715	1 089	711	567	617	572	583	554	Hommes
Frauen	596	598	476	292	313	305	273	274	277	Femmes
40–64 Jahre										40–64 ans
Männer	6 475	6 068	5 522	5 152	5 119	4 902	4 994	4 951	4 791	Hommes
Frauen	3 406	3 139	3 123	2 971	3 020	2 900	2 946	2 887	2 755	Femmes
65–79 Jahre										65–79 ans
Männer	13 437	12 131	10 690	9 452	9 536	9 504	9 528	9 608	9 591	Hommes
Frauen	10 209	8 284	7 225	6 544	6 345	6 396	6 444	6 530	6 510	Femmes
80 Jahre und mehr										80 ans et plus
Männer	8 667	11 925	12 662	14 362	14 782	14 770	15 318	15 803	15 709	Hommes
Frauen	13 531	18 798	21 025	22 406	22 452	22 182	23 610	23 801	23 237	Femmes
Zivilstand										**Etat civil**
Ledig										Célibataire
Männer	5 093	5 151	4 255	4 024	3 930	3 984	4 011	4 090	4 037	Hommes
Frauen	5 493	5 454	4 678	4 226	4 095	3 996	3 966	4 093	4 067	Femmes
Verheiratet										Marié(e)
Männer	18 410	19 121	17 869	17 248	17 417	17 236	17 298	17 765	17 320	Hommes
Frauen	7 396	7 228	7 088	7 173	7 164	7 085	7 317	7 425	7 235	Femmes
Verwitwet										Veuf(ve)
Männer	6 064	6 540	6 101	6 060	6 102	5 900	6 237	6 233	6 200	Hommes
Frauen	13 989	16 770	18 065	18 208	18 170	17 834	18 893	18 756	18 305	Femmes
Geschieden										Divorcé(e)
Männer	1 280	1 680	2 175	2 669	2 801	2 942	3 116	3 129	3 346	Hommes
Frauen	1 372	1 795	2 297	2 835	2 928	3 073	3 286	3 411	3 369	Femmes
In eingetragener Partnerschaft										Lié par un partenariat enregistré
Männer	...	...	...	27	32	29	32	38	42	Hommes
Frauen	...	...	...	6	8	9	13	18	11	Femmes
Aufgelöste Partnerschaft										Partenariat dissous
Männer	...	...	...	0	1	3	3	2	5	Hommes
Frauen	...	...	...	0	1	0	1	1	1	Femmes

1 Siehe Fussnote 1 der Tabelle T1.1.1
2 In erreichten Jahren
Quellen: BFS – BEVNAT, ESPOP, STATPOP

1 Voir note 1 du tableau T1.1.1
2 Age atteint
Sources: OFS – BEVNAT, ESPOP, STATPOP

Lebenserwartung
Espérance de vie

T 1.4.2.3.1

Lebenserwartung im Alter von	Offizielle Sterbetafeln[1] Tables officielles de mortalité[1]						Vollständige jährliche Sterbetafeln[2] Tables de mortalité complètes annuelles[2]						Espérance de vie à l'âge de
	Männer Hommes			Frauen Femmes			Männer Hommes			Frauen Femmes			
	1958/ 1963	1978/ 1983	1998/ 2003	1958/ 1963	1978/ 1983	1998/ 2003	2012	2013	2014	2012	2013	2014	
Bei Geburt	68,7	72,4	77,2	74,1	79,1	82,8	80,5	80,5	81,0	84,7	84,8	85,2	A la naissance
1 Jahr	69,4	72,1	76,6	74,5	78,6	82,2	79,8	79,9	80,3	84,0	84,1	84,4	1 an
10 Jahren	61,0	63,4	67,8	66,0	69,9	73,3	70,9	71,0	71,4	75,0	75,1	75,5	10 ans
20 Jahren	51,5	53,8	58,0	56,2	60,1	63,4	61,0	61,1	61,5	65,1	65,2	65,6	20 ans
30 Jahren	42,2	44,5	48,5	46,5	50,4	53,6	51,2	51,4	51,7	55,2	55,3	55,7	30 ans
40 Jahren	32,8	35,1	39,0	37,0	40,7	43,8	41,5	41,6	42,0	45,4	45,5	45,8	40 ans
50 Jahren	24,0	26,0	29,7	27,8	31,3	34,2	32,1	32,2	32,5	35,7	35,8	36,2	50 ans
60 Jahren	16,2	17,9	21,1	19,2	22,4	25,2	23,2	23,3	23,6	26,5	26,6	26,9	60 ans
65 Jahren	12,9	14,4	17,1	15,2	18,3	20,9	19,1	19,1	19,4	22,1	22,1	22,4	65 ans
70 Jahren	10,0	11,3	13,5	11,7	14,3	16,7	15,2	15,3	15,6	17,8	17,9	18,1	70 ans
80 Jahren	5,5	6,3	7,5	6,1	7,8	9,3	8,4	8,4	8,6	10,0	10,0	10,3	80 ans
90 Jahren	2,8	3,3	3,7	3,1	3,8	4,3	3,8	3,7	3,9	4,4	4,4	4,6	90 ans

1 Alle 10 Jahre berechnet
2 Jährlich berechnet

Quellen: BFS – BEVNAT, ESPOP, STATPOP

1 Calculées tous les 10 ans
2 Calculées chaque année

Sources: OFS – BEVNAT, ESPOP, STATPOP

Adoptionen / Adoptions

T 1.4.4.1

	1980	1990	2000	2009	2010[1]	2011	2012	2013	2014	
Adoptierte Kinder	**1 583**	**1 198**	**808**	**512**	**580**	**509**	**513**	**425**	**383**	**Enfants adoptés**
Alter zur Zeit der Adoption[2]										Age au moment de l'adoption[2]
0–4 Jahre	387	420	283	194	263	221	176	173	130	0–4 ans
5–9 Jahre	465	365	233	79	63	73	82	59	47	5–9 ans
10–14 Jahre	345	209	161	97	111	67	85	61	69	10–14 ans
15–19 Jahre	230	115	83	93	90	76	92	71	72	15–19 ans
20 Jahre und mehr	156	89	48	49	53	72	78	61	65	20 ans et plus
Adoptivperson(en)										**Adoptant(s)**
Ehepaar	684	616	488	258	312	281	239	217	176	Couple marié
Stiefvater	793	543	289	241	254	207	247	190	191	Beau-père
Stiefmutter	49	22	16	0	1	6	2	2	1	Belle-mère
Einzelperson	57	17	15	13	13	15	25	16	15	Personne seule
Staatsangehörigkeit vor der Adoption										**Nationalité avant l'adoption**
Europa	1 290	681	388	257	269	235	248	220	196	Europe
davon Schweiz	1 060	525	198	189	189	175	185	169	140	dont Suisse
Afrika	21	43	79	100	153	135	120	107	76	Afrique
Amerika	102	257	192	50	58	64	61	35	40	Amérique
davon:										dont:
Brasilien	4	73	51	8	6	12	11	8	5	Brésil
Kolumbien	48	59	60	14	23	19	5	5	5	Colombie
Chile	1	37	9	0	0	1	2	1	1	Chili
Peru	19	23	2	2	2	2	4	1	2	Pérou
Haiti	4	14	9	7	15	13	10	4	19	Haïti
Bolivien	5	4	2	2	0	4	2	4	0	Bolivie
Asien	168	216	148	103	96	75	82	57	65	Asie
davon:										dont:
Indien	37	110	68	22	20	23	19	6	4	Inde
Sri Lanka	4	23	2	3	3	3	3	0	2	Sri Lanka
Thailand	13	26	26	43	47	34	31	34	39	Thaïlande
Indonesien	3	2	1	1	0	0	2	0	0	Indonésie
Ozeanien	2	0	1	0	0	0	0	0	2	Océanie
Staatenlos, unbekannt	0	1	0	2	4	0	2	6	4	Apatride, inconnue

1 Siehe Fussnote 1 der Tabelle T 1.1.1
2 In erreichten Jahren
Quelle: BFS – BEVNAT

1 Voir note 1 du tableau T 1.1.1
2 Age atteint
Source: OFS – BEVNAT

Migration und Integration
Migration et intégration

Ständige ausländische Wohnbevölkerung nach Staatsangehörigkeit
Population résidante permanente étrangère selon la nationalité

T 1.5.1.1

Staatsangehörigkeit	1990	2000	2009	2010[1]	2011	2012	2013	2014	Nationalité
Total	1 127 109	1 424 370	1 714 004	1 766 277	1 815 994	1 869 969	1 937 447	1 998 459	Total
Europa	**1 036 760**	**1 261 975**	**1 479 738**	**1 504 943**	**1 545 818**	**1 591 747**	**1 646 825**	**1 698 241**	**Europe**
EU-28-Staaten	824 590	871 956	1 108 864	1 131 264	1 173 636	1 219 473	1 272 880	1 322 845	Pays de l'UE-28
Belgien	5 935	7 797	10 741	10 833	11 145	11 535	12 091	12 535	Belgique
Bulgarien	641	1 739	2 648	2 997	3 654	4 429	5 167	5 826	Bulgarie
Tschechische Republik	*	3 467	4 907	5 058	5 557	5 936	6 219	6 947	République tchèque
Dänemark	2 375	3 117	4 328	4 431	4 573	4 687	4 779	4 894	Danemark
Deutschland	84 485	109 785	251 852	263 271	275 300	284 172	292 291	298 027	Allemagne
Estland	*	101	353	384	496	570	601	716	Estonie
Irland	1 051	1 536	2 860	3 070	3 299	3 517	3 773	3 934	Irlande
Griechenland	8 468	6 139	6 571	6 808	7 521	8 678	9 788	10 577	Grèce
Spanien	116 987	84 266	64 974	64 126	65 775	69 437	75 333	79 610	Espagne
Frankreich	51 729	61 688	92 473	95 643	99 910	104 022	110 103	116 896	France
Kroatien	*	43 876	35 118	33 507	32 503	31 487	30 471	29 940	Croatie
Italien	381 493	321 795	290 631	287 130	287 995	291 822	298 875	306 414	Italie
Zypern	183	105	175	179	194	214	280	340	Chypre
Lettland	*	317	1 089	1 248	1 459	1 662	1 808	1 980	Lettonie
Litauen	*	246	798	906	1 120	1 279	1 396	1 613	Lituanie
Luxemburg	725	874	1 253	1 289	1 313	1 352	1 401	1 428	Luxembourg
Ungarn	4 722	3 559	5 839	6 556	8 066	9 914	11 596	14 882	Hongrie
Malta	78	73	145	160	162	169	176	178	Malte
Niederlande	12 134	14 585	18 945	19 249	19 572	19 754	20 144	20 525	Pays-Bas
Österreich	29 123	29 191	36 714	37 013	37 931	38 761	39 494	40 291	Autriche
Polen	5 264	4 183	10 458	11 682	14 126	16 309	18 116	21 612	Pologne
Portugal	86 035	135 449	206 019	212 586	223 667	237 945	253 227	262 748	Portugal
Rumänien	2 404	2 716	5 088	5 993	7 187	8 578	10 059	11 308	Roumanie
Slowenien	*	2 798	2 392	2 400	2 653	3 005	3 423	4 417	Slovénie
Slowakei	*	1 985	5 697	6 322	7 684	8 781	9 726	11 873	Slovaquie
Finnland	1 717	2 447	3 416	3 499	3 632	3 640	3 696	3 765	Finlande
Schweden	4 890	5 748	7 685	7 651	7 765	7 713	7 949	7 992	Suède
Vereinigtes Königreich	18 269	22 309	35 695	37 273	39 377	40 105	40 898	41 577	Royaume-Uni
EFTA-Staaten	3 014	3 298	3 812	3 744	3 897	3 923	4 033	4 029	Pays de l'AELE
Türkei	64 899	80 165	71 584	71 835	71 367	70 845	70 440	70 051	Turquie
Ex-Jugoslawien [2]	141 397	5 507	*	*	*	*	*	*	Ex-Yougoslavie [2]
Serbien und Montenegro [2]	*	190 940	181 292	182 685 [3]	180 921 [3]	180 048 [3]	180 095 [3]	180 428 [3]	Serbie-et-Monténégro [2]
Bosnien und Herzegowina	*	45 111	35 907	35 513	34 240	33 574	33 002	32 583	Bosnie et Herzégovine
Mazedonien	*	56 092	60 043	60 116	60 741	61 668	62 633	63 516	Macédoine
Übrige europ. Staaten [4]	2 860	8 906	18 236	19 786	21 016	22 216	23 742	24 789	Autres pays europ. [4]
Andere Kontinente	**90 089**	**162 136**	**233 700**	**260 577**	**269 089**	**277 171**	**289 392**	**298 678**	**Autres continents**
Afrika	20 291	37 618	57 704	71 527	74 838	78 156	83 873	86 705	Afrique
Amerika	29 149	49 687	72 693	74 511	76 638	77 736	78 433	78 977	Amérique
Asien	38 921	72 002	99 307	110 549	113 551	117 155	122 941	128 799	Asie
Ozeanien	1 728	2 829	3 996	3 990	4 062	4 124	4 145	4 197	Océanie
Staatenlos / Unbekannt	**260**	**259**	**566**	**757**	**1 087**	**1 051**	**1 230**	**1 540**	**Apatride / Inconnue**

1 Siehe Fussnote 1 der Tabelle T1.1.1
2 Die Staatsbezeichnung wird aus historischen Gründen beibehalten.
3 Ab 2010 Serbien, Montenegro und Kosovo
4 Bis 1991 wurden alle Staaten der Ex-Sowjetunion zu Europa gezählt.

Quellen: BFS – PETRA, STATPOP

1 Voir note 1 du tableau T1.1.1
2 La nationalité est conservée à titre historique.
3 A partir de 2010: Serbie, Monténégro et Kosovo
4 Jusqu'en 1991, tous les Etats de l'ex-Union soviétique ont été comptés dans l'Europe.

Sources: OFS – PETRA, STATPOP

Ausländer in der Schweiz nach Anwesenheitsbewilligung
Etrangers en Suisse, selon l'autorisation de résidence

T 1.5.1.2

	1990	2000	2010	2011	2012	2013	2014	
Ständige und nichtständige ausländische Wohnbevölkerung [1]	1 200 472	1 527 017	1 837 112	1 896 723	1 954 630	2 020 143	2 085 347	Population résidante permanente et non permanente de nationalité étrangère [1]
davon:								dont:
Niedergelassene	830 196	1 041 481	1 112 344	1 129 480	1 177 609	1 227 906	1 255 793	Titulaires d'une autorisation d'établissement
Aufenthalter [2]	270 066	334 499	577 790	610 118	609 950	616 464	648 118	Titulaires d'une autorisation de séjour [2]
Internationale Funktionäre und Diplomaten	25 675	25 897	28 178	28 284	28 260	28 905	29 693	Fonctionnaires internationaux, diplomates
Saisonarbeiter [3]	13 301	12 559	...	...	...	...	...	Saisonniers [3]
Kurzaufenthalter	...	28 137	76 922	80 490	85 870	97 148	96 009	Titulaires d'une autorisation de séjour de courte durée
Personen im Asylprozess [4]	60 062	70 353	36 116	40 199	44 318	43 411	47 994	Personnes dans le processus d'asile [4]

[1] 1990–2009 inkl. Ausgleichsbestand; ab 2010 inkl. Personen mit noch nicht zugeteilten Ausweisen
[2] Inkl. Kurzaufenthalter mit Gesamtaufenthaltsdauer von 12 Monaten und mehr bis 1994; ab 2010, inkl. Aufenthalter mit Erwerbstätigkeit (Ci)
[3] Saisonarbeiterbewilligungen werden seit dem 1.6.2002 nicht mehr ausgestellt.
[4] Personen mit Ausweisen F und N

Quellen: BFS – PETRA, ZAR, STATPOP

[1] De 1990 à 2009, y compris l'effectif compensatoire; dès 2010, y compris des personnes avec des autorisations non encore attribuées.
[2] Y compris les titulaires d'une autorisation de séjour de courte durée (≥ 12 mois) jusqu'en 1994; dès 2010, y compris les titulaires d'une autorisation de séjour avec activité lucrative (Ci)
[3] Le statut de saisonnier n'est plus attribué depuis le 1er juin 2002.
[4] Personnes au bénéfice de livrets F et N

Sources: OFS – PETRA, RCE, STATPOP

Internationale Wanderungen der ständigen Wohnbevölkerung nach Staatsangehörigkeit, Geschlecht und Alter   T 1.5.4.1.1
Migrations internationales de la population résidante permanente selon la nationalité, le sexe et l'âge

	Einwanderung[1] Immigration[1]			Auswanderung Emigration			Wanderungssaldo[1] Solde migratoire[1]			
	2012	2013	2014	2012	2013	2014	2012	2013	2014	
Total	175 008	193 302	187 326	103 881	106 196	111 103	71 127	87 106	76 223	Total
Schweizer	**24 006**	**26 054**	**26 177**	**30 026**	**28 489**	**28 496**	**−6 020**	**−2 435**	**−2 319**	**Suisses**
Männer	12 691	13 679	13 628	15 852	15 141	15 007	−3 161	−1 462	−1 379	Hommes
Frauen	11 315	12 375	12 549	14 174	13 348	13 489	−2 859	−973	−940	Femmes
Alter										Age
0–14 Jahre	4 341	4 674	4 920	4 656	4 229	4 171	−315	445	749	0–14 ans
15–19 Jahre	1 349	1 501	1 499	1 260	1 215	1 143	89	286	356	15–19 ans
20–39 Jahre	9 685	9 962	9 767	13 316	12 392	12 268	−3 631	−2 430	−2 501	20–39 ans
40–64 Jahre	6 855	7 542	7 742	8 775	8 451	8 621	−1 920	−909	−879	40–64 ans
65–79 Jahre	1 472	1 896	1 851	1 697	1 874	1 984	−225	22	−133	65–79 ans
80 Jahre und mehr	304	479	398	322	328	309	−18	151	89	80 ans et plus
Ausländer	**151 002**	**167 248**	**161 149**	**73 855**	**77 707**	**82 607**	**77 147**	**89 541**	**78 542**	**Etrangers**
Männer	81 888	89 514	86 069	41 242	43 235	46 126	40 646	46 279	39 943	Hommes
Frauen	69 114	77 734	75 080	32 613	34 472	36 481	36 501	43 262	38 599	Femmes
Alter										Age
0–14 Jahre	18 268	22 188	19 546	8 810	9 161	9 485	9 458	13 027	10 061	0–14 ans
15–19 Jahre	8 385	9 453	8 520	3 223	3 036	3 431	5 162	6 417	5 089	15–19 ans
20–39 Jahre	90 752	97 939	95 860	39 525	42 342	44 496	51 227	55 597	51 364	20–39 ans
40–64 Jahre	31 767	35 616	35 140	19 468	20 255	22 106	12 299	15 361	13 034	40–64 ans
65–79 Jahre	1 567	1 711	1 755	2 426	2 508	2 665	−859	−797	−910	65–79 ans
80 Jahre und mehr	263	341	328	403	405	424	−140	−64	−96	80 ans et plus
Staatsangehörigkeit										Nationalité
Europa (ohne Schweiz)	118 690	128 368	127 647	54 574	56 664	61 710	64 116	71 704	65 937	Europe (sans la Suisse)
EU-28-Staaten	106 131	115 745	116 093	48 249	50 763	55 780	57 882	64 982	60 313	Pays de l'UE-28
davon:										dont:
Deutschland	27 472	26 401	24 720	16 357	15 944	16 284	11 115	10 457	8 436	Allemagne
Frankreich	11 571	13 637	14 525	6 263	6 177	6 658	5 308	7 460	7 867	France
Kroatien	499	453	507	488	579	381	11	−126	126	Croatie
Italien	14 098	17 662	19 006	5 575	5 929	6 957	8 523	11 733	12 049	Italie
Portugal	18 892	20 039	15 221	4 407	4 947	5 923	14 485	15 092	9 298	Portugal
Vereinigtes Königreich	4 664	4 922	4 655	3 687	3 681	3 783	977	1 241	872	Royaume-Uni
EFTA-Staaten	406	506	400	373	340	408	33	166	−8	Pays de l'AELE
Türkei	1 872	1 845	1 643	1 422	1 447	1 348	450	398	295	Turquie
Serbien[2]	1 724	1 646	1 467	1 279	1 240	1 184	445	406	283	Serbie[2]
Montenegro	82	100	62	35	34	44	47	66	18	Monténégro
Kosovo	2 497	2 677	2 422	454	495	451	2 043	2 182	1 971	Kosovo
Bosnien und Herzegowina	624	669	651	327	322	345	297	347	306	Bosnie et Herzégovine
Mazedonien	1 489	1 508	1 427	456	488	390	1 033	1 020	1 037	Macédoine
Übrige europ. Staaten	3 410	3 672	3 482	1 491	1 535	1 760	1 919	2 137	1 722	Autres pays europ.
Afrika	7 415	10 352	6 295	3 272	3 913	3 629	4 143	6 439	2 666	Afrique
Amerika	10 091	10 253	9 724	7 034	7 275	6 977	3 057	2 978	2 747	Amérique
Asien	13 979	17 266	16 516	8 244	9 081	9 464	5 735	8 185	7 052	Asie
Ozeanien	719	775	730	616	628	616	103	147	114	Océanie
Staatenlos, unbekannt	108	234	237	115	146	211	−7	88	26	Apatride, inconnue

1 Inkl. Übertritte von der nichtständigen Wohnbevölkerung
2 Inkl. Personen, die noch nicht einem Nachfolgestaat des ehemaligen Serbien und Montenegro zugeteilt werden können.

Quellen: BFS – STATPOP

1 Y compris les passages de la population résidante non permanente
2 Y compris les personnes n'ayant pu être attribuées à l'un des nouveaux états de l'ex-Serbie-et-Monténégro.

Sources: OFS – STATPOP

Wanderungen nach Kantonen. 2014
Migrations selon les cantons. En 2014

T 1.5.4.1.2

	Internationale Wanderungen / Migrations internationales			Interkantonale Wanderungen / Migrations intercantonales		
	Einwanderung[1] / Immigrations[1]	Auswanderung / Emigrations	Wanderungssaldo[1] / Solde migratoire[1]	Zuzüge / Arrivées	Wegzüge / Départs	Wanderungssaldo / Solde migratoire
Total[2]	187 326	111 103	76 223	140 950	140 950	0
Région lémanique	56 796	35 297	21 499	16 733	19 389	−2 656
Vaud	25 765	17 555	8 210	9 199	10 608	−1 409
Valais	7 762	4 123	3 639	4 722	4 108	614
Genève	23 269	13 619	9 650	2 812	4 673	−1 861
Espace Mittelland	29 467	15 514	13 953	29 472	27 554	1 918
Bern	15 180	8 137	7 043	12 605	11 895	710
Fribourg	5 791	3 017	2 774	6 381	4 810	1 571
Solothurn	3 674	1 849	1 825	7 011	6 608	403
Neuchâtel	3 843	2 085	1 758	2 375	3 264	−889
Jura	979	426	553	1 100	977	123
Nordwestschweiz	21 427	12 177	9 250	26 280	25 178	1 102
Basel-Stadt	7 218	4 609	2 609	5 023	6 575	−1 552
Basel-Landschaft	4 181	2 525	1 656	7 034	6 199	835
Aargau	10 028	5 043	4 985	14 223	12 404	1 819
Zürich	35 578	21 350	14 228	23 013	22 338	675
Ostschweiz	20 953	11 619	9 334	25 667	26 688	−1 021
Glarus	641	305	336	1 071	1 146	−75
Schaffhausen	1 546	903	643	1 940	1 846	94
Appenzell A. Rh.	624	380	244	2 161	2 058	103
Appenzell I. Rh.	145	95	50	413	395	18
St. Gallen	8 974	4 880	4 094	9 795	10 845	−1 050
Graubünden	4 299	2 544	1 755	3 510	4 229	−719
Thurgau	4 724	2 512	2 212	6 777	6 169	608
Zentralschweiz	13 579	8 589	4 990	17 858	17 247	611
Luzern	6 687	3 953	2 734	7 176	7 061	115
Uri	507	257	250	553	661	−108
Schwyz	2 127	1 562	565	4 464	4 163	301
Obwalden	498	269	229	875	926	−51
Nidwalden	594	325	269	1 124	1 237	−113
Zug	3 166	2 223	943	3 666	3 199	467
Ticino	9 523	5 296	4 227	1 927	2 534	−607

1　Inkl. Übertritte von der nichtständigen Wohnbevölkerung
2　Inkl. Personen mit unbekanntem Wohnkanton

Quelle: BFS – STATPOP

1　Y compris les passages de la population résidante non permanente
2　Y compris les personnes dont le canton de résidence est inconnu.

Source: OFS – STATPOP

Erwerb des Schweizer Bürgerrechts nach Geschlecht, Zivilstand, Alter und Anwesenheitsdauer
Acquisition de la nationalité suisse selon le sexe, l'état civil, l'âge et la durée de résidence

T 1.5.6.1.1

	2007	2008	2009	2010	2011	2012	2013	2014	
Total	43 889	44 365	43 440	39 314	36 012	33 500	34 061	32 836	**Total**
Rohe Einbürgerungsziffer [1]	2,88	2,82	2,65	2,34	2,13	1,93	1,91	1,78	Taux brut de naturalisation [1]
Art									**Mode d'acquisition**
Einbürgerung	43 269	43 583	42 918	38 725	35 606	33 036	33 699	32 619	Naturalisation
Ordentliche Einbürgerung	34 879	35 683	34 136	31 186	27 381	25 840	25 132	23 698	Naturalisation ordinaire
Wiedereinbürgerung	13	20	16	6	4	3	4	10	Réintégration
Erleichterte Einbürgerung	8 377	7 880	8 766	7 533	8 221	7 193	8 563	8 911	Naturalisation facilitée
Feststellung des Schweizer Bürgerrechts	305	484	280	345	218	283	184	144	Constatation de la nationalité suisse
Adoption	315	298	242	244	188	181	178	73	Adoption
Geschlecht									**Sexe**
Männer	20 893	21 027	20 478	18 553	16 823	15 935	15 995	15 474	Hommes
Frauen	22 996	23 338	22 962	20 761	19 189	17 565	18 066	17 362	Femmes
Zivilstand									**Etat civil**
Verheiratet	20 751	20 461	21 059	18 418	17 508	15 833	16 540	16 564	Marié
davon Ehepartner Ausländer	13 257	13 297	13 107	11 532	10 247	9 375	9 008	8 861	dont conjoint étranger
Anderer	23 138	23 904	22 381	20 896	18 504	17 667	17 521	16 272	Autre
Alter									**Age**
0–14 Jahre	11 062	11 172	10 102	9 173	7 790	7 181	7 023	6 368	0–14 ans
15–19 Jahre	5 542	5 732	5 143	4 832	4 399	4 093	3 989	3 860	15–19 ans
20–29 Jahre	5 787	5 726	5 282	4 945	4 552	4 217	4 144	3 661	20–29 ans
30–39 Jahre	9 631	8 831	8 763	7 828	7 482	6 900	7 092	6 882	30–39 ans
40–49 Jahre	7 829	8 214	8 680	7 691	7 169	6 808	7 191	7 181	40–49 ans
50 Jahre und mehr	4 038	4 690	5 470	4 845	4 620	4 301	4 622	4 884	50 ans et plus
Aufenthaltsdauer in der Schweiz									**Durée du séjour en Suisse**
In der Schweiz geboren	15 677	16 462	15 563	14 316	13 064	12 649	12 819	12 178	Né en Suisse
Im Ausland geboren, in der Schweiz seit									Né à l'étranger, vivant en Suisse depuis
0–4 Jahren	905	956	1 206	1 044	751	592	577	564	0–4 ans
5–9 Jahren	6 778	6 009	6 064	5 510	5 398	4 584	4 977	4 651	5–9 ans
10–14 Jahren	7 160	6 632	5 741	5 270	5 040	5 346	5 444	5 228	10–14 ans
15–19 Jahren	8 285	8 649	8 174	6 796	5 390	4 282	4 066	4 033	15–19 ans
20 oder mehr Jahren	5 084	5 657	6 692	6 378	6 369	6 047	6 178	6 182	20 ans ou plus

1   Rohe Einbürgerungsziffer: Anzahl Bürgerrechtserwerbe bezogen auf 100 Aufenthalter und Niedergelassene (bis 2010: inkl. Kurzaufenthalter ≥12 Monate) am Jahresanfang

Quellen: BFS – PETRA, STATPOP

1   Taux brut de naturalisation: nombre d'acquisitions de nationalité pour 100 titulaires d'une autorisation de séjour ou d'établissement (jusqu'en 2010: y compris les titulaires d'une autorisation de séjour de courte durée ≥12 mois) au début de l'année

Sources: OFS – PETRA, STATPOP

Heiraten, eingetragene Partnerschaften und Scheidungen
Mariages, partenariats et divorces
Heiraten nach Alter und zusammengefasste Heiratsziffer
Mariages selon l'âge et indicateur conjoncturel de nuptialité

T 1.6.1.1.1

	1960	1970	1980	1990	2000	2010[1,2]	2012	2013	2014	
Total	41 574	46 693	35 721	46 603	39 758	43 257	42 654	39 794	41 891	Total
je 1000 Einwohner	7,8	7,6	5,7	6,9	5,5	5,5	5,3	4,9	5,1	pour 1000 habitants
Alter bei der Heirat[3]										**Age au mariage[3]**
Männer										Epoux
unter 20 Jahre	356	280	100	59	134	85	86	76	62	moins de 20 ans
20–24 Jahre	12 943	16 336	7 842	5 751	3 125	2 947	2 861	2 567	2 658	20–24 ans
25–29 Jahre	15 234	18 457	14 736	17 697	9 970	9 092	8 945	8 250	8 917	25–29 ans
30–34 Jahre	5 839	5 158	6 895	11 241	11 354	11 448	11 731	11 022	11 646	30–34 ans
35–39 Jahre	2 672	2 231	2 747	4 690	6 207	7 630	7 299	6 755	7 126	35–39 ans
40–44 Jahre	1 387	1 314	1 215	2 815	3 191	4 531	4 307	3 868	4 007	40–44 ans
45–49 Jahre	1 082	867	772	1 871	2 016	2 864	2 738	2 576	2 613	45–49 ans
50 Jahre und mehr	2 061	2 050	1 414	2 479	3 761	4 660	4 687	4 680	4 862	50 ans et plus
Frauen										Epouse
unter 20 Jahre	3 616	3 600	1 597	788	794	598	592	500	466	moins de 20 ans
20–24 Jahre	19 662	24 496	15 223	12 602	6 602	5 612	5 487	5 062	5 162	20–24 ans
25–29 Jahre	10 367	11 278	11 181	18 337	12 914	11 927	11 830	10 763	11 645	25–29 ans
30–34 Jahre	3 431	3 039	4 006	7 597	9 642	11 565	11 514	10 993	11 520	30–34 ans
35–39 Jahre	1 709	1 473	1 686	3 140	4 422	5 979	5 655	5 195	5 589	35–39 ans
40–44 Jahre	960	937	793	1 818	2 144	2 973	2 936	2 678	2 761	40–44 ans
45–49 Jahre	748	702	521	1 163	1 442	2 047	2 004	1 895	1 855	45–49 ans
50 Jahre und mehr	1 081	1 168	714	1 158	1 798	2 556	2 636	2 708	2 893	50 ans et plus
Durchschnittsalter bei der Heirat[4]										**Age moyen au mariage[4]**
Männer										Epoux
alle Zivilstände	30,9	30,2	30,6	33,2	35,7	36,3	36,4	36,8	36,7	tous les états civils
ledig (< 50 Jahre)	27,4	26,5	27,4	29,1	30,3	31,6	31,7	31,8	31,8	célibataire (< 50 ans)
verwitwet	58,2	60,7	60,5	63,3	73,5	68,3	70,8	70,9	70,9	veuf
geschieden	42,7	43,1	41,3	44,8	46,5	48,1	47,9	48,7	48,7	divorcé
Frauen										Epouse
alle Zivilstände	26,8	26,3	27,2	29,1	30,6	32,2	32,3	32,6	32,6	tous les états civils
ledig (< 50 Jahre)	24,9	24,1	25,0	26,7	27,9	29,4	29,5	29,6	29,6	célibataire (< 50 ans)
verwitwet	49,0	51,7	50,1	50,0	50,8	53,8	55,1	56,1	55,6	veuve
geschieden	38,8	38,6	36,6	39,4	40,1	42,0	42,4	43,1	43,2	divorcée
Zusammengefasste Heiratsziffer, in %										**Indicateur conjoncturel de nuptialité**, en %
Ledige Männer (< 50 Jahre)	95	83	65	70	58	61	59	54	56	Hommes célibataires (< 50 ans)
Ledige Frauen (< 50 Jahre)	96	87	66	75	64	65	64	59	61	Femmes célibataires (< 50 ans)
Geschiedene Männer	77	69	52	66	58	52	50	47	49	Hommes divorcés
Geschiedene Frauen	65	60	47	59	52	48	45	41	43	Femmes divorcées

1 Seit 2001 werden nur noch jene Ereignisse gezählt, bei denen die Bezugsperson einen ständigen Wohnsitz in der Schweiz hat. Dabei werden neu zusätzlich die Heiraten gezählt, die von einer Frau mit einem ständigen Wohnsitz in der Schweiz und einem Mann mit Wohnsitz im Ausland geschlossen werden.
2 Siehe Fussnote 1 der Tabelle T 1.1.1
3 In erreichten Jahren
4 Berechnungsbasis erreichtes Alter

Quellen: BFS – BEVNAT, ESPOP, STATPOP

1 A partir de 2001, on ne compte que les événements des personnes qui ont un domicile permanent en Suisse. En outre, les mariages conclus entre une femme ayant son domicile permanent en Suisse et un homme domicilié à l'étranger sont désormais relevés.
2 Voir note 1 du tableau T 1.1.1
3 Age atteint
4 Base de calcul: âge atteint

Sources: OFS – BEVNAT, ESPOP, STATPOP

Scheidungen nach Ehedauer und zusammengefasste Scheidungsziffer
Divorces selon la durée du mariage et indicateur conjoncturel de divortialité

T 1.6.2.1.2

	1960	1980	1990	1999[1]	2000[1]	2010[2]	2012[3]	2013	2014	
Total	4 656	10 910	13 184	20 809	10 511	22 081	17 550	17 119	16 737	**Total**
Scheidungen nach Ehedauer										**Divorces, selon la durée du mariage**
0 Jahre	57	32	36	83	17	38	31	38	35	0 année
1–2 Jahre	503	746	1 282	1 176	623	804	725	697	715	1–2 années
3–4 Jahre	684	1 214	1 810	2 014	1 005	1 612	1 382	1 344	1 312	3–4 années
5–6 Jahre	572	1 273	1 562	2 956	1 366	2 426	1 870	1 857	1 678	5–6 années
7–9 Jahre	746	1 733	1 911	3 825	2 012	3 691	2 840	2 706	2 578	7–9 années
10–14 Jahre	912	2 438	2 051	3 826	1 972	4 087	3 218	3 199	3 044	10–14 années
15–19 Jahre	564	1 679	1 679	2 494	1 258	3 216	2 435	2 277	2 320	15–19 années
20 Jahre und mehr	618	1 795	2 853	4 435	2 258	6 207	5 049	5 001	5 055	20 années et plus
Scheidungen je 10 000 Heiraten, nach Ehedauer[4]										**Divorces pour 10 000 mariages, ventilés selon la durée du mariage**[4]
0–4 Jahre[5]	52,4	122,0	141,7	163,7	82,7	118,6	101,1	99,1	98,3	0–4 années[5]
5–9 Jahre[5]	72,0	150,3	184,9	301,5	154,2	307,2	235,7	226,7	208,9	5–9 années[5]
10–14 Jahre[5]	49,8	106,4	122,9	179,7	89,4	205,5	162,1	160,0	153,2	10–14 années[5]
15–19 Jahre[5]	33,0	76,2	82,9	135,0	67,0	146,8	118,1	112,9	116,1	15–19 années[5]
20 Jahre und mehr[5]	10,2	21,8	12,1	16,5	8,3	19,8	15,7	15,3	15,3	20 années et plus[5]
Zusammengefasste Scheidungsziffer[6], in %	13	27	33	50	26	54	43	42	41	**Indicateur conjoncturel de divortialité**[6], en %

1 Die Entwicklung der Scheidungen nach 1998 (starke Zunahme 1999, starke Abnahme 2000) steht im Zusammenhang mit dem neuen Scheidungsrecht, das am 1. Januar 2000 in Kraft getreten ist.
2 Siehe Fussnote 1 der Tabelle T 1.1.1
3 Bruch in der Reihe wegen der Verwendung einer neuen Datenquelle
4 In erreichten Jahren
5 Durchschnitt pro Ehejahr
6 Die Ziffer berücksichtigt auch in der Schweiz geschiedene Personen, welche im Ausland geheiratet haben. Ab 1998 lässt sich feststellen, ob ein Paar erst zum Zeitpunkt der Scheidung oder bereits schon bei der Heirat in der Schweiz wohnhaft war.

Quelle: BFS – BEVNAT

1 L'évolution du nombre de divorces après 1998 (forte progression en 1999, important recul en 2000) est liée à l'introduction, le 1er janvier 2000, du nouveau droit du divorce.
2 Voir note 1 du tableau T 1.1.1
3 Rupture de série due à un changement de source
4 En années atteintes
5 Moyenne par année de mariage
6 Cet indicateur tient également compte des personnes divorcées en Suisse, qui s'étaient mariées à l'étranger. Depuis 1998, les données permettent de déterminer si les couples résidaient déjà en Suisse pendant leur mariage ou seulement au moment du divorce.

Source: OFS – BEVNAT

Sprachen und Religion
Langues et religion
Wohnbevölkerung nach Hauptsprache
Population résidante selon la langue principale

T 1.8.1.1

	Wohn-bevölkerung / Population résidante	Deutsch / Allemand %		Französisch / Français %		Italienisch / Italien %		Rätoromanisch / Romanche %		Andere Sprachen / Autres langues %		
Total												**Total**
1910	3 753 293	69,1		21,1		8,1		1,1		0,6		1910
1920	3 880 320	70,9		21,3		6,1		1,1		0,6		1920
1930	4 066 400	71,9		20,4		6,0		1,1		0,6		1930
1941	4 265 703	72,6		20,7		5,2		1,1		0,4		1941
1950	4 714 992	72,1		20,3		5,9		1,0		0,7		1950
1960	5 429 061	69,3		18,9		9,5		0,9		1,4		1960
		±[3]		±[3]		±[3]		±[3]		±[3]		
1970[1]	4 575 416	65,3		18,7		11,1		0,8		4,0		1970[1]
1980	4 950 821	65,7		18,6		9,3		0,8		5,5		1980
1990	5 495 018	64,6		19,3		8,0		0,6		7,6		1990
2000	5 868 572	64,2		20,0		6,8		0,5		8,5		2000
2013[2]	6 744 794	64,5	0,1	22,6	0,1	8,3	0,1	0,5	0,0	20,1	0,2	2013[2]
Schweizer												**Suisses**
1910	3 201 282	72,7		22,1		3,9		1,2		0,1		1910
1920	3 477 935	73,0		21,7		4,0		1,2		0,1		1920
1930	3 710 878	73,7		21,0		4,0		1,2		0,1		1930
1941	4 042 149	73,9		20,9		3,9		1,1		0,2		1941
1950	4 429 546	74,2		20,6		4,0		1,1		0,2		1950
1960	4 844 322	74,4		20,2		4,1		1,0		0,3		1960
		±[3]		±[3]		±[3]		±[3]		±[3]		
1970[1]	3 894 711	73,6		20,7		4,2		1,0		0,5		1970[1]
1980	4 286 322	73,3		20,1		4,5		1,0		1,1		1980
1990	4 593 306	73,2		20,5		4,2		0,7		1,4		1990
2000	4 750 315	72,7		20,7		4,4		0,6		1,6		2000
2013[2]	5 189 441	72,8	0,1	23,3	0,1	6,1	0,1	0,7	0,0	9,2	0,1	2013[2]
Ausländer												**Etrangers**
1910	552 011	48,6		15,3		32,1		0,2		3,8		1910
1920	402 385	52,3		17,6		25,0		0,2		4,9		1920
1930	355 522	53,2		14,7		26,3		0,2		5,6		1930
1941	223 554	49,1		18,1		27,7		0,4		4,7		1941
1950	285 446	40,1		15,7		36,2		0,3		7,7		1950
1960	584 739	27,5		7,8		54,1		0,1		10,5		1960
		±[3]		±[3]		±[3]		±[3]		±[3]		
1970[1]	680 705	17,9		7,3		50,6		0,1		24,1		1970[1]
1980	664 499	17,0		8,6		40,4		0,1		33,8		1980
1990	901 712	20,7		13,1		27,2		0,1		39,0		1990
2000	1 118 257	28,5		16,9		17,0		0,1		37,5		2000
2013[2]	1 554 979	36,7	0,4	20,3	0,3	15,8	0,3	( )	*	56,2	0,4	2013[2]

1 1970–2000 Daten wurden mit der Strukturerhebung ab 2010 harmonisiert; die betrachtete Bevölkerung ist die ständige Wohnbevölkerung. Damit sind Personen ab vollendetem 15. Altersjahr gemeint, die in der Schweiz seit mindestens 12 Monaten in einem Privathaushalt leben. Nicht befragt wurden Diplomaten, internationale Funktionäre und deren Familienangehörige.
2 Aktuellste Daten. Ab 2010 konnten die Befragten mehrere Hauptsprachen nennen. Bis zu drei Hauptsprachen je Person wurden berücksichtigt. Dies erklärt das Total von über 100%.
3 Das Vertrauensintervall (±) zeigt die Genauigkeit der Resultate einer Stichprobenerhebung. Es wird hier in Prozentpunkten ausgedrückt.

Quellen: BFS – VZ, Strukturerhebung (SE)

1 Les données de 1970 à 2000 ont été harmonisées avec celles du relevé structurel à partir de 2010; la population considérée est la population résidante permanente, c'est-à-dire établie en Suisse depuis 12 mois au moins, âgée de 15 ans révolus ou plus et vivant en ménage privé. Les diplomates, fonctionnaires internationaux et les membres de leur famille ne sont pas pris en compte.
2 Données les plus actuelles. Dès 2010, les personnes interrogées pouvaient indiquer plusieurs langues principales. Jusqu'à trois langues principales par personne ont été considérées. Ceci explique un total supérieur à 100%.
3 L'intervalle de confiance (±) indique la précision du résultat dans le cas d'une enquête par échantillon. Il est exprimé ici en points de pourcentage.

Sources: OFS – RFP, Relevé structurel (RS)

Wohnbevölkerung nach Religionszugehörigkeit / Population résidante selon l'appartenance religieuse

T 1.8.2.1

	Wohnbevölkerung / Population résidante	Evangelisch-reformiert[1] / Evangélique réformé (protestant)[1] %		Römisch-katholisch[2] / Catholique romain[2] %		Andere christliche Glaubensgemeinschaften[3] / Autres communautés chrétiennes[3] %		Jüdische Glaubensgemeinschaften / Communautés juives %		Islamische Glaubensgemeinschaften[4] / Communautés islamiques[4] %		Andere Religionsgemeinschaften[4] / Autres églises et communautés religieuses[4] %		Konfessionslos[4] / Sans confession[4] %		Religion / Konfession unbekannt[4] / Sans indication[4] %		
Total																		**Total**
1910	3 753 293	56,2		42,5		...		0,5		...		0,9		...		...		1910
1920	3 880 320	57,5		40,9		...		0,5		...		1,1		...		...		1920
1930	4 066 400	57,3		41,0		...		0,4		...		1,2		...		...		1930
1941	4 265 703	57,6		40,4		...		0,5		...		1,5		...		...		1941
1950	4 714 992	56,3		41,5		...		0,4		...		1,7		...		...		1950
1960	5 429 061	52,7		45,4		0,7		0,4		0,0		0,1		0,5		0,2		1960
		±[6]		±[6]		±[6]		±[6]		±[6]		±[6]		±[6]		±[6]		
1970[5]	4 575 416	48,8		46,7		2,0		0,4		0,2		0,1		1,2		0,4		1970[5]
1980	4 950 821	45,3		46,2		2,2		0,3		0,7		0,2		3,9		1,2		1980
1990	5 495 018	39,6		46,2		3,4		0,2		1,6		0,3		7,5		1,1		1990
2000	5 868 572	33,9		42,3		4,3		0,2		3,6		0,7		11,4		3,6		2000
2013	6 744 794	26,1	0,2	38,0	0,2	5,8	0,1	0,2	0,0	5,1	0,1	1,3	0,0	22,2	0,2	1,3	0,0	2013
Schweizer																		**Suisses**
1910	3 201 282	61,4		37,8		...		0,2		...		0,6		...		...		1910
1920	3 477 935	60,8		38,0		...		0,3		...		0,9		...		...		1920
1930	3 710 878	60,0		37,8		...		0,3		...		2,0		...		...		1930
1941	4 042 149	59,3		39,0		...		0,3		...		1,4		...		...		1941
1950	4 429 546	58,5		39,7		...		0,2		...		1,6		...		...		1950
1960	4 844 322	57,1		41,3		0,6		0,2		0,0		0,1		0,5		0,2		1960
		±[6]		±[6]		±[6]		±[6]		±[6]		±[6]		±[6]		±[6]		
1970[5]	3 894 711	55,4		40,9		1,8		0,3		0,0		0,1		1,1		0,3		1970[5]
1980	4 286 322	50,8		42,5		1,7		0,2		0,0		0,1		3,5		1,1		1980
1990	4 593 306	46,1		43,1		2,6		0,2		0,1		0,1		6,8		1,0		1990
2000	4 750 315	40,6		41,1		3,3		0,2		0,6		0,3		11,0		3,0		2000
2013	5 189 441	32,4	0,2	37,3	0,2	5,0	0,1	0,2	0,0	2,2	0,1	0,9	0,0	20,7	0,2	1,2	0,0	2013
Ausländer																		**Etrangers**
1910	552 011	25,8		69,5		...		2,2		...		2,5		...		...		1910
1920	402 385	28,4		65,6		...		2,9		...		3,1		...		...		1920
1930	355 522	29,1		64,0		...		2,3		...		4,6		...		...		1930
1941	223 554	27,2		65,4		...		4,1		...		3,3		...		...		1941
1950	285 446	22,4		70,9		...		2,9		...		3,8		...		...		1950
1960	584 739	16,1		79,4		0,9		1,4		0,4		0,3		0,9		0,5		1960
		±[6]		±[6]		±[6]		±[6]		±[6]		±[6]		±[6]		±[6]		
1970[5]	680 705	11,1		79,9		3,2		0,9		1,6		0,3		2,1		0,9		1970[5]
1980	664 499	9,8		69,8		5,4		0,7		4,9		0,9		6,6		1,9		1980
1990	901 712	6,9		62,1		7,0		0,4		9,1		1,3		11,2		2,0		1990
2000	1 118 257	5,2		47,6		9,0		0,3		16,5		2,3		13,1		6,1		2000
2013	1 554 979	5,2	0,2	40,1	0,4	8,2	0,2	0,3	0,0	14,4	0,3	2,8	0,1	27,4	0,4	1,6	0,1	2013

1 1900 bis 1970: «Evangelisch-reformiert» inkl. Anhänger christlicher Sondergemeinschaften. Ab 1970 nur die öffentlich-rechtlich anerkannte Evangelisch-reformierte Kirche
2 1910–1920: inkl. Christkatholische Kirche
3 Ab 1960 «Andere christliche Glaubensgemeinschaften» inkl. Christkatholische Kirche, Christlich-orthodoxe Kirchen sowie andere evangelische Kirchen, wie z.B. Methodistische Kirchen, Neuapostolische Kirchen
4 «Islamische Glaubensgemeinschaften», «Konfessionslos» und «Religion/Konfession unbekannt» werden ab 1960 separat erfasst.
5 Siehe Fussnote 1 der Tabelle T 1.8.1.1
6 Siehe Fussnote 3 der Tabelle T 1.8.1.1

Quellen: BFS – VZ, Strukturerhebung (SE)

1 De 1900 à 1960, la catégorie «Evangélique réformé (protestant)» comprend également les membres de communautés chrétiennes particulières. Dès 1970, elle ne comprend que l'Eglise réformée reconnue de droit public.
2 1910–1920: y compris l'église catholique-chrétienne
3 Dès 1960, la catégorie «Autres communautés chrétiennes» comprend l'église catholique-chrétienne, les églises chrétiennes-orthodoxes ainsi que les autres églises évangéliques, telles que les églises méthodistes, les églises néo-apostoliques, etc.
4 Les «Communautés islamiques», «Sans confession» et «Sans indication» ne sont distingués des «Autres Eglises et communautés religieuses» que depuis 1960.
5 Voir note 1 du tableau T 1.8.1.1
6 Voir note 3 du tableau T 1.8.1.1

Sources: OFS – RFP, Relevé structurel (RS)

2 Raum und Umwelt — Espace et environnement

Überblick

Naturräumliche Gegebenheiten

Mit einer Fläche von 41 285 km^2 gehört die Schweiz zu den kleineren Staaten in Europa. Die Nord-Süd-Ausdehnung beträgt maximal 220 km, in west-östlicher Richtung liegt das Maximum bei ca. 350 km.

Die Grenzlänge beläuft sich auf rund 1880 km. Der höchstgelegenste Punkt der Schweiz ist die mit 4634 m ü. M. hohe Dufourspitze. Der tiefste Punkt liegt mit 193 m ü. M. am Ufer des Lago Maggiore.

Der Natur- und Kulturraum ist durch den Alpenkamm geprägt, der die Schweiz von Westen nach Osten durchzieht. Die Alpen bilden sowohl klimatisch als auch hydrologisch eine markante Trennlinie.

Im dichtbesiedelten Mittelland liegt die mittlere Jahrestemperatur bei ca. 9–10 °C für Orte zwischen 500 und 600 m ü. M. und die jährliche Niederschlagsmenge um 1000 mm (bei einer Bandbreite von ca. 800–1300 mm). Im Jura, in den Voralpen und auf der Alpensüdseite liegen die jährlichen Niederschlagsmengen höher (typischerweise 1200–1600 mm), im Hochgebirge fallen teils über 2500 mm. Das Zentralwallis, das zu den trockensten Regionen Europas gehört, verzeichnet lediglich 500–600 mm Niederschlag pro Jahr.

In den Schweizer Alpen entspringen mit dem Rhein und der Rhone zwei der längsten Flüsse Europas. Der Rhein fliesst mit seinen Zuflüssen in die Nordsee, die Rhone und der Ticino (via den Fluss Po) ins Mittelmeer, während das Wasser des Inn über die Donau ins Schwarze Meer gelangt. Die beiden grössten Seen sind der Genfersee zwischen der Schweiz und Frankreich und der Bodensee, der zur Schweiz, Deutschland und Österreich gehört. Der flächenmässig grösste See, der sich ausschliesslich auf Schweizer Gebiet befindet, ist der Neuenburgersee.

Nutzung natürlicher Ressourcen

Zum einen erfordern menschliche Aktivitäten natürliche Ressourcen wie Boden, Wasser, Energie oder Material. Dabei hat die Art der Nutzung einen Einfluss auf den verfügbaren Bestand, insbe-

Vue d'ensemble

Particularités géographiques

Avec une superficie de 41 285 km^2, la Suisse compte parmi les plus petits pays d'Europe. Son territoire s'étend sur 220 km du nord au sud et sur environ 350 km d'ouest en est.

La frontière s'étend sur environ 1880 km. Le point le plus haut de la Suisse est la Pointe Dufour, à 4634 m d'altitude. La rive du Lac Majeur, à 193 m d'altitude, constitue le point le plus bas.

La chaîne des Alpes qui traverse le pays d'ouest en est marque l'espace géographique et culturel. Les Alpes constituent une importante ligne de séparation tant du point de vue climatique qu'hydrologique.

Sur le Plateau, région la plus peuplée, la température s'élève en moyenne à 9 à 10 °C environ dans les localités situées entre 500 et 600 m d'altitude et les précipitations annuelles moyennes se montent à 1000 mm (pour une fourchette de 800 à

Biogeografische Regionen der Schweiz G 2.1
Les régions biogéographiques de la Suisse

Flächenanteile in % / Répartition des superficies en %

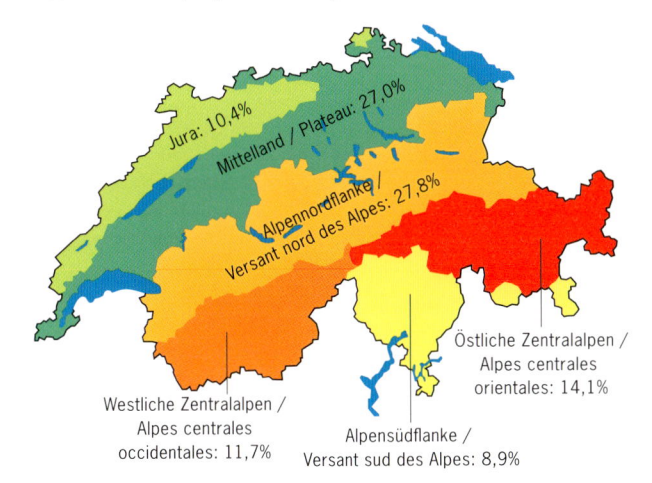

- Jura: 10,4%
- Mittelland / Plateau: 27,0%
- Alpennordflanke / Versant nord des Alpes: 27,8%
- Östliche Zentralalpen / Alpes centrales orientales: 14,1%
- Westliche Zentralalpen / Alpes centrales occidentales: 11,7%
- Alpensüdflanke / Versant sud des Alpes: 8,9%

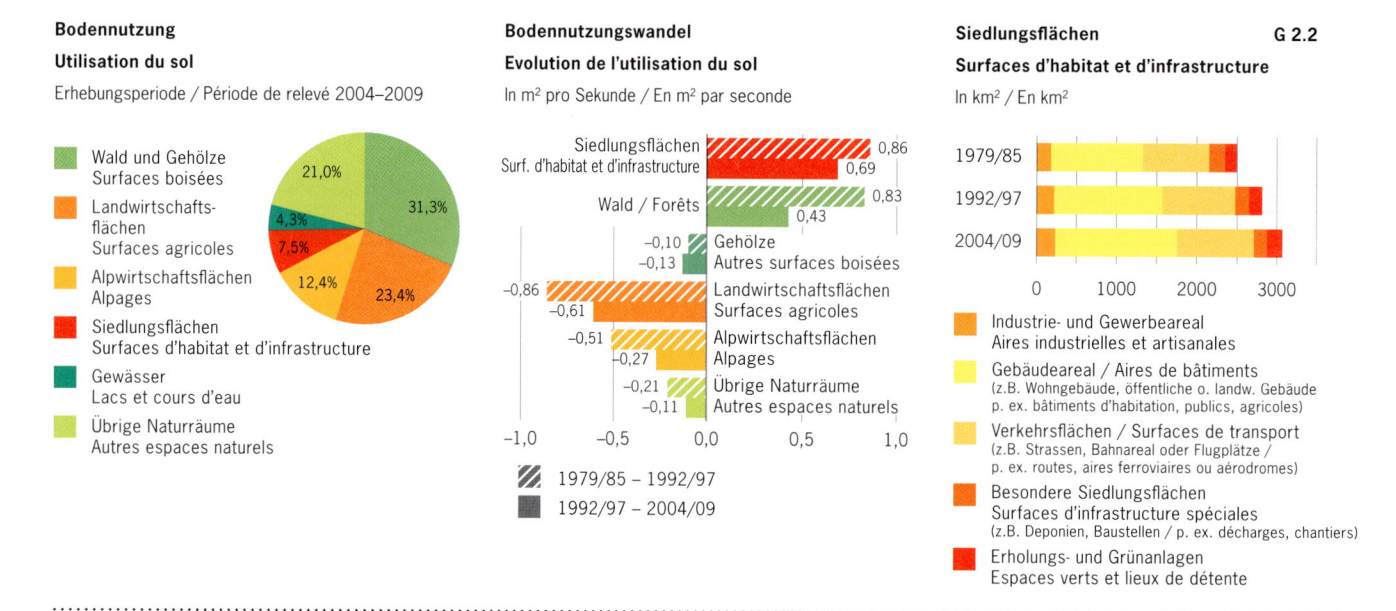

Bodennutzung
Utilisation du sol
Erhebungsperiode / Période de relevé 2004–2009

- Wald und Gehölze / Surfaces boisées: 31,3%
- Landwirtschaftsflächen / Surfaces agricoles: 23,4%
- Alpwirtschaftsflächen / Alpages: 12,4%
- Siedlungsflächen / Surfaces d'habitat et d'infrastructure: 7,5%
- Gewässer / Lacs et cours d'eau: 4,3%
- Übrige Naturräume / Autres espaces naturels: 21,0%

Bodennutzungswandel
Evolution de l'utilisation du sol
In m² pro Sekunde / En m² par seconde

- Siedlungsflächen / Surf. d'habitat et d'infrastructure: 0,86 / 0,69
- Wald / Forêts: 0,83 / 0,43
- Gehölze / Autres surfaces boisées: −0,10 / −0,13
- Landwirtschaftsflächen / Surfaces agricoles: −0,86 / −0,61
- Alpwirtschaftsflächen / Alpages: −0,51 / −0,27
- Übrige Naturräume / Autres espaces naturels: −0,21 / −0,11

▨ 1979/85 – 1992/97
■ 1992/97 – 2004/09

Siedlungsflächen G 2.2
Surfaces d'habitat et d'infrastructure
In km² / En km²

Periods: 1979/85, 1992/97, 2004/09

- Industrie- und Gewerbeareal / Aires industrielles et artisanales
- Gebäudeareal / Aires de bâtiments (z.B. Wohngebäude, öffentliche o. landw. Gebäude / p. ex. bâtiments d'habitation, publics, agricoles)
- Verkehrsflächen / Surfaces de transport (z.B. Strassen, Bahnareal oder Flugplätze / p. ex. routes, aires ferroviaires ou aérodromes)
- Besondere Siedlungsflächen / Surfaces d'infrastructure spéciales (z.B. Deponien, Baustellen / p. ex. décharges, chantiers)
- Erholungs- und Grünanlagen / Espaces verts et lieux de détente

---

sondere wenn es sich um nicht erneuerbare Ressourcen handelt. Zum anderen erbringen Ökosysteme Leistungen, die dem Menschen von Nutzen sind. Beispiele für diese sogenannten Ökosystemdienstleitungen sind das Bestäuben von Obstblüten durch Insekten, die natürliche Reinigung von Luft oder Trinkwasser oder die Zurverfügungstellung einer ansprechenden Umwelt als Erlebnis- und Erholungsraum.

Die **Bodennutzung und -bedeckung** verändern sich laufend. Von der Gesamtfläche der Schweiz entfallen aktuell rund 35,9% auf Landwirtschaftsflächen, 31,3% auf Wald und Gehölze und 7,5% auf Siedlungsflächen. Die übrigen Naturräume machen 25,3% der Landesfläche aus. Dabei handelt es sich z.B. um Gewässer, Gebüsche, Strauch- oder Krautvegetation sowie um vegetationslose Flächen wie Fels, Geröll oder Gletscher.

Zwischen 1985 und 2009 sind die Siedlungsflächen um 23% oder 584 km² gewachsen, vorwiegend auf Kosten von Landwirtschaftsflächen. Dies entspricht einer Flächenzunahme von rund 0,75 m² pro Sekunde. Die Siedlungsflächen sind dabei schneller gewachsen als die Bevölkerung, und entsprechend hat der Siedlungsflächenbedarf pro Person zugenommen: Nach aktuellsten Zahlen beträgt dieser rund 407 m² pro Person – etwa 20 m² mehr als 24 Jahre zuvor.

Auch die Fläche von Wald und Gehölzen hat leicht zugenommen (3,1%) – dies hauptsächlich auf Kosten von Alpwirtschaftsflächen, die verbuschen und später zu Wald werden, nachdem die landwirtschaftliche Nutzung aufgegeben wurde. Die übrigen Naturräume befinden sich, mit Ausnahme der Seen, vor allem im Alpenraum. Ihre Grösse hat sich zwischen 1985 und 2009 kaum verändert, ihre Zusammensetzung jedoch schon. Hier fällt vor allem der Rückgang der Gletscher auf, die in 24 Jahren einen Viertel ihrer Fläche verloren haben. Wo das Eis geschmolzen ist, blieben mehrheitlich vegetationslose Geröll- und Felsflächen zurück.

Rund 80% des **Trinkwassers** stammt aus dem Grundwasser, wobei es sich bei etwa der Hälfte davon um Quellwasser handelt. Der Rest wird aus Seewasser gewonnen. 2014 wurden 901 Mio. Kubikmeter Trinkwasser aufbereitet. Der Trinkwasserverbrauch der Schweiz ist seit 1990 um 22% zurückgegangen. 1990 betrug der Tagesverbrauch 472 Liter pro Person, 2014

1300 mm environ). Dans le Jura, dans les Préalpes et sur le versant sud des Alpes, les précipitations sont plus élevées (de 1200 à 1600 mm); en altitude, elles peuvent dépasser 2500 mm. En Valais central, qui compte parmi les régions les plus sèches d'Europe, les précipitations s'élèvent en moyenne à seulement 500 à 600 mm par an.

Deux des plus longs fleuves d'Europe, le Rhin et le Rhône, prennent leur source dans les Alpes suisses. Le Rhin et ses affluents se déversent dans la Mer du nord, le Rhône et le Ticino (via le Pô) dans la Méditerranée, alors que l'eau de l'Inn coule dans le Danube pour terminer sa course dans la Mer noire. Les deux plus grands lacs sont le Lac Léman, entre la Suisse et la France, et le Lac de Constance, entre la Suisse, l'Allemagne et l'Autriche. Le Lac de Neuchâtel est le plus grand lac entièrement sur territoire suisse.

Utilisation des ressources naturelles

D'une part, les activités humaines mobilisent des ressources naturelles (sol, eau, énergie ou matières), dont les réserves varient selon la manière dont elles sont utilisées, surtout s'il s'agit de ressources non renouvelables. D'autre part, les écosystèmes fournissent des prestations utiles pour l'être humain, comme par exemple la pollinisation des arbres fruitiers par les insectes, l'approvisionnement en air pur et en eau potable ou la mise à disposition d'un environnement de qualité pour les loisirs et la détente.

L'utilisation et la couverture du sol sont en constante évolution. Les surfaces agricoles utiles occupent 35,9% de la superficie totale de la Suisse, la forêt et les autres surfaces boisées 31,3% et les surfaces d'habitat et d'infrastructure 7,5%. Les autres espaces naturels représentent 25,3% de la superficie du pays. Ce sont par exemple les eaux de surface, les buissons, les espèces arbustives et la végétation herbacée ainsi que les surfaces sans végétation comme les rochers, les éboulis ou les glaciers.

Entre 1985 et 2009, les surfaces d'habitat et d'infrastructure se sont étendues de 23% ou de 584 km², essentiellement au détriment des surfaces agricoles. Cela correspond à une progression de près de 0,75 m² par seconde. Elle a été plus

Trinkwasserverbrauch[1] in Mio m³ G 2.3
Consommation d'eau potable[1] en millions de m³

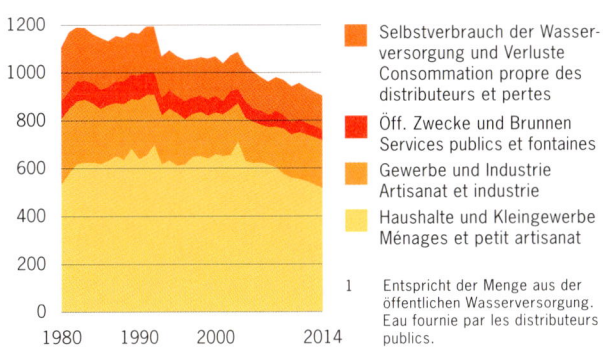

- Selbstverbrauch der Wasserversorgung und Verluste / Consommation propre des distributeurs et pertes
- Öff. Zwecke und Brunnen / Services publics et fontaines
- Gewerbe und Industrie / Artisanat et industrie
- Haushalte und Kleingewerbe / Ménages et petit artisanat

[1] Entspricht der Menge aus der öffentlichen Wasserversorgung. Eau fournie par les distributeurs publics.

Totaler Materialaufwand (TMR), in Mio. Tonnen G 2.4
Ensemble des besoins matériels (TMR), en millions de tonnes

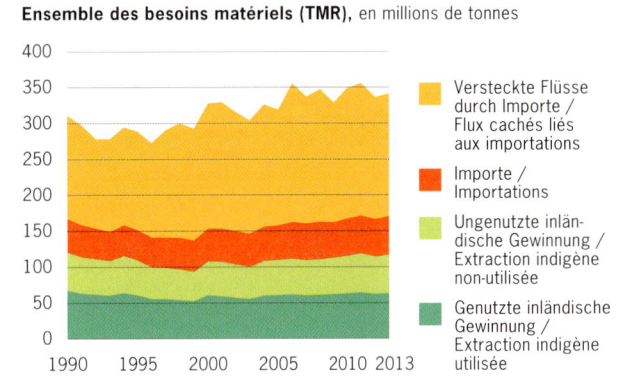

- Versteckte Flüsse durch Importe / Flux cachés liés aux importations
- Importe / Importations
- Ungenutzte inländische Gewinnung / Extraction indigène non-utilisée
- Genutzte inländische Gewinnung / Extraction indigène utilisée

---

waren es noch 300 Liter. In diesen Angaben nicht enthalten ist allerdings die Eigenförderung von Gewerbe, Industrie und Landwirtschaft. Ebenfalls nicht miteingerechnet ist das Wasser, welches im Ausland für die Herstellung der importierten Produkte verbraucht wurde.

2014 stammten 77% der in der Schweiz eingesetzten **Energie** aus dem Ausland. Seit 1990 hat der Bruttoenergieverbrauch um 9% zugenommen und belief sich 2014 auf 1,11 Mio. Terajoules. Die Wohnbevölkerung ist in dieser Zeit schneller gewachsen als der Energieverbrauch, der Pro-Kopf-Verbrauch ist demnach zurückgegangen. Nicht berücksichtigt ist hier allerdings die sogenannte «graue Energie», also diejenige Energie, die im Ausland für Herstellung und Transport der importierten Produkte verbraucht wurde. 2014 stammten 19% des Bruttoenergieverbrauchs aus erneuerbaren Quellen. 1990 betrug dieser Anteil noch 14,7% (→ Kapitel 8, Energie).

2013 belief sich der totale **Materialaufwand** der Schweiz auf 341 Mio. Tonnen, was rund 42 Tonnen pro Person entspricht. Dabei stammten 66% des Materials aus dem Ausland bzw. dieses wurde im Ausland verbraucht, um die Importe herzustellen und in die Schweiz zu transportieren. 1990 betrug dieser Anteil noch 61%. Diese Zunahme deutet auf eine wachsende Auslandabhängigkeit der Schweiz zur Deckung ihres Materialbedarfs hin sowie die Tendenz, dass Umweltbelastungen von der Schweiz ins Ausland verlagert werden.

Emissionen und Abfälle

Menschliche Aktivitäten verursachen Abfälle und andere Emissionen, die in die Luft, in den Boden oder in die Gewässer gelangen. Je höher dabei der Ausstoss, desto grösser die Auswirkungen auf die Umwelt.

Durch den Ausstoss von **Treibhausgasen** verstärkt der Mensch den natürlichen Treibhauseffekt und beeinflusst auf diese Weise das Klima. Der überwiegende Teil dieser Treibhausgasemissionen entsteht bei der Verbrennung fossiler Energieträger. 2013 emittierte die Schweiz gemäss Umweltgesamtrechnung des BFS rund 57 Mio. Tonnen CO_2-Äquivalente (inkl. internationaler Flugverkehr). Die Wirtschaft und die Haushalte waren für rund 64% respektive 36% dieser Emissionen verantwortlich. Zwischen 1990 und 2013 haben die Treibhausgasemissionen insgesamt um 0,9% zugenommen. Während insbesondere die heizungsbedingten Emissionen zurückgegangen sind, haben die transportbedingten zugenommen. In diesen Angaben allerdings

marquée que celle de la population, de sorte que les besoins en surfaces d'habitat et d'infrastructure par personne se sont accrus: selon les données les plus récentes, ils étaient d'environ 407 m² par personne, soit 20 m² de plus qu'il y a 24 ans.

La forêt et les autres surfaces boisées ont aussi gagné un peu de terrain (3,1%) au détriment principalement des alpages, où elles se développent après que l'exploitation agricole du sol a cessé. Les lacs mis à part, les autres espaces naturels se situent avant tout dans les régions alpines. Leur étendue n'a pratiquement pas changé entre 1985 et 2009 contrairement à leur composition. Le recul des glaciers est particulièrement frappant: leur surface s'est réduite d'un quart en 24 ans. La fonte de la glace a surtout fait apparaître des zones d'éboulis et de rochers sans végétation.

Environ 80% de l'**eau potable** provient des eaux souterraines, dont près de la moitié sont des eaux de sources. Le reste est prélevé dans les lacs. 901 millions de mètres cubes d'eau potable ont été fournis en 2014, soit 22% de moins qu'en 1990. La consommation quotidienne atteignait alors 472 litres par personne, contre 300 litres en 2014. L'eau des captages propres de l'artisanat, de l'industrie et de l'agriculture n'est cependant pas comprise dans ces chiffres, pas plus que l'eau consommée à l'étranger pour la fabrication des produits importés.

En 2014, 77% de l'**énergie** utilisée en Suisse provenait de l'étranger. Depuis 1990, la consommation brute d'énergie a progressé de 9% et s'élevait à 1,11 millions de térajoules en 2014. Pendant cette période, la population résidante a augmenté plus rapidement que la consommation d'énergie, de sorte que la consommation par personne a diminué. L'énergie «grise», à savoir l'énergie consommée à l'étranger pour la fabrication et le transport des produits importés, n'est cependant pas prise en compte. En 2014, 19% de la consommation brute d'énergie provenait de sources renouvelables. Cette part était de 14,7% en 1990 (→ chapitre 8, Energie).

En 2013, l'ensemble des **besoins matériels** de la Suisse s'élevait à 341 millions de tonnes, ce qui correspond à environ 42 tonnes par personne. 66% des matières provenaient de l'étranger ou ont été consommées à l'étranger pour produire et transporter les biens importés en Suisse. Cette part était de 61% en 1990. Son augmentation traduit une dépendance accrue de la Suisse à l'étranger pour couvrir ses besoins matériels ainsi qu'une tendance à la délocalisation de ses pressions environnementales dans le reste du monde.

Treibhausgasemissionen, in Millionen Tonnen CO$_2$-Äquivalente   G 2.5
Emissions de gaz à effet de serre, en millions de tonnes d'équivalents CO$_2$

- Synthetische Gase / Gaz synthétiques
- Lachgas / Protoxyde d'azote (N$_2$O)
- Methan / Méthane (CH$_4$)
- Kohlendioxid / Dioxyde de carbone (CO$_2$)

Luftschadstoffemissionen, in 1000 Tonnen   G 2.6
Emissions de polluants atmosphériques, en milliers de tonnes

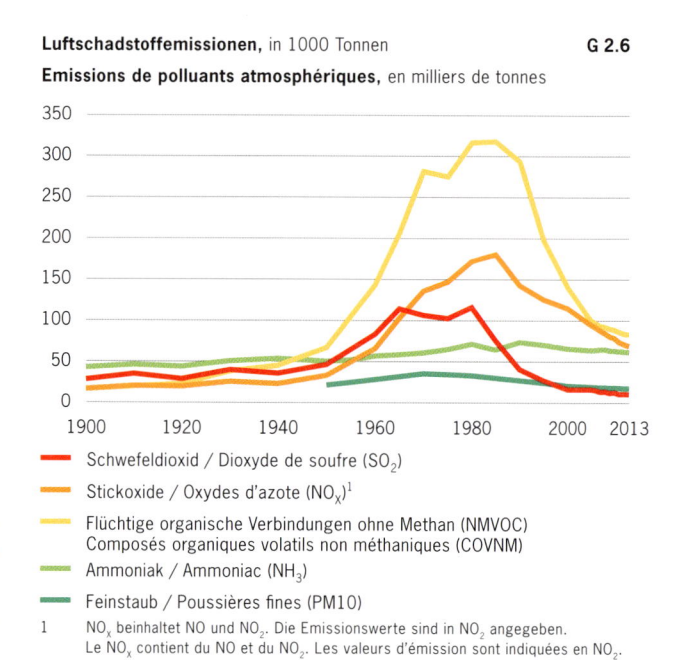

- Schwefeldioxid / Dioxyde de soufre (SO$_2$)
- Stickoxide / Oxydes d'azote (NO$_x$)[1]
- Flüchtige organische Verbindungen ohne Methan (NMVOC) / Composés organiques volatils non méthaniques (COVNM)
- Ammoniak / Ammoniac (NH$_3$)
- Feinstaub / Poussières fines (PM10)

[1] NO$_x$ beinhaltet NO und NO$_2$. Die Emissionswerte sind in NO$_2$ angegeben.
Le NO$_x$ contient du NO et du NO$_2$. Les valeurs d'émission sont indiquées en NO$_2$.

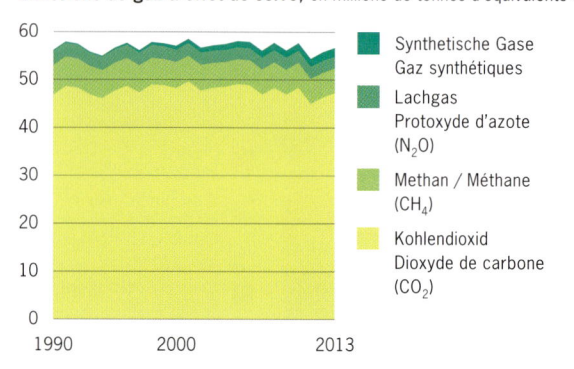

nicht enthalten sind die sogenannten «grauen Emissionen», also diejenigen Emissionen, die im Ausland bei der Herstellung und beim Transport der importierten Produkte verursacht werden.

Seit den 1970er-Jahren bis ca. 2000 ist bei den meisten **Luftschadstoffemissionen** ein Rückgang zu verzeichnen. Seither ist dieser Trend teilweise abgeflacht bzw. die Emissionen stagnieren auf konstantem Niveau.

Dünger, der von den Pflanzen nicht mehr aufgenommen wird, also überschüssig ist, gelangt in die Umwelt. Die Überschüsse an **Stickstoff** haben seit 1990 um 28% abgenommen und betrugen 2013 rund 94 000 Tonnen. Jene an **Phosphor** sind in derselben Zeitspanne um 80% auf rund 4000 Tonnen gesunken.

Die **Siedlungsabfälle** haben seit 1990 um 47% zugenommen und beliefen sich im Jahr 2014 auf 6 Mio. Tonnen, was 730 Kilogramm pro Person entspricht (1990 waren es noch 607 kg pro Person). 54% davon wurden separat gesammelt und dem Recycling zugeführt (1990 betrug dieser Anteil noch 29%). Der Rest wurde in Kehrichtverbrennungsanlagen verbrannt bzw. vor 2005 entweder verbrannt oder deponiert. Die bei der Verbrennung entstehende Wärme wird als Fernwärme oder für die Stromproduktion genutzt.

Von den knapp 2,4 Mio. Tonnen **Sonderabfällen,** die 2014 in der Schweiz anfielen, wurden 77% im Inland verwertet, behandelt, verbrannt oder deponiert und 23% exportiert.

Umweltzustand

Der Zustand der Umwelt wird durch menschliche Aktivitäten beeinflusst. So haben Ressourcenverbrauch und Emissionen Aus-

Siedlungsabfälle, in Millionen Tonnen   G 2.7
Déchets urbains, en millions de tonnes

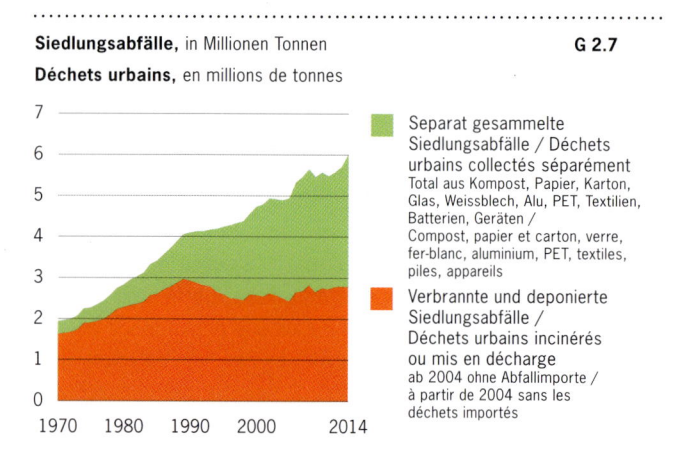

- Separat gesammelte Siedlungsabfälle / Déchets urbains collectés séparément
  Total aus Kompost, Papier, Karton, Glas, Weissblech, Alu, PET, Textilien, Batterien, Geräten / Compost, papier et carton, verre, fer-blanc, aluminium, PET, textiles, piles, appareils
- Verbrannte und deponierte Siedlungsabfälle / Déchets urbains incinérés ou mis en décharge
  ab 2004 ohne Abfallimporte / à partir de 2004 sans les déchets importés

Emissions et déchets

Les activités humaines génèrent des déchets et des émissions dans l'air, dans le sol et dans les eaux. Plus les rejets sont importants, plus leurs effets sur l'environnement sont grands.

En émettant des **gaz à effet de serre**, l'être humain renforce l'effet de serre naturel et influence le climat. La majeure partie de ces émissions est due à la combustion d'agents énergétiques fossiles. En 2013, la Suisse a émis, selon la comptabilité environnementale de l'OFS, environ 57 millions de tonnes d'équivalents CO$_2$ (trafic aérien international inclus). L'économie et les ménages ont généré respectivement environ 64% et 36% de ces émissions. Les émissions de gaz à effet de serre ont augmenté de 0,9% entre 1990 et 2013. Celles dues au chauffage ont diminué, alors que les émissions des transports ont augmenté. Les émissions «grises», à savoir les émissions générées à l'étranger pour la fabrication et le transport des produits importés, ne sont cependant pas prises en compte.

Des années 1970 à l'an 2000 environ, un recul de la plupart des émissions de **polluants atmosphériques** est observé. Depuis, soit cette tendance s'est ralentie, soit les émissions sont restées plus ou moins stables.

L'engrais qui n'est plus absorbé par les plantes et qui est donc en excédent se retrouve dans l'environnement. Les excédents d'**azote** ont diminué de 28% depuis 1990 et représentaient environ 94 000 tonnes en 2013. Dans le même temps, les excédents de **phosphore** se sont réduits de 80% à 4000 tonnes environ.

Les **déchets urbains** se sont accrus de 47% depuis 1990, atteignant 6 millions de tonnes en 2014, ce qui correspond à 730 kilogrammes par personne, contre 607 kg par personne en 1990. 54% de ces déchets ont été collectés séparément en vue d'être recyclés, contre 29% en 1990. Le reste a été incinéré dans des usines d'incinération ou, avant 2005, soit incinéré, soit mis en décharge. La chaleur issue de la combustion est utilisée pour le chauffage à distance ou pour la production de courant électrique.

Feinstaubkonzentration (PM10) G 2.8
Concentration de poussières fines (PM10)

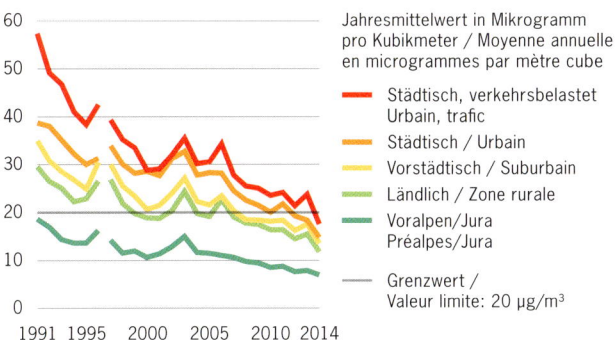

Jahresmittelwert in Mikrogramm pro Kubikmeter / Moyenne annuelle en microgrammes par mètre cube
- Städtisch, verkehrsbelastet / Urbain, trafic
- Städtisch / Urbain
- Vorstädtisch / Suburbain
- Ländlich / Zone rurale
- Voralpen/Jura / Préalpes/Jura
- Grenzwert / Valeur limite: 20 µg/m³

Jahresmitteltemperatur G 2.9
Température annuelle moyenne

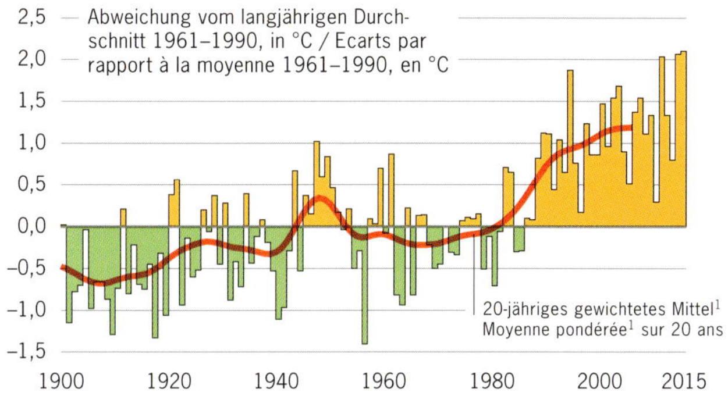

Abweichung vom langjährigen Durchschnitt 1961–1990, in °C / Ecarts par rapport à la moyenne 1961–1990, en °C

20-jähriges gewichtetes Mittel[1] / Moyenne pondérée[1] sur 20 ans

1 Gauss Tiefpassfilter / Filtre passe-bas de Gauss

wirkungen auf die Qualität der Luft, Gewässer, Böden, Ökosysteme oder Landschaften.

Die **Luftqualität** in der Schweiz hat sich gesamthaft betrachtet in den letzten Jahrzehnten deutlich verbessert. Beim bodennahen Ozon (O_3), bei den Stickoxiden (NO_X) und beim lungengängigen Feinstaub (PM10) werden die gesetzlichen Immissionsgrenzwerte allerdings noch immer überschritten. Erhöhte Belastungswerte werden auch von flüchtigen organischen Verbindungen (VOC), die als Vorläufersubstanzen für die Bildung von Ozon und Feinstaub gelten, sowie von Ammoniak (NH_3) erreicht. Hauptverursacher der Luftbelastung sind in erster Linie der motorisierte Verkehr (NO_X, PM10), die Holzverbrennung (PM10), die Landwirtschaft (NH_3, PM10) und die Industrie (VOC, NO_X, PM10).

Die **Lufttemperatur** schwankt von Jahr zu Jahr und kann von kälteren wie auch wärmeren Perioden gekennzeichnet sein. Dies hängt von einer Vielzahl komplexer Faktoren ab, eine wichtige Rolle spielt dabei aber der Treibhauseffekt: Durch den Ausstoss von Treibhausgasen verstärkt der Mensch diesen natürlichen Vorgang. Seit Beginn der 1990er-Jahre werden in der Schweiz überdurchschnittliche Jahresmitteltemperaturen gemessen: 10 der 11 wärmsten Jahren seit Messbeginn 1864 wurden im 21. Jahrhundert registriert, und 2015 war das bisher wärmste Jahr. Die jährlichen Mengen an **Niederschlag** variieren ebenfalls stark. Für die gesamte Schweiz lässt sich seit Beginn der Messungen allerdings kein eindeutiger Trend feststellen.

Die **Wasserqualität** in der Schweiz hat sich deutlich verbessert. So ist die Belastung der Flüsse und Seen durch Nitrat und Phosphor in den letzten Jahrzehnten rückläufig – erhöhte Konzen-

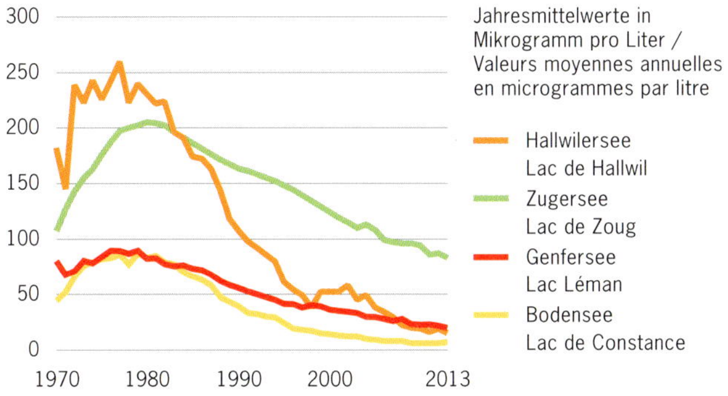

Sur les 2,4 millions de tonnes de **déchets spéciaux** produits en Suisse en 2014, 77% ont été valorisés, traités et incinérés ou mis en décharge dans le pays et 23% ont été exportés.

Etat de l'environnement

L'état de l'environnement dépend entre autres des activités humaines. L'utilisation des ressources et les émissions influencent ainsi la qualité de l'air, de l'eau, du sol, des écosystèmes et du paysage.

La **qualité de l'air** s'est dans l'ensemble sensiblement améliorée en Suisse ces dernières décennies. L'ozone troposphérique (O_3), le dioxyde d'azote (NO_2) et les poussières fines (PM10) continuent toutefois de dépasser les valeurs limites légales. Des concentrations trop élevées de composés organiques volatils (COV), qui sont des précurseurs de l'ozone et des poussières fines, de même que d'ammoniac (NH_3) sont également observées. La pollution atmosphérique est due principalement au trafic motorisé (NO_X, PM10), à la combustion de bois (PM10), à l'agriculture (NH_3, PM10) et à l'industrie (COV, NO_X, PM10).

La **température de l'air** varie d'une année à l'autre, des périodes plus froides alternant avec des périodes plus chaudes. Ces variations dépendent de bon nombre de facteurs complexes, parmi lesquels l'effet de serre qui joue un rôle important. L'être humain renforce ce processus naturel en émettant des gaz à effet de serre. Depuis le début des années 1990, les températures annuelles moyennes mesurées en Suisse sont supérieures à la moyenne: 10 des 11 années les plus chaudes enregistrées depuis le début des mesures en 1864 sont postérieures à l'an 2000, l'année la plus chaude étant 2015. Les **précipitations** annuelles varient aussi fortement. Aucune tendance nette ne peut toutefois être constatée depuis le début des mesures.

La **qualité de l'eau** en Suisse s'est nettement améliorée. La teneur en nitrates et en phosphore des cours d'eaux et des lacs a diminué au cours des dernières décennies; des concentrations trop élevées sont toutefois encore enregistrées dans les régions agricoles avant tout. Les micropolluants tels que les résidus de produits de soin corporels ou de nettoyage, de médicaments ou de produits phytosanitaires peuvent aussi polluer l'environnement. En 2011, des concentrations de substances actives de produits phytosanitaires supérieures à la valeur limite de 0,1 microgramme par litre fixée pour l'eau potable ont été mesurées dans 2% des stations de mesure des eaux souterraines. Cette valeur a été dépassée dans 20% des stations de mesure pour

Phosphorgehalt in ausgewählten Seen G 2.10
Teneur en phosphore de quelques lacs

Jahresmittelwerte in Mikrogramm pro Liter / Valeurs moyennes annuelles en microgrammes par litre
- Hallwilersee / Lac de Hallwil
- Zugersee / Lac de Zoug
- Genfersee / Lac Léman
- Bodensee / Lac de Constance

Schwermetallbelastung des Bodens G 2.11
Pollution des sols par des métaux lourds

Anteil der 97 Messstellen mit mindestens einer Richtwertüberschreitung für Blei, Kupfer, Cadmium oder Zink / Part des 97 sites de mesure présentant au moins un dépassement des valeurs indicatives pour le plomb, le cuivre, le cadmium ou le zinc

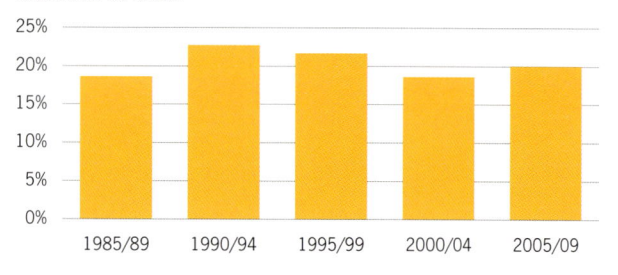

Gefährdete Tiere und Pflanzen (Rote Listen) G 2.12
Animaux et plantes menacés (listes rouges)

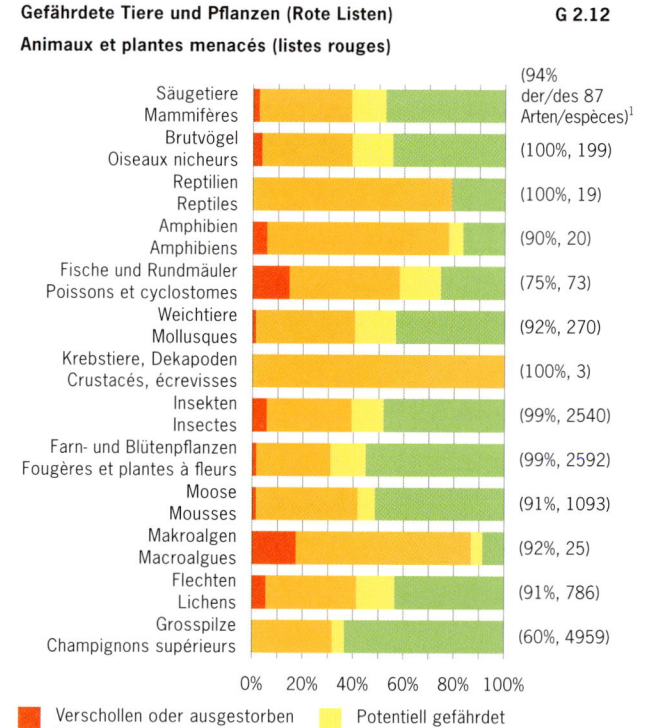

Artengruppe / Groupe d'espèces	(Anteil, Anzahl)
Säugetiere / Mammifères	(94% der/des 87 Arten/espèces)[1]
Brutvögel / Oiseaux nicheurs	(100%, 199)
Reptilien / Reptiles	(100%, 19)
Amphibien / Amphibiens	(90%, 20)
Fische und Rundmäuler / Poissons et cyclostomes	(75%, 73)
Weichtiere / Mollusques	(92%, 270)
Krebstiere, Dekapoden / Crustacés, écrevisses	(100%, 3)
Insekten / Insectes	(99%, 2540)
Farn- und Blütenpflanzen / Fougères et plantes à fleurs	(99%, 2592)
Moose / Mousses	(91%, 1093)
Makroalgen / Macroalgues	(92%, 25)
Flechten / Lichens	(91%, 786)
Grosspilze / Champignons supérieurs	(60%, 4959)

Legende:
- Verschollen oder ausgestorben / Disparus ou éteints
- Gefährdet / Menacés
- Potentiell gefährdet / Potentiellement menacés
- Nicht gefährdet / Non menacés

Stand 1994 bis 2014, je nach Artengruppe / Etat de 1994 à 2014, selon le groupe d'espèces

[1] Leseitbeispiel: Der Gefährdungszustand wurde für 94% der 87 Säugetierarten bewertet. Bei den restlichen Arten ist die Datengrundlage ungenügend. / Exemple de lecture: le degré de menace a été évalué pour 94% des 87 espèces de mammifères. Les données sont insuffisantes pour les 6% restants.

---

trationen werden vor allem noch in Landwirtschaftsgebieten gemessen. Belastend für die Umwelt können aber auch sogenannte Mikroverunreinigungen wie Bestandteile von Körperpflege- oder Reinigungsprodukten, Medikamenten oder Pflanzenschutzmitteln sein. 2011 wurden an 2% der Grundwasser-Messstellen Pflanzenschutzmittel-Wirkstoffe in Konzentrationen nachgewiesen, die den Anforderungswert an das Trinkwasser von 0,1 Mikrogramm pro Liter überschreiten. Bei den Abbauprodukten von Pflanzenschutzmitteln wurde dieser Wert gar an 20% der Messstellen überschritten. Insbesondere Ackerbau- und Siedlungsgebiete weisen erhöhte Konzentrationen auf.

Schadstoffe wie Schwermetalle und schwer abbaubare organische Verbindungen reichern sich in **Böden** an und können dort wichtige Bodenfunktionen hemmen oder über Pflanzen in die Nahrungskette gelangen. In der Erhebungsperiode 2005 bis 2009 war bei 20% der untersuchten Böden der Richtwert für mindestens ein Schwermetall überschritten. Daneben hat die Versiegelung von Flächen durch Gebäude und Strassen zur Folge, dass die natürlichen ökologischen Funktionen des Bodens verloren gehen. Innert 24 Jahren haben die versiegelten Flächen in der Schweiz um 29% zugenommen. Gemäss jüngsten Zahlen sind 4,7% der Landesfläche versiegelt.

Die landschaftliche Vielfalt der Schweiz bietet eine Vielzahl von Lebensräumen für Pflanzen und Tiere, und entsprechend günstig sind die Voraussetzungen für eine hohe **Biodiversität**. Hierzulande sind gegen 46 000 Pflanzen-, Pilz- und Tierarten bekannt (ein- und wenigzellige Lebewesen ausgenommen). Von den 10 384 untersuchten Arten befinden sich 36% auf Roten Listen, d.h. sie gelten als gefährdet, verschollen oder ausgestorben. Mindestens 59 der in der Schweiz gefährdeten Tier- und Pflanzenarten sind weltweit als bedroht eingestuft. Zu dieser Situation tragen unter anderem die intensive Landwirtschaft, Gewässerverbauungen, die Zerschneidung der Landschaften und die Ausbreitung invasiver gebietsfremder Arten bei.

Der Zustand der Umwelt lässt sich nebst Messungen bzw. Erhebungen in der Natur auch ermitteln, indem die Einwohnerinnen und Einwohner dazu befragt werden. 2015 schätzten 95% der Bevölkerung der Schweiz die Umweltqualität in ihrer Wohnumgebung als sehr gut oder eher gut ein, hinsichtlich der **Umweltqualität** in der Schweiz insgesamt vertraten 92% diese Meinung. Diese Einschätzungen decken sich in etwa mit denjenigen aus dem Jahr 2011. Die Umweltqualität weltweit hingegen

les résidus provenant de la dégradation des produits phytosanitaires. Les zones de grandes cultures et les zones urbanisées sont particulièrement touchées par des concentrations élevées de produits phytosanitaires.

Certains polluants, comme les métaux lourds et les composés organiques difficilement dégradables, s'accumulent dans le **sol**. Ils peuvent en altérer des fonctions importantes ou entrer, par l'intermédiaire des plantes, dans la chaîne alimentaire. Pendant la période de relevé 2005–2009, 20% des sols analysés dépassaient les valeurs indicatives pour au moins un métal lourd. De plus, l'imperméabilisation du sol dans le cas des surfaces couvertes de bâtiments et de routes a pour conséquence que le sol perd ses fonctions écologiques naturelles. Les surfaces imperméabilisées ont augmenté en Suisse de 29% en 24 ans. Elles couvrent 4,7% du territoire selon les chiffres les plus récents.

La diversité paysagère de la Suisse offre une multitude d'espaces vitaux pour les plantes et les animaux, ce qui crée des conditions particulièrement favorables pour une grande **biodiversité**. La Suisse abrite environ 46 000 espèces de plantes, de champignons ou d'animaux (sans les formes de vie unicellulaires ou ne possédant que quelques cellules). Sur les 10 384 espèces étudiées, 36% sont inscrites sur les listes rouges des espèces menacées, disparues ou éteintes. Actuellement, on dénombre en Suisse au moins 59 espèces de plantes ou d'animaux considérées comme menacées à l'échelle mondiale. Une situation engendrée entre autres par l'agriculture intensive, les endiguements, le

Einschätzung der Umweltqualität, 2015 G 2.13
Appréciation de la qualité de l'environnement, en 2015

Anteil an der Wohnbevölkerung der Schweiz
Part de la population résidante de la Suisse

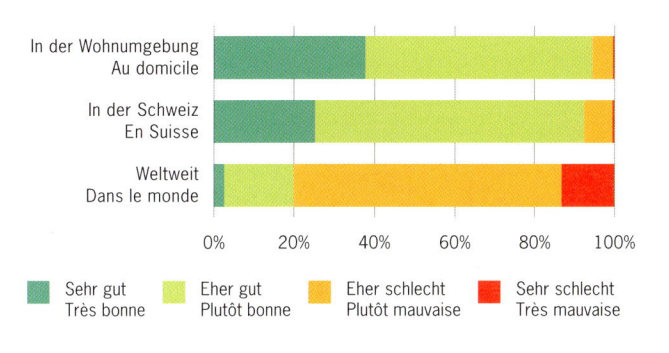

- Sehr gut / Très bonne
- Eher gut / Plutôt bonne
- Eher schlecht / Plutôt mauvaise
- Sehr schlecht / Très mauvaise

wurde 2015 von lediglich 20% der Bevölkerung als sehr gut oder eher gut bewertet – 2011 waren noch 23% dieser Auffassung.

Auswirkungen auf die Gesellschaft

Verschlechterte Umweltbedingungen aufgrund von beispielsweise Gewässerverschmutzungen, Luft-, Boden-, Lärmbelastung oder die Abnahme des Bestands an intakten Ökosystemen, attraktiven Landschaften oder Erholungsräumen können sich auf die Lebensqualität oder die Gesundheit der Bevölkerung auswirken, Schäden an Infrastruktur und Gebäuden oder sonstige wirtschaftliche Kosten verursachen.

2015 empfanden 24% der Bevölkerung Verkehrslärm zuhause bei offenem Fenster als sehr oder eher störend. Bezüglich der Luftverschmutzung ums Haus herum waren 19% dieser Meinung und 10% was die Strahlung von Starkstromleitungen oder Mobilfunkantennen betrifft. Mit dem Landschaftsbild in der Wohnumgebung waren 93% der Bevölkerung eher bis sehr zufrieden. Diese Wahrnehmungen decken sich in etwa mit denjenigen aus dem Jahr 2011.

Reaktion der Gesellschaft

Die Gesellschaft kann auf verschiedene Arten auf verschlechterte Umweltbedingungen reagieren. Beispielsweise können Schutzmassnahmen ergriffen werden, etwa indem Schutzgebiete geschaffen oder Ausgaben für die gezielte Vermeidung, Reduktion

Einnahmen aus den umweltbezogenen Steuern G 2.15
Recettes des impôts liés à l'environnement

In Milliarden Franken, zu laufenden Preisen
En milliards de francs, à prix courants

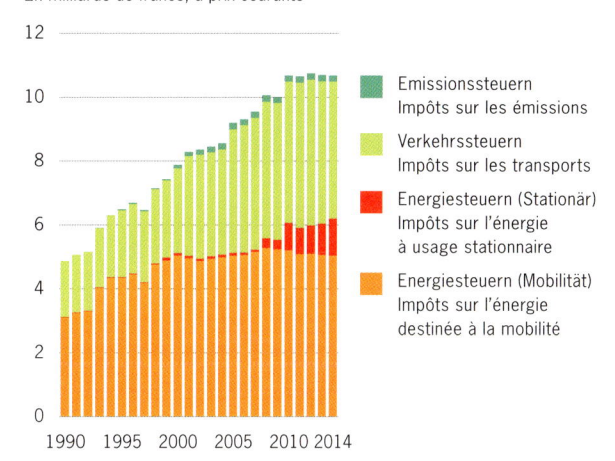

- Emissionssteuern / Impôts sur les émissions
- Verkehrssteuern / Impôts sur les transports
- Energiesteuern (Stationär) / Impôts sur l'énergie à usage stationnaire
- Energiesteuern (Mobilität) / Impôts sur l'énergie destinée à la mobilité

morcellement du paysage et la prolifération d'espèces allogènes envahissantes.

En plus des mesures et relevés dans la nature, il est aussi possible de sonder la population pour évaluer l'état de l'environnement. En 2015, 95% de la population estimait que la **qualité de l'environnement** autour du domicile était très bonne ou plutôt bonne, contre 92% pour ce qui est de la qualité de l'environnement en Suisse. Ces appréciations correspondent pratiquement à celles observées en 2011. Par contre, seulement 20% de la population estimait que la qualité de l'environnement dans le monde était très bonne ou plutôt bonne en 2015, contre 23% en 2011.

Conséquences pour la société

La détérioration des conditions environnementales liée par exemple à la pollution des eaux, de l'air, du sol, aux nuisances sonores ou à la diminution du nombre d'écosystèmes intacts, de paysages attrayants et de zones de détente peut avoir des répercussions sur la qualité de vie ou la santé de la population, provoquer des dégâts aux infrastructures et aux bâtiments ou générer des coûts économiques.

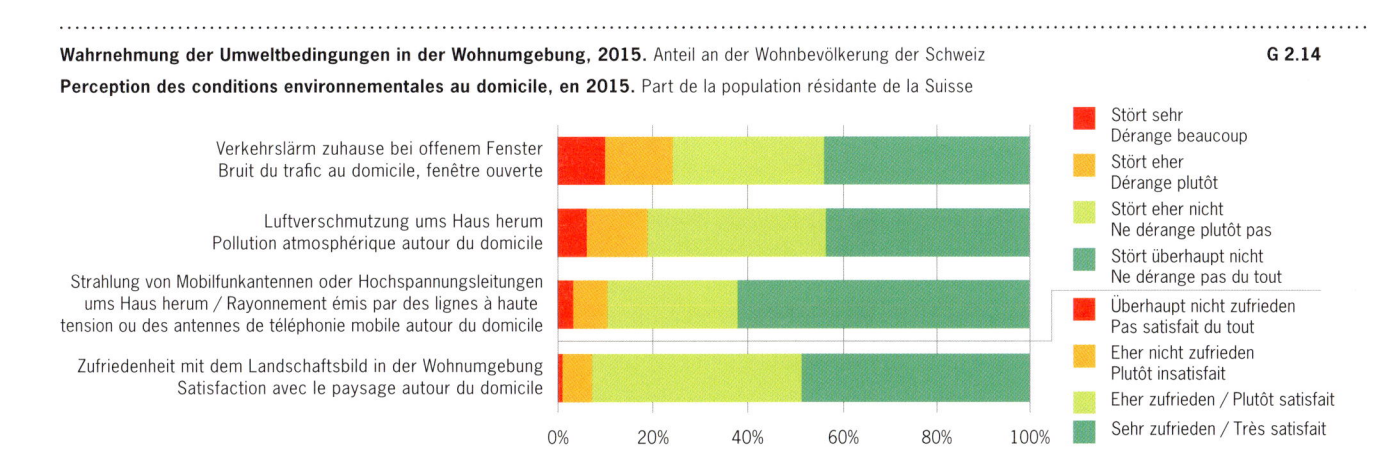

Wahrnehmung der Umweltbedingungen in der Wohnumgebung, 2015. Anteil an der Wohnbevölkerung der Schweiz G 2.14
Perception des conditions environnementales au domicile, en 2015. Part de la population résidante de la Suisse

- Stört sehr / Dérange beaucoup
- Stört eher / Dérange plutôt
- Stört eher nicht / Ne dérange plutôt pas
- Stört überhaupt nicht / Ne dérange pas du tout
- Überhaupt nicht zufrieden / Pas satisfait du tout
- Eher nicht zufrieden / Plutôt insatisfait
- Eher zufrieden / Plutôt satisfait
- Sehr zufrieden / Très satisfait

Öffentliche Umweltschutzausgaben G 2.16
Dépenses publiques de protection de l'environnement

In Milliarden Franken, zu laufenden Preisen
En milliards de francs, à prix courants

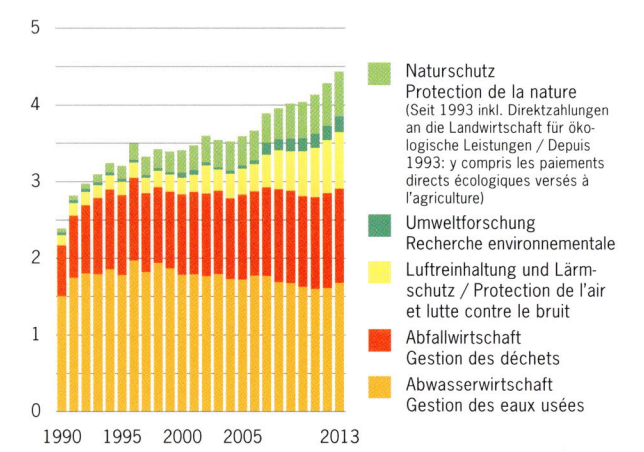

- Naturschutz / Protection de la nature (Seit 1993 inkl. Direktzahlungen an die Landwirtschaft für ökologische Leistungen / Depuis 1993: y compris les paiements directs écologiques versés à l'agriculture)
- Umweltforschung / Recherche environnementale
- Luftreinhaltung und Lärmschutz / Protection de l'air et lutte contre le bruit
- Abfallwirtschaft / Gestion des déchets
- Abwasserwirtschaft / Gestion des eaux usées

Schutzgebiete von nationaler Bedeutung G 2.17
Zones protégées d'importance nationale

Anteil an der Landesfläche (Flächen mit Mehrfachnutzung nur einmal gezählt)
Par rapport au territoire national (les surfaces bénéficiant d'une protection multiple n'ont été comptées qu'une fois)

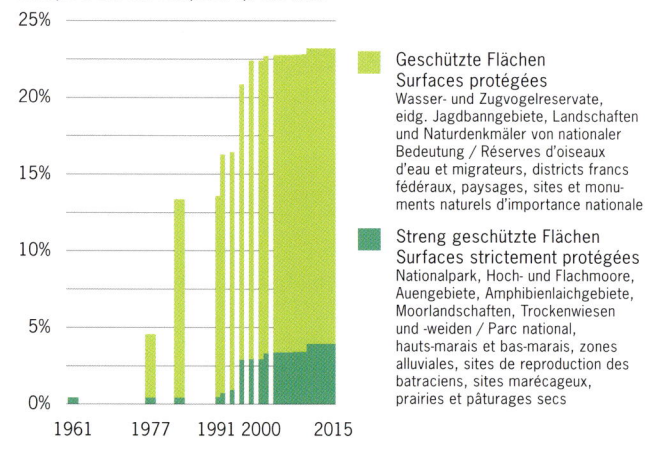

- Geschützte Flächen / Surfaces protégées: Wasser- und Zugvogelreservate, eidg. Jagdbanngebiete, Landschaften und Naturdenkmäler von nationaler Bedeutung / Réserves d'oiseaux d'eau et migrateurs, districts francs fédéraux, paysages, sites et monuments naturels d'importance nationale
- Streng geschützte Flächen / Surfaces strictement protégées: Nationalpark, Hoch- und Flachmoore, Auengebiete, Amphibienlaichgebiete, Moorlandschaften, Trockenwiesen und -weiden / Parc national, hauts-marais et bas-marais, zones alluviales, sites de reproduction des batraciens, sites marécageux, prairies et pâturages secs

---

oder Beseitigung von Umweltverschmutzungen getätigt werden. Auch können sich Verhaltensweisen oder Einstellungen ändern, z.B. hinsichtlich der Konsum- oder Ernährungsgewohnheiten, der Verkehrsmittelwahl oder dem Umgang mit Ressourcen und Abfällen. In der Produktion können Anpassungen zugunsten von umweltfreundlicheren Gütern oder Herstellungsverfahren vorgenommen oder entsprechende Innovationen umgesetzt werden. Auch können finanzielle Anreize zur Verringerung der Umweltbelastung geschaffen werden.

Zu Letzteren gehören **umweltbezogene Steuern.** Diese liegen vor, wenn das besteuerte Objekt nachweislich negative Auswirkungen auf die Umwelt hat, wie beispielsweise Treibstoffe. Unerheblich ist dabei, für welchen Zweck die Steuer eingeführt wurde. Zwischen 1990 und 2014 haben sich die Einnahmen aus den umweltbezogenen Steuern mehr als verdoppelt und stiegen von 4,9 auf 10,7 Mrd. Fr. (zu laufenden Preisen). 2014 stammten diese Einnahmen zu 58% aus Energiesteuern, zu 40% aus Transportsteuern und zu 2% aus Emissionssteuern. Insgesamt machten sie 1,7% des Bruttoinlandprodukts (BIP) und 6,1% des Totals der Einnahmen aus Steuern und Sozialabgaben aus.

En 2015, le bruit du trafic au domicile (fenêtre ouverte) était ressenti comme très dérangeant ou plutôt dérangeant par 24% de la population, la pollution atmosphérique par 19% et le rayonnement des lignes à haute tension ou des antennes de téléphonie mobile par 10%. Concernant le paysage autour du domicile, 93% de la population se disait très satisfaite ou plutôt satisfaite. Ces perceptions correspondent pratiquement à celles observées en 2011.

Réactions de la société

La société peut réagir de diverses manières face à la détérioration des conditions environnementales. Des mesures de protection peuvent être prises, par exemple en protégeant certaines zones ou en finançant des mesures de prévention, de réduction ou d'élimination de la pollution. Les comportements et opinions peuvent aussi évoluer, par exemple par rapport aux habitudes alimentaires ou de consommation, au choix des moyens de transport ou aux ressources et aux déchets. Concernant la production, des adaptations favorisant le recours à des biens ou des processus de fabrication plus écologiques ainsi que la mise en

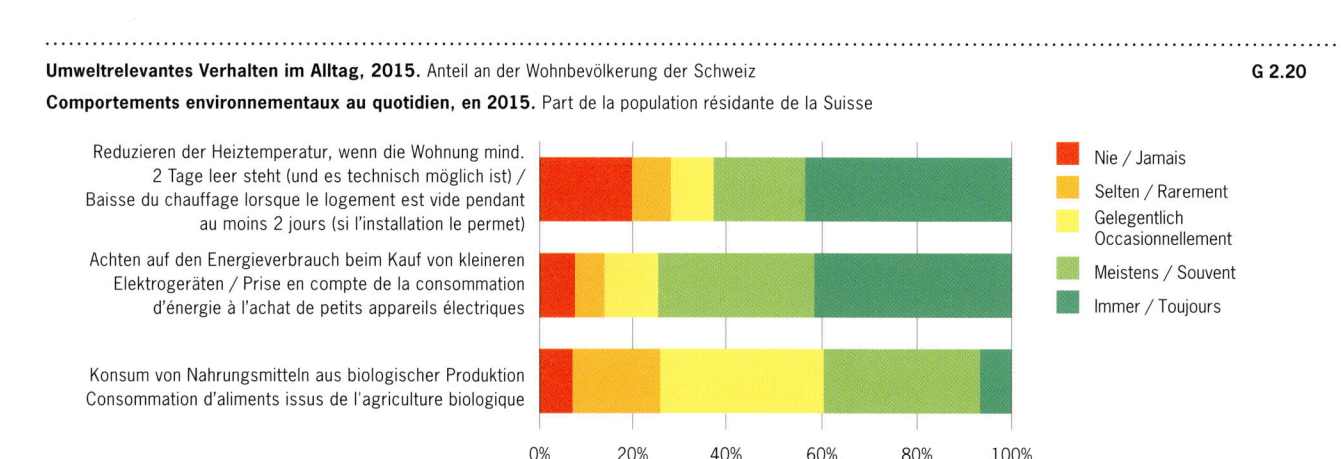

Umweltrelevantes Verhalten im Alltag, 2015. Anteil an der Wohnbevölkerung der Schweiz G 2.20
Comportements environnementaux au quotidien, en 2015. Part de la population résidante de la Suisse

- Reduzieren der Heiztemperatur, wenn die Wohnung mind. 2 Tage leer steht (und es technisch möglich ist) / Baisse du chauffage lorsque le logement est vide pendant au moins 2 jours (si l'installation le permet)
- Achten auf den Energieverbrauch beim Kauf von kleineren Elektrogeräten / Prise en compte de la consommation d'énergie à l'achat de petits appareils électriques
- Konsum von Nahrungsmitteln aus biologischer Produktion / Consommation d'aliments issus de l'agriculture biologique

Nie / Jamais
Selten / Rarement
Gelegentlich / Occasionnellement
Meistens / Souvent
Immer / Toujours

Konsum von Bioprodukten G 2.18
Consommation de produits bio

Anteil der Ausgaben von Privathaushalten für Produkte mit Bio-Label an den Gesamtausgaben für Nahrungsmittel und Getränke / Part des dépenses des ménages consacrées aux produits labellisés bio dans les dépenses totales pour l'alimentation et les boissons

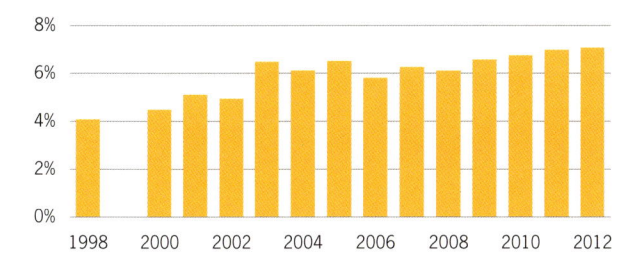

Separat gesammelte Siedlungsabfälle (Recycling) G 2.19
Déchets urbains collectés séparément (recyclage)

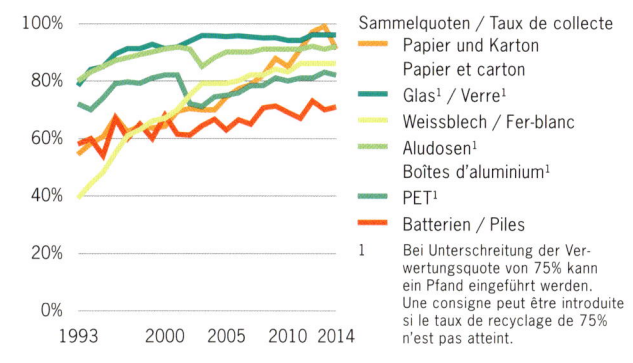

Sammelquoten / Taux de collecte
— Papier und Karton / Papier et carton
— Glas[1] / Verre[1]
— Weissblech / Fer-blanc
— Aludosen[1] / Boîtes d'aluminium[1]
— PET[1]
— Batterien / Piles

[1] Bei Unterschreitung der Verwertungsquote von 75% kann ein Pfand eingeführt werden. Une consigne peut être introduite si le taux de recyclage de 75% n'est pas atteint.

Die öffentlichen **Umweltschutzausgaben** sind seit 1990 um 86% gestiegen (zu laufenden Preisen) und beliefen sich im Jahr 2013 auf 4,4 Mrd. Fr. Bei der Anwendung des Verursacherprinzips werden diese Kosten von den Verursachern getragen. So betrug 2013 die Nettobelastung der öffentlichen Hand für Umweltschutz – nach Abzug der Einnahmen aus insbesondere den Abfall- und Abwassergebühren – 1,8 Mrd. Fr. Im Jahr 2013 beliefen sich die Ausgaben der Unternehmen für den Umweltschutz mit rund 2,3 Mrd. Fr. auf einen ähnlichen Betrag wie 2009, dem letzten Erhebungsjahr. Aufgrund des Wirtschaftswachstums in diesem Zeitraum sank die Belastung der Unternehmen jedoch von 0,39% auf 0,36% des BIP.

œuvre d'innovations appropriées peuvent être opérées. Enfin, des incitations financières visant à réduire la pollution peuvent également être créées.

Les **impôts liés à l'environnement** appartiennent à cette dernière catégorie. Un impôt est dit lié à l'environnement lorsqu'il frappe un objet ayant un impact négatif avéré sur l'environnement, comme par exemple les carburants, quel que soit le but dans lequel l'impôt a été créé. Entre 1990 et 2014, les recettes des impôts liés à l'environnement ont plus que doublé, passant de 4,9 à 10,7 milliards de francs, à prix courants. En 2014, elles provenaient pour 58% d'impôts sur l'énergie, pour 40% d'impôts sur les transports et pour 2% d'impôts sur les émissions. Elles correspondaient à 1,7% du produit intérieur brut (PIB) et à 6,1% du total des recettes des impôts et contributions sociales.

Les **dépenses de protection de l'environnement** des pouvoirs publics atteignaient 4,4 milliards de francs en 2013. Elles ont augmenté de 86% depuis 1990, à prix courants. Le principe de causalité veut qu'elles soient supportées par ceux qui les occasionnent. Ainsi, après déduction des recettes provenant notamment des redevances de traitement des déchets et d'épuration des eaux usées, la charge publique nette de protection de l'environnement s'élevait à 1,8 milliard de francs en 2013. Cette même année, les dépenses de protection de l'environnement des entreprises se sont élevées à environ 2,3 milliards de francs, comme en 2009, année de la dernière enquête. En raison de la croissance économique observée durant cette période, la charge que représentent ces dépenses pour les entreprises a reculé de 0,39% à 0,36% du PIB.

Erhebungen, Quellen / Enquêtes, sources

Die wichtigsten Erhebungen und Quellen zu Raum und Umwelt   M 2

Erhebung/Statistik	Verantwortliche Stelle	Zweck	Periodizität	Erhebungsmethode
Abfallerhebung	BAFU	Erfassung der Abfälle in KVA, auf Reaktordeponien und in Kompostieranlagen (inkl. Anlagedaten)	Alle 2 Jahre, seit 1992	Befragung der Entsorgungsanlagen und kantonalen Abfallfachstellen
Arealstatistik der Schweiz	BFS	Erfassung der Bodennutzung und Bodenbedeckung in der Schweiz	Alle 12 Jahre. Bisher drei Erhebungsrunden: 1979/85, 1992/97 und 2004/09. 4. Erhebung 2013/18 in Arbeit	Stichprobennetz von 100 m Maschenweite; 4,1 Mio. Punkte mittels Luftbildern interpretiert
Biodiversitäts-Monitoring Schweiz BDM	BAFU	Überwachung der biologischen Vielfalt in der Schweiz	Je nach Indikator	Wichtigste Indikatoren mittels eines systemischen Stichprobenrasters (520 Probeflächen, 1600 kleinflächige Messpunkte)
Bundesinventare	BAFU	Erfassung und Schutz von Biotopen und Landschaften von nationaler Bedeutung	Nachführung und Vervollständigung nach Bedarf	Digitalisierung mit Hilfe von Luftbildern und Feldaufnahmen
Eidgenössisches hydrologisches Messnetz	BAFU	Messung Wasserstände, Abflüsse und Wassertemperatur an wichtigen schweiz. Oberflächengewässern	Kontinuierlich	Ca. 260 Messstationen
Landschaft unter Druck	ARE und BAFU	Feststellung von Veränderungen in der Landschaft Schweiz	Alle 6 Jahre. Bisher vier Beobachtungsperioden: 1972–1983, 1978–1989, 1984–1995 und 1989–2003	Kartenauswertung der LK 1:25 000. 256 Stichproben à 12 km^2 nach Zufallsprinzip auf die Fläche der Schweiz verteilt; neu auch auf Basis von Vektordaten (swisstopo, flächendeckend)
Luftschadstoffemissionen	BAFU	Erfassung der Luftschadstoffemissionen der Schweiz nach internationalen Vorgaben	Jährlich	Berechnung aufgrund verschiedener technischer und sozioökonomischer Inputdaten
NADUF: Nationale Daueruntersuchung schweizerischer Fliessgewässer	BAFU / EAWAG / WSL	Chemisch-physikalische Überwachung wichtiger schweizerischer Fliessgewässer	Kontinuierlich	Ca. 17 Messstationen
NAQUA: Nationale Grundwasserbeobachtung, Modul ISOT	BAFU	Referenz- und Grundlagendaten über Isotope des Wassermoleküls im Wasserkreislauf	Monatlich	22 Messstellen, davon 13 Niederschlags- und 9 Oberflächenwassermessstellen
NAQUA: Nationale Grundwasserbeobachtung, Modul QUANT	BAFU	Beobachtung der Grundwasser-Quantität	Kontinuierlich	89 Messstellen zu Grundwasserstand und Quellschüttung
NAQUA: Nationale Grundwasserbeobachtung, Module TREND und SPEZ	BAFU	Beobachtung der Grundwasser-Qualität	Ein- bis viermal pro Jahr	50 Messstellen im Modul TREND und ca. 500 Messstellen im Modul SPEZ. Chemische Analysen und physikalische Messungen. Hydrogeologische und hydrochemische Detailstudien
NAWA: Nationale Beobachtung Oberflächenwasserqualität	BAFU / Kantone	Erfassung des Zustandes und der Entwicklung der Schweizer Oberflächengewässer	Monatlich seit 2011	111 Messstationen
Nationale Bodenbeobachtung NABO	BAFU / ART	Erfassung des Zustandes und der Veränderung der Schadstoffgehalte in Böden der Schweiz	Alle 5 Jahre; bisher 5 Erhebungsrunden: 1985/89, 1990/94, 1995/99, 2000/04 und 2005/09	Derzeit 105 Dauerbeobachtungsstandorte (ca. 50% Landwirtschafts-, 30% Wald- und 20% naturnahe Freilandstandorte)
Nationales Beobachtungsnetz für Luftfremdstoffe (NABEL)	BAFU / EMPA	Erhebung der Luftschadstoffbelastung in der Schweiz	Kontinuierlich	Messungen an repräsentativen Standorten (16 Stationen)
Omnibus-Erhebung, Modul Umwelt	BFS	Wahrnehmung von Umweltqualität und Umweltverhalten	2011, 2015	Im Rahmen der neuen Volkszählung durchgeführte Stichprobenerhebung mit telefonischer Befragung
Schweizerisches Gletschermessnetz	EKK / SCNAT und VAW / ETHZ	Erfassung der Gletscherveränderungen in den Schweizer Alpen	Jährlich	Messungen von Längenveränderungen an der Zunge (ca. 120 Gletscher), Massenbilanz und Fliessbewegung (10 Gletscher)
Schweizerisches Landesforstinventar (LFI)	WSL	Erfassung des Zustandes des Schweizer Waldes	Ca. alle 10 Jahre; bisher drei Erhebungsrunden: 1983/85, 1993/95 und 2004/06. Vierte Erhebungsrunde 2009–2017 in Arbeit (2009/13: Zwischenergeb.)	Stichprobennetz von 1414 m Maschenweite (1993/95 und 2004/06). Interpretation mittels Luftbildern; zusätzlich Feldaufnahmen und Kartenauswertung
Sonderabfallstatistik	BAFU	Vollzugskontrolle der Verordnung über den Verkehr mit Abfällen VeVA	Jährlich	Auswertung von Transportbegleitscheinen und Zollformularen
Statistik der verwerteten Siedlungsabfälle	BAFU	Erfolgskontrolle (u.a. der Verord. über Getränkeverpackungen VGV)	Jährlich	Umfrage bei den Recyclingverbänden
Treibhausgasinventar der Schweiz	BAFU	Erfassung der Treibhausgasemissionen der Schweiz nach Vorgaben der Klimakonvention	Jährlich seit 1990	Energetische Emissionen mehrheitlich abgeleitet aus Gesamtenergiestatistik, z.T. aus sektorspezif. Modellen; übrige Daten teils aus period. Erhebungen, teils aus punktuellen Studien
Umweltgesamtrechnung	BFS	Analyse der Wechselbeziehungen zwischen der Umwelt und der Wirtschaft anhand der Umweltsatellitenkonten der Volkswirtschaftlichen Gesamtrechnung	Jährlich oder nach Bedarf (je nach Konten)	Synthesestatistik

Principales enquêtes et sources relatives à l'espace et à l'environnement

M 2

Relevé/statistique	Institution responsable	But	Périodicité	Méthode de relevé
Comptabilité environnementale	OFS	Analyser les interactions entre l'environnement et l'économie à partir de comptes de l'environnement, satellites des comptes nationaux	Annuelle ou selon besoin (en fonction des comptes)	Statistique de synthèse
Emissions de polluants atmosphériques	OFEV	Enregistrer les émissions de polluants atmosphériques selon des prescriptions internationales	Annuelle	Calcul sur la base de diverses données d'input techniques et socio-économiques
Enquête Omnibus, module environnement	OFS	Perception de la qualité de l'environnement et des comportements environnementaux	2011, 2015	Enquête téléphonique par échantillonnage effectuée dans le cadre du nouveau recensement de la population
Inventaire des émissions de gaz à effet de serre	OFEV	Enregistrer les émissions de gaz à effet de serre selon les prescriptions de la Convention sur les changements climatiques	Annuelle depuis 1990	Emissions d'origine énergétique tirées pour la plupart de la statistique globale de l'énergie et de modèles spécifiques à certains secteurs; autres données tirées de relevés périodiques ou d'études ponctuelles
Inventaires fédéraux	OFEV	Recenser et protéger les biotopes et les paysages d'importance nationale	Selon les besoins, pour mettre à jour et compléter les inventaires	Numérisation à partir de photos aériennes et de photos prises sur le terrain
Inventaire forestier national suisse (IFN)	WSL	Recenser l'état de la forêt	Tous les 10 ans env.; 3 séries de relevés: 1983/85, 1993/95 et 2004/06. Quatrième relevé 2009–2017 en cours (2009/13: résultats intermédiaires)	Réseau de points d'échantillonnage équidistants de 1414 m (1993/95 et 2004/06). Interprétation à partir de photos aériennes; photos prises sur le terrain et expl. de cartes
Monitoring de la biodiversité en Suisse MBD	OFEV	Surveillance de la diversité biologique en Suisse	En fonction des indicateurs	Indicateurs les plus importants à partir d'un réseau d'échantillonnage systématique (520 surfaces d'un km^2 et 1600 points de mesure)
NADUF: Surveillance nationale continue des cours d'eau suisses	OFEV / EAWAG / WSL	Contrôler les caractéristiques physiques et chimiques de l'eau des principaux cours d'eau suisses	Enregistrement en continu	Env. 17 stations de mesure
NAQUA: Observation nationale des eaux souterraines, module ISOT	OFEV	Données de référence et de base pour les isotopes de la molécule d'eau dans le cycle de l'eau	Mensuelle	22 stations, dont 13 stations d'observation des précipitations et 9 stations d'observation des eaux de surface
NAQUA: Observation nationale des eaux souterraines, module QUANT	OFEV	Observation de la quantité des eaux souterraines	Continuelle	89 stations de mesure du niveau des eaux souterraines et du débit des sources
NAQUA: Observation nationale des eaux souterraines, modules TREND et SPEZ	OFEV	Observation de la qualité des eaux souterraines	Une à quatre fois par année	50 stations de mesure dans le module TREND et env. 500 stations dans le module SPEZ. Analyse des paramètres physiques et chimiques. Etudes hydrogéologiques et hydrochimiques détaillées
NAWA: Observation nationale de la qualité des eaux de surface	OFEV / cantons	Enregistrer l'état et l'évolution de la qualité des eaux de surface	Mensuelle depuis 2011	111 stations de mesure
Observatoire national des sols (NABO)	OFEV / ART	Recenser la teneur des sols en polluants et en suivre l'évolution	Quinquennale; 5 séries de relevés ont eu lieu: 1985/89, 1990/94, 1995/99, 2000/04 et 2005/09	105 sites d'observation (50% en zone agricole, 30% en forêt et 20% en zones de prairies et alpages)
Paysage sous pression	ARE et OFEV	Observer les changements subis par le paysage	Tous les 6 ans. 4 périodes d'observation: 1972–1983, 1978–1989, 1984–1995 et 1989–2003	Exploitation des cartes nationales au 1:25 000. 256 points d'échantillonnage de 12 km^2 choisis au hasard sur le territoire suisse, désormais établis sur la base de données vectorielles (swisstopo, couverture intégrale)
Réseau fédéral de mesure hydrologique	OFEV	Mesure des niveaux d'eau, des débits et de la température de l'eau des principaux lacs et cours d'eau suisses	Continuelle	Env. 260 stations de mesure
Réseau national d'observation des polluants atmosphériques (NABEL)	OFEV / EMPA	Enregistrer la concentration des polluants atmosphériques	Enregistrement permanent	Mesures prises en des emplacements représentatifs (16 stations)
Réseau suisse de relevé des glaciers	CEC / SCNAT et VAW / EPFZ	Saisie des variations des glaciers dans les Alpes suisses	Annuelle	Mesures des variations des longueurs prises à la langue (environ 120 glaciers), bilan de masse et écoulement (10 glaciers)
Statistique des déchets	OFEV	Recenser les déchets dans les UIOM, les décharges bio-actives et les installations de compostage	Bisannuelle, depuis 1992	Enquête auprès des usines d'incinération et des services cantonaux spécialisés
Statistique des déchets spéciaux	OFEV	Contrôler l'application de l'ordonnance sur les mouvements de déchets (OMoD)	Annuelle	Exploitation des documents de suivi et des formulaires de douane
Statistique des déchets urbains valorisés	OFEV	Contrôler la bonne exécution, notamment de l'ordonnance sur les emballages pour boissons (OEB)	Annuelle	Sondage auprès des associations de recyclage
Statistique suisse de la superficie	OFS	Recenser l'utilisation et la couverture du sol	Tous les 12 ans. 3 séries de relevés ont eu lieu: 1979/85, 1992/97 et 2004/09. 4. relevé 2013/18 en cours	Réseau de 4,1 millions de points d'échantillonnage équidistants de 100 m; interprétation de l'utilisation du sol à partir de photos aériennes

Glossar

Altlasten
Mit Schadstoffen belastete Standorte von Anlagen, Unfällen und Deponien, für die nachgewiesen ist, dass sie zu schädlichen oder lästigen Einwirkungen auf die Umwelt führen oder bei denen die Gefahr besteht, dass solche Einwirkungen entstehen.

Bestockte Flächen
Flächen, die mit Bäumen oder gebüschwaldbildenden Straucharten bewachsen sind. In der Arealstatistik entsprechen die bestockten Flächen der Summe von Wald und Gehölzen.

Bodennutzung
Sozio-ökonomische Nutzung der Erdoberfläche. Die Arealstatistik der Schweiz unterscheidet gemäss Nomenklatur Standard zwischen 72 Nutzungsarten. Im Unterschied zur Bodennutzung bezieht sich die **Bodenbedeckung** auf die physische Bedeckung der Erdoberfläche. Beispiel: für einen geteerten Parkplatz ist die Bodennutzung «Parkplatz» und die Bodenbedeckung «geteerte Fläche».

Emissionen
Abgabe von Schadstoffen, Schall oder Strahlung aus natürlichen oder anthropogenen (vom Menschen verursachten) Quellen in die Umwelt.

Gebäudeareal
Umfasst gemäss Arealstatistik die Gebäudegrundflächen und den zugehörigen Umschwung.

Immissionen
Belastung durch Luftschadstoffe, Lärm, Erschütterung und Strahlung am Ort ihrer Einwirkung.

Kohlendioxid (CO_2)
Farbloses, nicht brennbares Gas, das in der Luft und in Mineralquellen vorkommt. Es entsteht als Hauptprodukt aus jeder Verbrennung und ist das wichtigste anthropogen erzeugte (vom Menschen verursachte) klimawirksame Spurengas.

Ozon (O_3)
Farbloses, giftiges Gas mit leicht stechendem Geruch. Ozon entsteht in der unteren Atmosphäre (Troposphäre) unter Einwirkung von Sonnenlicht aus Stickoxiden (NO_X) und flüchtigen organischen Verbindungen (VOC).

PM10
(Englisch: **P**articulate **M**atter <10 μm) Staubpartikel mit einem Durchmesser von weniger als 10 Mikrometern. Solcher Feinstaub kann zur Erkrankung der Atemwege und des Herz-Kreislauf-Systems führen.

Rote Liste
Liste von bedrohten Tier- und Pflanzenarten. Die Arten werden aufgrund der Gefährdungssituation in verschiedene Kategorien eingeteilt.

Glossaire

Aires de bâtiments
Selon la statistique de la superficie: surfaces au sol des bâtiments et terrains attenants.

COV
Composés **o**rganiques **v**olatils: ce terme recouvre un grand nombre de substances organiques utilisées comme gaz propulseur dans les générateurs d'aérosols ou comme solvants dans les peintures, les vernis et les colles, ainsi que dans les produits de nettoyage. Ces polluants favorisent la formation d'ozone, de smog estival et de PM10.

Déchets spéciaux
Déchets dont l'élimination exige des mesures techniques et organisationnelles particulières en raison de leur composition et de leurs propriétés biologiques ou physico-chimiques.

Déchets urbains
Déchets des ménages et déchets comparables de l'artisanat et de l'industrie.

Dépenses de protection de l'environnement
Les dépenses de protection de l'environnement mesurent l'effort financier consacré à prévenir, réduire ou éliminer la pollution ou toute autre dégradation de l'environnement. Elles comprennent les investissements de prévention et de traitement de la pollution ainsi que les dépenses courantes internes, les achats de services à des tiers et les redevances communales. Les dépenses ayant un impact favorable sur l'environnement mais servant en premier lieu d'autres buts que sa protection sont exclues.

Dioxyde de carbone (CO_2)
Gaz incolore, non inflammable, présent dans l'air et dans des sources minérales. Principal produit de toute combustion, c'est le gaz d'origine anthropique qui contribue le plus à l'effet de serre.

Effet de serre
Ce phénomène naturel résulte de l'action de divers gaz présents dans l'atmosphère (vapeur, gaz carbonique, méthane, protoxyde d'azote, etc.) qui réfléchissent une partie du rayonnement thermique de la Terre. La hausse de la concentration de ces **gaz à effet de serre** entraîne un réchauffement de l'atmosphère.

Emissions
Rejets dans l'environnement de polluants, de rayonnements et de bruit d'origine naturelle ou anthropique.

Ensemble des besoins matériels (TMR)
TMR = **T**otal **M**aterial **R**equirement. Ensemble des matières nécessaires aux activités économiques du pays (à l'exception de l'eau et de l'air). Il s'agit des flux directs, soit les matières extraites en Suisse et les importations de matières et de produits manufacturés, auxquels s'ajoutent

Saurer Regen
Durch Luftverunreinigung verursachter hoher Säuregehalt im Regen. Dieser wird vor allem durch Schwefeldioxid (SO_2) und Stickoxide (NO_x) gebildet.

Schwermetalle
Sammelbezeichnung für Metalle mit einer Dichte über 4,5 g/cm^3 (z.B. Eisen, Zink, Kupfer, Mangan, Chrom, Cadmium, Blei, Quecksilber). Alle diese Elemente kommen in der Erdkruste meist in sehr geringen Mengen vor. Zudem gelangen sie über Abfall, Abgase und Abwasser in die Umwelt. Da sie nicht abbaubar sind, reichern sie sich an, können in die Nahrungskette gelangen und so giftig auf Mensch, Tier und Pflanzen wirken.

Siedlungsabfälle
Siedlungsabfälle bezeichnen die aus Haushalten stammenden Abfälle sowie jene vergleichbarer Zusammensetzung des Kleingewerbes und der Industriebetriebe.

Siedlungsflächen
Gemäss der Arealstatistik beinhalten sie alle Areale und Anlagen, die dem Wohnen, dem Verkehr, der Produktion (ohne Land- und Forstwirtschaft), dem Handel und den Dienstleistungen, der Ver- und Entsorgung sowie der Erholung dienen.

Zu den «Besonderen Siedlungsflächen» werden die Ver- und Entsorgungsanlagen (Energie, Abwasserreinigung, Kehricht usw.), Abbauflächen, Deponien, Baustellen und Ruinen gezählt, sowie Gebäude auf solchen Flächen.

Sonderabfälle
Abfälle, deren umweltverträgliche Entsorgung auf Grund ihrer Zusammensetzung, ihrer chemisch-physikalischen oder ihrer biologischen Eigenschaften besondere technische und organisatorische Massnahmen erfordert.

Stickoxide (NO_x)
Sammelbegriff für Stickstoffmonoxid (NO) und Stickstoffdioxid (NO_2). Stickoxide sind Vorläufersubstanzen für die Ozonbildung und führen zur Versauerung und Überdüngung natürlicher Ökosysteme.

Totaler Materialaufwand (TMR)
(Englisch: TMR = **T**otal **M**aterial **R**equirement) Gesamtvolumen der Materialien, die für die wirtschaftlichen Aktivitäten des Landes benötigt werden (ausgenommen Wasser und Luft). Der TMR ist die Summe aller direkten Flüsse (im Land gewonnene Materialien und Importe von Rohstoffen und verarbeiteten Erzeugnissen) sowie aller indirekten Flüsse. Letztere entsprechen der ungenutzten inländischen Gewinnung und den mit Importen verbundenen versteckten Flüssen, das heisst alle bei der Produktion und der Gewinnung von Importprodukten anfallenden Materialien und Energieträger.

Treibhauseffekt
Dieses natürliche Phänomen entsteht durch verschiedene Gase in der Atmosphäre (Wasserdampf, Kohlendioxid, Methan, Lachgas, usw.), die einen Teil der von der Erde ausgehenden Wärmestrahlung wieder zurückreflektieren. Eine Erhöhung der Konzentration solcher **Treibhausgase** führt zu einer Erwärmung der Atmosphäre.

les flux indirects. Ces derniers correspondent à l'extraction indigène non utilisée et aux flux cachés liés aux importations, c'est-à-dire toutes les matières et l'énergie nécessaires pour extraire ou fabriquer les produits importés.

Immissions
Les pollutions atmosphériques, le bruit, les vibrations et le rayonnement constituent des immissions là où ils déploient leurs effets.

Liste rouge
Liste d'espèces animales ou végétales menacées. Les espèces sont réparties en plusieurs catégories en fonction de la menace plus ou moins grande qui pèse sur elles.

Métaux lourds
Nom générique des métaux d'une densité supérieure à 4,5 g/cm^3 (fer, zinc, cuivre, manganèse, chrome, cadmium, plomb, mercure, par ex.). Tous ces éléments se trouvent naturellement dans le sol, le plus souvent en très faibles concentrations. Ils parviennent en outre dans l'environnement par l'intermédiaire des déchets, des gaz d'échappement et des eaux usées. Comme ils ne se décomposent pas, ils s'accumulent, peuvent parvenir dans la chaîne alimentaire et intoxiquer les êtres humains, les animaux et les plantes.

Oxydes d'azote (NO_x)
Terme générique pour le monoxyde d'azote (NO) et le dioxyde d'azote (NO_2). Les oxydes d'azote contribuent à la formation d'ozone et entraînent une acidification et une surfertilisation des écosystèmes naturels.

Ozone (O_3)
Gaz incolore et toxique, à l'odeur un peu piquante, qui se forme dans la basse atmosphère (troposphère), principalement en été, sous l'action de la lumière à partir d'oxydes d'azote (NO_x) et de composés organiques volatils (COV).

Pluies acides
Pluies ayant une teneur élevée en acides pour cause de pollution atmosphérique, principalement sous l'effet du SO_2 et des NO_x.

PM10
(En anglais: **P**articulate **M**atter <10 μm) Particules de poussière dont le diamètre est inférieur à 10 micromètres. Elles peuvent provoquer des maladies respiratoires et cardiovasculaires.

Sites contaminés
Emplacements d'installations et lieux d'accidents et de stockage pollués par des substances et dont il est prouvé qu'ils peuvent engendrer des atteintes nuisibles ou incommodantes ou qu'il existe un danger concret que de telles atteintes apparaissent.

Surfaces boisées
Surfaces peuplées d'arbres ou d'espèces buissonnantes. Selon la statistique de la superficie, les surfaces boisées comprennent la forêt et les autres surfaces boisées.

Surfaces d'habitat et d'infrastructure
Selon la statistique de la superficie, ces surfaces comprennent toutes les aires et les installations servant à l'habitat, aux transports, à la pro-

Umweltschutzausgaben

Die Umweltschutzausgaben widerspiegeln die finanziellen Aufwendungen für die Vermeidung, Reduktion oder Beseitigung von Verschmutzungen oder anderen Beeinträchtigungen der Umwelt. Sie setzen sich zusammen aus den Investitionen in die Vermeidung und die Behandlung von Umweltverschmutzungen sowie den laufenden internen Ausgaben, dem Einkauf von Dienstleistungen bei Dritten und den kommunalen Gebühren. Ausgaben, die sich begünstigend auf die Umwelt auswirken, aber in erster Linie anderen Zwecken als dem Umweltschutz dienen, sind ausgeschlossen.

VOC

Flüchtige organische Verbindungen (englisch: **V**olatile **O**rganic **C**ompounds). Zu den VOC gehören eine Vielzahl von organischen Substanzen, die in Form von Lösungsmitteln in Farben, Lacken und Klebstoffen, in Reinigungsmitteln, in Körperpflegemitteln oder als Treibmittel in Spraydosen zur Anwendung kommen. Sie sind Vorläufersubstanzen für die Bildung von Ozon, Sommersmog und PM10.

duction (sans l'agriculture ni la sylviculture), au commerce et aux services, à l'approvisionnement et à l'élimination, ainsi qu'à la détente.

La catégorie «surfaces d'infrastructure spéciale» regroupe les installations d'approvisionnement et d'élimination (énergie, eaux usées, ordures ménagères, etc.), les sites d'extraction de matériaux, les décharges, les chantiers et les ruines, ainsi que les bâtiments situés sur de telles surfaces.

Utilisation du sol

On entend par là l'utilisation socio-économique de la surface terrestre. La statistique suisse de la superficie distingue selon la nomenclature standard 72 catégories d'utilisation. A la différence de l'utilisation du sol, la **couverture du sol** se réfère à la couverture physique de la surface terrestre. Exemple: dans le cas d'un parc de stationnement asphalté, l'utilisation du sol est «parc de stationnement» et la couverture du sol «surface asphaltée».

Daten / Données

Raum und Umwelt allgemein
Espace et environnement en général
Raum und Umwelt im europäischen Vergleich
Espace et environnement dans quelques pays d'Europe

T 2.1.1

	Jahr / Année	Schweiz / Suisse	Frankreich / France	Deutschland / Allemagne	Österreich / Autriche	Italien / Italie	
Bevölkerungsdichte (Einwohner/-innen pro km²)	2013	202	104	230	103	199	Densité de la population (nombre d'habitants par km²)
Landesfläche, insgesamt (in 1000 km²)	2013	41,3	632,8	357,2	83,9	302,1	Surface totale (en milliers de km²)
Waldfläche (in % der Gesamtfläche)	2012	31,6	29,3	31,8	47,3	31,6	Surface boisée (en % de la surface totale)
Landwirtschaftsfläche (in % der Gesamtfläche)	2011	38,1	53,1	48,0	34,8	47,4	Surface agricole (en % de la surface totale)
Nutzung der Waldressourcen (in % des jährlichen Zuwachses)	2010	99,1	68,2	55,7	93,5	39,2	Utilisation des ressources forestières (en % de la croissance annuelle)
Biologisch bewirtschaftete Flächen (in % der gesamten landw. Nutzfläche)	2012	11,6	3,6	5,8	18,6	8,9	Surface en agriculture biologique (en % de la surface agricole utile totale)
Anteil der Bevölkerung mit ARA-Anschluss (in %)	[2]	98	82	96	95	88	Part de la population raccordée à une station d'épuration (en %)
Bruttoenergieverbrauch (in Tonnen Rohöläquivalenten pro Person)	2013	3,4	3,9	4,0	4,0	2,6	Consommation d'énergie brute (en tonnes d'équivalent de pétrole brut par habitant)
Anteil erneuerbare Energien (in % des Bruttoenergieverbrauchs)	2013	19,0	9,0	10,3	29,6	16,5	Part renouvelable de l'énergie (en % de la consom. d'énergie brute)
Anteil Roh- und Mineralöl (in % des Bruttoenergieverbrauchs)	2013	43,2	30,1	33,9	36,0	35,9	Part du pétrole brut et des prod. pétroliers (en % de la consom. d'énergie brute)
Anteil Kernenergie (in % des Bruttoenergieverbrauchs)	2013	23,3	42,1	7,7	–	–	Part de l'énergie nucléaire (en % de la consommation d'énergie brute)
Inländischer Materialkonsum (DMC) (in Tonnen pro Person)	2013	12,1	11,9	16,0	21,4	8,9	Consommation indigène de matières (DMC) (en tonnes par habitant)
Siedlungsabfälle (in kg pro Person)	2013	702	530	617	578	491	Déchets urbains (en kg par habitant)
Anteil separat gesammelte Siedlungsabfälle (Recycling und Kompost) (in %)	2013	51,0	37,6	64,5	57,7	39,4	Part des déchets urbains collectés séparément (recyclage et déchets verts) (en %)
Anzahl Personenwagen (pro 1000 Einwohner/-innen)	[2]	529	496	530	528	621	Nombre de voitures de tourisme (par 1000 habitants)
Durchschnittlicher CO$_2$-Ausstoss neuer Personenwagen (in Gramm pro Kilometer)	2014	142,2	114,2	132,5	128,6	118,2	Emissions moyennes de CO$_2$ des nouvelles voitures de tourisme (en grammes par kilomètre)
Gesamtemissionen von Treibhausgasen[1] (in Tonnen pro Person)	2013	6,5	7,5	11,6	9,4	7,3	Total des émis. de gaz à effet de serre[1] (en tonnes par habitant)
Stickoxidemissionen (in kg pro Person)	2013	8,9	15,0	15,7	19,1	13,5	Emissions d'oxydes d'azote (en kg par habitant)
Emissionen flüchtiger organischer Verbindungen ohne Methan (NMVOC) (in kg pro Person)	2013	10,3	11,5	14,1	14,9	14,9	Emissions de composés organiques volatils non méthaniques (COVNM) (en kg par habitant)
Bedrohte Vogelarten (in % der bekannten Vogelarten)	[2]	35	15	36	27	28	Espèces d'oiseaux menacées (en % des espèces d'oiseaux connues)
Bedrohte Säugetierarten (in % der bekannten Säugetierarten)	[2]	34	10	34	27	18	Espèces de mammifères menacées (en % des espèces de mammifères connues)
Einnahmen aus umweltbezogenen Steuern (in % aller Einnahmen aus Steuern und Sozialabgaben)	2013	6,2	4,3	5,2	5,5	7,8	Recettes des impôts liés à l'environnement (en % du total des impôts et contributions sociales)

1 Auf der Basis von CO$_2$-Äquivalenten (entsprechend dem Kyoto-Protokoll)
2 Neueste verfügbare Daten

Quellen: Eurostat, OECD, FAO, BFS

1 Dérivé des équivalents CO$_2$ (selon le Protocole de Kyoto)
2 Dernières données disponibles

Sources: Eurostat, OCDE, FAO, OFS

Raum und Umwelt im Zeitvergleich [1]
Espace et environnement, évolution [1]

T 2.1.2

	2000	2009	2010	2011	2012	2013	2014	
Bevölkerungsdichte städtische Gebiete (Einwohner pro km²)	578	630	636	643	650	659	667	Densité de la population en région urbaine (nombre d'habitants par km²)
Bevölkerungsdichte ländliche Gebiete (Einwohner pro km²)	63	66	67	68	69	69	70	Densité de la population en région rurale (nombre d'habitants par km²)
Wasserabgabe der Wasserwerke pro Einwohner und Tag (in Litern)	405	338	325	325	316	309	300	Quantité d'eau fournie par les services des eaux par habitant et par jour (en litres)
Verbrauch fossiler Energieträger (in Gigajoules pro Einwohner)	83,4	75,3	77,2	70,1	72,2	73,1	65,4	Consommation d'agents énergétiques fossiles (en gigajoules par habitant)
Stickstoffbilanz [2] in landwirtschaftlichen Flächen (in kg N/ha landwirtschaftliche Fläche)	62	59	65	61	58	61	...	Bilan d'azote [2] dans les surfaces agricoles (en kg N/ha de surface agricole)
Anteil LNF BIO [3] an LNF [4] (in %)	7,7	10,6	10,6	11,0	11,6	12,2	12,7	Part des SAU BIO [3] par rapport à toutes les SAU [4] (en %)
Gesamtemissionen von Treibhausgasen in CO_2-Äquivalenten (in Millionen Tonnen)	52,3	52,7	54,3	50,3	51,7	52,6	...	Emissions de gaz à effet de serre, en équivalents CO_2 (en millions de tonnes)
PM10, Jahresmittelwert Stadt (Verkehr) (in µg/m³) [5]	28,7	25,0	23,5	24,1	21,3	23,7	17,5	PM10, moyenne annuelle (ville, trafic) (en µg/m³) [5]
NO_2, Jahresmittelwert Stadt (Verkehr) (in µg/m³) [6]	47,3	43,2	42,2	42,4	41,4	42,7	40,1	NO_2, moyenne annuelle (ville, trafic) (en µg/m³) [6]
Anteil erneuerbarer Energie am Endenergieverbrauch (in %)	16,9	19,1	19,6	19,1	21,0	21,1	21,4	Part des énergies renouvelables par rapport à la consommation finale d'énergie (en %)
Siedlungsabfall abzüglich Recycling (in kg/Einwohner)	361	340	349	344	347	344	339	Production de déchets urbains, recyclage déduit (en kg par habitant)
Gewichtsanteil Separatsammlung [7] am Gesamtabfall (in %)	45	51	50	50	50	51	54	Part du poids des collectes sélectives [7] par rapport au total des déchets (en %)
Öffentliche Umweltschutzausgaben [8] (in Mio. Franken)	3 405	4 018	4 035	4 129	4 279	4 431	...	Dépenses publiques pour la protection de l'environnement [8] (en millions de francs)

1 Daten teilweise revidiert
2 Berechnet aus: Input (Düngemittel, tierische Ausscheidungen, übriger Stickstoffinput) – Output (Getreide, übrige Pflanzen, Raufutter ohne Weiden, Weidefutter), nach Methode OECD.
3 Biologisch bewirtschaftete landwirtschaftliche Nutzfläche
4 Landwirtschaftliche Nutzfläche
5 Grenzwert = 20 µg/m³
6 Grenzwert = 30 µg/m³
7 Papier, Karton, Grünabfuhr, Glas, Weissblech, Alu, PET, Batterien
8 Basiert auf der Finanzstatistik, die mit dem Rechnungsjahr 2008 vollständig revidiert wurde. Total bereinigt um Doppelzählungen zwischen den öffentlichen Haushalten

Quellen: BFS, BAFU

1 Données partiellement révisées
2 Calcul: Input (engrais, déjections animales, autres entrées d'azote) – Output (céréales, autres plantes, fourrages grossiers sans pâturages, fourrages de pâturages), selon la méthode de l'OCDE.
3 Exploitation biologique de surfaces agricoles utiles
4 Surfaces agricoles utiles
5 Valeur limite = 20 µg/m³
6 Valeur limite = 30 µg/m³
7 Papier, carton, déchets à composter, verre, fer-blanc, aluminium, PET, piles
8 Basées sur la statistique financière, qui a été révisée à l'occasion de l'exercice 2008. Total après suppression des doubles comptabilisations entre les administrations publiques

Sources: OFS, OFEV

Raumnutzung und Landschaft
Utilisation du territoire et paysage
Bodennutzung nach Nomenklatur Standard (NOAS04)
Utilisation du sol selon la nomenclature standard (NOAS04)

T 2.2.2.1

	Erhebungsjahre / Année(s) du relevé	Polygonfläche[1] / Surface des polygones[1]	Gesamtfläche[2] (=Punktfläche) / Surface totale[2] (=surface par points)	Siedlungsflächen / Surfaces d'habitat et d'infrastructure		Landwirtschaftsfläche / Surfaces agricoles		Bestockte Flächen / Surfaces boisées		Unproduktive Flächen / Surfaces improductives	
		ha	ha	ha	%	ha	%	ha	%	ha	%
Total	2004/09	4 128 457	4 128 498	307 897	7,5	1 481 669	35,9	1 293 062	31,3	1 045 870	25,3
Région lémanique	2004/07	871 876	871 891	57 821	6,6	246 579	28,3	232 016	26,6	335 475	38,5
Vaud	2004/05	321 203	321 205	29 943	9,3	136 216	42,4	103 247	32,1	51 799	16,1
Valais	2004/07	522 425	522 442	18 463	3,5	99 201	19,0	125 263	24,0	279 515	53,5
Genève	2004	28 248	28 244	9 415	33,3	11 162	39,5	3 506	12,4	4 161	14,7
Espace Mittelland	2004/07	1 006 211	1 006 229	78 464	7,8	455 525	45,3	332 918	33,1	139 322	13,8
Bern	2004/07	595 944	595 907	41 198	6,9	253 738	42,6	186 707	31,3	114 264	19,2
Fribourg	2004/05	167 070	167 084	13 995	8,4	94 031	56,3	45 043	27,0	14 015	8,4
Solothurn	2005/06	79 049	79 051	10 955	13,9	33 439	42,3	33 792	42,7	865	1,1
Neuchâtel	2004/05	80 293	80 306	6 701	8,3	33 450	41,7	30 871	38,4	9 284	11,6
Jura	2005	83 855	83 881	5 615	6,7	40 867	48,7	36 505	43,5	894	1,1
Nordwestschweiz	2005/07	195 829	195 838	35 507	18,1	83 271	42,5	72 941	37,2	4 119	2,1
Basel-Stadt	2005	3 700	3 707	2 628	70,9	449	12,1	462	12,5	168	4,5
Basel-Landschaft	2005/06	51 756	51 752	9 024	17,4	20 968	40,5	21 390	41,3	370	0,7
Aargau	2006/07	140 373	140 379	23 855	17,0	61 854	44,1	51 089	36,4	3 581	2,6
Zürich	2007/08	172 900	172 889	37 791	21,9	72 018	41,7	52 476	30,4	10 604	6,1
Ostschweiz	2006/09	1 152 110	1 152 081	53 882	12,0	406 528	90,7	327 486	73,0	364 185	81,2
Glarus	2007/08	68 530	68 540	1 995	2,9	20 584	30,0	21 128	30,8	24 833	36,2
Schaffhausen	2007/08	29 842	29 850	3 402	11,4	13 100	43,9	12 941	43,4	407	1,4
Appenzell A. Rh.	2008	24 286	24 294	2 231	9,2	13 313	54,8	8 379	34,5	371	1,5
Appenzell I. Rh.	2008	17 252	17 250	815	4,7	9 265	53,7	5 514	32,0	1 656	9,6
St. Gallen	2007/08	202 554	202 545	19 402	9,6	94 416	46,6	61 915	30,6	26 812	13,2
Graubünden	2006/09	710 544	710 515	13 863	2,0	204 353	28,8	196 389	27,6	295 910	41,6
Thurgau	2007/08	99 102	99 087	12 174	12,3	51 497	52,0	21 220	21,4	14 196	14,3
Zentralschweiz	2006/07	448 311	448 324	28 551	6,4	181 342	40,4	132 657	29,6	105 774	23,6
Luzern	2006/07	149 344	149 342	14 385	9,6	79 827	53,5	44 703	29,9	10 427	7,0
Uri	2006/07	107 657	107 640	1 997	1,9	26 023	24,2	21 633	20,1	57 987	53,9
Schwyz	2007	90 792	90 809	5 502	6,1	36 825	40,6	30 634	33,7	17 848	19,7
Obwalden	2006/07	49 059	49 055	1 879	3,8	18 083	36,9	19 966	40,7	9 127	18,6
Nidwalden	2007	27 590	27 606	1 482	5,4	10 219	37,0	9 194	33,3	6 711	24,3
Zug	2007	23 869	23 872	3 306	13,8	10 365	43,4	6 527	27,3	3 674	15,4
Ticino	2006/09	281 220	281 246	15 881	5,6	36 406	12,9	142 568	50,7	86 391	30,7

1 Fläche innerhalb der Kantonsgrenze. GG25 administrative Grenzen © swisstopo, 1.1.2008 mit bis 1.1.2013 nachgeführten Gemeindefusionen
2 Anzahl Stichprobenpunkte innerhalb der Kantonsgrenze

Quelle: BFS – Arealstatistik der Schweiz

1 Surface à l'intérieur des limites du canton. Limites administratives (GG25) © swisstopo, 1.1.2008, fusions de communes respectées jusqu'au 1.1.2013
2 Nombre de points d'échantionnage à l'intérieur des limites du canton

Source: OFS – Statistique suisse de la superficie

Entwicklung der Bodennutzung nach Nomenklatur Standard (NOAS04)
Evolution de l'utilisation du sol selon la nomenclature standard (NOAS04)

T 2.2.2.5

	Erhebungsjahr/e Année(s) du relevé		Siedlungsflächen Surfaces d'habitat et d'infrastructure Veränderung Modification		Landwirtschaftsfläche Surfaces agricoles Veränderung Modification		Bestockte Flächen Surfaces boisées Veränderung Modification		Unproduktive Flächen Surfaces improductives Veränderung Modification	
			ha	%	ha	%	ha	%	ha	%
Total	2004/09	1979/85	+58 422	+23,4	-85 071	-5,4	+38 537	+3,1	-11 888	-1,1
Région lémanique	2004/07	1979/83	+11 908	+25,9	-20 201	-7,6	+10 951	+5,0	-2 658	-0,8
Vaud	2004/05	1979/81	+5 946	+24,8	-7 323	-5,1	+2 100	+2,1	-723	-1,4
Valais	2004/07	1980/83	+4 749	+34,6	-11 700	-10,5	+8 902	+7,7	-1 951	-0,7
Genève	2004	1980	+1 213	+14,8	-1 178	-9,5	-51	-1,4	+16	+0,4
Espace Mittelland	2004/07	1979/82	+14 994	+23,6	-16 080	-3,4	+2 273	+0,7	-1 187	-0,8
Bern	2004/07	1979/82	+6 669	+19,3	-8 301	-3,2	+2 283	+1,2	-651	-0,6
Fribourg	2004/05	1979/82	+3 601	+34,6	-4 236	-4,3	+1 029	+2,3	-394	-2,7
Solothurn	2005/06	1982	+2 148	+24,4	-2 052	-5,8	-95	-0,3	-1	-0,1
Neuchâtel	2004/05	1979/82	+1 042	+18,4	-843	-2,5	-154	-0,5	-45	-0,5
Jura	2005	1981/82	+1 534	+37,6	-648	-1,6	-790	-2,1	-96	-9,7
Nordwestschweiz	2005/07	1982	+5 908	+20,0	-5 875	-6,6	-162	-0,2	+129	+3,2
Basel-Stadt	2005	1982	+34	+1,3	-27	-5,7	-1	-0,2	-6	-3,4
Basel-Landschaft	2005/06	1982	+1 339	+17,4	-1 261	-5,7	-96	-0,4	+18	+5,1
Aargau	2006/07	1982	+4 535	+23,5	-4 587	-6,9	-65	-0,1	+117	+3,4
Zürich	2007/08	1982/84	+5 849	+18,3	-5 908	-7,6	-269	-0,5	+328	+3,2
Ostschweiz	2006/09	1982/85	+10 263	+23,5	-22 006	-5,1	+14 490	+4,6	-2 747	-0,7
Glarus	2007/08	1983/85	+292	+17,1	-842	-3,9	+760	+3,7	-210	-0,8
Schaffhausen	2007/08	1982/84	+431	+14,5	-530	-3,9	+105	+0,8	-6	-1,5
Appenzell A. Rh.	2008	1983/84	+401	+21,9	-389	-2,8	-29	-0,3	+17	+4,8
Appenzell I. Rh.	2008	1983/84	+231	+39,6	-260	-2,7	+18	+0,3	+11	+0,7
St. Gallen	2007/08	1983/85	+3 780	+24,2	-4 269	-4,3	+515	+0,8	-26	-0,1
Graubünden	2006/09	1983/85	+2 575	+22,8	-13 100	-6,0	+13 142	+7,2	-2 617	-0,9
Thurgau	2007/08	1984	+2 553	+26,5	-2 616	-4,8	-21	-0,1	+84	+0,6
Zentralschweiz	2006/07	1980/85	+6 676	+30,5	-7 997	-4,2	+1 391	+1,1	-70	-0,1
Luzern	2006/07	1980/82	+3 464	+31,7	-3 294	-4,0	-380	-0,8	+210	+2,1
Uri	2006/07	1980/85	+381	+23,6	-1 520	-5,5	+1 563	+7,8	-424	-0,7
Schwyz	2007	1981/85	+1 317	+31,5	-1 336	-3,5	+9	+0,0	+10	+0,1
Obwalden	2006/07	1980/81	+479	+34,2	-818	-4,3	+239	+1,2	+100	+1,1
Nidwalden	2007	1980/82	+322	+27,8	-365	-3,4	+11	+0,1	+32	+0,5
Zug	2007	1982/83	+713	+27,5	-664	-6,0	-51	-0,8	+2	+0,1
Ticino	2006/09	1980/85	+2 824	+21,6	-7 004	-16,1	+9 863	+7,4	-5 683	-6,2

GG25 administrative Grenzen © swisstopo, 1.1.2008 mit bis 1.1.2013 nachgeführten Gemeindefusionen

Quelle: BFS – Arealstatistik der Schweiz

Limites administratives (GG25) © swisstopo, 1.1.2008, fusions de communes respectées jusqu'au 1.1.2013

Source: OFS – Statistique suisse de la superficie

Jährliche Landschaftsveränderungen in verschiedenen Beobachtungsperioden
Transformations annuelles du paysage dans différentes périodes d'observation

T 2.2.3.2

	Einheit / Unité	Beobachtungsperiode / Période d'observation				
		1972–1983	1978–1989	1984–1995	1989–2003	
Gebäude ausserhalb Bauzonen		+3 000	+3 700	+2 600	… [3]	Bâtiments hors des zones urbanisées
Anlagen (Reservoir, ARA, Antenne)		+206	+172	+244	+413	Installations (réservoir, STEP, antenne)
Lokalstrassen / Wege [1]	km	+2 505	+1 726	+1 385	+1 841	Routes locales / chemins [1]
Bachläufe eingedeckt	km	+86	+92	+85	+119	Ruisseaux recouverts
Bachläufe, neu offene	km	+9	+20	+85	+153	Ruisseaux, remis à ciel ouvert
Obstbäume (Hoch- und Niederstämme) [2]		–54 780	–39 770	–99 671	–66 695	Arbres fruitiers (Haute et basse tige) [2]
Einzelbäume [2]		+730	+6 240	+11 418	+9 637	Arbres isolés [2]
Hecken [2]	km	+33	+55	+156	+62	Haies [2]
Waldflächen [2]	ha	+1 700	+750	+1 960	+1 339	Surfaces forestières [2]

1 Summe von 1. und 2. Kl. Strassen neu, 1./2. Kl. Strassen aus 3. Kl. Strassen, neue 3. Kl. Strassen, 3. Kl. Strassen aus 4./5. Kl. Wegen und neue 4./5. Kl. Wege
2 Differenz = Zugänge (neue) minus Abgänge (verschwunden)
3 Gebäude ausserhalb Bauzonen: Wegen zum Analysezeitpunkt noch fehlender Grundlagedaten konnte diese Teilauswertung nicht vorgenommen werden. Aus anderweitigen Analysen geht hervor, dass von keiner Trendumkehr auszugehen ist.

Quellen: BAFU; ARE – Landschaft unter Druck

1 Routes locales / chemins: somme des nouvelles routes de 1e et 2e cl., des routes de 1e et 2e cl. à partir de 3e cl., routes nouvelles de 3e cl., routes de 3e cl. à partir de chemins de 4e et 5e cl. et nouveaux chemins de 4e et 5e cl..
2 Différence = extensions (nouvelles plantations) diminuées des surfaces (unités) disparues.
3 Bâtiments hors des zones urbanisées: l'interprétation de ces données n'a pas pu être effectuée faute de données de base au moment de l'analyse. D'autres études permettent toutefois de conclure qu'aucun renversement de tendance n'est observé.

Sources: OFEV; ARE – Le paysage sous pression

Umweltzustand und -entwicklung
Etat et évolution de l'environnement

Durchschnittliche Bodenbelastungen und Richtwertüberschreitungen. 2005–2009
Pollutions moyennes des sols et dépassements des valeurs indicatives. 2005–2009

T 2.3.1.1

Element	Richtwert[1] Valeur indicative[1] mg/kg	Häufige Gehalte (10%- bis 90%-Quantil) Teneurs fréquentes (quantiles de 10% à 90%) Oberböden (0–20 cm) Couche supérieure des sols (0–20 cm) mg/kg Trockensubstanz mg/kg matière sèche	Anzahl NABO-Standorte mit Richtwertüberschreitungen[2] Nombre des points de mesure NABO où la valeur indicative a été dépassée[2] Oberböden (0–20 cm) Couche supérieure des sols (0–20 cm)	Elément
Blei	50	16–40	5	Plomb
Kupfer	40	7–41	10	Cuivre
Cadmium	0,8	0,11–0,49	5	Cadmium
Zink	150	37–98	0	Zinc
Nickel	50	8–43	5	Nickel
Chrom	50	15–42	4	Chrome
Quecksilber	0,5	0,05–0,18	0	Mercure
Fluor	700	…[3]	…[3]	Fluor

1 Gemäss Verordnung über Belastungen des Bodens (1998)
2 Total NABO-Standorte berücksichtigt: 97
3 Fluor wurde nicht analysiert.
Quellen: Forschungsanstalt Agroscope Reckenholz-Tänikon; NABO

1 Selon l'ordonnance sur les atteintes portées aux sols (1998)
2 Nombre total des points de mesure «NABO» pris en compte: 97
3 Le fluor n'a pas été analysé.
Sources: Station de recherche Agroscope Reckenholz-Tänikon; NABO

Witterung in der Schweiz. 2014
Le temps en Suisse. En 2014

T 2.3.2.1

Station	H.ü.M. Altitude m	Sonnenscheindauer Ensoleillement h	Sonnenscheindauer Ensoleillement Index[3] Indice[3]	Niederschlagsmenge Précipitations Total mm	Niederschlagsmenge Précipitations Total Index[3] Indice[3]	Niederschlagsmenge Précipitations Max.[1] mm	Niederschlagsmenge Précipitations Max.[1] Datum Date	Lufttemperatur / Température de l'air Jahresmittel Moyenne annuelle °C	Abweichung[2] Ecart[2] °C	Absolutes Minimum Minimum absolu °C	Absolutes Minimum Minimum absolu Datum Date	Absolutes Maximum Maximum absolu °C	Absolutes Maximum Maximum absolu Datum Date
Basel[4]	316	1 699	104	869	103	33	20.07	11,9	1,4	–13,4	29.12	35,5	09.06
Bern[4]	553	1 823	108	1 034	98	45	20.07	10,0	1,2	–13,4	29.12	31,3	09.06
Chur	556	1 601	95	840	99	57	05.11	11,3	1,6	–9,4	29.12	34,7	19.07
Col du Gd-St-Bernard	2 472	1 476	94	2 205	93	…	…	0,2	0,8	–17,2	29.12	17,3	09.06
Davos	1 594	1 537	91	1 022	100	53	29.06	4,8	1,3	–17,1	29.12	27,1	09.06
Genève[4]	420	1 860	102	1 005	100	70	07.10	11,7	1,2	–4,1	30.12	33,4	09.06
Lausanne[4]	456	1 905	102	1 190	103	74	07.10	12,0	1,1	–7,1	29.12	30,7	09.06
Locarno[4]	367	2 005	92	2 781	147	138	04.11	13,3	0,9	–1,3	28.12	32,2	12.06
Lugano	273	1 875	91	2 430	156	108	04.11	13,5	1,1	–1,7	31.12	31,4	11.06
Luzern	454	1 563	110	1 418	121	54	10.08	10,9	1,3	–8,6	29.12	34,3	09.06
Neuchâtel	485	1 799	110	921	94	35	22.05	11,3	1,1	–7,9	29.12	31,2	09.06
Sion	482	2 022	97	530	88	30	28.07	11,8	1,7	–11,6	29.12	36,2	09.06
St. Gallen	776	1 609	105	1 345	102	58	26.07	9,6	1,3	–12,1	29.12	29,6	09.06
Zürich[4]	556	1 714	111	1 076	95	42	12.06	10,6	1,3	–11,8	29.12	33,4	09.06

1 Grösste Niederschlagsmenge innerhalb von 24 Std. (Zeitintervall im Sommer ab 8 Uhr und im Winter ab 7 Uhr)
2 Abweichung vom Durchschnitt der langjährigen Messreihe
3 100 = Durchschnitt der langjährigen Messreihe
4 Basel: Binningen / Bern: Zollikofen / Genf: Cointrin / Lausanne: Pully
Locarno: Monti / Zürich: Fluntern
Quelle: MeteoSchweiz

1 Précipitations maximales en 24 heures mesurées à partir de 8 h en été et de 7 h en hiver
2 Ecart par rapport à la moyenne pluriannuelle
3 100 = moyenne pluriannuelle
4 Bâle: Binningen / Berne: Zollikofen / Genève: Cointrin / Lausanne: Pully
Locarno: Monti / Zurich: Fluntern
Source: MétéoSuisse

Klimadaten[1]: Niederschlagstage, Eistage, Frosttage, Sommertage, Hitzetage und Tropennächte   T 2.3.2.3
Données climatiques[1]: jours de précipitations, jours d'hiver, jours de gel, jours d'été, jours tropicaux et nuits tropicales

Station	Anzahl... Nombre de jours...										Anzahl... Nombre de nuits...	
	...Niederschlagstage ...de précipitations		...Eistage ...d'hiver		...Frosttage ...de gel		...Sommertage ...d'été		...Hitzetage ...tropicaux		...Tropennächte ...tropicales	
	Tagestotal ≥ 1 mm Total journalier ≥ 1 mm		Max. Temp. < 0 °C Temp. max. < 0 °C		Min. Temp. < 0 °C Temp. min. < 0 °C		Max. Temp. ≥ 25 °C Temp. max. ≥ 25 °C		Max. Temp. ≥ 30 °C Temp. max. ≥ 30 °C		Min. Temp. ≥ 20 °C Temp. min. ≥ 20 °C	
	2013	2014	2013	2014	2013	2014	2013	2014	2013	2014	2013	2014
Basel-Binningen	135	121	15	2	80	24	53	41	13	8	1	0
Bern-Zollikofen	125	132	24	2	114	74	46	24	11	5	0	0
Chur	101	117	12	2	88	25	53	34	15	8	1	0
Davos	132	142	60	33	182	171	9	4	0	0	0	0
Genève-Cointrin	121	114	8	1	86	34	58	41	15	6	0	0
Lausanne-Pully	130	129	7	1	53	7	48	26	5	2	10	0
Locarno-Monti	117	142	1	0	27	9	87	55	19	7	11	2
Lugano	120	131	0	0	18	6	82	47	16	6	16	2
Luzern	138	142	19	2	94	46	48	29	13	7	0	0
Neuchâtel	138	127	16	1	72	16	50	28	13	5	3	0
Sion	85	83	3	2	103	54	78	62	32	14	1	0
St. Gallen	153	138	37	6	115	48	21	13	4	0	3	0
Zürich-Fluntern	131	124	27	4	102	28	46	26	11	5	2	0

1   Homogenisierte Daten: Die Messbedingungen, unter denen meteorologische Daten erhoben werden, können sich im Laufe der Zeit ändern (Stationsverlegungen, neue Messinstrumente, veränderte Umgebung usw.). Diese Veränderungen erfolgen unabhängig vom tatsächlichen Klimaverlauf und können so die Messreihen verfälschen. Um ein möglichst unverzerrtes Bild der Klimaentwicklung zu zeigen, werden deshalb homogenisierte Daten verwendet, die von nicht klimabedingten Einflussfaktoren korrigiert sind.

Quelle: MeteoSchweiz

1   Données homogénéisées: Les conditions de mesures dans lesquelles les données météorologiques sont collectées peuvent changer au fil du temps (déplacements de stations, nouveaux instruments de mesures, modification des environs, etc.). Ces changements n'ont aucun rapport avec l'évolution naturelle du climat et peuvent donc fausser les séries de mesures. Afin de disposer d'une image aussi fiable que possible de l'évolution du climat, des données homogénéisées, c'est-à-dire corrigées des influences non climatiques, sont utilisées.

Source: MétéoSuisse

Treibhausgasemissionen[1] nach Verursachergruppen. 2013   T 2.3.2.8
Emissions de gaz à effet de serre[1] selon les sources. En 2013

Verursachergruppe	CO_2	CH_4	N_2O	CO_2-Äquivalente[2] Equivalents CO_2[2]					Sources
				Total	davon: dont:				
						HFC	PFC	SF_6	
	Mio. t	1000 t	1000 t	Mio. t		1000 t	1000 t	1000 t	
Total[3]	43,20	205,89	8,10	52,59		1 519,90	52,01	252,46	Total[3]
Energie (ohne Transport, inkl. Abfallverbrennung)	24,86	11,32	0,45	25,27		...	...	...	Energie (sans les transports, y compris l'incinération des déchets)
Transport (ohne internationalen Flugverkehr)	16,10	0,91	0,33	16,22		...	...	...	Transports (sans le trafic aérien international)
Industrielle Prozesse und Lösungsmittel	2,20	0,08	0,24	4,09		1 519,90	52,01	252,46	Processus industriels et solvants
Landwirtschaft	0,04	159,94	6,41	5,95		...	...	...	Agriculture
Abfall (ohne Abfallverbrennung)	0,01	33,63	0,68	1,05		...	...	...	Déchets (sans l'incinération des déchets)
Internationaler Flug- und Schiffsverkehr	4,74	0,07	0,15	4,78		...	...	...	Trafic aérien et maritime international
Landnutzungsänderung/Forstwirtschaft	–1,13	0,45	0,24	–1,05		...	...	...	Modification de l'utilisation du territoire/sylviculture

1   Treibhausgasinventar gemäss Kyoto-Protokoll
2   CO_2-Äquivalente = Summe aller Gase; Nicht-CO_2-Emissionen wurden ihrem Globalen Erwärmungspotential (GWP) entsprechend umgerechnet (IPCC, 1995).
3   Ohne internationalen Flugverkehr und Landnutzungsänderung/Forstwirtschaft

Quelle: BAFU

1   Inventaire des gaz à effet de serre de la Suisse selon le Protocole de Kyoto
2   Equivalents CO_2 = somme de tous les gaz; toutes les émissions, sauf le CO_2, sont calculées par rapport à leur potentiel de réchauffement global (GWP) (IPCC, 1995).
3   Sans le trafic aérien international et la modification de l'utilisation du territoire/sylviculture

Source: OFEV

Geschätzte Schadensummen der Unwetter. In Millionen Franken, teuerungsbereinigt (Basisjahr 2014)[1]
Montants estimés des dommages dus aux intempéries. En millions de francs, corrigé de l'inflation (année de base 2014)[1]

T 2.3.2.10

Jahr / Année	Schadensumme / Montant des dommages	Jahr / Année	Schadensumme / Montant des dommages	Jahr / Année	Schadensumme / Montant des dommages	Jahr / Année	Schadensumme / Montant des dommages
1987	1 772	1994	241	2001	85	2008	23
1988	177	1995	94	2002	372	2009	26
1989	17	1996	37	2003	77	2010	62
1990	374	1997	217	2004	51	2011	118
1991	53	1998	47	2005[2]	3 109	2012	39
1992	73	1999	751	2006	76	2013	125
1993	1 051	2000	777	2007	722	2014	101

1 Die Werte basieren auf neu überarbeitetem Zahlenmaterial. Kleine Abweichungen von früher publizierten Zahlen sind möglich.
2 Von den gut 3 Milliarden Franken Unwetterschäden, welche 2005 zu verzeichnen waren, sind 2990 Millionen auf das grossräumige Hochwasserereignis vom 21./22. August zurückzuführen.

Quelle: Eidgenössische Forschungsanstalt für Wald, Schnee und Landschaft (WSL)

1 Montants basés sur des données révisées. De légers écarts sont possibles par rapport aux chiffres publiés antérieurement.
2 Sur les 3 milliards de francs de dégâts liés aux intempéries en 2005, 2990 millions de francs reviennent aux crues du 21–22 août.

Source: Institut fédéral de recherches sur la forêt, la neige et le paysage (WSL)

Schadstoff-Emissionen. Anteile der Quellengruppen 2013
Emissions polluantes. Parts respectives des groupes de sources, en 2013

T 2.3.3.1

	Haushalte / Ménages	Industrie/Gewerbe / Industrie/artisanat	Land-/Forstwirtschaft / Agriculture/sylviculture	Verkehr / Transports	Total
	%	%	%	%	%
SO_2	25	69	0	5	100
NO_X	9	26	9	56	100
NMVOC / COVNM	20	56	8	16	100
CO	20	17	11	52	100
NH_3	2	1	93	3	100
Schwebestaub PM10[1] / Poussières en suspension PM10[1]	17	28	27	28	100
Pb	46	28	1	25	100
Cd	32	61	0	7	100
Hg	12	88	0	0	100
PCDD / PCDF	60	36	2	2	100

1 Provisorisch, gegenwärtig in Überarbeitung
Quelle: BAFU

1 Valeurs provisoires, actuellement en révision
Source: OFEV

Entwicklung der Schadstoff-Emissionen [1]
Evolution des émissions polluantes [1]

T 2.3.3.2

	Einheit Unité	1920	1930	1940	1950	1960	1970	1980	1990	2000	2010	2013
SO_2	1000 t	29	40	36	46	83	106	116	41	16	13	11
NO_X	1000 t	20	25	23	33	66	135	172	143	114	79	69
NMVOC / COVNM	1000 t	23	38	45	67	143	281	316	293	140	89	83
CO	1000 t	253	388	384	485	770	1 257	1 246	740	405	242	210
NH_3	1000 t	44	50	53	50	57	61	71	73	66	63	62
Schwebestaub PM10[2] / Poussières en suspension PM10[2]	1000 t	...	...	...	21	28	35	33	27	21	18	18
Pb	t	353	529	547	743	1 330	2 160	1 760	371	48	30	27
Cd	kg	2 140	3 270	3 710	3 630	5 050	7 090	6 350	3 749	1 845	1 393	1 294
Hg	kg	1 120	1 720	1 860	2 220	2 890	2 400	7 930	6 574	2 047	911	864
PCDD / PCDF	g	20	30	30	34	176	417	484	201	68	20	17

[1] Emissionen innerhalb der Landesgrenzen (Territorialprinzip)
[2] Provisorisch, gegenwärtig in Überarbeitung
Quelle: BAFU

[1] Emissions territoriales (à l'intérieur du pays)
[2] Données provisoires car actuellement en révision
Source: OFEV

Entwicklung von Schadstoffimmissionen an verschiedenen Standorttypen [1]. In µg/m³
Evolution des immissions de substances polluantes dans différents types d'emplacements [1]. En µg/m³

T 2.3.3.5

	1990	2000	2005	2008	2009	2010	2011	2012	2013	2014	
Stickstoffdioxid, Jahresmittelwerte											**Dioxyde d'azote**, moyenne annuelle
Städtisch, verkehrsbelastet	...	47,3	47,3	45,7	43,2	42,2	42,4	41,4	42,7	40,1	Urbain, trafic
Städtisch	51,6	37,7	35,1	33,6	32,5	32,9	32,9	31,6	31,2	29,5	Urbain
Vorstädtisch	42,7	28,2	27,3	24,8	25,6	25,9	25,3	24,0	24,2	23,1	Suburbain
Ländlich	19,9	15,6	15,0	14,2	14,9	14,7	13,9	12,9	14,0	12,2	Rural
Voralpen/Jura	...	7,8	7,1	6,3	6,4	7,5	6,7	6,2	7,0	5,8	Préalpes/Jura
Grenzwert [2]	30,0	30,0	30,0	30,0	30,0	30,0	30,0	30,0	30,0	30,0	Valeur limite [2]
Schwefeldioxid, Jahresmittelwerte											**Dioxyde de soufre**, moyenne annuelle
Städtisch, verkehrsbelastet	...	...	...	...	...	...	...	...	...	...	Urbain, trafic
Städtisch	23,8	7,0	5,5	4,4	3,6	3,4	2,9	3,0	2,4	1,9	Urbain
Vorstädtisch	14,1	4,7	4,4	3,4	2,6	2,8	2,4	1,9	1,6	1,5	Suburbain
Ländlich	4,2	1,5	1,1	0,8	0,7	0,7	0,5	0,6	0,5	0,5	Rural
Voralpen/Jura	...	0,6	0,8	0,5	0,5	0,5	0,4	0,4	0,4	0,4	Préalpes/Jura
Grenzwert [2]	30,0	30,0	30,0	30,0	30,0	30,0	30,0	30,0	30,0	30,0	Valeur limite [2]
PM10, Jahresmittelwerte											**PM10**, moyenne annuelle
Städtisch, verkehrsbelastet	...	28,7	30,5	25,4	25,0	23,5	24,1	21,3	23,7	17,5	Urbain, trafic
Städtisch	37,2	28,5	28,2	22,5	21,4	20,0	21,7	19,2	18,3	14,7	Urbain
Vorstädtisch	32,3	20,6	21,5	18,4	18,3	18,1	18,3	16,2	17,5	13,5	Suburbain
Ländlich	27,9	18,8	19,1	17,7	17,4	16,3	16,3	14,4	15,4	11,7	Rural
Voralpen/Jura	...	10,6	11,4	9,7	9,4	8,5	8,7	7,6	7,8	6,9	Préalpes/Jura
Grenzwert [2]	20,0	20,0	20,0	20,0	20,0	20,0	20,0	20,0	20,0	20,0	Valeur limite [2]
Ozon, maximaler Stundenmittelwert											**Ozone**, moyenne horaire maximale
Städtisch (Zürich)	190,0	200,3	210,4	160,6	164,6	200,8	172,8	158,9	178,8	191,1	Urbain (Zurich)
Städtisch (Lugano)	269,3	242,0	255,3	246,9	219,6	256,7	282,2	220,7	215,0	263,8	Urbain (Lugano)
Vorstädtisch (Basel)	200,5	208,1	224,2	161,6	178,8	209,2	192,3	173,6	177,4	171,6	Suburbain (Bâle)
Ländlich (Payerne)	195,5	178,8	184,5	154,4	164,8	187,6	159,1	167,5	157,6	151,3	Rural (Payerne)
Voralpen (Rigi-Seebodenalp)	...	215,2	207,6	166,4	171,0	203,9	186,2	163,5	174,3	187,0	Préalpes (Rigi-Seebodenalp)
Grenzwert [2]	120,0	120,0	120,0	120,0	120,0	120,0	120,0	120,0	120,0	120,0	Valeur limite [2]

[1] Die Stationscharakterisierung wurde an die EU-Nomenklatur angepasst.
[2] Grenzwert der Luftreinhalte-Verordnung
Quelle: BAFU

[1] La caractérisation des stations a été adaptée à la nomenclature de l'UE.
[2] Valeur limite selon l'ordonnance sur la protection de l'air
Source: OFEV

Trinkwasser / Eau potable

T 2.3.4.4

	Gewinnung von Trinkwasser[1] in Millionen m^3 / Captage de l'eau potable[1] en millions de m^3				Trinkwasserverbrauch in Litern je Einwohner und Tag / Consommation d'eau potable en litres par habitant et par jour	
	Quellwasser / Eau de source	Grundwasser / Eau souterraine	Seewasser / Eau de lac	Total	Mittlerer Verbrauch / Consommation moyenne	Maximaler Verbrauch / Consommation maximale
1960	453,0	388,0	106,0	947,0	437	643
1970	444,0	506,0	191,0	1 141,0	486	728
1980	473,0	449,3	181,2	1 103,5	475	645
1990	441,9	499,2	220,7	1 161,8	468	724
2000	499,0	392,0	175,0	1 066,0	405	576
2005	402,0	409,0	193,0	1 004,0	370	545
2008	394,0	405,0	181,0	980,0	347	485
2009	369,0	408,0	190,0	967,0	338	479
2010	369,0	382,0	189,0	940,0	325	494
2011	341,0	422,0	191,0	954,0	325	465
2012	364,0	397,0	174,0	935,0	316	463
2013	379,0	365,0	173,0	917,0	309	464
2014	360,0	376,0	165,0	901,0	300	438

1 Hochrechnung nach SVGW aus den Angaben von 281 Wasserversorgungen, die 55% der Bevölkerung versorgen (1997). Jahr 2014: Hochrechnung nach SVGW aus den Angaben von 607 Wasserversorgungen

Quelle: Schweizerischer Verein des Gas- und Wasserfaches (SVGW)

1 Extrapolation de la SSIGE à partir des données de 281 centres qui alimentent 55% de la population (1997). Pour 2014, extrapolation de la SSIGE à partir des données de 607 distributeurs d'eau

Source: Société Suisse de l'Industrie du Gaz et des Eaux (SSIGE)

Siedlungsabfälle[1] / Déchets urbains[1]

T 2.3.5.2

	Total		Verbrannte und deponierte Siedlungsabfälle / Déchets urbains incinérés ou mis en décharge		Separat gesammelte Siedlungsabfälle / Déchets urbains collectés séparément	
	in Millionen Tonnen / en millions de tonnes	kg je Einwohner / kg par habitant	in Millionen Tonnen / en millions de tonnes	kg je Einwohner / kg par habitant	in Millionen Tonnen / en millions de tonnes	kg je Einwohner / kg par habitant
1970	1,94	309	1,64	262	0,30	48
1980	2,83	444	2,29	359	0,54	85
1990	4,10	603	2,93	431	1,17	172
2000	4,73	659	2,59	361	2,14	298
2005	4,94	662	2,44[2]	327[2]	2,50	335
2008	5,65	733	2,83[2]	366[2]	2,82	367
2009	5,46	700	2,66[2]	340[2]	2,80	360
2010	5,57	706	2,76[2]	349[2]	2,81	357
2011	5,48	689	2,73[2]	344[2]	2,75	345
2012	5,58	694	2,79[2]	347[2]	2,79	347
2013	5,71	702	2,80[2]	344[2]	2,91	358
2014	6,01	729	2,79[2]	339[2]	3,22	390

1 Ab 1992 ohne illegale Entsorgung
2 Nur inländische Menge ohne Abfallimporte

Quelle: BAFU

1 A partir de 1992 sans les déchets éliminés illégalement
2 Seulement quantités suisses, sans les importations de déchets

Source: OFEV

Abfallverwertung (Recycling). Haushalte und Gewerbe
Récupération des déchets à des fins de valorisation. Ménages et artisanat

T 2.3.5.3

Material	Einheit Unité	1999	2008	2009	2010	2011	2012	2013	2014	Matériaux
Total	t	**1 957 445**	**2 823 459**	**2 801 285**	**2 807 945**	**2 745 775**	**2 789 536**	**2 912 413**	**3 215 711**	**Total**
Papier und Karton	t	1 093 713	1 353 180	1 316 888	1 297 848	1 315 470	1 344 264	1 322 603	1 360 046	Papier et carton
	%	63,6	82,0	87,7	85,0	91,0	97,0	99,0	91,0	
Pflanzliches Material[1]	t	510 000	930 000	930 000	930 000	851 200	851 200	990 863	1 255 844	Matières végétales[1]
	%	45,0	...	...	...	...	...	...	...	
Glas	t	282 687	325 624	331 507	345 443	349 858	353 809	357 154	357 568	Verre
	%	92,6	94,9	95,0	94,0	94,0	96,0	96,0	96,0	
Textilien	t	32 000	49 000	50 593	52 052	47 453	47 220	49 373	50 194	Textile
	%	...	...	...	...	...	...	...	...	
Weissblech (Konservendosen)	t	12 000	12 000	11 760	12 600	12 400	12 800	12 810	13 106	Fer-blanc (boîtes de conserve)
	%	66,0	82,0	84,0	83,0	86,0	86,0	86,0	86,0	
Aluminium (aus Haushalt, inkl. Dosen)[2]	t	2 138	7 700	7 900	8 500	10 400	11 000	11 150	12 500	Aluminium (ménages, boîtes comprises)[2]
	%	22,0	...	...	...	...	...	...	...	
Aludosen	t	1 580	5 800	6 400	6 900	8 000	9 050	9 100	9 290	Boîtes d'aluminium
	%	90,0	91,0	91,0	91,0	91,0	92,0	91,0	92,0	
PET	t	22 700	35 825	37 543	36 637	38 010	37 571	38 035	37 119	PET
	%	81,0	78,4	81,0	80,0	81,0	81,0	83,0	82,0	
Batterien	t	2 207	2 400	2 394	2 365	2 374	2 572	2 525	2 734	Piles
	%	60,0	70,6	71,3	69,0	67,0	73,0	70,0	71,0	
Elektrische und elektronische Geräte	t	...	107 730	112 700	122 500	118 610	129 100	127 900	126 600	Appareils électriques et électroniques
	%	...	...	...	...	...	...	...	...	

% = Sammelquote

1 Schätzung
2 Ab 2003: keine Daten zur Industrie verfügbar; Schätzung des BAFU

Quelle: BAFU

% = taux de récupération

1 Estimation
2 A partir de 2003: pas de données disponibles de l'industrie; estimation de l'OFEV

Source: OFEV

Behandlung von Sonderabfällen. In Tonnen
Traitement des déchets spéciaux. En tonnes

T 2.3.5.5

Entsorgungsverfahren	1999	2005	2010	2012	2013	2014	Procédé d'élimination
Behandlung im Inland + Export							**Traitement en Suisse + Exportation**
Total	1 016 700	1 166 900	1 784 500	2 174 500	2 357 700	2 374 400	Total
Behandlung im Inland							**Traitement en Suisse**
Total	903 300	1 002 200	1 570 200	1 749 000	1 892 400	1 834 400	Total
Verwertung (Recycling)	69 600	64 600	246 100	326 200	352 900	371 700	Recyclage
Chemisch-physikalische Behandlung	233 500	272 100	164 000	293 900	253 400	266 800	Traitement physico-chimique
Verbrennung	365 800	442 200	588 200	607 400	639 700	599 400	Incinération
Oberflächendeponie	234 400	223 300	571 900	521 500	646 400	596 500	Décharge à ciel ouvert
Exportierte Sonderabfälle							**Déchets spéciaux exportés**
Total	113 400	164 700	214 300	425 500	465 300	540 000	Total
Verwertung (Recycling)	53 100	74 400	147 600	176 000	213 300	244 200	Recyclage
Chemisch-physikalische Behandlung	15 400	1 200	600	2 300	1 300	1 000	Traitement physico-chimique
Verbrennung	9 500	57 200	28 900	215 800	218 700	261 200	Incinération
Untertagedeponie	35 400	31 900	37 200	31 400	32 000	33 600	Décharge souterraine

Quelle: BAFU

Source: OFEV

Artengefährdung in der Schweiz
Les espèces menacées en Suisse

T 2.3.7.1

Artengruppe	Anzahl beurteilte Arten / Nombre d'espèces évaluées				Anzahl einheimische Arten[1] / Nombre d'espèces indigènes[1]	Groupe taxinomique
	verschollen oder ausgestorben / éteintes ou disparues	bedroht, gefährdet und verletzlich / en danger d'extinction, menacées et vulnérables	potenziell gefährdet / potentiellement menacées	nicht gefährdet / non menacées		
Tiere[2], Total	**160**	**1 103**	**408**	**1 472**	**3 211**	**Animaux[2], Total**
Säugetiere	2	30	11	39	87	Mammifères
Säugetiere (ohne Fledermäuse)	2	15	4	35	57	Mammifères (sans les chauves-souris)
Fledermäuse[9]	0	15	7	4	30	Chauves-souris[9]
Brutvögel	7	71	32	89	199	Oiseaux nicheurs
Reptilien[3]	0	15	0	4	19	Reptiles[3]
Amphibien[3]	1	13	1	3	20	Amphibiens[3]
Fische und Rundmäuler[4]	8	24	9	14	73	Poissons et cyclostomes[4]
Weichtiere[8]	3	98	40	108	270	Mollusques[8]
Schnecken	2	88	36	98	241	Escargots
Muscheln	1	10	4	10	29	Bivalves
Krebstiere, Dekapoden[4]	0	3	0	0	3	Crustacés, écrevisses[4]
Insekten	139	849	315	1 215	2 540	Insectes
Bienen	67	192	37	279	575	Abeilles
Ameisen	3	43	17	69	132	Fourmis
Tagfalter und Zygänen[9]	3	75	44	104	226	Papillons de jour et zygènes[9]
Schnaken	2	44	21	84	151	Tipules
Laufkäfer und Sandlaufkäfer	32	116	72	285	505	Carabes et cicindèles
Wasserkäfer	0	97	12	46	155	Coléoptères aquatiques
Netzflügler	0	21	10	85	116	Névroptères
Heuschrecken[4]	3	37	19	43	105	Orthoptères[4]
Libellen[5]	2	24	12	34	76	Libellules[5]
Eintagsfliegen	3	33	9	39	86	Éphémères
Köcherfliegen[8]	17	130	43	101	302	Trichoptères[8]
Steinfliegen[8]	7	37	19	46	111	Plécoptères[8]
Farn- und Blütenpflanzen[5]	**39**	**751**	**354**	**1 410**	**2 592**	**Fougères et plantes à fleurs[5]**
Moose[6]	**15**	**401**	**67**	**512**	**1 093**	**Bryophytes[6]**
Lebermoose	3	117	15	117	259	Hépatiques
Laubmoose	12	283	52	394	832	Mousses
Hornmoose	0	1	0	1	2	Anthocérotes
Makroalgen[8]	**4**	**16**	**1**	**2**	**25**	**Macroalgues[8]**
Flechten[5]	**38**	**257**	**107**	**311**	**786**	**Lichens[5]**
Baumflechten	22	208	84	200	521	Lichens sur arbre
Erdflechten	16	49	23	111	265	Lichens sur sol
Grosspilze[7]	**1**	**936**	**143**	**1 876**	**4 959**	**Champignons supérieurs[7]**

1 Anzahl beurteilter und – wegen ungenügender Datengrundlage – nicht beurteilter Taxa (einheimische Arten und Unterarten)
2 Ausgabe 1994 inkl. Revisionen Libellen 2002; Heuschrecken und Fische 2007; Brutvögel 2010, Eintagsfliegen, Muscheln und Schnecken 2012
3 Ausgabe 2005
4 Ausgabe 2007
5 Ausgabe 2002 (Rote Liste Farn- und Blütenpflanzen ohne Neophyten; Rote Liste Flechten ohne Stein- und Totholzflechten, aber Baumflechten mit Fehlerkorrektur für «nicht gefährdet»)
6 Ausgabe 2004
7 Ausgabe 2006
8 Ausgabe 2012
9 Ausgabe 2014

Quelle: BAFU – Rote Listen

1 Nombre de taxons (espèces et sous-espèces indigènes) évalués et de taxons non évalués (par manque de données)
2 Edition 1994, y compris les révisions suivantes: libellules (2002); orthoptères et poissons (2007); oiseaux nicheurs (2010), éphémères, bivalves et escargots (2012)
3 Edition 2005
4 Edition 2007
5 Edition 2002 (Liste Rouge fougères et plantes à fleurs sans néophytes; Liste Rouge lichens sans lichens sur rocher et sur bois mort, mais lichens sur arbre avec correction d'une erreur pour «non menacées»)
6 Edition 2004
7 Edition 2006
8 Edition 2012
9 Edition 2014

Source: OFEV – Listes rouges

Umweltgesamtrechnung
Comptabilité environnementale

Öffentliche Umweltschutzausgaben[1]. In Millionen Franken, zu laufenden Preisen T 2.4.1
Dépenses publiques de protection de l'environnement[1]. En millions de francs, à prix courants

	1990	1995	2000	2005	2008	2009	2010	2011	2012	2013	
Total[2]	2 385,6	3 198,4	3 405,3	3 584,0	3 951,8	4 017,6	4 035,4	4 129,3	4 278,9	4 431,2	Total[2]
Nach Umweltbereich[2]											**Par domaine[2]**
Abwasserwirtschaft	1 501,9	1 777,1	1 781,4	1 717,2	1 684,7	1 673,7	1 622,3	1 594,6	1 606,4	1 676,9	Gestion des eaux usées
Abfallwirtschaft[3]	666,5	1 043,5	1 049,0	1 112,2	1 213,7	1 204,6	1 185,8	1 198,0	1 240,2	1 226,3	Gestion des déchets[3]
Luftreinhaltung und Klimaschutz, Bekämpfung von Lärm und Umweltverschmutzung	130,9	176,0	215,3	335,8	507,9	511,5	581,0	642,5	691,5	737,7	Protection de l'air et du climat, lutte contre le bruit et la pollution
Umweltforschung	34,3	37,0	65,9	42,2	141,0	163,2	170,5	181,5	183,1	203,2	Recherche en matière d'environnement
Arten- und Landschaftsschutz[4]	52,1	164,8	293,7	376,6	404,6	464,6	475,8	512,6	557,7	587,1	Protection des espèces et du paysage[4]
Nach Gemeinwesen[3,4]											**Par collectivité[3,4]**
Bund	251,3	439,5	589,3	656,7	786,4	852,7	881,2	979,5	1 092,3	1 142,3	Confédération
Kantone	744,8	897,8	877,4	797,2	708,8	691,9	708,2	774,4	848,6	864,7	Cantons
Gemeinden	1 913,0	2 487,8	2 555,8	2 500,1	2 656,9	2 697,4	2 667,6	2 673,2	2 715,6	2 809,9	Communes

1 Basiert auf der Finanzstatistik; Daten teilweise revidiert.
2 Bereinigt um Doppelzählungen zwischen den öffentlichen Haushalten
3 Ohne Verbrennungsanlagen für Hauskehricht
4 Inklusive ökologische Direktzahlungen an die Landwirtschaft seit 1993

Quelle: BFS – Umweltgesamtrechnung
Stand: Dezember 2015

1 Basées sur la statistique financière; données partiellement révisées.
2 Après suppression des doubles comptabilisations entre les administrations publiques
3 Sans les usines d'incinération des ordures ménagères
4 Y compris les paiements directs écologiques versés à l'agriculture depuis 1993

Source: OFS – Comptabilité environnementale
Etat: décembre 2015

Öffentliche Umweltschutz-Nettobelastung[1]. In Millionen Franken, zu laufenden Preisen T 2.4.2
Charge publique nette de protection de l'environnement[1]. En millions de francs, à prix courants

	1990	1995	2000	2005	2008	2009	2010	2011	2012	2013	
Total[2]	1 164,0	1 194,7	1 081,3	1 004,0	998,7	1 518,3	1 569,2	1 653,0	1 778,9	1 842,6	Total[2]
Nach Umweltbereich[2]											**Par domaine[2]**
Abwasserwirtschaft	636,3	515,5	286,1	–9,2	–182,5	85,1	89,2	66,8	34,3	119,4	Gestion des eaux usées
Abfallwirtschaft[3]	326,5	328,1	268,4	318,9	200,8	386,7	333,9	334,9	408,0	299,6	Gestion des déchets[3]
Luftreinhaltung und Klimaschutz, Bekämpfung von Lärm und Umweltverschmutzung	117,0	153,2	185,6	300,8	461,6	452,9	534,1	594,9	630,2	667,7	Protection de l'air et du climat, lutte contre le bruit et la pollution
Umweltforschung	33,1	36,3	55,5	29,4	125,1	146,7	153,2	162,2	165,3	185,0	Recherche en matière d'environnement
Arten- und Landschaftsschutz[4]	51,2	161,5	285,6	364,1	393,8	446,9	458,8	494,2	541,2	570,9	Protection des espèces et du paysage[4]
Nach Gemeinwesen[3,4]											**Par collectivité[3,4]**
Bund	247,4	435,5	572,6	607,6	764,0	829,6	858,0	949,2	1 063,9	1 106,3	Confédération
Kantone	479,6	454,6	301,9	280,5	–70,3	358,2	386,4	366,7	338,4	331,9	Cantons
Gemeinden	454,1	348,6	247,4	131,9	304,0	330,5	324,9	337,1	376,7	404,9	Communes

1 Basiert auf der Finanzstatistik; Daten teilweise revidiert. Entspricht den Ausgaben minus den Einnahmen (z. B. die Abwasser- und Abfallgebühren)
2 Bereinigt um Doppelzählungen zwischen den öffentlichen Haushalten
3 Ohne Verbrennungsanlagen für Hauskehricht
4 Inklusive ökologische Direktzahlungen an die Landwirtschaft seit 1993

Quelle: BFS – Umweltgesamtrechnung
Stand: Dezember 2015

1 Basées sur la statistique financière; données partiellement révisées. Correspond aux dépenses moins les recettes (p. ex. les redevances de traitement des eaux usées et de gestion des déchets)
2 Après suppression des doubles comptabilisations entre les administrations publiques
3 Sans les usines d'incinération des ordures ménagères
4 Y compris les paiements directs écologiques versés à l'agriculture depuis 1993

Source: OFS – Comptabilité environnementale
Etat: décembre 2015

Konto der umweltbezogenen Steuern nach Wirtschaftsakteuren. Einnahmen Millionen Franken, zu laufenden Preisen   T 2.4.5
Comptes des impôts liés à l'environnement par acteurs économiques. Recettes en millions de francs, à prix courants

	1990	1995	2000	2008	2009	2010	2011	2012	2013	
Total	4 861	6 491	7 881	10 061	10 007	10 682	10 651	10 747	10 699	Total
Wirtschaftssektoren	**1 816**	**2 281**	**2 765**	**3 755**	**3 725**	**4 200**	**4 186**	**4 069**	**4 002**	**Sect. économiques**
Sektor 1	130	131	167	176	194	194	194	200	204	Secteur 1
Sektor 2	621	797	935	1 205	1 186	1 427	1 404	1 375	1 346	Secteur 2
Sektor 3	1 065	1 354	1 663	2 374	2 345	2 578	2 588	2 493	2 453	Secteur 3
Haushalte	**2 454**	**3 487**	**4 124**	**4 891**	**4 902**	**5 092**	**5 083**	**5 280**	**5 301**	**Ménages**
Verkehr	2 440	3 472	4 078	4 704	4 715	4 704	4 750	4 908	4 867	Transport
Heizung und andere	14	14	45	186	187	388	333	373	434	Chauffage et autres
Nicht gebietsansässige Einheiten	**591**	**723**	**993**	**1 416**	**1 379**	**1 390**	**1 381**	**1 398**	**1 395**	**Unités non résidentes**

Quelle: BFS – Umweltgesamtrechnung

Source: OFS – Comptabilité environnementale

Luftemissionskonten nach Wirtschaftssektoren. 2013   T 2.4.7
Comptes des émissions dans l'air par secteurs économiques. En 2013

	In Tausend Tonnen / En milliers de tonnes		In Tausend Tonnen CO_2-Äquivalenten / En milliers de tonnes d'équivalent CO_2					
	Total CO_2 / CO_2 total	davon CO_2 der Biomasse / dont CO_2 de la biomasse	N_2O	CH_4	HFC / PFC / SF_6	Total Treibhausgase, ohne CO_2 der Biomasse / Total gaz à effet de serre, hors CO_2 de la biomasse	Total Treibhausgase, inkl. CO_2 der Biomasse / Total gaz à effet de serre, inclus CO_2 de la biomasse	
Total	54 496	7 344	2 450	5 148	1 824	56 575	63 919	Total
Wirtschaftssektoren	**32 264**	**5 408**	**2 332**	**5 072**	**1 515**	**35 774**	**41 182**	**Sect. économiques**
Sektor 1	1 047	160	1 917	4 023	30	6 857	7 017	Secteur 1
Sektor 2	16 785	4 535	298	1 016	538	14 103	18 638	Secteur 2
Sektor 3	14 431	713	117	32	948	14 815	15 528	Secteur 3
Haushalte	**22 232**	**1 936**	**119**	**77**	**309**	**20 801**	**22 737**	**Ménages**
Transport	10 026	4	43	19	279	10 362	10 367	Transports
Heizung und andere	12 206	1 931	76	58	30	10 439	12 370	Chauffage et autres

Bemerkung: Siehe Tabelle T 2.4.12
Quelle: BFS – Umweltgesamtrechnung

Remarque: voir tableau T 2.4.12
Source: OFS – Comptabilité environnementale

Energieeinsatzkonto nach Wirtschaftsakteuren. In Petajoules (PJ)   T 2.4.12
Comptes de l'utilisation d'énergie par acteurs économiques. En pétajoules (PJ)

	2000	2005	2007	2008	2009	2010	2011	2012	2013	
Total	1 109,5	1 128,7	1 132,4	1 161,1	1 136,7	1 165,1	1 113,9	1 131,6	1 160,8	Total
Wirtschaftssektoren	**739,5**	**728,1**	**756,8**	**773,0**	**751,5**	**762,2**	**749,5**	**746,9**	**757,0**	**Sect. économiques**
Sektor 1	16,2	16,3	16,2	15,9	17,2	16,5	16,3	16,7	16,9	Secteur 1
Sektor 2	441,9	437,3	469,3	473,4	460,0	462,8	458,1	446,3	449,9	Secteur 2
Sektor 3	281,5	274,5	271,2	283,7	274,3	282,8	275,1	283,9	290,2	Secteur 3
Haushalte	**366,1**	**394,6**	**371,2**	**383,3**	**381,1**	**399,2**	**359,9**	**380,6**	**400,3**	**Ménages**
Verkehr	129,1	132,5	135,5	136,0	136,1	135,2	135,0	137,1	136,9	Transport
Heizung und andere	236,9	262,1	235,7	247,2	245,0	264,0	225,0	243,5	263,3	Chauffage et autres

Bemerkung:
Aufgrund der Anpassungen, die vorgenommen wurden, um die Kohärenz mit den Daten der Volkswirtschaftlichen Gesamtrechnung zu gewährleisten, kommt es zu Abweichungen gegenüber den Daten des Treibhausgasinventars gemäss Kyoto-Protokoll, des CO_2-Gesetzes oder des Luftschadstoffinventars des UNECE-Übereinkommens über weiträumige, grenzüberschreitende Luftverunreinigung (CLRTAP) oder der schweizerischen Gesamtenergiestatistik und Energiebilanz.

Quelle: BFS – Umweltgesamtrechnung

Remarque:
Les ajustements effectués pour garantir la cohérence avec les données des comptes nationaux font que les résultats divergent de ceux de la loi sur le CO_2, de l'inventaire des gaz à effet de serre de la Suisse selon le Protocole de Kyoto, de l'inventaire des gaz polluants de la convention CEE-ONU sur la pollution atmosphérique transfrontière à longue distance (CLRTAP) ou de la statistique globale de l'énergie et du bilan énergétique de la Suisse.

Source: OFS – Comptabilité environnementale

3

Arbeit und Erwerb

Vie active et rémunération du travail

Überblick

Von der Industrie- zur Dienstleistungsgesellschaft

Der Industriesektor, der in den 1960er-Jahren noch fast die Hälfte der Erwerbstätigen beschäftigt hatte, verliert zunehmend an Bedeutung. Heute arbeiten 74% der Erwerbstätigen im Dienstleistungssektor (2014). Im Industriesektor sind es noch 22%. Dieser Trend zeigt sich in allen fortgeschrittenen Industrieländern. In der Schweiz ist die absolute Zahl der Erwerbstätigen im sekundären Sektor jedoch seit rund zwanzig Jahren stabil. Der prozentuale Rückgang in diesem Sektor erklärt sich durch eine überdurchschnittliche Zunahme der Erwerbstätigkeit im tertiären Sektor.

Mit dem Dienstleistungssektor wächst auch die Erwerbsbeteiligung der Frauen

Der Ausbau des Dienstleistungssektors – seit den 1970er-Jahren der hauptsächliche Motor des Wirtschaftswachstums – wäre nicht möglich gewesen ohne die zunehmende Erwerbsbeteiligung

Vue d'ensemble

De la société industrielle à la société des services

Le secteur industriel, qui employait encore près de la moitié des actifs occupés dans les années 1960, perd de plus en plus de terrain. En 2014, 74% des actifs occupés travaillaient dans le tertiaire. Ils n'étaient plus que 22% dans le secondaire à la même date. Néanmoins, le nombre absolu des personnes actives occupées dans le secteur secondaire en Suisse est stable depuis environ 20 ans. Le recul relatif du secteur secondaire s'explique par une plus forte progression de l'activité professionnelle dans le tertiaire.

Hausse de l'activité des femmes avec le développement du tertiaire

Sans l'entrée en force des femmes sur le marché du travail, le développement du tertiaire – principal facteur de croissance économique depuis les années 1970 – n'aurait pas été possible. Leur taux d'activité (15 ans et plus) est passé de 43% en 1971 à

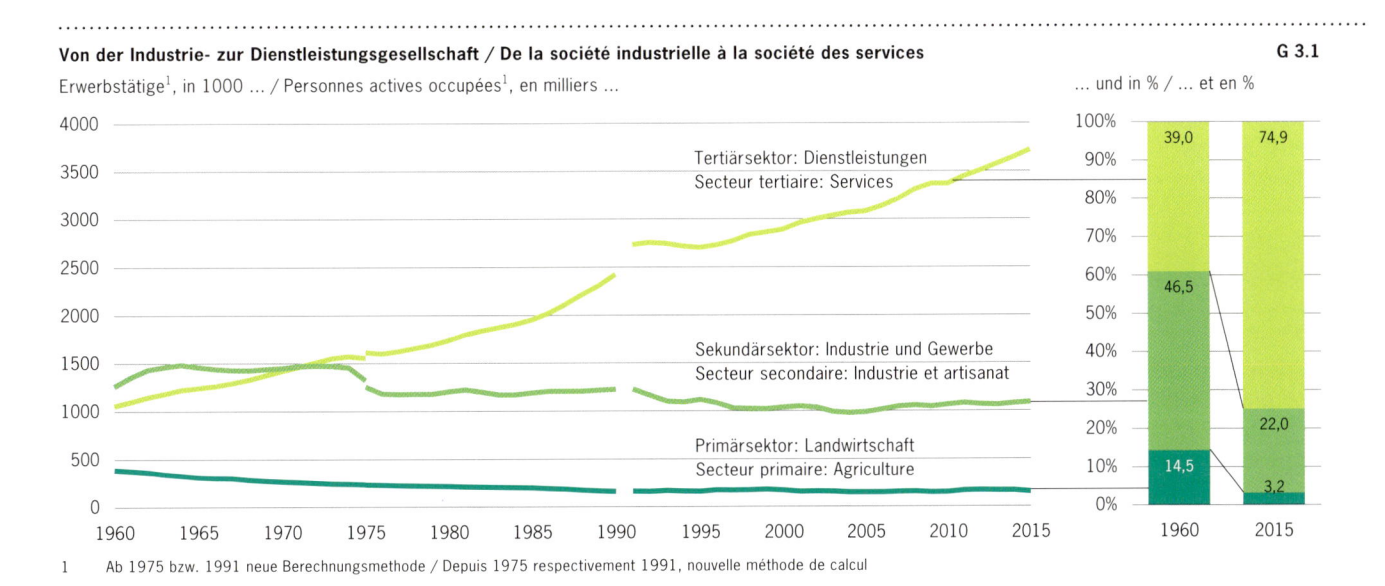

Von der Industrie- zur Dienstleistungsgesellschaft / De la société industrielle à la société des services G 3.1

Erwerbstätige[1], in 1000 … / Personnes actives occupées[1], en milliers … … und in % / … et en %

[Graphique: Evolution 1960–2015 des personnes actives occupées par secteur — Tertiärsektor: Dienstleistungen / Secteur tertiaire: Services; Sekundärsektor: Industrie und Gewerbe / Secteur secondaire: Industrie et artisanat; Primärsektor: Landwirtschaft / Secteur primaire: Agriculture. Parts en % : 1960 – 39,0 / 46,5 / 14,5 ; 2015 – 74,9 / 22,0 / 3,2.]

[1] Ab 1975 bzw. 1991 neue Berechnungsmethode / Depuis 1975 respectivement 1991, nouvelle méthode de calcul

Erwerbspersonen, in % der ständigen Wohnbevölkerung[1]   **G 3.2**
Personnes actives, en % de la population résidante permanente[1]

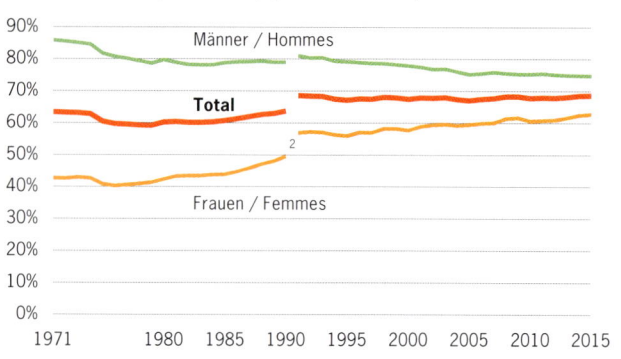

1 Ab 15 Jahren / 15 ans et plus
2 Ab 1991 neue Berechnungsmethode / Depuis 1991, nouvelle méthode de calcul

…………………………………………………
der Frauen. Ihre Erwerbsquote (15-jährig und älter) hat sich von 43% im Jahr 1971 auf 63% (2014) erhöht; bei den Männern ergibt sich für den gleichen Zeitraum ein Rückgang von 86% auf 75% – dies vor allem wegen längerer Ausbildungszeiten und früherer Pensionierungen.

Die Erwerbsarbeit der Frauen konzentriert sich heute noch ausgeprägter als früher auf den Dienstleistungsbereich. Hier ist ihr Anteil 2014 sogar etwas grösser als derjenige der Männer (53%, inkl. Grenzgängerinnen und Kurzaufenthalterinnen; zweiter Sektor: 23%).

Mit der wachsenden Erwerbsbeteiligung der Frauen ist auch ein grundlegender sozialer Wandel verbunden: Das klassische Familienmodell verliert an Bedeutung, die Frauen haben weniger Kinder als früher, und immer mehr Frauen verbinden Familie und Berufstätigkeit.

Teilzeitarbeit nach wie vor weiblich

Die Bedeutung der Teilzeitarbeit nimmt seit einigen Jahrzehnten zu. 2014 arbeiteten 36% der Erwerbstätigen Teilzeit; 1970 waren es erst 12% gewesen. Dieser Anstieg hängt eng zusammen mit der wachsenden Erwerbsbeteiligung der Frauen und der Expansion des Dienstleistungssektors. Charakteristisch für die Teilzeitarbeit ist denn auch:
- Sie ist weiblich dominiert (76% der teilzeitlich Erwerbstätigen sind Frauen), doch scheint der Anteil der Männer tendenziell zuzunehmen.
- Sie findet hauptsächlich im Dienstleistungssektor statt (9 von 10 Teilzeitstellen).
- Sie kann zudem mit Führungsaufgaben offenbar nur schwer kombiniert werden (von den Personen mit Führungsaufgaben arbeiten 2014 nur 20% teilzeitlich).
- Bei 41% der Teilzeitarbeitskräfte beträgt das Pensum weniger als 50%.

Ausländische Arbeitskräfte – ein wichtiger Faktor auf dem schweizerischen Arbeitsmarkt

Ein wichtiger Faktor auf dem schweizerischen Arbeitsmarkt sind die ausländischen Arbeitskräfte. Das starke Wirtschaftswachstum in der zweiten Hälfte des letzten Jahrhunderts wäre ohne den Zustrom der ausländischen Arbeitskräfte nicht möglich gewesen. Ihr Anteil überstieg seit den 1960er-Jahren stets 20% und be-

quelque 63% en 2014; durant la même période, le taux d'activité des hommes a fléchi de 86% à 75%, principalement par suite de l'allongement des études et de départs à la retraite anticipée.

Plus encore que par le passé, les femmes occupent surtout des emplois dans le secteur des services. En 2014, la proportion de femmes dans le tertiaire dépassait légèrement celle des hommes (53%, y c. les frontalières et les résidentes de courte durée, contre 23% dans le secondaire).

La présence de plus en plus marquée des femmes dans le monde du travail s'accompagne d'une évolution fondamentale de notre société: le modèle traditionnel de la famille perd du terrain, tandis que les femmes ont moins d'enfants que par le passé et un nombre croissant de femmes allient famille et travail.

Le travail à temps partiel: prédominance des femmes

L'importance du temps partiel s'accroît depuis plusieurs décennies. En 2014, 36% des actifs occupés travaillaient à temps partiel, contre 12% en 1970. Cette évolution est étroitement liée au développement de l'activité féminine et à l'expansion du secteur des services. Plusieurs éléments caractérisent le travail à temps partiel:
- La majorité des actifs occupés travaillant à temps partiel sont des femmes (76%), même si la part des hommes tend à augmenter.
- Les emplois à temps partiel se concentrent dans le secteur tertiaire (9 emplois à temps partiel sur 10).
- Le temps partiel est apparemment peu compatible avec des fonctions dirigeantes (seules 20% des personnes exerçant de telles fonctions en 2014 travaillaient à temps partiel).
- 41% des actifs occupés à temps partiel travaillent à moins de 50%.

La main-d'œuvre étrangère: une composante essentielle du marché suisse du travail

La main-d'œuvre étrangère est une importante composante du marché suisse du travail. Sans l'afflux de travailleurs immigrés, la forte croissance que nous avons connue durant la deuxième moitié du siècle dernier n'aurait pu avoir lieu. Toujours supérieure à 20% depuis les années 1960, leur proportion a atteint 30% en 2014. Les étrangers jouent un rôle particulièrement important dans le secondaire, où ils représentent 39% des actifs occupés (2014), contre 28% dans le tertiaire.

En 2014, 78% des actifs occupés étrangers étaient des ressortissants d'un pays de l'UE ou de l'AELE. Parmi la population résidante permanente, deux tiers des ressortissants de l'UE sont de nationalité allemande (25%), italienne (21%) ou portugaise (21%).

Un huitième des actifs occupés sont des indépendants

En dépit d'importantes fluctuations conjoncturelles, la part des indépendants est restée quasiment inchangée depuis 10 ans. En 2014, la population active occupée compte 13% d'indépendants (y compris salariés propriétaires de leur entreprise; 2004: 14%). Ceci peut s'expliquer par des effets qui tendent à s'annuler: en période de faible conjoncture, il faut s'attendre à la fois à une réduction de l'activité indépendante provoquée par une plus faible capacité des petites entreprises à résister à une longue période

Teilzeitliche und selbständige Erwerbstätigkeit G 3.3
Travail à temps partiel et activité des indépendants

In % der Erwerbstätigen / En % des personnes actives occupées

- Teilzeiterwerbstätige / Personnes actives occupées à temps partiel
- Selbständige¹ / Indépendants¹

Erwerbsstatus, 2. Quartal 2015 / Statut d'activité, au 2ᵉ trimestre 2015

	Arbeitnehmer und Lehrlinge / Salariés et apprentis	Selbständige¹ / Indépendants¹	Mitarbeit. Familienmitglieder / Collaborateurs familiaux
Frauen / Femmes	87,6	10,1	2,4
Männer / Hommes	84,6	14,0	1,4
Total	86,0	12,2	1,9

Beschäftigungsgrad, 2. Quartal 2015 / Taux d'occupation, au 2ᵉ trimestre 2015

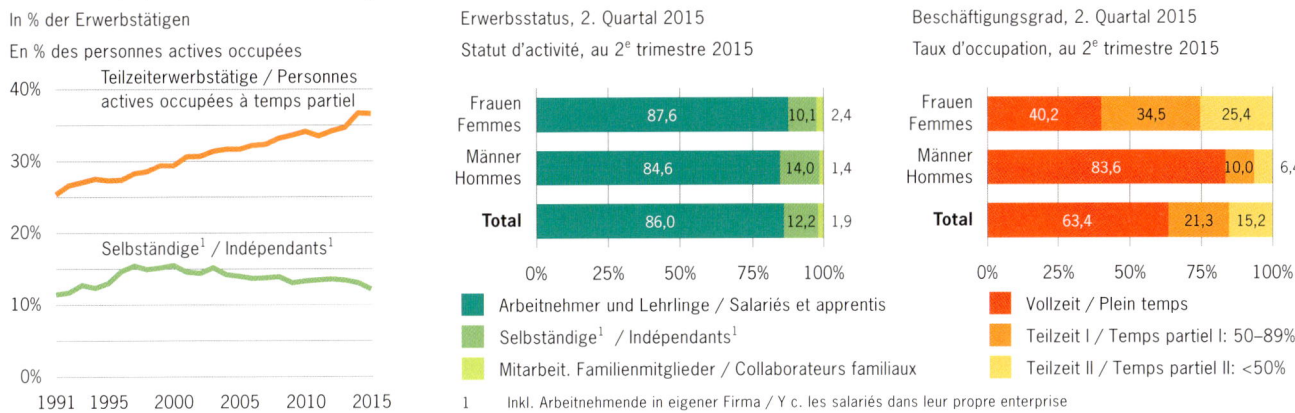

	Vollzeit / Plein temps	Teilzeit I / Temps partiel I: 50–89%	Teilzeit II / Temps partiel II: <50%
Frauen / Femmes	40,2	34,5	25,4
Männer / Hommes	83,6	10,0	6,4
Total	63,4	21,3	15,2

1 Inkl. Arbeitnehmende in eigener Firma / Y c. les salariés dans leur propre enterprise

---

trug 2014 30%. Besonderes Gewicht haben die ausländischen Arbeitskräfte im Industriesektor (2014: 39%; Dienstleistungssektor: 28%).

Im Jahr 2014 waren 78% der ausländischen Erwerbstätigen Staatsangehörige eines EU- oder EFTA-Landes. Zwei Drittel der ständigen Wohnbevölkerung aus der EU stammen aus Deutschland (25%), Italien (21%) oder Portugal (21%).

Ein Achtel der Erwerbstätigen selbständig

Trotz beträchtlicher Konjunkturschwankungen ist die Zahl der Selbständigerwerbenden innerhalb der letzten zehn Jahre praktisch stabil geblieben. Im Jahr 2014 betrug die Selbständigenquote 13% (2004: 14%; einschliesslich Arbeitnehmende in eigener Firma). Dies kann mit Faktoren erklärt werden, welche sich gegenseitig aufheben: In Zeiten von schwacher Konjunktur wird einerseits eine Abnahme der selbständigen Tätigkeit erwartet, da einige kleine Betriebe einer längeren wirtschaftlichen Flaute nicht standhalten können. Andererseits erhöht sich die Zahl der Selbständigerwerbenden wegen des Anstiegs der Arbeitslosigkeit (Tätigkeit als Selbständigerwerbender kann eine Alternative zu einer Anstellung sein). Bei einer Hochkonjunktur kann von einer Umkehrung dieser Mechanismen ausgegangen werden, wobei sich deren Auswirkungen tendenziell auch wieder gegenseitig aufheben.

de déprime économique et à une augmentation du nombre de travailleurs indépendants causée par la hausse du chômage (l'exercice d'une activité indépendante pouvant constituer une alternative à l'emploi salarié). En période de haute conjoncture, il faut s'attendre à une inversion de ces mécanismes, leurs effets tendant eux aussi à se compenser.

Près d'une personne sur cinq quitte son travail en l'espace d'un an

En Suisse, 18% des personnes qui exerçaient une activité professionnelle en 2014 ont quitté leur poste de travail en l'espace d'un an; elles ont soit changé d'emploi (11%), soit changé de statut sur le marché du travail (7%; chômage au sens du BIT ou retrait de la vie active). On observe peu de différences entre les sexes si l'on considère uniquement les changements d'emploi (taux de rotation net; hommes: 10%; femmes: 12%). Un actif occupé de 15 à 24 ans sur cinq a changé d'emploi entre 2013 et 2014. La part des changements d'emploi diminue ensuite avec l'âge. Le taux de rotation net est aussi particulièrement élevé pour les salariés ayant un faible revenu horaire.

Chômage

La statistique publique de la Suisse considère le phénomène du chômage en s'appuyant sur deux différentes sources. Première-

---

Ausländer, in % der erwerbstätigen Bevölkerung G 3.4
Etrangers, en % de la population active occupée

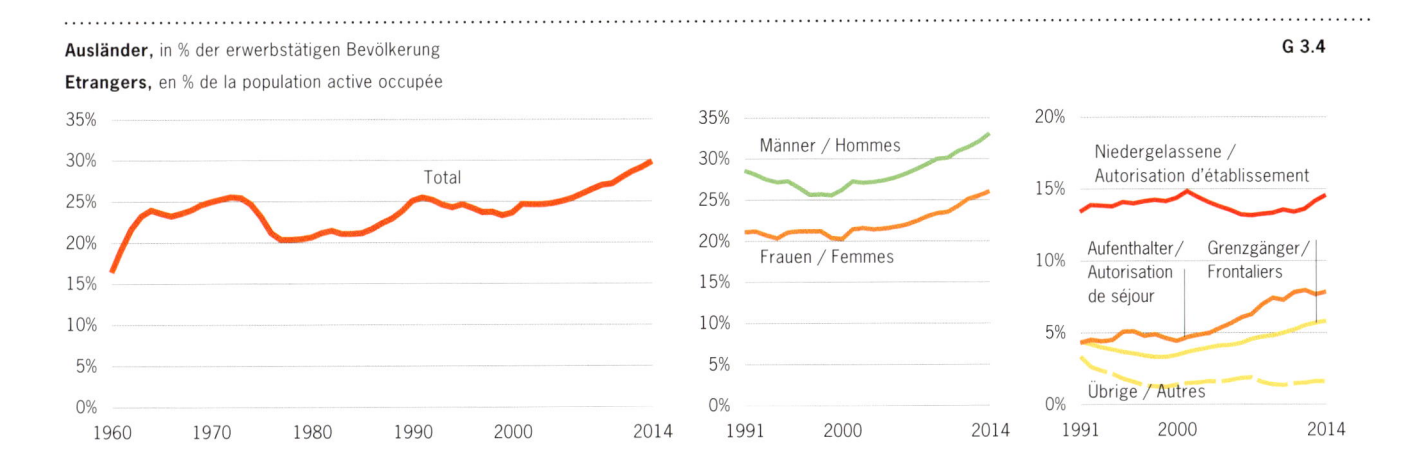

(Total 1960–2014; Männer/Hommes et Frauen/Femmes 1991–2014; Niedergelassene/Autorisation d'établissement, Aufenthalter/Autorisation de séjour, Grenzgänger/Frontaliers, Übrige/Autres 1991–2014)

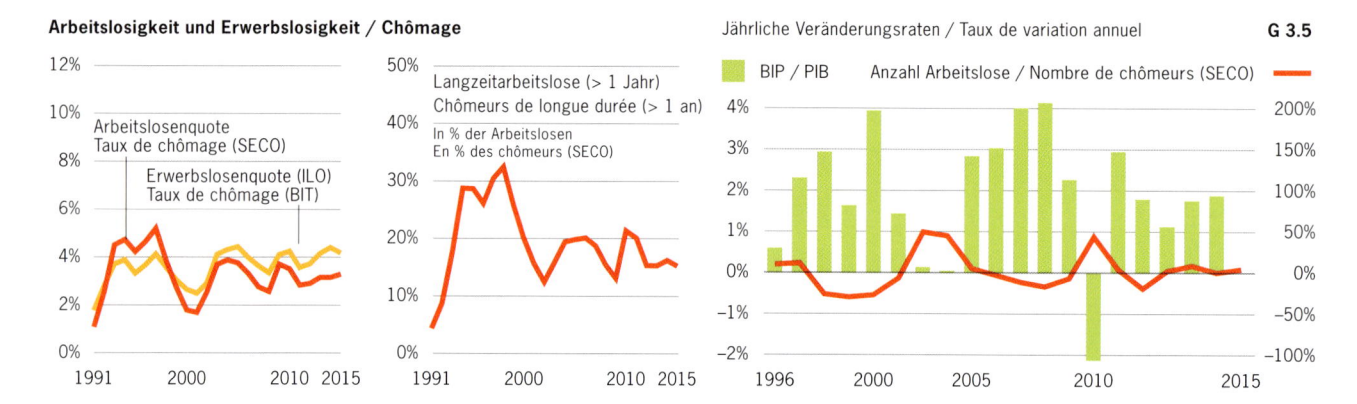

Arbeitslosigkeit und Erwerbslosigkeit / Chômage

Arbeitslosenquote Taux de chômage (SECO)

Erwerbslosenquote (ILO) Taux de chômage (BIT)

Langzeitarbeitslose (> 1 Jahr) Chômeurs de longue durée (> 1 an)
In % der Arbeitslosen
En % des chômeurs (SECO)

Jährliche Veränderungsraten / Taux de variation annuel G 3.5

BIP / PIB   Anzahl Arbeitslose / Nombre de chômeurs (SECO)

Erwerbslosenquote (ILO) nach verschiedenen Bevölkerungsgruppen / Taux de chômage (BIT) pour différents groupes de la population

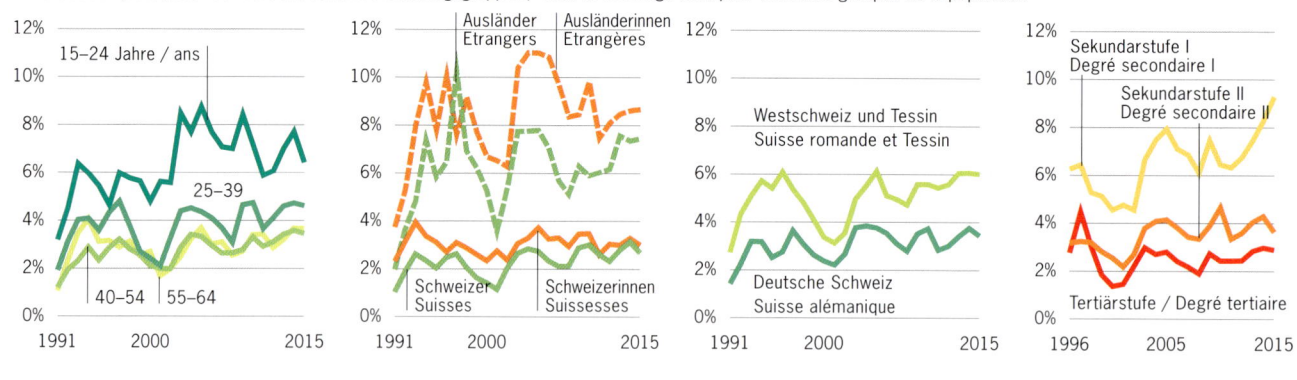

15–24 Jahre / ans
25–39
40–54 55–64

Ausländer Etrangers   Ausländerinnen Etrangères
Schweizer Suisses   Schweizerinnen Suissesses

Westschweiz und Tessin
Suisse romande et Tessin
Deutsche Schweiz
Suisse alémanique

Sekundarstufe I
Degré secondaire I
Sekundarstufe II
Degré secondaire II
Tertiärstufe / Degré tertiaire

Rund jede fünfte Person verlässt ihren Arbeitsplatz innerhalb eines Jahres

Im Jahr 2014 haben 18% der Erwerbstätigen innerhalb eines Jahres ihren Arbeitsplatz verlassen; sie haben die Stelle gewechselt (11%) oder ihren Arbeitsmarktstatus verändert (7% sind entweder neu erwerbslos gemäss ILO oder aus dem Erwerbsleben ausgetreten). Werden nur die Stellenwechsel betrachtet (Nettorotationsquote), sind kaum geschlechtsspezifische Unterschiede zu beobachten (Männer: 10%; Frauen: 12%). Jede fünfte erwerbstätige Person im Alter von 15 bis 24 Jahren hat zwischen 2013 und 2014 die Stelle gewechselt. Mit dem Alter nimmt der Anteil der Stellenwechselnden ab. Besonders hoch ist die Nettorotationsquote bei den Personen mit niedrigem Stundenlohn.

Arbeitslosigkeit und Erwerbslosigkeit

Zum Phänomen der Arbeitslosigkeit gibt es in der öffentlichen Statistik der Schweiz zwei verschiedene Quellen. Zum Ersten die allmonatliche Arbeitslosenstatistik des SECO, die nur die eingeschriebenen Arbeitslosen erfasst. Diese Statistik ist sehr gut geeignet zur Beobachtung aktueller Konjunkturentwicklungen, deckt jedoch nicht das ganze Phänomen der Arbeitslosigkeit ab. Zum Zweiten publiziert das BFS seit 1991 die vierteljährliche Erwerbslosenstatistik gemäss ILO, die sich nach international gebräuchlichen Definitionen richtet und auch die nicht registrierten Erwerbslosen einschliesst.

Arbeitslosigkeit und konjunkturelle Schwankungen

Bis Anfang der 1990er-Jahre war die Arbeitslosigkeit in der Schweiz kein Problem; sie lag seit 1940 in der Regel unter 1%.

ment, la statistique mensuelle des chômeurs inscrits établie par le SECO. Cette statistique est très appropriée pour l'observation des évolutions conjoncturelles actuelles. Elle ne couvre cependant pas l'ensemble du phénomène du chômage. Deuxièmement, la statistique trimestrielle du chômage au sens du BIT, publiée par l'OFS depuis 1991, qui repose sur les normes internationales en vigueur et qui inclut aussi les chômeurs non inscrits.

Conjoncture et chômage

Jusqu'au début des années 1990, le chômage n'était pas un problème en Suisse. Le taux de chômage n'a ainsi jamais dépassé 1% depuis 1940. Cette stabilité exceptionnelle est due à plusieurs facteurs:

- La politique à l'égard des étrangers a permis d'amortir les conséquences sur l'emploi des fluctuations conjoncturelles.
- Pendant longtemps, l'offre et la demande de travail des Suisses (respectivement de la population et des entreprises) ont évolué en grande partie parallèlement, selon le cycle économique.
- Durant les années de crise, les entreprises ont limité les licenciements parce qu'elles ne voulaient pas compromettre la paix du travail dont elles étaient les premières à bénéficier en période de haute conjoncture.
- La structure des branches économiques était relativement équilibrée en Suisse; on y trouvait en particulier peu d'entreprises dans les branches à problèmes (industries extractives, métallurgie).

A partir de 1991, les taux de chômage ont augmenté massivement en Suisse. Deux raisons expliquent cette évolution: d'une part, la récession et, d'autre part, le fait que la population étran-

Diese beispiellose Stabilität ist auf verschiedene Faktoren zurückzuführen:
- Die Ausländerpolitik bewirkte, dass ein beträchtlicher Teil der ausländischen Bevölkerung zur Stabilisierung konjunktureller Schwankungen benutzt wurde.
- Lange Zeit verhielten sich auch die Schweizer am Arbeitsmarkt prozyklisch, d. h. Arbeitsangebot (der Bevölkerung) und Arbeitsnachfrage (der Unternehmen) entwickelten sich weitgehend parallel.
- Auf der anderen Seite waren die Unternehmen in den Krisenjahren mit Entlassungen eher zurückhaltend, um den Arbeitsfrieden, der ihnen besonders in der Hochkonjunktur dienlich war, nicht zu gefährden.
- Die Schweiz hatte eine relativ ausgeglichene Branchenstruktur; insbesondere gab es nur wenige Betriebe in den Problembranchen (Bergbau, Stahlindustrie).

Ab 1991 nahmen die Arbeits- und Erwerbslosigkeit auch in der Schweiz massiv zu. Grund war erstens die wirtschaftliche Rezession und zweitens die Tatsache, dass die ausländische Bevölkerung im Gegensatz zu früheren Krisen nicht mehr vom Arbeitsmarkt verdrängt wurde. Konjunkturelle Schwankungen wirken sich seither deutlich stärker auf die Arbeits- und Erwerbslosigkeit aus.

Im 2. Quartal 2015 belief sich die Erwerbslosenquote gemäss ILO in der Schweiz auf 4,2%, in der EU auf 9,5%. Im internationalen Vergleich weist die Schweiz demnach eine sehr tiefe Erwerbslosenquote auf.

16% der Erwerbspersonen haben in den letzten fünf Jahren Arbeitslosigkeit erfahren – allerdings mehrheitlich kurzfristig.

Wer sind die Erwerbslosen?

Verschiedene Bevölkerungsgruppen sind und waren von Arbeits- und Erwerbslosigkeit in unterschiedlichem Ausmass betroffen. Die Erwerbslosenquote gemäss ILO ist nach wie vor verhältnismässig hoch
- bei gering qualifizierten Personen;
- bei Jugendlichen (15 – 24 Jahre): ihre Erwerbslosenquote lag stets deutlich über dem Durchschnitt der gesamten Erwerbsbevölkerung;
- bei Ausländerinnen und Ausländern (die u. a. im Durchschnitt ein tieferes Qualifikationsniveau aufweisen);
- bei Frauen: ihre Erwerbslosenquote liegt allgemein höher als jene der Männer;
- in der Genferseeregion und im Tessin.

Erwerbslosigkeit der jungen Erwachsenen

Im Jahr 2014 (Jahresdurchschnitt) waren 84 000 der 15- bis 29-Jährigen erwerbslos gemäss Definition des Internationalen Arbeitsamtes (ILO). Die Jugenderwerbslosenquote gemäss ILO belief sich im selben Jahr auf 7,6% und war damit doppelt so hoch wie jene der 30-Jährigen und Älteren (3,6%).

23,7% der 15- bis 29-jährigen Erwerbslosen gemäss ILO befinden sich (noch) in Ausbildung. Dabei suchen rund zwei Drittel dieser Erwerbslosen in Ausbildung eine Teilzeiterwerbstätigkeit und ein Drittel eine Vollzeitstelle.

60,4% der 15- bis 29-Jährigen, die im Jahr 2013 erwerbslos gemäss ILO waren, waren ein Jahr später erwerbstätig, 14,1% immer noch erwerbslos, und die restlichen 25,5% wechselten gère n'a pas été évincée du marché du travail, contrairement à ce qui s'était passé lors des crises précédentes. Depuis lors, les fluctuations conjoncturelles ont un impact beaucoup plus fort sur les taux de chômage.

Au 2ème trimestre 2015, le taux de chômage au sens du BIT s'élevait en Suisse à 4,2%; au sein de l'UE, il s'élevait à 9,5%. En comparaison internationale, la Suisse présente donc un très faible taux de chômage.

16% de la population active a été inscrite au chômage au cours des cinq dernières années; toutefois, une majorité n'y est restée que pendant une brève période.

Qui sont les personnes au chômage?

Le chômage ne frappe pas dans la même mesure tous les groupes de population. Le taux de chômage au sens du BIT reste plus élevé
- parmi les personnes peu qualifiées;
- parmi les jeunes (15 – 24 ans): leur taux de chômage s'est toujours situé nettement au-dessus de celui de la population active dans son ensemble;
- parmi les étrangers (qui présentent entre autres un niveau de qualification en moyenne plus faible);
- parmi les femmes: leur taux de chômage est d'une manière générale plus élevé que celui des hommes;
- dans la région lémanique et au Tessin.

Chômage des jeunes adultes

Parmi la population des 15 à 29 ans, 84 000 personnes se trouvaient au chômage selon la définition du Bureau international du travail (BIT) en 2014 (moyenne annuelle). Durant la même période, le taux de chômage au sens du BIT se montait à 7,6% chez les jeunes, soit deux fois plus que chez les 30 ans et plus (3,6%).

23,7% des personnes de 15 à 29 ans chômeuses au sens du BIT sont (encore) en formation. Deux tiers d'entre elles sont en quête d'un emploi à temps partiel et un tiers cherchent un poste à plein temps.

60,4% des jeunes de 15 à 29 ans qui étaient au chômage en 2013, au sens du BIT, étaient actifs occupés l'année suivante, 14,1% étaient toujours sans emploi et les 25,5% restants étaient passés au statut de «personne non active». Les chômeurs au sens du BIT âgés de 30 à 49 ans éprouvent de plus grandes difficultés à retrouver un emploi en l'espace d'une année (53,5%; 28,9% sont toujours au chômage).

Evolution des salaires réels

De 1950 à 1978, hormis en 1951, les salaires réels ont augmenté chaque année (+2,6% en moyenne annuelle). Depuis 1979, l'année du deuxième choc pétrolier, l'évolution du salaire réel présente un schéma en dents de scie oscillant de façon très irrégulière autour de la valeur nulle. Sur les dix années, de 2000 à 2009, les salaires réels ont augmenté de 0,6% en moyenne annuelle. Sur les cinq dernières années, de 2010 à 2014, les salaires réels ont progressé de 0,8% en moyenne annuelle (0,1% en 2010, 0,7% en 2011, 1,5% en 2012 et 1,0% en 2013). En 2014, compte tenu d'un taux d'inflation annuel moyen nul et d'une progression des salaires nominaux de 0,8%, les salaires réels enregistrent une hausse de 0,8%.

zum Arbeitsmarktstatus «Nichterwerbsperson». Die 30- bis 49-jährigen Erwerbslosen weisen grössere Schwierigkeiten auf, innerhalb eines Jahres eine Stelle zu finden (53,5%; 28,9% sind weiterhin erwerbslos).

Entwicklung der Reallöhne

Mit Ausnahme des Jahres 1951 sind die Reallöhne von 1950 bis 1978 jedes Jahr gestiegen, und zwar um 2,6% im Durchschnitt. Seit 1979, im Jahr der zweiten Ölkrise, folgte die Verlaufskurve der Reallöhne einem unregelmässigen Zickzack-Kurs um den Nullwert. Das durchschnittliche jährliche Wachstum der Reallöhne lag zwischen 2000 und 2009 bei 0,6%. In den letzten fünf Jahren, von 2010 bis 2014, stiegen die Reallöhne jährlich im Durchschnitt um 0,8% (2010 um 0,1%, 2011 um 0,7%, 2012 um 1,5% und 2013 um 1,0%). 2014 kann man unter Berücksichtigung der durchschnittlichen jährlichen Inflationsrate von 0% eine Zunahme der Reallöhne um 0,8% feststellen.

Lohngefälle

Im Mittel verdienten die Arbeitnehmenden im Jahr 2012 in der Schweiz monatlich rund 6439 Fr. (Median privater und öffentlicher Sektor; brutto, inkl. 1/12 vom 13. Monatslohn und 1/12 von den jährlichen Sonderzahlungen, Teilzeitbeschäftigte auf Vollzeit umgerechnet). Ein Zehntel der Arbeitnehmenden bezog dabei mehr als 11 735 Fr., ein Zehntel weniger als 4015 Fr. Das Verhältnis zwischen diesen beiden Werten lässt sich als ein Indikator für das Lohngefälle verstehen.

Die Höhe der Löhne wird durch verschiedene Faktoren bestimmt. Wichtig sind u. a.:

- Kompetenzniveau: Tätigkeiten mit komplexer Problemlösung und Entscheidungsfindung, welche ein grosses Fakten- und theoretisches Wissen in einem Spezialgebiet voraussetzen, werden wesentlich besser entlöhnt als einfache Tätigkeiten körperlicher oder handwerklicher Art (8806 Fr. gegenüber 4857 Fr.).
- Wirtschaftsbranche: In den wertschöpfungsstarken Branchen wie z. B. «Herstellung von pharmazeutischen Erzeugnissen» (9775 Fr.), «Finanz- u. Versicherungsdienstleistungen» (9139 Fr.) und «Erziehung und Unterricht» (8670 Fr.) liegen die Löhne deutlich über dem Medianlohn. Demgegenüber zahlen die Branchen «Detailhandel» mit 4691 Fr., «Gastgewerbe/Beherbergung und Gastronomie» mit 4236 Fr. und «Sonstige persönliche Dienstleistungen» mit 3921 Fr. Löhne weit unter dem Durchschnitt.
- Geschlecht: Im Jahr 2012 verdienten die Frauen im gesamten privaten Sektor durchschnittlich 21,3% weniger (arithmetisches Mittel) als ihre männlichen Kollegen (2008: 25,0%). Die Lohnunterschiede zwischen den Geschlechtern sind teilweise auf strukturelle Faktoren zurückzuführen, die gleichzeitig mit persönlichen Merkmalen (Alter, Ausbildung, Dienstjahre), Merkmalen der im Unternehmen besetzten Stelle und des ausgeübten Tätigkeitsbereichs zusammenhängen. Der übrige Anteil der Lohnunterschiede zwischen Frauen und Männern bleibt unerklärt. Für den gesamten privaten Sektor lässt sich feststellen, dass sich der unerklärte Anteil der Lohnunterschiede zwischen Frauen und Männern im Jahr 2012 durchschnittlich auf 40,9% beläuft, gegenüber 37,6% im Jahr 2010 und 39,6% im Jahr 2008. Diese Werte

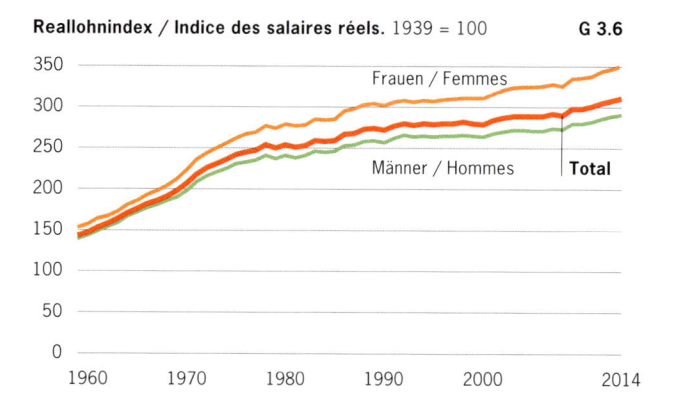

Reallohnindex / Indice des salaires réels. 1939 = 100   G 3.6

Disparité des salaires

En l'an 2012, les salariés gagnaient en moyenne en Suisse 6439 francs par mois (valeur médiane du secteur privé et public réunis; salaire brut y compris un douzième du 13ᵉ salaire et un douzième des payements spéciaux annuels, montants convertis en équivalents plein temps). Un dixième des salariés gagnaient plus de 11 735 francs, un dixième moins de 4015 francs. Le rapport entre ces deux valeurs est un indicateur de la disparité des salaires.

Le niveau des salaires dépend de plusieurs facteurs. Voici les plus importants:

- Niveau des compétences: les tâches qui exigent une capacité à résoudre des problèmes complexes et à prendre des décisions fondées sur un vaste ensemble de connaissances théoriques et factuelles dans un domaine spécialisé sont nettement mieux rémunérées que les tâches physiques ou manuelles simples (8806 francs contre 4857 francs).
- Branche économique: les niveaux de rémunération sont nettement supérieurs au salaire médian dans les branches à forte valeur ajoutée telles que l'industrie pharmaceutique (9775 francs), les activités financières et d'assurances (9139 francs) ou l'enseignement (8670 francs). En revanche, les salaires sont très inférieurs à la moyenne dans la branche du commerce de détail (4691 francs), de l'hébergement et restauration (4236 francs) et dans celle des autres services personnels (3921 francs).
- Sexe: En 2012, dans l'ensemble du secteur privé, les femmes gagnent en moyenne 21,3% de moins (moyenne arithmétique) que leurs collègues masculins (2008: 25,0%). La différence salariale qui existe entre les sexes s'explique en partie par des effets de structure liés à la fois au profil de la personne (âge, formation, année de service), aux caractéristiques du poste occupé au sein de l'entreprise et au domaine d'activité exercé. L'autre partie de l'écart salarial entre les femmes et les hommes reste inexpliquée. Au niveau total du secteur privé, on constate que la part inexpliquée des écarts salariaux entre les femmes et les hommes s'élève en moyenne à 40,9% en 2012 contre 37,6% en 2010 et 39,6% en 2008. Ces pourcentages indiquent une relative stabilité du phénomène sur les quatre dernières années.

Zeitaufwand für Erwerbsarbeit, Haus- und Familienarbeit, 2013 G 3.7
Nombre d'heures consacrées à l'activité professionnelle et au travail domestique et familial, en 2013

Nach Familiensituation, Durchschnitt in Stunden pro Woche[1] / Selon la situation familiale, en heures en moyenne par semaine[1]

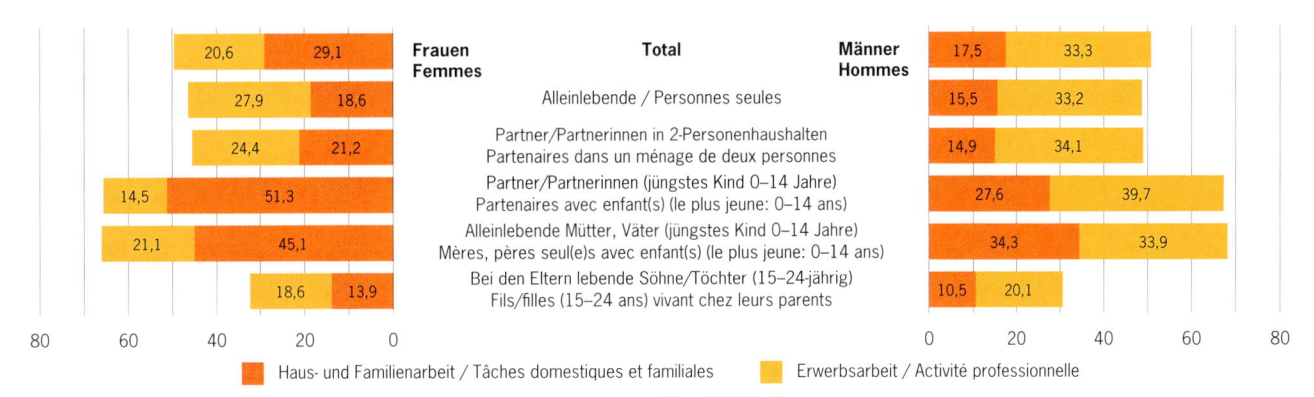

Frauen / Femmes	Total	Männer / Hommes
20,6 / 29,1		17,5 / 33,3
27,9 / 18,6	Alleinlebende / Personnes seules	15,5 / 33,2
24,4 / 21,2	Partner/Partnerinnen in 2-Personenhaushalten / Partenaires dans un ménage de deux personnes	14,9 / 34,1
14,5 / 51,3	Partner/Partnerinnen (jüngstes Kind 0–14 Jahre) / Partenaires avec enfant(s) (le plus jeune: 0–14 ans)	27,6 / 39,7
21,1 / 45,1	Alleinlebende Mütter, Väter (jüngstes Kind 0–14 Jahre) / Mères, pères seul(e)s avec enfant(s) (le plus jeune: 0–14 ans)	34,3 / 33,9
18,6 / 13,9	Bei den Eltern lebende Söhne/Töchter (15–24-jährig) / Fils/filles (15–24 ans) vivant chez leurs parents	10,5 / 20,1

■ Haus- und Familienarbeit / Tâches domestiques et familiales ■ Erwerbsarbeit / Activité professionnelle

1 Personen im erwerbsfähigen Alter (Frauen zwischen 15 und 63 Jahren, Männer zwischen 15 und 64 Jahren)
Personnes en âge d'exercer une activité professionnelle (femmes de 15 à 63 ans, hommes de 15 à 64 ans)

---

zeugen von einer relativ stabilen Entwicklung über die letzten vier Jahre hinweg.

Kaderlöhne und Saläre der Topmanager im privaten Sektor

Das Lohnniveau der Kader ist wesentlich von der Hierarchiestufe und vor allem von der Branche abhängig. So belief sich der Medianlohn der oberen Kader 2012 auf 18 831 Fr. in der Telekommunikationsbranche, auf 19 925 Fr. bei den Versicherungen und auf 21 528 Fr. in der Pharmaindustrie, gegenüber beispielsweise 11 955 Fr. in der Maschinenindustrie, 8495 Fr. im Baugewerbe und 4815 Fr. in der Gastronomie. Von 2002 bis 2012 wuchsen die Löhne beim oberen und mittleren Kader um 14,9%, beim unteren Kader hingegen legten sie mit 21,9% deutlich stärker zu. Die Topmanager, das heisst die am besten bezahlten 10% des oberen Kaders, verdienten monatlich über 23 444 Fr. Am höchsten sind die monatlichen Saläre der Topmanager bei den Versicherungen (43 281 Fr.), in der Forschung und Entwicklung (49 589 Fr.) und im Bankenwesen (52 151 Fr.).

Unbezahlte Arbeit: Haus- und Familienarbeit

Mit unbezahlter Arbeit sind Tätigkeiten gemeint, die nicht entlohnt werden, theoretisch jedoch durch eine Drittperson gegen Bezahlung ausgeführt werden könnten: Haus- und Familienarbeit, freiwillige Tätigkeiten in Vereinen und Organisationen sowie persönliche Hilfeleistungen für Bekannte und Verwandte. Der vom Zeitaufwand her grösste Teil ist die Haus- und Familienarbeit. Die aktuellsten Daten stammen aus dem Jahr 2013.

Zählt man den Zeitaufwand für bezahlte Erwerbsarbeit und unbezahlte Haus- und Familienarbeit zusammen, arbeiten Männer und Frauen etwa gleich viel (rund 50 Stunden pro Woche). Im Jahr 2013 investierten die 15- bis 63-jährigen Frauen mehr Zeit in Haus- und Familienarbeit (29,1 Stunden pro Woche) als die Männer im Alter von 15 bis 64 Jahren (17,5 Stunden pro Woche). Bei der Aufteilung von bezahlter Arbeit ist die Situation genau umgekehrt (20,6 Stunden bei den Frauen und 33,3 Stunden bei den Männern).

Obwohl in unserer Gesellschaft die Rollen bezüglich Beruf und Familie ungleich verteilt sind, hält sich der Arbeitsaufwand

Les salaires des cadres et la rémunération des Top Managers dans le secteur privé

Les niveaux de rémunération des cadres varient considérablement selon les positions hiérarchiques et surtout selon les branches économiques. Ainsi en 2012, dans le secteur privé le salaire médian des cadres supérieurs atteint 18 831 francs dans la branche des télécommunications, 19 925 francs dans les assurances ou 21 528 francs dans l'industrie pharmaceutique contre par exemple 11 955 francs dans l'industrie des machines, 8495 francs dans la construction et 4815 francs dans la restauration. De 2002 à 2012, l'augmentation des salaires des cadres supérieurs et moyens a atteint 14,9% alors que celle des cadres inférieurs a plus fortement progressé (+21,9%). En ce qui concerne les Top Managers, à savoir les 10% des cadres supérieurs les mieux payés, ils ont gagné mensuellement plus que 23 444 francs. Les Top Managers dont les niveaux de rémunération mensuelle sont les plus élevés sont actifs notamment dans les assurances (43 281 francs), la recherche et développement (49 589 francs) et les banques (52 151 francs).

Travail non rémunéré: travail domestique et familial

Par travail non rémunéré, on entend les activités non rétribuées qui pourraient théoriquement être accomplies contre rémunération par une tierce personne: travail domestique et familial, activités bénévoles au sein d'associations et d'organisations et aide aux connaissances et à la parenté. Le domaine auquel est consacré le plus de temps est celui du travail domestique et familial. Les données les plus actuelles portent sur l'année 2013.

Si l'on additionne les heures du travail rémunéré et celles du travail domestique et familial, les hommes et les femmes arrivent à un volume de temps équivalent (près de 50 heures par semaine). En 2013, les femmes de 15 à 63 ans ont investi plus de temps dans les tâches ménagères et familiales (29,1 heures par semaine) que les hommes de 15 à 64 ans (17,5 heures par semaine). C'est l'inverse en ce qui concerne le travail rémunéré (20,6 heures pour les femmes et 33,3 heures pour les hommes).

Bien que les rôles sur les plans professionnel et familial se répartissent de manière inégale dans notre société, la charge de travail incombant aux hommes et aux femmes dans des si-

von Männern und Frauen in vergleichbaren Familiensituationen im Ganzen gesehen ziemlich genau die Waage. Mütter und Väter mit Kind(ern) im Haushalt sind oft sehr grossen zeitlichen Belastungen durch Erwerbs-, Haus- und Familienarbeit ausgesetzt. In Paarhaushalten mit jüngstem Kind unter 15 Jahren arbeiten Mütter insgesamt durchschnittlich 66 und Väter 67 Stunden pro Woche. Alleinlebende Mütter mit Kind(ern) im Haushalt sind vergleichbaren zeitlichen Belastungen ausgesetzt.

Institutionalisierte und informelle Freiwilligenarbeit

20% der ständigen Wohnbevölkerung der Schweiz engagieren sich in der institutionalisierten Freiwilligenarbeit (unbezahlte Tätigkeit in einem Verein oder einer Organisation). Insgesamt sind Männer in diesem Bereich der Freiwilligenarbeit aktiver als Frauen (22% gegenüber 18%). Es sind vor allem die 40- bis 54-Jährigen, Personen mit Tertiärbildung, Partner und Partnerinnen in Familienhaushalten, Berufstätige sowie Haus- und Familienfrauen, welche in diesem Bereich aktiv sind.

19% der ständigen Wohnbevölkerung der Schweiz führen informelle unbezahlte Arbeiten aus. Anders als bei der institutionalisierten Freiwilligenarbeit übernehmen Frauen viel häufiger als Männer unbezahlte Hilfeleistungen für Verwandte oder Bekannte (23% der Frauen gegenüber 14% der Männer). Besonders aktiv in dieser Hinsicht sind jüngere Rentner und Rentnerinnen (64-/65- bis 74-Jährige), Haus- und Familienfrauen sowie Alleinlebende Eltern mit Kind(ern) im Haushalt.

tuations familiales comparables est dans l'ensemble quasiment la même. Du fait du cumul de leur activité professionnelle et des tâches domestiques et familiales, les mères et pères avec enfant(s) dans le ménage doivent souvent faire face à un nombre très élevé d'heures de travail. Dans un couple élevant un ou plusieurs enfants de moins de 15 ans, les femmes travaillent en moyenne 66 heures par semaine et les hommes 67 heures. Les mères seules avec enfant(s) dans le ménage assument un horaire de travail comparable.

Travail bénévole organisé et informel

20% de la population résidante permanente de Suisse accomplit un travail bénévole organisé (activité non rémunérée dans une association ou une organisation). Les hommes sont généralement plus actifs dans ce domaine que les femmes (22% contre 18%). Ce type de travail bénévole est accompli en particulier par des personnes de 40 à 54 ans, des personnes bénéficiant d'une formation du degré tertiaire, des partenaires dans des ménages familiaux, des actifs occupés ainsi que des femmes au foyer.

19% de la population résidante permanente de Suisse se consacre à des travaux bénévoles informels. Contrairement à ce qui se passe pour le travail bénévole organisé, les femmes fournissent bien plus souvent que les hommes des prestations d'entraide non rémunérées à des parents ou des connaissances (23% des femmes contre 14% des hommes). Parmi les personnes les plus actives dans ce domaine, on trouve les personnes à la retraite (âgées de 64/65 à 74 ans), les femmes au foyer ainsi que les parents seuls avec enfant(s) dans le ménage.

Erhebungen, Quellen — Enquêtes, sources

Die wichtigsten Erhebungen und Quellen zum Arbeitsmarkt M 3

Erhebung/Statistik	Verantwortliche Stelle	Periodizität	Seit	Erhebungsmethode	Bevölkerungskonzept	Regionalisierungsgrad
Haushaltserhebungen						
Volkszählung (VZ)	BFS	10 Jahre	1850–2000	Vollerhebung bis 2000	Wohnbevölkerung[1]	Gemeinden, Quartiere, Hektaren
Strukturerhebung (SE)	BFS	1 Jahr	2010	Stichprobenerhebung in mindestens 200 000 Privathaushalten	Ständige Wohnbevölkerung ab 15 Jahren[1]	Kantone
Schweizerische Arbeitskräfteerhebung (SAKE)	BFS	Vierteljahr (bis 2009: 1 Jahr)	1991	Stichprobenerhebung, bestehend aus ca. 125 000 Interviews pro Jahr[2]. In jährlich wechselnden Zusatzmodulen werden weitere Themenkreise erfasst wie z.B. die unbezahlte Arbeit oder die Vereinbarkeit von Beruf und Familie	Ständige Wohnbevölkerung ab 15 Jahren[1]	Grossregionen
Betriebserhebungen						
Betriebszählung (BZ)	BFS	3 resp. 4 Jahre	1905–2008	Vollerhebung	Inlandkonzept[3,4]	Gemeinden, Hektaren (ab 1995)
Landwirtschaftliche Betriebszählung	BFS	3 Jahre	1929	Voll- und Stichprobenerhebung	Inlandkonzept[3,5]	Gemeinden
Lohnstrukturerhebung (LSE)	BFS	2 Jahre	1994	Stichprobenerhebung bei ca. 34 500 Unternehmen (2012)	Inlandkonzept[3,5,6]	Grossregionen
Erhebung der Gesamtarbeitsverträge (EGS)	BFS	2 Jahre	1994	Vollerhebung	Inlandkonzept	Schweiz
Erhebung der gesamtarbeitsvertraglichen Lohnabschlüsse (EGL)	BFS	1 Jahr	1993	Teilerhebung[7]	Inlandkonzept	Schweiz
Verwaltungsdaten						
Arbeitslosenstatistik	SECO	Monat	1936	Vollerhebung	Wohnbevölkerung	Gemeinden
Statistik der betriebsüblichen Arbeitszeit	BFS	1 Jahr	1984	Teilerhebung[8]	Inlandkonzept[6,9]	Kantone
Statistik der Lohnentwicklung (Lohnindex)	BFS	1 Jahr	1985	Teilerhebung[8]	Inlandkonzept[4,9]	Schweiz
Erhebung zu den kollektiven Arbeitsstreitigkeiten (KASE)	BFS	1 Jahr	1927	Vollerhebung	Inlandkonzept	Standortgemeinde des Betriebes
Mitgliederbestand des SGB und anderer Arbeitnehmerorganisationen	SGB	1 Jahr	1960	Voll- bzw. Teilerhebung[10]	Inlandkonzept	Kanton
Unternehmensstatistik (STATENT)	BFS	1 Jahr	2011	Vollerhebung[11]	Inlandkonzept	Gemeinden
Synthesestatistiken						
Erwerbstätigenstatistik (ETS)	BFS	Vierteljahr	1960	…[12]	Inlandkonzept	Grossregionen
Arbeitsvolumenstatistik (AVOL)	BFS	1 Jahr	1991	…[13]	Inlandkonzept	Grossregionen
Erwerbslosenstatistik gemäss ILO	BFS	Monat	1991	…[14]	Ständige Wohnbevölkerung	Grossregionen
Arbeitsmarktgesamtrechnung (AMG)	BFS	1 Jahr	1991	…[15]	Inlandkonzept / Wohnbevölkerung	Schweiz
Grenzgängerstatistik (GGS)	BFS	Vierteljahr	1996	…[16]	Alle in der Schweiz erwerbstätigen ausländischen Grenzgänger	Gemeinden

1 Diese Haushaltserhebungen erfassen nicht nur die Erwerbsbevölkerung, sondern die gesamte Wohnbevölkerung (VZ) bzw. die ständige Wohnbevölkerung (SE und SAKE; zur Definition von Wohnbevölkerung gemäss VZ bzw. ständiger Wohnbevölkerung siehe Kap. 1, Glossar).
2 Davon 21 000 Interviews mit Ausländer/innen aus dem Zentralen Migrationsinformationssystem (ZEMIS).
3 Selbständige ohne Betrieb und Angestellte in Privathaushalten nicht erfasst.
4 Erster Sektor nicht erfasst.
5 Heimarbeiter nicht erfasst.
6 Erster Sektor nur teilweise erfasst (ohne Landwirtschaft).
7 15% der Grund-GAV, d.h. rund 85% aller GAV-Unterstellten.
8 Die Statistik der betriebsüblichen Arbeitszeit und die Statistik der Lohnentwicklung basieren auf den Meldungen verunfallter Arbeitnehmer, die durch die Sammelstelle für die Statistik der Unfallversicherung (SSUV) erfasst werden (pro Jahr rund 280 000). Die Ergebnisse werden durch das BFS hochgerechnet (dabei wird das unterschiedliche Unfallrisiko der verschiedenen Arbeitnehmergruppen durch ein Gewichtungsverfahren ausgeglichen).
9 Angestellte in Privathaushalten nur teilweise erfasst.
10 Die Mitglieder des SGB (Schweizerischer Gewerkschaftsbund) werden vollständig erfasst, diejenigen der übrigen Arbeitnehmerorganisationen nur teilweise.
11 Daten der AHV und komplementäre Erhebungen.
12 Basiert hauptsächlich auf den Ergebnissen der SAKE, der BESTA und des Zentralen Migrationsinformationssystems (ZEMIS).
13 Basiert hauptsächlich auf den Ergebnissen der SAKE, der ETS, des SECO und des ZEMIS.
14 Basiert hauptsächlich auf den Ergebnissen der SAKE und des SECO.
15 Basiert hauptsächlich auf den Ergebnissen der Bevölkerungsstatistik, der SAKE und der ETS.
16 Basiert hauptsächlich auf den Ergebnissen der BESTA und des Zentralen Migrationsinformationssystems (ZEMIS).

Les principales enquêtes et sources sur le marché de travail   M 3

Relevé/Statistique	Institution responsable	Périodicité	Depuis	Méthode de relevé	Concept de population	Degré de régionalisation
Relevés auprès des ménages						
Recensement fédéral de la population (RFP)	OFS	10 ans	1850–2000	Relevé exhaustif jusqu'en 2000	Population résidante [1]	Communes, quartiers, hectares
Relevé structurel (RS)	OFS	1 an	2010	Enquête par sondage dans au moins 200 000 ménages privés	Population résidante permanente [1] de 15 ans et plus	Cantons
Enquête suisse sur la population active (ESPA)	OFS	trimestre (jusqu'en 2009: 1 an)	1991	Enquête par sondage, env. 125 000 interviews par an [2]. Chaque année des modules complémentaires sont développés sur des thématiques plus larges, p.ex.: le travail non rémunéré ou la conciliation de la vie professionnelle et de la vie familiale	Population résidante permanente de 15 ans et plus [1]	Grandes régions
Relevés auprès des entreprises						
Recensement des entreprises (RE)	OFS	3/4 ans	1905–2008	Relevé exhaustif	Intérieur [3, 4]	Communes, hectares (à partir de 1995)
Recensement des entreprises agricoles	OFS	3 ans	1929	Relevé exhaustif et enquête par sondage	Intérieur [3, 5]	Communes
Enquête sur la structure des salaires (ESS)	OFS	2 ans	1994	Enquête par sondage, env. 34 500 entreprises (2012)	Intérieur [3, 5, 6]	Grandes régions
Enquête sur les conventions collectives de travail (ECS)	OFS	2 ans	1994	Relevé exhaustif	Intérieur	Suisse
Enquête sur les accords salariaux (EAS)	OFS	1 an	1993	Relevé partiel [7]	Intérieur	Suisse
Données administratives						
Statistique du chômage	SECO	mois	1936	Relevé exhaustif	Population résidante	Communes
Statistique de la durée normale du travail	OFS	1 an	1984	Relevé partiel [8]	Intérieur [6, 9]	Cantons
Statistique de l'évolution des salaires (indice des salaires)	OFS	1 an	1985	Relevé partiel [8]	Intérieur [4, 9]	Suisse
Enquête sur les conflits collectifs du travail (KASE)	OFS	1 an	1927	Relevé exhaustif	Intérieur	Commune d'implantation de l'entreprise
Effectif des membres de l'USS et des autres organisations de salarié(e)s	USS	1 an	1960	Relevé exhaustif et partiel [10]	Intérieur	Cantons
Statistique des entreprises (STATENT)	OFS	1 an	2011	Relevé exhaustif [11]	Intérieur	Communes
Statistiques de synthèse						
Statistique de la population active occupée (SPAO)	OFS	trimestre	1960	… [12]	Intérieur	Grandes régions
Statistique du volume du travail (SVOLTA)	OFS	1 an	1991	… [13]	Intérieur	Grandes régions
Statistique du chômage au sens du BIT	OFS	mois	1991	… [14]	Population résidante permanente	Grandes régions
Comptes globaux du marché du travail (CMT)	OFS	1 an	1991	… [15]	Intérieur / Population résidante	Suisse
Statistique des frontaliers (STAF)	OFS	trimestre	1996	… [16]	Tous les travailleurs frontaliers étrangers en Suisse	Communes

1 Les enquêtes auprès des ménages ne considèrent pas seulement la population active, mais toute la population résidante (RFP) ou toute la population résidante permanente (RS et ESPA; pour les définitions de la population résidante selon le RFP et de la population résidante permanente, voir le chapitre 1, Glossaire).
2 Dont 21 000 interviews d'étrangers tirés du Système d'information central sur la migration (SYMIC).
3 Les indépendants sans entreprise et les personnes employées dans des ménages privés ne sont pas considérés.
4 Le secteur primaire n'est pas pris en compte.
5 Les travailleurs à domicile ne sont pas pris en compte.
6 Le secteur primaire n'est considéré que partiellement (sans l'agriculture).
7 15% des CCT de base, soit près de 85% de toutes les personnes assujetties.
8 La statistique de la durée normale du travail et la statistique de l'évolution des salaires reposent sur les communications des salariés accidentés recensés par le Service de centralisation des statistiques de l'assurance-accidents (près de 280 000 par année). Les résultats sont extrapolés par l'OFS (à cet égard on tient compte, par le biais de pondérations, du fait que le risque d'accident varie selon les groupes de salariés).
9 Les personnes employées dans des ménages privés ne sont considérées que partiellement.
10 Les membres de l'USS (Union syndicale suisse) sont recensés de manière exhaustive, ceux des autres organisations de travailleurs uniquement de manière partielle.
11 Données issues de l'AVS et d'enquêtes complémentaires.
12 Basée principalement sur les résultats de l'ESPA, de la STATEM ainsi que sur le Système d'information central sur la migration (SYMIC).
13 Basée principalement sur les résultats de l'ESPA, de la SPAO, du SECO et du SYMIC.
14 Basée principalement sur les résultats de l'ESPA et du SECO.
15 Basée principalement sur les résultats de la statistique démographique, de l'ESPA et de la SPAO.
16 Basée principalement sur les résultats de la STATEM et sur le Système d'information central sur la migration (SYMIC).

Glossar

Arbeitsangebot
Das Arbeitsangebot ist die Menge der von den Arbeitskräften angebotenen Arbeit. Es setzt sich aus den Erwerbstätigen und den Erwerbslosen zusammen.

Arbeitslosigkeit
Der Ausdruck «arbeitslos» wird häufig synonym mit «erwerbslos» verwendet. Die amtliche Statistik der Schweiz unterscheidet jedoch zwischen den beiden Begriffen. «Arbeitslos» wird für die entsprechende Statistik des SECO (Staatssekretariat für Wirtschaft) verwendet, «erwerbslos gemäss ILO» (International Labour Organization) für jene des BFS.

Als **registrierte Arbeitslose** gelten Arbeit Suchende, auf welche folgende drei Merkmale zutreffen: Sie sind
- bei einem regionalen Arbeitsvermittlungszentrum registriert,
- ohne Arbeit,
- sofort vermittlungsfähig.

Unwesentlich ist, ob ein Anspruch auf Arbeitslosenentschädigung besteht oder nicht. Ausgesteuerte Arbeitslose bleiben in der Statistik erfasst, wenn sie sich weiterhin regelmässig beim Arbeitsamt melden. Nicht zu den eingeschriebenen Arbeitslosen gezählt werden Personen mit einem Zwischenverdienst und Personen in Beschäftigungs- und Weiterbildungsprogrammen.

Als **erwerbslos gemäss ILO** gelten Personen im Alter von 15–74 Jahren, die
- in der Referenzwoche nicht erwerbstätig waren,
- und die in den vier vorangegangenen Wochen aktiv eine Arbeit gesucht haben,
- und die für die Aufnahme einer Tätigkeit verfügbar wären.

Nach dieser Definition, welche internationalen Normen entspricht, umfasst die Erwerbslosenzahl auch ausgesteuerte Arbeitslose, die nicht mehr bei einem Arbeitsvermittlungszentrum registriert sind, aber weiterhin aktiv Arbeit suchen, ebenso wie Hausfrauen, die wieder ins Erwerbsleben einsteigen möchten, oder Studenten, die eine Beschäftigung für die Semesterferien suchen.

Der verwandte Begriff «**registrierte Stellensuchende**» umfasst alle bei einem regionalen Arbeitsvermittlungszentrum registrierten Personen. Nicht als arbeitslos gelten registrierte Stellensuchende, die nicht sofort für eine Beschäftigung vermittelbar sind oder einer bezahlten Tätigkeit nachgehen, wenn auch nur für wenige Stunden. Es handelt sich im Wesentlichen um Teilnehmende an einem vorübergehenden Beschäftigungsprogramm, einer Umschulung oder Weiterbildung oder um Personen mit einem Zwischenverdienst.

Arbeitslosenquote
Die Arbeitslosenquote drückt den Anteil der Arbeitslosen an den Erwerbspersonen aus. Wie bei der Arbeitslosigkeit/Erwerbslosigkeit ist auch hier zwischen zwei verschiedenen Definitionen zu unterscheiden. Zu beachten ist, dass in beiden Fällen auch die Anzahl der Erwerbspersonen unterschiedlich bestimmt wird.

Die **Arbeitslosenquote** des SECO (Staatssekretariat für Wirtschaft) bestimmt die Zahl der Arbeitslosen (gemäss SECO) im Verhältnis zur Zahl

Glossaire

Accords salariaux
Les accords salariaux sont le résultat des négociations menées par les partenaires sociaux parties à une convention collective de travail (CCT) sur les conditions salariales des personnes assujetties à la CCT. Ils portent sur le montant et le mode de l'adaptation des salaires effectifs et/ou sur l'adaptation des salaires minimaux et éventuellement sur d'autres conditions de travail telles que la durée du travail.

Chômage
La statistique publique suisse fait une distinction entre les deux notions «chômeurs inscrits» et «chômeurs au sens du BIT» (Bureau international du travail). Le terme de «chômeurs inscrits» est utilisé en relation avec la statistique du chômage du SECO (Secrétariat d'Etat à l'économie), tandis que l'on parle de «chômeurs au sens du BIT» dans la statistique de l'OFS.

Les **chômeurs inscrits** sont des personnes à la recherche d'un emploi qui remplissent les trois conditions suivantes: elles sont
- inscrites auprès d'un office régional de placement,
- sans emploi,
- et immédiatement disponibles en vue d'un placement.

Le fait qu'elles aient droit ou non à une indemnité de chômage n'est pas déterminant. Les chômeurs en fin de droits continuent de figurer dans la statistique s'ils restent inscrits auprès de l'office du travail. Ne font pas partie des chômeurs inscrits les personnes en gain intermédiaire et celles qui suivent un programme d'occupation ou de perfectionnement.

Les **chômeurs au sens du BIT** sont les personnes âgées de 15 à 74 ans
- qui n'étaient pas actives occupées au cours de la semaine de référence,
- qui ont cherché activement un emploi au cours des quatre semaines précédentes
- et qui étaient disponibles pour travailler.

Selon cette définition, qui correspond aux normes internationales, le nombre des chômeurs au sens du BIT comprend également les chômeurs en fin de droit qui ne sont plus inscrits dans un office régional de placement mais qui cherchent activement du travail, de même que les femmes au foyer qui souhaitent reprendre une activité professionnelle ou les étudiants qui cherchent un emploi pour les vacances.

Finalement, la notion apparentée de **demandeurs d'emploi inscrits** regroupe toutes les personnes inscrites auprès d'un office régional de placement. Une partie de ces personnes ne sont pas considérées comme chômeurs si elles ne sont pas immédiatement disponibles pour un placement ou si elles exercent une activité rémunérée, même modeste. Il s'agit principalement de personnes en programme d'emploi temporaire, en programme de reconversion et de perfectionnement ou en gain intermédiaire.

Conflit collectif du travail
Un conflit du travail est un désaccord qui porte sur un problème ou un groupe de problèmes à propos duquel ou desquels il existe un différend entre des travailleurs et des employeurs, ou à propos duquel ou desquels une revendication a été formulée par des travailleurs ou des employeurs, ou à

der Erwerbspersonen (Wohnbevölkerung) gemäss der jeweils letzten Strukturerhebung. Auf die Strukturerhebung muss zurückgegriffen werden, weil nur diese die Berechnung von Arbeitslosenquoten nach Kantonen und Gemeinden erlaubt.

Die **Erwerbslosenquote gemäss ILO** des BFS (internationale Definition) misst das Verhältnis der Erwerbslosen zur Erwerbsbevölkerung. Die Erwerbsbevölkerung gemäss SAKE (Schweizerische Arbeitskräfteerhebung) und der Erwerbslosenstatistik gemäss ILO bezieht sich auf die ständige Wohnbevölkerung. Nenner und Zähler beziehen sich auf den gleichen Zeitraum.

Arbeitsnachfrage

Die Arbeitsnachfrage stellt die seitens der Arbeitgeber nachgefragte Menge an Arbeit dar. Sie setzt sich aus den besetzten (Beschäftigte) und den offenen Stellen zusammen.

Erwerbspersonen

Als Erwerbspersonen gelten die erwerbstätigen und die erwerbslosen Personen gemäss ILO zusammen. Häufig werden die Erwerbspersonen mit dem Arbeitsangebot gleichgesetzt.

Erwerbsquote

Die Erwerbsquote misst den Anteil der Erwerbspersonen an der Referenzbevölkerung.

Erwerbstätige

Gemäss SAKE (Schweizerische Arbeitskräfteerhebung) sind alle Personen im Alter von mindestens 15 Jahren erwerbstätig, die während der Referenzwoche

- mindestens eine Stunde gegen Entlöhnung gearbeitet haben,
- oder trotz zeitweiliger Abwesenheit von ihrem Arbeitsplatz (wegen Krankheit, Ferien, Mutterschaftsurlaub, Militärdienst usw.) weiterhin eine Arbeitsstelle als Selbständigerwerbende oder Arbeitnehmende hatten,
- oder unentgeltlich im Familienbetrieb mitgearbeitet haben.

Unter diese Definition fallen, unabhängig vom Ort, wo die Tätigkeit ausgeführt wird (im Betrieb, zu Hause [Heimarbeit] oder in einem anderen Privathaushalt), alle Arbeitnehmenden, Selbständigerwerbenden, im eigenen Familienbetrieb mitarbeitenden Familienmitglieder, Lehrlinge, Rekruten, Unteroffiziere und Offiziere, die während der Rekrutenschule bzw. des Abverdienens ihre Arbeitsstelle bzw. ihren Arbeitsvertrag behalten können, Schüler und Studierende, die neben ihrer Ausbildung einer Erwerbstätigkeit nachgehen, und Rentner, die nach der Pensionierung noch erwerbstätig sind. Nicht berücksichtigt werden die Hausarbeit im eigenen Haushalt, unbezahlte Nachbarschaftshilfe und andere ehrenamtliche Tätigkeiten.

Die Definition der ETS (Erwerbstätigenstatistik) umfasste ursprünglich nur Erwerbstätigkeiten ab 6 Stunden pro Woche. 2002 hat die ETS die Definition der Erwerbstätigkeit des Internationalen Arbeitsamtes (1 Stunde pro Woche) übernommen, welche auch im Rahmen der SAKE angewendet wird. Die Zahlen der ETS wurden rückwirkend bis 1991 revidiert.

Die Definition der Erwerbstätigen in der VZ (Volkszählung) ist seit 1900 verschiedentlich modifiziert worden: Bis 1930 wurde gefragt, ob die Person üblicherweise erwerbstätig sei, danach wurde das international gebräuchlichere Konzept der gegenwärtigen Erwerbstätigkeit eingeführt. Bis 1960 wurden nur Vollzeiterwerbstätigkeiten berücksichtigt, 1970 und 1980 wurden Erwerbstätigkeiten ab 6 Stunden und 1990 ab einer Stunde pro Woche erfasst. Diese Definition gilt ebenfalls für die

propos duquel ou desquels des travailleurs ou des employeurs soutiennent les revendications ou les doléances d'autres travailleurs ou employeurs.

Une grève est un arrêt temporaire du travail déclenché par un (ou des) groupe(s) de travailleurs en vue d'imposer ou de s'opposer à une exigence ou de formuler des doléances, ou de soutenir d'autres travailleurs dans leurs revendications ou doléances.

Un lock-out est la fermeture temporaire totale ou partielle d'un ou plusieurs lieux de travail, ou les mesures prises par un ou plusieurs employeurs pour empêcher les travailleurs d'exécuter normalement leur travail, en vue d'imposer ou de s'opposer à une exigence ou de soutenir les revendications ou les doléances d'autres employeurs.

Convention collective de travail (CCT)

Une CCT est un accord passé entre, d'une part, une (ou plusieurs) association(s) d'employeurs et/ou un (ou plusieurs) employeur(s) et, d'autre part, une (ou plusieurs) association(s) de travailleurs afin d'établir en commun des clauses sur la conclusion, l'objet et la fin des contrats individuels de travail (dispositions normatives). Une CCT peut également contenir d'autres clauses pourvu qu'elles concernent les rapports entre employeurs et travailleurs (dispositions semi-normatives); elle peut même être limitée à ces clauses. La convention peut en outre régler les droits et obligations réciproques des parties contractantes (dispositions obligationnelles directes), ainsi que le contrôle et l'exécution des clauses prévues.

Demande de travail

La demande de travail est la quantité de travail demandée par les employeurs. Elle se compose des emplois (places occupées) et des places vacantes.

Indice des salaires

L'indice suisse des salaires (ISS) est un indicateur annuel de l'évolution nominale et réelle des salaires en Suisse. Il est établi sur la base des salaires bruts mensuels, y compris les allocations de renchérissement et le 13e salaire.

L'ISS (indice de type Laspeyres-prix) mesure l'évolution du salaire qui reflète uniquement le prix du travail. Pour ce faire, le calcul de l'ISS va, en partie, éliminer l'impact des évolutions de salaires induites par l'évolution de la structure des personnes salariées. L'indice des salaires réels est obtenu en déflatant l'indice des salaires nominaux avec l'indice des prix à la consommation en moyenne annuelle qui mesure l'inflation.

Offre de travail

L'offre de travail est la quantité de travail offerte par les travailleurs. Elle se compose des personnes actives occupées et des chômeurs au sens du BIT.

Personnes actives occupées

Selon l'ESPA (enquête suisse sur la population active), sont considérées comme actives occupées les personnes d'au moins 15 ans révolus qui, au cours de la semaine de référence,

- ont travaillé au moins une heure contre rémunération
- ou qui, bien que temporairement absentes de leur travail (absence pour cause de maladie, de vacances, de congé maternité, de service militaire, etc.), avaient un emploi en tant que salarié ou indépendant
- ou qui ont travaillé dans l'entreprise familiale sans rémunération.

Sont compris dans cette définition, indépendamment du lieu où s'exerce l'activité (dans une entreprise, à domicile ou dans un ménage privé): les salariés, les indépendants, les collaborateurs familiaux d'entreprises familiales, les apprentis, les recrues, sous-officiers et officiers qui, pendant

Strukturerhebung (SE), die seit 2010 im Rahmen der neuen, jährlichen Volkszählung realisiert wird.

Erwerbstätigenquote

Die Erwerbstätigenquote misst den Anteil der Erwerbstätigen an der Referenzbevölkerung.

Gesamtarbeitsvertrag (GAV)

Ein GAV ist ein Vertrag, der zwischen einem Arbeitgeberverband (oder mehreren Arbeitgeberverbänden) und/oder einem (oder mehreren) Arbeitgeber(n) einerseits und einem Arbeitnehmerverband (oder mehreren Arbeitnehmerverbänden) andererseits abgeschlossen wird. Darin werden gemeinsam Bestimmungen aufgestellt über Abschluss, Inhalt und Beendigung der einzelnen Arbeitsverhältnisse der beteiligten Arbeitgebenden und Arbeitnehmenden (normative Bestimmungen). Ein GAV kann auch andere Bestimmungen enthalten (indirekt schuldrechtliche Bestimmungen), soweit sie das Verhältnis zwischen Arbeitgebenden und Arbeitnehmenden betreffen, oder sich auf die Aufstellung solcher Bestimmungen beschränken. Der Gesamtarbeitsvertrag kann ferner die Rechte und Pflichten der Vertragsparteien unter sich (direkt schuldrechtliche Bestimmungen) sowie die Kontrolle und Durchsetzung der genannten Bestimmungen regeln.

Haus- und Familienarbeit

Unbezahlte Arbeiten innerhalb des eigenen Haushalts wie Zubereiten von Mahlzeiten, Abwaschen, Putzen, Einkaufen, Waschen, handwerkliche Tätigkeiten, Tier- und Pflanzenpflege, administrative Arbeiten für den Haushalt, Kinderbetreuung und Betreuung pflegebedürftiger Erwachsener im Haushalt.

Informelle Freiwilligenarbeit

Unbezahlte Hilfeleistungen aus persönlicher Initiative für Personen, die nicht im selben Haushalt leben: z. B. Nachbarschaftshilfe, verwandte oder bekannte Kinder betreuen, Pflege von Erwachsenen, Dienstleistungen für andere Haushalte wie Hausarbeiten, Transportdienste, Gartenarbeiten usw.

Institutionalisierte Freiwilligenarbeit

Unbezahlte Tätigkeiten für eine Organisation, einen Verein oder eine öffentliche Institution.

Kollektive Arbeitsstreitigkeit

Eine Arbeitsstreitigkeit ist eine Meinungsverschiedenheit über ein oder mehrere Probleme, die einen Streitfall zwischen Arbeitnehmenden und ihrem Arbeitgeber nach sich ziehen, oder aufgrund deren Arbeitnehmende bzw. die Arbeitgeber eine Forderung formuliert haben, oder aufgrund deren Arbeitnehmende bzw. die Arbeitgeber andere Arbeitnehmende bzw. Arbeitgeber in ihren Forderungen oder Beschwerden unterstützen.

Streik ist definiert als vorübergehende Arbeitsniederlegung auf Initiative einer oder mehrerer Gruppen von Arbeitnehmenden, um Forderungen durchzusetzen bzw. abzuwehren, Beschwerden auszudrücken oder andere Arbeitnehmende in ihren Forderungen oder Beschwerden zu unterstützen.

Aussperrung ist definiert als vorübergehende Schliessung oder Teilschliessung eines oder mehrerer Arbeitsorte, oder als Massnahme eines oder mehrerer Arbeitgeber, den normalen Arbeitsablauf der Arbeitnehmenden zu verhindern, um Forderungen durchzusetzen bzw. abzuwehren oder andere Arbeitgeber in ihren Forderungen oder Beschwerden zu unterstützen.

l'école de recrues ou le service d'avancement, conservent leur place et leur contrat de travail, les écoliers et les étudiants qui exercent une activité parallèlement à leurs études et les retraités qui continuent de travailler. Les personnes accomplissant uniquement du travail ménager dans leur propre ménage, des activités d'entraide non rémunérées ou d'autres activités bénévoles ne sont pas considérées comme actives occupées.

La définition utilisée dans la SPAO (statistique de la population active occupée) ne considérait initialement que les activités professionnelles d'au moins six heures de travail par semaine. En 2002, la SPAO a adopté la définition recommandée par le Bureau international du travail (au moins 1 heure par semaine), laquelle est également appliquée dans le cadre de l'ESPA. Les chiffres de la SPAO ont été révisés rétrospectivement jusqu'à 1991.

La définition des personnes actives occupées utilisée dans le RFP (recensement fédéral de la population) a été changée à plusieurs reprises depuis 1900: jusqu'en 1930, les personnes recensées devaient indiquer si elles étaient habituellement actives occupées; après cette date, c'est la notion plus courante sur le plan international d'activité actuelle qui a été employée. Jusqu'en 1960, on n'a tenu compte que des personnes travaillant à plein temps; en 1970 et en 1980, les activités de 6 heures au moins ont été recensées; en 1990, la durée minimale de travail a été abaissée à 1 heure. Dès 2010, le relevé structurel (RS) réalisé dans le cadre du nouveau système de recensement annuel de la population se base également sur cette définition.

Population active

Sont considérées comme actives, les personnes actives occupées et les chômeurs au sens du BIT. Les personnes actives constituent l'offre de travail.

Salaire

Le salaire correspond à la rémunération du travail (en espèce ou en nature) effectué par une personne pour le compte d'une autre personne en vertu d'un contrat écrit ou oral. Cette autre personne peut être une personne physique ou une personne morale (entreprise, institution à but non lucratif ou administration publique). La notion de salaire ne couvre ainsi pas les revenus de l'activité indépendante qui est réalisée pour son propre compte. Il est d'usage de faire la distinction entre salaire brut (avant déduction des cotisations sociales à charge du salarié) et salaire net (après déduction).

Taux d'actifs occupés

Le taux d'actifs occupés exprime la proportion de personnes actives occupées dans la population de référence.

Taux d'activité

Le taux d'activité exprime la proportion de personnes actives dans la population de référence.

Taux de chômage

Le taux de chômage donne la proportion de personnes au chômage dans la population active. Là encore, on distingue deux définitions, selon qu'il est question de chômeurs inscrits ou de chômeurs au sens du BIT. A noter aussi que l'effectif de la population active n'est pas déterminé de la même manière.

Le **taux de chômage** du SECO est égal au nombre des chômeurs inscrits (selon le SECO) par rapport à l'effectif de la population résidante active selon le dernier relevé structurel. Il est nécessaire de recourir aux chiffres du relevé structurel pour pouvoir calculer des taux de chômage cantonaux et communaux.

Unbezahlte Arbeit G 3.8
Travail non rémunéré

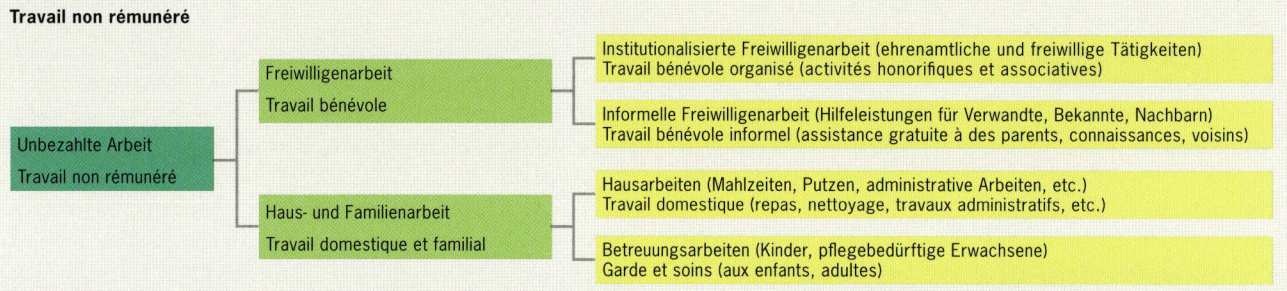

- Unbezahlte Arbeit / Travail non rémunéré
  - Freiwilligenarbeit / Travail bénévole
    - Institutionalisierte Freiwilligenarbeit (ehrenamtliche und freiwillige Tätigkeiten) / Travail bénévole organisé (activités honorifiques et associatives)
    - Informelle Freiwilligenarbeit (Hilfeleistungen für Verwandte, Bekannte, Nachbarn) / Travail bénévole informel (assistance gratuite à des parents, connaissances, voisins)
  - Haus- und Familienarbeit / Travail domestique et familial
    - Hausarbeiten (Mahlzeiten, Putzen, administrative Arbeiten, etc.) / Travail domestique (repas, nettoyage, travaux administratifs, etc.)
    - Betreuungsarbeiten (Kinder, pflegebedürftige Erwachsene) / Garde et soins (aux enfants, adultes)

Lohnvereinbarungen

Die Lohnvereinbarungen sind das Ergebnis aus den Verhandlungen der Sozialpartner, die Parteien eines Gesamtarbeitsvertrags (GAV) sind, über die Lohnbedingungen der GAV-unterstellten Personen. Dabei geht es um die Höhe und die Verteilung der Effektivlohnanpassungen und/oder um die Mindestlohnanpassungen sowie um allfällige andere Arbeitsbedingungen wie die Arbeitszeit.

Lohn

Mit dem Lohn wird Arbeit (in Form von Geld oder Naturalleistungen) bezahlt, die eine Person gemäss einem schriftlichen oder mündlichen Vertrag für eine andere Person geleistet hat. Bei dieser anderen Person kann es sich um eine natürliche oder um eine juristische Person (Unternehmen, Organisation ohne Erwerbscharakter oder öffentliche Verwaltungseinheit) handeln. Nicht als Lohn gilt somit das Einkommen aus selbständiger, auf eigene Rechnung ausgeübter Tätigkeit. Üblicherweise wird zwischen dem Bruttolohn (vor Abzug der Arbeitnehmerbeiträge an die Sozialversicherungen) und dem Nettolohn (nach Abzug dieser Beiträge) unterschieden.

Lohnindex

Der schweizerische Lohnindex (SLI) ist ein Jahresindikator zur Messung der Nominal- und Reallohnentwicklung in der Schweiz. Er basiert auf Monatsgrundlöhnen plus Teuerungszulagen plus 13. Monatslohn.

Der SLI (nach Laspeyres-Preisindex) misst die Entwicklung des Lohnes lediglich als Preis für die Arbeit. Bei der Berechnung des SLI werden Lohnentwicklungen, die auf eine Veränderung der Arbeitnehmendenstruktur zurückzuführen sind, deshalb teilweise ausgeklammert. Der Reallohnindex ergibt sich durch Deflationierung des Nominallohnindexes mit dem Landesindex der Konsumentenpreise im Jahresmittel, der die Inflation misst.

Unbezahlte Arbeit

Arbeiten, die nicht entlöhnt werden. Sie könnten theoretisch auch durch eine Drittperson gegen Bezahlung ausgeführt werden (Dritt-Personen-Kriterium) – im Gegensatz zu Tätigkeiten wie Weiterbildung, persönliche Aktivitäten (Essen, Schlafen usw.) oder Freizeitaktivitäten. Oberbegriff für «Informelle Freiwilligenarbeit», «Institutionalisierte Freiwilligenarbeit» und «Haus- und Familienarbeit» (siehe die betreffenden Definitionen und G 3.8).

Le **taux de chômeurs au sens du BIT** de l'OFS donne la proportion de chômeurs au sens du BIT (définition internationale) au sein de la population active. La population active selon l'ESPA (enquête suisse sur la population active) et selon la statistique du chômage au sens du BIT se réfère au concept de population résidante permanente. Le numérateur et le dénominateur se réfèrent à la même période.

Travail bénévole informel

Prestations non rémunérées fournies à titre volontaire à des ménages tiers (entraide de quartier, garde d'enfants de tiers, soins aux adultes, services rendus à des tiers tels que travaux domestiques, transports ou jardinage, etc.).

Travail bénévole organisé

Charges exercées à titre honorifique ou activités non rémunérées en faveur d'une organisation, d'une association ou d'une institution publique.

Travail domestique et familial

Tâches non rémunérées effectuées à l'intérieur du ménage (repas, lessive, nettoyage, courses, travaux manuels, soins aux animaux domestiques et aux plantes, travaux administratifs, garde d'enfants, soins aux malades, etc.).

Travail non rémunéré

Prestations non rétribuées qui, en théorie, pourraient être fournies contre rémunération par des tiers (critère «de la tierce personne»), contrairement à des activités comme la formation continue, les loisirs, ou la satisfaction de besoins élémentaires (manger, dormir, etc.). Terme générique regroupant le travail bénévole informel et organisé, ainsi que le travail domestique et familial (voir les définitions correspondantes et G 3.8).

Daten / Données

Arbeitsmarkt, allgemein
Marché du travail en général
Wichtige Arbeitsmarktindikatoren, Entwicklung
Principaux indicateurs du marché du travail, évolution

T 3.1.1.1

	1991	2000	2008	2009	2010	2011	2012	2013	2014	2015	
Erwerbstätige[1] in 1000[2]	4 135	4 107	4 533	4 572	4 592	4 707	4 755	4 816	4 903	4 977	**Actifs occupés[1] en milliers[2]**
Männer	2 425	2 319	2 491	2 499	2 530	2 588	2 620	2 636	2 672	2 703	Hommes
Frauen	1 710	1 788	2 042	2 073	2 062	2 119	2 136	2 180	2 231	2 273	Femmes
Schweizer/innen	3 084	3 138	3 335	3 330	3 340	3 392	3 398	3 418	3 436	3 482	Suisses
Ausländer/innen	1 051	969	1 198	1 242	1 252	1 315	1 357	1 398	1 467	1 494	Etrangers
Sektor 1	166	173	161	152	153	172	173	171	172	157	Secteur 1
Sektor 2	1 231	1 040	1 059	1 048	1 068	1 086	1 072	1 067	1 083	1 094	Secteur 2
Sektor 3	2 738	2 894	3 313	3 372	3 371	3 448	3 510	3 578	3 648	3 726	Secteur 3
Erwerbslose gemäss ILO[3] in 1000[2]	69	106	148	183	190	162	170	193	208	200	**Chômeurs au sens du BIT[3] en milliers[2]**
Standardisierte Erwerbsquoten[2,4]	68,4	67,4	68,2	68,2	67,7	67,9	67,8	68,0	68,5	68,6	**Taux d'activité standardisé[2,4]**
Männer	80,9	77,8	75,5	75,2	75,2	75,3	75,0	74,8	74,8	74,7	Hommes
Frauen	56,8	57,6	61,3	61,6	60,6	60,7	60,8	61,5	62,4	62,7	Femmes
Schweizer/innen	65,9	65,8	66,6	66,4	66,0	66,0	65,7	66,0	66,3	66,5	Suisses
Ausländer/innen	81,0	74,0	74,4	74,9	74,2	74,4	75,0	74,9	75,8	75,4	Etrangers
Erwerbslosenquote gemäss ILO, in %[2]	1,8	2,7	3,4	4,1	4,2	3,6	3,7	4,2	4,4	4,2	**Taux de chômage au sens du BIT, en %[2]**
Lohnindex 1939 = 100[5]											**Indice des salaires 1939 = 100[5]**
Nominal	1 706	1 963	2 219	2 266	2 285	2 306	2 326	2 343	2 361	...	**Nominal**
Männer	1 619	1 856	2 092	2 136	2 151	2 171	2 188	2 204	2 220	...	Hommes
Frauen	1 887	2 190	2 499	2 552	2 579	2 604	2 630	2 648	2 673	...	Femmes
Real	277	279	290	298	298	301	305	308	311	...	**Réel**
Männer	262	264	273	280	280	282	286	289	291	...	Hommes
Frauen	306	311	326	335	336	338	344	347	351	...	Femmes

1 Gemäss ETS. Ab 1991 gilt als erwerbstätig, wer während mindestens 1 Stunde pro Woche einer beruflichen Aktivität nachgeht (Definition gemäss den Empfehlungen des Internationalen Arbeitsamtes).
2 Werte für das zweite Quartal
3 ILO: Internationales Arbeitsamt
4 Quote berechnet für die ständige Wohnbevölkerung ab 15 Jahren und älter. Der Zähler besteht aus der Summe der Erwerbstätigen ab 1 Arbeitsstunde pro Woche und der Erwerbslosen gemäss ILO aufgrund der Daten der Schweizerischen Arbeitskräfteerhebung (SAKE).
5 Jahreswerte

Quellen: BFS – ETS, SAKE, SLI

1 Selon la SPAO. A partir de 1991, sont considérées comme personnes actives occupées, toutes les personnes exerçant une activité professionnelle d'au moins une heure par semaine (définition recommandée par le Bureau international du travail).
2 Valeurs au deuxième trimestre
3 BIT: Bureau international du travail
4 Taux calculé pour la population résidante permanente de 15 ans et plus. Le numérateur est constitué des personnes actives occupées à partir d'une heure de travail par semaine et des chômeurs au sens du BIT selon l'enquête suisse sur la population active (ESPA).
5 Valeurs annuelles

Sources: OFS – SPAO, ESPA, ISS

Erwerbsquoten[1] in % nach Geschlecht, Nationalität, Altersgruppen und Familientyp
Ständige Wohnbevölkerung, Jahresdurchschnittswerte in %
Taux d'activité[1] en % selon le sexe, la nationalité, les groupes d'âges et le type de famille
Population résidante permanente, moyennes annuelles en %

T 3.1.2.2

	2012			2013			2014			
	Total	Schweizer Suisses	Ausländer[2] Etrangers[2]	Total	Schweizer Suisses	Ausländer[2] Etrangers[2]	Total	Schweizer Suisses	Ausländer[2] Etrangers[2]	
Total										**Total**
Altersgruppen										Groupes d'âges
15–24 Jahre	67,4	67,5	66,7	67,7	68,3	65,0	67,4	67,8	66,0	15–24 ans
25–39 Jahre	89,8	90,7	88,2	89,7	90,6	88,1	90,5	91,6	88,4	25–39 ans
40–54 Jahre	90,3	91,4	86,8	90,4	91,6	87,0	91,0	92,4	87,4	40–54 ans
55–64 Jahre	72,7	74,0	65,5	73,9	75,0	68,0	74,0	75,2	67,8	55–64 ans
65+ Jahre	10,4	10,7	7,7	10,8	11,1	8,1	11,7	11,9	10,1	65+ ans
15+ Jahre	68,2	66,2	75,2	68,3	66,3	75,3	68,7	66,5	75,8	15+ ans
15–64 Jahre	83,0	83,3	82,3	83,3	83,7	82,3	83,8	84,1	82,8	15–64 ans
Familientyp[3]										Type de famille[3]
Ohne Kinder unter 15 Jahren	81,7	81,6	81,8	81,9	81,9	81,8	82,3	82,1	83,0	Sans enfants < 15 ans
Mit Kindern unter 15 Jahren	86,6	88,2	83,4	87,1	88,8	83,6	87,8	90,3	83,0	Avec enfants < 15 ans
Männer										**Hommes**
Altersgruppen										Groupes d'âges
15–24 Jahre	69,3	69,1	69,8	68,8	68,9	68,2	68,2	67,8	69,8	15–24 ans
25–39 Jahre	95,9	95,3	97,1	95,3	94,8	96,0	95,4	94,8	96,4	25–39 ans
40–54 Jahre	95,9	96,8	93,5	95,8	96,7	93,4	96,1	96,9	94,2	40–54 ans
55–64 Jahre	82,0	83,9	73,5	82,4	83,7	76,9	81,4	82,4	77,4	55–64 ans
65+ Jahre	15,2	16,0	10,0	15,1	15,8	10,1	16,3	16,8	12,9	65+ ans
15+ Jahre	75,5	73,4	82,0	75,1	72,9	81,7	75,0	72,4	82,6	15+ ans
15–64 Jahre	88,8	88,6	89,4	88,6	88,3	89,1	88,5	87,9	89,9	15–64 ans
Familientyp[3]										Type de famille[3]
Ohne Kinder unter 15 Jahren	85,9	85,7	86,5	85,3	85,1	86,0	85,4	84,7	87,2	Sans enfants < 15 ans
Mit Kindern unter 15 Jahren	97,3	98,2	95,6	97,5	98,5	95,6	97,9	98,7	96,4	Avec enfants < 15 ans
Frauen										**Femmes**
Altersgruppen										Groupes d'âges
15–24 Jahre	65,4	65,8	63,4	66,5	67,7	61,6	66,6	67,7	62,0	15–24 ans
25–39 Jahre	83,6	86,1	78,8	84,0	86,3	79,6	85,4	88,4	79,9	25–39 ans
40–54 Jahre	84,5	86,2	78,5	84,9	86,6	79,1	85,9	88,0	79,2	40–54 ans
55–64 Jahre	63,5	64,8	54,7	65,4	67,0	55,8	66,5	68,4	54,8	55–64 ans
65+ Jahre	6,7	6,9	5,0	7,5	7,6	5,9	8,2	8,3	6,9	65+ ans
15+ Jahre	61,2	59,6	67,5	61,9	60,3	67,9	62,6	61,2	68,1	15+ ans
15–64 Jahre	77,2	78,1	74,1	78,0	79,1	74,5	79,0	80,4	74,6	15–64 ans
Familientyp[3]										Type de famille[3]
Ohne Kinder unter 15 Jahren	77,2	77,6	75,8	78,2	78,7	76,5	79,1	79,4	77,9	Sans enfants < 15 ans
Mit Kindern unter 15 Jahren	76,9	79,2	71,9	77,5	80,1	71,8	78,6	83,0	69,6	Avec enfants < 15 ans

1 In dieser Quote werden im Zähler die Erwerbstätigen ab 1 Arbeitsstunde pro Woche und die Erwerbslosen gemäss ILO berücksichtigt; der Nenner beruht auf Schätzungen zur ständigen Wohnbevölkerung, die im Hinblick auf die SAKE vorgenommen worden sind.
2 Ständige Wohnbevölkerung (Niedergelassene, Aufenthalter, Kurzaufenthalter (mind. 12 Monate in der Schweiz))
3 Nur 15–64 Jahre

Quelle: BFS – SAKE

1 Ce taux comprend au numérateur les personnes actives occupées à partir d'une heure de travail par semaine et les chômeurs au sens du BIT selon l'ESPA; le dénominateur est constitué des estimations de la population résidante permanente réalisées pour les besoins de l'ESPA.
2 Résidants permanents (titulaires d'une autorisation d'établissement, titulaires d'une autorisation de séjour et titulaires d'une autorisation de courte durée résidant depuis 12 mois ou plus en Suisse)
3 Uniquement 15–64 ans

Source: OFS – ESPA

Erwerbsstatus[1] der ständigen Wohnbevölkerung nach Nationalität T 3.1.2.5
Quartalsdurchschnittswerte (2. Quartal) in 1000
Statut d'activité[1] de la population résidante permanente selon la nationalité
Moyennes trimestrielles (au 2e trimestre) en milliers

	2000	2005	2010	2011	2012	2013	2014	2015	
Total	**5 915**	**6 210**	**6 602**	**6 677**	**6 736**	**6 817**	**6 903**	**6 984**	**Total**
Erwerbspersonen	3 985	4 159	4 472	4 531	4 566	4 638	4 728	4 789	Personnes actives
Selbständige	602	556	571	589	596	597	590	559	Indépendants
Mitarbeitende Familienmitglieder	97	81	85	88	93	102	99	85	Collaborateurs familiaux
Arbeitnehmende	2 983	3 138	3 398	3 457	3 482	3 526	3 620	3 733	Salariés
Lehrlinge	197	199	228	234	224	220	210	212	Apprentis
Erwerbslose gemäss ILO	106	185	190	162	170	193	208	200	Chômeurs au sens du BIT
Nichterwerbspersonen	1 931	2 051	2 130	2 146	2 170	2 178	2 175	2 194	Personnes non actives
Männer	**2 859**	**3 009**	**3 223**	**3 263**	**3 297**	**3 341**	**3 387**	**3 430**	**Hommes**
Erwerbspersonen	2 223	2 260	2 425	2 458	2 473	2 500	2 534	2 562	Personnes actives
Selbständige	403	366	363	371	383	387	375	345	Indépendants
Mitarbeitende Familienmitglieder	36	29	41	36	37	39	45	34	Collaborateurs familiaux
Arbeitnehmende	1 625	1 666	1 800	1 840	1 843	1 851	1 884	1 956	Salariés
Lehrlinge	108	111	131	125	127	121	121	123	Apprentis
Erwerbslose gemäss ILO	51	88	91	86	83	102	109	103	Chômeurs au sens du BIT
Nichterwerbspersonen	636	749	798	805	823	840	852	868	Personnes non actives
Frauen	**3 057**	**3 200**	**3 378**	**3 414**	**3 439**	**3 476**	**3 516**	**3 554**	**Femmes**
Erwerbspersonen	1 761	1 899	2 047	2 073	2 093	2 138	2 194	2 227	Personnes actives
Selbständige	199	190	207	219	213	210	215	214	Indépendantes
Mitarbeitende Familienmitglieder	61	52	45	52	56	63	54	51	Collaboratrices familiales
Arbeitnehmende	1 358	1 472	1 599	1 617	1 640	1 675	1 736	1 776	Salariées
Lehrlinge	89	88	97	109	97	99	89	89	Apprenties
Erwerbslose gemäss ILO	55	97	99	76	88	91	99	96	Chômeuses au sens du BIT
Nichterwerbspersonen	1 295	1 301	1 332	1 342	1 347	1 338	1 323	1 327	Personnes non actives
Schweizer/innen	**4 796**	**4 968**	**5 179**	**5 215**	**5 241**	**5 272**	**5 306**	**5 336**	**Suisses**
Erwerbspersonen	3 156	3 248	3 416	3 443	3 445	3 482	3 517	3 547	Personnes actives
Selbständige	526	488	495	512	515	507	497	468	Indépendants
Mitarbeitende Familienmitglieder	95	75	76	79	85	92	91	75	Collaborateurs familiaux
Arbeitnehmende	2 316	2 418	2 547	2 564	2 565	2 602	2 644	2 732	Salariés
Lehrlinge	160	164	187	197	187	180	172	171	Apprentis
Erwerbslose gemäss ILO	58	103	111	90	92	101	113	101	Chômeurs au sens du BIT
Nichterwerbspersonen	1 640	1 720	1 763	1 772	1 796	1 790	1 789	1 789	Personnes non actives
Ausländer/innen[2]	**1 119**	**1 242**	**1 423**	**1 462**	**1 495**	**1 545**	**1 597**	**1 648**	**Etrangers[2]**
Erwerbspersonen	829	911	1 056	1 088	1 120	1 157	1 210	1 242	Personnes actives
Selbständige	76	68	76	77	81	90	93	91	Indépendants
Mitarbeitende Familienmitglieder	X	6	9	9	(7)	10	(7)	10	Collaborateurs familiaux
Arbeitnehmende	667	721	851	893	917	924	976	1 000	Salariés
Lehrlinge	(37)	35	40	37	37	41	38	41	Apprentis
Erwerbslose gemäss ILO	47	81	79	72	78	92	96	99	Chômeurs au sens du BIT
Nichterwerbspersonen	291	331	367	374	374	388	387	406	Personnes non actives

1 Soziologische Definition: Arbeitnehmende in eigener Firma zählen als Selbständige
2 Ständige Wohnbevölkerung (Niedergelassene, Aufenthalter, Kurzaufenthalter (mind. 12 Monate in der Schweiz)); von 2000 bis 2005: inkl. Diplomaten und internationale Funktionäre

Quelle: BFS – SAKE

1 Définition sociologique: les salariés dans leur propre entreprise comptent comme des indépendants
2 Résidants permanents (titulaires d'une autorisation d'établissement, titulaires d'une autorisation de séjour et titulaires d'une autorisation de courte durée résidant depuis 12 mois ou plus en Suisse); de 2000 à 2005: y compris les diplomates et les fonctionnaires internationaux

Source: OFS – ESPA

Erwerbstätigkeit und Arbeitszeit
Vie active et durée du travail

Zukünftige Entwicklung der Erwerbsbevölkerung gemäss dem Referenzszenario   T 3.2.0.5.1
Erwerbspersonen in 1000[1], am 31. Dezember
Evolution future de la population active selon le scénario de référence
Personnes actives en milliers[1], au 31 décembre

	2015	2020	2025	2030	2035	2040	2045	
Total	4 872	5 024	5 128	5 208	5 283	5 318	5 328	Total
Männer	2 592	2 675	2 736	2 785	2 829	2 853	2 865	Hommes
Frauen	2 280	2 349	2 392	2 423	2 454	2 465	2 463	Femmes
Schweizer/innen	3 586	3 596	3 575	3 540	3 530	3 558	3 588	Suisses
Ausländer/innen	1 286	1 428	1 552	1 669	1 753	1 760	1 740	Etrangers

[1] Erwerbstätige und Erwerbslose gemäss ILO in der ständigen Wohnbevölkerung (ohne Grenzgänger, Kurzaufenthalter und Personen im Asylprozess)

Quelle: BFS – Bevölkerungsszenarien

[1] Personnes actives occupées et chômeurs au sens du BIT dans la population résidante permanente (sans les frontaliers, détenteurs d'un permis de courte durée et personnes dans le processus d'asile)

Source: OFS – Scénarios de l'évolution démographique

Zukünftige Erwerbsquoten nach Alter gemäss dem Referenzszenario. Am 31. Dezember, in %   T 3.2.0.5.2
Taux d'activité futurs par âge selon le scénario de référence. Au 31 décembre, en %

	2015	2020	2025	2030	2035	2040	2045	
Total, in %[1]								**Total, en %**[1]
15–24 Jahre	68,6	68,0	66,9	66,9	66,9	67,0	67,2	15–24 ans
25–39 Jahre	90,3	90,7	91,1	91,2	91,2	91,2	91,3	25–39 ans
40–54 Jahre	91,0	90,9	91,0	91,2	91,5	91,7	91,8	40–54 ans
55–64 Jahre	74,7	75,2	74,6	73,8	74,3	74,8	74,9	55–64 ans
65+ Jahre	10,9	10,5	10,3	10,2	9,7	8,9	8,4	65+ ans
15–64 Jahre	84,0	84,0	83,8	83,7	83,9	83,9	83,9	15–64 ans
15+ Jahre	68,6	67,5	65,8	64,1	62,7	61,6	60,7	15+ ans
Männer, in %[1]								**Hommes, en %**[1]
15–24 Jahre	68,6	68,0	67,1	67,2	67,2	67,2	67,3	15–24 ans
25–39 Jahre	94,4	94,4	94,5	94,5	94,4	94,3	94,3	25–39 ans
40–54 Jahre	94,9	94,6	94,6	94,6	94,7	94,8	94,8	40–54 ans
55–64 Jahre	81,5	81,5	80,7	79,9	80,1	80,4	80,4	55–64 ans
65+ Jahre	15,6	14,8	14,4	14,2	13,3	12,2	11,5	65+ ans
15–64 Jahre	87,8	87,7	87,3	87,1	87,1	87,1	86,9	15–64 ans
15+ Jahre	74,1	72,7	70,8	68,8	67,2	66,0	65,0	15+ ans
Frauen, in %[1]								**Femmes, en %**[1]
15–24 Jahre	68,6	67,9	66,7	66,7	66,7	66,8	67,0	15–24 ans
25–39 Jahre	86,1	87,0	87,6	87,7	87,8	87,9	88,1	25–39 ans
40–54 Jahre	87,0	87,0	87,3	87,8	88,2	88,5	88,6	40–54 ans
55–64 Jahre	67,9	68,8	68,3	67,6	68,3	69,0	69,1	55–64 ans
65+ Jahre	7,1	6,9	6,8	6,8	6,4	5,8	5,5	65+ ans
15–64 Jahre	80,1	80,3	80,1	80,2	80,5	80,7	80,6	15–64 ans
15+ Jahre	63,2	62,4	61,0	59,4	58,2	57,3	56,4	15+ ans

[1] Nur ständige Wohnbevölkerung (ohne Grenzgänger, Kurzaufenthalter und Personen im Asylprozess). In dieser Quote werden im Zähler die Erwerbstätigen und die Erwerbslosen gemäss ILO berücksichtigt; der Nenner besteht aus der ständigen Wohnbevölkerung.

Quelle: BFS – Bevölkerungsszenarien

[1] Population résidante permanente uniquement (sans les frontaliers, détenteurs d'un permis de courte durée et personnes dans le processus d'asile). Ce taux comprend au numérateur les personnes actives occupées et les chômeurs au sens du BIT; la population résidante permanente en constitue le dénominateur.

Source: OFS – Scénarios de l'évolution démographique

Erwerbstätige nach Alter, Geschlecht und Nationalität. Durchschnittliche Quartalswerte, in 1000, 3. Quartal 2015 T 3.2.1.3
Personnes actives occupées selon l'âge, le sexe et la nationalité. Moyennes trimestrielles, en milliers, au 3e trim. 2015

	Total			Männer / Hommes			Frauen / Femmes			
	Total	Schweizer/innen Suisses	Ausländer/innen Etrangers	Total	Schweizer Suisses	Ausländer Etrangers	Total	Schweizerinnen Suissesses	Ausländerinnen Etrangères	
Total	4 944	3 433	1 511	2 690	1 780	910	2 254	1 653	601	Total
15–24 Jahre	591	452	138	301	225	76	290	227	62	15–24 ans
25–39 Jahre	1 619	966	653	886	500	385	733	466	268	25–39 ans
40–54 Jahre	1 789	1 238	551	974	635	339	815	603	212	40–54 ans
55–64 Jahre	771	622	149	421	324	97	349	298	51	55–64 ans
65+ Jahre	174	154	20	107	95	12	67	59	(8)	65+ ans

Quelle: BFS – ETS

Source: OFS – SPAO

Erwerbstätige nach Aufenthaltsstatus und Geschlecht. Jahresdurchschnittswerte, in 1000 T 3.2.1.6
Personnes actives occupées selon la catégorie d'autorisation de résidence et le sexe. Moyennes annuelles, en milliers

	1991	2000	2005	2010	2011	2012	2013	2014	
Total	**4 103**	**4 082**	**4 208**	**4 555**	**4 662**	**4 730**	**4 797**	**4 884**	**Total**
Schweizer/innen	3 048	3 109	3 146	3 306	3 349	3 368	3 392	3 418	Suisses
Ausländer/innen	1 055	974	1 063	1 248	1 313	1 362	1 405	1 466	Etrangers
davon:									dont:
Niedergelassene	555	592	575	623	632	650	686	718	Autorisation d'établissement
Aufenthalter/innen	179	183	239	334	368	380	370	386	Autorisation de séjour
Saisonniers	85	23	0	0	0	0	0	0	Saisonniers
Grenzgänger/innen [1]	182	142	176	229	243	258	270	283	Frontaliers [1]
Kurzaufenthalter/innen	21	19	55	45	48	48	52	52	Autorisation de courte durée
Übrige Ausländer/innen [2]	33	15	18	18	22	25	27	27	Autres étrangers [2]
Männer	**2 406**	**2 303**	**2 331**	**2 507**	**2 574**	**2 606**	**2 624**	**2 662**	**Hommes**
Schweizer	1 713	1 694	1 681	1 746	1 772	1 782	1 778	1 778	Suisses
Ausländer	693	609	651	761	802	824	846	883	Etrangers
davon:									dont:
Niedergelassene	339	368	345	374	377	381	403	425	Autorisation d'établissement
Aufenthalter	121	107	141	197	219	224	214	222	Autorisation de séjour
Saisonniers	69	16	0	0	0	0	0	0	Saisonniers
Grenzgänger [1]	122	93	113	147	157	166	173	181	Frontaliers [1]
Kurzaufenthalter	12	14	38	31	34	34	37	37	Autorisation de courte durée
Übrige Ausländer [2]	29	12	13	13	16	18	19	19	Autres étrangers [2]
Frauen	**1 697**	**1 780**	**1 877**	**2 048**	**2 088**	**2 124**	**2 173**	**2 222**	**Femmes**
Schweizerinnen	1 335	1 415	1 465	1 561	1 577	1 586	1 614	1 640	Suissesses
Ausländerinnen	362	365	412	487	511	538	559	583	Etrangères
davon:									dont:
Niedergelassene	216	224	229	249	255	269	283	292	Autorisation d'établissement
Aufenthalterinnen	57	76	98	137	149	156	156	164	Autorisation de séjour
Saisonniers	16	7	0	0	0	0	0	0	Saisonnières
Grenzgängerinnen [1]	60	49	63	82	87	92	97	101	Frontalières [1]
Kurzaufenthalterinnen	8	5	17	14	14	14	15	16	Autorisation de courte durée
Übrige Ausländerinnen [2]	4	3	5	5	6	7	8	8	Autres étrangères [2]

1   Ab 1995 gemäss Grenzgängerstatistik
2   Personen im Asylprozess, Personal der Schweizer Botschaften, Konsulate und Hochseeflotte, EU-/EFTA-Staatsangehörige, die während maximal 90 Tagen pro Kalenderjahr einer unselbständigen Erwerbstätigkeit bei einem Schweizer Arbeitgeber nachgehen (ab Juni 2004).

Quelle: BFS – ETS

1   A partir de 1995, selon la statistique des frontaliers
2   Personnes dans le processus d'asile, personnel des ambassades, des consulats, de la marine suisse, ressortissants de l'UE/AELE qui exercent une activité lucrative non indépendante auprès d'un employeur suisse pendant au maximum 90 jours par année civile (à partir de juin 2004).

Source: OFS – SPAO

Erwerbstätige nach Wirtschaftssektoren und Geschlecht. Durchschnittliche Quartalswerte, in 1000　　　　T 3.2.1.8
Personnes actives occupées selon les secteurs économiques et le sexe. Moyennes trimestrielles, en milliers

	2013				2014				2015		
	I	II	III	IV	I	II	III	IV	I	II	
Total	**4 788**	**4 816**	**4 844**	**4 899**	**4 836**	**4 903**	**4 925**	**5 008**	**4 972**	**4 977**	**Total**
Männer	2 615	2 636	2 649	2 675	2 641	2 672	2 689	2 714	2 687	2 703	Hommes
Frauen	2 173	2 180	2 194	2 224	2 195	2 231	2 236	2 295	2 285	2 273	Femmes
Sektor 1	**160**	**171**	**178**	**176**	**171**	**172**	**175**	**181**	**162**	**157**	**Secteur 1**
Männer	111	106	110	121	117	115	110	115	98	98	Hommes
Frauen	50	66	68	54	53	57	65	66	63	59	Femmes
Sektor 2	**1 068**	**1 067**	**1 084**	**1 096**	**1 069**	**1 083**	**1 098**	**1 109**	**1 096**	**1 094**	**Secteur 2**
Männer	827	831	841	849	828	840	851	859	850	852	Hommes
Frauen	241	236	243	247	241	243	247	250	247	242	Femmes
Sektor 3	**3 560**	**3 578**	**3 581**	**3 627**	**3 597**	**3 648**	**3 651**	**3 718**	**3 714**	**3 726**	**Secteur 3**
Männer	1 676	1 699	1 699	1 705	1 696	1 717	1 728	1 739	1 739	1 753	Hommes
Frauen	1 883	1 879	1 883	1 923	1 901	1 931	1 924	1 979	1 975	1 973	Femmes

Quelle: BFS – ETS　　　　　　　　　　　　　　　　　　　　　　Source: OFS – SPAO

Komponenten des tatsächlichen jährlichen Arbeitsvolumens und der tatsächlichen Jahresarbeitszeit T 3.2.3.1.1.1
Inlandkonzept[1], 2014
Composantes du volume annuel effectif du travail et de la durée annuelle effective du travail
Concept intérieur[1] en 2014

	Jährliches Normalarbeitsvolumen / Volume annuel normal du travail	Jährliches Absenzvolumen[2] / Volume annuel d'absences[2]	Jährliches Überstundenvolumen[3] / Volume annuel d'heures suppl.[3]	Tatsächl. jährliches Arbeitsvolumen / Volume annuel effectif du travail	Jährliche Normalarbeitszeit / Durée annuelle normale du travail	Jährliche Dauer der Absenzen[2] / Durée annuelle d'absences[2]	Jährliche Dauer der Überstunden[3] / Durée annuelle d'heures suppl.[3]	Tatsäch. Jahresarbeitszeit / Durée annuelle effective du travail	
	in Millionen Stunden / en millions d'heures				in Stunden pro Arbeitsstelle / en heures par emploi				
Total	7 817	301	196	7 712	1 504	58	38	1 484	Total
Geschlecht									**Sexe**
Männer	4 821	168	126	4 779	1 732	60	45	1 717	Hommes
Frauen	2 997	133	70	2 934	1 241	55	29	1 215	Femmes
Nationalität									**Nationalité**
Schweizer/innen	5 325	209	139	5 255	1 452	57	38	1 433	Suisses
Ausländer/innen	2 493	92	57	2 458	1 628	60	37	1 605	Etrangers
Beschäftigungsgrad									**Taux d'occupation**
Vollzeit (90%–100%)	6 106	221	138	6 022	1 907	69	43	1 881	Plein temps (90%–100%)
Teilzeit	1 711	79	58	1 690	857	40	29	846	Temps partiel
Teilzeit I (50–89%)	1 273	57	34	1 250	1 251	56	33	1 229	Temps partiel I (50–89%)
Teilzeit II (weniger als 50%)	438	23	25	440	447	23	25	449	Temps partiel II (moins de 50%)
Wirtschaftsabschnitte NOGA 2008									**Sections économiques NOGA 2008**
A Land- und Forstwirtschaft	353	12	8	349	1 873	66	44	1 851	Agriculture, sylviculture
B–E Verarbeitendes Gewerbe/ Energieversorgung	1 268	51	28	1 244	1 705	69	38	1 674	Activité industrielle, prod. d'énergie
F Baugewerbe	627	30	11	609	1 738	82	31	1 687	Construction
G Handel, Reparaturgewerbe	1 050	39	27	1 038	1 536	57	40	1 519	Commerce, réparation
H Verkehr und Lagerei	373	17	6	362	1 609	74	24	1 560	Transports et entreposage
I Gastgewerbe	383	13	9	378	1 533	54	37	1 516	Hébergement et restauration
J Information und Kommunikation	284	9	9	284	1 631	51	50	1 631	Information et communication
K Kredit- und Versicherungsgewerbe	415	13	17	418	1 652	53	67	1 665	Activités financières et d'assurance
L/N Immobilien, sonst. wirtschaftliche Dienstleistungen	368	17	8	359	1 376	62	29	1 342	Immobilier, activités administratives
M Freiberufliche, wiss. und techn. Dienstleistungen	643	22	20	641	1 555	54	49	1 551	Act. spécialisées, scient. et techniques
O Öff. Verwaltung	306	11	4	299	1 478	52	18	1 445	Administration publique
Q Gesundheits- u. Sozialwesen	898	39	17	876	1 329	58	25	1 296	Santé humaine et action sociale
R–T Kunst, Unterhalt., priv. Haushalte, sonst. Dienstleistungen	376	13	11	374	1 042	37	31	1 036	Arts, loisirs, ménages privés, autres

1 Total aller produktiven Tätigkeiten innerhalb des Schweizer Wirtschaftsgebietes
2 Einschliesslich Absenzen aus gesundheitlichen Gründen (Krankheit, Unfall), bezahlter Mutterschaftsurlaub, Militärdienst, Zivildienst, Zivilschutz, Kurzarbeit, Arbeitsstreitigkeiten, Absenzen aus persönlichen/familiären Gründen oder wegen schlechtem Wetter. Ohne Ferien und Feiertage.
3 Nur die während des Jahres nicht kompensierten Überstunden

Quelle: BFS – AVOL

1 Ensemble des activités productives effectuées sur le territoire économique suisse
2 Comprend les absences pour raisons de santé (maladie, accident), congé maternité payé, service militaire, service civil, protection civile, réductions de l'horaire du travail, conflits de travail, raisons personnelles/familiales et mauvais temps. Ne comprend pas les vacances et les jours fériés.
3 Uniquement les heures supplémentaires non compensées par des congés durant l'année

Source: OFS – SVOLTA

Betriebsübliche Arbeitszeit nach Wirtschaftsabteilungen
In Stunden pro Woche, Jahresdurchschnitt
Durée normale du travail dans les entreprises selon la division économique
En heures par semaine, moyenne annuelle

T 3.2.3.1.4.1

Wirtschaftsabteilungen NOGA 2008[1]		1990	1995	2000	2005	2010	2011	2012	2013	2014	Divisions économiques NOGA 2008[1]
01–96	Total	42,4	42,0	41,9	41,7	41,6	41,7	41,7	41,7	41,7	Total
01–03	Sektor 1	44,4	43,7	43,4	42,9	42,3	42,9	43,0	42,8	42,8	Secteur 1
05–43	Sektor 2	42,2	41,8	41,5	41,4	41,4	41,4	41,4	41,4	41,4	Secteur 2
05–09	Bergbau und Gewinnung von Steinen und Erden	42,8	42,3	42,0	42,4	42,3	42,5	42,2	42,2	42,2	Industries extractives
10–33	Verarbeitendes Gewerbe/ Herstellung von Waren	41,6	41,4	41,3	41,2	41,2	41,2	41,3	41,3	41,3	Industrie manufacturière
35	Energieversorgung	41,9	41,5	41,3	41,2	41,1	41,2	41,1	41,2	41,2	Production et distribution d'énergie
36–39	Wasserversorgung, Beseitigung von Umweltverschmutzungen	41,2	42,4	42,5	42,8	43,1	43,1	43,2	43,1	43,1	Production et distr. d'eau; gestion des déchets
41–43	Baugewerbe/Bau	43,4	42,5	42,0	41,8	41,6	41,7	41,5	41,5	41,5	Construction
45–96	Sektor 3	42,2	41,9	41,9	41,7	41,7	41,7	41,7	41,7	41,7	Secteur 3
45–47	Handel, Instandhaltung und Rep. von Kraftfahrzeugen	42,4	42,1	42,1	41,8	41,9	41,9	41,9	41,9	41,9	Commerce; réparation d'automobiles et de motocycles
49–53	Verkehr und Lagerei	42,4	42,3	42,2	42,2	42,5	42,4	42,3	42,4	42,4	Transport et entreposage
55–56	Gastgewerbe/Beherbergung und Gastronomie	43,4	42,3	42,2	42,1	42,3	42,3	42,4	42,4	42,4	Hébergement et restauration
58–63	Information und Kommunikation	41,8	41,6	41,6	40,9	41,0	41,0	41,0	41,0	41,0	Information et communication
64–66	Erbringung von Finanz- und Versicherungsdienstl.	41,7	41,6	41,5	41,5	41,3	41,5	41,5	41,5	41,4	Activités financières et d'assurance
68	Grundstücks- und Wohnungswesen	41,8	41,7	41,7	41,5	41,6	41,7	41,5	41,5	41,5	Activités immobilières
69–75	Erbringung von freiberufl., wissen. u. techn. Dienstl.	42,2	41,9	41,8	41,4	41,5	41,5	41,5	41,5	41,4	Activités spécialisées, scientifiques et techniques
77–82	Erbringung von sonstigen wirtschaftlichen Dienstl.	42,2	42,0	41,9	42,1	42,0	42,1	42,1	42,0	42,0	Activités de services administratifs et de soutien
84	Öffentliche Verwaltung	41,8	41,7	41,6	41,4	41,4	41,3	41,4	41,4	41,5	Administration publique
85	Erziehung und Unterricht	41,9	41,7	41,6	41,4	41,5	41,4	41,4	41,5	41,4	Enseignement
86–88	Gesundheits- und Sozialwesen	41,9	41,7	41,7	41,6	41,5	41,5	41,5	41,5	41,5	Santé humaine et action sociale
90–93	Kunst, Unterhaltung und Erholung	42,3	41,8	41,7	41,5	41,5	41,6	41,6	41,7	41,9	Arts, spectacles et activités récréatives
94–96	Erbringung von sonstigen Dienstleistungen	42,3	42,1	41,9	41,9	41,8	42,0	41,9	41,9	41,8	Autres activités de services

1 Die Daten vor 2009 wurden aufgrund unterschiedlicher Umsteigeschlüssel auf die Nomenklatur NOGA 2008 umgeschlüsselt. Seit 2009 erfolgt die Branchenkodierung entsprechend der NOGA 2008 direkt in der Datenbasis der Sammelstelle für die Statistik der Unfallversicherung UVG (SSUV).

Quelle: BFS – BUA

1 Les données antérieures à 2009 ont été converties à la nomenclature NOGA 2008 au moyen de clés de conversion différentes. Dès 2009, la codification des branches selon la nomenclature NOGA 2008 est effectuée directement dans la base de données du Service de centralisation des statistiques de l'assurance-accidents (SSAA).

Source: OFS – DNT

Arbeitslosigkeit und offene Stellen
Chômage et places vacantes

Arbeitslose nach Geschlecht, Nationalität, Alter und Dauer der Arbeitslosigkeit. Jahresdurchschnitt[1]
Chômeurs selon le sexe, la nationalité, l'âge et la durée du chômage. Moyenne annuelle[1]

T 3.3.1.1

	2007	2008	2009	2010	2011	2012	2013	2014	2015	
Total	109 189	101 725	146 089	151 986	122 892	125 594	136 524	136 764	142 810	Total
Geschlecht und Nationalität										**Sexe et nationalité**
Männer	56 276	53 454	82 224	84 031	65 982	69 044	76 279	76 679	80 978	Hommes
Schweizer	30 722	28 292	43 964	44 915	34 614	35 222	38 374	38 351	40 217	Suisses
Ausländer	25 553	25 162	38 260	39 115	31 368	33 822	37 905	38 328	40 760	Etrangers
Frauen	52 913	48 272	63 865	67 955	56 910	56 550	60 245	60 085	61 832	Femmes
Schweizerinnen	32 096	28 684	38 062	40 375	33 699	33 052	34 825	34 754	35 578	Suissesses
Ausländerinnen	20 817	19 588	25 803	27 580	23 211	23 498	25 420	25 330	26 254	Etrangères
Schweizer/innen	62 818	56 975	82 026	85 290	68 313	68 274	73 199	73 105	75 795	Suisses
Ausländer/innen	46 371	44 750	64 063	66 696	54 579	57 320	63 325	63 658	67 014	Etrangers
Alter										**Age**
15–24 Jahre	18 259	16 360	25 401	24 344	17 860	18 191	18 906	18 067	18 774	15–24 ans
25–39 Jahre	41 800	39 135	57 132	58 626	47 092	48 904	53 925	53 822	56 444	25–39 ans
40–54 Jahre	33 867	32 336	45 654	48 744	40 286	41 310	45 247	45 627	47 338	40–54 ans
55+ Jahre	15 263	13 894	17 902	20 271	17 654	17 189	18 446	19 249	20 255	55+ ans
Dauer der Arbeitslosigkeit										**Durée du chômage**
1–6 Monate	65 206	65 435	92 745	81 235	71 868	78 863	83 583	82 889	87 946	1–6 mois
7–12 Monate	23 518	20 559	34 175	38 239	26 284	27 481	32 035	31 690	33 094	7–12 mois
> 1 Jahr	20 465	15 731	19 169	32 512	24 740	19 250	20 907	22 185	21 770	> 1 année

[1] Zahlen gerundet
Quelle: SECO – Arbeitslosenstatistik

[1] Chiffres arrondis
Source: SECO – Statistique du chômage

Arbeitslosenquoten nach Geschlecht, Nationalität und Alter. Jahresdurchschnitt, in %
Taux de chômage selon le sexe, la nationalité et l'âge. Moyenne annuelle, en %

T 3.3.1.2

	2007	2008	2009	2010 1	2011	2012	2013	2014	2015	
Total	2,8	2,6	3,7	3,5	2,8	2,9	3,2	3,2	3,3	Total
Geschlecht und Nationalität										**Sexe et nationalité**
Männer	2,6	2,4	3,7	3,6	2,8	2,9	3,2	3,3	3,4	Hommes
Schweizer	1,8	1,7	2,6	2,6	2,0	2,0	2,2	2,2	2,3	Suisses
Ausländer	4,8	4,8	7,2	6,4	5,1	5,5	6,2	6,3	6,7	Etrangers
Frauen	3,0	2,8	3,7	3,4	2,9	2,9	3,1	3,0	3,1	Femmes
Schweizerinnen	2,3	2,1	2,8	2,6	2,2	2,1	2,3	2,3	2,3	Suissesses
Ausländerinnen	5,7	5,4	7,1	6,3	5,3	5,4	5,8	5,8	6,0	Etrangères
Schweizer/innen	2,1	1,9	2,7	2,6	2,1	2,1	2,2	2,2	2,3	Suisses
Ausländer/innen	5,2	5,0	7,2	6,4	5,2	5,5	6,0	6,1	6,4	Etrangers
Alter										**Age**
15–24 Jahre	3,3	3,0	4,6	4,3	3,2	3,2	3,4	3,2	3,3	15–24 ans
25–39 Jahre	2,8	2,6	3,9	4,1	3,3	3,4	3,8	3,8	4,0	25–39 ans
40–54 Jahre	2,5	2,4	3,4	3,0	2,5	2,6	2,8	2,8	2,9	40–54 ans
55+ Jahre	2,7	2,5	3,2	2,8	2,4	2,4	2,5	2,7	2,8	55+ ans

[1] Variationskoeffizient: A = 0,0–1,0%
Quelle: SECO – Arbeitslosenstatistik

[1] Coefficient de variation: A = 0,0–1,0%
Source: SECO – Statistique du chômage

Erwerbslosenquote gemäss ILO nach Geschlecht, Nationalität und Altersgruppen
Quartalsdurchschnittswerte (2. Quartal) in %

Taux de chômage au sens du BIT selon le sexe, la nationalité et les groupes d'âges
Moyennes trimestrielles (au 2ᵉ trimestre) en %

T 3.3.2.14

	2007	2008	2009	2010	2011	2012	2013	2014	2015	
Total	3,6	3,4	4,1	4,2	3,6	3,7	4,2	4,4	4,2	Total
Geschlecht und Nationalität										**Sexe et nationalité**
Männer	2,9	2,8	3,8	3,8	3,5	3,4	4,1	4,3	4,0	Hommes
Schweizer	2,1	2,1	2,9	3,0	2,6	2,3	2,8	3,1	2,7	Suisses
Ausländer[1]	5,5	4,9	6,3	5,9	6,0	6,2	7,6	7,4	7,5	Etrangers[1]
Frauen	4,5	4,0	4,5	4,8	3,7	4,2	4,2	4,5	4,3	Femmes
Schweizerinnen	3,3	2,9	3,5	3,5	2,6	3,0	3,0	3,3	3,0	Suissesses
Ausländerinnen[1]	9,4	8,0	8,5	9,8	7,5	8,1	8,5	8,6	8,7	Etrangères[1]
Schweizer/innen	2,7	2,5	3,2	3,2	2,6	2,7	2,9	3,2	2,8	Suisses
Ausländer/innen[1]	7,1	6,2	7,2	7,5	6,6	7,0	7,9	7,9	8,0	Etrangers[1]
Alter										**Age**
15–24 Jahre	7,1	7,0	8,4	7,2	5,9	6,1	7,0	7,7	6,4	15–24 ans
25–39 Jahre	3,7	3,1	4,7	4,8	3,7	4,1	4,6	4,7	4,6	25–39 ans
40–54 Jahre	2,7	2,7	2,8	3,3	2,9	3,1	3,4	3,6	3,5	40–54 ans
55–64 Jahre	3,1	2,6	2,7	3,4	3,4	2,9	3,2	3,7	3,7	55–64 ans

1 Ständige Wohnbevölkerung (Niedergelassene, Aufenthalter, Kurzaufenthalter (mind. 12 Monate in der Schweiz)); von 2007 bis 2008: inkl. Diplomaten und internationale Funktionäre

Quelle: BFS – SAKE

1 Résidants permanents (titulaires d'une autorisation d'établissement, titulaires d'une autorisation de séjour et titulaires d'une autorisation de courte durée résidant depuis 12 mois ou plus en Suisse); de 2007 à 2008: y compris les diplomates et les fonctionnaires internationaux

Source: OFS – ESPA

Erwerbslosenquote gemäss ILO nach Geschlecht und Grossregionen
Quartalsdurchschnittswerte (2. Quartal) in %
Taux de chômage au sens du BIT selon le sexe et les grandes régions
Moyennes trimestrielles (au 2e trimestre) en %

T 3.3.2.14.1

	2007	2008	2009	2010	2011	2012	2013	2014	2015	
Total	**3,6**	**3,4**	**4,1**	**4,2**	**3,6**	**3,7**	**4,2**	**4,4**	**4,2**	**Total**
Genferseeregion	4,8	4,6	5,9	5,7	5,6	6,0	6,5	6,2	6,6	Région lémanique
Espace Mittelland	4,1	3,3	3,6	4,0	3,0	3,5	3,4	4,1	3,4	Espace Mittelland
Nordwestschweiz	3,1	3,1	4,5	4,4	3,6	3,4	3,8	4,1	3,1	Suisse du Nord-Ouest
Zürich	3,4	3,1	3,8	3,8	3,3	3,4	4,0	4,5	4,1	Zurich
Ostschweiz	2,6	2,7	3,4	3,6	2,6	2,7	3,8	2,8	3,7	Suisse orientale
Zentralschweiz	2,7	2,3	2,7	3,1	2,1	2,3	2,1	3,7	3,1	Suisse centrale
Tessin	5,0	5,0	5,1	(5,4)	6,1	(5,4)	6,4	6,6	6,2	Tessin
Männer										**Hommes**
Genferseeregion	3,9	4,3	5,9	4,9	5,3	6,7	6,1	5,6	6,7	Région lémanique
Espace Mittelland	3,0	2,8	3,1	4,0	2,7	3,0	3,7	3,7	3,3	Espace Mittelland
Nordwestschweiz	2,5	2,3	4,1	4,2	(3,5)	3,2	4,1	4,3	(3,3)	Suisse du Nord-Ouest
Zürich	2,9	2,8	3,6	2,8	3,3	2,6	4,2	5,3	3,8	Zurich
Ostschweiz	(1,9)	(1,9)	3,0	(3,0)	(2,9)	(2,3)	(3,2)	(2,3)	(2,6)	Suisse orientale
Zentralschweiz	(2,2)	(1,6)	2,0	(2,9)	(2,2)	(1,4)	(1,5)	(4,2)	(3,5)	Suisse centrale
Tessin	4,8	4,3	4,8	(5,2)	(6,0)	(3,7)	(6,0)	(5,3)	(5,7)	Tessin
Frauen										**Femmes**
Genferseeregion	5,8	4,9	5,9	6,7	5,9	5,2	6,9	6,8	6,5	Région lémanique
Espace Mittelland	5,3	3,9	4,2	4,1	3,3	4,0	3,1	4,7	3,5	Espace Mittelland
Nordwestschweiz	3,7	4,0	5,0	4,7	3,6	3,6	(3,5)	3,9	(2,8)	Suisse du Nord-Ouest
Zürich	4,1	3,5	4,0	5,0	3,3	4,3	3,8	3,5	4,3	Zurich
Ostschweiz	3,6	3,6	3,8	(4,3)	(2,3)	(3,2)	(4,4)	(3,4)	(4,9)	Suisse orientale
Zentralschweiz	3,3	3,0	3,5	(3,3)	(1,9)	(3,4)	(2,8)	(3,0)	(2,7)	Suisse centrale
Tessin	5,2	5,8	5,4	(5,6)	(6,1)	(7,7)	(6,9)	(8,3)	(6,9)	Tessin

Quelle: BFS – SAKE

Source: OFS – ESPA

Erwerbslose gemäss ILO nach Geschlecht, Nationalität und Altersgruppen
Quartalsdurchschnittswerte (2. Quartal) in 1000
Chômeurs au sens du BIT selon le sexe, la nationalité et les groupes d'âges
Moyennes trimestrielles (au 2e trimestre) en milliers

T 3.3.2.15

	2007	2008	2009	2010	2011	2012	2013	2014	2015	
Total	156	147	183	190	162	170	193	208	200	Total
Geschlecht und Nationalität										**Sexe et nationalité**
Männer	68	66	90	91	86	83	102	109	103	Hommes
Schweizer	38	38	52	54	47	43	51	58	49	Suisses
Ausländer [1]	30	29	38	37	39	40	51	52	54	Etrangers [1]
Frauen	88	80	93	99	76	88	91	99	96	Femmes
Schweizerinnen	51	47	56	56	42	49	50	55	51	Suissesses
Ausländerinnen [1]	36	33	36	43	33	38	41	44	45	Etrangères [1]
Schweizer/innen	89	85	108	111	90	92	101	113	101	Suisses
Ausländer/innen [1]	67	61	75	79	72	78	92	96	99	Etrangers [1]
Alter										**Age**
15–24 Jahre	43	43	52	44	36	37	43	47	39	15–24 ans
25–39 Jahre	52	44	67	68	53	60	68	71	71	25–39 ans
40–54 Jahre	41	42	45	54	49	52	58	62	60	40–54 ans
55–64 Jahre	20	17	18	23	23	20	23	27	28	55–64 ans

1 Siehe Fussnote 1 der Tabelle T 3.3.2.14
Quelle: BFS – SAKE

1 Voir la note 1 du tableau T 3.3.2.14
Source: OFS – ESPA

Erwerbslose gemäss ILO nach Ausbildungsstufe. Quartalsdurchschnittswerte (2. Quartal) in 1000
Chômeurs au sens du BIT selon le degré de formation. Moyennes trimestrielles (au 2e trimestre) en milliers

T 3.3.2.16

	2007	2008	2009	2010	2011	2012	2013	2014	2015	
Total	156	147	183	190	162	170	193	208	200	Total
Sekundarstufe I	50	44	56	51	51	52	56	59	65	Degré secondaire I
Sekundarstufe II	78	76	87	103	75	81	89	97	81	Degré secondaire II
Tertiärstufe	28	26	40	36	36	38	48	52	54	Degré tertiaire

Quelle: BFS – SAKE

Source: OFS – ESPA

Erwerbslose gemäss ILO nach Nationalität und Sprachregion   T 3.3.2.17
Quartalsdurchschnittswerte (2. Quartal) in 1000
Chômeurs au sens du BIT selon la nationalité et la région linguistique
Moyennes trimestrielles (au 2ᵉ trimestre) en milliers

	2007	2008	2009	2010	2011	2012	2013	2014	2015	
Total	156	147	183	190	162	170	193	208	200	**Total**
Nationalität und Sprachregion										**Nationalité et région linguistique**
Schweizer/innen	89	85	108	111	90	92	101	113	101	Suisses
Deutschschweiz	57	54	67	72	53	57	60	74	63	Suisse alémanique
Westschweiz und Tessin	32	31	41	39	37	36	41	39	38	Suisse romande/Tessin
Ausländer/innen [1]	67	61	75	79	72	78	92	96	99	Etrangers [1]
Deutschschweiz	39	34	46	49	40	43	53	54	55	Suisse alémanique
Westschweiz und Tessin	28	27	29	30	32	35	39	42	44	Suisse romande/Tessin
Deutschschweiz	96	88	113	121	93	100	114	128	118	Suisse alémanique
Westschweiz und Tessin	60	58	70	69	69	71	79	80	82	Suisse romande/Tessin

[1] Siehe Fussnote 1 der Tabelle T 3.3.2.14
[1] Voir la note 1 du tableau T 3.3.2.14
Quelle: BFS – SAKE
Source: OFS – ESPA

Erwerbslose gemäss ILO nach Nationalität und Dauer der Erwerbslosigkeit   T 3.3.2.20
Quartalsdurchschnittswerte (2. Quartal) in 1000
Chômeurs au sens du BIT selon la nationalité et la durée du chômage
Moyennes trimestrielles (au 2ᵉ trimestre) en milliers

	2007	2008	2009	2010	2011	2012	2013	2014	2015	
Total	156	147	183	190	162	170	193	208	200	**Total**
Nationalität und Dauer der Erwerbslosigkeit										**Nationalité et durée du chômage**
Schweizer/innen	89	85	108	111	90	92	101	113	101	Suisses
Weniger als 1 Jahr	57	60	80	77	54	59	75	74	66	Moins d'une année
Ein Jahr oder mehr	32	25	28	33	36	33	26	39	35	Une année ou plus
Ausländer/innen [1]	67	61	75	79	72	78	92	96	99	Etrangers [1]
Weniger als 1 Jahr	35	37	48	48	37	46	52	57	59	Moins d'une année
Ein Jahr oder mehr	32	25	27	32	35	32	40	38	40	Une année ou plus
Weniger als 1 Jahr	92	96	128	125	92	105	128	131	125	Moins d'une année
Ein Jahr oder mehr	64	50	55	65	70	66	65	78	75	Une année ou plus

[1] Siehe Fussnote 1 der Tabelle T 3.3.2.14
[1] Voir la note 1 du tableau T 3.3.2.14
Quelle: BFS – SAKE
Source: OFS – ESPA

Erwerbslose gemäss ILO, registrierte Arbeitslose und registrierte Stellensuchende [1]
Jahresdurchschnittswerte, in 1000
Chômeurs au sens du BIT, chômeurs inscrits et demandeurs d'emploi inscrits [1]
Moyennes annuelles, en milliers

T 3.3.2.27

	2006	2007	2008	2009	2010	2011	2012	2013	2014	
Registrierte Stellensuchende gemäss SECO, Total	197,4	167,7	154,4	204,1	215,5	179,7	178,4	190,7	191,8	Demandeurs d'emploi selon le SECO, total
Registrierte Arbeitslose gemäss SECO, Total	131,5	109,2	101,7	146,1	152,0	122,9	125,6	136,5	136,8	Chômeurs inscrits selon le SECO, total
Erwerbslose (ILO) des BFS, Total	170,0	157,1	149,8	193,4	203,5	183,7	192,9	204,8	215,5	Chômeurs au sens du BIT selon l'OFS, total

1   Definitionen siehe Glossar S. 97
Quellen: BFS – Erwerbslosenstatistik gemäss ILO; SECO – Arbeitslosenstatistik

1   Définitions voir glossaire p. 97
Sources: OFS – Statistique du chômage au sens du BIT; SECO – Statistique du chômage

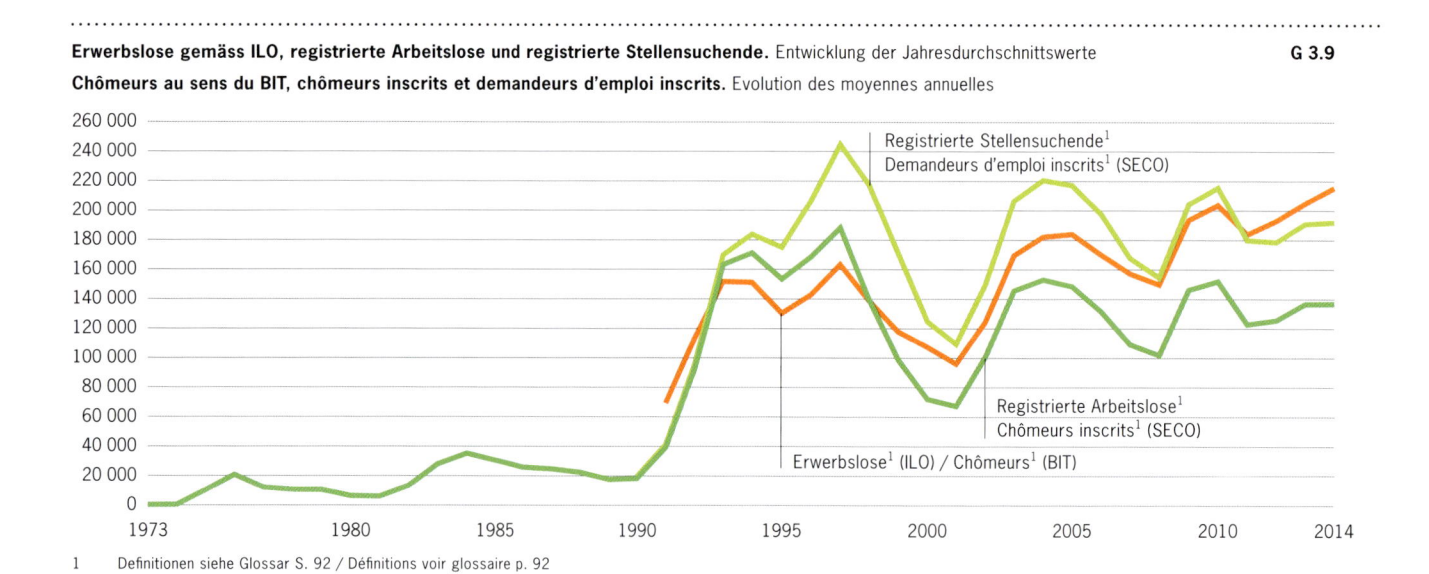

Erwerbslose gemäss ILO, registrierte Arbeitslose und registrierte Stellensuchende. Entwicklung der Jahresdurchschnittswerte
Chômeurs au sens du BIT, chômeurs inscrits et demandeurs d'emploi inscrits. Evolution des moyennes annuelles

G 3.9

1   Definitionen siehe Glossar S. 92 / Définitions voir glossaire p. 92

Seit 2000 liegt die Zahl der Erwerbslosen gemäss ILO deutlich über der Zahl der registrierten Arbeitslosen gemäss SECO. So liegt die Erwerbslosenquote gemäss ILO jeweils rund einen halben bis einen ganzen Prozentpunkt über der Arbeitslosenquote des SECO.

Depuis 2000, le nombre de chômeurs au sens du BIT est clairement supérieur à celui des chômeurs inscrits selon le SECO. En conséquence, le taux de chômage au sens du BIT est supérieur d'un demi à un point de pour cent au taux de chômage selon la statistique du SECO.

Löhne und Erwerbseinkommen
Salaires et revenu du travail

Monatlicher Bruttolohn[1] nach nach Wirtschaftszweigen, Kompetenzniveau und Geschlecht[2] – Privater und öffentlicher Sektor zusammen. 2012, Median, in Franken, standardisiert[3]

Salaire mensuel brut[1] selon les branches économiques, le niveau de compétences et le sexe[2] – Secteur privé et secteur public ensemble. En 2012, médiane, en francs, standardisé[3]

T 3.4.1.0.41

Wirtschaftszweige NOGA 2008		Total	Geschlecht Sexe		Kompetenzniveau[4] Niveau de compétences[4]								Branches économiques NOGA 2008
					4		3		2		1		
			F/F	M/H	F/F	M/H	F/F	M/H	F/F	M/H	F/F	M/H	
	Total	6 439	5 808	6 840	7 945	9 379	6 406	7 314	4 814	5 751	4 228	5 295	Total
02	Forstwirtschaft	(6 561)	( )	(6 561)	( )	( )	( )	( )	( )	( )	...	( )	Sylviculture
05–43	Sektor 2	6 247	5 351	6 423	7 656	8 931	6 045	7 242	5 035	5 874	4 291	5 417	Secteur 2
05–09	Bergbau, Gewinnung v. Steinen u. Erden	6 014	5 569	6 043	( )	(9 148)	( )	7 885	5 256	5 907	( )	5 843	Industries extractives
10–33	Verarbeitendes Gewerbe / Herst. v. Waren	6 348	5 280	6 667	7 694	8 918	6 031	7 220	4 894	5 850	4 281	5 361	Industrie manufacturière
35	Energieversorgung	7 776	6 830	7 923	8 251	9 841	6 799	7 913	6 244	6 814	5 090	6 636	Production et distribution d'énergie
36–39	Wasserversorgung; Abwasser- u. Abfallentsorgung	6 118	(5 474)	6 217	7 096	8 624	6 347	7 401	5 304	5 484	4 556	5 356	Prod. et distr. d'eau; gestion déchets
41–43	Baugewerbe	6 044	5 494	6 078	7 243	8 770	5 958	7 222	5 335	5 877	4 471	5 457	Construction
45–96	Sektor 3	6 548	5 899	7 229	7 972	9 510	6 449	7 370	4 779	5 588	4 186	5 065	Secteur 3
45–47	Handel; Instandhaltung u. Rep. von Motorfahrz.	5 334	4 656	6 047	6 132	8 662	5 235	6 673	4 382	5 262	4 185	4 917	Commerce; réparation d'automobiles
49–53	Verkehr u. Lagerei	6 123	5 844	6 222	7 565	8 583	6 226	7 478	(5 728)	5 896	(3 995)	(5 311)	Transports et entreposage
55–56	Gastgewerbe /Beherbergung u. Gastronomie	4 236	4 095	4 444	4 929	5 778	4 901	5 350	4 044	4 230	3 662	3 730	Hébergement et restauration
58–63	Information und Kommunikation	8 375	6 857	9 000	7 843	9 533	6 652	7 595	5 778	6 946	4 750	(6 662)	Information et communication
64–66	Finanz- u. Versicherungsdienstleistungen	9 139	7 231	10 693	8 365	11 439	6 859	9 301	6 445	7 929	5 457	6 861	Activités financières et d'assurances
68	Grundstücks- und Wohnungswesen	6 857	6 332	7 671	(7 883)	10 031	6 693	7 492	5 674	6 254	4 229	(4 925)	Activités immobilières
69–75	Freiberufliche, wissenschaftliche und technische Dienstl.	7 566	6 500	8 555	7 143	9 345	6 190	7 137	5 714	6 473	4 518	5 390	Activ. spécialisées, scientifiques et techniques
77–82	Sonst. wirtschaftliche Dienstleistungen	5 201	4 504	5 570	6 643	8 031	5 674	6 489	4 792	5 365	3 692	4 732	Activités de services admin. et de soutien
84	Öffentl. Verwaltung, Verteidigung; Sozialvers.	7 916	7 320	8 450	8 763	10 334	6 747	7 911	6 461	7 447	4 748	6 217	Admin. publique, défense; sécurité sociale
85	Erziehung und Unterricht	8 670	8 219	9 068	8 941	9 935	6 954	8 020	6 078	6 737	4 626	5 419	Enseignement
86–88	Gesundheits- u. Sozialwesen	6 273	6 018	7 118	7 363	8 814	6 569	7 210	5 152	5 699	4 700	4 952	Santé humaine et action sociale
90–93	Kunst, Unterhaltung und Erholung	6 000	5 553	6 408	6 891	8 000	5 343	6 381	5 000	5 441	4 168	(4 507)	Arts, spectacles et activités récréatives
94–96	Erbringung v. sonst. Dienstleistungen	6 023	5 209	7 233	7 653	8 746	6 381	7 323	4 157	5 420	3 713	5 224	Autres activités de services

1/2/3/4 Siehe Fussnoten der Tabelle T3.4.1.0.47
F = Frauen   M = Männer
(1 234) Variationskoeffizient grösser als 5% (Zahlenwert statistisch unsicher)
Quelle: BFS – LSE

1/2/3/4 Voir notes du tableau T3.4.1.0.47
F = Femmes   H = Hommes
(1 234) Coefficient de variation supérieur à 5% (valeur incertaine sur le plan statistique)
Source: OFS – ESS

Monatlicher Bruttolohn[1] nach Berufsgruppen, Lebensalter und Geschlecht[2] – Privater und öffentlicher Sektor zusammen. 2012, Median, in Franken, standardisiert[3]
Salaire mensuel brut[1] selon les groupes de professions, l'âge et le sexe[2] – Secteur privé et secteur public ensemble. En 2012, médiane, en francs, standardisé[3]

T 3.4.1.0.47

Berufsgruppen nach ISCO[4]	Total	Geschlecht Sexe		≤ 29 Jahre ≤ 29 ans		30–49 Jahre 30–49 ans		≥ 50 Jahre ≥ 50 ans		Groupes de professions CITP[4]
		F/F	M/H	F/F	M/H	F/F	M/H	F/F	M/H	
Total	6 439	5 808	6 840	4 814	5 142	6 298	7 155	6 237	7 790	Total
1 Führungskräfte	9 325	7 722	10 012	5 687	6 360	8 056	9 874	8 283	10 847	Directeurs, cadres de direction et gérants
2 Akademische Berufe	8 616	8 028	9 019	6 254	6 333	8 336	9 035	9 533	10 929	Professions intellectuelles et scientifiques
3 Techniker und gleichrangige nichttechnische Berufe	6 870	6 406	7 314	5 201	5 469	6 737	7 442	7 099	8 150	Professions intermédiaires techniques et non techniques
4 Bürokräfte und verwandte Berufe	5 760	5 685	5 871	4 802	4 771	5 902	5 954	6 118	6 244	Employés de type administratif
5 Dienstleistungsberufe und Verkaufskräfte	4 822	4 545	5 565	4 261	4 477	4 652	5 832	4 811	6 632	Personnel des services directs aux particuliers, commerçants et vendeurs
6 Fachkräfte in Land- und Forstwirtschaft und Fischerei	5 210	4 360	5 355	4 225	4 736	4 643	5 779	(4 436)	6 046	Agriculteurs et ouvriers qualifiés de l'agriculture, la sylviculture et la pêche
7 Handwerks- und verwandte Berufe	5 720	4 532	5 814	4 281	5 048	4 675	6 004	4 727	6 392	Métiers qualifiés de l'industrie et de l'artisanat
8 Bedienen von Anlagen u. Maschinen und Montageberufe	5 530	4 460	5 667	4 267	4 875	4 458	5 686	4 674	6 094	Conducteurs d'installations et de machines, ouvriers de l'assemblage
9 Hilfsarbeitskräfte	4 856	4 228	5 293	3 983	4 746	4 176	5 324	4 439	5 682	Professions élémentaires

1 Lohnkomponenten: Bruttolohn im Monat Oktober (inkl. Arbeitnehmerbeiträge an die Sozialversicherung, Naturalleistungen, regelmässig ausbezahlte Prämien-, Umsatz- oder Provisionsanteile, Entschädigung für Schicht-, Nacht- und Sonntagsarbeit, 1/12 vom 13. Monatslohn und 1/12 von den jährlichen Sonderzahlungen. Nicht berücksichtigt werden die Familienzulagen und die Kinderzulagen.
2 Ergebnisse basierend auf durchschnittlich 71% der Daten. Der Anteil kann je nach Wirtschaftszweig variieren.
3 Vollzeitäquivalent basierend auf 4 1/3 Wochen zu 40 Arbeitsstunden
4 Kompetenzniveau:
  Berufshauptgruppen 1 und 2: Tätigkeiten mit komplexer Problemlösung und Entscheidungsfindung, welche ein grosses Fakten- und theoretisches Wissen in einem Spezialgebiet voraussetzen (Kompetenzniveau 4).
  Berufshauptgruppe 3: Komplexe praktische Tätigkeiten welche ein grosses Wissen in einem Spezialgebiet voraussetzen (Kompetenzniveau 3).
  Berufshauptgruppen 4 bis 8: Praktische Tätigkeiten wie Verkauf, Pflege, Datenverarbeitung und Administration, Bedienen von Maschinen und elektronischen Geräten, Sicherheitsdienst, Fahrdienst (Kompetenzniveau 2).
  Berufshauptgruppe 9: Einfache Tätigkeiten körperlicher oder handwerklicher Art (Kompetenzniveau 1).

F = Frauen M = Männer
(1 234) Variationskoeffizient grösser als 5% (Zahlenwert statistisch unsicher)
Quelle: BFS – LSE

1 Composantes du salaire: le salaire brut du mois d'octobre (y compris les cotisations sociales à la charge du salarié pour les assurances sociales, les prestations en nature, les versements réguliers de primes, de participations au chiffre d'affaires et de commissions), ainsi que les allocations pour le travail en équipe et le travail le dimanche ou de nuit, 1/12 du 13e salaire et 1/12 des paiements spéciaux annuels. N'en font pas partie les allocations familiales et les allocations pour enfants.
2 Résultats basés sur en moyenne 71% des données. Ce taux peut varier selon les branches économiques.
3 Equivalent plein temps basé sur 4 1/3 semaines à 40 heures de travail
4 Niveau de compétences:
  Groupes de professions 1 et 2: tâches qui exigent une capacité à résoudre des problèmes complexes et à prendre des décisions fondées sur un vaste ensemble de connaissances théoriques et factuelles dans un domaine spécialisé (niveau de compétences 4).
  Goupes de professions 3: tâches pratiques complexes nécessitant un vaste ensemble de connaissances dans un domaine spécialisé (niveau de compétences 3).
  Groupes de professions 4 à 8: tâches pratiques telles que la vente, les soins, le traitement de données et les tâches administratives, l'utilisation de machines et d'appareils électroniques, les services de sécurité, la conduite de véhicules (niveau de compétences 2).
  Groupe de professions 9: tâches physiques ou manuelles simples (niveau de compétences 1).

F = Femmes H = Hommes
(1 234) Coefficient de variation supérieur à 5% (valeur incertaine sur le plan statistique)
Source: OFS – ESS

Monatlicher Bruttolohn[1] nach Grossregionen, beruflicher Stellung und Geschlecht – Privater Sektor. T 3.4.1.1.13
2014, Median, in Franken, standardisiert[2]
Salaire brut mensuel[1] selon les grandes régions, la position professionnelle et le sexe – Secteur privé.
En 2014, médiane, en francs, standardisé[2]

	Total	Geschlecht Sexe		Oberstes, oberes und mittleres Kader Cadre supérieur et moyen		Unteres Kader Cadre inférieur		Unterstes Kader Responsable de l'exécution de travaux		Ohne Kaderfunktion Sans fonction de cadre		
		F/F	M/H	F/F	M/H	F/F	M/H	F/F	M/H	F/F	M/H	
Total	**6 189**	**5 548**	**6 536**	**8 221**	**10 553**	**7 185**	**8 452**	**6 190**	**6 942**	**5 180**	**5 910**	**Total**
Genferseeregion	6 118	5 663	6 366	9 143	10 923	7 936	8 744	6 403	6 771	5 200	5 701	Région lémanique
Espace Mittelland	6 112	5 533	6 429	7 480	9 760	6 356	7 504	6 064	6 888	5 319	5 987	Espace Mittelland
Nordwestschweiz	6 451	5 830	6 811	8 641	10 833	7 256	8 915	6 576	7 301	5 417	6 073	Suisse du Nord-Ouest
Zürich	6 614	5 768	7 183	9 592	12 926	8 333	9 943	6 746	7 846	5 256	6 196	Zurich
Ostschweiz	5 813	5 046	6 159	6 707	8 871	6 458	7 504	5 442	6 313	4 791	5 656	Suisse orientale
Zentralschweiz	6 196	5 563	6 505	7 963	9 835	6 926	7 814	5 927	6 701	5 200	5 907	Suisse centrale
Tessin	5 125	4 546	5 397	6 779	8 597	5 571	6 500	4 990	5 600	4 150	4 948	Tessin

1/2 Siehe Fussnoten der Tabelle T3.4.1.0.47   1/2 Voir notes du tableau T3.4.1.0.47

F = Frauen   M = Männer   F = Femmes   H = Hommes

Quelle: BFS – LSE   Source: OFS – ESS

Nominal- und Reallohnindex nach Wirtschaftsabteilungen[1]. Index 2010 = 100   T 3.4.2.2.3
Indice des salaires nominaux et réels selon la division économique[1]. Indice 2010 = 100

Wirtschaftsabteilungen NOGA 2008		Nominallohnindex Indice des salaires nominaux			Reallohnindex Indice des salaires réels			Divisions économiques NOGA 2008
		Indizes Indices		Veränder. in % Variation en %	Indizes Indices		Veränder. in % Variation en %	
		2013	2014	2013/2014	2013	2014	2013/2014	
05–96	Total	102,6	103,3	0,8	103,3	104,1	0,8	Total
05–43	**Sektor 2**	**102,3**	**103,2**	**0,9**	**103,0**	**103,9**	**0,9**	**Secteur 2**
05–09/ 35–39	Bergbau und Gewinnung von Steinen und Erden; Energie- und Wasserversorgung	101,5	102,0	0,5	102,2	102,7	0,5	Industries extractives, production et distribution d'énergie etd'eau; gestion des déchets
10–33	Verarbeitendes Gewerbe/Herst. v. Waren	102,3	103,5	1,1	103,0	104,2	1,1	Industries manufacturières
41–43	Baugewerbe/Bau	102,3	102,8	0,5	103,0	103,5	0,5	Construction
45–96	**Sektor 3**	**102,7**	**103,4**	**0,7**	**103,4**	**104,1**	**0,7**	**Secteur 3**
45–47	Handel; Instandhaltung und Reparaturen von Motorfahrzeuge	102,9	103,7	0,8	103,6	104,4	0,8	Commerce
49–53	Verkehr und Lagerei	102,1	101,7	–0,4	102,8	102,4	–0,4	Transports et courrier
55 / 56	Gastgewerbe und Beherbergung	102,7	103,9	1,1	103,4	104,6	1,1	Hébergement et restauration
58–63	Information und Kommunikation	103,2	104,3	1,1	103,9	105,0	1,1	Edition, diffusion, télécommunications, activités informatiques
64–66	Finanz- u. Versicherungsdienstleistungen	103,1	104,5	1,3	103,9	105,3	1,3	Activités financières et assurance
69–75	Freiberufliche, wissenschaftliche u. technische Dienstl.	104,2	104,4	0,3	104,9	105,2	0,3	Activités spécialisées, scientifiques et techniques
77–82	Sonst. wirtschaftliche Dienstleistungen	102,5	103,5	1,0	103,2	104,2	1,0	Activités de services administratifs et de soutien
84	Öffentliche Verwaltung	102,0	102,4	0,4	102,7	103,1	0,4	Administration publique
85	Erziehung und Unterricht	102,1	103,8	1,6	102,8	104,5	1,7	Enseignement
86–88	Gesundheits- u. Sozialwesen	101,7	101,7	0,1	102,4	102,4	0,1	Santé, hébergement médico-social et action sociale
90–96	Kunst, Unterhaltung und Erholung, sonst. Dienstl.	102,0	104,6	2,5	102,7	105,3	2,5	Arts, spectacles et activités récréatives, autres activités de services

1   Lohnkomponenten: Bruttogrundlohn, Teuerungszulage, 13. Monatslohn, Akkord- und Provisionszahlungen, Familienzulagen sowie Naturallöhne sind von der Berechnung ausgeklammert.

Quelle: BFS – SLI

1   Composantes du salaire: salaire brut de base, allocation de renchérissement et 13ᵉ salaire. Les primes et les commissions, les allocations familiales et les paiements en nature sont exclus du calcul.

Source: OFS – ISS

Jährliches Brutto-Erwerbseinkommen[1]. 2014, Median, in Franken, ausschliesslich Vollzeiterwerbstätige T 3.4.3.1
Revenu annuel professionnel brut[1]. En 2014, médiane, en francs, actifs occupés à plein temps seulement

	Total			Männer / Hommes			Frauen / Femmes			
	Schweizer Suisses	Ausländer[2] Etrangers[2]	Total	Schweizer Suisses	Ausländer[2] Etrangers[2]	Total	Schweizer Suisses	Ausländer[2] Etrangers[2]	Total	
Erwerbstätige, Total	85 100	72 800	81 300	91 800	75 600	87 000	71 500	65 000	70 000	Pers. actives occupées, total
Berufliche Stellung (soziologische Klassifikation)										**Situation dans la profession (classification sociologique)**
Selbständige, mitarb. Familienmitglieder	80 000	72 000	78 000	87 100	72 000	83 200	59 800	59 600	59 800	Indépendants, collaborateurs familiaux
Arbeitnehmer in Unternehmensleitung	137 000	120 000	135 000	143 000	126 000	140 000	103 200	95 900	100 000	Salariés membres de la direction
Arbeitnehmer mit Vorgesetztenfunktion	91 000	83 200	89 700	95 300	84 700	93 200	75 400	75 000	75 400	Salariés exerçant une fonction de chef
Arbeitnehmer ohne Vorgesetztenfunktion	78 000	67 800	74 800	83 200	70 200	78 000	69 900	60 000	67 500	Salariés sans fonction de chef
Arbeitnehmer, Total	86 000	72 900	81 900	92 300	75 700	87 500	72 300	65 000	70 200	Salariés, total
Ausgeübte Berufsgruppen (ISCO)[3]										**Professions exercées (ISCO)**[3]
Führungskräfte	120 000	117 700	120 000	126 200	123 500	125 600	91 000	92 000	91 000	Dirigeants, cadres supérieurs
Akademische Berufe	107 900	99 500	104 500	115 000	101 900	110 500	88 600	92 000	90 000	Prof. intellectuelles et scientifiques
Techniker und gleichrangige Berufe	90 000	84 000	88 000	97 900	85 100	95 200	74 900	78 800	75 400	Professions intermédiaires
Bürokräfte, kaufmännische Angestellte	76 000	67 500	74 100	80 500	67 600	78 000	72 800	66 200	70 900	Employés de type administratif
Dienstleistungs- und Verkaufsberufe	65 000	54 700	60 000	81 900	57 600	70 200	55 100	52 000	54 200	Personnel des services et vente
Fachkräfte in der Landwirtschaft	60 000	61 100	60 000	60 600	62 400	60 900	37 500	(52 000)	40 000	Agriculteurs
Handwerks- und verwandte Berufe	72 800	67 500	70 200	75 000	68 200	71 600	58 500	53 100	56 700	Artisans et ouvriers
Anlagen- und Maschinenbediener	74 000	66 900	70 200	75 000	67 900	71 600	56 000	50 400	53 700	Conducteurs et assembleurs
Hilfsarbeitskräfte	65 000	54 200	59 500	67 700	63 100	65 500	55 900	50 700	52 000	Ouvriers et employés non qualifiés

1 Komponenten des Erwerbseinkommen: 12 Monatsraten, eine weitere Rate im Falle eines 13. Monatslohns, eine zusätzliche Rate im Falle eines 14. Monatslohns und eine halbe Monatsrate im Falle von Prämien- bzw. Gratifikationsbeträgen
2 Jahresaufenthalter und Niedergelassene
3 Ohne Lehrlinge

Quelle: BFS – SAKE

1 Composantes du revenu professionnel: 12 mensualités, une mensualité supplémentaire en cas de 13e salaire, une autre en cas de 14e salaire et une demi mensualité en cas de prime ou de gratification
2 Titulaires d'un permis annuel ou du permis d'établissement
3 Sans les apprentis

Source: OFS – ESPA

Organisation des Arbeitsmarktes und Gesamtarbeitsverträge
Organisation du marché du travail et conventions collectives de travail
Gesamtarbeitsverträge[1] **(GAV) nach Grösse.** Stand 1. März 2012 T 3.5.1.1.1
Conventions collectives de travail[1] **(CCT) selon la taille.** En vigueur au 1er mars 2012

	Total	Grösse (Unterstellte Arbeitnehmer)[3] / Taille CCT (Salarié(e)s assujetti(e)s)[3]					
		< 5 000	5 000–9 999	10 000–99 999	≥100 000	Ohne Angabe / Sans indication	
Total GAV[1]	606	551	18	30	3	4	**Total CCT**[1]
mit normativen Bestimmungen	592	545	14	26	3	4	CCT avec dispositions normatives
ohne normativen Bestimmungen[2]	14	6	4	4	0	0	CCT sans dispositions normatives[2]
Unterstellte Arbeitnehmer[3]	**1 926 100**	**311 000**	**128 000**	**847 100**	**640 000**	**0**	**Total salarié(e)s assujetti(e)s**[3]
GAV mit normativen Bestimmungen	1 742 100	296 300	99 000	706 800	640 000	0	CCT avec dispositions normatives
GAV ohne normativen Bestimmungen[2]	183 900	14 600	29 000	140 300	0	0	CCT sans dispositions normatives[2]

1 Basisvertrag. Ohne mit dem GAV verbundene Ergänzungsvereinbarungen oder Zusatzverträge. Einschliesslich der GAV ohne Angabe der Anzahl unterstellter Arbeitnehmende. Von einer Erhebung zur anderen kann eine leichte Veränderung der Anzahl GAV, die mit strukturellen Umstellungen in den gesamtarbeitsvertraglich geregelten Bereichen zusammenhängt, signifikante Auswirkungen auf die Zahl der unterstellten Arbeitnehmenden haben.
2 GAV, die in der Regel den Wirkungsbereich (Arbeitgeber und Arbeitnehmende) anderer GAV mit geltenden normativen Bestimmungen innerhalb derselben Wirtschaftszweigs betreffen.
3 Eine arbeitnehmende Person, die mehreren GAV unterstellt ist, wird mehrmals gezählt.

Quelle: BFS – EGS

1 CCT de base.Sans les conventions complémentaires ou avenants à une CCT. Y compris les CCT sans indication du nombre de salarié(e)s assujetti(e)s. D'un relevé à l'autre, une légère variation du nombre de CCT, liée à des changements structurels dans le domaine des conventions collectives de travail, peut engendrer des variations significatives en terme de nombre de personnes salariées assujetties.
2 CCT qui recoupent de manière générale le champ d'application (employeurs et travailleurs) d'autres CCT avec dispositions normatives et en vigueur dans la même branche économique.
3 Une personne salariée assujettie à plusieurs CCT est comptée plusieurs fois.

Source: OFS – ECS

Vereinbarte Lohnabschlüsse in den Gesamtarbeitsverträgen nach Wirtschaftsabschnitten. 2014 T 3.5.1.2.2
Accords salariaux conclus dans les conventions collectives de travail selon les sections économiques. En 2014

	Wirtschaftszweige NOGA 2008	Den wichtigsten GAV unterstellte Arbeitnehmer Salariés assujettis aux principales CCT		Vereinbarte nominale Effektivlohnanpassungen Accord sur les adaptations nominales des salaires effectifs		Vereinbarte nominale Mindestlohnanpassungen Accord sur les adaptations nominales des salaires minimaux		Sections économiques NOGA 2008
		Total [1]	mit Lohnverhandlungen avec négociat. salariale	Unterstellte Arbeitnehmende [2] Salariés assujettis [2]	Lohnanpassungen Adaptation du salaire %	Unterstellte Arbeitnehmer [3] Salariés assujettis [3]	Lohnanpassungen Adaptation du salaire %	
	Total	1 616 700	1 178 800	537 100	0,8	949 000	0,7	Total
A	Land- und Forstwirtschaft, Fischerei	X	X	X	X	X	X	Agriculture, sylviculture et pêche
B	Bergbau u. Gewinnung von Steinen und Erden	–	–	–	*	–	*	Industries extractives
C	Verarbeitendes Gewerbe / Herst. von Waren	235 600	226 600	94 000	0,4	97 100	1,3	Industrie manufacturière
D	Energieversorgung	–	–	–	*	–	*	Production et distribution d'électricité, de gaz, de vapeur et d'air conditionné
E	Wasserversorgung; Abwasser- und Abfallentsorgung und Beseitigung von Umweltverschmutzungen	–	–	–	*	–	*	Production et distribution d'eau; assainissement, gestion des déchets et dépollution
F	Baugewerbe / Bau	170 000	164 100	155 300	0,7	158 100	0,4	Construction
G	Handel; Instandhaltung und Reparatur von Motorfahrzeuge	157 600	145 500	119 900	0,9	92 700	2,0	Commerce; réparation d'automobiles et de motocycles
H	Verkehr und Lagerei	94 900	88 800	69 100	1,4	88 800	0,8	Transports et entreposage
I	Gastgewerbe / Beherbergung u. Gastronomie	205 000	205 000	–	*	205 000	0,2	Hébergement et restauration
J	Information und Kommunikation	21 400	21 400	19 800	1,3	6 800	0,1	Information et communication
K	Erbringung von Finanz- und Versicherungsdienstleistungen	74 500	–	–	*	–	*	Activités financières et d'assurance
L	Grundstücks- und Wohnungswesen	–	–	–	*	–	*	Activités immobilières
M	Erbringung von freiberuflichen, wissenschaftlichen und technischen Dienstleistungen	1 800	–	–	*	–	*	Activités spécialisées, scientifiques et techniques
N	Erbringung von sonstigen wirtschaftlichen Dienstleistungen	369 900	83 700	–	*	67 100	2,2	Activités de services administratifs et de soutien
O	Öffentl. Verwaltung, Verteidigung; Sozialvers.	10 400	10 400	10 400	–	–	*	Administration publique
P	Erziehung und Unterricht	4 300	2 600	2 600	0,7	2 600	–	Enseignement
Q	Gesundheits- und Sozialwesen	71 500	66 000	66 000	0,4	66 000	0,0	Santé humaine et action sociale
R	Kunst, Unterhaltung und Erholung	–	–	–	*	–	*	Arts, spectacles et activités récréatives
S	Erbringung von sonstigen Dienstleistungen	8 900	8 900	–	*	8 900	5,5	Autres activités de services
Z	Nicht zuzuordnen (dieser Code ist in der NOGA nicht enthalten) [4]	186 900	151 900	–	*	151 900	0,0	Inclassables (ce code ne fait pas partie de la NOGA) [4]

1 Gesamtarbeitsverträge im privaten und öffentlichen Sektor mit mindestens 1500 unterstellten Arbeitnehmenden. Eine arbeitnehmende Person, die mehreren GAV unterstellt ist, wird mehrmals gezählt.
2 Ausserdem wurden 15 000 Personen von gescheiterten Lohnverhandlungen betroffen.
3 Ohne 124 800 Personen, die einem GAV unterliegen, im dem Mindestlöhne eingeführt oder neu strukturiert wurden.
4 Kaufmännische Angestellte und Verkaufspersonal

Quelle: Bundesamt für Statistik, EGL

1 Il s'agit de CCT du secteur privé et public concernant au moins 1500 personnes salariées assujetties. Une personne salariée assujettie à plusieurs CCT est comptée plusieurs fois.
2 Par ailleurs 15 000 personnes ont été concernées par un échec des négociations.
3 Non compris 124 800 personnes, couvertes par une CCT dans laquelle des salaires minimaux sont fixés pour la première fois ou sont modifiés dans leur composition.
4 Employés de commerce et personnel de vente

Source: Office fédéral de la statistique, EAS

Streiks und Aussperrungen [1] T 3.5.3.1
Grèves et lock-out [1]

	1990	2005	2007	2008	2009	2010	2011	2012	2013	2014	
Fälle	2	5	2	8	3	3	7	7	11	8	Cas
Beteiligte Betriebe	2	11	571	59	3	3	10	50	65	35	Etablissements impliqués
Beteiligte Arbeitnehmende [2]	578	338	5 083	10 160	159	172	1 007	2 869	1 688	1 915	Travailleurs impliqués [2]
Verlorene Arbeitstage [3]	4 090	1 392	7 083	13 644	395	2 455	2 837	2 554	5 764	4 185	Journées de travail perdues [3]

1 Streiks, die mindestens 1 Arbeitstag dauerten
2 Höchstzahl
3 Ungefähre Zahl

Quelle: BFS – KASE

1 Grève durant au minimum 1 journée de travail
2 Nombre maximum
3 Nombre approximatif

Source: OFS – KASE

Unbezahlte Arbeit
Travail non rémunéré
Freiwilligenarbeit, Beteiligung der Bevölkerung[1]. In %, 2013
Engagement de la population[1] dans le travail bénévole. En %, en 2013

T 3.6.1.1

	Total	Institutionalisierte Freiwilligenarbeit Travail bénévole organisé			Informelle Freiwilligenarbeit Travail bénévole informel	
		Total	Führungsaufgaben Tâches dirigeantes	Basisaufgaben Tâches de base		
Total	33,3	20,0	10,1	11,7	18,6	**Total**
Geschlecht						**Sexe**
Männer	31,8	22,2	13,0	11,5	13,8	Hommes
Frauen	34,8	17,9	7,3	11,9	23,2	Femmes
Altersgruppen						**Groupe d'âges**
15–24-jährig	26,7	18,8	6,3	13,4	10,3	15–24 ans
25–39-jährig	31,3	18,3	9,9	10,0	17,0	25–39 ans
40–54-jährig	36,4	24,1	13,8	13,0	18,8	40–54 ans
55–63/64-jährig	38,9	22,7	12,1	12,6	23,5	55–63/64 ans
64/65–74-jährig	41,4	20,7	9,8	12,8	28,4	64/65–74 ans
75-jährig und älter	21,1	9,6	3,0	7,0	14,7	75 ans et plus
Bildungsniveau						**Niveau de formation**
Sekundarstufe I	20,4	10,7	3,0	8,2	12,1	Degré secondaire I
Sekundarstufe II	34,0	19,8	9,3	12,2	19,7	Degré secondaire II
Tertiärstufe	41,3	26,9	16,4	13,4	21,5	Degré tertiaire
Familiensituation						**Situation familiale**
Alleinlebende	30,4	16,7	7,3	10,5	18,4	Personnes seules
Paare in 2-Personenhaushalten	36,5	19,9	10,7	11,2	22,5	Couples (ménage de deux personnes)
Paare mit Kind(ern) (jüngstes Kind 0–14 Jahre)	36,4	22,8	12,8	12,5	20,6	Couples avec enfant(s) (le plus jeune: 0–14 ans)
Paare in anderer Situation	33,8	23,6	12,4	13,2	16,5	Couples dans une autre situation
Alleinlebende Mütter, Väter mit Kind(ern) (jüngstes Kind 0–14 Jahre)	36,2	15,6	7,2	9,1	26,7	Mères, pères seul(e)s avec enfant(s) (le plus jeune: 0–14 ans)
Bei Eltern lebende Söhne/Töchter (15–24-jährig)	26,8	19,2	6,2	13,9	10,3	Fils/filles (15–24 ans) vivant chez leurs parents
Andere Situation	29,1	18,1	10,3	9,1	13,6	Autres situations
Staatsangehörigkeit						**Nationalité**
Schweizer	37,7	23,2	12,1	13,3	20,9	Suisses
Ausländer	18,2	9,2	3,4	6,1	10,7	Etrangers

1 Ständige Wohnbevölkerung ab 15 Jahren; mindestens eine Freiwilligenarbeit in den vier Wochen vor dem Interview

Quelle: BFS – SAKE (Modul «Unbezahlte Arbeit»)

1 Population résidante permanente âgée de 15 ans et plus; au moins une activité bénévole exercée pendant les 4 semaines ayant précédé l'enquête

Source: OFS – ESPA (module «travail non rémunéré»)

Haus- und Familienarbeit[1]. Durchschnittlicher Zeitaufwand in Stunden pro Woche, 2013
Travail domestique et familial[1]. Nombre d'heures par semaine en moyenne, en 2013

T 3.6.2.1

	Frauen / Femmes	Männer / Hommes	
Total	27,5	17,3	Total
Nach Altersgruppen			**Selon le groupe d'âges**
15–24 Jahre	15,4	11,2	15–24 ans
25–39 Jahre	35,5	20,0	25–39 ans
40–54 Jahre	32,3	19,4	40–54 ans
55–63/64 Jahre	24,7	15,9	55–63/64 ans
64/65–74 Jahre	24,8	17,1	64/65–74 ans
75 Jahre und mehr	19,9	14,5	75 ans et plus
Nach Bildungsniveau			**Selon le niveau de formation**
Sekundarstufe I	23,2	13,9	Degré secondaire I
Sekundarstufe II	28,3	17,1	Degré secondaire II
Tertiärstufe	30,3	19,1	Degré tertiaire
Nach Hauptaktivität			**Selon l'activité principale**
Berufstätig	25,4	18,3	Activité professionnelle
In Ausbildung	16,6	10,9	En formation
Haus- und Familienarbeit	45,7	33,7	Travail domestique et familial
Rentenalter (65 Jahre und mehr)	22,4	16,0	Retraités (65 ans et plus)
Nach Familiensituation			**Selon la situation familiale**
Alleinlebende	19,2	15,5	Personnes seules
Partner/Partnerinnen in 2-Personenhaushalten	22,6	15,4	Partenaires dans un ménage de deux personnes
Partner/Partnerinnen (jüngstes Kind 0–6 Jahre)	55,5	30,5	Partenaires avec enfant(s) (le plus jeune: 0–6 ans)
Partner/Partnerinnen (jüngstes Kind 7–14 Jahre)	44,6	23,7	Partenaires avec enfant(s) (le plus jeune: 7–14 ans)
Partner/Partnerinnen mit älterem Kind oder anderen Personen	29,7	15,0	Partenaires avec enfant(s) plus âgé(s) ou autres personnes
Alleinlebende Mütter, Väter (jüngstes Kind 0–6 Jahre)	53,8	(33,8)	Mères, pères seul(e)s avec enfant(s) (le plus jeune: 0–6 ans)
Alleinlebende Mütter, Väter (jüngstes Kind 7–14 Jahre)	41,5	35,0	Mères, pères seul(e)s avec enfant(s) (le plus jeune: 7–14 ans)
Bei den Eltern lebende Söhne/Töchter (15–24-jährig)	13,9	10,5	Fils/filles (15–24 ans) vivant chez leurs parents
Nach Art der Tätigkeit			**Selon la tâche**
Alle Haushalte			Tous les ménages
Mahlzeiten zubereiten	6,8	3,4	Préparer les repas
Abwaschen, Einräumen, Tisch decken	2,5	1,7	Laver et ranger la vaisselle, mettre la table
Einkaufen	2,5	1,8	Faire les achats
Putzen, Aufräumen	4,4	1,8	Nettoyer, ranger
Waschen, Bügeln	2,3	0,6	Faire la lessive, repasser
Handwerkliche Tätigkeiten, Handarbeiten	0,8	1,7	Travaux manuels
Haustiere, Pflanzen, Garten	2,2	1,8	Animaux, plantes, jardinage
Administrative Arbeiten	1,1	1,5	Travaux administratifs
Kleinkinder Essen geben, waschen	1,3	0,6	Nourrir les petits enfants, les laver
Mit Kindern spielen, Hausaufgaben machen	3,2	2,3	Jouer avec les enfants, faire les devoirs
Kinder begleiten, transportieren	0,4	0,3	Accompagner les enfants, les emmener quelque part
Betreuung, Pflege von Erwachsenen	0,2	0,1	Soins et assistance aux adultes
Nur Haushalte mit Kind(ern) oder pflegebedürftiger erwachsener Person			Seulement les ménages avec des enfants ou avec des personnes nécessitant des soins
Kleinkinder Essen geben, waschen	9,5	4,6	Nourrir les petits enfants, les laver
Mit Kindern spielen, Hausaufgaben machen	10,7	7,2	Jouer avec les enfants, faire les devoirs
Kinder begleiten, transportieren	1,3	1,0	Accompagner les enfants, les emmener quelque part
Betreuung, Pflege von Erwachsenen	11,4	4,5	Soins et assistance aux adultes

1 Ständige Wohnbevölkerung ab 15 Jahren
Quelle: BFS – SAKE (Modul «Unbezahlte Arbeit»)

1 Population résidante permanente âgée de 15 ans et plus
Source: OFS – ESPA (module «travail non rémunéré»)

4

Volkswirtschaft

Economie nationale

Überblick

Das Ende der 1990er-Jahre: wirtschaftlicher Aufschwung und Wachstum des Finanzsektors

Ende der 1990er-Jahre erlebte die Wirtschaft einen kräftigen Aufschwung. Aufgrund der tiefen Inflationsraten konnte die SNB ihre Geldpolitik lockern. Impulse erhielt die Schweizer Wirtschaft besonders im Exportbereich, da das Exportvolumen aufgrund des gesunkenen Aussenwerts des Frankens ausgeweitet werden konnte. Diese Phase war geprägt vom starken Wachstum des Finanzsektors. Der Anteil der Banken und Versicherungen am Bruttoinlandprodukt (BIP) stieg von 8,5% im Jahr 1995 auf 12,7% im Jahr 2000, während jener der nichtfinanziellen Kapitalgesellschaften (inkl. produzierender Haushalte) kontinuierlich zurückging (von 76,2% im Jahr 1995 auf 71,4% im Jahr 2000).

Zum gesamtwirtschaftlichen Wachstum seit Mitte der 1990er-Jahre hat neben dem Finanz- und Versicherungssektor auch das Engagement von Schweizer Unternehmen im Ausland beigetragen. Der Arbeitsmarkt erholte sich aber erst 1998, als sich auch die Lage der arbeitsintensiveren nicht finanziellen Unternehmen deutlich besserte.

Leichte Erholung der inländischen Endnachfrage und starkes Wachstum der Ausrüstungsinvestitionen

Gegen Ende der 1990er-Jahre war bei der inländischen Endnachfrage, die rund 60% des BIP ausmachte, eine leichte Erholung zu verzeichnen. Im Jahr 1998 wurde mit einer Zunahme von 4% ein Höchstwert erreicht (wenn nicht anders vermerkt, handelt es sich um Veränderungen zu Preisen des Vorjahres). Die Ausrüstungsinvestitionen nahmen zwischen 1995 und 2000 markant zu – in erster Linie dank günstiger Importe. Die Bauinvestitionen dagegen gingen zurück und erlitten einen Preiszerfall.

Moderate Entwicklung des BIP pro Einwohner/in

Das BIP pro Einwohnerin und Einwohner, das häufig als Indikator für den Lebensstandard eines Landes verwendet wird, lässt sich in zwei Hauptkomponenten zerlegen: die Arbeitsproduktivität nach geleisteten Arbeitsstunden und den Effekt der Verwendung

Vue d'ensemble

La fin des années 90: Reprise économique et croissance du secteur financier

La fin des années 90 marque une période de reprise économique soutenue. Le faible taux d'inflation a permis à la BNS d'assouplir la politique monétaire. L'économie suisse a reçu des impulsions favorables en particulier dans le domaine des exportations, le volume de ces dernières ayant augmenté suite à la baisse de la valeur extérieure du franc. Cette période se caractérise par la forte croissance du secteur financier. La part des banques et des assurances au produit intérieur brut (PIB) passe de 8,5% en 1995 à 12,7% en 2000. Les entreprises non financières (y compris ménages producteurs) ont par contre vu leur poids progressivement diminué, passant de 76,2% en 1995 à 71,4% en 2000.

Les secteurs des intermédiaires financiers et des assurances, mais aussi l'engagement des entreprises suisses à l'étranger, ont contribué à la croissance depuis le milieu des années 1990. Le marché du travail ne s'est toutefois rétabli qu'en 1998, quand la situation des entreprises non financières, qui emploient beaucoup de personnel, s'est à son tour sensiblement améliorée.

Bruttoinlandprodukt: jährliche Veränderung in % G 4.1
Produit intérieur brut: variation annuelle en %

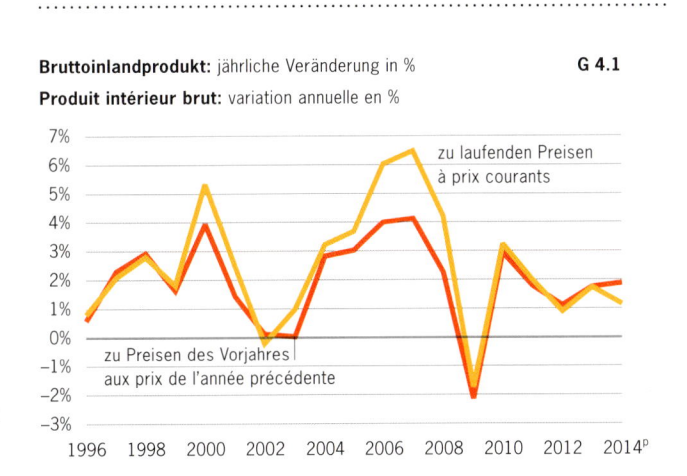

Bruttowertschöpfung diverser Sektoren — G 4.2
Valeur ajoutée brute dans plusieurs secteurs
In % des BIP / En % du PIB

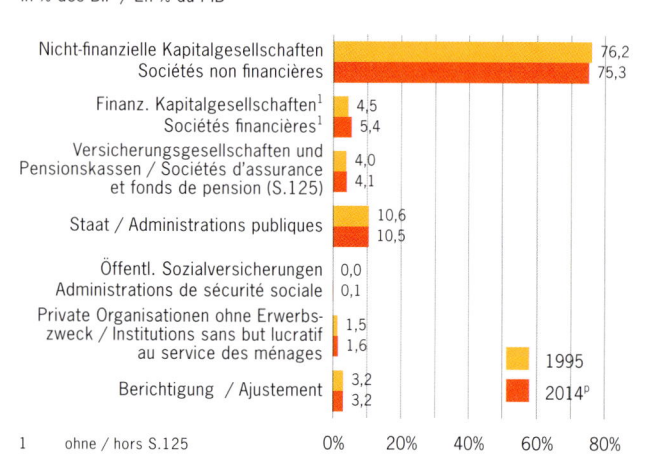

Sektor	1995	2014ᵖ
Nicht-finanzielle Kapitalgesellschaften / Sociétés non financières	76,2	75,3
Finanz. Kapitalgesellschaften[1] / Sociétés financières[1]	4,5	5,4
Versicherungsgesellschaften und Pensionskassen / Sociétés d'assurance et fonds de pension (S.125)	4,0	4,1
Staat / Administrations publiques	10,6	10,5
Öffentl. Sozialversicherungen / Administrations de sécurité sociale	0,0	0,1
Private Organisationen ohne Erwerbszweck / Institutions sans but lucratif au service des ménages	1,5	1,6
Berichtigung / Ajustement	3,2	3,2

[1] ohne / hors S.125

Konsumausgaben und Investitionen — G 4.3
Consommation et investissements
In % des BIP, zu laufenden Preisen / En % du PIB, à prix courants

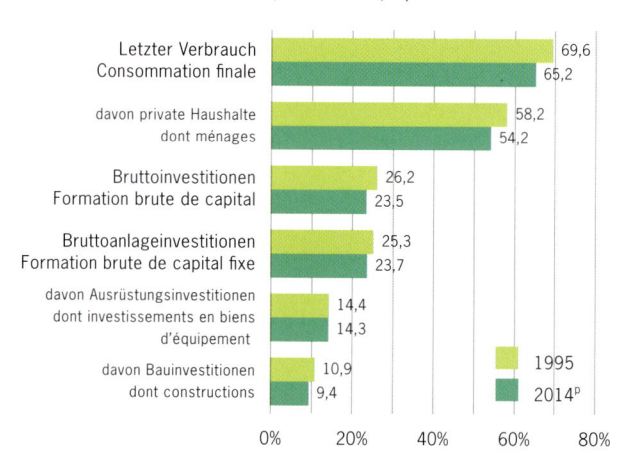

	1995	2014ᵖ
Letzter Verbrauch / Consommation finale	69,6	65,2
davon private Haushalte / dont ménages	58,2	54,2
Bruttoinvestitionen / Formation brute de capital	26,2	23,5
Bruttoanlageinvestitionen / Formation brute de capital fixe	25,3	23,7
davon Ausrüstungsinvestitionen / dont investissements en biens d'équipement	14,4	14,3
davon Bauinvestitionen / dont constructions	10,9	9,4

---

der Arbeitskräfte. Während die Arbeitsproduktivität nach geleisteten Arbeitsstunden die Effizienz misst, mit welcher der Faktor Arbeit in der Wirtschaft eingesetzt wird, drückt der Effekt der Verwendung der Arbeitskräfte die Intensität aus.

Grafik G 4.4 zeigt die Entwicklung des BIP pro Einwohnerin und Einwohner sowie die beiden erwähnten Hauptkomponenten von 1995 bis 2014. Während dieser Periode weist die Schweiz eine durchschnittliche jährliche Veränderungsrate des BIP pro Einwohnerin und Einwohner von +1,2% auf. Dieses Wachstum ist hauptsächlich auf den positiven Einfluss der Arbeitsproduktivität nach geleisteten Arbeitsstunden (+1,2%) zurückzuführen, denn der Effekt der Verwendung der Arbeitskräfte blieb unverändert (0,0%). In der Schweiz wird der Effekt der Verwendung der Arbeitskräfte durch die durchschnittliche Arbeitszeit, die Arbeitslosenrate sowie die Erwerbsquote der Bevölkerung im erwerbsfähigen Alter bestimmt.

Die Entwicklung ab 2000

Nach markanter Steigerung im Jahr 2000 verlangsamte sich das Wachstum in den folgenden drei Jahren in unerwartetem Mass. 2002 und 2003 stagnierte das BIP – eine Entwicklung, die nicht zuletzt auf den Rückgang bestimmter Dienstleistungen und – auf der Ausgabenseite – auf den Einbruch der Ausgaben der Haushalte für den Endkonsum sowie der Ausrüstungsinvestitionen zurückzuführen ist.

Zwischen 2004 und 2010 befand sich die Schweizer Wirtschaft auf einem florierenden Wachstumspfad, mit einem einzigen Stillstand im Jahr 2009. Das BIP wuchs 2004 um 2,8%. Dieses Wachstum findet seine Gründe erstens in der Inlandnachfrage, die nach zwei Jahren der Stagnation wieder anstieg, und zweitens im Aussenbeitrag, der seit 2002 gewachsen war. Das kräftige Wachstum des BIP setzte sich 2005 mit einer Zunahme um 3% fort. Dieses positive Ergebnis ist im Wesentlichen auf die anhaltend starke Inlandnachfrage und insbesondere auf die Investitionen zurückzuführen. Die Jahre 2006 und 2007 erreichten dann ein aussergewöhnliches Wachstum von 4% bzw. 4,1%. Bei diesen Wachstumsraten handelte es sich um die höchsten des Zeitraums 1995–2014. Zurückzuführen waren sie insbesondere auf die ausgezeichneten Ergebnisse der finanziellen Kapitalgesellschaften und der exportierenden Firmen. Die inländische Endnachfrage verzeichnete in diesen beiden Jahren jedoch nur

Léger rebond de la demande intérieure finale et forte croissance des investissements en biens d'équipement

La fin des années 90 marque un léger rebond de la demande intérieure finale, qui représente environ 60% du PIB. En 1998, un pic est atteint avec une hausse de 4% (si pas spécifié, il s'agit de variations aux prix de l'année précédente). Les investissements en biens d'équipement ont progressé d'une manière spectaculaire de 1995 à 2000, grâce notamment à des conditions d'importation favorables. Les investissements dans la construction, en revanche, ont connu des évolutions contrastées, et les prix de la construction ont diminué.

Evolution modérée du PIB par habitant

Le PIB par habitant, habituellement utilisé comme indicateur du niveau de vie d'un pays, se décompose en deux facteurs centraux: la productivité horaire du travail et l'effet de l'utilisation de la main-d'œuvre. Si la productivité horaire du travail mesure l'efficience avec laquelle le travail est utilisé dans l'activité économique, l'effet de l'utilisation de la main-d'œuvre quantifie son intensité.

Le graphique G 4.4 présente les évolutions respectives du PIB par habitant et de ses deux composantes de 1995 à 2014. On constate que sur cette période, la Suisse connaît une évolution annuelle moyenne de son PIB par habitant de 1,2%. Cette croissance repose essentiellement sur les évolutions positives affichées par la productivité horaire du travail (+1,2%), car l'effet de l'utilisation de la main-d'œuvre n'a pas varié (0,0%). En Suisse, l'effet de l'utilisation de la main-d'œuvre est influencé par la durée moyenne du travail, par le taux de chômage ainsi que par le taux de participation de la population en âge de travailler.

Evolution dès l'année 2000

Après avoir nettement progressé en l'an 2000, la croissance économique a connu un ralentissement d'une ampleur inattendue les trois années suivantes. Le PIB a stagné en 2002 et en 2003, en raison notamment d'une décroissance de certaines activités de services et, du côté dépenses, d'un fléchissement des dépenses de consommation finale des ménages et des investissements en biens d'équipement.

Zerlegung der Wachstumsrate des BIP pro Einwohner G 4.4
Décomposition du taux d'évolution du PIB par habitant
Mittlere jährliche Wachstumsraten / Taux de croissance annuels moyens

| | Arbeitsproduktivität nach geleisteten Arbeitsstunden / Productivité horaire du travail | Effekt der Verwendung der Arbeitskräfte / Effet de l'utilisation de la main-d'œuvre | BIP pro Einwohner / PIB par habitant |

Stagnation 1991–1996 | Expansion 1996–2000 | Stagnation 2000–2003 | Expansion 2003–2008 | Rezession/Récession 2008–2009 | Expansion 2009–2014

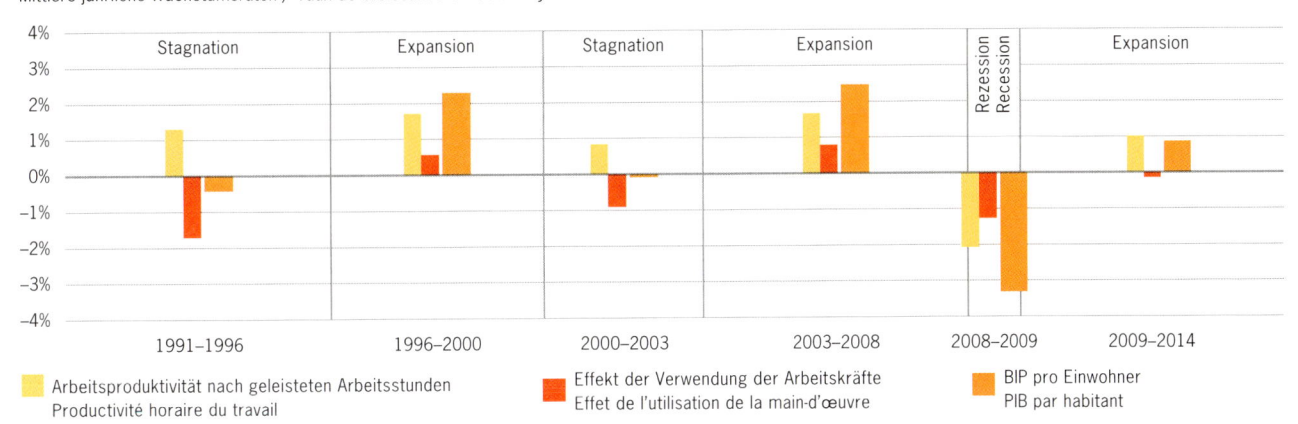

ein moderates Wachstum. Im Jahr 2008 begann die Finanzkrise, sich auf die Realwirtschaft auszuwirken[1]. Die Schwierigkeiten des Bankensektors drückten auf das Wachstum, das noch 2,3% erreichte, wobei auch der Rest der Wirtschaft nach zwei Jahren starken Wachstums gegen Jahresende eine leichte Abschwächung zeigte. Auf der Nachfrageseite wurde der Anstieg der Konsumausgaben gebremst, und die Ausrüstungsinvestitionen brachen plötzlich ein. Diese Verlangsamung verschärfte sich 2009, und die Schweizer Wirtschaft verzeichnete eine markante Abnahme des BIP um 2,1%. Während die Exportbranchen unter der Verschlechterung der Weltwirtschaft litten, waren bei den Finanzinstituten die Auswirkungen der Finanzkrise noch stärker zu spüren. Derweil der Anstieg der Konsumausgaben positiv blieb und die Bauinvestitionen auf den Wachstumspfad zurückkehrten, war bei den Ausrüstungsinvestitionen und beim Aussenhandel ein starker Einbruch zu beobachten.

2010 erholte sich die Wirtschaft, und das BIP wuchs um 3,0%. Diese Zunahme ist hauptsächlich mit dem Wiederaufschwung der Ausrüstungsinvestitionen und dem Beitrag des Aussenhandels zu erklären. Nach zwei Jahren starken Rückgangs ihrer Wertschöpfung verbuchten die Banken wieder ein sehr leichtes Wachstum.

Zwischen 2011 und 2014 legte die Schweizer Wirtschaft trotz des infolge der Finanzkrise von 2008 schwierigen internationalen Umfelds zu. Das Wachstum war jedoch geringer und blieb unter 2%. 2011 wurde das BIP-Wachstum von 1,8% durch den Finanzsektor verlangsamt, der sich in einem schwierigen Umfeld befand. Demgegenüber verzeichneten bestimmte Industriebranchen einen kräftigen Anstieg. Die Investitionen nahmen erneut markant zu – insbesondere auch dank den tiefen Zinssätzen –, während der Beitrag des Aussenhandels weniger positiv war und die Auswirkung des starken Frankens sowie die Schwierigkeiten des Bankensektors widerspiegelte. Im Jahr 2012 nahm das BIP um 1,1% zu. Die meisten Branchen verzeichneten eine Wachstumsverlangsamung. Eine Ausnahme bildeten bestimmte Exportbranchen in der Industrie und die Energieproduktion, die ein deutliches Wachstum aufwiesen. Nachdem die Wertschöpfung während vier Jahren zurückgegangen war, findet der Finanzsektor auf den Wachstumspfad

Entre 2004 et 2010, l'économie suisse a retrouvé une croissance florissante avec un seul coup d'arrêt en 2009. 2004 enregistre une croissance de 2,8%. Cette progression s'explique par la reprise de la demande intérieure et par l'accroissement depuis 2002 de la contribution extérieure. La forte croissance du PIB s'est poursuivie en 2005 avec une hausse de 3%. Ce résultat positif est essentiellement dû à la demande intérieure, toujours forte, et notamment aux investissements réalisés. 2006 et 2007 atteignent un taux de croissance exceptionnel avec 4% et 4,1%. Ces taux de croissance sont les plus élevés de la période 1995–2014. Ils reposent notamment sur les excellents résultats des sociétés financières et des entreprises exportatrices. La demande intérieure finale évolue par contre modérément durant ces deux années. En 2008, la crise financière commence à affecter l'économie réelle[1]. Les difficultés du secteur bancaire pèsent sur la croissance, qui atteint 2,3%, tandis que le reste de l'économie se caractérise par un léger ralentissement en fin d'année faisant suite à deux années de forte croissance. Du côté de la demande, les dépenses de consommation finale croissent plus faiblement et les investissements en biens d'équipement voient leur dynamisme se réduire brusquement. Ce ralentissement s'accentue en 2009 et l'économie suisse enregistre un recul marqué du PIB de 2,1%. Les branches exportatrices ont souffert de la détérioration de l'économie mondiale alors que les intermédiaires financiers subissent encore davantage les effets de la crise financière. Si l'évolution des dépenses de consommation finale reste positive et les investissements de la construction repartent à la hausse, les investissements en biens d'équipement s'effondrent et le commerce extérieure connaît un fort fléchissement.

En 2010, l'économie suisse se redresse et le PIB augmente de 3%. Cette croissance repose notamment sur la reprise des investissements en biens d'équipement et sur la contribution du commerce extérieur. Après deux années de forte baisse de leur valeur ajoutée, les banques retrouvent une très légère croissance.

Entre 2011 et 2014 l'économie suisse s'accroit malgré le contexte international difficile engendré par la crise financière

---

[1] Weitere Informationen: Bundesamt für Statistik (BFS), Volkswirtschaftliche Gesamtrechnung 2008: Finanzkrise und divergierende Ergebnisse. Neuchâtel 2009.

[1] Pour plus d'information, voir Office fédéral de la statistique (OFS), Comptes nationaux 2008: Crise financière et résultats contrastés. Neuchâtel 2009.

Sparquote der privaten Haushalte und POoE[1] G 4.5
Taux d'épargne des ménages et ISBLSM[1]
Anteile am verfügbaren Bruttoeinkommen / Part au revenu disponible brut

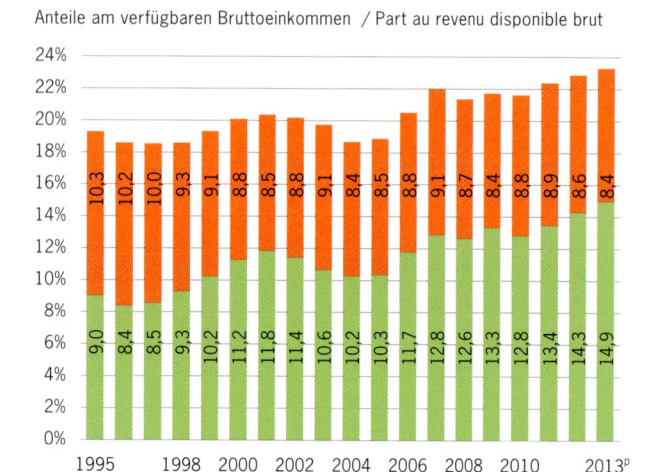

Jahr	Zwangssparen / Épargne forcée	Freiwilliges Sparen / Épargne volontaire
1995	10,3	9,0
	10,2	8,4
	10,0	8,5
1998	9,3	9,3
	9,1	10,2
2000	8,8	11,2
	8,5	11,8
2002	8,8	11,4
	9,1	10,6
2004	9,4	10,2
	8,5	10,3
2006	8,8	11,7
	9,1	12,8
2008	8,7	12,6
	8,4	13,3
2010	8,8	12,8
	8,9	13,4
	8,6	14,3
2013ᵖ	8,4	14,9

[1] Private Organisationen ohne Erwerbscharakter im Dienste der Haushalte
  Institutions sans but lucratif au service des ménages

zurück. Auf der Nachfrageseite verzeichnete der Endkonsum der privaten Haushalte ein kräftiges Wachstum, während die Investitionen und der Aussenhandelssaldo leicht anstiegen.

Die Schweizer Wirtschaft registrierte 2013 und 2014 eine Zunahme des BIP um 1,8% bzw. 1,9%. Die Gründe für diese ähnlichen Wachstumsraten sind unterschiedlich. Im Jahr 2013 verbuchten der Dienstleistungssektor und insbesondere der Finanzsektor die stärksten Wertschöpfungssteigerungen. Unterstützt wurde dieses Wachstum vom Anstieg der Ausgaben für den Endkonsum und der Investitionen, während der Aussenhandel aufgrund eines Einbruchs der Warenexporte nicht zum Wachstum beitrug. 2014 waren der Aussenhandel und namentlich die Warenbilanz die Haupttriebfedern des Wachstums, während sich der Endkonsum verlangsamte. Auf der Produktionsseite verzeichneten die Industrie, das Baugewerbe und die nicht finanziellen Dienstleistungen das kräftigste Wachstum.

Kantonales und regionales BIP

Die regionalen und kantonalen Wirtschaftsleistungen von 2008 bis 2013 zeigten mehrheitlich einen allgemeinen Wiederaufschwung, nachdem im Jahr 2009 aufgrund der Verlangsamung der Weltwirtschaft infolge der Finanzkrise im Jahr 2008 ein Rückgang verzeichnet worden war.

Von 2008 bis 2011 verliefen die kantonalen Wirtschaftsentwicklungen analog zu jener in der gesamten Schweiz. 2009 sank das nationale Wachstum um 2,1%, und auch praktisch alle Kantone verzeichneten einen Rückgang. Das Wallis, der einzige Kanton mit positivem Wachstum, verdankt seine Leistung eher punktuellen Ereignissen als einem zugrunde liegenden Trend. Ähnlich sah es beim Wiederaufschwung von 2010 aus (3,0% für die Schweiz), der alle Kantone betraf: Keine regionale Wirtschaft wies einen Rückgang auf, auch wenn das schwache Wachstum Zürichs (+0,9%) ein Zeichen der Nachwirkungen der Krise im Jahr 2009 war, die die Banken weiterhin zu spüren bekamen. Zu den Kantonen mit dem stärksten Wachstum gehörten Zug mit

débutée en 2008. Toutefois les taux de croissance sont plus faibles et restent inférieures à 2%. En 2011, la croissance de 1,8% du PIB est ralentie par le secteur financier qui évolue dans un contexte difficile, tandis que certaines branches de l'industrie affichent des progressions soutenues. Les investissements augmentent à nouveau de façon marquée grâce aussi aux taux d'intérêt bas, tandis que la contribution à la croissance du commerce extérieur est moins positive et reflète l'impact du franc fort et les difficultés du secteur bancaire. En 2012, le PIB progresse de 1,1%. La plupart des branches enregistrent un ralentissement de leur croissance, hormis certaines branches exportatrices de l'industrie et la production d'électricité, qui affichent des progressions marquées. Après quatre années de valeur ajoutée en baisse, le secteur financier retrouve la croissance. Du côté de la demande, la consommation finale des ménages enregistre une croissance en forte hausse, tandis que les investissements croissent modérément et le solde du commerce extérieur est légèrement en hausse.

L'économie suisse enregistre en 2013 et 2014 une hausse du PIB de 1,8% respectivement 1,9%. Toutefois, les origines de ces taux de croissance similaires sont différentes. En 2013 la valeur ajoutée progresse le plus fortement dans les services et particulièrement dans le secteur financier. La croissance de l'économie est soutenue par la hausse des dépenses de consommation finale et des investissements, tandis que le commerce extérieur ne contribue pas à la croissance en raison d'un fléchissement des exportations de biens. En 2014 le principal moteur de la croissance est le commerce extérieur, en particulier la balance des biens, tandis que la progression de la consommation finale ralentit. Côté production, ce sont l'industrie, la construction et les services non financiers qui enregistrent les taux de croissances les plus dynamiques.

PIB cantonaux et régionaux

Les performances économiques régionales et cantonales sur la période 2008 à 2013 reflètent en grande majorité la reprise généralisée de la croissance après l'épisode de contraction de 2009 causé par la crise financière de 2008.

De 2008 à 2011, les dynamiques économiques cantonales suivent une tendance analogue dans toute la Suisse. En 2009, avec la croissance nationale en recul de 2,1%, la quasi-totalité des cantons affichent également des replis. Le Valais, unique cas de croissance, doit ses performances à des événements ponctuels plus qu'à des tendances sous-jacentes. De manière similaire, la reprise de 2010 (3,0% pour la Suisse) concerne la totalité des cantons: aucune économie régionale ne se trouve en recul, même si la faible croissance zurichoise (0,9%) traduit le contrecoup de la crise de 2009, que les banques continuent de subir. Parmi les meilleures performances, on trouve Zoug à 9% (secteur financier) et Schaffhouse à 8,8% (tertiaire non financier).

En 2011, la croissance nationale ralentit légèrement (1,8%) et quelques contre-performances sont à noter dans les cantons de Genève, Schwytz et Zoug, qui voient leur PIB se contracter de −0,2%, −0,2% et −1,4% respectivement, alors que dans le même temps, le canton de Neuchâtel se hisse en tête du classement avec 9,7% de croissance. Les raisons de ces performances sont spécifiques aux situations cantonales: l'industrie d'exportation et la finance tirent Neuchâtel, tandis que le secteur

9% (Finanzsektor) und Schaffhausen mit 8,8% (nicht finanzielle Dienstleistungen).

Das gesamtschweizerische Wachstum verlangsamte sich 2011 etwas (+1,8%) und die Kantone Genf, Schwyz und Zug verbuchten ein rückläufiges BIP (–0,2%, –0,2% bzw. –1,4%), während Neuenburg mit 9,7% das grösste Wachstum verzeichnete. Die Entwicklungen in diesen Kantonen hatten kantonsspezifische Gründe: Die Wirtschaft Neuenburgs wurde von ihrer Exportindustrie sowie von der guten Position des Finanzsektors angekurbelt, während der Kanton Genf vom Finanzsektor und der Kanton Zug vom Versicherungssektor und dem Handel gebremst wurden.

Aufgrund des fehlenden Aufschwungs nach der Verlangsamung 2011 fiel das Wachstum 2012 bescheiden aus (+1,1%). Dies widerspiegelte sich auch in den kantonalen Leistungen: Einige Kantone, darunter Basel-Landschaft, verzeichneten aufgrund einer Schrumpfung des nicht finanziellen Sektors (Industrie, Baugewerbe und ein Teil des nicht finanziellen Dienstleistungssektors) sowie des Versicherungssektors gar einen Rückgang der Wirtschaftstätigkeit um 1,3%. Unter den Folgen dieses Rückgangs litten auch die Kantone Obwalden (–0,4%), Solothurn (–0,4%) und Wallis (–0,1%) im nicht finanziellen Sektor (OW und SO) und im Bereich Versicherungen (alle drei Kantone).

2013 war von einem schweizweiten Aufschwung der Wirtschaftsleistungen geprägt (+1,8%). Sechs Kantone verzeichneten ein Wachstum von rund 3% oder mehr: Zürich und Freiburg (je +2,9%), Nidwalden (+3,1%), Appenzell Ausserrhoden (+3,4%), Zug (+3,7%) und Jura (+3,8%). Der Finanzsektor gilt dabei generell als eine der wesentlichen Triebkräfte des Wachstums 2013. Im nicht finanziellen Sektor legten die Bereiche Industrie und Baugewerbe am stärksten zu.

Auffallend ist die zentrale Rolle der Exportindustrie und des Bausektors in allen kantonalen Volkswirtschaften und in allen untersuchten Jahren. Für die Exportindustrie kann trotz der Tatsache, dass für diesen Bereich keine regionalen Daten vorliegen, die Hypothese aufgestellt werden, dass ihre Stärke für die regionalen Wirtschaftsgefüge in wirtschaftlich guten Zeiten einen Antrieb, bei externen Schocks aber auch die Achillesferse darstellt. Der Bausektor ist insofern ein Spezialfall, als dass die Zeitreihe der kantonalen BIP einen Zeitraum mit niedrigen Zinsen abdeckt.

Betrachtet man die durchschnittlichen Anteile der Wirtschaftssektoren an der Wertschöpfung zwischen 2008 und 2013, war in der Hälfte der Schweizer Kantone 70% und mehr der Wertschöpfung dem nicht finanziellen Sektor zuzuschreiben. Um die Bedeutung der nicht finanziellen Dienstleistungen etwas in Relation zu setzen: Ausser im Kanton Zürich (59%) belief sich der Anteil dieses Sektors in allen Kantonen auf 60% oder mehr der Wertschöpfung. In Zürich betrug der Anteil des Finanzsektors an der Wertschöpfung 22% (nationaler Durchschnitt: 10%). Im Kanton Bern übernahm der Sektor Staat diese Rolle mit 19% gegenüber 11% auf gesamtschweizerischer Ebene. Somit unterschieden sich die beiden Kantone in Bezug auf die Wirtschaftsstruktur leicht von den anderen Kantonen. Am anderen Ende dieser Skala befanden sich die Kantone Basel-Stadt, Neuenburg und Schaffhausen, bei denen die Anteile des nicht finanziellen Sektors an der Wertschöpfung 77%, 76% bzw. 78% betrugen.

Bei der Interpretation dieser ersten regionalen Schätzungen gilt es eine wichtige Einschränkung zu erwähnen: die beschränkte Anzahl Messjahre (2008 bis 2013). Aus diesem Grund sollte der Blick vorübergehend noch auf die Grundanalysen und die punktuellen Erklärungen betreffend die kantonalen BIP gerichtet bleiben.

financier pénalise Genève et que les assurances et le commerce ralentissent Zoug.

La croissance de 2012 (1,1%), tout en marquant une reprise suite au ralentissement de 2011, reste cependant modeste, comme en témoignent les performances cantonales. Certains cantons, comme Bâle-Campagne, enregistrent un recul de l'activité économique de –1,3% dû à une contraction du secteur non financier (industrie, construction ainsi qu'une partie du tertiaire non financier) et des assurances. Ailleurs, Obwald (–0,4%), Soleure (–0,4%) et le Valais (–0,1%) subissent les conséquences de reculs dans le secteur non financier pour les deux premiers cantons et dans les assurances pour les trois cantons.

2013 témoigne d'une reprise générale des performances économiques à travers la Suisse (1,8%). Six cantons enregistrent des performances proches ou plus élevées que 3%: Zurich et Fribourg (2,9%), Nidwald (3,1%), Appenzell Rhodes-Extérieures (3,4%), Zoug (3,7%) et Jura (3,8%). Le secteur financier est généralement considéré comme un des moteurs principaux de la croissance en 2013. Dans le secteur non financier, ce sont les domaines de l'industrie et de la construction qui présentent les meilleures performances.

Un phénomène peut être constaté sur la durée: le rôle important des secteurs de l'industrie d'exportation et de la construction à travers l'ensemble des économies cantonales et pour toutes les années. Dans le cas du secteur d'exportation et malgré le fait que nous ne disposions pas de données régionales dans ce domaine, on peut faire l'hypothèse que cette prépondérance constitue pour les tissus économiques régionaux un atout en période de haute conjoncture internationale, tout comme un talon d'Achille dans le cas de chocs externes. Le secteur de la construction reste à part dans la mesure où la série temporelle des PIB cantonaux couvre une période de taux d'intérêt bas.

Si l'on observe la part moyenne des différents secteurs économiques à la valeur ajoutée entre 2008 et 2013, le secteur non financier compose 70% et plus de la valeur ajoutée dans la moitié des cantons suisses. Afin de donner un peu plus de perspective à l'importance du non financier, ce secteur compte pour 60% et plus de la valeur ajoutée dans la totalité des cantons, à l'exception de Zurich (59%). A Zurich, le secteur financier constitue 22% de la valeur ajoutée contre 10% au niveau national et à Berne, c'est le secteur des administrations publiques qui joue ce rôle, à 19% contre 11% au niveau national, plaçant ainsi ces deux cantons quelque peu à part de l'ensemble en termes de structure économique. A l'autre extrémité de cette échelle se retrouvent Bâle-Ville, Neuchâtel et Schaffhouse dont les parts du secteur non financier dans la valeur ajoutée sont de respectivement 77%, 76% et 78%.

Enfin, il faut signaler une limite inhérente aux interprétations que l'on peut tirer de ces premières estimations régionales: le nombre toujours restreint d'années de mesure (2008 à 2013). Pour cette raison, il est préférable de s'en tenir provisoirement à des analyses de base et des explications ponctuelles concernant les PIB cantonaux en Suisse.

Erhebungen, Quellen

Enquêtes, sources

Die Volkswirtschaftliche Gesamtrechnung

Die Volkswirtschaftliche Gesamtrechnung (VGR) stellt verschiedenste makroökonomische Informationen in einem einheitlichen Kontenrahmen dar. Als klassische Synthesestatistik vermittelt sie ein Bild der wirtschaftlichen Aktivitäten eines Landes innerhalb eines Jahres.

Grundlagen

Die VGR stellt die Gesamtwirtschaft nicht als eine Reihe verschiedener Märkte, sondern als Kreislauf dar. Dabei handelt es sich um ein geschlossenes System, in dem sämtliche verfügbaren Ressourcen (aus Produktion und Importen) in Form von Verbrauch, Investitionen oder Exporten Verwendung finden. Am Anfang der wirtschaftlichen Aktivität steht die Produktion, ist sie doch Ursprung sowohl von Produkten (Waren und Dienstleistungen) als auch von Einkommen (Löhne, Gewinne, …). Zugleich ist die Produktion Voraussetzung für die darauffolgende Verwendung. In einer offenen Marktwirtschaft vermehren die Importe die Produkteressourcen, während die Exporte eine Form der Verwendung für die verfügbaren Produkte darstellen. Nach der Produktion werden die Einkommen nicht unbedingt direkt durch ihre ersten Empfänger ausgegeben; ihre Zuordnung zu den wirtschaftlichen Akteuren wird durch Umverteilungstransaktionen beeinflusst, die sich z.B. in Steuern, Sozialbeiträgen und -leistungen äussern. Zudem entsprechen die Ausgaben der wirtschaftlichen Akteure selten genau ihren Einkommen: Etliche geben weniger aus, als sie erhalten. Dank ihres Finanzierungsüberschusses können sie ihr Vermögen z.B. durch die Gewährung von Darlehen erweitern. Andere dagegen verzeichnen ein Finanzierungsdefizit. Sie müssen sich verschulden, indem sie z.B. einen Konsumkredit aufnehmen.

Die VGR teilt die genannten Transaktionen in drei grosse Kategorien ein:

- die **Waren- und Dienstleistungstransaktionen,** welche den Ursprung (Produktion oder Import) und die möglichen Verwendungszwecke der Produkte (Verbrauch, Investition, usw.) beschreiben;
- die **Verteilungstransaktionen,** welche die Entstehung des Einkommens der Wirtschaftsakteure (Verteilung und Umverteilung) abbilden; dabei spielen die öffentlichen Haushalte und die Sozialversicherungen eine Schlüsselrolle;
- die **finanziellen Transaktionen,** d.h. die Transaktionen rund um die Schaffung und Zirkulation der Zahlungsmittel. Dabei handelt es sich um finanzielle Rechte, d.h. in der Regel Forderungen für jene, die sie erwerben, und Verbindlichkeiten für diejenigen, die sie eingehen. Einer Forderung entspricht stets eine Verbindlichkeit.

Für die Beschreibung der wirtschaftlichen Tätigkeit gliedert die VGR die verschiedenen Transaktionsarten in eine Reihe von Konten, die zusammen die Kontensequenz bilden. Damit lässt sich der Wirtschaftskreislauf aus verschiedenen Blickwinkeln betrachten, wobei drei Hauptansätze zu nennen sind:

- der **Produktionsansatz** erlaubt die Bestimmung der Wertschöpfung der verschiedenen wirtschaftlichen Akteure während einer gegebenen Periode;
- der **Einkommensansatz** konzentriert sich auf die Bezahlung der drei Produktionsfaktoren Arbeit, Boden und Kapital;

La comptabilité nationale

La comptabilité nationale (CN) est la présentation d'informations très diverses dans un cadre comptable cohérent. Statistique de synthèse par excellence, la CN donne une représentation macro-économique des activités économiques réalisées dans un pays au cours d'une année.

La démarche

La CN ne représente pas l'économie nationale comme un ensemble de marchés, mais comme un circuit. Un circuit est un système fermé dans lequel toutes les ressources disponibles (production et importations) sont utilisées sous forme de consommations, d'investissements ou d'exportations. Dans un pays donné, la production est à l'origine de l'activité économique. En effet, elle est la source aussi bien des produits (biens et services) que des revenus (salaires, profits, …) qui permettent la dépense. Dans une économie ouverte, les importations augmentent les ressources en produits alors que les exportations sont une utilisation supplémentaire possible des produits disponibles. Quant aux revenus, ils ne sont pas dépensés tels quels par ceux qui les ont reçus de la production. En effet, la répartition des revenus entre agents économiques est modifiée par des opérations de redistribution telles que les impôts, les cotisations et les prestations sociales. Enfin, les dépenses d'un agent économique sont rarement identiques à ses revenus. Certains dépensent moins qu'ils ne reçoivent. Ils ont alors une capacité de financement qui leur permet d'augmenter leurs avoirs financiers, par exemple en octroyant un prêt. D'autres, au contraire, ont un besoin de financement parce que leurs dépenses sont supérieures à leurs revenus. Ils doivent s'endetter, en prenant par exemple un crédit à la consommation.

La CN rassemble toutes ces opérations économiques en trois grandes catégories:

- Les **opérations sur biens et services,** qui décrivent l'origine (production ou importations) et les utilisations possibles (consommation, investissement, …) des différents produits.
- Les **opérations de répartition,** qui décrivent la formation du revenu des agents économiques (distribution et redistribution). Les administrations publiques et les assurances sociales jouent un rôle pivot dans cette optique.
- Les **opérations financières,** c'est-à-dire les opérations relatives à la création et à la circulation de moyens de paiement. Elles portent sur des droits financiers qui sont habituellement des créances pour celui qui les acquiert et des dettes pour celui qui les contracte. Ce qui est créance pour l'un est nécessairement dette pour l'autre.

Pour décrire l'activité économique proprement dite, la CN regroupe les différentes catégories d'opération dans un ensemble de comptes, nommé séquence de comptes. On peut ainsi aborder le circuit économique sous divers angles. Les trois grandes optiques de la CN sont les suivantes:

- **l'approche par la production:** elle permet de déterminer la valeur ajoutée créée par les divers acteurs économiques au cours d'une période;
- **l'approche par les revenus:** elle s'intéresse à la rémunération des facteurs de production, soit la terre, le travail et le capital;

- der **Verwendungsansatz** zeigt auf, auf welche Art die verschiedenen Akteure das ihnen zur Verfügung stehende Einkommen verwenden (Verbrauch und Investitionen).

Diese Ansätze arbeiten mit **Aggregaten** als zentralen Sammelgrössen zur Charakterisierung der Gesamtwirtschaft. Obwohl nicht einziger Interessenschwerpunkt der VGR, stellen sie doch wichtige Indikatoren für räumliche oder zeitliche Vergleiche dar. Über die erwähnten drei Ansätze lässt sich das Hauptaggregat der VGR – das **Bruttoinlandprodukt (BIP)** – bestimmen. Danach kann das BIP als Summe der Wertschöpfungen oder als Summe der Verwendungen definiert werden. Eine dritte Definitionsmöglichkeit sind die Einkommen; diese werden aber nur indirekt hergeleitet, basieren sie doch auf den Berechnungen für die Produktion und die Verwendung. Das BIP stützt sich auf das Inlandkonzept, d.h. es registriert die wirtschaftlichen Transaktionen sowohl der gebietsansässigen als auch der gebietsfremden Akteure innerhalb des schweizerischen Wirtschaftsgebietes.

Die Deflationierung

Die Leistung einer Wirtschaft misst sich in der Regel über die volumenmässige Entwicklung der betrachteten Posten: Die gemessenen Werte werden um die Einflüsse der Preisschwankungen bereinigt und zu Preisen eines Referenzjahres ausgedrückt, d.h. zu konstanten Preisen. Die VGR deflationiert die verschiedenen Komponenten des BIP anhand von Preisindizes. Genauer gesagt, wird jede Waren- und Dienstleistungstransaktion anhand eines speziellen Preisindexes entsprechend bearbeitet. Für das BIP als Ganzes existiert hingegen kein besonderer Preisindex. Sein Wert zu konstanten Preisen ist die Summe seiner Komponenten zu Preisen des Referenzjahres. Das BIP hat folglich einen impliziten Deflator.

Das BIP zu konstanten Preisen lässt sich nur über den Produktions- oder den Verwendungsansatz berechnen, ist es doch schwierig, die Preiskomponente in den einzelnen Einkommensarten zu isolieren. Als Ersatz wird für die Berechnung der Einkommen in Realwerten häufig auf den Landesindex der Konsumentenpreise (LIK) ausgewichen. Dieses Vorgehen lässt jedoch die Bestimmung des BIP zu konstanten Preisen nicht zu. Man beschränkt sich deshalb auf die Einkommen in Realwerten, welche die inflationsbereinigte Entwicklung der Einkommen nachzeichnen.

Publikationstermine

Die VGR gliedert die Wirtschaft in sechs institutionelle Sektoren. Durch Aggregierung der Sektoren – also «von unten nach oben» (bottom-up) – ermittelt die makroökonomische Analyse das Ergebnis der Gesamtwirtschaft. Dieses Vorgehen bedingt äusserst detaillierte Basisstatistiken, die erst mit einer gewissen Verspätung verfügbar sind. Deshalb ist die VGR gezwungen, in zwei Etappen vorzugehen. Im Sommer des Jahres t+1 werden die Hauptaggregate der Gesamtwirtschaft, insbesondere das BIP, sowie die Kontensequenz des Sektors Staat berechnet. Danach folgen im dritten Quartal des Jahres t+2 die Kontensequenzen aller institutionellen Sektoren und der Gesamtwirtschaft.

Revision der Volkswirtschaftlichen Gesamtrechnung

Hauptziel der Volkswirtschaftlichen Gesamtrechnung (VGR) ist es, die wirtschaftliche Realität eines Landes möglichst genau abzubilden. Diese unterliegt jedoch einem stetigen Wandel. Die VGR muss deshalb regelmässig revidiert werden, um aussagekräftige Daten für die Benutzenden bereitstellen zu können. Diese Revisionen können sehr unterschiedlicher Natur sein. Einerseits können sie erforderlich sein, um veränderte Konzepte und Definitionen einzubauen. Andererseits können sie die Einführung neuer Methoden zum Ziel haben, oder sie bieten eine geeignete Gelegenheit, um neu verfügbare statistische Informationen zu erschliessen. Mit der Anpassung an das Europäische System Volkswirtschaftlicher

- **l'approche par les dépenses:** elle a pour objet de montrer comment les différents acteurs utilisent leur revenu disponible (consommation et investissements).

Ces approches mettent en avant des **agrégats,** grandeurs synthétiques caractéristiques de l'économie nationale. Si leur estimation n'est pas l'objectif exclusif de la CN, les agrégats sont des indicateurs essentiels pour les comparaisons spatiales ou temporelles. Grâce aux trois approches définies ci-dessus, il est possible de déterminer le principal agrégat de la CN, soit le **produit intérieur brut (PIB).** Ce dernier équivaut ainsi soit à la somme des valeurs ajoutées, soit à la somme des dépenses. Il peut également être estimé au moyen de l'approche par les revenus, mais comme ces derniers découlent des calculs opérés pour la production et les dépenses, cette approche est induite. Le PIB repose sur le concept intérieur, ce qui signifie qu'il se rapporte aux opérations économiques réalisées sur le territoire économique national, que l'agent soit résident ou non.

L'opération de déflation

La performance d'une économie se mesure habituellement à l'évolution en volume. Cela signifie qu'on élimine l'effet des prix de manière à obtenir des valeurs à prix constants. Les données sont ainsi exprimées aux prix d'une année de référence. Pour déflater les diverses composantes du PIB, la CN recourt à des indices de prix. Ainsi chaque opération sur biens et services est déflatée au moyen d'un indice de prix spécifique. Par contre, le PIB lui-même n'a pas d'indice de prix spécial. En effet, sa valeur à prix constants est la somme de ses composantes, exprimées aux prix de l'année de référence. Le PIB a donc un déflateur implicite.

Le PIB à prix constants peut être calculé uniquement par l'approche par la production ou par l'approche par la dépense. Il est en effet difficile d'exclure la composante prix dans les différents revenus. Comme substitut, on utilise souvent l'indice des prix à la consommation (IPC) pour calculer des revenus en termes réels. Cependant, cette approximation ne permet pas de calculer un PIB à prix constants. On parle alors de revenus en termes réels. Ces derniers correspondent à l'évolution des revenus hors inflation.

Calendrier

La CN divise l'économie en six secteurs institutionnels. L'analyse macroéconomique se fait ainsi de bas en haut dans la mesure où, en agrégeant les secteurs, on obtient le résultat de l'économie nationale. Cette démarche requiert des statistiques de base très détaillées. Or, ces informations sont publiées avec un retard sur l'année civile. La CN est contrainte de procéder en deux étapes: durant l'été de l'année t+1, les principaux agrégats de l'économie nationale ainsi que la séquence de comptes des administrations publiques sont déterminés (notamment le PIB), avant que ne soient calculées, au troisième trimestre de l'année t+2, les séquences de comptes de chaque secteur institutionnel et de l'économie nationale.

Révision des Comptes nationaux

Les Comptes nationaux (CN) ont pour principal objectif de fournir une représentation aussi précise que possible de la réalité économique d'un pays. Or, cette dernière change continuellement. En conséquence, afin de fournir aux utilisateurs des données pertinentes, les CN doivent être régulièrement révisés. Ces révisions peuvent toutefois prendre diverses formes. Elles peuvent porter sur des changements de concepts et de définitions. Elles peuvent également avoir pour objectif d'introduire des changements méthodologiques. Enfin, elles peuvent permettre de prendre en compte des nouvelles informations statistiques. Ainsi, les CN ont, en s'adaptant au Système européen des comptes de 1995 (SEC95)[1]

---

1 Système européen des comptes, Office des publications officielles européennes, Luxembourg, 1996

Gesamtrechnungen 1995 (ESVG95)[1] hat die VGR Ende 2003 eine grundlegende Revision im konzeptuellen und methodischen Bereich erfahren. Die Anpassungen im Jahr 2007 stellten dagegen keine grundlegende Revision dar. Ihr Hauptzweck bestand darin, neue Ausgangsdaten zu integrieren und eine Aufteilung der Bankdienstleistungen auf die verschiedenen Wirtschaftssektoren vorzunehmen, die diese Dienstleistungen in Anspruch nehmen. Eine Anpassung der Konzepte und Definitionen stand nicht zur Diskussion. 2012 wurde erneut eine Teilrevision durchgeführt. Die wichtigsten Ziele dabei waren die Integration der neuen Systematik der Wirtschaftszweige (der NOGA 2008), die Übernahme von Daten aus revidierten Statistiken, die Anpassung einiger Berechnungsmethoden sowie die Korrektur allfälliger in den letzten Jahren festgestellter Inkohärenzen. 2014 wurde die VGR einer grundlegenden Revision unterzogen. Dabei wurde in Zusammenarbeit mit den europäischen Ländern das Europäische System Volkswirtschaftlicher Gesamtrechnungen 2010[2] (ESVG 2010) eingeführt. Wie bereits beim ESVG95 im Jahr 2003 erlaubte diese Revision, neue Konzepte zu implementieren (z.B. die Kapitalisierung von F+E), die Berechnungsmethoden zu überdenken und neue statistische Daten zu integrieren.

Die Zahlungsbilanz

Die Zahlungsbilanz zeichnet alle Transaktionen zwischen gebietsansässigen und gebietsfremden Einheiten auf. Sie wird von der Schweizerischen Nationalbank (SNB) erstellt und basiert auf dem Zahlungsbilanzhandbuch des Internationalen Währungsfonds (IWF)[3]. In der Zahlungsbilanz werden die einzelnen Transaktionsarten zu Teilbilanzen zusammengefasst. Die Zahlungsbilanz bildet wie die Volkswirtschaftliche Gesamtrechnung (VGR) Flussgrössen ab. Sie ist definitionsgemäss ausgeglichen; nur in den Teilbilanzen können Saldi auftreten. Summarisch wird zwischen einer Leistungsbilanz und einer Kapitalbilanz unterschieden.

Die Leistungsbilanz weist die Waren- und Dienstleistungstransaktionen, die Faktoreinkommen sowie die laufenden Übertragungen aus. Die Faktoreinkommen setzen sich aus den Arbeitseinkommen (z.B. Löhne an Grenzgänger/innen) und den Kapitaleinkommen zusammen. Unter letzteren verstehen sich insbesondere Erträge aus Wertschriften und Direktinvestitionen. Bei den laufenden Übertragungen handelt es sich genauer gesagt um Ausgleichsposten für einseitige Übertragungen, so z.B. Überweisungen von eingewanderten Arbeitskräften in ihre Heimatländer. Die Vermögensübertragungen sind einem separaten Posten zugeordnet; dieser umfasst insbesondere Schuldenerlasse und Hilfeleistungen des Bundes.

Die Kapitalbilanz verzeichnet die Finanztransaktionen, Veränderungen der internationalen Reserven der SNB sowie verschiedene Korrekturposten. Die Finanztransaktionen bilden die wichtigste Komponente. Sie umfassen die Aufnahme, Tilgung oder Änderung finanzieller Forderungen oder Verbindlichkeiten. Diese Ströme betreffen Direktinvestitionen (finanzielle Beteiligungen zur Einflussnahme der Geschäftsführung), Portfolioinvestitionen (Wertpapieranlagen) oder andere Investitionen. Darunter sind hauptsächlich grenzüberschreitende Kredite von Banken oder Unternehmen zu verstehen.

Die Schweiz führt seit 1947 eine Bilanz der laufenden Transaktionen (auch «Ertragsbilanz»); Quartalswerte werden seit 1972 ermittelt. Eine vollständige, d.h. um den Kapitalverkehr ergänzte Zahlungsbilanz steht seit 1983 zur Verfügung. Je nach Bedarf nimmt die SNB punktuelle Revisionen und Anpassungen vor. 1999 ersetzte sie z.B. das alte Verfahren zur Schätzung der grenzüberschreitenden Prämien der Privatversicherungen

---

1 Europäisches System Volkswirtschaftlicher Gesamtrechnungen, Amt für amtliche Veröffentlichungen der Europäischen Gemeinschaften, Luxemburg 1996
2 Europäisches System Volkswirtschaftlicher Gesamtrechnungen (ESVG 2010), Amt für amtliche Veröffentlichungen der Europäischen Gemeinschaften, Luxemburg 2013
3 Siehe International Monetary Fund (IMF), Balance of Payments Manual, 6th edition, Washington, 2009.

à la fin 2003, mené à bien une révision fondamentale tant conceptuelle que méthodologique. En 2007, les CN ont été partiellement révisés. Les objectifs principaux ont été d'intégrer de nouvelles données de base et de ventiler des prestations bancaires sur les différents consommateurs. Les concepts et les définitions n'ont par conséquent pas été remis en question. En 2012, une nouvelle révision partielle a été menée avec comme principaux objectifs d'intégrer la nouvelle nomenclature des activités économique (NOGA 2008) et les données provenant de statistiques révisées, ainsi que quelques nouvelles méthodes de calcul et de corriger les éventuelles incohérences constatées ces dernières années. En 2014, les CN ont entrepris une nouvelle révision fondamentale et ont adopté, en coordination avec les pays européens, le Système européen des comptes de 2010[2] (SEC 2010). Comme en 2003 pour le SEC95, cette révision a permis d'implémenter des nouveaux concepts (p.ex. la capitalisation de la R&D), de revoir les méthodes de calcul et d'intégrer des nouvelles données statistiques.

La balance des paiements

La balance des paiements enregistre toutes les opérations effectuées entre des unités résidentes et non résidentes. Cette statistique, mise sur pied par la Banque nationale suisse (BNS), repose sur les fondements méthodologiques du manuel de la balance des paiements du Fonds Monétaire International (FMI)[3]. Dans la balance des paiements, les différents types d'opérations sont regroupés pour former des balances partielles. La balance des paiements est, comme la comptabilité nationale (CN), une balance de flux. Elle est équilibrée par définition et des soldes peuvent apparaître uniquement au niveau des balances partielles. Sommairement, on distingue une balance des transactions courantes et une balance des mouvements de capitaux.

La balance des transactions courantes regroupe les opérations sur biens et services, les revenus de facteurs ainsi que les transferts courants. Les revenus de facteurs récapitulent les revenus du travail (salaires versés à des frontaliers par exemple) et les revenus de capitaux. Ces derniers enregistrent notamment les revenus des titres en portefeuille et les revenus des investissements directs. Les transferts, quant à eux, sont des écritures compensatoires passées pour toutes les opérations qui n'ont pas de contrepartie. Ce sont par exemple les versements des immigrés étrangers à des personnes résidant à l'étranger. Une position spéciale comprend les transferts en capital, qui enregistrent notamment les remises de dettes et les dons de la Confédération.

La balance des mouvements de capitaux contient les opérations financières, la variation des réserves monétaires de la BNS ainsi que certains postes d'ajustement. Les opérations financières sont la composante la plus importante. Elles enregistrent la création, l'annulation ou la modification de créances ou d'engagements financiers. Ces flux portent, selon leur nature, sur des investissements directs (apports financiers dans le but d'exercer une influence sur la marche des affaires d'une entreprise), des investissements de portefeuille (placements en papiers-valeurs) et d'autres investissements. Cette rubrique regroupe principalement des crédits transfrontières octroyés par des banques ou des entreprises.

En Suisse, il existe une balance des transactions courantes depuis 1947; des valeurs trimestrielles ont été calculées à partir de 1972. Une balance des paiements complète, comprenant aussi les mouvements de capitaux, est disponible depuis 1983. Selon les besoins, la BNS procède à des révisions et adaptations ponctuelles. En 1999 par exemple, une nouvelle enquête portant sur les primes transfrontières des assurances

---

2 Système européen des comptes (SEC 2010), Office des publications officielles européennes, Luxembourg, 2013
3 Voir Fonds Monétaire International (FMI), Manuel de la balance des paiements, 6e édition, Washington, 2009.

durch eine neue Erhebung. Strukturelle Veränderungen im Versicherungssektor hatten diesen Wechsel notwendig gemacht. 2014 präsentierte die SNB die Ergebnisse der Zahlungsbilanz erstmals basierend auf den Standards der 6. Auflage des Handbuchs zur Zahlungsbilanz, die mit den Standards des ESVG 2010 übereinstimmen. Darüber hinaus nutzte die SNB diese Anpassung an internationale Standards dazu, ihre Erhebungen zu überarbeiten, die sie für die Erstellung der Zahlungsbilanz verwendet.

Zahlungsbilanz und VGR sind eng miteinander verflochten. So übernimmt das BIP nach dem Verwendungsansatz – bis auf wenige Ausnahmen – die Daten zum Austausch von Waren und Dienstleistungen der Zahlungsbilanz. Damit hat der Saldo der Waren und Dienste – in der Regel wird er «Aussenbeitrag zum BIP» genannt – einen direkten Einfluss auf den Stand und die Entwicklung des Bruttoinlandprodukts (BIP). Werden auch die Faktoreinkommen (Arbeits- und Kapitaleinkommen) integriert, ergibt sich der Aussenbeitrag zum Bruttonationaleinkommen (BNE). Abgesehen von punktuellen Anpassungen werden auch alle Daten der Bilanz der Sekundäreinkommen direkt in die Kontensequenz des institutionellen Sektors «Übrige Welt» der VGR übernommen. Dieser Sektor umfasst die Transaktionen der gebietsfremden mit gebietsansässigen Einheiten (s.o.). Somit kommt der Saldo der Leistungsbilanz und der Vermögensübertragungen dem von der VGR ausgewiesenen Finanzierungsdefizit oder -überschuss der Volkswirtschaft nahe[4].

Regionale Indikatoren

Das BFS veröffentlicht seit 2012 die Bruttoinlandprodukte (BIP) und die Bruttowertschöpfungen (BWS) nach Branchengruppe und nach Kantonen. Die verwendete Methode basiert weitmöglichst auf einem Bottom-up-Ansatz (ausgehend von den Daten nach Betrieben). Der Primär- und der Versicherungssektor werden direkt nach Kantonen berechnet. Neben den kantonalen und kommunalen Daten wird bei den öffentlichen Verwaltungen die vom Bund erzielte Wertschöpfung nach Kantonen aufgeschlüsselt, wobei die Lohnsumme und die Standorte aller Bundesämter miteinbezogen werden. Für den Bankensektor wird zunächst eine Schätzung nach Bankenkategorien durchgeführt, um den verschiedenen Bankgeschäften Rechnung zu tragen. Anschliessend werden die Ergebnisse nach Bankenkategorien anhand der Erfolgsrechnungen nach Unternehmen aufgeteilt. Die Verteilung nach Betrieben und Kantonen erfolgt nach der Beschäftigung in Vollzeitäquivalenten (VZÄ).

Im Sektor der nicht finanziellen Kapitalgesellschaften, der den Hauptanteil des BIP ausmacht, basiert die Schätzung auf Einzeldaten aus der Stichprobenerhebung zur Wertschöpfungsstatistik. In einem ersten Schritt gilt es, von der Stufe «Unternehmen» auf die Stufe «Betrieb» zu gelangen und die Wertschöpfung der Betriebe – anhand der aus der Betriebszählung 2008 und der Lohnstrukturerhebung (LSE) hervorgegangenen Daten zur Beschäftigung – einer Branche und einer Grossregion zuzuordnen. So wurde eine Wertschöpfung pro VZÄ für jede Region und Branche geschätzt. Die hochgerechnete Summe der Wertschöpfung/VZÄ liefert eine Schätzung der Wertschöpfung nach Grossregion und Branche. Anschliessend werden diese Schätzungen mit den nationalen Ergebnissen abgeglichen. Schliesslich wird die Wertschöpfung nach Kanton anhand einer Top-down-Methode berechnet, indem die ermittelten Schätzungen anhand von auf VZÄ basierenden kantonalen Verteilschlüsseln aufgefächert werden. Die Berechnung der Daten zu Preisen des Vorjahres erfolgt anhand von Deflatoren nach Branchen. Diese basieren auf der Volkswirtschaftlichen Gesamtrechnung.

---

4 Die Positionen der Kontensequenz und der Zahlungsbilanz entsprechen sich jedoch nicht genau. Mittels spezifischer Berechnungen stellt die VGR die kohärente Verwendung gewisser Positionen wie die Sozialbeiträge auf der Stufe der Gesamtwirtschaft sicher. Angesichts der grossen involvierten Beträge sind die Differenzen aber äusserst gering.

---

privées a remplacé l'ancienne estimation qui ne pouvait plus être effectuée du fait des mutations structurelles dans le secteur des assurances. En 2014, la BNS présente pour la première fois les résultats de la balance des paiements selon les standards de la 6ème édition du manuel de la balance des paiements qui se veulent cohérents avec ceux du SEC 2010. A l'occasion de cette mise en conformité avec les standards internationaux, la BNS en a également profité pour revoir les enquêtes qu'elle utilise pour l'établissement de la balance des paiements.

Des liens étroits existent entre la balance des paiements et la CN. En effet, l'approche du PIB par les dépenses reprend, à quelques exceptions près, les échanges de biens et de services de la balance des paiements. Le solde de la balance des biens et services affecte ainsi directement le niveau et l'évolution du produit intérieur brut (PIB). On parle habituellement de contribution extérieure au PIB. Lorsqu'on intègre les revenus de facteurs (revenus du travail et des capitaux), on parle de contribution extérieure au revenu national brut (RNB). Par ailleurs, toutes les données de la balance des transactions courantes sont reprises, moyennant des ajustements ponctuels, dans la séquence de comptes du secteur du Reste du monde de la CN. Ce secteur regroupe en effet les unités non résidentes lorsqu'elles effectuent des opérations avec des unités résidentes (cf. supra). Le solde de la balance des transactions courantes et des transferts en capitaux est ainsi équivalent au besoin ou à la capacité de financement de la nation tel qu'il est déterminé par la CN[4].

Indicateurs régionaux

L'OFS publie depuis 2012 les produits intérieurs bruts (PIB) et valeurs ajoutées brutes (VAB) par regroupement de branches d'activité et par cantons suisses. La méthode utilisée repose au maximum sur une approche ‹bottom-up› (partant de données par établissements). Le secteur primaire et le secteur des assurances sont calculés directement par canton. Concernant les administrations publiques, en plus des données cantonales et communales, la valeur ajoutée produite par la confédération est ventilée par canton en tenant compte de la masse salariale et de la localisation de chaque office fédéral. Pour le secteur bancaire, une estimation par catégorie bancaire est effectuée dans un premier temps, afin de tenir compte des différentes activités bancaires. Les résultats par catégorie sont ensuite répartis entre entreprises à l'aide des comptes de pertes et profits. La répartition par établissements et par cantons est effectuée en fonction de l'emploi en équivalence plein temps (EPT).

Pour le secteur des sociétés non financières, lequel représente la majeure partie du PIB, l'estimation se base sur les données individuelles de l'échantillon de la Statistique de la valeur ajoutée. La première étape permet de passer du niveau «entreprise» au niveau «établissement» et de réaffecter la VA de ces derniers à la branche d'activité et à la grande région à l'aide de données sur l'emploi issues du Recensement des entreprises 2008 et de l'Enquête sur la structure des salaires (ESS). Une VA par EPT pour chaque région et chaque branche d'activité est ainsi estimée. La somme extrapolée des VA/EPT donne une estimation de la VA pour chaque grande région et par branche d'activité. Ces estimations sont ensuite harmonisées avec les résultats nationaux. Enfin, la VA par canton est calculée selon une méthode ‹top-down› en ventilant les estimations obtenues à l'aide de clés de répartition cantonales basées sur les EPT. Les données aux prix de l'année précédente sont calculées en utilisant des déflateurs par branches issus des comptes nationaux.

---

4 Equivalent ne signifie pas identique. En effet, la CN effectue des calculs spécifiques qui assurent l'exploitation cohérente de certaines positions telles que les cotisations sociales au niveau de l'économie nationale. Les différences sont toutefois très faibles au vu des montants concernés

Glossar

Fett gedruckter Text verweist auf Begriffe, die an anderer Stelle im Glossar erklärt werden.

Aggregat
Sammelgrösse, die das Ergebnis der (wirtschaftlichen) Tätigkeit einer zusammenhängenden Gruppe von Einheiten misst (Gesamtwirtschaft, Sektor usw.).

Betriebsüberschuss
Saldo des Einkommensentstehungskontos. Einkommen aus Unternehmertätigkeit und Vermögen, die im Rahmen des Produktionsprozesses entstanden sind und die einer Produktionseinheit zur Verfügung stehen.

Bruttoanlageinvestitionen
Nettozugang an Sachanlagen gebietsansässiger Einheiten. Sachanlagen sind bewegliche und unbewegliche Finanzanlagen, die aus Produktionsprozessen hervorgegangen sind und während mindestens eines Jahres für andere Produktionsprozesse verwendet werden.

Bruttoinlandprodukt (BIP)
Das BIP ist ein Mass für die wirtschaftliche Leistung einer Volkswirtschaft im Laufe eines Jahres. Es misst den Wert der im Inland hergestellten Waren und Dienstleistungen, soweit diese nicht als Vorleistungen für die Produktion anderer Waren und Dienstleistungen verwendet werden – also die sog. **Wertschöpfung**. Das BIP wird in jeweiligen Preisen und in Vorjahrespreisen errechnet. In Vorjahrespreisen wird die reale Wirtschaftsentwicklung im Zeitablauf frei von Preiseinflüssen dargestellt.

Bruttoinvestitionen
Aggregat aus den **Bruttoanlageinvestitionen**, den Vorratsveränderungen und dem Nettozugang an Wertsachen.

Ersparnis
Saldo des Einkommensverwendungskontos; bezeichnet den Anteil des **verfügbaren Einkommens**, der nicht für den **letzten Verbrauch** verwendet wurde.

Gebietsansässig, gebietsfremd
Kriterium ist, ob eine Einheit einen Interessenschwerpunkt im **Wirtschaftsgebiet** des betrachteten Landes hat oder nicht. Ein Interessenschwerpunkt liegt vor, wenn die Einheit im Wirtschaftsgebiet während mindestens eines Jahres **Transaktionen** durchführt.

Gesamtwirtschaft
Gesamtheit aller **gebietsansässigen** Einheiten im **Wirtschaftsgebiet** eines Landes.

Institutionelle Einheit
Eine **gebietsansässige** Einheit gilt als institutionell, falls sie ein vollständiges Finanz- und Rechnungswesen besitzt und über Entscheidungsfreiheit in ihrer Hauptfunktion (z.B. Produktion oder Verbrauch) verfügt.

Glossaire

Les mots en **caractères gras** renvoient aux expressions qui sont expliquées ailleurs dans ce glossaire.

Agrégat
Grandeur synthétique qui mesure le résultat de l'activité d'un ensemble (économie nationale, secteur, etc.).

Balance des paiements
La balance des paiements recense les échanges transfrontières de marchandises et de services, les flux transfrontières de revenus de facteurs (revenus du travail et de capitaux) et les mouvements de capitaux avec l'étranger pendant une période donnée. L'évolution et la structure de la balance des paiements renseignent sur les relations économiques d'un pays avec le reste du monde. Dans son Manuel de la balance des paiements, le Fonds monétaire international a établi les fondements méthodologiques de cette statistique. La balance suisse des paiements est constituée de quatre balances partielles, à savoir la balance des transactions courantes, les transferts en capital, la balance des mouvements de capitaux et la position extérieure nette de la Banque nationale. Dans la balance des paiements, la différence statistique entre le total des inscriptions du côté des recettes (recettes de la balance des transactions courantes et importations de capitaux) et le total des inscriptions du côté des dépenses (dépenses de la balance des transactions courantes et exportations de capitaux) est appelée «Erreurs et omissions nettes». En principe, les deux totaux devraient être égaux, puisque toutes les transactions économiques avec l'étranger sont prises en compte selon un système d'enregistrement en partie double. Dans la pratique toutefois, l'équilibre n'est pas réalisé étant donné la multiplicité des transactions et des sources statistiques.

Consommation finale
Représente la valeur des biens et services utilisés pour la satisfaction directe des besoins humains, que ceux-ci soient individuels ou collectifs. Lorsque les besoins satisfaits sont individuels, on parle habituellement de consommation finale des ménages. Les besoins sont dits collectifs lorsque les services fournis profitent à toutes les unités sans qu'on puisse déterminer valablement la valeur des services rendus à chaque unité. On parle alors de consommation finale des **administrations publiques**.

Consommation intermédiaire
Représente la valeur de tous les biens et services qui sont consommés au cours de la période pour produire d'autres biens et services. La consommation intermédiaire enregistre ainsi les inputs nécessaires au processus de production (électricité, loyers, etc.) à l'exclusion de l'usure des actifs fixes qui est enregistrées comme consommation en capital.

Economie nationale
Regroupe toutes les unités **résidentes** sur le **territoire économique**.

Institutioneller Sektor

Gruppe **institutioneller Einheiten** mit ähnlichem wirtschaftlichem Verhalten. Dieses wird meistens anhand der Hauptfunktion bestimmt.

Letzter Verbrauch

Wert der Waren und Dienstleistungen, die zur unmittelbaren Befriedigung individueller und kollektiver menschlicher Bedürfnisse eingesetzt werden. Im Falle der individuellen Bedürfnisse spricht man in der Regel vom Verbrauch der privaten Haushalte. Als kollektiv gelten jene Bedürfnisse, deren Befriedigung sämtlichen Einheiten zugute kommt; wobei sich der Wert der für die einzelnen Einheiten erbrachten Leistungen nicht verlässlich bestimmen lässt. Hier spricht man von Kollektivverbrauch der **öffentlichen Verwaltungen**.

Produktion

Unternehmerisch organisierte wirtschaftliche Tätigkeit zur Herstellung von Waren und Dienstleistungen. Natürliche Prozesse ohne menschliche Einwirkung oder Kontrolle (z.B. Zunahme des Wildtierbestandes) zählen nicht zur Produktion.

Produktivität

Das Verhältnis zwischen einem Produktionsfaktor (Arbeit, Kapital) und einem Mass der Produktionstätigkeit wird als Produktivität des betrachteten Faktors bezeichnet. Anhand dieses Quotienten ist es möglich, die Effizienz der Nutzung eines Produktionsinputs im Produktionsprozess zu messen.

Die bekanntesten Produktivitätsmasse sind die **Arbeitsproduktivität** und die **Kapitalproduktivität**. Beides sind Teilproduktivitätsmasse. Jeder Produktionsfaktor wird gesondert betrachtet, obschon er nicht allein zur Wertschöpfung beiträgt. Die beiden Produktivitätsmasse dienen unterschiedlichen Analysezielen.

Die **Arbeitsproduktivität** eignet sich besonders gut zur Messung des Lebensstandards eines Landes. Sie ist eng mit dem Begriff des Einkommens verbunden. Man geht davon aus, dass eine erhebliche Steigerung der Arbeitsproduktivität im Laufe der Zeit mittels Umverteilungsprozessen zu einer Erhöhung des Volkseinkommens und des Lebensstandards eines Landes führen.

Die **Kapitalproduktivität** dient dazu, die Effizienz der Investitionen (d.h. ihre Fähigkeit, Wertschöpfung zu erzielen) zu messen. Die Kapitalproduktivität ist nicht zu verwechseln mit dem Kapitalertrag (Rendite). Letztere drückt die Fähigkeit des Kapitals aus, Einkommen (bzw. Gewinn) zu erzielen, während die Kapitalproduktivität die Effizienz des Kapitaleinsatzes im Produktionsprozess widerspiegelt.

Die **Multifaktorproduktivität** ist ein breiter gefasstes Produktivitätsmass als die beiden vorher genannten. Sie berücksichtigt alle Inputs, die in den Produktionsprozess eingehen, und misst die Effizienz ihres kombinierten Einsatzes im Rahmen der Produktionstätigkeit.

Transaktion

Elementare Tätigkeit, die je nach Art und Ziel einer der folgenden Kategorien von Strömen zugeteilt wird: Waren- und Dienstleistungstransaktionen, Verteilungstransaktionen sowie Finanztransaktionen.

Verfügbares Einkommen

Saldo des Kontos der sekundären Einkommensverteilung. **Aggregat** zur Messung des Einkommens, über das eine Einheit für den letzten Verbrauch oder zur Vergrösserung ihrer **Ersparnis** verfügt.

Epargne

Solde du compte d'utilisation du **revenu disponible**; mesure la partie du **revenu disponible** qui n'est pas affectée à des opérations de **consommation finale**.

Excédent d'exploitation

Solde du compte d'exploitation. Il indique les revenus de la propriété et de l'entreprise engendrés par le processus de production et qui sont à la disposition de l'unité productrice.

Formation brute de capital

Agrégat regroupant la **formation brute de capital fixe,** variation des stocks et les acquisitions moins les cessions d'objets de valeur.

Formation brute de capital fixe

Acquisitions moins cessions d'actifs fixes réalisés par les producteurs résidents. Les actifs fixes sont des actifs corporels ou incorporels issus de processus de production et utilisés dans d'autres processus de production pendant au moins un an.

Opération

Regroupement de flux élémentaires classés selon leur nature et leur objet. On distingue les opérations sur biens et services, les opérations de répartition et les opérations financières.

Production

Activité économique socialement organisée ayant pour objet la création de biens et de services. Les processus purement naturels sans intervention ou contrôle humain (ex.: accroissement du cheptel sauvage) ne font pas partie de la production.

Productivité

Le rapport entre une mesure de l'activité de production et un facteur de production (travail, capital) est appelé productivité du facteur considéré. Au moyen de ce ratio, il est possible de mesurer l'efficience avec laquelle chaque intrant est utilisé dans le processus de production.

Les mesures les plus connues sont la **productivité du travail** et la **productivité du capital**. Elles ont pour caractéristique d'être des mesures partielles de la productivité. En effet, chaque facteur de production est pris isolément alors qu'il n'est pas le seul à avoir généré de la valeur ajoutée. Les perspectives analytiques de ces deux mesures sont différentes.

La **productivité du travail** convient particulièrement bien pour évaluer le niveau de vie d'un pays. En effet, elle s'apparente à la notion de revenu. On tend ainsi à considérer qu'une progression importante de la productivité du travail dans le temps permet, via des opérations de redistribution, un accroissement des revenus et du niveau de vie d'une nation.

La **productivité du capital** permet de déterminer l'efficience des investissements, à savoir leur aptitude à générer de la valeur ajoutée. Il faut veiller à ne pas confondre productivité du capital et taux de rendement (ou rentabilité) du capital. En effet, ce dernier élément reflète la capacité du capital à générer un revenu (ou un profit) alors que la productivité du capital mesure l'efficience de l'utilisation du capital dans le processus de production.

La **productivité multifactorielle** est une approche plus large que les deux mesures précédentes. Elle prend en compte tous les intrants incorporés dans le processus de production et mesure leur efficience lors de leur utilisation dans l'activité de production.

Volkseinkommen
Das Volkseinkommen setzt sich zusammen aus dem Primäreinkommen der privaten Haushalte, dem Einkommen der Kapitalgesellschaften (Nettobetriebsüberschuss und Einkommen aus Vermögen) sowie dem Einkommen der öffentlichen Haushalte (Einkommen aus Vermögen).

Vorleistungen
Wert der Waren und Dienstleistungen, die während der betrachteten Periode verbraucht werden, um andere Waren und Dienstleistungen herzustellen. Die Vorleistungen umfassen somit den für den Produktionsprozess notwendigen Input (Energie, Miete usw.) mit Ausnahme der Entwertung von Sachanlagen, die als Kapitalverbrauch verbucht wird.

Wertschöpfung
Die Wertschöpfung beschreibt den von einer Einheit durch Produktion geschaffenen Wert. In der Volkswirtschaftlichen Gesamtrechnung ergibt sie sich aus dem Saldo des Produktionswerts minus die **Vorleistungen**.

Wirtschaftsgebiet
Umfasst: a) das geografische Gebiet, innerhalb dessen sich die Personen, Waren, Dienstleistungen und das Kapital im freien Verkehr befinden; b) die Zollfreigebiete, Zollfreilager und Fabriken unter Zollaufsicht; c) den Luftraum und die Hoheitsgewässer, über die ein Land Hoheitsrechte besitzt; d) die territorialen Enklaven, d.h. die Gebietsteile der übrigen Welt, die auf Grund internationaler Verträge oder zwischenstaatlicher Vereinbarungen von inländischen staatlichen Stellen genutzt werden (Botschaften, Konsulate, Militär- und Forschungsbasen usw.).

Zahlungsbilanz
Die Zahlungsbilanz erfasst den grenzüberschreitenden Austausch von Waren, Diensten, Arbeits- und Kapitaleinkommen sowie den Kapitalverkehr mit dem Ausland für eine bestimmte Periode. Die Entwicklung und die Struktur der Zahlungsbilanz geben Aufschluss über die aussenwirtschaftlichen Beziehungen eines Landes. Methodische Grundlage für die Zahlungsbilanzstatistik ist das Zahlungsbilanzhandbuch des Internationalen Währungsfonds. Die schweizerische Zahlungsbilanz besteht aus den vier Teilbilanzen Ertragsbilanz, Vermögensübertragungen, Kapitalverkehrsbilanz und Nettoauslandstatus der Nationalbank. In der Zahlungsbilanz wird die statistische Differenz zwischen dem Total der «Einnahmenseite» (Ertragsbilanzeinnahmen und Kapitalimporte) und dem Total der «Ausgabenseite» (Ertragsbilanzausgaben und Kapitalexporte) als Restposten bezeichnet. Die Zahlungsbilanztransaktionen werden zwar grundsätzlich doppelt verbucht, so dass die Zahlungsbilanz im Prinzip rechnerisch ausgeglichen ist. In der Praxis lässt sich dieser Grundsatz jedoch wegen der Vielfalt der aussenwirtschaftlichen Beziehungen und statistischen Quellen nicht vollständig verwirklichen.

Produit intérieur brut (PIB)
Le PIB est une mesure de la performance d'une économie nationale au cours d'une année. Il mesure la valeur des biens et services produits dans le pays pour autant qu'ils ne soient consommés pour produire d'autres biens et services, autrement dit il définit la **valeur ajoutée**. Le PIB est calculé aux prix courants ainsi qu'aux prix de l'année précédente. Aux prix de l'année précédente, l'évolution économique réelle est représentée sans tenir compte de l'influence des prix.

Résident – non résident
Critère permettant de classer une unité selon qu'elle a ou non un centre d'intérêt économique sur le **territoire économique** considéré. Une unité a un centre d'intérêt économique si elle effectue des **opérations** sur le territoire économique pour une période d'un an au minimum.

Revenu disponible
Solde du compte de distribution secondaire du revenu. Cet **agrégat** mesure le revenu dont dispose une unité pour effectuer des opérations de consommation finale ou pour augmenter son **épargne**.

Revenu national
Le revenu national se compose du revenu primaire des ménages, du revenu des sociétés (excédent net d'exploitation et revenu de la propriété) ainsi que du revenu des administrations publiques (revenu de la propriété).

Secteur institutionnel
Regroupement d'**unités institutionnelles** qui ont un comportement économique analogue. Pour déterminer le comportement économique, on se réfère essentiellement à la fonction principale.

Territoire économique
Comprend: a) le territoire géographique à l'intérieur duquel les biens circulent en libre pratique; b) les enceintes des zones franches, entrepôts et usines sous contrôle douanier; c) l'espace aérien national et les eaux territoriales sur lesquelles un pays dispose de droits exclusifs; d) les enclaves territoriales situées dans le reste du monde et utilisées en vertus de traités internationaux ou d'accords entre Etats par les **administrations publiques** du pays (ambassades, consulats, bases scientifiques, etc.).

Unité institutionnelle
Une unité **résidente** est dite institutionnelle si elle dispose d'une comptabilité complète et si elle jouit d'une autonomie de décision dans l'exercice de sa fonction principale (production ou consommation par exemple).

Valeur ajoutée
La valeur ajoutée est la valeur créée par toute unité engagée dans une activité relevant du champ de la production. Dans la comptabilité nationale, la valeur ajoutée s'obtient par solde (valeur de production moins **consommation intermédiaire**).

Die wichtigsten Erhebungen und Quellen im Bereich Volkswirtschaft M 4

Erhebung/Statistik	Ver. Amt	Period.	Seit	Methode
Volkswirtschaftl. Gesamtrechnung	BFS	Jährlich	1980	Synthesestatistik
Zahlungsbilanz	SNB	Jährlich	1984	Synthesestatistik

Principales enquêtes et sources dans le domaine de l'économie nationale M 4

Statistique	Inst. resp.	Périod.	Depuis	Méthode
Comptabilité nationale	OFS	Annuelle	1980	Statistique de synthèse
Balance des paiements	BNS	Annuelle	1984	Statistique de synthèse

Daten
Données

Volkswirtschaftliche Gesamtrechnung
Comptes nationaux

Bruttoinlandprodukt gemäss Produktionsansatz. In Millionen Franken, zu laufenden Preisen und Veränderungen
Produit intérieur brut selon l'approche de la production. En millions de francs, à prix courants et variations

T 4.2.1.1

Produktionskonto	Zu laufenden Preisen / A prix courants				Veränderung gegenüber dem Vorjahr in %, zu laufenden Preisen / Variation en % par rapport à l'année précédente, à prix courants			Veränderung gegenüber dem Vorjahr in %, zu Preisen des Vorjahres / Variation en % par rapport à l'année précédente, aux prix de l'année précédente			Compte de production
	2011	2012	2013p	2014p	2012	2013p	2014p	2012	2013p	2014p	
Produktionswert	1 222 954	1 244 571	1 262 587	1 284 041	1,8	1,4	1,7	1,8	1,4	2,3	Production
abzüglich: Vorleistungen	626 809	641 605	648 613	662 017	2,4	1,1	2,1	2,4	1,1	2,6	moins: Consommation intermédiaire
Gütersteuern	35 106	34 955	35 291	35 350	−0,4	1,0	0,2	2,3	1,1	1,7	Impôts sur les produits
Gütersubventionen	−12 927	−13 978	−14 410	−15 119	8,1	3,1	4,9	7,6	2,4	5,2	Subventions sur les produits
Bruttoinlandprodukt	**618 325**	**623 943**	**634 854**	**642 256**	**0,9**	**1,7**	**1,2**	**1,1**	**1,8**	**1,9**	**Produit intérieur brut**

Quelle: BFS – Volkswirtschaftliche Gesamtrechnung (VGR)

Source: OFS – Comptes nationaux (CN)

Bruttoinlandprodukt nach Verwendungsarten. In Millionen Franken, zu laufenden Preisen und Veränderungen
Produit intérieur brut selon son affectation. En millions de francs, à prix courants et variations

T 4.2.1.2

Verwendungsart	Zu laufenden Preisen A prix courants				Veränderung gegenüber dem Vorjahr in %, zu laufenden Preisen Variation en % par rapport à l'année précédente, à prix courants			Veränderung gegenüber dem Vorjahr in %, zu Preisen des Vorjahres Variation en % par rapport à l'année précédente, aux prix de l'année précédente			Affectation
	2011	2012	2013p	2014p	2012	2013p	2014p	2012	2013p	2014p	
Konsumausgaben	399 802	407 695	414 333	418 828	2,0	1,6	1,1	2,6	2,1	1,3	**Dépense de consommation finale**
Private Haushalte und POoE[1]	333 417	338 882	344 505	348 059	1,6	1,7	1,0	2,7	2,2	1,3	Ménages et ISBLSM[1]
Staat	66 385	68 813	69 828	70 769	3,7	1,5	1,3	2,1	1,3	1,3	Administrations publiques
Bruttoinvestitionen	166 124	151 167	143 552	150 702	−9,0	−5,0	5,0	−10,3	−9,0	5,0	**Formation brute de capital**
Bruttoanlageinvestitionen	144 596	147 803	149 281	152 286	2,2	1,0	2,0	2,9	1,2	2,1	Formation brute de capital fixe
Ausrüstungen	90 059	91 456	90 842	91 910	1,6	−0,7	1,2	2,8	−0,0	1,3	Biens d'équipement
Bau	54 537	56 347	58 439	60 375	3,3	3,7	3,3	2,9	3,1	3,3	Constructions
Vorratsveränderungen	4 385	74	8 535	5 204	*	*	*	*	*	*	Variation des stocks
Nettozugang an Wertsachen	17 142	3 290	−14 264	−6 788	*	*	*	*	*	*	Acquisitions moins cessions d'objets de valeur
Exporte	406 706	419 946	459 057	413 063	3,3	9,3	−10,0	1,1	15,2	−6,9	**Exportations de biens et services**
Warenexporte	306 871	311 952	346 436	300 117	1,7	11,1	−13,4	−1,0	18,9	−9,9	Exportations de biens
Dienstleistungsexporte	99 834	107 994	112 622	112 946	8,2	4,3	0,3	7,4	4,7	2,4	Exportations de services
abzüglich: Importe	354 306	354 865	382 089	340 337	0,2	7,7	−10,9	−2,6	13,4	−8,1	**moins: Importations de biens et services**
Warenimporte	280 762	274 280	296 641	250 771	−2,3	8,2	−15,5	−5,7	16,6	−11,9	Importations de biens
Dienstleistungsimporte	73 544	80 585	85 448	89 566	9,6	6,0	4,8	9,3	2,9	5,1	Importations de services
Bruttoinlandprodukt	618 325	623 943	634 854	642 256	0,9	1,7	1,2	1,1	1,8	1,9	**Produit intérieur brut**

1 POoE: Private Organisationen ohne Erwerbscharakter im Dienste der Haushalte
Quelle: BFS – Volkswirtschaftliche Gesamtrechnung (VGR)

1 ISBLSM: institutions sans but lucratif au service des ménages
Source: OFS – Comptes nationaux (CN)

Bruttoinlandprodukt nach Einkommensarten und Bruttonationaleinkommen. Zu laufenden Preisen
Produit intérieur brut selon l'approche des revenus et revenu national brut. A prix courants

T 4.2.1.3

Einkommensarten	In Millionen Franken / En millions de francs			Veränderung gegenüber dem Vorjahr in % / Variation en % par rapport à l'année précédente			Genres de revenus
	2012	2013p	2014p	2012	2013p	2014p	
Arbeitnehmerentgelt	365 005	373 767	381 690	2,5	2,4	2,1	Rémunération des salariés
Nettobetriebsüberschuss	112 950	111 061	109 881	-2,6	-1,7	-1,1	Excédent net d'exploitation
Abschreibungen	129 365	132 450	134 079	1,1	2,4	1,2	Consommation de capital fixe
Produktions und Importabgaben	38 238	38 643	38 706	-0,1	1,1	0,2	Impôts sur la production et les importations
Subventionen	-21 615	-21 067	-22 101	8,2	-2,5	4,9	Subventions
Bruttoinlandprodukt	**623 943**	**634 854**	**642 256**	**0,9**	**1,7**	**1,2**	**Produit intérieur brut**
Arbeitnehmerentgelt aus der übrigen Welt	2 364	2 363	2 234	-1,8	-0,0	-5,5	Rémunération des salariés reçue du reste du monde
Arbeitnehmerentgelt an die übrige Welt	20 596	21 580	22 600	7,7	4,8	4,7	Rémunération des salariés versée au reste du monde
Vermögenseinkommen aus der übrigen Welt	113 764	110 847	116 228	18,5	-2,6	4,9	Revenus de la propriété reçus du reste du monde
Vermögenseinkommen an die übrige Welt	81 720	79 721	99 828	11,5	-2,4	25,2	Revenus de la propriété versés au reste du monde
Bruttonationaleinkommen	**637 756**	**646 763**	**638 291**	**2,2**	**1,4**	**-1,3**	**Revenu national brut**

Quelle: BFS – Volkswirtschaftliche Gesamtrechnung (VGR)

Source: OFS – Comptes nationaux (CN)

Zerlegung der Wachstumsrate des BIP pro Einwohner. In %
Décomposition du taux d'évolution du PIB par habitant. En %

T 4.2.1.6

	BIP pro Einwohner, zu Preisen des Vorjahres[1] / PIB par habitant, aux prix de l'année précédente[1]	Arbeitsproduktivität nach tatsächlichen Arbeitsstunden / Productivité horaire du travail	Komponenten des Arbeitseinsatzes pro Einwohner / Composantes de l'intrant en travail par habitant				
			Total	Durchschnittliche Arbeitszeit (pro erwerbstätige Person) / Durée moyenne du travail (par personne active occupée)	Effekt der Erwerbslosigkeit / Effet du chômage	Erwerbsquote der Bevölkerung im erwerbsfähigen Alter / Taux de participation population en âge de travailler	Anteil der Bevölkerung im erwerbsfähigen Alter an der Gesamtwohnbevölkerung / Part de la population en âge de travailler dans la population résidente totale
2000	3,4	3,2	0,2	-0,3	0,3	0,2	-0,1
2001	1,0	2,2	-1,2	-2,4	0,3	0,6	0,3
2002	-0,6	0,7	-1,3	-1,3	-0,6	0,4	0,2
2003	-0,7	-0,4	-0,3	0,8	-1,0	-0,3	0,2
2004	2,1	0,7	1,4	1,8	-0,3	-0,3	0,2
2005	2,4	2,6	-0,2	-0,3	-0,0	-0,0	0,2
2006	3,4	2,4	1,0	-0,5	0,4	1,1	0,1
2007	3,3	2,1	1,1	-0,6	0,4	1,4	0,0
2008	1,1	0,5	0,6	-0,6	0,2	1,0	-0,0
2009	-3,3	-2,1	-1,2	-0,5	-0,9	0,2	-0,1
2010	1,9	2,5	-0,6	-0,1	-0,2	-0,1	-0,2
2011	1,1	-0,2	1,3	-0,4	0,5	1,3	-0,1
2012	0,1	0,6	-0,5	-0,9	-0,1	0,8	-0,2
2013p	0,6	1,5	-0,9	-1,0	-0,2	0,5	-0,2
2014p	0,7	0,7	-0,1	-0,5	-0,1	0,8	-0,2

[1] BIP gemäss ESVG 2010. Jahresmittelwerte der ständigen Wohnbevölkerung auf Basis der Statistik des jährlichen Bevölkerungsstandes (ESPOP; 1999–2009, zuzüglich der geschätzten Komponente der mindestens seit einem Jahr in der Schweiz wohnhaften Personen im Asylprozess) sowie der Statistik der Bevölkerung und der Haushalte (STATPOP; ab 2010).

Quellen: BFS – VGR, AVOL, ETS, ELS-ILO

[1] PIB selon le SEC 2010. Valeurs annuelles moyennes de la population résidante permanente sur la base de la statistique de l'état annuel de la population (ESPOP; 1999–2009, augmentée du nombre estimé des personnes relevant du domaine de l'asile en Suisse depuis 12 mois et plus) et de la statistique de la population et des ménages (STATPOP; depuis 2010).

Sources: OFS – CN, SVOLTA, SPAO, CHOM-BIT

Verfügbares Einkommen und Ersparnis der privaten Haushalte und POoE[1]. Zu laufenden Preisen
Revenu disponible et épargne des ménages et des ISBLSM[1]. A prix courants

T 4.2.1.7

	In Millionen Franken / En millions de francs			Veränderung gegenüber dem Vorjahr in % / Variation en % par rapport à l'année précédente			
	2011	2012	2013p	2011	2012	2013p	
Einkommen und Konsum in Millionen Franken							**Revenu et dépense en millions de francs**
Verfügbares Bruttoeinkommen	391 129	401 519	411 609	1,7	2,7	2,5	Revenu disponible brut
Konsumausgaben von Gebietsansässigen	333 417	338 882	344 505	0,9	1,6	1,7	Dépense de consommation finale
Zunahme betrieblicher Versorgungsansprüche	38 318	37 743	37 555	3,2	−1,5	−0,5	Ajustement pour variation des droits des ménages sur les fonds de pension
Bruttoersparnis	96 029	100 380	104 659	5,4	4,5	4,3	Epargne brute
Ersparnis in % des verfügbaren zwangssparenbereinigten Einkommens							**Epargne en % du revenu disponible ajusté de l'épargne forcée**
Total Ersparnis	22,4	22,9	23,3	*	*	*	Epargne totale
Zwangssparen	8,9	8,6	8,4	*	*	*	Epargne forcée
Freiwilliges Sparen	13,4	14,3	14,9	*	*	*	Epargne volontaire

1 POoE: Private Organisationen ohne Erwerbscharakter im Dienste der Haushalte
Quelle: BFS – Volkswirtschaftliche Gesamtrechnung (VGR)

1 ISBLSM: institutions sans but lucratif au service des ménages
Source: OFS – Comptes nationaux (CN)

Kontensequenz der Gesamtwirtschaft. In Millionen Franken, zu laufenden Preisen
Séquence de comptes de l'économie nationale. En millions de francs, à prix courants

T 4.2.2.1

	2012		2013ᵖ		
	Verwendung Emplois	Aufkommen Ressources	Verwendung Emplois	Aufkommen Ressources	
Produktionskonto					**Compte de production**
Produktionswert		1 244 571		1 262 587	Production
Marktproduktion		1 157 289		1 174 038	Production marchande
Nichtmarktproduktion für die Eigenverwendung		5 756		6 004	Production pour usage final propre
Sonstige Nichtmarktproduktion		81 526		82 545	Autre production non marchande
Vorleistungen	641 605		648 613		Consommation intermédiaire
Gütersteuern		34 955		35 291	Impôts sur les produits
Gütersubventionen		−13 978		−14 410	Subventions sur les produits
Bruttoinlandprodukt	**623 943**		**634 854**		**Produit intérieur brut**
Abschreibungen	129 365		132 450		Consommation de capital fixe
Nettoinlandprodukt	**494 578**		**502 404**		**Produit intérieur net**
Einkommensentstehungskonto					**Compte d'exploitation**
Nettoinlandprodukt		494 578		502 404	Produit intérieur net
Arbeitnehmerentgelt	365 005		373 767		Rémunération des salariés
Bruttolöhne und gehälter	308 529		315 402		Salaires et traitements bruts
Sozialbeiträge der Arbeitgeber	56 476		58 365		Cotisations sociales à la charge des employeurs
Produktions und Importabgaben	38 238		38 643		Impôts sur la production et les importations
Gütersteuern	34 955		35 291		Impôts sur les produits
Sonstige Produktionsabgaben	3 283		3 352		Autres impôts sur la production
Subventionen	−21 615		−21 067		Subventions
Gütersubventionen	−13 978		−14 410		Subventions sur les produits
Sonstige Subventionen	−7 637		−6 657		Autres subventions sur la production
Nettobetriebsüberschuss	**112 950**		**111 061**		**Excédent net d'exploitation**
Primäres Einkommensverteilungskonto					**Compte d'affectation des revenus primaires**
Nettobetriebsüberschuss		112 950		111 061	Excédent net d'exploitation
Arbeitnehmerentgelt		346 773		354 550	Rémunération des salariés
Bruttolöhne und gehälter		292 298		298 279	Salaires et traitements bruts
Sozialbeiträge der Arbeitgeber		54 475		56 271	Cotisations sociales à la charge des employeurs
Produktions und Importabgaben		38 696		39 094	Impôts sur la production et les importations
Gütersteuern		34 955		35 291	Impôts sur les produits
Sonstige Produktionsabgaben		3 741		3 803	Autres impôts sur la production
Subventionen		−21 615		−21 067	Subventions
Gütersubventionen		−13 978		−14 410	Subventions sur les produits
Sonstige Subventionen		−7 637		−6 657	Autres subventions sur la production
Vermögenseinkommen	245 376	276 963	244 395	275 071	Revenus de la propriété
Zinsen	57 168	83 581	53 441	79 826	Intérêts
Ausschüttungen und Entnahmen	121 747	132 428	132 183	137 987	Revenus distribués des sociétés
Reinvestierte Gewinne aus der/an die übrige Welt	12 201	11 577	3 823	6 484	Bénéfices réinvestis d'investissements directs étrangers
Sonstige Kapitalerträge	53 471	48 587	54 221	50 048	Autres revenus d'investissements
Pachteinkommen	789	789	726	726	Loyers
Nettonationaleinkommen	**508 390**		**514 313**		**Revenu national net**

Quelle: BFS – Volkswirtschaftliche Gesamtrechnung (VGR)

Source: OFS – Comptes nationaux (CN)

Kontensequenz der Gesamtwirtschaft. In Millionen Franken, zu laufenden Preisen (Fortsetzung)
Séquence de comptes de l'économie nationale. En millions de francs, à prix courants (suite)

T 4.2.2.1

	2012		2013p		
	Verwendung Emplois	Aufkommen Ressources	Verwendung Emplois	Aufkommen Ressources	
Konto der sekundären Einkommensverteilung (Ausgabenkonzept)					**Compte de distribution secondaire du revenu**
Nettonationaleinkommen		508 390		514 313	Revenu national net
Einkommen- und Vermögensteuern	85 073	87 569	87 845	90 248	Impôts courants sur le revenu, le patrimoine, etc.
Sozialbeiträge	138 325	147 120	142 316	151 153	Cotisations sociales
Monetäre Sozialleistungen	132 595	120 599	138 103	125 729	Prestations sociales autres que transferts sociaux en nature
Sonstige laufende Transfers	116 849	104 110	120 147	105 315	Autres transferts courants
Nettoprämien für Schadenversicherungen	18 194	36 766	18 679	37 756	Primes nettes d'assurance-dommages
Schadenversicherungsleistungen	37 416	16 052	38 522	16 361	Indemnités d'assurance-dommages
Laufende Transfers innerhalb des Staatssektors	38 820	38 820	38 885	38 885	Transferts courants entre administrations publiques
Laufende Transfers im Rahmen internationaler Zusammenarbeit	3 542	216	4 051	244	Coopération internationale courante
Übrige laufende Transfers	18 877	12 256	20 009	12 068	Transferts courants divers
Verfügbares Einkommen, netto	**494 947**		**498 347**		**Revenu disponible net**
Einkommensverwendungskonto (Ausgabenkonzept)					**Compte d'utilisation du revenu disponible**
Verfügbares Einkommen, netto		494 947		498 347	Revenu disponible net
Konsumausgaben	407 695		414 333		Dépense de consommation finale
Konsumausgaben für den Individualverbrauch	378 439		384 672		Dépense de consommation individuelle
Konsumausgaben für den Kollektivverbrauch	29 256		29 662		Dépense de consommation collective
Zunahme betrieblicher Versorgungsansprüche	34 780	37 743	34 549	37 555	Ajustement pour variation des droits des ménages sur les fonds de pension
Netto Sparen	**90 215**		**87 020**		**Epargne nette**
Konto der Reinvermögensänderung durch Sparen und Vermögenstransfers					**Compte des variations de la valeur nette dues à l'épargne et aux transferts en capital**
Netto Sparen		90 215		87 020	Epargne nette
Vermögenstransfers, zu empfangende		10 307		15 102	Transferts en capital à recevoir
Vermögenswirksame Steuern		898		976	Impôts en capital (à recevoir)
Investitionszuschüsse		7 758		7 997	Aides à l'investissement
Sonstige Vermögenstransfers		2 843		7 436	Autres transferts en capital
Uneinbringliche Steuern und Sozialbeiträge		-1 192		-1 307	Impôts et cotisations dus irrécouvrables
Vermögenstransfers, zu leistende		-10 442		-15 144	Transferts en capital à payer
Vermögenswirksame Steuern		-898		-976	Impôts en capital
Investitionszuschüsse		-7 758		-7 997	Aides à l'investissement (à payer)
Sonstige Vermögenstransfers		-2 978		-7 479	Autres transferts en capital
Uneinbringliche Steuern und Sozialbeiträge		1 192		1 307	Impôts et cotisations dus irrécouvrables
Reinvermögensänderung durch Sparen und Vermögenstransfers	**90 080**		**86 978**		**Variations de la valeur nette dues à l'épargne et aux transferts en capital**
Sachvermögensbildungskonto					**Compte des acquisitions d'actifs non financiers**
Reinvermögensänderung durch Sparen und Vermögenstransfers		90 080		86 978	Variations de la valeur nette dues à l'épargne et aux transferts en capital
Bruttoanlageinvestitionen	147 803		149 281		Formation brute de capital fixe
Vorratsveränderungen	74		8 535		Variation des stocks
Nettozugang an Wertsachen	3 290		-14 264		Acquisitions moins cessions d'objets de valeur
Abschreibungen	-129 365		-132 450		Consommation de capital fixe
Nettozugang an nichtproduzierten Vermögensgütern	1 994		-919		Acquisitions moins cessions d'actifs non financiers non produits
Finanzierungssaldo	**66 284**		**76 794**		**Capacité (+)/besoin (−) de financement**

Quelle: BFS – Volkswirtschaftliche Gesamtrechnung (VGR)
Source: OFS – Comptes nationaux (CN)

Bruttoinlandsprodukt (BIP) nach Kantonen. 2013ᵖ
Produit intérieur brut (PIB) par canton. En 2013ᵖ

T 4.2.6.1

	BIP, zu laufenden Preisen / PIB, à prix courants		BIP, zu Preisen des Vorjahres / PIB, aux prix de l'année précédente	BIP / Einwohner, zu laufenden Preisen / PIB / habitant, à prix courants	
	in Millionen Franken / en millions de francs	Veränderung gegenüber dem Vorjahr, in % / Variation par rapport à l'année précédente, en %	Veränderung gegenüber dem Vorjahr, in % / Variation par rapport à l'année précédente, en %	in Franken / en francs	Veränderung gegenüber dem Vorjahr, in % / Variation par rapport à l'année précédente, en %
Total	634 854	1,7	1,8	78 480	0,6
Zürich	137 139	1,9	2,9	96 778	0,7
Bern	75 797	1,8	1,5	76 029	1,0
Luzern	24 791	1,8	1,8	63 860	0,7
Uri	1 832	0,5	–0,0	51 199	–0,2
Schwyz	8 713	2,2	1,6	57 852	1,0
Obwalden	2 318	0,3	–0,3	63 839	–0,6
Nidwalden	2 831	4,4	3,1	67 823	3,7
Glarus	2 578	1,6	1,2	65 297	1,1
Zug	18 253	5,0	3,7	155 548	3,7
Fribourg	17 093	3,4	2,9	58 038	1,1
Solothurn	16 786	1,3	0,9	64 473	0,5
Basel-Stadt	31 197	0,3	0,4	165 605	–0,5
Basel-Landschaft	18 653	1,1	1,0	67 195	0,5
Schaffhausen	6 776	1,6	1,2	86 464	0,5
Appenzell A. Rh.	3 015	3,9	3,4	56 294	3,5
Appenzell I. Rh.	935	2,7	2,3	59 387	2,6
St. Gallen	35 397	1,8	1,5	72 331	0,9
Graubünden	13 665	1,6	1,2	70 277	1,2
Aargau	39 183	1,7	1,6	62 013	0,3
Thurgau	15 559	1,8	1,2	60 247	0,2
Ticino	27 661	1,8	1,6	80 389	0,3
Vaud	50 621	1,6	1,5	68 234	0,0
Valais	17 054	0,5	0,6	52 574	–1,0
Neuchâtel	14 512	1,4	1,0	82 698	0,5
Genève	48 001	1,0	1,1	102 946	–0,0
Jura	4 495	4,2	3,8	63 009	3,4

Quelle: BFS – BIP der Kantone
Source: OFS – PIB des cantons

Produktivität
Productivité

Arbeitsproduktivität nach geleisteten Arbeitsstunden. Veränderung gegenüber dem Vorjahr in %
Productivité horaire du travail. Variation en % par rapport à l'année précédente

T 4.7.1.1

	1995	2000	2005	2009	2010	2011	2012	2013ᵖ	2014ᵖ	
BIP[1]	0,5	3,9	3,0	–2,1	3,0	1,8	1,1	1,8	1,9	PIB[1]
Tatsächliche Arbeitsstunden	–1,3	0,7	0,4	–0,1	0,4	2,0	0,6	0,3	1,2	Heures effectives de travail
Produktivität	1,8	3,2	2,6	–2,1	2,5	–0,2	0,6	1,5	0,7	Productivité

[1] Bruttoinlandprodukt, zu Preisen des Vorjahres, nach ESVG 2010
Quelle: BFS

[1] Produit intérieur brut, aux prix de l'année précédente, selon SEC 2010
Source: OFS

Zahlungsbilanz
Balance des paiements

Komponenten der Zahlungsbilanz[1]. In Millionen Franken, zu laufenden Preisen[2]
Composantes de la balance des paiements[1]. En millions de francs, à prix courants[2]

T 4.9.1

	2000	2010	2011	2012	2013	2014	
Leistungsbilanz, Saldo	56 816	89 935	47 369	64 346	70 776	46 909	**Balance des transactions courantes, solde**
Waren, Saldo	3 313	35 659	26 111	37 789	49 931	49 499	Marchandises, solde
Einnahmen	162 879	288 010	306 872	311 952	346 436	300 117	Recettes
Ausgaben	159 566	252 350	280 761	274 164	296 505	250 618	Dépenses
Dienste, Saldo	25 706	26 634	22 056	21 507	20 369	18 289	Services, solde
Einnahmen	77 463	98 841	95 578	102 337	106 015	108 469	Recettes
Ausgaben	51 757	72 208	73 522	80 830	85 646	90 180	Dépenses
Primäreinkommen, Saldo	32 862	36 723	7 028	13 218	12 169	-3 919	Revenus primaires, solde
Einnahmen	103 755	130 070	97 704	113 390	110 981	118 090	Recettes
Ausgaben	70 893	93 347	90 675	100 172	98 812	122 009	Dépenses
Sekundäreinkommen, Saldo	-5 066	-9 081	-7 827	-8 167	-11 693	-16 960	Revenus secondaires, solde
Einnahmen	12 709	26 784	28 634	33 980	33 989	35 863	Recettes
Ausgaben	17 775	35 865	36 461	42 148	45 682	52 823	Dépenses
Vermögensübertragungen, Saldo	-5 979	-4 641	-8 407	-2 203	675	-10 108	**Transferts en capital, solde**
Einnahmen	826	359	483	345	1 694	445	Recettes
Ausgaben	6 805	5 000	8 890	2 548	1 019	10 553	Dépenses
Kapitalbilanz, Saldo[3]	73 279	114 685	27 739	87 626	101 523	54 082	**Comptes financiers, solde[3]**
Direktinvestitionen, Saldo	41 914	58 723	17 500	25 616	30 397	-4 688	Investissements directs, solde
Direktinvestitionen, Nettozugang von Aktiven	81 199	76 979	39 186	49 858	9 490	15 389	Investissements directs, acquisition nette d'actifs financiers
Beteiligungskapital	56 012	29 287	4 564	32 674	10 153	-14 352	Capital social
Reinvestitionen von Erträgen	16 837	36 114	7 913	16 300	8 520	22 509	Bénéfices réinvestis
Kredite	8 349	11 578	26 709	883	-9 183	7 232	Crédits
Direktinvestitionen, Nettozugang von Passiven	39 284	18 256	21 686	24 242	-20 907	20 077	Investissements directs, accroissement net des passifs
Beteiligungskapital	20 895	12 428	4 677	-8 405	8 387	-1 825	Capital social
Reinvestitionen von Erträgen	10 985	10 528	12 328	12 229	4 073	19 357	Bénéfices réinvestis
Kredite	7 404	-4 699	4 682	20 418	-33 367	2 545	Crédits
Portfolioinvestitionen, Saldo	19 863	-32 522	12 810	-16 896	15 770	6 172	Investissements de portefeuille, solde
Portfolioinvestitionen, Nettozugang von Aktiven	37 676	-8 251	-6 992	-4 490	19 337	7 888	Investissements de portefeuille, acquisition nette d'actifs financiers
Portfolioinvestitionen, Nettozugang von Passiven	17 813	24 271	-19 802	12 407	3 567	1 716	Investissements de portefeuille, accroissement net des passifs
Übrige Investitionen, Saldo	12 514	-49 574	-44 708	-94 200	43 194	18 780	Autres investissements, solde
Übrige Investitionen, Nettozugang von Aktiven	173 773	-39 740	11 827	-19 446	72 909	-29 093	Autres investissements, acquisition nette d'actifs financiers
Übrige Investitionen, Nettozugang von Passiven	161 259	9 835	56 535	74 754	29 716	-47 872	Autres investissements, accroissement net des passifs
Währungsreserven, Saldo	-1 013	137 802	42 628	174 591	12 943	33 961	Réserves monétaires, solde
Derivate, Saldo	...	257	-491	-1 485	-779	-143	Produits dérivés, solde
Statistische Differenz[4]	22 442	29 391	-11 223	25 482	30 072	17 281	**Ecarts statistiques[4]**

1 Direktinvestitionen: Kapitalverkehr und Einkommen in der Zahlungsbilanz sowie der Aktiven und Passiven im Auslandvermögen werden neu gemäss dem Asset/Liability Prinzip brutto ausgewiesen. Bisher galt das Richtungsprinzip (Directional principle), bei dem Forderungen und Verpflichtungen sowie die Zinsflüsse zwischen Direktinvestor und Tochtergesellschaften miteinander verrechnet werden.
2 Revidierte Werte. Betreffend des Saldos der Leistungsbilanz und der Vermögensübertragungen bedeutet ein negatives Vorzeichen (–) einen Überschuss der Ausgaben gegenüber den Einnahmen. Betreffend des Saldos der Kapitalbilanz bedeutet ein negatives Vorzeichen (–) einen Überschuss der Kapitalimporte gegenüber der Kapitalexporten.
3 Inkl. Derivate
4 Statistische Differenz = Saldo Kapitalbilanz – Saldo Leistungsbilanz – Saldo Vermögensübertragungen.

Quelle: SNB
Stand: Oktober 2014

1 Investissements directs: Les mouvements de capitaux et des revenus dans la balance des paiements ainsi que les actifs et les passifs dans la position extérieure nette sont désormais comptabilisés en termes bruts par actifs/passifs. Jusqu'à présent, le principe directionnel s'appliquait. Selon ce principe, une compensation était effectuée entre les créances des investisseurs directs sur leurs filiales et les engagements de ces investisseurs envers leurs filiales ainsi qu'entre les flux d'intérêts correspondants.
2 Valeurs révisées. Pour le solde de la balance des transactions courantes et des transferts en capital, le signe moins (–) signifie un excédent des dépenses sur les recettes. Pour le solde des comptes financiers, le signe moins (–) signifie un excédent des importations de capitaux sur les exportations de capitaux.
3 Y compris produits dérivés.
4 Ecarts statistiques = solde des comptes financiers – solde de la balance des transactions courantes – solde des transferts en capital.

Source: BNS
Etat: octobre 2014

Auslandvermögen. Bestand am Jahresende, in Millionen Franken
Position extérieure nette de la Suisse. Etat en fin d'année, en millions de francs

T 4.9.2

	Total	Direktinvesti-tionen[1,2] Investissements directs[1,2]	Portfolio-investitionen Investissements de portefeuille	Derivate Produits dérivés	Übrige Investitionen Autres investissements	Währungsreserven[3] Réserves monétaires[3]	
Aktiven							**Actifs à l'étranger**
2000	2 220 991	415 768	822 028	...	895 339	87 856	2000
2005	2 799 700	647 804	1 006 167	32 066	1 037 833	75 828	2005
2007	3 746 580	927 606	1 271 370	58 312	1 404 263	85 029	2007
2008	3 247 952	948 851	1 012 918	189 563	1 017 732	78 887	2008
2009	3 413 516	1 100 565	1 152 868	127 121	893 298	139 664	2009
2010	3 472 518	1 206 171	1 090 109	135 726	788 067	252 446	2010
2011	3 607 415	1 284 229	1 054 714	151 741	805 338	311 394	2011
2012	3 861 173	1 350 943	1 123 427	128 297	773 505	485 001	2012
2013	3 894 734	1 306 295	1 158 151	105 012	847 911	477 364	2013
2014	4 246 125	1 447 024	1 239 877	149 445	868 578	541 201	2014
Passiven							**Passifs envers l'étranger**
2000	1 717 238	202 095	671 355	...	843 788	...	2000
2005	2 205 013	332 164	805 381	43 156	1 024 312	...	2005
2007	3 015 362	620 424	920 815	57 199	1 416 924	...	2007
2008	2 586 415	685 988	637 409	193 718	1 069 300	...	2008
2009	2 634 253	756 297	713 923	127 677	1 036 356	...	2009
2010	2 679 330	835 018	728 329	134 538	981 446	...	2010
2011	2 774 412	919 134	655 725	155 083	1 044 470	...	2011
2012	3 069 747	962 905	869 385	126 088	1 111 369	...	2012
2013	3 184 613	921 662	1 026 491	100 268	1 136 192	...	2013
2014	3 477 782	1 093 959	1 143 792	147 485	1 092 546	...	2014
Nettovermögen							**Position extérieure nette**
2000	503 753	213 673	150 673	...	51 551	87 856	2000
2005	594 687	315 640	200 787	–11 090	13 521	75 828	2005
2007	731 218	307 182	350 555	1 113	–12 661	85 029	2007
2008	661 536	262 863	375 508	–4 155	–51 568	78 887	2008
2009	779 263	344 269	438 945	–556	–143 059	139 664	2009
2010	793 188	371 153	361 781	1 188	–193 380	252 446	2010
2011	833 003	365 095	398 989	–3 343	–239 133	311 394	2011
2012	791 426	388 037	254 042	2 209	–337 864	485 001	2012
2013	710 121	384 633	131 661	4 744	–288 282	477 364	2013
2014	768 343	353 065	96 085	1 960	–223 968	541 201	2014

1 Ab 2004 Erweiterung der Anzahl der befragten Unternehmen
2 Direktinvestitionen: Kapitalverkehr und Einkommen in der Zahlungsbilanz sowie der Aktiven und Passiven im Auslandvermögen werden neu gemäss dem Asset/Liability Prinzip brutto ausgewiesen. Bisher galt das Richtungsprinzip (Directional principle), bei dem Forderungen und Verpflichtungen sowie die Zinsflüsse zwischen Direktinvestor und Tochtergesellschaften miteinander verrechnet werden.
3 Seit 2000 wird der Goldbestand zum Marktwert bewertet.

Quelle: SNB
Stand: Dezember 2015

1 A partir de 2004, extension du nombre des entreprises participants à l'enquête
2 Investissements directs: Les mouvements de capitaux et des revenus dans la balance des paiements ainsi que les actifs et les passifs dans la position extérieure nette sont désormais comptabilisés en termes bruts par actifs/passifs. Jusqu'à présent, le principe directionnel s'appliquait. Selon ce principe, une compensation était effectuée entre les créances des investisseurs directs sur leurs filiales et les engagements de ces investisseurs envers leurs filiales ainsi qu'entre les flux d'intérêts correspondants.
3 Depuis 2000, l'or est évalué à sa valeur de marché.

Source: BNS
Etat: décembre 2015

5 Preise | Prix

Überblick

Allgemeine Entwicklung 2011–2015

Der Landesindex der Konsumentenpreise (LIK) ist zwischen 2011 und 2015 um −2,1% gesunken. Auf Seiten der Produzenten und der Importeure nahm der Preisindex des Gesamtangebots zwischen 2011 und 2015 um −7,4% ab. Der Baupreisindex stieg im Zeitraum 2011–2015 um +0,7% (+0,3% im Hochbau und +2,2% im Tiefbau).

Das schweizerische Preisniveau lag 2014 im Vergleich mit der Europäischen Union bei 146 Indexpunkten (EU-28 = 100).

Jährliche Entwicklung

2011 führte die Frankenstärke in den ersten beiden Quartalen des Jahres zusammen mit der sich verschlechternden Weltwirtschaft zu einer Verlangsamung des Wirtschaftswachstums der Schweiz. Die Jahresteuerung belief sich auf +0,2%, so dass kaum Inflationsdruck bestand. Die weiterhin angespannte Lage in der Eurozone und der Eintritt in die Rezession mehrerer Mitgliedstaaten belasteten das Wirtschaftswachstum, das 2012 weiter

Vue d'ensemble

Evolution générale 2011–2015

De 2011 à 2015, l'indice suisse des prix à la consommation (IPC) a reculé de −2,1%. Du côté des producteurs et importateurs, l'indice des prix de l'offre totale a diminué de −7,4% entre 2011 et 2015. L'indice des prix de la construction a augmenté de +0,7% de 2011 à 2015 (+0,3% dans le bâtiment et +2,2% dans le génie civil).

Par rapport à l'Union européenne, le niveau des prix en Suisse était de 146 points (UE-28 = 100) en 2014.

L'évolution année par année

En 2011, le renforcement du franc durant les deux premiers trimestres de l'année, joint au fléchissement de l'économie mondiale, conduit à un ralentissement de la croissance économique suisse. La pression inflationniste devient pratiquement inexistante avec un taux de renchérissement annuel se situant à +0,2%. Les tensions persistantes dans la zone euro et l'entrée en récession de plusieurs de ses membres pèsent sur la crois-

Preisentwicklung / Evolution des prix G 5.1
Index Dezember 2010 = 100 / Indice décembre 2010 = 100

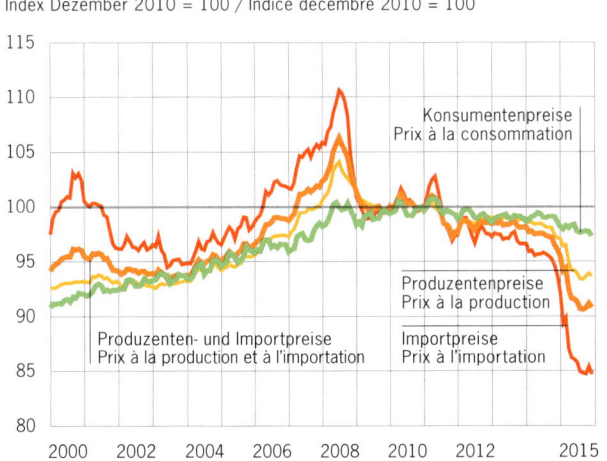

Veränderung zum Vorjahr / Variation par rapport à l'année précédente

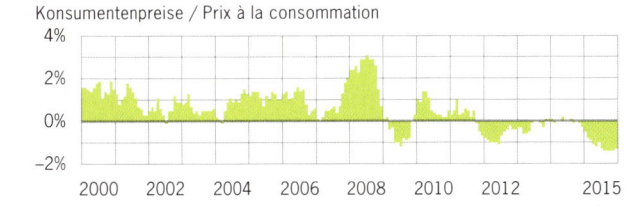

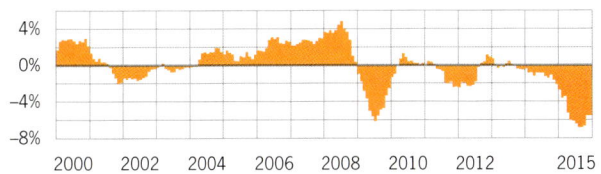

Konsumentenpreise nach Art und Herkunft der Güter G 5.2
Prix à la consommation selon le type et la provenance des biens
Index Dezember 2010 = 100 / Indice décembre 2010 = 100

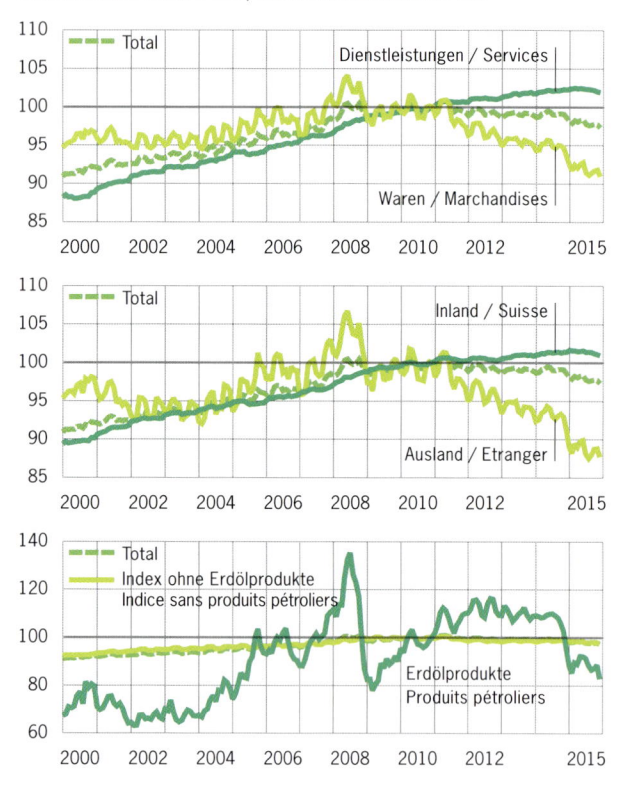

Veränderung der Jahresdurchschnitte G 5.3
Variation des moyennes annuelles
Preise in der Schweiz / Prix en Suisse

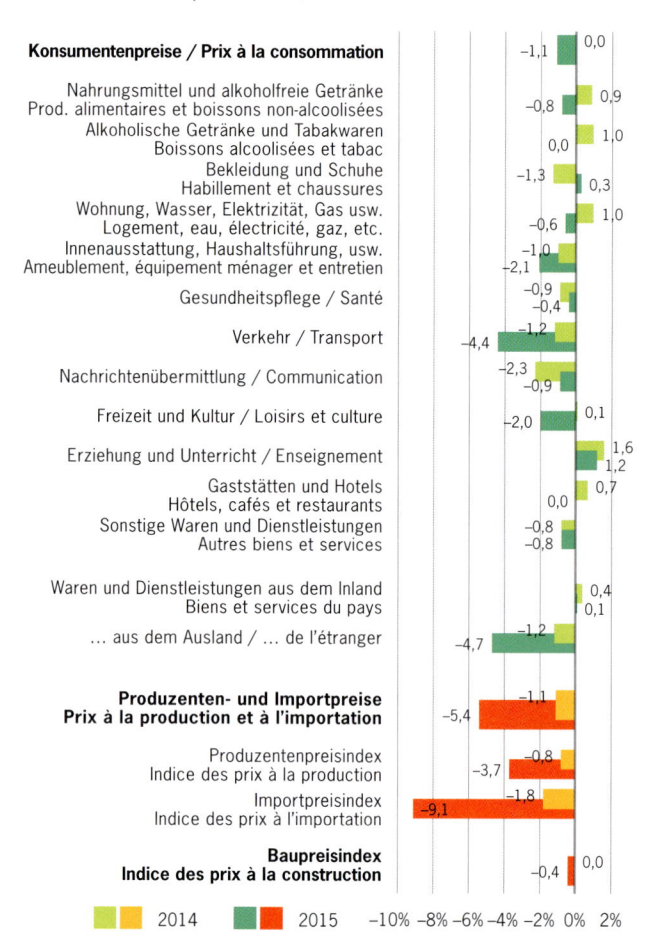

Konsumentenpreise / Prix à la consommation	2014	2015
Nahrungsmittel und alkoholfreie Getränke / Prod. alimentaires et boissons non-alcoolisées	0,9	–0,8
Alkoholische Getränke und Tabakwaren / Boissons alcoolisées et tabac	1,0	0,0
Bekleidung und Schuhe / Habillement et chaussures	0,3	–1,3
Wohnung, Wasser, Elektrizität, Gas usw. / Logement, eau, électricité, gaz, etc.	1,0	–0,6
Innenausstattung, Haushaltsführung, usw. / Ameublement, équipement ménager et entretien	–1,0	–2,1
Gesundheitspflege / Santé	–0,4	–0,9
Verkehr / Transport	–1,2	–4,4
Nachrichtenübermittlung / Communication	–0,9	–2,3
Freizeit und Kultur / Loisirs et culture	0,1	–2,0
Erziehung und Unterricht / Enseignement	1,2	1,6
Gaststätten und Hotels / Hôtels, cafés et restaurants	0,7	0,0
Sonstige Waren und Dienstleistungen / Autres biens et services	–0,8	–0,8
Waren und Dienstleistungen aus dem Inland / Biens et services du pays	0,4	0,1
… aus dem Ausland / … de l'étranger	–1,2	–4,7
Produzenten- und Importpreise / Prix à la production et à l'importation	–1,1	–5,4
Produzentenpreisindex / Indice des prix à la production	–0,8	–3,7
Importpreisindex / Indice des prix à l'importation	–1,8	–9,1
Baupreisindex / Indice des prix à la construction	0,0	–0,4

gebremst wurde. Die Jahresteuerung sank um 0,7%. Die Jahre 2013 und 2014 wurden nach wie vor von der fragilen Weltkonjunktur – insbesondere in der Eurozone – bestimmt. Obschon der Franken dank der Devisenmarktinterventionen der SNB leicht an Wert verlor, verharrte er auf einem hohen Niveau – insbesondere gegenüber dem Euro. Die Schweizer Wirtschaft legte aufgrund günstiger Binnenfaktoren (v. a. dank des privaten Konsums und der Bauinvestitionen) dennoch weiter zu. Nach einem Rückgang der Jahresteuerung um 0,2% im Jahr 2013 stagnierten die Preise 2014 im Jahresdurchschnitt. Im Januar 2015 legte der Schweizer Franken infolge der Aufhebung des Mindestkurses stark zu. Das Wirtschaftswachstum der Schweiz verlangsamte sich, blieb aber – hauptsächlich dank der Binnennachfrage (namentlich bei den Ausrüstungsinvestitionen) – positiv. 2015 war die Teuerung wieder negativ (–1,1%).

Zwischen 2011 und 2015 sind die Konsumentenpreise der inländischen Waren und Dienstleistungen stetig gestiegen, mit Ausnahme von 2012, als die Preise stagnierten. Im Jahr 2015 betrug der durchschnittliche Anstieg der Inlandpreise +0,1%, wobei er sich hauptsächlich auf die Preiserhöhungen bei den Mieten, beim Strom, bei den medizinischen Leistungen und beim öffentlichen Verkehr zurückführen lässt. Die Preise für Nahrungsmittel und Occasionsfahrzeuge sind hingegen gesunken. Im Zeitraum 2011–2015 sind die Konsumentenpreise der importierten Waren und Dienstleistungen kontinuierlich gesunken. Besonders stark fiel der Rückgang in den Jahren 2012 und 2015 aus, in denen die Jahresteuerung –2,7% bzw. –4,7% betrug. Im Jahr 2015 war der Rückgang der Importpreise auf die Erdölprodukte und – in geringerem Masse – auf den Kauf von neuen Fahrzeugen,

sance économique, qui poursuit son ralentissement en 2012. Le taux de renchérissement annuel s'inscrit en baisse avec –0,7%. Les années 2013 et 2014 restent marquées par une conjoncture mondiale incertaine, notamment dans la zone euro. Si les interventions de la BNS sur les marchés des changes ont permis au franc de perdre quelque peu de sa valeur, celui-ci reste à un niveau élevé, notamment face à l'euro. L'économie suisse voit néanmoins sa croissance se renforcer sous l'effet de facteurs intérieurs (consommation privée et investissements dans la construction notamment). Après une baisse du taux de renchérissement annuel de –0,2% en 2013, les prix stagnent en 2014 en moyenne annuelle. En janvier 2015, le franc suisse s'apprécie fortement suite à l'abandon du taux plancher. La croissance économique suisse ralentit, restant soutenue principalement par la demande intérieure (investissements en biens d'équipement notamment). En 2015, l'inflation redevient négative avec un recul annuel des prix de –1,1%.

Entre 2011 et 2015, les prix à la consommation des marchandises et services indigènes ont renchéri de manière continue, malgré une stagnation en 2012. 2015 connaît une progression moyenne des prix indigènes de +0,1%, due notamment aux contributions positives des loyers, de l'électricité, des prestations médicales et des transports publics, tandis que les prix des produits alimentaires et des achats de véhicules d'occasion s'ins-

Entwicklung der Baupreise G 5.4
Evolution des prix de la construction
Index Oktober 2010 = 100 / Indice octobre 2010 = 100

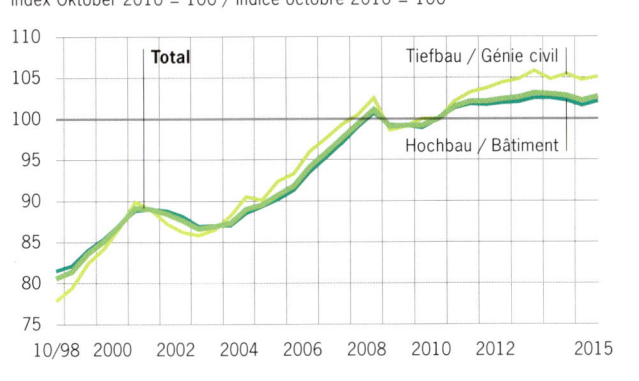

Preisniveauindizes im europäischen Vergleich 2014ᵖ G 5.5
Indices du niveau des prix en comparaison européenne, en 2014ᵖ
Werte der Schweiz, EU-28 = 100 / Valeurs de la Suisse, UE-28 = 100

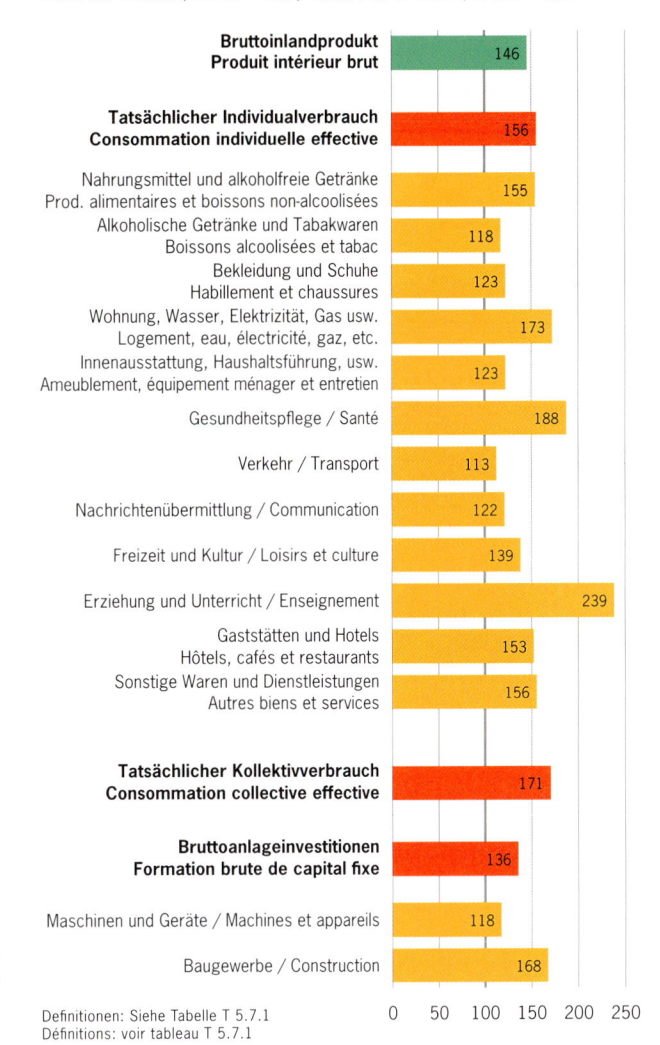

	Index
Bruttoinlandprodukt / Produit intérieur brut	146
Tatsächlicher Individualverbrauch / Consommation individuelle effective	156
Nahrungsmittel und alkoholfreie Getränke / Prod. alimentaires et boissons non-alcoolisées	155
Alkoholische Getränke und Tabakwaren / Boissons alcoolisées et tabac	118
Bekleidung und Schuhe / Habillement et chaussures	123
Wohnung, Wasser, Elektrizität, Gas usw. / Logement, eau, électricité, gaz, etc.	173
Innenausstattung, Haushaltsführung, usw. / Ameublement, équipement ménager et entretien	123
Gesundheitspflege / Santé	188
Verkehr / Transport	113
Nachrichtenübermittlung / Communication	122
Freizeit und Kultur / Loisirs et culture	139
Erziehung und Unterricht / Enseignement	239
Gaststätten und Hotels / Hôtels, cafés et restaurants	153
Sonstige Waren und Dienstleistungen / Autres biens et services	156
Tatsächlicher Kollektivverbrauch / Consommation collective effective	171
Bruttoanlageinvestitionen / Formation brute de capital fixe	136
Maschinen und Geräte / Machines et appareils	118
Baugewerbe / Construction	168

Definitionen: Siehe Tabelle T 5.7.1
Définitions: voir tableau T 5.7.1

die Medikamente, den Hausrat und die technischen Produkte zurückzuführen.

Nach einer relativ stabilen ersten Jahreshälfte sanken die Produzenten- und Importpreise 2011 in der Folge der sich verschlechternden Konjunktur und der Frankenstärke. Nach einer kurzen Anstiegsphase im ersten Quartal 2012 und einer Nullteuerung 2013 war 2014 ein erneuter Rückgang um durchschnittlich −1,1% zu beobachten. Im Jahr 2015 gingen die Produzenten- und Importpreise noch stärker zurück (−5,4% im Jahresdurchschnitt). Bei der Kerninflation, welche die rohstoffnahen und preisvolatilen Produktgruppen (insbesondere landwirtschaftliche Produkte, Erdölprodukte, Metalle) ausschliesst, war der Abwärtstrend weniger stark ausgeprägt (−3,9%). Während die Produzentenpreise im Allgemeinen um −3,7% sanken, fiel der Rückgang bei den Importpreisen mit −9,1% noch deutlicher aus. Im Jahr 2015 waren die Preisentwicklungen bei den Dienstleistungen und insbesondere bei den Dienstleistungen für Unternehmen (siehe Tabelle T 5.4.1.3) sehr unterschiedlich und zeigten keine allgemeine Tendenz.

Zwischen 2011 und 2014 sind die Baupreise leicht angestiegen (Bauwesen: +1,1%; Hochbau: +0,8%; Tiefbau: +2,4%). Im Jahr 2015 fand eine Trendwende statt und die Preise gingen wieder zurück (Bauwesen: −0,4%; Hochbau: −0,5%; Tiefbau: −0,2%). Die Preise im Bauwesen und im Hochbau lagen 2015 somit beinahe wieder auf dem Niveau von 2012 (+0,2% bzw. +0,1%), während die Preise im Tiefbau auf höherem Niveau verblieben (+0,8% zwischen 2012 und 2015).

Preisniveau im internationalen Vergleich

Das relative Preisniveau der Schweiz ist gemäss den Berechnungen des Statistischen Amtes der Europäischen Union (Eurostat) höher als in den meisten anderen europäischen Ländern. Die starke Bewertung des Frankens, dessen Kaufkraftparität und Wechselkurs bei der Berechnung der relativen Preisniveauindizes berücksichtigt werden, hat dies seit 2009 noch akzentuiert. Das relative Preisniveau, bezogen auf das gesamte Bruttoinlandprodukt, lag im Jahr 2014 bei 146 Indexpunkten (EU-28 = 100). Im Vergleich zu den Nachbarländern lag das Preisniveau der Schweiz im Jahr 2014 ebenfalls höher, nämlich um 36 Indexpunkte gegenüber Frankreich, 37 Punkte (Österreich), 42 Punkte (Deutschland) und 45 Punkte (Italien). Auch Norwegen wies ein hohes relatives Preisniveau aus (150 Index-

crivent en baisse. De 2011 à 2015, les prix à la consommation des marchandises et services importés ont subi une baisse continuelle, particulièrement marquée en 2012 et 2015 avec un taux de renchérissement annuel de respectivement −2,7% et −4,7%. En 2015, les produits pétroliers, et dans une moindre mesure les achats de véhicules neufs, les médicaments, les biens d'équipement ménager et les produits technologiques contribuent à la diminution des prix des produits importés.

En 2011, après une première partie d'année relativement stable, les prix à la production et à l'importation subissent un repli dû à une détérioration conjoncturelle et à la force du franc. Après un rebond temporaire au premier trimestre 2012 et une stabilisation en 2013, un nouveau recul de −1,1% en moyenne peut être observé en 2014. En 2015, le recul des prix à la production et à l'importation s'accentue, avec une moyenne annuelle de −5,4%. L'inflation sous-jacente, qui exclut les groupes de produits proches des matières premières et dont les prix sont très volatils (notamment les produits agricoles, les produits pétroliers et les métaux), connaît une évolution moins marquée (−3,9%). Globalement, si les prix à la production reculent de −3,7%, l'évolution est plus marquée pour les prix à l'importation qui se re-

punkte), das dritthöchste Preisniveau der europäischen Länder erreichte Dänemark (135).

Das hohe relative Preisniveau der Schweiz lässt sich nicht mit einer einzigen Ursache erklären. Vielmehr handelt es sich um ein Zusammenspiel mehrerer Faktoren, die auch in unterschiedliche Richtungen wirken können: Marktwert der Währung (Wechselkurs), Kostenstruktur, Wettbewerbs- und Konjunktursituation, Verhalten der Konsumenten ebenso wie der Produzenten und Distributoren sowie staatliche Vorschriften und gesetzliche Rahmenbedingungen unterscheiden sich von Land zu Land. Jede Produktgruppe weist dabei ihre eigenen vorherrschenden preisbestimmenden Faktoren auf. Dies führt zu so unterschiedlichen Detailergebnissen wie beispielsweise dem im internationalen Vergleich sehr hohen schweizerischen Preisniveau 2014 im Wohnungswesen (173 Indexpunkte) und in der Bildung (239) oder einem näher beim EU-Durchschnitt liegenden Niveau der Preise für alkoholische Getränke und Tabakwaren (118), Verkehr (113), Nachrichtenübermittlung (122) oder Maschinen und Geräte (118).

plient de –9,1%. En 2015, les évolutions de prix des prestations de service, principalement des services aux entreprises (voir le tableau T 5.4.1.3), sont fort contrastées et ne suivent pas une tendance générale.

Entre les années 2011 et 2014, les prix de la construction ont enregistré de légères hausses (construction +1,1%, bâtiment +0,8%, génie civil +2,4%). L'année 2015 a marqué un retournement de tendance avec des prix orientés à la baisse (construction –0,4%, bâtiment –0,5%, génie civil –0,2%). Les prix de 2015 de la construction et du bâtiment sont ainsi quasiment revenus à leur niveau de 2012 (+0,2% resp. +0,1%) alors que ceux du génie civil ont mieux résisté (+0,8% entre 2012 et 2015).

Niveau des prix en comparaison internationale

D'après les calculs de l'Office statistique de l'Union européenne (Eurostat), le niveau des prix est plus élevé en Suisse que dans la plupart des autres pays d'Europe. Cet écart s'est encore creusé depuis 2009 à cause de la force du franc suisse. En effet, l'indice du niveau des prix se trouve être le quotient de la parité de pouvoir d'achat et du taux de change. Le niveau des prix, sur l'ensemble du produit intérieur brut, se situait en 2014 à 146 points (UE-28 = 100). En 2014 également, le niveau des prix était supérieur en Suisse à celui des pays voisins, soit de 36 points par rapport à la France, de 37 points par rapport à l'Autriche, de 42 points par rapport à l'Allemagne et de 45 points par rapport à l'Italie. Le niveau de prix est aussi élevé en Norvège (150 points), le Danemark venant ici au troisième rang des pays d'Europe (135).

Le niveau élevé des prix en Suisse n'a pas qu'une seule cause. Il s'explique par la conjonction de plusieurs facteurs, dont les effets peuvent se sentir dans différents domaines. La valeur du franc suisse sur le marché des devises, la structure des coûts, l'état de la concurrence et de la conjoncture, le comportement des consommateurs, des producteurs et des distributeurs, de même que les conditions-cadres législatives, diffèrent d'un pays à l'autre. Les principaux facteurs déterminant le prix varient d'un groupe de produits à l'autre. Cela se traduit par des résultats détaillés très différents tels que le niveau de prix particulièrement élevé en 2014 dans les domaines du logement (173 points) et de la formation (239) ou le niveau proche de la moyenne de l'UE des prix des boissons alcoolisées et du tabac (118), des transports (113), des communications (122) ou des machines et des appareils (118).

Erhebungen, Quellen

Enquêtes, sources

Die wichtigsten Erhebungen und Quellen der Preisstatistik M 5

Statistik / Erhebung	Verantwortliche Stelle	Periodizität	Seit	Erhebungsmethode	Regionalisierungsgrad
Konsumentenpreise					
Landesindex der Konsumentenpreise	BFS	Monat	1914	Gezielte Auswahl	Schweiz[1]
Mietpreisindex	BFS	Vierteljahr	1914	Geschichtete Zufallsstichprobe	Schweiz[1]
Harmonisierter Verbraucherpreisindex	BFS	Monat	2008	Gezielte Auswahl	Schweiz
Krankenversicherungsprämien					
Krankenversicherungsprämien-Index	BFS	Jahr	1999	Gezielte Auswahl	Schweiz, Kantone
Produzentenpreise					
Produzentenpreisindex	BFS	Monat	1914[2]	Gezielte Auswahl	Schweiz
Importpreisindex	BFS	Monat	1914[2]	Gezielte Auswahl	Schweiz
Baupreisindex	BFS	Halbjahr	Oktober 1998	Gezielte Auswahl[3]	Schweiz, Grossregionen
Internationales Vergleichsprogramm					
Kaufkraftparitäten	Eurostat/OECD/BFS	Jahr	1990	Gezielte Auswahl	Schweiz

Les principales enquêtes et sources de la statistique des prix M 5

Statistique / relevé	Institution responsable	Périodicité	Depuis	Méthode de relevé	Degré de régionalisation
Prix à la consommation					
Indice des prix à la consommation	OFS	Mois	1914	Echantillonnage par choix raisonné	Suisse[1]
Indice des loyers	OFS	Trimestre	1914	Echantillonnage aléatoire stratifié	Suisse[1]
Indice des prix à la consommation harmonisé	OFS	Mois	2008	Echantillonnage par choix raisonné	Suisse
Primes d'assurance-maladie					
Indice des primes d'assurance-maladie	OFS	Année	1999	Echantillonnage par choix raisonné	Suisse, Cantons
Prix à la production					
Indice des prix à la production	OFS	Mois	1914[2]	Echantillonnage par choix raisonné	Suisse
Indice des prix à l'importation	OFS	Mois	1914[2]	Echantillonnage par choix raisonné	Suisse
Indice des prix de la construction	OFS	Semestre	Octobre 1998	Echantillonnage par choix raisonné[3]	Suisse, Grandes régions
Programme de comparaison internationale des prix					
Parités de pouvoir d'achat	Eurostat/OCDE/OFS	Année	1990	Echantillonnage par choix raisonné	Suisse

1 Regionale Preisindizes werden publiziert durch die Kantone Basel-Stadt, Genf und Zürich.
2 1914–1993: Grosshandelspreisindex.
3 Zufallsstichproben werden in einzelnen Regionen und Branchen verwendet.

1 Des indices de prix régionaux sont publiés par les cantons de Bâle-Ville, Genève et Zurich.
2 1914–1993: Indice suisse des prix de gros.
3 Des échantillonnages aléatoires sont utilisés dans certaines régions et pour certaines branches.

Glossar

Deflation
Allgemeiner und anhaltender Preisrückgang bzw. Erhöhung des Geldwerts, die in der Regel mit einem Produktionsrückgang einhergeht.

Deflationierung
Vorgang, bei dem für einen **Nominalwert** der entsprechende **Realwert** oder preisbereinigte Wert errechnet wird (z.B. Nominal- und Reallöhne, BIP zu laufenden und BIP zu konstanten Preisen).

Desinflation
Kontinuierlicher Rückgang der Inflationsrate, wobei die Werte aber positiv bleiben.

Inflation
Allgemeiner und kontinuierlicher Preisanstieg, oder anders ausgedrückt anhaltender Geldwertverlust. Es gibt zahlreiche Berechnungsmethoden für die Inflation. Meist wird die Inflation an der Erhöhung (ausgedrückt in Prozenten) des Jahresdurchschnittswerts des Landesindexes der Konsumentenpreise (LIK) gemessen.

Kaufkraftparität
Kaufkraftparitäten (KKP) sind Preisrelationen. Sie zeigen die Anzahl Währungseinheiten eines Landes, die zum Erwerb einer bestimmten Menge von Waren und Dienstleistungen nötig sind, im Vergleich mit einem anderen Land oder einer Gruppe von Referenzländern. Für die Berechnung werden die Preise eines gemeinsamen repräsentativen Waren- und Dienstleistungskorbes in den verschiedenen Ländern erhoben. Die Methode und Klassifikation richtet sich nach dem ESVG 2010 (Europäisches System der Volkswirtschaftlichen Gesamtrechnungen 2010).

Im Gegensatz zu den Wechselkursen ermöglichen die KKP aussagekräftigere zwischenstaatliche Vergleiche des realen Volumens des Bruttoinlandprodukts, der Kaufkraft des Geldes oder der Kaufkraft des Einkommens. Die wichtigsten Anwendungsgebiete sind länderübergreifende Wirtschaftsanalysen internationaler Organisationen sowie die Berechnung der Länderquoten des Internationalen Währungsfonds.

Kettenindex
Der Landesindex der Konsumentenpreise (LIK) ist ein so genannter **Laspeyres-Index** und muss deshalb regelmässig revidiert werden, um die Entwicklung der Konsumstruktur der Haushalte so genau wie möglich zu erfassen. Im Rahmen der LIK-Revision 2000 hat das BFS entschieden, den Warenkorb jährlich zu aktualisieren. Der LIK ist somit ein Kettenindex. Die Gewichtungen der einzelnen Ausgabenposten werden jedes Jahr in einem ausgewählten Monat aktualisiert. Die Monatsindizes werden jährlich nach dem Laspeyres-Prinzip berechnet, wobei der Monat der letzten Neugewichtung als Indexbasis dient. Die Indizes werden dann miteinander verkettet, was die Berechnung langer Indexreihen ermöglicht. Als Beispiel: Im Dezember 2001 erfolgt die jährliche Aktualisierung der Gewichtungsstruktur, von Dezember 2001 bis Dezember 2002 wird der Index monatlich im Vergleich zur Basis vom Dezember 2001 berechnet. Im Dezember 2002 wird die Gewichtungsstruktur wiederum aktualisiert. 2003 wird der

Glossaire

Déflation
La déflation désigne une situation de baisse générale et continuelle des prix, autrement dit d'une augmentation de la valeur de la monnaie, qui s'accompagne généralement d'une baisse de la production.

La déflation désigne aussi la pratique consistant à calculer pour une valeur **nominale**, la valeur **réelle** correspondante, c'est-à-dire la valeur corrigée de la variation des prix (ex. salaires nominaux et réels, PIB aux prix courants et aux prix constants).

Désinflation
La désinflation désigne une situation dans laquelle le taux d'inflation diminue continuellement, mais reste néanmoins positif.

Indice-chaîne
En tant qu'**indice de Laspeyres**, l'indice suisse des prix à la consommation (IPC) doit être fréquemment révisé afin de rester fidèle aux évolutions de la structure de consommation des ménages. Dans le cadre de la révision de l'IPC 2000, l'OFS a décidé de mettre à jour le panier-type à un rythme annuel. L'IPC devient ainsi un indice-chaîne. Chaque année, les pondérations attribuées aux différents postes de dépenses sont actualisées à un mois de référence. Dans l'intervalle d'une année, les indices mensuels sont calculés selon le principe de Laspeyres, avec comme base de référence le mois de la dernière actualisation des pondérations. Ces indices sont chaînés les uns aux autres afin d'obtenir de longues séries. En admettant par exemple que décembre soit le mois choisi pour l'actualisation annuelle de la pondération, de décembre 2001 à décembre 2002, l'indice est calculé mensuellement par rapport à décembre 2001. En décembre 2002, la structure de pondération est actualisée. En 2003, l'indice est calculé mensuellement par rapport à décembre 2002, et ainsi de suite. Maintenant, pour calculer par exemple l'indice de septembre 2003 par rapport à décembre 2001, les indices sont chaînés de la manière suivante:

$$I_{\text{sept. 2003/déc. 2001}} = I_{\text{sept. 2003/déc. 2002}} \times I_{\text{déc. 2002/déc. 2001}} \times \frac{1}{100}$$

Indice de Laspeyres
L'indice suisse des prix à la consommation (tout comme l'indice des prix à la production et l'indice des prix à l'importation) est un indice de type Laspeyres, qui présuppose que le schéma des produits et services, la pondération de la période de référence (qui n'est pas la période courante, comme c'est le cas pour l'indice Paasche) restent constants sur un certain intervalle de temps. La formule générale de Laspeyres pour un indice de prix est la suivante:

$$I^t = \frac{\sum_{i=1}^{n} q_i^0 \, p_i^0 \, \frac{p_i^t}{p_i^0}}{\sum_{i=1}^{n} q_i^0 \, p_i^0}$$

- i = bien i, poste de dépense de l'indice i
- I^t = indice du mois sous revue t
- q_i^0 = quantité du bien i relevée pendant le mois de base
- p_i^0 = prix du bien i pendant le mois de base
- p_i^t = prix du bien i pendant le mois sous revue t
- $q_i^0 \, p_i^0$ = dépenses pour bien i pendant le mois de base

Index monatlich auf der Basis von Dezember 2002 gemessen usw. Um nun beispielsweise den Index von September 2003 und Dezember 2001 zu vergleichen, werden die Indexziffern verkettet:

$$I_{\text{Sept. 2003/Dez. 2001}} = I_{\text{Sept. 2003/Dez. 2002}} \times I_{\text{Dez. 2002/Dez. 2001}} \times \frac{1}{100}$$

Konsumentenpreisindex und Lebenshaltungskostenindex

Der Landesindex der Konsumentenpreise (LIK) ist kein Lebenshaltungskostenindex, auch wenn diese beiden Ausdrücke in der Umgangssprache oft gleichgesetzt werden. Wie in den meisten Ländern ist der LIK vielmehr ein «reiner» Preisindex, der auf einer festgelegten Auswahl von Gütern und Dienstleistungen beruht, welche den Konsum eines durchschnittlichen Haushalts widerspiegeln (Laspeyres-Index). Ein «echter» Lebenshaltungskostenindex sollte jedoch die Veränderung der minimalen Ausgaben messen, die zum Erhalt des bisherigen Nutzenniveaus notwendig sind (Zufriedenheitsniveau), wobei sich die Zusammensetzung des Warenkorbs ändert. Ein «echter» Lebenshaltungskostenindex sollte schliesslich neben den Konsumgütern weitere budgetrelevante Posten umfassen, wie beispielsweise direkte Steuern und Sozialversicherungsprämien.

Harmonisierter Verbraucherpreisindex (HVPI)

Auch der HVPI dient der Inflationsmessung. Sein wichtigstes Ziel ist jedoch der Vergleich der Preisentwicklung zwischen verschiedenen Ländern im Zeitverlauf. Es handelt sich um ein international vergleichbares Teuerungsmass für die EU-Länder sowie für Norwegen und Island, berechnet entsprechend einer gemeinsamen Methodik. Dank dem HVPI verfügt die Schweiz seit 2008 über einen Indikator, der die Preisentwicklung der Konsumgüter und Dienstleistungen auf europäisch vergleichbarer Basis misst. Diese Information ist wichtig für die Schweizerische Nationalbank, die wirtschaftswissenschaftliche Forschung und die Beurteilung der internationalen Wettbewerbsfähigkeit der Schweiz.

Laspeyres-Index

Der Landesindex der Konsumentenpreise sowie der Produzenten- und Importpreisindex sind beide Laspeyres-Indizes, bei denen man davon ausgeht, dass das Produkt- und Gewichtungsschema des Referenzzeitraums (und nicht der laufenden Periode, wie beim Paasche-Index) während einer bestimmten Zeitspanne konstant bleibt. Die allgemeine Formel für einen Preisindex nach Laspeyres lautet:

$$I^t = \frac{\sum_{i=1}^{n} q_i^0 p_i^0 \frac{p_i^t}{p_i^0}}{\sum_{i=1}^{n} q_i^0 p_i^0}$$

- i = Gut i, Ausgabenposten des Indexes i
- I^t = Index des Berichtsmonats t
- q_i^0 = Menge des Gutes i erhoben während des Basismonats
- p_i^0 = Preis des Gutes i während des Basismonats
- p_i^t = Preis des Gutes i während des Berichtsmonats t
- $q_i^0 p_i^0$ = Ausgaben für das Gut i während des Basismonats

Nomenklaturen

Seit der Revision von 1993 bis zur Einführung des neuen Indexes im Mai 2000 stützte sich der Landesindex der Konsumentenpreise auf die SNA-Nomenklatur (System of National Accounts), in welcher der private Konsum in 8 Bedarfsgruppen unterteilt ist. Die in der Zwischenzeit eingeführte COICOP-Nomenklatur (Classification of Individual Consumption by Purpose) sieht für den Konsum 12 Bedarfsgruppen vor. Als Grundklassifikation des Produzenten- und Importpreisindexes dient die vom BFS he-

Indice des prix et indice du coût de la vie

L'indice suisse des prix à la consommation (IPC) n'est pas un indice du coût de la vie, même si dans le langage courant cette expression lui est souvent apparentée. Comme dans la plupart des pays, l'IPC est davantage un indice «pur» des prix, reposant sur une sélection fixe de biens et services représentatifs de la consommation d'un ménage moyen (indice de Laspeyres). Un «véritable» indice du coût de la vie devrait plutôt mesurer l'évolution de la dépense minimale nécessaire au maintien de son niveau d'utilité (niveau de satisfaction), sans que le panier de biens consommés reste nécessairement fixe. Un «véritable» indice du coût de la vie ne devrait en outre pas se limiter aux seuls biens de consommation, mais considérer un éventail plus large de positions budgétaires, comprenant par exemple les impôts directs et les cotisations d'assurances sociales.

Indices du niveau des prix en comparaison internationale

Les indices du niveau des prix comparent le niveau des prix dans certains pays avec le niveau moyen des prix d'un groupe de pays de référence (par exemple, l'UE 28). Ils sont calculés sur la base du quotient formé par la parité de pouvoir d'achat et le taux de change (en moyenne annuelle), multiplié par 100. Eurostat publie uniquement les indices du niveau de prix globaux pour les dépenses de consommation des ménages privés; par contre, il calcule des indices plus détaillés pour la consommation individuelle effective. La comparabilité internationale de cette dernière est meilleure, puisque ce concept intègre les dépenses de l'Etat en faveur des ménages privés pour le logement, la formation et la santé, dont la part varie selon les pays.

Indice des prix à la consommation harmonisé (IPCH)

L'IPCH, qui mesure lui aussi l'inflation, sert avant tout à comparer l'évolution des prix entre différents pays. C'est l'instrument de comparaison du renchérissement des pays membres de l'Union européenne, de la Norvège et de l'Islande, calculé selon une méthode commune. Avec l'IPCH, la Suisse dispose depuis 2008 d'un indicateur qui lui permet de mesurer l'évolution des prix des biens de consommation et des services selon les mêmes critères que les pays de l'Union. Cet indicateur est d'une grande utilité pour la Banque nationale suisse, pour la recherche en matière économique et pour l'évaluation de la compétitivité internationale de la Suisse.

Inflation

L'inflation désigne une situation d'augmentation générale et continue des prix ou de manière équivalente d'une diminution persistante de la valeur de la monnaie. Il existe plusieurs façons de mesurer l'inflation. Généralement, elle est mesurée par l'augmentation, exprimée en pourcentage, de la valeur moyenne de l'indice des prix à la consommation (IPC) au cours d'une année.

Nomenclatures

Depuis la révision de 1993 et jusqu'au nouvel indice de mai 2000, l'indice des prix à la consommation reprenait la nomenclature SNA (System of National Accounts) qui partageait la consommation privée en 8 groupes principaux. La nomenclature COICOP (Classification of Individual Consumption by Purpose) introduite depuis lors, partage désormais la consommation en 12 groupes principaux. L'indice des prix à la production et à l'importation utilise comme classification de base la NOGA ou Nomenclature générale des activités économiques, introduite par l'Office

rausgegebene Allgemeine Systematik der Wirtschaftszweige, abgekürzt NOGA (Nomenclature générale des activités économiques). Die NOGA wird dabei nicht als Klassifikation der Wirtschaftszweige, sondern der Produkte verwendet. Sie ist in den ersten vier Stellen identisch mit der entsprechenden EU-Klassifikation (NACE).

Bei den Kaufkraftparitäten werden mehrere Klassifikationen verwendet: COICOP, COPNI (Classification of Purposes of Non-Profit Institutions Serving Households), COFOG 98 (Classification oft the Function of Government) und CPA 96 (Classification of Products by Activity).

Preisniveauindizes im internationalen Vergleich

Preisniveauindizes vergleichen das Preisniveau einzelner Länder mit dem mittleren Preisniveau einer Referenz-Ländergruppe (zum Beispiel EU 28 = 100). Für ihre Berechnung wird der Quotient aus Kaufkraftparität und Wechselkurs (Jahresdurchschnitt) gebildet und mit hundert multipliziert. Eurostat weist für die Konsumausgaben der privaten Haushalte nur globale Preisniveauindizes aus, für den tatsächlichen individuellen Verbrauch berechnet es jedoch auch detaillierte Preisniveauindizes. Die internationale Vergleichbarkeit des tatsächlichen individuellen Verbrauchs ist besser, da er die individuell zurechenbaren Staatsausgaben für Wohnen, Bildung und Gesundheit mitberücksichtigt, deren Anteile in den einzelnen Ländern unterschiedlich ausfallen.

Warenkorb und Gewichtungen

Der Warenkorb und die Gewichtungen, die den verschiedenen Preisindizes zu Grunde liegen, werden anhand unterschiedlicher Quellen ermittelt. Für den Landesindex der Konsumentenpreise (LIK) stellen die Haushaltsbudgeterhebungen (HABE) die Hauptquelle dar. Die Gewichtungen des Produzentenpreisindexes basieren auf dem Bruttoproduktionswert der verschiedenen Güter oder – wenn man die Vorratsveränderungen und Ausrüstungsgüter für den Eigenbedarf vernachlässigt – auf den Umsatzzahlen (in der Regel leichter verfügbar). Für den Importpreisindex liefert die Aussenhandelsstatistik die gewünschten Gewichtungen. Gewichtungsgrundlage der Kaufkraftparitäten sind die Ausgaben pro Produktgruppe des Bruttoinlandprodukts des jeweiligen Landes.

fédéral de la statistique (OFS). Cependant, la NOGA n'est pas utilisée comme classification des branches économiques, mais comme celle des produits. Elle est identique dans les quatre premiers niveaux à la classification NACE de l'UE.

Plusieurs classifications sont utilisées dans les parités de pouvoir d'achat: la COICOP, la COPNI (Classification of Purposes of Non-Profit Institutions Serving Households), la COFOG 98 (Classification oft the Function of Government) et la CPA 96 (Classification of Products by Activity).

Panier-type et pondérations

Le panier-type et les pondérations constituant les différents indices de prix sont établis à partir de diverses sources. Pour l'indice des prix à la consommation (IPC), la principale source est donnée par les enquêtes sur budget des ménages (EBM). Les pondérations de l'indice des prix à la production sont établies à partir de la valeur de la production brute des différents biens, ou à partir du chiffre d'affaires (généralement plus facilement disponible) si on néglige les changements de stocks et les biens d'équipements fabriqués pour les besoins de l'entreprise. Pour l'indice des prix à l'importation, c'est la statistique du commerce extérieur qui permet de calculer les pondérations. Les dépenses par groupe de produits du produit intérieur brut de chaque pays respectif forment la base de pondération des parités de pouvoir d'achat.

Parité de pouvoir d'achat

Les parités de pouvoir d'achat sont des rapports de prix. Elles montrent combien d'unités monétaires d'un pays sont nécessaires pour obtenir une quantité donnée de biens et services, par rapport à un autre pays ou à un groupe de pays de référence. Leur calcul repose sur les prix relevés dans les différents pays pour un panier commun de biens et de services représentatifs. La classification et la méthodologie utilisées sont celles du SEC 2010 (système européen des comptes nationaux 2010).

Contrairement aux taux de change, les PPA sont un indicateur plus adapté pour la comparaison internationale du produit intérieur brut réel et du pouvoir d'achat de la monnaie ou des revenus. Elles servent principalement à des analyses économiques d'organisations internationales et au calcul de la quote-part de chaque pays membre du Fonds monétaire international.

Daten / Données

Allgemeines / Généralités

Allgemeine Preisentwicklung in der Schweiz. Veränderung der Jahresdurchschnitte in %
Evolution générale des prix en Suisse. Variation des moyennes annuelles en %

T 5.1.1

	Gewichtung Pondération	2006	2007	2008	2009	2010	2011	2012	2013	2014	2015	
Konsumentenpreise (Gütergruppen)	2015											**Prix à la consommation (groupes principaux)**
Total	100	1,1	0,7	2,4	−0,5	0,7	0,2	−0,7	−0,2	0,0	−1,1	Total
Nahrungsmittel und alkoholfreie Getränke	10,486	0,0	0,5	3,1	−0,2	−1,1	−3,3	−1,0	1,2	0,9	−0,8	Alimentation et boissons non-alcoolisées
Alkoholische Getränke und Tabak	1,730	1,1	2,1	2,6	2,7	1,2	1,7	1,1	1,3	1,0	0,0	Boissons alcoolisées et tabacs
Bekleidung und Schuhe	3,819	1,9	0,3	4,0	2,4	1,1	1,4	−6,0	−3,7	−1,3	0,3	Habillement et chaussures
Wohnen und Energie	25,440	2,8	2,1	4,9	−1,1	2,4	2,4	0,8	0,1	1,0	−0,6	Logement et énergie
Hausrat und laufende Haushaltsführung	4,455	0,1	0,3	0,8	0,8	−0,4	−1,3	−1,9	−1,6	−1,0	−2,1	Equipement ménager et entretien courant
Gesundheitspflege	14,858	0,0	−0,2	−0,2	0,3	−0,2	−0,2	−0,3	−0,9	−0,9	−0,4	Santé
Verkehr	11,188	2,8	1,0	3,5	−3,3	2,4	1,1	−2,2	−0,9	−1,2	−4,4	Transport
Nachrichtenübermittlung	2,871	−6,9	−3,0	−2,9	−4,9	−1,4	0,1	−0,6	−2,3	−2,3	−0,9	Communications
Freizeit und Kultur	9,751	−0,2	−0,5	0,6	−0,6	−2,1	−3,3	−2,8	0,0	0,1	−2,0	Loisirs et culture
Erziehung und Unterricht	0,623	1,6	1,6	1,5	1,6	1,2	1,4	1,7	1,7	1,6	1,2	Enseignement
Restaurants und Hotels	9,379	1,2	1,4	2,3	1,7	0,8	1,5	0,7	0,7	0,7	0,0	Restaurants et hôtels
Sonstige Waren und Dienstleistungen	5,400	0,9	0,1	0,8	0,5	1,3	0,2	0,1	0,6	−0,8	−0,8	Autres biens et services
Produzenten- und Importpreise	Dez. / Déc. 2010											**Prix à la production et à l'importation**
Produzentenpreisindex	67,969	2,1	2,4	3,4	−2,1	−0,1	−1,1	−0,5	0,3	−0,8	−3,7	Indice des prix à la production
Importpreisindex	32,031	3,1	3,1	3,3	−7,4	0,8	−0,5	−2,0	−0,7	−1,8	−9,1	Indice des prix à l'importation
Preisindex des Gesamtangebots[1]	100	2,4	2,6	3,3	−3,9	0,2	−0,9	−1,0	0,0	−1,1	−5,4	Indice des prix de l'offre totale[1]
Preisindex des Gesamtangebots im Inland[2]	100	2,9	2,8	3,9	−5,2	0,7	0,0	−1,3	−0,3	−1,1	−6,1	Indice des prix de l'offre totale du marché intérieur[2]
Baupreisindex (Index, Oktober 1998 = 100)	100	3,1	4,0	3,7	−1,1	0,4	2,2	0,4	0,6	0,0	−0,4	Indice des prix à la construction (indice, octobre 1998 = 100)

1 Total von Produzenten- und Importpreisindex
2 Total von Produzentenpreisindex (Inlandabsatz) und Importpreisindex

Quellen: BFS – LIK, PPI, BAP

1 Total de l'indice des prix à la production et à l'importation
2 Total de l'indice des prix à la production, marché intérieur et à l'importation

Sources: OFS – IPC, IPP, PCO

Landesindex der Konsumentenpreise
Indice des prix à la consommation

Entwicklung der Konsumentenpreise, nach Art und Herkunft der Güter T 5.2.1
Veränderungsraten der Jahresdurchschnitte in %
Evolution des prix à la consommation, selon le type et la provenance des biens
Taux de variation des moyennes annuelles en %

	Gewichtung Pondération 2015	2006	2007	2008	2009	2010	2011	2012	2013	2014	2015	
Total (Index, Dez. 2010 = 100)	100	96,5	97,2	99,5	99,0	99,7	100,0	99,3	99,1	99,0	97,9	Total (indice, déc. 2010 = 100)
Total (Veränderung)		1,1	0,7	2,4	−0,5	0,7	0,2	−0,7	−0,2	0,0	−1,1	Total (variation)
Art der Güter												**Type de biens**
Waren	39,551	1,1	0,1	3,4	−2,7	0,6	−0,7	−2,3	−1,4	−0,7	−3,1	Marchandises
Nichtdauerhafte Waren	23,898	1,6	0,5	5,1	−4,4	1,6	0,0	−0,1	−0,4	−0,2	−3,4	Marchandises non durables
Semidauerhafte Waren	7,021	0,9	−0,1	2,4	1,5	0,4	0,0	−4,3	−2,2	−1,1	−1,0	Marchandises semi-durables
Dauerhafte Waren	8,632	−0,5	−0,9	−1,0	−1,6	−1,9	−3,4	−6,9	−3,8	−1,7	−4,0	Marchandises durables
Dienstleistungen	60,449	1,1	1,2	1,7	1,3	0,7	0,9	0,4	0,6	0,4	0,2	Services
Private	50,939	1,1	1,2	1,8	1,4	0,7	0,7	0,4	0,5	0,7	0,4	Services privés
Öffentliche	9,510	1,2	1,3	0,9	0,8	0,9	1,8	0,4	1,0	−0,8	−0,8	Services publics
Herkunft der Güter												**Provenance des biens**
Inland	74,854	0,8	1,0	1,7	1,2	0,6	0,6	0,0	0,4	0,4	0,1	Biens et services du pays
Ausland	25,146	1,9	0,1	4,3	−4,7	0,9	−0,7	−2,7	−1,9	−1,2	−4,7	Biens et services de l'étranger
Sondergliederungen												**Classifications supplémentaires**
Wohnungsmiete	18,280	2,0	2,3	2,4	2,5	1,1	1,3	0,6	0,4	1,2	0,8	Loyer du logement
Index ohne Wohnungsmiete	81,720	0,8	0,4	2,4	−1,1	0,6	0,0	−1,0	−0,4	−0,3	−1,6	Indice sans loyer du logement
Erdölprodukte	3,426	9,3	2,4	17,8	−25,9	13,9	9,3	5,0	−2,5	−2,4	−17,4	Produits pétroliers
Index ohne Erdölprodukte	96,574	0,7	0,6	1,6	0,8	0,2	−0,1	−0,9	−0,1	0,1	−0,5	Indice sans produits pétroliers
Kerninflation[1]	88,883	0,4	0,6	1,5	0,9	0,1	−0,1	−1,0	−0,2	0,1	−0,5	Inflation sous-jacente[1]

[1] Totalindex ohne frische und saisonale Produkte, Energie und Treibstoffe
Quelle: BFS – LIK

[1] Indice total sans produits frais et saisonniers, énergie et carburants
Source: OFS – IPC

Krankenversicherungsprämien
Primes d'assurances-maladie

Krankenversicherungsprämien. Veränderungsraten zum Vorjahr in % T 5.3.1
Primes d'assurance-maladie. Variations par rapport à l'année précédente en %

	2008	2009	2010	2011	2012	2013	2014	2015	
Total (Index, 1999 = 100)	142,5	144,6	156,3	165,3	168,5	170,4	169,0	173,3	Total (indice, 1999 = 100)
Total (Veränderung)	−0,4	1,4	8,1	5,8	1,9	1,1	−0,8	2,5	Total (variation)
Art der Versicherung									**Type d'assurance-maladie**
Obligatorische Krankenpflegeversicherung	−1,0	1,3	8,7	6,2	2,2	1,0	2,4	3,9	Assurance de base
Krankenzusatzversicherung	1,2	1,8	6,5	4,8	1,0	1,6	−10,4	−1,6	Assurance complémentaire
Einfluss der Prämien- auf die Einkommensentwicklung (inkl. Prämienverbilligungen)									**Influence de l'évolution des primes sur la croissance de revenu disponible (subventions incl.)**
Einfluss in %	0,0	−0,1	−0,6	−0,4	−0,2	−0,1	0,1	−0,2	Influence en %

Quelle: BFS – KVPI

Source: OFS – IPAM

Produzenten- und Importpreise
Prix à la production et à l'importation

Entwicklung der Produzentenpreise, nach Wirtschaftszweigen und Art der Produkte T 5.4.1.1
Veränderungsraten der Jahresdurchschnitte in %
Evolution des prix à la production, selon les activités économiques et le type de biens
Taux de variation des moyennes annuelles en %

	Gewichtung Pondératation	2006	2007	2008	2009	2010	2011	2012	2013	2014	2015	
Total (Index, Dez. 2010 = 100)	100	96,8	99,1	102,5	100,3	100,3	99,2	98,6	99,0	98,2	94,6	Total (indice, déc. 2010 = 100)
Total (Veränderung)		2,1	2,4	3,4	-2,1	-0,1	-1,1	-0,5	0,3	-0,8	-3,7	Total (variation)
Wirtschaftszweige												**Activités économiques**
Land- und forstwirtschaftliche Produkte	2,729	1,2	1,1	6,8	-6,3	-3,9	0,2	-2,1	6,3	0,8	-5,3	Agriculture et sylviculture
Natursteine, Sand und Kies, Salz	0,566	1,7	1,5	2,5	3,0	0,7	0,7	-0,7	-0,2	-0,6	-0,1	Pierres naturelles, sable et gravier, sel
Verarbeitete Produkte	93,032	2,0	2,5	3,1	-1,6	-0,2	-1,4	-0,5	0,2	-0,9	-3,8	Arts et métiers, industrie
Nahrungsmittel, Getränke, Tabakwaren	10,463	0,2	1,4	5,2	0,3	-0,8	-0,5	-0,2	1,1	0,3	-1,3	Produits alimentaires, boissons, tabacs
Textilien, Bekleidung, Leder, Lederwaren, Schuhe	1,558	1,0	1,1	3,2	1,2	0,0	0,4	0,5	1,0	-0,2	-2,9	Textiles, habillement, cuir, articles en cuir, chaussures
Holzprodukte	2,639	1,5	4,4	4,8	-0,2	-0,7	0,6	0,9	0,0	-0,1	-1,8	Produits en bois
Papier, Papierprodukte, Druckerzeugnisse	3,254	0,5	2,5	2,6	-2,4	-1,4	0,0	-3,3	-0,4	-1,5	-5,6	Papier, articles en papier, imprimés
Mineralölprodukte	1,550	9,7	2,7	20,3	-26,3	14,0	14,0	8,7	-5,5	-6,9	-31,7	Produits pétroliers
Chemische Produkte, Pharmazeutika	22,533	-0,7	1,4	1,0	-0,2	-2,9	-6,6	-0,6	0,8	-1,6	-4,8	Produits chimiques et pharmaceutiques
Gummi- und Kunststoffprodukte	2,788	2,9	2,8	3,1	0,7	0,6	-0,3	-0,2	1,2	-0,1	-5,7	Articles en caoutchouc et en matières plastiques
Glas, Keramik, Zement, Betonprodukte usw.	1,968	2,5	3,8	4,8	4,4	0,1	0,1	0,4	0,8	-0,5	-2,0	Verre, céramiques, ciment, produits en béton etc.
Metalle, Metallprodukte	8,675	6,9	6,3	4,2	-10,1	2,6	1,4	-1,0	-0,2	-0,7	-4,5	Métaux, produits métalliques
EDV-Geräte, elektron. und opt. Geräte, Uhren	14,020	1,6	1,7	1,8	1,1	-0,5	-0,9	-0,1	-0,1	-1,2	-1,6	Prod. informatiques, électroniques et optiques, montres
Elektrische Ausrüstungen	5,694	5,7	2,7	1,5	-2,3	-0,7	-1,1	-1,6	-0,6	-0,7	-3,2	Equipements électriques
Maschinen	11,603	1,1	1,9	1,9	1,4	-0,1	-0,6	-1,6	0,6	0,0	-3,1	Machines
Fahrzeuge, Fahrzeugteile	1,966	3,0	3,2	2,7	1,4	1,1	-1,1	-0,0	1,1	-0,1	-1,4	Véhicules, composants de véhicules
Möbel und sonstige Produkte	4,321	0,6	1,7	1,5	2,1	-0,4	-0,9	-0,6	-1,0	-0,9	-2,5	Meubles et autres produits
Energieversorgung	3,445	2,7	-0,7	2,1	0,8	1,3	3,0	0,8	-0,9	1,1	0,4	Prod. et distrib. d'électricité et de gaz
Rückgewinnung (Recycling)	0,228	22,5	22,3	32,5	-51,6	63,8	7,3	-14,3	-8,8	-4,3	-21,3	Récupération (recyclage)
Art der Produkte												**Type de biens**
Land- und forstwirtschaftliche Produkte	2,729	1,2	1,1	6,8	-6,3	-3,9	0,2	-2,1	6,3	0,8	-5,3	Produits agricoles et sylvicoles
Vorleistungsgüter	31,450	3,7	3,7	3,3	-3,6	0,0	-0,8	-0,6	0,1	-0,9	-3,7	Biens intermédiaires
Investitionsgüter	29,241	1,5	2,6	2,1	0,9	-0,1	-0,4	-0,5	0,2	-0,6	-2,5	Biens d'investissement
Gebrauchsgüter	2,356	1,4	1,5	1,9	1,4	-0,2	-0,2	-1,5	-0,0	-0,1	-2,1	Biens de consommation durables
Verbrauchsgüter	29,001	-0,2	0,8	2,5	0,4	-1,7	-4,0	-0,9	0,8	-0,9	-3,6	Biens de consommation non durables
Energie	4,995	4,9	0,4	8,2	-9,3	5,1	6,4	3,4	-2,5	-1,6	-9,8	Agents énergétiques
Rückgewinnung (Recycling)	0,228	22,5	22,3	32,5	-51,6	63,8	7,3	-14,3	-8,8	-4,3	-21,3	Récupération (recyclage)

Quelle: BFS – PPI

Source: OFS – IPP

Entwicklung der Importpreise, nach Wirtschaftszweigen und Art der Produkte
Veränderungsraten der Jahresdurchschnitte in %
Evolution des prix à l'importation, selon les activités économiques et le type de biens
Taux de variation des moyennes annuelles en %

T 5.4.1.2

	Gewichtung Pondération	2006	2007	2008	2009	2010	2011	2012	2013	2014	2015	
Total (Index, Dez. 2010 = 100)	100	101,0	104,1	107,5	99,6	100,4	99,9	97,9	97,2	95,5	86,8	Total (indice, déc. 2010 = 100)
Total (Veränderung)		3,1	3,1	3,3	-7,4	0,8	-0,5	-2,0	-0,7	-1,8	-9,1	Total (variation)
Wirtschaftszweige												**Activités économiques**
Landwirtschaftliche Produkte	1,920	2,2	3,5	2,4	-6,5	3,3	-1,5	-1,7	-0,6	1,1	-0,8	Produits agricoles
Energierohstoffe (Rohöl, Erdgas, Kohlen)	4,001	27,5	5,0	22,3	-32,1	12,0	14,1	10,4	-2,4	-9,6	-36,5	Produits énergétiques (pétrole brut, gaz naturel, charbon)
Verarbeitete Produkte	94,079	2,5	3,0	2,6	-6,3	0,4	-1,0	-2,6	-0,6	-1,4	-8,0	Arts et métiers, industrie
Nahrungsmittel, Getränke	5,171	1,9	2,8	5,8	-2,9	-2,0	-0,2	-1,4	0,3	1,2	-4,3	Produits alimentaires, boissons
Textilien, Bekleidung, Leder, Lederwaren, Schuhe	6,541	0,0	1,5	1,6	0,2	-0,9	-0,7	0,0	0,8	-0,2	-4,1	Textiles, habillement, cuir, articles en cuir, chaussures
Holzprodukte	0,327	6,0	10,4	10,3	-6,8	-4,3	-3,5	-2,2	-0,6	0,3	-9,8	Produits en bois
Papier, Papierprodukte, Druckerzeugnisse	3,149	-1,3	5,2	1,0	-0,9	-2,7	-5,7	-4,2	1,5	-2,8	-8,2	Papier, articles en papier, imprimés
Mineralölprodukte	5,286	13,1	2,4	25,3	-33,8	17,4	16,3	7,0	-4,1	-7,0	-31,2	Produits pétroliers
Chemische Produkte, Pharmazeutika	23,315	...	...	...	...	...	...	-2,5	1,0	-1,9	-6,6	Produits chimiques et pharmaceutiques
Gummi- und Kunststoffprodukte	3,473	1,7	4,9	2,9	-0,7	-1,2	-1,0	-1,7	0,7	-1,0	-8,8	Articles en caoutchouc et en matières plastiques
Glas, Keramik, Betonprodukte usw.	1,449	2,5	8,6	2,0	-3,3	-0,7	-2,8	-3,6	0,7	-0,1	-6,4	Verre, céramiques, produits en béton etc.
Metalle, Metallprodukte	7,890	15,7	10,2	1,4	-21,3	9,6	0,7	-8,1	-3,2	-1,3	-11,4	Métaux, produits métalliques
EDV-Geräte, elektron. und opt. Geräte	9,703	-6,2	-3,8	-3,3	-3,8	-3,7	-6,6	-4,7	-1,7	-1,4	-6,3	Prod. informatiques, électroniques et optiques
Elektrische Ausrüstungen	5,258	4,9	6,0	1,8	-5,0	-0,8	-2,6	-3,1	-0,5	-0,3	-3,7	Equipements électriques
Maschinen	10,291	1,8	2,9	2,9	1,0	-1,2	-2,3	-3,1	0,5	-0,5	-6,3	Machines
Fahrzeuge, Fahrzeugteile	8,012	0,7	0,4	0,8	0,5	-1,2	-1,3	-3,8	-3,8	-1,3	-5,4	Véhicules, composants de véhicules
Möbel und sonstige Produkte	4,215	-1,1	0,1	3,0	-1,0	-3,1	-3,1	-2,8	-0,4	0,5	-6,3	Meubles et autres produits
Art der Produkte												**Type de biens**
Landwirtschaftliche Produkte	1,920	2,2	3,5	2,4	-6,5	3,3	-1,5	-1,7	-0,6	1,1	-0,8	Produits agricoles
Vorleistungsgüter	30,539	6,3	6,3	1,8	-9,4	2,0	-1,2	-3,5	0,5	-1,1	-8,4	Biens intermédiaires
Investitionsgüter	28,131	-1,6	0,0	0,6	-0,4	-1,8	-3,0	-3,6	-1,2	-0,8	-6,1	Biens d'investissement
Gebrauchsgüter	4,397	-1,7	-0,4	0,4	-3,3	-4,8	-5,2	-4,5	-1,5	-0,8	-6,3	Biens de consommation durables
Verbrauchsgüter	25,725	1,0	2,6	2,6	-2,5	-1,1	-1,4	-2,4	-0,2	-1,2	-4,5	Biens de consommation non durables
Energie	9,287	19,1	3,6	24,0	-33,1	15,0	15,4	8,5	-3,4	-8,1	-33,5	Agents énergétiques

Quelle: BFS – PPI

Source: OFS – IPP

Produzentenpreisindizes für ausgewählte Dienstleistungen
Veränderungen zur Vorperiode in %
Indice des prix à la production d'un choix de services
Variations par rapport à la période précédente en %

T 5.4.1.3

	Gewichtung Pondération	2012 I[1]	2012 II[1]	2013 I[1]	2013 II[1]	2014 I[1]	2014 II[1]	2015 I[1]	2015 II[1]	
Produzentenpreisindex										**Indice des prix à la production**
Güterverkehr										Transport de marchandises
Total (Index, April 2008 = 100)	100	101,3	101,8	101,9	101,9	101,6	101,7	98,2	98,3	Total (indice, avril 2008 = 100)
Total (Veränderung)		1,0	0,4	0,1	0,0	-0,3	0,0	-3,4	0,1	Total (variation)
Güterverkehr Schiene	25,0	0,9	0,5	2,4	0,5	0,0	-0,5	-5,9	2,4	Transport ferroviaire de marchandises
Güterverkehr Strasse	75,0	1,1	0,4	-0,6	-0,1	-0,4	0,2	-2,6	-0,6	Transport routier de marchandises
Public-Relations-Beratung										Conseil en relations publiques
Total (Index, März 2011 = 100)	100	100,4	100,4	101,3	101,3	101,4	101,4	101,1	101,1	Total (indice, mars 2011 = 100)
Total (Veränderung)		0,4	0,0	0,8	0,0	0,1	0,0	-0,2	0,0	Total (variation)
Kleinere PR-Dienstleister	50,0	0,3	0,0	1,5	0,0	-0,1	0,0	-0,1	0,0	Petits prestataires de services RP
Grössere PR-Dienstleister	50,0	0,6	0,0	0,2	0,0	0,3	0,0	-0,4	0,0	Grands prestataires de services RP
Architektur- und Ingenieurbüros										Bureaux d'ingénieurs et d'architecture
Total (Index, Oktober 2010 = 100)	100	104,2	105,2	105,8	106,6	106,8	107,0	107,2	107,9	Total (indice, octobre 2010 = 100)
Total (Veränderung)		1,0	1,0	0,6	0,7	0,2	0,2	0,2	0,6	Total (variation)
Architekturbüros	63,7	0,9	1,0	0,3	0,7	-0,5	0,0	0,7	0,9	Bureaux d'ingénieurs et d'architectes
Bauingenieurbüros	36,3	1,2	0,8	1,3	0,7	1,4	0,7	-0,7	0,2	Bureaux d'ingénieurs en construction
Fahrzeugprüfungen										Expertises de véhicules
Total (Index, Januar 2009 = 100)	100	100,2	100,2	101,3	101,3	101,3	101,3	102,2	102,2	Total (indice, janvier 2009 = 100)
Total (Veränderung)		0,0	0,0	1,1	0,0	0,0	0,0	0,8	0,0	Total (variation)
Prüfung von Privatfahrzeugen	80,4	0,0	0,0	1,2	0,0	0,0	0,0	1,0	0,0	Expertises de véhicules privés
Prüfung von Geschäftsfahrzeugen	19,6	0,0	0,0	0,5	0,0	0,0	0,0	0,4	0,0	Expertises de véhicules professionnels
Markt- und Meinungsforschung										Études de marché et sondages
Total (Index, Februar 2009 = 100)	100	101,1	101,1	102,4	102,4	102,3	102,3	102,5	102,5	Total (indice, février 2009 = 100)
Total (Veränderung)		0,4	0,0	1,3	0,0	0,0	0,0	0,2	0,0	Total (variation)
Ad-hoc Umfragen	93,0	0,4	0,0	1,4	0,0	0,0	0,0	0,2	0,0	Enquêtes Ad-hoc
Omnibus-Befragungen	7,0	1,5	0,0	0,0	0,0	0,0	0,0	0,0	0,0	Enquêtes Omnibus
Wach- und Sicherheitsdienste										Surveillance et sécurité
Total (Index, Januar 2009 = 100)	100	100,0	100,0	100,0	100,0	99,4	99,4	98,9	98,9	Total (indice, janvier 2009 = 100)
Total (Veränderung)		0,2	0,0	0,1	0,0	-0,6	0,0	-0,5	0,0	Total (variation)
Reinigung von Gebäuden										Nettoyage de bâtiments
Total (Index, April 2009 = 100)	100	103,7	103,7	104,0	104,0	104,6	104,6	105,2	105,2	Total (indice, avril 2009 = 100)
Total (Veränderung)		1,9	0,0	0,4	0,0	0,5	0,0	0,6	0,0	Total (variation)
Allgemeine Reinigung von Gebäuden	82,6	2,0	0,0	0,0	0,0	0,5	0,0	0,6	0,0	Nettoyage courant des bâtiments
Spezielle Reinigung von Gebäuden	17,4	1,5	0,0	1,6	0,0	0,5	0,0	0,6	0,0	Nettoyage spécial des bâtiments
Arbeitsverleih										Travail temporaire
Total (Index, Februar 2012 = 100)	100	100,0	100,0	100,7	100,7	100,2	100,2	101,5	101,5	Total (indice, février 2012 = 100)
Total (Veränderung)		...	...	0,7	0,0	-0,5	0,0	1,3	0,0	Total (variation)
Unternehmensberatung										Conseil en gestion d'entreprise
Total (Index, März 2012 = 100)	100	100,0	100,0	100,1	100,1	100,3	100,3	99,6	99,6	Total (indice, mars 2012 = 100)
Total (Veränderung)		...	...	0,1	0,0	0,3	0,0	-0,7	0,0	Total (variation)

1 Für Produzentenpreisindex: Periode I = April / Periode II = Oktober
Quelle: BFS – PPI

1 Pour l'indice des prix à la production: la période I = avril / la période II = octobre
Source: OFS – IPP

Baupreise
Prix de la construction
Entwicklung der Baupreise, Schweizerischer Baupreisindex T 5.5.2
Veränderungsraten zum Vorjahr in %
Evolution des prix de la construction, indice suisse des prix de la construction
Taux de variation par rapport à l'année précédente en %

	2012	2013		2014		2015		
	II[1]	I[1]	II[1]	I[1]	II[1]	I[1]	II[1]	
Baugewerbe: Total	0,2	0,5	0,8	0,4	–0,3	–0,7	–0,1	**Construction: total**
Index Oktober 2010 = 100	102,4	102,6	103,1	103,0	102,8	102,2	102,7	**Indice octobre 2010 = 100**
Hochbau	0,0	0,4	0,6	0,5	–0,3	–0,9	–0,1	Bâtiment
Index Oktober 2010 = 100	101,9	102,0	102,5	102,5	102,2	101,6	102,1	Indice octobre 2010 = 100
Neubau	–0,1	0,3	0,6	0,4	–0,4	–1,1	–0,2	Nouvelle construction
Index Oktober 2010 = 100	101,6	101,8	102,3	102,2	101,8	101,1	101,6	Indice octobre 2010 = 100
Neubau Mehrfamilienhaus	–0,1	0,1	0,5	0,5	–0,4	–1,1	–0,1	Construction bâtiment à plusieurs logements
Index Oktober 2010 = 100	101,3	101,4	101,8	102,0	101,5	100,9	101,4	Indice octobre 2010 = 100
Neubau Mehrfamilienhaus aus Holz	–0,7	–0,1	0,3	0,4	–0,3	–0,7	0,1	Constr. bâtiment à plusieurs logements en bois
Index Oktober 2010 = 100	101,7	101,6	102,0	102,0	101,7	101,3	101,9	Indice octobre 2010 = 100
Neubau Einfamilienhaus	0,0	0,0	0,6	1,3	0,1	–1,3	–0,4	Construction de maison individuelle
Index Oktober 2010 = 100	101,7	101,5	102,2	102,8	102,4	101,5	102,0	Indice octobre 2010 = 100
Neubau Bürogebäude	–0,2	1,3	1,2	–0,8	–1,1	–1,1	–0,6	Construction bâtiment administratif
Index Oktober 2010 = 100	102,2	103,1	103,4	102,3	102,3	101,1	101,7	Indice octobre 2010 = 100
Neubau Lagerhalle	0,3	0,2	0,7	0,0	–0,9	–1,3	–0,5	Construction halle industrielle
Index Oktober 2010 = 100	102,5	102,7	103,2	102,7	102,3	101,4	101,8	Indice octobre 2010 = 100
Renovation, Umbau	0,2	0,5	0,7	0,5	–0,2	–0,6	0,1	Rénovation, transformation
Index Oktober 2010 = 100	102,1	102,3	102,8	102,8	102,6	102,3	102,7	Indice octobre 2010 = 100
Renovation Mehrfamilienhaus	–0,2	0,0	0,3	0,7	0,0	–0,6	–0,2	Rénovation bâtiment à plusieurs logements
Index Oktober 2010 = 100	101,6	101,5	101,9	102,2	101,9	101,6	101,8	Indice octobre 2010 = 100
Renovation Bürogebäude	0,7	1,0	1,1	0,3	–0,4	–0,5	0,4	Rénovation bâtiment administratif
Index Oktober 2010 = 100	102,9	103,4	104,0	103,7	103,6	103,2	104,0	Indice octobre 2010 = 100
Tiefbau	1,2	1,1	1,3	–0,1	–0,3	–0,1	–0,3	Génie civil
Index Oktober 2010 = 100	104,4	104,8	105,8	104,8	105,4	104,7	105,1	Indice octobre 2010 = 100
Neubau Strasse	1,3	1,3	1,6	0,1	–0,2	0,0	–0,1	Construction de routes
Index Oktober 2010 = 100	104,5	105,2	106,2	105,3	105,9	105,3	105,8	Indice octobre 2010 = 100
Neubau Unterführung	0,4	–0,6	0,2	–1,1	–1,0	–0,1	–1,8	Construction de passages inférieurs
Index Oktober 2010 = 100	104,0	103,5	104,2	102,4	103,2	102,2	101,4	Indice avril 2010 = 100
Neubau Lärmschutzwand	1,7	1,8	0,4	0,0	0,4	–1,4	0,1	Construction de paroi antibruit
Index Oktober 2010 = 100	103,2	103,6	103,6	103,6	104,0	102,1	104,1	Indice octobre 2010 = 100

1 Periode I = April / Periode II = Oktober
Quelle: BFS – BAP

1 Période I = avril / Période II = octobre
Source: OFS – PCO

Mieten
Loyers
Entwicklung der Mietpreise für Wohnungen. Jahresdurchschnitte T 5.6.1.1
Evolution des loyers du logement. Moyennes annuelles

	1990	1995	2000	2005	2009	2010	2011	2012	2013	2014	2015	
Mietpreisindex (Dez. 2010 = 100)	64,2	80,6	84,0	89,8	98,3	99,4	100,8	101,4	101,8	103,0	103,9	Indice des loyers (déc. 2010 = 100)
Veränderung in %	8,6	1,1	1,5	1,4	2,5	1,1	1,3	0,6	0,4	1,2	0,8	Variation en %

Quelle: BFS – LIK

Source: OFS – IPC

Kaufkraftparität
Parités de pouvoir d'achat

Preisniveauindizes im internationalen Vergleich. 2014 (provisorisch), EU-28 = 100, ausgewählte Länder T 5.7.1
Indices des niveaux de prix en comparaison internationale. En 2014 (provisoire), UE-28 = 100, choix de pays

	EU-28 UE-28	Schweiz Suisse	Deutschland Allemagne	Frankreich France	Italien Italie	Österreich Autriche	Dänemark Danemark	Norwegen Norvège	
Bruttoinlandprodukt	100	146	104	110	101	109	135	150	**Produit intérieur brut**
Tatsächlicher Individualverbrauch[1]	100	156	101	107	103	109	140	158	**Consommation individuelle effective**[1]
Nahrungsmittel und alkoholfreie Getränke	100	155	104	110	110	120	145	166	Produits alimentaires et boissons non-alcoolisées
Alkoholische Getränke und Tabakwaren	100	118	93	106	97	89	124	238	Boissons alcoolisées et tabac
Bekleidung und Schuhe	100	123	102	102	105	96	123	132	Habillement et chaussures
Wohnungswesen, Wasser, Elektrizität, Gas und andere Brennstoffe	100	173	105	115	100	98	150	123	Logement, eau, électricité, gaz et autres combustibles
Innenausstattung, Ausrüstungsgegenstände und Haushaltsführung	100	123	98	105	105	109	122	128	Ameublement, équipement ménager et entretien
Gesundheitspflege	100	188	101	105	115	118	137	201	Santé
Verkehr	100	113	104	102	99	102	133	143	Transport
Nachrichtenübermittlung	100	122	103	97	119	91	86	108	Communication
Freizeit und Kultur	100	139	105	107	101	114	139	159	Loisirs et culture
Erziehung und Unterricht	100	239	110	110	94	151	153	217	Enseignement
Gaststätten und Hotels	100	153	98	109	109	107	150	177	Hôtels, cafés et restaurants
Sonstige Waren und Dienstleistungen	100	156	97	106	98	108	141	176	Autres biens et services
Tatsächlicher Kollektivverbrauch[2]	100	171	119	126	113	114	149	172	**Consommation collective effective**[2]
Bruttoanlageinvestitionen	100	136	114	113	89	108	131	149	**Formation brute de capital fixe**
Maschinen und Geräte	100	118	99	99	99	106	133	134	Machines et appareils
Baugewerbe	100	168	129	123	82	115	140	168	Construction
Software	100	100	103	98	107	94	108	113	Logiciels
Konsumausgaben der privaten Haushalte	100	149	102	108	103	106	139	147	**Dépense de consommation finale des ménages**

1 Der tatsächliche Individualverbrauch beinhaltet alle Güter und Dienstleistungen, die von den Haushalten effektiv und individuell konsumiert werden. Er umfasst (im Unterschied zu den Konsumausgaben der Haushalte) auch Ausgaben des Staates für Bildung, Gesundheit, Wohnen, Kultur und soziale Wohlfahrt, welche individuell konsumiert werden.
2 Der tatsächliche Kollektivverbrauch beinhaltet diejenigen Dienstleistungen des Staates, welche von den Haushalten kollektiv konsumiert werden (z.B. Sicherheit oder allgemeine Verwaltung).

Quelle: Eurostat
Stand der Datenbank am 21.12.2015

1 La consommation individuelle effective contient tous les biens et services qui sont consommés effectivement et individuellement par les ménages. Elle comporte (contrairement aux dépenses de consommation des ménages) aussi les dépenses des administrations publiques pour l'éducation, la santé, l'habitation, la culture et la prévoyance sociale qui sont consommées individuellement.
2 La consommation collective effective contient les services des administrations publiques qui sont consommés collectivement par les ménages (ex. sécurité ou administration générale).

Source: Eurostat
Etat de la banque de données 21.12.2015

Harmonisierter Verbraucherpreisindex
Indice des prix à la consommation harmonisé
Harmonisierter Verbraucherpreisindex (HVPI) im internationalen Vergleich
Monatliche Werte 2015
Indice des prix à la consommation harmonisé (IPCH) en comparaison internationale
Valeurs mensuelles en 2015

T 5.8.1

	I	II	III	IV	V	VI	VII	VIII	IX	X	XI	XII	
Totalindex Basis 2005 = 100													**Indice total** base 2005 = 100
Schweiz	102,9	102,5	103,0	102,8	102,8	103,0	102,8	102,9	102,9	102,9	103,0	103,0	Suisse
Eurozone 19	116,1	116,8	118,1	118,4	118,7	118,7	117,9	117,9	118,2	118,3	118,2	118,1	Zone euro 19
davon:													dont:
Deutschland	114,8	116,0	116,6	116,5	116,6	116,4	116,7	116,7	116,4	116,4	116,5	116,5	Allemagne
Frankreich	114,2	115,0	115,9	116,0	116,3	116,2	115,7	116,1	115,7	115,8	115,5	115,8	France
Italien	117,0	117,3	119,8	120,3	120,5	120,7	118,3	118,2	120,1	120,7	120,2	120,1	Italie
Österreich	119,7	120,0	121,7	121,8	122,1	122,0	121,4	121,2	121,8	121,9	121,9	122,7	Autriche
Veränderung gegenüber Vormonat in %													**Taux de variation par rapport au mois précédent** en %
Schweiz	−0,6	−0,4	0,5	−0,2	0,0	0,2	−0,2	−0,6	0,4	0,0	−0,3	−0,2	Suisse
Eurozone 19	−1,5	0,6	1,1	0,2	0,2	0,0	−0,6	0,0	0,2	0,1	−0,1	0,0	Zone euro 19
davon:													dont:
Deutschland	−1,3	1,0	0,5	−0,1	0,1	−0,2	0,3	0,0	−0,3	0,0	0,1	0,0	Allemagne
Frankreich	−1,1	0,7	0,7	0,1	0,2	−0,1	−0,5	0,4	−0,4	0,1	−0,2	0,2	France
Italien	−2,5	0,3	2,1	0,4	0,2	0,2	−2,0	−0,1	1,6	0,5	−0,4	−0,1	Italie
Österreich	−1,4	0,3	1,4	0,1	0,2	0,0	−0,5	−0,2	0,5	0,1	0,0	0,6	Autriche
Veränderung gegenüber Vorjahresmonat in %													**Taux de variation par rapport au même mois de l'année précédente** en %
Schweiz	−0,1	−0,4	−0,5	−0,8	−0,9	−0,6	−0,8	−1,2	−1,2	−1,2	−1,2	−1,4	Suisse
Eurozone 19	−0,6	−0,3	−0,1	0,0	0,3	0,2	0,2	0,1	−0,1	0,1	0,1	0,2	Zone euro 19
davon:													dont:
Deutschland	−0,5	0,0	0,2	0,3	0,7	0,1	0,1	0,1	−0,2	0,2	0,3	0,2	Allemagne
Frankreich	−0,4	−0,3	0,0	0,1	0,3	0,3	0,2	0,1	0,1	0,2	0,1	0,3	France
Italien	−0,5	0,1	0,0	−0,1	0,2	0,2	0,3	0,4	0,2	0,3	0,2	0,1	Italie
Österreich	0,5	0,5	0,9	0,9	1,0	1,0	1,1	0,9	0,6	0,7	0,5	1,1	Autriche

Quelle: Eurostat
Stand der Datenbank am 01.2016

Source: Eurostat
Etat de la banque de données 01.2016

6

Industrie und Dienstleistungen — Industrie et services

Überblick

Drei von vier Unternehmen im Dienstleistungssektor

2013 wurden in der Schweiz rund 563 000 marktwirtschaftliche Unternehmen gezählt. Mehr als 430 000 davon sind im Dienstleistungssektor (Sektor 3) tätig. Der Industriesektor (Sektor 2) zählt über 90 000 Unternehmen, und im Primärsektor (Sektor 1) sind rund 56 000 Unternehmen aktiv.

Die meisten Unternehmen sind Mikrounternehmen

Über 99% aller Unternehmen in der Schweiz sind KMU: kleine und mittlere Unternehmen, d. h. solche mit weniger als 250 Beschäftigten (in Vollzeitäquivalenten gerechnet); etwa 92% dieser Unternehmen sind Mikrounternehmen, also solche mit weniger als 10 Beschäftigten. Die Verteilung der Unternehmen auf die Unternehmensgrössenklassen hat sich zwischen 2005 und 2013 nur geringfügig verändert. Die mittlere Unternehmensgrösse ist von 2005 bis 2013 mit etwa 8 Beschäftigten nahezu gleich geblieben.

Der Anteil der Mikrounternehmen ist im Jahr 2013 im Dienstleistungssektor grösser als im Sekundärsektor (92,9% gegenüber 82,5%). Entsprechend unterschiedlich ist auch die durchschnittliche Unternehmensgrösse (Dienstleistungssektor: 9 Beschäftigte; Sekundärsektor: 12 Beschäftigte). Die grossen Unternehmen (≥250 Beschäftigte in Vollzeitäquivalenten) haben im Durchschnitt

Vue d'ensemble

Trois entreprises sur quatre actives dans les services

En 2013, la Suisse comptait environ 563 000 entreprises marchandes. Plus de 430 000 entreprises sont actives dans le secteur des services (secteur 3). Le secteur industriel (secteur 2) compte plus de 90 000 entreprises et le primaire (secteur 1) quelque 56 000 entreprises.

La plupart des entreprises sont des micro-entreprises

En Suisse, plus de 99% des entreprises sont des PME, c'est-à-dire des petites et moyennes entreprises avec moins de 250 emplois (convertis en équivalents plein temps); près de 92% sont des micro-entreprises qui comptent moins de 10 emplois. De 2005 à 2013, la répartition des entreprises selon leur taille n'a que très peu changé. La taille moyenne des entreprises est restée à peu près stable durant la même période et se situe à quelque 8 emplois.

La proportion de micro-entreprises en 2013 est plus élevée dans le tertiaire (92,9%) que dans le secondaire (82,5%). La taille moyenne des entreprises est plus petite dans le tertiaire (9 emplois) que dans le secondaire (12 emplois). Les grandes entreprises (≥250 emplois en équivalents plein temps) du secteur tertiaire comptent en moyenne plus du double de personnes que celles du secteur secondaire (1443 contre 707 emplois). Les PME

Anteil der Unternehmen[1] nach Grössenklassen[2] 2013 G 6.1
Part des entreprises[1] selon la taille[2], en 2013

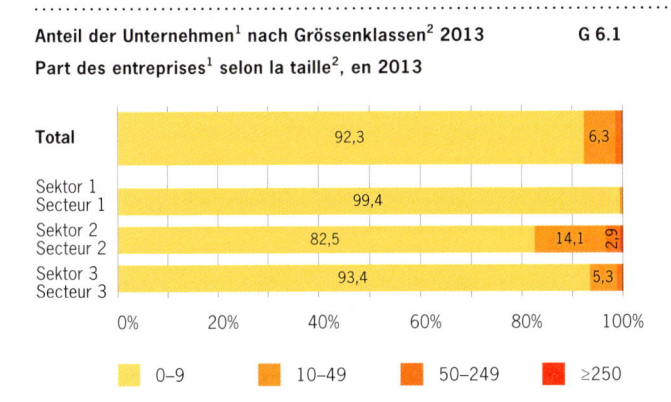

	0–9	10–49	50–249	≥250
Total	92,3		6,3	
Sektor 1 / Secteur 1	99,4			
Sektor 2 / Secteur 2	82,5	14,1	2,9	
Sektor 3 / Secteur 3	93,4		5,3	

Anteil der Beschäftigten nach Grössenklassen[1,2] 2013 G 6.2
Part des emplois selon la taille[2] des entreprises[1], en 2013

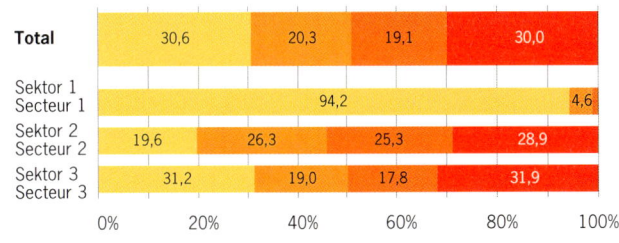

	0–9	10–49	50–249	≥250
Total	30,6	20,3	19,1	30,0
Sektor 1 / Secteur 1	94,2			4,6
Sektor 2 / Secteur 2	19,6	26,3	25,3	28,9
Sektor 3 / Secteur 3	31,2	19,0	17,8	31,9

1 Nur marktwirtschaftliche Unternehmen / Uniquement les entreprises marchandes
2 Die Grösse der Unternehmen bemisst sich nach der Zahl der Vollzeitäquivalente (Teilzeitstellen auf Vollzeitstellen umgerechnet). / La taille des entreprises est évaluée selon le nombre d'équivalents plein temps (les emplois à temps partiel sont convertis en emplois à plein temps).

Beschäftigte im 1. Wirtschaftssektor (VZÄ) 2013 G 6.3
Emplois dans le secteur primaire (EPT), en 2013
Schweiz / Suisse: 3,3%

Anteil, in % / Quote-part, en %
- < 1,5
- 1,5 – 2,9
- 3,0 – 5,9
- 6,0 – 8,9
- ≥ 9,0

Beschäftigte im 2. Wirtschaftssektor (VZÄ) 2013 G 6.4
Emplois dans le secteur secondaire (EPT), en 2013
Schweiz / Suisse: 22,0%

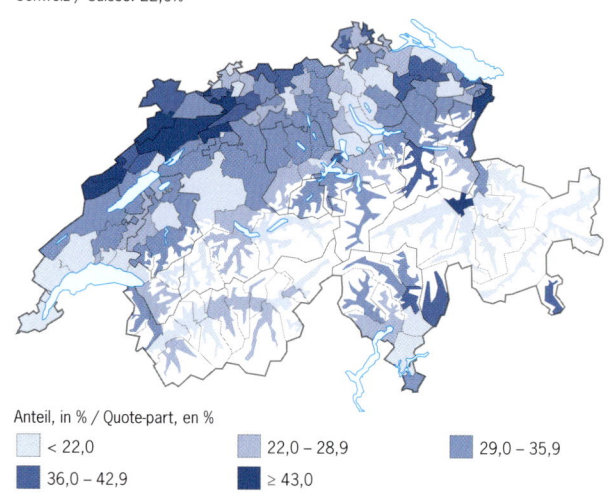

Anteil, in % / Quote-part, en %
- < 22,0
- 22,0 – 28,9
- 29,0 – 35,9
- 36,0 – 42,9
- ≥ 43,0

....

mehr als doppelt so viele Beschäftigte im Dienstleistungs- (1443) wie im Industriesektor (707). Insgesamt sind von den Beschäftigten knapp zwei Drittel in KMU tätig, etwas mehr als ein Drittel in grossen Unternehmen. Etwas mehr als ein Viertel der Arbeitsplätze (28%) entfällt auf Mikrounternehmen, knapp ein Fünftel (19%) auf Unternehmen mit 10 bis 49 Beschäftigten.

Branchen: Unterschiedliche Grössenverhältnisse

Auch auf Branchenebene sind die Grössenverhältnisse unterschiedlich. Eine kleinbetriebliche Struktur weist insbesondere der Primärsektor auf: 94% aller Beschäftigten in den Branchen «Landwirtschaft, Forstwirtschaft und Fischerei» sind in Unternehmen mit weniger als 10 Beschäftigten tätig. Auch im Dienstleistungssektor entfallen im Bereich «Erbringung von sonstigen Dienstleistungen» und «Rechts- und Steuerberatung, Wirtschaftsprüfung» insgesamt 81,3% resp. 61,9% der gesamten Beschäftigung auf Unternehmen mit weniger als 10 Beschäftigten. Die Durchschnittsgrösse der Unternehmen in den Bereichen «Land-, Forstwirtschaft und Fischerei» beträgt etwas weniger als 3 Beschäftigte, jene im Bereich «Erbringung von sonstigen Dienstleistungen» ein wenig mehr als 2 Beschäftigte, jene im Bereich «Rechts- und Steuerberatung, Wirtschaftsprüfung» etwas weniger als 4 Beschäftigte. Kleinbetrieblich strukturiert sind auch die Bereiche «Sonstige freiberufliche wissenschaftliche und technische Tätigkeiten» mit über 79% der Gesamtbeschäftigten in Unternehmen mit weniger als 10 Beschäftigten, sowie «Kunst, Unterhaltung und Erholung» mit 52%.

Bei den «Post-, Kurier- und Expressdiensten» sind hingegen über 90% der Beschäftigten in Grossunternehmen tätig, in der «Pharmazeutischen Industrie» sind es 82,4% und im Bereich «Telekommunikation» etwa 80%. Im sekundären Sektor ist es u. a. neben der «Pharmazeutischen Industrie» die Branche «Fahrzeugbau», die am stärksten durch Grossunternehmen dominiert wird.

KMU wichtig in allen Regionen

Die Anteile der KMU in den sieben Grossregionen weichen kaum voneinander ab. Unterschiede zwischen den Grossregionen bestehen hinsichtlich der Beschäftigung in den KMU. So belief sich 2013

....

représentent près de deux tiers des emplois, les grandes entreprises un peu plus d'un tiers. Un peu plus d'un quart des emplois (28%) se trouvent dans des micro-entreprises et près d'un cinquième (19%) dans des entreprises comptant de 10 à 49 emplois.

Taille variable des entreprises selon les branches

La taille des entreprises varie aussi selon l'activité économique. Le secteur primaire en particulier est constitué de micro-entreprises: les branches de l'«agriculture, sylviculture et pêche» comptent 94% des emplois dans des entreprises de moins de 10 emplois. Dans le secteur des services, les micro-entreprises groupent 81,3% des emplois d'«autres activités de services» et 61,9% des emplois du domaine «activités juridiques et comptables». La taille moyenne des entreprises dans les branches de l'«agriculture, sylviculture et pêche» se situe à un peu moins de 3 emplois, celle des entreprises d'«autres activités de services» à un peu plus de 2 emplois et celle des entreprises du domaine «activités juridiques et comptables» à un peu moins de 4 emplois. Les domaines «autres activités spécialisées, scientifiques et techniques» se caractérisent aussi par une proportion importante (un peu plus de 79%) d'emplois dans des micro-entreprises de moins de 10 emplois, tout comme les «arts, spectacles, et activités récréatives», avec 52%.

Dans les «activités de poste et de courrier», par contre, plus de 90% des emplois se trouvent dans les grandes entreprises; la proportion correspondante est de 82,4% dans l'«industrie pharmaceutique» et de près de 80% dans le domaine «télécommunications». Dans le secteur secondaire, c'est dans l'«industrie pharmaceutique» et la «construction de véhicules» que l'on trouve la plus forte proportion d'emplois dans les grandes entreprises.

Les PME: rôle important dans toutes les régions

La proportion de PME est à peu près la même dans les sept grandes régions de la Suisse mais la proportion d'emplois dans ces PME varie d'une grande région à l'autre. En 2013, celle-ci était de près de 78% au Tessin et de près de 60%, dans la région de Zurich et dans la Suisse du Nord-Ouest. Les micro-entreprises (moins de 10 emplois) représentaient plus d'un tiers des emplois

Beschäftigte im 3. Wirtschaftssektor (VZÄ) 2013 G 6.5
Emplois dans le secteur tertiaire (EPT), en 2013

Schweiz / Suisse: 74,7%

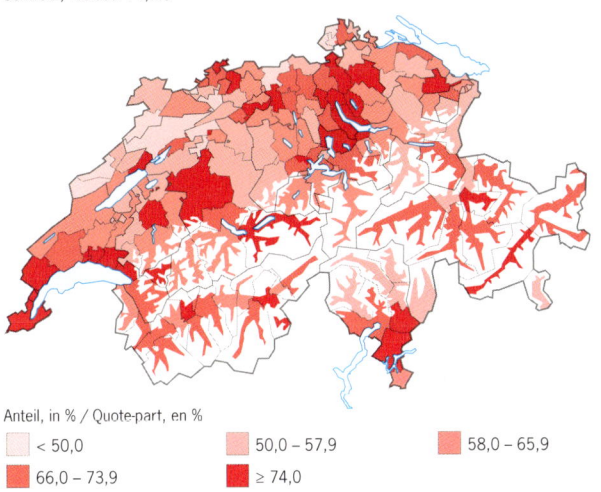

Anteil, in % / Quote-part, en %
- < 50,0
- 50,0 – 57,9
- 58,0 – 65,9
- 66,0 – 73,9
- ≥ 74,0

ihr Beschäftigungsanteil im Tessin auf knapp 78%, in Zürich und der Nordwestschweiz etwa um die 60%. Für Mikrounternehmen mit weniger als 10 Beschäftigten arbeiteten im Tessin, in der Ostschweiz und in der Zentralschweiz mehr als ein Drittel der Beschäftigten, in Zürich weniger als ein Viertel. Von den Kantonen weisen Basel-Stadt (62,0%), Zürich (42,0%), Bern (42,3%) und Genf (40,2%) einen hohen Anteil an Beschäftigten in Grossunternehmen auf; am niedrigsten ist er im Kanton Appenzell-Innerrhoden (0%).

Neugründungen

Die Anzahl der 2013 neu gegründeten Unternehmen in der Schweiz hat im Vergleich zum Vorjahr um 4,6% zugenommen; es wurden rund 12 500 neue Unternehmen gegründet. In der Periode 2001 bis 2012 hatte diese Zahl im Bereich zwischen 10 260 (2002) und 12 093 (2010) gelegen. 82,7% der neuen Unternehmen (9555) und 78,9% der neuen Stellen (17 569) sind im tertiären Sektor entstanden. Insgesamt wurden 22 281 neue Stellen (+1279 im Vergleich zu 2012) geschaffen. Über 99% der neu gegründeten Unternehmen im sekundären und tertiären Sektor gehören zur Kategorie der Mikrounternehmen mit weniger als zehn Vollzeitäquivalenten.

Der sekundäre Sektor im internationalen Wettbewerbsdruck

Der sekundäre Sektor beinhaltet zum einen die Industrie, zum anderen das Baugewerbe. Der weitaus grössere Teil, der industri-

au Tessin, en Suisse orientale et en Suisse centrale et moins d'un quart dans la région de Zurich. Au niveau des cantons, la part de l'emploi dans les grandes entreprises est la plus élevée à Bâle-Ville (62,0%), Zurich (42,0%), Berne (42,3%) et Genève (40,2%) et la plus faible dans le canton d'Appenzell Rhodes-Intérieures (0%).

Créations d'entreprises

Le nombre d'entreprises créées en Suisse en 2013 (12 500) a augmenté de 4,6% par rapport à l'année précédente. De 2001 à 2012, ce nombre se situait dans une fourchette comprise entre 10 260 (2002) et 12 093 (2010). 82,7% des nouvelles entreprises (9555) et 78,9% des emplois créés (17 569) relèvent du tertiaire. Dans l'ensemble, l'économie a vu la création de 22 281 emplois (+1279 par rapport à 2012). Plus de 99% des nouvelles entreprises dans les secteurs secondaire et tertiaire entrent dans la catégorie des micro-entreprises (moins de 10 équivalents plein temps).

Le secteur secondaire est exposé à une forte concurrence internationale

Le secteur secondaire comprend, d'une part, l'industrie, et, d'autre part, la construction. Une très forte partie de ce secteur est sous pression: l'industrialisation progresse dans le monde entier, la production ne cesse de s'accroître dans les nouveaux pays industrialisés et bien des entreprises sont devenues, par voie de fusion, des groupes géants opérant au niveau mondial.

La production industrielle a connu une croissance modérée en 2005, avant d'augmenter fortement dans les années 2006 et 2007. La crise financière mondiale à la fin de l'année 2008 et en 2009 a stoppé l'élan de croissance de l'industrie suisse. La situation a ensuite commencé à s'améliorer. En 2010, l'indice de la production suisse atteignait à nouveau le niveau de 2007. La construction a été bien moins touchée par ces fluctuations conjoncturelles, enregistrant durant cette période une évolution annuelle chaque fois positive sauf en 2012. De 2004 à 2014, la production du secteur secondaire a augmenté globalement d'environ 31%.

La production a évolué de manière très variable selon les branches: elle a plus que doublé depuis 2004 dans l'industrie pharmaceutique, mais a diminué dans les branches «Cokéfaction, raffinage et industrie chimique» et «Industrie du bois et du papier; imprimerie». Les autres branches ont fait preuve d'une plus grande stabilité face aux fluctuations conjoncturelles ou se sont mieux rétablies après la récession. A la fin de l'année 2008,

Produktion und Umsätze im sekundären Sektor / Production et chiffres d'affaires dans le secteur secondaire G 6.6

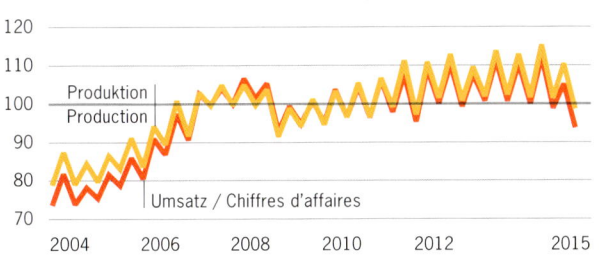

Indexierte Entwicklung der Quartalsergebnisse, Jahresdurchschnitt 2010 = 100
Evolution indexée des résultats trimestriels, moyenne annuelle 2010 = 100

Veränderung zum Vorjahresquartal, in %
Variation par rapport au trimestre de l'année précédente, en %

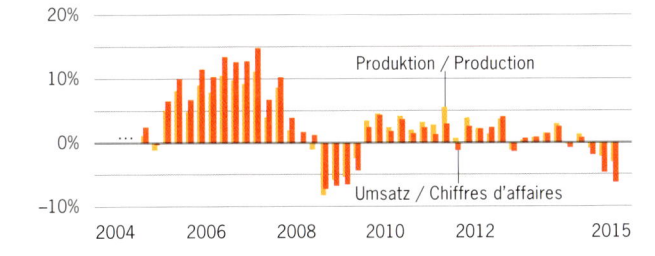

Produktionsindex[1]: Entwicklung in den einzelnen Branchen / Indice de la production[1]: évolution dans les différentes branches G 6.7

Nahrungsmittel, Getränke, Tabak / Alimentation, boissons, tabac

Textilien und Bekleidung / Textile et habillement

Holzwaren, Papier und Druckerz. / Bois et papier; imprimerie

Mineralölverarb. und chemische Erz. / Raffinage et industrie chimique

Pharmazeutische Erzeugnisse / Industrie pharmaceutique

Gummi- und Kunststoffwaren / Caoutchouc et plastique

Metallerzeugnisse / Produits métalliques

Datenverarb.geräte und Uhren / Produits électroniques; horlogerie

Elektrische Ausrüstungen / Equipements électriques

Maschinenbau / Fabrication de machines

Energieversorgung / Production et distribution d'énergie

Baugewerbe / Construction

1 Veränderung in % zum Vorjahresquartal / Changement en % par rapport au trimestre de l'année précédente

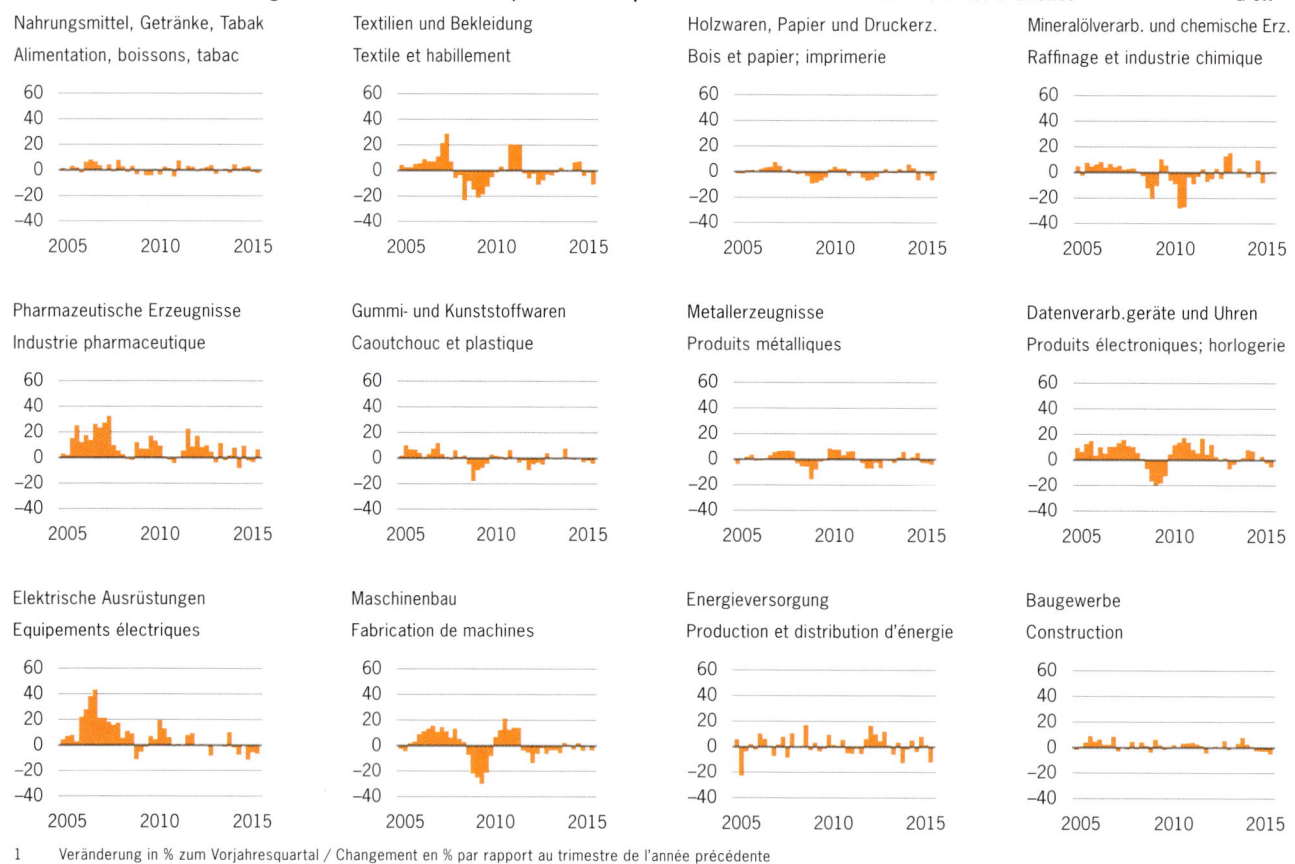

ell-gewerbliche Sektor, steht unter Druck. Stichwörter dazu sind die weltweit ansteigende Industrialisierung und die zunehmende Produktion der neuen Industrieländer sowie Fusionen zu weltweit operierenden Unternehmensgruppen.

Die Produktion in der Industrie stieg 2005 moderat an, in den Jahren 2006 und 2007 erheblich. Infolge der globalen Finanzkrise brach der Geschäftsgang in der Schweizer Industrie Ende 2008 und 2009 deutlich ein. Doch die Lage begann sich zu verbessern. Im Jahr 2010 erreichte die Schweizer Produktion erneut den Indexstand von 2007. Das Baugewerbe war sehr viel weniger von diesen Konjunkturschwankungen betroffen und wies im selben Zeitraum mit Ausnahme des Jahres 2012 positive Produktionszuwächse auf. Insgesamt ergibt sich im sekundären Sektor zwischen 2004 und 2014 ein Produktionswachstum von 31%.

Zwischen den Branchen bestehen signifikante Unterschiede: Während die Pharmaindustrie ihre Produktion seit 2004 mehr als verdoppeln konnte, mussten der Bereich «Kokerei, Mineralölverarbeitung und Herstellung von chemischen Erzeugnissen» sowie die Holzwaren-, Papier- und Druckindustrie Einbussen in Kauf nehmen. Die übrigen Wirtschaftszweige zeigen eine höhere Stabilität gegenüber den konjunkturellen Schwankungen oder konnten sich von der Rezession erholen. Am Ende des Jahres 2008 wurde die Schweizer Industrie jedoch von der Finanzkrise erfasst, die sich im Jahr 2009 fortsetzte. Die am meisten betroffenen Branchen waren der Maschinenbau, die Textil- und Bekleidungsindustrie sowie die Branche «Herstellung von Datenverarbeitungsgeräten und Uhren».

Gesamtschweizerisch besserte sich die Lage 2010 bis 2014 wieder. 2010 weiteten beinahe alle Branchen des sekundären Sek-

l'industrie suisse a toutefois été frappée par la crise financière, laquelle s'est poursuivie en 2009. Les activités les plus durement atteintes ont été l'industrie des machines, l'industrie textile et de l'habillement et la branche «Fabrication d'ordinateurs et de montres».

La situation s'est améliorée entre 2010 et 2014 à l'échelle suisse. La production a augmenté dans presque toutes les branches de l'industrie suisse en 2010, dans les deux tiers en 2011, dans la moitié en 2012 et dans les trois quarts en 2013 et 2014.

Coûts de la main-d'œuvre: comparaison européenne

Le coût du travail est pour les entreprises l'un des principaux indicateurs de l'attractivité des différentes places économiques nationales et peut varier fortement d'un pays à l'autre. Influencés par la force du franc (cours euro 2012: 1.21 francs), les coûts moyens de la main-d'œuvre se sont élevés en Suisse en 2012 à 51.25 euros par heure travaillée dans les entreprises de 10 salariés ou plus. Les pays de l'UE15 affichaient la même année des coûts plus bas compris entre 13.30 euros (Portugal) et 39.35 euros (Danemark). En Autriche, en Allemagne et en France, pays limitrophes de la Suisse, les coûts horaires étaient respectivement de 29.75 euros, 30.50 euros et 34.25 euros. Les différences sont encore plus marquées si l'on considère les nouveaux pays membres de l'UE: en 2012 il n'y a qu'à Malte (11.80 euros), en Slovénie (15.60 euros) et à Chypre (16.75 euros) que les coûts horaires de la main-d'oeuvre étaient supérieurs à 10 euros.

Aussenhandel der Schweiz 2014 / Commerce extérieur de la Suisse, en 2014 — G 6.8

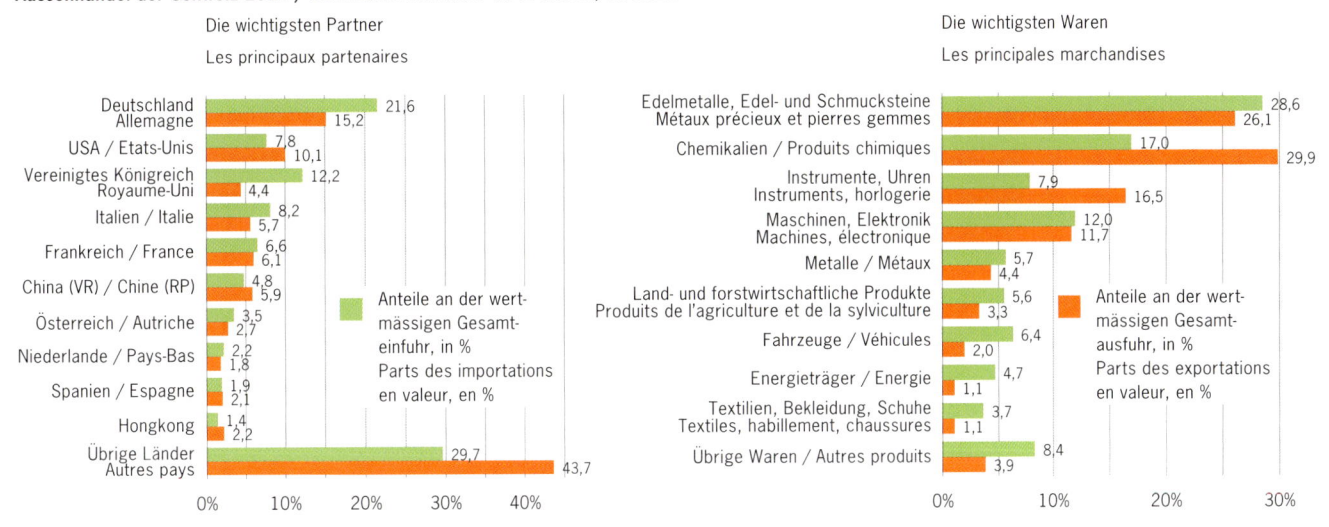

Die wichtigsten Partner / Les principaux partenaires

Land	Einfuhr (%)	Ausfuhr (%)
Deutschland / Allemagne	21,6	15,2
USA / Etats-Unis	7,8	10,1
Vereinigtes Königreich / Royaume-Uni	12,2	4,4
Italien / Italie	8,2	5,7
Frankreich / France	6,6	6,1
China (VR) / Chine (RP)	4,8	5,9
Österreich / Autriche	3,5	2,7
Niederlande / Pays-Bas	2,2	1,8
Spanien / Espagne	1,9	2,1
Hongkong	1,4	2,2
Übrige Länder / Autres pays	29,7	43,7

Anteile an der wertmässigen Gesamteinfuhr, in % / Parts des importations en valeur, en %
Anteile an der wertmässigen Gesamtausfuhr, in % / Parts des exportations en valeur, en %

Die wichtigsten Waren / Les principales marchandises

Ware	Einfuhr (%)	Ausfuhr (%)
Edelmetalle, Edel- und Schmucksteine / Métaux précieux et pierres gemmes	28,6	26,1
Chemikalien / Produits chimiques	17,0	29,9
Instrumente, Uhren / Instruments, horlogerie	7,9	16,5
Maschinen, Elektronik / Machines, électronique	12,0	11,7
Metalle / Métaux	5,7	4,4
Land- und forstwirtschaftliche Produkte / Produits de l'agriculture et de la sylviculture	5,6	3,3
Fahrzeuge / Véhicules	6,4	2,0
Energieträger / Energie	4,7	1,1
Textilien, Bekleidung, Schuhe / Textiles, habillement, chaussures	3,7	1,1
Übrige Waren / Autres produits	8,4	3,9

---

tors ihre Produktion aus, 2011 etwa drei Viertel und 2012 waren es noch etwa die Hälfte. In den Jahren 2013 und 2014 verzeichneten wiederum drei Viertel aller Branchen Produktionszuwächse.

Arbeitskosten im europäischen Vergleich

Die Arbeitskosten sind einer der wichtigsten Indikatoren zur Einschätzung der Attraktivität der verschiedenen nationalen Wirtschaftsstandorte und können je nach Land stark variieren. Die durchschnittlichen stündlichen Arbeitskosten erreichten in der Schweiz im Jahr 2012 aufgrund der Frankenstärke (Eurokurs 2012: Fr. 1.21) in Unternehmen mit zehn oder mehr Beschäftigten einen Wert von 51.25 Euro. In den EU15-Ländern lagen die stündlichen Arbeitskosten im entsprechenden Jahr zwischen 13.30 Euro (Portugal) und 39.35 Euro (Dänemark). In den Nachbarländern Österreich, Deutschland und Frankreich kostete eine Arbeitsstunde 29.75 Euro, 30.50 Euro bzw. 34.25 Euro. Noch markanter ist der Unterschied im Vergleich mit den neuen EU-Mitgliedstaaten: 2012 wurden lediglich in Malta (11.80 Euro), Slowenien (15.60 Euro) und Zypern (16.75 Euro) Arbeitskosten von über 10 Euro registriert.

Unternehmen aussenwirtschaftlich stark verflochten

Die schweizerische Volkswirtschaft ist seit jeher aussenwirtschaftlich stark verflochten: Die Ein- und Ausfuhrwerte pro Kopf sowie die Import- und Exportquote (prozentuale Wertanteile am Bruttoinlandprodukt) gehören weltweit zu den höchsten. Insbesondere der Export bildet für ein kleines Land wie die Schweiz eine wichtige Konjunkturstütze.

Die Hauptpartner des grenzüberschreitenden Warenverkehrs sind die Industriestaaten; von ihnen stammen 76,3% aller Einfuhren, 59,9% aller Ausfuhren gelangen dorthin (Stand 2014). Eine besonders wichtige Stellung hat dabei die EU: Auf sie entfallen 66,1% der Importe und 45,0% der Exporte. Wichtigster Handelspartner der Schweiz ist Deutschland, gefolgt von den Vereinigten Staaten, Italien und Frankreich. Die Handelsbilanz schliesst seit dem Jahr 2002 stets mit einem Überschuss.

Aussenwirtschaftliche Verflechtung 2014 — G 6.9
Relations commerciales avec l'extérieur, en 2014
Internationaler Vergleich / Comparaison internationale

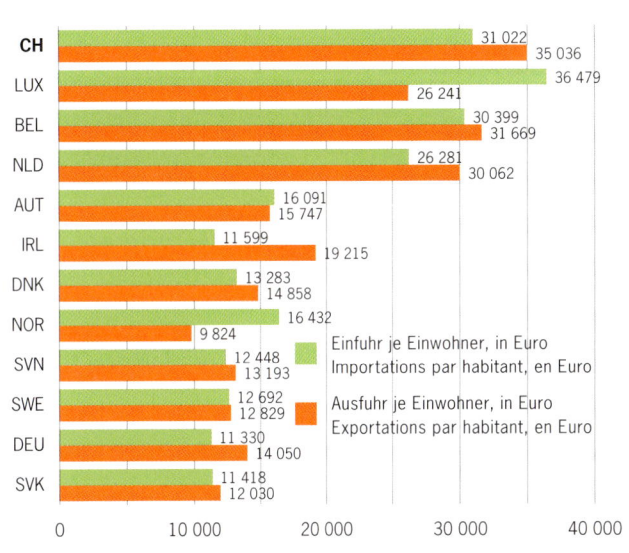

Land	Einfuhr je Einwohner (Euro)	Ausfuhr je Einwohner (Euro)
CH	31 022	35 036
LUX	36 479	26 241
BEL	30 399	31 669
NLD	26 281	30 062
AUT	16 091	15 747
IRL	11 599	19 215
DNK	13 283	14 858
NOR	16 432	9 824
SVN	12 448	13 193
SWE	12 692	12 829
DEU	11 330	14 050
SVK	11 418	12 030

Einfuhr je Einwohner, in Euro / Importations par habitant, en Euro
Ausfuhr je Einwohner, in Euro / Exportations par habitant, en Euro

Dépendance des échanges économiques extérieurs

La Suisse a toujours entretenu de fortes relations économiques avec l'étranger. Le volume des importations et des exportations par habitant, ainsi que la part des importations et des exportations en pour cent du produit intérieur brut, sont parmi les plus élevés du monde. Les exportations, en particulier, jouent un rôle économique majeur pour un petit pays comme la Suisse.

Nos principaux partenaires commerciaux sont les pays industriels. 76,3% de nos importations proviennent de ces pays et 59,9% de nos exportations s'écoulent vers eux (chiffres pour 2014). Le commerce avec l'UE est particulièrement important, puisqu'il représente 66,1% des importations et 45,0% des exportations totales. L'Allemagne est notre principal partenaire commercial, devant les Etats-Unis, l'Italie et la France. Depuis 2002, la balance commerciale de la Suisse a toujours été excédentaire.

Erhebungen, Quellen

Enquêtes, sources

Die wichtigsten Erhebungen und Quellen zur Industrie und zu den Dienstleistungen   M 6

Statistik / Erhebung	Verantwortliche Stelle	Periodizität	Seit	Erhebungsmethode	Regionalisierungsgrad
Unternehmenserhebungen					
Beschäftigungsstatistik (BESTA)	BFS	Vierteljahr	1925	Stichprobenerhebung bei ca. 62 800 Betrieben	Grossregionen
Statistik der Unternehmensstruktur (STATENT)	BFS	Jahr	2011	Registerdaten	Gemeinden, Hektarkoordinaten
Produktions- und Wertschöpfungsstatistik (WS)	BFS	Jahr	1949	Stichprobenerhebung	Schweiz
Produktions- Auftrags- und Umsatzstatistik der Industrie (INDPAU)	BFS	Monat	2012	Stichprobenerhebung	Schweiz
Produktions- Auftrags- und Umsatzstatistik des Baugewerbes (BAPAU)	BFS	Vierteljahr	2010	Stichprobenerhebung	Schweiz
Konjunkturerhebung Detailhandelsumsätze (DHU)	BFS	Monat	1932	Stichprobenerhebung	Schweiz
Umsatzstatistik «Sonstige Dienstleistungen» (DLU)	BFS	Vierteljahr	2011	Stichprobenerhebung	Schweiz
Verwaltungsdaten					
Statistik des Aussenhandels	EZV	Monatlich ab Januar 1947; jährlich ab 1885	1885	Vollerhebung	Schweiz
Synthesestatistiken					
Bestandsstatistik aktiver Unternehmen	BFS	Einmalig	für 2003/04	Vollerhebung	Gemeinden
Statistik der Neugründungen	BFS	Jahr	1999	Vollerhebung	Gemeinden
Statistik der Unternehmensschliessungen	BFS	Einmalig	für 2003/04	Vollerhebung	Gemeinden
Statistik der Überlebensraten neu gegründeter Unternehmen	BFS	Einmalig	für 2008	Vollerhebung	Gemeinden
Betreibungs- und Konkursstatistik	BFS	Jahr	1980	Vollerhebung	Kantone
Strukturelle Arbeitskostenstatistik	BFS	Alle 2 Jahre	2000 (Referenzjahr)	Stichprobenerhebung	Schweiz

Les principales enquêtes et sources sur l'industrie et les services   M 6

Statistique / enquête	Service responsable	Périodicité	Depuis	Méthode d'enquête	Degré de régionalisation
Enquêtes auprès des entreprises					
Statistique de l'emploi (BESTA)	OFS	Trimestrielle	1925	Enquête par sondage, env. 62 800 établissements	Grandes régions
Statistique structurelle des entreprises (STATENT)	OFS	Annuelle	2011	Données de registres	Communes, coordonnées hectométriques
Statistique de la production et de la valeur ajoutée (WS)	OFS	Annuelle	1949	Enquête par échantillonnage	Suisse
Statistique de la production, des commandes et des chiffres d'affaires de l'industrie (INDPAU)	OFS	Mensuelle	2012	Enquête par échantillonnage	Suisse
Statistique de la production, des commandes et des chiffres d'affaires dans la construction (BAPAU)	OFS	Trimestrielle	2010	Enquête par échantillonnage	Suisse
Enquête conjoncturelle sur les chiffres d'affaires du commerce de détail (DHU)	OFS	Mensuelle	1932	Enquête par échantillonnage	Suisse
Statistique des chiffres d'affaires «Autres services» (DLU)	OFS	Trimestrielle	2011	Enquête par échantillonnage	Suisse
Données administratives					
Statistique du commerce extérieur	AFD	Mensuelle depuis janvier 1947; annuelle depuis 1885	1885	Enquête exhaustive	Suisse
Statistiques de synthèse					
Statistique sur la population d'entreprises actives	OFS	Unique	en 2003/04	Enquête exhaustive	Communes
Statistique sur les nouvelles entreprises	OFS	Annuelle	1999	Enquête exhaustive	Communes
Statistique sur les fermetures d'entreprises	OFS	Unique	en 2003/04	Enquête exhaustive	Communes
Statistique sur les taux de survie des nouvelles entreprises	OFS	Unique	en 2008	Enquête exhaustive	Communes
Statistique des poursuites et des faillites	OFS	Annuelle	1980	Enquête exhaustive	Cantons
Statistique structurelle des coûts de la main-d'œuvre	OFS	Bisannuelle	2000 (année de référence)	Enquête par échantillonnage	Suisse

Glossar

Arbeitskosten
Die Arbeitskosten umfassen die Gesamtheit aller von den Arbeitgebern im Zusammenhang mit der Beschäftigung von Arbeitskräften getragenen Aufwendungen. Sie setzen sich aus Löhnen und Gehältern, aus Sozialbeiträgen der Arbeitgeber und aus sonstigen Aufwendungen (berufliche Bildung, Personalrekrutierung, usw.) zusammen.

Arbeitsstätte
Örtlich abgegrenzte Einheit einer institutionellen Einheit, in der eine wirtschaftliche Tätigkeit ausgeübt wird.

Aufträge (Index)
Die Indizes der Auftragseingänge und -bestände sind Vorlaufindikatoren für die konjunkturelle Entwicklung. Sie sind definiert als Bestellungen, welche eine Produktion auslösen. Deshalb fliesst die Energie- und Wasserversorgung definitionsgemäss nicht in die Berechnung der Auftragsindizes ein. Für die Tabakindustrie und für die Mineralölverarbeitung liegen keine Angaben zu den Aufträgen vor.

Aussenhandel
Der Aussenhandel umfasst die Ein- und die Ausfuhren von Waren. Diese werden nach verschiedenen Warengruppen und nach Ländern gegliedert. Seit dem 1.1.2012 ist das **Ursprungsland** bei der Einfuhr massgebend (davor: Erzeugungsland). Das Ursprungsland ist jenes Land, in welchem die Ware vollständig gewonnen oder überwiegend hergestellt wurde. Exportseitig ist das **Bestimmungsland** relevant; als Bestimmungsland gilt jenes Land, in welches die Ware ausgeführt oder in welchem die Ware veredelt (weiterverarbeitet) wurde.

Alle ein- und ausgeführten Waren sind unterschiedlichen Warengruppen (Nomenklaturen) zugeteilt. Dabei stehen eine Gliederung nach dem Verwendungszweck und eine nach der Warenart zur Verfügung. Die Zuteilung der Waren zu diesen zwei Nomenklaturen erfolgt aufgrund der so genannten Zolltarifnummern, eine achtstellige Kodierung, die beim Ausfüllen der Zollanmeldung zur Bezeichnung der Waren anzugeben ist. Die sechs ersten Ziffern entsprechen der Nummerierung der Weltzollorganisation – zur Bezeichnung und Kodierung von Waren (Harmonisiertes System).

Der Wert der Ein- und der Ausfuhren entspricht dem **statistischen Wert**. Es handelt sich um den Warenwert in Schweizer Franken, franko Schweizer Grenze. D. h. die Transport-, Versicherungs- und sonstigen Kosten bis zur Schweizer Grenze sind in diesem Wert mit eingeschlossen, wogegen Rabatte und Skonti darin ausgeschlossen sind. Auf ausländischen Währungen lautende Wertangaben werden in Schweizer Franken umgerechnet, und zwar zum Devisenverkaufskurs des Vortages, an welchem die Veranlagung stattfand.

Der **Saldo der Handelsbilanz** errechnet sich aus dem Wertunterschied zwischen den Ein- und den Ausfuhren. Übersteigt der Wert der Einfuhren jenen der Ausfuhren, spricht man von einer defizitären oder passiven Handelsbilanz. Im gegenteiligen Fall ist die Handelsbilanz überschüssig oder aktiv.

Glossaire

Chiffre d'affaires du commerce de détail
Valeur totale des biens vendus et des services de réparation fournis aux consommateurs finaux (ménages privés), aux prix du marché, TVA incluse, déduction faite des rabais et autres réductions.

Commerce extérieur
Le commerce extérieur recense les importations et les exportations de marchandises. Celles-ci sont ventilées selon différents groupes de marchandises et selon les pays. Depuis le 1er janvier 2012, lors de l'importation, c'est le **pays d'origine** qui est déterminant pour la statistique du commerce extérieur (auparavant, c'était le pays de production). Le pays d'origine correspond au pays dans lequel la marchandise a été entièrement obtenue ou en majeure partie fabriquée. A l'exportation, c'est le **pays de destination** qui fait foi. Est réputé comme tel le pays dans lequel la marchandise a été exportée ou perfectionnée (transformée).

L'ensemble des marchandises importées et exportées est classifié selon des nomenclatures. Il y a une classification selon l'emploi des marchandises et une classification selon la nature des marchandises. L'attribution des marchandises dans ces deux nomenclatures s'effectue sur la base du numéro de tarif des douanes. Il s'agit d'un code à huit chiffres utilisé pour la déclaration douanière des marchandises. Les six premiers chiffres correspondent au numéro du Système harmonisé de désignation et de codification des marchandises élaboré par l'Organisation Mondiale des Douanes.

La valeur des importations et des exportations correspond à **la valeur statistique**. Il s'agit de la valeur franco frontière des marchandises en francs suisses. Les frais de transport, d'assurance et autres jusqu'à la frontière suisse sont inclus dans cette valeur, tandis que les rabais et escomptes en sont déduits. Les montants libellés en monnaies étrangères sont convertis en francs suisses au cours vente des devises du jour précédant le dédouanement.

Le solde de la balance commerciale représente la différence de valeur entre les importations et les exportations. Lorsque la valeur des importations dépasse celle des exportations, on dit que la balance commerciale est déficitaire ou passive. Dans le cas contraire, la balance est excédentaire ou active.

Coûts de la main-d'œuvre
Les coûts de la main-d'œuvre correspondent à l'ensemble des frais que l'employeur doit payer pour pouvoir engager de la main-d'œuvre salariée. Ils sont composés des salaires et traitements, des cotisations sociales à la charge des employeurs et d'autres frais (formation professionnelle, recrutement, etc.).

Emplois (places occupées)
Les emplois désignent des places de travail occupées. Tout en recouvrant en grande partie la même notion, les «emplois» et les «personnes actives occupées» ne coïncident pas, dans la mesure où une personne peut occuper plusieurs emplois. On parle dans ce cas d'activité principale et d'activité secondaire.

Pour la statistique de l'emploi (BESTA), la durée de travail minimale qui est déterminante (6 heures par semaine) est différente de celle qui est retenue dans la statistique de la population active occupée (SPAO;

Beschäftigte (besetzte Stellen)

Beschäftigte bezeichnen besetzte Stellen. Obwohl sich ihre Bedeutungsfelder stark überschneiden, ist unter den Begriffen «Beschäftigte (besetzte Stellen)» und «Erwerbstätige» nicht dasselbe zu verstehen, kann doch eine erwerbstätige Person mehrere Stellen besetzen. In diesem Fall wird von Mehrfachbeschäftigung gesprochen.

In der Beschäftigungsstatistik (BESTA) (6 Stunden wöchentlich) gilt ein anderer minimaler Arbeitsumfang als in der Erwerbstätigenstatistik (ETS; 1 Stunde). Im Gegensatz zur letzteren bleiben zudem Personen unberücksichtigt, die nicht in «Betrieben» arbeiten (Angestellte von Privathaushalten, Heimarbeiter, gewisse Künstler, Freelancer etc.). In der Statistik der Unternehmensstruktur (STATENT) sind Beschäftigte erfasst, die der AHV-Pflicht unterstehen (Unselbstständig- und Selbstständigerwerbende, deren Jahreseinkommen mindestens Fr. 2300.– beträgt).

Detailhandelsumsatz

Wert aller Warenverkäufe an Endverbraucher (private Haushalte) sowie der Reparaturen für Endverbraucher (private Haushalte) zu Verkaufspreisen, inklusive Mehrwertsteuer, abzüglich Rabatte, Skonti und anderer Preisreduktionen.

Produktion (Index)

Die Produktionsindizes werden anhand der Umsätze berechnet und um Preisschwankungen bereinigt. Nur für die Elektrizitäts- und Gasversorgung innerhalb der Branche „Energieversorgung" werden physische Einheiten zur Berechnung der Produktionsindizes erhoben. Die Produktionsmenge ist mitunter von der Anzahl Arbeitstage abhängig. Um diesen Einflussfaktor auszuschliessen, werden die Indizes nach der Anzahl Arbeitstage bereinigt.

Umsätze (Index)

Der Umsatz ist definiert als während der betroffenen Periode in Rechnung gestellte Beträge durch Verkauf am Markt sowie durch Erbringung von Dienstleistungen (Taxen und Steuern inbegriffen, jedoch ohne MWST), inklusive Lasten (z. B. Verpackungskosten, Transportkosten in eigener Regie, Skonto usw.), jedoch ohne Erlösminderungen (z. B. Rabatte, Rücksendung von Waren usw.). Ausgeschlossen wird zudem der Erlös aus Verkäufen aus dem Anlagevermögen.

Unternehmen (institutionelle Einheit)

Kleinste juristisch selbständige Einheit. Eine institutionelle Einheit kann aus einer oder mehreren Arbeitsstätten bestehen. Die wichtigste Form der institutionellen Einheit ist das **marktwirtschaftliche Unternehmen.** Zu den institutionellen Einheiten gehören ferner: die **privaten Organisationen ohne Erwerbszweck** sowie (im Bereich der öffentlichen Verwaltung) die **Verwaltungseinheiten.** In der Statistik der Unternehmensstruktur (STATENT) wird eine Einheit erfasst, sobald sie für sich selber oder für ihre Beschäftigten AHV-Pflichtbeiträge bezahlt. Mithin werden alle wirtschaftlichen Akteure (natürliche oder juristische Personen) als produktive Einheiten («Unternehmen») erfasst, die über der AHV-pflichtigen Einkommensschwelle von jährlich Fr. 2300.– liegen.

une heure par semaine). Contrairement à cette dernière, la BESTA et le RE ne prennent en outre pas en considération les personnes qui ne travaillent pas dans des entreprises (employés de ménages privés, travailleurs à domicile, certains artistes et personnes travaillant à leur compte, etc.). La statistique structurelle des entreprises (STATENT) renseigne sur les emplois soumis à une cotisation AVS obligatoire (salariés et indépendants dont le revenu annuel minimum se monte à 2300 francs par an).

Entreprise (unité institutionnelle)

Plus petite unité juridiquement indépendante. Une unité institutionnelle peut être constituée d'un ou plusieurs établissements. La principale forme d'unité institutionnelle est **l'entreprise marchande.** Parmi les unités institutionnelles, on trouve encore les **institutions sans but lucratif au service des ménages** et (pour l'administration publique) les **unités d'administration.** Dans la statistique structurelle des entreprises (STATENT), une unité est saisie, d'un point de vue statistique, à partir du moment où elle paie des cotisations AVS à titre propre ou pour les emplois qui lui sont associés. Par conséquent, la STATENT considère comme unité productive («entreprise») tout acteur économique (personnes physique ou morale) qui verse des salaires supérieurs au seuil de revenu soumis à l'AVS de 2300 francs par an.

Etablissement

Unité locale, délimitée géographiquement, faisant partie d'une unité institutionnelle et dans laquelle s'exerce une activité économique.

Indices de la production

Les indices de la production sont calculés d'après les chiffres d'affaires, corrigés en fonction des fluctuations des prix. Des unités physiques ne sont relevées pour calculer les indices de la production que pour la production et distribution de gaz et d'électricité à l'intérieur de la branche «Production net distribution d'énergie». Les quantités produites dépendent notamment du nombre de jours ouvrables. Pour exclure ce facteur d'influence, on tient compte des jours ouvrables dans les indices.

Indices des chiffres d'affaires

Les chiffres d'affaires correspondent aux montants facturés pendant une période donnée pour la vente de produits ou de prestations. Ils comprennent les taxes et les impôts (mais pas la TVA), les charges (frais d'emballage, propres frais de transport, etc.). Les remises, ristournes et rabais accordés aux clients ainsi que la valeur des emballages rendus sont à déduire. Le chiffre d'affaires ne comprend pas la vente d'actifs fixes.

Indices des commandes

Les indices des entrées de commandes et des commandes en portefeuille sont des indicateurs annonciateurs de l'évolution conjoncturelle. Ils sont définis comme des commandes faisant naître une production. C'est la raison pour laquelle la production et la distribution d'électricité, de gaz et d'eau ne sont pas prises en compte dans le calcul de ces indices. On ne dispose d'aucune information relative aux commandes pour l'industrie du tabac et le raffinage du pétrole.

Daten / Données

Allgemeines / Généralités

Ausgewählte Indikatoren des Bereichs «Industrie und Dienstleistungen», Entwicklung
Quelques indicateurs du domaine «industrie et services», évolution

T 6.1.1

	1980	1990	2000	2010	2011	2012	2013	2014	
Aussenhandel¹ in Millionen Franken									**Commerce extérieur¹** en millions de francs
Einfuhr total	60 859	96 611	139 402	183 436	184 540	277 544	298 394	252 505	**Importations**
Industrieländer	...	87 363	121 611	157 397	158 746	200 832	238 723	192 545	Pays industrialisés
davon:									dont:
EU-27-Staaten	...	76 098	106 158	142 176	143 986	169 453	208 329	166 786	Pays de l'UE-27
EFTA	...	645	365	355	337	575	428	382	AELE
Transformationsländer	...	1 013	6 279	9 447	9 867	16 237	20 371	19 251	Pays en transformation
Entwicklungsländer	...	4 205	5 581	8 619	7 183	38 865	23 459	21 616	Pays en développement
Schwellenländer	...	4 029	5 930	7 973	8 744	21 609	15 840	19 093	Pays nouvel. industr.
Ausfuhr total	49 608	88 257	136 015	203 484	208 203	292 958	332 137	285 179	**Exportations**
Industrieländer	...	71 132	110 124	152 909	152 968	187 066	167 959	170 874	Pays industrialisés
davon:									dont:
EU-27-Staaten	...	57 907	83 925	119 556	118 630	148 074	128 594	128 449	Pays de l'UE-27
EFTA	...	491	554	771	883	1 072	981	1 007	AELE
Transformationsländer	...	2 013	2 444	11 609	13 669	14 205	24 643	21 666	Pays en transformation
Entwicklungsländer	...	7 053	8 981	16 458	17 012	48 430	52 305	42 367	Pays en développement
Schwellenländer	...	8 059	14 466	22 508	24 553	43 256	87 231	50 271	Pays nouvel. industr.
Handelsbilanzsaldo	–11 252	–8 354	–3 387	20 048	23 663	15 415	33 743	32 674	**Solde de la balance commerciale**
Ausfuhrwert in % des Einfuhrwertes	81,5	91,4	97,6	110,9	112,8	105,6	111,3	112,9	Valeur des exportations en % de la valeur des importations
Anteil der Einfuhr aus der EU	...	78,8	76,2	77,5	78,0	61,1	69,8	66,1	Part des importations de l'UE
Anteil der Ausfuhr in die EU	...	65,6	61,7	58,8	57,0	50,5	38,7	45,0	Part des exportations vers l'UE
Geschäftsgang in der Industrie 2010 = 100									**Evolution des affaires dans l'industrie** 2010 = 100
Produktion²	...	...	...	100	103	105	106	108	Production²
Auftragseingang	...	...	79	100	101	99	97	100	Entrée de commandes
Auftragsbestand	...	...	74	100	106	104	102	103	Portefeuille de commandes
Umsatz	...	...	72	100	101	103	104	105	Chiffres d'affaires

1 Aussenhandel inklusive Edelmetalle, Edel- und Schmucksteine sowie Kunstgegenstände und Antiquitäten und, ab 2002, inkl. des elektrischen Stroms, der Rückwaren und des Lohnveredlungsverkehrs.
2 Die Produktionsindizes sind nach Arbeitstagen bereinigt.

Quellen: BFS – INDPAU; Eidgenössische Zollverwaltung

1 Commerce extérieur y compris les métaux précieux, les pierres gemmes, les objets d'art et les antiquités puis, dès 2002, également l'électricité, les marchandises en retour et le trafic de perfectionnement à façon.
2 Les chiffres de la production sont corrigés en fonction des jours ouvrables.

Sources: OFS – INDPAU; Administration fédérale des douanes

Stand, Struktur und Entwicklung der Unternehmen
Etat, structure et évolution des entreprises

Beschäftigte nach Wirtschaftsabteilungen[1]. Vollzeit und Teilzeit, in 1000, Quartalswerte
Emplois selon la division économique[1]. Plein temps et temps partiel, en milliers, valeurs trimestrielles

T 6.2.0.1.2

Wirtschaftsabteilungen (NOGA 2008)		2014				2015		Divisions économiques (NOGA 2008)
		I	II	III	IV	I	II	
	Total	4 192,1	4 195,6	4 226,5	4 230,6	4 224,9	4 244,3	Total
	Sektor 2	**1 033,8**	**1 041,6**	**1 051,2**	**1 036,9**	**1 035,8**	**1 040,4**	**Secteur 2**
5–9	Bergbau und Gewinnung von Steinen und Erden	4,5	4,5	4,6	4,5	4,5	4,8	Industries extractives
10–33	Verarbeitendes Gewerbe/Herstellung von Waren	662,5	660,9	666,6	662,6	661,0	658,6	Industrie manufacturière
10–12	Herstellung von Nahrungsmitteln und Tabakerzeugnissen	66,2	66,7	67,3	67,1	67,5	67,9	Industries alimentaires et du tabac
13–15	Herstellung von Textilien und Bekleidung	14,1	14,4	14,4	14,4	14,4	14,2	Industries du textile et de l'habillement
16–18	Herstellung von Holzwaren, Papier und Druckerzeugnissen	70,2	69,5	70,0	69,7	69,1	69,6	Industries du bois et du papier; imprimerie
19–20	Kokerei, Mineralölverarb. u. Herstel. von chem. Erzeugnissen	29,5	29,1	29,5	28,9	28,8	28,8	Cokéfaction, raffinage et industrie chimique
21	Herstellung von pharmazeutischen Erzeugnissen	41,6	41,8	42,0	42,0	42,7	43,2	Industrie pharmaceutique
22–23	Herstellung von Gummi- und Kunststoffwaren	40,5	40,6	40,8	40,2	40,7	39,7	Industries du caoutchouc et du plastique
24–25	Herstellung von Metallerzeugnissen	100,1	98,9	99,8	98,0	97,2	96,6	Fabrication de produits métalliques
26	Herstellung von Datenverarbeitungsgeräten und Uhren	109,9	110,2	111,2	110,7	110,3	110,6	Fabrication de produits électroniques; horlogerie
27	Herstellung von elektrischen Ausrüstungen	35,7	35,3	35,4	35,2	34,7	34,1	Fabrication d'équipements électriques
28	Maschinenbau	82,1	81,7	82,8	82,7	83,0	82,0	Fabrication de machines et équipements n.c.a
29–30	Fahrzeugbau	16,3	16,1	16,3	16,4	16,7	16,4	Fabrication de matériels de transport
31–33	Sonstige Herstellung von Waren, Reparatur und Installation	56,3	56,5	57,1	57,3	55,9	55,6	Autres industries manufacturières; réparation et installation
35	Energieversorgung	26,1	26,2	26,6	26,4	26,7	27,0	Production et distribution d'énergie
36–39	Wasserversorgung, Beseitigung von Umweltverschmutzung	15,5	15,8	16,3	16,4	16,3	16,3	Production et distr. d'eau; gestion des déchets
41–43	Baugewerbe/Bau	325,3	334,1	337,0	327,0	327,4	333,7	Construction
41–42	Hoch- und Tiefbau	108,3	115,8	115,0	108,0	108,5	112,3	Construction de bâtiments et génie civil
43	Sonstiges Ausbaugewerbe	216,9	218,4	221,9	218,9	218,9	221,4	Travaux de construction spécialisés
	Sektor 3	**3 158,3**	**3 154,1**	**3 175,4**	**3 193,7**	**3 189,1**	**3 203,9**	**Secteur 3**
45–47	Handel, Instandhaltung und Rep. von Kraftfahrzeugen	630,4	622,7	624,4	629,6	623,2	627,6	Commerce; réparation d'automobiles et de motocycles
49–53	Verkehr und Lagerei	219,2	216,1	217,0	218,7	220,6	216,0	Transport et entreposage
55–56	Gastgewerbe/Beherbergung und Gastronomie	208,2	210,1	210,9	209,8	206,7	208,6	Hébergement et restauration
58–63	Information und Kommunikation	145,4	146,4	146,4	145,0	146,6	145,6	Information et communication
64–66	Erbringung von Finanz- und Versicherungsdienstleistungen	230,9	230,5	231,2	230,5	231,0	231,0	Activités financières et d'assurance
68	Grundstücks- und Wohnungswesen	33,4	33,6	33,2	34,0	32,8	33,5	Activités immobilières
69–75	Erbringung von freiberufl., wissen. u. techn. Dienstleistungen	335,4	335,1	339,2	340,7	341,8	343,3	Activités spécialisées, scientifiques et techniques
77–82	Erbringung von sonstigen wirtschaftlichen Dienstleistungen	171,6	175,3	177,3	172,9	175,8	178,1	Activités de services administratifs et de soutien
84	Öffentliche Verwaltung	185,1	185,2	186,6	188,5	186,3	186,0	Administration publique
85	Erziehung und Unterricht	290,9	289,3	291,4	296,0	292,9	295,4	Enseignement
86–88	Gesundheits- und Sozialwesen	559,5	557,4	566,3	578,0	579,7	583,5	Santé humaine et action sociale
90–93	Kunst, Unterhaltung und Erholung	49,7	50,5	51,4	49,4	50,6	53,0	Arts, spectacles et activités récréatives
94–96	Erbringung von sonstigen Dienstleistungen	98,4	101,6	100,0	100,7	101,1	102,2	Autres activités de services

1   Die Beschäftigungsstatistik (BESTA) wird aktuell revidiert. Die oben publizierten Zeitreihen werden in Kürze ersetzt.

Quelle: BFS – BESTA

1   La Statistique de l'emploi (BESTA) est en cours de révision. Les anciennes séries publiées ici seront prochainement remplacées.

Source: OFS – BESTA

Index der offenen Stellen nach ausgewählten Wirtschaftsabteilungen (NOGA 2008) und Grossregionen¹ T 6.2.0.2.1
Quartalswerte, 2. Quartal 2003 = 100
Indice des places vacantes selon certaines divisions économiques (NOGA 2008) et par grande région¹
Valeurs trimestrielles, 2ᵉ trimestre 2003 = 100

		2014				2015		
		I	II	III	IV	I	II	
5–96	Total	182,6	176,6	169,3	162,9	171,7	162,0	Total
5–43	Sektor 2	166,9	163,9	148,5	142,6	140,4	125,4	Secteur 2
10–33	Verarbeitendes Gewerbe/Herstellung von Waren	234,1	243,4	218,8	205,4	181,2	173,7	Industrie manufacturière
24–25	Herstellung von Metallerzeugnissen	139,4	132,2	120,4	135,0	81,0	86,9	Fabrication de produits métalliques
26	Herstellung von Datenverarbeitungsgeräten und Uhren	353,0	387,7	327,8	328,9	296,2	265,0	Fabrication de produits électroniques; horlogerie
28	Maschinenbau	237,6	229,6	206,9	211,5	175,5	172,7	Fabrication de machines et équipements n.c.a
41–43	Baugewerbe/Bau	90,7	73,5	62,6	66,5	87,0	65,4	Construction
45–96	Sektor 3	188,8	181,7	177,6	171,0	184,2	176,5	Secteur 3
45–47	Handel, Instandhaltung und Rep. von Kraftfahrzeugen	138,8	158,7	152,0	140,1	146,7	140,7	Commerce; réparation d'automobiles et de motocycles
49–53	Verkehr und Lagerei	176,7	168,5	176,4	189,6	193,6	181,5	Transport et entreposage
55–56	Gastgewerbe/Beherbergung und Gastronomie	100,0	78,6	81,8	66,0	93,7	77,0	Hébergement et restauration
58–63	Information und Kommunikation	407,4	348,0	348,9	351,8	360,0	365,0	Information et communication
62–63	Informationstechnologische und Informationsdienstleistungen	410,8	312,7	326,6	324,3	341,6	350,3	Activités informatiques et services d'information
64–66	Erbringung von Finanz- und Versicherungsdienstleistungen	292,2	295,3	295,6	279,5	297,0	304,9	Activités financières et d'assurance
68–75	Grundstk- u. Wohn.wesen; freiberufl., wiss., techn. Dienstleistungen	263,8	239,9	250,2	220,5	208,0	215,6	Act. immobilières et act. spécialisées scientifiques et techniques
77–82	Erbringung von sonstigen wirtschaftlichen Dienstleistungen	204,2	177,2	164,9	135,5	194,7	192,0	Activités de services administratifs et de soutien
84	Öffentliche Verwaltung	241,7	257,2	256,4	234,7	261,7	226,9	Administration publique
85	Erziehung und Unterricht	148,9	123,1	87,1	156,4	119,6	173,0	Enseignement
86–88	Gesundheits- und Sozialwesen	173,0	178,2	157,8	172,5	189,1	173,5	Santé humaine et action sociale
90–96	Kunst, Unterhaltung u. Erholung; sonstige Dienstleistungen	135,9	132,2	131,9	138,3	175,5	117,4	Arts, spectacles; autres act. de services
Grossregionen								**Grandes régions**
Genferseeregion		129,6	137,9	129,8	109,5	108,7	117,4	Région lémanique
Espace Mittelland		216,5	205,0	196,4	185,6	192,5	186,3	Espace Mittelland
Nordwestschweiz		189,7	188,1	167,9	156,7	185,1	168,5	Suisse du Nord-Ouest
Zürich		223,9	215,7	208,8	209,2	218,4	203,8	Zurich
Ostschweiz		159,3	147,1	141,3	143,4	148,6	132,8	Suisse orientale
Zentralschweiz		230,6	209,8	227,3	227,1	244,5	204,4	Suisse centrale
Tessin		67,4	59,7	50,8	71,1	62,4	70,7	Tessin

1 Die Beschäftigungsstatistik (BESTA) wird aktuell revidiert. Die oben publizierten Zeitreihen werden in Kürze ersetzt.

Quelle: BFS – BESTA

1 La Statistique de l'emploi (BESTA) est en cours de révision. Les anciennes séries publiées ici seront prochainement remplacées.

Source: OFS – BESTA

Marktwirtschaftliche Unternehmen nach Wirtschaftsabteilungen und Grössenklasse. 2013
Entreprises marchandes selon la division économique et la taille de l'entreprise. En 2013

T 6.2.1.1

Wirtschaftsabteilungen NOGA 2008		Anzahl Unternehmen mit … Vollzeitäquivalenten Entreprises de … emplois en équivalents plein temps					Total		Divisions économiques NOGA 2008
		0–9	10–49	50–249	Total[1] 0–249	>249	Unternehmen Entreprises	Beschäftigte[2] Emplois[2]	
Total		519 697	35 213	7 003	561 913	1 265	563 178	4 303 320	Total
Sektor 1		54 963	318	21	55 302	0	55 302	159 923	Secteur 1
Sektor 2		74 236	12 671	2 631	89 538	448	89 986	1 098 391	Secteur 2
5–9	Bergbau und Gewinnung von Steinen und Erden	166	102	16	284	0	284	4 703	Industries extractives
10–12	Herstellung von Nahrungsmitteln und Tabakerzeugnissen	2 577	961	183	3 721	46	3 767	93 364	Industries alimentaires et du tabac
13–15	Herstellung von Textilien und Bekleidung	2 650	151	42	2 843	4	2 847	16 153	Industries du textile et de l'habillement
16–18	Herstellung von Holzwaren, Papier und Druckerzeugnissen	8 829	1 159	159	10 147	19	10 166	73 451	Industries du bois et du papier; imprimerie
19–20	Kokerei, Mineralölverarbeitung und Herstellung von chemischen Erzeugnissen	433	154	88	675	26	701	31 697	Cokéfaction, raffinage et industrie chimique
21	Herstellung von pharmazeutischen Erzeugnissen	144	43	46	233	25	258	42 720	Industrie pharmaceutique
22–23	Herstellung von Gummi- und Kunststoffwaren	1 607	437	156	2 200	24	2 224	43 901	Industries du caoutchouc et du plastique
24–25	Herstellung von Metallerzeugnissen	6 267	1 469	321	8 057	34	8 091	101 300	Fabrication de produits métalliques
26	Herstellung von Datenverarbeitungsgeräten und Uhren	1 339	525	268	2 132	71	2 203	113 352	Fabrication de produits informatiques et électroniques; horlogerie
27	Herstellung von elektrischen Ausrüstungen	564	202	67	833	33	866	36 983	Fabrication d'équipements électriques
28	Maschinenbau	1 309	611	291	2 211	48	2 259	82 151	Fabrication de machines et équipements n.c.a
29–30	Fahrzeugbau	357	70	26	453	12	465	16 499	Fabrication de matériels de transport
31–33	Sonstige Herstellung von Waren, Reparatur und Installation	6 515	597	108	7 220	16	7 236	53 831	Autres industries manufacturières; réparation et installation
35	Energieversorgung	484	149	71	704	24	728	30 049	Product. et distribution d'énergie
36–39	Wasserversorgung, Beseitigung von Umweltverschmutzungen	837	257	51	1 145	3	1 148	15 042	Production et distribution d'eau; gestion des déchets
41–42	Hoch- und Tiefbau	6 490	1 332	378	8 200	36	8 236	110 328	Construct. de bâtiments et génie civil
43	Sonstiges Ausbaugewerbe	33 668	4 452	360	38 480	27	38 507	232 867	Travaux de construction spécia.
Sektor 3		390 498	22 224	4 351	417 073	817	417 890	3 045 006	Secteur 3
45–47	Handel, Instandhaltung und Rep. von Kraftfahrzeugen	70 576	5 710	949	77 235	178	77 413	672 942	Commerce; réparation d'automobiles et de motocycles
49–53	Verkehr und Lagerei	11 674	1 279	317	13 270	75	13 345	230 608	Transport et entreposage
55–56	Gastgewerbe/Beherbergung und Gastronomie	25 463	2 984	314	28 761	41	28 802	238 364	Hébergement et restauration
58–63	Information und Kommunikation	19 055	1 420	265	20 740	53	20 793	158 167	Information et communication
64–66	Erbringung von Finanz- und Versicherungsdienstleistungen	13 417	1 363	251	15 031	99	15 130	252 359	Activités financières et d'assurance
68	Grundstücks- und Wohnungswesen	14 135	494	73	14 702	10	14 712	62 787	Activités immobilières
69–75	Erbringung von freiberufl., wissen. u. techn. Dienstleistungen	85 418	3 800	461	89 679	64	89 743	361 011	Activités spécialisées, scientifiques et techniques
77–82	Erbringung von sonstigen wirtschaftlichen Dienstleistungen	19 601	1 698	544	21 843	90	21 933	281 096	Activités de services administratifs et de soutien
85	Erziehung und Unterricht	16 876	631	179	17 686	15	17 701	104 193	Enseignement
86–88	Gesundheits- und Sozialwesen	55 780	1 867	813	58 460	178	58 638	523 185	Santé humaine et action sociale
90–93	Kunst, Unterhaltung und Erholung	19 791	475	83	20 349	9	20 358	70 117	Arts, spectacles et activ. récréatives
94–96	Erbringung von sonstigen Dienstleistungen	38 712	503	102	39 317	5	39 322	90 177	Autres activités de services

1 Klein- und Mittelunternehmen
2 Inkl. Teilzeitbeschäftigte

Quelle: BFS – STATENT
Stand der Daten: 11.08.2015 (provisorische Ergebnisse)

1 Petites et moyennes entreprises
2 Y compris les emplois à temps partiel

Source: OFS – STATENT
Etat des données: 11.08.2015 (données provisoires)

Marktwirtschaftliche Unternehmen nach Wirtschaftsabteilungen und Rechtsform. 2013 T 6.2.1.2
Entreprises marchandes selon la division économique et la forme juridique. En 2013

Wirtschaftsabteilungen NOGA 2008		Rechtsform / Forme juridique							Divisions économiques NOGA 2008
		Einzelfirmen / Raisons individuelles	Einfache Gesellschaften / Sociétés simples	Kollektivgesellschaften / Sociétés en nom collectif	Kommanditgesellschaften / Sociétés en commandite	Aktiengesellschaften / Sociétés anonymes	GmbH / Sàrl	Genossenschaften / Sociétés coopératives	Andere / Autres	
Total		325 832	10 475	7 703	1 138	112 753	86 500	3 330	15 447	Total
Sektor 1		48 972	5 113	99	7	530	391	31	159	Secteur 1
Sektor 2		38 808	265	1 480	241	29 233	18 943	451	565	Secteur 2
5–9	Bergbau und Gewinnung von Steinen und Erden	28	4	5	1	229	16	0	1	Industries extractives
10–12	Herstellung von Nahrungsmitteln und Tabakerzeugnissen	1 576	23	112	9	1 297	556	172	22	Industries alimentaires et du tabac
13–15	Herstellung von Textilien und Bekleidung	2 019	20	37	8	473	270	3	17	Industries du textile et de l'habillement
16–18	Herstellung von Holzwaren, Papier und Druckerzeugnissen	5 172	36	187	30	2 973	1 741	9	18	Industries du bois et du papier; imprimerie
19–20	Kokerei, Mineralölverarbeitung und Herstellung von chemischen Erzeugnissen	94	1	9	1	477	112	1	6	Cokéfaction, raffinage et industrie chimique
21	Herstellung von pharmazeutischen Erzeugnissen	5	0	0	1	214	31	0	7	Industrie pharmaceutique
22–23	Herstellung von Gummi- und Kunststoffwaren	791	9	32	2	1 110	264	0	16	Industries du caoutchouc et du plastique
24–25	Herstellung von Metallerzeugnissen	3 026	16	109	31	3 429	1 451	2	27	Fabrication de produits métalliques
26	Herstellung von Datenverarbeitungsgeräten und Uhren	358	5	13	1	1 483	320	2	21	Fabr. de produits informat. et électroniques; horlogerie
27	Herstellung von elektrischen Ausrüstungen	148	1	10	0	567	138	0	2	Fabrication d'équipements électriques
28	Maschinenbau	280	1	14	6	1 601	341	1	15	Fabrication de machines et équipements n.c.a
29–30	Fahrzeugbau	132	0	8	1	229	92	0	3	Fabr. de matériels de transport
31–33	Sonstige Herstellung von Waren, Reparatur und Installation	3 749	33	154	18	1 893	1 359	4	26	Autres industries manufacturières; répar. et installation
35	Energieversorgung	31	4	3	0	380	55	128	127	Product. et distribution d'énergie
36–39	Wasserversorgung, Beseitigung von Umweltverschmutzungen	248	9	20	2	519	145	77	128	Production et distribution d'eau; gestion des déchets
41–42	Hoch- und Tiefbau	2 577	44	86	25	3 331	2 063	28	82	Constr. de bâtim. et génie civil
43	Sonstiges Ausbaugewerbe	18 574	59	681	105	9 028	9 989	24	47	Travaux de construction spécia.
Sektor 3		238 052	5 097	6 124	890	82 990	67 166	2 848	14 723	Secteur 3
45–47	Handel, Instandhaltung und Rep. von Kraftfahrzeugen	32 775	372	1 711	214	24 093	17 001	497	750	Commerce; réparation d'automobiles et de motocycles
49–53	Verkehr und Lagerei	7 603	41	154	14	3 015	2 240	112	166	Transport et entreposage
55–56	Gastgewerbe/Beherbergung und Gastronomie	14 955	574	1 337	59	4 087	7 318	73	399	Hébergement et restauration
58–63	Information und Kommunikation	7 391	68	262	43	5 936	6 644	80	369	Information et communication
64–66	Erbringung von Finanz- und Versicherungsdienstleistungen	2 703	16	99	62	8 825	2 036	432	957	Activités financières et d'assurance
68	Grundstücks- und Wohnungswesen	3 336	136	166	69	7 787	2 076	981	161	Activités immobilières
69–75	Erbringung von freiberufl., wissen. u. techn. Dienstleistungen	48 957	1 261	1 132	313	20 084	17 275	46	675	Activités spécialisées, scientifiques et techniques
77–82	Erbringung von sonstigen wirtschaftlichen Dienstleistungen	11 853	108	357	45	4 129	4 925	72	444	Activités de services administratifs et de soutien
85	Erziehung und Unterricht	13 370	183	171	14	865	1 710	48	1 340	Enseignement
86–88	Gesundheits- und Sozialwesen	49 061	1 759	224	18	2 126	2 130	99	3 221	Santé humaine et action sociale
90–93	Kunst, Unterhaltung und Erholung	12 383	180	114	21	1 103	1 432	94	5 031	Arts, spectacles et activ. récréatives
94–96	Erbringung von sonstigen Dienstleistungen	33 665	399	397	18	940	2 379	314	1 210	Autres activités de services

Quelle: BFS – STATENT
Stand der Daten: 11.08.2015 (provisorische Ergebnisse)

Source: OFS – STATENT
Etat des données: 11.08.2015 (données provisoires)

Neu gegründete Unternehmen. 2013
Création de nouvelles entreprises. En 2013

T 6.2.3.3

Wirtschaftsabteilungen NOGA 2008		Anzahl neuer Unternehmen / Nombre de nouvelles entreprises	%	Total geschaffene Stellen / Total des emplois créés	%	Geschaffene Vollzeitstellen / Emplois à plein temps créés	%	Geschaffene Teilzeitstellen / Emplois à temps partiel créés	%	Divisions économiques NOGA 2008
Total		12 440	100	22 281	100	13 829	100	8 452	100	Total
Wirtschaftsabteilungen										**Divisions économiques**
05–43	Sektor 2	2 156	17,3	4 712	21,1	3 611	26,1	1 101	13,0	Secteur 2
05–39	Industrie und Energie	663	5,3	1 188	5,3	825	6,0	363	4,3	Industrie et énergies
40–43	Baugewerbe	1 493	12,0	3 524	15,8	2 786	20,1	738	8,7	Construction
45–75 85–96	Sektor 3	10 284	82,7	17 569	78,9	10 218	73,9	7 351	87,0	Secteur 3
45–47	Handel und Reparaturen	2 281	18,3	3 691	16,6	2 123	15,4	1 568	18,6	Commerce et réparations
49–53	Verkehr und Lagerei	342	2,7	581	2,6	376	2,7	205	2,4	Transports et entreposage
55–56	Gastgewerbe, Beherbergung	273	2,2	786	3,5	381	2,8	405	4,8	Hébergement et restauration
58–63	Information und Kommunikation	951	7,6	1 668	7,5	1 120	8,1	548	6,5	Information et communication
64–66	Finanz- und Versicherungsdienstleistungen	659	5,3	1 200	5,4	855	6,2	345	4,1	Activités financières et assurances
68, 77–82	Immobilienwesen, wirtschaftliche Dienstleistungen	1 212	9,7	2 097	9,4	1 102	8,0	995	11,8	Activités immobilières et de services
69–75	Freiberufliche, wissenschaftliche und technische Dienstleistungen	3 200	25,7	4 877	21,9	3 044	22,0	1 833	21,7	Activités spécialisées et scientifiques
85	Unterrichtswesen	238	1,9	342	1,5	140	1,0	202	2,4	Enseignement
86–88	Gesundheits- und Sozialwesen	500	4,0	1 267	5,7	559	4,0	708	8,4	Santé et action sociale
90–93	Kunst, Unterhaltung und Erholung	237	1,9	428	1,9	203	1,5	225	2,7	Arts et activités récréatives
94–96	Sonstige Dienstleistungen	391	3,1	632	2,8	315	2,3	317	3,8	Autres activités de services
Grössenklassen										**Classes de taille**
0–4 Vollzeitäquivalente		12 005	96,5	18 429	82,7	10 757	77,8	7 672	90,8	0–4 équivalents plein temps
Weniger als 1 Vollzeitäquivalent		3 645	29,3	4 171	18,7	0	–	4 171	49,3	Moins de 1 équivalent plein temps
1–4 Vollzeitäquivalente		8 360	67,2	14 258	64,0	10 757	77,8	3 501	41,4	1–4 équivalents plein temps
5+ Vollzeitäquivalente		435	3,5	3 852	17,3	3 072	22,2	780	9,2	5+ équivalents plein temps
5–9 Vollzeitäquivalente		355	2,9	2 482	11,1	1 964	14,2	518	6,1	5–9 équivalents plein temps
10+ Vollzeitäquivalente		80	0,6	1 370	6,1	1 108	8,0	262	3,1	10+ équivalents plein temps
Rechtsformen										**Formes juridiques**
Einzelunternehmen und Personengesellschaften		4 638	37,3	5 897	26,5	3 295	23,8	2 602	30,8	Entreprises individuelles et sociétés de personnes
Einzelunternehmen		4 349	35,0	5 289	23,7	3 007	21,7	2 282	27,0	Entreprises individuelles
Personengesellschaften		289	2,3	608	2,7	288	2,1	320	3,8	Sociétés de personnes
Kapitalgesellschaften und Genossenschaften		7 802	62,7	16 384	73,5	10 534	76,2	5 850	69,2	Sociétés de capitaux et sociétés coopératives
Aktiengesellschaften		2 432	19,5	6 394	28,7	4 427	32,0	1 967	23,3	Sociétés anonymes
GmbH		5 202	41,8	9 574	43,0	5 856	42,3	3 718	44,0	Sàrl
Genossenschaften		12	0,1	55	0,2	11	0,1	44	0,5	Sociétés coopératives
Ausländische Kapitalgesellschaften		156	1,3	361	1,6	240	1,7	121	1,4	Soc. de capitaux étrangères
Grossregionen										**Grandes régions**
Genferseeregion		2 575	20,7	4 601	20,6	3 130	22,6	1 471	17,4	Région Lémanique
Espace Mittelland		1 785	14,3	3 055	13,7	1 789	12,9	1 266	15,0	Espace Mittelland
Nordwestschweiz		1 372	11,0	2 348	10,5	1 385	10,0	963	11,4	Suisse du Nord-Ouest
Zürich		2 354	18,9	4 540	20,4	2 633	19,0	1 907	22,6	Zurich
Ostschweiz		1 386	11,1	2 342	10,5	1 416	10,2	926	11,0	Suisse orientale
Zentralschweiz		1 752	14,1	2 964	13,3	1 777	12,8	1 187	14,0	Suisse centrale
Tessin		1 216	9,8	2 431	10,9	1 699	12,3	732	8,7	Tessin

Quelle: BFS – UDEMO

Source: OFS – UDEMO

Konkursverfahren und Betreibungshandlungen
Procédures de faillite et actes de poursuite

T 6.2.4.1

	1980	1990	2000	2010	2011	2012	2013	2014	
Eröffnung Konkursverfahren [1]	3 080	6 207	8 712	13 411	13 551	14 556	14 376	13 556	Ouvertures de procédure de faillites [1]
Konkurseröffnungen	3 080	6 207	8 712	11 218	11 073	12 008	12 478	11 842	Ouverture de faillites
Auflösungen (Art. 731b OR)	–	–	–	2 193	2 478	2 548	1 898	1 714	Dissolutions selon l'art. 731b CO
Konkurserledigungen [1]	3 049	5 173	8 142	11 725	11 924	12 955	13 197	12 805	Clôtures de procédures de faillites [1]
Verluste in 1000 Franken [2]	727 387	1 399 727	3 955 169	2 061 711	2 125 529	2 218 461	1 887 793	2 515 856	Pertes en milliers de francs [2]
Zahlungsbefehle	1 161 553	1 430 150	2 153 280	2 665 477	2 687 944	2 726 938	2 779 504	2 826 314	Commandements de payer
Pfändungsvollzüge	439 116	590 921	1 027 219	1 437 258	1 424 261	1 482 797	1 454 723	1 525 408	Saisies exécutées
Verwertungen	148 253	187 398	373 241	534 639	529 397	561 873	569 772	636 033	Réalisations

1 Auflösungen (Art. 731b OR) inbegriffen
2 Aus ordentlichen und summarischen Verfahren

Quelle: BFS – Betreibungs- und Konkursstatistik

1 Y compris celles relatives aux dissolutions (Art. 731b CO)
2 Résultant des liquidations de procédures ordinaires et sommaires

Source: OFS – Statistique des poursuites et des faillites

Produktion, Umsätze, Wertschöpfung, Investitionen
Production, chiffres d'affaire, valeur ajoutée, investissements
Jahresindizes im Sekundären Sektor[1]. Jahresdurchschnitt 2010 = 100   T 6.3.1.22
Indices annuels dans le secteur secondaire[1]. Moyenne annuelle 2010 = 100

Wirtschaftsabteilungen NOGA 2008		2004	2009	2010	2011	2012	2013	2014	Divisions économiques NOGA 2008
Produktion Total[2]		82,4	96,5	100,0	103,5	105,6	106,6	108,1	**Production totale**[2]
05–39	**Industrie**	81,1	96,0	100,0	103,6	106,3	107,1	108,6	**Industrie**
05–09	Bergbau und Gewinnung von Steinen und Erden	86,1	89,6	100,0	99,7	96,5	97,7	95,5	Industries extractives
10–33	Verarbeitendes Gewerbe/Herstellung von Waren	80,3	96,1	100,0	104,7	106,5	107,0	109,2	Industrie manufacturière
10–12	Herstellung von Nahrungsmitteln und Tabakerzeugnissen	92,9	99,9	100,0	101,5	102,7	103,0	104,5	Industries alimentaires et du tabac
13–15	Herstellung von Textilien und Bekleidung	104,7	100,7	100,0	114,7	107,0	105,2	108,7	Industries du textile et de l'habillement
16–18	Herstellung von Holzwaren, Papier und Druckerzeugnissen	101,4	97,5	100,0	97,5	93,1	93,7	94,1	Industries du bois et du papier; imprimerie
19–20	Kokerei, Mineralölverarbeitung und Herstellung von chemischen Erzeugnissen	116,3	121,8	100,0	96,2	92,6	100,3	101,4	Cokéfaction, raffinage et industrie chimique
21	Herstellung von pharmazeutischen Erzeugnissen	53,2	94,8	100,0	105,5	116,9	119,6	122,8	Industrie pharmaceutique
22–23	Herstellung von Gummi- und Kunststoffwaren	95,1	98,9	100,0	100,1	94,7	95,3	96,8	Industries du caoutchouc et du plastique
24–25	Herstellung von Metallerzeugnissen	96,1	93,8	100,0	102,3	96,1	95,4	98,5	Fabrication de produits métalliques
26	Herstellung von Datenverarbeitungsgeräten und Uhren	79,0	89,4	100,0	111,1	116,0	113,1	117,6	Fabrication de produits électroniques; horlogerie
27	Herstellung von elektrischen Ausrüstungen	50,1	90,3	100,0	102,4	104,2	102,2	101,8	Fabrication d'équipements électriques
28	Maschinenbau	96,6	92,8	100,0	108,7	101,2	96,4	97,0	Fabrication de machines
29–30	Fahrzeugbau	77,0	96,4	100,0	112,7	121,6	128,3	119,9	Fabrication de matériels de transport
31–33	Sonstige Herstellung von Waren, Reparatur und Installation	91,7	96,7	100,0	102,3	105,5	114,0	113,9	Autres industries manufacturières; réparation et installation
35	Energieversorgung	93,9	95,6	100,0	95,6	104,2	107,6	103,0	Production et distribution d'énergie
36–39	Wasserversorgung, Beseitigung von Umweltverschmutzungen	...	...	...	...	...	...	...	Production et distribution d'eau; gestion des déchets
41–43	**Baugewerbe**	89,2	98,8	100,0	102,8	102,1	103,6	105,3	**Construction**
41	Hochbau	99,4	101,8	100,0	106,5	109,0	112,6	121,0	Bâtiment
42	Tiefbau	86,1	99,2	100,0	105,6	99,3	100,3	99,3	Génie civil
43	Vorbereitende Baustellenarbeiten, Bauinstallationen und sonstiges Ausbaugewerbe	86,3	97,1	100,0	100,8	100,7	101,8	101,9	Travaux de construction spécialisés

1 Arbeitstagbereinigt. Die Zahlen vor 2012 basieren auf der alten PAUL-Statistik und wurden in die neue Nomenklatur NOGA 2008 überführt.
2 Die Produktion wird durch die Deflationierung des Umsatzes berechnet. Da der Produktionspreisindex in heutiger Form erst seit 2004 existiert, können vor diesem Datum keine Produktionszahlen berechnet werden.

Quelle: BFS – PAU

1 Corrigé des jours ouvrés. Les indices antérieurs à 2012 se rapportent à l'ancienne statistique PAUL. Ils ont été adaptés à la nouvelle nomenclature NOGA 2008.
2 La production est calculée en déflatant les chiffres d'affaires. L'indice des prix à la production existe sous sa forme actuelle depuis 2004, aucun chiffre concernant la production ne peut donc être calculé avant cette date.

Source: OFS – PAU

Jahresindizes im Sekundären Sektor[1]. Jahresdurchschnitt 2010 = 100 (Fortsetzung)
Indices annuels dans le secteur secondaire[1]. Moyenne annuelle 2010 = 100 (suite)

T 6.3.1.22

Wirtschaftsabteilungen NOGA 2008		2004	2009	2010	2011	2012	2013	2014	Divisions économiques NOGA 2008
Umsatz Total		**76,8**	**97,0**	**100,0**	**102,1**	**103,7**	**104,7**	**105,8**	**Chiffre d'affaires total**
05–39	**Industrie**	**76,4**	**96,6**	**100,0**	**101,5**	**103,5**	**104,3**	**105,2**	**Industrie**
05–09	Bergbau und Gewinnung von Steinen und Erden	77,6	89,1	100,0	100,4	96,4	97,4	94,6	Industries extractives
10–33	Verarbeitendes Gewerbe/Herstellung von Waren	76,7	97,0	100,0	102,0	102,8	103,4	104,8	Industrie manufacturière
10–12	Herstellung von Nahrungsmitteln und Tabakerzeugnissen	87,5	101,0	100,0	100,9	101,9	103,3	105,2	Industries alimentaires et du tabac
13–15	Herstellung von Textilien und Bekleidung	98,2	100,7	100,0	115,3	108,0	107,3	110,6	Industries du textile et de l'habillement
16–18	Herstellung von Holzwaren, Papier und Druckerzeugnissen	96,3	98,6	100,0	97,7	91,9	92,4	92,0	Industries du bois et du papier; imprimerie
19–20	Kokerei, Mineralölverarbeitung und Herstellung von chemischen Erzeugnissen	107,5	125,4	100,0	92,7	92,1	94,3	93,9	Cokéfaction, raffinage et industrie chimique
21	Herstellung von pharmazeutischen Erzeugnissen	56,4	98,5	100,0	96,7	105,8	109,0	110,3	Industrie pharmaceutique
22–23	Herstellung von Gummi- und Kunststoffwaren	81,8	98,5	100,0	100,0	94,6	96,2	97,5	Industries du caoutchouc et du plastique
24–25	Herstellung von Metallerzeugnissen	88,6	89,1	100,0	104,2	96,9	96,0	98,4	Fabrication de produits métalliques
26	Herstellung von Datenverarbeitungsgeräten und Uhren	73,5	89,7	100,0	110,1	114,7	111,7	114,8	Fabrication de produits électroniques; horlogerie
27	Herstellung von elektrischen Ausrüstungen	47,1	92,2	100,0	100,9	101,2	98,6	97,6	Fabrication d'équipements électriques
28	Maschinenbau	90,1	92,8	100,0	108,1	98,9	94,8	95,4	Fabrication de machines
29–30	Fahrzeugbau	76,9	97,5	100,0	111,9	120,7	128,7	120,1	Fabrication de matériels de transport
31–33	Sonstige Herstellung von Waren, Reparatur und Installation	86,0	97,1	100,0	101,3	103,9	111,0	110,0	Autres industries manufacturières; réparation et installation
35	Energieversorgung	90,1	94,3	100,0	98,4	108,1	110,6	107,0	Production et distribution d'énergie
36–39	Wasserversorgung, Beseitigung von Umweltverschmutzungen	...	...	...	...	...	...	...	Production et distribution d'eau; gestion des déchets
41–43	**Baugewerbe**	**78,9**	**98,6**	**100,0**	**104,9**	**104,7**	**107,0**	**108,9**	**Construction**
41	Hochbau	88,4	101,4	100,0	109,4	112,4	117,3	125,5	Bâtiment
42	Tiefbau	76,7	98,4	100,0	107,7	102,1	104,3	103,3	Génie civil
43	Vorbereitende Baustellenarbeiten, Bauinstallationen und sonstiges Ausbaugewerbe	75,8	97,6	100,0	102,4	102,7	104,1	104,7	Travaux de construction spécialisés

1 Arbeitstagbereinigt. Die Zahlen vor 2012 basieren auf der alten PAUL-Statistik und wurden in die neue Nomenklatur NOGA 2008 überführt.
Quelle: BFS – PAU

1 Corrigé des jours ouvrés. Les indices antérieurs à 2012 se rapportent à l'ancienne statistique PAUL. Ils ont été adaptés à la nouvelle nomenclature NOGA 2008.
Source: OFS – PAU

Detailhandelsumsätze. Veränderung gegenüber dem Vorjahr in Prozent
Chiffres d'affaires du commerce de détail. Variation en pour cent par rapport à l'année précédente

T 6.3.2.3

Warengruppen	2006	2007	2008	2009	2010	2011	2012	2013	2014	Groupes de marchandises
Nominale Detailhandelsumsätze										**Chiffres d'affaires nominaux du commerce de détail**
Total	**1,9**	**3,6**	**4,6**	**−0,2**	**1,9**	**−1,2**	**1,0**	**0,4**	**0,1**	**Total**
Total ohne Treibstoffe	1,6	3,5	4,3	0,7	1,9	−1,6	0,7	0,3	0,4	Total hors carburants
Nahrungsmittel, Getränke, Tabak	1,1	2,9	7,7	1,6	2,3	−0,5	1,7	2,3	1,8	Alimentation, boissons, tabac
Bekleidung, Schuhe	1,8	4,3	0,9	−1,6	2,0	−4,0	−2,3	−2,0	−1,1	Vêtements, chaussures
Übrige Warengruppen	1,8	4,1	3,1	0,5	1,5	−1,9	0,5	−0,3	0,0	Ensemble des autres groupes
Treibstoffe [1]	8,0	4,4	9,8	−15,2	2,2	4,7	6,9	1,9	−5,7	Carburants [1]
Reale Detailhandelsumsätze										**Chiffres d'affaires réels du commerce de détail**
Total	**2,4**	**4,2**	**3,5**	**0,4**	**3,2**	**1,2**	**3,4**	**1,6**	**1,0**	**Total**
Total ohne Treibstoffe	1,9	4,0	2,9	0,7	2,9	0,6	3,2	1,3	1,0	Total hors carburants
Nahrungsmittel, Getränke, Tabak	1,0	2,1	4,5	1,4	3,1	2,1	2,4	1,1	0,9	Alimentation, boissons, tabac
Bekleidung, Schuhe	−0,0	4,0	−3,0	−4,1	0,9	−5,6	4,0	1,9	0,2	Vêtements, chaussures
Übrige Warengruppen	4,0	5,8	4,1	1,5	3,6	1,2	3,6	2,0	1,8	Ensemble des autres groupes
Treibstoffe [1]	0,6	1,9	2,3	−2,9	−5,7	−1,4	2,5	4,2	−2,6	Carburants [1]

1 Treibstoffe wurden mittels Hilfsvariabeln berechnet.
Quelle: BFS – DHU

1 Les carburants ont été calculés à l'aide de variables auxiliaires.
Source: OFS – DHU

Umsatz, Waren- und Materialaufwand nach Wirtschaftsabteilungen (hochgerechnet)
2013[1], in 1 000 Franken
Chiffre d'affaires et charges de marchandises et de matériaux selon la division économique (extrapolé)
En 2013[1], en milliers de francs

T 6.3.3.1

Wirtschaftsabteilungen NOGA 2008		Umsatz / Chiffre d'affaires	Waren- und Materialaufwand / Charges de marchandises et de matériaux	Divisions économiques NOGA 2008
Sektor 2				**Secteur 2**
08	Gewinnung von Steinen und Erden, sonstiger Bergbau	2 193 375	883 279	Autres industries extractives
10 – 12	Herstellung von Nahrungsmitteln und Tabakerzeugnissen	41 849 582	23 915 977	Industries alimentaires et du tabac
13 – 15	Herstellung von Textilien und Bekleidung	3 177 104	1 585 612	Industries du textile et de l'habillement
16 – 18	Herstellung von Holzwaren, Papier und Druckerzeugnissen	16 031 376	7 480 064	Industries du bois et du papier ; imprimerie
19 – 20	Kokerei, Mineralölverarbeitung und Herstellung von chemischen Erzeugnissen	23 447 571	14 754 207	Cokéfaction, raffinage et industrie chimique
21	Herstellung von pharmazeutischen Erzeugnissen	68 679 684	26 079 405	Industrie pharmaceutique
22 – 23	Herstellung von Gummi- und Kunststoffwaren	14 602 002	7 141 804	Industries du caoutchouc et du plastique
24 – 25	Herstellung von Metallerzeugnissen	23 758 688	9 940 544	Fabrication de produits métalliques
26	Herstellung von Datenverarbeitungsgeräten und Uhren	59 692 363	28 705 835	Fabrication de produits informatiques et électroniques; horlogerie
27	Herstellung von elektrischen Ausrüstungen	20 046 955	11 807 494	Fabrication d'équipements électriques
28	Maschinenbau	28 390 663	14 193 902	Fabrication de machines et équipements n.c.a
29 – 30	Fahrzeugbau	6 742 035	3 911 165	Fabrication de matériels de transport
31 – 33	Sonstige Herstellung von Waren, Reparatur und Installation	13 784 744	6 283 867	Autres industries manufacturières; réparation et installation
35	Energieversorgung	50 954 066	40 949 611	Production et distribution d'énergie
36 – 39	Wasserversorgung, Beseitigung von Umweltverschmutzungen	5 966 110	2 879 519	Production et distribution d'eau; gestion des déchets
41 – 42	Hoch- und Tiefbau	31 716 312	16 626 390	Construction de bâtiments et génie civil
43	Sonstiges Baugewerbe	39 243 947	15 741 503	Travaux de construction spécialisés
Sektor 3				**Secteur 3**
45	Handel und Reparatur von Motorfahrzeugen	56 983 121	46 687 578	Commerce et réparation d'automobiles et de motocycles
46	Grosshandel	1 607 007 390	1 501 864 315	Commerce de gros
47	Detailhandel	101 810 294	66 663 053	Commerce de détail
49	Landverkehr und Transport in Rohrfernleitungen	20 045 880	7 010 821	Transports terrestres et transport par conduites
52	Lagerei sowie Erbringung von sonstigen Dienstleistungen für den Verkehr	14 944 508	8 899 257	Entreposage et services auxiliaires des transports
55	Beherbergung	7 438 105	1 441 945	Hébergement
56	Gastronomie	14 410 925	4 661 763	Restauration
58 – 60	Verlagswesen, audiovisuelle Medien und Rundfunk	8 234 764	3 374 308	Édition, audiovisuel et diffusion
61	Telekommunikation	16 741 924	5 444 388	Télécommunications
62 – 63	Informationstechnologische und Informationsdienstleistungen	25 892 669	7 242 267	Activités informatiques et services d'information
68	Grundstücks- und Wohnungswesen	( )	( )	Activités immobilières
69	Rechts- und Steuerberatung, Wirtschaftsprüfung	13 500 216	2 013 561	Activités juridiques et comptables
70	Unternehmensverwaltung und -führung; Unternehmensberatung	( )	( )	Activités des sièges sociaux; conseil de gestion
71	Architektur- und Ingenieurbüros	18 102 869	4 804 378	Activités d'architecture et d'ingénierie
72	Forschung und Entwicklung	12 228 937	7 958 401	Recherche-développement scientifique
73 – 75	Sonstige freiberufliche, wissenschaftliche und technische Tätigkeiten	8 219 494	3 637 028	Autres activités spécialisées, scientifiques et techniques
77, 79 – 82	Erbringung von sonstigen wirtschaftlichen Dienstleistungen	23 583 638	10 121 130	Activités de services administratifs et de soutien
78	Vermittlung und Überlassung von Arbeitskräften	7 827 578	500 627	Activités liées à l'emploi
85	Erziehung und Unterricht	5 558 238	783 950	Enseignement
87	Heime (ohne Erholungs- und Ferienheime)	6 700 345	572 777	Hébergement médico-social et social
88	Sozialwesen (ohne Heime)	1 108 234	115 461	Action sociale sans hébergement
90 – 93	Kunst, Unterhaltung und Erholung	8 606 270	3 677 687	Arts, spectacles et activités récréatives
94 – 96	Erbringung von sonstigen Dienstleistungen	4 813 092	1 150 512	Autres activités de services

1 Provisorische Werte
Quelle: BFS – WS

1 Données provisoires
Source: OFS – WS

Personalkosten und übriger Betriebsaufwand nach Wirtschaftsabteilungen (hochgerechnet)   T 6.3.3.2
2013[1], in 1 000 Franken
Charges de personnel et autres charges d'exploitation selon la division économique (extrapolé)
En 2013[1], en milliers de francs

Wirtschaftsabteilungen NOGA 2008		Personal-kosten Charges de personnel	Übriger Betriebs-aufwand Autres charges d'exploitation	Divisions économiques NOGA 2008
Sektor 2				**Secteur 2**
08	Gewinnung von Steinen und Erden, sonstiger Bergbau	435 500	413 812	Autres industries extractives
10 – 12	Herstellung von Nahrungsmitteln und Tabakerzeugnissen	6 727 783	5 152 682	Industries alimentaires et du tabac
13 – 15	Herstellung von Textilien und Bekleidung	920 021	455 653	Industries du textile et de l'habillement
16 – 18	Herstellung von Holzwaren, Papier und Druckerzeugnissen	5 177 529	1 696 103	Industries du bois et du papier ; imprimerie
19 – 20	Kokerei, Mineralölverarbeitung und Herstellung von chemischen Erzeugnissen	3 715 194	2 916 067	Cokéfaction, raffinage et industrie chimique
21	Herstellung von pharmazeutischen Erzeugnissen	6 428 267	22 142 756	Industrie pharmaceutique
22 – 23	Herstellung von Gummi- und Kunststoffwaren	3 845 567	1 658 209	Industries du caoutchouc et du plastique
24 – 25	Herstellung von Metallerzeugnissen	8 171 054	2 546 216	Fabrication de produits métalliques
26	Herstellung von Datenverarbeitungsgeräten und Uhren	11 495 415	8 055 725	Fabrication de produits informatiques et électroniques; horlogerie
27	Herstellung von elektrischen Ausrüstungen	3 767 345	2 264 925	Fabrication d'équipements électriques
28	Maschinenbau	8 121 059	3 233 065	Fabrication de machines et équipements n.c.a
29 – 30	Fahrzeugbau	1 547 629	474 134	Fabrication de matériels de transport
31 – 33	Sonstige Herstellung von Waren, Reparatur und Installation	4 050 917	1 473 323	Autres industries manufacturières; réparation et installation
35	Energieversorgung	3 402 776	2 008 863	Production et distribution d'énergie
36 – 39	Wasserversorgung, Beseitigung von Umweltverschmutzungen	1 216 331	860 854	Production et distribution d'eau; gestion des déchets
41 – 42	Hoch- und Tiefbau	10 167 357	2 334 746	Construction de bâtiments et génie civil
43	Sonstiges Baugewerbe	15 397 853	2 574 023	Travaux de construction spécialisés
Sektor 3				**Secteur 3**
45	Handel und Reparatur von Motorfahrzeugen	5 423 591	3 613 164	Commerce et réparation d'automobiles et de motocycles
46	Grosshandel	25 250 286	46 676 175	Commerce de gros
47	Detailhandel	17 600 812	7 822 323	Commerce de détail
49	Landverkehr und Transport in Rohrfernleitungen	9 566 974	3 711 052	Transports terrestres et transport par conduites
52	Lagerei sowie Erbringung von sonstigen Dienstleistungen für den Verkehr	3 428 549	1 273 757	Entreposage et services auxiliaires des transports
55	Beherbergung	3 512 834	1 426 687	Hébergement
56	Gastronomie	6 189 374	1 506 333	Restauration
58 – 60	Verlagswesen, audiovisuelle Medien und Rundfunk	2 714 770	1 388 357	Édition, audiovisuel et diffusion
61	Telekommunikation	2 940 298	3 109 543	Télécommunications
62 – 63	Informationstechnologische und Informationsdienstleistungen	10 025 333	4 436 416	Activités informatiques et services d'information
68	Grundstücks- und Wohnungswesen	( )	( )	Activités immobilières
69	Rechts- und Steuerberatung, Wirtschaftsprüfung	6 712 156	1 775 157	Activités juridiques et comptables
70	Unternehmensverwaltung und -führung; Unternehmensberatung	( )	( )	Activités des sièges sociaux; conseil de gestion
71	Architektur- und Ingenieurbüros	8 807 983	1 593 091	Activités d'architecture et d'ingénierie
72	Forschung und Entwicklung	2 063 538	1 703 141	Recherche-développement scientifique
73 – 75	Sonstige freiberufliche, wissenschaftliche und technische Tätigkeiten	2 748 426	946 870	Autres activités spécialisées, scientifiques et techniques
77, 79 – 82	Erbringung von sonstigen wirtschaftlichen Dienstleistungen	7 663 129	3 302 346	Activités de services administratifs et de soutien
78	Vermittlung und Überlassung von Arbeitskräften	6 458 375	405 355	Activités liées à l'emploi
85	Erziehung und Unterricht	4 396 658	1 338 157	Enseignement
87	Heime (ohne Erholungs- und Ferienheime)	4 913 822	833 590	Hébergement médico-social et social
88	Sozialwesen (ohne Heime)	1 272 293	160 828	Action sociale sans hébergement
90 – 93	Kunst, Unterhaltung und Erholung	2 402 139	1 992 365	Arts, spectacles et activités récréatives
94 – 96	Erbringung von sonstigen Dienstleistungen	2 419 604	998 675	Autres activités de services

1   Provisorische Werte

Quelle: BFS – WS

1   Données provisoires

Source: OFS – WS

Struktur der Bilanz der Unternehmen nach Wirtschaftsabteilungen[1]. In % der Bilanzsumme
Structure du bilan des entreprises selon la division économique[1]. En % du total du bilan

T 6.3.3.3.1

Wirtschaftsabteilungen NOGA 2008		Umlaufvermögen Actifs circulants		Anlagevermögen Actifs immobilisés		Kurzfristiges Fremdkapital Fonds de tiers à court terme		Langfristiges Fremdkapital Fonds de tiers à long terme		Eigenkapital Fonds propres		Divisions économiques NOGA 2008
		2012	2013	2012	2013	2012	2013	2012	2013	2012	2013	
Sektor 2												**Secteur 2**
08	Gewinnung von Steinen und Erden, sonstiger Bergbau	42,1	41,6	57,9	58,4	23,2	27,3	32,4	33,8	44,4	38,9	Autres industries extractives
10	Herstellung von Nahrungs- und Futtermitteln	45,3	44,3	54,7	55,7	37,1	37,9	36,2	36,8	26,7	25,3	Industries alimentaires
11	Getränkeherstellung	54,5	55,9	45,5	44,1	44,3	40,4	34,0	32,0	21,7	27,6	Fabrication de boissons
13	Herstellung von Textilien	49,4	50,5	50,6	49,5	20,3	23,3	37,3	37,2	42,5	39,5	Fabrication de textiles
15	Herstellung von Leder, Lederwaren und Schuhen	63,2	74,3	36,8	25,7	48,2	48,8	30,6	30,0	21,2	21,2	Industrie du cuir et de la chaussure
16	Herstellung von Holz-, Flecht-, Korb- und Korkwaren (ohne Möbel)	54,0	54,6	46,0	45,4	35,3	33,7	36,6	38,6	28,1	27,7	Travail du bois et fabr. d'articles en bois et en liège, à l'exception des meubles; fabrication d'articles en vannerie et sparterie
17	Herstellung von Papier, Pappe und Waren daraus	35,9	40,3	64,1	59,7	26,7	30,6	41,3	45,3	32,1	24,1	Industrie du papier et du carton
18	Herstellung von Druckerzeugnissen; Vervielfältigung von bespielten Ton-, Bild- und Datenträgern	47,1	51,9	52,9	48,1	33,3	35,2	30,5	29,5	36,1	35,4	Imprimerie et reproduction d'enregistrements
20	Herstellung von chemischen Erzeugnissen	47,4	49,7	52,6	50,3	44,2	40,3	30,8	34,7	25,0	25,0	Industrie chimique
21	Herstellung von pharmazeutischen Erzeugnissen	45,9	44,2	54,1	55,8	34,2	40,3	28,4	25,7	37,4	33,9	Industrie pharmaceutique
22	Herstellung von Gummi- und Kunststoffwaren	39,5	42,8	60,5	57,2	23,3	29,8	50,1	44,7	26,6	25,5	Fabrication de produits en caoutchouc et en plastique
23	Herstellung von Glas und Glaswaren, Keramik, Verarbeitung von Steinen und Erden	25,3	23,5	74,7	76,5	25,4	21,0	33,1	32,8	41,5	46,3	Fabrication d'autres produits minéraux non métalliques
24	Metallerzeugung und -bearbeitung	74,0	71,9	26,0	28,1	58,0	50,8	15,8	20,6	26,2	28,5	Métallurgie
25	Herstellung von Metallerzeugnissen	43,1	45,6	56,9	54,4	28,4	27,7	29,6	29,5	41,9	42,8	Fabrication de produits métalliques, à l'exception des machines et des équipements
26	Herstellung von Datenverarbeitungsgeräten, elektronischen und optischen Erzeugnissen	64,2	57,4	35,8	42,6	24,4	36,9	20,4	18,3	55,2	44,8	Fabrication de produits informatiques, électroniques et optiques
27	Herstellung von elektrischen Ausrüstungen	61,2	63,6	38,8	36,4	44,1	42,1	21,2	22,6	34,7	35,2	Fabrication d'équipements électriques
28	Maschinenbau	65,7	64,9	34,3	35,1	44,0	45,4	18,7	18,7	37,3	35,9	Fabrication de machines et équipements n.c.a.
29	Herstellung von Automobilen und Automobilteilen	71,5	74,1	28,5	25,9	36,9	50,7	13,5	16,6	49,6	32,7	Industrie automobile
30	Sonstiger Fahrzeugbau	87,7	86,8	12,3	13,2	62,7	57,9	6,7	7,5	30,6	34,7	Fabrication d'autres matériels de transport
31	Herstellung von Möbeln	50,7	52,2	49,3	47,8	39,9	41,5	30,5	30,0	29,6	28,5	Fabrication de meubles
32	Herstellung von sonstigen Waren	66,0	67,2	34,0	32,8	37,5	48,2	19,1	15,5	43,3	36,3	Autres industries manufacturières
35	Energieversorgung	27,8	26,5	72,2	73,5	16,3	16,0	45,7	46,5	37,9	37,5	Production et distribution d'électricité, de gaz, de vapeur et d'air conditionné
36	Wasserversorgung	28,8	27,0	71,2	73,0	12,6	25,2	27,7	17,1	59,7	57,7	Captage, traitement et distribution d'eau
37	Abwasserentsorgung	42,4	42,0	57,6	58,0	27,1	25,2	36,8	27,8	36,1	47,0	Collecte et traitement des eaux usées
38	Sammlung, Behandlung und Beseitigung von Abfällen; Rückgewinnung	30,9	31,7	69,1	68,3	16,3	21,5	55,0	49,8	28,7	28,7	Collecte, traitement et élimination des déchets; récupération
41	Hochbau	68,5	65,9	31,5	34,1	49,7	48,9	28,6	28,5	21,6	22,7	Construction de bâtiments
42	Tiefbau	61,7	60,7	38,3	39,3	47,7	45,0	19,7	21,5	32,5	33,4	Génie civil
43	Vorber. Baustellenarb., Bauinstallation und sonst. Ausbaugewerbe	77,3	78,5	22,7	21,5	62,1	62,4	14,1	13,2	23,8	24,4	Travaux de construction spécialisés

[1] Die Resultate für 2012 stimmen nicht mit den in der Ausgabe 2015 publizierten überein. Das liegt daran, dass für den in der vorliegenden Ausgabe dargestellten Vergleich 2012/2013 andere Unternehmen verwendet wurden als für den Vergleich 2011/2012 in der Ausgabe 2015.

Quelle: BFS – WS

[1] Les résultats de 2012 ne correspondent pas à ceux publiés dans l'Annuaire de 2015. Cela tient au fait que l'on a utilisé, pour la comparaison 2012/2013 figurant dans cette édition, d'autres entreprises que pour la comparaison 2011/2012 présentée dans l'édition de 2015.

Source: OFS – WS

Struktur der Bilanz der Unternehmen nach Wirtschaftsabteilungen[1]. In % der Bilanzsumme (Fortsetzung)
Structure du bilan des entreprises selon la division économique[1]. En % du total du bilan (suite)

T 6.3.3.3.1

Wirtschaftsabteilungen NOGA 2008		Umlaufvermögen Actifs circulants		Anlagevermögen Actifs immobilisés		Kurzfristiges Fremdkapital Fonds de tiers à court terme		Langfristiges Fremdkapital Fonds de tiers à long terme		Eigenkapital Fonds propres		Divisions économiques NOGA 2008
		2012	2013	2012	2013	2012	2013	2012	2013	2012	2013	
Sektor 3												**Secteur 3**
45	Handel mit Motorfahrzeugen; Instandhaltung und Reparatur von Motorfahrzeugen	74,5	76,2	25,5	23,8	50,9	51,6	31,6	30,7	17,5	17,7	Commerce et réparation d'automobiles et de motocycles
46	Grosshandel (ohne Handel mit Motorfahrzeugen)	62,8	61,5	37,2	38,5	50,9	49,3	11,8	16,8	37,3	33,8	Commerce de gros, à l'exception des automobiles et des motocycles
47	Detailhandel (ohne Handel mit Motorfahrzeugen)	34,5	36,7	65,5	63,3	27,3	28,7	32,0	37,2	40,7	34,1	Commerce de détail, à l'exception des automobiles et des motocycles
49	Landverkehr und Transport in Rohrfernleitungen	9,9	9,6	90,1	90,4	11,8	11,9	60,9	61,2	27,3	26,9	Transports terrestres et transport par conduites
52	Lagerei sowie Erbringung von sonstigen Dienstleistungen für den Verkehr	29,3	30,5	70,7	69,5	23,7	25,7	40,2	36,1	36,1	38,1	Entreposage et services auxiliaires des transports
55	Beherbergung	13,7	13,5	86,3	86,5	14,3	12,1	69,0	73,0	16,7	14,9	Hébergement
56	Gastronomie	34,0	36,5	66,0	63,5	47,0	41,6	28,7	24,2	24,3	34,2	Restauration
58	Verlagswesen	23,1	20,9	76,9	79,1	34,5	35,9	19,4	14,0	46,2	50,1	Edition
62	Erbringung von Dienstleistungen der Informationstechnologie	64,3	66,9	35,7	33,1	44,6	46,3	35,6	32,5	19,8	21,2	Programmation, conseil et autres activités informatiques
68	Grundstücks- und Wohnungswesen	14,1	15,2	85,9	84,8	18,2	17,8	60,4	60,2	21,4	22,0	Activités immobilières
69	Rechts- und Steuerberatung, Wirtschaftsprüfung	84,8	87,1	15,2	12,9	47,0	50,2	10,4	9,1	42,5	40,6	Activités juridiques et comptables
70	Verwaltung und Führung von Unternehmen und Betrieben; Unternehmensberatung	33,7	38,2	66,3	61,8	17,8	16,9	6,9	5,3	75,3	77,8	Activités des sièges sociaux; conseil de gestion
71	Architektur- und Ingenieurbüros; technische, physikalische und chemische Untersuchung	32,1	28,9	67,9	71,1	25,7	24,7	64,0	64,8	10,3	10,5	Activités d'architecture et d'ingénierie; activités de contrôle et analyses techniques
72	Forschung und Entwicklung	62,9	64,3	37,1	35,7	40,5	44,3	23,9	15,6	35,7	40,1	Recherche-développement scientifique
77	Vermietung von beweglichen Sachen	48,7	42,5	51,3	57,5	49,9	44,3	23,8	25,3	26,3	30,4	Activités de location et location-bail
78	Vermittlung und Überlassung von Arbeitskräften	94,9	95,9	5,1	4,1	55,4	55,7	4,3	4,1	40,4	40,2	Activités liées à l'emploi
79	Reisebüros, Reiseveranstalter und Erbringung sonstiger Reservierungsdienstleistungen	43,7	43,8	56,3	56,2	43,5	41,6	29,4	28,9	27,1	29,6	Activités des agences de voyage, voyagistes, services de réservation et activités connexes
81	Gebäudebetreuung; Garten- und Landschaftsbau	55,5	56,6	44,5	43,4	47,2	45,2	32,8	34,6	20,0	20,2	Services relatifs aux bâtiments et aménagement paysager
82	Erbringung von wirtschaftlichen Dienstleistungen für Unternehmen und Privatpersonen a. n. g.	43,4	47,1	56,6	52,9	36,1	36,8	30,2	24,3	33,7	38,9	Activités administratives et autres activités de soutien aux entreprises
85	Erziehung und Unterricht	47,4	48,2	52,6	51,8	46,7	44,4	27,8	28,9	25,5	26,7	Enseignement
87	Heime (ohne Erholungs- und Ferienheime)	28,1	30,2	71,9	69,8	10,0	11,7	55,3	54,5	34,7	33,9	Hébergement médico-social et social
90	Kreative, künstlerische und unterhaltende Tätigkeiten	75,1	75,8	24,9	24,2	35,1	36,2	26,0	24,6	38,9	39,3	Activités créatives, artistiques et de spectacle
93	Erbringung von Dienstleistungen des Sports, der Unterhaltung und der Erholung	71,1	68,5	28,9	31,5	42,4	45,8	12,7	13,4	44,9	40,8	Activités sportives, récréatives et de loisirs
94	Interessenvertretungen sowie kirchliche und sonstige religiöse Vereinigungen (ohne Sozialwesen und Sport)	65,5	64,8	34,5	35,2	30,4	31,6	27,8	29,9	41,8	38,5	Activités des organisations associatives
95	Reparatur von Datenverarbeitungsgeräten und Gebrauchsgütern	76,7	78,2	23,3	21,8	53,7	57,1	22,2	21,4	24,0	21,5	Réparation d'ordinateurs et de biens personnels et domestiques
96	Erbringung von sonstigen überwiegend persönlichen Dienstleistungen	31,2	31,6	68,8	68,4	23,0	23,6	45,6	40,8	31,4	35,6	Autres services personnels

[1] Die Resultate für 2012 stimmen nicht mit den in der Ausgabe 2015 publizierten überein. Das liegt daran, dass für den in der vorliegenden Ausgabe dargestellten Vergleich 2012/2013 andere Unternehmen verwendet wurden als für den Vergleich 2011/2012 in der Ausgabe 2015.

Quelle: BFS – WS

[1] Les résultats de 2012 ne correspondent pas à ceux publiés dans l'Annuaire de 2015. Cela tient au fait que l'on a utilisé, pour la comparaison 2012/2013 figurant dans cette édition, d'autres entreprises que pour la comparaison 2011/2012 présentée dans l'édition de 2015.

Source: OFS – WS

Struktur der Erfolgsrechnung der Unternehmen nach Wirtschaftsabteilungen[1]. In % des Aufwandes
Structure du compte de résultats des entreprises selon la division économique[1]. En % des charges

T 6.3.3.3.2

Wirtschaftsabteilungen NOGA 2008		Waren und Materialaufwand Charges de marchandises et de matériaux		Personal- und Sozialaufwand Charges de personnel et charges sociales		Sonstiger Betriebsaufwand Autres charges d'exploitation		Umsatz[2] Chiffre d'affaires[2]		Divisions économiques NOGA 2008
		2012	2013	2012	2013	2012	2013	2012	2013	
Sektor 2										**Secteur 2**
08	Gewinnung von Steinen und Erden, sonstiger Bergbau	41,1	40,8	21,1	20,0	21,6	22,4	91,4	91,1	Autres industries extractives
10	Herstellung von Nahrungs- und Futtermitteln	60,2	61,7	16,4	16,4	15,2	14,7	96,7	96,8	Industries alimentaires
11	Getränkeherstellung	42,1	43,5	21,7	22,2	25,1	24,7	97,0	97,3	Fabrication de boissons
13	Herstellung von Textilien	39,5	39,4	36,7	36,2	14,1	13,7	93,8	93,6	Fabrication de textiles
15	Herstellung von Leder, Lederwaren und Schuhen	52,8	52,3	20,7	22,7	18,3	18,0	83,1	81,9	Industrie du cuir et de la chaussure
16	Herstellung von Holz-, Flecht-, Korb- und Korkwaren (ohne Möbel)	51,1	51,9	27,8	27,7	11,7	11,8	97,7	97,2	Travail du bois et fabrication d'articles en bois et en liège, à l'exception des meubles; fabrication d'articles en vannerie et sparterie
17	Herstellung von Papier, Pappe und Waren daraus	52,0	48,7	23,4	21,4	14,4	13,6	91,9	91,6	Industrie du papier et du carton
18	Herstellung von Druckerzeugnissen; Vervielfältigung von bespielten Ton-, Bild- und Datenträgern	35,5	34,9	38,5	38,5	14,4	15,4	95,8	92,7	Imprimerie et reproduction d'enregistrements
20	Herstellung von chemischen Erzeugnissen	48,0	49,0	23,1	22,9	17,5	17,7	92,5	92,9	Industrie chimique
21	Herstellung von pharmazeutischen Erzeugnissen	43,1	37,8	9,0	9,6	37,2	41,5	86,6	86,7	Industrie pharmaceutique
22	Herstellung von Gummi- und Kunststoffwaren	49,4	49,3	26,4	26,4	13,5	13,4	95,6	91,3	Fabrication de produits en caoutchouc et en plastique
23	Herstellung von Glas und Glaswaren, Keramik, Verarbeitung von Steinen und Erden	48,8	48,0	25,9	26,3	13,9	14,2	92,6	95,2	Fabrication d'autres produits minéraux non métalliques
24	Metallerzeugung und -bearbeitung	56,5	55,6	21,8	22,7	12,4	13,2	97,2	96,1	Métallurgie
25	Herstellung von Metallerzeugnissen	42,1	41,5	34,3	34,2	12,2	12,3	94,8	93,6	Fabrication de produits métalliques, à l'exception des machines et des équipements
26	Herstellung von Datenverarbeitungsgeräten, elektronischen und optischen Erzeugnissen	52,6	52,6	19,9	20,1	17,6	18,1	95,1	96,5	Fabrication de produits informatiques, électroniques et optiques
27	Herstellung von elektrischen Ausrüstungen	61,9	59,5	17,2	17,0	15,1	15,9	95,1	95,3	Fabrication d'équipements électriques
28	Maschinenbau	50,0	50,6	27,6	27,5	14,2	13,7	92,9	93,3	Fabrication de machines et équipements n.c.a.
29	Herstellung von Automobilen und Automobilteilen	58,6	52,5	22,7	25,3	11,3	13,5	96,9	97,2	Industrie automobile
30	Sonstiger Fahrzeugbau	64,3	62,0	22,1	22,1	6,2	6,9	97,6	95,5	Fabrication d'autres matériels de transport
31	Herstellung von Möbeln	46,2	45,2	30,6	31,1	14,4	14,6	97,4	97,3	Fabrication de meubles
32	Herstellung von sonstigen Waren	41,6	41,6	27,2	26,7	17,9	18,8	94,5	95,4	Autres industries manufacturières
35	Energieversorgung	74,0	74,4	7,1	7,6	5,5	6,0	91,7	90,2	Production et distribution d'électricité, de gaz, de vapeur et d'air conditionné
36	Wasserversorgung	55,7	54,4	15,9	14,9	11,6	11,5	91,6	91,3	Captage, traitement et distribution d'eau
37	Abwasserentsorgung	19,7	22,0	37,3	38,1	24,4	22,2	95,6	95,3	Collecte et traitement des eaux usées
38	Sammlung, Behandlung und Beseitigung von Abfällen; Rückgewinnung	51,6	49,8	17,4	17,3	16,6	18,1	96,0	95,9	Collecte, traitement et élimination des déchets; récupération
41	Hochbau	53,9	54,2	29,4	28,9	8,5	8,3	96,2	96,2	Construction de bâtiments
42	Tiefbau	33,1	32,5	39,7	38,8	16,9	18,2	94,9	95,6	Génie civil
43	Vorbereitende Baustellenarbeiten, Bauinstallation und sonstiges Ausbaugewerbe	44,2	44,9	37,1	36,4	9,2	9,2	98,0	98,1	Travaux de construction spécialisés

1 Die Resultate für 2012 stimmen nicht mit den in der Ausgabe 2015 publizierten überein. Das liegt daran, dass für den in der vorliegenden Ausgabe dargestellten Vergleich 2012/2013 andere Unternehmen verwendet wurden als für den Vergleich 2011/2012 in der Ausgabe 2015.
2 In % des Ertrages

Quelle: BFS – WS

1 Les résultats de 2012 ne correspondent pas à ceux publiés dans l'Annuaire de 2015. Cela tient au fait que l'on a utilisé, pour la comparaison 2012/2013 figurant dans cette édition, d'autres entreprises que pour la comparaison 2011/2012 présentée dans l'édition de 2015.
2 En % des produits

Source: OFS – WS

Struktur der Erfolgsrechnung der Unternehmen nach Wirtschaftsabteilungen [1]
In % des Aufwandes (Fortsetzung)

Structure du compte de résultats des entreprises selon la division économique [1]
En % des charges (suite)

T 6.3.3.3.2

Wirtschaftsabteilungen NOGA 2008		Waren und Materialaufwand Charges de marchandises et de matériaux		Personal- und Sozialaufwand Charges de personnel et charges sociales		Sonstiger Betriebsaufwand Autres charges d'exploitation		Umsatz [2] Chiffre d'affaires [2]		Divisions économiques NOGA 2008
		2012	2013	2012	2013	2012	2013	2012	2013	
Sektor 3										**Secteur 3**
45	Handel mit Motorfahrzeugen; Instandhaltung und Reparatur von Motorfahrzeugen	80,3	80,5	8,6	8,8	8,5	8,2	98,3	98,1	Commerce et réparation d'automobiles et de motocycles
46	Grosshandel (ohne Handel mit Motorfahrzeugen)	92,4	92,7	1,5	1,5	4,1	4,3	98,5	98,2	Commerce de gros, à l'exception des automobiles et des motocycles
47	Detailhandel (ohne Handel mit Motorfahrzeugen)	65,2	64,9	16,3	16,3	12,6	12,7	95,5	95,8	Commerce de détail, à l'exception des automobiles et des motocycles
49	Landverkehr und Transport in Rohrfernleitungen	24,6	25,2	37,3	36,0	17,3	17,2	56,8	59,2	Transports terrestres et transport par conduites
52	Lagerei sowie Erbringung von sonstigen Dienstleistungen für den Verkehr	52,6	52,6	23,9	24,1	12,0	13,0	91,1	91,0	Entreposage et services auxiliaires des transports
55	Beherbergung	12,5	13,0	40,1	39,9	33,2	32,8	85,7	84,3	Hébergement
56	Gastronomie	28,7	28,4	40,7	40,9	23,4	23,2	88,6	86,8	Restauration
58	Verlagswesen	33,5	35,8	28,3	29,3	23,2	23,2	85,5	88,2	Edition
62	Erbringung von Dienstleistungen der Informationstechnologie	27,0	30,2	41,5	41,0	19,7	17,9	95,0	92,8	Programmation, conseil et autres activités informatiques
68	Grundstücks- und Wohnungswesen	6,6	7,0	36,9	37,3	26,3	27,1	88,5	88,2	Activités immobilières
69	Rechts- und Steuerberatung, Wirtschaftsprüfung	11,9	12,1	60,7	60,8	19,6	19,5	97,0	97,1	Activités juridiques et comptables
70	Verwaltung und Führung von Unternehmen und Betrieben; Unternehmensberatung	25,7	28,1	31,8	30,8	29,6	28,5	75,1	74,0	Activités des sièges sociaux; conseil de gestion
71	Architektur- und Ingenieurbüros; technische, physikalische und chemische Untersuchung	47,1	47,2	35,0	34,9	11,3	11,1	95,3	95,7	Activités d'architecture et d'ingénierie; activités de contrôle et analyses techniques
72	Forschung und Entwicklung	58,5	62,3	11,7	12,5	17,4	16,0	86,2	85,0	Recherche-développement scientifique
77	Vermietung von beweglichen Sachen	40,2	44,3	22,4	22,0	12,1	11,7	97,8	96,7	Activités de location et location-bail
78	Vermittlung und Überlassung von Arbeitskräften	15,6	15,6	71,6	73,4	10,4	8,8	99,3	99,4	Activités liées à l'emploi
79	Reisebüros, Reiseveranstalter und Erbringung sonstiger Reservierungsdienstleistungen	73,5	72,7	13,0	13,8	9,5	9,8	95,1	93,5	Activités des agences de voyage, voyagistes, services de réservation et activités connexes
81	Gebäudebetreuung; Garten- und Landschaftsbau	22,4	23,5	59,3	58,9	10,9	10,7	98,4	98,6	Services relatifs aux bâtiments et aménagement paysager
82	Erbringung von wirtschaftlichen Dienstleistungen für Unternehmen und Privatpersonen a. n. g.	44,1	47,6	30,3	27,3	15,2	14,5	96,9	97,7	Activités administratives et autres activités de soutien aux entreprises
85	Erziehung und Unterricht	10,9	10,7	58,2	57,7	23,9	24,0	71,4	71,5	Enseignement
87	Heime (ohne Erholungs- und Ferienheime)	8,0	7,8	66,6	66,3	14,8	15,5	88,8	88,0	Hébergement médico-social et social
90	Kreative, künstlerische und unterhaltende Tätigkeiten	10,8	11,8	63,1	64,4	18,9	17,5	31,5	30,6	Activités créatives, artistiques et de spectacle
93	Erbringung von Dienstleistungen des Sports, der Unterhaltung und der Erholung	37,3	40,7	21,1	19,5	30,4	29,5	86,2	88,0	Activités sportives, récréatives et de loisirs
94	Interessenvertretungen sowie kirchliche und sonstige religiöse Vereinigungen (ohne Sozialwesen und Sport)	23,2	21,5	41,7	42,4	27,0	27,5	78,9	79,4	Activités des organisations associatives
95	Reparatur von Datenverarbeitungsgeräten und Gebrauchsgütern	36,9	40,1	44,0	42,1	13,9	12,5	98,5	98,4	Réparation d'ordinateurs et de biens personnels et domestiques
96	Erbringung von sonstigen überwiegend persönlichen Dienstleistungen	16,1	15,3	46,5	47,3	21,9	21,7	96,2	94,8	Autres services personnels

1 Die Resultate für 2012 stimmen nicht mit den in der Ausgabe 2015 publizierten überein. Das liegt daran, dass für den in der vorliegenden Ausgabe dargestellten Vergleich 2012/2013 andere Unternehmen verwendet wurden als für den Vergleich 2011/2012 in der Ausgabe 2015.
2 In % des Ertrages

Quelle: BFS – WS

1 Les résultats de 2012 ne correspondent pas à ceux publiés dans l'Annuaire de 2015. Cela tient au fait que l'on a utilisé, pour la comparaison 2012/2013 figurant dans cette édition, d'autres entreprises que pour la comparaison 2011/2012 présentée dans l'édition de 2015.
2 En % des produits

Source: OFS – WS

Arbeitskosten
Coûts de la main-d'œuvre

Arbeitskosten je geleistete Stunde (inklusive Lehrlinge), nach Wirtschaftsabschnitten (NOGA 2008)   T 6.4.12
Unternehmen mit 10 und mehr Beschäftigten, Vergleich Schweiz – Europäische Union (EU) 2012
Coûts de la main-d'œuvre (y inclus les apprentis) par heure travaillée, selon la section économique (NOGA 2008)
Entreprises de 10 salariés ou plus, Comparaison Suisse – Union européenne (UE) en 2012

	Industrie, Baugewerbe und Dienstleistungen[1] / Industrie, construction et services[1]		Industrie und Baugewerbe / Industrie et construction	Dienstleistungen[1] / Services[1]	
	in Euro € / en euro €	in Kaufkraftstandard (KKS)[2] / en termes de pouvoir d'achat standard (PAS)[2]	in Euro € / en euro €	in Euro € / en euro €	
Schweiz	51,3	33,3	48,2	52,5	Suisse
EU-15-Staaten					**UE-15**
Belgien	...	...	...	...	Belgique
Dänemark	39,4	28,8	39,7	39,3	Danemark
Deutschland	30,5	29,5	33,8	28,7	Allemagne
Griechenland	...	...	...	...	Grèce
Spanien	21,1	23,2	22,5	20,7	Espagne
Frankreich	34,3	30,6	34,9	34,0	France
Irland	29,8	27,5	31,0	29,5	Irlande
Italien	...	...	...	...	Italie
Luxemburg	33,9	28,2	27,1	36,2	Luxembourg
Niederlande	32,5	29,5	33,8	32,1	Pays-Bas
Österreich	29,7	27,1	31,8	28,7	Autriche
Portugal	13,3	16,5	11,1	14,3	Portugal
Finnland	31,3	25,9	34,3	30,2	Finlande
Schweden	37,3	28,0	40,8	36,1	Suède
Vereinigtes Königreich	21,7	19,1	...	21,6	Royaume-Uni
Neue EU-Mitgliedsstaaten					**Nouveaux pays membres de l'UE**
Zypern	16,8	19,1	15,2	17,3	Chypre
Estland	8,6	12,0	8,8	8,5	Estonie
Ungarn	7,4	12,8	7,7	7,2	Hongrie
Lettland	6,0	6,3	5,8	6,0	Lettonie
Malta	11,8	15,8	10,8	12,1	Malte
Slowakei	8,9	13,2	9,1	8,8	Slovaquie
Tschech. Republik	10,0	14,2	9,9	10,1	République tchèque
Litauen	5,9	9,7	5,7	6,0	Lituanie
Polen	7,9	13,6	7,6	8,0	Pologne
Slowenien	15,6	19,4	14,6	16,2	Slovénie
Rumänien	4,1	8,6	4,0	4,2	Roumanie
Bulgarien	3,4	7,6	3,2	3,5	Bulgarie
Kroatien	9,5	14,5	8,4	10,0	Croatie

1   Ohne Öffentliche Verwaltung, Verteidigung und Sozialversicherung
2   Die Umrechnung der Arbeitskosten in KKS (Kaufkraftstandards) beseitigt die Auswirkungen der unterschiedlichen Preisniveaus zwischen den Ländern

Definition der Arbeitskosten: siehe Glossar

Die strukturelle Arbeitskostenstatistik (LCS, Labour Cost Survey) basiert hauptsächlich auf den Definitionen in den entsprechenden europäischen Verordnungen (Verordnung 530/1999 des Rates, Verordnung 1737/2005 der Kommission).
Gemäss diesen Verordnungen bestehen die Arbeitskosten aus «Bruttolöhnen und Gehältern», «Sozialbeiträgen der Arbeitgeber», sowie weiteren Aufwendungen (zu letzteren gehören insbesondere die Kosten für die berufliche Bildung und die Einstellungskosten). Sie tragen ebenfalls allfälligen Steuern auf die Lohnsumme, der Beschäftigtenzahl und Zuschüssen zugunsten der Arbeitgeber Rechnung (diese Variablen sind für die Schweiz nicht relevant).

Quellen: BFS (Schätzungen für die Schweiz), Eurostat (Stand: September 2014)

1   Sans administration publique, défense et sécurité sociale
2   Les coûts de la main-d'oeuvre exprimés en PAS (Pouvoir d'achat standard) suppriment les effets des différences de niveaux de prix entre les pays

Définition des coûts de la main-d'œuvre: voir glossaire

La statistique structurelle des coûts de la main-d'œuvre (LCS, Labour Cost Survey) se base sur les définitions fixées dans les règlements européens (règlement (CE) n° 530/1999 du Conseil et règlements (CE) n° 1726/1999 et n° 1737/2005 de la Commission). Selon ces règlements, les coûts de la main-d'œuvre se composent des «salaires et traitements», des «cotisations sociales à la charge des employeurs» et des autres coûts de l'employeur (comprenant en particulier les frais de formation professionnelle et de recrutement). Ils tiennent également compte d'éventuels impôts fondés sur la masse salariale ou l'emploi et des subventions au bénéfice de l'employeur (ces variables ne sont pas pertinentes pour la Suisse).

Sources: OFS (estimations pour la Suisse), Eurostat (état: septembre 2014)

Aussenhandel
Commerce extérieur
Aussenhandel nach Verwendungszweck
Commerce extérieur selon l'utilisation des marchandises

T 6.5.1

	2013 in Millionen Franken / en millions de francs	2014 in Millionen Franken / en millions de francs	Veränderung zum Vorjahr in % / Variation annuelle en %	2013 %	2014 %	
Einfuhr	298 394	252 505	−15,4	100	100	**Importations**
Rohstoffe, Halbfabrikate	41 310	41 418	0,3	13,8	16,4	Matières premières, produits semi-finis
Energieträger	14 342	11 991	−16,4	4,8	4,7	Agents énergétiques
Investitionsgüter	41 719	42 317	1,4	14,0	16,8	Biens d'équipement
Konsumgüter	80 271	82 879	3,2	26,9	32,8	Biens de consommation
Edelmetalle, Edel- und Schmucksteine	118 645	72 136	−39,2	39,8	28,6	Métaux précieux et pierres gemmes
Kunstgegenstände und Antiquitäten	2 107	1 764	−16,3	0,7	0,7	Objets d'art et antiquités
Ausfuhr	332 137	285 179	−14,1	100	100	**Exportations**
Rohstoffe, Halbfabrikate	35 409	35 798	1,1	10,7	12,6	Matières premières, produits semi-finis
Energieträger	3 345	3 143	−6,0	1,0	1,1	Agents énergétiques
Investitionsgüter	49 572	50 355	1,6	14,9	17,7	Biens d'équipement
Konsumgüter	112 887	119 062	5,5	34,0	41,7	Biens de consommation
Edelmetalle, Edel- und Schmucksteine	129 228	74 565	−42,3	38,9	26,1	Métaux précieux et pierres gemmes
Kunstgegenstände und Antiquitäten	1 696	2 257	33,1	0,5	0,8	Objets d'art et antiquités

Quelle: Eidgenössische Zollverwaltung

Source: Administration fédérale des douanes

Einfuhr wichtiger Waren
Principales marchandises importées

T 6.5.2

	2013	2014		
	in Millionen Franken en millions de francs	in Millionen Franken en millions de francs	Veränd. zum Vorjahr in % Variation annuelle en %	
Land- und forstwirtschaftliche Produkte	14 055	14 062	0,0	Produits de l'agriculture et de la sylviculture
Energieträger	14 342	11 991	–16,4	Energie
Textilien, Bekleidung, Schuhe	8 904	9 247	3,9	Textiles, habillement, chaussures
Papier und grafische Erzeugnisse	4 310	4 244	–1,5	Papier et arts graphiques
Leder, Kautschuk, Kunststoffe	6 362	6 518	2,5	Cuir, caoutchouc, plastique
Chemikalien	41 849	42 945	2,6	Produits chimiques
Steine und Erden	3 004	3 069	2,2	Pierres et terres
Metalle	14 119	14 395	2,0	Métaux
Maschinen, Elektronik	30 237	30 347	0,4	Machines, électronique
Fahrzeuge	15 854	16 151	1,9	Véhicules
Instrumente, Uhren	19 149	20 072	4,8	Instruments, horlogerie
Übrige Waren	5 456	5 563	2,0	Autres produits
Edelmetalle, Edel- und Schmucksteine	118 645	72 136	–39,2	Métaux précieux et pierres gemmes
Kunstgegenstände, Antiquitäten	2 107	1 764	–16,3	Objets d'art et antiquités

Quelle: Eidgenössische Zollverwaltung

Source: Administration fédérale des douanes

Einfuhr nach Wirtschaftsräumen und Herkunftsländern. In Millionen Franken
Importations par zone économique et par pays d'origine. En millions de francs

T 6.5.3

	2008[1]	2009	2010	2011	2012	2013	2014	
Total	197 521	168 998	183 436	184 540	277 544	298 394	252 505	Total
davon Europa	158 349	133 790	144 544	146 230	175 589	214 981	174 077	dont Europe
EU-28-Staaten	155 738	131 832	142 176	143 986	169 453	208 329	166 786	Pays de l'UE-28
davon:								dont:
Belgien	6 252	4 763	5 385	5 695	7 955	5 616	4 612	Belgique
Tschechien	1 813	1 721	2 133	2 153	2 226	2 197	2 295	Rép. tchèque
Dänemark	1 101	1 020	976	916	841	809	828	Danemark
Deutschland	65 777	55 013	58 570	59 517	60 380	55 624	54 556	Allemagne
Griechenland	184	229	223	144	173	174	158	Grèce
Spanien	3 912	3 828	4 915	5 202	6 247	5 953	4 910	Espagne
Frankreich	18 639	15 730	15 600	15 897	22 747	19 719	16 654	France
Irland	4 919	4 241	5 858	5 883	6 763	7 060	7 199	Irlande
Italien	21 672	18 074	18 699	19 198	25 970	23 061	20 710	Italie
Ungarn	1 159	920	927	852	920	1 036	1 100	Hongrie
Niederlande	9 022	7 649	8 313	8 028	6 391	5 940	5 579	Pays-Bas
Österreich	7 912	7 218	7 935	7 981	7 870	8 073	8 885	Autriche
Polen	1 284	1 119	1 289	1 373	1 615	1 663	1 754	Pologne
Portugal	535	466	504	508	777	996	821	Portugal
Slowakei	443	385	511	669	878	973	875	Slovaquie
Finnland	972	797	845	730	1 117	953	1 021	Finlande
Schweden	1 689	1 325	1 421	1 595	1 816	1 919	1 632	Suède
Vereinigtes Königreich	7 232	6 274	7 120	6 362	13 130	64 665	30 890	Royaume-Uni
Total EFTA	377	358	355	337	575	428	382	Total AELE
davon Norwegen	335	267	288	307	554	404	352	dont Norvège
Übriges Europa	2 235	1 599	2 014	1 908	5 561	6 224	6 909	Autres pays d'Europe
davon:								dont:
Föd. Russland	1 054	726	1 041	891	2 889	4 389	3 037	Féd. Russie
Türkei	847	695	766	774	2 240	1 363	3 323	Turquie

[1] Ab 2002: Aussenhandel inkl. des elektrischen Stroms, der Retourwaren und des Lohnveredlungsverkehrs

Quelle: Eidgenössische Zollverwaltung

[1] Dès 2002, le commerce extérieur comprend également l'électricité, les marchandises en retour et le trafic de perfectionnement à façon.

Source: Administration fédérale des douanes

Ausfuhr wichtiger Waren
Principales marchandises exportées

T 6.5.4

	2013	2014		
	in Millionen Franken en millions de francs	in Millionen Franken en millions de francs	Veränd. zum Vorjahr in % Variation annuelle en %	
Land- und forstwirtschaftliche Produkte	9 201	9 415	2,3	Produits de l'agriculture et de la sylviculture
Energieträger	3 345	3 143	–6,0	Agents énergétiques
Textilien, Bekleidung, Schuhe	3 097	3 173	2,4	Textiles, habillement, chaussures
Papier und grafische Erzeugnisse	2 140	2 015	–5,8	Papier et arts graphiques
Leder, Kautschuk, Kunststoffe	4 336	4 423	2,0	Cuir, caoutchouc, plastique
Chemikalien	80 934	85 323	5,4	Produits chimiques
Steine und Erden	834	911	9,2	Pierres et terres
Metalle	12 082	12 481	3,3	Métaux
Maschinen, Elektronik	33 305	33 341	0,1	Machines, électronique
Fahrzeuge	5 252	5 682	8,2	Véhicules
Instrumente, Uhren	45 315	47 076	3,9	Instruments, horlogerie
Übrige Waren	1 373	1 376	0,2	Autres produits
Edelmetalle, Edel- und Schmucksteine	129 228	74 565	–42,3	Métaux précieux et pierres gemmes
Kunstgegenstände, Antiquitäten	1 696	2 257	33,1	Objets d'art et antiquités

Quelle: Eidgenössische Zollverwaltung

Source: Administration fédérale des douanes

Ausfuhr nach Wirtschaftsräumen und Bestimmungsländern. In Millionen Franken
Exportations par zone économique et par pays de destination. En millions de francs

T 6.5.5

	2008[1]	2009	2010	2011	2012	2013	2014	
Total	215 984	187 448	203 484	208 203	292 958	332 137	285 179	Total
davon Europa	139 998	117 846	126 096	125 830	157 534	142 371	137 948	dont Europe
EU-28-Staaten	131 942	112 180	119 556	118 630	148 074	128 594	128 449	Pays de l'UE-28
davon:								dont:
Belgien	4 187	3 890	4 170	4 224	4 991	5 397	5 852	Belgique
Tschechien	1 853	1 479	1 712	1 568	1 512	1 471	1 509	Rép. tchèque
Dänemark	1 358	1 185	1 033	1 003	972	991	953	Danemark
Deutschland	42 549	36 059	39 278	41 956	43 893	42 047	43 440	Allemagne
Griechenland	1 673	1 448	1 287	1 099	959	909	899	Grèce
Spanien	7 388	6 528	6 372	5 797	5 510	5 346	5 846	Espagne
Frankreich	18 523	15 686	15 578	14 865	21 876	19 186	17 317	France
Irland	848	628	652	879	708	840	1 177	Irlande
Italien	18 770	15 808	15 981	16 290	16 784	16 831	16 160	Italie
Ungarn	1 172	1 001	959	944	1 001	854	1 070	Hongrie
Niederlande	6 324	5 363	5 781	5 151	5 177	5 364	5 240	Pays-Bas
Österreich	5 999	5 478	6 469	6 626	8 040	8 320	7 840	Autriche
Polen	2 447	1 820	2 069	1 976	1 894	2 082	2 209	Pologne
Portugal	1 084	1 015	1 020	881	810	1 070	839	Portugal
Finnland	1 093	919	909	877	901	784	786	Finlande
Schweden	1 895	1 506	1 643	1 603	1 598	1 473	1 489	Suède
Vereinigtes Königreich	11 116	9 428	12 033	9 953	28 281	12 307	12 636	Royaume-Uni
Total EFTA	1 088	784	771	883	1 072	981	1 007	Total AELE
davon Norwegen	1 056	760	747	853	1 046	954	977	dont Norvège
Übriges Europa	6 968	4 882	5 770	6 317	8 388	12 796	8 492	Autres pays d'Europe
davon Türkei	2 471	1 804	2 112	2 147	4 126	8 250	4 490	dont Turquie

1 Ab 2002: Aussenhandel inkl. des elektrischen Stroms, der Retourwaren und des Lohnveredlungsverkehrs

Quelle: Eidgenössische Zollverwaltung

1 Dès 2002, le commerce extérieur comprend également l'électricité, les marchandises en retour et le trafic de perfectionnement à façon.

Source: Administration fédérale des douanes

7

Land- und Forstwirtschaft Agriculture et sylviculture

Überblick

Die Schweizer Landwirtschaft im Umbruch

Seit Jahren befindet sich die Landwirtschaft in einem Strukturwandel, der einen beträchtlichen Rückgang der Betriebe und der Beschäftigten zur Folge hat. In den zehn Jahren zwischen 2004 und 2014 hat die Zahl der landwirtschaftlichen Betriebe von 64 500 auf 54 000 abgenommen. Die pro Betrieb bewirtschaftete Fläche stieg von 16,5 auf 19,5 Hektaren. 2014 gab es 6200 Biobetriebe, welche 13% der Landwirtschaftsfläche nach den biologischen Richtlinien bewirtschafteten. Die Zahl der Beschäftigten in der Landwirtschaft sank innert zehn Jahren um 17% und betrug 2014 noch 158 800 Personen; davon arbeiteten 45% Vollzeit. 79% aller in der Landwirtschaft Beschäftigten waren Familienmitglieder. Der Anteil des Landwirtschaftssektors an der Bruttowertschöpfung der Schweizer Wirtschaft betrug 1990 2,2% und sank auf 1,1% im Jahr 2000 und auf 0,7% im Jahr 2014.

Im internationalen Vergleich ist in der Schweiz die Bedeutung der Landwirtschaft an der Gesamtwirtschaft gering, und die Betriebe sind eher klein.

Vue d'ensemble

L'agriculture suisse en pleine mutation

Depuis plusieurs années, on assiste à des changements structurels dans l'agriculture induisant une importante baisse du nombre d'exploitations et d'emplois. Pendant les dix ans entre 2004 et 2014, le nombre d'exploitations agricoles a chuté de 64 500 à 54 000 unités. La taille moyenne des exploitations est passée de 16,5 à 19,5 hectares. En 2014, on dénombrait 6200 exploitations pratiquant une agriculture biologique et couvrant 13% de la surface agricole totale. La main-d'œuvre agricole a diminué de 17% en dix ans, pour ne plus représenter que 158 800 personnes en 2014, dont 45% travaillaient à plein temps. 79% de la main-d'œuvre agricole étaient des membres de la famille. La part du secteur agricole à la valeur ajoutée brute de l'économie suisse se montait à 2,2% en 1990 et n'atteignait plus que 1,1% en 2000 et 0,7% en 2014.

La Suisse fait partie des pays où l'importance de l'agriculture dans l'économie est faible et où les exploitations agricoles sont relativement petites.

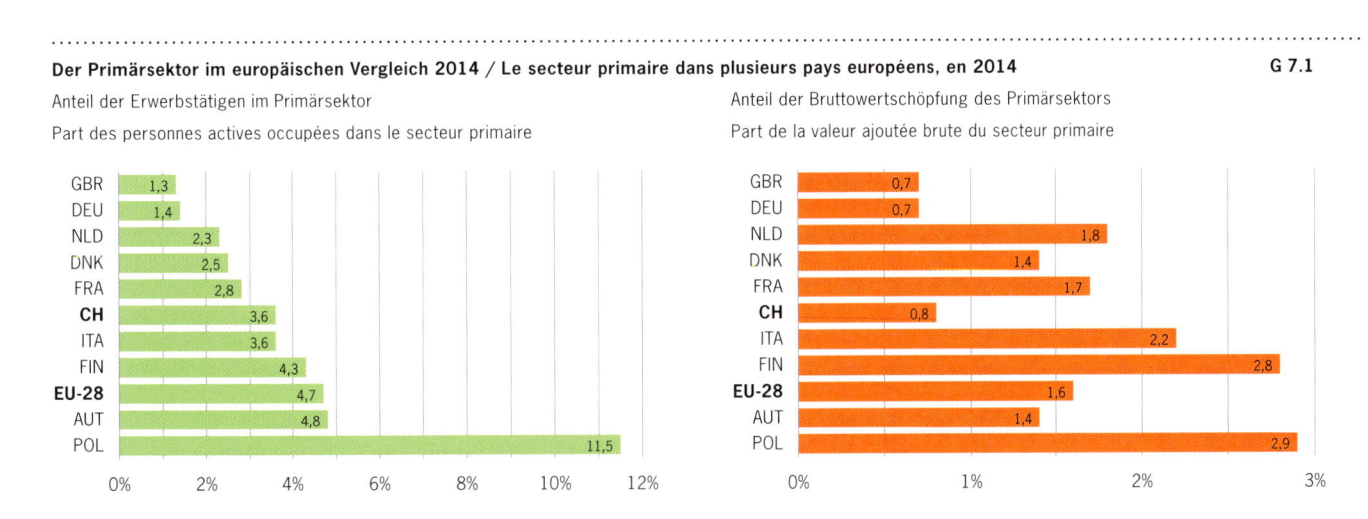

Der Primärsektor im europäischen Vergleich 2014 / Le secteur primaire dans plusieurs pays européens, en 2014 G 7.1

Anteil der Erwerbstätigen im Primärsektor
Part des personnes actives occupées dans le secteur primaire

GBR	1,3
DEU	1,4
NLD	2,3
DNK	2,5
FRA	2,8
CH	3,6
ITA	3,6
FIN	4,3
EU-28	4,7
AUT	4,8
POL	11,5

Anteil der Bruttowertschöpfung des Primärsektors
Part de la valeur ajoutée brute du secteur primaire

GBR	0,7
DEU	0,7
NLD	1,8
DNK	1,4
FRA	1,7
CH	0,8
ITA	2,2
FIN	2,8
EU-28	1,6
AUT	1,4
POL	2,9

Strukturwandel in der Landwirtschaft — G 7.2
Changements structurels dans l'agriculture

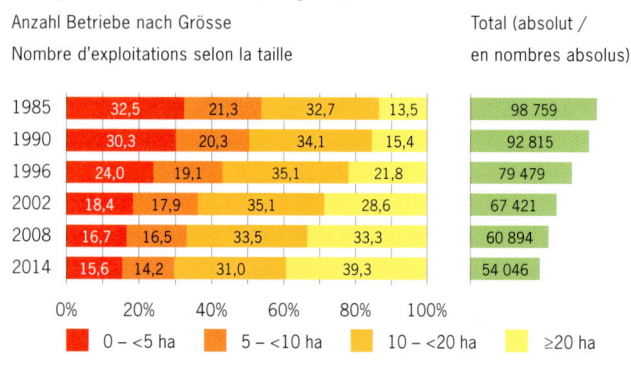

Anzahl Betriebe nach Grösse / Nombre d'exploitations selon la taille — Total (absolu / en nombres absolus)

Jahr	0 – <5 ha	5 – <10 ha	10 – <20 ha	≥20 ha	Total
1985	32,5	21,3	32,7	13,5	98 759
1990	30,3	20,3	34,1	15,4	92 815
1996	24,0	19,1	35,1	21,8	79 479
2002	18,4	17,9	35,1	28,6	67 421
2008	16,7	16,5	33,5	33,3	60 894
2014	15,6	14,2	31,0	39,3	54 046

Verwertung der gemolkenen Milch 2014 — G 7.3
Mise en valeur du lait trait, en 2014

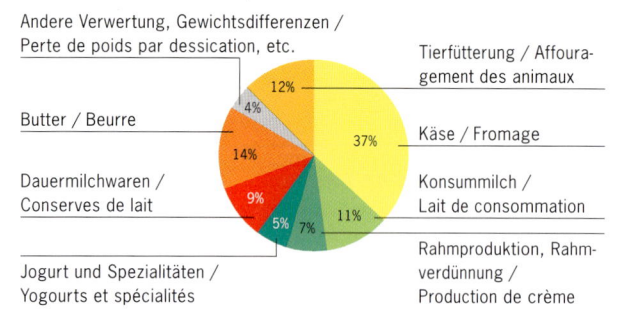

- Andere Verwertung, Gewichtsdifferenzen / Perte de poids par dessication, etc.: 4%
- Butter / Beurre: 14%
- Dauermilchwaren / Conserves de lait: 9%
- Jogurt und Spezialitäten / Yogourts et spécialités: 5%
- Rahmproduktion, Rahmverdünnung / Production de crème: 7%
- Konsummilch / Lait de consommation: 11%
- Käse / Fromage: 37%
- Tierfütterung / Affouragement des animaux: 12%

Auf tierische Produkte spezialisierte Landwirtschaft

Bedingt durch die klimatischen und topografischen Verhältnisse ist die Schweiz ein Grasland. Für den Ackerbau sind viele Gebiete ungeeignet. Die Wiesen und Weiden liefern Futter für Wiederkäuer, weshalb die Milch- und Fleischproduktion in der schweizerischen Landwirtschaft dominierend ist. Im Jahr 2014 waren 73% der Betriebe auf die tierische Produktion spezialisiert, und die Hauptfutterfläche betrug 71% der landwirtschaftlichen Nutzfläche. In den letzten Jahren wurde viel in neue, tierfreundlichere Nutztierställe investiert. 2003 waren erst 45% der Rindviehplätze in Laufställen, 2010 waren es bereits mehr als die Hälfte (59%). Die Milchproduktion 2014 betrug 4,1 Mio. Tonnen. 11% wurden als Konsummilch verwendet, 76% zu Käse, Joghurt, Butter, Milchmischgetränken und weiteren Milchprodukten verarbeitet. 12% der gesamten Milchmenge wurden in der Tierfütterung (vor allem Kälber) eingesetzt. Die inländische Produktion von Fleisch belief sich auf 493 000 Tonnen, wovon rund die Hälfte Schweinefleisch war.

Die auf Pflanzenbau spezialisierten Betriebe sind vor allem in der Talregion angesiedelt. 2014 produzierte die Schweizer Landwirtschaft rund 964 000 Tonnen Getreide, davon mehr als die Hälfte Weizen. Die Kartoffelproduktion, die seit 1985 um 42% abgenommen hat, betrug 503 000 Tonnen. Gleichzeitig hat der Zuckerrübenanbau von 0,8 auf 1,9 Mio. Tonnen zugenommen.

Die Stickstoff- und Phosphorbilanz der Schweizer Landwirtschaft des Jahres 2013 zeigt, dass die beiden Nährstoffe mit durchschnittlich 61 kg Stickstoff und 3 kg Phosphor pro Hektare Landwirtschaftsfläche im Überschuss vorhanden sind. Dies weist auf eine potenzielle Umweltbelastung von Boden, Wasser und Luft hin.

Gesamtproduktion der Landwirtschaft 2014p — TT 7.1
Production totale de l'agriculture, en 2014p

	Mrd. Fr.	%
Total	10,68	100
Pflanzliche Erzeugung / Plantes et produits végétaux	4,23	39,6
davon/dont: Gemüse- und Gartenbau / Prod. maraîchers et horticoles	1,44	13,5
Futterpflanzen / Plantes fourragères	0,90	8,4
Obst und Weintrauben / Fruits et raisins	0,58	5,4
Wein / Vins	0,41	3,8
Getreide / Céréales	0,37	3,5
Tierische Erzeugung / Animaux et produits animaux	5,30	49,7
davon/dont: Milch / Lait	2,33	21,8
Rinder / Bovins	1,37	12,8
Schweine / Porcs	1,00	9,4
Landw. Dienstleistungen / Services agricoles	0,71	6,6
Nichtlandw. Nebentätigkeiten / Act. sec. non agricoles	0,43	4,1

Une agriculture spécialisée dans la production animale

Les conditions climatiques et topographiques font de la Suisse un pays d'herbages. De nombreuses régions ne se prêtent pas aux grandes cultures. Les prairies et les pâturages fournissent des fourrages aux ruminants, raison pour laquelle la production laitière et la production de viande occupent une position dominante. En 2014, 73% des exploitations étaient spécialisées dans la production animale, et 71% de la surface agricole utile était composée de surfaces herbagères. Des montants importants ont été investis ces dernières années dans la création de nouveaux systèmes de stabulation respectueux des animaux, entraînant une forte hausse de la part des places de stabulation libre destinées au cheptel bovin (de 45% en 2003 à 59% en 2010). En 2014, la Suisse a produit 4,1 millions de tonnes de lait, dont 11% ont été utilisés sous forme de lait de consommation et 76% transformés en fromage, yogourt, beurre, boissons lactées et autres produits laitiers. 12% de la quantité totale de lait ont été destinés à l'affouragement des animaux (surtout des veaux). La production indigène de viande s'est élevée à 493 000 tonnes, environ la moitié étant de la viande de porc.

Les exploitations spécialisées dans la production végétale sont surtout localisées en région de plaine. En 2014, l'agriculture suisse a produit environ 964 000 tonnes de céréales, dont plus de la moitié était du blé. La production de pommes de terre, qui a diminué de 42% depuis 1985, a été de 503 000 tonnes. Dans le même temps, la production de betteraves sucrières est passée de 0,8 à 1,9 million de tonnes.

Les bilans de l'azote et du phosphore de l'agriculture suisse pour l'année 2013 font état d'excédents annuels d'azote de 61 kg par hectare de surface agricole et d'excédents annuels de phosphore de 3 kg par hectare de surface agricole. Ces excédents représentent une pollution potentielle du sol, de l'eau et de l'air.

Un pays importateur de produits agricoles

En 2013, les agricultrices et agriculteurs ont produit des denrées correspondant, en énergie utilisable, à 58% des aliments

Nahrungsmittelverbrauch 2013 G 7.4
Consommation de denrées alimentaires, en 2013

Inlandproduktion[1] / Production indigène[1]

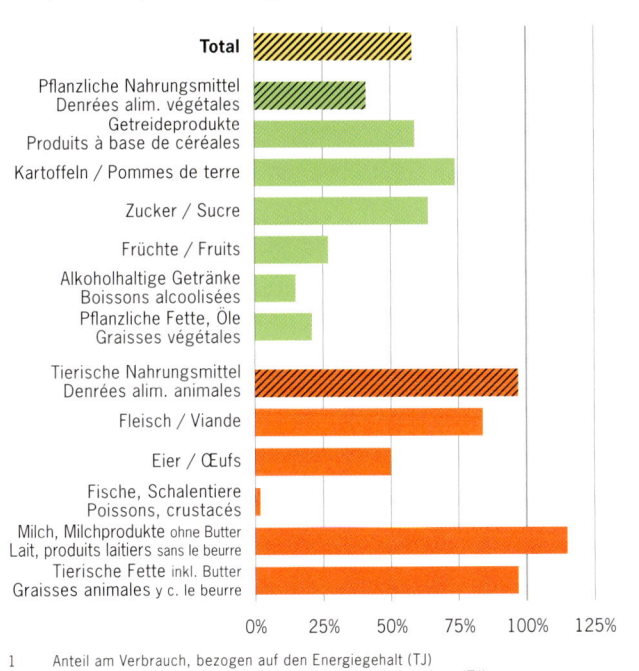

[Bar chart showing:
- Total
- Pflanzliche Nahrungsmittel / Denrées alim. végétales
- Getreideprodukte / Produits à base de céréales
- Kartoffeln / Pommes de terre
- Zucker / Sucre
- Früchte / Fruits
- Alkoholhaltige Getränke / Boissons alcoolisées
- Pflanzliche Fette, Öle / Graisses végétales
- Tierische Nahrungsmittel / Denrées alim. animales
- Fleisch / Viande
- Eier / Œufs
- Fische, Schalentiere / Poissons, crustacés
- Milch, Milchprodukte ohne Butter / Lait, produits laitiers sans le beurre
- Tierische Fette inkl. Butter / Graisses animales y c. le beurre
Scale: 0% to 125%]

1 Anteil am Verbrauch, bezogen auf den Energiegehalt (TJ)
 Part de la consommation, par rapport à l'apport énérgetique (TJ)

Direktzahlungen an die Landwirtschaft 2014 G 7.5
Paiements directs à l'agriculture, en 2014

Gesamtsumme: Total 2773 Mio. Fr.
Somme totale: 2773 millions de fr.

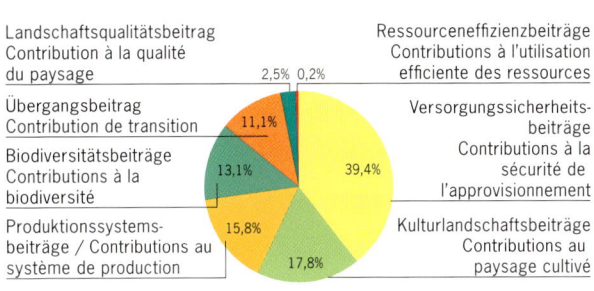

[Pie chart:
- Landschaftsqualitätsbeitrag / Contribution à la qualité du paysage: 2,5%
- Ressourceneffizienzbeiträge / Contributions à l'utilisation efficiente des ressources: 0,2%
- Übergangsbeitrag / Contribution de transition: 11,1%
- Biodiversitätsbeiträge / Contributions à la biodiversité: 13,1%
- Produktionssystemsbeiträge / Contributions au système de production: 15,8%
- Versorgungssicherheitsbeiträge / Contributions à la sécurité de l'approvisionnement: 39,4%
- Kulturlandschaftsbeiträge / Contributions au paysage cultivé: 17,8%]

Die Schweiz – ein Agrarimportland

2013 erzeugten die Landwirtinnen und Landwirte Nahrungsmittel, welche nach verwertbarer Energie 58% der in der Schweiz konsumierten Nahrungsmittel entsprachen. Bei den pflanzlichen Nahrungsmitteln betrug der Anteil 41% und bei den tierischen Nahrungsmitteln 97%. Bei den tierischen Produkten ist jedoch zu berücksichtigen, dass ihre Erzeugung teilweise nur mit importierten Futtermitteln möglich war.

Die Schweiz ist folglich bei der Nahrung stark vom Ausland abhängig. 2013 wurden in der Schweiz 554 kg Nahrungsmittel pro Einwohner produziert, importiert wurden 487 kg. Die Exportmenge belief sich auf 180 kg pro Person.

Veränderte Ernährungsgewohnheiten

Der Verbrauch pro Einwohner ist – bezogen auf den Energiewert der Nahrungsmittel – weitgehend stabil. 2013 betrug er 13,2 Megajoule pro Kopf und Tag. Hinsichtlich unserer Ernährungsgewohnheiten ist indessen ein deutlicher Wandel auszumachen. Beispielsweise ging der Verbrauch von Konsummilch und von Fleisch gegenüber den 1980er-Jahren zurück. Lediglich der Verbrauch von Geflügelfleisch war zunehmend.

Landwirtschaftliche Gesamtrechnung und Einkommen

Der Produktionswert der Schweizer Landwirtschaft lag im Jahr 2015 bei 10,1 Mrd. Franken (Schätzung) und sank um 5,5% gegenüber 2014. Die Einbrüche der Milch- und Schweinepreise sind die Hauptgründe für diese Abnahme.

48% des gesamten Produktionswertes der Landwirtschaft stammten aus der tierischen Produktion. Die Milchproduktion machte 41% davon aus. Deshalb sind die Einnahmen über die Milch ein grosser Einkommensbestandteil des schweizerischen Agrarsektors. 41% trugen die pflanzliche Produktion und 11% die

consommés en Suisse, soit 41% pour les denrées d'origine végétale et 97% pour celles d'origine animale. Cependant, une partie de la production d'aliments d'origine animale n'est possible que grâce à l'importation de fourrages.

Notre pays est donc fortement dépendant de l'étranger pour son alimentation. En 2013, la quantité de denrées alimentaires produites en Suisse atteignait 554 kg par habitant, alors que 487 kg étaient importés. La quantité exportée s'élevait à 180 kg par personne.

Evolution des habitudes alimentaires

La consommation par habitant est plutôt stable si l'on considère la valeur énergétique des aliments: elle était de 13,2 mégajoules par habitant et par jour en 2013. Nos habitudes alimentaires ont, en revanche, fortement évolué. En guise d'exemple, la consommation de lait et de viande a diminué par rapport aux années 1980. Seule la consommation de viande de volaille a augmenté.

Comptes économiques de l'agriculture et revenu agricole

La valeur de production a atteint 10,1 milliards de francs en 2015 (estimation), soit 5,5% de moins qu'en 2014. Les chutes des prix du lait et des porcs sont les raisons principales de ce recul.

48% de la valeur de production totale de l'agriculture est issue de la production animale, dont 41% de la production laitière. Les recettes provenant du lait forment donc une composante importante du revenu du secteur agricole suisse. La production végétale représente 41% de la production totale de l'agriculture suisse. 11% de la valeur de production totale est générée par les services agricoles et les activités secondaires non agricoles.

La Confédération verse des contributions à l'agriculture notamment pour les prestations écologiques et d'intérêt général qu'elle fournit. En 2014, les dépenses totales de la Confédération pour l'agriculture et l'alimentation se sont élevées à 3,7 milliards de francs, dont 2,8 milliards de paiements directs à l'agriculture.

Le revenu agricole moyen par exploitation était d'environ 67 800 francs en 2014, ce qui correspond à une hausse de 10,5% par rapport à l'année précédente. Cette évolution est due notamment à de bonnes récoltes et à l'augmentation des quantités et des prix dans la production laitière. Le revenu moyen du travail par unité de main-d'œuvre familiale était, avec 52 800 francs, le plus élevé de ces 10 dernières années. La

G 7.6 Biologischer Landbau / Cultures biologiques
Nach Regionen 2014 / Selon les régions, en 2014

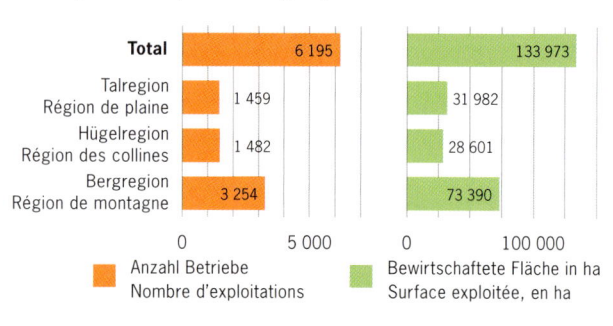

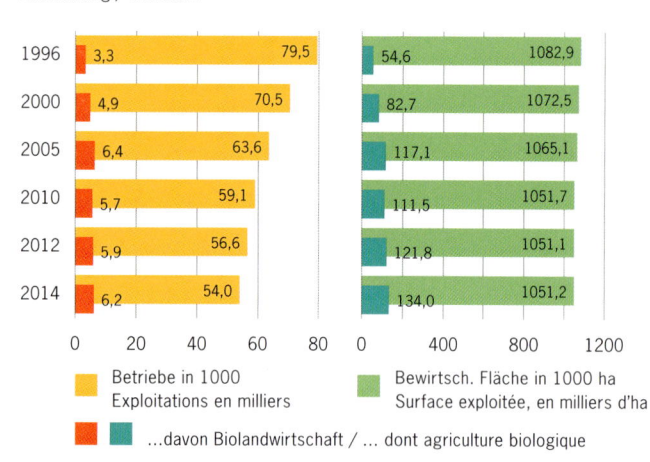

Region	Anzahl Betriebe / Nombre d'exploitations	Bewirtschaftete Fläche in ha / Surface exploitée, en ha
Total	6 195	133 973
Talregion / Région de plaine	1 459	31 982
Hügelregion / Région des collines	1 482	28 601
Bergregion / Région de montagne	3 254	73 390

Entwicklung / Evolution

Jahr	Betriebe in 1000 / Exploitations en milliers	...davon Biolandwirtschaft	Bewirtsch. Fläche in 1000 ha / Surface exploitée, en milliers d'ha	...dont agriculture biologique
1996	79,5	3,3	1082,9	54,6
2000	70,5	4,9	1072,5	82,7
2005	63,6	6,4	1065,1	117,1
2010	59,1	5,7	1051,7	111,5
2012	56,6	5,9	1051,1	121,8
2014	54,0	6,2	1051,2	134,0

G 7.7 Arbeitsverdienst in der Landwirtschaft / Revenu du travail dans l'agriculture
Je Familienarbeitskraft in Fr./Jahr / Par main-d'œuvre familiale en fr./année
(Talbetriebe / Exploitations de plaine, Hügelbetriebe / Exploitations de collines, Bergbetriebe / Exploitations de montagne, 1997–2014)

G 7.8 Preise landwirtschaftlicher Erzeugnisse / Prix des produits agricoles
Index Dezember / Indice décembre 2010 = 100 (1994–2014)

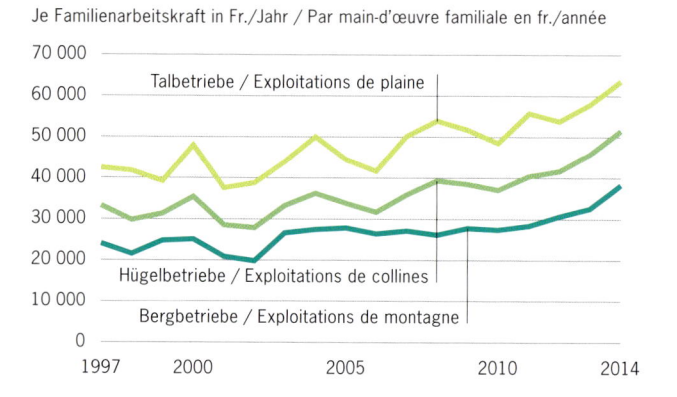

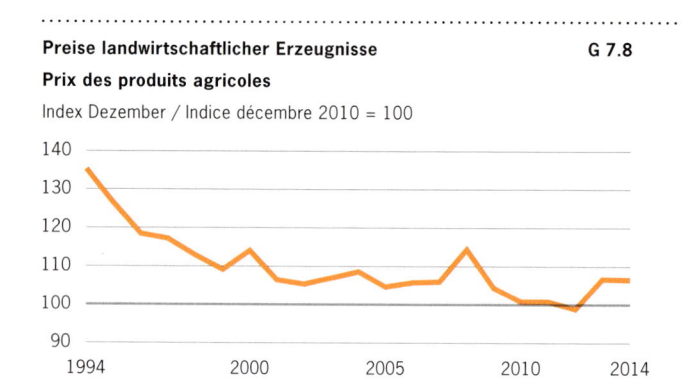

landwirtschaftlichen Dienstleistungen und nicht landwirtschaftlichen Nebentätigkeiten zum Gesamtproduktionswert bei.

Die Landwirtschaft erhält insbesondere für ökologische und gemeinwirtschaftliche Leistungen Beiträge des Bundes. Im Jahr 2014 betrugen die gesamten Bundesausgaben für Landwirtschaft und Ernährung 3,7 Mrd. Fr. Darin enthalten sind 2,8 Mrd. Fr. für Direktzahlungen an die Landwirtschaft.

Das mittlere landwirtschaftliche Einkommen pro Betrieb betrug im Jahr 2014 rund 67 800 Fr., was gegenüber dem Vorjahr einer Zunahme von 10,5% entspricht. Dies war hauptsächlich auf die guten Ernten und den Anstieg von Menge und Preis in der Milchproduktion zurückzuführen. Der durchschnittliche Arbeitsverdienst je Familienarbeitskraft aller Landwirtschaftsbetriebe wies mit 52 800 Fr. den höchsten Wert der vergangenen 10 Jahre auf. Die Zunahme lag bei 12% gegenüber dem Vorjahr. Die Berglandwirtschaft erreichte durchschnittlich 38 200 Fr. je Familienarbeitskraft (+18% gegenüber 2013).

Fischerei und Fischzucht
Gemäss ersten Schätzungen erzielten Fischerei und Fischzucht 2014 eine Produktion von rund 3000 Tonnen Fische. Genfer-, Neuenburger-, Boden- und Zürichsee sind für die Fischerei die wichtigsten Seen. Gewichtsmässig sind Felchen und Barsche die bedeutendsten Fänge. 2014 erwirtschafteten Fischerei und Fischzucht gesamthaft einen Produktionswert von rund 41 Mio. Fr.

Forstwirtschaft
Gemäss dem vierten Schweizerischen Landesforstinventar (LFI) bedeckt der Schweizer Wald (inklusive Gebüschwald) eine

progression est d'environ 12% par rapport à l'année précédente. Dans la région de montagne, le revenu moyen du travail par unité de main-d'œuvre familiale a atteint 38 200 francs (+18% par rapport à 2013).

Pêche et pisciculture
Le produit de la pêche et de la pisciculture s'est élevé à quelque 3000 tonnes de poissons en 2014, selon les premières estimations. Le lac Léman, le lac de Neuchâtel, le lac de Constance et le lac de Zurich sont les principaux lacs du pays pour la pêche. En termes de poids, les corégones et les perches représentent les captures les plus importantes. En 2014, la pêche et la pisciculture ont généré une valeur de production de quelque 41 millions de francs.

L'économie forestière
D'après les résultats du quatrième relevé de l'inventaire forestier national (IFN), la forêt suisse (y compris la forêt buissonnante) couvre une surface de 1,3 million d'hectares, soit 32% de la superficie du pays. Elle se situe pour plus de la moitié au-dessus de 1000 m. La surface forestière a progressé de quelque 260 km² de 2006 à 2013. Les surfaces gagnées l'ont été dans les Alpes (+4%), sur le versant Sud des Alpes (+2%) et dans les Préalpes (+2%). Sur le Plateau et dans le Jura, la surface forestière est restée plus ou moins stable. L'avancée de la forêt s'est faite avant tout au détriment de surfaces agricoles et d'alpages.

Le nombre d'arbres sur pied dans la forêt suisse est estimé à 500 millions. Ils représentent un volume de bois de quelque 419 millions de m³. Deux tiers de ce volume se composent de

Forstwirtschaft / L'économie forestière

G 7.9

Rohholzbilanz, in Mio. m³
Bilan du bois brut, en millions de m³

	1990[1]	2000[1]	2014
Inlandnutzung / Récolte indigène	6,3	9,2	4,9
Einfuhren / Importations	0,8	0,8	0,7
Ausfuhren / Exportations	−1,1	−4,2	−1,5
Rohholzverbrauch im Inland / Consommation indigène de bois brut	5,9	4,3	4,1

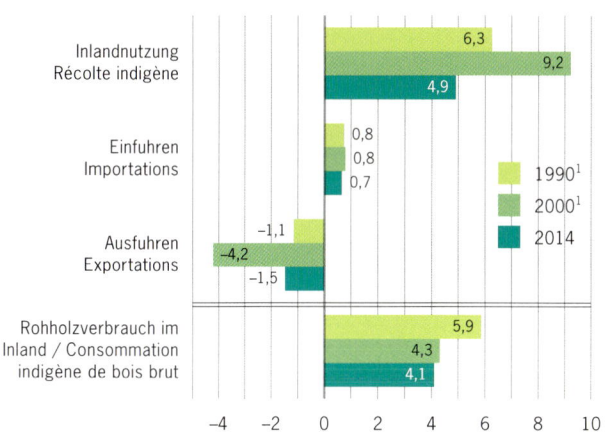

[1] Stürme / Ouragans: Vivian (25.–27.2.1990), Lothar (26.12.1999)

Entwicklung der Inlandnutzung, in Mio. m³
Evolution de la récolte indigène de bois brut, en millions de m³

Energieholz / Bois-énergie — Total — Stammholz / Grumes
Industrieholz / Bois d'industrie

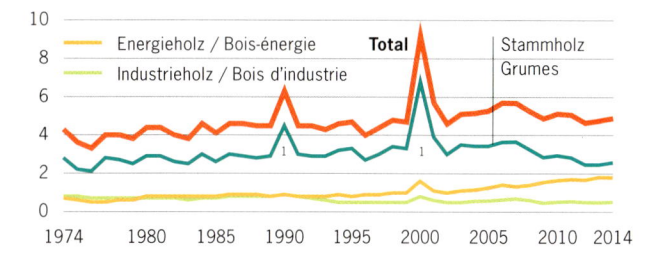

Verwendungszweck 1999 / Consommation finale, en 1999

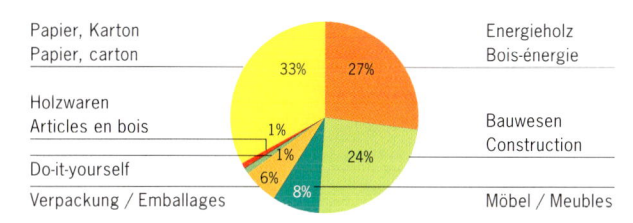

- Papier, Karton / Papier, carton: 33%
- Energieholz / Bois-énergie: 27%
- Bauwesen / Construction: 24%
- Möbel / Meubles: 8%
- Verpackung / Emballages: 6%
- Do-it-yourself: 1%
- Holzwaren / Articles en bois: 1%

Fläche von 1,3 Mio. ha. Das sind 32% der Landesfläche. Mehr als die Hälfte davon liegt oberhalb von 1000 m. ü. M. Die Waldfläche nimmt weiterhin zu, innerhalb der letzten sieben Jahre (2006 – 2013) um rund 260 km². Die Zunahme erfolgte in den Alpen (+4%), auf der Alpensüdseite (+2%) und in den Voralpen (+2%). Im Mittelland und im Jura hat sich die Fläche fast nicht verändert. Der Wald eroberte insbesondere nicht mehr genutzte Landwirtschafts- und Alpflächen zurück.

Derzeit stehen im Schweizer Wald 500 Mio. lebende Bäume. Diese haben ein Volumen (Holzvorrat) von insgesamt 419 Mio. m³. Zwei Drittel davon sind Nadelholz. Fichte (44%), Buche (18%), Tanne (15%) und Lärche (6%) sind volumenmässig die wichtigsten Baumarten. Der jährliche Holzzuwachs liegt bei 10,4 Mio. m³ (Durchschnitt der Jahre 2006 bis 2013). Nutzung und Mortalität belaufen sich für die Schweiz auf 85% des Zuwachses.

Im Schweizer Wald wurde 2014 mit 4,9 Mio. m³ 3% mehr Holz geschlagen als im Vorjahr. Diese Menge entspricht dem effektiven Holz, welches den Wald verlässt und anschliessend verarbeitet oder zu Energiezwecken gebraucht wird.

Die schweizerische Forstwirtschaft wird mehrheitlich durch die öffentlichen Forstbetriebe getragen (ihr Anteil an der gesamten Holznutzung betrug 65% im Jahr 2014). Im Jahr 2014 betrug der Produktionswert der Forstwirtschaft 917 Mio. Fr. (Schätzung) und damit 3,7% mehr als im Vorjahr. Die Erzeugung von forstwirtschaftlichen Gütern wie Holz oder Forstpflanzen entspricht 55% des Gesamtproduktionswertes; die forstwirtschaftlichen Dienstleistungen für Dritte machen 30% und nicht forstwirtschaftliche Nebentätigkeiten 15% aus.

résineux. Les essences les plus répandues sont l'épicéa (44%), le hêtre (18%), le sapin (15%) et le mélèze (6%). L'accroissement annuel du bois est de 10,4 millions de m³ (moyenne des années 2006 à 2013). Au niveau suisse, l'exploitation et la mortalité absorbent 85% de cet accroissement.

Le volume de bois exploité en 2014 s'élève à 4,9 millions de m³, soit 3% de plus que l'année précédente. Il s'agit là de la quantité de bois effectivement récolté quittant la forêt à des fins de transformation ou de production énergétique.

Les entreprises qui sont actives dans l'économie forestière sont majoritairement publiques (65% de la production totale de bois en 2014). La valeur de la production de l'économie forestière suisse s'est élevée à 917 millions de francs en 2014 (estimation), un chiffre en hausse de 3,7% par rapport à 2013. La production de biens sylvicoles (bois et plants forestiers) représente 55%, les travaux pour tiers 30% et les activités secondaires non sylvicoles 15% de la valeur de production totale de la branche sylvicole.

Erhebungen, Quellen — Enquêtes, sources

Die wichtigsten Erhebungen und Quellen im Bereich Land- und Forstwirtschaft — M 7

Erhebung / Statistik	Verantwortliche Stelle	Periodizität	Seit	Erhebungsmethode	Regionalisierungsgrad
Erhebungen					
Betriebszählung im Primärsektor bzw. in der Landwirtschaft	BFS	Alle 5 Jahre	1905–2008[1]	Vollerhebung	Gemeinden
Landwirtschaftliche Betriebsstrukturerhebung	BFS	Jährlich	1996	Vollerhebung	Gemeinden / 2006 nur Schweiz
Landwirtschaftliche Betriebszählung – Zusatzerhebung	BFS	Unregelmässig	2003	Stichprobenerhebung (ca. 17 000 Betriebe)	Kantone, Produktionszonen
Schweizerische Forststatistik	BFS	Jährlich	1878	Vollerhebung	Kantone, Forstzonen
Forstwirtschaftliches Testbetriebsnetz	BFS/BAFU/WVS[2]	Jährlich	2007	Stichprobe (200 Forstbetriebe)	Schweiz, Forstzonen
Holzverarbeitung	BFS	Alle 5 Jahre[3]	1908	Vollerhebung	Kantone
Zentrale Auswertung von Buchhaltungsdaten	Agroscope	Jährlich	1987	Stichprobenerhebung (ca. 3000–3500 Referenzbetriebe)	Schweiz, Produktionszonen
Verwaltungsdaten					
Schlachtungsstatistik	SBV	Monatlich	1979	Administrative Quellen aus Verkehr und Schlachtung der Tiere	Schweiz
Agrarpolitisches Informationssystem (AGIS)	BLW	Jährlich	1995	Vollerhebung	Kantone, Produktionszonen
Tierverkehrsdatenbank (TVD)	BLW	Jährlich	2009	Vollerhebung	Gemeinden
Synthesestatistiken					
Branchenkonten des Primärsektors	BFS	Jährlich	1990		Schweiz, ab 2008 Kantone
Landwirtschaftliche Gesamtrechnung	BFS	Jährlich	1985		Schweiz, ab 1999 Kantone und landwirtschaftliche Regionen
Forstwirtschaftliche Gesamtrechnung	BFS	Jährlich	1990		Schweiz
Ernährungsbilanz	SBV	Jährlich	1950		Schweiz
Milchstatistik	SBV	Jährlich	1946		Schweiz

Les principales enquêtes et sources dans le domaine de l'agriculture et de la sylviculture — M 7

Relevé / Statistique	Institution responsable	Périodicité	Depuis	Méthode de relevé	Degré de régionalisation
Relevé auprès des entreprises					
Recensement des entreprises du secteur primaire ou de l'agriculture	OFS	Tous les 5 ans	1905–2008[1]	Relevé exhaustif	Communes
Relevé des structures agricoles	OFS	Annuel	1996	Relevé exhaustif	Communes / 2006 uniquement Suisse
Recensement des entreprises agricoles – relevé complémentaire	OFS	Irrégulière	2003	Enquête par échantillonnage (env. 17 000 exploitations agricoles)	Cantons, zones de production
Statistique forestière suisse	OFS	Annuel	1878	Relevé exhaustif	Communes, zones forestières
Réseau d'exploitations forestières pilotes	OFS/OFEV/EFS[2]	Annuel	2007	Echantillon (200 exploitations forestières)	Suisse, zones forestières
Transformation du bois	OFS	Tous les 5 ans[3]	1908	Relevé exhaustif	Cantons
Dépouillement centralisé des données comptables	Agroscope	Annuel	1987	Enquête par échantillonnage (env. 3000–3500 exploitations représentatives)	Suisse, zones de production
Données administratives					
Statistique des abattages	USP	Mensuel	1979	Sources administratives liées au trafic et à l'abattage des animaux	Suisse
Système d'information agricole (SIPA)	OFAG	Annuel	1995	Relevé exhaustif	Cantons, zones de production
Banque de données sur le trafic des animaux (BDTA)	OFAG	Annuel	2009	Relevé exhaustif	Communes
Statistique de synthèse					
Comptes des branches du secteur primaire	OFS	Annuel	1990		Suisse, depuis 2008 cantons
Comptes économiques de l'agriculture	OFS	Annuel	1985		Suisse, depuis 1999 cantons et régions agricoles
Comptes économiques de la sylviculture	OFS	Annuel	1990		Suisse
Bilan alimentaire	USP	Annuel	1950		Suisse
Statistique laitière	USP	Annuel	1946		Suisse

1 Ab 2011 jährliche Statistik der Struktur der Unternehmen (STATENT), siehe Kapitel 6
2 WVS = Waldwirtschaft Schweiz
3 Bis 1990 alle 10 Jahre. Die letzte Vollerhebung erfolgte 2012. In den Jahren 2008–2011 und 2013 wurde eine Stichprobenerhebung durchgeführt.

1 Depuis 2011 Statistique structurelle d'entreprises (STATENT), annuel, voir Chapitre 6
2 EFS = Economie forestière suisse
3 Tous les 10 ans jusqu'en 1990. La dernière enquête exhaustive a eu lieu en 2012. Une enquête par échantillonnage a eu lieu en 2008–2011 et en 2013.

Glossar

Arbeitsverdienst
Vom landwirtschaftlichen Betrieb erwirtschafteter Jahresüberschuss, welcher als Entschädigung für die auf dem Betrieb geleistete Arbeit von nicht entlöhnten familieneigenen Arbeitskräften zur Verfügung steht (landwirtschaftliches Einkommen minus Zinsanspruch für Eigenkapital).

Biologischer Landbau
Beim biologischen Landbau handelt es sich um eine möglichst umwelt- und naturschonende Produktionsform. Im Gegensatz zur integrierten Produktion ist der Einsatz von chemisch-synthetischem Dünger und entsprechenden Pflanzenschutzmitteln verboten. In der Tierhaltung sind gentechnische Eingriffe und Embryotransfer nicht zugelassen.

Direktzahlungen
Beiträge der öffentlichen Hand an Landwirtschaftsbetriebe zur Abgeltung gemeinwirtschaftlicher und spezieller ökologischer Leistungen.

Faktoreinkommen
In der Landwirtschaft stellt das Faktoreinkommen die Gesamtheit des Wertes dar, den der Agrarsektor erwirtschaftet hat, und misst somit die Entlohnung aller Produktionsfaktoren (Boden, Kapital und Arbeit).

Es wird auch als «Nettowertschöpfung zu Faktorkosten» bezeichnet, die definiert ist als Nettowertschöpfung zu Herstellungspreisen (Produktionswert zu Herstellungskosten abzüglich Vorleistungen abzüglich Abschreibungen) abzüglich der sonstigen Produktionsabgaben und zuzüglich der sonstigen Subventionen. Da der Produktionswert zu Herstellungspreisen und die Vorleistungen zu Anschaffungspreisen bewertet werden, enthält die Nettowertschöpfung zu Herstellungspreisen bereits die Gütersubventionen abzüglich der Gütersteuern.

Gesamtproduktionswert der Landwirtschaft
Der Produktionswert der vom Bereich Landwirtschaft erzeugten Güter (Waren und Dienstleistungen) aus landwirtschaftlicher sowie nicht trennbaren nicht-landwirtschaftlichen Nebentätigkeiten (Verarbeitung von landwirtschaftlichen Erzeugnissen und sonstige Nebentätigkeiten) ergibt sich aus der Summe der Werte von
- verkauften Gütern (Verkäufe zwischen landwirtschaftlichen Betrieben und ausserhalb der Landwirtschaft),
- durch die Produzenten verarbeiteten (falls die Verarbeitung eine trennbare Tätigkeit ist, werden die Waren zum Preis des Roherzeugnisses verbucht) sowie für den Eigenverbrauch des Haushalts bezogenen Waren,
- innerbetrieblich erzeugten und verwendeten pflanzlichen Erzeugnissen für die Tierfütterung und Streue,
- Bestandesveränderungen,
- selbsterstellten Anlagen (insbesondere Nutzvieh wie Milchkühe und Anpflanzungen wie Reben oder Obstanlagen).

Grossvieheinheit (GVE)
Der Tierbestand wird häufig in Grossvieheinheiten ermittelt. Eine GVE entspricht dem Futterverzehr und dem Anfall von Mist und Gülle einer Kuh

Glossaire

Agriculture biologique
Il s'agit d'une forme de production respectant au mieux la nature et l'environnement. L'utilisation d'engrais chimiques ou de synthèse et de produits phytosanitaires est interdite, ce qui n'est pas le cas dans la production intégrée. En ce qui concerne l'élevage, l'utilisation d'organismes génétiquement modifiés et le transfert d'embryons ne sont pas autorisés.

Exploitation agricole
Par exploitation on entend une entreprise agricole qui se consacre à la production végétale ou à l'élevage d'animaux ou aux deux activités à la fois pendant toute l'année et qui satisfait au moins à l'un des critères suivants:
- 1 hectare de surface agricole utile
- 30 ares de cultures spéciales (p. ex. vigne, cultures fruitières, petits fruits, légumes)
- 10 ares de cultures protégées (serres, tunnels)
- 8 (places pour) truies
- 80 (places pour) porcs à l'engrais
- 300 unités de volaille

Paiements directs
Contributions versées par l'Etat aux exploitants agricoles à titre d'indemnité pour leurs prestations écologiques et d'intérêt général.

Prestations écologiques requises
Les prestations écologiques requises (PER) fixent, au plan national, les principes d'une agriculture respectueuse de l'environnement. Il s'agit essentiellement des principes suivants: garde des animaux de rente respectueuse de l'espèce, bilan de fumure équilibré, part équitable de surfaces de compensation écologique, utilisation ciblée de produits phytosanitaires. Depuis 1999, les PER sont une condition préalable à l'octroi des paiements directs.

Revenu des facteurs
Dans l'agriculture, le revenu des facteurs représente l'ensemble de la valeur générée par le secteur agricole, et mesure la rémunération de tous les facteurs de production (terre, capital et travail).

Il est aussi appelé «valeur ajoutée nette au coût des facteurs», et se définit comme la valeur ajoutée nette aux prix de base (production aux prix de base moins la consommation intermédiaire moins les amortissements), de laquelle on déduit les autres impôts sur la production, et à laquelle on ajoute les autres subventions sur la production. Etant donné que la production est évaluée aux prix de base et la consommation intermédiaire aux prix d'acquisition, la valeur ajoutée nette aux prix de base inclut déjà les subventions sur produits et exclut déjà les impôts sur produits.

Revenu du travail
Excédent annuel réalisé par une exploitation, et qui sert de dédommagement pour le travail effectué dans l'exploitation par des membres de

(=1 GVE). Aufgrund von Umrechnungsfaktoren lassen sich die verschiedenen Arten von Nutztieren in GVE ausdrücken. Die Bezugsgrösse GVE wird im Rahmen der Direktzahlungen, der Strukturverbesserungen und im Gewässerschutzgesetz verwendet.

Landwirtschaftliche Nutzfläche (LN)
Verwendete Fläche für die Pflanzenproduktion ausser Sömmerungsflächen und Wälder.

Landwirtschaftsbetrieb
Als Landwirtschaftsbetrieb gilt ein landwirtschaftliches Unternehmen, welches ganzjährig Pflanzenbau und/oder Nutztierhaltung betreibt und mindestens eine der folgenden Bedingungen erfüllt:
- 1 ha Landwirtschaftliche Nutzfläche
- 30 Aren Spezialkulturen (z.B. Reben, Obstanlagen, Beeren, Gemüse)
- 10 Aren in geschütztem Anbau (Gewächshaus, Hochtunnel)
- 8 Mutterschweine, resp. -plätze
- 80 Mastschweine, resp. -plätze
- 300 Stück Geflügel

Ökologischer Leistungsnachweis
Der ökologische Leistungsnachweis (ÖLN) stellt auf gesamtschweizerischer Ebene die Regeln für die umweltschonende Flächenbewirtschaftung auf. Wesentliche Grundsätze sind dabei: artgerechte Nutztierhaltung, ausgeglichene Düngerbilanz, angemessener Anteil an ökologischen Ausgleichsflächen, gezielte Anwendung von Pflanzenbehandlungsmitteln. Der ÖLN gilt seit 1999 als Grundvoraussetzung für die Ausrichtung von Direktzahlungen.

Zonen
Die landwirtschaftlich genutzte Fläche der Schweiz wird in mehrere Zonen unterteilt. Bei den Förderungsmassnahmen des Bundes soll damit den unterschiedlichen landwirtschaftlichen Produktionsbedingungen besser Rechnung getragen werden. Die wichtigsten Abgrenzungskriterien sind: Klima, Verkehrslage, Oberflächengestaltung, Höhenlage, Exposition.

Laut landwirtschaftlichem Produktionskataster werden sechs Zonen unterschieden (wobei die Bergzone 4 die höchstgelegene ist), die in drei Gruppen zusammengefasst werden:
- Talgebiet (Talzone, Hügelzone);
- Berggebiet (Bergzone 1, Bergzone 2, Bergzone 3, Bergzone 4);
- Sömmerungsgebiet.

Bisweilen werden die sechs Zonen auch in drei Regionen zusammengefasst:
- Talregion (Talzone);
- Hügelregion (Hügelzone, Bergzone 1);
- Bergregion (Bergzonen 2–4).

la famille non salariés (revenu agricole moins intérêts fictifs du capital propre).

Surface agricole utile (SAU)
Surface utilisée pour la production végétale, à l'exception des surfaces d'estivage et des forêts.

Unité de gros bétail (UGB)
Le cheptel se mesure souvent en unités de gros bétail. Une UGB correspond à la consommation de fourrage et à la production de fumier et de lisier d'une vache. À l'aide d'un facteur normalisé, on peut calculer cette unité pour toutes les espèces d'animaux de rente. Les UGB sont utilisés dans le cadre des paiements directs, des améliorations structurelles et dans la loi sur la protection des eaux.

Valeur de production totale de l'agriculture
La valeur de production totale de l'agriculture est formée des valeurs des produits (biens et services) issus des activités agricoles ainsi que des activités secondaires non agricoles non séparables (transformation de biens agricoles et autres activités secondaires):
- ventes de produits (entre les exploitations agricoles et en dehors de l'agriculture),
- biens transformés par le producteur (la valeur du bien agricole brut est enregistré, pour autant que la transformation soit une activité séparable) et autoconsommation par le ménage,
- intraconsommation: végétaux produits et consommés au sein de l'exploitation pour l'affouragement et la litière,
- variations des stocks,
- production de capital fixe pour compte propre (en particulier les actifs cultivés: animaux de rente comme les vaches laitières et plantations comme les vignes ou les cultures arboricoles).

Zones
La surface agricole de la Suisse a été divisée en plusieurs zones. Cette subdivision doit permettre de mieux prendre en compte les différentes conditions de production dans l'agriculture en relation avec les mesures d'encouragement de la Confédération. Les principaux critères de délimitation sont le climat, les conditions de transport, la configuration topographique, l'altitude et l'exposition.

Selon le cadastre de la production agricole, on distingue six zones, qui peuvent être rassemblées en trois groupes (la zone de montagne 4 étant celle qui se trouve à l'altitude la plus élevée):
- Région de plaine (zone de plaine; zone des collines);
- Région de montagne (zone de montagne 1, zone de montagne 2, zone de montagne 3, zone de montagne 4);
- Régions d'estivage.

Un autre regroupement régional est également en usage. Les trois régions agricoles sont définies comme suit:
- Région de plaine (zone de plaine);
- Région des collines (zone des collines, zone de montagne 1;
- Région de montagne (zones de montagne 2 à 4).

Daten

Données

Landwirtschaft
Agriculture
Landwirtschaftsbetriebe: Grösse, Fläche   T 7.2.1.2
Exploitations agricoles: grandeur, surface

	1990	2000	2010	2011	2012	2013	2014	
Anzahl Betriebe	**92 815**	**70 537**	**59 065**	**57 617**	**56 575**	**55 207**	**54 046**	**Nombre d'exploitations**
Talgebiet, in %	58	59	59	59	59	59	59	Plaine, en %
Berggebiet, in %	42	41	41	41	41	41	41	Montagne, en %
mit einer Nutzfläche von								ayant une surface utile de
< 1 ha	6 868	3 609	2 999	2 462	2 424	2 246	2 261	< 1 ha
1–< 3 ha	13 076	4 762	3 660	3 661	3 609	3 477	3 354	1–< 3 ha
3–< 5 ha	8 256	5 393	3 375	3 224	3 092	2 937	2 793	3–< 5 ha
5–< 10 ha	18 885	13 149	9 280	8 935	8 491	8 087	7 688	5–< 10 ha
10–< 20 ha	31 598	24 984	19 305	18 728	18 203	17 514	16 731	10–< 20 ha
20–< 30 ha	9 951	11 674	11 432	11 320	11 199	11 147	11 121	20–< 30 ha
30–< 50 ha	3 507	5 759	7 050	7 208	7 366	7 486	7 651	30–< 50 ha
50 ha und mehr	674	1 207	1 964	2 079	2 191	2 313	2 447	50 ha et plus
Anzahl Betriebe mit landwirtschaftlicher Nutzfläche	**91 662**	**69 446**	**57 728**	**56 777**	**55 766**	**54 391**	**53 204**	**Nombre d'exploitations ayant une surface agricole utile**
mit offenem Ackerland	50 558	37 111	28 710	28 138	27 610	27 035	26 424	ayant des terres ouvertes
mit Getreideanbau	42 957	31 521	23 643	22 926	22 724	22 195	21 556	ayant des cultures de céréales
Betriebe von hauptberuflichen Landwirten	**64 242**	**49 239**	**41 434**	**40 613**	**40 239**	**39 344**	**38 837**	**Exploitations d'agriculteurs à titre principal**
Talgebiet, in %	61	62	61	61	60	60	61	Plaine, en %
Berggebiet, in %	39	38	39	39	40	40	39	Montagne, en %
mit einer Nutzfläche von								ayant une surface utile de
< 1 ha	1 715	1 070	1 110	831	806	766	835	< 1 ha
1–< 3 ha	1 930	1 203	1 003	985	973	940	899	1–< 3 ha
3–< 5 ha	2 846	1 178	928	901	903	833	809	3–< 5 ha
5–< 10 ha	14 269	6 237	4 207	4 017	3 753	3 548	3 380	5–< 10 ha
10–< 20 ha	29 766	21 564	15 048	14 569	14 209	13 506	12 887	10–< 20 ha
20–< 30 ha	9 670	11 171	10 429	10 334	10 310	10 220	10 181	20–< 30 ha
30–< 50 ha	3 397	5 632	6 768	6 921	7 112	7 239	7 420	30–< 50 ha
50 ha und mehr	649	1 184	1 941	2 055	2 173	2 292	2 426	50 ha et plus

Quellen: BFS – Landwirtschaftliche Betriebszählungen, Landwirtschaftliche Betriebsstrukturerhebungen   Sources: OFS – Recensements des entreprises agricoles, Relevés des structures agricoles

Biologischer Landbau: Betriebe, Betriebsgrösse / Agriculture biologique: exploitations, classes de grandeur

T 7.2.1.3

	Anzahl Betriebe / Nombre d'exploitations				Landwirtschaftliche Nutzfläche (LN) / Surface agricole utile (SAU)				
	2011	2012	2013	2014	2011 ha	2012 ha	2013 ha	2014 ha	
Total	5 757	5 895	6 047	6 195	116 189	121 788	128 140	133 973	Total
Landw. Nutzfläche in ha									**Surface agricole utile en ha**
0–3	111	112	105	114	217	221	201	218	0–3
3–10	1 196	1 176	1 169	1 184	8 093	7 979	7 958	8 054	3–10
10–20	2 033	2 072	2 075	2 062	30 018	30 680	30 795	30 652	10–20
20–30	1 380	1 413	1 462	1 496	33 743	34 637	35 761	36 631	20–30
30–50	848	903	999	1 074	31 432	33 494	37 265	40 333	30–50
50 und mehr	189	219	237	265	12 686	14 776	16 160	18 085	50 et plus
Zonen									**Zones**
Talzone [1]	1 271	1 328	1 407	1 459	26 199	28 065	30 197	31 982	Zone de plaine [1]
Hügelzone	591	625	655	662	11 413	12 394	13 156	13 472	Zone des collines
Bergzonen									Zones de montagne
Zone 1	777	791	800	820	13 521	14 197	14 729	15 129	Zone 1
Zone 2	1 095	1 128	1 138	1 161	20 526	21 579	22 205	22 990	Zone 2
Zone 3	1 309	1 310	1 324	1 349	27 741	28 291	29 728	30 990	Zone 3
Zone 4	714	713	723	744	16 789	17 262	18 126	19 410	Zone 4

[1] Ab 2008 ersetzt die Talzone die drei folgenden Zonen, die bisher verwendet wurden: die Ackerbauzone, die erweiterte Übergangszone und die Übergangszone.

[1] A partir de 2008, la zone de plaine a remplacé les trois zones précédemment en usage: la zone de grandes cultures, la zone intermédiaire élargie et la zone intermédiaire.

Quellen: BFS – Landwirtschaftliche Betriebszählungen, Landwirtschaftliche Betriebsstrukturerhebungen

Sources: OFS – Recensements des entreprises agricoles, Relevés des structures agricoles

Landwirtschaftsbetriebe: Beschäftigte und technische Ausrüstung / Exploitations agricoles: main-d'œuvre et équipement technique

T 7.2.1.4

	1990	1996	2003	2010	2013	2014	
Beschäftigte							**Main-d'oeuvre**
Total	253 561	225 149	193 179	167 462	158 919	158 762	Total
davon Frauen in %	36	33	37	37	37	37	dont femmes en %
Vollzeit	127 565	121 476	90 516	74 339	71 390	71 574	à plein temps
davon Frauen in %	15	23	20	18	18	18	dont femmes en %
Teilzeit	125 996	103 673	102 663	93 123	87 529	87 188	à temps partiel
davon Frauen in %	57	45	52	52	52	52	dont femmes en %
Betriebsleiter/innen mit Meister- oder Bäuerinnenprüfung	7 176	8 439	...	...	...	...	Chefs d'exploitation titulaires de la maîtrise ou examen de paysanne
Ausrüstung							**Equipement**
Vierrad- und Raupentraktoren (ohne Jeeps)	112 225	112 008	107 828	106 504	...	...	Tracteurs à deux essieux ou à chenilles (sans les jeeps)
Transporter	24 102	24 187	20 559	17 105	...	...	Transporteurs
Gezogene Ladewagen	49 008	41 238	36 287	42 033	...	...	Chars autochargeurs tractés
Einachstraktoren und Motormäher	91 085	82 759	68 999	69 581	...	...	Tracteurs monoaxes et motofaucheuses
Melkanlagen	60 630	56 298	46 259	36 512	...	...	Installations de traite mécanique
Heubelüftung	43 435	44 833	...	...	...	...	Installations de séchage en grange
Betriebe mit Silobehältern	34 079	35 043	...	...	...	...	Exploitations dotées de silos

Quellen: BFS – Landwirtschaftliche Betriebszählungen, Landwirtschaftliche Betriebsstrukturerhebungen

Sources: OFS – Recensements des entreprises agricoles, Relevés des structures agricoles

Landwirtschaftliche Nutzfläche[1]. Flächen in Hektaren, ohne Sömmerungsweiden
Surface agricole utile[1]. Surfaces en hectares, sans les alpages

T 7.2.2.1

	1990	2000	2010	2011	2012	2013	2014	
Total	1 066 980	1 072 492	1 051 747	1 051 866	1 051 063	1 049 923	1 051 183	Total
Offenes Ackerland	312 771	292 548	271 968	269 496	269 454	271 828	271 474	Terres ouvertes
Getreide	211 845	182 669	151 513	145 271	146 932	147 460	143 416	Céréales
Kartoffeln	17 764	14 153	10 874	11 250	10 875	11 039	11 341	Pommes de terre
Zuckerrüben	13 783	17 725	17 842	19 378	19 211	19 893	21 040	Betteraves sucrières
Futterrüben	3 598	2 897	924	857	712	626	584	Betteraves fourragères
Freilandgemüse	6 545	8 459	9 460	10 008	9 708	9 944	10 432	Légumes de pleine terre
Silomais	38 797	40 486	46 759	47 643	46 782	46 334	46 399	Maïs à ensiler
Andere Ackergewächse	20 440	26 159	34 597	35 088	35 233	36 533	38 261	Autres cultures des champs
Kunstwiesen	90 319	115 490	131 782	133 555	133 564	131 073	127 953	Prairies artificielles
Naturwiesen und Weiden (ohne Sömmerungsweiden)	634 719	629 416	611 884	612 398	611 231	609 687	613 155	Prés naturels et pâturages (sans les alpages)
Rebland	12 403	13 223	13 095	13 027	13 100	13 034	13 243	Vigne
Obstanlagen	7 336	7 857	7 359	7 451	7 345	7 291	7 183	Cultures fruitières
Streueland und übrige LN	9 432	13 957	15 660	15 939	16 370	17 010	18 174	Surfaces à litière et autres SAU
Lage								**Situation**
Talgebiet in %	62	61	61	61	61	61	61	Plaine en %
Berggebiet in %	38	39	39	39	39	39	39	Montagne en %

1 Inbegriffen ist die Nutzfläche, die Betrieben in der Schweiz zugeordnet werden, sich jedoch ausserhalb der Landesgrenze befinden.

Quellen: BFS – Landwirtschaftliche Betriebszählungen, Landwirtschaftliche Betriebsstrukturerhebungen

1 Y compris la surface utile gérée par une exploitation suisse, mais située à l'étranger.

Sources: OFS – Recensements des entreprises agricoles, Relevés des structures agricoles

Nutztierhalter und Nutztierbestände, Entwicklung
Détenteurs d'animaux de rente et effectifs d'animaux de rente, évolution

T 7.2.3.2

	1990	2000	2010	2011	2012	2013	2014	
Nutztierhalter								**Détenteurs**
Viehhalter	77 689	60 096	50 018	48 706	47 772	46 621	45 711	de bétail
Rindviehhalter	65 484	50 834	41 095	40 309	39 523	38 546	37 742	de bovins
Pferdehalter	11 621	10 739	9 621	9 018	8 892	8 671	8 528	de chevaux
Schweinehalter	24 971	15 347	8 848	8 324	7 764	7 277	7 045	de porcs
Schafhalter	14 593	12 565	9 779	9 428	9 169	8 903	8 700	de moutons
Ziegenhalter[1]	9 054	8 496	6 976	6 612	6 539	6 466	6 333	de chèvres[1]
Nutzhühnerhalter	34 776	20 727	13 500	12 753	12 414	11 982	11 953	de poules
Bestände								**Effectifs**
Rindvieh[2]	1 858 187	1 588 005	1 591 233	1 577 407	1 564 631	1 557 474	1 562 801	Bovins[2]
davon Kühe	790 904	714 292	700 315	699 947	705 642	703 489	705 371	dont vaches
Pferde	37 712	50 347	62 113	57 246	58 031	57 243	57 200	Chevaux
Schweine	1 775 810	1 498 223	1 588 998	1 578 687	1 544 017	1 484 732	1 498 321	Porcs
Schafe	354 582	420 740	434 083	424 018	417 274	409 493	402 772	Moutons
Ziegen[1]	60 764	66 972	86 987	86 215	88 089	87 935	87 817	Chèvres[1]
Nutzhühner	6 446 165	6 789 720	8 943 676	9 390 871	9 878 279	10 003 437	10 644 412	Poules
davon Lege- und Zuchthühner	2 751 988	2 150 303	2 438 051	2 437 016	2 520 633	2 588 580	2 665 143	dont poules pondeuses et d'élevage

1 Inkl. Zwergziegenhalter beziehungsweise Zwergziegen
2 Daten ab 2009 aus der Tierverkehrsdatenbank (TVD)

Quelle: BFS – Landwirtschaftliche Betriebszählung

1 Détenteurs de chèvres naines respectivement chèvres naines y compris
2 Chiffres à partir de 2009 provenant de la banque de données sur le trafic des animaux (BDTA)

Source: OFS – Recensement fédéral des entreprises agricoles

Verwertung der gemolkenen Milch. 2014
Mise en valeur du lait trait. En 2014

T 7.2.4.4

	Verwertete Vollmilch[1] Utilisation du lait entier[1]		Gewicht der Milchprodukte Poids des produits laitiers		
	1000 t	%	1000 t	%	
Total	**4 099**	**100**	**4 099**	**100**	**Total**
Käse	1 507	37	185	5	Fromage
Konsummilch	452	11	518[2]	13	Lait de consommation
Rahmproduktion / Rahmverdünnung	281	7	69	2	Production de crème
Jogurt und Spezialitäten	222	5	218	5	Yogourts et spécialités
Dauermilchwaren	381	9	57	1	Conserves de lait
Butter	572	14	48	1	Beurre
Andere Verwertung, Gewichtsdifferenzen	172	4	...	...	Perte de poids par dessiccation, etc.
Tierfütterung					Affouragement des animaux
Vollmilch	512	12	512	15	Lait entier
Mager-, Buttermilch und Schotte	–	–	...	...	Lait écrémé, babeurre et petit-lait

1 Nach Milchäquivalent; ein Milchäquivalent entspricht einem kg Milch mit 73 g Eiweiss und Fett.
2 Für den Konsum bestimmte Magermilch inbegriffen

Quelle: SBV – Milchstatistik

1 En équivalent lait; un équivalent lait correspond au contenu d'un kg de lait à 73 g de protéines et matière grasse.
2 Y compris le lait écrémé destiné à la consommation

Source: USP – Statistique laitière

Fleischbilanz. 2014
Bilan de la viande. En 2014

T 7.2.4.5

	Inlandproduktion Production indigène		Fleisch ohne Knochen, Nettogewicht Viande désossée, poids net				
	Anzahl Schlachtungen[1] Nombre d'abattages[1]	Schlachtkörpergewicht Poids à l'abattage	Inlandproduktion Production indigène	Einfuhrüberschuss und Vorräteveränderung Excédent à l'importation et variation des stocks	Verbrauch Consommation	Pro Person Par personne	
		t	t	t	t	kg[2]	
Fleisch, Total	...	**493 068**	**335 729**	**85 196**	**420 926**	**50,7**	**Viande, total**
Stiere, Ochsen, Kühe und Rinder	398 664	112 890	73 151	19 882	93 034	11,2	Taureaux, boeufs, vaches et génisses
Kälber	251 476	30 297	20 602	512	21 114	2,5	Veaux
Schweine	2 751 441	241 999	179 079	11 394	190 473	22,9	Porcs
Schafe	239 647	4 935	3 455	5 767	9 221	1,1	Moutons
Ziegen	46 529	477	334	221	556	0,1	Chèvres
Pferde	2 897	691	360	3 448	3 807	0,5	Chevaux
Geflügel	...	84 507	43 037	43 361	86 398	10,4	Volaille
Kaninchen	...	1 347	912	840	1 752	0,2	Lapins
Wild	...	2 204	1 080	2 800	3 880	0,5	Gibier
Fleisch a.n.g. und allgemein[3]	...	...	...	290	290	0,0	Viande n.d.a. et en général[3]
Organteile	...	13 720	13 720	-3 319	10 401	1,3	Abats

1 Inländische Tiere, inbegriffen Hausschlachtungen
2 Der Fleischverbrauch pro Person wird berechnet, indem man die Fleischmenge teilt durch die durchschnittliche Wohnbevölkerung, einschliesslich der Hotelübernachtungen von ausländischen Gästen (2014: 8 300 000 Personen)
3 Fleisch von anderwertig nicht genannten Tieren oder nicht definiertes Fleisch aus dem Aussenhandel

Quelle: SBV – Fleischbilanz

1 Animaux indigènes y compris ceux qui sont abattus dans les fermes
2 On calcule la consommation de viande par habitant en divisant la quantité consommée par la population résidante moyenne plus les visiteurs étrangers, comptés en fonction de leurs nuitées d'hôtel (2014: 8 300 000 personnes)
3 Espèces animales n.d.a. et viande non définie dans le commerce extérieur

Source: USP – Bilan de la viande

Index der Preise landwirtschaftlicher Erzeugnisse, Produzentenpreise. Index Dezember 2010 = 100 — T 7.2.5.1
Indice des prix à la production des produits agricoles. Indice décembre 2010 = 100

	Gewichtung Pondération	2008	2009	2010	2011	2012	2013	2014	
Landwirtschaftliche Produkte, Total	100	114,3	104,3	100,7	100,7	98,8	106,7	106,5	Produits agricoles, total
Getreide	5,1	116,0	112,7	100,0	101,2	103,0	103,0	103,0	Céréales
Handelsgewächse	3,3	...	...	...	102,1	104,0	102,9	101,1	Plantes industrielles
Futterpflanzen	0,9	95,6	94,9	93,8	100,6	97,0	89,1	89,2	Plantes fourragères
Frischgemüse	7,6	98,4	92,3	99,5	99,9	98,6	108,0	106,5	Légumes frais
Kartoffeln	2,2	98,8	101,3	101,1	99,1	97,2	106,7	104,8	Pommes de terre
Obst	7,3	97,3	100,7	100,4	98,8	94,4	93,6	94,2	Fruits
Wein	5,6	...	...	...	100,0	99,5	99,3	99,7	Vin
Rindvieh	12,4	...	...	...	97,9	98,7	102,1	103,2	Bovins
Schweine	14,6	149,7	130,7	115,5	109,0	104,5	134,9	126,6	Porcs
Schafe	0,7	116,1	104,5	99,7	109,6	110,5	115,7	119,7	Ovins
Geflügel	3,0	...	...	...	99,3	99,5	101,1	101,1	Volaille
Rohmilch	34,7	119,4	101,3	98,2	98,8	95,8	102,0	105,1	Lait cru
Eier	2,4	99,2	100,3	100,2	100,2	99,9	100,8	100,8	Œufs
Sonstige tierische Erzeugnisse	0,1	100,0	100,0	100,0	99,9	104,1	104,1	104,1	Autres produits animaux

Quelle: SBV – Agristat

Source: UPS – Agristat

Index der Preise landwirtschaftlicher Produktionsmittel — T 7.2.5.2
Einkaufspreisindex landwirtschaftlicher Produktionsmittel, Index Dezember 2010 = 100
Indice des prix des moyens de production agricole
Indice des prix d'achat des agents de production agricole, indice décembre 2010 = 100

	Gewichtung Pondération	Jahresmittel Moyenne annuelle							
		2008	2009	2010	2011	2012	2013	2014	
Landwirtschaftliche Produktionsmittel, Total	100	102,4	101,8	100,0	100,6	100,6	100,6	100,0	Agents de production agricole, total
Saat- und Pflanzgut	4,8	98,4	100,1	100,4	99,3	98,3	99,3	100,4	Semences et plants
Energie- und Schmierstoffe	6,3	109,6	92,1	98,2	105,8	109,7	106,8	103,5	Energie et lubrifiants
Dünge- und Bodenverbesserungsmittel	2,9	129,8	116,0	95,6	102,4	102,8	101,6	99,5	Engrais et amendements
Pflanzenschutz- und Schädlingsbekämpfungsmittel	2,0	97,6	101,0	100,0	97,5	96,4	96,6	96,4	Produits phytosanitaires et antiparasitaires
Futtermittel	24,3	108,4	104,7	100,3	100,7	101,3	103,1	103,1	Aliments pour animaux
Instandhaltung von Maschinen und Geräten	7,3	98,4	100,0	100,1	100,3	100,5	99,1	98,8	Entretien des machines et de l'équipement
Instandhaltung von Bauten	3,1	99,0	100,4	100,4	100,3	99,2	99,0	99,7	Entretien des bâtiments
Tierarzt und Medikamente	2,7	102,2	102,7	101,5	100,5	99,8	98,1	97,0	Vétérinaire et médicaments
Sonstige Waren und Dienstleistungen	24,0	96,8	100,1	99,8	100,3	99,9	99,3	97,7	Autres biens et services
Ausrüstungsgüter (Maschinen, Einrichtungen, Fahrzeuge)	13,4	98,8	103,8	102,4	98,5	96,9	96,6	96,8	Biens d'équipements (machines, équipements, véhicules)
Bauten	8,0	100,4	100,0	98,7	101,4	101,9	102,6	102,8	Constructions

Quelle: SBV – Agristat

Source: UPS – Agristat

Buchhaltungsergebnisse der landwirtschaftlichen Betriebe
Résultats comptables des exploitations agricoles

T 7.2.5.3

	Einheit	Talregion[4] / Région de plaine[4] 2013	2014	Hügelregion[5] / Région des collines[5] 2013	2014	Bergregion[6] / Région de montagne[6] 2013	2014	Unité	
Referenzbetriebe	Anzahl	1 108	1 015	830	726	717	654	Nombre	Exploitations de référence
Vertretene Betriebe	Anzahl	20 304	19 853	12 338	11 975	12 322	11 960	Nombre	Exploitations représentées
Betriebsstruktur									**Structure d'exploitation**
Landwirtschaftliche Nutzfläche	ha	23,6	23,9	20,8	21,0	21,7	22,0	ha	Surface agricole utile
Offene Ackerfläche	ha	10,7	10,8	3,4	3,3	0,2	0,1	ha	Terres ouvertes
Tierbestand total	GVE[1]	27,4	28,8	30,0	30,5	21,7	22,4	UGB[1]	Animaux, total
Kapitalstruktur									**Structure du capital**
Aktiven total	Fr.	1 064 828	1 128 853	921 474	945 176	747 050	781 727	fr.	Actifs totaux
Fremdfinanzierungsgrad	%	45	46	49	49	45	44	%	Part de capitaux étrangers
Zinsanspruch Eigenkapital Betrieb[2]	Fr.	5 100	4 118	4 117	3 289	3 591	2 976	fr.	Intérêt calculé du capital propre de l'exploitation[2]
Erfolgsrechnung									**Compte d'exploitation**
Rohleistung	Fr.	331 957	353 274	261 978	273 590	184 491	198 094	fr.	Prestation brute totale
davon Direktzahlungen	Fr.	60 365	58 130	62 821	62 726	72 335	78 748	fr.	dont paiements directs
Sachkosten	Fr.	214 518	227 001	175 030	179 801	121 450	126 890	fr.	Charges matérielles
Betriebseinkommen	**Fr.**	**117 439**	**126 273**	**86 947**	**93 789**	**63 042**	**71 204**	**fr.**	**Revenu de l'exploitation**
Personalkosten	Fr.	27 934	30 807	15 217	15 895	8 240	9 465	fr.	Frais de main-d'œuvre
Schuldzinsen, übriger Finanzaufwand/-ertrag	Fr.	7 339	7 150	6 441	6 310	4 658	4 482	fr.	Service de la dette, autres charges/produits financiers
Pacht- und Mietzinsen	Fr.	10 190	10 217	6 039	6 265	4 071	4 049	fr.	Fermage/location
Fremdkosten	Fr.	259 980	275 174	202 727	208 271	138 419	144 886	fr.	Charges réelles
Landwirtschaftliches Einkommen	**Fr.**	**71 977**	**78 100**	**59 251**	**65 319**	**46 073**	**53 208**	**fr.**	**Revenu agricole**
Ausserlandwirtschaftl. Einkommen	Fr.	27 711	26 870	27 637	25 928	25 653	25 774	fr.	Revenu extra-agricole
Gesamteinkommen	**Fr.**	**99 688**	**104 970**	**86 888**	**91 247**	**71 726**	**78 982**	**fr.**	**Revenu total**
Privatverbrauch der Familie	Fr.	80 677	82 933	69 852	70 172	58 846	61 007	fr.	Consommation de la famille
Eigenkapitalbildung	**Fr.**	**19 011**	**22 037**	**17 036**	**21 075**	**12 880**	**17 975**	**fr.**	**Formation de capital propre**
Arbeitsverdienst je Familienarbeitskraft[3] (Mittelwert)	Fr./FJAE	57 812	63 586	45 674	51 503	32 535	38 246	fr./UTAF	Revenu du travail de la main-d'œuvre familiale[3] (moyenne)

1 Grossvieheinheiten; siehe Glossar
2 Verzinsung zum mittleren Zinssatz der Bundesobligationen (2014: 0,73%)
3 Landwirtschaftliches Einkommen minus Zinsanspruch Eigenkapital je Familien-Jahresarbeitseinheiten (FJAE)
4 Talzone
5 Hügelzone, Bergzone 1
6 Bergzonen 2–4

Quelle: Agroscope

1 Unités de gros bétail; voir glossaire
2 Taux d'intérêt moyen des obligations de la Confédération (2014: 0,73%)
3 Rapport entre le revenu agricole moins les intérêts sur le capital propre et les unités de travail annuel de la famille (UTAF)
4 Zone de plaine
5 Zone des collines, zone de montagne 1
6 Zones de montagne 2–4

Source: Agroscope

Bundesausgaben für die Landwirtschaft und die Ernährung [1]
Dépenses fédérales pour l'agriculture et l'alimentation [1]

T 7.2.5.4

	1990	2000	2010	2011	2012	2013	2014	
Total Landwirtschaft und Ernährung								**Total agriculture et alimentation**
In Millionen Franken	2 513,3	3 572,9	3 665,7	3 663,0	3 711,1	3 706,0	3 692,5	En millions de francs
Index 1990 = 100	100	142	146	146	148	147	147	Indice 1990 = 100
In Millionen Franken								**En millions de francs**
Verwaltung, Vollzug und Kontrolle	25,5	42,8	115,1	118,4	122,6	121,6	122,6	Administration, exécution et contrôle
Verwaltung	25,5	42,8	55,2	55,1	54,6	54,2	55,8	Administration
Beratung	–	–	12,2	12,0	12,0	12,0	12,0	Vulgarisation
Vollzug und Kontrolle	–	–	47,7	51,2	56,0	55,3	54,8	Exécution et contrôle
Verbesserung der Produktionsgrundlagen	228,5	248,3	178,8	143,2	189,7	187,4	181,9	Amélioration des bases de production
Strukturverbesserungen	156,6	188,3	132,0	96,0	141,0	138,8	134,2	Améliorations structurelles
Zuchtverbesserungen	39,7	31,8	45,2	45,7	46,8	46,5	45,6	Améliorations de l'élevage
Pflanzenschutz	32,2	28,2	1,6	1,5	1,9	2,1	2,1	Protection des plantes
Produktion und Absatz	1 484,8	1 065,4	504,8	517,1	504,3	520,1	500,7	Production et ventes
Absatzförderung	114,3	59,5	–	–	–	–	–	Promotion des ventes
Milchwirtschaft	954,5	716,2	291,9	295,3	300,7	301,3	295,5	Economie laitière
Viehwirtschaftliche Produktion	–	26,2	10,2	12,4	11,5	11,8	11,9	Production animale
Pflanzenbau	416,0	263,5	70,1	77,7	72,0	80,5	63,6	Production végétale
Übrige Marktstützung	–	–	132,6	131,7	120,1	126,4	129,7	Autre soutien du marché
Direktzahlungen und soziale Massnahmen	774,5	2 216,5	2 867,1	2 884,3	2 894,5	2 876,9	2 887,2	Paiements directs et mesures sociales
Direktzahlungen	707,6	2 114,5	2 769,3	2 794,9	2 809,2	2 798,7	2 814,9	Paiements directs
Soziale Massnahmen	66,9	102,0	97,8	89,4	85,3	78,2	72,4	Mesures sociales
Index 1990 = 100								**Indice 1990 = 100**
Verwaltung, Vollzug und Kontrolle	100	167	451	464	480	476	480	Administration, exécution et contrôle
davon Verwaltung	100	167	216	216	214	212	219	dont administration
Verbesserung der Produktionsgrundlagen	100	109	78	63	83	82	80	Amélioration des bases de production
Strukturverbesserungen	100	120	84	61	90	89	86	Améliorations structurelles
Zuchtverbesserungen	100	80	114	115	118	117	115	Améliorations de l'élevage
Pflanzenschutz	100	88	5	5	6	7	6	Protection des plantes
Produktion und Absatz	100	72	34	35	34	35	34	Production et ventes
Absatzförderung	100	52	–2	–1	–	–	–	Promotion des ventes
Milchwirtschaft	100	75	31	31	32	32	31	Economie laitière
Pflanzenbau	100	63	17	19	17	19	15	Production végétale
Direktzahlungen und soziale Massnahmen	100	286	370	372	374	371	373	Paiements directs et mesures sociales
Direktzahlungen	100	299	391	395	397	396	398	Paiements directs
Soziale Massnahmen	100	153	146	134	128	117	108	Mesures sociales

1 Serie im Jahr 2008 revidiert.
Quelle: EFV

1 Série révisée en 2008
Source: AFF

Bundesausgaben für Direktzahlungen. In 1000 Franken, 2014
Dépenses fédérales en faveur des paiements directs. En milliers de francs, en 2014

T 7.2.5.5

	Total	Talregion[1] Région de plaine[1]	Hügelregion[2] Région des collines[2]	Bergregion[3] Région de montagne[3]	Sömmerungsgebiet Région d'estivage	
Total Direktzahlungen	**2 773 464**	**1 030 047**	**693 883**	**899 337**	**150 198**	**Total paiements directs**
Kulturlandschaftsbeiträge	**495 727**	**35 687**	**99 116**	**239 876**	**121 048**	**Contributions au paysage cultivé**
Offenhaltungsbeitrag	140 621	3 383	40 017	97 220	–	Contribution pour le maintien d'un paysage ouvert
Hangbeitrag	107 266	3 097	35 726	68 443	–	Contribution pour surfaces en pente
Steillagenbeitrag	13 448	17	810	12 621	–	Contribution pour surfaces en forte pente
Hangbeitrag für Rebflächen	11 720	11 720	–	–	–	Contribution pour surfaces viticoles en pente
Alpungsbeitrag	101 624	17 469	22 563	61 592	–	Contribution de mise à l'alpage
Sömmerungsbeitrag	121 048	–	–	–	121 048	Contribution d'estivage
Versorgungssicherheitsbeiträge	**1 096 114**	**487 784**	**291 372**	**316 958**	**–**	**Contributions à la sécurité de l'approvisionnement**
Basisbeitrag	823 976	388 769	211 721	223 486	–	Contribution de base
Produktionserschwernisbeitrag	160 342	5 557	63 043	91 742	–	Contribution pour la production dans des conditions difficiles
Beitrag für die offene Ackerfläche und für Dauerkulturen	111 796	93 458	16 608	1 730	–	Contribution pour terres ouvertes et cultures pérennes
Biodiversitätsbeiträge	**364 108**	**152 888**	**82 253**	**106 802**	**22 163**	**Contributions à la biodiversité**
Qualitätsbeitrag	283 998	123 017	63 573	75 245	22 163	Contribution pour la qualité
Vernetzungsbeitrag	80 109	29 871	18 680	31 557	–	Contribution pour la mise en réseau
Landschaftsqualitätsbeitrag	**70 153**	**21 306**	**13 337**	**28 437**	**7 073**	**Contribution à la qualité du paysage**
Produktionssystemsbeiträge	**439 465**	**189 638**	**125 032**	**124 795**	**–**	**Contributions au système de production**
Beitrag für biologische Landwirtschaft	40 359	17 768	7 871	14 720	–	Contribution pour l'agriculture biologique
Beitrag für extensive Produktion von Getreide, Sonnenblumen, Eiweisserbsen, Ackerbohnen und Raps	31 879	23 873	7 483	523	–	Contribution pour la culture extensive de céréales, de tournesols, de pois protéagineux, de féveroles et de colza
Beitrag für graslandbasierte Milch- und Fleischproduktion	104 822	24 777	30 988	49 057	–	Contribution pour la production de lait et de viande basée sur les herbages
Tierwohlbeiträge	262 406	123 219	78 691	60 496	–	Contributions au bien-être des animaux
Ressourceneffizienzbeiträge	**6 335**	**4 840**	**1 094**	**401**	**–**	**Contributions à l'utilisation efficiente des ressources**
Beitrag für emissionsmindernde Ausbringverfahren	2 167	1 330	519	318	–	Contribution pour des techniques d'épandage diminuant les émissions
Beitrag für schonende Bodenbearbeitung	3 873	3 244	551	77	–	Contribution pour des techniques culturales préservant le sol
Beitrag für den Einsatz von präziser Applikationstechnik	295	266	24	5	–	Contribution pour l'utilisation de techniques d'application précise des produits phytosanitaires
Übergangsbeitrag	**307 830**	**140 963**	**83 161**	**83 706**	**–**	**Contribution de transition**
Kürzungen / Vor- Nachzahlungen/ Begrenzung usw.	**6 268**	**3 059**	**1 484**	**1 639**	**86**	**Réductions**

1 Talzone
2 Hügelzone, Bergzone 1
3 Bergzonen 2–4
Quelle: BLW

1 Zone de plaine
2 Zone des collines, zone de montagne 1
3 Zones de montagne 2–4
Source: OFAG

Forstwirtschaft
Sylviculture
Waldfläche und Holznutzung. 2014
Surface boisée et exploitation du bois. En 2014

T 7.3.2.1

	Waldfläche, Total Surface boisée, total	Nutzung Exploitation Total	Holzart Groupe d'essences		Sortimentsgruppe Groupe de catégories				
			Nadelholz Résineux	Laubholz Feuillus	Stammholz Grumes	Industrieholz Bois d'industrie	Energieholz Bois d'énergie	Übrige Autres	
	ha	m³	%	%	%	%	%	%	
Schweiz	1 260 398	4 913 214	64,7	35,3	52,5	10,7	36,6	0,3	Suisse
Jura	231 121	1 158 723	53,4	46,6	49,0	18,7	32,2	0,1	Jura
Mittelland	226 949	1 723 547	54,9	45,1	46,3	10,4	43,0	0,2	Plateau
Voralpen	233 234	1 123 035	76,8	23,2	61,4	7,6	30,7	0,3	Préalpes
Alpen	392 389	765 114	85,5	14,5	60,9	5,5	33,7	0,5	Alpes
Alpensüdseite	176 705	142 795	66,9	33,1	39,9	1,1	56,8	0,1	Versant sud des Alpes

Quelle: BAFU, BFS – Schweizerische Forststatistik

Source: OFEV, OFS – Statistique forestière suisse

Rohholzbilanz. In 1000 m³
Bilan du bois brut. En milliers de m³

T 7.3.2.6

	1990	1995	2000	2010	2011	2012	2013	2014	
Inlandnutzung	6 262	4 678	9 238	5 129	5 075	4 658	4 778	4 913	**Récolte indigène**
Exporte	1 146	1 202	4 211	1 716	1 749	1 551	1 438	1 471	**Exportations**
Stammholz	1 089	1 005	3 706	682	817	700	658	675	Grumes
Industrieholz	16	12	42	113	109	101	82	89	Bois d'industrie
Energieholz	9	14	39	25	18	15	10	8	Bois-énergie
Restholz[1]	28	144	382	897	805	735	688	699	Sous-produits de scierie[1]
Importe	750	889	795	667	676	543	772	669	**Importations**
Stammholz	154	149	194	190	95	80	103	89	Grumes
Industrieholz	118	128	95	97	151	77	144	83	Bois d'industrie
Energieholz	5	4	6	11	14	13	14	15	Bois-énergie
Restholz[1]	402	500	410	369	415	373	511	481	Sous-produits de scierie[1]
Errechneter Rohholzverbrauch im Inland	5 866	4 365	4 322[2]	4 079	4 003	3 651	4 113	4 111	**Consommation indigène de bois brut**

[1] Aufgrund neu hergeleiteter Umrechnungsfaktoren sind die Daten für das Restholz (Holzschnitzel, Sägemehl, Pellets und Holzausschuss) nicht mit früheren Werten vergleichbar.
[2] 2000: Exklusive 1,5 Mio. m³ Lothar-Holzlager

Quelle: BAFU, BFS – Schweizerische Forststatistik

[1] Suite a l'application de nouveaux facteurs de conversion, les chiffres des sous-produits de scierie des années antérieures ne sont pas comparables.
[2] Non-compris en 2000: 1,5 mio m³ entreposage de bois de «Lothar»

Source: OFEV, OFS – Statistique forestière suisse

Gesamtrechnungen und Satellitenkonten des Primärsektors
Comptes économiques et satellites du secteur primaire
Branchenkonten des Primärsektors[1]. Zu laufenden Preisen, in Millionen Franken
Les comptes des branches du secteur primaire[1]. Aux prix courants, en millions de francs

T 7.4.1.1

	2010	2011	2012	2013p	2014e	
Produktionskonto						**Compte de production**
Produktionswert (Gesamtproduktionswert zu Herstellungspreisen)	11 188	11 314	11 131	11 329	11 710	Production totale aux prix de base
Marktproduktion	10 733	10 837	10 697	10 844	11 212	Production marchande
Nichtmarktproduktion für die Eigenverwendung	455	477	434	485	499	Production pour usage final propre
Vorleistungen	6 852	6 911	6 944	6 897	6 962	Consommation intermédiaire
Bruttowertschöpfung zu Herstellungspreisen	**4 337**	**4 403**	**4 186**	**4 433**	**4 749**	**Valeur ajoutée brute aux prix de base**
Abschreibungen	2 390	2 360	2 318	2 314	2 308	Consommation de capital fixe
Nettowertschöpfung zu Herstellungspreisen	**1 947**	**2 044**	**1 868**	**2 118**	**2 441**	**Valeur ajoutée nette aux prix de base**
Einkommenentstehungskonto						**Compte d'exploitation**
Bruttowertschöpfung zu Herstellungspreisen	4 337	4 403	4 186	4 433	4 749	Valeur ajoutée brute aux prix de base
Arbeitnehmerentgelt	1 651	1 651	1 658	1 658	1 678	Rémunération des salariés
Sonstige Produktionsabgaben	182	190	205	195	183	Autres impôts sur la production
Sonstige Subventionen	3 018	3 069	3 084	3 080	3 087	Autres subventions sur la production
Bruttobetriebsüberschuss / Brutto Selbständigeneinkommen	**5 521**	**5 631**	**5 407**	**5 659**	**5 975**	**Excédent brut d'exploitation / revenu mixte brut**
Abschreibungen	2 390	2 360	2 318	2 314	2 308	Consommation de capital fixe
Nettobetriebsüberschuss / Netto Selbständigeneinkommen	**3 132**	**3 271**	**3 089**	**3 345**	**3 667**	**Excédent net d'exploitation / revenu mixte net**
Unternehmensgewinnkonto						**Compte du revenu d'entreprise**
Bruttobetriebsüberschuss	345	345	322	298	318	Excédent brut d'exploitation
Bruttoselbständigeneinkommen	5 176	5 286	5 085	5 361	5 658	Revenu mixte brut
Vermögenseinkommen (zu empfangende)[2]	39	38	38	36	36	Revenus de la propriété à recevoir (intérêts et fermages)[2]
Vermögenseinkommen (zu leistende)	518	500	488	472	488	Revenus de la propriété à payer (intérêts et fermages)
Bruttounternehmensgewinn	**5 042**	**5 168**	**4 957**	**5 224**	**5 524**	**Revenu brut d'entreprise**
Abschreibungen	2 390	2 360	2 318	2 314	2 308	Consommation de capital fixe
Nettounternehmensgewinn	**2 652**	**2 809**	**2 639**	**2 910**	**3 216**	**Revenu net d'entreprise**

1   Der Primärsektor beinhaltet die Branchen der Landwirtschaft (Landwirtschaft gemäss der Landwirtschaftlichen Gesamtrechnung, Kleinstproduzenten und gartenbaulichen Dienstleistungen (Gartengestaltung)), die Forstwirtschaft sowie die Fischerei und Fischzucht.
2   Die sonstigen Vermögenseinkommen (Ausschüttungen und Entnahmen, reinvestierte Gewinne aus der übrigen Welt sowie Vermögenseinkommen aus Versicherungsverträgen) sind vernachlässigbar im Primärsektor.

Quelle: BFS – Branchenkonten des Primärsektors

1   Le secteur primaire comprend les branches de l'agriculture (soit l'agriculture selon les Comptes économiques de l'agriculture (CEA), les petits producteurs et les services horticoles (paysagisme)), de la sylviculture ainsi que celui de la pêche et de la pisciculture.
2   Les autres revenus de la propriété à recevoir (revenus distribués des sociétés, bénéfices réinvestis d'investissements étrangers et revenus de la propriétés attribués aux assurés) sont négligeables dans le secteur primaire.

Sources: OFS – Comptes des branches du secteur primaire

Volumen der landwirtschaftlichen Gesamtproduktion. Index 1990 = 100
Volume de la production agricole totale. Indice 1990 = 100

T 7.4.2.1

	2000	2009	2010	2011	2012	2013	2014p	2015e	
Erzeugung der Branche Landwirtschaft[1] (gemäss LGR)	99	100	98	101	100	97	103	101	**Production de la branche agricole[1] (selon CEA)**
Landwirtschaftliche Erzeugung	**98**	**100**	**98**	**101**	**100**	**97**	**103**	**101**	**Production agricole**
Erzeugung landwirtschaftlicher Güter	98	99	97	100	99	96	102	99	Production de biens agricoles
Pflanzliche Erzeugung	101	96	92	98	97	89	98	94	Production végétale
Getreide	95	82	76	80	76	69	80	76	Céréales
Ölsaaten und Ölfrüchte	102	146	148	161	150	158	205	190	Oléagineux
Zuckerrüben	145	177	134	188	172	141	198	149	Betteraves sucrières
Kartoffeln	81	69	64	68	66	59	66	59	Pommes de terre
Tabak	107	86	107	112	97	95	90	83	Tabac
Futterpflanzen	103	102	103	103	111	103	109	109	Plantes fourragères
Gemüse[2]	106	128	124	143	133	130	140	132	Légumes[2]
Pflanzen und Blumen	103	85	83	81	84	77	80	77	Plantes et fleurs
Obst und Beeren	111	95	76	103	84	82	99	86	Fruits et baies
Trauben	90	78	72	78	70	59	66	70	Raisins
Wein[3]	100	90	87	91	85	75	77	80	Vins[3]
Tierische Erzeugung	95	100	100	102	101	101	104	103	Production animale
Rindvieh	85	89	87	88	88	87	93	88	Bétail bovin
Schweine	90	96	100	100	97	96	97	98	Porcs
Pferde	61	47	35	35	29	59	47	75	Chevaux
Schafe	125	119	115	116	108	104	108	105	Ovins
Ziegen	251	325	274	345	355	366	365	358	Caprins
Geflügel	143	186	198	206	214	224	235	238	Volailles
Milch	101	105	104	105	104	104	107	106	Lait
Eier	97	106	108	110	112	123	127	131	Œufs
Landwirtschaftliche Dienstleistungen	118	138	131	130	130	132	141	146	Production de services agricoles
Nichtlandwirtschaftliche Nebentätigkeiten (nicht trennbar)	**106**	**101**	**92**	**98**	**106**	**114**	**117**	**120**	**Activités secondaires non agricoles (non séparables)**
Verarbeitung landw. Güter	66	66	66	67	65	64	65	63	Transformation de produits agricoles
Sonstige nichtlandw. Tätigkeiten	277	250	203	228	282	326	339	361	Autres activités secondaires non agricoles non séparables

1 Die Landwirtschaft gemäss der Landwirtschaftlichen Gesamtrechnung (LGR) beinhaltet nicht die Kleinstproduzenten und die gartenbaulichen Dienstleistungen (Gartengestaltung).
2 Ohne Anbau in nicht landwirtschaftlichen Hausgärten
3 Most und Wein aus selbsterzeugten Trauben

Quelle: BFS – Landwirtschaftliche Gesamtrechnung (LGR)

1 L'agriculture selon les Comptes économiques de l'agriculture (CEA) ne comprend ni les petits producteurs, ni les services horticoles (paysagisme).
2 Sans les cultures maraîchères des jardins potagers non agricoles
3 Moût et vin à partir de raisins cultivés par la même unité

Source: OFS – Comptes économiques de l'agriculture (CEA)

Gesamtproduktion der Landwirtschaft. Zu laufenden Preisen, in 1000 Franken T 7.4.2.2
Production totale de l'agriculture. A prix courants, en milliers de francs

	2000	2012	2013	2014p	2015e	
Erzeugung des landw. Wirtschaftsbereichs[1]	11 077 006	10 083 594	10 311 981	10 677 552	10 085 337	**Production de la branche agricole**[1]
Landwirtschaftliche Erzeugung	10 719 267	9 673 449	9 882 382	10 243 133	9 643 912	**Production agricole**
Erzeugung landwirtschaftlicher Güter	10 159 213	8 991 801	9 197 867	9 537 509	8 934 906	Production de biens agricoles
Pflanzliche Erzeugung	4 868 686	4 313 545	4 076 535	4 232 831	4 093 942	Plantes et produits végétaux
Getreide (inkl. Saatgut)	619 958	370 976	342 792	372 540	368 610	Céréales (y.c. semences)
Handelsgewächse	263 013	257 615	250 381	281 040	231 388	Plantes industrielles
Futterpflanzen	1 345 901	1 041 874	967 333	900 307	859 498	Plantes fourragères
Erzeugnisse des Gemüse- und Gartenbaues	1 323 245	1 422 112	1 380 833	1 441 078	1 400 208	Produits maraîchers et horticoles
Kartoffeln	207 017	180 496	171 165	176 716	167 215	Pommes de terre
Obst	643 368	535 975	502 649	579 498	549 097	Fruits
Wein	437 986	435 104	387 302	406 288	445 259	Vins et moûts de raisin
Sonstige pflanzliche Erzeugnisse	28 197	69 394	74 080	75 364	72 667	Autres produits végétaux
Tierische Erzeugung	5 290 527	4 678 256	5 121 331	5 304 678	4 840 964	Animaux et produits animaux
Tiere	2 542 459	2 391 154	2 682 748	2 724 883	2 588 907	Animaux
Tierische Erzeugnisse	2 748 068	2 287 102	2 438 583	2 579 795	2 252 057	Produits animaux
Erzeugung landwirt. Dienstleistungen	560 053	681 647	684 515	705 624	709 006	Production de services agricoles
Landwirtschaftliche Dienstleistungen	529 427	681 647	684 515	705 624	709 006	Services agricoles
Verpachtung von Milchkontingenten	30 626	–	–	–	–	Location de contingents laitiers
Nichtlandw. Nebentätigkeiten (nicht trennbar)	357 739	410 145	429 599	434 419	441 425	**Activités sec. non agricoles non séparables**
Verarbeitung landw. Erzeugnisse	186 228	189 291	185 690	188 064	185 201	Transformation de produits agricoles
Sonstige nicht trennbare Nebentätigkeiten Güter und Dienstleistungen (nicht anderswo definiert)	171 511	220 854	243 909	246 355	256 224	Autres activités non agricoles (non compris ailleurs)

[1] Siehe Fussnote 1 der Tabelle T 7.4.2.1
Quelle: BFS – Landwirtschaftliche Gesamtrechnung (LGR)

[1] Voir note 1 du tableau T 7.4.2.1
Source: OFS – Comptes économiques de l'agriculture (CEA)

Vorleistungen und Abschreibungen der Landwirtschaft. Zu laufenden Preisen, in 1000 Franken T 7.4.2.4
Consommation intermédiaire et de capital fixe de l'agriculture. A prix courants, en milliers de francs

	2000	2012	2013[1]	2014p	2015e	
Vorleistungen	6 249 550	6 307 947	6 308 674	6 438 781	6 214 724	**Consommation intermédiaire**
Saat- und Pflanzgut	338 006	292 451	293 793	293 444	291 099	Semences et plants
Energie, Schmierstoffe	401 569	503 725	507 827	506 641	452 401	Energie, lubrifiants
Dünge- und Bodenverbesserungsmittel	141 336	203 161	205 169	199 959	193 617	Engrais et amendements
Pflanzenschutzmittel	132 552	124 493	126 726	133 822	130 001	Produits de prot. des cult. et antiparasitaires
Tierarzt und Medikamente	160 912	202 764	203 479	197 602	196 806	Dépenses vétérinaires
Futtermittel	2 925 216	2 423 187	2 426 970	2 470 319	2 348 817	Aliments pour animaux
Instandhaltung von Maschinen und Geräten	380 259	514 241	520 258	532 583	525 099	Entretien du matériel
Instandhaltung von baulichen Anlagen	120 764	210 895	218 826	259 490	228 553	Entretien des bâtiments
Landwirtschaftliche Dienstleistungen	560 053	681 647	684 515	705 624	709 006	Services agricoles
Unterstellte Bankgebühren	99 735	49 956	50 295	48 765	50 260	Services d'intermédiation financière indirectement mesurés (SIFIM)
Sonstige Güter und Dienstleistungen	989 148	1 101 427	1 070 817	1 090 533	1 089 064	Autres biens et services
Abschreibungen	1 977 975	2 073 122	2 075 102	2 074 492	2 042 657	**Consommation de capital fixe**
Anpflanzungen	96 133	108 056	107 706	109 101	107 663	en plantations
Ausrüstungsgüter	1 013 043	1 081 144	1 089 835	1 095 274	1 102 232	en biens d'équipement
Bauten	853 306	860 683	850 760	844 945	811 302	en constructions
Sonstige Abschreibungen	15 492	23 240	26 801	25 172	21 460	en autres produits

[1] 2013: Halbdefinitiv
Quelle: BFS – Landwirtschaftliche Gesamtrechnung (LGR)

[1] 2013: semi-définitif
Source: OFS – Comptes économiques de l'agriculture (CEA)

Die Landwirtschaftliche Gesamtrechnung. Zu laufenden Preisen, in 1000 Franken
Les comptes économiques de l'agriculture. A prix courants, en milliers de francs

T 7.4.2.6

	2000	2012	2013[1]	2014p	2015e	
Produktionskonto						**Compte de production**
Gesamtproduktionswert zu Herstellungspreisen	11 077 006	10 083 594	10 311 981	10 677 552	10 085 337	Production totale aux prix de base
Marktproduktion	10 716 135	9 818 890	10 031 157	10 394 612	9 805 134	Production marchande
Nichtmarktproduktion für Eigenverwendung	360 871	264 703	280 824	282 940	280 204	Production pour usage final propre
Vorleistungen	6 249 550	6 307 947	6 308 674	6 438 781	6 214 724	Consommation intermédiaire
Bruttowertschöpfung zu Herstellungspreisen	**4 827 455**	**3 775 647**	**4 003 306**	**4 238 771**	**3 870 613**	**Valeur ajoutée brute aux prix de base**
Abschreibungen	1 977 975	2 073 122	2 075 102	2 074 492	2 042 657	Consommation de capital fixe
Nettowertschöpfung zu Herstellungspreisen	**2 849 480**	**1 702 525**	**1 928 204**	**2 164 280**	**1 827 956**	**Valeur ajoutée nette aux prix de base**
Einkommenentstehungskonto						**Compte d'exploitation**
Bruttowertschöpfung zu Herstellungspreisen	4 827 455	3 775 647	4 003 306	4 238 771	3 870 613	Valeur ajoutée brute aux prix de base
Arbeitnehmerentgelt	1 161 016	1 257 472	1 241 599	1 298 300	1 289 336	Rémunération des salariés
Sonstige Produktionsabgaben	92 877	151 996	147 701	144 680	145 401	Autres impôts sur la production
Sonstige Subventionen	2 219 949	2 926 453	2 923 363	2 941 389	2 929 150	Autres subventions sur la production
Bruttobetriebsüberschuss / Brutto Selbständigeneinkommen	**5 793 511**	**5 292 632**	**5 537 370**	**5 737 180**	**5 365 026**	**Excédent brut d'exploitation / revenu mixte brut**
Abschreibungen	1 977 975	2 073 122	2 075 102	2 074 492	2 042 657	Consommation de capital fixe
Nettobetriebsüberschuss / Netto Selbständigeneinkommen	**3 815 536**	**3 219 510**	**3 462 268**	**3 662 688**	**3 322 369**	**Excédent net d'exploitation / revenu mixte net**
Unternehmensgewinnkonto						**Compte du revenu d'entreprise**
Bruttobetriebsüberschuss	5 793 511	5 292 632	5 537 370	5 737 180	5 365 026	Excédent brut d'exploitation
Gezahlte Pachten	218 376	235 012	240 312	243 920	246 870	Fermages à payer
Gezahlte Zinsen	286 317	245 159	230 074	220 005	224 527	Intérêts à payer
Empfangene Zinsen	30 462	10 981	8 630	7 608	5 130	Intérêts à recevoir
Bruttounternehmenseinkommen (-gewinn)	**5 319 280**	**4 823 441**	**5 075 613**	**5 280 862**	**4 898 759**	**Revenu brut d'entreprise**
Abschreibungen	1 977 975	2 073 122	2 075 102	2 074 492	2 042 657	Consommation de capital fixe
Nettounternehmenseinkommen (-gewinn)	**3 341 305**	**2 750 319**	**3 000 511**	**3 206 371**	**2 856 102**	**Revenu net d'entreprise**
Vermögensbildungskonto (Elemente)						**Compte de capital (éléments)**
Bruttoanlageinvestitionen	1 671 255	1 735 396	1 791 581	1 718 258	1 688 851	Formation brute de capital fixe
Abschreibungen	1 977 975	2 073 122	2 075 102	2 074 492	2 042 657	Consommation de capital fixe
Vorratsveränderungen	23 401	–5 976	–58 082	38 527	40 614	Variation des stocks
Vermögenstransfers	106 255	115 674	117 867	120 274	135 563	Transferts en capital (à recevoir)
Vermögenskonto (Elemente der Bilanz am Jahresende)						**Compte de patrimoine (éléments du patrimoine de clôture)**
Vermögensgüter (Elemente)	51 445 726	53 347 963	52 773 687	52 681 658	51 057 893	Actifs non financiers (éléments)
Anlagen an Anpflanzungen	2 057 188	2 210 821	2 208 696	2 236 628	2 218 575	Actifs en plantations
Anlagen an Nutztiere	1 037 832	1 589 931	1 703 906	1 851 973	1 851 973	Actifs en animaux de rente
Anlagen an Maschinen und sonstige Ausrüstungsgüter	5 455 083	6 135 795	6 118 749	6 148 955	6 141 652	Actifs en machines et autres biens d'équipement
Anlagen an Fahrzeuge	4 914 961	4 660 599	4 612 192	4 561 703	4 517 829	Actifs en matériel de transport
Anlagen an Wirtschaftsgebäude	30 862 909	32 039 190	31 689 875	31 566 566	30 156 359	Actifs en bâtiments
Immaterielle Anlagegüter (Computerprogramme)	55 747	114 509	111 935	108 083	95 682	Actifs fixes incorporels (logiciels)
Nicht produziertes Sachvermögen (nur Bodenmeliorationen, ohne Wert der landwirtschaftlichen Nutzflächen)	4 203 261	3 493 986	3 375 933	3 184 173	3 033 467	Actifs non financiers non produits (seulement améliorations foncières et les ouvrages de protection, sans la valeur des terrains cultivés)
Vorräte	2 858 745	3 103 133	2 952 400	3 023 576	3 042 357	Stocks

1 2013: Halbdefinitiv
Quelle: BFS – Landwirtschaftliche Gesamtrechnung (LGR)

1 2013: semi-définitif
Source: OFS – Comptes économiques de l'agriculture (CEA)

Die Forstwirtschaftliche Gesamtrechnung. Zu laufenden Preisen, in 1000 Franken
Les comptes économiques de la sylviculture. A prix courants, en milliers de francs

T 7.4.4.1

	2000	2011	2012	2013p	2014e	
Produktionskonto						**Compte de production**
Gesamtproduktionswert zu Herstellungspreisen	1 010 605	864 677	823 210	883 629	916 528	Production totale aux prix de base
Marktproduktion	946 802	807 054	766 292	781 306	815 836	Production marchande
Nichtmarktproduktion für Eigenverwendung	63 802	57 623	56 918	102 323	100 692	Production pour usage final propre
Vorleistungen	546 664	504 198	511 133	521 203	521 508	Consommation intermédiaire
Bruttowertschöpfung zu Herstellungspreisen	**463 940**	**360 479**	**312 077**	**362 426**	**395 019**	**Valeur ajoutée brute aux prix de base**
Abschreibungen	182 843	210 675	208 626	201 722	200 365	Consommation de capital fixe
Nettowertschöpfung zu Herstellungspreisen	**281 097**	**149 804**	**103 451**	**160 703**	**194 655**	**Valeur ajoutée nette aux prix de base**
Einkommenentstehungskonto						**Compte d'exploitation**
Bruttowertschöpfung zu Herstellungspreisen	463 940	360 479	312 077	362 426	395 019	Valeur ajoutée brute aux prix de base
Arbeitnehmerentgelt	559 101	405 324	389 861	394 064	401 212	Rémunération des salariés
Sonstige Produktionsabgaben	46 597	40 378	39 222	39 307	38 083	Autres impôts sur la production
Sonstige Subventionen	291 913	149 572	150 069	151 056	147 947	Autres subventions sur la production
Bruttobetriebsüberschuss / Brutto Selbständigeneinkommen	**150 155**	**64 349**	**33 064**	**80 111**	**103 672**	**Excédent brut d'exploitation / revenu mixte brut**
Abschreibungen	182 843	210 675	208 626	201 722	200 365	Consommation de capital fixe
Nettobetriebsüberschuss / Netto Selbständigeneinkommen	**–32 688**	**–146 326**	**–175 562**	**–121 611**	**–96 693**	**Excédent net d'exploitation / revenu mixte net**
Unternehmensgewinnkonto						**Compte du revenu d'entreprise**
Bruttobetriebsüberschuss	150 155	64 349	33 064	80 111	103 672	Excédent brut d'exploitation
Gezahlte Zinsen	5 040	6 056	6 157	5 820	5 878	Intérêts à payer
Gezahlte Pachten	–	–	–	–	–	Fermages à payer
Empfangene Zinsen	5 707	4 418	4 316	4 348	4 287	Intérêts à recevoir
Empfangene Pachten	11 548	22 920	22 192	23 333	24 532	Fermages à recevoir
Bruttounternehmenseinkommen (-gewinn)	**162 369**	**85 630**	**53 415**	**101 972**	**126 612**	**Revenu brut d'entreprise**
Abschreibungen	182 843	210 675	208 626	201 722	200 365	Consommation de capital fixe
Nettounternehmenseinkommen (-gewinn)	**–20 474**	**–125 045**	**–155 211**	**–99 750**	**–73 752**	**Revenu net d'entreprise**
Vermögensbildungskonto (Elemente)						**Compte de capital (éléments)**
Bruttoanlageinvestitionen	148 146	158 417	139 556	137 987	130 956	Formation brute de capital fixe
Abschreibungen	182 843	210 675	208 626	201 722	200 365	Consommation de capital fixe
Vorratsveränderungen [1]	77 748	1 461	–9 367	2 895	3 838	Variation des stocks [1]
Vermögenstransfers	95 634	52 492	59 396	42 137	40 989	Transferts en capital (à recevoir)
Vermögenskonto (Elemente der Bilanz am Jahresende)						**Compte de patrimoine de clôture (éléments)**
Vermögensgüter (Elemente)	6 843 279	7 256 055	7 102 431	7 010 164	6 943 609	Actifs non financiers (éléments)
Anlagen an Maschinen und sonstige Ausrüstungsgüter	85 828	181 671	170 994	155 079	142 443	Actifs en machines et autres biens d'équipement
Anlagen an Fahrzeuge	320 671	442 568	438 926	443 039	451 564	Actifs en matériel de transport
Anlagen an Wirtschaftsgebäude	283 685	424 030	431 745	442 946	451 888	Actifs en bâtiments
Anlagen an Strassen, Wege und sonstige Transportinfrastruktur	3 877 338	3 859 669	3 724 470	3 656 044	3 618 251	Actifs en infrastructure de desserte (chemins forestiers)
Immaterielle Anlagegüter (Computerprogramme, Betriebspläne)	24 360	63 657	61 368	58 754	55 842	Actifs fixes incorporels (logiciels, plans de gestion)
Nicht produziertes Sachvermögen (nur Aufforstungen und Wiederaufforstungen, Schutzbauten und Güterzusammenlegung, ohne Wert der Forstflächen)	2 139 834	2 230 028	2 229 862	2 206 342	2 171 823	Actifs non financiers non produits (seulement les boisements et reboisements, les améliorations foncières et les ouvrages de protection, sans la valeur des terrains forestiers)
Vorräte [1]	111 562	54 432	45 065	47 961	51 799	Stocks [1]

1 Ohne Vorräte an stehendem Holz
Quelle: BFS – Landwirtschaftliche Gesamtrechnung (LGR)

1 Sans les stocks de bois sur pied
Source: OFS – Comptes économiques de l'agriculture (CEA)

Ernährung
Alimentation

Nahrungsmittelverbrauch nach Art der Nahrungsmittel. 2013 T 7.6.1
Consommation de denrées alimentaires, par groupe de denrées. En 2013

	Menge Quantité		Eiweiss Protéines			Energie Apport énergétique			
	Total	Pro Person Par personne	Total	Pro Person und Tag Par personne et par jour	Inland- produktion Production indigène	Total	Pro Person und Tag Par personne et par jour	Inland- produktion Production indigène	
	1000 t	kg	t	g	%	TJ	KJ	%	
Nahrungsmittel Total	7 218	879,2	299 706	100,0	70,0	39 436	13 160	57,7	Denrées alimentaires, total
Pflanzliche Nahrungs- mittel	4 526	551,3	118 057	39,4	41,4	27 528	9 186	40,8	Denrées alimentaires végétales
Getreideprodukte	737	89,8	67 244	22,4	57,1	7 844	2 618	58,9	Produits à base de céréales
Kartoffeln etc.	431	52,5	6 235	2,1	75,6	1 002	334	74,4	Pommes de terre, etc.
Stärken	26	3,2	116	0,0	–	370	123	–	Amidons
Zucker	342	41,6	46	0,0	33,3	5 719	1 908	63,5	Sucre
Hülsenfrüchte	8	0,9	1 188	0,4	–	70	23	–	Légumineuses
Nüsse	67	8,2	5 971	2,0	1,6	810	270	2,3	Noix
Ölfrüchte	31	3,7	5 288	1,8	–	418	139	–	Oléagineux
Gemüse	864	105,2	9 977	3,3	47,8	706	236	48,0	Légumes
Früchte	979	119,3	4 640	1,5	16,3	1 673	558	26,5	Fruits
Stimulantien	96	11,7	13 041	4,4	0,4	1 496	499	0,5	Stimulants
Gewürze	5	0,6	593	0,2	–	58	19	–	Epices
Alkoholhaltige Getränke	781	95,1	2 890	1,0	5,4	1 933	645	15,4	Boissons alcoolisées
Pflanzliche Fette, Öle	145	17,6	82	0,0	...	5 422	1 809	20,8	Graisses végétales
Verschiedenes	15	1,8	746	0,2	–	7	2	–	Divers
Tierische Nahrungs- mittel	2 692	327,9	181 649	60,6	88,6	11 908	3 974	96,9	Denrées alimentaires animales
Fleisch	415	50,5	81 728	27,3	75,2	3 752	1 252	83,6	Viande
Eier	95	11,6	9 939	3,3	50,7	488	163	50,1	Œufs
Fische, Schalentiere	66	8,0	11 970	4,0	2,4	316	106	2,0	Poissons, crustacés
Milch, Milchprodukte [1]	2 066	251,7	77 755	25,9	120,8	5 786	1 931	114,6	Lait, produits laitiers [1]
Tierische Fette [2]	49	6,0	257	0,1	99,1	1 565	522	96,8	Graisses animales [2]

1 Ohne Butter
2 Inbegriffen Butter

Quelle: SBV – Ernährungsbilanz

1 Sans le beurre
2 Y compris le beurre

Source: USP – Bilan alimentaire

Entwicklung des Nahrungsmittelverbrauchs in der Schweiz. Je Kopf und Jahr, in kg T 7.6.2
Evolution de la consommation de denrées alimentaires en Suisse. Par habitant et par année, en kg

	Zustand	2010	2011	2012	2013	Etat des produits	
Getreide	Körner	94,1	99,6	91,6	89,8	Grain	Céréales
Kartoffeln	Frisch nicht gerüstet	47,8	44,5	48,7	51,7	Fraîches, non parées	Pommes de terre
Zucker	Raffiniert	37,5	37,5	36,4	40,2	Sucre raffiné	Sucre
Honig	Honig	1,3	1,4	1,2	1,4	Miel	Miel
Gemüse[1]	Frisch nicht gerüstet	107,2	108,2	106,5	105,2	Frais, non parés	Légumes[1]
Früchte[1]	Frisch nicht gerüstet	119,8	117,0	121,1	119,3	Frais, non parés	Fruits[1]
Pflanzliche Öle, Fett	Öl	17,4	17,7	16,2	17,6	Huile	Huiles et graisses végétales
Fleisch	ohne Knochen	52,4	52,2	50,4	50,5	Viande désossée	Viande
davon:							dont:
Rindfleisch	ohne Knochen	11,1	11,1	10,8	11,3	Viande désossée	de boeuf
Kalbfleisch	ohne Knochen	2,8	2,8	2,7	2,6	Viande désossée	de veau
Schweinefleisch	ohne Knochen	25,9	25,5	24,1	24,0	Viande désossée	de porc
Schaffleisch	ohne Knochen	1,1	1,1	1,1	1,1	Viande désossée	de mouton
Ziegen- u. Pferdefleisch	ohne Knochen	0,7	0,7	0,7	0,6	Viande désossée	de chèvre et de cheval
Geflügel	ohne Knochen	9,7	10,1	10,1	10,0	Viande désossée	Volaille
Milch und Milchprodukte	Vollmilchäquivalente (VMA)	248,9	252,2	247,7	251,7	Equivalent en lait entier	Lait et produit laitier
Konsummilch	Vollmilchäquivalente (VMA)	66,1	63,7	61,0	59,9	Equivalent en lait entier	Lait de consommation
Jogurt	Vollmilchäquivalente (VMA)	15,9	15,8	15,7	15,6	Equivalent en lait entier	Yogourt
Käse	Käse	20,3	20,1	19,5	19,8	Fromage	Fromage
Butter	Butter	5,4	5,5	5,4	5,6	Beurre	Beurre
Eier	Schaleneier	12,1	11,5	11,5	11,6	Oeufs en coquille	Œufs
Fische, Schalentiere	ohne Knochen, Panzer oder Schale	7,9	7,8	7,5	8,0	Chair sans carapace ou coquille, viande désossée	Poissons et mollusques
Wein	Wein	37,5	36,3	35,4	35,8	Vin	Vin

1 Inbegriffen Gemüse und Früchte zur Saftproduktion
Quelle: SBV – Ernährungsbilanz

1 Légumes et fruits pour la transformation en jus inclus
Source: USP – Bilan alimentaire

Weinverbrauch T 7.6.3
Consommation de vin

	Inlandproduktion[1] / Production indigène[1]	Einfuhr / Importation		Ausfuhr[2] / Exportation[2]	Vorrat am Ende des Jahres[3] / Stocks à la fin de l'année[3]		Verbrauch (inbegriffen Wein zur Essigfabrikation)[4] / Consommation (y c. vin pour la fabrication du vinaigre)[4]		
		Trinkwein / Vin de table	Wein zur Essigfabrikation / Vin destiné à la fabrication du vinaigre		inländischer Wein / Vin du pays	ausländischer Wein / Vin importé	Total	davon inländischer Wein / dont vin du pays	
	hl	hl	hl	hl	hl	hl	hl	hl	%
2013[5]	**788 311**	**1 627 312**	**15 164**	**17 084**	**1 589 367**	**555 460**	**2 657 758**	**1 001 158**	**37,7**
Rot / Rouge	414 450	1 279 125	3 120	10 727	834 839	447 846	1 791 875	498 651	27,8
Weiss / Blanc	373 862	348 187	12 044	6 357	754 528	107 614	865 884	502 508	58,0
2014[5]	**877 630**	**1 643 483**	**26 525**	**14 478**	**1 541 932**	**542 591**	**2 593 464**	**910 587**	**35,1**
Rot / Rouge	460 338	1 273 625	6 598	8 289	835 861	433 710	1 745 386	451 027	25,8
Weiss / Blanc	417 292	369 857	19 928	6 189	706 071	108 881	848 078	459 560	54,2

1 Weinmosternte ohne Traubensaft, abzüglich 6% Verluste bei der Weinbereitung
2 Nur Naturwein
3 Beim bewilligungspflichtigen Weinhandel
4 Die zur Essigfabrikation verwendete Menge Inlandwein ist unbedeutend
5 Inbegriffen Vorräte der Selbsteinkelterer
Quellen: BLW, SBV

1 Récolte de moût sans le jus de raisin, déduction faite de 6% de pertes de vinification
2 Vin naturel seulement
3 Dans les commerces soumis à l'autorisation
4 La quantité de vin du pays utilisée pour la fabrication de vinaigre est insignifiante
5 Inclus stocks vignerons-encaveurs
Sources: OFAG, USP

8 Energie / Energie

Überblick

Energiefluss
Aus der Natur wird Energie in Form von Rohöl, Erdgas, Wasserkraft, Uran, Sonnenstrahlung, Wind usw. gewonnen. Bevor solche Primärenergie an den Endverbraucher geliefert wird, muss sie in Sekundärenergie umgewandelt werden: in Elektrizität, Treibstoffe, Heizöl oder Fernwärme. Dies geschieht z. B. in Kraftwerken, Raffinerien oder Fernheizwerken. Während der Umwandlung wie auch beim Transport zum Endverbraucher entstehen Energieverluste. Der Weg von der Primärenergie zum Endverbrauch ist in der Grafik G 8.1 dargestellt.

Energievorkommen in der Schweiz
Die Schweiz verfügt mit Ausnahme von Wasserkraft und Brennholz über geringe klassische Energievorkommen und ist damit zu rund 77% auf Importe angewiesen. Importiert werden Erdöl (Roh-

Vereinfachtes Energieflussdiagramm der Schweiz 2014 G 8.1
Flux énergétique simplifié de la Suisse, en 2014

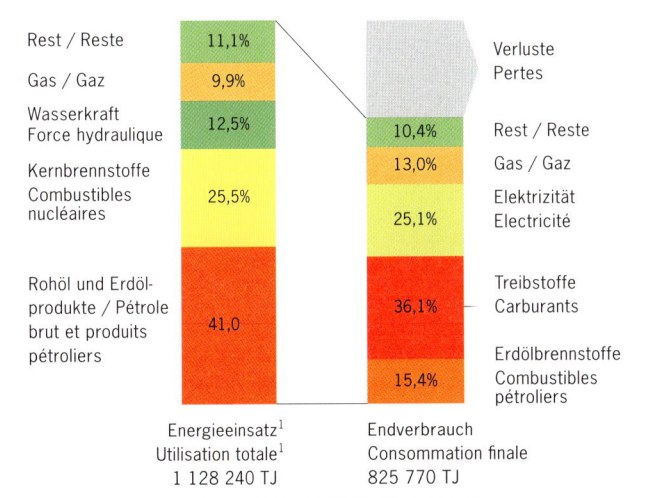

Energieeinsatz¹ / Utilisation totale¹	Endverbrauch / Consommation finale
Rest / Reste 11,1%	
Gas / Gaz 9,9%	
Wasserkraft / Force hydraulique 12,5%	Rest / Reste 10,4%
Kernbrennstoffe / Combustibles nucléaires 25,5%	Gas / Gaz 13,0%
	Elektrizität / Electricité 25,1%
Rohöl und Erdölprodukte / Pétrole brut et produits pétroliers 41,0	Treibstoffe / Carburants 36,1%
	Erdölbrennstoffe / Combustibles pétroliers 15,4%
1 128 240 TJ	825 770 TJ

1 Inkl. Ausfuhrüberschuss an Elektrizität (1,8%), Total: 101,8%
  Y c. le solde exportateur d'électricité (1,8%), total: 101,8%

Vue d'ensemble

Flux énergétique
Dans la nature, l'énergie se présente sous forme de pétrole brut, de gaz naturel, d'énergie hydraulique, d'uranium, de rayonnement solaire, d'énergie éolienne, etc. Avant de parvenir au consommateur final, cette énergie primaire doit être transformée en énergie secondaire: en électricité, en carburants, en mazout ou en chauffage à distance. Cette transformation s'opère, par exemple, dans les centrales hydroélectriques, les raffineries et les centrales de chauffage à distance. A l'instar du transport jusqu'au consommateur, elle donne lieu à des pertes. Le graphique G 8.1 fait apparaître le processus qui conduit de l'énergie primaire à l'énergie finale.

Ressources énergétiques en Suisse
A l'exception de l'énergie hydraulique et du bois de combustion, la Suisse ne dispose que de ressources limitées dans le domaine des énergies classiques, ce qui l'oblige à importer environ 77% de sa consommation. Sont importés le pétrole (pétrole brut, combustibles et carburants), le gaz naturel, le charbon et les produits houillers, les combustibles nucléaires et, durant le semestre d'hiver, l'électricité.

Les centrales hydroélectriques suisses ont fourni environ 57% de la production indigène d'électricité en 2014, les cinq centrales nucléaires du pays 38%. Les autres modes de production d'électricité (thermique fossile, incinération d'ordures, bois, énergie éolienne, photovoltaïque, biogaz) ne représentent pour l'instant que quelques pour cent. Pendant l'été, le courant excédentaire est exporté. En hiver, la Suisse importe de l'électricité.

Consommation d'énergie
Depuis 1950, la consommation finale d'énergie a à peu près quintuplé en Suisse. Cette évolution est liée dans une large mesure à celle de l'économie et de la population: le nombre et la taille des appartements et des véhicules, les distances parcourues, la production industrielle et l'activité du bâtiment, entre autres, entraînent une hausse de la consommation d'énergie. Le progrès

öl, Brenn- und Treibstoffe), Erdgas, Kohle und Kohleprodukte, nukleare Brennelemente und im Winterhalbjahr Elektrizität.

Die schweizerischen Wasserkraftwerke bestritten 2014 rund 57% der inländischen Stromerzeugung, die fünf einheimischen Kernkraftwerke 38%. Die anderen Stromerzeugungsarten (fossil-thermisch, Kehrichtverbrennung, Holz, Wind, Photovoltaik, Biogas) machen bisher nur wenige Prozente aus. Im Sommerhalbjahr werden Stromüberschüsse exportiert, im Winterhalbjahr wird Elektrizität importiert.

Verbrauch

Seit 1950 hat sich der Endenergieverbrauch in der Schweiz rund verfünffacht. Massgeblich verantwortlich dafür war die Entwicklung von Wirtschaft und Bevölkerung: Veränderungen in der Anzahl und Grösse der Wohnungen, der Fahrzeuge und der zurückgelegten Kilometer, im Umfang der Industrieproduktion und der Bautätigkeit usw. führen zu mehr Energiekonsum. Technischer Fortschritt bringt zwar neue Energieanwendungen mit sich, aber auch eine höhere Energieeffizienz: Der Pro-Kopf-Verbrauch hat seit 1990 um knapp 15% abgenommen. Da jedoch die Wohnbevölkerung in derselben Zeitspanne um rund 22% gewachsen ist, hat auch der Gesamtenergieverbrauch zugenommen, um 4 %.

Anteilsmässig die grösste Verbrauchergruppe ist der Verkehr mit 38% des Endenergieverbrauchs. Seit 1990 ist sein Energieverbrauch auch absolut am stärksten gestiegen. Vor allem in den übrigen Verbrauchergruppen, den Haushalten, der Industrie oder den Dienstleistungen, führen Konjunktur- oder Witterungseinflüsse zu kurzfristigen Verbrauchsschwankungen.

Die Energiepreise haben sich nominal nach der Erdölkrise der 1970er-Jahre und bis zur Jahrtausendwende ähnlich – mit Ausnahme von gröberen Schwankungen beim Heizöl – wie die Konsumentenpreise entwickelt. Während die Strompreise seit 2000 relativ konstant blieben, sind die Gas-, Treibstoff- und vor allem die Heizölpreise überdurchschnittlich gestiegen.

Energieversorgung

Der enorme Bedarfszuwachs wurde in den 1950er- und 1960er-Jahren durch Erdölprodukte gedeckt. Zudem ersetzten die Erdölprodukte nach und nach die zuvor dominierende Kohle, was schliesslich in eine einseitige Erdölabhängigkeit mündete. Diese

Entwicklung des Endenergieverbrauchs G 8.2
Evolution de la consommation finale d'énergie

Entwicklung im Vergleich zum BIP und zur Bevölkerung (Index 1990 = 100)
Evolution en comparaison du PIB et de la population (indice 1990 = 100)

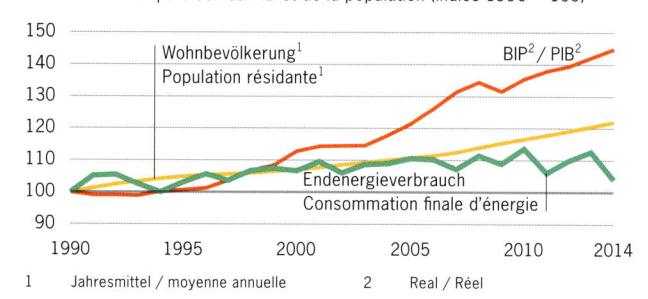

1 Jahresmittel / moyenne annuelle   2 Real / Réel

technique engendre certes de nouvelles utilisations de l'énergie, mais il a aussi permis d'améliorer l'efficacité énergétique. La consommation par personne a en conséquence diminué de 15% depuis 1990. Mais comme la population résidante s'est parallèlement accrue d'environ 22%, la consommation totale d'énergie a progressé de 4%.

Les transports sont aujourd'hui, en proportion, le plus gros groupe de consommateurs d'énergie, avec 38% de la consommation finale d'énergie. Depuis 1990, c'est dans ce groupe que la consommation d'énergie a le plus fortement augmenté en termes absolus. Pour les autres groupes de consommateurs, à savoir les ménages, l'industrie et les services, les fluctuations conjoncturelles et les variations de température font osciller à court terme la consommation d'énergie.

Après les crises pétrolières des années 1970 et jusqu'au début du nouveau millénaire, les prix de l'énergie ont suivi la même évolution que les prix à la consommation en termes nominaux, exception faite des fortes variations des prix du mazout. Les prix de l'électricité sont restés relativement stables depuis 2000, alors que ceux du gaz, des carburants et surtout du mazout ont enregistré des hausses supérieures à la moyenne.

Approvisionnement en énergie

Dans les années 1950 et 1960, le fort accroissement de la demande a été couvert par les produits pétroliers. Ceux-ci ont peu

Endenergieverbrauch nach Energieträgern G 8.3
Consommation finale d'énergie par agent énergétique

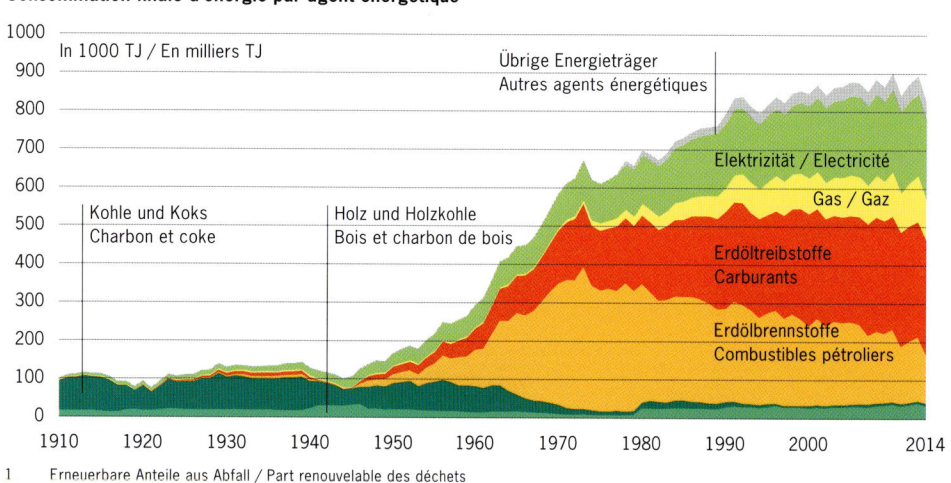

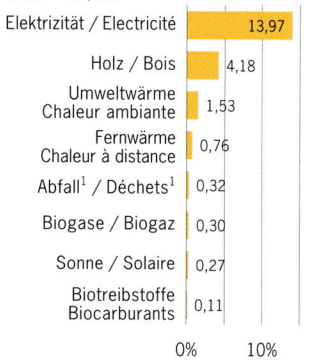

Anteil der erneuerbaren Energien 2014
Part des énergies renouvelables, en 2014
Total = 21,1%

Elektrizität / Electricité	13,97
Holz / Bois	4,18
Umweltwärme / Chaleur ambiante	1,53
Fernwärme / Chaleur à distance	0,76
Abfall[1] / Déchets[1]	0,32
Biogase / Biogaz	0,30
Sonne / Solaire	0,27
Biotreibstoffe / Biocarburants	0,11

1 Erneuerbare Anteile aus Abfall / Part renouvelable des déchets

Endenergieverbrauch nach Verbrauchergruppen G 8.4
Consommation finale d'énergie par catégorie de consommateurs

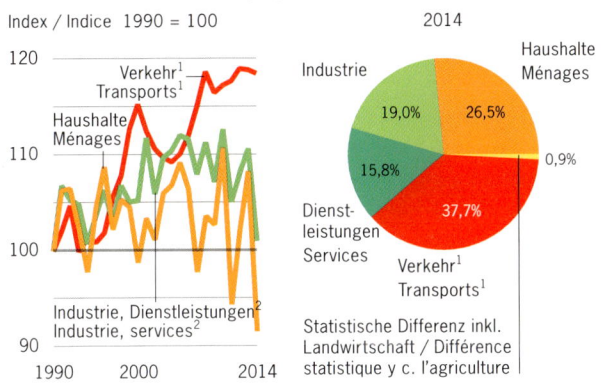

Index / Indice 1990 = 100   2014

1 Inklusiv interner Werkverkehr der Industrie, der Dienstleistungen sowie der Land- und Forstwirtschaft / Y compris transports sur terrain ou route privée de l'industrie et des services et de l'agriculture (sylviculture incluse)
2 Inklusiv statistische Differenz und Landwirtschaft / Y compris différence statistique et agriculture

Konsumentenpreise für Energie G 8.5
Prix à la consommation pour l'énergie

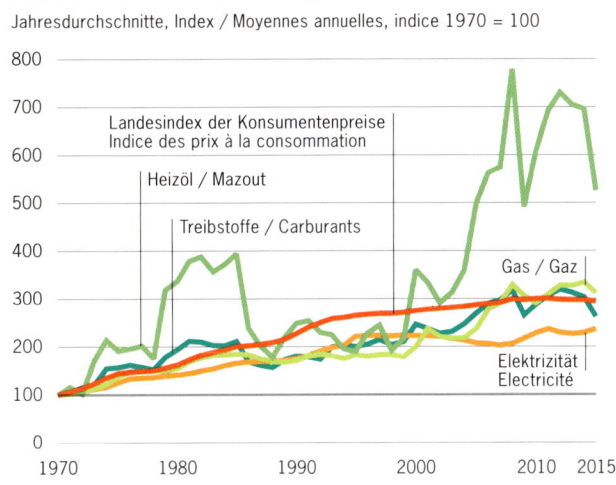

Jahresdurchschnitte, Index / Moyennes annuelles, indice 1970 = 100

---

erreichte mit einem Erdölanteil von gegen 80% zu Beginn der 1970er-Jahre ihren Höhepunkt. Seither ist der Erdölanteil in der Schweiz wieder rückläufig.

Erdöl wird energetisch in Form von Brenn- oder Treibstoffen genutzt. Während der Anteil der Erdölbrennstoffe seit 1990 von 31% auf 15% zurückgegangen ist, ist jener der Treibstoffe von 32% auf 36% angestiegen. Mit dem Rückgang der Erdölbrennstoffe haben neben Treibstoffen vor allem Erdgas, aber auch Elektrizität sukzessiv an Bedeutung gewonnen.

Der Anteil der Wasserkraft am Endenergieverbrauch beträgt rund 13%. Insgesamt machen die erneuerbaren Energien 21,4% des Endenergieverbrauchs aus, 1990 waren es noch 15,8%.

Energieverbrauch und Umwelt

Der Verbrauch fossiler Energieträger hat Auswirkungen auf die Umwelt, denn bei deren Verbrennung werden Luftschadstoffe und das Treibhausgas CO_2 ausgestossen (siehe Kapitel 2). Treibhausgasemissionen haben Einfluss auf das Klimasystem und lassen sich zum Beispiel durch verbesserte Energieeffizienz oder Substitution durch erneuerbare Energien vermindern. Der Ausstoss von Luftschadstoffen hingegen lässt sich auch mit verbesserter Verbrennungs- oder Filtertechnik reduzieren.

à peu remplacé le charbon, qui était auparavant l'agent énergétique le plus consommé, ce qui a créé une dépendance à l'égard du pétrole. Cette dépendance a culminé au début des années 1970, quand le pétrole couvrait près de 80% de nos besoins énergétiques. La part du pétrole est depuis lors en baisse en Suisse.

Le pétrole est utilisé énergétiquement sous forme de combustibles et de carburants. Si la part des combustibles pétroliers a reculé de 31% à 15% depuis 1990, celle des carburants a augmenté, passant de 32% à 36%. Avec le recul des combustibles pétroliers, c'est principalement le gaz naturel qui a peu à peu gagné en importance, mais également l'électricité et les carburants.

La part de l'énergie hydraulique dans la consommation d'énergie finale s'élève à environ 13%. Au total, les énergies renouvelables constituent 21,4% de la consommation finale, contre 15,8% en 1990.

Consommation d'énergie et environnement

La consommation d'agents énergétiques fossiles a des répercussions sur l'environnement, car leur combustion génère des polluants atmosphériques et des émissions de CO_2 (voir le chapitre 2). Les émissions de gaz à effet de serre ont des effets sur le climat. Elles peuvent être réduites en diminuant la consommation, par exemple grâce à une meilleure efficacité énergétique et au remplacement par des énergies renouvelables. Les rejets des polluants atmosphériques en revanche peuvent être réduits aussi par le biais de meilleures techniques de combustion et d'épuration.

Erhebungen, Quellen

Das Bundesamt für Energie (BFE) publiziert jährlich in der Gesamtenergiestatistik Zahlen über Inlandproduktion, Import/Export und Verbrauch für die einzelnen Energieträger und Verbrauchergruppen. Es handelt sich um eine Synthesestatistik, die auf Teilstatistiken verschiedenster Quellen basiert. Dazu im Folgenden einige Angaben:

Erdölprodukte
Die Daten über Import, Export, Absatz und Lagerhaltung von Erdölprodukten, Verarbeitung des Rohöls in den Raffinerien usw. werden von der Carbura (Schweiz. Zentralstelle für die Einfuhr flüssiger Brenn- und Treibstoffe) und der Erdölvereinigung bereitgestellt. Der Verbrauch von Heizöl wird vom BFE aufgrund von Teilerhebungen und Sektorenmodellen geschätzt.

Elektrizität
Die Zahlen über Erzeugung, Verbrauch und Stromaussenhandel basieren auf monatlichen Erhebungen durch das BFE bei den Elektrizitätswerken. Die Jahreszahlen basieren zum Teil auf Hochrechnungen, z.B. bei der sektoralen Aufteilung des Endverbrauchs.

Erdgas
Der Verband der Schweiz. Gasindustrie liefert dem BFE die jährlichen Importzahlen (Basisdaten). Die Umwandlung von Erdgas in Elektrizität und Wärme wird bei den Kehrichtverbrennungsanlagen (KVA), Fernheizwerken und Fernheizkraftwerken durch das BFE erhoben. Der sektorale Endverbrauch wird aufgrund von Angaben der Gasversorger und provisorischen Resultaten einer jährlichen Stichprobenerhebung im Industrie- und Dienstleistungssektor geschätzt.

Kohle
Die Kohleimporte und -exporte werden am Zoll direkt erfasst. Zudem wird die Lagerveränderung geschätzt. Der Endverbrauch der Industrie wird mit einer jährlichen Stichprobenerhebung erfasst.

Holz
Der Bestand der installierten Holzfeuerungen und die mit Holz beheizte Gebäudefläche werden mittels Umfragen und Angaben der Feuerungshersteller geschätzt. Anschliessend wird der jährliche Holzverbrauch anhand von Berechnungsmodellen bestimmt.

Fernwärme/Müll und Abfälle
Diese Statistik basiert auf einer jährlichen Umfrage des BFE bei den Kehrichtverbrennungsanlagen (KVA), Fernheizwerken und Fernheizkraftwerken (Vollerhebung).

Übrige erneuerbare Energien, Wärmepumpen und Wärmekraftkopplung (WKK)
Die Sammelgruppe der «übrigen erneuerbaren Energien» besteht aus den Energieträgern Wind, Sonne, Biogase, Biotreibstoffe und Umgebungswärme. Die Angaben zur Nutzung dieser Energieträger stammen aus Teilstatistiken, die im Auftrag des BFE erstellt werden. Sie basieren teils auf Vollerhebungen (z.B. Wind-, Biogas-, Gross-WKK-Anlagen), teils auf Schätzungen bzw. Hochrechnungen.

Enquêtes, sources

L'Office fédéral de l'énergie (OFEN) publie chaque année une statistique globale de l'énergie qui renseigne sur la production indigène, l'importation, l'exportation et la consommation d'énergie, ventilés par agents énergétiques et par catégories de consommateurs. Il s'agit d'une statistique de synthèse basée sur des sources statistiques diverses.

Produits pétroliers
Les données concernant les importations, les exportations, la vente et le stockage des produits pétroliers, le traitement du pétrole brut dans les raffineries, etc., émanent de Carbura (Organisation de stockage obligatoire de la branche des huiles minérales en Suisse) et de l'Union pétrolière. La consommation de mazout est estimée par l'OFEN d'après des relevés et des modèles sectoriels.

Electricité
Les chiffres concernant la production, la consommation et le commerce extérieur d'électricité s'appuient sur des relevés mensuels de l'OFEN auprès des entreprises d'électricité. Les chiffres annuels se basent en partie sur des extrapolations concernant, p. ex. la ventilation de la consommation finale.

Gaz naturel
L'Association suisse de l'industrie du gaz fournit à l'OFEN les chiffres des importations annuelles (données de base). La conversion du gaz naturel en électricité et en chaleur fait l'objet de relevés de l'OFEN auprès des usines d'incinération des ordures, des centrales de chauffage à distance et des centrales de chaleur-force. La consommation finale sectorielle est évaluée sur la base des indications des fournisseurs de gaz et des résultats provisoires d'une enquête annuelle par échantillonnage réalisée dans l'industrie et le secteur des services.

Charbon
Les importations et les exportations de charbon sont relevées directement à la douane. Les variations de stocks font l'objet d'une estimation. La consommation finale de l'industrie est déterminée sur la base d'une enquête annuelle par échantillonnage.

Bois
Le parc des installations de chauffage au bois ainsi que les surfaces de bâtiments sont estimés à partir d'enquêtes et des données fournies par les constructeurs. La consommation annuelle de bois est déterminée à l'aide de modèles de calcul.

Chauffage à distance/Ordures et déchets
Les données proviennent d'une enquête exhaustive annuelle de l'OFEN auprès usines d'incinération des ordures et des centrales de chauffage à distance et chaleur-force.

Autres énergies renouvelables, pompes à chaleur et couplage chaleur-force (CCF)
Les «Autres énergies renouvelables» regroupent l'énergie éolienne, l'énergie solaire, le biogaz, les biocarburants et la chaleur de l'environnement. Les données sur l'utilisation de ces agents énergétiques proviennent de statistiques sectorielles établies sur mandat de l'OFEN. Elles s'appuient en partie sur des enquêtes exhaustives (p. ex. installations éoliennes, biogaz, grandes installation CCF), en partie sur des estimations et des extrapolations.

Glossar

Bruttoenergieverbrauch
Bei einer nationalen Energiestatistik interessiert in erster Linie der gesamte Energieverbrauch innerhalb der Landesgrenzen, inklusive der innerhalb des Landes entstehenden Umwandlungsverluste. Dieser sogenannte Bruttoverbrauch setzt sich zusammen aus der inländisch gewonnenen Primärenergie, den Saldi des Aussenhandels der verschiedenen Energieträger und der Lagerveränderungen. Nicht berücksichtigt wird der Austausch von sogenannter grauer Energie mit dem Ausland, d.h. die für die Herstellung von eingeführten oder exportierten Gütern benötigte und damit in diesen enthaltene Energiemenge.

Endenergie
Entspricht der Menge an Sekundärenergie, die an die (End-)Verbraucher geliefert wird. Sie wird auf der letzten Stufe des Handels erfasst, was zu vergleichsweise genauen Werten führt. Gewisse Schwierigkeiten entstehen bei Energieträgern, die beim Konsumenten nochmals gelagert werden können, denn hier können die Zeitpunkte der Lieferung und des eigentlichen Endverbrauchs unter Umständen deutlich auseinander liegen. Beim wichtigsten Posten, dem Heizöl, wird der Verbrauch in den Sektoren Haushalte, Dienstleistungen und Industrie aufgrund von Teilerhebungen und Sektorenmodellen vierteljährlich geschätzt. Für die Sektoren Industrie und Dienstleistungen stehen jährliche Angaben aufgrund einer Erhebung mit einer Stichprobe von 12 000 Arbeitsstätten zur Verfügung.

Energieausgaben der Endverbraucher
In den Zahlen zu den Energieausgaben sind auch die fiskalischen Abgaben enthalten. Da für Industrieabfälle keine Grosshandels- und Konsumentenpreise ausgewiesen werden, wird auf eine Frankenbewertung der Industrieabfälle verzichtet.

Erneuerbare Energien
Energien, die kontinuierlich oder in Zyklen auf natürliche Weise anfallen, entweder für die Bereitstellung von nutzbarer Energie oder direkt als Endenergie. Zu den erneuerbaren Energien gehören einerseits die klassischen Energieträger Wasserkraft und Holz, andererseits die neuen erneuerbaren Energieträger Wind, Sonne, Biotreibstoffe, Biogas und Umgebungswärme.

Masseinheiten
Der Energieverbrauch wird in der Regel in Terajoules (TJ) angegeben (1 TJ = 0,2778 GWh = 0,2778 × 10^6 kWh). Die einzelnen Energieträger werden dabei nach folgendem Schlüssel umgerechnet:
Erdölprodukte:

Rohöl	0,0432 TJ/t
Heizöl EL	0,0429 TJ/t
Heizöl schwer	0,0412 TJ/t
Petrolkoks	0,0318 TJ/t
Flüssiggase, übrige	0,0460 TJ/t
Benzin	0,0426 TJ/t
Diesel	0,0430 TJ/t

Glossaire

Catégories de consommateurs
Pour la consommation finale d'énergie, on distingue entre quatre secteurs de consommation: les ménages, l'industrie (y compris les arts et métiers), les services et les transports. A cela s'ajoute un poste «différence statistique», qui comprend notamment l'agriculture.

Cette répartition n'a cours que depuis 1999. Auparavant, les arts et métiers étaient réunis avec l'agriculture dans le secteur des services. La définition des ménages et des transports n'a pas changé.

Consommation brute d'énergie
Les statistiques nationales de l'énergie visent en premier lieu à mesurer la consommation totale d'énergie, pertes de transformation comprises, à l'intérieur des frontières nationales. Cette grandeur, appelée consommation brute, se compose de l'énergie primaire tirée du pays, des soldes du commerce extérieur des divers agents énergétiques et des variations de stocks. N'est pas prise en compte l'énergie «grise» échangée avec l'étranger, c'est-à-dire l'énergie ayant servi à fabriquer des biens d'importation ou d'exportation et qui est en quelque sorte «contenue» dans ces biens.

Dépenses des consommateurs finaux d'énergie
Nos chiffres relatifs aux dépenses incluent les prélèvements fiscaux. Les déchets industriels, pour lesquels nous ne disposons pas de prix de gros ni de prix à la consommation, ne sont pas pris en compte.

Energie finale
C'est la quantité d'énergie secondaire qui est livrée au consommateur (final). Elle constitue le dernier maillon du marché de l'énergie et peut donc être quantifiée de manière relativement précise. Les agents énergétiques que le consommateur peut stocker posent quelques problèmes d'évaluation, car il peut s'écouler un temps assez long entre le moment de la livraison et celui de la consommation finale effective. Pour l'élément le plus important, le mazout, la consommation dans les secteurs ménages, services et industrie est évaluée trimestriellement en raison d'enquêtes partielles et de modèles sectoriels. Pour les secteurs industrie et services, on dispose de données annuelles recueillies par le biais d'une enquête auprès d'un échantillon de 12 000 établissements.

Energie primaire
Source d'énergie non encore transformée en énergie secondaire, p. ex. la force hydraulique, le charbon, le pétrole brut, le gaz naturel, le bois, mais aussi les ordures ménagères et les déchets industriels. La chaleur produite dans les réacteurs nucléaires est également considérée comme une énergie primaire.

Energie secondaire
Energie obtenue par transformation de l'énergie primaire (raffinage, production thermique d'électricité, turbinage, etc.). Exemples: l'électricité, le chauffage à distance, le mazout, l'essence. La transformation de l'énergie primaire en énergie secondaire engendre toujours des pertes.

Flugtreibstoffe	0,0432 TJ/t
Biotreibstoffe (unterer Heizwert):	
Biodiesel	9,07 kWh/l
Bioethanol	5,85 kWh/l
Pflanzenöl (reines Rapsöl)	9,61 kWh/l
Erdgas:	
Brennwert	0,0403 TJ/1000 m^3
Heizwert	0,0363 TJ/1000 m^3
Kohle:	
Steinkohle	0,0255 TJ/t
Braunkohle	0,0236 TJ/t
Holz[1]:	
Stückholz, lufttrocken	0,0150 TJ/t
Holzschnitzel	0,0116 TJ/t
Holzkohle	0,0283 TJ/t
Pellets	0,0180 TJ/t
Abfall[1]:	
Kehrichtverbrennungsanlagen	0,0119 TJ/t

Primärenergie

Energie, die noch keiner Umwandlung unterworfen wurde, z.B. Wasserkraft, Kohle, Rohöl, Erdgas und Holz, aber auch Müll und Industrieabfälle. Die erzeugte Reaktorwärme von Kernkraftwerken wird ebenfalls als Primärenergie behandelt.

Sekundärenergie

Die Sekundärenergie wird unter Inkaufnahme von Umwandlungsverlusten durch Umwandlungsprozesse (Raffination, thermische Stromerzeugung, Turbinierung usw.) aus Primärenergie gewonnen. Beispiele sind Elektrizität, Fernwärme, Heizöl oder Benzin.

Verbrauchergruppen

Beim Endenergieverbrauch wird zwischen den vier Verbrauchssektoren Haushalte, Industrie (inkl. verarbeitendes Gewerbe), Dienstleistungen und Verkehr unterschieden. Zusätzlich wird eine Position «statistische Differenz» ausgewiesen, in der auch die Landwirtschaft enthalten ist.

Diese Aufteilung gilt erst ab 1999. Davor wurde das verarbeitende Gewerbe zusammen mit der Landwirtschaft im Sektor Dienstleistungen erfasst. Die Definition der Bereiche Haushalte und Verkehr dagegen wurde nicht verändert.

Energies renouvelables

Energies produites de manière continue ou cyclique par la nature, pouvant être soit transformées en énergie utilisable, soit utilisées directement comme énergie finale. Les énergies renouvelables comprennent d'une part des sources d'énergie traditionnelles (hydraulique et bois), d'autre part des sources d'énergies nouvelles (vent, soleil, biocarburants, biogaz, chaleur de l'environnement).

Unités de mesure

La consommation d'énergie est généralement donnée en térajoules (TJ) (1 TJ = 0,2778 GWh = 0,2778 × 10^6 kWh). On utilise pour les différents agents énergétiques la clé de conversion suivante:

Produits pétroliers:	
Pétrole brut	0,0432 TJ/t
Huile extra-légère	0,0429 TJ/t
Huile lourde	0,0412 TJ/t
Coke de pétrole	0,0318 TJ/t
Gaz liquides, autres	0,0460 TJ/t
Essence	0,0426 TJ/t
Carburant diesel	0,0430 TJ/t
Carburant d'aviation	0,0432 TJ/t
Biocarburants (pouvoir énergétique inférieur):	
Biodiesel	9,07 kWh/l
Bioéthanol	5,85 kWh/l
Huile végétale (huile de colza pure)	9,61 kWh/l
Gaz naturel:	
Pouvoir calorifique supérieur	0,0403 TJ/1000 m^3
Pouvoir énergétique inférieur	0,0363 TJ/1000 m^3
Charbon:	
Houille	0,0255 TJ/t
Lignite	0,0236 TJ/t
Bois[1]:	
Bûches, séchées à l'air	0,0150 TJ/t
Bois déchiqueté	0,0116 TJ/t
Charbon de bois	0,0283 TJ/t
Pellets	0,0180 TJ/t
Déchets[1]:	
Usines d'incinération des ordures	0,0119 TJ/t

---

[1] Kann je nach Brennstoffzusammensetzung stark variieren.

[1] Peut varier fortement selon la composition du combustible.

Daten / Données

Versorgung / Approvisionnement

Energieeinfuhr und -ausfuhr
Importation et exportation d'énergie
T 8.2.1.1

	Holz und Holzkohle / Bois et charbon de bois (TJ)			Rohöl, Erdölprodukte / Pétrole brut, produits pétroliers (1000 t)			Gas[1] / Gaz[1] (TJ)	Elektrizität / Electricité (GWh)			
	Einfuhr / Importation	Ausfuhr / Exportation	Saldo / Solde	Einfuhr / Importation	Ausfuhr / Exportation	Saldo / Solde	Einfuhr / Importation	Einfuhr / Importation	Ausfuhr / Exportation	Saldo Solde Kalenderjahr Année civile	Winter[2] Hiver[2]
1990	370	100	270	12 914	170	12 744	68 180	22 799	24 907	−2 108	583
1995	340	170	170	12 013	455	11 558	91 920	28 948	36 219	−7 271	...
2000	340	340	0	12 388	668	11 720	101 880	39 920	46 990	−7 070	−2 301
2009	1 090	600	490	13 128	532	12 596	112 810	52 002	54 159	−2 157	5 136
2010	1 190	600	590	11 861	421	11 440	126 010	66 834	66 314	520	4 242
2011	1 250	300	950	11 483	450	11 033	111 770	83 298	80 711	2 587	3 791
2012	1 180	300	880	11 713	316	11 397	122 520	86 825	89 025	−2 200	2 439
2013	2 080	170	1 910	12 382	575	11 807	129 030	36 208	38 604	−2 396	1 570
2014	1 630	150	1 480	11 234	523	10 711	111 770	37 438	42 929	−5 491	...

1 Unterer Heizwert
2 Winter gemäss hydrologischem Jahr. Ein Beispiel: Der Saldo für 2009 entspricht dem Winter 2009/10.

Quelle: BFE – Schweizerische Gesamtenergiestatistik 2014

1 Pouvoir calorifique inférieur
2 Hiver selon l'année hydrologique. Un exemple: le solde pour 2009 correspond à l'hiver 2009/10.

Source: OFEN – Statistique globale suisse de l'énergie 2014

Elektrizitätserzeugung. In GWh
Production d'électricité. En GWh
T 8.2.2.1

	Wasserkraftwerke / Centrales hydrauliques	Kernkraftwerke / Centrales nucléaires	Konventionell thermische Kraftwerke / Centrales thermiques classiques	Diverse Erneuerbare[1] / Renouvelables divers[1]	Bruttoerzeugung / Production brute		Nettoerzeugung / Production nette
					Total	Abzüglich Verbrauch der Speicherpumpen / Moins le pompage d'accumulation	Total
1990	30 675	22 298	1 013	88	54 074	1 695	52 379
1995	35 597	23 486	1 137	138	60 358	1 520	58 838
2000	37 851	24 949	2 372	176	65 348	1 974	63 374
2009	37 136	26 119	2 817	422	66 494	2 523	63 971
2010	37 450	25 205	3 123	474	66 252	2 494	63 758
2011	33 795	25 560	2 866	660	62 881	2 466	60 415
2012	39 906	24 345	2 868	900	68 019	2 411	65 608
2013	39 572	24 871	2 721	1 148	68 312	2 132	66 180
2014	39 308	26 370	2 447	1 508	69 633	2 355	67 278

1 Feuerungen mit Holz und Holzanteilen, Biogasanlagen, Photovoltaikanlagen, Windenergieanlagen

Quelle: BFE – Schweizerische Elektrizitätsstatistik 2014

1 Chauffages au bois et en partie au bois, Installations à biogaz, Installations photovoltaiques, Eoliennes

Source: OFEN – Statistique suisse de l'électricité 2014

Neue erneuerbare Energien, Produktion[1]. In GWh
Nouvelles énergies renouvelables, production[1]. En GWh

T 8.2.2.5

	1990	2008	2009	2010	2011	2012	2013	2014	
Windenergie									Energie éolienne
Elektrizitätsproduktion	0	19	23	37	70	88	90	101	Production d'électricité
Sonnenenergie: Photovoltaikanlagen									Energie solaire: installations photovoltaïques
Elektrizitätsproduktion	1,45	36,73	54,39	93,64	168,05	299,47	500,47	841,57	Production d'électricité
Netzgekoppelte Anlagen	1	35	53	92	166	298	499	840	Inst. reliées au réseau
Inselanlagen[2]	0	2	2	2	2	2	2	2	Inst. non reliées au réseau[2]
Sonnenenergie: Kollektoranlagen									Energie solaire: capteurs solaires
Wärmeertrag	29	291	343	403	460	515	567	614	Production de chaleur
Röhren- und Flächenkollektoren	15	226	279	338	395	449	501	549	Capteurs tubulaires
Unverglaste Kollektoren	14	64	65	65	65	65	66	65	Capteurs non vitrés
Biogas, effektiv genutzte Wärme, in									Biogaz, chaleur utilisée
Landwirtschaft	5	9	8	11	12	15	17	19	Agriculture
Abfallbewirtschaftung[3]	7	15	13	14	18	28	32	31	Traitement des ordures[3]
Abwasserbewirtschaftung[4]	205	277	277	287	299	298	288	289	Traitement des eaux usées[4]
Biogas, produzierte Elektrizität, in									Biogaz, production d'électricité
Landwirtschaft	1	33	37	46	51	63	77	89	Agriculture
Abfallbewirtschaftung[3]	20	28	37	42	52	69	75	74	Traitement des ordures[3]
Abwasserbewirtschaftung[4]	59	116	117	121	126	128	129	130	Traitement des eaux usées[4]
Wärmepumpenanlagen, Wärmeproduktion									Pompes à chaleur, production de chaleur
Elektromotor-WP	1 289	3 341	3 650	4 436	4 208	4 934	5 519	5 047	Moteur électrique
Gas- und Diesel-WP	47	19	16	13	8	6	5	4	Moteur à gaz et diesel

1 Daten teilweise revidiert
2 Schätzung
3 Deponiegas und Biogasanlagen Gewerbe/Industrie
4 Klärgas aus kommunalen Kläranlagen und Biogas aus Industrieabwässern

Quelle: BFE – Statistik der erneuerbaren Energien

1 Données partiellement révisées
2 Estimation
3 Installations à gaz de décharge et à biogaz de l'industrie et de l'artisanat
4 Installations à gaz de stations d'épuration communales et biogaz d'eaux usées de l'industrie

Source: OFEN – Statistique des énergies renouvelables

Verbrauch
Consommation

Bruttoenergieverbrauch: Anteil der Primärenergieträger. In TJ   T 8.3.1.1
Consommation brute d'énergie: part des agents énergétiques primaires. En TJ

	Holz, Abfälle, Kohle, übrige erneuerbare Energien [1] / Bois, déchets, charbon, autres énergies renouvelables [1]	Wasserkraft / Energie hydraulique	Rohöl und Erdölprodukte / Pétrole brut et produits pétroliers	Gas / Gaz	Kernbrennstoffe / Combustibles nucléaires	Elektrizität Import / Export-Saldo / Electricité solde import / export	Inländischer Bruttoenergieverbrauch = 100% [2] / Consommation brute d'énergie dans le pays = 100% [2]
1990	71 310	110 430	532 260	68 310	243 250	−7 590	1 017 970
1995	77 400	128 150	529 710	91 920	256 210	−26 180	1 057 210
2000	86 800	136 260	535 790	101 880	272 170	−25 450	1 107 450
2009	109 880	133 690	512 710	112 810	284 930	−7 760	1 146 260
2010	117 150	134 820	523 490	126 010	274 960	1 870	1 178 300
2011	114 030	121 660	485 280	111 770	278 840	9 310	1 120 890
2012	121 740	143 660	494 270	122 520	265 580	−7 920	1 139 850
2013	127 160	142 460	503 880	129 030	271 320	−8 620	1 165 230
2014	124 730	141 510	462 560	111 770	287 670	−19 760	1 108 480

1   Sonne, Wind, Biogas, Biotreibstoffe, Umweltwärme
2   Summe der Anteile der Primärenergieträger abzüglich Ausfuhrüberschuss = 100%
Quelle: BFE – Schweizerische Gesamtenergiestatistik 2014

1   Soleil, énergie éolienne, biogaz, biocarburants, chaleur de l'environnement
2   Somme des parts des agents énergétiques moins solde exportateur = 100%
Source: OFEN – Statistique globale suisse de l'énergie 2014

Endenergieverbrauch nach Energieträgern. In TJ   T 8.3.2.1
Consommation finale d'énergie, par agent énergétique. En TJ

	Total	Erdölbrennstoffe [1] / Combustibles pétroliers [1]	Treibstoffe / Carburants	Elektrizität / Electricité	Gas / Gaz	Kohle / Charbon	Holz und Holzkohle / Bois et charbon de bois	Fernwärme / Chaleur à distance	Abfälle [1] / Déchets [1]	Übrige erneuerbare Energien [2] / Autres énergies renouvelables [2]
1990	794 320	243 600	253 220	167 680	63 670	14 360	28 600	10 420	8 680	4 090
1995	818 400	237 680	256 360	172 380	86 010	7 920	30 400	11 970	10 440	5 240
2000	847 020	208 430	293 370	188 540	93 180	5 770	27 780	13 180	10 440	6 330
2009	865 020	182 080	293 450	206 980	104 540	6 190	34 900	15 320	9 510	12 050
2010	902 520	190 410	295 080	215 230	115 940	6 210	38 070	17 240	10 040	14 300
2011	842 320	150 850	296 590	210 960	104 220	5 840	33 290	15 860	10 510	14 200
2012	873 150	161 130	299 850	212 300	114 330	5 270	36 770	16 880	10 300	16 320
2013	894 890	168 460	299 770	213 560	120 750	5 670	40 440	17 890	10 450	17 900
2014	825 770	127 550	298 260	206 880	107 100	5 910	34 500	16 290	11 830	17 450

1   Inklusive Eigenverbrauch der Kehrichtverbrennungsanlagen
2   Sonne, Biogas, Biotreibstoffe, Umweltwärme
Quelle: BFE – Schweizerische Gesamtenergiestatistik 2014

1   Y compris la consommation des usines d'incinération des ordures ménagères
2   Soleil, biogaz, biocarburants, chaleur de l'environnement
Source: OFEN – Statistique globale suisse de l'énergie 2014

Endenergieverbrauch nach Verbrauchergruppen
Consommation finale d'énergie selon les catégories de consommateurs

T 8.3.2.2

	Endverbrauch in TJ Consommation finale en TJ			Anteil in % Part en %			
	2012	2013	2014	2012	2013	2014	
Total	873 150	894 890	825 770	100	100	100	Total
Haushalte	244 290	258 950	219 000	28	29	27	Ménages
Industrie[1]	163 080	164 460	156 870	19	18	19	Industrie[1]
Dienstleistungen[1]	143 490	149 760	130 810	16	17	16	Services[1]
Verkehr[2]	313 000	312 670	311 680	36	35	38	Transports[2]
Statistische Differenz inkl. Landwirtschaft[1]	9 290	9 050	7 410	1,1	1,0	0,9	Différence statistique, y.c. l'agriculture[1]

1 Exklusive interner Werkverkehr
2 Inklusive interner Werkverkehr

Quelle: BFE – Schweizerische Gesamtenergiestatistik 2014

1 Transports sur terrain ou route privés exclus
2 Transports sur terrain ou route privés compris

Source: OFEN – Statistique globale suisse de l'énergie 2014

Ökonomische Aspekte
Aspects économiques

Endverbraucher-Ausgaben für Energie. In Millionen Franken, zu laufenden Preisen[1]
Dépenses des consommateurs finaux d'énergie. En millions de francs, à prix courants[1]

T 8.4.1.1

	Erdölbrennstoffe Combustibles pétroliers	Treibstoffe Carburants	Elektrizität Electricité	Gas Gaz	Kohle Charbon	Holz Bois	Fernwärme Chaleur à distance	Total	In % des Bruttoinlandprodukts En % du produit intérieur brut
1990	2 280	7 300	6 730	860	90	90	180	17 530	4,9
1995	1 680	8 160	8 150	990	30	130	150	19 290	4,8
2000	2 740	11 200	8 280	1 380	30	140	220	23 990	5,2
2009	3 260	12 180	9 200	2 310	50	220	330	27 550	4,7
2010	4 260	13 240	9 540	2 390	40	240	350	30 060	5,0
2011	3 870	14 670	9 850	2 300	40	220	230	31 180	5,0
2012	4 380	15 660	9 930	2 670	40	250	260	33 190	5,3
2013	4 410	15 120	9 920	2 810	40	280	250	32 830	5,2
2014	3 250	14 180	9 710p	2 540	20	250	240	30 190p	4,7p

1 Schätzungen, Revision in Bearbeitung

Quelle: BFE – Schweizerische Gesamtenergiestatistik 2014

1 Estimations, révision en préparation

Source: OFEN – Statistique globale suisse de l'énergie 2014

9

Bau- und Wohnungswesen

Construction et logement

Überblick

3- und 4-Zimmer-Wohnungen überwiegen weiterhin …

Die Wohnungen mittlerer Grösse (3 oder 4 Zimmer) machten 2014 gut die Hälfte (54%) des Wohnungsbestandes aus; 20% waren Wohnungen mit 1 bis 2 Zimmern und 26% solche mit 5 und mehr Zimmern. Dieses Verhältnis hat sich seit 1970 kaum verändert.

Über die Hälfte der Schweizer Bevölkerung (54%) wohnte 2014 in einer 3- oder 4-Zimmer-Wohnung, 11% in einer Wohnung mit 1 oder 2 Zimmern.

Die Anzahl Personen pro Wohnung bleibt gegenüber 2000 konstant (2,3). Gleichzeitig stieg die durchschnittliche Wohnfläche pro Person von 44 m² auf 45 m².

Die durchschnittliche Wohnfläche pro Person in Haushalten mit mehr als einer Person (ausschliesslich Schweizer) liegt 2014 bei 43 m². In Haushalten, deren Mitglieder alle Ausländer sind, beträgt die Fläche pro Person 30 m².

Die Wohndichte stieg gegenüber 2000 von 0,59 auf 0,60 Bewohner pro Zimmer und ist in Haushalten mit Personen über 65 Jahren am geringsten (0,39).

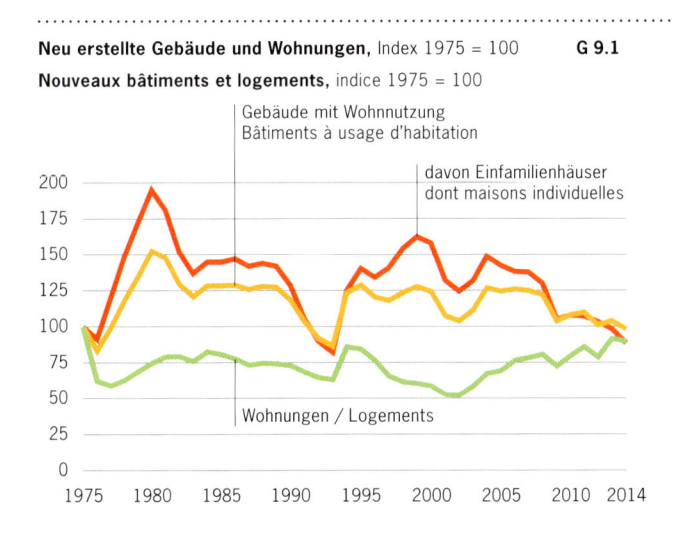

Neu erstellte Gebäude und Wohnungen, Index 1975 = 100   **G 9.1**
Nouveaux bâtiments et logements, indice 1975 = 100

Vue d'ensemble

Les logements de 3 et de 4 pièces dominent toujours …

Les logements de taille moyenne (3 ou 4 pièces) représentaient en 2014 un peu plus de la moitié du nombre total de logements (54%); 20% étaient de 1 à 2 pièces et 26% de 5 pièces ou plus. Ces pourcentages n'ont guère varié depuis 1970.

Plus de la moitié de la population suisse (54%) vit en 2014 dans un logement de 3 ou de 4 pièces et 11% dans des logements de 1 ou de 2 pièces.

Le nombre de personnes par logement reste constant depuis 2000 (2,3). La surface moyenne d'habitation est passée de 44 m² à 45 m² par personne.

En 2014 la surface habitable moyenne par personne dans les ménages comptant plus d'une personne, dont tous les membres sont suisses, est de 43 m². Elle est de 30 m² dans ceux dont tous les membres sont étrangers.

La densité d'occupation par pièce est passée de 0,59 en 2000 à 0,60 habitant par pièce et est la plus faible dans les ménages formés de personnes de plus de 65 ans (0,39).

… et la maison individuelle reste la catégorie de bâtiment la plus importante

Les maisons individuelles représentent plus de la moitié (57%) des bâtiments à usage d'habitation. Moins d'un habitant sur trois habite un tel bâtiment (28%). La part des maisons individuelles a continué de progresser jusqu'à l'année 2010 et a légèrement baissé en 2014. Les plus fortes poussées ont été enregistrées durant les années 1970 et 1980 (1970: 40%; 1980: 47%; 1990: 54%; 2000: 56%; 2010: 58%).

28% des ménages dont tous les membres sont de nationalité suisse vivent dans des maisons individuelles et seulement 9% quand tous les membres sont étrangers.

Wohnungen 2014 / Logements en 2014 G 9.2
Energieträger (für Heizung) / Agent énergétique utilisé (chauffage)

- Elektrizität / Electricité: 5,7%
- Andere / Autres: 5,6%
- Holz / Bois: 6,9%
- Wärmepumpe / Pompe à chaleur: 8,3%
- Heizöl / Mazout: 53,4%
- Gas / Gaz: 20,1%

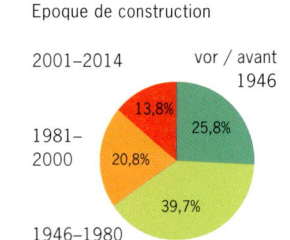

Alter der Wohnung (Bauperiode) / Epoque de construction

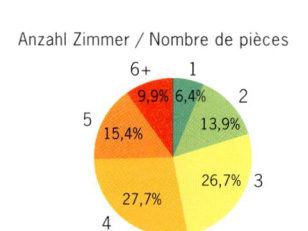

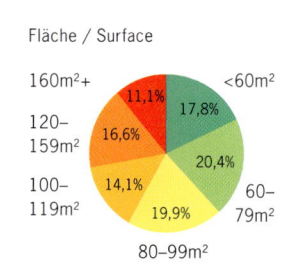

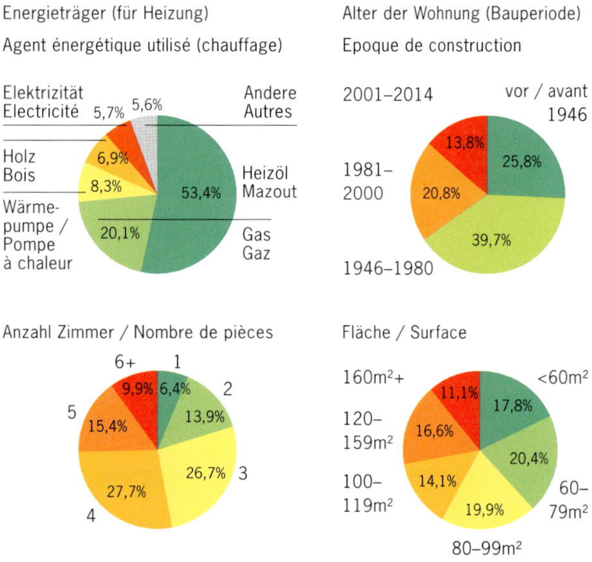

- 2001–2014: 13,8%
- 1981–2000: 20,8%
- 1946–1980: 39,7%
- vor / avant 1946: 25,8%

Anzahl Zimmer / Nombre de pièces

- 1: 6,4%
- 2: 13,9%
- 3: 26,7%
- 4: 27,7%
- 5: 15,4%
- 6+: 9,9%

Fläche / Surface

- <60m²: 17,8%
- 60–79m²: 20,4%
- 80–99m²: 19,9%
- 100–119m²: 14,1%
- 120–159m²: 16,6%
- 160m²+: 11,1%

Anteil Einfamilienhäuser am gesamten Gebäudebestand 2014 G 9.3
Taux de maisons individuelles sur l'ensemble des bâtiments, en 2014
Schweiz / Suisse: 57,4%

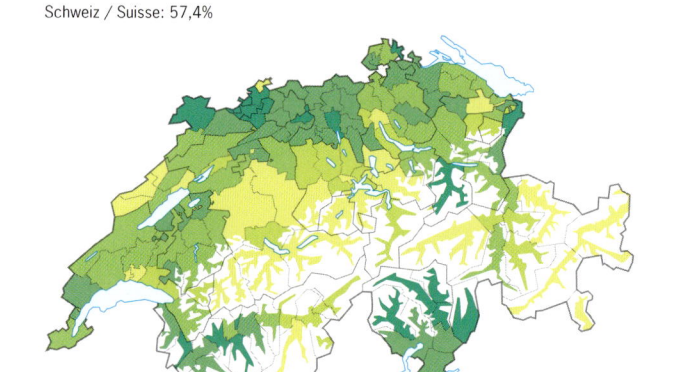

In % / En %
- < 47,5
- 47,5 – 54,9
- 55,0 – 62,4
- 62,5 – 69,9
- ≥ 70,0

… und das Einfamilienhaus bleibt die wichtigste Gebäudekategorie

Die Einfamilienhäuser stellen mehr als die Hälfte (57%) aller Gebäude mit Wohnnutzung dar. Weniger als ein Drittel aller Personen wohnen in einem solchen Gebäude (28%). Bis ins Jahr 2010 ist der Anteil Einfamilienhäuser stetig gestiegen und ging im Jahr 2014 leicht zurück. Das stärkste Wachstum wurde in den 1970er- und 1980er-Jahren verzeichnet (Anteile 1970: 40%; 1980: 47%; 1990: 54%; 2000: 56%; 2010: 58%).

Von den Haushalten mit nur Schweizern leben 28% in einem Einfamilienhaus. Haushalte, deren Mitglieder alle Ausländer sind, wohnen nur zu 9% in Einfamilienhäusern.

Stetige Zunahme der Wohneigentumsquote seit 1970

Ende 2013 lebten in der Schweiz 37,5% der Haushalte in ihrer eigenen Wohnung. Dies entspricht 1 325 707 Haushalten. Seit 1970 ist die Wohneigentumsquote stetig angestiegen (1970: 28,5%; 1980: 30,1%; 1990: 31,3%; 2000: 34,6%). Die Anzahl Wohnungen im Stockwerkeigentum hat von 1970 bis 2014 am stärksten zugenommen (+70%). Deren Zahl ist zwischen 2000 und 2013 von 237 700 auf 404 876 angestiegen. Die Haushalte, denen das Haus gehört, in dem sich ihre Wohnung befindet, machen jedoch nach wie vor die Mehrheit der Eigentümerwohnungen aus (2000: 809 700; 2013: 920 831). Eine regionale Analyse zeigt, dass zwischen den Kantonen grosse Unterschiede bestehen. Die Kantone Jura (54,8%) und Wallis (57,4%) weisen die höchsten Wohneigentumsquoten auf, die städtischen Kantone Basel-Stadt (15,3%) und Genf (17,9%) hingegen die tiefsten. In den Kantonen Glarus (50,0%), Solothurn (49,6%) und Appenzell Ausserrhoden (49,5%) lebt jeder zweite Haushalt in seiner eigenen Wohnung.

Bauwirtschaft: Zunahme der Bauausgaben

Die gesamten Bauausgaben setzen sich aus den Bauinvestitionen und den öffentlichen Unterhaltsarbeiten zusammen. Sie stiegen im Jahr 2014 nominal um 3,1% (real +3,1%). Im Jahr 2013 nahmen die Bauausgaben nominal um 3,2% zu und im 2012 um

Augmentation constante du taux de propriété depuis 1970

A fin 2013, sur l'ensemble de la Suisse, 37,5% des ménages, soit 1 325 707 ménages, étaient propriétaires du logement qu'ils occupaient. Depuis 1970, ce taux est en augmentation constante (1970: 28,5%, 1980: 30,1%, 1990: 31,3%, 2000: 34,6%). C'est dans la catégorie de la propriété par étage que cette croissance est la plus forte (+70%), passant de 237 700 ménages en 2000 à 404 876 en 2013. Toutefois, les ménages possédant la maison dans laquelle se trouve leur logement représentent toujours la majorité des propriétaires (2000: 809 700, 2013: 920 831). Une analyse régionale fait apparaître de fortes disparités d'un canton à l'autre. D'une part, les cantons du Jura (54,8%) et du Valais (57,4%) affichent les taux de propriété les plus élevés. D'autre part, les cantons urbains de Bâle-Ville (15,3%) et de Genève (17,9%) présentent les taux les plus faibles. Dans les cantons de Glaris (50,0%), Soleure (49,6%) et Appenzell Rhodes-Extérieures (49,5%), un ménage sur deux occupe son propre logement.

Secteur de la construction: hausse des dépenses

Les dépenses totales dans la construction se composent des investissements dans la construction et des travaux d'entretien publics. Elles ont augmenté de 3,1% en 2014 en termes nominaux (+3,1% en termes réels). Les dépenses dans la construction se sont accrues en termes nominaux de 3,2% en 2013, et de 3,4% en 2012. Les dépenses pour des travaux d'entretien publics étaient en hausse de 0,9% par rapport à 2013. Les investissements dans la construction (dépenses de construction sans les travaux d'entretien publics) ont progressé de 3,3% en termes nominaux.

Les investissements dans le bâtiment ont augmenté de 3,1% en un an. Dans le génie civil, la hausse s'est chiffrée à 4,5%. Les investissements dans les nouveaux projets de construction se sont accrus de 1,7% en un an; la somme des investissements dans des projets de transformation a augmenté de 6,5% par rapport à 2013. Les maîtres d'ouvrage privés ont plus investi

Bauausgaben, Index[1] 1980 = 100　　　　　　　　　　G 9.4
Dépenses dans la construction, Indice[1] 1980 = 100

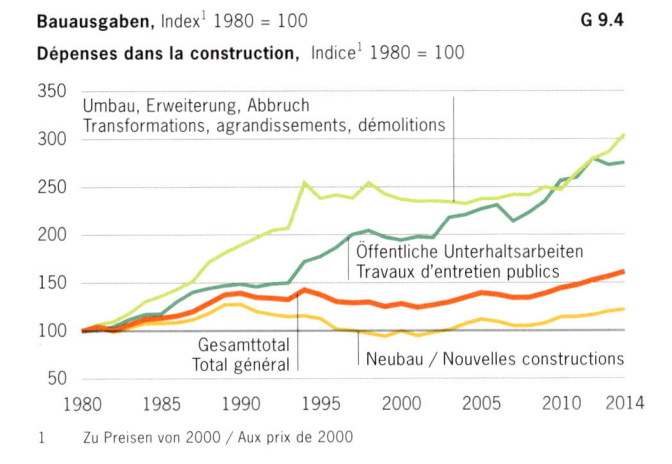

[1] Zu Preisen von 2000 / Aux prix de 2000

Leerwohnungsziffer　　　　　　　　　　　　　　　　　G 9.5
Taux de logements vacants

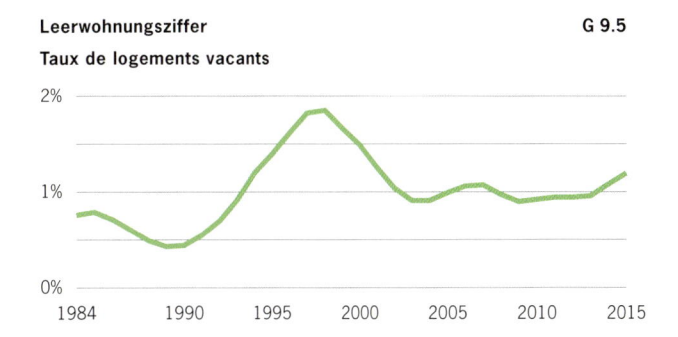

Leerwohnungen nach Zahl der Zimmer, in 1000
Logements vacants selon le nombre de pièces, en milliers

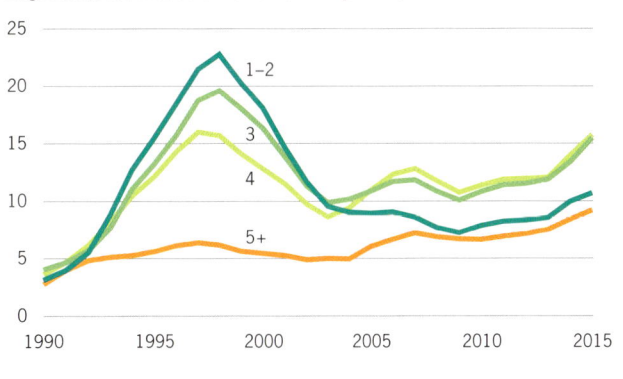

....

3,4%. Die Ausgaben in öffentliche Unterhaltsarbeiten erhöhten sich gegenüber 2013 um 0,9%. Die Bauinvestitionen, also jene Bauausgaben ohne öffentliche Unterhaltsarbeiten, wuchsen gegenüber 2013 nominal um 3,3%.

Die Investitionen in Hochbauprojekte nahmen im Jahresvergleich um 3,1% zu, diejenigen in Tiefbauprojekte stiegen im Jahresvergleich um 4,5%. Die Neubauinvestitionen nahmen im Jahresvergleich um 1,7% zu, und die Investitionssumme in Umbauprojekte stieg gegenüber dem Jahr 2013 um 6,5%. Die privaten Auftraggeber investierten sowohl mehr in den Neubau (+2,3%) als auch in den Umbau (+4,6%). Die öffentlichen Auftraggeber erhöhten ihre Investitionen bei den Umbauprojekten (+9,5%), investierten jedoch weniger in Neubauprojekte (–0,9%).

Abnehmende Wohnbautätigkeit …
Im Jahr 2014 wurden in der Schweiz zirka 6% weniger Gebäude mit Wohnnutzung fertig gebaut. Auch die Zahl der neu erstellten Wohnungen nahm ab (–2%). Ein Rückgang konnte auch bei den neuen Einfamilienhäusern beobachtet werden (–10%).

… trotzdem steigender Leerwohnungsbestand
1998 wies die Leerwohnungsziffer den Höchstwert von 1,85% aus, danach fiel sie bis auf 0,90% im Jahr 2009. Die Anzahl der leer stehenden Wohnungen am Stichtag 1. Juni 2015 stieg gegenüber dem Vorjahr um 5424 Einheiten auf insgesamt 51 172 Leerwohnungen, was einem Anstieg um 11,9% entspricht. Gemessen am Gesamtwohnungsbestand der Schweiz erreichte die Leerwohnungsziffer am Stichtag das Niveau von 1,19%.

....

que l'année précédente dans de nouvelles constructions (+2,3%) et dans des transformations (+4,6%). Les maîtres d'ouvrage publics ont investi davantage dans des projets de transformation (+9,5%), mais moins dans des nouvelles constructions (–0,9%).

Construction de logements décroissante…
En 2014, environ 6% de moins d'immeubles d'habitation ont été achevés. Le nombre d'appartements nouvellement construits a également baissé (–2%). Une diminution a également pu être observée dans les nouvelles maisons individuelles (–10%).

… mais augmentation des logements vacants
En 1998, le taux de logements vacants culminait à 1,85%. Il est ensuite retombé à 0,90% en 2009. Au 1er juin 2015, jour de référence, le nombre de logements vacants a augmenté par rapport à l'année précédente de 5424 unités à 51 172 unités, ce qui représente une progression de 11,9%. Rapporté au nombre total des logements en Suisse, le taux de logements vacants au jour de référence a atteint le niveau de 1,19%.

Erhebungen, Quellen

Enquêtes, sources

Die wichtigsten Erhebungen und Quellen im Bereich Bau- und Wohnungswesen   M 9

Statistik	Verantwortliche Stelle	Periodizität	Seit	Erhebungsmethode
Bau- und Wohnbaustatistik	BFS	Jährlich	1948	Vollerhebung
Vierteljährliche Wohnbaustatistik	BFS	Vierteljährlich	1984	Die vierteljährliche Wohnbaustatistik basiert auf einer Stichprobe von rund 1700 Gemeinden
Leerwohnungszählung	BFS	Jährlich	1941	Vollerhebung
Gebäude- und Wohnungserhebung	BFS	Alle 10 Jahre	1960–2000	Vollerhebung im Rahmen der Volkszählung
Gebäude- und Wohnungsstatistik	BFS	Jährlich	2009	Registererhebung, Stichprobenerhebung (neue Volkszählung)

Les principales enquêtes et sources dans le domaine construction et logement   M 9

Statistique	Institution responsable	Périodicité	Depuis	Méthode de relevé
Statistique de la construction et des logements	OFS	Annuelle	1948	Enquête exhaustive
Statistique trimestrielle de la construction de logements	OFS	Trimestrielle	1984	La statistique trimestrielle de la construction de logements se base sur un échantillon d'environ 1700 communes
Dénombrement des logements vacants	OFS	Annuelle	1941	Enquête exhaustive
Recensement des bâtiments et des logements	OFS	Tous les dix ans	1960–2000	Enquête exhaustive dans le cadre du recensement de la population
Statistique des bâtiments et des logements	OFS	Annuelle	2009	Relevé des registres, enquête par échantillonnage (nouveau recensement de la population)

Glossar

Bauausgaben
Die Bauausgaben umfassen die Bauinvestitionen plus das Total der öffentlichen Unterhaltsarbeiten.

Bauinvestitionen im Berichtsjahr
Baukosten für die Arbeiten, welche im betreffenden Jahr realisiert worden sind. Berücksichtigt sind dabei ausschliesslich Projekte, deren Bau im betreffenden Jahr im Gange war oder abgeschlossen wurde.

Baukosten
Die Kosten beinhalten alle Vorbereitungsarbeiten, die reinen Baukosten, alle fest eingebauten Einrichtungen, die der spezialisierten Nutzung eines Bauwerkes dienen, die Umgebungsarbeiten sowie alle Erschliessungsarbeiten innerhalb der Grundstücksgrenzen und alle Baunebenkosten. Nicht eingeschlossen sind Kosten für den Erwerb des Grundstücks, die Erschliessung ausserhalb der Grundstücksgrenzen sowie die Kosten für die Ausstattung mit mobilen Gegenständen.

Gebäude
Gebäude sind auf Dauer angelegte, mit dem Boden fest verbundene Bauten, die Wohnzwecken oder Zwecken der Arbeit, der Ausbildung, der Kultur oder des Sportes dienen.

Bei Doppel-, Gruppen- und Reihenhäusern zählt jedes Gebäude als selbständig, wenn es einen eigenen Zugang von aussen hat und wenn zwischen den Gebäuden eine senkrechte vom Erdgeschoss bis zum Dach reichende tragende Trennmauer besteht.

Hochbau
Hochbauten sind Bauwerke, die in der Regel grösstenteils über der Bodenhöhe liegen. Zu den Hochbauten zählen auch Bauwerke, die unter der Bodenhöhe liegen, jedoch eine unabhängige Nutzung zulassen, dem Menschen zugänglich und zur Unterbringung von Menschen, Tieren oder Gütern bestimmt sind.

Leerwohnungen
In der Leerwohnungszählung gelten (anders als bei der Gebäude- und Wohnungszählung) nur diejenigen Wohnungen als Leerwohnungen, die auf dem Markt zur Dauermiete bzw. zum Kauf angeboten werden. Es werden alle bewohnbaren Wohnungen berücksichtigt, unabhängig davon, ob sie möbliert oder nicht möbliert sind; mitgerechnet werden auch leer stehende Ferien- oder Zweitwohnungen, sofern sie das ganze Jahr bewohnbar sind.

Unter der **Leerwohnungsziffer** versteht man den prozentualen Anteil der leer stehenden Wohnungen (Stichtag: 1. Juni) am Gesamtwohnungsbestand der registerbasierten Gebäude- und Wohnungsstatistik (GWS) des Vorjahres.

Glossaire

Bâtiment (non génie civil)
Un ouvrage classé sous le terme «bâtiment» (considéré en Suisse au sens large en tant que l'équivalent du terme allemand «Hochbau») est généralement un ouvrage en élévation, dont la plus grande partie se situe au-dessus du niveau du sol. Pour des raisons techniques, le genre «bâtiment» peut inclure des ouvrages souterrains si ces derniers sont utilisables de façon autonome, accessibles à l'homme et destinés à abriter des personnes, des animaux ou des biens.

Bâtiment
Les bâtiments sont des constructions durables, bien ancrées dans le sol et utilisées pour l'habitat, le travail, la formation, la culture ou le sport.

Dans le cas de maisons jumelées, en groupe ou en rangée, chaque construction ayant son propre accès depuis l'extérieur et séparée des autres par un mur mitoyen porteur vertical allant du rez-de-chaussée au toit est considérée comme un bâtiment indépendant.

Bâtiments d'habitation
Bâtiments d'habitation réunissent les bâtiments exclusivement à usage d'habitation et les bâtiments d'habitation avec usage annexe.

Coûts de construction
Ensemble des dépenses liées à la réalisation de l'ouvrage, englobant les travaux préparatoires, les frais de l'ouvrage proprement dit, toutes les installations fixes destinées à un usage spécifique de l'ouvrage, les aménagements extérieurs ainsi que tous les travaux de raccordement à l'intérieur des limites de la parcelle et tous les frais de construction annexes. N'entrent pas dans cette définition les coûts afférents à l'acquisition du terrain, les travaux de raccordement en dehors de la parcelle ainsi que les coûts pour l'équipement en objets mobiles.

Dépenses dans la construction
Ce sont les investissements dans la construction plus les dépenses totales consacrées aux travaux d'entretien publics.

Génie civil
Un ouvrage de «génie civil» (en tant que l'équivalent du terme allemand «Tiefbau») est généralement un ouvrage souterrain dont une petite partie seulement se situe au-dessus du niveau du sol. Malgré leurs caractéristiques techniques qui les cantonnent en surface, les ouvrages en élévation qui ne peuvent pas être utilisés de façon autonome et qui ne sont pas destinés à abriter des personnes, des animaux ou des biens sont classés avec les ouvrages de génie civil.

Investissements de l'année sous revue
Part des coûts de construction correspondant aux travaux réalisés durant l'année. Ne sont considérés que les projets dont le chantier est en cours ou est mené à terme durant l'année.

Tiefbau
Tiefbauten sind Bauwerke, die in der Regel grösstenteils unter der Bodenhöhe liegen. Zu den Tiefbauten zählen auch Bauwerke, die über der Bodenhöhe liegen, jedoch keine unabhängige Nutzung zulassen und nicht zur Unterbringung von Menschen, Tieren oder Gütern bestimmt sind.

Unterhaltsarbeiten, bauliche
Als Ausgaben für Unterhaltsarbeiten gelten die Kosten für Instandhaltung (Wahren der Funktionstüchtigkeit durch einfache und regelmässige Massnahmen) sowie Instandsetzung (Wiederherstellen der Funktionstüchtigkeit).

Wohngebäude
Wohngebäude umfassen die reinen Wohngebäude und die Wohngebäude mit Nebennutzung.

Wohnung
Unter Wohnung ist die Gesamtheit der Räume zu verstehen, die eine bauliche Einheit bilden und einen eigenen Zugang entweder von aussen oder von einem gemeinsamen Bereich innerhalb des Gebäudes (Treppenhaus) haben. Eine Wohnung im Sinne der Statistik verfügt über eine Kocheinrichtung (Küche oder Kochnische).

Ein Einfamilienhaus besteht aus einer Wohnung; Einfamilienhäuser mit Einliegerwohnungen werden als Mehrfamilienhäuser erfasst.

Es werden alle Wohnungen gezählt unabhängig davon, ob die Wohnung für Privat- oder Kollektivhaushalte bestimmt ist.

Zimmer
Als Zimmer gelten alle Wohnräume wie Wohnzimmer, Schlafzimmer, Kinderzimmer usw., welche als Gesamtes eine Wohnung bilden. Nicht gezählt werden Küche, Badezimmer, Duschen, Toiletten, Réduits, Korridore, halbe Zimmer, Veranden sowie zusätzliche separate Wohnräume ausserhalb der Wohnung.

Logement
Par logement on entend l'ensemble des pièces qui constituent une unité de construction et qui ont un accès autonome depuis l'extérieur ou depuis un espace commun à l'intérieur du bâtiment (cage d'escaliers). Au sens de la statistique, un logement dispose d'un équipement de cuisine (cuisine ou cuisinette).

Une maison individuelle comporte un seul logement; les maisons individuelles avec un ou plusieurs petits logements supplémentaires sont saisies comme maisons à plusieurs logements.

Sont dénombrés tous les logements, qu'ils soient destinés à des ménages privés ou des ménages collectifs.

Logements vacants
A la différence du relevé des bâtiments et des logements, le dénombrement des logements vacants ne porte que sur les logements destinés à la location permanente ou à la vente, c'est-à-dire ceux qui sont effectivement mis sur le marché. Les logements sont recensés qu'ils soient meublés ou non, pourvu qu'ils soient habitables. Les logements de vacances et les résidences secondaires sont recensés s'ils sont habitables toute l'année.

On entend par **taux de logements vacants** le pourcentage de logements vacants (au 1er juin) par rapport au nombre total de logements de l'année précédente, tiré de la statistique des bâtiments et des logements (StatBL) basée sur les registres.

Pièces
Sont considérées comme pièces toutes les pièces d'habitation formant le logement telles que séjours, chambres à coucher, chambres des enfants etc. Ne sont pas comptées comme des pièces d'habitation: les cuisines, les salles de bain, les douches, les toilettes, les réduits, les corridors, les demi-pièces, les vérandas, ainsi que toute pièce d'habitation supplémentaire située en dehors du logement.

Travaux d'entretien
On entend par dépenses pour des travaux d'entretien celles occasionnées par le maintien en état (maintien en état de fonctionnement par des mesures simples et régulières) ainsi que par la remise en état (rétablissement de l'état de fonctionnement et de l'utilisation).

Daten / Données

Stand und Struktur der Gebäude und Wohnungen
Etat et structure des bâtiments et des logements
Gebäude nach Kategorie, Bauperiode und Geschosszahl. 2014
Bâtiments selon la catégorie, l'époque de construction et le nombre d'étages. En 2014

T 9.2.1.1

	Gebäude mit Wohnnutzung / Bâtiments à usage d'habitation						Gebäude mit teilweiser Wohnnutzung / Bâtiments partiellement à usage d'habitation	
		Wohngebäude / Bâtiments d'habitation				Wohngebäude mit Nebennutzung / Bâtiments d'habitation avec usage annexe		
			Reine Wohngebäude / Bâtiments exclusivement à usage d'habitation					
	Total	Total	Total	Einfamilienhäuser / Maisons individuelles	Mehrfamilienhäuser / Maisons à plusieurs logements			
Total	1 695 769	1 614 978	1 417 234	973 819	443 415	197 744	80 791	**Total**
Geschosszahl								**Nombre d'étages**
1 Geschoss	119 738	112 310	104 072	100 423	3 649	8 238	7 428	1 étage
2 Geschosse	791 595	767 104	694 522	594 292	100 230	72 582	24 491	2 étages
3 Geschosse	519 098	493 998	433 138	257 333	175 805	60 860	25 100	3 étages
4 Geschosse	155 568	142 506	116 786	19 565	97 221	25 720	13 062	4 étages
5 Geschosse	60 244	54 519	41 405	2 107	39 298	13 114	5 725	5 étages
6 Geschosse und mehr	49 526	44 541	27 311	99	27 212	17 230	4 985	6 étages et plus
Bauperiode								**Epoque de construction**
Vor 1919	336 039	307 620	213 875	126 037	87 838	93 745	28 419	Avant 1919
1919–1945	198 861	187 552	161 217	108 711	52 506	26 335	11 309	1919–1945
1946–1960	190 165	181 545	164 358	109 345	55 013	17 187	8 620	1946–1960
1961–1970	172 717	164 348	149 822	94 154	55 668	14 526	8 369	1961–1970
1971–1980	195 140	187 637	174 340	123 511	50 829	13 297	7 503	1971–1980
1981–1990	201 398	193 993	179 902	135 451	44 451	14 091	7 405	1981–1990
1991–2000	177 087	172 010	160 229	120 455	39 774	11 781	5 077	1991–2000
2001–2005	80 899	79 664	77 509	61 655	15 854	2 155	1 235	2001–2005
2006–2010	85 328	83 782	81 374	58 826	22 548	2 408	1 546	2006–2010
2011–2014	58 135	56 827	54 608	35 674	18 934	2 219	1 308	2011–2014

Quelle: BFS – Gebäude- und Wohnungsstatistik (GWS)

Source: OFS – Statistique des bâtiments et des logements (StatBL)

Wohnungen nach Zimmerzahl und Wohnfläche. 2014
Logements selon le nombre de pièces et la surface. En 2014

T 9.2.2.1.2

Wohnfläche in m²	Wohnungen Logements							Surface du logement en m²
		mit ... Zimmer(n) de ... pièce(s)						
	Total	1	2	3	4	5	6 und mehr 6 et plus	
Total	4 289 428	273 298	594 430	1 146 320	1 187 734	661 780	425 866	Total
unter 60	764 412	251 224	366 880	112 632	25 055	6 679	1 942	inférieure à 60
60–79	876 187	10 676	176 094	533 470	130 390	19 714	5 843	60–79
80–99	854 219	5 271	34 576	354 350	379 026	64 483	16 513	80–99
100–119	603 510	2 806	9 780	94 371	344 196	120 748	31 609	100–119
120–159	714 117	2 392	5 370	42 436	252 422	283 923	127 574	120–159
160 und mehr	476 983	929	1 730	9 061	56 645	166 233	242 385	160 et plus

Quelle: BFS – Gebäude- und Wohnungsstatistik (GWS)

Source: OFS – Statistique des bâtiments et des logements (StatBL)

Wohnungen nach Heizungsart und Energieträgern. 2014
Logements selon le type de chauffage et les agents énergétiques. En 2014

T 9.2.2.1.6

Energieträger	Wohnungen Logements								Agents énergétiques
		Heizungsart Type de chauffage							
	Total	Einzelofen- heizung Poêle	Etagenheizung Chauffage central pour un logement	Zentralheizung für ein Gebäude Chauffage central pour un bâtiment	Zentralheizung für mehrere Gebäude Chauffage central pour plusieurs bâtiments	Oeffentliche Fernwärme- versorgung Chauffage à distance	Andere Heizungsart Autre type de chauffage	Keine Heizung Pas de chauffage	
Total	4 289 428	181 069	88 083	3 145 801	672 202	175 478	23 492	3 303	Total
Mit Heizung	4 286 125	181 069	88 083	3 145 801	672 202	175 478	23 492	*	Avec chauffage
Heizöl	2 289 059	31 249	21 335	1 815 119	420 190	*	1 166	*	Mazout
Kohle	4 149	479	290	3 282	94	*	4	*	Charbon
Gas	863 194	7 513	15 160	664 463	174 120	*	1 938	*	Gaz
Elektrizität	244 486	36 639	37 699	160 040	5 445	*	4 663	*	Electricité
Holz	297 380	99 375	10 869	155 419	29 747	*	1 970	*	Bois
Wärmepumpe	354 715	2 223	2 396	300 800	39 358	*	9 938	*	Pompe à chaleur
Sonnenkollektor	5 522	159	103	4 415	545	*	300	*	Capteur solaire
Fernwärme	175 478	*	*	*	*	175 478	*	*	Chaleur à distance
Andere	52 142	3 432	231	42 263	2 703	*	3 513	*	Autres
Ohne Heizung	3 303	*	*	*	*	*	*	3 303	Sans chauffage

Quelle: BFS – Gebäude- und Wohnungsstatistik (GWS)

Source: OFS – Statistique des bâtiments et des logements (StatBL)

Jährlicher baulicher Zugang an Wohnungen nach Typ der Arbeiten
Augmentation annuelle de logements liée à la construction par type de travaux

T 9.2.2.2.1

	Wohnungen / Logements	Zugang durch … / Augmentations issues de …		Abgang durch … / Diminutions issues de …		Baulicher Zugang [1,4] / Augmentation liée à la construction [1,4]	Korrekturen [2,4] / Corrections [2,4]
		Neubau [4] / nouvelles constructions [4]	Umbauten [3] / transformations [3]	Abbrüche [3] / démolitions [3]	Umbauten [3] / transformations [3]		
2010	4 079 060	43 632	4 443	2 048	1 022	45 005	25 704
2011	4 131 342	47 174	4 180	2 199	1 074	48 081	4 201
2012	4 177 521	43 134	4 686	2 611	1 469	43 740	2 440
2013	4 234 906	50 166	5 196	2 783	1 380	51 199	6 186

1 Der bauliche Zugang an Wohnungen ist das Ergebnis des Zugangs durch baubewilligungspflichtige Neubauten oder Umbauten und des Abgangs durch baubewilligungspflichtige Abbrüche oder Umbauten.
2 Die Korrekturen resultieren aus Bereinigungsarbeiten im GWR, die im Rahmen der Registerharmonisierung in Kantonen und Gemeinden durchgeführt wurden.
3 Bis 2012 basieren die Resultate für Umbauten und Abbrüche auf einer Ad-hoc-Auswertung des eidg. Gebäude- und Wohnungsregisters (GWR). Ab 2013 basieren sie auf den im GWR gemeldeten Bauprojekten sowie den Daten der Gebäude- und Wohnungsstatistik (GWS).
4 Bereingte Daten 2013

Quelle: BFS – Bau- und Wohnbaustatistik
Stand: 15.09.2015

1 L'augmentation de logements liée à la construction est le résultat de l'augmentation par de nouvelles constructions ou des transformations soumises à autorisation et de la diminution par des démolitions ou des transformations soumises à autorisation.
2 Les corrections résultent de travaux d'apurement dans le RegBL, exécutés dans le cadre de l'harmonisation des registres opérée dans les cantons et les communes.
3 Jusqu'en 2012, les résultats sur les transformations et les démolitions se basent sur une exploitation ad hoc du Registre fédéral des bâtiments et des logements (RegBL). Depuis 2013, ils se basent sur les projets de construction annoncés dans le RegBL et sur les données de la Statistique des bâtiments et des logements (StatBL).
4 Données 2013 révisées

Source: OFS – Statistique de la construction et des logements
Etat: 15.09.2015

Jährlicher baulicher Zugang an Wohnungen nach Typ der Arbeiten und nach Kantonen. 2013
Augmentation annuelle de logements liée à la construction par type de travaux et selon les cantons. En 2013

T 9.2.2.2.3

	Wohnungen (31.12) Logements (31.12)	Zugang durch ... Augmentations issues de ...		Abgang durch ... Diminutions issues de ...		Baulicher Zugang[1,4] Augmentation liée à la construction[1,4]	Korrekturen[2,4] Corrections[2,4]
		Neubau[4] nouvelles constructions[4]	Umbauten[3] transformations[3]	Abbrüche[3] démolitions[3]	Umbauten[3] transformations[3]		
Total	4 234 906	50 166	5 196	2 783	1 380	51 199	6 186
Région lémanique	841 812	8 711	1 151	344	131	9 387	3 394
Vaud	382 670	4 762	752	188	97	5 229	969
Valais	235 379	2 668	199	25	15	2 827	1 912
Genève	223 763	1 281	200	131	19	1 331	513
Espace Mittelland	933 812	9 229	1 152	407	278	9 696	2 821
Bern	539 605	4 397	682	288	191	4 600	1 882
Fribourg	137 496	2 334	181	35	19	2 461	524
Solothurn	128 513	1 464	146	74	33	1 503	76
Neuchâtel	91 250	590	118	9	31	668	229
Jura	36 948	444	25	1	4	464	110
Nordwestschweiz	537 323	5 565	389	280	183	5 491	-1 422
Basel-Stadt	106 233	181	137	58	114	146	-2 470
Basel-Landschaft	134 650	1 077	3	50	4	1 026	-51
Aargau	296 440	4 307	249	172	65	4 319	1 099
Zürich	703 833	9 557	704	791	417	9 053	858
Ostschweiz	623 853	8 913	917	427	164	9 239	1 510
Glarus	21 557	142	12	14	6	134	-8
Schaffhausen	39 573	519	33	3	6	543	-70
Appenzell A. Rh.	27 692	348	6	14	3	337	-7
Appenzell I. Rh.	7 352	56	4	1	0	59	8
St. Gallen	242 841	3 426	190	152	30	3 434	870
Graubünden	162 019	2 280	463	150	60	2 533	416
Thurgau	122 819	2 142	209	93	59	2 199	301
Zentralschweiz	370 769	5 899	442	431	197	5 713	337
Luzern	183 642	2 955	221	111	91	2 974	90
Uri	18 219	229	21	6	15	229	-2
Schwyz	73 275	1 471	119	188	67	1 335	178
Obwalden	20 281	233	14	15	0	232	61
Nidwalden	20 720	268	20	34	20	234	34
Zug	54 632	743	47	77	4	709	-24
Ticino	223 504	2 292	441	103	10	2 620	-1 312

1 Der bauliche Zugang an Wohnungen ist das Ergebnis des Zugangs durch baubewilligungspflichtige Neubauten oder Umbauten und des Abgangs durch baubewilligungspflichtige Abbrüche oder Umbauten.
2 Die Korrekturen resultieren aus Bereinigungsarbeiten im GWR, die im Rahmen der Registerharmonisierung in Kantonen und Gemeinden durchgeführt wurden.
3 Die Resultate für Umbauten und Abbrüche basieren auf den im eidg. Gebäude- und Wohnungsregister (GWR) gemeldeten Bauprojekten sowie den Daten der Gebäude- und Wohnungsstatistik (GWS).
4 Bereingte Daten 2013

Quelle: BFS – Bau- und Wohnbaustatistik
Stand: 15.09.2015

1 L'augmentation de logements liée à la construction est le résultat de l'augmentation par de nouvelles constructions ou des transformations soumises à autorisation et de la diminution par des démolitions ou des transformations soumises à autorisation.
2 Les corrections résultent de travaux d'apurement dans le RegBL, exécutés dans le cadre de l'harmonisation des registres opérée dans les cantons et les communes.
3 Les résultats sur les transformations et les démolitions se basent sur les projets de construction annoncés dans le Registre fédéral des bâtiments et des logements (RegBL) et sur les données de la Statistique des bâtiments et des logements (StatBL).
4 Données 2013 révisées

Source: OFS – Statistique de la construction et des logements
Etat: 15.09.2015

Leer stehende Wohnungen [1]
Logements vacants [1]

T 9.2.2.3.1

	Leer stehende Wohnungen mit ... Zimmern Logements vacants de ... pièces						Total					Leerwohnungsziffer Taux de logements vacants
	1	2	3	4	5	6+		davon: dont: EFH [2] MI [2]	neu [3] nouveaux [3]	zu vermieten à louer	zu verkaufen à vendre	
1985	1 815	3 038	6 621	7 433	2 953	1 012	22 872	2 243	10 425	...	...	0,79
1986	1 486	2 797	6 252	6 797	2 663	904	20 899	2 189	8 738	...	...	0,71
1987	1 354	2 514	5 177	5 648	2 209	913	17 815	2 122	6 728	...	...	0,60
1988	1 184	2 261	4 389	4 423	1 857	740	14 854	1 970	5 505	...	...	0,49
1989	1 079	2 095	3 890	3 673	1 572	749	13 058	1 723	4 220	...	...	0,43
1990	1 099	2 017	4 016	3 627	1 856	894	13 509	2 377	4 913	...	...	0,44
1991	1 452	2 516	4 632	4 672	2 838	1 139	17 249	3 424	7 737	...	...	0,55
1992	2 232	3 284	5 716	6 164	3 480	1 354	22 230	4 223	9 148	...	...	0,70
1993	4 114	4 710	7 656	8 167	3 760	1 348	29 755	4 209	10 045	...	...	0,92
1994	6 238	6 462	11 031	10 450	4 001	1 241	39 423	4 410	10 191	29 937	9 486	1,20
1995	7 395	8 066	13 199	12 108	4 172	1 427	46 367	4 628	10 194	35 369	10 998	1,39
1996	8 610	9 811	15 675	14 274	4 640	1 470	54 480	4 330	11 292	43 237	11 243	1,61
1997	9 767	11 693	18 742	15 988	4 807	1 546	62 543	4 301	9 845	51 517	11 026	1,82
1998	10 509	12 262	19 591	15 679	4 664	1 493	64 198	3 945	6 749	54 303	9 895	1,85
1999	9 245	11 056	18 051	14 109	4 176	1 437	58 074	3 732	4 612	49 107	8 967	1,66
2000	8 111	9 964	16 300	12 796	4 048	1 389	52 608	3 933	3 593	44 344	8 264	1,49
2001	6 461	8 174	13 835	11 490	3 850	1 399	45 209	4 097	3 010	36 720	8 489	1,26
2002	5 062	6 629	11 310	9 738	3 489	1 394	37 622	3 934	2 238	29 732	7 890	1,04
2003	4 046	5 512	9 863	8 619	3 609	1 390	33 039	4 030	2 115	25 548	7 491	0,91
2004	3 753	5 286	10 176	9 415	3 482	1 468	33 580	3 706	2 871	27 062	6 518	0,91
2005	3 600	5 358	10 865	10 955	4 247	1 777	36 802	4 146	3 922	29 451	7 351	0,99
2006	3 464	5 599	11 703	12 330	4 703	1 953	39 752	4 378	4 095	31 663	8 089	1,06
2007	3 172	5 418	11 837	12 805	5 205	2 017	40 454	4 690	4 682	32 064	8 390	1,07
2008	2 849	4 825	10 836	11 741	4 771	2 096	37 118	4 822	4 583	28 138	8 980	0,97
2009	2 657	4 579	10 085	10 760	4 509	2 171	34 761	4 734	4 473	26 343	8 418	0,90
2010	2 844	5 020	10 828	11 378	4 527	2 116	36 713	4 323	4 183	28 947	7 766	0,94 [4]
2010	2 844	5 020	10 828	11 378	4 527	2 116	36 713	4 323	4 183	28 947	7 766	0,92 [5]
2011	3 031	5 197	11 398	11 881	4 639	2 271	38 417	4 574	4 868	30 816	7 601	0,94
2012	3 005	5 315	11 513	11 951	4 507	2 631	38 922	4 744	4 960	30 916	8 006	0,94
2013	3 062	5 496	11 899	12 044	4 645	2 862	40 008	5 047	6 126	31 666	8 342	0,96
2014	3 560	6 397	13 394	13 981	5 214	3 202	45 748	5 632	7 399	35 841	9 907	1,08
2015	3 748	6 963	15 480	15 761	5 758	3 462	51 172	6 416	7 706	40 202	10 970	1,19

1 Jeweils am 1. Juni
2 In Einfamilienhäusern
3 In Neubauten (bis 2-jährig)
4 Bis 2010 wurde die Leerwohnungsziffer aufgrund des approximativen Gesamtwohnungsbestandes des Vorjahres berechnet.
5 Seit dem Jahr 2010 wird die Leerwohnungsziffer aufgrund des Wohnungsbestands der Gebäude- und Wohnungsstatistik (GWS) berechnet.

Quelle: BFS – Leerwohnungszählung

1 Au 1er juin de l'année correspondante
2 Dans des maisons individuelles
3 Dans des bâtiments de construction récente (jusqu'à 2 ans)
4 Jusqu'en 2010 le taux de logements vacants est calculé sur la base du total approximatif des logements de l'année précédente.
5 Depuis l'année 2010, le taux de logements vacants est calculé sur la base du parc de logements défini dans la statistique des bâtiments et des logements (StatBL).

Source: OFS – Dénombrement des logements vacants

Wohnverhältnisse
Conditions d'habitation

Bewohnte Wohnungen und Wohneigentumsquote nach Haushaltstyp. 2013 T 9.3.1.1
Logements occupés et taux de logements occupés par leur propriétaire selon le type de ménage. En 2013

	Bewohnte Wohnungen / Logements occupés						Wohneigentumsquote [2] / Taux de logements occupés par leur propriétaire [2]		
	Total		Einfamilienhäuser / Maisons individuelles		Andere Wohnungen / Autres logements				
		± % [3]	%	± % [3]	%	± % [3]	%	± % [3]	
Total	3 532 648	0,2	24,9	0,2	75,1	0,2	37,5	0,2	Total
Einpersonenhaushalte	1 240 646	0,8	11,3	0,3	88,7	0,3	23,0	0,4	Ménages d'une personne
Nichtfamilienhaushalte mit mehreren Personen	70 288	3,4	12,2	1,1	87,8	1,1	11,1	1,1	Ménages non familiaux de plusieurs personnes
Paare ohne Kinder im Haushalt	975 157	0,6	29,3	0,3	70,6	0,3	48,9	0,4	Couples sans enfant
Paare mit Kindern im Haushalt	1 019 724	0,6	38,4	0,3	61,6	0,3	48,5	0,3	Couples avec enfant(s)
Elternteile mit Kindern im Haushalt	203 261	1,8	22,5	0,8	77,5	0,8	26,8	0,8	Pères et mères seuls avec enfant(s)
Mehrfamilienhaushalte [1]	23 571	5,6	32,6	2,6	67,4	2,6	31,4	2,6	Ménages multifamiliaux [1]

[1] Haushalte mit mindestens zwei unabhängigen Familienkernen.
[2] Wohneigentumsquote: Anteil der vom Eigentümer selbst bewohnten Wohnungen (Eigentümer/in des Hauses, Stockwerk-/Wohnungseigentümer/in) am Bestand der bewohnten Wohnungen.
[3] Vertrauensintervall

Quellen: BFS – SE, GWS

[1] Ménages avec au moins deux noyaux familiaux indépendants.
[2] Le taux de logements occupés par leur propriétaire est égal au nombre de logements occupés par leur propriétaire (propriétaires de la maison, propriétaires par étage) rapporté au nombre de logements occupés.
[3] Intervalle de confiance

Sources: OFS – RS, StatBL

Wohnverhältnisse nach Bewohnertyp und Zimmerzahl. 2013 T 9.3.2.1
Conditions d'habitation selon le statut d'occupation et le nombre de pièces. En 2013

Bewohnte Wohnungen mit … Zimmer(n) / Logements occupés de … pièce(s)	Total		Mieter oder Untermieter / Locataire ou sous-locataire		Genossenschafter / Coopérateur		Stockwerk-/ Wohnungseigentümer / Propriétaire du logement / propriétaire par étage		Eigentümer des Hauses / Propriétaire de la maison		Andere Situation [1] / Autre situation [1]	
		± % [2]		± % [2]		± % [2]		± % [2]		± % [2]		± % [2]
Total	3 532 648	0,2	1 971 784	0,5	99 101	2,9	404 876	1,2	920 831	0,7	136 056	2,2
1	143 040	2,7	130 590	2,9	2 417	21,8	2 773	19,4	2 090	21,7	5 171	14,5
2	433 003	1,5	373 410	1,6	13 661	9,1	21 064	6,8	13 402	8,3	11 466	8,9
3	946 706	0,8	714 104	1,0	42 676	4,6	96 775	2,9	69 294	3,4	23 856	5,7
4	1 044 534	0,7	570 044	1,0	32 856	4,5	180 174	1,9	227 613	1,7	33 847	4,3
5	574 443	0,9	144 705	2,0	6 605	9,7	78 050	2,7	314 945	1,3	30 139	4,3
6 +	390 922	1,1	38 931	3,9	887	26,5	26 039	4,5	293 488	1,3	31 577	4,1

[1] Wohnung wird von einem Verwandten oder Arbeitgeber kostenlos zur Verfügung gestellt, Dienstwohnung (z. B. Abwartwohnung), Pächter.
[2] Vertrauensintervall

Quellen: BFS – SE, GWS

[1] Logement mis à disposition gratuitement par un parent ou un employeur, logement de service (p.ex. logement de concierge), bail à ferme.
[2] Intervalle de confiance

Sources: OFS – RS, StatBL

Bewohnte Wohnungen nach Bewohnertyp und Wohneigentumsquote nach Kantonen. 2013
Logements occupés selon le statut d'occupation et taux de logements occupés par leur propriétaire, selon les cantons. En 2013

T 9.3.2.3.1

	Total	± %[5]	Mieterwohnungen[1] / Logements de locataires[1]	± %[5]	Eigentümerwohnungen[2] / Logements en propriété[2]	± %[5]	Andere Situation[3] / Autre situation[3]	± %[5]	Wohneigentumsquote in %[4] / Taux de logements occupés par leur propriétaire en %[4]	± %[5]
Total	3 532 648	0,2	2 070 885	0,5	1 325 707	0,5	136 056	2,2	37,5	0,2
Zürich	638 852	0,5	441 474	1,0	182 787	1,7	14 591	7,3	28,6	0,5
Bern	448 533	0,5	250 158	1,4	179 310	1,5	19 065	6,4	40,0	0,6
Luzern	164 309	0,7	101 720	1,6	56 684	2,0	5 904	8,0	34,5	0,7
Uri	14 749	3,5	6 915	10,3	6 803	7,6	1 031	29,6	46,1	3,9
Schwyz	63 238	1,6	33 266	4,2	27 000	4,1	2 973	15,8	42,7	1,8
Obwalden	15 271	3,5	6 886	10,5	7 680	7,5	(705)	(33,6)	50,3	3,9
Nidwalden	18 005	3,0	9 905	7,5	7 543	8,0	(557)	(34,9)	41,9	3,4
Glarus	17 022	3,1	8 013	9,3	8 517	7,1	(492)	(37,0)	50,0	3,7
Zug	50 573	1,3	32 260	2,8	16 713	3,8	1 599	15,3	33,0	1,3
Fribourg	119 695	1,1	59 777	3,3	53 385	2,8	6 532	11,0	44,6	1,3
Solothurn	113 851	1,2	53 054	3,6	56 521	2,7	4 276	13,4	49,6	1,4
Basel-Stadt	95 752	1,3	79 816	2,1	14 679	7,1	1 257	27,8	15,3	1,1
Basel-Landschaft	122 202	1,1	62 736	3,2	55 519	2,8	3 947	14,2	45,4	1,3
Schaffhausen	34 523	2,1	18 395	5,9	14 975	5,4	1 153	25,5	43,4	2,5
Appenzell A. Rh.	22 535	2,7	10 454	8,3	11 156	6,3	925	29,8	49,5	3,2
Appenzell I. Rh.	6 251	5,0	2 602	17,1	3 261	11,5	(388)	(41,3)	52,2	6,1
St. Gallen	207 467	0,9	113 917	2,3	86 041	2,3	7 509	9,7	41,5	1,0
Graubünden	86 872	1,4	43 464	4,0	38 865	3,5	4 543	14,0	44,7	1,7
Aargau	269 451	0,5	127 383	1,6	132 236	1,2	9 832	6,1	49,1	0,6
Thurgau	109 036	1,2	53 681	3,4	50 724	2,9	4 631	12,6	46,5	1,4
Ticino	154 713	0,7	83 100	1,9	59 868	2,1	11 745	5,7	38,7	0,8
Vaud	324 654	0,5	208 573	1,1	102 215	1,6	13 865	5,6	31,5	0,5
Valais	137 563	1,1	51 472	3,9	79 027	2,3	7 065	11,0	57,4	1,3
Neuchâtel	78 455	1,0	52 136	2,2	24 000	3,3	2 319	13,3	30,6	1,1
Genève	189 255	0,7	148 121	1,3	33 861	3,4	7 273	8,7	17,9	0,6
Jura	29 820	1,6	11 607	5,7	16 334	3,4	1 879	15,0	54,8	2,0

1 Mieter oder Untermieter, Genossenschafter
2 Stockwerk-/Wohnungseigentümer, Eigentümer des Hauses
3 Wohnung wird von einem Verwandten oder Arbeitgeber kostenlos zur Verfügung gestellt, Dienstwohnung (z. B. Abwartwohnung), Pächter.
4 Anteil der vom Eigentümer selbst bewohnten Wohnungen (Eigentümer des Hauses, Stockwerk-/Wohnungseigentümer) am Bestand der bewohnten Wohnungen.
5 Vertrauensintervall

Quellen: BFS – SE, GWS

1 Locataire ou sous-locataire, coopérateur
2 Propriétaire du logement / propriétaire par étage, propriétaire de la maison
3 Logement mis à disposition gratuitement par un parent ou un employeur, logement de service (p.ex. logement de concierge), bail à ferme.
4 Ce taux est égal au nombre de logements occupés par leur propriétaire (propriétaires de la maison, propriétaires par étage) rapporté au nombre de logements occupés.
5 Intervalle de confiance

Sources: OFS – RS, StatBL

Bautätigkeit (Hoch- und Tiefbau)
Activités dans la construction (bâtiment et génie civil)
Bauausgaben und Arbeitsvorrat nach Art der Arbeiten und nach Kantonen T 9.4.1.22
Provisorische Veränderungsraten (in %) der Initialdaten des Jahres 2014 mit den Initialdaten des Jahres 2013
Dépenses et réserves de travail dans la construction, par type de travaux, selon les cantons
Taux de variation provisoire (en %) des données initiales de 2014 avec les données initiales de 2013

	Gesamttotal / Total général		Neubau / Nouvelles constructions		Umbau, Erweiterung, Abbruch / Agrandissements, transformations, démolitions		Öffentliche Unterhaltsarbeiten / Travaux d'entretien publics	
	Ausgaben[1] 2014 / Dépenses[1] 2014	Arbeitsvorrat (Ausgaben)[1] 2015 / Réserves de travail (dépenses)[1] 2015	Investitionen 2014 / Investissements 2014	Arbeitsvorrat (Investitionen)[2] 2015 / Réserves de travail (investissements)[2] 2015	Investitionen 2014 / Investissements 2014	Arbeitsvorrat (Investitionen)[2] 2015 / Réserves de travail (investissements)[2] 2015	Ausgaben 2014 / Dépenses 2014	Arbeitsvorrat (Ausgaben)[3] 2015 / Réserves de travail (dépenses)[3] 2015
Total	3,1	2,0	1,7	3,4	6,5	−1,0	0,9	2,3
Zürich	2,4	−3,0	1,1	−1,7	4,7	−5,6	0,8	−2,4
Bern	2,2	2,5	0,5	5,7	8,1	−2,9	−13,9	−0,0
Luzern	5,3	17,5	12,3	32,0	−4,0	0,7	−22,4	−14,4
Uri	15,8	4,3	8,9	17,0	24,4	−9,3	24,8	0,7
Schwyz	−2,7	0,5	−2,9	−0,6	1,2	5,2	−15,2	−2,8
Obwalden	−6,9	−12,2	−8,7	−24,4	8,9	17,3	−41,8	−7,3
Nidwalden	19,0	26,8	20,0	37,4	−2,8	−11,6	154,6	190,6
Glarus	16,8	−4,7	7,6	−8,2	71,1	56,2	27,3	−17,2
Zug	9,2	9,1	18,5	10,0	−10,5	4,9	1,2	10,1
Fribourg	4,6	4,0	1,3	−1,3	11,7	21,6	8,0	−5,3
Solothurn	−3,3	−3,1	−5,4	15,3	0,7	−30,5	−1,9	−19,5
Basel-Stadt	16,6	1,5	7,2	−2,1	27,0	6,2	3,6	1,3
Basel-Landschaft	10,7	40,9	16,5	49,7	1,9	28,2	−10,6	9,1
Schaffhausen	−10,9	−10,8	−10,5	−18,2	−9,7	69,5	−16,9	−29,6
Appenzell A. Rh.	−6,5	−8,2	−4,9	−14,2	−8,1	2,2	−11,5	−10,6
Appenzell I. Rh.	72,7	19,5	86,9	20,5	84,0	97,3	−43,3	−42,0
St. Gallen	−8,6	−3,6	−12,4	−0,9	−4,8	−14,4	1,4	1,3
Graubünden	−0,8	−5,6	−11,7	−10,8	15,7	−4,4	4,3	5,5
Aargau	6,8	4,7	4,2	2,7	15,8	15,0	−1,2	−6,1
Thurgau	−0,4	−7,1	0,5	−16,6	−5,5	25,3	13,0	0,4
Ticino	−2,5	8,7	−6,7	5,5	5,5	14,2	11,6	20,1
Vaud	3,7	−12,8	8,0	−5,3	−2,3	−25,4	−4,6	−7,4
Valais	9,5	25,6	5,4	34,3	14,5	10,5	26,2	17,7
Neuchâtel	7,7	−4,1	6,8	−18,0	11,8	17,6	1,6	−5,6
Genève	4,5	−0,5	1,9	−6,9	9,1	4,8	3,5	26,1
Jura	0,2	23,9	0,1	39,5	2,0	3,0	−7,1	−14,7
Unzuteilbar / Non répartis	7,4	19,0	−3,7	13,6	28,2	29,4	5,2	17,7

1 Öffentliche Unterhaltsarbeiten inbegriffen
2 Arbeitsvorrat (Investitionen) der im Bau befindlichen Bauprojekte (Stichtag 31.12.2014) für das Folgejahr
3 Budgetierter Arbeitsvorrat (Ausgaben) (Stichtag 31.12.2014) für das Folgejahr

Quelle: BFS – Bau- und Wohnbaustatistik
Stand: 22.07.2015

1 Travaux d'entretien publics compris
2 Réserves de travail (investissements) pour l'année suivante dans le domaine de la construction concernant les projets en construction (au 31.12.2014)
3 Réserves de travail (dépenses) budgétisées pour l'année suivante (au 31.12.2014)

Source: OFS – Statistique de la construction et des logements
Etat: 22.07.2015

Bauinvestitionen und Arbeitsvorrat nach Art der Auftraggeber und nach Kantonen

T 9.4.1.29

Provisorische Veränderungsraten (in %) der Initialdaten des Jahres 2014 mit den Initialdaten des Jahres 2013

Investissements et réserves de travail dans la construction, par genre de maîtres d'ouvrage, selon les cantons

Taux de variation provisoire (en %) des données initiales de 2014 avec les données initiales de 2013

	Öffentliche Auftraggeber / Maîtres d'ouvrage publics		Private Auftraggeber / Maîtres d'ouvrage privés	
	Investitionen 2014 / Investissements 2014	Arbeitsvorrat (Investitionen)[1] 2015 / Réserves de travail (investissements)[1] 2015	Investitionen 2014 / Investissements 2014	Arbeitsvorrat (Investitionen)[1] 2015 / Réserves de travail (investissements)[1] 2015
Total	4,3	1,4	3,0	2,3
Zürich	1,6	5,8	2,8	–7,6
Bern	–3,5	–1,8	6,3	5,9
Luzern	0,4	7,5	8,5	26,6
Uri	18,4	–5,2	11,0	22,6
Schwyz	50,6	11,1	–7,6	–1,9
Obwalden	–8,1	–29,0	–0,7	2,4
Nidwalden	8,9	–8,6	11,9	26,3
Glarus	56,4	46,0	13,5	–6,1
Zug	–1,0	–5,8	11,7	13,3
Fribourg	6,4	0,2	3,9	7,1
Solothurn	–4,9	0,4	–3,0	0,4
Basel-Stadt	27,9	4,7	11,8	–1,0
Basel-Landschaft	–8,9	40,4	16,8	45,1
Schaffhausen	–13,1	28,2	–9,4	–13,4
Appenzell A. Rh.	–12,7	21,8	–5,0	–15,7
Appenzell I. Rh.	133,0	–29,0	77,4	65,2
St. Gallen	–2,8	–4,5	–11,9	–5,4
Graubünden	16,5	–40,5	–5,3	19,3
Aargau	16,5	35,7	5,6	–2,1
Thurgau	–1,9	–16,0	–1,1	–5,8
Ticino	–9,9	14,5	0,9	0,8
Vaud	13,6	–25,5	1,7	–5,5
Valais	14,2	25,8	5,6	27,4
Neuchâtel	–12,4	13,3	21,4	–17,2
Genève	11,7	1,7	0,5	–8,0
Jura	–1,0	12,5	1,5	58,6
Unzuteilbar / Non répartis	12,5	25,9	–11,9	–41,0

1 Arbeitsvorrat (Investitionen) der im Bau befindlichen Bauprojekte (Stichtag 31.12.2014) für das Folgejahr

Quelle: BFS – Bau- und Wohnbaustatistik
Stand: 22.07.2015

1 Réserves de travail (investissements) pour l'année suivante dans le domaine de la construction concernant les projets en construction (au 31.12.2014)

Source: OFS – Statistique de la construction et des logements
Etat: 22.07.2015

Neu erstellte Gebäude mit Wohnnutzung, neu erstellte Wohnungen nach Kantonen T 9.4.3.3.7
Provisorische Veränderungsraten (in %) der Initialdaten des Jahres 2014 mit den Initialdaten des Jahres 2013
Nouveaux bâtiments à usage d'habitation, logements nouvellement construits selon les cantons
Taux de variation provisoire (en %) des données initiales de 2014 avec les données initiales de 2013

	Gebäude mit Wohnnutzung / Bâtiments à usage d'habitation		Wohnungen / Logements
	Total	davon Einfamilienhäuser / dont maisons individuelles	Total
Total	–5,7	–10,2	–2,0
Zürich	0,8	0,5	–10,4
Bern	–8,5	–15,8	–3,9
Luzern	–16,4	–14,8	–11,7
Uri	–13,1	–13,3	13,4
Schwyz	–19,6	–14,3	–25,4
Obwalden	–24,1	–81,3	48,4
Nidwalden	–4,2	–50,0	6,0
Glarus	–2,4	8,3	–4,8
Zug	33,8	13,9	92,4
Fribourg	–10,9	–18,7	–7,7
Solothurn	11,6	7,5	18,6
Basel-Stadt	15,8	–3,8	103,9
Basel-Landschaft	–3,7	–10,6	12,3
Schaffhausen	–19,4	–28,6	–12,7
Appenzell A. Rh.	–13,5	–36,8	–10,8
Appenzell I. Rh.	–41,7	–50,0	–17,6
St. Gallen	–25,2	–26,5	–23,5
Graubünden	–9,5	–12,2	–20,9
Aargau	–5,1	–12,4	15,6
Thurgau	–7,1	–7,1	–8,6
Ticino	–9,7	–12,0	1,7
Vaud	0,3	–5,8	0,9
Valais	16,9	15,2	10,1
Neuchâtel	–15,1	–30,8	–8,5
Genève	2,4	–1,9	24,0
Jura	0,0	–7,5	–8,1

Quelle: BFS – Bau- und Wohnbaustatistik
Stand: 22.07.2015

Source: OFS – Statistique de la construction et des logements
Etat: 22.07.2015

10

Tourismus

Tourisme

Überblick

Der Tourismus – ein bedeutender Zweig der Schweizer Wirtschaft

Der Tourismus leistet einen beachtlichen Beitrag zur Schweizer Wirtschaft: Gemäss ersten Schätzungen haben die Gäste aus dem Ausland (inklusive Grenzgänger/innen und Kurzaufenthalter/innen) im Jahr 2014 16,0 Mrd. Fr. ausgegeben. Im Jahr 2014 machen die Einnahmen von ausländischen Gästen in der Schweiz 4,6% der Exporteinnahmen aus (Total Exporte ohne Nichtwährungsgold). Der Tourismus ist eine bedeutende Einnahmequelle und somit eine der wichtigsten Exportbranchen der Schweiz. Die Fremdenverkehrsbilanz weist zudem seit Jahren einen aktiven Saldo aus, d. h. die ausländischen Reisenden in der Schweiz geben mehr aus als Schweizer Reisende im Ausland (2014 betrug der Saldo 295 Mio. Fr.).

Die Entwicklung der Nachfrage in der Hotellerie

In den zwei Jahrzehnten nach dem Zweiten Weltkrieg erlebte der Schweizer Tourismus ein ausgeprägtes Wachstum: Im Jahr 1972 erreichte die Logiernächtezahl 36,9 Mio. Zwischen 1973 und 1989 verlief die Entwicklung schwankend, bis im Jahr 1990 mit 37,5 Mio. Logiernächten ein Rekordergebnis verzeichnet wurde. 1991 begann die Nachfrage jedoch zu sinken. Die Rezession, der hohe Kurs des Schweizer Frankens sowie strukturelle Gründe stellen mögliche Erklärungsansätze für diesen Nachfragerückgang dar.

Die Zahl der Logiernächte stieg erst im Jahr 1997 wieder an: Die konjunkturelle Erholung wirkte sich positiv auf das Wachstum der Nachfrage aus. In den ersten Jahren des 21. Jahrhunderts erfuhr der Schweizer Tourismus erneut einen Rückgang – dies hauptsächlich wegen der Terroranschläge vom 11. September 2001, der ungünstigen Entwicklung der Wechselkurse und der schwachen Konjunktur. Das Jahr 2005 markierte dann mit 32,9 Mio. Logiernächten den Beginn der Erholung. Der positive Trend hielt mit 34,8 Mio. im Jahr 2006 und 36,4 Mio. im Jahr 2007 weiter an. Im Jahr 2008 verzeichnete die Hotellerie 37,3 Mio. Logiernächte und erreichte damit das beste Ergebnis

Vue d'ensemble

Le tourisme, une branche économique importante en Suisse

La contribution du tourisme à l'économie suisse est significative: selon les premières estimations, les visiteurs étrangers (incluant les frontaliers et les titulaires d'un permis de séjour de courte durée) ont dépensé 16,0 milliards de francs en Suisse en 2014. Le tourisme représente donc une source de revenus importante: il assure 4,6% des revenus de l'exportation en Suisse (hors or non monétaire) en 2014 et se classe ainsi parmi les branches exportatrices les plus importantes. La balance touristique présente un solde positif depuis des années; autrement dit, les voyageurs étrangers dépensent en Suisse davantage que les voyageurs suisses à l'étranger (en 2014, ce solde se montait à 295 millions de francs).

L'évolution de la demande dans l'hôtellerie

Durant les deux décennies qui ont suivi la Seconde guerre mondiale, le tourisme suisse connaît une progression marquée; le total des nuitées atteint 36,9 millions en 1972. Après une période contrastée de 1973 à 1989, un record est atteint en 1990: 37,5 millions de nuitées. Cependant, en 1991, la demande subit un fléchissement. La récession, le cours élevé du franc suisse ou encore des causes structurelles constituent des éléments explicatifs de cette diminution de la demande.

Il faut attendre 1997 pour que le nombre de nuitées augmente à nouveau. La relance de la conjoncture a stimulé la croissance de la demande. Au début des années 2000, le tourisme suisse est touché par une phase de recul notamment due aux attentats terroristes du 11 septembre 2001, à l'évolution défavorable des cours de change ainsi qu'à la conjoncture morose. L'année 2005 marque le début de la reprise et le nombre de nuitées atteint alors 32,9 millions. Celui-ci continue d'augmenter et s'établit à 34,8 millions en 2006 puis 36,4 millions en 2007. Au cours de l'année 2008, l'hôtellerie enregistre 37,3 millions de nuitées, ce qui correspond au meilleur résultat depuis 1990. Certainement influencé par la crise économique mondiale, le

Saldo der Fremdenverkehrsbilanz G 10.1
Solde de la balance touristique
In Mrd. Fr. / En milliards de fr.

seit 1990. Sicherlich beeinflusst durch die weltweite Wirtschaftskrise wurden im Jahr 2009 35,6 Mio. Logiernächte registriert und somit ein Rückgang von –4,7% gegenüber dem Vorjahr. Das Jahr 2010 brachte einen leichten Nachfrageaufschwung mit insgesamt 36,2 Mio. Logiernächten, was einer Zunahme um 1,7% entspricht. Die beiden Folgejahre verbuchten hingegen einen Rückgang um 2,0%. So betrug die Logiernächtezahl 2012 noch 34,8 Mio. Der relativ tiefe Wechselkurs der europäischen Einheitswährung gegenüber dem Schweizer Franken könnte diesen Rückgang teilweise erklären. Im Jahr 2013 fand eine Trendwende statt: Die Logiernächtezahl stieg dank der Erholung der europäischen Logiernächte wieder auf 35,6 Mio. Dies entspricht einem Wachstum von 2,5% gegenüber dem Vorjahr.

Die Nachfrage in der Hotellerie im Jahr 2014

Im Jahr 2014 wurden 35,9 Mio. Logiernächte generiert, was einen Zuwachs von 0,9% gegenüber 2013 bedeutet. Die Schweizer Gäste erreichten die Schwelle von 16,0 Mio. Logiernächten (+0,9%), was das beste Ergebnis seit Anfang der 1990er-Jahre darstellt. Die Logiernächtezahl der Gäste aus dem Ausland belief sich auf 19,9 Mio., was einem Wachstum von 0,9% entspricht. Der europäische Kontinent (ohne die Schweiz) verbuchte im Jahr 2014 mit 13,0 Mio. Logiernächten eine Abnahme von 1,9%. Die Gäste vom asiatischen Kontinent verzeichneten 4,0 Mio. Logiernächte (+9,9%), was einem Rekordwert für diesen Kontinent entspricht, und jene vom amerikanischen Kontinent 2,3 Mio. (+3,2%). Unter den 13 Tourismusregionen verbuchte die Region Zürich im Jahr 2014 mit 5,6 Mio. Einheiten (+2,4%) die höchste Logiernächtezahl, gefolgt von Graubünden mit 5,1 Mio. Logiernächten (–2,1%). Die durchschnittliche Aufenthaltsdauer lag 2014 bei 2,1 Nächten (2,0 bei den inländischen, 2,2 bei den ausländischen Gästen).

Das Angebot in der Hotellerie im Jahr 2014

2014 waren im Jahresdurchschnitt 4554 Hotels und Kurbetriebe geöffnet und 246 000 Betten verfügbar. Die Tourismusregion Graubünden verzeichnete dabei mit 638 die höchste Anzahl geöffneter Betriebe, gefolgt vom Wallis mit 569 Betrieben. Die durchschnittliche Nettobettenauslastung lag 2014 bei 42,2%. Die Auslastung variierte je nach Tourismusregion. Am höchsten war sie in städtischen Regionen wie Genf (53,2%) und Zürich (51,2%).

résultat 2009 correspond à 35,6 millions, soit une baisse de 4,7% par rapport à 2008. La situation s'améliore quelque peu en 2010 avec un total de 36,2 millions de nuitées, soit une hausse de 1,7%. Néanmoins, en 2011 et en 2012, des baisses de 2,0% sont enregistrées. Ainsi, en 2012, un total de 34,8 millions est observé. Le taux de change relativement bas de la monnaie unique européenne face au franc suisse constitue un facteur explicatif de ces reculs. Le nombre de nuitées enregistrées rebondit cependant en 2013 et atteint 35,6 millions grâce au redressement des nuitées européennes. Ceci représente une croissance de 2,5% par rapport à l'année précédente.

La demande dans l'hôtellerie en 2014

En 2014, 35,9 millions de nuitées ont été générées, soit une hausse de 0,9% par rapport à 2013. Le nombre de nuitées des visiteurs suisses atteint le seuil de 16,0 millions (+0,9%), soit le meilleur résultat depuis le début des années 90. Quant à elle, la demande des hôtes étrangers se chiffre à 19,9 millions, soit une progression de 0,9%. Le continent européen (sans la Suisse) affiche, en 2014, une diminution de 1,9% avec un total de 13,0 millions de nuitées. Les nuitées du continent asiatique représentent 4,0 millions d'unités (+9,9%), soit un record pour ce continent. De son côté, le continent américain affiche 2,3 millions de nuitées (+3,2%). Parmi les 13 régions touristiques, la région zurichoise compte le plus grand nombre de nuitées en 2014, soit 5,6 millions (+2,4%). Suivent les Grisons avec 5,1 millions de nuitées enregistrées (–2,1%). En ce qui concerne la durée de séjour moyenne, elle correspond à 2,1 nuits en 2014. Pour les hôtes indigènes, elle est de 2,0 nuits alors que pour les hôtes étrangers, elle atteint 2,2 nuits.

L'offre dans l'hôtellerie en 2014

En moyenne annuelle, 4554 hôtels et établissements de cure ouverts ainsi que 246 000 lits disponibles sont enregistrés en 2014. La région touristique des Grisons compte le nombre d'établissements ouverts le plus élevé, soit 638. Elle est suivie du Valais qui en compte 569. Le taux net d'occupation moyen des lits atteint 42,2% en 2014. Ce taux varie en fonction des régions touristiques: les valeurs les plus élevées sont enregistrées dans les régions urbaines, soit à Genève (53,2%) et dans la région zurichoise (51,2%).

Les auberges de jeunesse et les terrains de camping en 2014

En 2014, les 52 auberges de jeunesse de Suisse comptabilisent 951 000 nuitées (+0,4% par rapport à l'année précédente). Les visiteurs suisses affichent 548 000 nuitées (–0,1%). Le continent européen (sans la Suisse) enregistre 268 000 nuitées (–2,6%). Au niveau des régions touristiques, les Grisons comptent le plus grand nombre de nuitées, soit 150 000 unités (+2,5%). La durée de séjour au niveau national atteint 2,0 nuits en 2014.

Les 412 terrains de camping recensés enregistrent 2,7 millions de nuitées (–6,7%). Les visiteurs indigènes affichent 1,6 million de nuitées (–4,3%). Le nombre de nuitées enregistrées par les visiteurs du continent européen (sans la Suisse) atteint 1,0 million (–10,5%). Parmi les régions touristiques, le Tessin a comptabilisé le plus grand nombre de nuitées, soit 695 000 (–3,8%). La durée de séjour au niveau national est de 3,2 nuits en 2014.

Logiernächte / Nuitées G 10.2

Entwicklung, in Mio. / Evolution, en millions

(Hotels und Kurbetriebe / Hôtels et établissements de cure, 1950–2014)

Entwicklung, in Mio. / Evolution, en millions (2005–2014)

Anteil der ausländischen Gäste / Part des hôtes étrangers (1990–2014)
- Hotels und Kurbetriebe / Hôtels et établissements de cure
- Campingplätze / Terrains de camping
- Jugendherbergen / Auberges de jeunesse

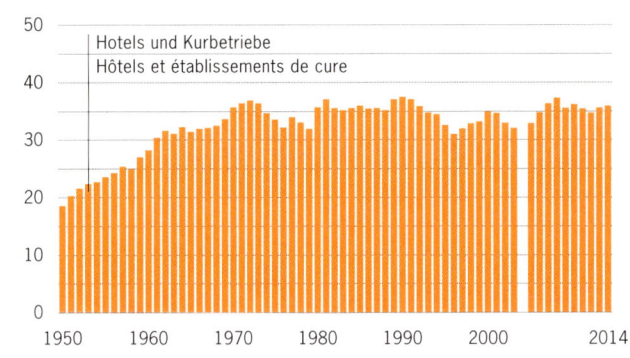

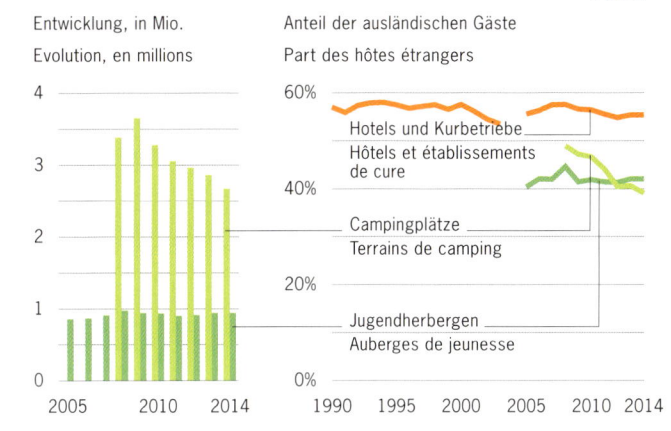

2004: keine Daten verfügbar / 2004: aucune donnée disponible Campingplätze: ab 2008 neue Berechnungsmethode / Terrains de camping: depuis 2008 nouvelle méthode de calcul

Jugendherbergen und Campingplätze im Jahr 2014

Im Jahr 2014 verbuchten die 52 Jugendherbergen der Schweiz 951 000 Logiernächte (+0,4% gegenüber dem Vorjahr). Die Schweizer Gäste verzeichneten 548 000 Logiernächte (–0,1%). Bei den Gästen vom europäischen Kontinent (ohne Schweiz) konnten 268 000 Logiernächte (–2,6%) gezählt werden. Bei den Tourismusregionen verzeichnete Graubünden die höchste Anzahl Logiernächte (150 000 Einheiten/+2,5%). Auf nationaler Ebene betrug die durchschnittliche Aufenthaltsdauer im Jahr 2014 2,0 Nächte.

Die 412 erfassten Campingplätze registrierten 2,7 Mio. Logiernächte (–6,7%). Die inländischen Gäste verbuchten 1,6 Mio. Logiernächte (–4,3%). Die Logiernächtezahl der Gäste vom europäischen Kontinent (ohne Schweiz) belief sich auf 1,0 Mio. (–10,5%). Unter den Tourismusregionen zählte das Tessin mit 695 000 Einheiten die höchste Logiernächtezahl (–3,8%). Die durchschnittliche Aufenthaltsdauer in der Schweiz betrug im Jahr 2014 3,2 Nächte.

Reiseverhalten

Im Jahr 2014 hat die Schweizer Wohnbevölkerung ab 6 Jahren 21,2 Mio. Reisen mit Übernachtungen unternommen. Davon hatten 7,7 Mio. Reisen ein inländisches Reiseziel, 13,4 Mio. führten ins Ausland. Die häufigsten Destinationen im Ausland waren Deutschland (12%), Italien (12%) und Frankreich (9%).

Im Schnitt hat jede Person 2,9 Reisen mit Übernachtungen unternommen. Der Vergleich zwischen verschiedenen Altersgruppen zeigt aber deutliche Unterschiede auf: Personen zwischen 25 und 44 Jahren waren mit durchschnittlich 3,2 Reisen mit Übernachtungen am häufigsten unterwegs, während Personen der Altersgruppe ab 65 Jahren im Mittel noch 2,2 Reisen unternahmen.

Nebst den Reisen mit Übernachtungen wurden durchschnittlich 10,3 Tagesreisen pro Person unternommen. 47% der Tagesreisen wurden zwecks Freizeit und Erholung getätigt, während Geschäftsreisen 4% der Tagesreisen ausmachten.

Comportement en matière de voyages

La population suisse âgée de 6 ans et plus a effectué au total 21,2 millions de voyages avec nuitées en 2014. Parmi ceux-ci, 7,7 millions avaient une destination en Suisse et 13,4 millions ont conduit à l'étranger. Les destinations étrangères les plus fréquentes ont été l'Allemagne (12%), l'Italie (12%) et la France (9%).

En moyenne, chaque personne résidant en Suisse a entrepris 2,9 voyages avec nuitées. Ce chiffre diffère toutefois sensiblement selon les classes d'âge: ce sont les personnes entre 25 et 44 ans qui ont voyagé le plus, effectuant 3,2 voyages avec nuitées en moyenne annuelle, contre 2,2 pour les personnes de 65 ans et plus.

Aux voyages avec nuitées s'ajoutent quelque 10,3 voyages d'un seul jour par personne. 47% des voyages sans nuitée avaient pour motif les loisirs et la détente alors que les voyages professionnels représentaient 4% des voyages d'un jour.

Destinationen der Schweizer Bevölkerung 2014 G 10.3
Destinations de la population suisse, en 2014

Reisen mit Übernachtungen, in Mio. / Voyages avec nuitées, en millions

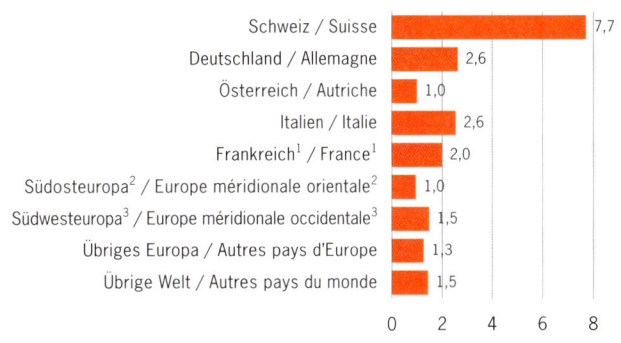

Destination	Mio.
Schweiz / Suisse	7,7
Deutschland / Allemagne	2,6
Österreich / Autriche	1,0
Italien / Italie	2,6
Frankreich[1] / France[1]	2,0
Südosteuropa[2] / Europe méridionale orientale[2]	1,0
Südwesteuropa[3] / Europe méridionale occidentale[3]	1,5
Übriges Europa / Autres pays d'Europe	1,3
Übrige Welt / Autres pays du monde	1,5

1 Inklusive Übersee-Departemente, Monaco / Inclus les départements d'Outre-mer et Monaco
2 Griechenland, Türkei, Kroatien, Bosnien-Herzegowina, Serbien, Albanien, Slowenien, Montenegro, Kosovo, Rumänien, Bulgarien, Mazedonien / Grèce, Turquie, Croatie, Bosnie-Herzégovine, Serbie, Albanie, Slovénie, Monténégro, Kosovo, Roumanie, Bulgarie, Macédoine
3 Spanien, Portugal, Andorra, Gibraltar / Espagne, Portugal, Andorre, Gibraltar

Erhebungen, Quellen

Enquêtes, sources

Die wichtigsten Erhebungen und Quellen zum Tourismus M 10

Statistik/Erhebung	Verantwortliche Stelle	Periodizität	Seit	Methode	Regionalisierungsgrad
Beherbergungsstatistiken					
Beherbergungsstatistik (HESTA), Hotels und Kurbetriebe	BFS	Monatlich	2005[1]	Vollerhebung	Gemeinden
Beherbergungsstatistik (HESTA), Campingplätze und Jugendherbergen	BFS	Jährlich	2005[2]	Vollerhebung	Tourismusregionen
Statistik der Parahotellerie; Campingplätze und Jugendherbergen	BFS	Monatlich	1978–2003[3]	Vollerhebung	Gemeinden
Statistik der Parahotellerie; Ferienwohnungen, Privatzimmer, Gruppenunterkünfte	BFS	Saisonal	1978–2003[3]	Teilerhebung	Gemeinden[4]
Statistik der Hotels und Kurbetriebe BFS	BFS	Monatlich	1934–2003	Vollerhebung	Gemeinden
Haushaltsbefragungen					
Reiseverhalten der Schweizer Wohnbevölkerung	BFS	Jährlich[5]	1997/98	Stichprobe bei rund 3000 Haushalten	Schweiz
Synthesestatistiken					
Fremdenverkehrsbilanz	BFS	Jährlich	1947	Synthesestatistik	Schweiz
Satellitenkonto Tourismus	BFS	3–4 Jahre	1998	Synthesestatistik	Schweiz
Jährliche Indikatoren zum Satellitenkonto Tourismus	BFS	Jährlich	2001	Synthesestatistik	Schweiz

Les principales enquêtes et sources dans le domaine du tourisme M 10

Statistique/relevé	Institution responsable	Périodicité	Depuis	Méthode d'enquête	Degré de régionalisation
Statistiques de l'hébergement					
Statistique de l'hébergement touristique (HESTA), hôtels et établissements de cure	OFS	mensuelle	2005[1]	Enquête exhaustive	Communes
Statistique de l'hébergement touristique (HESTA), terrains de camping et auberges de jeunesse	OFS	annuelle	2005[2]	Enquête exhaustive	Régions touristiques
Statistique de la parahôtellerie; campings et auberges de jeunesse	OFS	mensuelle	1978–2003[3]	Enquête exhaustive	Communes
Statistique de la parahôtellerie; logements de vacances, chambres privées, hébergements collectifs	OFS	saisonnière	1978–2003[3]	Enquête partielle	Communes[4]
Statistique des hôtels et des établissements de cure OFS	OFS	mensuelle	1934–2003	Enquête exhaustive	Communes
Enquêtes auprès des ménages					
Comportement en matière de voyages de la population résidante suisse	OFS	annuelle[5]	1997/98	Enquête par sondage auprès d'environ 3000 ménages	Suisse
Statistiques de synthèse					
Balance touristique	OFS	annuelle	1947	Statistique de synthèse	Suisse
Compte satellite du tourisme	OFS	tri-/quadriennale	1998	Statistique de synthèse	Suisse
Indicateurs annuels du compte satellite du tourisme	OFS	annuelle	2001	Statistique de synthèse	Suisse

1 Die HESTA ersetzt die seit 1934 bestehende Statistik der Hotel- und Kurbetriebe, welche Ende 2003 aufgehoben worden ist. Sie ist methodisch nicht mit der alten Statistik vergleichbar (veränderte Adressbasis, neue Behandlung der Antwortausfälle). Die alten Datenreihen können deshalb nicht weitergeführt werden. Hingegen sind für die neue Beherbergungsstatistik einzelne Zeitreihen ab 1992 verfügbar; allerdings fehlen hier Angaben zu 2004. Für dieses Jahr existieren nur relativ grobe Schätzungen, die keine Regionalisierung der Ergebnisse zulassen und keine Auskunft über die Herkunftsländer der Gäste geben.
2 Aufgrund methodologischer Änderungen im 2005 sind die Zahlen zu den Campingplätzen nicht vergleichbar mit den Zahlen der vorhergehenden Statistik. Ausserdem wurde die Methodik zur Berechnung der Campingplatzstatistik 2010 überarbeitet. In den Jahren 2005 bis 2009 wurden lediglich Campingplätze für die Berechnung berücksichtigt, deren wirtschaftliche Hauptaktivität im Betriebs- und Unternehmensregister (BUR) unter «Campingplätze» aufgeführt ist und in denen mindestens während 20 Stunden in der Woche gearbeitet wurde. Neu wird auf das Kriterium der Mindestarbeitszeit verzichtet und es werden sämtliche Campingplätze berücksichtigt, die im Betriebs- und Unternehmensregister aufgeführt sind. Aufgrund dieser Änderung sind die nach der neuen Methodik publizierten Ergebnisse nicht mit den in den Jahren 2005 bis 2009 veröffentlichten Resultaten vergleichbar. Um einen Vergleich über die Zeit zu ermöglichen, wurden die Ergebnisse für die Jahre 2008 und 2009 deshalb neu berechnet.
3 Keine Erhebung in den Jahren 1993/94, 1994/95 und 1995/96; für diese Jahre sind nur Schätzungen verfügbar.
4 Für Ferienwohnungen nur in den Kantonen, in welchen eine Erhebung stattfand.
5 Seit 2008; davor fünfjährlich.

1 La statistique de l'hébergement touristique (HESTA) remplace l'ancienne statistique des hôtels et des établissements de cure réalisée par l'OFS depuis 1934 et supprimée en 2003. En termes de méthode employée, HESTA n'est pas comparable avec l'ancienne enquête: l'échantillon a été modifié, les non-réponses sont traitées de manière différente. Ceci exclut la poursuite des anciennes séries chronologiques. Par contre, les données basées sur la nouvelle statistique de l'hébergement touristique offrent certaines séries historiques depuis 1992 – à l'exception de l'année 2004, pour laquelle n'existent que des estimations approximatives, excluant toute régionalisation des résultats de même que toute donnée sur le pays de provenance des hôtes.
2 Suite à un changement de méthodologie en 2005, les données des terrains de camping ne sont pas comparables avec les données de la statistique précédente. Par ailleurs, la méthodologie utilisée pour la statistique des terrains de camping a fait l'objet d'une révision en 2010. Entre 2005 et 2009, la statistique prenait en compte les terrains de camping dont l'activité principale correspondait à la dénomination «terrains de camping» dans le registre des entreprises et des établissements (REE) et dont la durée hebdomadaire de travail était d'au moins 20 heures. Le critère de la durée minimale de travail n'étant désormais plus pris en compte, la statistique recense l'ensemble des terrains de camping mentionnés dans le registre des entreprises et des établissements. Compte tenu de cette modification, les résultats publiés selon la nouvelle méthodologie ne sont pas comparables avec ceux publiés pour les années 2005 à 2009. Les résultats des années 2008 et 2009 ont cependant été recalculés pour permettre une comparaison sur plusieurs années.
3 Pas de relevés dans les années 1993/94, 1994/95, et 1995/96; seules des estimations sont disponibles pour ces années-là.
4 Pour les logements de vacances, seulement dans les cantons où un relevé a été effectué.
5 Depuis 2008; précédemment quinquennale.

Glossar

Ankünfte
Anzahl Gäste (Kinder inbegriffen), die eine oder mehrere Nächte in einem Hotel oder Kurbetrieb bzw. in einem Betrieb der Parahotellerie verbringen.

Aufenthaltsdauer
Anzahl Logiernächte dividiert durch die Anzahl Ankünfte in einem Hotel oder Kurbetrieb bzw. in einem Betrieb der Parahotellerie.

Auslastung
- **Bruttobettenauslastung:** Anzahl Logiernächte dividiert durch die gesamte Brutto-Bettenkapazität der betreffenden Periode, in Prozenten ausgedrückt. (Die Brutto-Bettenkapazität entspricht der Anzahl Betten eines Betriebes im Erhebungsmonat multipliziert mit der Anzahl Tage dieses Monats.)
- **Bruttozimmerauslastung:** Anzahl Zimmernächte dividiert durch die gesamte Brutto-Zimmerkapazität der betreffenden Periode, in Prozenten ausgedrückt. (Die Brutto-Zimmerkapazität entspricht der Anzahl Zimmer eines Betriebes im Erhebungsmonat multipliziert mit der Anzahl Tage dieses Monats.)
- **Nettobettenauslastung:** Anzahl Logiernächte dividiert durch die gesamte Netto-Bettenkapazität der betreffenden Periode, in Prozenten ausgedrückt. (Die Netto-Bettenkapazität entspricht der Anzahl Betten eines Betriebes im Erhebungsmonat multipliziert mit der Anzahl Öffnungstage dieses Betriebes in dem Monat.)
- **Nettozimmerauslastung:** Anzahl Zimmernächte dividiert durch die gesamte Netto-Zimmerkapazität der betreffenden Periode, in Prozenten ausgedrückt. (Die Netto-Zimmerkapazität entspricht der Anzahl Zimmer eines Betriebes im Erhebungsmonat multipliziert mit der Anzahl Öffnungstage dieses Betriebes in dem Monat.)

Herkunftsland der Gäste
Land des ständigen Wohnsitzes der Gäste. Inländische Gäste sind Gäste mit ständigem Wohnsitz in der Schweiz (Binnentourismus), ausländische solche mit ständigem Wohnsitz im Ausland (Einreiseverkehr).

Hotellerie
- **Hotels:** Hotels, Gasthöfe, Pensionen und Restaurants mit Beherbergungsangebot.
- **Kurbetriebe:** Kurhäuser mit ärztlicher Leitung oder Betreuung, alpine Heilstätten, Höhenkliniken, Rheumakliniken, Volksheilbäder.
- **Erfasste Betriebe:** Anzahl der im Erhebungsmonat erfassten (geöffneten oder vorübergehend geschlossenen) Betriebe, im Jahresdurchschnitt.
- **Geöffnete Betriebe:** Anzahl der im Erhebungsmonat während mindestens einem Tag geöffneten Betriebe, im Jahresdurchschnitt.
- **Vorhandene Zimmer:** Anzahl der Zimmer in den erfassten Betrieben, im Jahresdurchschnitt.
- **Verfügbare Zimmer:** Anzahl der Zimmer in den geöffneten Betrieben, im Jahresdurchschnitt.

Glossaire

Arrivées
Nombre d'hôtes (enfants compris) qui passent une ou plusieurs nuits dans un hôtel ou un établissement de cure, ou dans un établissement de la parahôtellerie.

Durée de séjour
Nombre de nuitées divisé par le nombre d'arrivées dans un hôtel ou un établissement de cure ou dans un établissement de la parahôtellerie.

Hôtellerie
- **Hôtels:** Hôtels, auberges, pensions et restaurants avec possibilité d'hébergement.
- **Etablissements de cure:** maisons de cure médicalisées, sanatoriums et cliniques d'altitude, cliniques pour rhumatisants, établissements thermaux.
- **Etablissements recensés:** nombre d'établissements recensés (ouverts ou temporairement fermés) pendant le mois sous revue, en moyenne annuelle.
- **Etablissements ouverts:** nombre d'établissements ouverts au moins un jour pendant le mois sous revue, en moyenne annuelle.
- **Chambres recensées:** nombre de chambres dans les établissements recensés, en moyenne annuelle.
- **Chambres disponibles:** nombre de chambres dans les établissements ouverts, en moyenne annuelle.
- **Lits recensés:** nombre de lits dans les établissements recensés, en moyenne annuelle.
- **Lits disponibles:** nombre de lits dans les établissements ouverts, en moyenne annuelle.

Nuitées
Nombre de nuits passées par les hôtes (enfants compris) dans un hôtel ou un établissement de cure ou dans un établissement de la parahôtellerie.

Nuitées chambres
Nombre de chambres occupées.

Parahôtellerie
- **Maisons et appartements de vacances:** hébergement dans des maisons ou appartements de vacances, des chalets, des cabanes, des chambres privées, des appartements et bungalows à louer et des bed & breakfast.
- **Terrains de camping:** hébergement sur des terrains délimités, sur lesquels chacun peut installer une caravane, un mobile home ou une tente pour un séjour de courte ou de longue durée, ainsi que les services d'hébergement proposés par les abris et bivouacs permettant de planter une tente et/ou de poser des sacs de couchage.
- **Hébergement collectif:** ce type d'hébergement comprend notamment l'hébergement collectif dans des établissements qui se définissent ainsi eux-mêmes et qui n'offrent qu'un minimum de confort comme par exemple, les bâtiments destinés aux colonies de vacances, aux camps de sport, aux scouts et aux jeunes, les chalets des amis de la nature, les refuges et cabanes de montagne et les auberges de jeunesse.

- **Vorhandene Betten:** Anzahl der Betten in den erfassten Betrieben, im Jahresdurchschnitt.
- **Verfügbare Betten:** Anzahl der Betten in den geöffneten Betrieben, im Jahresdurchschnitt.

Logiernächte
Anzahl der durch die Gäste (Kinder inbegriffen) in einem Hotel oder Kurbetrieb bzw. in einem Betrieb der Parahotellerie verbrachten Nächte.

Parahotellerie
- **Ferienwohnungen, Ferienhäuser:** Diese Beherbergungsart umfasst die Unterkunft in gemieteten Ferienhäusern, Ferienwohnungen, Privatzimmern, Studios, Gästeunterkünften, Bungalows und Bed-and-Breakfast-Betrieben.
- **Campingplätze:** Diese Beherbergungsart umfasst die Vermietung und Verpachtung von abgegrenztem Gelände, das zum Aufstellen von mitgebrachten Wohnwagen, Wohnmobilen oder Zelten zugänglich ist für kurz- oder langfristige Unterkunft. Diese Beherbergungsart beinhaltet ferner Unterkunft in Schutzhütten oder einfache Biwakeinrichtungen für das Aufstellen von Zelten oder das Ausbreiten von Schlafsäcken.
- **Kollektivunterkünfte:** Diese Beherbergungsart umfasst insbesondere Kollektivunterkunft in Betrieben, die sich selber als solche bezeichnen und die nur einen minimalen Komfort bieten wie Ferienheime, Club- und Verbandsunterkünfte, Jugend- und Sportquartiere, Naturfreundehäuser, Berghütten und Jugendherbergen.

Tourismusregionen
1. Graubünden: Kanton Graubünden. • **2. Ostschweiz:** Kantone Glarus, Appenzell-Ausserrhoden, Appenzell-Innerrhoden, Thurgau, Schaffhausen (ohne Teile des Bezirks Schaffhausen) und St. Gallen (ohne Teile des Wahlkreises See-Gaster). • **3. Zürich Region:** Kantone Zürich und Zug; Kanton Aargau: Teile der Bezirke Baden, Bremgarten und Zurzach; Kanton Schwyz: Bezirk Höfe und Teile des Bezirks March; Kanton St. Gallen: Teile des Wahlkreises See-Gaster; Kanton Schaffhausen: Teile des Bezirks Schaffhausen. • **4. Luzern / Vierwaldstättersee:** Kantone Luzern, Uri, Obwalden, Nidwalden und Schwyz (ohne den Bezirk Höfe und Teile des Bezirks March); Kanton Aargau: Bezirk Muri, Teile der Bezirke Kulm und Lenzburg. • **5. Basel Region:** Kantone Basel-Stadt und Basel-Landschaft; Kanton Solothurn: Bezirke Dorneck und Thierstein, Teile der Bezirke Thal und Gösgen; Kanton Aargau: Bezirke Laufenburg, Rheinfelden, Teile der Bezirke Zurzach, Aarau, Brugg. • **6. Bern Region:** Kanton Bern: Verwaltungskreise Emmental, Oberaargau, Bern-Mittelland, Teile der Verwaltungskreise Seeland und Thun; Kanton Solothurn: Bezirke Olten, Gäu, Teile des Bezirks Gösgen; Kanton Aargau: Bezirk Zofingen, Teile der Bezirke Aarau, Baden, Brugg, Bremgarten, Kulm und Lenzburg. • **7. Berner Oberland:** Kanton Bern: Verwaltungskreise Frutigen-Niedersimmental, Interlaken-Oberhasli, Obersimmental-Saanen, Teile des Verwaltungskreises Thun. • **8. Jura & Drei-Seen-Land:** Kantone Neuenburg und Jura; Kanton Bern: Verwaltungskreise Berner Jura und Biel/Bienne, Teile des Verwaltungskreises Seeland; Kanton Solothurn: Bezirke Solothurn, Bucheggberg, Lebern, Teile der Bezirke Thal und Wasseramt. • **9. Genferseegebiet (Waadtland):** Kanton Waadt. • **10. Genf:** Kanton Genf. • **11. Wallis:** Kanton Wallis. • **12. Tessin:** Kanton Tessin. • **13. Fribourg Region:** Kanton Freiburg.

Zimmernächte
Anzahl belegte Zimmer.

Pays de provenance des hôtes
Pays où les hôtes ont leur domicile permanent. L'expression hôtes du pays désigne les touristes domiciliés en Suisse (tourisme interne), et l'expression hôtes de l'étranger les touristes domiciliés à l'étranger (tourisme récepteur).

Régions touristiques
1. Grisons: canton des Grisons. • **2. Suisse orientale:** cantons de Glaris, d'Appenzell Rhodes-Extérieures, d'Appenzell Rhodes-Intérieures, de Thurgovie, de Schaffhouse (sans une partie du district de Schaffhouse); canton de Saint-Gall (sans une partie de l'arrondissement électoral de See-Gaster). • **3. Région zurichoise:** cantons de Zurich, de Zoug; canton d'Argovie: partie du district de Baden, partie du district de Bremgarten, de Zurzach; canton de Schwytz: district de Höfe et partie du district de March; canton de Saint-Gall: parties de l'arrondissement électoral de See-Gaster; canton de Schaffhouse: partie du district de Schaffhouse. • **4. Lucerne / Lac des Quatre-Cantons:** cantons de Lucerne, d'Uri, d'Obwald, de Nidwald; canton de Schwytz (sans les districts de Höfe et sans une partie de March); canton d'Argovie: district de Muri, partie du district de Kulm et de Lenzburg. • **5. Région bâloise:** cantons de Bâle-Ville, de Bâle-Campagne; canton de Soleure: districts de Dorneck et de Thierstein, partie du district de Thal et de Gösgen; canton d'Argovie: districts de Laufenburg, de Rheinfelden et partie des districts de Zurzach, d'Aarau et de Brugg. • **6. Région Berne:** canton de Berne: arrondissement administratif de l'Emmental, de l'Oberaargau, de Bern-Mittelland, parties de l'arrondissement administratif du Seeland et de Thoune; canton de Soleure: districts d'Olten, de Gäu, parties du district de Gösgen; canton d'Argovie: district de Zofingue, partie du district d'Aarau, de Baden, de Brugg, de Bremgarten, de Kulm, de Lenzburg. • **7. Oberland bernois:** canton de Berne: arrondissement administratif de Frutigen-Niedersimmental, d'Interlaken-Oberhasli, d'Obersimmental-Saanen, partie de l'arrondissement administratif de Thoune. • **8. Jura & Trois-Lacs:** cantons de Neuchâtel, du Jura; canton de Berne: arrondissements administratifs du Jura bernois, de Biel/Bienne, partie du Seeland; canton de Soleure: district de Soleure, de Bucheggberg, de Lebern, partie du district de Thal, de Wasseramt. • **9. Région lémanique (Vaud):** canton de Vaud. • **10. Genève:** canton de Genève. • **11. Valais:** canton du Valais. • **12. Tessin:** canton du Tessin. • **13. Région Fribourg:** canton de Fribourg.

Taux d'occupation
- **Taux brut d'occupation des chambres:** nombre de nuitées-chambres divisé par la capacité totale brute des chambres de la période considérée exprimée en pourcent. (La capacité brute des chambres est le nombre de chambres d'un établissement pendant le mois sous revue multiplié par le nombre de jours de ce mois.)
- **Taux brut d'occupation des lits:** nombre de nuitées divisé par la capacité totale brute des lits de la période considérée exprimée en pourcent. (La capacité brute des lits est le nombre de lits d'un établissement pendant le mois sous revue multiplié par le nombre de jours de ce mois.)
- **Taux net d'occupation des chambres:** nombre de nuitées-chambres divisé par la capacité totale nette de chambres de la période considérée, exprimé en pourcent. (La capacité nette de chambres est le nombre de chambres d'un établissement pendant le mois sous revue multiplié par le nombre de jours d'ouverture de cet établissement pendant ce mois.)
- **Taux net d'occupation des lits:** nombre de nuitées divisé par la capacité totale nette de lits de la période considérée, exprimé en pourcent. (La capacité nette de lits est le nombre de lits d'un établissement pendant le mois sous revue multiplié par le nombre de jours d'ouverture de cet établissement pendant ce mois.)

Daten / Données

Tourismus, allgemein / Tourisme en général
Wichtige Indikatoren des Tourismus, Entwicklung
Indicateurs importants du tourisme, évolution

T 10.1.1.2

	2010	2011	2012	2013	2014	
Angebot (Betten)[1]						**Offre (lits)**[1]
Hotel- und Kurbetriebe	275 193	273 969	271 168	271 298	272 636	Hôtels et établissements de cure
Nachfrage: Ankünfte in 1000						**Demande: arrivées** en milliers
Hotels und Kurbetriebe	16 203	16 229	16 298	16 831	17 162	Hôtels et établissements de cure
davon ausländische Gäste	8 628	8 534	8 566	8 967	9 158	dont hôtes de l'étranger
Campingplätze	932	907	917	891	836	Terrains de camping
davon ausländische Gäste	465	429	409	396	361	dont hôtes de l'étranger
Jugendherbergen	471	453	459	480	485	Auberges de jeunesse
davon ausländische Gäste	195	187	193	207	211	dont hôtes de l'étranger
Nachfrage: Logiernächte in 1000						**Demande: nuitées** en milliers
Hotels und Kurbetriebe	36 208	35 486	34 766	35 624	35 934	Hôtels et établissements de cure
davon ausländische Gäste	20 443	19 734	19 076	19 735	19 907	dont hôtes de l'étranger
Campingplätze	3 281	3 057	2 964	2 864	2 673	Terrains de camping
davon ausländische Gäste	1 532	1 349	1 202	1 165	1 046	dont hôtes de l'étranger
Jugendherbergen	939	905	917	947	951	Auberges de jeunesse
davon ausländische Gäste	394	376	380	399	403	dont hôtes de l'étranger
Aufenthaltsdauer (Nächte)						**Durée de séjour (nuitées)**
Hotels und Kurbetriebe	2,2	2,2	2,1	2,1	2,1	Hôtels et établissements de cure
davon ausländische Gäste	2,4	2,3	2,2	2,2	2,2	dont hôtes de l'étranger
Campingplätze	3,5	3,4	3,2	3,2	3,2	Terrains de camping
davon ausländische Gäste	3,3	3,1	2,9	2,9	2,9	dont hôtes de l'étranger
Jugendherbergen	2,0	2,0	2,0	2,0	2,0	Auberges de jeunesse
davon ausländische Gäste	2,0	2,0	2,0	1,9	1,9	dont hôtes de l'étranger
Auslastung der Hotel- und Kurbetriebe in % der Bettenkapazität						**Taux d'occupation des lits dans les hôtels et établissements de cure, en %**
Bruttoauslastung	36,0	35,5	35,0	36,0	36,1	Taux brut d'occupation
Nettoauslastung	42,9	41,9	40,8	41,9	42,2	Taux net d'occupation
Fremdenverkehrsbilanz, in Millionen Fr.						**Balance touristique**, en millions de francs
Einnahmen von ausländischen Gästen in der Schweiz	15 355,6	15 185,4	15 099,7r	15 552,2r	15 976,4p	Recettes des hôtes de l'étranger en Suisse
Ausgaben von Schweizern im Ausland	11 643,5	12 127,6	14 256,4	14 970,0r	15 681,0p	Dépenses des Suisses à l'étranger
Saldo	3 712,1	3 057,9	843,3r	582,2r	295,4p	Solde

[1] Gesamtzahl der in geöffneten und vorübergehend geschlossenen Betrieben vorhandenen Betten im Jahresdurchschnitt

Quellen: BFS – HESTA, Fremdenverkehrsbilanz

[1] Total des lits recensés dans les établissements (ouverts ou temporairement fermés) en moyenne annuelle

Sources: OFS – HESTA, Balance touristique

Hotels und Kurbetriebe: Wichtige Indikatoren des Tourismus nach Tourismusregion
Hôtels et établissements de cure: indicateurs importants du tourisme par région touristique

T 10.1.1.3

Tourismusregion	2005				2014				Région touristique
	Vorhandene Betten Lits recensés	Logier- nächte Nuitées	Ausländische Gäste Hôtes de l'étranger	Brutto- Bettenaus- lastung Taux brut d'occupa- tion des lits	Vorhandene Betten Lits recensés	Logier- nächte Nuitées	Ausländische Gäste Hôtes de l'étranger	Brutto- Bettenaus- lastung Taux brut d'occupa- tion des lits	
		in 1000 en milliers	%	%		in 1000 en milliers	%	%	
Schweiz	274 035	32 944	55,6	32,9	272 636	35 934	55,4	36,1	Suisse
Graubünden	48 163	5 570	48,6	31,7	46 356	5 052	43,2	29,9	Grisons
Ostschweiz	20 592	1 875	34,6	24,9	20 773	1 979	37,0	26,1	Suisse orientale
Zürich Region	26 030	4 208	67,3	44,3	30 938	5 607	70,1	49,7	Région zurichoise
Luzern / Vierwaldstät- tersee	27 434	2 961	56,0	29,6	26 785	3 533	58,0	36,1	Lucerne / Lac des Quatre-Cantons
Basel Region	7 655	1 043	62,6	37,3	10 857	1 566	63,3	39,5	Région bâloise
Bern Region	10 236	1 282	51,5	34,3	10 337	1 479	50,5	39,2	Région Berne
Berner Oberland	28 982	3 566	55,6	33,7	26 525	3 684	57,6	38,1	Oberland bernois
Jura & Drei-Seen-Land	8 667	629	39,5	19,9	8 041	768	41,1	26,2	Jura & Trois-Lacs
Genferseegebiet (Waadtland)	19 781	2 340	62,7	32,4	18 914	2 656	58,2	38,5	Région lémanique (Vaud)
Genf	14 830	2 380	83,0	44,0	15 397	2 939	80,2	52,3	Genève
Wallis	35 298	4 202	52,5	32,6	34 069	3 887	47,3	31,3	Valais
Tessin	21 995	2 539	45,5	31,6	19 139	2 313	39,6	33,1	Tessin
Fribourg Region	4 373	349	36,4	21,9	4 506	470	38,5	28,6	Région Fribourg

Quelle: BFS – HESTA

Source: OFS – HESTA

Monetäre Aspekte
Aspects monétaires
Fremdenverkehrsbilanz[1]. In Millionen Franken
La balance touristique[1]. En millions de francs

T 10.2.2.1

	Einnahmen Recettes	Veränderung zum Vorjahr Variation par rapport à l'année précédente		Ausgaben Dépenses	Veränderung zum Vorjahr Variation par rapport à l'année précédente		Saldo Solde	Veränderung zum Vorjahr Variation par rapport à l'année précédente	
			%			%			%
2007	14 621	1 077	8,0	12 120	564	4,9	2 501	513	25,8
2008	15 598	977	6,7	11 782	–339	–2,8	3 816	1 315	52,6
2009	15 377	–221	–1,4	11 847	65	0,6	3 530	–286	–7,5
2010	15 356	–21	–0,1	11 644	–203	–1,7	3 712	182	5,2
2011	15 185	–170	–1,1	12 128	484	4,2	3 058	–654	–17,6
2012[2]	15 100	–86	–0,6	14 256	2 129	17,6	843	–2 215	–72,4
2013[2]	15 552	453	3,0	14 970	714	5,0	582	–261	–31,0
2014[p]	15 976	424	2,7	15 681	711	4,7	295	–287	–49,3

1 Einnahmen inkl. Konsumausgaben Kurzaufenthalter (<4 Monate)
2 Revidierte Zahlen

Quelle: BFS – Fremdenverkehrsbilanz

1 Les recettes comprennent les dépenses de consommation des personnes au bénéfice d'un permis de séjour de courte durée (moins de 4 mois)
2 Chiffres révisés

Source: OFS – Balance touristique

Einnahmen aus dem Reiseverkehr ausländischer Gäste
2014 (provisorische Daten)
Recettes provenant des hôtes étrangers
En 2014 (données provisoires)

T 10.2.2.2

	Einnahmen / Recettes		Veränderung gegenüber dem Vorjahr in %	
	in Millionen Franken / en millions de francs	%	Variation en % par rapport à l'année précédente	
Total	15 976	100	2,7	**Total**
Reiseverkehr mit Übernachtungen	10 811	67,7	1,3	Séjours avec nuitées
Reisen mit Übernachtungen in Beherbergungsbetrieben und bei Verwandten/Bekannten	7 560	47,3	0,8	Séjours dans l'hôtellerie, dans la parahôtellerie ou chez des particuliers
Studien- und Spitalaufenthalte	3 251	20,3	2,4	Séjours d'études et séjours à l'hôpital
Reiseverkehr ohne Übernachtungen (Tages- und Transitverkehr)	2 783	17,4	7,4	Séjours sans nuitées (excursions d'un jour et tourisme de transit)
Grenzgänger und Kurzaufenthalter[1]	2 383	14,9	4,3	Frontaliers et permis de séjour de courte durée[1]

[1] Einnahmen inkl. Konsumausgaben Kurzaufenthalter (<4 Monate)
Quelle: BFS – Fremdenverkehrsbilanz

[1] Y compris les dépenses de consommation des personnes au bénéfice d'un permis de séjour de courte durée (moins de 4 mois)
Source: OFS – Balance touristique

Tourismusinfrastruktur und deren Nutzung
Infrastructure touristique et utilisation de cette infrastructure
Logiernächte nach Beherbergungsform. In 1000
Nuitées par mode d'hébergement. En milliers

T 10.3.2.1.1

Beherbergungsformen	2008	2009	2010	2011	2012	2013	2014	Formes d'hébergement
Hotels und Kurbetriebe	37 334	35 589	36 208	35 486	34 766	35 624	35 934	Hôtels et établissements de cure
Hotels	36 838	35 182	35 815	35 095	34 389	35 251	35 565	Hôtels
Kurbetriebe	496	407	393	391	377	372	368	Etablissements de cure
Parahotellerie	...	...	...	...	...	...	...	Parahôtellerie
Privatquartiere	...	...	...	...	...	...	...	Logements de vacances privés
Campingplätze[1]	3 383	3 654	3 281	3 057	2 964	2 864	2 673	Terrains de camping[1]
Gruppenunterkünfte	...	...	...	...	...	...	...	Hébergements collectifs
Jugendherbergen	978	946	939	905	917	947	951	Auberges de jeunesse

[1] Die Methodik zur Berechnung der Campingplatzstatistik wurde 2010 überarbeitet.
Quelle: BFS – HESTA

[1] La méthodologie utilisée pour la statistique des terrains de camping a fait l'objet d'une révision en 2010.
Source: OFS – HESTA

Hotels und Kurbetriebe: Logiernächte nach Gästeherkunft. In 1000
Hôtels et des établissements de cure: nuitées selon la provenance des hôtes. En milliers

T 10.3.2.1.2

Herkunft der Gäste	2008	2009	2010	2011	2012	2013	2014	Provenance des hôtes
Total	37 334	35 589	36 208	35 486	34 766	35 624	35 934	Total
Gäste aus dem Inland	15 825	15 424	15 765	15 752	15 690	15 889	16 026	Hôtes du pays
Gäste aus dem Ausland	21 508	20 164	20 443	19 734	19 076	19 735	19 907	Hôtes de l'étranger
Europa	16 612	15 533	15 226	14 110	13 021	13 258	13 004	Europe
Belgien	829	775	742	679	621	643	626	Belgique
Deutschland	6 313	6 031	5 817	5 208	4 625	4 573	4 394	Allemagne
Frankreich	1 439	1 433	1 449	1 394	1 318	1 350	1 338	France
Italien	1 158	1 138	1 074	1 008	972	981	1 014	Italie
Niederlande	1 081	1 026	990	847	727	710	682	Pays-Bas
Vereinigtes Königreich	2 282	1 856	1 854	1 700	1 544	1 640	1 667	Royaume-Uni
Übrige europ. Länder	3 510	3 273	3 300	3 275	3 213	3 360	4 950	Autres pays d'Europe
Amerika	2 081	1 908	2 087	2 115	2 160	2 239	2 311	Amérique
davon Vereinigte Staaten	1 518	1 383	1 506	1 492	1 525	1 585	1 644	dont Etats-Unis
Afrika	301	271	268	280	304	294	281	Afrique
Asien	2 258	2 235	2 609	2 958	3 307	3 636	3 997	Asie
davon Japan	494	475	507	480	510	492	440	dont Japon
Ozeanien	256	217	253	271	285	308	315	Océanie

Quelle: BFS – HESTA   Source: OFS – HESTA

Hotels und Kurbetriebe: Logiernächte und Veränderungsrate nach Gästeherkunftsland
Hôtels et établissements de cure: évolution des nuitées par pays de provenance des hôtes

T 10.3.2.1.19

Herkunft der Gäste	Logiernächte / Nuitées		Veränderung (2013–2014) / Variation (2013–2014)		Provenance des hôtes
	2013	2014		%	
Total	35 623 883	35 933 512	309 629	0,9	Total
Gäste aus dem Inland	15 889 226	16 026 135	136 909	0,9	Hôtes du pays
Gäste aus dem Ausland	19 734 657	19 907 377	172 720	0,9	Hôtes de l'étranger
Europa	13 257 669	13 003 781	–253 888	–1,9	Europe
Belgien	643 365	625 580	–17 785	–2,8	Belgique
Deutschland	4 573 496	4 394 457	–179 039	–3,9	Allemagne
Frankreich	1 350 164	1 337 882	–12 282	–0,9	France
Italien	980 646	1 014 058	33 412	3,4	Italie
Niederlande	709 937	681 671	–28 266	–4,0	Pays-Bas
Vereinigtes Königreich	1 640 091	1 667 437	27 346	1,7	Royaume-Uni
Übrige europ. Länder	3 359 970	3 282 696	–77 274	–2,3	Autres pays d'Europe
Afrika	293 649	281 179	–12 470	–4,2	Afrique
Amerika	2 238 949	2 310 768	71 819	3,2	Amérique
davon Vereinigte Staaten	1 585 467	1 644 424	58 957	3,7	dont Etats-Unis
Asien	3 635 911	3 996 839	360 928	9,9	Asie
davon:					dont:
China (ohne Hongkong)	894 316	1 034 275	139 959	15,6	Chine (sans Hongkong)
Hongkong	100 230	108 163	7 933	7,9	Hongkong
Japan	491 651	439 894	–51 757	–10,5	Japon
Indien	467 967	485 216	17 249	3,7	Inde
Golf-Staaten	623 205	770 725	147 520	23,7	Pays du Golfe
Ozeanien	308 479	314 810	6 331	2,1	Océanie

Quelle: BFS – HESTA   Source: OFS – HESTA

11

Mobilität und Verkehr

Mobilité et transports

Überblick

Personenverkehr: Freizeit und Auto an der Spitze

Insgesamt 20 500 Kilometer pro Person legte die schweizerische Bevölkerung im Jahr 2010 zurück – zwei Drittel davon im Inland (13 600 km) und ein Drittel im Ausland (6900 km). Den grössten Anteil machte mit 54% der Freizeitverkehr aus (11 000 km). Erst weit dahinter folgten die Arbeitswege mit 17% (3400 km) und die Einkaufswege mit 10% (2100 km).

Das meistverwendete Verkehrsmittel ist das Auto: Mit diesem wurden 2010 rund 49 von 100 zurückgelegten Kilometern gefahren (also fast 10 000 km pro Person). 26% der Jahresdistanz entfielen auf das Flugzeug (5200 km) und 19% (3800 km) auf den öffentlichen Verkehr (Eisenbahn, Bus, Tram).

Um das Verkehrsverhalten der Bevölkerung zu beziffern, wird neben der Jahresmobilität häufig noch eine weitere Kenngrösse verwendet: die Tagesdistanz pro Person im Inland (Stichtagsmobilität). Diese betrug 2010 für die Schweizer Wohnbevölkerung ab 6 Jahren durchschnittlich 37 Kilometer, wofür 92 Minuten benötigt wurden (83 Minuten ohne Wartezeit). Fast die Hälfte der Wegzeit beanspruchte der Freizeitverkehr (zum Vergleich: Arbeit/Ausbildung: 25%, Einkauf: 15%).

Vue d'ensemble

Transport de personnes: les loisirs et la voiture dominent

En 2010, chaque personne domiciliée en Suisse a parcouru en moyenne 20 500 kilomètres, dont deux tiers dans le pays (13 600 km) et un tiers à l'étranger (6900 km). Les loisirs représentaient la majeure partie des kilomètres parcourus, soit 54% ou 11 000 km. Ils venaient largement en tête devant les déplacements pour le travail (17% ou 3400 km) et les déplacements pour effectuer des achats (10% ou 2100 km).

En 2010, quelque 49% des kilomètres parcourus (ou près de 10 000 km par personne et par an) l'ont été en voiture, qui est donc de loin le moyen de transport le plus utilisé. L'avion s'est adjugé 26% de la distance annuelle parcourue (5200 km). La part des transports publics (chemin de fer, bus, tram) s'est élevée à 19% (3800 km).

Pour chiffrer le comportement de la population en matière de transports, on a recours non seulement à la mobilité annuelle, mais aussi à la distance journalière par personne sur le territoire national (mobilité à un certain jour de référence). En 2010, la population résidante de la Suisse, âgée de 6 ans et plus, a par-

G 11.1

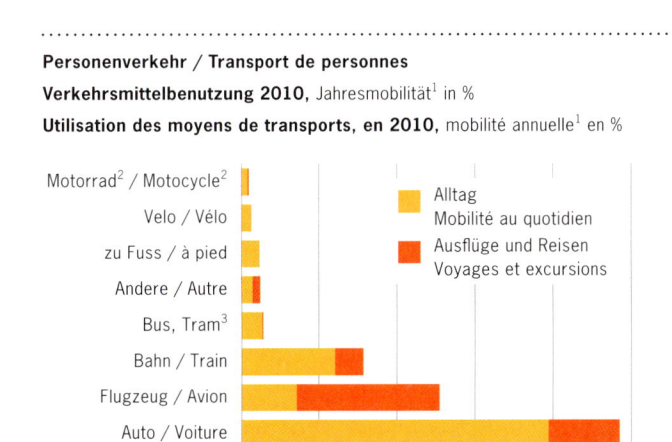

Personenverkehr / Transport de personnes
Verkehrsmittelbenutzung 2010, Jahresmobilität[1] in %
Utilisation des moyens de transports, en 2010, mobilité annuelle[1] en %

Verkehrszwecke 2010, Jahresmobilität[1]
Motifs de déplacement, en 2010, mobilité annuelle[1]

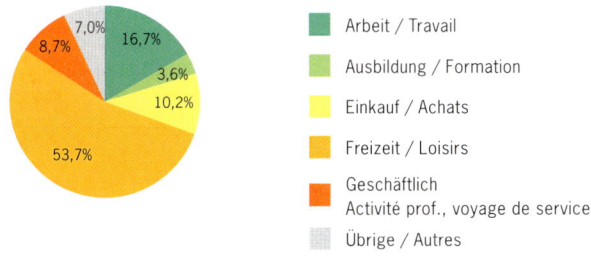

- Arbeit / Travail — 16,7%
- Ausbildung / Formation — 3,6%
- Einkauf / Achats — 10,2%
- Freizeit / Loisirs — 53,7%
- Geschäftlich / Activité prof., voyage de service — 8,7%
- Übrige / Autres — 7,0%

1 Anteile bezogen auf die Jahresdistanzen im In- und Ausland, Personen ab 6 Jahren
  Parts sur les distances annuelles en Suisse et à l'étranger, population dès 6 ans
2 Inklusiv Mofa und Kleinmotorrad / Y compris cyclomoteur et motocycle léger
3 Inklusiv Postauto / Y compris car postal

Tagesdistanz pro Person 2010, im Inland in km G 11.2
Distances journalières par personne, en 2010, en Suisse en km

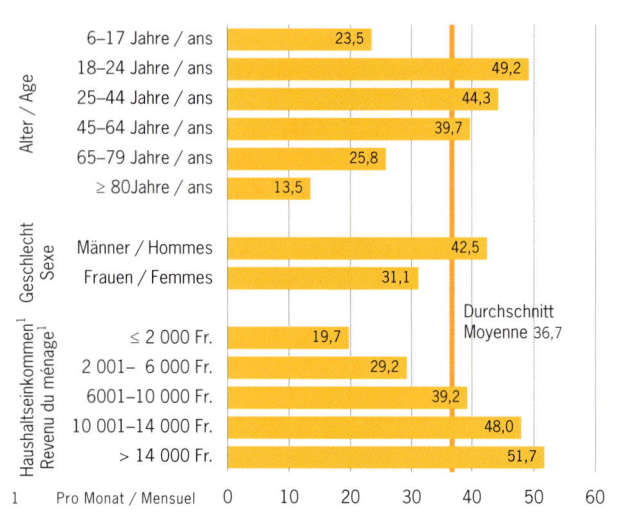

		km
Alter / Age	6–17 Jahre / ans	23,5
	18–24 Jahre / ans	49,2
	25–44 Jahre / ans	44,3
	45–64 Jahre / ans	39,7
	65–79 Jahre / ans	25,8
	≥ 80 Jahre / ans	13,5
Geschlecht / Sexe	Männer / Hommes	42,5
	Frauen / Femmes	31,1
Haushaltseinkommen[1] / Revenu du ménage[1]	≤ 2 000 Fr.	19,7
	2 001– 6 000 Fr.	29,2
	6001–10 000 Fr.	39,2
	10 001–14 000 Fr.	48,0
	> 14 000 Fr.	51,7

Durchschnitt / Moyenne 36,7

1 Pro Monat / Mensuel

Entwicklung der Tagesdistanzen[1], in km G 11.3
Evolution des distances journalières[1], en km

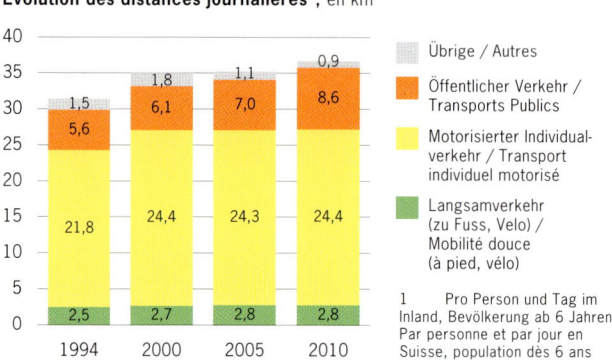

	1994	2000	2005	2010
Übrige / Autres	1,5	1,8	1,1	0,9
Öffentlicher Verkehr / Transports Publics	5,6	6,1	7,0	8,6
Motorisierter Individualverkehr / Transport individuel motorisé	21,8	24,4	24,3	24,4
Langsamverkehr (zu Fuss, Velo) / Mobilité douce (à pied, vélo)	2,5	2,7	2,8	2,8

1 Pro Person und Tag im Inland, Bevölkerung ab 6 Jahren
Par personne et par jour en Suisse, population dès 6 ans

Die Tagesdistanz pro Person variiert je nach Bevölkerungsgruppe. Männer legten 2010 pro Person und Tag 11 Kilometer mehr zurück als Frauen. Überdurchschnittlich mobil waren auch junge Erwachsene, Einwohner ländlicher Gemeinden sowie Personen mit hohem Haushaltseinkommen.

Steigender Anteil des ÖV

Zwischen 2005 und 2010 hat die durchschnittliche Tagesdistanz pro Person im Inland um 4% zugenommen. Nach einer vorübergehenden Stabilisierung zwischen 2000 und 2005 hat sich der langfristige Trend zu immer grösseren Tagesdistanzen somit fortgesetzt. Der jüngste Anstieg geht dabei hauptsächlich auf das Konto des öffentlichen Verkehrs. Insbesondere die Bahn verzeichnete zwischen 2005 und 2010 eine markante Zunahme: Die Anzahl der pro Person und Tag auf der Schiene zurückgelegten Kilometer stieg im besagten Zeitraum um 27%.

Trotz einer Stabilisierung bei den Autodistanzen pro Person hat der Strassenverkehr seit dem Jahr 2005 weiter zugenommen – Grund dafür ist das Bevölkerungswachstum. Wird die gesamte Zeitspanne zwischen 1980 und 2014 betrachtet, stiegen die Verkehrsleistungen im privaten motorisierten Strassenverkehr um 42% auf 95,0 Mrd. Personenkilometer (Pkm). Im Eisenbahnverkehr betrug die Zuwachsrate sogar 101%, was vor allem auf das verbesserte Angebot in diesem Bereich zurückzuführen ist. Die Verkehrsleistung im Eisenbahnverkehr lag 2014 bei 20,0 Mrd. Pkm, die im öffentlichen Strassenverkehr bei 4,3 Mrd. Pkm. Im Langsamverkehr wurden 7,9 Mrd. Pkm zurückgelegt.

Pendlerverkehr

Wie oben gesehen, ist die Arbeit nach der Freizeit der zweitwichtigste Verkehrszweck. Im Jahre 2013 waren 90% der Erwerbstätigen in der Schweiz Arbeitspendlerinnen bzw. Arbeitspendler, d. h. Personen, die zum Aufsuchen des Arbeitsplatzes ihr Wohngebäude verlassen. 1990 hatte der entsprechende Wert noch 87% betragen. Immer mehr Erwerbstätige arbeiten dabei nicht nur ausserhalb ihres Wohngebäudes, sondern auch ausserhalb ihrer Wohngemeinde. Der Anteil dieser interkommunalen Pend-

couru en moyenne 37 km par personne et par jour. La durée de ces déplacements quotidiens s'est chiffrée à 92 minutes (83 minutes sans les temps d'attente). Près de la moitié de la durée des déplacements est imputable aux loisirs (contre 25% pour le travail/la formation et 15% pour les achats).

La distance journalière par personne varie selon le groupe de population. En 2010, les hommes ont parcouru en moyenne 11 kilomètres de plus que les femmes chaque jour. Les jeunes adultes, les habitants des communes rurales ainsi que les personnes vivant dans un ménage à haut revenu ont aussi eu une mobilité supérieure à la moyenne.

Part croissante des TP

La distance journalière par personne sur le territoire national a progressé de 4% entre 2005 et 2010. Après une stabilisation provisoire entre 2000 et 2005, la distance journalière s'est à nouveau allongée, confirmant ainsi la tendance à long terme à des distances journalières toujours plus longues. La récente progression est essentiellement imputable aux transports publics. La hausse a notamment été importante pour le rail: le nombre moyen de kilomètres couverts journellement en train s'est accru de 27% entre 2005 et 2010.

Malgré une stabilisation des distances parcourues par personne en voiture, le trafic routier a poursuivi sa progression depuis 2005 du fait de la croissance démographique. Si l'on considère la période entre 1980 et 2014, les prestations de transport dans le trafic routier privé motorisé ont augmenté de 42% pour atteindre 95,0 milliards de personnes-kilomètres (pkm). Dans le trafic ferroviaire, le taux d'accroissement s'est même élevé à 101%, ce qui est avant tout dû à l'amélioration de l'offre dans ce domaine. Les prestations de transport dans le trafic ferroviaire ont atteint 20,0 milliards de pkm en 2014, alors que celles des transports publics routiers se sont montées à 4,3 milliards. Dans la mobilité douce, 7,9 milliards de pkm ont été parcourus.

Déplacements pendulaires

Comme évoqué plus haut, le travail représente le deuxième plus important motif de déplacement, derrière les loisirs. En 2013, 90% des personnes actives occupées en Suisse étaient des pendulaires, autrement dit des personnes qui quittent leur bâtiment d'habitation pour se rendre au travail. Cette part était de 87% en 1990. Un nombre croissant d'actifs occupés travaillent non seulement en dehors de leur bâtiment d'habitation, mais hors

Pendler/-innen nach Arbeitsweg G 11.4
Pendulaires selon le trajet pour se rendre au travail

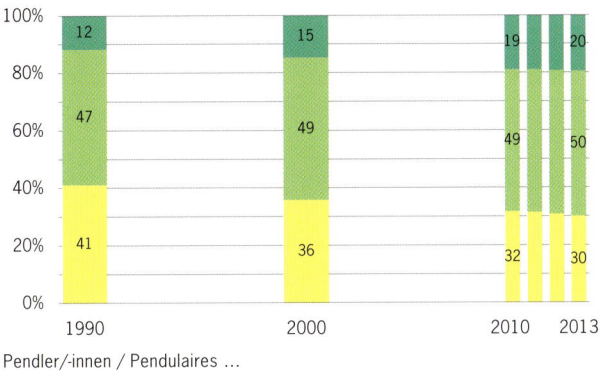

Pendler/-innen / Pendulaires …
- innerhalb der Wohngemeinde / à l'intérieur de la commune de domicile
- zwischen verschiedenen Gemeinden, aber innerhalb des Wohnkantons / entre différentes communes, mais à l'intérieur du canton de domicile
- zwischen verschiedenen Kantonen / entre différents cantons

Nach Gemeindestand 2013 / Selon l'état des communes en 2013

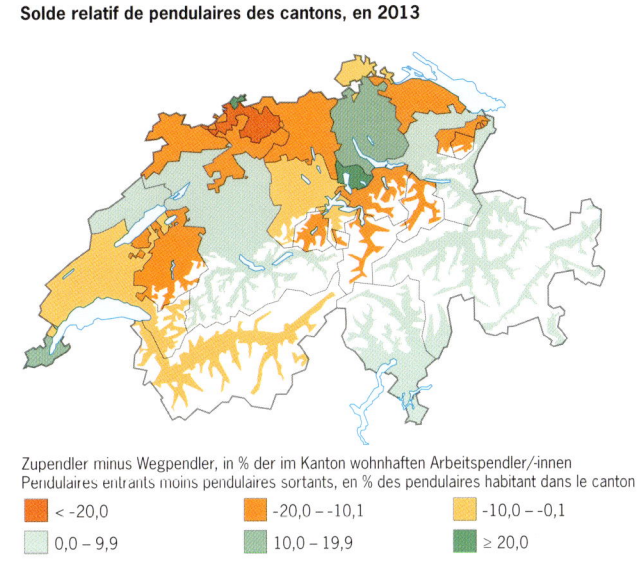

Relativer Pendlersaldo der Kantone 2013 G 11.5
Solde relatif de pendulaires des cantons, en 2013

Zupendler minus Wegpendler, in % der im Kanton wohnhaften Arbeitspendler/-innen
Pendulaires entrants moins pendulaires sortants, en % des pendulaires habitant dans le canton

- < -20,0
- -20,0 – -10,1
- -10,0 – -0,1
- 0,0 – 9,9
- 10,0 – 19,9
- ≥ 20,0

---

lerinnen und Pendler an sämtlichen Pendelnden stieg zwischen 1990 und 2013 von 59% auf 70%. Durchschnittlich legten die Pendlerinnen und Pendler 2013 pro Arbeitsweg 14,4 km zurück.

Immer mehr Menschen überqueren auf ihrem Arbeitsweg nicht nur Gemeinde-, sondern auch Kantonsgrenzen. Während manche Kantone eigentliche Arbeitsplatzzentren sind und dementsprechend viele Zupendler anziehen, überwiegen in anderen Kantonen die Wegpendler. Als typischster «Arbeitskanton» kann der Kanton Basel-Stadt gelten: Er verfügte 2013 mit 50% über den mit Abstand positivsten relativen Pendlersaldo (Anteil des Saldos aus Zu- und Wegpendlern an den im Kanton wohnhaften Pendlerinnen und Pendlern). Markant positiv war der relative Pendlersaldo auch in Zug (34%), Zürich (13%) und Genf (12%) (sämtliche Zahlen ohne Grenzgänger).

Anzahl Strassenfahrzeuge

2014 waren in der Schweiz rund 5,9 Mio. motorisierte Strassenfahrzeuge immatrikuliert, davon 4,4 Mio. Personenwagen. Im Durchschnitt kamen somit auf 1000 Einwohnerinnen und Einwohner 539 Personenwagen. Seit dem Jahr 1980 hat die Anzahl Personenwagen um 95% zugenommen, jene der Motorräder hat

de leur commune de domicile. La proportion de ces pendulaires intercommunaux est passée de 59% en 1990 à 70% en 2013. La même année, les pendulaires ont parcouru en moyenne 14,4 km par trajet pour se rendre au travail ou en revenir.

Pour se rendre à leur travail, de plus en plus de personnes traversent des frontières non seulement communales mais également cantonales. Certains cantons sont de véritables pôles d'emplois et attirent par conséquent de nombreux pendulaires entrants, alors que dans d'autres, les pendulaires sortants sont majoritaires. Le «canton de travail» le plus typique est celui de Bâle-Ville: en 2013, il présentait de loin le solde pendulaire le plus positif en termes relatifs avec 50% (part du solde des pendulaires entrants et sortants dans l'ensemble des pendulaires domiciliés dans le canton). Le solde pendulaire relatif était aussi nettement positif dans les cantons de Zoug (34%), de Zurich (13%) et de Genève (12%). Ces chiffres ne tiennent pas compte des frontaliers.

Parc de véhicules routiers

En 2014, quelque 5,9 millions de véhicules routiers à moteur étaient immatriculés en Suisse, dont 4,4 millions de voitures de tourisme. Ce dernier chiffre correspond à une moyenne de 539 voitures pour 1000 habitants. Depuis 1980, le nombre de voitures de tourisme a augmenté de 95% et celui des motocycles a quintuplé. En 2010, environ 69% des ménages possédaient au moins un vélo.

Transports de marchandises

Les prestations du transport de marchandises par la route ont connu une hausse de 155% entre 1980 et 2014 pour atteindre 17,5 milliards de tonnes-kilomètres (tkm). Les prestations de transport par le rail n'ont augmenté pendant la même période que de 39% pour atteindre 10,8 milliards tkm (nets). La part du rail a nettement reculé notamment durant les années quatre-vingt. Si elle était encore de 47% pour la route et de 53% pour le rail en 1980, elle se situait à respectivement 58% et 42% en 1990. Entre 1990 et 2014, la part du rail s'est réduite plus

Bestand der Strassenmotorfahrzeuge G 11.6
Parc de véhicules à moteur

In Millionen / En millions

- Motorfahrräder / Cyclomoteurs
- Motorräder / Motocycles
- Industriefahrzeuge / Véhicules industriels
- Landwirtschaftsfahrzeuge / Véhicules agricoles
- Sachentransportfahrzeuge / Véhicules marchandises
- Personentransportfahrzeuge / Véh. de transp. de personnes
- Personenwagen / Voitures de tourisme

Verkehrsleistung / Prestations du transport

G 11.7

Personen / Personnes

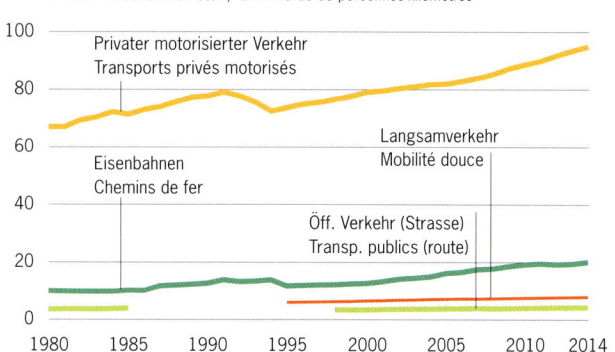

In Mrd. Personenkilometer / En milliards de personnes-kilomètres

Güter / Marchandises

In Mrd. Tonnenkilometer / En milliards de tonnes-kilomètres

sich verfünffacht. Des Weiteren besassen 2010 etwa 69% aller Haushalte mindestens ein Fahrrad.

Güterverkehr

Im Güterverkehr stieg die Transportleistung auf der Strasse zwischen 1980 und 2014 um 155% auf 17,5 Mrd. Tonnenkilometer (tkm), die der Eisenbahn um 39% auf 10,8 Mrd. (Netto-)tkm. Die Schiene büsste vor allem in den 1980er-Jahren deutlich ein: Auf die Strasse entfielen 1980 47%, auf die Schiene 53%. 1990 lagen die entsprechenden Anteile schon bei 58% bzw. 42%. Von 1990 bis 2014 ging der Schienenanteil dann verhältnismässig leicht auf 38% zurück. Die langfristige Entwicklung entspricht derjenigen in der Europäischen Union, wo sich der Verkehr immer mehr auf die Strasse verlagert hat.

Die separate Betrachtung des Strassengüterverkehrs zeigt eine klare Dominanz der schweren Fahrzeuge in Bezug auf die geleisteten Tonnenkilometer: 95% der Transportleistungen wurden 2014 von Fahrzeugen mit einem Gewicht von über 3,5 Tonnen erbracht. Werden dagegen nur die zurückgelegten Kilometer betrachtet, so haben die leichten Fahrzeuge (bis 3,5 Tonnen) die Nase vorn: Ihr Anteil an den Fahrleistungen im Strassengüterverkehr betrug 2014 rund 64%. Auffallend ist, dass die Fahrleistungen der leichten Fahrzeuge zwischen 2000 und 2014 zugenommen haben (+35%), während diejenigen der schweren Fahrzeuge leicht zurückgingen (−2%). Die relative Stagnation der Fahrleistungen bei den schweren Güterfahrzeugen dürfte in erster Linie auf die Einführung der Leistungsabhängigen Schwerverkehrsabgabe (LSVA) und die Erhöhung der Gewichtslimiten zurückzuführen sein.

Alpenquerender Güterverkehr

Dem alpenquerenden Güterverkehr kommt in der schweizerischen Verkehrspolitik eine spezielle Bedeutung zu, nicht zuletzt wegen der mit ihm verbundenen Lärm- und Umweltbelastungen. 2013 wurden auf Schiene und Strasse insgesamt 38,0 Mio. Tonnen Güter über die Schweizer Alpenübergänge transportiert. Das sind mehr als doppelt so viele wie 1981, dem Jahr nach der Eröffnung des Gotthard-Strassentunnels. Der Bahnanteil ist seither von 89% auf 66% gesunken. Er liegt damit aber nach wie vor deutlich höher als in Frankreich und Österreich, wo die entsprechenden Werte 15% und 28% betrugen.

lentement pour atteindre 38%. La tendance à long terme est la même dans les pays de l'Union européenne, où les transports s'effectuent de plus en plus par la route.

L'analyse du transport de marchandises par la route selon les tonnes-kilomètres fait clairement apparaître la prédominance des véhicules lourds: en 2014, 95% des prestations de transport ont été assurées par des véhicules d'un poids supérieur à 3,5 tonnes. En revanche, les véhicules légers arrivent en tête si l'on considère uniquement les kilomètres parcourus: ils représentaient en 2014 environ 64% des prestations kilométriques dans le transport de marchandises par la route. A noter que les prestations kilométriques des véhicules légers ont progressé entre 2000 et 2014 (+35%), tandis que celles des poids lourds ont légèrement diminué (−2%). La relative stagnation observée chez ces derniers s'explique probablement, pour l'essentiel, par l'introduction de la redevance sur le trafic des poids lourds liée aux prestations (RPLP) et par l'augmentation des limites de poids autorisé.

Le transport transalpin de marchandises

Le trafic transalpin de marchandises occupe une place particulière dans la politique suisse des transports, notamment en raison des nuisances sonores et environnementales qu'il occasionne. En 2013, la quantité de marchandises transportées à travers les Alpes suisses a atteint 38,0 millions de tonnes. C'est-à-dire qu'elle a plus que doublé depuis 1981, année où a été inauguré le tunnel routier du Gothard. La part du rail depuis lors a reculé de 89% à 66%. Elle reste cependant nettement plus élevée qu'en France (15%) et en Autriche (28%).

Effets pervers de la mobilité: pollution, accidents

La mobilité a toute une série de conséquences négatives pour la nature et l'environnement: les voies de circulation imperméabilisent le sol et morcellent le paysage; les véhicules circulant sur la terre, dans les airs et sur l'eau polluent l'air par leurs émissions de poussières fines et d'oxydes de carbone. En 2013, les transports étaient responsables en Suisse de 38% des émissions de CO_2 et de la consommation d'énergie. De jour, une personne sur cinq est quotidiennement exposée, à son domicile, à des nuisances ou désagréments sonores dus aux transports; de nuit, le rapport correspondant est d'une personne sur six.

Schienenanteil im alpenquerenden[1] Güterverkehr G 11.8
Part du rail au transport de marchandises à travers les Alpes[1]
Basis: Nettotonnen / Base: tonnes nettes

[1] Alpensegment: Mt. Cenis/Fréjus bis Brenner
Segment alpin considéré: du Mont-Cenis/Fréjus au Brenner

Tödlich verunfallte Personen nach Verkehrsträgern G 11.9
Personnes tuées d'après les modes de transport
Index / Indice 1970=100

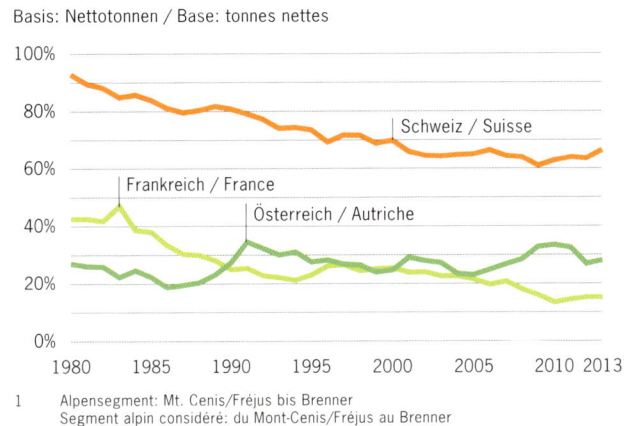

Kehrseiten der Mobilität: Umweltbelastung, Unfälle

Der Verkehr hat eine Reihe negativer Auswirkungen auf Natur und Umwelt. Verkehrswege versiegeln Böden und zerschneiden die Landschaft. Die Fahrzeuge zu Land, in der Luft und zu Wasser verschmutzen die Luft mit Feinstaub und Stickoxiden. 2013 war der Verkehr in der Schweiz für jeweils 38% der CO_2-Emissionen sowie des Energieverbrauchs verantwortlich. Tagsüber ist jede fünfte und in der Nacht jede sechste Person an ihrem Wohnort schädlichem oder lästigem Verkehrslärm ausgesetzt.

Zu den Kehrseiten der Mobilität gehören auch die Unfälle. 2014 fanden auf den Schweizer Strassen 243 Menschen den Tod und 21 521 wurden verletzt, 4043 davon schwer. Des Weiteren gab es 28 Todesopfer im Schienen- und 2 im Luftverkehr. Die Anzahl Toter ist in den vergangenen Jahrzehnten bei allen genannten Verkehrsträgern stark zurückgegangen. Im Falle des Strassenverkehrs betrug die Abnahme zwischen 1970 und 2014 rund 86%; die Gründe dafür waren sowohl technischer als auch rechtlicher und erzieherischer Natur. Bezogen auf die Zahl der geleisteten Personenkilometer ist der Schienenverkehr erheblich sicherer als der Strassenverkehr.

Kosten und Finanzierung des Verkehrs

Der Strassen-, Schienen- und Luftverkehr verursachte in der Schweiz 2010 Gesamtkosten von 94,3 Mrd. Fr. Darin inbegriffen sind neben den Ausgaben für die Verkehrsmittel und -infrastrukturen auch die Kosten der Unfälle sowie der verkehrsbedingten Umwelt- und Gesundheitsschäden.

Der Vergleich der einzelnen Verkehrsträger zeigt, dass die Kosten des motorisierten Strassenverkehrs mit 71,7 Mrd. Fr. etwa siebenmal so hoch waren wie diejenigen des Schienenverkehrs (10,3 Mrd. Fr.) und elfmal so hoch wie diejenigen des Luftverkehrs (6,4 Mrd. Fr.). Allerdings wurde mit dem motorisierten Strassenverkehr auch mit Abstand am meisten Verkehr abgewickelt. Die Kosten des Langsamverkehrs beliefen sich auf 5,9 Mrd. Fr.

Der Personenverkehr kostete bei allen Verkehrsträgern deutlich mehr als der Güterverkehr. Insgesamt war er für 78% (73,5 Mrd. Fr.) der Verkehrskosten verantwortlich, der Güterverkehr für 22% (20,8 Mrd. Fr.).

Die Gesamtkosten des Verkehrs setzten sich 2010 zu 62% aus Anschaffungs- und Betriebskosten für Verkehrsmittel, zu 17% aus Infrastrukturkosten, zu 13% aus Unfallkosten und zu

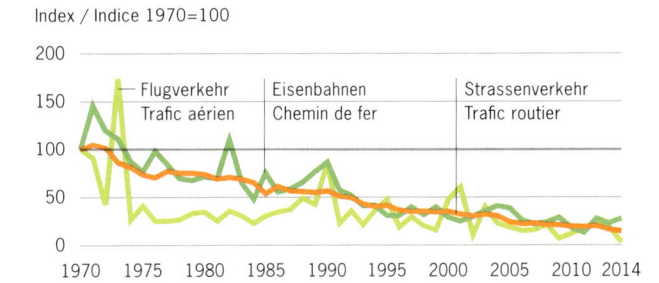

Autre conséquence malheureuse de la mobilité: les accidents. En 2014, 243 personnes ont perdu la vie dans un accident sur les routes de Suisse et 21 521 ont été blessées, dont 4043 grièvement. De plus, 28 décès étaient imputables à des accidents ferroviaires et 2 à des accidents aériens. Le nombre de personnes tuées dans des accidents a fortement diminué ces dernières décennies quel que soit le mode de transport. Dans le cas du trafic routier, il a baissé d'environ 86% entre 1970 et 2014, grâce à des améliorations techniques, ainsi qu'à des mesures juridiques et éducationnelles. Si l'on considère le nombre de personnes-kilomètres parcourus, le rail s'avère nettement plus sûr que la route.

Coûts et financement des transports

Les coûts totaux des transports par la route, le rail et les airs en Suisse se sont élevés en 2010 à 94,3 milliards de francs. Ce chiffre comprend les dépenses imputables aux moyens et aux infrastructures de transport, mais aussi le coût des accidents et celui des dommages causés à l'environnement et à la santé.

Une comparaison entre les modes de transport montre que le coût du trafic routier motorisé était, avec 71,7 milliards de francs, environ sept fois plus élevé que celui du trafic ferroviaire (10,3 milliards) et onze fois plus élevé que celui de l'aviation (6,4 milliards). C'est aussi dans ce mode qu'on enregistre de loin le trafic le plus important. Le coût de la mobilité douce s'établissait à 5,9 milliards de francs.

Dans tous les modes de transport, le coût du trafic voyageurs était nettement plus élevé que celui du trafic marchandises. Il est à l'origine de 78% (73,5 milliards) des coûts totaux, contre 22% (20,8 milliards) pour le trafic marchandises.

En 2010, 62% des coûts totaux des transports résultaient de l'achat et de l'exploitation des moyens de transport, 17% étaient des coûts d'infrastructures, 13% étaient occasionnés par les accidents et 9% étaient liés à l'environnement et à la santé. Dans le trafic routier motorisé, les moyens de transport représentaient pas moins de 68% du total des coûts, tandis que dans la mobilité douce, 73% des coûts étaient imputables aux accidents.

Le financement des transports se répartit de la manière suivante: les coûts du trafic routier motorisé et du trafic aérien sont couverts pour 90% et 83% par les utilisateurs (passagers et donneurs d'ordre des transports de marchandises). Dans le domaine du rail, les clients ne financent que 49% des coûts, tandis que les pouvoirs publics (Confédération, cantons et communes) en

Kosten des Personen- und Güterverkehrs, 2010 / Coûts des trafics voyageurs et marchandises, en 2010 G 11.10

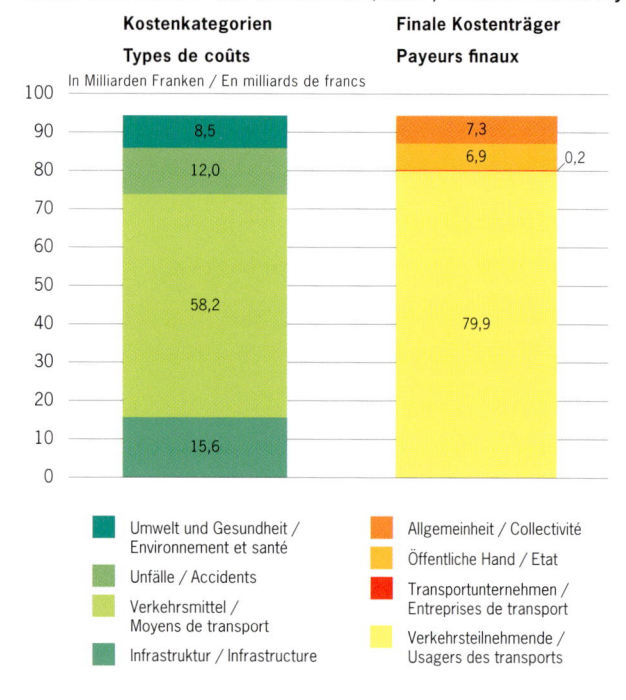

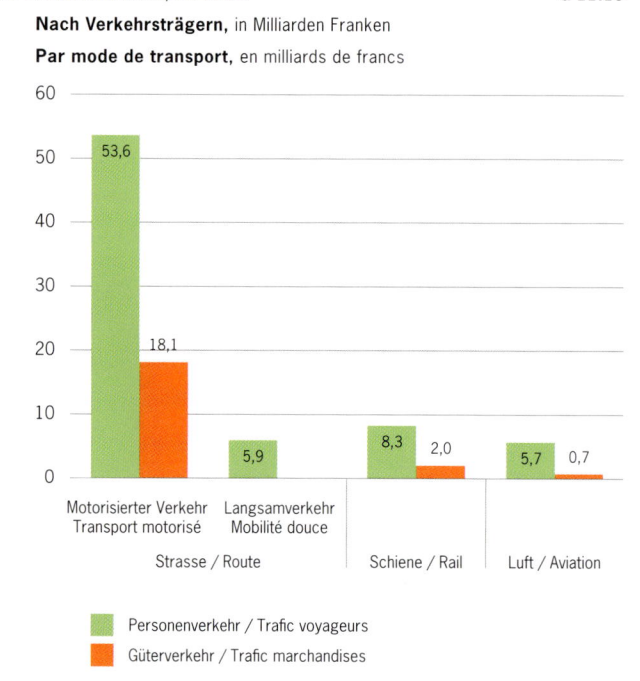

Kostenkategorien / Types de coûts (In Milliarden Franken / En milliards de francs)
- Infrastruktur / Infrastructure: 15,6
- Verkehrsmittel / Moyens de transport: 58,2
- Unfälle / Accidents: 12,0
- Umwelt und Gesundheit / Environnement et santé: 8,5

Finale Kostenträger / Payeurs finaux
- Verkehrsteilnehmende / Usagers des transports: 79,9
- Transportunternehmen / Entreprises de transport: 0,2
- Öffentliche Hand / Etat: 6,9
- Allgemeinheit / Collectivité: 7,3

Nach Verkehrsträgern, in Milliarden Franken / Par mode de transport, en milliards de francs

Strasse / Route — Motorisierter Verkehr / Transport motorisé: Personenverkehr 53,6, Güterverkehr 18,1; Langsamverkehr / Mobilité douce: 5,9
Schiene / Rail: Personenverkehr 8,3, Güterverkehr 2,0
Luft / Aviation: Personenverkehr 5,7, Güterverkehr 0,7

9% aus Umwelt- und Gesundheitskosten zusammen. Im motorisierten Strassenverkehr war der Anteil der Verkehrsmittelkosten mit 68% besonders hoch; im Langsamverkehr dominierten die Unfallkosten (73%).

Die Finanzierung der Kosten des Verkehrs präsentiert sich folgendermassen: Der motorisierte Strassenverkehr und der Luftverkehr wurden grösstenteils, nämlich zu 90% bzw. 83%, von den Verkehrsnutzenden selbst finanziert, d. h. von den Verkehrsteilnehmern bzw. den Auftraggebern der Gütertransporte. Anders der Schienenverkehr: In seinem Falle trugen die Verkehrsnutzenden lediglich 49% der Kosten, während ein annähernd gleich grosser Teil (44%) von der öffentlichen Hand, das heisst von Bund, Kantonen und Gemeinden, beigesteuert wurde. Die öffentliche Hand übernahm ihren Teil der Kosten allerdings bewusst, etwa durch die Finanzierung von Infrastrukturprojekten oder durch die Zahlung von Abgeltungen an Transportunternehmen. Im Gegensatz dazu wurden die auf die Allgemeinheit abgewälzten Kosten von dieser unfreiwillig übernommen. 2010 war der entsprechende Kostenanteil im Luftverkehr mit 14% am grössten, vor dem motorisierten Strassenverkehr mit 9% und dem Schienenverkehr mit 7%. Grösstenteils handelte es sich dabei um verkehrsbedingte Umwelt- und Gesundheitsschäden.

assument 44%. La part prise en charge par l'Etat résulte ici d'une volonté politique (financement de projets d'infrastructure, indemnisation de prestations, etc.). Les coûts restants, pour la plupart liés aux dommages à l'environnement et à la santé, sont reportés sur la collectivité hors de tout mandat. En 2010, ce report de charges a été le plus important dans le transport aérien (14%), suivi du trafic routier motorisé (9%) et du trafic ferroviaire (7%).

Erhebungen, Quellen   Enquêtes, sources

Die wichtigsten Erhebungen und Quellen im Bereich Mobilität und Verkehr   M 11

Statistik	Verantwortliche Stelle	Periodizität	Seit	Methode
Mobilität und Verkehr (MVS) (Schweizerische Verkehrsstatistik)	BFS	Jährlich Alle 3 Jahre	1985/2000 2010	Synthesestatistik
Neue Inverkehrsetzung von Strassenfahrzeugen (IVS)	BFS	Monatlich	1931	Vollerhebung; statistische Auswertung der zentralen Datenbank des Bundesamtes für Strassen
Strassenfahrzeugbestand (MFZ)	BFS	Jährlich	1931	Vollerhebung; statistische Auswertung der zentralen Datenbank des Bundesamtes für Strassen
Strassenverkehrsunfälle (SVU)	ASTRA	Laufend	1930	Vollerhebung bei Kantons- und Stadtpolizeien
Schweizerische automatische Strassenverkehrszählung (SASVZ)	ASTRA	Laufend	1961	Auf der Basis eines Netzes automatischer Zähler
Periodische Erhebung Fahrleistungen der schweizerischen Motorfahrzeuge (PEFA)	BFS	Periodisch	1991, 1996, 2000	Stichprobenerhebung bei den kantonalen Strassenverkehrsämtern
Statistik des öffentlichen Verkehrs (OeV)	BAV / BFS	Jährlich	1985[1]	Elektronische Vollerhebung
Mikrozensus Mobilität und Verkehr (MZMV)	BFS / ARE	Alle 5 Jahre	1974	Stichprobenerhebung bei ca. 63 000 Personen (2010)
Alpen- und grenzquerender Personenverkehr (A+GQPV)	BFS	Periodisch	1991	Strasse: Interviews, Zählungen Schiene: Interviews, Daten von Transportunternehmungen
Gütertransporterhebung (GTE)	BFS	Alle 10 Jahre Alle 5 Jahre Jährlich	1936/37 1993 2008	Stichprobenerhebung bei den Haltern von in der Schweiz immatrikulierten schweren Strassengüterfahrzeugen
Erhebung leichte Nutzfahrzeuge (LWE)	BFS	Einzelne Erhebungen Alle 10 Jahre	1993, 1998 2013	Stichprobenerhebung bei Haltern von in der Schweiz immatrikulierten Lieferwagen und leichten Sattelschleppern
Grenzquerender Güterverkehr auf der Strasse (GQGV)	BFS	Alle 5 Jahre	1993	Zählung und Interviews ausländischer Strassengüterfahrzeuge an der Grenze, Ergänzung zur GTE des BFS
Haupterhebung Alpenquerender Güterverkehr (AQGV)	BAV	Alle 5 Jahre	1979	Strasse: Interviews, Auswertung der Zählstellendaten ASTRA und LSVA / Schiene: Daten SBB Infrastruktur, BLS Cargo, RAlpin, seit 1994 koordiniert mit Frankreich und Österreich
Luftverkehr: Linien- und Charterverkehr (AVIA_LC)	BAZL	Vierteljährlich	1999	Vollerhebung; Auswertung der Datenbank des Bundesamtes für Zivilluftfahrt
Zivilluftfahrtstatistik (inkl. General Aviation) (AVIA_ZL)	BAZL	Jährlich	1999	Vollerhebung; Auswertung der Datenbank des Bundesamtes für Zivilluftfahrt
Kosten und Finanzierung des Verkehrs (KFV)	BFS	Strasse, Schiene: jährlich; Luftfahrt: alle 5 Jahre	2010	Modellrechnung auf Basis verschiedener Datenquellen (u.a. Strassenrechnung, Befragung von Transportunternehmen, Verkehrsmittelkosten TCS/ASTAG, Schätzung externe Effekte ARE)
Strassenrechnung (STR)	BFS	Jährlich	1959	Auswertungen der Rechnungen von Bund, Kantonen und Gemeinden
Pendlermobilität (PEND)	BFS	Jährlich	2010	Stichprobenerhebung; Auswertung von Datensätzen der Strukturerhebung[2]

[1] Eisenbahn-Statistik bereits ab 1868
[2] Siehe «Erhebungen, Quellen», Kapitel 1

Les principales enquêtes et sources dans le domaine des transports et de la mobilité   M 11

Statistique	Institution responsable	Périodicité	Depuis	Méthode
Mobilité et transports (MVS) (Statistique suisse des transports)	OFS	annuelle tous les 3 ans	1985/2000 2010	Statistique de synthèse
Mises en circulation de véhicules neufs (IVS)	OFS	mensuelle	1931	Enquête exhaustive; exploitation statistique de la banque de données de l'Office fédéral des routes
Parc des véhicules routiers (MFZ)	OFS	annuelle	1931	Enquête exhaustive; exploitation statistique de la banque de données de l'Office fédéral des routes
Accidents de la circulation routière (SVU)	OFROU	permanente	1930	Enquête exhaustive auprès des polices cantonales et communales
Comptage suisse automatique de la circulation routière (CSACR)	OFROU	permanente	1961	Sur la base d'un réseau de compteurs automatiques
Enquête périodique sur les prestations de circulation (PEFA)	OFS	périodique	1991, 1996, 2000	Enquête par échantillonnage auprès des services cantonaux des automobiles
Statistique des transports publics (TP)	OFT / OFS	annuelle	1985[1]	Enquête exhaustive électronique
Microrecensement mobilité et transports (MRMT)	OFS / ARE	tous les 5 ans	1974	Enquête par échantillonnage auprès d'environ 63 000 personnes (2010)
Trafic voyageurs à travers les Alpes et trafic voyageurs international (A+GQPV)	OFS	périodique	1991	Route: interviews, comptages Rail: interviews, données des entreprises de transport
Enquête sur le transport de marchandises (ETM)	OFS	tous les 10 ans tous les 5 ans annuelle	1936/37 1993 2008	Enquête par échantillonnage auprès des détenteurs de véhicules routiers de transport de marchandises lourds immatriculés en Suisse
Enquête sur les véhicules utilitaires légers (EVL)	OFS	enquêtes isolées tous les 10 ans	1993, 1998 2013	Enquête par échantillonnage auprès des détenteurs de véhicules routiers de transport de marchandises légers immatriculés en Suisse
Enquête sur le trafic transfrontalier de marchandises par la route (GQGV)	OFS	tous les 5 ans	1993	Comptage et interviews auprès des détenteurs de véhicules utilitaires étrangers à la frontière, complément à l'ETM de l'OFS
Enquête principale Transport transalpin de marchandises	OFT	tous les 5 ans	1979	Route: interviews, exploitation des données des postes de comptage OFROU et RPLP / rail: données des CFF Infrastructure, BLS Cargo, RAlpin, interviews, en coordination avec la France et l'Autriche depuis 1994
Trafic aérien: Trafic de ligne ou charter (AVIA_LC)	OFAC	trimestrielle	1999	Enquête exhaustive; exploitation de la banque de données de l'Office fédéral de l'aviation civile
Statistique de l'aviation civile (AVIA_ZL) (y.c. General Aviation)	OFAC	annuelle	1999	Enquête exhaustive; exploitation de la banque de données de l'Office fédéral de l'aviation civile
Coûts et financement des transports (CFT)	OFS	rail, route: annuelle; aviation: tous les 5 ans	2010	Modèle basé sur diverses sources de données (p.ex.: compte routier, enquête auprès des entreprises de transport, coûts des moyens de transport TCS/ASTAG, estimation des effets externes ARE)
Compte routier (STR)	OFS	annuelle	1959	Exploitation des comptes de la Confédération, des cantons et des communes
Pendularité (PEND)	OFS	annuelle	2010	Enquête par échantillonnage; exploitation des données du relevé structurel[2]

1 Statistique ferroviaire déjà à partir de 1868
2 Voir «Enquêtes, sources», chapitre 1

Glossar

Arbeitspendler/innen
Arbeitspendler/innen sind Erwerbstätige ab 15 Jahren, die einen fixen Arbeitsort ausserhalb ihres Wohngebäudes haben.

Eisenbahnen
Anlagen für schienengebundene Fahrzeuge des öffentlichen Personenverkehrs oder Güterverkehrs, mit Ausnahme der Zahnrad-, Strassen- und Seilbahnen.

Externe Kosten
Von externen Kosten spricht man, wenn diese nicht vom Verursacher, sondern von Dritten (oft der Allgemeinheit) getragen werden. Dazu gehören insbesondere Folgekosten in Form von Umwelt- und Gesundheitsschäden, aber auch von Gebäudeschäden und Wertminderungen.

Fahrleistung
Von Fahrzeugen gefahrene Kilometer bezogen auf eine Zeitspanne.

Fahrzeugkilometer
Masseinheit der Fahrleistung, die einem zurückgelegten Kilometer eines Fahrzeuges entspricht.

Gesamtkosten
Die Gesamtkosten des Verkehrs werden in der Ökonomie auch als dessen «soziale Kosten» bezeichnet. Sie beinhalten sowohl die von den Verursachenden selbst getragenen Kosten (z.B. Anschaffungs- und Treibstoffkosten für Autos), als auch die von Dritten (z.B. vom Staat oder der Allgemeinheit) getragenen **externen Kosten.** Abgesehen davon berücksichtigen die Gesamtkosten des Verkehrs neben den mit finanziellen Ausgaben verbundene Kosten auch immaterielle Kosten wie gewisse Unfall-, Umwelt- oder Gesundheitsschäden.

Jahresmobilität
Durchschnittlich zurückgelegte Gesamtdistanz im In- und Ausland einer in der Schweiz wohnhaften Person inklusive sämtlicher Reisen.

Kurskilometer
Masseinheit der Fahrleistung des öffentlichen Strassenverkehrs. Anzahl Kilometer, welche von Trams, Trolley- und Autobussen im Fahrplanbetrieb zurückgelegt werden.

Langsamverkehr
Fussgänger- und Veloverkehr.

Netto-Tonnenkilometer
Vgl. «Tonnenkilometer»; ohne Gewicht der Güterfahrzeuge, Container und Wechselbehälter im kombinierten Verkehr.

Öffentlicher Verkehr
Der öffentliche Verkehr umfasst konzessions-/bewilligungspflichtige Verkehrsangebote mit definierter zeitlicher Verfügbarkeit, die von jedermann

Glossaire

Accidents
La notion d'accident change en fonction du moyen de transport. Les définitions concernant les accidents des transports publics ont été révisées en l'an 2000.

- **Accidents de la circulation routière:** Depuis 1992, on relève tous les accidents survenus sur la voie publique. Jusqu'en 1991, seuls les accidents ayant provoqué des dégâts matériels évalués à plus de 500 francs étaient pris en compte (jusqu'en 1975, la limite était fixée à 200 francs). Depuis 2002, on considère uniquement les accidents ayant causé des dommages corporels. Toute personne ayant subi des blessures, quelle qu'en soit la gravité, entre dans la catégorie des **blessés.** Les **«blessés légers»** sont les personnes légèrement atteintes, qui souffrent p. ex. de lésions superficielles de la peau sans saignement important ou qui voient leur mobilité légèrement entravée, sans être pour autant empêchées de quitter le lieu de l'accident; elles peuvent le cas échéant se faire soigner en traitement ambulatoire à l'hôpital ou chez le médecin. Les **«blessés graves»** souffrent de troubles importants qui les empêchent d'avoir une activité normale pendant au moins 24 heures (perte de connaissance, fractures [sauf celles des doigts de la main] ou hospitalisation d'une durée supérieure à un jour). Les **«personnes tuées»** sont celles qui décèdent des suites de l'accident, sur place ou dans les 30 jours.
- **Trafic ferroviaire:** Sont comptés tous les accidents dans lesquels une personne au moins a été blessée ou tuée ou qui ont causé pour au moins 100 000 francs de dégâts (le seuil de 100 000 francs est valable depuis 2008; auparavant, il était plus bas et a été relevé plusieurs fois). Sont comptées parmi les **«blessés»**, depuis 2001, les personnes dont les blessures ont entraîné une hospitalisation de plus de 24 heures. Jusqu'en 2000, on comptait les personnes mises en incapacité de travail pendant au moins 14 jours. Sont comptées parmi les **«tués»** les personnes décédées de leurs blessures dans les 30 jours après l'accident. Les personnes qui se sont suicidées ne sont pas comptées.
- **Accidents de la navigation aérienne:** Sont comptés tous les accidents déclarés au Service d'enquête suisse sur les accidents (SESA) qui ont eu lieu en Suisse et qui concernent des aéronefs civils immatriculés en Suisse ou à l'étranger. Seules les personnes grièvement blessées sont recensées.
- **Accidents des chemins de fer à crémaillère:** voir accidents du trafic ferroviaire.
- **Accidents des funiculaires et des téléphériques:** jusqu'en 2000, on a pris en compte tous les accidents, à l'exception des pannes d'exploitation. La définition des blessés correspond à celle utilisée dans le trafic ferroviaire.
Depuis le 1er octobre 2000: voir accidents du trafic ferroviaire.

Chemins de fer
Installations ferroviaires dédiées au transport public de personnes ou au transport de marchandises. Font exception les installations pour trains à crémaillère, les trams et les transports par câbles.

aufgrund vorgegebener Beförderungsbestimmungen beansprucht werden können.

Personenkilometer, Pkm
Masseinheit der Verkehrsleistung, die einem zurückgelegten Kilometer einer Person entspricht.

Schiene
Verkehrsträger. Wenn nicht anders präzisiert wird, handelt es sich nur um die **Eisenbahnen**.

Stichtagsmobilität
Das der **Tagesdistanz** zugrunde liegende Erhebungsprinzip. Gezählt wird die Anzahl Kilometer, welche eine befragte Person an dem für die Befragung massgeblichen Stichtag zurückgelegt hat. Beim Stichtag handelt es sich in der Regel um den Vortag der Befragung. Nicht enthalten sind folglich die Hinreisen im Rahmen mehrtägiger Reisen, da die Person am Tag nach der Abreise für Befragungen meist nicht erreicht werden kann.

Strasse
Verkehrsträger, der, falls nicht anders präzisiert wird, den öffentlichen und privaten Strassenverkehr umfasst.

Tagesdistanz
Pro Person und Tag im Inland zurückgelegte Distanz. Erhoben nach dem Prinzip der **Stichtagsmobilität**.

Tonnenkilometer, tkm
Masseinheit der Transportleistung, die der Beförderung einer Tonne über einen Kilometer entspricht.

Transitverkehr
Verkehr, der im Ausland beginnt, die Schweiz durchquert und im Ausland endet.

Transportleistung
Kenngrösse zur Beschreibung der Leistungen im Güterverkehr, welche sowohl das Gütergewicht als auch die Transportdistanz berücksichtigt. Die Transportleistung wird ausgedrückt in Tonnenkilometern.

Unfälle
Je nach Verkehrsmittel wird ein «Unfall» teilweise unterschiedlich definiert. Im Rahmen der Verordnung der Unfälle im öffentlichen Verkehr von 2000 wurden die Definitionen angepasst.
- **Strassenverkehr:** Erfasst werden seit 1992 alle Unfälle auf öffentlichen Strassen und Plätzen mit Sach- und Personenschäden. Bis 1991 wurden nur Unfälle mit einer Schadenssumme von mindestens 500 Franken berücksichtigt (bis 1975: 200 Franken). Seit 2002 werden nur noch Unfälle mit Personenschaden ausgewiesen. Zu den **Verletzten** zählen alle Personen mit Verletzungen, gleich welchen Schweregrades. Als **«leicht verletzt»** gelten Personen mit geringer Beeinträchtigung, das heisst beispielsweise mit oberflächlichen Hautverletzungen ohne nennenswerten Blutverlust oder mit leicht eingeschränkter Bewegung (die aber das Verlassen der Unfallstelle aus eigener Kraft erlaubt), die evtl. eine ambulante Behandlung im Spital oder durch einen Arzt bzw. eine Ärztin benötigen. Als **«schwer verletzt»** gelten Personen, die starke Beeinträchtigun-

Course-kilomètre
Unité de mesure des prestations kilométriques des transports publics routiers. Nombre de kilomètres parcourus par les trams, les trolleybus et les autobus en service régulier.

Coûts externes
Par coûts externes on entend les frais qui ne sont pas assumés par ceux qui les ont occasionnés, mais par des tiers (souvent la collectivité). En font partie notamment les coûts engendrés par les dommages causés à l'environnement et à la santé, mais aussi par les dommages aux bâtiments et les moins-values.

Coûts totaux
Les coûts totaux des transports, en économie, sont aussi qualifiés de «coûts sociaux» des transports. Ils comprennent aussi bien les coûts pris en charge par leurs auteurs eux-mêmes (par ex. coûts d'acquisition et de carburant dans le cas d'une voiture) que les **coûts externes** supportés par des tiers (par exemple l'Etat ou la collectivité). Hormis cela, les coûts totaux des transports considèrent, outre les coûts liés aux dépenses financières, également des coûts immatériels tels que certains dommages dus aux accidents et certaines atteintes à l'environnement et à la santé.

Distance journalière
Distance moyenne parcourue en Suisse par personne et par jour selon le principe de la **mobilité le jour de référence.**

Durée de déplacement
La durée de déplacement est la durée qui s'écoule entre le moment du départ et le moment de l'arrivée, y compris les temps d'attente et de transbordement.

Eau, navigation
Mode de transport qui, sauf indication contraire, englobe les transports publics de personnes sur les lacs et cours d'eau et les transports privés de marchandises sur le Rhin.

Mobilité annuelle
Distance totale parcourue en moyenne sur le territoire suisse et à l'étranger par une personne domiciliée en Suisse, y compris tous les voyages.

Mobilité douce
Déplacements à pied et à bicyclette.

Mobilité le jour de référence
La définition de la mobilité du jour de référence est liée au concept d'enquête permettant de déterminer la distance journalière. Celle-ci correspond à la somme des kilomètres parcourus par la personne interrogée le jour de référence. Ce jour de référence correspond généralement à celui précédant l'interview téléphonique de la personne sélectionnée. La mobilité du jour de référence ne comprend donc pas, en règle générale, la distance aller des voyages avec nuitées, car la personne sélectionnée n'est généralement pas disponible pour une interview le lendemain de son départ.

Modes de transport
Infrastructures sur lesquelles ou milieux dans lesquels les moyens de transport se déplacent (par ex. route, rail, air, pipeline). Les modes de transport sont utilisés pour grouper les différents moyens de transport.

gen aufweisen, welche normale Aktivitäten zu Hause für mindestens 24 Stunden verhindern (z. B. Bewusstlosigkeit oder Knochenbruch [ohne Fingerbruch] oder eine andere Beeinträchtigung, die einen Spitalaufenthalt von mehr als 1 Tag erfordert). Als **«getötet»** werden Personen angeführt, die an der Unfallstelle ihr Leben verloren haben oder innert 30 Tagen nach der Kollision an den Unfallfolgen gestorben sind.

- **Eisenbahnverkehr:** Erfasst werden alle Unfälle, bei denen mindestens eine Person verletzt oder getötet wird oder bei denen mindestens 100 000 Fr. Sachschaden entsteht. (Die Schwelle von 100 000 Fr. gilt seit 2008; zuvor lag sie tiefer und wurde mehrere Male angehoben.) Als **«verletzt»** werden seit 2001 diejenigen Personen ausgewiesen, deren Behandlung einen Krankenhausaufenthalt von mehr als 24 Stunden erfordert. Bis 2000 galten Personen als verletzt, die mindestens 14 Tage arbeitsunfähig waren. Als **«getötet»** werden Personen aufgeführt, deren Verletzung innert 30 Tagen nach dem Unfall zum Tod geführt hat. Suizide werden in der Statistik nicht berücksichtigt.
- **Flugverkehr:** Gezählt werden alle der Schweizerischen Unfalluntersuchungsstelle (SUST) gemeldeten Unfälle von im In- oder Ausland immatrikulierten zivilen Luftfahrzeugen auf schweizerischem Gebiet. Als Verletzte gelten Personen mit erheblichen Verletzungen.
- **Zahnradbahnen:** siehe Eisenbahnverkehr.
- **Standseilbahnen und Luftseilbahnen:** Bis 2000: Erfasst werden alle Unfälle (ohne Betriebsstörungen). Die Definition der Verletzten entspricht der des Eisenbahnverkehrs. Ab 2001: siehe Eisenbahnverkehr.

Verkehrsleistung
Summe aller von Personen zurückgelegten Kilometer innerhalb eines Jahres, gemessen in Personenkilometern.

Verkehrsträger
Infrastrukturen oder Medien, auf denen bzw. durch die sich die Verkehrsmittel fortbewegen (Schiene, Strasse, Wasser, Luft, Rohr). Werden zur Gruppierung der Verkehrsmittel verwendet.

Wasser, Wasserverkehr
Verkehrsträger, der, falls nicht anders präzisiert wird, den öffentlichen Personenverkehr auf Seen und Flüssen und den privaten Güterverkehr auf dem Rhein umfasst.

Wegpendler/innen
Als Wegpendler/innen eines bestimmten Kantons werden Erwerbstätige bzw. Schülerinnen/Studierende/Lehrlinge bezeichnet, die in diesem Kanton wohnen, sich für die Arbeit bzw. Ausbildung jedoch in einen anderen Kanton begeben.

Wegzeit
Umfasst die Dauer eines Weges vom Startzeitpunkt am Ausgangsort bis zum Zeitpunkt der Ankunft am Zielort inklusive Warte- und Umsteigezeit.

Zupendler/innen
Als Zupendler/innen eines bestimmten Kantons werden Erwerbstätige bzw. Schülerinnen/Studierende/Lehrlinge bezeichnet, die in diesem Kanton arbeiten bzw. ihre Ausbildungsstätte haben, aber in einem anderen Kanton wohnen.

Pendulaires
Sont considérées comme des pendulaires pour des raisons de travail, les personnes actives occupées de 15 ans et plus qui ont un lieu de travail fixe en dehors de leur bâtiment d'habitation.

Pendulaires entrants
Sont considérés comme des pendulaires entrants d'un canton, les personnes actives occupées ou les élèves/étudiants/apprentis qui travaillent dans ce canton ou y suivent leur formation, mais dont le domicile se trouve dans un autre canton.

Pendulaires sortants
Sont considérés comme des pendulaires sortants d'un canton, les personnes actives occupées ou les élèves/étudiants/apprentis qui vivent dans ce canton, mais qui se rendent dans un autre canton pour travailler ou suivre leur formation.

Personne-kilomètre, pkm
Unité de mesure des prestations de transport, correspondant au transport d'une personne sur une distance d'un kilomètre.

Prestation de transport
Somme des kilomètres parcourus par les personnes ou les marchandises en un an, exprimée en personnes-kilomètres ou tonnes-kilomètres.

Prestation kilométrique
Nombre de kilomètres parcourus par des véhicules, pendant une période déterminée.

Rail, trafic ferroviaire
Mode de transport. Sauf indication contraire, ce terme ne désigne que les chemins de fer.

Route
Mode de transport qui, sauf indication contraire, englobe les transports routiers publics et privés.

Tonnes-kilomètres nettes
Voir «tonne-kilomètre»; sans le poids des véhicules de transport de marchandises, des conteneurs et des caisses mobiles dans le transport combiné.

Tonne-kilomètre, tkm
Unité de mesure des prestations de transport, correspondant au transport d'une tonne sur une distance d'un kilomètre.

Trafic de transit
Trafic provenant de l'étranger et à destination de l'étranger, mais qui traverse la Suisse.

Transports publics
Les transports publics englobent les offres de transport soumises à l'octroi d'une concession ou d'une autorisation et accessibles à chacun selon un horaire et à certaines conditions.

Véhicule-kilomètre
Unité de prestation kilométrique qui correspond à un kilomètre parcouru par un véhicule.

Daten / Données

Kosten und Finanzierung des Verkehrs
Coûts et financement des transports

Gesamtkosten des Verkehrs. In Millionen Franken
Coûts totaux des transports. En millions de francs

T 11.2.1.1

	2010	2011	2012	
Kosten des motorisierten Strassenverkehrs [1]	**71 655**	**73 470**	**74 278**	**Coûts du transport routier motorisé [1]**
nach Kostenkategorien				par types de coûts
Infrastrukturkosten	8 432	8 425	8 620	Infrastructure
Verkehrsmittelkosten	48 897	50 413	51 586	Moyens de transports
Unfallkosten	7 575	7 768	7 131	Accidents
Umwelt- und Gesundheitskosten	6 752	6 864	6 941	Environnement et santé
nach finalen Kostenträgern				par payeurs finaux
Verkehrsnutzende	64 275	65 883	66 481	Usagers des transports
Transportunternehmen	–	–	–	Entreprises de transport
Öffentliche Hand	1 252	1 342	1 486	Etat
Allgemeinheit	6 128	6 245	6 311	Collectivité
Kosten des Schienenverkehrs	**10 307**	**10 490**	**10 946**	**Coûts du transport ferroviaire**
nach Kostenkategorien				par types de coûts
Infrastrukturkosten	4 847	4 959	5 234	Infrastructure
Verkehrsmittelkosten	4 660	4 713	4 877	Moyens de transports
Unfallkosten	76	78	84	Accidents
Umwelt- und Gesundheitskosten	723	741	752	Environnement et santé
nach finalen Kostenträgern				par payeurs finaux
Verkehrsnutzende	5 046	5 195	5 339	Usagers des transports
Transportunternehmen	55	–	147	Entreprises de transport
Öffentliche Hand	4 484	4 555	4 706	Etat
Allgemeinheit	722	740	754	Collectivité
Kosten des Luftverkehrs [2,3]	**6 375**	...	...	**Coûts du transport aérien [2,3]**
nach Kostenkategorien				par types de coûts
Infrastrukturkosten	1 314	...	...	Infrastructure
Verkehrsmittelkosten	4 078	...	...	Moyens de transports
Unfallkosten	30	...	...	Accidents
Umwelt- und Gesundheitskosten	953	...	...	Environnement et santé
nach finalen Kostenträgern				par payeurs finaux
Verkehrsnutzende	5 268	...	...	Usagers des transports
Transportunternehmen	191	...	...	Entreprises de transport
Öffentliche Hand	–	...	...	Etat
Allgemeinheit	916	...	...	Collectivité
Kosten des Langsamverkehrs [2,4]	**5 950**	...	...	**Coûts de la mobilité douce [2,4]**

1 Ohne Langsamverkehr
2 Nur alle 5 Jahre verfügbar
3 Für den Luftverkehr wurde anstelle des Territorialitätsprinzips das Halbstreckenprinzip angewendet.
4 Fuss- und Veloverkehr

Quelle: BFS – Kosten und Finanzierung des Verkehrs (KFV)
Stand: Dezember 2015

1 Sans mobilité douce
2 Publié tous les 5 ans
3 Pour l'aviation, le principe du demi trajet a été appliqué à la place du principe de territorialité.
4 Déplacements à pied et à vélo

Source: OFS – Coûts et financement des transports (CFT)
Etat: décembre 2015

Unfall-, Umwelt- und Gesundheitskosten. 2012, in Millionen Franken
Coûts d'accidents, d'environnement et de santé. En 2012, en millions de francs

T 11.2.1.2

	Personenverkehr / Trafic voyageurs			Güterverkehr / Trafic marchandises		
	Strasse / Route		Schiene / Rail	Strasse / Route	Schiene / Rail	
	Privater motorisierter Verkehr / Transport motorisé privé	Öffentlicher Strassenverkehr / Transport public				
Total	11 432	334	452	2 306	384	**Total**
davon internalisierte Kosten [1]	75	1	0	929	0	dont coûts internalisés [1]
davon externe Kosten [2]	5 688	198	428	850	331	dont coûts externes [2]
Unfallkosten	6 433	137	25	561	59	**Coûts d'accidents**
Materielle Personenschäden	515	8	1	34	4	Dommages corporels matériels
Immaterielle Personenschäden	3 942	63	6	261	26	Dommages corporels immatériels
Sachschäden	1 620	63	15	228	25	Dégats matériels
Polizei- und Rechtsfolgekosten	356	2	3	39	3	Coûts d'intervention de la police et frais juridiques
Umwelt- und Gesundheitskosten	4 998	197	427	1 746	325	**Coûts d'environnement et de santé**
Luft [3]	1 448	84	146	535	89	Air [3]
Lärm	953	39	106	537	176	Bruit
Klima	1 114	31	1	287	4	Climat
Übrige [4]	1 484	43	174	386	57	Autres [4]

1 Kostenübernahme durch Internalisierungsbeiträge (z.B. LSVA, Klimarappen).
2 Externe Kosten werden per Definition nicht vom Verursacher selbst, sondern von Dritten getragen. Für die Abgrenzung der externen Kosten wird die Verkehrsträgersicht angewendet.
3 Umfasst Gesundheits- und Gebäudeschäden, Ernteausfälle, Waldschäden und Biodiversitätsverluste durch Luftverschmutzung.
4 Habitatverlust und -fragmentation, Bodenschäden durch toxische Stoffe, Schäden durch vor- und nachgelagerte Prozesse sowie Trennungseffekte in städtischen Räumen.

Quellen: BFS – Kosten und Finanzierung des Verkehrs (KFV);
ARE – Externe Effekte des Verkehrs
Stand: Dezember 2015

1 Prise en charge des coûts par les contributions d'internalisation (p.ex. RPLP, centime climatique).
2 Les coûts externes ne sont pas supportés par ceux qui les ont générés mais par d'autres utilisateurs. L'approche «mode de transport» est utilisée pour la délimitation des coûts externes.
3 Comprend les coûts de santé, les dégâts aux biens immobiliers, les pertes de récolte, la dégradation des forêts et la perte de biodiversité causés par la pollution de l'air due aux transports.
4 Disparition et fragmentation d'habitats naturels, pollution des sols dus à des substances toxiques, dégâts générés par les processus en amont et en aval ainsi que dégradation et fragmentation en milieu urbain.

Sources: OFS – Coûts et financement des transports (CFT);
ARE – Effets externes des transports
Etat: décembre 2015

Finanzflussrechnung Strasseninfrastruktur, Schienenverkehr und öffentlicher Strassenverkehr. T 11.2.1.3
2012, in Millionen Franken
Compte des flux financiers de l'infrastructure routière, du trafic ferroviaire et du transport public routier.
En 2012, en millions de francs

	Strasseninfrastruktur Infrastructure routière			Schienenverkehr und öffentlicher Strassenverkehr Transport ferroviaire et transport public routier			
	Ebene Bund Echelon fédéral	Ebene Kantone Echelon cantonal	Ebene Gemeinden Echelon communal	Ebene Bund Echelon fédéral	Ebene Kantone Echelon cantonal	Ebene Gemeinden Echelon communal	
Einnahmen	6 881	3 705	569	1 545	649	7	Recettes
Ausgaben	5 074	3 030	3 201	5 017	1 792	1 048	Dépenses
Saldo	+1 807	+675	–2 632	–3 472	–1 143	–1 041	Solde

Bermerkungen:

Strasseninfrastruktur

Einnahmen
- Ebene Bund: Mineralölsteuer (inkl. Zuschlag), Nationalstrassenabgabe (Vignette), Schwerverkehrsabgabe, Automobilsteuer
- Ebene Kantone: Beiträge des Bundes, kantonale Motorfahrzeugsteuer
- Ebene Gemeinden: Beiträge der Kantone, Gebühren (z.B. für Parkplätze)

Ausgaben
- Ebene Bund: Ausgaben für Bau, Unterhalt und Betrieb der Nationalstrassen; Beiträge an Kantone für deren Strasseninfrastrukturkosten
- Ebene Kantone: Ausgaben für Bau, Unterhalt und Betrieb der Kantonsstrassen, Beiträge an Gemeinden für deren Strasseninfrastrukturkosten
- Ebene Gemeinden: Ausgaben für Bau, Unterhalt und Betrieb der Gemeindestrassen

Schienenverkehr und öffentlicher Strassenverkehr

Einnahmen
- Ebene Bund: Einnahmen des FinÖV-Fonds (Schwerverkehrsabgabe, Mehrwertsteuer, Mineralölsteuer)
- Ebene Kantone: Beiträge von Gemeinden für Regionalverkehr
- Ebene Gemeinden: Beiträge von Kantonen, Tarifeinnahmen für selbst angebotene Verkehrsleistungen (vor allem Ortsbusse)

Ausgaben
- Ebene Bund: Beiträge an Transportunternehmen, Ausgaben des FinÖV-Fonds
- Ebene Kantone: Beiträge an Transportunternehmen und Gemeinden
- Ebene Gemeinden: Ausgaben für eigenen Verkehrsbetrieb, Beiträge an Transportunternehmen und Kantone für Regionalverkehr

Quelle: BFS – Kosten und Finanzierung des Verkehrs (KFV)
Stand: Dezember 2015

Remarques:

Infrastructure routière

Recettes
- Echelon fédéral: Impôt sur les huiles minérales (incl. surtaxes), vignette, RPLP, impôt sur les automobiles
- Echelon cantonal: Contributions de la Confédération, impôt cantonal sur les véhicules à moteur
- Echelon communal: Contributions des cantons, taxes (par ex. parkings)

Dépenses
- Echelon fédéral: Dépenses de construction, d'entretien et d'exploitation des routes nationales; Contributions aux cantons pour leurs dépenses d'infrastructure routière
- Echelon cantonal: Dépenses de construction, d'entretien et d'exploitation des routes cantonales; Contributions aux cantons pour leurs dépenses d'infrastructure routière
- Echelon communal: Dépenses de construction, d'entretien et d'exploitation des routes communales

Transport ferroviaire et transport public routier

Recettes
- Echelon fédéral: Recettes du fond FTP (RPLP, TVA, impôt sur les huiles minérales)
- Echelon cantonal: Contributions des communes pour le trafic régional
- Echelon communal: Contributions des cantons, recettes tarifaires pour les prestations de transport proposées (principalement bus locaux)

Dépenses
- Echelon fédéral: Contributions aux entreprises de transport, dépenses du fond FTP
- Echelon cantonal: Contributions aux entreprises de transport et aux communes
- Echelon communal: Dépenses pour l'exploitation des transports, contributions aux entreprises de transports et aux cantons pour le trafic régional

Source: OFS – Coûts et financement des transports (CFT)
Etat: décembre 2015

Strasseninfrastrukturrechnung. In Millionen Franken
Compte d'infrastructure routière. En millions de francs

T 11.2.2.1.1

	1990	1995	2000	2005	2010[1]	2011	2012	
Anrechenbare Einnahmen	5 023	6 412	7 608	7 992	8 803	8 814	8 895	**Recettes**
Mineralölsteuern (inkl. Zuschlag)	...	4 345	4 910	4 913	5 041	4 933	4 944	Impôts sur les huiles minérales (incl. surtaxe)
Automobilsteuer	...	130	243	250	373	408	412	Impôts sur les automobiles
Kantonale Motorfahrzeugsteuern	...	1 527	1 798	2 065	2 150	2 191	2 249	Impôts cantonaux sur les véhicules à moteur
Nationalstrassenabgabe (Autobahnvignette)	...	237	269	280	315	326	318	Redevance sur les routes nationales (vignette autoroutière)
Schwerverkehrsabgabe (Anteil Strasseninfrastruktur)[2]	...	174	340	370	514	538	530	Redevance poids lourds (part destinée à l'infrastructure routière)[2]
Sonstige[3]	...	–1	48	114	411	418	442	Autres[3]
Kapitalrechnung								**Compte de capital**
(+) Gesamtkosten	...	7 360	7 709	8 162	9 281	9 269	9 459	(+) Coûts totaux
(–) Dem motorisierten Strassenverkehr nicht anrechenbare Kosten	...	910	941	989	1 163	1 156	1 195	(–) Coûts non imputables au trafic routier
(+/–) Zinsen auf kumulierte Saldi	+41	–8	–88	–226	...	...	...	(+/–) Intérêts sur soldes cumulés
(=) Anrechenbare Kosten	5 096	6 441	6 680	6 947	8 118	8 113	8 264	(=) Coûts imputables
Kostendeckung[4]	–73	–29	928	1 045	685	701	631	Couverture des coûts[4]
Kostendeckungsgrad, in %	99	100	114	115	108	109	108	Degré de couverture des coûts en %
Ausgabenrechnung								**Compte de dépenses**
(+) Bruttoausgaben (inkl. MWSt)	...	6 252	6 784	7 373	8 305	8 321	8 441	(+) Dépenses brutes (TVA incluse)
(–) Mehrwertsteuer	...	263	341	370	429	428	428	(–) TVA
(–) Parkgebühren und Beiträge	...	285	335	364	...	...	...	(–) Recettes de parkings et contributions
(–) Dem motorisierten Strassenverkehr nicht anrechenbare Ausgaben	...	683	746	832	1 114	1 117	1 144	(–) Coûts non imputables au trafic routier motorisé
(+/–) Zinsen auf kumulierte Saldi	+1 371	+1 845	+1 498	+1 074	...	...	...	(+/–) Intérêts sur soldes cumulés
(=) Anrechenbare Ausgaben	6 104	6 866	6 861	6 881	6 762	6 776	6 869	(=) Dépenses imputables
Ausgabendeckung[5]	–1 081	–454	747	1 111	2 041	2 038	2 026	Couverture des dépenses[5]
Ausgabendeckungsgrad, in %	82	93	111	116	130	130	129	Degré de couverture des dépenses en %

1 Methodenwechsel ab 2010
2 Leistungsabhängige Schwerverkehrsabgabe (LSVA) + Pauschale Schwerverkehrsabgabe (PSVA). Nur das kantonale Drittel der Schwerverkehrsabgabe wird zur Deckung der Infrastrukturkosten für die Strasse angerechnet.
3 Bis 2009 Anteil der MWSt nach Äquivalenzprinzip; ab 2010 Parkgebühren und Beiträge Privater, von Eisenbahnen sowie des Militärs zur Finanzierung von Anschlüssen von Grundstücken an die Strasseninfrastruktur (bis 2009 wurden diese Beträge nicht als Einnahme, sondern als Ausgabenminderung berücksichtigt)
4 Kostendeckung = Anrechenbare Einnahmen – Anrechenbare Kosten;
+ = Überschuss; – = Defizit
5 Ausgabendeckung = Anrechenbare Einnahmen – Anrechenbare Ausgaben;
+ = Überschuss; – = Defizit

Quelle: BFS – Strassenrechnung (STR)
Stand: Dezember 2015

1 Changement de méthode à partir de 2010
2 Redevance sur le trafic des poids lourds liée aux prestations (RPLP) + Redevance forfaitaire sur le trafic des poids lourds (RPLF). Seul le tiers de la RPL destiné aux cantons pour couvrir les frais liés à la circulation routière est pris en compte.
3 Jusqu'en 2009: part de la TVA selon le principe d'équivalence. A partir de 2010: recettes de parkings et contributions de particuliers, d'entreprises ferroviaires et de l'administration militaire servant à financer les liaisons entre les immeubles et le réseau routier (jusqu'en 2009, ces montants n'étaient pas comptabilisés en tant que recettes mais en tant que diminution des dépenses).
4 Couverture des coûts = recettes imputables – coûts imputables;
+ = excédent de couverture; – = insuffisance de couverture
5 Couverture des dépenses = recettes imputables – dépenses imputables;
+ = excédent de couverture; – = insuffisance de couverture

Source: OFS – Compte routier (STR)
Etat: décembre 2015

Verkehrsinfrastruktur und Fahrzeuge
Infrastructure des transports et véhicules
Streckennetz nach Verkehrsträgern. In Kilometern
Le réseau des différents modes de transport. En kilomètres

T 11.3.1.1

	1990	1995	2000	2005	2010	2013	2014	
Schiene [1,2,3]	5 049	5 059	5 032	5 040	5 124	...	...	Rail [1,2,3]
Strasse [4,5]	70 970	70 975	71 132	71 296	71 452	71 527	71 553	Route [4,5]
Nationalstrassen	1 495	1 540	1 638	1 756	1 790	1 812	1 823	Routes nationales
davon Autobahnen	1 148	1 197	1 270	1 358	1 406	1 419	1 429	dont autoroutes
Kantonsstrassen	18 278	18 238	18 097	18 094	18 040	17 926	17 933	Routes cantonales
Gemeindestrassen [4,5]	51 197	51 197	51 397	51 446	51 622	51 789	51 797	Routes communales [4,5]
Wasser [6,7]	1 217	1 208	1 244	1 227	...	...	...	Eau [6,7]
Luft [8]	348 762	376 193	512 912	...	...	...	...	Air [8]
Rohrleitungen								Conduites
Öl [9]	239	239	109	109	109	109	109	Oléoducs [9]

1 Nur Eisenbahn. Eigentumslänge – Schweizerische und ausländische Unternehmungen im Inland; 2010: inklusive 19 km im Ausland; 1998–2007: Schweizerische Unternehmungen im Inland
2 Ab 1998 Tramway du Sud-Ouest Lausannois (TSOL) unter Eisenbahnen ausgewiesen (bis 1997 im Nahverkehr – öffentlicher Strassenverkehr)
3 Ab 2001 Umteilung Birsigtal zu öffentlichem Strassenverkehr
4 Gemeindestrassen – Werte vom 31.12.1984
5 Umklassierungen von Strassen zwischen Gemeindestrassen und Kantonsstrassen berücksichtigt (Jahr: 2009, 2010, 2011).
6 Öffentliche Personenschifffahrt
7 Ab 1998 inkl. NLM, Navigazione sul Lago Maggiore (Schweizer Becken)
8 Linien schweizerischer Unternehmen
9 Ab 1997 Stilllegung Transitleitung – 130 km

Quellen: BFS – Statistik des öffentlichen Verkehrs (OeV), Strassenlängen; ASTRA – Nationalstrassennetz; BAZL – Linien schweizerischer Unternehmen; Erdölvereinigung – Öl-Pipelines
Stand: Dezember 2015

1 Seulement les chemins de fer. Longueur du réseau appartenant aux chemins de fer – entreprises suisses et étrangères en Suisse; en 2010: 19 km à l'étranger inclus; 1998–2007: entreprises suisses en Suisse
2 Dès 1998, tramway du Sud-Ouest Lausannois (TSOL) pour la première fois sous Chemins de fer (jusqu'en 1997 sous Trafic local – Transport public routier)
3 Dès 2001 Birsigtal: mutation sous transport public routier
4 Routes communales – Données du 31.12.1984
5 Reclassement de routes cantonales et communales pris en considération (année: 2009, 2010, 2011).
6 Navigation publique des personnes
7 Dès 1998 NLM, Navigazione sul Lago Maggiore (bassin suisse), inclus
8 Lignes de compagnies suisses
9 Dès 1997 mise hors service de la conduite de transit – 130 km

Sources: OFS – Statistique des transports publics (TP), Longueur des routes; OFAC – Lignes de compagnies suisses ; OFROU – Longueur du réseau des routes nationales; Union pétrolière – Oléoducs
Etat: décembre 2015

Fahrzeuge und Transportmittelbestände des Personenverkehrs
Véhicules de transport de personnes

T 11.3.2.7

	1990	1995	2000	2005	2010	2013	2014	
Schiene								**Rail**
Eisenbahnen–Personenwagen[1]	...	...	...	...	6 373	...	...	Chemins de fer–Voitures voyageurs[1]
Strasse								**Route**
Öffentlicher Transport								Transports publics
Trambahnen[2]	953	887	741	770	781	...	...	Tramways[2]
Trolleybusse[3]	697	698	646	606	606	...	...	Trolleybus[3]
Busverkehr	4 218	4 343	4 281	4 685	4 871	...	...	Transport par bus
Privater Transport[4]								Transports privés[4]
Personenwagen	2 985 397	3 229 176	3 545 247	3 861 442	4 075 825	4 320 885	4 384 490	Voitures de tourisme
Kleinbusse	5 908	7 139	8 733	9 574	8 839	7 568	6 962	Minibus
Privatcars	2 305	2 346	2 185	2 340	2 616	2 767p	2 827p	Cars privés
Motorräder	299 264	370 700	493 781	591 865	651 202	687 990	699 219	Motocycles
Motorfahrräder[5]	464 609	317 783r	218 932r	156 095r	139 548r	147 247r	153 348	Cyclomoteurs[5]
Wasser								**Eau**
Öffentlicher Transport								Transports publics
Dampf- und Motorschiffe	167	159	155	156	147	...	...	Bateaux à vapeur et à moteur
Privater Transport								Transports privés
Motor-, Segel- und Ruderboote[6]	106 398	104 345	101 038	100 078	99 311	99 212	98 178	Bateaux à moteur, à voile, à rames, etc.[6]
Luft								**Air**
Luftfahrzeuge								Aviation
Gewerbsmässige und private Zulassung[7]	2 151	2 307	2 268	2 177	2 240	2 236	2 201	commerciale et privée[7]

---

1 Bei fest verbundenen, unteilbaren Kompositionen (z.B. Triebzügen) wird jedes Glied der Komposition gezählt.
2 Trambahnen, Trieb- und Anhängewagen
3 Inkl. Anhängewagen
4 Inkl. Fahrzeuge des Bundes (Verwaltung und DIE POST (PTT); ohne Militärfahrzeuge); Stand Ende September; Motorfahrräder Ende Jahr
5 Inkl. sämtliche E-Bikes, die ein Motorfahrrad-Kontrollschild benötigen.
6 Neue Klassifikation ab 2014. Werte mit den Vorjahren nur eingeschränkt vergleichbar
7 Ohne Segelflugzeuge, Motorsegler, Ballone und Luftschiffe; ab 2001 inkl. Frachtflugzeuge

Quellen: BFS – Statistik des öffentlichen Verkehrs (OeV), Motorfahrrad-Erhebung bei den Kantonen; Zivilluftfahrtstatistik (AVIA_ZL); BFS, ASTRA – Strassenfahrzeugbestand (MFZ); Vereinigung der Schifffahrtsämter – Schiffsbestand
Stand: Oktober 2015

1 Pour les compositions indivisibles (rames automotrices, p. ex.), chaque élément de la composition est compté.
2 Tramways, véhicules moteurs et remorques
3 Remorques inclues
4 Y compris les véhicules de la Confédération (administration et LA POSTE (PTT); sans véhicules militaires); état fin septembre; cyclomoteurs fin de l'année
5 Y compris les vélos électriques pour lesquels une plaque d'immatriculation pour cyclomoteur est requise.
6 Nouvelle classification depuis 2014. Les chiffres ne sont pas entièrement comparables avec ceux des années précédentes.
7 Planeurs, motoplaneurs, ballons libres et dirigeables non compris; dès 2001 avions de fret inclus

Sources: OFS – Statistique des transports publics (TP), recensement des cyclomoteurs auprès des cantons, statistique de l'aviation civile (AVIA_ZL); OFS, OFROU – Parc des véhicules routiers (MFZ); Association des services de la navigation – Effectif des bateaux
Etat: octobre 2015

Fahrzeuge und Transportmittelbestände des Güterverkehrs
Véhicules de transport de marchandises

T 11.3.2.8

	1990	1995	2000	2005	2010	2013	2014	
Schiene								**Rail**
Güterwagen	28 898	24 541	...	...	...	...	...	Wagons de marchandises
Strasse [1,2]								**Route** [1,2]
Sachentransportfahrzeuge	252 136	262 352	278 518	307 161	335 200	371 361	382 281	Véhicules de transport de marchandises
leichte Fahrzeuge [3]	198 565	211 027	229 339	256 400	285 283	320 343	330 864	Véhicules légers [3]
Lieferwagen	196 845	209 253	227 316	254 359	283 458	318 622	329 206	Voitures de livraison
leichter Sattelschlepper [4]	1 720	1 774	2 023	2 041	1 825	1 721	1 658	Tracteurs à sellette légers [4]
schwere Fahrzeuge [5]	53 571	51 325	49 179	50 761	49 917	51 018	51 417	Véhicules lourds [5]
Lastwagen	49 349	46 335	43 009	42 631	40 819	41 650	41 853	Camions
schwere Sattelschlepper [6]	4 222	4 990	6 170	8 130	9 098	9 368	9 564	Tracteurs à sellette lourds [6]
Andere Strassenfahrzeuge	208 852	221 719	226 912	233 879	244 977	253 255	255 658	Autres véhicules
Landwirtschaftsfahrzeuge	162 932	174 026	177 963	182 034	186 485	189 305	190 095	Véhicules agricoles
Industriefahrzeuge	45 920	47 693	48 949	51 845	58 492	63 950	65 563	Véhicules industriels
Wasser								**Eau**
Mit kantonaler Konzession [7]	289	219	236	198	244	259	114	Avec concession cantonale [7]
Rhein [8]	205	142	86	74	93	87	90	Rhin [8]
davon Güterschiffe	169	104	63	52	74	69	70	dont bateaux de marchandises
Hochsee [9]	22	21	20	26	37	44	46	Flotte maritime [9]
Luft								**Air**
Frachtflugzeuge	4	3	6	... [10]	... [10]	... [10]	... [10]	Avions de fret

1 Inkl. Fahrzeuge des Bundes (Verwaltung und DIE POST (PTT); ohne Militärfahrzeuge)
2 Strassenfahrzeuge in der Schweiz – Bestand am 30. September
3 Gesamtgewicht ≤ 3,5 t
4 Exkl. leichte Sattelmotorfahrzeuge
5 Gesamtgewicht > 3,5 t
6 Inkl. leichte und schwere Sattelmotorfahrzeuge
7 Neue Klassifikation ab 2014. Wert mit den Vorjahren nicht vergleichbar
8 Güterschiffe, Schlepp- und Schubboote, Spezialschiffe
9 Handelsschiffe
10 Siehe Tabelle T 11.3.2.7, Fussnote 7

Quellen: BFS – Statistik des öffentlichen Verkehrs (OeV), Zivilluftfahrtstatistik (AVIA_ZL); BFS, ASTRA – Strassenfahrzeugbestand (MFZ); Vereinigung der Schifffahrtsämter – Schiffsbestand; Schweizerisches Seeschifffahrtsamt – Handelsflotte; Schweizerische Rheinhäfen – Flotte
Stand: Juli 2015

1 Y compris les véhicules de la Confédération (administration et LA POSTE (PTT); sans véhicules militaires)
2 Parc des véhicules routiers en Suisse – parc au 30 septembre
3 Poids total ≤ 3,5 t
4 Véhicules articulés légers non inclus
5 Poids total > 3,5 t
6 Véhicules articulés légers et lourds inclus
7 Nouvelle classification depuis 2014. Chiffre non comparable avec ceux des années précédentes.
8 Bateaux de marchandises, remorqueurs et pousseurs, bateaux spéciaux
9 Navires de commerce
10 Voir tableau T 11.3.2.7, note 7

Sources: OFS – Statistique des transports publics (TP), statistique de l'aviation civile (AVIA_ZL); OFS, OFROU – Parc des véhicules routiers (MFZ); Association des services de la navigation – Effectif des bateaux; Office suisse de la navigation maritime – Flotte de commerce maritime; Ports rhénans suisses – Flotte
Etat: juillet 2015

Personenverkehr
Transport de personnes
Fahrzeugbewegungen und Fahrzeugleistungen im Personenverkehr
Transport de personnes: mouvements et prestations des véhicules

T 11.4.1.1

	1990	1995	2000	2005	2010	2013	2014	
Schiene[1]								**Rail**[1]
in Mio. Zugs-km	134,9	131,9	140,7	163,6	183,4	190,5	194,0	en millions de trains-km
Strasse								**Route**
Öffentlicher Verkehr								Transports publics
Total in Mio. Kurs-km	230	248	256	283	300	322	327	Total en millions de courses-km
Tram[2]	27	28	27	28	28	33	33	Tram[2]
Trolleybusse[2]	29	28	29	27	27	28	27	Trolleybus[2]
Autobusse[3]	174	192	200	229	244	262	267	Autobus[3]
Privater Verkehr[4] in Mio. Fahrzeug-km								Transports privés[4] en millions de véhicules-km
Total[5]	44 782	42 998 r	47 411 r	49 930 r	52 919 r	55 575 r	56 433	Total[5]
Personenwagen[5]	42 649	41 324	45 613	48 040	50 949	53 493	54 313	Voitures de tourisme[5]
Inländische Personenwagen[5]	...	36 408	40 825	43 217	46 225	48 769	49 589	Voitures de tourisme immatriculées en Suisse[5]
Ausländische Personenwagen[5]	...	4 916	4 787	4 823	4 724	4 724	4 724	Voitures de tourisme immatriculées à l'étranger[5]
Privatcars[5]	108	110	99	106	118	125	128	Cars privés[5]
Motorräder[5]	1 163	1 209	1 463	1 654	1 720	1 817	1 847	Motocycles[5]
Motorfahrräder[5]	862	355 r	237 r	131 r	132 r	140 r	145	Cyclomoteurs[5]
Wasser								**Eau**
Öffentlich in Mio. Schiffs-km	1,9	2,1	2,3	2,2	2,3	2,3	2,3	Transports publics en millions de bateaux-km
Luft								**Air**
Linien- und Charterverkehr								Trafic de lignes et charter
Total Bewegungen (An- und Abflüge)	335 691	399 232	537 813	418 956	416 111	447 737	454 837	Total des mouvements (décollages et atterrissages)
Linienverkehr	301 006	357 731	497 403	390 862	403 286	438 725	445 723	Trafic de lignes
Charterverkehr	34 685	41 501	40 410	28 094	12 825	9 012	9 114	Charter

1 Nur Eisenbahnen	1 Seulement les chemins de fer
2 Fahrleistungen der Triebfahrzeuge	2 Prestations kilométriques des véhicules-moteurs
3 Fahrleistungen der Triebfahrzeuge, 1990–2005 inklusive Anhängewagen	3 Prestations kilométriques des véhicules-moteurs (entre 1990 et 2005 remorques inclues)
4 In- und ausländische Fahrzeuge in der Schweiz; ohne Kleinbusse und Wohnmobile	4 Véhicules indigènes et étrangers en Suisse; minibus et camping-cars non compris
5 Ab 2010 teilweise Extrapolation	5 Dès 2010 partiellement extrapolée
Rundungsdifferenzen möglich	Différences dues aux arrondis possibles

Quellen: BFS – Leistungen des Personenverkehrs (PV-L), Statistik des öffentlichen Verkehrs (OeV); BFS, BAZL – Luftverkehr, Linien- und Charterverkehr (AVIA_LC)
Stand: Dezember 2015

Sources: OFS – Prestations du transport de personnes (PV-L), Statistique des transports publics (TP); OFS, OFAC – Transport aérien, trafic de ligne ou charter (AVIA_LC)
Etat: décembre 2015

Verkehrsleistung im Personenverkehr. In Millionen Personenkilometer
Transport de personnes: performances (prestations). En millions de personnes-kilomètres

T 11.4.1.2

	1990	1995	2000	2005	2010	2013	2014	
Schiene								Rail
Eisenbahnen	12 678	11 713	12 620	16 144	19 177	19 447	20 010	Chemins de fer
Spezialbahnen	299,7	340,1	371,0	395,3	415,1	407,9 r	401,8	Chemins de fer spéciaux
Zahnradbahnen	93,0	90,1	69,3	65,9	75,0	77,9	79,8	Chemins de fer à crémaillère
Standseilbahnen	17,6	16,9	16,6	17,0	16,3	15,4	16,1	Funiculaires
Luftseilbahnen	189,1	233,1	285,2	312,5	323,8	314,6 r	305,9	Téléphériques
Strasse								Route
Öffentlicher Verkehr	...	...	3 427,8	3 857,9	3 986,9	4 252,1	4 315,6	Transports publics
Tram	...	...	716,2	781,5	978,2	1 120,0	1 130,3	Trams
Trolleybusse	...	...	528,3	534,2	515,3	515,7	509,9	Trolleybus
Autobusse	...	...	2 183,4	2 542,3	2 493,4	2 616,3	2 675,5	Autobus
Privater motorisierter Verkehr [1,2]	77 759	73 780 r	79 142 r	82 014 r	88 702 r	93 463 r	94 985	Transports privés motorisés [1,2]
davon Personenwagen	73 271	69 586	74 984	77 844	83 775	88 255	89 674	dont voitures de tourisme
Langsamverkehr [3]	...	5 936	6 502	7 211	7 582	7 810	7 902	Mobilité douce [3]
Fahrräder [3]	...	2 217	2 314	1 957	2 116	2 173	2 196	Bicyclettes [3]
Zu Fuss [3]	...	3 719	4 188	5 254	5 466	5 637	5 706	A pied [3]
Wasser [4]	...	...	...	...	154,4	153,3	150,2	Eau [4]

1 In- und ausländische Fahrzeuge in der Schweiz, ohne Kleinbusse und Wohnmobile
2 Ab 2010 Extrapolation
3 Nur Wege über 25m ausserhalb von Gebäuden wurden berücksichtigt; ab 2011 Extrapolation
4 Öffentliche Personenschifffahrt
Rundungsdifferenzen möglich

Quellen: BFS – Leistungen des Personenverkehrs (PV-L), Statistik des öffentlichen Verkehrs (OeV)
Stand: Dezember 2015

1 Véhicules indigènes et étrangers en Suisse, sans minibus et camping-cars
2 Dès 2010 extrapolation
3 Seuls les déplacements de plus de 25m en dehors des bâtiments sont pris en considération; dès 2011 extrapolation
4 Navigation publique des personnes
Différences dues aux arrondis possibles

Sources: OFS – Prestations du transport de personnes (PV-L), Statistique des transports publics (TP)
Etat: décembre 2015

Pendler: Anzahl Personen nach Kanton, Bevölkerungs- und Pendlertyp. 2013
Pendularité: nombre de personnes selon le canton, le type de population et de pendularité. En 2013

T 11.4.4.1

	Pendler Total [1] Pendulaires, total [1]	± % [4]	Erwerbstätige / Personnes actives occupées							Schüler, Studierende, Lehrlinge ab 15 Jahren / Personnes en formation de 15 ans et plus					
			Pendler [2] Pendulaires [2]	± % [4]	Wegpendler Pendulaires sortants	± % [4]	Zupendler Pendulaires entrants	± % [4]			Pendler [3] Pendulaires [3]	± % [4]	Wegpendler Pendulaires sortants	± % [4]	Zupendler Pendulaires entrants	± % [4]
Total	4 258 557	0,3	3 843 860	0,3	697 155	1,1	697 155	1,1			810 200	1,1	156 692	2,6	156 692	2,6
Zürich	767 091	0,8	702 622	0,9	64 819	4,3	149 989	2,5			141 485	2,9	13 169	9,9	39 748	5,2
Bern	528 605	0,9	486 507	1,0	45 398	4,8	65 799	3,9			94 225	3,4	12 573	9,4	16 941	8,1
Luzern	213 595	1,0	194 979	1,2	39 459	3,8	33 964	5,4			40 677	3,8	7 553	9,6	13 812	8,8
Uri	18 588	5,4	17 152	5,9	4 049	16,8	1 505	26,8			2 896	19,8	(1 182)	(31,8)	(132)	(85,9)
Schwyz	81 914	2,4	75 774	2,6	30 298	5,7	16 484	8,2			14 332	8,9	6 368	13,7	(1 187)	(30,1)
Obwalden	20 152	4,9	18 453	5,5	5 819	13,7	4 694	14,2			3 745	17,5	1 854	26,0	(558)	(40,4)
Nidwalden	23 022	4,3	21 459	4,8	10 037	9,3	6 185	12,5			3 523	16,9	1 710	25,3	(691)	(43,4)
Glarus	21 286	4,9	19 752	5,4	4 951	15,5	3 038	20,2			3 933	17,0	(1 669)	(27,5)	(260)	(69,4)
Zug	63 942	1,9	58 247	2,1	16 498	5,6	35 143	5,2			11 550	7,0	4 743	11,5	3 585	17,3
Fribourg	156 993	1,7	139 044	2,0	37 066	5,3	15 489	7,6			32 823	5,8	7 521	12,6	4 574	14,1
Solothurn	140 577	1,9	129 148	2,1	48 279	4,6	34 761	5,5			25 360	6,9	11 795	10,4	6 550	13,0
Basel-Stadt	93 940	2,5	83 675	2,9	23 562	7,1	62 884	4,0			18 815	8,3	4 571	17,2	14 281	9,0
Basel-Landschaft	143 161	1,9	128 855	2,2	57 483	4,1	32 591	5,8			26 657	6,6	11 411	10,5	5 423	14,5
Schaffhausen	41 160	3,6	38 248	3,9	10 554	10,2	8 289	12,2			7 262	13,0	2 567	22,8	(844)	(38,9)
Appenzell A. Rh.	28 695	4,2	26 030	4,7	12 952	8,6	8 897	11,9			5 531	14,8	2 852	21,2	(414)	(55,1)
Appenzell I. Rh.	8 510	7,6	7 753	8,6	2 557	20,5	(1 656)	(28,5)			(1 507)	(27,3)	(770)	(39,2)	()	()
St. Gallen	262 871	1,4	240 735	1,5	47 822	4,9	49 062	4,8			48 881	5,0	10 282	11,3	13 005	9,8
Graubünden	105 688	2,2	96 370	2,4	6 971	13,4	8 275	11,9			18 977	8,1	2 921	21,7	2 031	25,2
Aargau	348 484	0,8	319 341	0,9	99 335	2,3	48 285	4,9			62 583	3,0	20 430	5,6	7 739	12,6
Thurgau	141 202	1,8	129 278	2,0	42 415	4,9	18 774	8,2			25 657	6,8	9 411	11,6	(1 271)	(32,0)
Ticino	162 039	1,3	140 384	1,5	2 723	16,4	2 724	20,4			31 574	4,3	(450)	(39,0)	(643)	(45,9)
Vaud	378 815	0,8	329 552	1,0	42 864	3,8	42 296	4,9			81 072	2,7	7 377	9,6	11 981	9,2
Valais	170 112	1,7	151 877	1,9	16 425	8,5	5 872	12,4			32 380	6,0	5 795	14,9	1 538	23,8
Neuchâtel	89 308	1,7	78 647	1,9	10 825	7,5	10 973	8,7			17 993	5,7	2 733	15,8	3 989	14,6
Genève	213 521	1,2	178 725	1,4	8 606	8,9	27 426	5,0			49 437	3,5	3 291	14,8	4 838	12,9
Jura	35 286	2,7	31 255	3,1	5 388	10,4	2 099	18,3			7 321	8,7	1 693	19,1	(588)	(36,7)

1 Ohne 395 503 Doppelzählungen: Personen, die in Ausbildung und erwebstätig sind (z.B. Lehrlinge, Werkstudentinnen und -studenten).
2 269 332 Pendler mit unbekanntem Arbeitsweg
3 85 496 Personen mit unbekanntem Weg zur Ausbildungsstätte
4 95%-Vertrauensintervall

Quelle: BFS – Pendlermobilität (PEND)

1 395 503 doubles comptages non inclus: personnes actives occupées suivant une formation (par ex. apprentis, étudiants salariés)
2 269 332 pendulaires dont le trajet est inconnu
3 85 496 personnes en formation dont le trajet effectué pour se rendre sur le lieu de formation est inconnu
4 Intervalle de confiance à 95%

Source: OFS – Pendularité (PEND)

Güterverkehr
Transport de marchandises

Fahrzeugbewegungen und Fahrleistungen im Güterverkehr
Transport de marchandises: mouvements et prestations des véhicules

T 11.5.1.1

	1990	1995	2000	2005	2010	2012	2013	2014	
Schiene: Eisenbahnen									**Rail: chemins de fer**
Zugs-km aller Güterzüge in Millionen	30,0	29,3	31,4	34,8⁵	27,1	26,3	27,7	28,5	Trains-kilomètres des trains de marchandises, en millions
Strasse [1,2], in Millionen Fahrzeugkilometern									**Route** [1,2], en millions de véhicules-km
Total in- und ausländische Fahrzeuge	4 592	4 853	5 233ʳ	5 347ʳ	5 728ʳ	6 005	6 117	6 234	Total des véhicules suisses et étrangers
Leichte Fahrzeuge [3]	2 600	2 746	2 960ʳ	3 228ʳ	3 502ʳ	3 776	3 874	3 998	Véhicules légers [3]
Schwere Fahrzeuge [4]	1 992	2 107	2 273	2 120	2 226	2 229	2 243	2 236	Véhicules lourds [4]
davon Lastwagen	...	1 649	1 652	1 403	1 400	1 360	1 362	1 340	dont camions

1 In- und ausländische Fahrzeuge in der Schweiz	1 Véhicules indigènes et étrangers en Suisse
2 Strasse: Erhebungsjahre 1993, 1998, 2003, 2014 (schwere Fahrzeuge); ab 2008 jährliche Erhebung der schweren inländischen Fahrzeuge; übrige Jahre Inter- oder Extrapolation	2 Route: années d'enquête en 1993, 1998, 2003, 2014 (véhicules lourds); dès 2008 enquête annuelle sur les véhicules lourds indigènes; autres années: interpolation ou extrapolation
3 Gesamtgewicht ≤ 3,5t	3 Poids total ≤ 3,5t
4 Gesamtgewicht > 3,5t	4 Poids total > 3,5t
5 Teilweise mit Dienstzügen	5 Trains de service partiellement inclus

Quellen: BFS – Gütertransportstatistik (GTS), Statistik des öffentlichen Verkehrs (OeV)
Stand: Dezember 2015

Sources: OFS – Statistique du transport de marchandises (STM), Statistique des transports publics (TP)
Etat: décembre 2015

Verkehrsleistung im Güterverkehr
Transport de marchandises: prestations (performances)

T 11.5.1.2

	1990	1995	2000	2005	2010	2013	2014	
Schiene								**Rail**
Eisenbahnen								Chemin de fer
in Millionen Tonnenkilometern	9 045	8 856	11 080⁶	11 677⁶,⁷	11 074	11 812	12 313ᵖ	en millions de tonnes-kilomètres
in Millionen Netto-Tonnenkilometern [1]	8 345	7 979	9 937	10 149	9 805	10 280	10 751ᵖ	en millions de tonnes-kilomètres nettes [1]
Strasse [2,3]								**Route** [2,3]
in Millionen Tonnenkilometern	11 524	12 117	13 609ʳ	15 709ʳ	16 906ʳ	17 241	17 541	en millions de tonnes-kilomètres
davon schwere Fahrzeuge [4]	10 953	11 420	12 781	14 860	16 007ʳ	16 327	16 609	dont véhicules lourds [4]
Ölleitungen [5]								**Oléoducs** [5]
in Millionen Tonnenkilometern	1 165	1 249	216	226	218	228	237	en millions de tonnes-kilomètres

1 Netto-Tonnenkilometer: Masse der transportierten Güter exklusive Masse der intermodalen Transportbehältnisse	1 Tonnes-kilomètres nettes: masse des marchandises transportées (masse des unités de transport intermodales exclue)
2 In- und ausländische Fahrzeuge in der Schweiz	2 Véhicules indigènes et étrangers en Suisse
3 Strasse: Erhebungsjahre 1993, 1998, 2003, 2014 (schwere Fahrzeuge); ab 2008 jährliche Erhebung der schweren inländischen Fahrzeuge; übrige Jahre Inter- oder Extrapolation	3 Route: années d'enquête - 1993, 1998, 2003, 2014 (véhicules lourds); dès 2008 enquête annuelle sur les véhicules lourds indigènes; autres années: interpolation ou extrapolation
4 Gesamtgewicht >3,5t	4 Poids total >3,5t
5 1997: Stilllegung Transitleitung	5 Mise hors service de la conduite de transit en 1997
6 Gepäck teilweise in Gütern integriert	6 Bagages partiellement compris sous marchandises
7 Leistungen im freien Netzzugang zum Teil geschätzt	7 Prestations dans le libre accès au réseau partiellement estimées

Quellen: BFS – Gütertransportstatistik (GTS), Statistik des öffentlichen Verkehrs (OeV);
Erdölvereinigung – Jahresbericht
Stand: Dezember 2015

Sources: OFS – Statistique du transport de marchandises (STM), Statistique des transports publics (TP); Union pétrolière – Rapport annuel
Etat: décembre 2015

Alpenquerender Güterverkehr[1]. In Millionen Nettotonnen
Trafic de marchandises à travers les Alpes[1]. En millions de tonnes nettes

T 11.5.4.2

	1999[4]		2005		2010		2012		2013		
	Total	davon Transit dont transit	Total	davon Transit dont transit	Total	davon Transit dont transit	Total	davon Transit dont transit	Total	davon Transit dont transit	
Schiene[2]											**Rail[2]**
Frankreich											France
Mont Cenis	8,4	2,7	5,5	0,4	3,0	0,0	3,4	0,0	3,2	0,0	Mont-Cenis
Schweiz	18,4	15,7	23,6	20,5	24,1	20,5	23,7	20,4	25,2	21,9	Suisse
Simplon	3,5	2,9	8,0	7,7	9,6	9,1	9,8	9,3	10,1	9,7	Simplon
Gotthard	14,9	12,8	15,6	12,8	14,4	11,4	13,9	11,2	15,0	12,2	Gothard
Österreich											Autriche
Brenner[3]	8,3	7,7	10,0	9,0	14,4	13,9	11,2	10,7	11,7	11,7	Brenner[3]
Alpenbogen Mt Cenis-Brenner	35,1	26,0	39,2	29,9	41,4	34,4	38,3	31,1	40,1	33,6	Segment alpin Mt-Cenis/Brenner
Strasse											**Route**
Frankreich	25,1	8,0	20,2	4,8	19,7	2,8	19,0	2,7	18,3	2,6	France
Fréjus	22,2	6,7	11,6	2,2	11,0	1,1	10,2	1,0	10,0	1,0	Fréjus
Mont-Blanc	2,9	1,3	8,6	2,6	8,7	1,7	8,8	1,7	8,3	1,6	Mont-Blanc
Schweiz	8,4	4,3	12,8	6,5	14,3	8,7	13,7	7,8	12,8	7,8	Suisse
Grosser St. Bernhard	0,4	0,1	0,6	0,3	0,6	0,3	0,6	0,3	0,6	0,3	Grand-St-Bernard
Simplon	0,2	0,0	0,8	0,4	0,8	0,3	1,0	0,3	1,0	0,3	Simplon
Gotthard	7,0	3,9	9,9	5,1	10,8	7,0	10,0	6,2	9,3	6,2	Gothard
San Bernardino	0,8	0,2	1,5	0,7	2,1	1,1	2,0	1,0	1,9	1,0	San Bernardino
Österreich	26,4	24,0	33,6	29,5	28,7	24,8	30,5	26,7	30,1	26,4	Autriche
Reschen	1,2	0,7	1,9	1,3	1,2	0,6	1,0	0,6	1,0	0,6	Reschen
Brenner	25,2	23,3	31,7	28,2	27,5	24,2	29,5	26,1	29,0	25,9	Brenner
Alpenbogen Fréjus-Brenner	59,9	36,2	66,6	40,9	62,7	36,3	63,2	37,2	61,2	36,8	Segment alpin Fréjus/Brenner

1 Alpenquerender Güterverkehr: Binnen-, Import-, Export- und Transitverkehr
2 Inkl. Kombinierter Verkehr
3 Brenner, Bahn: Nur Verkehre der ÖBB
4 1999: Erhebungsjahr (detaillierte Erhebung)
Quelle: BAV, ASTRA – Alpenquerender Güterverkehr

1 Trafic de marchandises à travers les Alpes: interne, import, export et transit
2 Transport combiné inclus
3 Brenner, chemin de fer: seulement ÖBB
4 Enquête principale détaillée en 1999
Source: OFT, OFROU – Transport transalpin de marchandises

Verkehrsunfälle und Umweltauswirkungen
Accidents des transports et impacts sur l'environnement
Unfälle nach Verkehrsträgern[1]
Accidents d'après les modes de transport[1]

T 11.6.1.1

	1990	1995	2000	2005	2010	2013	2014	
Schienenverkehr[2] (Eisenbahnen)								**Trafic ferroviaire[2] (chemin de fer)**
Unfälle	329	219	220	176	109[7]	115r	121	Accidents
davon Zusammenstösse auf Bahnübergängen	120	90	81	29	14	19	10	dont collisions aux passages à niveau
Verunfallte Personen[3]	227	86	90	82	65	96r	107	Victimes[3]
Getötete[3]	87	31	29	39	18	23	28	Personnes tuées[3]
davon Reisende	9	4	2	5	1	0	2	dont voyageurs
Verletzte[3]	140	55	61	43	47	73r	79	Personnes blessées[3]
davon Reisende	45	13	16	4	17	36r	41	dont voyageurs
Strassenverkehr[4]								**Trafic routier[4]**
Unfälle mit verunfallten Personen	23 834	23 030	23 737	21 706	19 609	17 473	17 803	Accidents avec victimes
mit Getöteten	878	640	555	373	313	257	229	avec tués
mit Verletzten	22 956	22 390	23 182	21 333	19 296	17 216	17 574	avec blessés
mit schwer Verletzten	9 569	5 981	5 428	4 614	4 082	3 859	3 818	avec blessés graves
mit leicht Verletzten	13 387	16 409	17 754	16 719	15 214	13 357	13 756	avec blessés légers
Verunfallte Personen	30 197	29 451	30 650	27 163	24 564	21 648	21 764	Victimes
Getötete	954	692	592	409	327	269	243	Tués
Verletzte	29 243	28 759	30 058	26 754	24 237	21 379	21 521	Blessés
Schwer Verletzte[5]	11 182	6 933	6 191	5 059	4 458	4 129	4 043	Blessés graves[5]
Leicht Verletzte[5]	18 061	21 826	23 867	21 695	19 779	17 250	17 478	Blessés légers[5]
Übriger Landverkehr								**Autres transports terrestres**
Standseilbahnen und Luftseilbahnen								Funiculaires et téléphériques
Unfälle	19	15	16	23	12	4	8	Accidents
Verunfallte Personen[3]	21	16	17	17	12	4	8	Victimes[3]
Getötete	3	2	2	0	0	1	3	Personnes tuées
Verletzte	18	14	15	17	12	3	5	Personnes blessées
Flugverkehr[6]								**Trafic aérien[6]**
Unfälle und schwere Vorfälle	...	...	...	69	45	64	64	Accidents et incidents graves
Verunfallte Personen	83	...	49	17	16	26	12	Victimes
Getötete	65	36	36	14	9	14	2	Personnes tuées
Verletzte	18	...	13	3	7	12	10	Personnes blessées

1 Die Angaben betreffen die Unfälle (bzw. die Verletzten oder Getöteten), an denen der betreffende Verkehrsträger beteiligt war. Deshalb wird ein Unfall (bzw. Verletzte, Getötete) mehrmals gezählt, wenn mehr als ein Verkehrsträger beteiligt war. Beispiel: Kollision eines Zuges mit einem Personenwagen auf einem unbewachten Bahnübergang. Der Unfall und die verletzten und getöteten Personen werden sowohl im Schienenverkehr als auch im Strassenverkehr gezählt.
2 Ab 2001 neue Verordnung (SR 742.161); Definitionen beachten
3 Reisende, Bedienstete und Drittpersonen
4 Unfälle werden zum Strassenverkehr gezählt, wenn sie sich auf öffentlichen Strassen und Plätzen ereignet haben.
5 Seit 1992 wird eine neue Definition von schwer und leicht verletzt angewendet.
6 Statistik enthält alle dem Büro für Flugunfalluntersuchungen (BFU) gemeldeten Unfälle und schweren Vorfälle von zivil immatrikulierten schweizerischen Luftfahrzeugen in der Schweiz sowie von ausländischen Luftfahrzeugen in der Schweiz.
7 Änderung Definition: Sachschaden mindestens 100 000 Fr. (bis 2007 15 000 Fr.)
Verschiedene Definitionen der Verkehrsträger beachten

Quellen: BFS – Statistik des öffentlichen Verkehrs (OeV); ASTRA, BFS – Strassenverkehrsunfälle (SVU); SUST – Flugunfallstatistik
Stand: Juli 2015

1 Ces données se rapportent aux accidents (ainsi qu'aux blessés et aux tués) dans lesquels le mode de transport en question était impliqué. C'est pourquoi chaque accident est mentionné plusieurs fois lorsque plus d'un mode de transport était impliqué. Exemple: collision d'un train et d'une voiture de tourisme à un passage à niveau gardé. L'accident ainsi que le nombre de blessés et tués figurent aussi bien dans les colonnes du trafic ferroviaire que dans celles du trafic routier.
2 Dès 2001 nouvelle ordonnance (RS 742.161); tenir compte des définitions
3 Voyageurs, agents et tierces personnes
4 Sont considérés comme accidents de la circulation routière ceux qui surviennent sur la voie publique.
5 Depuis 1992 on applique une nouvelle définition des blessés graves et légers.
6 La statistique contient tous les accidents ou incidents graves d'aéronefs immatriculés en Suisse survenus en Suisse ainsi que les accidents survenus en Suisse à des aéronefs immatriculés à l'étranger qui ont été annoncés au Bureau fédéral d'enquêtes sur les accidents d'aviation (BEA).
7 Changement de la définition: dégâts matériels d'au moins 100 000 francs (jusqu'en 2007 15 000 francs)
Tenir compte des définitions qui peuvent diverger selon les modes de transports

Sources: OFS – Statistique des transports publics (TP); OFROU, OFS – Accidents de la circulation routière (SVU); SESE – Statistique des accidents d'aéronefs
Etat: juillet 2015

12 Geld, Banken, Versicherungen | Monnaie, banques, assurances

Überblick

Die Geldpolitik der Schweizerischen Nationalbank 2014

Im Jahr 2014 setzte sich die Erholung der Weltwirtschaft fort. Sie fiel jedoch schwächer aus als erwartet, insbesondere in der Eurozone und in Japan. Aber auch in einigen grossen aufstrebenden Volkswirtschaften wie Russland und Brasilien war die Wirtschaftsdynamik kraftlos. In den USA und in Grossbritannien festigte sich dagegen die Erholung. Auch China stützte die Weltwirtschaft weiterhin. In der Schweiz blieb die Konjunkturentwicklung im Jahr 2014 stabil. Das Bruttoinlandprodukt nahm um 1,9% zu, nachdem es im Vorjahr um 1,8% gestiegen war.

Das geldpolitische Umfeld im Jahr 2014 war wie in den Vorjahren von einer Inflationsrate bei null und sehr niedrigen Zinssätzen gekennzeichnet. Im Laufe des Jahres verdichteten sich die Anzeichen, dass sich die Ausrichtung der Geldpolitik in den USA und der Eurozone unterschiedlich entwickelte. Vor diesem Hintergrund wertete sich der Euro gegenüber dem US-Dollar deutlich ab. Der Franken wurde zum US-Dollar ebenfalls schwächer,

Vue d'ensemble

La politique monétaire de la Banque nationale suisse en 2014

En 2014, la reprise de l'économie mondiale s'est poursuivie, mais à un rythme inférieur à ce qui était prévu, en particulier dans la zone euro et au Japon. Mais la croissance a aussi manqué de vigueur dans des pays émergents importants, comme la Russie et le Brésil. La reprise s'est par contre consolidée aux Etats-Unis et au Royaume-Uni, et la Chine a continué de soutenir l'économie mondiale. En Suisse, la croissance est restée stable en 2014. Le produit intérieur brut (PIB) a progressé de 1,9%, contre 1,8% en 2013.

Comme les années précédentes, l'environnement monétaire s'est caractérisé en 2014 par un taux d'inflation proche de zéro et des taux d'intérêt très bas. L'orientation divergente des politiques monétaires menées aux Etats-Unis et dans la zone euro est apparue de plus en plus clairement au fil de l'année. Dans ce contexte, l'euro s'est nettement déprécié face au dollar. Le franc a lui aussi perdu du terrain vis-à-vis du dollar, mais par

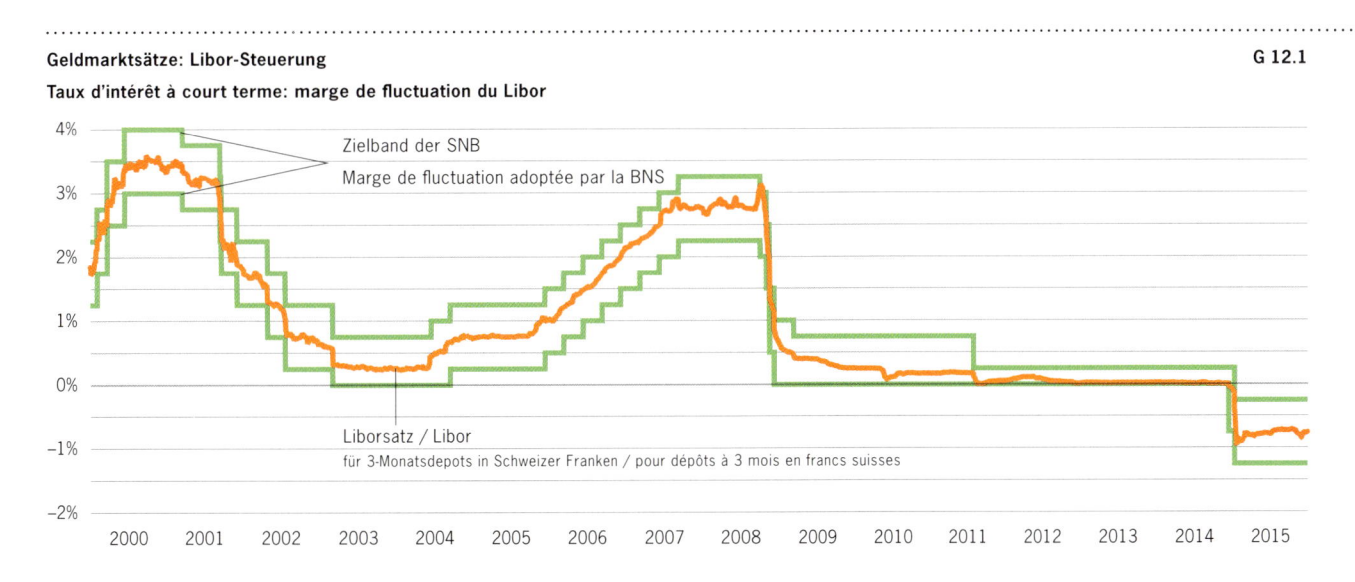

Geldmarktsätze: Libor-Steuerung
Taux d'intérêt à court terme: marge de fluctuation du Libor

G 12.1

Zielband der SNB / Marge de fluctuation adoptée par la BNS

Liborsatz / Libor für 3-Monatsdepots in Schweizer Franken / pour dépôts à 3 mois en francs suisses

und zum Euro näherte er sich allmählich dem Mindestkurs von 1.20 Fr. an.

Während der Mindestkurs zunächst nicht unter Druck geriet, änderte sich dies in den letzten Wochen des Jahres. Am 18. Dezember kündigte die Nationalbank die Einführung von Negativzinsen auf Guthaben an, die Banken und andere Finanzmarktteilnehmer bei ihr auf Girokonten halten. Bis auf den Anstieg im Dezember blieben die Sichtguthaben bei der Nationalbank im Jahr 2014 weitgehend unverändert. Sie befanden sich damit nach wie vor auf einem sehr hohen Niveau. Im Dezember betrugen sie durchschnittlich 377,0 Mrd. Fr., gegenüber 365,1 Mrd Fr. im entsprechenden Vorjahresmonat.

Nach einer vorübergehenden Beruhigung erhöhte sich der Druck auf den Mindestkurs im Verlauf der ersten Januarhälfte 2015 massiv. Die weitere Durchsetzung des Mindestkurses wäre nur auf Kosten einer unkontrollierbaren Ausdehnung der Bilanz möglich gewesen. Am 15. Januar 2015 hob die Nationalbank deshalb den Euro-Franken-Mindestkurs auf. Gleichzeitig senkte sie das Zielband für den Dreimonats-Libor nochmals um 0,5 Prozentpunkte auf –1,25% bis –0,25% und passte den Zins auf Giroguthaben per 22. Januar 2015 auf –0,75% an.

Die Banken in der Schweiz 2014

Erfolgsrechnung. Von den 275 (Vorjahr: 283) Banken verzeichneten 246 (235) Banken einen Jahresgewinn und 29 (48) einen Jahresverlust. Die Jahresgewinne erhöhten sich insgesamt um 2,3 Mrd. auf 14,2 Mrd. Fr.; die Jahresverluste stiegen um 5,4 Mrd. auf 6,8 Mrd. Fr. Insbesondere die folgenden drei Positionen verzeichneten dabei hohe Werte: ausserordentliche Erträge (+0,7 Mrd. auf 7,0 Mrd. Fr.), Abschreibungen auf dem Anlagevermögen (wie im Vorjahr erneut 7,6 Mrd. Fr.) und Aufwände aus «Wertberichtigungen, Rückstellungen und Verlusten» (+4,7 Mrd. auf 9,0 Mrd. Fr.). Für Letztere waren Aufwände infolge von Rechtsfällen bei Grossbanken und ausländisch beherrschten Banken massgebend.

Der Bruttogewinn erhöhte sich um 1,5 Mrd. auf 21,0 Mrd. Fr. Diese Zunahme von 7,7% war insbesondere auf den Erfolg aus dem Zinsengeschäft der Grossbanken zurückzuführen; der Zinsertrag sank weniger stark als der Zinsaufwand. Weiter trugen der tiefere Geschäftsaufwand sowie der höhere «Übrige ordentliche Erfolg» zur Zunahme des Bruttogewinns bei. Der Erfolg aus dem Kommissions- und Dienstleistungsgeschäft sowie der Erfolg aus dem Handelsgeschäft waren rückläufig.

Bilanzgeschäft. Die aggregierte Bilanzsumme der Banken in der Schweiz erhöhte sich um 192,6 Mrd. auf 3041,7 Mrd. Fr. (+6,8%). Diese Zunahme war grösstenteils auf Auslandpositionen zurückzuführen. Die Auslandaktiven wuchsen um 146,3 Mrd. auf 1428,7 Mrd. Fr. und die Auslandpassiven um 136,1 Mrd. auf 1463,4 Mrd. Fr. Gestiegen sind vor allem Auslandforderungen und -verpflichtungen in US-Dollar. Die Inlandaktiven erhöhten sich um 46,3 Mrd. auf 1613,0 Mrd. Fr. und die Inlandpassiven um 56,5 Mrd. auf 1578,4 Mrd. Fr. Trotz des vergleichsweise stärkeren Zuwachses im Auslandgeschäft machten die Inlandaktiven und -passiven weiterhin mehr als die Hälfte der gesamten Bilanzsumme aus.

Die Hypothekarforderungen im Inland, auf die rund 30% der aggregierten Bilanzsumme entfielen, erhöhten sich wie schon in

rapport à l'euro, il s'est rapproché peu à peu du cours plancher de 1,20 franc.

Epargné dans un premier temps, le cours plancher a fait l'objet de pressions pendant les dernières semaines de 2014. Le 18 décembre, la Banque nationale a annoncé l'introduction d'un taux d'intérêt négatif sur les avoirs en comptes de virement détenus à la BNS par les banques et d'autres intervenants sur les marchés financiers. Exception faite de l'augmentation enregistrée en décembre, le volume des avoirs à vue à la BNS est resté pratiquement inchangé en 2014, se situant ainsi toujours à un niveau très élevé. En décembre 2014, les avoirs à vue s'établissaient en moyenne à 377,0 milliards de francs, contre 365,1 milliards en décembre 2013.

Après une accalmie passagère, les pressions exercées sur le cours plancher se sont fortement accentuées durant la première quinzaine de janvier 2015. Le maintien du cours plancher aurait entraîné un accroissement incontrôlable du bilan de la BNS. Le 15 janvier 2015, la Banque nationale a aboli le cours plancher. Parallèlement, elle a abaissé de 0,5 point la marge de fluctuation du Libor à trois mois, dès lors comprise entre –1,25% et –0,25%, et adapté le taux d'intérêt négatif appliqué à compter du 22 janvier 2015 aux avoirs en comptes de virement, le fixant à –0,75%.

Les banques en Suisse en 2014

Compte de résultats. Sur les 275 banques (283 l'année précédente), 246 ont dégagé un bénéfice (235), alors que 29 (48) ont subi une perte. La somme des bénéfices de l'exercice a augmenté de 2,3 milliards de francs, passant à 14,2 milliards, et la somme des pertes annuelles s'est inscrite à 6,8 milliards, en hausse de 5,4 milliards. Les trois postes suivants, en particulier, ont enregistré des valeurs élevées: produits extraordinaires (+0,7 milliard à 7,0 milliards de francs), amortissements sur l'actif immobilisé (7,6 milliards de francs comme l'année précédente) et charges pour «Correctifs de valeur, provisions et pertes» (+4,7 milliards à 9,0 milliards de francs). Dans ce derniers cas, les charges liées aux cas juridiques impliquant de grandes banques et des banques en mains étrangères ont pesé lourd.

La somme des bénéfices bruts s'est accrue de 1,5 milliard à 21,0 milliards de francs. Cette hausse de 7,7% est due en particulier aux marges d'intérêts des grandes banques, leurs produits d'intérêts ayant diminué moins fortement que leurs charges d'intérêts. La baisse des charges d'exploitation et l'augmentation des «Autres résultats ordinaires» ont aussi contribué à l'accroissement du bénéfice brut. Le résultat des opérations de commissions et des prestations de service et celui des opérations de négoce se sont inscrits à la baisse.

Opérations figurant dans les bilans. La somme des bilans des banques opérant en Suisse a augmenté de 192,6 milliards pour atteindre 3041,7 milliards de francs (+6,8%). Cette augmentation est due en grande partie aux positions de l'étranger. Les actifs de l'étranger ont progressé de 146,3 milliards à 1428,7 milliards de francs et les passifs de 136,1 milliards à 1463,4 milliards de francs. Ont surtout augmenté les créances et les engagements envers l'étranger en dollar américain. Les actifs de la clientèle domiciliée en Suisse ont progressé de 46,3 milliards à 1613,0 milliards de francs et les passifs de

Erfolgsrechnung der Banken in der Schweiz G 12.2
Compte de résultat des banques en Suisse
In Milliarden Franken / En milliards de francs

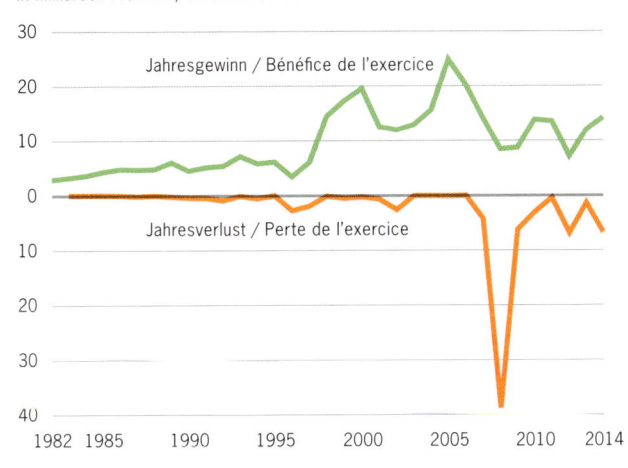

Jahresgewinn / Bénéfice de l'exercice
Jahresverlust / Perte de l'exercice

Personalbestand der Banken in der Schweiz G 12.3
Effectif du personnel bancaire en Suisse
In 1000[1] / En milliers[1]

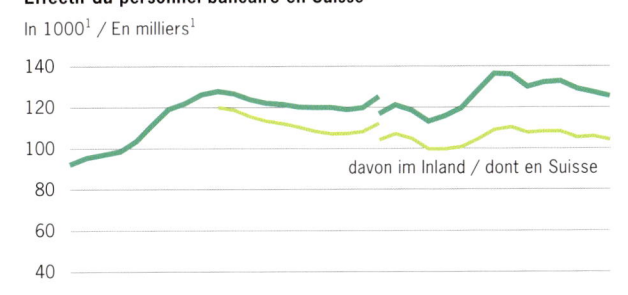

davon im Inland / dont en Suisse

[1] Ab 2000 sind die Teilzeit-, Lehrlings- und Praktikantenstellen entsprechend dem Arbeitspensum gewichtet (Vollzeitäquivalente). / Depuis 2000, les emplois à temps partiel, les apprentis et les stagiaires sont comptés après pondération en fonction du temps de travail (conversion en équivalents plein temps).

den Vorjahren (+3,6% bzw. 31,0 Mrd. Fr. auf 900,9 Mrd. Fr.). Den grössten Beitrag leisteten die Kantonalbanken (+12,0 Mrd. auf 315,4 Mrd. Fr.), die Raiffeisenbanken (+7,2 Mrd. auf 150,5 Mrd. Fr.) und die Grossbanken (+5,7 Mrd. auf 264,1 Mrd. Fr.). Die übrigen Kredite (Bilanzposition Forderungen gegenüber Kunden) stiegen um 88,2 Mrd. auf 652,9 Mrd. Fr. Die starke Zunahme war auf Kredite an das Ausland zurückzuführen, die sich um 23,7% bzw. 92,2 Mrd. auf 481,3 Mrd. Fr. erhöhten. Die flüssigen Mittel stiegen um 26,5 Mrd. auf 425,9 Mrd. Fr.

Die Kundeneinlagen erhöhten sich weiter. Die Verpflichtungen gegenüber Kunden in Spar- und Anlageform nahmen um 37,8 Mrd. auf 639,5 Mrd. Fr. zu (+6,3%). Seit 2008 waren die Kundeneinlagen in Spar- und Anlageform jedes Jahr um mehr als 6% angestiegen. Die Erhöhung im Jahr 2014 war hauptsächlich auf Einlagen aus dem Inland zurückzuführen (+35,3 Mrd. auf 591,7 Mrd. Fr.). Die «Übrigen Verpflichtungen gegenüber Kunden» stiegen um 57,1 Mrd. auf 1130,4 Mrd. Fr. (+5,3%). Der Grossteil dieser Zunahme erfolgte in US-Dollar (+46,5 Mrd. auf 409,3 Mrd. Fr.) und betraf Kunden im Ausland (+50,3 Mrd. auf 631,0 Mrd. Fr.). Die in dieser Bilanzposition verbuchten Termineinlagen verzeichneten erstmals seit 2007 wieder einen Zuwachs (+10,8 Mrd. auf 257,0 Mrd. Fr.). Die Verpflichtungen aus Kassenobligationen sanken um 2,2 Mrd. auf 23,7 Mrd. Fr.

Wertschriftenbestände in Kundendepots. Die Wertschriftenbestände in Kundendepots der Banken stiegen um 9,2% bzw. 474,9 Mrd. auf 5644,9 Mrd. Fr. Damit übertrafen die Depotbestände den bisherigen Höchststand von 5402,3 Mrd. Fr., der im Jahr 2007 erreicht worden war.

Treuhandgeschäfte. Im Jahr 2014 setzte sich die seit 2008 anhaltende Abnahme der von den Banken verwalteten Treuhandgelder fort (−5,7 Mrd. auf 115,1 Mrd. Fr.), allerdings war der Rückgang geringer als in den Vorjahren.

Beschäftigung. Die Zahl der Beschäftigten (gemessen in Vollzeitäquivalenten) reduzierte sich gegenüber dem Vorjahr um 1844 (−1,5%) auf 125 289 Stellen. Der Abbau betraf vor allem Stellen im Inland (−1710 bzw. −1,6% auf 104 053). Im Ausland

56,5 milliards à 1578,4 milliards de francs. En dépit de la croissance relativement plus forte des opérations avec l'étranger, les actifs et les passifs de la clientèle domiciliée en Suisse représentaient encore plus de la moitié de la somme totale des bilans.

Les créances hypothécaires en comptes suisses, qui constituent environ 30% de la somme des bilans, ont poursuivi leur progression (de +3,6% ou 31,0 milliards à 900,9 milliards de francs). Les banques cantonales (+12,0 milliards à 315,4 milliards de francs) ont le plus contribué à cette hausse, suivies des banques Raiffeisen (+7,2 milliards à 150,5 milliards de francs) et des grandes banques (+5,7 milliards à 264,1 milliards de francs). Les autres crédits (poste «Créances sur la clientèle») ont augmenté de 88,2 milliards et atteint 652,9 milliards de francs. Cette forte progression est imputable aux crédits accordés à la clientèle étrangère, lesquels se sont accrus de 23,7% ou 92,2 milliards à 481,3 milliards de francs. Les liquidités ont progressé de 26,5 milliards pour s'inscrire à 425,9 milliards de francs.

Les dépôts de la clientèle se sont encore accrus. Les engagements envers la clientèle sous forme d'épargne et de placements ont progressé de 6,3% ou 37,8 milliards à 639,5 milliards de francs. Depuis 2008, les dépôts de la clientèle sous forme d'épargne et de placements ont augmenté de plus 6% chaque année. La hausse enregistrée en 2014 provient principalement des dépôts de la clientèle domiciliée en Suisse (+35,3 milliards à 591,7 milliards de francs). Les «Autres engagements envers la clientèle» ont enregistré une hausse de 57,1 milliards, s'établissant à 1130,4 milliards de francs (+5,3%). La plus grande part de cette hausse a eu lieu en dollars (+46,5 milliards à 409,3 milliards de francs) et concerné de la clientèle à l'étranger (+50,3 milliards à 631,0 milliards de francs). Les dépôts à terme enregistrés sous ce poste du bilan ont à nouveau augmenté pour la première fois depuis 2007 (+10,8 milliards à 257,0 milliards de francs). Les engagements sous forme d'obligations de caisse ont diminué de 2,2 milliards pour s'établir à 23,7 milliards de francs.

Stocks de titres dans les dépôts de la clientèle. Les stocks de titres dans les dépôts de la clientèle ont augmenté de 9,2% ou 474,9 milliards pour se chiffrer à 5644,9 milliards de francs. Le total de dépôts a ainsi dépassé le montant record de 5402,3 milliards atteint en 2007.

sank der Personalbestand um 133 (–0,6%) auf 21 237 Stellen. Der Abbau erfolgte überwiegend bei den Grossbanken, sowohl im Inland (–1237 auf 36 083 Stellen) als auch im Ausland (–125 auf 17 326 Stellen). Die Anzahl der beschäftigten Männer nahm um 1271 auf 77 592 ab, währen die Zahl der beschäftigten Frauen um 573 auf 47 697 Vollzeitäquivalente sank. Somit stieg der Anteil der Frauen leicht von 38,0% auf 38,1%.

Der Versicherungsmarkt 2014

Die schweizerischen Lebensversicherungsunternehmen verbuchten im direkten Schweizer Geschäft im Jahr 2014 Bruttoprämien von 32,6 (Vorjahr 32,2; +1,2%) Mrd. Fr. und berechneten für ihre Versicherungsverpflichtungen ein Deckungskapital in der Höhe von 245,3 (Vorjahr 237,5; +3,3%) Mrd. Fr. Dabei ging das Prämienwachstum gegenüber dem Vorjahr merklich zurück, während das Deckungskapital in unverändertem Ausmass zulegte.

Das Prämienvolumen der Kollektivlebensversicherung berufliche Vorsorge wies ein gegenüber dem Vorjahr gebremstes Wachstum von 1,4% aus, während die Prämieneinnahmen der Einzellebensversicherung (freie und gebundene private Vorsorge) einen Rückgang von 4,5% verzeichneten. Das gebremste Wachstum der Kollektivversicherung berufliche Vorsorge reflektiert die Vorsicht der Lebensversicherer, bei einem historisch tiefen Marktzinsniveau Zinsgarantien zu übernehmen, so dass die Nachfrage der kleinen und mittelgrossen Unternehmen (KMU) nach Sicherheit im Vorsorgesegment durch Vollversicherung nicht mehr vollumfänglich gedeckt werden kann. Der Anteil der Kollektivversicherung berufliche Vorsorge am Gesamtgeschäft der Lebensversicherer erhöht sich seit Einführung des BVG 1985 kontinuierlich und betrug 2014 76% (1985: 63%).

In der Einzellebensversicherung ergab sich angesichts des weiter gesunkenen Marktzinsniveaus eine gegenüber dem Vorjahr gegenläufige Gewichtsverschiebung von der anteilgebunden Lebensversicherung, bei welcher der Lebensversicherer keine oder nur eine beschränkte Kapital- und Zinsgarantie übernimmt und im Gegenzug dem Versicherungsnehmer Auswahl- und Mitspracherechte bei der Kapitalanlage einräumt, hin zur klassischen Lebensversicherung mit Zinsgarantie.

Die Prämieneinahmen der schweizerischen Schadenversicherungsunternehmen sanken im Jahr 2014 um 0,4% und beliefen sich insgesamt auf 49,4 Mrd. Fr. Im direkten Schweizer Geschäft verbuchten die Schadenversicherer Bruttoprämien von

Versicherungsleistungen 2014 TT 12.1
Im direkten Schweizer Geschäft
Prestations des assurances, en 2014
Versées en Suisse dans l'assurance directe

Versicherungszweig / Branche d'assurance	in Mio./en mio.	%
Total	**29 733**	**100**
Leben / Vie	13 538	45,5
Krankheit / Maladie	7 207	24,2
Motorfahrzeug / Véhicules automobiles	3 525	11,9
Unfall / Accidents	1 937	6,5
Allgemeine Haftpflicht / Responsabilité civile	846	2,8
Feuer / Incendie	542	1,8
Übrige / Autres	2 139	7,2

Opérations fiduciaires. En 2014, les fonds fiduciaires gérés par les banques ont poursuivi leur repli amorcé en 2008 (–5,7 milliards à 115,1 milliards de francs), mais la baisse a été moins prononcée que les années précédentes.

Effectifs. Les effectifs des banques (en équivalents plein temps ou EPT) se sont réduits de 1844 unités (–1,5%), passant à 125 289 postes. La baisse a surtout touché le marché suisse (–1710 ou –1,6% à 104 053 EPT). A l'étranger, les effectifs ont diminué de 133 unités (–0,6%) pour se fixer à 21 237 postes. La réduction des effectifs a principalement touché les grandes banques, que ce soit en Suisse (–1237 unités à 36 083) ou à l'étranger (–125 unités à 17 326). Les effectifs masculins ont enregistré une baisse de 1271 unités, s'établissant à 77 592 EPT, tandis que les effectifs féminins ont reculé de 573 unités à 47 697 EPT. La part des femmes a de ce fait légèrement progressé, passant de 38,0% à 38,1%.

Le marché des assurances en 2014

Les compagnies d'assurance-vie suisses ont encaissé en 2014 dans le domaine de l'assurance-vie directe en Suisse des primes brutes de 32,6 milliards de francs (année précédente: 32,2; +1,2%) et elles ont calculé pour leurs engagements un capital de couverture à hauteur de 245,3 milliards (année précédente: 237,5; +3,3%). La croissance des primes a ainsi sensiblement reculé par rapport à l'année précédente, tandis que le capital de couverture progressait dans des proportions inchangées.

Le volume des primes de l'assurance-vie collective de prévoyance professionnelle a enregistré une croissance de 1,4%, en recul par rapport à l'année précédente, tandis que les recettes de l'assurance-vie individuelle (prévoyance privée libre ou liée) ont diminué de 4,5%. Le ralentissement de la croissance de l'assurance collective de prévoyance professionnelle reflète la prudence des assureurs-vie à garantir les intérêts, compte tenu de leur niveau historiquement bas. De ce fait, la demande de sécurité des petites et moyennes entreprises (PME) dans le segment de la prévoyance ne peut plus totalement être couverte par l'assurance complète. La part de l'assurance collective de prévoyance professionnelle dans l'ensemble des affaires n'a cessé de progresser depuis l'introduction de la LPP en 1985, atteignant 76% en 2014 (1985: 63%).

Dans l'assurance-vie individuelle et suite à la nouvelle baisse du niveau des intérêts, on observe, contrairement à l'année précédente, un déplacement de l'assurance-vie liée à des parts de fonds de placement – dans laquelle l'assureur ne garantit pas ou seulement en partie le capital et les intérêts, mais offre à l'assuré un droit de regard sur le choix et la gestion des placements – vers l'assurance-vie classique avec garantie des intérêts.

Les primes encaissées par les compagnies suisses d'assurance contre les dommages ont baissé en 2014 de 0,4% et se sont chiffrées au total à 49,4 milliards de francs. Dans les affaires suisses directes, les primes brutes encaissées par les assureurs ont atteint 25,2 milliards de francs (montant inchangé par rapport à l'année précédente). Si les branches «Autres assurances des véhicules automobiles» (+2%) et «Protection juridique» (+6,1%) ont enregistré une croissance des primes encaissées, les branches «Incendie» (–7,7%) et «Maritime, aérienne et transport» (–10%) ont par contre connu une baisse.

Prämieneinnahmen der privaten Versicherungen G 12.4
Primes encaissées par les assurances privées
Im direkten Schweizer Geschäft / En Suisse dans l'assurance directe

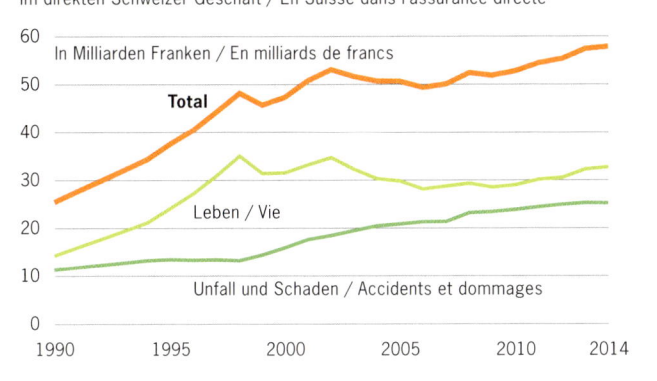

Personalbestand der Versicherungseinrichtungen G 12.5
Personnel des institutions d'assurance
Nur Mitarbeiter in der Schweiz / Seul. les collaborateurs travaillant en Suisse

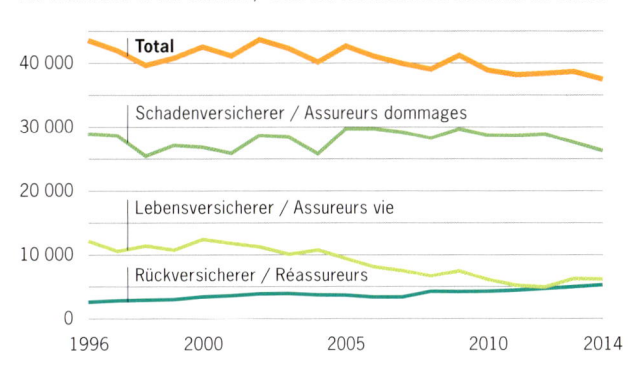

25,2 Mrd. Fr. (unverändert gegenüber dem Vorjahr). Dem Wachstum in den Branchen übrige Motorfahrzeugversicherungen (+2%) und Rechtsschutz (+6,1%) standen geringere Prämieneinnahmen in den Branchen Feuer (−7,7%) sowie See, Luftfahrt und Transport (−10%) gegenüber.

Die gesamten Zahlungen für Versicherungsfälle im direkten Schweizer Schadengeschäft betrugen im Jahr 2014 16,2 Mrd. Fr. (+1,1% gegenüber dem Vorjahr). Die versicherungstechnischen Rückstellungen erhöhten sich im Jahr 2014 um 5,2% auf 87 Mrd. Fr.

Das Total der Kapitalanlagen der Lebensversicherer erhöhte sich im Berichtsjahr 2014 um 11,2 Mrd. Fr. (+3,6%) auf 326,1 Mrd. Fr. Die Kapitalanlagen der Schadenversicherer (+8,9 Mrd. Fr. oder +6,3%) und Rückversicherer (+5,5 Mrd. Fr. oder +6,7%) nahmen ebenfalls zu. Gesamthaft wiesen die schweizerischen Versicherungsunternehmen Kapitalanlagen von 564,6 Mrd. Fr. per Ende 2014 aus, 25,7 Mrd. Fr. oder 4,8% mehr als Ende 2013.

Am 31. Dezember 2014 unterstanden 210 private Versicherungs- und Rückversicherungsunternehmen der Aufsicht der Eidgenössischen Finanzmarktaufsicht (FINMA), nämlich 97 schweizerische und 51 ausländische Direktversicherer sowie 62 schweizerische Rückversicherer. Bei den direkten Versicherungsunternehmen handelt es sich um 21 Lebensversicherer (davon 3 ausländische), 23 Krankenversicherer (davon ein ausländischer) und 104 Schadenversicherer (davon 47 ausländische).

Les paiements effectués pour les sinistres dans les affaires suisses directes se sont montés en 2014 à 16,2 milliards de francs (+1,1% par rapport à l'année précédente). Le niveau des réserves techniques s'est accru de 5,2% en 2014 pour s'élever à 87 milliards de francs.

Les placements de capitaux des assureurs-vie ont augmenté en 2014 de 11,2 milliards de francs (+3,6%) à 326,1 milliards. Les placements des assureurs contre les dommages ont aussi progressé (+8,9 milliards ou +6,3%), de même que ceux des réassureurs (+5,5 milliards ou +6,7%). Dans l'ensemble, les placements de capitaux des entreprises d'assurance se montaient à 564,6 milliards à la fin de l'année 2014, soit 25,7 milliards ou 4,8% de plus que fin 2013.

Le 31 décembre 2014, 210 institutions privées d'assurance ou de réassurance étaient soumises à la surveillance de l'Autorité fédérale de surveillance des marchés financiers (FINMA), soit 97 assureurs directs suisses et 51 étrangers, ainsi que 62 réassureurs suisses. En ce qui concerne les institutions pratiquant l'assurance-directe, elles se répartissent en 21 assureurs sur la vie (dont 3 sociétés étrangères), 23 assureurs-maladie (dont un étranger) et 104 assureurs dommages (dont 47 étrangers).

Erhebungen, Quellen

Enquêtes, sources

Statistische Informationen zum Bereich Banken

Gemäss Art. 14 Abs. 1 des Bundesgesetzes über die Schweizerische Nationalbank (Nationalbankgesetz, NBG) kann die Nationalbank zur Wahrnehmung ihrer gesetzlichen Aufgaben und zur Beobachtung der Entwicklung auf den Finanzmärkten die dazu erforderlichen statistischen Daten erheben. Die Nationalbank legt in der Nationalbankverordnung fest, welche Angaben in welchem zeitlichen Abstand geliefert werden müssen (Art. 15 Abs. 3 NBG).

Informations statistiques dans le domaine des banques

La Banque nationale peut, en vertu de l'art. 14, al. 1, de la loi qui la régit (loi sur la Banque nationale, LBN), collecter les données statistiques nécessaires à l'exécution de ses tâches légales et à l'observation de l'évolution des marchés financiers. Conformément à l'art. 15, al. 3, LBN, elle fixe dans une ordonnance la nature de ces données et la fréquence de leur remise.

Die wichtigsten Erhebungen und Quellen zum Bereich Banken M 12

Statistik	Verantwortliche Stelle	Periodizität	Erhebungsmethode	Erhebungsstufe	Auskunftspflichtige Institute
Ausführliche Monatsbilanz	SNB	Monatlich	Teilerhebung	Bankstelle; Unternehmung	Banken, bei denen die Summe aus Bilanzsumme und Treuhandgeschäften eine von der Nationalbank festgelegte Limite überschreitet
Ausführliche Jahresendstatistik	SNB	Jährlich	Vollerhebung; Teilerhebung für einzelne Bereiche	Bankstelle; Unternehmung; Konzern	Alle Banken (ohne Fürstentum Liechtenstein)

Les principales enquêtes et sources dans le domaine des banques M 12

Statistique	Institution responsable	Périodicité	Enquête	Niveau de consolidation	Etablissements tenus de fournir des données
Bilan mensuel détaillé	BNS	mensuelle	partielle	Comptoir; entreprise	Banques dont la somme du bilan et des affaires fiduciaires dépasse un montant fixé par la Banque nationale
Statistique détaillée de fin d'année	BNS	annuelle	exhaustive; partielle dans certains domaines	Comptoir; entreprise; groupe	Toutes les banques (sans la Principauté de Liechtenstein)

Glossar

Devisen
Devisen umfassen Geldforderungen, die auf fremde Währungen lauten und im Ausland zahlbar sind. Beispiele hierfür sind Sicht- und Termintguthaben sowie Schecks, die auf ausländische Währungen lauten.

Geldmarkt
Der Geldmarkt ist der Markt für die Aufnahme und Anlage von kurzfristigen Geldern. Als kurzfristig gelten Gelder mit einer Laufzeit bis zu einem Jahr (längerfristige Anlagen siehe Kapitalmarkt). Am unbesicherten Geldmarkt werden Darlehen ohne, am besicherten Geldmarkt mit Deckung vergeben (z.B. über Repogeschäfte). Die SNB steuert die Liquidität am besicherten Frankengeldmarkt und setzt so ihre Geldpolitik um. Banken nutzen den Geldmarkt für den Liquiditätsausgleich sowie die Liquiditätsbewirtschaftung. Im Interbankenmarkt schliessen Geschäftsbanken untereinander Geldmarktgeschäfte ab.

Geldmengen
Geldmenge M0. Die Notenbankgeldmenge entspricht der Summe von Notenumlauf und Giroguthaben inländischer Geschäftsbanken bei der SNB. Zur Bezeichnung der Notenbankgeldmenge werden mitunter die Begriffe Geldmenge M0 oder monetäre Basis verwendet. **Geldmenge M1.** Die SNB definiert die Geldmenge M1 als die Summe aus dem Bargeldumlauf des Publikums, den Sichteinlagen der Inländer bei Banken sowie den Einlagen auf Spar- und Depositenkonten, die vor allem Zahlungszwecken dienen (Transaktionskonten). **Geldmenge M2.** Die SNB definiert die Geldmenge M2 als Summe der Geldmenge M1 und der Spareinlagen. Ausgeklammert aus den Spareinlagen werden die gebundenen Vorsorgegelder im Rahmen der beruflichen Vorsorge (2. Säule) und der freiwilligen Eigenvorsorge (3. Säule) sowie die in M1 enthaltenen Transaktionskonten. **Geldmenge M3.** Die SNB definiert die Geldmenge M3 als Summe der Geldmenge M2 und der Termineinlagen (Kreditoren auf Zeit und Geldmarktpapiere).

Geldwert
Der Geldwert ist die Kaufkraft des Geldes und stellt die Gütermenge dar, die für eine Geldeinheit gekauft werden kann. Es wird zwischen dem Binnen- und dem Aussenwert des Geldes unterschieden. Der Binnenwert entspricht dem Kehrwert des Preisniveaus. Bei einem Anstieg des Preisniveaus sinkt die Gütermenge, die mit einer Geldeinheit gekauft werden kann, und umgekehrt. Folglich entwickeln sich Preisniveau und Kaufkraft des Geldes immer entgegengesetzt. Beim Aussenwert des Geldes handelt es sich um die Menge an ausländischer Währung, die mit einer inländischen Geldeinheit erworben werden kann. Der Aussenwert entspricht dem Wechselkurs in der Mengennotierung.

Giroguthaben
Inländische Geschäftsbanken halten auf ihren Girokonten bei der SNB Giroguthaben als unverzinsliche Sichtguthaben. Diese Sichtguthaben gelten als gesetzliches Zahlungsmittel. Die Nachfrage der Geschäftsbanken nach Giroguthaben stammt aus den gesetzlichen Liquiditätsvorschriften und aus dem Bedarf nach Arbeitsguthaben im bargeldlosen Zahlungsver-

Glossaire

Agrégats monétaires
Agrégat monétaire M0. Billets en circulation et avoirs en comptes de virement détenus par les banques commerciales à la BNS. La monnaie centrale est également appelée agrégat monétaire M0 ou base monétaire. **Agrégat monétaire M1.** La BNS définit l'agrégat monétaire M1 comme étant la somme du numéraire détenu par le public, des dépôts à vue détenus par les résidents dans les banques, ainsi que des dépôts en comptes d'épargne et de dépôt destinés avant tout à des fins de paiements (comptes de transactions). **Agrégat monétaire M2.** La BNS définit l'agrégat monétaire M2 comme étant la somme de l'agrégat monétaire M1 et des dépôts d'épargne. Les fonds de la prévoyance liée dans le cadre du 2e pilier (prévoyance professionnelle) et du 3e pilier (prévoyance constituée librement) de même que les comptes de transactions contenus dans M1 qui ne sont pas compris dans les dépôts d'épargne. **Agrégat monétaire M3.** La BNS définit l'agrégat monétaire M3 comme étant la somme de l'agrégat monétaire M2 et des dépôts à terme (créanciers à terme et papiers monétaires).

Avoirs en comptes de virement
Avoirs à vue, non rémunérés, que les banques commerciales détiennent auprès de la banque centrale. Ces avoirs sont des moyens de paiement ayant cours légal. La demande d'avoirs en comptes de virement découle d'un double besoin des banques. Celles-ci doivent satisfaire aux exigences légales en matière de liquidités, mais aussi disposer d'un volume suffisant de ces avoirs pour assurer le trafic des paiements sans numéraire entre elles (système SIC). La BNS contrôle l'offre d'avoirs en comptes de virement grâce aux instruments de politique monétaire dont elle dispose et gère ainsi les liquidités du système bancaire. Les avoirs en comptes de virement que les banques et institutions étrangères détiennent sur leurs comptes de virement à la BNS servent au trafic des paiements en francs.

Banque centrale
Autorité monétaire d'un Etat. La banque centrale (institut d'émission) est généralement investie du droit exclusif d'émettre des billets de banque (monopole d'émission des billets de banque), et elle conduit la politique monétaire d'un pays. La BNS est la banque centrale suisse.

Billets de banque en circulation
Somme de tous les billets de banque émis par la banque centrale. Avec les avoirs en comptes de virement détenus par les banques commerciales suisses à la BNS, les billets de banque en circulation forment la monnaie centrale. Ils constituent des engagements de la banque centrale envers le public et figurent par conséquent au passif du bilan de la banque centrale.

Cours de change
Le cours de change exprime le rapport d'échange entre deux monnaies, soit le prix d'une monnaie en unités d'une autre monnaie. Si le prix d'une unité monétaire étrangère est exprimé en monnaie nationale, on parle de cotation à l'incertain (par exemple 0,91 CHF pour 1 USD);

kehr zwischen den Banken (SIC-System). Die SNB kontrolliert das Angebot an Giroguthaben durch den Einsatz der geldpolitischen Instrumente und steuert damit die Liquidität des Bankensystems. Die Giroguthaben ausländischer Banken und Institutionen auf ihren Girokonten bei der SNB dienen der Abwicklung des Zahlungsverkehrs in Franken.

Kapitalmarkt

Der Kapitalmarkt ist – ergänzend zum Geldmarkt – der Markt für die Aufnahme und Anlage von mittel- bis langfristigen Mitteln. Die Überlassungsdauer beträgt bei mittelfristigem Kapital in der Regel ein bis vier Jahre und bei langfristigem Kapital fünf und mehr Jahre. In diesem Zusammenhang zu unterscheiden sind der Aktienmarkt für Eigenkapital und der Obligationen- oder Anleihenmarkt, auf dem Schuldverschreibungen (Obligationen) und somit Fremdkapital begeben und gehandelt werden.

Libor, London Interbank Offered Rate

Der Libor (London Interbank Offered Rate) repräsentiert den Zinssatz für unbesicherte Geldmarktkredite zwischen den wichtigsten, international tätigen Banken. Die betreffenden Banken melden der British Bankers› Association bankwerktäglich kurz vor 11.00 Uhr den Zinssatz, zu dem sie am Londoner Interbankenmarkt unbesicherte Geldmarktkredite in handelsüblicher Grösse aufnehmen könnten. Der tiefste und höchste Viertel der gemeldeten Zinssätze werden für die Fixierung des Libors nicht berücksichtigt. Der aus den verbleibenden Zinssätzen gebildete Durchschnitt wird als Libor für den jeweiligen Tag fixiert und publiziert. Die Libor-Sätze werden für unterschiedliche Währungen und Laufzeiten festgelegt. Die SNB verwendet den Dreimonats-Libor für Franken als Referenzzinssatz. Sie steuert ihn indirekt und setzt damit ihre Geldpolitik um.

Notenumlauf

Die Summe aller von der SNB ausgegebenen Noten wird als Notenumlauf bezeichnet. Er bildet zusammen mit den Giroguthaben der inländischen Geschäftsbanken bei der SNB die Notenbankgeldmenge. Der Notenumlauf stellt eine Verbindlichkeit der Zentralbank gegenüber dem Publikum dar und erscheint somit auf der Passivseite der Zentralbankbilanz.

Repogeschäft

Beim Repogeschäft verkauft der Geldnehmer Wertpapiere an den Geldgeber und verpflichtet sich gleichzeitig dazu, Wertpapiere gleicher Gattung und Menge zu einem späteren Zeitpunkt zurückzukaufen. Der bei einem Repogeschäft angewendete Zinssatz wird Reposatz genannt. Das Repogeschäft ist ein wichtiges geldpolitisches Instrument der SNB, mit dem sie die Liquidität am Geldmarkt steuert. Die SNB akzeptiert dabei nur Wertpapiere, die von ihr als notenbankfähige Effekten definiert werden (ausreichende Sicherheiten). Die als Sicherheit dienenden Wertpapiere werden auch als Collateral bezeichnet.

Wechselkurs

Der Wechselkurs bezeichnet das Austauschverhältnis zweier Währungen. Er wird als Preis einer Währung in Einheiten einer anderen Währung ausgedrückt. Wird der Preis einer ausländischen Währungseinheit in heimischer Währung ausgedrückt, so spricht man von Preisnotierung (z.B. 0.91 CHF pro USD); wird hingegen der Preis einer heimischen Währungseinheit in ausländischer Währung ausgedrückt, handelt es sich um die Mengennotierung (z.B. 1.12 USD pro CHF). Der Aussenwert des Geldes entspricht dem Wechselkurs in der Mengennotierung. Gebräuchlich in der Schweiz ist die Preisnotierung. Wird der Wechselkurs um die Preisentwicklung

en revanche, si le prix d'une unité monétaire nationale est exprimé en monnaie étrangère, on parle de cotation au certain (par exemple 1,12 USD pour 1CHF). La valeur extérieure d'une monnaie correspond au cours de change dans le système de cotation au certain. En Suisse, on utilise généralement le système de cotation à l'incertain. On parle de cours de change réel lorsque le cours de change est corrigé de l'évolution des prix dans les pays concernés. On parle de cours effectif lorsque l'on calcule le cours de change vis-à-vis d'un panier de monnaies étrangères.

Devises

Créances portant sur des sommes d'argent libellées en monnaies étrangères et payables à l'étranger. Il s'agit notamment d'avoirs à vue et à terme ou de chèques libellés en monnaies étrangères.

Libor, London Interbank Offered Rate

Taux d'intérêt que les principales banques internationales doivent verser pour des crédits à court terme non couverts. Chaque jour bancaire ouvrable, avant 11 h 00 (GMT), les banques concernées déclarent à la British Bankers' Association le taux auquel elles pourraient obtenir, sur le marché interbancaire londonien, des crédits à court terme non couverts portant sur des montants usuels. Les quarts inférieur et supérieur des taux d'intérêt déclarés ne sont pas pris en compte. La moyenne des taux restants constitue le Libor pour le jour concerné. Un Libor est fixé et publié pour diverses monnaies et durées. La BNS utilise comme taux de référence le Libor à trois mois en francs. Elle le gère indirectement, mettant ainsi en œuvre sa politique monétaire.

Marché des capitaux

Ensemble des opérations destinées – en complément au marché monétaire – à lever et à placer des fonds à moyen et à long terme. En règle générale, les fonds à moyen terme ont une durée d'un à quatre ans, et les fonds à long terme, de cinq ans ou davantage. Il convient de distinguer le marché des actions, pour les fonds propres, et le marché des obligations ou des emprunts, pour les fonds étrangers, sur lequel les obligations sont émises et négociées.

Marché monétaire

Marché servant au recueil et au placement de fonds à court terme, soit de fonds dont la durée n'excède pas un an (pour les placements à plus long terme, voir marché des capitaux). Des prêts sans couverture sont accordés sur le marché monétaire non gagé, tandis que des prêts avec couverture le sont sur le marché monétaire gagé (par exemple au moyen de pensions de titres). La BNS gère les liquidités sur le marché monétaire gagé en francs dans le cadre de la mise en œuvre de sa politique monétaire. Les banques recourent au marché monétaire pour la redistribution des liquidités et pour l'approvisionnement en liquidités. Les banques commerciales effectuent entre elles des opérations à court terme sur le marché monétaire interbancaire.

Pensions de titres

Dans une pension de titres, celui qui a besoin de liquidités – l'emprunteur – vend des titres au prêteur et s'engage simultanément à racheter, à une date ultérieure, une quantité équivalente de titres de même catégorie. Le taux des pensions de titres est le taux d'intérêt auquel sont conclues de telles opérations. Les pensions de titres sont un important instrument de politique monétaire de la BNS, permettant à celle-ci de gérer les liquidités sur le marché monétaire. La BNS accepte uniquement des titres

der betreffenden Länder bereinigt, spricht man vom realen Wechselkurs. Wird der Wechselkurs gegenüber einem Korb von ausländischen Währungen gemessen, spricht man vom effektiven Wechselkurs.

Zentralbank
Die Zentralbank ist die Währungsbehörde eines Staates. In der Regel verfügt sie über das alleinige Recht zur Ausgabe von Banknoten (Notenmonopol) und führt die Geldpolitik eines Landes. Die Zentralbank der Schweiz ist die SNB.

éligibles selon ses critères (garanties suffisantes). Les titres admis en garantie portent également le nom de «collatéral».

Valeur de la monnaie
Valeur correspondant au pouvoir d'achat d'une monnaie, soit à la quantité de biens et services qu'il est possible d'acheter avec une unité monétaire. On distingue la valeur intérieure et la valeur extérieure de la monnaie. La valeur intérieure, ou pouvoir d'achat à proprement parler, est inversement proportionnelle au niveau des prix: si le niveau des prix augmente, la quantité de biens et services qu'il est possible d'acheter avec une unité monétaire diminue, et augmente dans le cas contraire. Par conséquent, le niveau des prix et le pouvoir d'achat de la monnaie évoluent toujours dans la direction opposée. La valeur extérieure de la monnaie désigne la quantité de monnaie étrangère qu'il est possible d'acheter avec une unité monétaire nationale. Elle correspond au cours de change selon la cotation au certain.

Daten   Données

Geldpolitik
Politique monétaire

Entwicklung der Geldmengen M1, M2 und M3 (Definition 1995)[1]. In Millionen Franken T 12.2.2
Evolution des masses monétaires M1, M2 et M3 (définition de 1995)[1]. En millions de francs

Jahres-durchschnitt / Moyenne annuelle	Bargeldumlauf / Numéraire en circulation	Sichteinlagen / Dépôts à vue	Einlagen auf Transaktionskonti[2] / Comptes de transactions[2]	Geldmenge M1[3] / Masse monétaire M1[3]	Spareinlagen / Dépôts d'épargne	Geldmenge M2[3] / Masse monétaire M2[3]	Termineinlagen / Dépôts à terme	Geldmenge M3[3] / Masse monétaire M3[3]
	1	2	3	4	5	6	7	8
2010	43 769	257 332	116 366	417 467	232 218	649 685	54 456	704 141
2011	47 090	281 254	124 940	453 283	246 728	700 011	52 677	752 688
2012	56 309	311 694	137 014	505 017	263 780	768 797	44 209	813 006
2013[4]	63 145	337 513	146 267	546 925	300 385	847 309	44 456	891 766
2014	66 405	337 466	163 275	567 146	324 726	891 872	48 830	940 702

1 Abgrenzung und Berechnung vgl. Quartalsheft 1/1995 der Schweizerischen Nationalbank
2 Einlagen auf den Spar- und Depositenkonti, die vor allem Zahlungszwecken dienen (Transaktionskontobestände).
3 M1 = Kol. 1+2+3; M2 = Kol. 4+5; M3 = Kol. 6+7
4 Ab Juni 2013 fliessen die Spareinlagen bei der PostFinance AG in die Geldmengenberechnung ein.

Quelle: Schweizerische Nationalbank (SNB)

1 Voir «Monnaie et conjoncture», bulletin trimestriel de la Banque nationale suisse, 1/1995
2 Comptes d'épargne et de dépôts qui servent principalement au trafic des paiements (comptes de transactions).
3 M1 = Col. 1+2+3; M2 = Col. 4+5; M3 = Col. 6+7
4 Depuis juin 2013, le calcul des agrégats monétaires inclut les avoirs d'épargne déposés auprès de PostFinance SA.

Source: Banque nationale suisse (BNS)

Rendite eidgenössischer Obligationen und Dreimonats-Libor G 12.6
Rendement des obligations de la Confédération et Libor à trois mois

- Libor für Dreimonatsgeld in Schweizer Franken (Monatsende)
  Libor à trois mois sur les dépôts en francs suisses (fin de mois)
- Rendite eidgenössischer Obligationen (Monatsende, 10 Jahre)
  Rendement des obligations de la Confédération (fin de mois, 10 ans)

Finanzmärkte
Marchés financiers

Devisenmarkt – Devisenkurse in der Schweiz. Interbankhandel (Ankauf 11 Uhr) T 12.3.1
Marché des changes – cours des devises en Suisse. Marché interbancaire (cours acheteur, à 11h)

Jahresmittel Moyenne annuelle	USA	Japan Japon	Vereinigtes Königreich Royaume-Uni	EURO	SZR[1] DTS[1]
	$ 1	Yen 100	£ 1	€ 1	1
2010	1,042	1,188	1,609	1,381	1,588
2011	0,887	1,113	1,421	1,234	1,400
2012	0,938	1,176	1,486	1,205	1,436
2013	0,927	0,951	1,450	1,231	1,408
2014	0,915	0,865	1,507	1,215	1,390

[1] Mittelkurs. Der in Schweizer Franken ausgedrückte Gegenwert eines Sonderziehungsrechts (SZR) bestimmt sich nach dem Mittelkurs des US-Dollars auf dem Devisenmarkt von Zürich und dem vom Internationalen Währungsfonds errechneten Kurs des US-Dollars zu den SZR.

Quelle: Schweizerische Nationalbank (SNB)

[1] Cours moyen. La contre-valeur en francs suisses d'un droit de tirage spécial (DTS) est déterminée d'après le cours moyen du dollar des Etats-Unis sur le marché des changes de Zurich et le cours en dollars du DTS, calculé par le Fonds monétaire international.

Source: Banque nationale suisse (BNS)

Rendite eidgenössischer Obligationen und durchschnittliche Verzinsung. In % T 12.3.2
Rendement des obligations de la Confédération et taux d'intérêt moyens. En %

Jahresende Fin d'année	Eidgenössische Obligationen[1] Obligations de la Confédération[1]	Auf Schweizer Franken lautende inländische Verpflichtungen in Spar- und Anlageform Engagements sous forme d'épargne et de placements, en comptes suisses et libellés en francs	Kassenobligationen Obligations	Hypothekarforderungen Créances hypothécaires
2010	1,67	0,68	2,12	2,58
2011	0,74	0,61	1,85	2,39
2012	0,56	0,53	1,68	2,18
2013	1,25	0,43	1,52	2,02
2014	0,38	0,37	1,37	1,89

[1] Ab 1990 Kassazinssatz für 10 Jahre Laufzeit

Quelle: Schweizerische Nationalbank (SNB)

[1] Dès 1990, taux d'intérêt au comptant pour titres à 10 ans

Source: Banque nationale suisse (BNS)

Swiss Performance Index der Schweizer Börse (SIX Swiss Exchange AG) T 12.3.3
Swiss Performance Index de la Bourse suisse (SIX Swiss Exchange SA)

Jahresendwerte Valeurs de fin d'année	Gesamtindex (mit Dividenden-Reinvestition)[1] Indice global (avec réinvestissement des dividendes)[1]	Namenaktien[1] Actions nominatives[1]	Inhaberaktien und PS[1] Actions au porteur et BP[1]	Banken[2] Banques[2]	Finanzdienstleistungen[2] Services financiers[2]	Versicherungen[2] Assurances[2]	Nahrungsmittel und Getränke[2] Alimentation et boissons[2]
2010	5 790,6	7 494,9	5 427,4	893,1	958,3	590,0	2 417,4
2011	5 343,5	6 682,4	5 838,4	639,3	847,7	545,2	2 472,9
2012	6 290,5	7 749,0	7 288,8	729,0	977,1	715,3	2 812,9
2013	7 838,0	9 418,9	9 943,7	876,4	1 050,1	907,9	3 227,4
2014	8 857,0	10 743,8	10 788,1	879,9	1 220,1	1 109,6	3 722,9

[1] 1.6.1987 = 1000
[2] 1.1.2000 = 1000

Quelle: Schweizer Börse (SIX Swiss Exchange AG)

[1] 1.6.1987 = 1000
[2] 1.1.2000 = 1000

Source: Bourse suisse (SIX Swiss Exchange SA)

Banken
Banques

Bilanzpositionen: Entwicklung der Aktiven und Passiven der Banken in der Schweiz nach Inland und Ausland T 12.4.1
Postes du bilan: évolution de l'actif et du passif, ventilés en comptes suisses et en comptes étrangers, des banques en Suisse

Jahresende Fin d'année	Aktiven in Mio. Franken Actifs en millions de francs		Passiven in Mio. Franken Passifs en millions de francs		Bilanzsumme in Mio. Franken Total du bilan en millions de francs	Aktiven in % der Bilanzsumme Actifs en % du bilan		Passiven in % der Bilanzsumme Passifs en % du bilan	
	Inland en Suisse	Ausland à l'étranger	Inland en Suisse	Ausland à l'étranger		Inland en Suisse	Ausland à l'étranger	Inland en Suisse	Ausland à l'étranger
2010	1 262 680	1 451 847	1 288 790	1 425 737	2 714 526	46,5	53,5	47,5	52,5
2011	1 369 353	1 423 613	1 304 788	1 488 178	2 792 965	49,0	51,0	46,7	53,3
2012	1 492 590	1 285 694	1 363 792	1 414 492	2 778 284	53,7	46,3	49,1	50,9
2013	1 566 708	1 282 449	1 521 855	1 327 302	2 849 157	55,0	45,0	53,4	46,6
2014	1 612 981	1 428 738	1 578 365	1 463 354	3 041 719	53,0	47,0	51,9	48,1

Quelle: Schweizerische Nationalbank (SNB)
Source: Banque nationale suisse (BNS)

Ausgewählte Bilanzpositionen. In Millionen Franken T 12.4.2.1
Principaux postes du bilan. En millions de francs

Jahresende Fin d'année	Aktiven Actifs				Passiven Passifs				
	Forderungen gegenüber Banken Créances sur les banques	Forderungen gegenüber Kunden Créances sur la clientèle	Hypothekarforderungen Créances hypothécaires	Handelsbestände und Finanzanlagen Portefeuilles destinés au négoce et immobilisations financières	Verpflichtungen gegenüber Banken Engagements envers les banques	Verpflichtungen gegenüber Kunden Engagements envers la clientèle		Kassenobligationen Obligations de caisse	Anleihen und Pfandbriefdarlehen Prêts des centrales d'émission de lettres de gage et emprunts
						In Spar- und Anlageform Sous forme d'épargne et de placements	Übrige Autres		
2010	601 831	517 300	767 088	353 348	500 948	456 694	932 582	36 118	359 999
2011	600 795	514 885	809 368	301 997	480 429	488 478	976 680	34 250	354 764
2012	498 319	559 668	847 859	297 517	470 426	526 533	1 014 897	30 106	359 447
2013	461 394	564 707	883 953	333 554	435 161	601 686	1 073 327	25 909	318 744
2014	447 643	652 901	918 553	352 182	421 230	639 477	1 130 441	23 722	369 444

Quelle: Schweizerische Nationalbank (SNB)
Source: Banque nationale suisse (BNS)

Wertschriftenbestände in offenen Kundendepots in Kundengruppen gegliedert[1]. In Milliarden Franken T 12.4.3
Stocks de titres dans les dépôts ouverts de la clientèle selon la catégorie de clients[1]. En milliards de francs

Jahresende Fin d'année	Alle Depotinhaber Ensemble de la clientèle		Private Anleger Particuliers		Kommerzielle Anleger Entreprises		Institutionelle Anleger[2] Investisseurs institutionnels[2]	
	Total	davon inländische Depotinhaber dont clientèle suisse	Total	davon inländische Depotinhaber dont clientèle suisse	Total	davon inländische Depotinhaber dont clientèle suisse	Total	davon inländische Depotinhaber dont clientèle suisse
2010	4 456	2 066	1 181	508	412	248	2 864	1 310
2011	4 240	2 016	1 077	480	340	217	2 823	1 319
2012	4 843	2 185	1 111	499	326	208	3 406	1 478
2013	5 170	2 350	1 159	548	327	206	3 683	1 596
2014	5 645	2 576	1 183	580	302	197	4 160	1 798

1 Per Ende Jahr kann der Kreis der meldepflichtigen Institute jeweils angepasst werden. Aus diesem Grund ist ein zeitlicher Vergleich der Daten zum Teil schwierig. Die Erhebung unterliegt zudem Umteilungen in der Klassierung von Kunden und Wertpapieren.
2 Bei inländischen Depotinhabern ohne Banken; bei ausländischen Depotinhabern mit Banken.
Quelle: Schweizerische Nationalbank (SNB)

1 Le cercle des établissements appelés à fournir des données peut être adapté en fin d'année. C'est pourquoi il n'est pas facile de comparer les données d'une année à l'autre. En outre, l'enquête enregistre des transferts dans la ventilation de la clientèle et des titres.
2 Les banques ne sont pas incluses dans la clientèle suisse, alors qu'elles le sont dans la clientèle étrangère.
Source: Banque nationale suisse (BNS)

Erfolgsrechnung der Banken in der Schweiz. In Millionen Franken T 12.4.4
Compte de résultat des banques en Suisse. En millions de francs

	Ausgewählte Ertragspositionen aus dem ordentlichen Bankgeschäft Produits de l'activité bancaire ordinaire (quelques postes)			Geschäftsaufwand Charges d'exploitation		Bruttogewinn Bénéfice brut	Abschreibungen auf dem Anlagevermögen Amortissements sur l'actif immobilisé	Wertberichtigungen, Rückstellungen und Verluste Correctifs de valeurs, provisions et pertes	Jahresgewinn Bénéfice de l'exercice	Jahresverlust Perte de l'exercice
	Zinserfolg Intérêts (résultat)	Erfolg Kommissions- und Dienstleistungsgeschäft Résultat des opérations de commissions et des prestations de service	Erfolg aus dem Handelsgeschäft Résultat des opérations de négoce	Personalaufwand Charges de personnel	Sachaufwand Autres charges d'exploitation					
2010	19 776	24 900	11 807	29 212	13 333	18 939	9 412	1 760	13 779	3 141
2011	20 845	23 627	8 869	27 105	13 279	18 732	3 497	2 060	13 510	513
2012	20 945	23 398	8 578	27 652	13 882	17 435	9 877	3 630	7 090	6 903
2013	22 190	24 466	8 349	26 645	14 630	19 500	7 589	4 284	11 927	1 410
2014	23 671	23 853	7 647	24 849	15 580	20 997	7 646	8 983	14 180	6 813

Quelle: Schweizerische Nationalbank (SNB)

Source: Banque nationale suisse (BNS)

Treuhandgeschäfte der Banken in der Schweiz (in den Bankbilanzen nicht verbucht). In Milliarden Franken
Opérations fiduciaires des banques en Suisse (ne figurant pas dans les bilans). En milliards de francs

T 12.4.5

Jahresende Fin d'année	Total der Treuhandgeschäfte Total des opérations fiduciaires	Treuhandguthaben Avoirs à titre fiduciaire		Treuhandverbindlichkeiten Engagements à titre fiduciaire	
		Inland en Suisse	Ausland à l'étranger	Inland en Suisse	Ausland à l'étranger
2010	202	4	198	36	166
2011	180	5	175	31	149
2012	138	6	132	25	113
2013	121	5	116	21	100
2014	115	3	112	19	96

Quelle: Schweizerische Nationalbank (SNB)
Source: Banque nationale suisse (BNS)

Personalbestand der Banken in der Schweiz
Effectif du personnel bancaire en Suisse

T 12.4.6

Jahresende[1] Fin d'année[1]	Alle Banken / Toutes les banques						Grossbanken / Grandes banques					
	Inland Suisse		Ausland Etranger		Total		Inland Suisse		Ausland Etranger		Total	
	Bestand Effectif	Änderung[2] in % Variation[2] en %	Bestand Effectif	Änderung[2] in % Variation[2] en %	Bestand Effectif	Änderung[2] in % Variation[2] en %	Bestand Effectif	Änderung[2] in % Variation[2] en %	Bestand Effectif	Änderung[2] in % Variation[2] en %	Bestand Effectif	Änderung[2] in % Variation[2] en %
2010	107 997	0,4	24 013	7,9	132 010	1,7	39 871	−0,3	19 521	6,5	59 392	1,8
2011	108 098	0,1	24 442	1,8	132 540	0,4	39 698	−0,4	20 094	2,9	59 792	0,7
2012	105 156	−2,7	23 748	−2,8	128 904	−2,7	39 275	−1,1	19 156	−4,7	58 431	−2,3
2013	105 763	0,6	21 370	−10,0	127 133	−1,4	37 320	−5,0	17 451	−8,9	54 771	−6,3
2014	104 053	−1,6	21 237	−0,6	125 289	−1,5	36 083	−3,3	17 326	−0,7	53 410	−2,5

1 Ab 2000 sind die Teilzeit-, Lehrlings- und Praktikantenstellen entsprechend dem Arbeitspensum gewichtet (Vollzeitäquivalente).
2 gegenüber dem Vorjahr
Quelle: Schweizerische Nationalbank (SNB)

1 Depuis 2000, les emplois à temps partiel, les apprentis et les stagiaires sont comptés après pondération en fonction du temps de travail (conversion en équivalents plein temps).
2 par rapport à l'année précédente
Source: Banque nationale suisse (BNS)

Privatversicherungen
Assurances privées

Gesamte Prämieneinnahmen der beaufsichtigten privaten schweizerischen Versicherungseinrichtungen T 12.5.1
Im In- und Ausland, in 1000 Franken
Primes encaissées par les assurances privées soumises à la surveillance de la Confédération pour l'ensemble de leurs affaires. Suisses et étrangères, en milliers de francs

Versicherungszweig	1990	1995	2000	2005	2010	2014	Branche d'assurance
Total	49 685 056	67 212 503	84 336 372	110 033 770	109 573 469	122 373 717	Total
Direkt arbeitende Versicherungseinrichtungen	41 861 603	56 954 127	69 162 716	84 914 813	81 649 913	84 253 386	Institutions d'assurance directe
Leben	19 017 618	29 987 013	38 686 849	36 572 974	32 558 010	34 831 300	Vie
Unfall und Schaden	22 843 985	26 967 114	30 475 867	48 341 839	49 091 903	49 422 085	Accidents et dommages
Unfall	3 304 886	3 825 481	...	...	...	...	Accidents
Haftpflicht	7 506 861	8 482 163	...	...	...	...	Responsabilité civile
Feuer	3 772 751	5 076 922	...	...	...	...	Incendie
Transport	1 092 810	1 169 129	...	...	...	...	Transport
Übrige Zweige	7 166 677	8 413 419	...	...	...	...	Autres branches
Rückversicherungseinrichtungen	7 823 453	10 258 376	15 173 656	25 118 957	27 923 556	38 120 332	Institutions de réassurance

Quelle: Eidgenössische Finanzmarktaufsicht FINMA
Source: Autorité fédérale de surveillance des marchés financiers FINMA

Gesamte ausbezahlte Versicherungsleistungen der beaufsichtigten privaten schweizerischen Versicherungseinrichtungen. Im In- und Ausland, in 1000 Franken T 12.5.2
Prestations des assurances privées soumises à la surveillance de la Confédération pour l'ensemble de leurs affaires. Suisses et étrangères, en milliers de francs

Versicherungseinrichtung	1990	1995	2000	2005	2010	2014	Institution d'assurance
Gesamttotal	34 614 245	45 936 703	58 397 667	77 870 932	71 454 810	81 935 710	Total général
Lebensversicherungseinrichtungen	13 448 093	21 666 149	27 901 396	35 347 373	27 329 801	29 546 265	Institutions d'assurance sur la vie
Unfall- und Schadenversicherungseinrichtungen	14 968 426	16 014 474	19 882 937	28 240 691	29 261 839	30 745 142	Institutions d'assurance contre les accidents et les dommages
Rückversicherungseinrichtungen	6 197 726	8 256 080	10 613 334	14 282 868	14 863 170	21 644 303	Institutions de réassurance

Quelle: Eidgenössische Finanzmarktaufsicht FINMA
Source: Autorité fédérale de surveillance des marchés financiers FINMA

Prämieneinnahmen der beaufsichtigten privaten Versicherungseinrichtungen im direkten Schweizer Geschäft T 12.5.3
In 1000 Franken
Primes encaissées en Suisse dans l'assurance directe par les assurances privées soumises à la surveillance de la Confédération. En milliers de francs

Versicherungszweig	1990	1995	2000	2005	2010	2014	Branche d'assurance
Total	25 439 894	37 537 119	47 324 861	50 564 426	52 766 844	57 797 754	Total
Leben	14 213 500	24 101 576	31 471 709	29 773 096	28 938 796	32 643 400	Vie
Unfall und Schaden	11 226 394	13 435 543	15 853 152	20 791 330	23 828 048	25 154 354	Accidents et dommages
davon:							dont:
Unfall	1 814 006	2 280 265	2 448 168	2 734 756	2 928 733	2 818 086	Accidents
davon UVG	1 124 394	1 563 118	1 659 607	1 910 780	2 247 771	2 160 281	dont LAA
Krankheit	1 421 631	1 586 952	3 761 487	6 190 723	8 838 224	9 558 052	Maladie
Haftpflicht (ohne Motorfahrzeuge)	1 163 737	1 386 544	1 468 323	1 903 307	1 668 163	1 768 254	Responsabilité civile (sans véhicules automobiles)
Motorfahrzeughaftpflicht	1 888 280	2 175 704	1 969 459	2 534 341	2 634 657	2 747 036	Responsabilité civile (des véhicules automobiles)
Übrige Motorfahrzeugversicherungen	1 604 911	2 059 772	2 115 679	2 644 953	2 751 094	3 084 667	Autres assurances des véhicules automobiles
Feuer	1 078 505	1 250 945	921 301	1 152 914	1 173 057	990 312	Incendie
See, Luftfahrt und Transport	295 257	349 087	390 290	446 566	349 062	319 427	Maritime, aérienne et transport
Kaution, Kredit	76 222	100 888	140 200	182 166	254 558	165 996	Cautionnement, crédit
Rechtsschutz	135 519	183 060	228 047	296 507	399 153	513 323	Protection juridique

Quelle: Eidgenössische Finanzmarktaufsicht FINMA

Source: Autorité fédérale de surveillance des marchés financiers FINMA

Versicherungsleistungen der beaufsichtigten privaten Versicherungseinrichtungen im direkten Schweizer Geschäft. In 1000 Franken T 12.5.4
Prestations versées en Suisse dans l'assurance directe par les assurances privées soumises à la surveillance de la Confédération. En milliers de francs

Versicherungszweig	1990	1995	2000	2005	2010	2014	Branche d'assurance
Total	11 124 499	15 148 948	20 213 259	25 990 737	28 285 662	29 733 280	Total
Leben	4 449 692	7 039 081	9 991 103	13 057 044	12 897 104	13 537 575	Vie
Unfall und Schaden	6 674 807	8 109 867	10 222 156	12 933 693	15 388 559	16 195 705	Accidents et dommages
davon:							dont:
Unfall	997 325	1 321 334	1 455 448	1 649 916	2 046 255	1 937 251	Accidents
davon UVG	795 188	923 179	1 077 991	1 283 815	1 801 999	1 708 744	dont LAA
Krankheit	1 086 939	1 488 958	2 855 331	4 375 809	6 797 176	7 206 748	Maladie
Haftpflicht (ohne Motorfahrzeuge)	550 105	652 913	726 005	824 995	775 957	846 372	Responsabilité civile (sans véhicules automobiles)
Motorfahrzeughaftpflicht	1 173 959	1 391 314	1 526 419	1 824 818	1 574 448	1 457 597	Responsabilité civile (des véhicules automobiles)
Übrige Motorfahrzeugversicherungen	999 140	1 154 324	1 354 147	1 482 217	1 798 778	2 067 021	Autres assurances des véhicules automobiles
Feuer	674 483	690 308	651 058	714 184	478 747	541 581	Incendie
See, Luftfahrt und Transport	181 077	193 555	237 246	215 028	105 348	151 851	Maritime, aérienne et transport
Kaution, Kredit	9 612	30 194	37 930	28 759	96 104	37 382	Cautionnement, crédit
Rechtsschutz	60 202	87 957	111 295	165 598	212 966	254 633	Protection juridique

Quelle: Eidgenössische Finanzmarktaufsicht FINMA

Source: Autorité fédérale de surveillance des marchés financiers FINMA

Versicherungstechnische Rückstellungen für eigene Rechnung der privaten beaufsichtigten schweizerischen Versicherungseinrichtungen. Gesamtgeschäft, in 1000 Franken
Réserves techniques pour compte propre des assurances privées suisses soumises à la surveillance de la Confédération. Ensemble des affaires, en milliers de francs

T 12.5.5

Versicherungseinrichtung	1990	1995	2000	2005	2010	2014	Institution d'assurance
Total	153 547 467	224 579 482	332 141 154	424 962 702	407 156 925	457 649 863	Total
Lebensversicherungseinrichtungen	105 236 881	162 799 317	246 154 005	270 397 566	254 970 452	286 588 199	Institutions d'assurance sur la vie
Unfall- und Schadenversicherungseinrichtungen	35 095 692	42 559 829	51 195 986	74 165 991	79 038 301	86 965 414	Institutions d'assurance contre les accidents et les dommages
Rückversicherungseinrichtungen	13 214 894	19 220 336	34 791 163	80 399 145	73 148 173	84 096 250	Institutions de réassurance

Quelle: Eidgenössische Finanzmarktaufsicht FINMA
Source: Autorité fédérale de surveillance des marchés financiers FINMA

Kapitalanlagen der beaufsichtigten schweizerischen privaten Versicherungseinrichtungen
Gesamtgeschäft, in 1000 Franken
Placements de capitaux des assurances privées suisses soumises à la surveillance de la Confédération
Ensemble des affaires, en milliers de francs

T 12.5.6

Versicherungseinrichtung	1990	1995	2000	2005	2010	2014	Institution d'assurance
Total	168 497 386	254 524 664	408 477 037	497 718 423	497 786 277	564 571 110	Total
Lebensversicherungseinrichtungen	112 908 789	174 815 190	277 563 632	291 455 447	283 486 504	326 087 616	Institutions d'assurance sur la vie
Unfall- und Schadenversicherungseinrichtungen	44 043 829	56 489 927	83 053 544	117 730 812	132 751 974	151 266 363	Institutions d'assurance contre les accidents et les dommages
Rückversicherungseinrichtungen	11 544 768	23 219 547	47 859 861	88 532 164	81 547 799	87 217 132	Institutions de réassurance

Quelle: Eidgenössische Finanzmarktaufsicht FINMA
Source: Autorité fédérale de surveillance des marchés financiers FINMA

Deckungskapital der Lebensversicherung. Schweizer Geschäft, in 1000 Franken
Réserves mathématiques des assurances sur la vie. Affaires suisses, en milliers de francs

T 12.5.7

Versicherungszweig	1990	1995	2000	2005	2010	2014	Branche d'assurance
Total	80 929 704	128 149 337	201 694 196	213 250 191	220 481 831	245 295 483	Total
Einzelkapitalversicherung	27 231 778	42 958 207	67 070 900	64 717 758	71 837 760	72 942 559	Assurance individuelle de capitaux
Einzelrentenversicherung	5 868 528	9 683 832	18 028 079	22 286 057	20 516 707	18 154 150	Assurance individuelle de rentes
Kollektivversicherung	46 559 577	72 202 823	111 394 787	120 103 368	120 062 376	147 705 892	Assurance collective
Prämienübertrag	1 200 818	1 500 925	1 718 363	1 698 193	4 833 069	4 512 429	Correction de primes
Fremdwährungspolicen	69 003	1 803 550	3 482 067	4 444 815	3 231 918	1 980 454	Assurances conclues en monnaies étrangères

Quelle: Eidgenössische Finanzmarktaufsicht FINMA
Source: Autorité fédérale de surveillance des marchés financiers FINMA

Personalbestand der Versicherungseinrichtungen. Nur Mitarbeiter in der Schweiz, Jahresende
Personnel des institutions d'assurance. Seulement les collaborateurs travaillant en Suisse, en fin d'année

T 12.5.9

	2000	2005	2010	2012	2013	2014	
Total	42 469	42 618	38 804	38 309	38 622	37 412	Total
Lebensversicherer	12 341	9 364	6 008	4 866	6 163	6 049	Assureurs vie
Schadenversicherer	26 784	29 654	28 627	28 826	27 543	26 182	Assureurs dommages
Rückversicherer	3 344	3 600	4 169	4 617	4 916	5 181	Réassureurs

Quelle: Eidgenössische Finanzmarktaufsicht FINMA
Source: Autorité fédérale de surveillance des marchés financiers FINMA

13

Soziale Sicherheit

Protection sociale

Überblick

Starkes Wachstum der Sozialleistungen seit 1950

Seit der Einführung der eidg. AHV im Jahr 1948 haben die Einnahmen, Leistungen und Ausgaben für die soziale Sicherheit deutlich zugenommen, und zwar sowohl in absoluten Zahlen als auch zu konstanten Preisen pro Einwohner. Ursache dafür ist einerseits der schrittweise Ausbau des Sozialstaates, andererseits aber auch, dass in wirtschaftlich schwierigen Zeiten mehr Personen auf finanzielle Unterstützung angewiesen sind. Entsprechend stiegen die Sozialleistungen im Verhältnis zum BIP in der zweiten Hälfte des 20. Jahrhunderts von 6,5% auf gut 21% an. Ab 2000 pendelte sich diese Quote zwischen 21% und 24% ein. 2013 erreichte sie mit 24,2% einen neuen Höchstwert.

Die meisten Sozialleistungen sind nicht bedarfsabhängig

2013 betrugen die Gesamtausgaben für die soziale Sicherheit 171 Mrd. Fr. und die Sozialleistungen 154 Mrd. Fr. (laufende Preise). 75,5% der Leistungen gehen auf das Konto von Sozialversicherungen, die sich über Beiträge oder Prämien finanzieren.

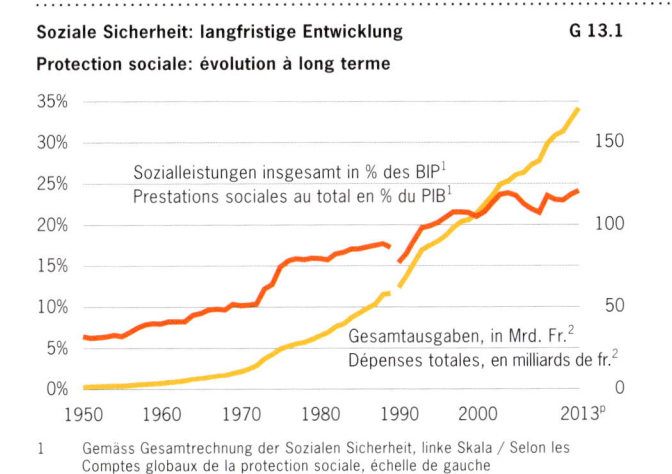

Vue d'ensemble

Forte croissance des prestations sociales depuis 1950

Depuis l'introduction de l'AVS en 1948, les recettes, les prestations et les dépenses de protection sociale se sont nettement accrues, aussi bien en chiffres absolus qu'aux prix constants par habitant. La mise en place progressive de l'Etat social, mais aussi l'augmentation du nombre de personnes nécessitant une aide financière durant les périodes de crise économique sont à l'origine de cette évolution. Voilà qui explique pourquoi les prestations sociales par rapport au PIB sont passées de 6,5% à près de 21% pendant la deuxième moitié du 20e siècle. Depuis 2000 ce taux oscille entre 21% et 24%. Le taux de 24,2%, atteint en 2013, est le plus élevé de toute la période.

La plupart des prestations sociales sont octroyées sans condition de ressources

En 2013, les dépenses totales pour la protection sociale se montent à 171 milliards de francs et les prestations sociales à 154 milliards de francs (prix courants). Les assurances sociales, qui sont financées par des cotisations sociales ou des primes, financent 75,5% des prestations. 7,3% sont couvertes par les autres assurances et par les versements de salaire en cas de maladie ou de maternité, 7,7% par les prestations sociales allouées sous condition de ressources et 9,5% par les subventions de l'Etat.

64,5% des prestations sociales sont octroyées sous la forme de prestations financières sans condition de ressources (rentes, prestations en capital et en espèces), 28,3% le sont sous la forme de prestations en nature sans condition de ressources, fournies principalement dans le domaine de la santé. A l'heure actuelle, c'est le principe d'assurance qui prédomine en Suisse, alors que le principe du besoin ne joue qu'un rôle mineur: les prestations en espèces accordées sous condition de ressources ne représentent que quelque 3,2% du total des prestations sociales et les prestations en nature sous condition de ressources 4,0%.

Soziale Sicherheit: langfristige Entwicklung   G 13.1
Protection sociale: évolution à long terme

- Sozialleistungen insgesamt in % des BIP[1]
- Prestations sociales au total en % du PIB[1]
- Gesamtausgaben, in Mrd. Fr.[2]
- Dépenses totales, en milliards de fr.[2]

[1] Gemäss Gesamtrechnung der Sozialen Sicherheit, linke Skala / Selon les Comptes globaux de la protection sociale, échelle de gauche
[2] Zu laufenden Preisen, rechte Skala / Aux prix courants, échelle de droite

Sozialleistungen nach Funktionen 2013ᵖ — G 13.2
Prestations sociales par fonctions, en 2013ᵖ

In % der Sozialleistungen / En % des prestations sociales

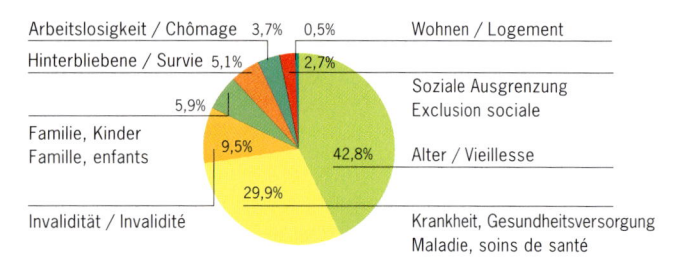

- Arbeitslosigkeit / Chômage: 3,7%
- Wohnen / Logement: 0,5%
- Hinterbliebene / Survie: 5,1%
- Soziale Ausgrenzung / Exclusion sociale: 2,7%
- Familie, Kinder / Famille, enfants: 5,9%
- Alter / Vieillesse: 42,8%
- Invalidität / Invalidité: 9,5%
- Krankheit, Gesundheitsversorgung / Maladie, soins de santé: 29,9%

Einnahmen für die Soziale Sicherheit 2013ᵖ — G 13.3
Recettes de la protection sociale, en 2013ᵖ

In % der gesamten Einnahmen / En % des recettes totales

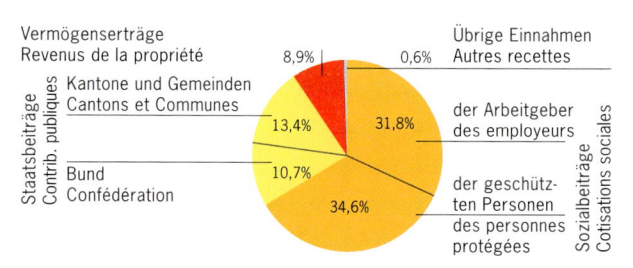

- Vermögenserträge / Revenus de la propriété: 8,9%
- Übrige Einnahmen / Autres recettes: 0,6%
- Staatsbeiträge / Contrib. publiques – Kantone und Gemeinden / Cantons et Communes: 13,4%
- Sozialbeiträge / Cotisations sociales – der Arbeitgeber / des employeurs: 31,8%
- Bund / Confédération: 10,7%
- Sozialbeiträge / Cotisations sociales – der geschützten Personen / des personnes protégées: 34,6%

Der Anteil der übrigen Versicherungen und Lohnfortzahlungen liegt bei 7,3%. Auf bedarfsabhängige Sozialleistungen entfallen 7,7% und auf staatliche Subventionen 9,5%.

Bei 64,5% der Sozialleistungen handelt es sich um nicht bedarfsabhängige Geldleistungen (in erster Linie Renten, Kapital- und Barleistungen) und bei 28,3% um nicht bedarfsabhängige Sachleistungen, die hauptsächlich im Gesundheitsbereich erbracht werden. Heute dominiert in der Schweiz das Versicherungsprinzip, während das Bedarfsprinzip eher ein Schattendasein fristet: Bloss 3,2% aller Sozialleistungen stellen bedarfsabhängige Geldleistungen und 4,0% bedarfsabhängige Sachleistungen dar.

Mehr als zwei Fünftel der Sozialleistungen für Altersvorsorge

Insgesamt mehr als 80% der Sozialleistungen sind an Risiken von Alter, Krankheit und Invalidität gebunden. 42,8% der Leistungen sind für die Altersvorsorge bestimmt, 29,9% für Krankheit/Gesundheitsversorgung. Mit 9,5% folgen die Leistungen für Invalidität. 5,1% sind als Leistungen an Hinterbliebene ausgewiesen und 5,9% gehen an Familien und Kinder. Lediglich 2,7% der Leistungen gehen an sozial ausgegrenzte Personen (v. a. Sozialhilfe). Der Anteil der für arbeitslose Personen bestimmten Sozialleistungen spiegelt die jeweilige ökonomische Konjunkturlage: 1997 belief er sich auf 7,8%, 2001 auf 2,7%, 2004 auf 5,3%, 2008 auf 3,0%, 2010 auf 4,7% und schliesslich 2013 auf 3,7%.

Sozialbeiträge als Haupteinnahmequelle

Die Gesamteinnahmen für die soziale Sicherheit erreichten 2013 198 Mrd. Fr. Sie bestehen zu 66% aus den Sozialbeiträgen der Arbeitgeber, Arbeitnehmer und Selbstständigen. Der Anteil der Arbeitgeber (32%) ist zurzeit kleiner als derjenige der Arbeitnehmer (35%). Ein Grund dafür liegt darin, dass die Beiträge der Arbeitnehmer auch die Prämien der obligatorischen Krankenpflegeversicherung enthalten. Diese Kopfprämien, mit denen sich die Krankenkassen finanzieren, machen mittlerweile über einen Zehntel der Einnahmen aus. Fast einen Viertel stellen Staatsbeiträge dar. Der Anteil der Vermögenserträge hatte in den 1990er-Jahren 15 bis 17% der Gesamteinnahmen erreicht. Bedingt durch einen ausgeprägten Abwärtstrend an den Börsen, unter dem insbesondere die Pensionskassen zu leiden hatten, sank er bis 2013 auf weniger als 10% ab.

Sozialausgaben im internationalen Vergleich

Im EU-28-Durchschnitt betrugen die Sozialleistungen 2012 rund 27,4% des BIP, also etwa 3,7 Prozentpunkte mehr als in der

Plus de deux cinquièmes des prestations sociales vont à la prévoyance vieillesse

Les risques de la vieillesse, de la maladie et de l'invalidité représentent ensemble plus de 80% des prestations sociales. 42,8% des prestations sociales sont allouées à la prévoyance vieillesse, 29,9% au domaine de la maladie. Suivent les prestations en faveur de l'invalidité, avec 9,5%. 5,1% des prestations sociales sont des prestations pour les survivants, 5,9% vont à des familles et des enfants, et seulement 2,7% sont allouées à des personnes socialement exclues (aide sociale notamment). La part des prestations sociales destinées à des personnes au chômage reflète la situation économique du moment: elle se situait à 7,8% en 1997, à 2,7% en 2001, à 5,3% en 2004, à 3,0% en 2008, à 4,7% en 2010 et finalement à 3,7% en 2013.

Les cotisations sociales sont la principale source des recettes

Les recettes de la protection sociale se montent à 198 milliards de francs en 2013. Elles proviennent à raison de 66% des cotisations des employeurs, des employés et des indépendants. La part des cotisations des employeurs (32%) est actuellement inférieure à celle des cotisations des employés (35%). Les primes des caisses-maladie des employés sont comptabilisées dans les cotisations des employés, ce qui explique en partie cette différence. Ces primes individuelles d'assurance-maladie, payées par les ménages privés et qui alimentent les caisses-maladie, représentent déjà plus d'un dixième des recettes. Les contributions des pouvoirs publics financent près d'un quart de ces dernières. La part des revenus de la propriété atteignait 15 à 17% des recettes totales dans les années 1990. Elle a reculé à moins de 10% jusqu'en 2013 en raison de la chute boursière, qui a particulièrement affecté les caisses de pensions.

Les dépenses sociales en comparaison internationale

Dans l'UE-28, les prestations sociales représentaient en 2012 en moyenne 27,4% du PIB, soit environ 3,7 points de plus qu'en Suisse (23,7%). La situation se présente différemment si l'on considère les standards de pouvoir d'achat (SPA) par habitant: en 2012, la Suisse se situait, avec 9200 SPA, au-dessus de la moyenne de l'UE-28 (7300 SPA).

Dans plusieurs pays du Nord-Ouest de l'Europe – par exemple au Danemark, en Allemagne et en France – les dépenses pour les prestations sociales étaient supérieures à la moyenne de l'UE-28 tant en SPA par habitant qu'en pourcentage du PIB. Inversement, dans la plupart des pays de l'Est et du Sud, comme par exemple

Ausgaben für die soziale Sicherheit im europäischen Vergleich / Dépenses pour la protection sociale, comparaison européenne G 13.4

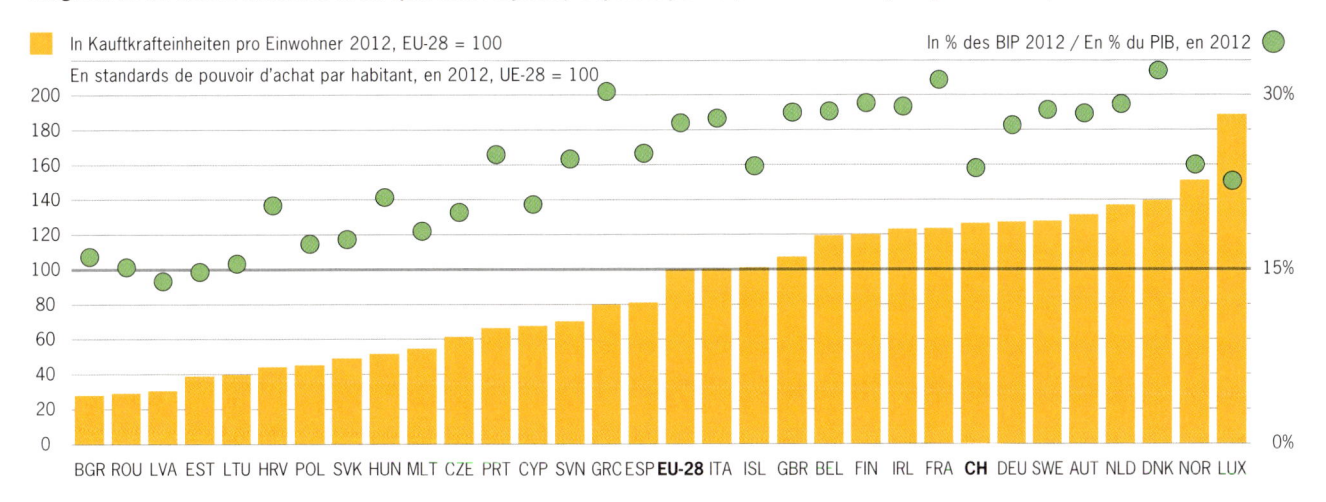

■ In Kaufkrafteinheiten pro Einwohner 2012, EU-28 = 100
En standards de pouvoir d'achat par habitant, en 2012, UE-28 = 100
● In % des BIP 2012 / En % du PIB, en 2012

Countries (x-axis, left to right): BGR, ROU, LVA, EST, LTU, HRV, POL, SVK, HUN, MLT, CZE, PRT, CYP, SVN, GRC, ESP, **EU-28**, ITA, ISL, GBR, BEL, FIN, IRL, FRA, **CH**, DEU, SWE, AUT, NLD, DNK, NOR, LUX

Schweiz (23,7%). Berücksichtigt man die Kaufkraftstandards (KKS) pro Kopf, so zeigt sich ein anderes Bild: Die Schweiz lag 2012 mit 9200 KKS über dem EU-28-Durchschnitt von 7300 KKS.

In mehreren Ländern im Nordwesten von Europa – zum Beispiel in Dänemark, Deutschland und Frankreich – lagen die Ausgaben für die Sozialleistungen sowohl in KKS pro Kopf als auch in Prozent des BIP über dem EU-28-Durchschnitt. Umgekehrt lagen die Ausgaben für die Sozialleistungen in den meisten ost- und südeuropäischen Ländern – so in Portugal, Rumänien und Kroatien – sowohl in KKS pro Kopf als auch im Verhältnis zu ihrem wirtschaftlichen Niveau unter dem europäischen Durchschnitt.

Langfristig haben sich die Sozialleistungsausgaben in der Schweiz ähnlich entwickelt wie jene in den EU-15-Ländern. Sowohl in der Schweiz wie auch in EU-15 zeigten sie gemessen in Prozent des BIP ab 1993 eine leicht steigende Tendenz. Wenn diese Ausgaben jedoch zu konstanten Preisen und pro Einwohner/in ausgedrückt werden, ist die Stärkung der sozialen Sicherheit deutlicher: +34% in EU-15 und +42% in der Schweiz zwischen 1995 und 2012.

Kurzfristig war in der EU-15 zwischen 2011 und 2012 neben der europäischen Schuldenkrise und den strikten Sparplänen ein sehr schwacher Anstieg der Sozialausgaben zu verzeichnen. In der Schweiz führte der Wirtschaftsabschwung hingegen zu einer beträchtlichen Erhöhung der Ausgaben für Sozialleistungen.

AHV: Negatives Umlageergebnis

Die AHV schloss das Rechnungsjahr 2014 mit einem positiven Betriebsergebnis von 1,7 Mrd. Fr. ab (inkl. Anlageergebnis von 1,8 Mrd. Fr.). Ihr Kapital beläuft sich Ende 2014 auf 44,8 Mrd. Fr. Das Umlageergebnis – ohne laufenden Kapitalertrag und ohne Börsengewinne – hat sich von knapp positiv (14 Mio. Fr.) auf –320 Mio. Fr. 2014 verschlechtert. Damit lag erstmals seit 1999, aus einer Versicherungsperspektive ohne Anlageergebnis, ein negatives Resultat vor.

2014 stiegen die Ausgaben für Renten mit 2,8% weniger als im Anpassungsjahr 2013 (3,4%). Die versicherungsbedingten Einnahmen – Versichertenbeiträge (+1,4%) und höhere Beiträge aus öffentlichen Mitteln (+1,5%) – entwickelten sich jedoch deutlich schwächer. Sie konnten somit die Ausgabenentwicklung nicht auffangen.

le Portugal, la Roumanie et la Croatie, les dépenses pour les prestations sociales ont été plus faibles qu'en moyenne européenne, tant en SPA par habitant que par rapport à leur niveau économique.

Sur le long terme, les dépenses pour les prestations sociales ont augmenté en Suisse de manière semblable à celles des pays de l'UE-15. Tant en Suisse que dans l'UE-15, si exprimées en pourcentage du PIB, elles affichent une légère tendance à l'augmentation dès 1993. Cependant, lorsque ces dépenses sont exprimées à prix constants et par habitant, le renforcement de la protection sociale est évident: +34% dans l'UE-15 et +42% en Suisse entre 1995 et 2012.

À court terme, la crise de la dette européenne et les plans de rigueur en matière budgétaire ont été accompagnés par une très faible augmentation des dépenses sociales entre 2011 et 2012 dans l'UE-15. En Suisse, le ralentissement économique a conduit, en revanche, à une augmentation conséquente des dépenses sociales.

AVS: diminution du résultat de répartition

Les comptes 2014 de l'AVS se soldent par un résultat d'exploitation positif de 1,7 milliard de francs (en tenant compte du résultat des placements, qui est de 1,8 milliard de francs). A fin 2014, son capital s'élève à 44,8 milliards de francs. Le résultat de répartition – hors produit courant du capital et gains en Bourse – s'est détérioré, tombant de 14 millions de francs à –320 millions. Il est donc négatif, pour la première fois depuis 1999, si l'on ne considère que les affaires d'assurance (hors résultat des placements).

Les dépenses liées aux rentes ont moins augmenté en 2014 (+2,8%) qu'en 2013 (+3,4%), année où les rentes ont été adaptées. Mais l'évolution des recettes liées à l'assurance – cotisations des assurés (+1,4%) et contributions plus élevées des pouvoirs publics (+1,5%) – a été plus faible et n'a pas suffi à compenser celle des dépenses, ce qui se traduit par un résultat de répartition négatif.

Le résultat d'exploitation (y c. résultat des placements) comprend les variations de valeur du capital, qui sont importantes. Il affiche à nouveau en 2014 un net excédent positif, de 1,7 milliard de francs. La troisième perspective comptable sur laquelle

Alters- und Hinterlassenenversicherung (AHV) G 13.5
Assurance vieillesse et survivants (AVS)

Finanzen, in Mrd. Fr. / Finances, en milliards de fr.

Invalidenversicherung (IV) G 13.6
Assurance-invalidité (AI)

Finanzen, in Mrd. Fr. / Finances, en milliards de fr.

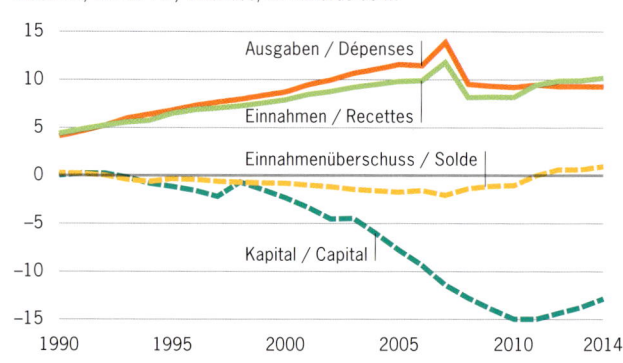

Die finanziellen Auswirkungen 2008–2011 des am 1.1.2008 in Kraft getretenen NFA wurden in der IV bereits in der Rechnung 2007 verbucht. Aus diesem Grund sind die Jahresrechnungen 2007/2008 nicht direkt mit den Daten der Vorjahre vergleichbar. Les conséquences financières 2008–2011 de la nouvelle péréquation financière (RPT) entrant en vigueur le 1.1.2008 ont été comptabilisées en une seule fois en 2007. C'est pourquoi les comptes 2007/2008 ne sont pas directement comparables à ceux des années précédentes.

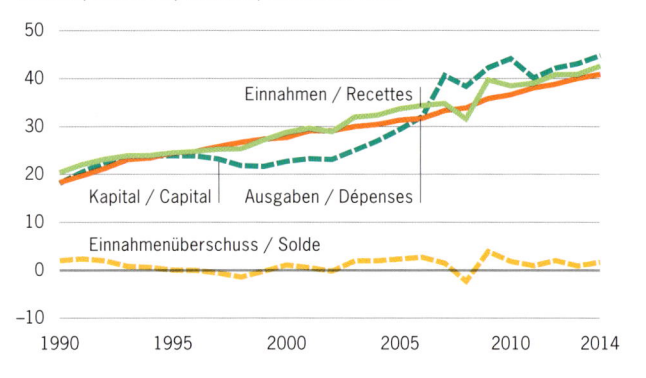

Das Betriebsergebnis inkl. Anlageergebnis enthält die hohen Kapitalwertänderungen. Es fiel auch 2014 mit einem Überschuss von 1,7 Mrd. Fr. deutlich positiv aus. Die dritte Rechnungsperspektive, auf der die Gesamtrechnung der Sozialversicherungen (GRSV) basiert, berücksichtigt bei den Einnahmen allein die auf volkswirtschaftlicher Wertschöpfung beruhenden laufenden Kapitalerträge (Zinsen, Dividenden). Nach dieser mittleren, volkswirtschaftlichen Perspektive hat sich das Rechnungsergebnis der AHV von 746 Mio. Fr. auf 460 Mio. Fr. 2014 verringert.

Invalidenversicherung (IV): Abbau der Schulden

Die Zahl der Neurenten blieb 2014 gegenüber dem Vorjahr unverändert. Seit 2003 ist die Neurentenquote um mehr als die Hälfte zurückgegangen. Die Neurentenquote ist der Anteil der Neurentner an der versicherten Bevölkerung. Der Gesamtbestand an Invalidenrenten in der Schweiz erreichte im Dezember 2005 ein Maximum von 252 000 und ging bis Dezember 2014 um 12% auf 226 000 zurück.

Damit die IV ihre Schulden gegenüber der AHV (Ende 2011: –14 944 Mio. Fr.) abbauen kann, wird während des Zeitraums der befristeten Mehrwertsteuererhöhung der Betrag, um den das Kapital des IV-Ausgleichsfonds am Ende des Rechnungsjahres das Startkapital von 5 Mrd. Fr. übersteigt, jährlich an den AHV-Ausgleichsfonds überwiesen. Somit konnte die IV 2014 zum dritten Mal seit 2012 ihren Rechnungsüberschuss zum Abbau der Schuld einsetzen: Dank dem Überschuss von 922 Mio. Fr. reduziert sich die Verpflichtung der IV per Ende 2014 auf 12 843 Mio. Fr.

Ergänzungsleistungen (EL): Stärkeres Ausgabenwachstum bei den EL zur AHV als bei den EL zur IV

Seit 2007 steigen die Ausgaben der EL zur AHV stärker als die Ausgaben der EL zur IV. Einzige Ausnahme war das Jahr 2012. 2014 beliefen sich die Ausgaben der EL auf 4,7 Mrd. Fr., wovon 58% für EL zur AHV und 42% für EL zur IV aufgewendet wurden. 2014 besserten die EL zur AHV die AHV-Rentensumme um 7,9% auf, und 12,4% der Altersrentenbezüger/-innen bezogen Ergänzungsleistungen. Die EL zur IV besserte die IV-Rentensumme um 44,2% auf, und 44,1% der IV-Rentenbezüger/- innen bezogen Ergänzungsleistungen.

se fonde le Compte global des assurances sociales (CGAS), ne tient compte, au titre des recettes, que du produit courant du capital reposant sur la création de valeur économique (intérêts, dividendes). Selon cette perspective économique moyenne, le résultat des comptes de l'AVS s'est amenuisé en 2014, passant de 746 à 460 millions de francs.

Assurance-invalidité (AI): réduction de la dette

En 2014, le nombre des nouvelles rentes est resté le même que l'année précédente. Depuis 2003, le taux de nouvelles rentes, soit le pourcentage de nouveaux bénéficiaires par rapport à la population assurée, a reculé de plus de moitié. L'effectif maximal de rentes d'invalidité avait été atteint en décembre 2005, avec 252 000 rentes, chiffre qui a baissé de 12% jusqu'en décembre 2014 pour s'établir à 226 000.

Afin de réduire la dette de l'AI envers l'AVS (fin 2011: –14 944 millions de francs), tout solde du Fonds de l'AI supérieur, à la fin de chaque exercice, aux 5 milliards du capital initial sera versé au Fonds de l'AVS pendant la période de relèvement de la TVA. En 2014, l'AI a ainsi été en mesure, pour la troisième fois depuis 2012, d'utiliser son excédent (922 millions de francs)

Ergänzungsleistungen (EL) zur AHV und IV G 13.7
Prestations complémentaires (PC) à l'AVS et à l'AI

Ausgaben[1], in Mrd. Fr. / Dépenses[1], en milliards de fr.

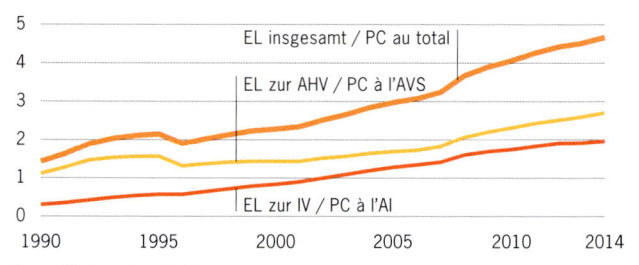

[1] Die Ausgaben der EL werden aus allgemeinen Steuermitteln des Bundes und der Kantone finanziert. Sie sind im Total gleich gross wie die Einnahmen. Die Verwaltungskosten lassen sich bei den EL nicht separat ermitteln. / Les dépenses des PC sont entièrement financées grâce aux ressources fiscales de la Confédération et des cantons. Elles sont équivalentes aux recettes. Pour les PC, il n'est pas possible de distinguer les frais d'administration.

Berufliche Vorsorge (BV) G 13.8
Prévoyance professionnelle (PP)

Index 2004 = 100 / Indice 2004 = 100

- Beiträge und Einlagen / Cotisations et apports
- Bilanzsumme[1] / Total du bilan[1]
- Leistungen / Prestations[2]
- Leistungsbezüger/innen[2] / Bénéficiaires de prestations[2]
- Aktive Versicherte / Assurés actifs
- Vorsorgeeinrichtungen / Institutions de prévoyance

1 Ohne Aktiven/Passiven aus Versicherungsverträgen / Sans les actifs/passifs provenant de contrats d'assurances
2 Renten und Kapital bei Alter, Tod und Invalidität / Rentes et capital vieillesse, survivants et invalidité

Obligatorische Krankenpflegeversicherung (OKPV) G 13.9
Assurance obligatoire des soins (AOS)

Leistungen je Versicherten in Franken / Prestations par assuré en francs

Ambulante Behandlung / Traitement ambulatoire
Frauen / Femmes
Männer / Hommes
Stationäre Behandlung / Traitement intra-muros

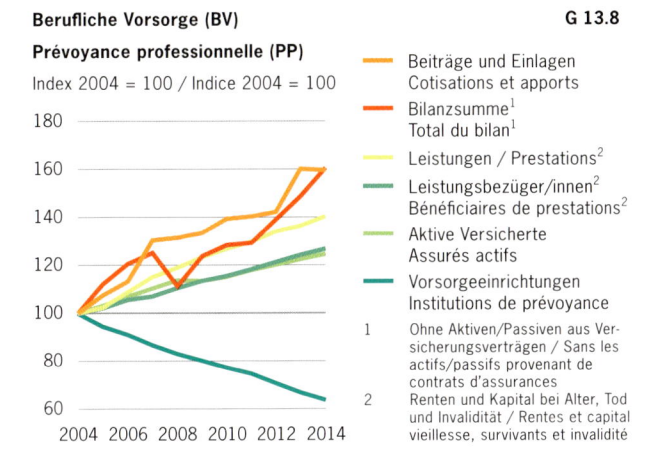

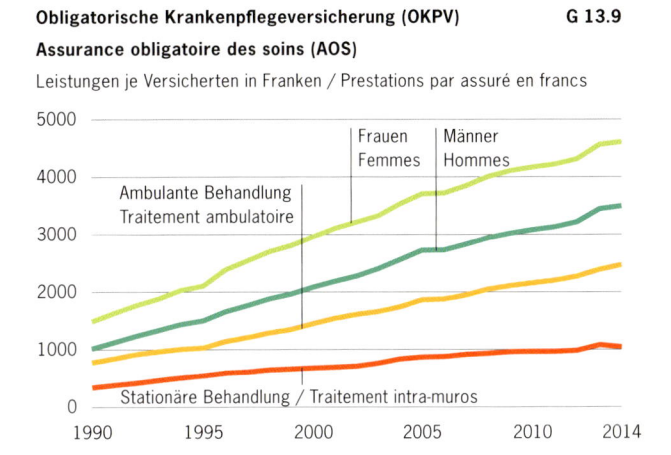

Eine wichtige Aufgabe übernehmen die EL bei der Finanzierung von Heimaufenthalten. 2014 wohnten 70 611 Personen mit EL in einem Heim und 238 740 zu Hause.

Die berufliche Vorsorge zählte 4 Mio. aktive Versicherte

Ende 2014 betrug das Nettoergebnis aus Vermögensanlage 51,4 Mrd. Fr. (+23,5%). Die Wertschwankungsreserven stiegen auf 66 Mrd. Fr. (+42,1%) an. Die Unterdeckung konnte auf 29 Mrd. Fr. (–13%) abgebaut werden. 27,9 Mrd. Fr. (–12,2%) betrug die Unterdeckung bei den öffentlich-rechtlichen Vorsorgeeinrichtungen. Noch 1,2 Mrd. Fr. (–29%) betrugen die Unterdeckungen bei den privatrechtlichen Vorsorgeeinrichtungen. Das Gesamtvermögen der beruflichen Vorsorge belief sich auf 777,3 Mrd. Fr. (+7,9%). Im Jahr 2014 wurden 20,8 Mrd. Fr. (+3,3%) Altersrenten sowie 6,1 Mrd. Fr. (+4,6%) Kapitalleistungen bei Pensionierung ausbezahlt

4 Mio. aktive Versicherte (+1,7%) zählte die berufliche Vorsorge. 696 176 Pensionierte (+3,8%) bezogen eine Rente und 36 363 (+4,4%) verlangten die Kapital- oder Teilkapitalauszahlung. Die Anzahl der Vorsorgeeinrichtungen mit reglementarischen Leistungen und aktiven Versicherten sank weiter auf 1866 Einrichtungen (2013: 1957 Einrichtungen; –4,6%).

Obligatorische Krankenversicherung (KV): Negativer Rechnungssaldo 2013

Die KV erzielte 2013 einen negativen Rechnungssaldo von –270 Mio. Franken. Der im Vergleich zum Ausgabenanstieg (5,7%) tiefe Einnahmenanstieg (2,3%) führte zu diesem Ergebnis. 2013 wurden die Prämien im Durchschnitt nur um 1,5% erhöht. Trotz mehr Versicherter stiegen die Versichertenbeiträge lediglich um 2,6%. Auf der Ausgabenseite wurden demgegenüber 8,3% mehr Leistungen ausbezahlt.

Seit der Gesetzesrevision von 1996 stehen die Prämien im Zentrum des Interesses. 2015 sind diese deutlich gestiegen (4,0%) nachdem sie von 2012 bis 2014 geringe mittlere Anstiege (2,2%, 1,5% bzw. 2,2%) verzeichnet hatten. Davor wurden deutlich höhere Prämienanstiege registriert (2010: 8,7%, 2011: 6,5%). Die höchsten durchschnittlichen Zunahmen wurden 2002 und 2003 mit 9,7% bzw. 9,6% verzeichnet. Die mittlere jährliche Veränderung 1996 – 2015 beträgt 4,7%.

pour réduire le solde de sa dette à l'égard de l'AVS, laquelle se chiffre à 12 843 millions de francs à fin 2014.

Prestations complémentaires (PC): augmentation plus marquée des dépenses dans les PC de l'AVS que dans les PC de l'AI

Depuis 2007, les dépenses des PC à l'AVS progressent davantage que celles des PC à l'AI, à la seule exception de 2012. Les PC versées en 2014 ont atteint 4,7 milliards de francs, dont 58% pour les PC à l'AVS et 42% pour les PC à l'AI. En 2014, les PC à l'AVS ont amélioré de 7,9% la somme des rentes AVS; 12,4% des bénéficiaires de rente de vieillesse en percevaient. Les PC à l'AI ont amélioré de 44,2% la somme des rentes AI et 44,1% des bénéficiaires de rentes AI ont touché des PC.

Les PC jouent un rôle important dans le financement des séjours en home. En 2014, 70 611 bénéficiaires de PC vivaient dans un home et 238 740 chez elles.

La prévoyance professionnelle comptait 4 millions d'assurés actifs

A la fin de 2014, le résultat net des placements se montait à 51,4 milliards de francs (+23,5%). Les réserves pour fluctuations de valeurs ont augmenté (+42,1%) à 66 milliards de francs. Le découvert a pu être ramené à 29 milliards de francs (–13%). Le découvert des institutions de prévoyance de droit public a atteint 27,9 milliards de francs (–12,2%). Le découvert des institutions de prévoyance de droit privé se montait encore à 1,2 milliards de francs (–29%). La fortune totale de la prévoyance professionnelle représentait 777,3 milliards de francs (+7,9%). En 2014, 20,8 milliards de francs (+3,3%) ont été versés sous forme de rentes de vieillesse et 6,1 milliards de francs (+4,6%) sous forme de prestations en capital à la retraite.

La prévoyance professionnelle comptait 4 millions d'assurés actifs (+1,7%). Parmi les retraités, 696 176 (+3,8%) recevaient une rente et 36 363 (+4,4%) ont demandé le versement du capital ou d'une partie de ce dernier. Le nombre des institutions de prévoyance avec prestations réglementaires et assurés actifs a continué de baisser, pour s'établir à 1866 (2013: 1957 institutions; –4,6%).

Arbeitslosenversicherung (ALV) G 13.10
Assurance-chômage (AC)

Finanzen, in Mrd. Fr. / Finances, en milliards de fr.

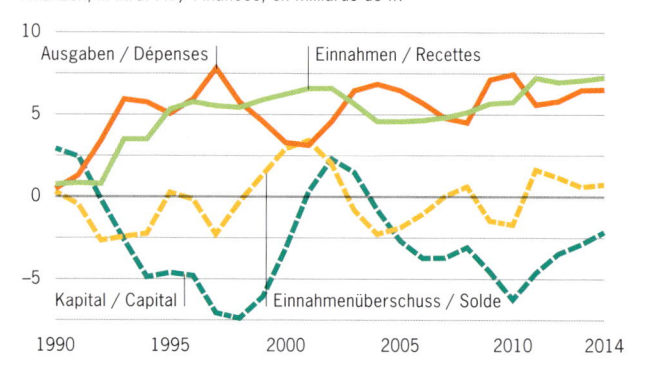

[Graph showing Ausgaben/Dépenses, Einnahmen/Recettes, Kapital/Capital, Einnahmenüberschuss/Solde from 1990 to 2014]

Erwerbsersatzordnung (EO): EO-Kapital nimmt zu

Die EO schliesst seit 2011 mit Überschüssen ab, nachdem sie von 2006 bis 2010 Defizite aufgewiesen hatte. Das Betriebsergebnis, inkl. Anlageertrag, beläuft sich 2014 auf 170 Mio. Fr. Es liegt über dem Vorjahresergebnis (2013: 141 Mio. Fr.). Das Umlageergebnis (ohne Anlageergebnis) ist von 128 Mio. Fr. 2013 auf 122 Mio. Fr. zurückgegangen. Die Einnahmen ohne Anlageergebnis stiegen 2014 um 1,4% und die Ausgaben um 1,8%, was zu einem leicht tieferen Umlageergebnis führte.

Das EO-Kapital ist 2014 gegenüber dem Vorjahresstand um 21,3% gestiegen. Es kommt auf 968 Mio. Fr. zu liegen.

Arbeitslosenversicherung (ALV): Leicht höhere Arbeitslosenquote

2014 wuchs das Schweizer BIP mit 2,0% stärker als in den vorhergehenden drei Jahren. Trotzdem stieg die Anzahl registrierter Arbeitsloser 2014 leicht an und lag Ende 2014 bei 147 369. Die Arbeitslosenentschädigungen nahmen dementsprechend um 2,0% auf 4,583 Mrd. Fr. zu. Dank dem Wirtschaftswachstum mussten weniger Kurzarbeitsentschädigungen und weniger Schlechtwetterentschädigungen ausbezahlt werden. Damit sind die Ausgaben nur um 0,5% auf 6,523 Mrd. Fr. gestiegen. Die Einnahmen stiegen 2014 um 2,6% auf 7,260 Mrd. Fr. Der Rechnungsüberschuss erhöhte sich auf 737 Mio. Fr. (+25,5%).

Der im Rahmen der 4. Revision per 1.1.2011 eingeführte Solidaritätsbeitrag für Besserverdienende wurde per 1.1.2014 deplafoniert. Das heisst auch auf Lohnanteilen von Jahreslöhnen über 315 000 Fr. wird ein Beitrag im Umfang von 1% erhoben. Diese Massnahme führte unter anderem dazu, dass die Beiträge der Arbeitnehmenden und Arbeitgebenden um 2,7% auf 6,633 Mrd. Fr. stiegen.

Familienzulagen (FZ): 1,7 Mio. Kinder- und Ausbildungszulagen

Seit dem 1. Januar 2013 gilt das Bundesgesetz über die Familienzulagen (FamZG) auch für Selbstständigerwerbende. Nach FamZG werden in allen Kantonen Kinderzulagen von mindestens 200 Fr. pro Monat für Kinder bis 16 Jahre und Ausbildungszulagen von mindestens 250 Fr. pro Monat für Jugendliche in Ausbildung zwischen 16 und 25 Jahren ausgerichtet. 2013 wurden 1,7 Mio. Kinder- und Ausbildungszulagen nach FamZG ausgerich-

Assurance obligatoire des soins (AOS): solde négatif 2013

L'AOS a clos ses comptes 2013 sur un solde négatif de –270 millions de francs, dû au fait que la progression des recettes (2,3%) a été inférieure à celle des dépenses (5,7%). La hausse moyenne des primes n'a été que de 1,5% en 2013. Bien que le nombre d'assurés ait augmenté, les recettes de primes n'ont progressé que de 2,6%. Côté dépenses, par contre, l'augmentation des prestations payées a été de 8,3%.

Depuis l'entrée en vigueur de la LAMal en 1996, l'attention se focalise sur les primes. Leur hausse a été importante en 2015 (4%), après trois années de hausse modérée (2,2% en 2012 et 2014, 1,5% en 2013) et deux années de hausse bien plus importante (8,7% en 2010, 6,5% en 2011). Les plus fortes hausses moyennes ont été enregistrées en 2002 (9,7%) et en 2003 (9,6%). De 1996 à 2015, la variation annuelle a été de 4,7% en moyenne.

Allocations pour perte de gain (APG): le capital des APG augmente

Depuis 2011, après une phase déficitaire qui a duré de 2006 à 2010, les comptes des APG ont clôturé sur des excédents. Le résultat d'exploitation, produit des placements inclus, s'élève à 170 millions de francs en 2014, en hausse par rapport à 2013 (141 millions de francs). Le résultat de répartition (hors produit des placements) est en léger recul: 122 millions de francs, contre 128 millions en 2013. Ce recul est dû au fait que les recettes (hors produit des placements) n'ont augmenté que de 1,4% en 2014, alors que les dépenses ont connu une hausse de 1,8%.

En 2014, le capital des APG s'est accru de 21,3% par rapport à l'année précédente, pour atteindre 968 millions de francs.

L'assurance-chômage (AC): légère augmentation du taux de chômage

En 2014, la croissance du PIB suisse (2,0%) a été plus forte que les trois années précédentes. Néanmoins, le nombre de chômeurs inscrits a légèrement augmenté, pour atteindre 147 369 fin 2014. Par voie de conséquence, les indemnités de chômage ont augmenté elles aussi, de 2,0%, pour se chiffrer à 4,583 milliards de francs. Grâce à la croissance économique, il n'a pas fallu payer autant d'indemnités en cas de réduction de l'horaire de travail et en cas d'intempéries, ce qui a fait que les dépenses n'ont augmenté que de 0,5%, pour s'établir à 6,523 milliards de francs. Les recettes, elles, ont crû de 2,6% et se chiffrent à 7,260 milliards de francs. Quant au résultat des comptes, en hausse de 25,5%, il atteint 737 millions de francs.

Introduit le 1er janvier 2011 dans le cadre de la 4e révision de la LACI, le pourcent de solidarité prélevé sur les salaires élevés a été déplafonné le 1er janvier 2014. Par conséquent, cette cotisation supplémentaire de 1% est perçue également sur la part du salaire annuel qui dépasse 315 000 francs. Cette mesure a eu pour effet, entre autres, que les cotisations des employeurs et des salariés ont augmenté de 2,7% et se chiffrent à 6,633 milliards de francs.

tet, für die zweitgrösste Familienzulagenart, die Familienzulagen in der Landwirtschaft, wurden hingegen nur 48 000 Kinder- und Ausbildungszulagen ausgerichtet.

Die Einnahmen bzw. Ausgaben aller FZ stiegen seit dem Inkrafttreten des FamZG (2009) um 0,6 Mrd. Fr. bzw. 0,8 Mrd. Fr. an. Die Anzahl der leistungsberechtigten Kinder und Jugendlichen, die Leistungsansätze sowie die Beitragssätze der Familienausgleichskassen bestimmen die finanzielle Entwicklung der FZ hauptsächlich. Arbeitgeber und Selbstständigerwerbende finanzieren die Familienzulagen, indem sie auf den AHV-pflichtigen Löhnen Beiträge an die Familienausgleichskassen (FAK) entrichten. Die Höhe der Beiträge ist je nach Kanton und FAK unterschiedlich. Nur im Kanton Wallis müssen sich auch die Arbeitnehmer/-innen an der Finanzierung beteiligen.

Bedarfsabhängige Sozialleistungen: Steigende Ausgaben

2012 wurden in der Schweiz netto 12,7 Mrd. Fr. für bedarfsabhängige Sozialleistungen ausgegeben, rund 438 Mio. Fr. mehr als im Vorjahr (+3,6%). Rund zwei Drittel dieser Ausgaben entfallen auf die Ergänzungsleistungen zu AHV/IV (4,4 Mrd. Fr.) und auf die Krankenkassenprämienverbilligung (4,2 Mrd. Fr.). An dritter Stelle folgt die Sozialhilfe im engeren Sinn mit Nettoausgaben von 2,4 Mrd. Fr. Damit kam es zu einem Anstieg der Sozialhilfeausgaben gegenüber dem Vorjahr um nominal 14,4%. Dieser starke Anstieg ist teilweise auf den Sonderfall des Kantons Genf zurückzuführen, der die bisher als eigenständige Leistung geführte Arbeitslosenhilfe in die Sozialhilfe integriert hat.

Die Ausgaben pro Sozialhilfeempfänger/in stiegen von 8781 Fr. im Jahr 2011 um 7,9% auf 9473 Fr. im Jahr 2012 an.

Hauptträger der bedarfsabhängigen Sozialleistungen sind die Kantone. Sie übernahmen 2012 43,9% der Nettoausgaben, 32,2% gingen zu Lasten des Bundes (v. a. für Prämienverbilligung, EL und Sozialhilfe im Asyl- und Flüchtlingsbereich), und 23,5% beglichen die Gemeinden.

Wer bezieht Sozialhilfe?

In der Schweiz wurden im Jahre 2014 3,2% der Bevölkerung, d. h. 261 983 Personen, mit Sozialhilfeleistungen unterstützt. Gegenüber 2013 entspricht dies einem Wachstum von knapp 5000 Personen. Es bestehen beträchtliche regionale Unterschiede. Die höchsten Quoten weisen mittelgrosse und grosse Städte mit ausgeprägtem Zentrumscharakter auf. In diesen Städten sind Personengruppen, welche in höherem Ausmass auf Sozialhilfeleistungen angewiesen sind, überproportional vertreten. Dazu zählen z. B. Alleinerziehende, Erwerbslose und Ausländer/-innen. Die tendenziell höheren Sozialhilfequoten in den Städten und in der französischsprachigen Schweiz widerspiegeln sich auch beim Blick auf die Kantone: 2014 wiesen die Kantone NE, BS, GE, VD und BE in dieser Reihenfolge die höchsten Sozialhilfequoten auf. Die tiefsten Quoten weisen die ländlich geprägten Kantone der Zentral- und Ostschweiz auf.

Die Wahrscheinlichkeit, Sozialhilfe zu beziehen, unterscheidet sich stark nach dem Alter, der Familienstruktur, dem Ausbildungsstand und der Nationalität der Personen.

- Am höchsten ist die Sozialhilfequote bei Kindern und Jugendlichen unter 18 Jahren. Generell nimmt die Quote mit zunehmendem Alter ab. In den Familien der jüngeren Beziehenden

Allocations familiales (AF): 1,7 million d'allocations pour enfant ou de formation professionnelle

La loi fédérale sur les allocations familiales (LAFam) prévoit que, dans tous les cantons, des allocations pour enfant d'au moins 200 francs par mois soient versées pour les enfants jusqu'à 16 ans et, pour les jeunes en formation de 16 à 25 ans, des allocations de formation professionnelle d'au moins 250 francs par mois. Depuis le 1er janvier 2013, elle s'applique également aux indépendants. En 2013, 1,7 million d'allocations (pour enfant ou de formation professionnelle) au titre de la LAFam ont été versées, et seulement 48 000 au titre de la loi fédérale sur les allocations familiales dans l'agriculture (LFA), deuxième en importance des types d'allocations familiales.

Depuis l'entrée en vigueur de la LAFam en 2009, les recettes de l'ensemble des allocations familiales ont augmenté de 0,6 milliard de francs et les dépenses de 0,8 milliard. L'évolution financière des AF est déterminée principalement par le nombre d'enfants et de jeunes donnant droit aux allocations, par le montant de celles-ci et par les taux de cotisation des caisses de compensation pour allocations familiales (CAF). Les employeurs et les indépendants financent les allocations familiales en versant aux CAF des cotisations sur leur revenu soumis à l'AVS. Le taux de cotisation varie selon les cantons et les CAF. Dans le canton du Valais, les salariés doivent eux aussi participer au financement.

Prestations sociales sous condition de ressources: des dépenses en progression

En 2012, les prestations sociales sous condition de ressources ont coûté 12,7 milliards de francs nets en Suisse, soit environ 438 millions de francs de plus qu'en 2011 (+3,6%). Ces dépenses sont imputables pour deux tiers aux prestations complémentaires à l'AVS/AI (4,4 milliards de francs) et à des réductions de primes de l'assurance-maladie obligatoire (4,2 milliards de francs). Arrivent ensuite les dépenses de l'aide sociale au sens strict, d'un montant net de 2,4 milliards de francs. Au total, les dépenses de l'aide sociale ont progressé de 14,4% en termes nominaux par rapport à l'année précédente. Cette forte hausse est en partie imputable au cas particulier du canton de Genève, qui a intégré dans l'aide sociale l'aide aux chômeurs, jusque-là accordée à part.

Les dépenses moyennes par bénéficiaire de l'aide sociale ont augmenté de 7,9% de 2011 à 2012, passant de 8781 à 9473 francs.

Les prestations sociales sous condition de ressources sont financées principalement par les cantons. En 2012, ces derniers ont pris en charge 43,9% des dépenses nettes pour les prestations sociales sous condition de ressources; la Confédération en a financé 32,2% (réductions de primes de l'assurance-maladie obligatoire, PC et aide sociale dans le domaine de l'asile et des réfugiés) et les communes 23,5%.

Qui perçoit l'aide sociale?

En 2014, 261 983 personnes ont perçu des prestations d'aide sociale, soit 3,2% de la population résidant en Suisse. Le nombre de bénéficiaires a augmenté d'environ 5000 personnes par rapport à 2013. On observe des disparités importantes entre les régions. Les grandes villes et celles de taille moyenne ayant un

Sozialhilfequote 2014   G 13.11
Taux d'aide sociale, en 2014
Schweiz / Suisse: 3,2%

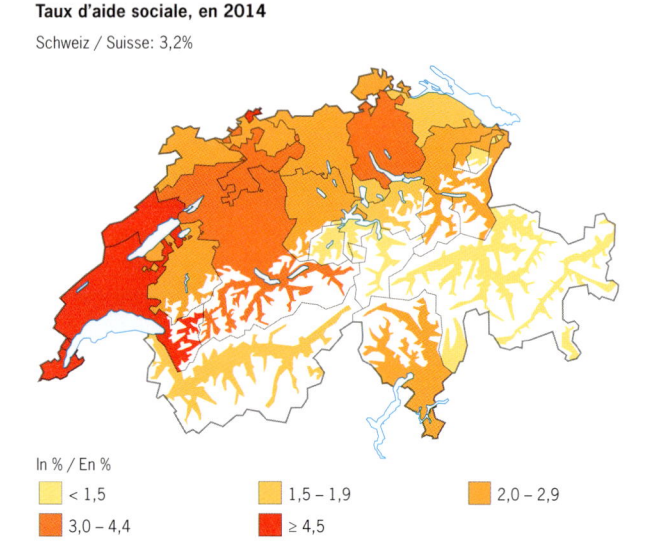

In % / En %
- < 1,5
- 1,5 – 1,9
- 2,0 – 2,9
- 3,0 – 4,4
- ≥ 4,5

Nettoausgaben für bedarfsabhängige Sozialleistungen   G 13.12
Dépenses nettes pour les prest. sociales sous condition de ressources
Nach Leistung, in Mrd. Franken[1] / Par prestation, en milliards de francs[1]

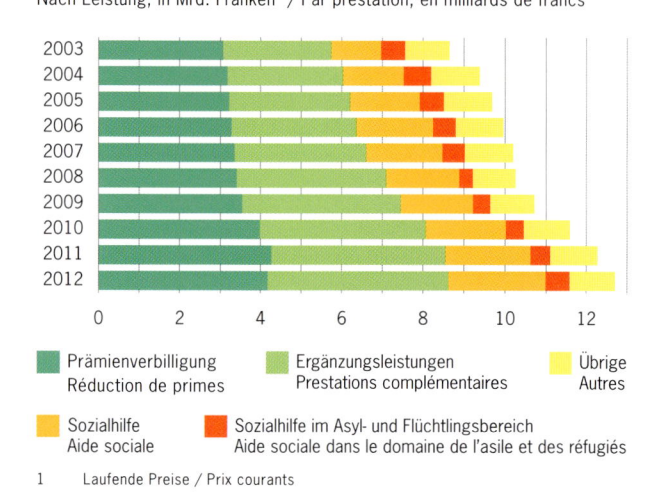

- Prämienverbilligung / Réduction de primes
- Ergänzungsleistungen / Prestations complémentaires
- Übrige / Autres
- Sozialhilfe / Aide sociale
- Sozialhilfe im Asyl- und Flüchtlingsbereich / Aide sociale dans le domaine de l'asile et des réfugiés

[1] Laufende Preise / Prix courants

---

haben häufig Kinderkosten (u. a. Kinderbetreuungskosten), Unterbrüche der Erwerbstätigkeit, Scheidungen oder die Reduktion des Beschäftigungsumfangs Einkommenseinbussen zur Folge. Erst die Altersklasse der 56- bis 64-Jährigen weist eine tiefere Quote aus, weil die Sozialhilfebezüger/-innen zunehmend von den Sozialversicherungen (AHV, IV und EL) unterstützt werden und so die Sozialhilfe verlassen. Allerdings nimmt diese Altersklasse seit Jahren überdurchschnittlich zu. Die mit Abstand tiefste Sozialhilfequote von 0,2% weisen die über 65-Jährigen aus, welche überwiegend durch Ergänzungsleistungen unterstützt werden.

- Von allen Fällen gelten 91% als Privathaushalte und 9% als stationäre Einrichtungen und Haushalte mit besonderer Wohnform, z. B. Obdachlose. Zwei Drittel aller Privathaushalte sind Ein-Personen-Fälle und ein Fünftel Alleinerziehende. Bezogen auf die Gesamtbevölkerung sind die Alleinerziehenden am stärksten von Sozialhilfeleistungen betroffen. Paare mit und ohne Kinder sind mit 11% bzw. 5% aller Sozialhilfefälle am wenigsten stark vertreten.
- Rund ein Viertel der Sozialhilfedossiers wurde im Jahr 2014 beendet. Der häufigste Abschlussgrund ist mit knapp einem Drittel die Beendigung der Zuständigkeit, worunter ein Wohnortswechsel oder ein Kontaktabbruch zu verstehen ist – was jedoch nicht immer heisst, dass die Sozialhilfe verlassen wird. Auch in einem Drittel der Fälle konnte die Erwerbssituation verbessert werden, indem eine neue Tätigkeit aufgenommen oder der Beschäftigungsgrad erhöht werden konnte. In einem weiteren Viertel der Fälle erfolgte die Ablösung von der Sozialhilfe durch andere bedarfsabhängige Leistungen oder – weitaus häufiger – durch Sozialversicherungsleistungen wie AHV oder IV.
- Die Hälfte der ab 18 Jahre alten Sozialhilfeempfänger/-innen verfügt über keine abgeschlossene berufliche Ausbildung. In der Gesamtbevölkerung beträgt dieser Anteil rund einen Viertel. Bildungsdefizite stellen somit weiterhin ein erhebliches Risiko dar, zur finanziellen Existenzsicherung Sozialhilfe zu benötigen.

rôle de centre présentent les taux les plus élevés: les groupes qui dépendent le plus de l'aide sociale y sont surreprésentés. Ces groupes incluent entre autres les familles monoparentales, les personnes sans emploi et les étrangers. Le niveau tendanciellement plus élevé des taux d'aide sociale dans les villes et les communes romandes se confirme dans le classement des cantons: les cantons qui présentaient en 2014 les taux d'aide sociale les plus élevés étaient, dans l'ordre décroissant, NE, BS, GE, VD et BE. Les taux d'aide sociale sont les plus bas dans les cantons plutôt ruraux de Suisse centrale et orientale.

Le risque de devoir recourir à l'aide sociale dépend fortement de l'âge, de la structure familiale, du niveau de formation et de la nationalité.

- Le taux de bénéficiaires est le plus élevé chez les enfants et les jeunes de moins de 18 ans. De manière générale, le taux tend à diminuer avec l'âge. Le coût d'entretien des enfants (les frais de garde entre autres), les pertes de gain, les interruptions professionnelles et les divorces entraînent des pertes de revenu parmi les familles des bénéficiaires plus jeunes. Le groupe d'âge des 56 à 64 ans affiche un taux d'aide sociale plus bas car les bénéficiaires perçoivent plus souvent des prestations des assurances sociales (AVS, AI et prestations complémentaires à l'AVS et à l'AI) et quittent ainsi l'aide sociale. Les plus de 65 ans présentent de loin le taux d'aide sociale le plus faible (0,2%), car ils sont soutenus essentiellement par des assurances sociales telles que les prestations complémentaires.
- Sur l'ensemble des dossiers, 91% concernent des personnes vivant dans des ménages privés et 9% des personnes vivant dans des établissements stationnaires ou des ménages avec forme d'habitation particulière, par ex. les sans-abri. Deux tiers des ménages privés bénéficiant d'une aide sociale sont des ménages d'une personne et un cinquième des ménages monoparentaux. Par rapport à la population totale, ces derniers sont le plus fortement tributaires de prestations de l'aide sociale. Les couples avec enfants et les couples sans enfant sont le moins fortement représentés parmi les bénéficiaires de l'aide sociale (avec respectivement 11% et 5% des dossiers).

Pensionierung und finanzielle Situation 2012   TT 13.1
Départ à la retraite et situation financière, en 2012

Frühpensionierungsquote (Selbstdeklaration) / Taux de préretraites (autoévaluation)	21,9%
Durchschnittliches Pensionierungsalter, in Jahren / Âge moyen au départ à la retraite, en ans	
Männer / Hommes (Jahrgang / nés en 1947)	63,5ᵖ
Frauen / Femmes (Jahrgang / nées en 1948)	63,1ᵖ
Bezug einer AHV-Rente / Perçoivent une rente AVS	98,5%
Bezug von Zahlungen aus der Beruflichen Vorsorge / Perçoivent des prestations de la prévoyance professionnelle	
Rentnerinnen/Rentner / Retraités/retraitées	66,8%
Frührentnerinnen/Frührentner / Préretraités/préretraitées	73,3%
Bezug von Zahlungen aus der Säule 3a / Perçoivent des prestations du pilier 3a	
Im Rahmen der Pensionierung / Dans le cadre de la retraite	27,7%
Im Rahmen der Frühpensionierung / Dans le cadre de la retraite anticipée	27,2%

- Auch Ausländer/-innen sind mit rund 47% deutlich stärker in der Sozialhilfe vertreten als in der Gesamtbevölkerung (rund 24%). Hauptgründe sind die im Durchschnitt tiefere Berufsqualifikation und die vergleichsweise ungünstige Erwerbssituation (keine festen Arbeitsverträge, Arbeit in Tieflohnbranchen usw.). Die Sozialhilfequote der Ausländer/-innen der EU28- und der EFTA-Staaten, mit denen die Schweiz ein Abkommen über die Personenfreizügigkeit abgeschlossen hat, liegt dabei nur wenig über derjenigen der Schweizer/-innen.

Durchschnittliches Pensionierungsalter und Frühpensionierung

Das durchschnittliche Pensionierungsalter von Männern mit Jahrgang 1947 betrug 2012 63,5 Jahre. Frauen mit Jahrgang 1948 gingen durchschnittlich mit 63,1 Jahren in Rente. Betrachtet man im Jahr 2012 Männer und Frauen im Alter zwischen 65 (Frauen 64) und 70 Jahren, so wurden 34% dieser Männer und 29% dieser Frauen frühpensioniert (Selbstdeklaration). Betrachtet man im selben Jahr Männer im Alter von 60 bis 64 Jahren (Frauen 59–63), die mindestens bis zu ihrem 50. Lebensjahr erwerbstätig gewesen sind, so hatten 27% dieser Männer und 29% dieser Frauen ihre Erwerbstätigkeit beendet. Gleichzeitig bezogen 31% der Männer und 26% der Frauen dieser Altersgruppe eine Leistung aus dem System der Alterssicherung. Lässt man diese Personengruppe eine eigene Einschätzung abgeben, dann sehen sich 25% der Männer und 19% der Frauen als frühpensioniert. 3 von 4 Personen, die sich selbst als frühpensioniert einschätzen, treten freiwillig frühzeitig zurück. Frauen treten meist aus persönlichen Gründen frühzeitig zurück (41%), während Männer meist betriebliche Gründe angeben (31%). Jeweils rund 21% treten aus gesundheitlichen Gründen frühzeitig zurück.

- Près d'un quart des dossiers ont été clos en 2014. Les dossiers ont été clos le plus souvent (pour près d'un tiers) car les services sociaux n'avaient plus la compétence de les traiter en raison d'un changement de domicile ou d'une interruption de contact entre le service social et le bénéficiaire. Dans ces cas, les personnes ne quittent pas obligatoirement l'aide sociale. Un autre tiers des dossiers ont été clos parce que la situation professionnelle des bénéficiaires s'est améliorée avec la reprise d'une nouvelle activité professionnelle ou l'augmentation du taux d'activité. Dans un quart des cas, d'autres prestations sociales sous condition de ressources ou – bien plus souvent – des prestations des assurances sociales comme l'AVS ou l'AI ont remplacé l'aide sociale.
- La moitié des bénéficiaires de l'aide sociale de 18 ans et plus n'ont pas achevé de formation professionnelle. Dans la population générale cette part atteint environ un quart des personnes de 18 ans et plus. Un déficit de formation représente encore et toujours un risque de dépendre de l'aide sociale.
- Les personnes de nationalité étrangère sont nettement surreprésentées dans l'aide sociale par rapport à leur part dans l'ensemble de la population (47% contre environ 24%). Cela est dû notamment à leur manque de qualifications professionnelles et à leur situation d'activité défavorable (pas de contrat de travail fixe, emploi dans des branches d'activités à bas revenus, etc.). Le taux d'aide sociale des ressortissants de l'UE des 28 et des pays de l'AELE, avec lesquels la Suisse a instauré la libre circulation des personnes, est à peine supérieur à celui des Suisses.

Âge moyen de la retraite et retraite anticipée

L'âge moyen de la retraite pour les hommes nés en 1947 était de 63,5 ans en 2012. Il se situait à 63,1 ans pour les femmes nées en 1948. Si l'on considère en 2012 les hommes et les femmes de 65 à 70 ans (femmes: 64 à 70 ans), on observe que 34% de ces hommes et 29% de ces femmes ont pris une retraite anticipée (autodéclaration). Si l'on considère, toujours en 2012, les hommes de 60 à 64 ans (femmes: 59 à 63 ans) ayant été actifs occupés au moins jusqu'à 50 ans, 27% de ces hommes et 29% de ces femmes avaient cessé d'exercer une activité professionnelle. Parallèlement, 31% des hommes et 26% des femmes de ce groupe d'âge touchaient une prestation du système de la prévoyance vieillesse. Si l'on demande à ce groupe de personnes de faire une évaluation personnelle, 25% des hommes et 19% des femmes estiment avoir pris une retraite anticipée. Trois personnes sur quatre estimant être des préretraités sont parties volontairement à la retraite. Les femmes anticipent leur retraite le plus souvent pour des raisons personnelles (41%), alors que les hommes le font très fréquemment pour des raisons liées à l'entreprise qui les emploie (31%). Quelque 21% des hommes et 21% des femmes prennent une retraite anticipée pour des raisons de santé.

Erhebungen, Quellen — Enquêtes, sources

Die wichtigsten Erhebungen und Quellen zur sozialen Sicherheit M 13

Statistik	Verantwortliche Stelle	Periodizität	Seit	Erhebungsmethode	Regionalisierungsgrad	Inhaltliche Schwerpunkte
Erhebungen						
Statistik der beruflichen Vorsorge in der Schweiz (Pensionskassenstatistik)	BFS	2 Jahre; seit 2004 jährlich	1941/42, 1955/56, 1966, 1970, 1978, 1987, 1992ff	Jährliche Teilerhebung; Vollerhebung alle 5 Jahre	Schweiz	Versicherte; Rentenbezüger; Betriebsrechnung; Bilanz; reglementarische und versicherungstechnische Daten
Sozialhilfestatistik: Empfängerstatistik	BFS	1 Jahr	2001 (einige Kantone), seit 2004 (alle Kantone)	Vollerhebung	Kantone; Gemeinden	Sozialhilfeempfänger nach soziodemographischen Merkmalen und nach Gemeinden
Verwaltungsdaten						
AHV-Statistiken [1]	BSV	1 Jahr	1948	Vollerhebung	Schweiz; teilweise auch Kantone	Finanzen; Leistungsbezüger und Leistungssummen nach verschiedenen Kriterien
IV-Statistiken [2]	BSV	1 Jahr	1960	Vollerhebung	Schweiz; teilweise auch Kantone	Finanzen; Leistungsbezüger und Leistungssummen nach verschiedenen Kriterien
Statistiken der Ergänzungsleistungen zur AHV und zur IV	BSV	1 Jahr	1966	Vollerhebung	Kantone	Ausgaben; Finanzierung; Berechnungsansätze und -komponenten; Bezüger nach verschiedenen Kriterien
Statistik über die Krankenversicherung (bis 2001) / Statistik der obligatorischen Krankenversicherung (ab 2002)	BSV / BAG	1 Jahr	1911/1996/ 2002 [3]	Vollerhebung	Schweiz; teilweise auch Kantone	Versicherte; Versicherungsertrag und -aufwand; Leistungen; Prämien; Bruttokosten und effektive Kosten; Prämienverbilligung; individuelle Daten
SUVA-Statistik / Unfallstatistik der UVG-Versicherer	SUVA und SSUV	1 Jahr	1919/1984 [4]	Vollerhebung	Schweiz; teilweise auch Kantone	Versicherte; Lohnsummen; Leistungen; Prämien
Arbeitslosenstatistik	Seco	1 Jahr	1975	Vollerhebung	Schweiz	Ertrag; Aufwand; Bilanz; Leistungen; Bezüger
Synthesestatistiken						
Gesamtrechnung der Sozialen Sicherheit (GRSS)	BFS	1 Jahr	1950	... [5]	Schweiz	Ausgaben und Einnahmen nach Arten; Sozialleistungen nach 8 Funktionen gemäss Eurostat-Methodik ESSOSS
Schweizerische Sozialversicherungsstatistik (vor 1997: Zahlenspiegel der sozialen Sicherheit)	BSV	1 Jahr	1948, 1987	... [6]	Schweiz	Gesamtübersichten (ab 1987); Finanzen, Rentensummen und Bezüger nach einzelnen Versicherungen
Öffentliche Finanzen der Schweiz	EFV	1 Jahr	1913/1938/ 1990 [7]	... [8]	Bund; Kantone; Gemeinden	Ausgaben; Einnahmen; Nettobelastung (Gesundheit, Soziale Wohlfahrt)
Indikatoren zur Alterssicherung	BFS	3 Jahre	2008	... [9]	Schweiz	Wirtschaftliche, gesundheitliche und soziale Situation der älteren Bevölkerung
Finanzstatistik der bedarfsabhängigen Sozialleistungen	BFS	1 Jahr	2003	Vollerhebung	Bund, Kantone	Kantonale Nettoausgaben für direkte bedarfsabhängige Sozialleistungen

---

1 Renten der AHV und IV (bis 1997/98); AHV-Statistik (seit 1999); AHV-Einkommen.
2 Renten der AHV und IV (bis 1997/98); Invaliditätsstatistik (bis 1998); IV-Statistik (seit 1999).
3 1911 trat das erste Gesetz über die Krankenversicherung in Kraft. Seit 1996 neuer Kontenplan gemäss KVG; seit 2002 Statistik der obligatorischen KV (BAG).
4 1919 Gründung der SUVA; seit 1984 obligatorische Unfallversicherung für sämtliche Arbeitnehmer.
5 Basiert auf Erhebungs-, Verwaltungs- und Synthesestatistiken sowie (bei fehlenden Angaben) auf Schätzungen.
6 Basiert auf den Angaben aller Sozialversicherungsbranchen.
7 Bund: Daten seit 1913; Kantone und Gemeinden: Daten seit 1938. Seit 1990 neuer Kontenplan, der die Berechnung der Nettobelastung und anderer Indikatoren erlaubt.
8 Die Daten des Bundes und der Kantone stützen sich auf die jeweiligen Staatsrechnungen. Die Daten der Gemeinden mit mehr als 4000 Einwohnern basieren auf Erhebungen, während für die kleineren Gemeinden teilweise Schätzungen und Hochrechnungen angestellt werden.
9 Basiert u.a. auf den Daten der Schweizerischen Arbeitskräfteerhebung (Modul Soziale Sicherheit) und auf denjenigen der Schweizerischen Gesundheitsbefragung.

Les principales enquêtes et sources dans le domaine de la protection sociale   M 13

Statistique	Institution responsable	Périodicité	Depuis	Méthode de relevé	Régionalisation	Contenu
Enquêtes						
Statistique de la prévoyance professionnelle en Suisse (Statistique des caisses de pensions)	OFS	2 ans; depuis 2004, annuelle	1941/42, 1955/56, 1966, 1970, 1978, 1987, 1992ss	Enquête partielle (annuelle), enquête exhaustive (tous les 5 ans)	Suisse	Assurés; bénéficiaires; compte d'exploitation; bilan; données réglementaires et actuarielles
Statistique de l'aide sociale: Statistique des bénéficiaires	OFS	1 an	2001 (quelques cantons), dès 2004 (tous les cantons)	Enquête exhaustive	Cantons; communes	Bénéficiaires de l'aide sociale selon plusieurs critères sociodémographiques et par commune
Données administratives						
Statistiques de l'AVS [1]	OFAS	1 an	1948	Enquête exhaustive	Suisse et, partiellement, cantons	Finances; bénéficiaires et montants des prestations selon différents critères
Statistiques de l'AI [2]	OFAS	1 an	1960	Enquête exhaustive	Suisse et, partiellement, cantons	Finances; bénéficiaires et montants des prestations selon différents critères
Statistiques des prestations complémentaires à l'AVS et à l'AI	OFAS	1 an	1966	Enquête exhaustive	Cantons	Dépenses; financement; bases et composantes de calcul; bénéficiaires selon différents critères
Statistique de l'assurance-maladie (jusqu'en 2001) / Statistique de l'assurance-maladie obligatoire (dès 2002)	OFAS / OFSP	1 an	1911/1996/ 2002 [3]	Enquête exhaustive	Suisse et, partiellement, cantons	Assurés, produits et charges d'assurance; prestations; primes; coûts bruts et coûts effectifs; réductions de primes; données individuelles
Statistique de la SUVA / Statistique des accidents des assureurs LAA	SUVA (CNA) et SSAA	1 an	1919/1984 [4]	Enquête exhaustive	Suisse et, partiellement, cantons	Assurés, sommes de salaires; prestations; primes; réductions de primes
Statistique du chômage	Seco	1 an	1975	Enquête exhaustive	Suisse	Produits; charges; bilan; prestations; bénéficiaires
Statistiques de synthèse						
Comptes globaux de la protection sociale (CGPS)	OFS	1 an	1950	... [5]	Suisse	Dépenses et recettes par types; prestations sociales relevant de 8 fonctions selon la méthodologie Eurostat SESPROS
Statistique des assurances sociales suisses (avant 1997: Sécurité sociale de la Suisse en chiffres)	OFAS	1 an	1948, 1987	... [6]	Suisse	Vue d'ensemble (dès 1987); finances; somme des rentes et nombre de bénéficiaires pour les différentes branches d'assurance
Statistique des finances publiques	AFF	1 an	1913/1938/ 1990 [7]	... [8]	Confédération; cantons; communes	Dépenses; recettes; charge nette (santé, prévoyance sociale)
Indicateurs sur la prévoyance vieillesse	OFS	3 ans	2008	... [9]	Suisse	Situation économique, sociale et de santé de la population âgée
Statistique financière des prestations sociales sous condition de ressources	OFS	1 an	2003	Enquête exhaustive	Suisse, cantons	Dépenses cantonales nettes pour les prestations sociales sous condition de ressources

[1] Rentes de l'AVS et de l'AI (jusqu'en 1997/98); Statistique de l'AVS (dès 1999), revenus AVS.
[2] Rentes de l'AVS et de l'AI (jusqu'en 1997/98); Statistique de l'invalidité (jusqu'en 1998); Statistique de l'AI (dès 1999).
[3] En 1911, entrée en vigueur de la première loi sur l'assurance-maladie. Depuis 1996, nouveau plan comptable selon la LAMal; dès 2002 statistique de l'assurance-maladie obligatoire (OFSP).
[4] Création de la SUVA (ancienne CNA) en 1919; assurance obligatoire pour tous les salariés depuis 1984.
[5] Fondés sur des données issues d'enquêtes, sur des statistiques administratives et sur des statistiques de synthèse ainsi que, à défaut d'autres informations, sur des estimations.
[6] Fondée sur les informations provenant de toutes les assurances sociales.
[7] Confédération: données depuis 1913; cantons et communes: données depuis 1938. En 1990, entrée en vigueur d'un nouveau plan comptable permettant le calcul de la charge nette et d'autres indicateurs.
[8] Les données de la Confédération et des cantons sont tirées de leurs comptes d'Etat respectifs. Celles des communes de plus de 4000 habitants reposent sur des relevés alors que les chiffres des autres communes se fondent partiellement sur des estimations et des extrapolations.
[9] Fondé entre autres sur l'enquête suisse de la population active (module sécurité sociale) et l'enquête suisse sur la santé.

Die Gesamtrechnung der Sozialen Sicherheit (GRSS)

Die GRSS erhebt definitionsgemäss den Anspruch, den Bereich der sozialen Sicherheit vollständig abzudecken. Um Vergleiche mit anderen europäischen Ländern zu ermöglichen, muss sie sich indessen methodisch ganz auf das vom statistischen Amt der EU (Eurostat) entwickelte «Europäische System der Integrierten Sozialschutzstatistik» ausrichten, das die Leistungen bestimmter Institutionen bzw. Regimes, die direkte oder indirekte sozialpolitische Relevanz besitzen, unberücksichtigt lässt.

In quantitativer Hinsicht bilden die Leistungen der grossen Sozialversicherungen den Schwerpunkt der GRSS. Weitere wichtige Elemente sind die bedarfsabhängigen staatlichen Sozialleistungen, die Spitalsubventionen, die direkten Lohnfortzahlungen der Arbeitgeber bei Krankheit und Mutterschaft und die Hilfsaktionen privater nicht gewinnorientierter Institutionen. Bei der zweiten Säule wird neben dem obligatorischen Teil auch der überobligatorische einbezogen, wogegen die Säule 3a, die gebundene Selbstvorsorge, nicht in der GRSS vertreten ist.

Als Hauptaggregate weist die GRSS die Gesamtausgaben, die Leistungen und die Einnahmen für die soziale Sicherheit aus. Es handelt sich dabei um Bruttogrössen, die auch steuerpflichtige Beträge enthalten. Lediglich die Transferzahlungen zwischen den einzelnen Regimes werden von den Gesamtbeträgen in Abzug gebracht, da sonst Doppelzählungen resultieren würden. Im Zentrum der GRSS stehen die bei Eintreten eines der acht Risiken bzw. Bedürfnisse (Funktionen) «Krankheit/Gesundheitsversorgung», «Invalidität», «Alter», «Hinterbliebene», «Familie/Kinder», «Arbeitslosigkeit», «Wohnen» und «Soziale Ausgrenzung» ausgerichteten Sozialleistungen. Bei jeder dieser Funktionen wird einerseits zwischen Geld- und Sachleistungen und andererseits zwischen bedarfsabhängigen und nicht bedarfsabhängigen Leistungen unterschieden.

Weiter werden auf der Ausgabenseite noch die Durchführungskosten, die Passivzinsen und die übrigen Ausgaben erhoben. Bei den Einnahmen werden die Sozialbeiträge der Arbeitgeber, Arbeitnehmer und Selbständigen, die Kopfprämien der privaten Haushalte (KVG), die Staatsbeiträge sowie die Vermögens- und sonstigen Einnahmen auseinander gehalten.

Les Comptes globaux de la protection sociale (CGPS)

Comme leur nom l'indique, les CGPS ont l'ambition de couvrir l'ensemble du domaine de la protection sociale. Pour permettre des comparaisons avec d'autres pays européens, la méthodologie appliquée est axée sur le «Système européen de statistiques intégrées de la protection sociale» développé par l'Office statistique de l'UE (Eurostat). Ce système ne prend toutefois pas en compte les prestations de certains régimes ou institutions qui ont pourtant des conséquences sociales directes ou indirectes.

Dans les CGPS, l'accent principal est mis sur les prestations des grandes assurances sociales. Parmi les autres éléments importants pris en considération, on trouve les prestations sociales sous condition de ressources fournies par l'Etat, les subventions hospitalières, les paiements directs des employeurs en cas de maladie ou de maternité et les actions d'entraide menées par des institutions privées sans but lucratif. Pour le deuxième pilier, tant le régime obligatoire que le régime surobligatoire sont pris en considération, tandis que le pilier 3a, à savoir la prévoyance individuelle liée, est exclu.

Les principaux agrégats des CGPS sont les dépenses globales, les prestations et les recettes de la protection sociale. Ces agrégats forment des valeurs brutes comprenant aussi des montants imposables. Les transferts entre les différents régimes sont déduits des montants totaux, afin d'éviter des comptages à double. Les CGPS ont pour principal objet les prestations sociales versées lorsque se réalise l'un des huit «risques» (fonctions) suivants: «maladie/soins de santé», «invalidité», «vieillesse», «survie», «famille/enfants», «chômage», «logement», «exclusion sociale». Dans chacune de ces fonctions, on fait la distinction entre les prestations en espèces et les prestations en nature, d'une part, et entre les prestations sous condition de ressources et les prestations sans condition de ressources, d'autre part.

Du côté des dépenses, les CGPS incluent les dépenses de fonctionnement, les intérêts passifs et les autres dépenses. Du côté des recettes, on relève séparément les contributions des employeurs, des employés et des indépendants, les primes par tête des ménages privés (LAMal), les contributions publiques ainsi que les revenus de la propriété et les autres recettes.

Die Komponenten der Gesamtrechnung der Sozialen Sicherheit (GRSS)
Les composants des Comptes globaux de la protection sociale (GCPS)

G 13.13

Gemäss dem Europäischen System Integrierter Sozialschutzstatistiken (ESSOSS) / Selon le Système européen de statistiques intégrées de la protection sociale (SESPROS)

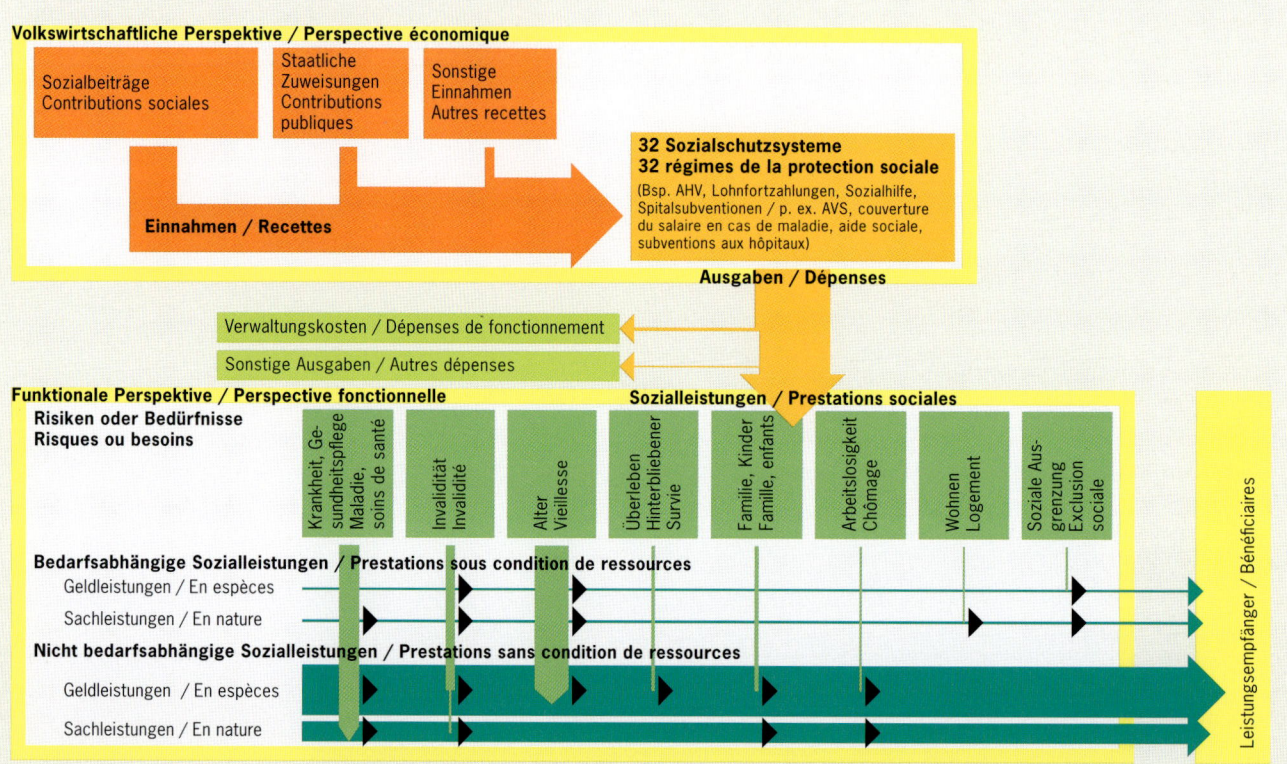

Glossar

Abkürzungen (Sozialversicherungen)

AHV	Alters- und Hinterlassenenversicherung
ALV	Arbeitslosenversicherung
AV	Altersversicherung (AHV)
BU	Berufsunfallversicherung
BV	Berufliche Alters-, Hinterlassenen- und Invalidenvorsorge
EL-AHV	Ergänzungsleistungen zur AHV
EL-IV	Ergänzungsleistungen zur IV
EO	Erwerbsersatzordnung
FUV	Freiwillige Unternehmerversicherung
FZ	Familienzulagen
HMO	Health Maintenance Organizations (KVG)
HV	Hinterlassenenversicherung (AHV)
IV	Invalidenversicherung
KV	Krankenversicherung (Grund- und Zusatzversicherung)
MV	Militärversicherung
NBU	Nichtberufsunfallversicherung
OKPV	Obligatorische Krankenpflege-Grundversicherung
OUV	Obligatorische Unfallversicherung
SSUV	Sammelstelle für die Statistik der Unfallversicherung UVG
SUVA	Schweizerische Unfallversicherungsanstalt
UV	Unfallversicherung
UVAL	Unfallversicherung für Arbeitslose

Alters- und Hinterlassenenversicherung, obligatorische (AHV)

Die AHV wurde 1948 als obligatorische Versicherung zur Altersvorsorge eingeführt und ist seither mehrmals ausgebaut worden. Neben den Altersrenten werden auch Leistungen für Witwen und Witwer sowie Waisen gewährt. Zweck der AHV ist die Sicherung des Grundbedarfs im Alter und bei Tod des Vorsorgers. Zudem werden auch Hilflosenentschädigungen ausgerichtet.

Die ordentliche AHV-Rente berechnet sich nach dem für die Beiträge massgebenden Einkommen und der Anzahl Beitragsjahre. Die Beitragssätze betragen seit Juli 1973 8,4% des Bruttolohnes (Selbständige: seit 1979 7,8% des Bruttoeinkommens). Staatsbeiträge machen rund einen Viertel der Einnahmen aus. Die Schwankungen der Rechnungsbilanz werden durch den Ausgleichsfonds ausgeglichen.

Arbeitslosenversicherung (ALV)

Die 1976 als obligatorische Versicherung eingeführte ALV deckt die Risiken der Arbeitslosigkeit ab. Mit der Teilrevision von 1996/97 wurden ein neues Leistungs- und Beitragssystem und regionale Arbeitsämter (RAV) eingeführt.

Die Einnahmen der ALV bestehen fast ausschliesslich aus den Beiträgen, die von den Arbeitgebern und den Arbeitnehmern je zur Hälfte geleistet werden. Die Subventionen des Bundes dürfen maximal 5% der Gesamtausgaben betragen. Mit der 4. Teilrevision des Arbeitslosenversicherungsgesetzes wurde 2011 der ordentliche Lohnbeitrag für Einkommen bis 126 000 Franken um 0,2 Prozentpunkte auf 2,2 erhöht. Für Einkommen zwischen 126 000 und 315 000 wird ein Solidaritätsprozent erhoben.

Glossaire

Abréviations (assurances sociales)

AA	Assurance-accidents
AAC	Assurance-accidents des chômeurs
AAO	Assurance-accidents obligatoire
AC	Assurance-chômage
AF	Allocations familiales
AFI	Assurance facultative des indépendants (accidents)
AI	Assurance invalidité
AM	Assurance-maladie (ass. de base et ass. complémentaires)
AMi	Assurance militaire
ANP	Assurance contre les accidents non professionnels
AOS	Assurance obligatoire des soins
AP	Assurance contre les accidents professionnels
APG	Allocations pour perte de gain
AS	Assurance-survivants (AVS)
AV	Assurance-vieillesse (AVS)
AVS	Assurance vieillesse et survivants
HMO	Health Maintenance Organizations (LAMal)
PC-AI	Prestations complémentaires à l'AI
PC-AVS	Prestations complémentaires à l'AVS
PP	Prévoyance professionnelle vieillesse, survivants et invalidité
SSAA	Service de centralisation des statistiques de l'assurance-accidents (LAA)
SUVA	Caisse nationale suisse d'assurance en cas d'accidents

Adaptation des rentes

Les prestations et les rentes de l'AVS et de l'AI sont adaptées à l'évolution économique sur la base d'un indice mixte (moyenne arithmétique de l'indice des prix et de l'indice des salaires). L'adaptation se fait en principe tous les deux ans, ou tous les ans si le renchérissement est important. La LPP prescrit uniquement l'adaptation des rentes de survivants et d'invalidité à l'évolution des prix. Dans les limites de leurs possibilités financières, les caisses doivent prendre des dispositions pour adapter également les rentes de vieillesse au renchérissement.

Aide sociale

L'aide sociale constitue, dans le système de protection sociale suisse, une prestation de dernier recours. Elle est accordée en fonction des besoins là où aucune assurance sociale n'alloue de prestations et comprend toutes les prestations d'assistance, de conseils et de prestations de soutien destinées à assurer la subsistance des personnes nécessiteuses. Elle comprend en outre des mesures destinées à soutenir le maintien de l'autonomie économique et l'intégration sociale des personnes assistées, pour éviter qu'elles ne tombent dans la pauvreté.

On distingue l'aide sociale au sens strict de l'aide sociale au sens large, qui comprend les prestations cantonales octroyées en amont en fonction des besoins. Parmi ces prestations en amont, on trouve les avances sur pensions alimentaires, les allocations de maternité, les allocations parentales, les aides aux chômeurs, les prestations complémentaires cantonales et les aides au logement. L'aide sociale relève de la compétence des cantons. Seules l'assistance dans les domaines

Berufliche Alters-, Hinterlassenen- und Invalidenvorsorge (BV)

Ziel der beruflichen Vorsorge ist es, zusammen mit der AHV den gewohnten Lebensstandard im Alter, beim Tod des Vorsorgers und bei Invalidität zu sichern. Die in einem langen historischen Prozess gewachsene berufliche Vorsorge ist seit 1985 im Bundesgesetz über die berufliche Alters-, Hinterlassenen- und Invalidenvorsorge (BVG) geregelt. Dieses legt als Rahmengesetz Mindestleistungen zur Absicherung gegen wirtschaftliche Folgen von Alter, Tod und Invalidität fest («Obligatorium»). Eine Vorsorgeeinrichtung kann jedoch zusätzliche Leistungen vorsehen («Überobligatorium»). Die berufliche Vorsorge ist für Arbeitnehmer ab dem 1. Januar nach Vollendung des 17. Altersjahres mit einem Jahresgehalt über Fr. 21 150.– (2015) für die Risiken Tod und Invalidität sowie ab dem 1. Januar nach Vollendung des 24. Altersjahres für das Alterssparen obligatorisch. Die Höhe der Leistungen wird entweder aufgrund des geäufneten Sparkapitals (Altersgutschriften) bestimmt (Beitragsprimat) oder aufgrund eines Anteils am versicherten Lohn (Leistungsprimat).

Das 1995 in Kraft getretene Bundesgesetz über die Freizügigkeitsleistungen schreibt vor, dass bei einem Stellenwechsel die Guthaben aus der beruflichen Vorsorge an die neue Vorsorgeeinrichtung überwiesen oder andernfalls bei einer Bank oder einer Versicherung deponiert werden müssen. Die Verordnung über die Wohneigentumsförderung ermöglicht es, die Mittel der beruflichen Vorsorge für den Erwerb von Wohneigentum einzusetzen.

Die BV wird durch die Beiträge der Arbeitgeber und Arbeitnehmer im Kapitaldeckungsverfahren finanziert, d.h. dass die Leistungen durch das während der Erwerbstätigkeit angesparte und verzinste Kapital gedeckt werden. Die Beiträge werden in der Regel auf dem versicherten («koordinierten») Lohn erhoben. Der Arbeitgeber muss insgesamt mindestens die gleiche Beitragssumme entrichten wie die Arbeitnehmer seines Betriebes.

Ergänzungsleistungen zur Alters- und Hinterlassenenversicherung und zur Invalidenversicherung (EL zur AHV und zur IV)

Die EL wurden 1966 mit dem Bundesgesetz über die Ergänzungsleistungen zur AHV/IV eingeführt, um bedürftigen AHV- und IV-Rentnern das Existenzminimum zu garantieren. Sie werden nur in der Schweiz ausgerichtet. Die Bezüger müssen in der Schweiz wohnhaft sein; für nicht aus dem EU-Raum stammende Ausländer gilt überdies, dass sie seit mindestens 10 Jahren (Flüchtlinge: 5 Jahre) ununterbrochen in der Schweiz gelebt haben müssen. Voraussetzung für den Bezug von EL ist die AHV/IV-Berechtigung. Die EL setzen sich aus zwei Komponenten zusammen: den monatlich ausgerichteten Leistungen und den Rückerstattungen von Kosten, die durch Krankheit oder Invalidität entstehen. Die EL werden ausschliesslich durch die öffentliche Hand finanziert. Im Zusammenhang mit dem NFA ist die Beteiligung des Bundes an den EL vollständig geändert worden.

Erwerbsersatzordnung (EO)

Personen, die Militärdienst, Zivilschutz oder Zivildienst leisten, vergütet die EO einen Teil des Erwerbsausfalls. Seit dem 1. Juli 2005 leistet die EO überdies den Erwerbsersatz bei Mutterschaft (Mutterschaftsentschädigung) für erwerbstätige Frauen. Die Höhe der Entschädigung beträgt 80% des vordienstlichen Einkommens (6. EO-Revision) bzw. 80% des vor der Niederkunft erzielten durchschnittlichen Erwerbseinkommens, höchstens aber 196 Franken pro Tag. Dazu kommen noch Kinderzulagen, des réfugiés, de l'asile et l'aide aux Suisses de l'étranger relèvent de la Confédération.

Allocations familiales (AF)

Les allocations familiales servent à compenser partiellement les charges familiales. Elles comprennent des allocations pour enfants et de formation, mais aussi dans certains cantons, des allocations de naissance et d'adoption. La loi sur les allocations familiales (LAFam), entrée en vigueur le 1er janvier 2009, définit les montants minimaux des allocations, soit 200 francs pour les enfants jusqu'à 16 ans et 250 francs pour les enfants de 16 à 25 ans. Les allocations sont versées à tous les actifs occupés, aux personnes non actives et depuis 2013 aux travailleurs indépendants. La loi fédérale sur les allocations familiales dans l'agriculture (LFA) demeure une loi spéciale. Elle règle le droit pour les agriculteurs indépendants et les travailleurs du domaine.

Dans l'agriculture, les AF sont financées pour l'essentiel par la Confédération. Les AF cantonales destinées aux salariés sont financées presque entièrement par les contributions des employeurs. Les caisses cantonales d'allocations familiales, qui versent environ le tiers des AF cantonales, ont des taux de cotisation compris entre 1,2 et 3,2%; pour les caisses d'allocations familiales privées, la fourchette se situe entre 0,15 et 3,9%.

Allocations pour perte de gain (APG)

Les APG servent à indemniser les personnes qui accomplissent un service militaire, un service de protection civile ou un service civil. Depuis le 1er juillet 2005, l'APG verse une indemnité (allocation de maternité) aux femmes actives. L'indemnité s'élève à 80% du revenu acquis avant l'accouchement (6e révision APG) resp. 80% du revenu professionnel moyen gagné mais au maximum 196 francs par jour. A cela s'ajoutent des allocations pour enfants, des allocations pour frais de garde et d'autres allocations. Une disposition spéciale s'applique aux recrues.

Les APG sont entièrement financées par des cotisations sociales (financées à parts égales par les employeurs et les travailleurs) et par le rendement du fonds de compensation. Depuis 2011, le taux de cotisation s'élève à 0,5%. L'obligation de cotiser s'applique à l'ensemble des personnes soumises à l'AVS.

Assurance-accidents (AA)

L'assurance contre les accidents professionnels (AP), obligatoire depuis 1984, a pour but de protéger les salariés contre les conséquences économiques d'un accident ou d'une maladie professionnelle. Une assurance contre les accidents non professionnels (ANP) ne peut être conclue que par les personnes qui exercent une activité de plus de 8 heures par semaine. Depuis 1996, les personnes sans emploi sont tenues de contracter une assurance contre les accidents (AAC). Les indépendants ont la possibilité de s'assurer à titre facultatif (AFI).

La Caisse nationale d'assurance en cas d'accidents (SUVA), fondée en 1919, est de loin la plus importante des assurances accidents. Les institutions d'assurances privées, les caisses publiques d'assurances accidents et quelques caisses-maladies proposent également des polices d'assurance accidents.

Les prestations de l'AA comprennent le traitement médical, les indemnités journalières pour la durée de l'incapacité de travail ainsi que des rentes d'invalidité et de survivants. L'AA est financée par des primes versées par les employeurs et par les assurés. Les primes de l'AP sont payées par les employeurs, celles de l'ANP le sont en général par les assurés.

Zulagen für Betreuungskosten und andere Zulagen. Für Rekruten gilt eine Sonderbestimmung.

Die EO finanziert sich ausschliesslich über Sozialbeiträge (die sich Arbeitgeber und Arbeitnehmer hälftig teilen) und über Erträge des Ausgleichsfonds. Der Beitragssatz beträgt seit 2011 0,5%. Die Beitragspflicht erstreckt sich auf sämtliche AHV-Beitragspflichtigen.

Familienzulagen (FZ)

Mit der Ausrichtung von Familienzulagen wird ein teilweiser Ausgleich der Familienlasten bezweckt. Sie umfassen Kinder- und Ausbildungszulagen sowie in einzelnen Kantonen Geburts- und Adoptionszulagen. Am 1.1.2009 trat das Bundesgesetz über die Familienzulagen (FamZG) in Kraft. Das neue Familienzulagengesetz definiert minimale Zulagen von 200 Franken für Kinder bis 16 Jahren sowie 250 Franken für Kinder von 16 bis 25 in Ausbildung. Sie werden an alle Arbeitnehmenden, Nichterwerbstätigen sowie seit 2013 an alle Selbständigerwerbenden ausgerichtet. Das Bundesgesetz über die Familienzulagen in der Landwirtschaft (FLG) bleibt als Spezialgesetz bestehen. Es regelt den Anspruch für selbständige Landwirte und Arbeitnehmende in der Landwirtschaft.

Die FZ in der Landwirtschaft werden grösstenteils vom Bund finanziert, die kantonalen FZ für Arbeitnehmer dagegen fast vollumfänglich durch Arbeitgeberbeiträge. Die kantonalen Familienausgleichskassen (FAK), die etwa einen Drittel der kantonalen FZ ausrichten, kennen Beitragssätze zwischen 1,2% und 3,2%; bei den privaten Familienausgleichskassen liegt die Bandbreite zwischen 0,15% und 3,9%.

Invalidenversicherung (IV)

Die IV wurde 1960 als obligatorische Versicherung für die gesamte Bevölkerung eingeführt. Den Bezügerkreis bilden Personen, die aufgrund von Geburtsgebrechen, Krankheit oder Unfall behindert sind. Hauptzweck der IV ist die (Wieder-)Eingliederung ins Erwerbsleben oder in einen der Erwerbstätigkeit gleichgestellten Aufgabenbereich (z.B. Haushalt, Ausbildung). Gleichzeitig soll mit den IV-Renten die Existenz von behinderten Personen gesichert werden, die teilweise oder gänzlich erwerbsunfähig sind. Abgedeckt sind die Risiken körperlicher, geistiger und psychischer Einschränkungen.

Finanziert wird die IV einerseits mit Beiträgen der Versicherten und der Arbeitgeber und andererseits mit Beiträgen der öffentlichen Hand. Der Beitragssatz liegt seit 1995 bei 1,4% (1988 – 1994: 1,2%) und wird je zur Hälfte von den Arbeitnehmern und den Arbeitgebern getragen. Die jährlichen Ausgaben werden zur mehr als der Hälfte durch Sozialbeiträge finanziert. Der Beitrag des Bundes beträgt gut einen Drittel, während der Kantonsbeitrag mit der Neugestaltung des Finanzausgleichs und der Aufgabenteilung zwischen Bund und Kantonen (NFA) entfällt. Im Rahmen der 5. IV-Revision wird zwischen 2011 und 2017 die Mehrwertsteuer befristet erhöht (7,6 auf 8%), um einen Sanierungsbeitrag an die IV zu leisten.

Kapitaldeckungsverfahren

Finanzierungsverfahren, das in der beruflichen Vorsorge angewendet wird. Die Versicherten sparen das Kapital, von dem später die Renten finanziert werden, während der Aktivzeit an. Wie gross der Wert des angesparten Kapitals am Ende der Beitragsperiode ist, hängt entscheidend von der Teuerung und der Zinsentwicklung ab.

Krankenversicherung (KV)

Bis 1995 waren die gesetzlichen Grundlagen der KV im Kranken- und Unfallversicherungsgesetz (KUVG) von 1911 geregelt. Seit dem 1. Januar 1996 ist das neue Krankenversicherungsgesetz (KVG) in Kraft, das die Einführung der obligatorischen Krankenpflegeversicherung (OKPV) brach-

Assurance-chômage (AC)

L'AC obligatoire, introduite en 1976, a pour but de couvrir le risque de chômage. La révision partielle de 1996/97 a instauré un nouveau système de prestations et de cotisations et a institué les offices régionaux de placement (ORP).

L'AC est financée presque exclusivement par les cotisations versées à parts égales par les employeurs et les salariés. Les subventions de la Confédération ne peuvent dépasser 5% des dépenses totales de l'assurance. Avec la 4e révision partielle de la loi sur le chômage en 2011, la cotisation a augmenté de 0,2 point et correspond à 2,2% pour les revenus jusqu'à 126 000 francs. Un pourcentage de solidarité est prélevé sur les revenus se situant entre 126 000 et 315 000 francs.

Assurance-invalidité (AI)

L'AI obligatoire a été introduite pour l'ensemble de la population en 1960. Elle assure des prestations aux handicapés de naissance et aux personnes devenues handicapées par suite d'une maladie ou d'un accident. Son principal objectif est d'intégrer ou de réintégrer ces personnes dans la vie professionnelle ou dans un domaine d'activité équivalent (famille, formation, etc.). L'AI assure également la subsistance des handicapés qui sont partiellement ou totalement incapables d'exercer une activité. L'assurance couvre les risques d'invalidité physique, mentale et psychologique.

L'AI est financée par les cotisations des assurés et des employeurs et par des contributions publiques. Le taux de cotisation s'élève depuis 1995 à 1,4% (1988 – 1994: 1,2%). Les cotisations sont payées à parts égales par les travailleurs et les employeurs. Les dépenses annuelles sont financées pour plus de la moitié par les cotisations sociales. L'apport de la Confédération s'élève à un tiers alors que la part des cantons est nulle suite à la réforme de la péréquation financière et de la répartition des tâches entre la Confédération et les cantons (RPT). Entre 2011 et 2017, le taux de la TVA a été relevé de manière temporaire de 7,6% à 8% afin de pouvoir contribuer à l'assainissement de l'AI. Cette mesure a été définie dans le cadre de la 5e révision de l'AI.

Assurance-maladie (AM)

Jusqu'en 1995, l'AM était régie par la loi de 1911 sur l'assurance-maladie et accidents (LAMA). Une nouvelle loi sur l'assurance-maladie (LAMal) est entrée en vigueur le 1er janvier 1996. Cette loi a instauré une assurance obligatoire des soins (AOS), dite aussi assurance de base, qui couvre les frais de traitement en cas de maladie, en cas de maternité et partiellement en cas d'accident. Les assureurs peuvent par ailleurs proposer des assurances complémentaires, pour lesquelles ils fixent des primes individuelles en fonction des risques. Ces assurances complémentaires comprennent, entre autres, le libre choix de l'hôpital dans toute la Suisse, le séjour en division privée ou semi-privée ainsi que des indemnités journalières.

La LAMal a instauré une assurance de base obligatoire pour toute la population, le libre choix de la caisse, un catalogue de prestations unique pour tous les assurés, l'obligation de prise en charge des traitements hospitaliers quelle que soit leur durée, une prime par tête unique pour les adultes d'une même caisse et d'une même région (un canton peut être divisé en trois régions au maximum), des réductions de primes pour les personnes à faible revenu et la compensation des risques entre les assureurs. Elle a aussi introduit définitivement trois nouvelles formes d'assurance que le Conseil fédéral avait créées à titre d'essai en 1990: l'assurance avec franchises à option, l'assurance avec bonus et l'assurance à choix limité, laquelle est représentée principalement par les HMO (Health Maintenance Organizations).

te. Die KV besteht einerseits aus dieser Grundversicherung, welche die Kosten für die Behandlung bei Krankheit, Mutterschaft und z.T. auch bei Unfall übernimmt. Darüber hinaus können die Krankenversicherer Zusatzversicherungen anbieten, für die individuelle, risikogerechte Prämien in Rechnung gestellt werden. Auf der Leistungsseite impliziert dies u.a. die freie Spitalwahl in der ganzen Schweiz, die Versicherung für Privat- oder Halbprivatabteilungen sowie Taggeldversicherungen.

Mit der Inkraftsetzung des KVG wurden das Obligatorium der Grundversicherung für die gesamte Wohnbevölkerung, die freie Wahl der Kasse, ein einheitlicher Leistungskatalog für alle Versicherten, die zeitlich unbegrenzte Leistungspflicht bei stationärer Behandlung, einheitliche Kopfprämien für Erwachsene innerhalb der gleichen Kasse und der gleichen Region (ein Kanton darf in maximal drei Regionen eingeteilt werden), Prämienverbilligungen für einkommensschwache Personen und die Vorschrift des Risikoausgleichs für die Versicherer realisiert. Das KVG brachte zudem die definitive Einführung von drei neuen Versicherungsformen, die der Bundesrat bereits 1990 versuchsweise eingeführt hatte, nämlich der wählbaren Franchise, der Bonus-Versicherung und der Versicherung mit eingeschränkter Wahl, deren wichtigste Vertreterinnen die HMO (Health Maintenance Organizations) sind.

Die OKPV wird fast vollumfänglich mit Kopfprämien finanziert und nimmt damit unter den schweizerischen Sozialversicherungen eine Sonderstellung ein.

Militärversicherung (MV)
Durch die MV werden in erster Linie die Folgekosten von Krankheiten und Unfällen der Personen im Militärdienst, Zivildienst und Zivilschutz abgedeckt. Der Leistungskatalog der MV umfasst Pflegeleistungen, Kostenvergütungen und Taggelder. Die Kosten werden vollumfänglich vom Bund getragen.

Mutterschaftsversicherung
Im September 2004 stimmte das Stimmvolk der Vorlage einer gesamtschweizerischen Mutterschaftsversicherung zu, die im Juli 2005 in Kraft getreten ist. Selbstständig und unselbstständig erwerbstätigen Frauen wird nach der Geburt eines Kindes während maximal 14 Wochen 80% des vorher erzielten Einkommens vergütet. Die Finanzierung der Sozialleistungen erfolgt paritätisch durch Arbeitgeber und Arbeitnehmer, und zwar im Rahmen der Erwerbsersatzordnung (EO).

Rentenanpassung
Die Leistungen und die Renten der AHV und der IV werden durch einen Mischindex (arithmetisches Mittel zwischen Preis- und Lohnindex) der wirtschaftlichen Entwicklung angepasst. Die Anpassung erfolgt grundsätzlich alle zwei Jahre, bei starker Teuerung jährlich. Im BVG ist nur die Anpassung der Invaliden- und Hinterlassenenrenten an die Preisentwicklung vorgeschrieben; für die Anpassung der Altersrenten an die Teuerung haben die Kassen Bestimmungen zu erlassen, die ihre finanziellen Möglichkeiten berücksichtigen müssen.

Rentenwert-Umlageverfahren
Finanzierungsverfahren, das bei der Unfallversicherung verwendet wird. Bei Zusprache der Leistung wird das für den Rentenfall erforderliche Kapital aus den Beiträgen der Versicherten ausgeschieden und angelegt.

Soziale Sicherheit
Das System der sozialen Sicherheit umfasst die Gesamtheit der Massnahmen öffentlicher oder privater Institutionen mit dem Ziel, Personen

L'AOS est financée presque entièrement par des primes par tête, ce qui la distingue des autres assurances sociales en Suisse.

Assurance-maternité
En septembre 2004, le peuple a accepté la proposition d'une assurance-maternité fédérale, qui est entrée en vigueur en juillet 2005. Les femmes, salariées et indépendantes, reçoivent après la naissance d'un enfant pendant 14 semaines 80% de leur précédent revenu. Le financement de l'assurance-maternité se répartit paritairement entre les employeurs et les employés dans le cadre des APG.

Assurance militaire (AMi)
L'assurance militaire couvre les frais de maladie et d'accident des personnes qui accomplissent un service militaire, un service civil ou un service de protection civile. Le catalogue des prestations comprend les soins, des remboursements de frais et des indemnités journalières. Les coûts de l'assurance sont portés entièrement par la Confédération.

Assurances sociales
Les assurances sociales sont des systèmes de prestations réglementés par l'Etat, destinés à protéger contre un ensemble de risques précisément définis. La plupart des assurances sociales servent à compenser l'absence ou l'insuffisance d'un revenu professionnel. Obligatoires pour tout ou partie de la population, les assurances sociales sont des institutions de droit public (haute surveillance de l'Etat). Leurs prestations minimales sont fixées par la loi, elles n'ont pas de but lucratif, elles contribuent à redistribuer les richesses en faveur des groupes de population économiquement faibles et elles sont souvent cofinancées par l'Etat.

Assurance-vieillesse et survivants (AVS)
L'AVS, assurance obligatoire de prévoyance vieillesse, a été introduite en 1948 et a été plusieurs fois révisée depuis. En plus des rentes pour personnes âgées, l'AVS assure des prestations aux veuves, aux veufs et aux orphelins. Le but de cette assurance est de pourvoir aux besoins élémentaires des personnes âgées et de celles qui n'ont plus de soutien suite au décès du conjoint ou des parents. L'AVS verse également des allocations pour impotents.

La rente AVS ordinaire se calcule d'après le revenu sur lequel les cotisations ont été versées et d'après le nombre d'années de cotisations. Les taux de cotisations s'élèvent depuis juillet 1973 à 8,4% du salaire brut (indépendants: 7,8% du salaire brut depuis 1979). Les contributions publiques représentent près d'un quart des recettes. Les fluctuations du bilan comptable sont équilibrées au moyen d'un fonds de compensation.

Prestations complémentaires à l'assurance-vieillesse et survivants et à l'assurance-invalidité (PC à l'AVS et à l'AI)
Les PC ont été introduites en 1966 par la loi fédérale sur les prestations complémentaires à l'AVS/AI. Elles garantissent le minimum vital aux rentiers AVS/AI les plus démunis. Les PC ne sont allouées qu'en Suisse. Pour en bénéficier, il faut être domicilié en Suisse et avoir droit aux rentes AVS/AI; les étrangers peuvent en bénéficier s'ils vivent en Suisse sans interruption depuis au moins 10 ans (réfugiés: 5 ans). Les PC se composent, d'une part, d'une prestation versée mensuellement et, d'autre part, du remboursement des frais de maladie et d'invalidité. Les prestations complémentaires sont financées entièrement par les pouvoirs publics. Suite à la nouvelle RPT, la répartition des financements a complètement changé.

oder Haushalte vor sozialen Risiken zu schützen und deren Existenz zu sichern. Nicht unter diesen Begriff fallen Leistungen aufgrund von individuellen Vereinbarungen und solche, die eine gleichwertige Gegenleistung voraussetzen.

Sozialhilfe

Als letztes Auffangnetz im System der sozialen Sicherheit erstreckt sich die Sozialhilfe auf alle bedarfsabhängigen Unterstützungs-, Beratungs- und Betreuungsleistungen mit dem Zweck der Existenzsicherung, soweit diese Leistungen nicht bereits von einer Sozialversicherung erbracht werden. Darüber hinaus umfasst die Sozialhilfe Massnahmen zur Verhinderung von Armut wie die Förderung der wirtschaftlichen Selbstständigkeit oder die soziale Integration bedürftiger Personen.

Bei den Sozialhilfeleistungen wird unterschieden zwischen der «Sozialhilfe im engeren Sinn» und der «Sozialhilfe im weiteren Sinn», direkten Geldleistungen der Kantone («vorgelagerte Bedarfsleistungen»). Beispiele für vorgelagerte Leistungen einzelner Kantone sind Alimentenbevorschussungen, Eltern-/Mutterschaftsbeihilfen, Arbeitslosenhilfen, Altersbeihilfen oder Wohnbeihilfen. Das Sozialhilferecht liegt im Kompetenzbereich der Kantone; Bundeskompetenzen bestehen im Flüchtlings- und Asylbereich und bei der Hilfe an Auslandschweizer.

Sozialleistungen

Als Sozialleistungen wird die Gesamtheit der Leistungen bezeichnet, die im Rahmen der sozialen Sicherheit ausgerichtet werden. Dabei wird zwischen Geldleistungen, die der Einkommenssicherung dienen, und Sachleistungen in Form von Dienstleistungen und Subventionen unterschieden. Sozialleistungen werden in der Regel aufgrund der Sozialgesetzgebung gewährt.

Sozialversicherungsleistungen werden unabhängig von den individuellen Verhältnissen bzw. vom individuellen Bedarf bemessen und grösstenteils durch Beiträge der Arbeitgeber und der Versicherten finanziert (einkommensabhängige Sozialbeiträge). Bedarfsabhängige Sozialleistungen sind Sozialleistungen, die den persönlichen Bedarf an finanziellen Ressourcen zur Deckung des Existenzminimums voraussetzen. Sie werden in der Regel im Rahmen der öffentlichen Sozialhilfe erbracht und setzen eine individuelle Bedarfsabklärung voraus.

Bei der Bemessung des Bedarfs für die Sozialhilfe orientieren sich die Sozialdienste mehrheitlich an den Richtlinien der schweizerischen Konferenz für Sozialhilfe (SKOS). Die EL zur AHV und IV stellen innerhalb der bedarfsabhängigen Sozialleistungen einen Sonderfall dar, weil auf sie ein gesetzlich geschützter Anspruch besteht. Im weiteren Sinn deckt der Begriff der Sozialleistungen auch staatliche Subventionen (insbesondere die Spitalfinanzierung), Lohnfortzahlungen der Arbeitgeber bei Krankheit und Mutterschaft sowie staatliche und private Hilfsaktionen ab.

Sozialhilfequote

Die Sozialhilfequote misst den Anteil der mit Sozialhilfeleistungen unterstützten Personen während einem Erhebungsjahr an der Bevölkerung – gesamthaft oder für spezifische soziodemografische Gruppen – gemäss der ständigen Wohnbevölkerung (STATPOP) des Vorjahres.

Sozialquoten

Die Quote der Sozialausgaben, der Sozialleistungen und der Sozialeinnahmen misst die Gesamtausgaben, Leistungen und Einnahmen für die soziale Sicherheit im Verhältnis zum Bruttoinlandprodukt (BIP). Mit Soziallast- und Sozialleistungsquote werden in der Sozialversicherungsstatistik

Prestations sociales

On appelle prestations sociales toutes les prestations qui sont allouées dans le cadre de la protection sociale. Ce sont soit des prestations en espèces destinées à assurer un revenu, soit des prestations en nature (services et subventions). Les prestations sociales sont en principe régies par la législation cantonale en matière d'aide sociale.

Les prestations des assurances sociales sont allouées indépendamment de la situation et des besoins personnels des bénéficiaires. Elles sont financées pour l'essentiel par des cotisations payées par les employeurs et par les assurés (cotisations sociales liées au revenu). Les prestations sociales sous condition de ressources sont des prestations accordées en fonction des besoins individuels aux personnes qui n'arrivent pas à assurer leur propre subsistance. Elles sont généralement octroyées dans le cadre de l'aide sociale publique, sur la base d'une évaluation individuelle des besoins.

Pour évaluer les besoins, les services sociaux se réfèrent généralement aux directives de la Conférence suisse des institutions d'action sociale (CSIAS). Parmi les prestations sociales liées au besoin, les PC à l'AVS et à l'AI constituent un cas à part, puisque leur versement est garanti par la loi. Au sens large du terme, les prestations sociales englobent également les subventions publiques (notamment celles accordées aux hôpitaux), le paiement du salaire par l'employeur en cas de maladie ou de maternité et les mesures d'aide émanant de l'Etat ou d'organisations privées.

Prévoyance professionnelle vieillesse, survivants et invalidité (PP)

Le but de la prévoyance professionnelle est, avec l'AVS, d'assurer aux personnes âgées, aux invalides ou aux personnes dont le conjoint est décédé le maintien de leur niveau de vie antérieur. Depuis 1985, la prévoyance professionnelle est régie par la loi sur la prévoyance professionnelle vieillesse, survivants et invalidité (LPP), une loi-cadre qui garantit une protection minimale contre les conséquences économiques de la vieillesse, du décès et de l'invalidité («régime obligatoire»). Les institutions de prévoyance peuvent cependant assurer des prestations plus étendues («régime surobligatoire»). La prévoyance professionnelle est obligatoire à partir de l'âge de 17 ans pour les risques de décès et d'invalidité, pour les travailleurs dont le salaire annuel dépasse 21 150 francs (2015), et à partir de l'âge de 24 ans pour la constitution de l'épargne vieillesse. Le montant des prestations est déterminé soit d'après le capital d'épargne accumulé (primauté des cotisations), soit d'après un taux fixe du salaire assuré (primauté des prestations).

La loi fédérale sur le libre passage, entrée en vigueur en 1995, dispose que, en cas de changement d'employeur, l'avoir de l'assuré doit être soit transféré dans sa nouvelle institution de prévoyance, soit déposé dans une banque ou une assurance. En vertu de l'ordonnance sur l'encouragement de la propriété du logement, les fonds de la prévoyance professionnelle peuvent être utilisés pour acquérir un logement.

La PP est financée par les cotisations des employeurs et des salariés selon le système de la capitalisation. En d'autres termes, les prestations sont couvertes par le capital épargné durant la vie active et par les intérêts de ce capital. Les cotisations sont généralement prélevées sur le salaire assuré (salaire «coordonné»). La somme des contributions de l'employeur doit être au moins égale à la somme des cotisations des salariés de l'entreprise.

des Bundesamtes für Sozialversicherungen die Verhältnisse der Leistungen und Einnahmen der Sozialversicherungen zum BIP umschrieben.

Da weder die Ausgaben, Leistungen und Einnahmen für die soziale Sicherheit noch die Leistungen und Einnahmen der Sozialversicherungen Bestandteil des BIP sind, werden durch die Bezugnahme dieser Grössen auf das BIP Quoten gebildet, die keine direkten Schlüsse über die Verwendung des BIP für soziale Zwecke zulassen.

Sozialversicherungen

Sozialversicherungen sind staatlich geregelte Leistungssysteme, die bestimmte, genau definierte Risiken absichern, wobei es in den meisten Fällen um einen Ausgleich für den Erwerbsausfall geht. Typische Merkmale der Sozialversicherungen sind: das Obligatorium für die Bevölkerung oder für Teile davon, die öffentlich-rechtliche Regelung (Oberaufsicht des Staates), gesetzlich vorgeschriebene Mindestleistungen, keine Gewinnorientierung, Elemente einer Umverteilung zugunsten einkommensschwacher Bevölkerungskreise sowie die Beteiligung des Staates an den Kosten.

Umlageverfahren

Finanzierungsverfahren, das z.B. in der AHV und der IV verwendet wird. Die Ausgaben der Versicherung werden mit den laufenden Einnahmen desselben Jahres gedeckt. In der Praxis lässt sich der jährliche Ausgleich von Ausgaben und Einnahmen nicht bewerkstelligen, weshalb eine gewisse Liquiditätsreserve gehalten werden muss. Im Gegensatz zum Kapitaldeckungsverfahren (siehe dort) ist das Umlageverfahren weitgehend unabhängig von der Zinsentwicklung.

Unfallversicherung (UV)

Die seit 1984 für sämtliche Arbeitnehmerinnen und Arbeitnehmer obligatorische berufliche Unfallversicherung (BU) bietet den Versicherten Schutz gegen die wirtschaftlichen Folgen von Unfällen und Berufskrankheiten. Eine Nichtberufs-Unfallversicherung (NBU) kann nur von Personen abgeschlossen werden, die ihre Tätigkeit während mehr als 8 Stunden pro Woche ausüben. Für Arbeitslose ist der Abschluss einer Unfallversicherung seit 1996 obligatorisch (UVAL). Selbstständigerwerbenden steht die Möglichkeit einer freiwilligen Unfallversicherung (FUV) offen.

Die weitaus wichtigste Unfallversicherung ist die 1919 gegründete Schweizerische Unfallversicherungsanstalt (SUVA). Daneben bieten auch private Versicherungsgesellschaften, öffentliche Unfallkassen und einige Krankenkassen Unfall-Versicherungspolicen an.

Der Leistungskatalog der UV umfasst einerseits Heilungskosten und Taggelder für die Dauer der Arbeitsunfähigkeit und andererseits Invaliden- und Hinterlassenenrenten. Finanziert wird die Unfallversicherung über Prämien der Arbeitgeber und der Versicherten, wobei die Prämien der Berufsunfallversicherung von den Arbeitgebern und die Prämien der Nichtberufsunfallversicherung in der Regel von den Versicherten bezahlt werden.

Protection sociale

La protection sociale englobe l'ensemble des mesures prises par des institutions publiques ou privées pour protéger les personnes et les ménages contre certains risques sociaux et pour assurer leur subsistance. La protection sociale ne comprend pas les prestations réglées par contrat individuel ni celles impliquant une contre-prestation de valeur égale.

Système de capitalisation

Système de financement utilisé dans la prévoyance professionnelle. Dans ce système, les assurés épargnent durant leur vie active le capital qui servira plus tard à financer leurs rentes. La valeur du capital épargné dépend en grande partie du renchérissement et de l'évolution des taux d'intérêts.

Système de répartition

Système de financement utilisé notamment pour l'AVS et l'AI. Dans ce système, les dépenses de l'assurance sont couvertes par les recettes de l'année courante. Comme il n'est pas possible, dans la pratique, d'équilibrer annuellement les recettes et les dépenses, l'assurance constitue une réserve de liquidités. Contrairement au système de capitalisation (voir plus haut), le système de répartition est en grande partie indépendant de l'évolution des taux d'intérêts.

Système de répartition des capitaux de couverture

Il s'agit d'une forme de financement par capitalisation utilisée dans l'assurance accidents. Dans ce système, la valeur capitalisée des rentes qui découleront d'accidents déjà survenus est déduite des cotisations versées et ajoutée au capital financier.

Taux d'aide sociale

Le taux d'aide sociale mesure la part des bénéficiaires de l'aide sociale ayant perçu au moins un versement durant l'année d'enquête par rapport à l'ensemble de la population de manière générale ou pour des groupes sociodémographiques particuliers. Les taux sont calculés sur la base des chiffres définitifs de la population résidante permanente de la statistique de la population et des ménages STATPOP de l'année précédente.

Taux sociaux

Les taux des dépenses, des prestations et des recettes sociales se mesurent en pourcentage du produit intérieur brut (PIB). Dans la statistique des assurances sociales de l'OFAS, les taux de la charge sociale et les taux des prestations sociales décrivent, la part que représentent les prestations et les dépenses des assurances sociales dans le PIB.

Etant donné que les dépenses, les prestations et les recettes de la sécurité sociale ne font pas partie des composantes du PIB, pas plus d'ailleurs que les prestations et les recettes des assurances sociales, le rapport établi entre ces valeurs et le PIB aboutit à des taux qui ne permettent pas de tirer de conclusion directe sur la part du PIB affectée à des buts sociaux.

Daten / Données

Gesamtrechnung Soziale Sicherheit
Comptes globaux de la protection sociale

Gesamtrechnung der Sozialen Sicherheit (GRSS): Sozialleistungsquote im internationalen Vergleich [1] T 13.2.2.1
Comptes globaux de la protection sociale (CGPS): taux des prestations sociales en comparaison internationale [1]

	CH	DNK	DEU	ESP	FRA	ITA	NLD	AUT	PRT	SWE	GBR	NOR	
Im Verhältnis zum BIP, in %													Par rapport au PIB, en %
2003	23,7	29,2	28,7	19,3	28,3	23,9	24,9	27,8	21,2	29,8	24,2	26,2	2003
2004	23,9	29,1	28,0	19,4	28,5	24,1	24,8	27,4	21,8	29,2	24,3	24,8	2004
2005	23,6	28,6	27,8	19,6	28,7	24,4	24,5	27,0	22,3	28,9	24,3	22,8	2005
2006	22,6	27,6	26,7	19,5	28,7	24,6	25,2	26,7	22,3	28,1	24,1	21,6	2006
2007	22,0	28,5	25,8	19,8	28,4	24,5	24,9	26,2	21,8	26,8	24,5	21,6	2007
2008	21,5	28,5	26,0	21,0	28,7	25,5	25,1	26,8	22,3	27,2	25,5	21,2	2008
2009	23,6	32,1	29,1	24,0	30,6	27,5	27,6	28,8	24,5	29,5	28,3	24,8	2009
2010	23,1	32,1	28,4	24,2	30,7	27,6	28,1	28,8	24,4	28,0	28,4	24,5	2010
2011	23,0	32,1	27,3	24,9	30,7	27,3	28,4	28,1	24,2	27,7	28,3	24,2	2011
2012	23,7	32,1	27,4	25,0	31,3	28,0	29,2	28,4	24,9	28,7	28,5	24,0	2012
2013p	24,2	...	27,7	25,2	31,7	28,6	29,3	28,9	26,1	29,4	27,8	24,4	2013p

1 Daten teilweise revidiert
Quellen: Eurostat – Sozialschutz (Ausgaben und Einnahmen); BFS – GRSS
Stand: Dezember 2015

1 Données partiellement révisées
Sources: Eurostat – Protection sociale (dépenses et recettes); OFS – CGPS
Etat: décembre 2015

Gesamtrechnung der Sozialen Sicherheit (GRSS): Sozialleistungen im internationalen Vergleich [1] T 13.2.2.2
Comptes globaux de la protection sociale (CGPS): prestations sociales en comparaison internationale [1]

	CH	DNK	DEU	ESP	FRA	ITA	NLD	AUT	PRT	SWE	GBR	NOR	
In KKS[2] je Einwohner													En SPA[2] par habitant
2009	8 427	9 159	8 230	5 736	8 137	6 900	9 405	8 820	4 653	8 793	7 730	9 909	2009
2010	8 492	9 674	8 760	5 794	8 515	7 331	9 560	9 279	4 807	8 781	7 558	10 314	2010
2011	8 789	9 927	8 880	5 898	8 761	7 310	9 783	9 349	4 815	8 974	7 605	10 665	2011
2012	9 293	10 261	9 349	5 961	9 072	7 377	10 073	9 649	4 894	9 383	7 886	11 120	2012
2013p	9 592	...	9 385	6 015	9 225	7 418	9 947	9 798	5 384	9 597	7 795	11 313	2013p
In Euro[3] je Einwohner[4]													En Euro[3] par habitant[4]
2009	10 928	12 439	8 399	5 091	8 643	6 780	9 842	9 199	3 821	10 423	8 925	14 280	2009
2010	10 859	12 649	8 446	5 029	8 785	6 826	10 063	9 290	3 845	10 343	8 942	14 532	2010
2011	10 920	12 481	8 323	4 986	8 814	6 693	10 053	9 131	3 661	10 375	8 853	15 098	2011
2012	11 363	12 422	8 521	4 760	8 906	6 563	10 114	9 203	3 564	10 631	8 933	15 502	2012
2013p	11 743	...	8 577	4 682	9 076	6 503	9 977	9 289	3 776	10 975	8 824	15 749	2013p

1 Daten teilweise revidiert
2 Kaufkraftstandards (zu laufenden Preisen)
3 Zu Preisen von 2005
4 Die Entwicklung in der Schweiz wird auch durch den Wechselkurs beeinflusst.
Quellen: Eurostat – Sozialschutz (Ausgaben und Einnahmen); BFS – GRSS
Stand: Dezember 2015

1 Données partiellement révisées
2 Standards de pouvoir d'achat (aux prix courants)
3 Aux prix de 2005
4 Le développement en Suisse est aussi influencé par le taux de change.
Sources: Eurostat – Protection sociale (dépenses et recettes); OFS – CGPS
Etat: décembre 2015

Gesamtrechnung der Sozialen Sicherheit (GRSS): Gesamtausgaben, Leistungen und Gesamteinnahmen T 13.2.3.1
In % des BIP [1]
Comptes globaux de la protection sociale (CGPS): dépenses totales, prestations et recettes totales
En % du PIB [1]

	1990	1995	2000	2010	2011	2012	2013p	
Im Verhältnis zum BIP, in %								**Par rapport au PIB**, en %
Gesamtausgaben	17,4	22,3	23,3	25,5	25,4	26,2	26,9	Dépenses totales
Sozialleistungen	15,4	20,3	21,1	23,1	23,0	23,7	24,2	Prestations sociales
Einnahmen	24,1	28,0	28,4	29,1	29,9	30,6	31,1	Recettes
Veränderung im Verhältnis zum BIP, in Prozentpunkten								**Par rapport au PIB**: évolution en points (de pourcentage)
Gesamtausgaben	...	0,4	−0,4	0,0	−0,1	0,9	0,7	Dépenses totales
Sozialleistungen	...	0,4	−0,5	−0,5	−0,1	0,7	0,5	Prestations sociales
Einnahmen	...	0,9	−0,2	−0,3	0,8	0,6	0,6	Recettes

1 Die ganze BIP Zeitreihe wurde in Folge der Implementierung der neuen Version des Europäischen Systems Volkswirtschaftlicher Gesamtrechnungen (ESVG 2010) im Jahr 2014 revidiert.

Quelle: BFS – GRSS

1 La série du PIB a été complètement révisée suite à la mise en œuvre en 2014 du nouveau Système européen des comptes (SEC 2010).

Source: OFS – CGPS

Gesamtrechnung der Sozialen Sicherheit (GRSS): Gesamtausgaben, Leistungen und Einnahmen [1] T 13.2.3.2
Comptes globaux de la protection sociale (CGPS): dépenses totales, prestations et recettes [1]

	1990	1995	2000	2010	2011	2012	2013p	
Laufende Preise, in Millionen Franken								**Prix courants**, en millions de francs
Gesamtausgaben	62 065	90 177	107 117	154 359	156 788	163 874	170 875	Dépenses totales
Sozialleistungen	55 137	82 048	96 613	139 923	142 387	148 080	153 567	Prestations sociales
Einnahmen	86 209	113 077	130 321	176 499	185 000	190 863	197 743	Recettes
Teuerungsbereinigte Preise, Index 2000 = 100								**Prix corrigés de l'inflation**, indice 2000 = 100
Gesamtausgaben	70,2	87,3	100,0	132,3	133,9	141,0	147,3	Dépenses totales
Sozialleistungen	69,2	88,1	100,0	132,9	134,9	141,2	146,8	Prestations sociales
Einnahmen	80,2	90,0	100,0	124,3	129,9	135,0	140,1	Recettes

1 Daten teilweise revidiert

Quelle: BFS – GRSS

1 Données partiellement révisées

Source: OFS – CGPS

Gesamtrechnung der Sozialen Sicherheit (GRSS): Einnahmen[1] nach Arten. Ohne Doppelzählungen T 13.2.3.8
Comptes globaux de la protection sociale (CGPS): recettes[1] par types. Sans les doubles comptages

	1990	1995	2000	2010	2011	2012	2013p	
Total, in Millionen Franken	**86 209**	**113 077**	**130 321**	**176 499**	**185 000**	**190 863**	**197 743**	**Total, en millions de francs**
Sozialbeiträge, laufende Preise in Millionen Franken	**55 948**	**72 008**	**81 359**	**115 538**	**119 762**	**123 292**	**131 306**	**Cotisations sociales**, prix courants en millions de francs
Arbeitgeber	28 819	36 695	39 203	53 838	55 210	56 840	62 928	Employeurs
Beiträge der geschützten Personen[2]	27 128	35 313	42 155	61 700	64 552	66 452	68 378	Contributions sociales des personnes protégées[2]
Staatsbeiträge, laufende Preise in Millionen Franken	**16 933**	**22 771**	**28 772**	**41 640**	**45 033**	**46 845**	**47 571**	**Contributions publiques**, prix courants en millions de francs
Bund	7 253	10 352	14 196	18 459	20 610	20 712	21 080	Confédération
Allgemeine Steuern	6 088	8 865	10 431	13 238	14 680	14 392	14 806	Recettes fiscales générales
Zweckgebundene Steuern	1 166	1 487	3 765	5 220	5 930	6 320	6 274	Recettes fiscales affectées
Kantone und Gemeinden	9 679	12 419	14 576	23 182	24 423	26 133	26 490	Cantons et communes
Übrige Einnahmen, laufende Preise in Millionen Franken	**13 329**	**18 297**	**20 191**	**19 320**	**20 205**	**20 725**	**18 866**	**Autres recettes**, prix courants en millions de francs
Vermögenserträge	12 709	17 493	19 011	18 107	19 045	19 467	17 652	Revenus de la propriété
Übrige Einnahmen	620	804	1 180	1 213	1 160	1 258	1 214	Autres recettes
Sozialbeiträge in % der Gesamteinnahmen	**64,9**	**63,7**	**62,4**	**65,5**	**64,7**	**64,6**	**66,4**	**Cotisations sociales** en % des recettes totales
Arbeitgeber	33,4	32,5	30,1	30,5	29,8	29,8	31,8	Employeurs
Beiträge der geschützten Personen[2]	31,5	31,2	32,3	35,0	34,9	34,8	34,6	Contributions sociales des personnes protégées[2]
Staatsbeiträge in % der Gesamteinnahmen	**19,6**	**20,1**	**22,1**	**23,6**	**24,3**	**24,5**	**24,1**	**Contributions publiques** en % des recettes totales
Bund	8,4	9,2	10,9	10,5	11,1	10,9	10,7	Confédération
Allgemeine Steuern	7,1	7,8	8,0	7,5	7,9	7,5	7,5	Recettes fiscales générales
Zweckgebundene Steuern	1,4	1,3	2,9	3,0	3,2	3,3	3,2	Recettes fiscales affectées
Kantone u. Gemeinden	11,2	11,0	11,2	13,1	13,2	13,7	13,4	Cantons et communes
Übrige Einnahmen in % der Gesamteinnahmen	**15,5**	**16,2**	**15,5**	**10,9**	**10,9**	**10,9**	**9,5**	**Autres recettes** en % des recettes totales
Vermögenserträge	14,7	15,5	14,6	10,3	10,3	10,2	8,9	Revenus de la propriété
Übrige Einnahmen	0,7	0,7	0,9	0,7	0,6	0,7	0,6	Autres recettes

1 Daten teilweise revidiert
2 Arbeitnehmer, Selbständigerwerbende, Rentner u.a.
Quelle: BFS – GRSS

1 Données partiellement révisées
2 Salariés, indépendants, retraités et autres
Source: OFS – CGPS

Gesamtrechnung der Sozialen Sicherheit (GRSS): Sozialleistungen nach Funktionen [1]
Ohne Doppelzählungen
Comptes globaux de la protection sociale (CGPS): prestations par fonctions [1]
Sans les doubles comptages

T 13.2.3.11

	1990	1995	2000	2010	2011	2012	2013p	
Total, laufende Preise, in Millionen Franken	55 137	82 048	96 613	139 923	142 387	148 080	153 567	**Total, aux prix courants** en millions de francs
Alter	16 428	21 577	25 540	38 561	40 008	43 071	45 854	Vieillesse
Krankheit/Gesundheitspflege	5 265	8 678	11 303	14 742	14 901	14 718	14 642	Maladie/soins de santé
Invalidität	23 270	33 823	41 541	60 134	62 184	63 986	65 709	Invalidité
Überleben Hinterbliebener	4 117	4 986	5 621	7 459	7 573	7 739	7 760	Survie
Familie/Kinder	4 113	5 496	6 131	8 225	8 458	8 809	9 064	Famille/enfants
Arbeitslosigkeit	471	4 882	3 034	6 517	4 788	4 979	5 612	Chômage
Soziale Ausgrenzung	401	527	643	699	754	774	790	Exclusion sociale
Wohnen	1 072	2 078	2 799	3 585	3 721	4 005	4 136	Logement
Total, laufende Preise, in Franken pro Einwohner	8 168	11 618	13 411	17 779	17 900	18 420	18 867	**Total, aux prix courants** par habitant, en francs
Alter	2 434	3 055	3 545	4 900	5 029	5 358	5 633	Vieillesse
Krankheit/Gesundheitspflege	780	1 229	1 569	1 873	1 873	1 831	1 799	Maladie/soins de santé
Invalidität	3 447	4 789	5 766	7 641	7 817	7 959	8 073	Invalidité
Überleben Hinterbliebener	610	706	780	948	952	963	953	Survie
Familie/Kinder	609	778	851	1 045	1 063	1 096	1 114	Famille/enfants
Arbeitslosigkeit	70	691	421	828	602	619	689	Chômage
Soziale Ausgrenzung	59	75	89	89	95	96	97	Exclusion sociale
Wohnen	159	294	388	456	468	498	508	Logement
In % der Sozialleistungen								**En % des prestations sociales**
Alter	29,8	26,3	26,4	27,6	28,1	29,1	29,9	Vieillesse
Krankheit/Gesundheitspflege	9,5	10,6	11,7	10,5	10,5	9,9	9,5	Maladie/soins de santé
Invalidität	42,2	41,2	43,0	43,0	43,7	43,2	42,8	Invalidité
Überleben Hinterbliebener	7,5	6,1	5,8	5,3	5,3	5,2	5,1	Survie
Familie/Kinder	7,5	6,7	6,3	5,9	5,9	5,9	5,9	Famille/enfants
Arbeitslosigkeit	0,9	6,0	3,1	4,7	3,4	3,4	3,7	Chômage
Soziale Ausgrenzung	0,7	0,6	0,7	0,5	0,5	0,5	0,5	Exclusion sociale
Wohnen	1,9	2,5	2,9	2,6	2,6	2,7	2,7	Logement
Total, in % des BIP	15,4	20,3	21,1	23,1	23,0	23,7	24,2	**Total, en % du PIB**
Alter	4,6	5,3	5,6	6,4	6,5	6,9	7,2	Vieillesse
Krankheit/Gesundheitspflege	1,5	2,1	2,5	2,4	2,4	2,4	2,3	Maladie/soins de santé
Invalidität	6,5	8,4	9,1	9,9	10,1	10,2	10,3	Invalidité
Überleben Hinterbliebener	1,2	1,2	1,2	1,2	1,2	1,2	1,2	Survie
Familie/Kinder	1,2	1,4	1,3	1,4	1,4	1,4	1,4	Famille/enfants
Arbeitslosigkeit	0,1	1,2	0,7	1,1	0,8	0,8	0,9	Chômage
Soziale Ausgrenzung	0,1	0,1	0,1	0,1	0,1	0,1	0,1	Exclusion sociale
Wohnen	0,3	0,5	0,6	0,6	0,6	0,6	0,7	Logement

1 Daten teilweise revidiert
Quelle: BFS – GRSS

1 Données partiellement révisées
Source: OFS – CGPS

Sozialversicherungen
Assurances sociales

Gesamtrechnung der Sozialversicherungen (GRSV)[1] nach Sozialversicherungszweigen T 13.3.1.1
In Millionen Franken zu laufenden Preisen
Compte global des assurances sociales (CGAS)[1] par branche d'assurances sociales
En millions de francs aux prix courants

	1990	2000	2010	2011	2012	2013	2014	
Einnahmen	76 580	115 621	153 856	159 624	163 254	169 519	...	**Recettes**
AHV	20 351	28 721	38 062	39 171	39 867	40 722	41 326	AVS
EL zur AHV	1 124	1 441	2 324	2 439	2 525	2 605	2 712	PC à l'AVS
IV	4 412	7 897	8 176	9 500	9 760	9 871	10 006	AI
EL zur IV	309	847	1 751	1 837	1 911	1 923	1 967	PC à l'AI
BV	32 882	46 051	62 107	61 554	63 427	67 682	...	PP
KV	8 869	13 930	22 528	23 794	24 618	25 189	...	AMal
UV	4 181	5 992	7 863	7 880	7 599	7 629	...	AA
EO	1 059	861	999	1 710	1 736	1 777	1 804	APG
ALV	736	6 230	5 752	7 222	6 963	7 078	7 260	AC
FZ	2 689	3 974	5 074	5 133	5 465	5 736	...	AF
Ausgaben	56 176	97 474	137 183	138 013	144 704	149 187	...	**Dépenses**
AHV	18 328	27 722	36 604	38 053	38 798	39 976	40 866	AVS
EL zur AHV	1 124	1 441	2 324	2 439	2 525	2 605	2 712	PC à l'AVS
IV	4 133	8 711	9 297	9 488	9 295	9 306	9 254	AI
EL zur IV	309	847	1 751	1 837	1 911	1 923	1 967	PC à l'AI
BV	16 447	32 467	45 555	45 237	49 672	50 518	...	PP
KV	8 615	14 227	22 255	23 111	24 076	25 459	...	AMal
UV	3 259	4 546	5 993	6 064	6 199	6 338	...	AA
EO	885	680	1 603	1 611	1 606	1 638	1 668	APG
ALV	452	3 295	7 457	5 595	5 805	6 491	6 523	AC
FZ	2 655	3 861	5 122	5 196	5 435	5 626	...	AF
Rechnungssaldo[2]	20 405	18 147	16 672	21 611	18 550	20 332	...	**Résultats des comptes[2]**
AHV	2 023	999	1 458	1 118	1 070	746	460	AVS
EL zur AHV	–	–	–	–	–	–	–	PC à l'AVS
IV	279	–813	–1 121	12	465	565	752	AI
EL zur IV	–	–	–	–	–	–	–	PC à l'AI
BV	16 435	13 584	16 551	16 317	13 754	17 164	...	PP
KV	254	–297	273	684	542	–270	...	AMal
UV	923	1 446	1 870	1 816	1 401	1 291	...	AA
EO	174	180	–604	100	130	138	136	APG
ALV	284	2 935	–1 705	1 627	1 158	587	737	AC
FZ	34	113	–49	–63	31	110	...	AF
Kapital	250 260	530 343	693 603	702 395	757 900	806 960	...	**Capital**
AHV	18 157	22 720	44 158	40 146	42 173	43 080	44 788	AVS
EL zur AHV	–	–	–	–	–	–	–	PC à l'AVS
IV	6	–2 306	–14 912	–9 946	–9 351	–8 765	–7 843	AI
EL zur IV	–	–	–	–	–	–	–	PC à l'AI
BV	207 200	475 000	617 500	620 600	667 300	712 500	...	PP
KV	6 600	6 935	8 651	9 649	12 241	12 096	...	AMal
UV	12 553	27 322	42 817	44 895	47 151	48 823	...	AA
EO	2 657	3 455	412	509	657	798	968	APG
ALV	2 924	–3 157	–6 259	–4 632	–3 474	–2 886	–2 149	AC
FZ	163	374	1 236	1 173	1 203	1 314	...	AF

1 GRSV heisst: Gemäss den Definitionen der Gesamtrechnung der Sozialversicherungen. Die Einnahmen sind ohne Kapitalwertänderungen berechnet. Die Ausgaben sind ohne Rückstellungs- und Reservenbildung berechnet.
2 Rechnungssaldo vor Rückstellungs- und Reservenbildung

Abkürzung: Siehe Glossar
Quelle: BSV – Schweizerische Sozialversicherungsstatistik 2015

1 CGAS signifie: selon les définitions du compte global des assurances sociales. Les recettes n'incluent pas les variations de valeur du capital. Les dépenses ne comprennent pas la constitution de provisions et réserves.
2 Résultats des comptes avant constitution de provisions et réserves

Abréviations: voir glossaire
Source: OFAS – Statistique des assurances sociales suisses 2015

Alters- und Hinterlassenenversicherung (AHV): Finanzen. In Millionen Franken zu laufenden Preisen
Assurance-vieillesse et survivants (AVS): finances. En millions de francs aux prix courants

T 13.3.2.1

	1990	2000	2010	2011	2012	2013	2014	
Total Einnahmen	**20 355**	**28 792**	**38 495**	**39 041**	**40 824**	**40 884**	**42 574**	**Total des recettes**
Beiträge Versicherte und Arbeitgeber	16 029	20 482	27 461	28 306	28 875	29 539	29 942	Cotisations assurés / employeurs
Beiträge öffentliche Hand	3 666	7 417	9 776	10 064	10 177	10 441	10 598	Contributions pouvoirs publics
davon:								dont:
Bund	3 116	4 535	7 156	7 439	7 585	7 815	7 989	fédérales
MWST und Spielbanken	–	1 872	2 620	2 624	2 592	2 626	2 609	TVA et impôts sur jeux
Kapitalertrag [1]	652	881	1 247	667	1 766	894	2 027	Produit du capital [1]
Übrige Einnahmen	8	12	10	4	6	9	6	Autres recettes
Total Ausgaben	**18 328**	**27 722**	**36 604**	**38 053**	**38 798**	**39 976**	**40 866**	**Total des dépenses**
Sozialleistungen	18 269	27 627	36 442	37 847	38 612	39 781	40 669	Prestations sociales
Verwaltungs- und Durchführungskosten	58	94	162	206	185	195	197	Frais d'administration et de gestion
Übrige Ausgaben	–	–	–	–	–	–	–	Autres dépenses
Rechnungssaldo	**2 027**	**1 070**	**1 891**	**988**	**2 026**	**908**	**1 707**	**Résultats des comptes**
Anlageergebnis	652	881	1 247	667	1 766	894	2 027	Résultat des placements
Laufender Kapitalertrag	648	810	815	797	809	732	780	Produits courants du capital
Kapitalwertänderungen	4	71	433	–130	957	162	1 247	Variations de valeur du capital
Umlageergebnis [2]	**1 375**	**189**	**643**	**321**	**261**	**14**	**–320**	**Résultat de répartition [2]**
Veränderung des Kapitals [3]	**2 027**	**1 070**	**1 891**	**–4 012**	**2 026**	**908**	**1 707**	**Variation du capital [3]**
Kapital	**18 157**	**22 720**	**44 158**	**40 146**	**42 173**	**43 080**	**44 788**	**Capital**
Beiträge öffentliche Hand in % der Ausgaben	20,0	26,8	26,7	26,4	26,2	26,1	25,9	Contributions pouvoirs publics en % des dépenses

1 Laufender Kapitalertrag (inkl. Zinszahlung der IV) und Kapitalwertänderungen
2 Saldo ohne Anlageergebnis
3 1.1.2011: Überweisung von 5 Mrd. Fr. an die IV; 2007 Überweisung von 7 038 Mio. Fr. aus dem Verkauf des SNB-Goldes
Quelle: BSV – Schweizerische Sozialversicherungsstatistik 2015

1 Produit courants du capital y compris les variations de valeur du capital ainsi que les charges représentées par l'intérêt de l'AI
2 Solde sans résultat des placements
3 1.1.2011: transfert de 5 milliards de francs à l'AI; 2007: transfert de 7 038 millions de francs, comme part provenant de la vente de l'or de la BNS versée à la Confédération
Source: OFAS – Statistique des assurances sociales suisses 2015

Alters- und Hinterlassenenversicherung (AHV): Rentensummen. Alle Rentner und Rentnerinnen (Schweizer und Ausländer, im In- und Ausland); Monatsergebnisse (im Januar) in Millionen Franken
Assurance-vieillesse et survivants (AVS): sommes des rentes. Ensemble des rentiers (Suisses et étrangers, en Suisse et à l'étranger); résultats mensuels (en janvier) en millions de francs

T 13.3.2.2

	1990[1]	2000[1]	2010[2]	2011[2]	2012[2]	2013[2]	2014[2]	
Renten, Total	**1 456,0**	**2 168,6**	**2 991,8**	**3 104,6**	**3 174,6**	**3 271,0**	**3 340,1**	**Rentes, total**
Alters- und Zusatzrenten	**1 366,8**	**2 058,6**	**2 846,8**	**2 956,5**	**3 026,4**	**3 120,5**	**3 188,7**	**Rentes de vieillesse et rentes complémentaires**
Altersrenten	1 344,2	2 033,1	2 827,6	2 937,3	3 007,4	3 101,3	3 169,4	Rentes de vieillesse
Männer	200,2	412,9	1 178,2	1 241,8	1 282,8	1 333,5	1 371,9	Hommes
Frauen	591,1	971,7	1 649,4	1 695,5	1 724,6	1 767,8	1 797,4	Femmes
Zusatzrenten	22,6	25,5	19,2	19,2	19,0	19,2	19,4	Rentes complémentaires
Hinterlassenenrenten	**89,2**	**110,0**	**145,0**	**148,2**	**148,3**	**150,5**	**151,4**	**Rentes de survivants**
Witwenrenten	68,9	84,3	118,8	122,1	122,9	125,6	127,1	Rentes de veuves
Witwerrenten	0,0	2,3	2,6	2,7	2,6	2,6	2,5	Rentes de veufs
Waisenrenten	20,2	23,5	23,5	23,4	22,7	22,3	21,8	Rentes d'orphelins

1 Monatsergebnisse im März
2 Monatsergebnisse im Dezember
Quelle: BSV – AHV-Statistik

1 Résultats mensuels en mars
2 Résultats mensuels en décembre
Source: OFAS – Statistique de l'AVS

Berufliche Vorsorge (BV): Finanzen. In Millionen Franken zu laufenden Preisen
Prévoyance professionnelle (PP): finances. En millions de francs aux prix courants

T 13.3.3.1

	1990	2000	2009	2010	2011	2012	2013	
Total Einnahmen	**32 882**	**59 372**	**46 051**	**62 107**	**61 554**	**63 427**	**67 682**	**Total des recettes**
Beiträge	20 860	38 899	25 842	41 214	41 760	42 141	42 897	Cotisations
Arbeitnehmer[1]	7 704	15 457	10 294	15 782	16 423	16 944	17 334	Salariés[1]
Arbeitgeber[1]	13 156	23 443	15 548	25 432	25 337	25 196	25 563	Employeurs[1]
Eintrittseinlagen (ohne Freizügigkeitsleistungen)	1 045	5 160	3 657	5 122	4 979	5 890	10 466	Versements initiaux (sans prest. de libre passage PLP)
Arbeitnehmer	713	3 762	2 493	4 083	3 702	3 812	4 248	Salariés
Arbeitgeber	332	1 399	1 164	1 039	1 278	2 077	6 219	Employeurs
Kapitalertrag brutto	10 977	15 156	16 552	15 603	14 704	15 294	14 227	Produit brut du capital
Übrige Einnahmen	...	156	...	168	111	103	92	Autres recettes
Total Ausgaben	**16 447**	**43 971**	**32 467**	**45 555**	**45 237**	**49 672**	**50 518**	**Total des dépenses**
Sozialleistungen	8 737	30 453	20 236	30 912	31 628	32 673	33 228	Prestations sociales
Renten	7 246	24 106	16 326	24 614	25 267	25 943	26 549	en rentes
Kapitalleistungen	1 491	6 348	3 910	6 298	6 361	6 731	6 679	en capital
Austrittszahlungen, bereinigt	2 617	8 061	4 938	6 806	6 821	8 686	7 330	Prestations de sortie, effectifs
Barauszahlungen	999	782	1 103	830	792	659	733	Versements en espèces
Freizügigkeitsleistungen salidert	1 618	7 279	3 835	5 976	6 029	8 028	6 597	Prestations de libre passage PLP nettes
Ausbezahlte Freizügigkeitsleistungen	5 661	25 231	17 965	26 588	27 334	28 081	29 799	Prestations de libre passage payées
Einbezahlte Freizügigkeitsleistungen (–)	4 043	17 952	14 130	20 613	21 306	20 054	23 201	Prestations de libre passage encaissées (–)
Nettozahlungen an Versicherungen	3 007	1 590	4 048	3 877	2 803	4 118	5 724	Paiements nets à des assurances
Passivzinsen	331	322	478	406	331	196	231	Intérêts passifs
Vermögensverwaltungskosten	1 498	2 689	2 162	2 685	2 763	3 088	3 088	Frais de la gestion de fortune
Verwaltungsaufwand[2]	257	856	605	869	892	911	917	Dépenses administratives[2]
Ergebnis der laufenden Rechnung	**16 435**	**15 401**	**13 584**	**16 551**	**16 317**	**13 754**	**17 164**	**Résultats des comptes**
Änderung des Kapitalbestandes	**18 600**	**59 500**	**16 200**	**21 000**	**3 100**	**46 700**	**45 200**	**Variation du capital**
Ergebnis der laufenden Rechnung	16 435	15 401	13 584	16 551	16 317	13 754	17 164	Résultats des comptes
Total Kapitalwertänderungen	2 165	46 633	5 229	7 287	–12 853	35 810	32 606	Total des variations de valeur du capital
Andere Veränderungen des Kapitals	0	–2 534	–2 613	–2 838	–365	–2 864	–4 570	Autres variations du capital
Kapital bereinigt um Fremdkapital und Unterdeckung	**207 200**	**596 500**	**475 000**	**617 500**	**620 600**	**667 300**	**712 500**	**Capital apuré des crédits et des découverts**

1   Inkl. Einkäufe ohne Stellenwechsel
2   Die Pensionskassenstatistik erfragt neu den «von externer Stelle getragenen Aufwand». Er betrug 2012 1033 Mio. Fr.

Quelle: BSV – Schweizerische Sozialversicherungsstatistik 2015

1   Y compris les rachats sans changement de poste
2   Les «frais d'administration pour la gestion technique et payés par des tiers» ont été relevés par la statistique des caisses de pensions. Ils étaient de 1033 millions de francs en 2012.

Source: OFAS – Statistique des assurances sociales suisses 2015

Berufliche Vorsorge (BV): Bezüger und Beträge
Prévoyance professionnelle (PP): bénéficiaires et montants

T 13.3.3.2

	2000	2008	2009	2010	2011	2012	2013	
Bezüger (inkl. Mehrfachzählungen)								**Bénéficiaires (y c. doubles-comptages)**
Renten	748 124	932 086	956 565	980 163	1 002 931	1 026 933	1 053 848	Rentes
Altersrenten	413 080	553 378	577 165	599 856	621 780	645 702	670 411	Rentes de vieillesse
Witwen- und Witwerrenten	150 044	171 383	174 016	177 311	179 991	182 339	184 499	Rentes de veufs/veuves
Invalidenrenten	102 504	134 217	133 895	133 163	132 139	131 150	131 708	Rentes d'invalidité
Andere Renten [1]	82 496	73 108	71 489	69 833	69 021	67 742	67 230	Autres rentes [1]
Kapitalleistungen	31 164	40 285	42 156	36 225	37 918	40 382	39 664	Prestations en capital
Gesamtbetrag, in Millionen Franken								**Montant total**, en millions de francs
Renten	16 292	22 753	23 492	24 057	24 716	25 357	26 034	Rentes
Altersrenten	11 667	17 018	17 678	18 234	18 798	19 409	20 075	Rentes de vieillesse
Witwen- und Witwerrenten	2 364	3 160	3 253	3 316	3 416	3 482	3 555	Rentes de veufs/veuves
Invalidenrenten	1 673	2 249	2 233	2 187	2 169	2 155	2 096	Rentes d'invalidité
Andere Renten [1]	588	326	328	320	332	312	309	Autres rentes [1]
Kapitalleistungen	3 830	5 697	6 086	6 106	6 170	6 572	5 846	Prestations en capital

[1] Andere reglementarische Renten, ausserreglementarische Renten und Renten aus Wohlfahrtsfonds und auslaufenden Vorsorgeeinrichtungen und Waisen- und Kinderrenten

Quelle: BSV – Schweizerische Sozialversicherungsstatistik 2015

[1] Autres rentes réglementaires, rentes extra-réglementaires, rentes versées par des fonds de bienfaisance et des institutions de prévoyance sur le point de cesser leur activité et rentes d'enfants et d'orphelins

Source: OFAS – Statistique des assurances sociales suisses 2015

Invalidenversicherung (IV): Finanzen. In Millionen Franken zu laufenden Preisen
Assurance-invalidité (AI): finances. En millions de francs aux prix courants

T 13.3.4.1

	1990	2000	2010	2011	2012	2013	2014	
Total Einnahmen	4 412	7 897	8 176	9 454	9 889	9 892	10 177	**Total des recettes**
Beiträge Versicherte und Arbeitgeber	2 307	3 437	4 605	4 745	4 840	4 951	5 018	Cotisations assurés / employeurs
Beiträge öffentliche Hand	2 067	4 359	3 476	4 607	4 780	4 804	4 867	Contributions pouvoirs publics
davon Bund[1]	1 550	3 269	3 476	3 751	3 690	3 687	3 748	dont fédérales[1]
Kapitalertrag	–	–	–	21	201	77	238	Produit du capital
Übrige Einnahmen[2]	39	102	95	82	69	59	54	Autres recettes[2]
Total Ausgaben	4 133	8 718	9 220	9 457	9 295	9 306	9 254	**Total des dépenses**
Sozialleistungen[3]	3 993	8 393	8 450	8 529	8 341	8 354	8 301	Prestations sociales[3]
Verwaltungs- und Durchführungskosten	127	234	609	629	655	664	678	Frais d'administration et de gestion
Übrige Ausgaben[4]	13	90	162	299	299	287	275	Autres dépenses[4]
Rechnungssaldo	278	–820	–1 045	–3	595	586	922	**Résultats des comptes**
Anlageergebnis	–0	–7	–	21	201	77	238	Résultat des placements
Laufender Kapitalertrag	–	–	–	67	71	56	68	Produits courants du capital
Kapitalwertänderungen	–0	–7	–	–46	130	21	170	Variations de valeur du capital
Umlageergebnis[5]	279	–813	–1 045	–23	394	509	685	**Résultat de répartition**[5]
Veränderung des Kapitals[6]	278	–820	–1 045	4 997	595	586	922	**Variation du capital**[6]
IV Fonds[7]	*	*	*	4 997	5 000	5 000	5 000	**Fonds de l'AI**[7]
Kapital	6	–2 306	–14 944	–14 944	–14 352	–13 765	–12 843	**Capital**
Beiträge öffentliche Hand in % der Ausgaben	50,0	50,0	37,7	48,7	51,4	51,6	52,6	Contribution des pouvoirs publics en % des dépenses

1 Ab 2011 inklusive Sonderzins IV	1 Dès 2011 y compris les contribution intérêts sur dette AI
2 Regress	2 Actions récursoires
3 Geldleistungen, Kosten für individuelle Massnahmen und Beiträge an Institutionen und Organisationen	3 Prestations en espèces, frais pour mesures individuelles et subventions aux institutions et organisations
4 Kapitalzinsen	4 Intérêts du capital
5 Saldo ohne Anlageergebnis	5 Solde sans résultat des placements
6 Ab 2011 Abzahlung der IV-Schuld	6 Dès 2011 remboursement de la dette AI
7 1.1.2011: Überweisung von 5 Mrd. Fr. von der AHV an die IV	7 1.1.2011: transfert de 5 milliards de francs de l'AVS à l'AI
8 Infolge NFA sind die Werte 2008 nicht mit denjenigen der Vorjahre vergleichbar	8 2008 : valeurs non comparables avec les années précédentes en raison de la RPT

Quelle: BSV – Schweizerische Sozialversicherungsstatistik 2015

Source: OFAS– Statistique des assurances sociales suisses 2015

Invalidenversicherung (IV): Rentensummen. In Millionen Franken. Alle Rentner (Schweizer und Ausländer, im In- und Ausland); Monatsergebnisse (im Januar)
Assurance-invalidité (AI): sommes des rentes. En millions de francs. Ensemble des rentiers (Suisses et étrangers, en Suisse et à l'étranger); résultats mensuels (en janvier)

T 13.3.4.2

	1990[1]	2000	2010[2]	2011[2]	2012[2]	2013[2]	2014[2]	
Renten, Total	172,9	351,4	441,0	439,7	429,5	422,1	411,9	Rentes, total
Invalidenrenten[3]	145,3	288,2	390,0	390,2	382,3	376,7	369,0	Rentes d'invalidité[3]
Männer	78,8	168,7	220,0	219,0	213,9	210,1	205,6	Hommes
Frauen	46,5	103,6	170,1	171,2	168,4	166,5	163,5	Femmes
Einfache Kinderrenten	13,8	35,3	50,9	49,6	47,2	45,4	42,8	Rentes simples pour enfants

1 Monatsergebnisse im März
2 Monatsergebnisse im Dezember
3 Mit der 10. AHV-Revision wurden die Ehepaarrenten per 1.1.1997 abgeschafft. Bei Ehepaaren, die ab 1997 rentenberechtigt sind, erhalten die Ehefrau und der Ehemann eine eigene Rente. Die bereits bestehenden Ehepaarrenten wurden grundsätzlich bis Ende des Jahres 2000 weitergeführt und dann in individuelle Renten überführt.

Quelle: BSV – IV-Statistik

1 Résultats mensuels en mars
2 Résultats mensuels en décembre
3 Avec la 10e révision de l'AVS, les rentes pour couples ont été abolies le 1.1.97. A leur place, les bénéficiaires mariés reçoivent chacun leur propre rente. Les rentes pour couples courantes ont été en principe versées jusqu'à la fin de l'an 2000 puis ont été transformées en rentes individuelles.

Source: OFAS – Statistique de l'AI

Obl. Krankenpflegeversicherung (OKPV): Finanzen[1]. In Millionen Franken zu laufenden Preisen
Assurance obligatoire des soins (LAMal): finances[1]. En millions de francs aux prix courants

T 13.3.5.3

	1990	2000	2009	2010	2011	2012	2013	
Total Einnahmen	**8 869**	**13 930**	**20 719**	**22 528**	**23 794**	**24 618**	**25 189**	**Total des recettes**
Beiträge Versicherte, netto[2]	6 642	10 801	16 515	17 976	19 443	20 336	20 857	Cotisations assurés / employeurs[2]
Beiträge öfffentliche Hand[3]	1 936	2 577	3 553	3 975	4 063	3 994	4 036	Contributions pouvoirs publics[3]
davon Bund	1 316	1 719	1 815	1 976	2 116	2 151	2 179	dont fédérales
Kapitalertrag	210	396	292	319	196	610	373	Produit du capital
Übrige Einnahmen	80	156	359	258	92	−322	−76	Autres recettes
Total Ausgaben	**8 615**	**14 227**	**21 355**	**22 255**	**23 111**	**24 076**	**25 459**	**Total des dépenses**
Sozialleistungen	7 644	13 381	20 239	21 106	21 838	22 791	24 240	Prestations sociales
Verwaltungs- und Durchführungskosten	740	870	1 150	1 245	1 270	1 242	1 263	Frais d'administration et de gestion
Übrige Ausgaben	232	−24	−34	−95	3	43	−43	Autres dépenses
Rechnungssaldo	**254**	**−297**	**−637**	**273**	**684**	**542**	**−270**	**Résultats des comptes**
Veränderung des Kapitals	**244**	**−104**	**−512**	**498**	**998**	**2 592**	**−145**	**Variation du capital**
Rechnungssaldo	254	−297	−637	273	684	542	−270	Résultats des comptes
Kapitalwertänderungen	−10	−9	165	−48	−96	374	128	Variations de valeur du capital
Andere Veränderungen des Kapitals	...	202	−41	273	410	1 676	−4	Autres variations du capital
Kapital	**6 600**	**6 935**	**8 154**	**8 651**	**9 649**	**12 241**	**12 096**	**Capital**
Beiträge öffentliche Hand in % der Ausgaben	22,5	18,1	16,6	17,9	17,6	16,6	15,9	Contribution des pouvoirs publics en % des dépenses

1 Vor Einführung des KVG im Jahr 1996 freiwillige Krankenpflegeversicherung
2 D.h. Prämien abzüglich Prämienverbilligung, was der Nettobelastung der Haushalte entspricht.
3 Ab 1996 v.a. Prämienverbilligung an Versicherte

Quelle: BSV – Schweizerische Sozialversicherungsstatistik 2015

1 Avant l'introduction de la LAMal en 1996 assurance maladie facultative
2 Uniquement les cotisations des assurés, soit les primes déduction faite de la réduction des primes, donc la charge nette des ménages
3 Depuis 1996, surtout réduction des primes en faveur des assurés

Source: OFAS – Statistique des assurances sociales suisses 2015

Obligatorische Krankenpflegeversicherung (OKPV): Leistungen je Versicherten[1]. In Franken
Prestations par personne assurée dans l'assurance obligatoire des soins (LAMal)[1]. En francs

T 13.3.5.4

	1990	2000	2010	2011	2012	2013	2014	
Total	1 113	2 130	3 123	3 171	3 257	3 471	3 515	Total
Nach Kostengruppe								**Selon le groupe de coûts**
Ambulante Behandlung	774	1 451	2 155	2 204	2 273	2 390	2 472	Soins ambulatoire
Stationäre Behandlung	339	679	967	967	983	1 081	1 043	Soins intra-muros
Nach Geschlecht und Alter								**Selon le sexe et l'âge**
Erwachsene								Adultes
Frauen	1 487	2 951	4 171	4 219	4 315	4 564	4 611	Femmes
Männer	1 015	2 075	3 082	3 132	3 219	3 448	3 496	Hommes
Kinder[2]	446	677	962	982	1 027	1 116	1 138	Enfants[2]
Nach Versicherungsform								**D'après le modèle d'assurance**
Ordentliche Jahresfranchise	...	2 331	4 792	5 043	5 291	5 729	...	Franchise annuelle ordinaire
Wählbare Jahresfranchise	...	1 955	2 938	3 064	3 250	3 541	...	Franchise annuelle à option
Eingeschränkte Wahl (z.B. HMO)	...	1 632	2 095	2 226	2 354	2 562	...	Choix restreint (p. ex. HMO)
BONUS-Versicherung	...	768	1 519	1 575	1 657	1 889	...	Assurance avec bonus
Bruttoleistung je erkrankte Person[3]								**Prestations brut par malades[3]**
Erwachsene								Adultes
Frauen	...	3 331	4 622	4 752	4 817	...	...	Femmes
Männer	...	2 889	4 280	4 231	4 481	...	...	Hommes
Kinder[2]	...	778	1 040	1 066	1 135	...	...	Enfants[2]

1 Bis 1995 Krankenpflege-Grundversicherung inkl. oblig. Spitaltaggeld. Vor 1994 wurde der durchschnittliche Versichertenbestand, ab 1994 der Jahresendbestand der Krankenpflegegrundversicherten verwendet. Bei den Leistungen gilt es den Wechsel auf einen neuen Kontenplan ab 1994 zu berücksichtigen: So wurden vor 1994 die Leistungen berechnet als Gesamtkosten der ambulanten Krankenpflege plus Heilanstaltskosten der Grundversicherung plus Kosten der obligatorischen Spitaltaggeldversicherung; dabei nicht erfasst wurden jedoch die speziellen Leistungen für Mutterschaft, Invalidität und Tuberkulose. Letzteres hat zur Folge, dass die Kosten pro Versicherte(n) – im Vergleich zu den Jahren ab 1994 – für die Periode 1990–1993 leicht unterschätzt werden.
2 Bis 1995 alle Personen, die das 16. Altersjahr noch nicht vollendet haben, ab 1996 alle Personen, die das 18. Altersjahr noch nicht vollendet haben
3 Anzahl versicherte Personen, welche im Berichtsjahr mindestens einmal ambulante oder stationäre Kosten verursacht haben.

Quelle: BSV – Schweizerische Sozialversicherungsstatistik 2015

1 Jusqu'en 1995, assurance de base y compris les indemnités journalières d'hospitalisation obligatoires. Avant 1994, on mentionnait l'effectif moyen des assurés. A partir de 1994, on mentionne l'effectif des assurés en fin d'année. En ce qui concerne les prestations, il faut tenir compte de l'introduction d'un nouveau plan comptable. Ainsi, les prestations étaient calculées avant 1994 de la manière suivante: coûts totaux des soins médico-pharmaceutiques ambulatoires plus les frais hospitaliers de l'assurance de base et les coûts de l'assurance indemnité journalière obligatoire; on ne considérait pas dans ce total les prestations spéciales pour la maternité, l'invalidité et la tuberculose. Cela a pour conséquence que les coûts par assuré pour la période 1990–1993 sont légèrement sous-estimés en comparaison avec ceux de la période suivante.
2 Jusqu'en 1995, toutes les personnes de moins de 16 ans révolus; à partir de 1996, toutes les personnes de moins de 18 ans révolus
3 Nombre d'assurés pour lesquels, au cours de l'année considérée, au moins une facture pour des prestations ambulatoires ou pour un séjour hospitalier a été traitée.

Source: OFAS – Statistique des assurances sociales suisses 2015

Obligatorische Krankenpflegeversicherung (OKPV): Kennzahlen zur Prämienverbilligung
Assurance obligatoire des soins (LAMal) : indicateurs des réduction des primes

T 13.3.5.6

	2005	2009	2010	2011	2012	2013	2014	
Anzahl Bezüger[1]	2 262 160	2 254 890	2 315 252	2 273 693	2 308 013	2 253 279	2 191 164	Nombre de bénéficiaires[1]
Frauen[1]	1 203 894	1 206 076	1 234 301	1 212 889	1 234 516	1 205 282	1 178 617	Femmes[1]
Männer[1]	1 058 266	1 048 814	1 080 951	1 060 804	1 073 497	1 047 997	1 012 547	Hommes[1]
Bezügerquote in %[2]	30,4	29,3	29,8	28,9	29,0	28,0	26,9	Taux de bénéficiaires en %[2]
Anzahl Haushalte	1 215 989	1 229 418	1 270 592	1 274 390	1 317 820	1 307 345	1 285 045	Nombre de ménages
Subventionen nach KVG pro Haushalt und Jahr[3], in Franken	2 633	2 881	3 132	3 194	3 011	3 071	3 118	Subventions selon la LAMal versés par ménage et année[3], en francs

1 Anzahl Personen, an die eine Prämienverbilligung nach KVG ausbezahlt wurde. Ab 2011 ohne Versicherte mit ausstehenden Forderungen aus der OKP.
2 Anzahl Bezüger in Prozent des durchschnittlichen Versichertenbestandes
3 Effektiv im Berichtsjahr ausbezahlte Prämienverbilligungen nach KVG. Ab 2011 ohne Zahlungen der Kantone für ausstehende Forderungen aus der OKP.

Quelle: BSV – Schweizersiche Sozialversicherungsstatistik 2015

1 Montant effectivement versé au cours de l'année sous revue au titre de la réduction des primes selon la LAMal. Depuis 2011, ce nombre n'inclut plus les assurés avec des créances impayées dans l'AOS.
2 Bénéficiaires en % de l'effectif moyen des assurés
3 Réductions de primes selon la LAMal effectivement versées pendant l'exercice. Depuis 2011, les paiements des cantons pour les créances impayées dans l'AOS ne sont plus inclus.

Source: OFAS – Statistique des assurances sociales suisses 2015

Obl. Unfallversicherung: Finanzen. In Millionen Franken zu laufenden Preisen
Assurance-accidents (AA): finances. En millions de francs aux prix courants

T 13.3.6.1

	1990	2000	2009	2010	2011	2012	2013	
Total Einnahmen	4 181	5 992	7 730	7 863	7 880	7 599	7 629	**Total des recettes**
Beiträge Versicherte und Arbeitgeber	3 341	4 671	6 152	6 303	6 343	6 117	6 082	Cotisations assurés / employeurs
Beträge öffentliche Hand	–	–	–	–	–	–	–	Contributions des pouvoirs publics
Kapitalertrag	648	1 036	1 180	1 184	1 198	1 164	1 244	Produit du capital
Übrige Einnahmen	193	284	398	375	339	318	303	Autres recettes
Total Ausgaben	3 259	4 546	5 968	5 993	6 064	6 199	6 338	**Total des dépenses**
Sozialleistungen	2 743	3 886	5 145	5 170	5 239	5 361	5 503	Prestations sociales
Verwaltungs- und Durchführungskosten	444	541	672	675	682	701	697	Frais d'administration et de gestion
Übrige Ausgaben	72	120	151	148	143	136	138	Autres dépenses
Rechnungssaldo	923	1 446	1 762	1 870	1 816	1 401	1 291	**Résultats des comptes**
Veränderung des Kapitals	729	1 922	2 380	1 435	2 078	2 256	1 672	**Variation du capital**
Rechnungssaldo	923	1 446	1 762	1 870	1 816	1 401	1 291	Résultats des comptes
Kapitalwertänderungen	–28	565	817	–121	614	1 095	675	Variations de valeur du capital
Andere Veränderungen des Kapitals	–165	–89	–199	–314	–352	–240	–294	Autres variations du capital
Kapital	12 553	27 322	41 382	42 817	44 895	47 151	48 823	**Capital**
Beiträge öffentliche Hand in % der Ausgaben	–	–	–	–	–	–	–	Contributions des pouvoirs publics en % des dépenses

Quelle: BSV – Schweizerische Sozialversicherungsstatistik 2015

Source: OFAS – Statistique des assurances sociales suisses 2015

Arbeitslosenversicherung (ALV): Finanzen. In Millionen Franken zu laufenden Preisen
Finances de l'assurance-chômage (AC). En millions de francs aux prix courants

T 13.3.7.1

	1990	2000	2010	2011	2012	2013	2014	
Total Einnahmen	736	6 230	5 752	7 222	6 963	7 078	7 260	**Total des recettes**
Beiträge Versicherte und Arbeitgeber	609	5 967	5 210	6 142	6 355	6 458	6 633	Cotisations assurés / employeurs
Beiträge öffentliche Hand	–	225	536	1 073	599	611	618	Contributions pouvoirs publics
davon Bund	–	179	390	922	442	449	454	dont Confédération
Kapitalertrag	126	37	5	5	5	4	5	Produit du capital
Übrige Einnahmen	1	2	1	3	4	5	3	Autres recettes
Total Ausgaben	452	3 295	7 457	5 595	5 805	6 491	6 523	**Total des dépenses**
Sozialleistungen	404	2 722	6 737	4 888	5 122	5 806	5 832	Prestations sociales
Verwaltungs- und Durchführungskosten	48	397	685	676	666	674	684	Frais d'administration et de gestion
Übrige Ausgaben	0	176	35	31	18	11	7	Autres dépenses
Rechnungssaldo	284	2 935	-1 705	1 627	1 158	587	737	**Résultats des comptes**
Kapital	2 924	-3 157	-6 259	-4 632	-3 474	-2 886	-2 149	**Capital**
Beiträge öffentliche Hand in % der Ausgaben	–	6,8	7,2	19,2	10,3	9,4	9,5	Contributions des pouvoirs publics en % des dépenses

Quelle: BSV – Schweizerische Sozialversicherungsstatistik 2015

Source: OFAS – Statistique des assurances sociales suisses 2015

Arbeitslosenversicherung (ALV): Bezüger und Bezugstage
Assurance-chômage (AC): bénéficiaires et journées indemnisées

T 13.3.7.2

	1990	2000	2010	2011	2012	2013	2014	
Bezüger	58 503	207 074	322 684	288 518	279 023	296 151	302 862	Bénéficiaires
Männer	32 767	110 255	176 097	153 081	150 380	162 867	167 434	Hommes
Frauen	25 736	96 819	146 587	135 437	128 643	133 284	135 428	Femmes
Bezugstage in 1000 [1]	3 165,7	17 587,5	32 878,7	24 884,9	25 274,6	27 687,5	27 912,6	Journées indemnisées en milliers [1]
Männer	1 687	9 091	17 885	12 937	13 443	15 058	15 247	Hommes
Frauen	1 479	8 497	14 994	11 948	11 832	12 630	12 666	Femmes
Durchschnittliche Bezugsdauer je Bezüger in Tagen	54	85	102	86	91	93	92	Durée moyenne de prestations par bénéficiaire en jours
Männer	51	82	102	85	89	92	91	Hommes
Frauen	57	88	102	88	92	95	94	Femmes
Durchschnittliche Auszahlungen je Bezüger in Franken [2]	5 611	9 921	14 289	12 164	13 091	13 812	13 697	Moyenne des indemnités par bénéficiaire en francs [2]
Männer	6 124	11 261	16 197	13 650	14 697	15 450	15 230	Hommes
Frauen	4 958	8 395	11 998	10 485	11 214	11 811	11 803	Femmes
Durchschnittliche Auszahlungen je Bezugstag und Bezüger in Franken [3]	104	117	140	141	145	148	149	Somme versée en moyenne par jour et par bénéficiaire en francs [3]
Männer	119	137	160	162	164	167	167	Hommes
Frauen	86	96	117	119	122	125	126	Femmes

1 Inkl. Kurstaggelder, inkl. Einstelltage
2 Nettoauszahlung: Taggelder + Zulagen – Abzüge (5,05% AHV/IV/EO; 3,14% NBU, ab 1996; 2,6% BVG, ab Juli 1997). Seit 1996 werden auch allfällige Quellensteuern bzw. Krankenkassenprämien abgezogen.
3 Ab 1.4.1993: Personen mit über 130 Fr. Taggeld erhalten nur noch 70% anstatt 80% des versicherten Verdienstes, sofern sie nicht für zulagenberechtigte Kinder aufkommen müssen.

Quelle: SECO – Arbeitslosenstatistik

1 Y compris les indemnités journalières pour fréquentation de cours et les jours de suspension
2 Versement net: indemnités journalières + allocations - 5,05% de cotisations AVS/AI/APG - 3,14% de cotisations ANP (dès 1996) - 2,6% LPP (depuis juillet 1997). Depuis 1996 sont à déduire d'éventuelles sources imposables, resp. les primes des caisses maladie.
3 Depuis le 1.4.1993, les personnes au bénéfice d'une indemnité journalière de plus de 130 francs ne touchent plus que 70% au lieu de 80% du gain assuré, pour autant qu'elles ne doivent pas subvenir aux besoins d'enfants donnant droit à des allocations.

Source: SECO – Statistique du chômage

Erwerbsersatzordnung (EO): Finanzen. In Millionen Franken zu laufenden Preisen
Allocations pour perte de gain (APG): finances. En millions de francs aux prix courants

T 13.3.9.1

	1990	2000	2010	2011	2012	2013	2014	
Total Einnahmen	1 060	872	1 006	1 708	1 753	1 779	1 838	**Total des recettes**
Beiträge Versicherte und Arbeitgeber	958	734	985	1 703	1 727	1 766	1 790	Cotisations assurés/employeurs
Beiträge öffentliche Hand	–	–	–	–	–	–	–	Contributions pouvoirs publics
Ertrag der Anlagen	102	138	21	5	27	13	48	Produit du capital
Total Ausgaben	885	680	1 603	1 611	1 606	1 638	1 668	**Total des dépenses**
Geldleistungen	884	679	1 601	1 608	1 602	1 635	1 666	Prestations en espèces
davon:								dont:
Entschädigungen im Dienst	842	641	836	815	813	817	806	Indemnité en cas de service
Entschädigungen bei Mutterschaft	–	–	691	716	714	743	783	Indemnité en cas de maternité
Verwaltungs- und Durchführungskosten	1	2	2	3	3	3	3	Frais d'administration et de gestion
Rechnungssaldo	175	192	–597	97	148	141	170	**Résultats des comptes**
Anlageergebnis	102	138	21	5	27	13	48	Résultat des placements
Laufender Kapitalertrag	101	127	14	8	9	10	14	Produits courants du capital
Kapitalwertänderungen	1	11	7	–2	18	3	34	Variations de valeur du capital
Umlageergebnis[1]	73	54	–618	92	121	128	122	**Résultat de répartition**[1]
Veränderung des Kapitals	175	192	–597	97	148	141	170	**Variation du capital**
Kapital	2 657	3 455	412	509	657	798	968	**Capital**
Beiträge öffentliche Hand in % der Ausgaben	–	–	–	–	–	–	–	Contributions pouvoirs publics en % des dépenses

[1] Saldo ohne Anlageergebnis
Quelle: BSV – Schweizerische Sozialversicherungsstatistik 2015

[1] Solde sans résultat des placements
Source: OFAS – Statistique des assurances sociales suisses 2015

Bedarfsabhängige Sozialleistungen
Prestations sociales sous condition de ressources
Nettoausgaben für bedarfsabhängige Sozialleistungen nach Leistung[1]
Laufende Preise, in Millionen Franken
Dépenses nettes pour les prestations sociales sous condition de ressources, par prestation[1]
Prix courants, en millions de francs

T 13.4.1.2

Leistung	2007	2008	2009	2010	2011	2012	Prestation
Total	10 201	10 261	10 730	11 602	12 278	12 716	Total
Prämienverbilligung	3 348	3 399	3 542	3 980	4 263	4 170	Réduction de primes
Ergänzungsleistungen	3 246	3 684	3 906	4 075	4 276	4 436	Prestations complémentaires
Sozialhilfe	1 869	1 789	1 776	1 951	2 073	2 371	Aide sociale
Sozialhilfe im Asyl- und Flüchtlingsbereich	547	337	416	444	483	595	Aide sociale dans le domaine de l'asile et des réfugiés
Alters- und Pflegebeihilfe	483	347	367	384	384	398	Aides aux personnes âgées / aux soins
Ausbildungsbeihilfen	278	280	279	302	306	302	Bourses d'études
Übrige	431	426	443	466	494	444	Autres

[1] Daten teilweise revidiert
Quelle: BFS – Finanzstatistik der bedarfsabhängigen Sozialleistungen

[1] Données partiellement révisées
Source: OFS – Statistique financière des prestations sociales sous condition de ressources

Ergänzungsleistungen (EL) zur AHV und zur IV nach Finanzierungsträgern. Laufende Preise, in Millionen Franken　　T 13.4.2.2
Prestations complémentaires (PC) à l'AVS et à l'AI par agents financeurs. Prix courants, en millions de francs

	1990	2000	2010	2011	2012	2013	2014	
EL insgesamt[1]	1 433,7	2 288,3	4 074,7	4 275,9	4 435,9	4 527,9	4 678,7	**PC au total**[1]
Bund	328,6	499,9	1 236,5	1 270,2	1 330,9	1 346,1	1 398,4	Confédération
Kantone und Gemeinden	1 105,1	1 788,4	2 838,2	3 005,7	3 105,1	3 181,8	3 280,4	Cantons et communes
Kantone	690,7	1 088,1	...	...	...	...	...	Cantons
Gemeinden	414,4	700,3	...	...	...	...	...	Communes
EL zur AHV[1]	1 124,4	1 441,1	2 323,6	2 439,0	2 524,5	2 604,6	2 712,1	**PC à l'AVS**[1]
Bund	259,9	317,9	598,7	612,9	644,4	668,0	696,2	Confédération
Kantone und Gemeinden	864,5	1 123,2	1 724,9	1 826,2	1 880,1	1 936,6	2 015,9	Cantons et communes
Kantone	547,7	701,2	...	...	...	...	...	Cantons
Gemeinden	316,8	422,0	...	...	...	...	...	Communes
EL zur IV[1]	309,3	847,2	1 751,1	1 836,9	1 911,4	1 923,2	1 966,6	**PC à l'AI**[1]
Bund	68,7	182,0	637,8	657,3	686,4	678,1	702,2	Confédération
Kantone und Gemeinden	240,6	665,2	1 113,3	1 179,5	1 225,0	1 245,2	1 264,4	Cantons et communes
Kantone	143,0	386,9	...	...	...	...	...	Cantons
Gemeinden	97,6	278,3	...	...	...	...	...	Communes

1 Sozialleistungen = Gesamtausgaben = Einnahmen (Durchführungskosten bei der AHV bzw. der IV enthalten)

Quelle: BFS – GRSS (auf der Basis der EL-Statistik des BSV und der Statistik der öffentlichen Finanzen)

1 Prestations sociales = dépenses totales = recettes (les dépenses de fonctionnement sont comprises dans l'AVS, resp. l'AI)

Source: OFS – CGPS (sur la base de la statistique des PC de l'OFAS et de la statistique des finances publiques)

Sozialhilfeempfänger nach Altersklassen. 2014　　T 13.4.3.4.1
Bénéficiaires de l'aide sociale par classe d'âges. En 2014

	Total	nach Altersklassen / par classe d'âges								
		0–17	18–25	26–35	36–45	46–55	56–64	65–79	≥ 80	
Sozialhilfeempfänger										Bénéficiaires de l'aide sociale
in %	100	29,2	11,7	16,5	16,5	16,1	8,9	0,7	0,4	en %
Sozialhilfequote	3,2	5,2	3,9	3,9	3,6	3,3	2,7	0,2	0,3	Taux d'aide sociale

Anmerkungen:
– Berücksichtigt sind Fälle mit Leistungsbezug in der Erhebungsperiode, ohne Doppelzählungen.
– Die Sozialhilfequote berechnet sich aus dem Anteil der Sozialhilfeempfänger/innen zur gesamten Bevölkerung.

Quellen: BFS – SHS 2014, STATPOP 2013

Remarques:
– Dossiers ayant reçu une prestation durant la période d'enquête, sans les doubles comptages.
– Le taux d'aide sociale représente le rapport entre le nombre de bénéficiaires de l'aide sociale et la population.

Sources: OFS – SHS 2014, STATPOP 2013

Erwerbssituation der Sozialhilfeempfänger/innen ab 15 Jahren nach Fallstruktur. 2014, in %
Situation d'activité des bénéficiaires de l'aide sociale de 15 ans ou plus selon la structure de l'unité d'assistance. En 2014, en %

T 13.4.3.4.6.1

	Total	Erwerbstätige Actifs occupés	Erwerbslose Personnes sans emploi	Nicht-Erwerbstätige Personnes non actives	
Total Privathaushalte	100	27,5	37,9	34,6	Total de ménages privés
Ein-Personen-Fälle	100	22,1	47,3	30,6	Dossiers concernant 1 personne
Alleinerziehende	100	36,5	24,8	38,8	Familles monoparentales
Paare mit Kind(ern)	100	34,8	26,8	38,4	Couples avec enfant(s)
Paare ohne Kind	100	25,5	32,9	41,6	Couples sans enfant

Anmerkungen:
- Berücksichtigt sind alle Personen ab 15 Jahren in Fällen mit Leistungsbezug in der Erhebungsperiode, ohne Doppelzählungen. Bei weiteren Mitgliedern der Unterstützungseinheit sind nur die regulären Fälle berücksichtigt.
- Erwerbstätigkeit: ab min. 1 Stunde pro Woche bezahlter Erwerbsarbeit (Lehrlinge sind den Erwerbstätigen zugeteilt).
- Bei Mehrfachangaben wurde nur eine Antwort berücksichtigt.
- Aufgrund von Rundungen kann es vorkommen, dass die Summe der Prozente nicht genau 100% ergibt, sondern leicht darüber oder darunter liegt.

Quelle: BFS – SHS 2014

Remarques:
- Dossiers des personnes de 15 ans ou plus ayant reçu une prestation durant la période d'enquête, sans les doubles comptages. Pour les autres membres de l'unité d'assistance, seules les prestations de type aide sociale régulière sont prises en compte.
- Actifs: toutes les personnes indiquant au min. 1h de travail rémunéré par semaine (apprentis inclus).
- Réponses multiples: lors de réponses multiples, une seule réponse est prise en compte.
- En raison des arrondis, il peut arriver que la somme des pourcentages ne s'élève pas exactement à 100% mais soit quelque peu supérieure ou inférieure.

Source: OFS – SHS 2014

14

Gesundheit

Santé

Überblick

Selbst wahrgenommener Gesundheitszustand
Die Schweizer Wohnbevölkerung schätzt ihren eigenen Gesundheitszustand überwiegend positiv ein: 84% der Männer und 81% der Frauen bezeichneten in der Schweizerischen Gesundheitsbefragung 2012 ihren gesundheitlichen Zustand als gut oder sehr gut. Nur jeweils 4% der Männer und Frauen beurteilten ihre Gesundheit als schlecht oder sehr schlecht.

Mit dem Alter nimmt der Anteil derjenigen Personen, die ihre Gesundheit als gut oder sehr gut einschätzen, kontinuierlich ab: Während über 90% der jüngeren Personen im Alter von 15 bis 39 Jahren ihre Gesundheit als (sehr) gut wahrnehmen, sind es bei den Personen ab 70 Jahren noch 66%.

Langdauernde Einschränkung bei Tätigkeiten
Im Jahr 2012 waren 24% der Bevölkerung seit mindestens sechs Monaten in ihren normalen Alltagsaktivitäten durch ein gesundheitliches Problem eingeschränkt. Frauen waren von solchen Einschränkungen häufiger betroffen als Männer (27% bzw. 21%). Diese Einschränkungen nehmen mit dem Alter zu: von 36% bei den 65- bis 79-Jährigen auf 53% bei Personen ab 80 Jahren. Des Weiteren hatten 8% der zu Hause lebenden Personen ab 80 Jahren Schwierigkeiten, ohne fremde Hilfe Alltagsaktivitäten (z.B. baden, duschen, sich anziehen oder zur Toilette gehen) auszuüben.

Vue d'ensemble

Etat de santé auto-évalué
La population évalue son état de santé de manière largement positive: lors de l'Enquête suisse sur la santé réalisée en 2012, 84% des hommes et 81% des femmes ont estimé être en bonne, voire en très bonne santé. Seuls 4% des hommes et 4% des femmes ont déclaré être en mauvaise ou en très mauvaise santé.

Avec l'âge, la proportion de personnes qui jugent leur état de santé bon ou très bon diminue régulièrement: alors que plus de 90% de personnes de 15 à 39 ans qualifient leur état de santé de très bon ou de bon, ils ne sont plus que 66% chez les personnes de 70 ans et plus.

Limitations d'activités à long terme
En 2012, 24% de la population étaient limités depuis au moins six mois par un problème de santé dans les activités de la vie quotidienne. Les femmes sont plus concernées par ces limitations que les hommes (resp. 27% et 21%). Ces limitations augmentent avec l'âge, de 36% parmi les 65–79 ans à 53% chez les 80 ans et plus. Par ailleurs, 8% des personnes de 80 ans et plus vivant à domicile avaient des difficultés à accomplir des gestes élémentaires de la vie quotidienne, comme prendre un bain ou une douche, s'habiller ou aller aux toilettes.

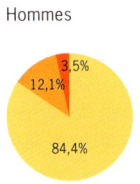

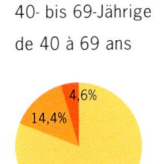

Selbst wahrgenommener Gesundheitszustand nach Geschlecht und Alter 2012 G 14.1
Etat de santé auto-évalué selon le sexe et l'âge, en 2012

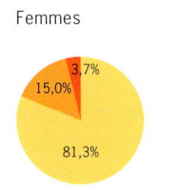

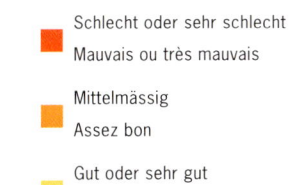

	Frauen / Femmes	Männer / Hommes	15- bis 39-Jährige / de 15 à 39 ans	40- bis 69-Jährige / de 40 à 69 ans	70-Jährige und Ältere / 70 ans et plus
Schlecht oder sehr schlecht / Mauvais ou très mauvais	3,7%	3,5%	0,9%	4,6%	6,9%
Mittelmässig / Assez bon	15,0%	12,1%	6,9%	14,4%	27,6%
Gut oder sehr gut / Bon ou très bon	81,3%	84,4%	92,2%	81,0%	65,5%

Lebenserwartung G 14.2
Espérance de vie

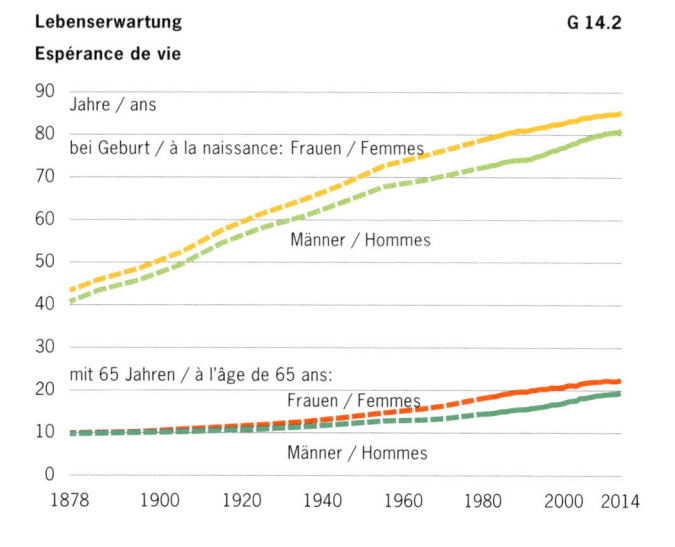

Graph: Espérance de vie à la naissance et à l'âge de 65 ans, Femmes et Hommes, 1878–2014

Unfälle

Die Zahl der Berufsunfälle ist in den letzten Jahren mehr oder weniger stabil geblieben und hatte sich gemäss der Unfallstatistik UVG auf rund 260 000 registrierte Unfälle pro Jahr eingependelt. Trotzdem erreicht diese Zahl 2014 beinahe 268 000. Die Mehrzahl aller Unfälle geschieht jedoch ausserhalb der Berufsarbeit: im Haushalt und in der Freizeit, hier besonders häufig beim Sport. Männer sind viel stärker betroffen als Frauen. Betrachtet man Berufsunfälle und Nichtberufsunfälle zusammen, sieht man, dass fast doppelt so viele Männer wie Frauen Unfälle erleben (rund 512 000 bzw. rund 269 000 im Jahr 2014).

Lebenserwartung

In den letzten 130 Jahren ist die Lebenserwartung markant angestiegen, nämlich von damals unter 50 Jahren (1878) auf 85,2 Jahre bei den Frauen und 81,0 Jahre bei den Männern (2014); heute gehört sie zu den höchsten der Welt. In der ersten Hälfte des 20. Jahrhunderts war der Rückgang der Sterblichkeit von Säuglingen und Kleinkindern der wesentliche Faktor in dieser Entwicklung. Heute findet die Zunahme in allen Altersgruppen statt.

Für die älteren Menschen nimmt die Lebenserwartung immer noch zu: Sie liegt für 65-jährige Frauen bei 22,4 Jahren, für die gleichaltrigen Männer bei 19,4 Jahren (2014). In den kommenden Jahrzehnten dürfte sie noch weiter ansteigen.

Der Unterschied der Lebenserwartung bei Geburt von Frauen und Männern nahm bis 1991 zu. Dann erfolgte eine Trendwende. Dieser Unterschied nimmt laufend ab und beträgt jetzt noch 4,2 Jahre (2014).

Todesursachen

Krankheiten der Kreislauforgane sind nach wie vor die häufigste Todesursache: sie betreffen 33% der Todesfälle. An zweiter Stelle stehen mit einem Anteil von 26% die Krebserkrankungen. 29% aller Todesfälle bei Männern und 22% der Todesfälle bei Frauen sind durch Krebs bedingt. Bei Männern werden 21% der Krebstodesfälle von Lungenkrebs, 15% von Prostatakrebs und 10% von Dickdarmkrebs verursacht. Bei Frauen ist Brustkrebs für 18%, Lungenkrebs für 16% und Dickdarmkrebs für 10% der Krebstodesfälle verantwortlich.

Accidents

Ces dernières années, le nombre des accidents professionnels s'était plus ou moins stabilisé à 260 000 accidents par an. Il s'élève à 268 000 en 2014 selon la statistique de l'assurance-accidents LAA. La plupart des accidents ont toutefois lieu en dehors du travail, soit dans le ménage ou durant les loisirs, notamment lors de la pratique d'un sport. Les hommes sont presque deux fois plus souvent victimes d'accidents que les femmes. Accidents professionnels et non professionnels confondus, on dénombre en Suisse pour 2014 environ 512 000 accidents chez les hommes et 269 000 chez les femmes.

Espérance de vie

Depuis 1878, l'espérance de vie à la naissance, qui était alors inférieure à 50 ans, a progressé pour atteindre 85,2 ans pour les femmes et 81,0 ans pour les hommes (2014); c'est aujourd'hui l'une des plus élevées du monde. Cette progression s'expliquait dans la première partie du 20e siècle principalement par le recul de la mortalité infantile et post-infantile. Aujourd'hui, cette progression est observée à tous les âges.

L'espérance de vie à un âge avancé continue d'augmenter: elle est de 19,4 ans pour les hommes de 65 ans et de 22,4 ans pour les femmes du même âge (2014). Elle devrait encore s'allonger au cours des prochaines décennies.

L'écart entre l'espérance de vie à la naissance des femmes et celle des hommes s'est accentué jusqu'en 1991. La tendance s'est ensuite inversée et l'écart s'est réduit de manière continue pour atteindre 4,2 ans en 2014.

Causes de décès

Les maladies de l'appareil circulatoire sont toujours les causes de décès les plus fréquentes: elles sont à l'origine de 33% des décès. Le cancer vient en deuxième position puisqu'il est responsable de 26% des décès. 29% des décès chez les hommes et 22% chez les femmes sont causés par le cancer. Chez les hommes, 21% des décès liés au cancer sont dus au cancer du poumon, 15% au cancer de la prostate et 10% au cancer du côlon. Chez les femmes, le cancer du sein est à l'origine de 18% des décès dus au cancer, suivi par le cancer du poumon (16%) et le cancer du côlon (10%).

Le type de maladie varie considérablement en fonction de l'âge des personnes touchées: jusqu'à l'âge de 75 ans, les cancers sont plus fréquents que les maladies cardiovasculaires, comme le montre l'indicateur des années potentielles de vie perdues. Celui-ci se rapporte au total des décès qui surviennent avant l'âge de 70 ans; il correspond à la somme des différences entre l'âge des personnes à leur mort et leur septantième année. Les cancers arrivent en tête, avant les accidents et les actes de violence et, en troisième place, les maladies cardiovasculaires.

Santé des nouveau-nés

Depuis quelques années, le nombre de décès d'enfants de moins d'un an s'est stabilisé autour de 4 décès pour 1000 naissances vivantes (3,9/1000 en 2014). Ces décès concernent surtout des enfants nés très prématurément ou avec un très faible poids de naissance (les deux étant souvent liés). En 2014, 7,2% des enfants sont nés prématurément, c'est-à-dire avant 37 semaines de gestation. Les nouveau-nés pesaient en moyenne 3290 g à

Die wichtigsten Todesursachen 2013 / Les principales causes de décès, en 2013

G 14.3

Männer, Todesfälle auf 100 000 Personen / Hommes, décès pour 100 000 personnes

Frauen, Todesfälle auf 100 000 Personen / Femmes, décès pour 100 000 personnes

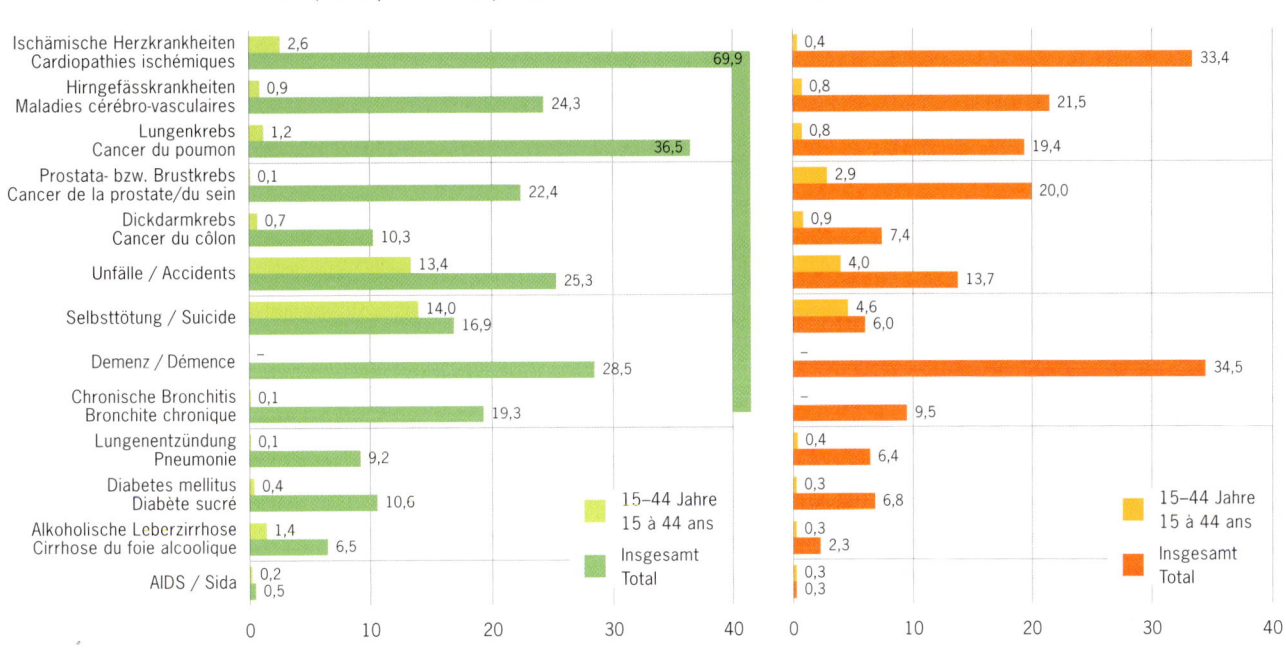

Ursache	Männer 15–44 Jahre	Männer Insgesamt	Frauen 15–44 Jahre	Frauen Insgesamt
Ischämische Herzkrankheiten / Cardiopathies ischémiques	2,6	69,9	0,4	33,4
Hirngefässkrankheiten / Maladies cérébro-vasculaires	0,9	24,3	0,8	21,5
Lungenkrebs / Cancer du poumon	1,2	36,5	0,8	19,4
Prostata- bzw. Brustkrebs / Cancer de la prostate/du sein	0,1	22,4	2,9	20,0
Dickdarmkrebs / Cancer du côlon	0,7	10,3	0,9	7,4
Unfälle / Accidents	13,4	25,3	4,0	13,7
Selbsttötung / Suicide	14,0	16,9	4,6	6,0
Demenz / Démence	–	28,5	–	34,5
Chronische Bronchitis / Bronchite chronique	0,1	19,3	–	9,5
Lungenentzündung / Pneumonie	0,1	9,2	0,4	6,4
Diabetes mellitus / Diabète sucré	0,4	10,6	0,3	6,8
Alkoholische Leberzirrhose / Cirrhose du foie alcoolique	1,4	6,5	0,3	2,3
AIDS / Sida	0,2	0,5	0,3	0,3

Die Krankheiten unterscheiden sich stark in Bezug auf das Alter der betroffenen Personen: Bis zum Alter von 75 Jahren sind die Krebskrankheiten häufiger als die Herzkreislaufkrankheiten. Dies zeigt die Reihenfolge der Todesursachen beim Indikator der verlorenen potenziellen Lebensjahre. Dieser bezieht sich auf alle Sterbefälle, die vor Erreichen des 70. Lebensjahres eintraten; er entspricht der Summe der Differenzen zwischen dem Todesalter und dem 70. Lebensjahr. Die Krebserkrankungen stehen an erster Stelle, gefolgt von den Unfällen und Gewalteinwirkungen; die Herzkreislaufkrankheiten kommen erst an dritter Stelle.

Gesundheit der Neugeborenen

Seit einigen Jahren hat sich die Anzahl der Todesfälle von Kindern im ersten Lebensjahr bei 4 pro 1000 Lebendgeburten stabilisiert (2014: 3,9/1000). Diese Todesfälle betreffen besonders Säuglinge mit sehr tiefem Geburtsgewicht oder deutlich zu früh Geborene (was oft zusammenhängt). Im Jahr 2014 wurden 7,2% der Kinder zu früh geboren, d. h. vor der 37. Schwangerschaftswoche. Das mittlere Geburtsgewicht der Neugeborenen war 3290 Gramm, 2,3% der Säuglinge haben bei der Geburt weniger als zwei Kilo gewogen.

Gesundheitsverhalten

Ernährung, körperliche Aktivität und Gewicht: Der Anteil der Personen, die auf ihre Ernährung achten, war von 1992 bis 2007 leicht gestiegen (von 68% auf 71%), sank 2012 jedoch wieder auf dasselbe Niveau von 1992 ab. Jugendliche und junge Erwachsene (15–24 Jahre) achten am wenigsten darauf, was sie essen (50%). Geschlechtsspezifische Unterschiede bestehen in allen Altersgruppen: 75% der Frauen achteten 2012 auf ihre Ernährung, gegenüber 61% der Männer.

72% der Schweizer Bevölkerung weisen eine für die Gesundheit genügende körperliche Aktivität auf (gemäss den Mindest-

la naissance et 2,3% d'entre eux avaient un poids à la naissance inférieur à deux kilos.

Comportement en matière de santé

Alimentation, poids corporel et activité physique: La part des personnes faisant attention à leur alimentation avait légèrement augmenté entre 1992 et 2007 (de 68% à 71%); elle est redescendue en 2012 au niveau de 1992. Ce sont les jeunes et les jeunes adultes (15 – 24 ans) qui font le moins attention à ce qu'ils mangent (50%). 75% des femmes contre 61% des hommes ont fait attention à leur alimentation en 2012 et cette différence se retrouve dans toutes les classes d'âge.

72% de la population suisse font preuve d'une activité physique qui est suffisante pour la santé selon les recommandations minimales de l'Office fédéral du sport et de l'Office fédéral de la santé publique. 11% de la population sont considérés comme inactifs car ils exercent moins de 30 minutes par semaine d'activité physique modérée.

La part des personnes en surpoids ou obèses, qui s'était stabilisée à 37% entre 2002 et 2007, est montée à 41% en 2012. 10% de la population de 15 ans et plus sont obèses. Cette proportion a doublé depuis 1992 (5%).

Médicaments: Le nombre de personnes prenant au moins un antalgique par semaine a continué d'augmenter (23% en 2012 contre 20% en 2007). On constate une nette croissance de la consommation d'antalgiques en comparaison avec 1992 (12%). Par ailleurs, 9% de la population ont consommé en 2012 au moins un médicament psychotrope (antidépresseur, somnifère, calmant) au cours de la semaine précédant l'enquête. De manière générale, les femmes consomment plus d'antalgiques ou de psychotropes que les hommes, et les personnes âgées nettement davantage que les plus jeunes.

empfehlungen des Bundesamtes für Sport und des Bundesamtes für Gesundheit). 11% gelten als körperlich inaktiv, da sie sich weniger als 30 Minuten in der Woche mässig intensiv bewegen.

Nachdem sich der Anteil an übergewichtigen oder adipösen Personen zwischen 2002 und 2007 bei 37% stabilisiert hatte, stieg der Anteil im Jahr 2012 auf 41% an. 10% der Schweizer Wohnbevölkerung ab 15 Jahren weisen eine Adipositas auf und sind damit stark übergewichtig. Der Anteil hat sich damit gegenüber 1992 verdoppelt (5%).

Medikamente: Die Zahl der Personen, die 2012 im Verlauf einer Woche ein Schmerzmittel eingenommen haben, stieg im Vergleich zu 2007 weiter an (von 20% auf 23%). Vergleicht man den heutigen Anteil mit 1992 (12%), lässt sich über die Zeit hinweg eine deutliche Zunahme des Schmerzmittelkonsums verzeichnen. Weiter gebrauchten 9% der Schweizer Wohnbevölkerung im Laufe der der Erhebung vorangehenden Woche ein Psychopharmaka (Antidepressiva, Schlaf- oder Beruhigungsmittel). Generell nehmen mehr Frauen als Männer und deutlich mehr ältere als jüngere Personen Psychopharmaka oder Schmerzmittel ein.

Tabak und Alkohol: Insgesamt rauchten rund 28% der Bevölkerung zum Befragungszeitpunkt 2012, 24% der Frauen und 32% der Männer. Der Anteil der Raucherinnen und Raucher stieg bis 1997 auf 33%, nahm anschliessend wieder ab und stabilisierte sich zwischen 2007 und 2012. Am meisten Raucherinnen gehören der jüngsten Alterskategorie der 15- bis 34-Jährigen an (32%), und am meisten Raucher finden sich im Alter zwischen 15 und 44 Jahren (41%).

Beim Alkohol ist der Anteil der täglichen Konsumentinnen und Konsumenten von 20% (1992) auf 13% (2012) gesunken. Dieser Rückgang ist vor allem auf die Männer zurückzuführen (1992: 30%, 2012: 17%). Allerdings führten Frauen im Jahre 2012 weiterhin doppelt so häufig eine abstinente Lebensweise wie Männer (22% verglichen mit 11%).

Cannabis: Cannabis wurde im Jahr 2012 von rund 5% der Bevölkerung konsumiert. Je nach Altersgruppe variierte der Konsum stark: 15% der 15- bis 24-Jährigen konsumierten 2012 Cannabis, wohingegen dieser Anteil bei Personen ab 35 Jahren unter 5% fällt. Von den Männern hatten bereits 30% einmal in ihrem Leben Cannabis eingenommen gegenüber 19% der Frauen.

Gesundheitsversorgung

Spitäler – Angebot und Inanspruchnahme von stationären Leistungen: Im Jahr 2014 wurden in der Schweiz 289 Spitäler und Geburtshäuser registriert; das sind weniger als im Vorjahr (293). Für die stationäre Behandlung standen 37 636 Betten zur Verfügung, was einem Rückgang von 200 Betten gegenüber 2013 entspricht.

In den Krankenhäusern zählte man 152 433 Beschäftigte (Vollzeitäquivalente), das heisst eine Zunahme von 2,7% im Vergleich zu 2013. Der Betriebsaufwand der Spitäler belief sich auf 27,3 Mrd. Fr.

2014 behandelten die Spitäler rund 1,38 Mio. stationäre Fälle (abgeschlossene Hospitalisierungen). 123 Personen pro 1000 Einwohner wurden ein- oder mehrmals hospitalisiert.

Insgesamt wurden rund 12,9 Mio. Pflegetage erbracht; dies ergibt für 2014 1,6 Behandlungstage pro Einwohner (ständige Wohnbevölkerung am Jahresende). Für die Einwohnerinnen

Tabac et alcool: En 2012, la population comptait quelque 28% de fumeurs, soit 24% des femmes et 32% des hommes. La part des fumeuses et fumeurs a augmenté jusqu'en 1997 (33%). Elle a ensuite diminué, avant de se stabiliser entre 2007 et 2012. La part des fumeuses est la plus élevée parmi les 15 à 34 ans (32%), alors que la part des fumeurs est la plus forte entre 15 et 44 ans (41%).

La part de la population consommant quotidiennement de l'alcool a reculé, tombant à 13% en 2012 (contre 20% en 1992). Cette baisse est due avant tout à la diminution de la consommation chez les hommes (30% en 1992, contre 17% en 2012). Cependant, la part des abstinents est restée en 2012 deux fois plus élevée chez les femmes que chez les hommes (22% contre 11%).

Cannabis: Environ 5% de la population ont consommé du cannabis en 2012. Cette proportion varie fortement avec l'âge: alors que 15% des 15 à 24 ans ont consommé du cannabis en 2012, ce taux chute à moins de 5% chez les personnes de 35 ans et plus. 30% des hommes et 19% des femmes ont déjà consommé du cannabis au moins une fois dans leur vie.

Système de santé

Hôpitaux – Offre et recours aux prestations: En 2014, 289 hôpitaux et maisons de naissance ont été enregistrés en Suisse. Ce nombre est en diminution par rapport à l'année précédente (293). 37 636 lits étaient disponibles pour les soins hospitaliers, soit une diminution de 200 lits par rapport à 2013.

L'emploi dans les hôpitaux représentait 152 433 équivalents plein temps, soit une augmentation de 2,7% par rapport à 2013. Les charges d'exploitation des hôpitaux se sont élevées à 27,3 milliards de francs.

Les hôpitaux ont enregistré en 2014 près de 1,38 million de cas d'hospitalisations (hospitalisations terminées), ce qui signifie que 123 personnes pour 1000 habitants ont été hospitalisées une ou plusieurs fois durant l'année.

Au total, 12,9 millions de journées de traitement ont été dispensées en 2014, ce qui correspond à 1,6 journée par habitant (population résidante permanente à la fin de l'année). Ce taux se monte à 1,2 pour les personnes jusqu'à 75 ans, contre 5,6 pour les personnes plus âgées.

Institutions médico-sociales – infrastructure et clients: En 2014, 2300 institutions médico-sociales ont été enregistrées. Elles comptaient 151 655 places au total. Parmi les quelque 124 076 postes (équivalents plein temps) occupés dans les institutions médico-sociales, 70,6% correspondaient à du personnel médical, soignant ou d'encadrement. On a compté un total de 44,76 millions de journées d'hébergement et de prise en charge pour 204 265 clients.

Les maisons pour personnes âgées et les homes médicalisés ont recensé 149 267 clients (taux: 18,1 personnes pour 1000 habitants). 69,3% des clients des homes médicalisés étaient des femmes, dont 62,0% avaient au moins 85 ans.

Les charges d'exploitation totales des maisons pour personnes âgées et homes médicalisés se sont montées à 9,49 milliards de francs.

Aide et soins à domicile: En 2014, 268 715 personnes (dont 177 500 femmes environ) ont bénéficié de prestations d'aide et de soins à domicile. Ce sont près de 3,3% de la

und Einwohner unter 75 Jahren sind es 1,2 Tage pro Kopf. Auf die Wohnbevölkerung der über 75-Jährigen entfallen pro Kopf 5,6 Tage Spitalbehandlung.

Sozialmedizinische Institutionen – Infrastruktur und Betreute: Im Jahr 2014 wurden 2300 Betriebe des sozialmedizinischen Bereichs mit insgesamt 151 655 Plätzen registriert. Die sozialmedizinischen Institutionen zählten umgerechnet gut 124 076 Vollzeitstellen. 70,6% der Beschäftigten waren medizinisches, Pflege- oder Betreuungspersonal. Es wurden insgesamt 44,76 Mio. Beherbergungs- und Betreuungstage für 204 265 Klienten gezählt.

Die Alters- und Pflegeheime betreuten 149 267 Personen (Rate: 18,1 Personen pro 1000 Einwohner). 69,3% der in den Pflegeheimen Betreuten waren Frauen, davon 62,0% 85-jährig oder älter.

Der gesamte Betriebsaufwand der Alters- und Pflegeheime belief sich auf 9,49 Mrd. Fr.

Hilfe und Pflege zuhause (Spitex): Im Jahr 2014 wurden in der Schweiz 268 715 Spitex-Klientinnen und -Klienten (davon rund 177 500 Frauen) gepflegt und betreut. Dies sind knapp 3,3% der Gesamtbevölkerung. Die 1636 Spitex-Leistungserbringer stellten dazu 43 492 Personen an, welche umgerechnet 18 782 Vollzeitstellen besetzten.

Die 18,7 Mio. für die Pflege und Betreuung verrechneten Stunden wurden zu 68% für pflegerische Leistungen, zu 29% für hauswirtschaftliche/sozialbetreuerische Leistungen und zu 3% für weitere Leistungen eingesetzt. Die Mahlzeitendienste versorgten 29 711 Personen mit rund 3,2 Mio. Mahlzeiten.

Für die Spitex-Dienstleistungen wurden 2,01 Mrd. Fr. aufgewendet, was etwa 3% der Kosten im Gesundheitswesen entspricht.

Berufe und Beschäftigung

Die Anzahl der Ärzte hat sich seit 1980 mehr als verdoppelt. Insbesondere die Zahl der Ärztinnen ist stark angestiegen. Gut jede zweite Arztperson ist im ambulanten Sektor tätig (2014: 17 804 von 34 348).

Das in Spitälern, Pflegeheimen und Spitex-Diensten tätige Pflegepersonal ist seit 2007 um durchschnittlich über 3% pro Jahr angestiegen. Dies sowohl in Bezug auf die Anzahl Personen als auch auf die Anzahl Vollzeitäquivalente. Ende 2013 belief sich der Bestand auf rund 199 000 Personen, wovon das Pflegefachpersonal 45%, das Pflegepersonal auf Assistenzstufe 26% und die Assistentinnen und Assistenten Gesundheit und Soziales 29% ausmachten.

Kosten und Finanzierung des Gesundheitswesens

Der Aufwand für das Gesundheitswesen betrug im Jahr 2013 rund 69,2 Mrd. Franken, d. h. 10,9% des Bruttoinlandproduktes (BIP). 45,2% der Ausgaben entfielen auf stationäre, 34,2% auf ambulante Behandlungen und andere Leistungen, 10,6% auf Medikamente und therapeutische Apparate, 4,3% auf die Verwaltung und 2,2% auf die Prävention. Die Ausgaben sind seit 1960 stark angestiegen: Damals sind erst 4,8% des BIP für das Gesundheitswesen verwendet worden.

Der grösste Teil der Kosten (43,2%) wird durch die Regimes der Sozialen Sicherheit finanziert; weitere 23,8% übernehmen die privaten Haushalte durch Kostenbeteiligung in der Kranken-

Ärzte[1] je 100 000 Einwohner G 14.4
Médecins[1] pour 100 000 habitants

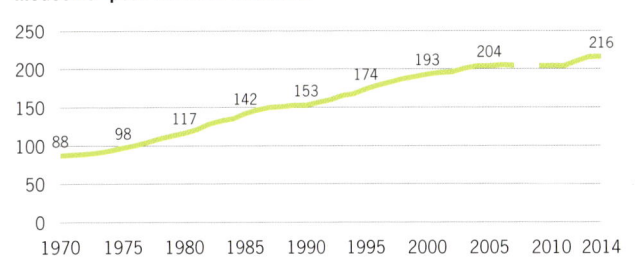

Jahr	Wert
1970	88
1975	98
1980	117
1985	142
1990	153
1995	174
2000	193
2005	204
2010	—
2014	216

[1] Nur Ärzte in eigener Praxis. Ab 2008 Ärzte mit Haupttätigkeit im ambulanten Sektor. Médecins en pratique privée seulement. Dès 2008, médecins avec activité principale dans le secteur ambulatoire.

population totale. Les 1636 fournisseurs d'aide et de soins à domicile employaient en tout 43 492 personnes, qui occupaient 18 782 postes (équivalents plein temps).

Les 18,7 millions d'heures comptabilisées pour l'aide et les soins à domicile dispensés à la clientèle ont été consacrées pour 68% à des prestations de soins, pour 29% à des prestations d'aide à domicile et pour 3% à d'autres prestations. Les services de repas à domicile ont servi quelque 3,2 millions de repas à 29 711 personnes.

En tout, 2,01 milliards de francs ont été dépensés pour les prestations d'aide et de soins à domicile, ce qui représente environ 3% des coûts de la santé.

Professions et emplois

Le nombre des médecins a plus que doublé depuis 1980. La hausse est particulièrement frappante chez les femmes médecins. Plus d'un médecin sur deux (homme ou femme) travaille dans le secteur des soins ambulatoires (17 804 sur 34 348 en 2014).

Le personnel soignant travaillant dans les hôpitaux, les homes médicalisés et les soins à domicile augmente depuis 2007 à un rythme annuel moyen supérieur à 3%, tant en nombre de personnes qu'en équivalents plein temps. Son effectif s'élevait à quelque 199 000 personnes à la fin 2013, dont 45% d'infirmières et d'infirmiers, 26% d'infirmières et d'infirmiers assistants et 29% d'aides-soignants.

Coûts et financement du système de santé

Les dépenses de santé se sont élevées à environ 69,2 milliards de francs en 2013, ce qui représente 10,9% du produit intérieur brut (PIB). Elles se sont réparties de la manière suivante: 45,2% pour les soins en milieu hospitalier, 34,2% pour les soins ambulatoires et les services auxiliaires, 10,6% pour les médicaments et les appareils thérapeutiques, 4,3% pour les frais d'administration et 2,2% pour la prévention. Les dépenses en faveur de la santé ont fortement augmenté depuis 1960: elles ne représentaient alors que 4,8% du PIB.

En ce qui concerne le financement du système de santé, la majeure partie des coûts (43,2%) est supportée par les régimes de protection sociale; les ménages privés en assument 23,8% par une participation aux frais de l'assurance-maladie et par le paiement direct de prestations non couvertes par cette dernière. Les pouvoirs publics contribuent au financement à raison de 20,2% par des prestations ou des subventions.

Entwicklung der Kosten des Gesundheitswesens / Evolution des coûts du système de santé G 14.5

Im Vergleich zum BIP, Index[1] 1990 = 100
En comparaison avec le PIB, indice[1] 1990 = 100

Nach Art der Güter und Dienstleistungen (Anteile an den Gesamtkosten in %)
Selon la nature des biens et services (évolution relative en % des dépenses totales)

- Kosten des Gesundheitswesens / Coûts du système de santé
- BIP / PIB
- Stationäre Behandlung / Soins en milieu hospitalier
- Ambulante Behandlung[2] / Soins ambulatoires[2]
- Verkauf von Gesundheitsgütern / Vente de biens de santé
- Prävention und Verwaltung / Prévention et administration

1 Zu laufenden Preisen / Aux prix courants
2 Inkl. andere Leistungen / Y compris services auxiliaires

Finanzierung des Gesundheitswesens 2013 / Financement du système de santé, en 2013 G 14.6

Nach Finanzierungsregimes / Selon le régime

- 20,2% Staat / Etat
- 36,7% Sozialversicherungen / Assurances sociales
  - Krankenversicherung (KVG) / Assurance-maladie (LAMal)
- 6,5% Andere[1] / Autres[1]
- 4,4% Andere Regimes[2] / Autres régimes[2]
- 7,3% Privatversicherungen[3] / Ass. privées[3]
- 18,1% Private Haushalte / Ménages privés Out of Pocket[4]
- 5,7% Kostenbeteiligung[5] / Participation aux frais[5]
- Andere priv. Finanzierung[6] / Autre fin. privé[6] (1,0%)

Nach Quellen / Selon la source

- 6,1% Bund / Confédération
- 22,1% Kantone / Cantons
- 4,5% Gemeinden / Communes
- 6,3% Unternehmen / Entreprises
- 61,0% Private Haushalte / Ménages privés

1 Unfallversicherung (UVG) inkl. Militärversicherung, Invalidenversicherung (IV), Alters- und Hinterlassenenversicherung (AHV) / Assurance-accidents (LAA) y c. l'assurance militaire, assurance-invalidité (AI), assurance-vieillesse et survivants (AVS)
2 Ergänzungsleistungen AHV, IV; Alters- und Pflegehilfe, kantonal geregelt / Prestations complémentaires AVS, AI; aide supplémentaire des cantons
3 Zusatzversicherung der Krankenkassen (VVG), private Versicherungseinrichtungen / Ass. complémentaires des caisses-maladie (LCA), institutions d'assurance privées
4 Direktzahlungen von privaten Haushalten an Leistungserbringer für nicht gedeckte Leistungen / Paiements directs des ménages aux fournisseurs de biens et services pour prestations non couvertes par les assurances-maladie
5 Franchise und Selbstbehalt in der Krankenversicherung / Franchise et quote-part dans l'assurance maladie
6 Spenden und Vermächtnisse an Institutionen ohne Erwerbscharakter / Dons et legs aux institutions sans but lucratif

---

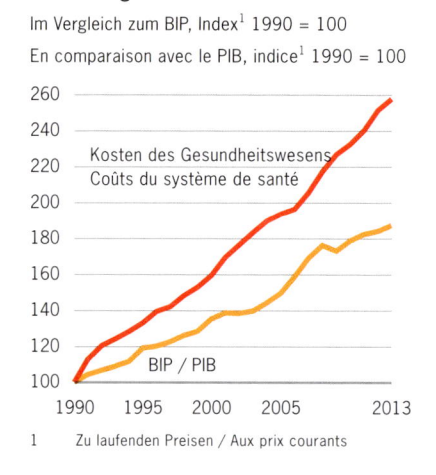

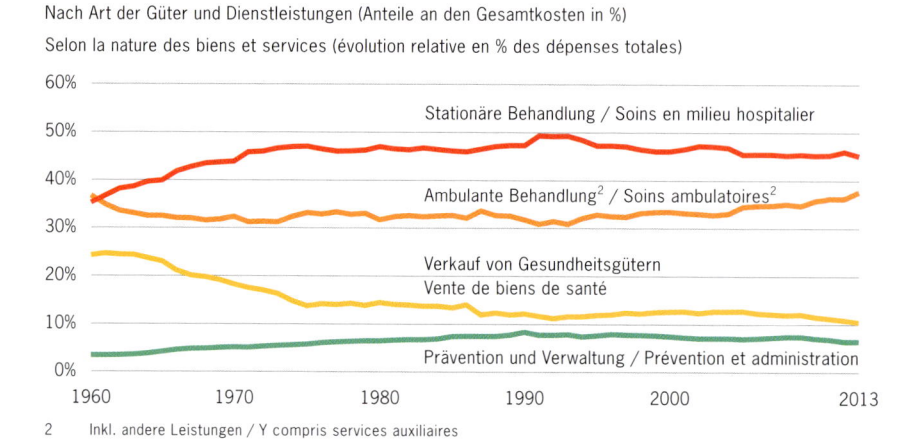

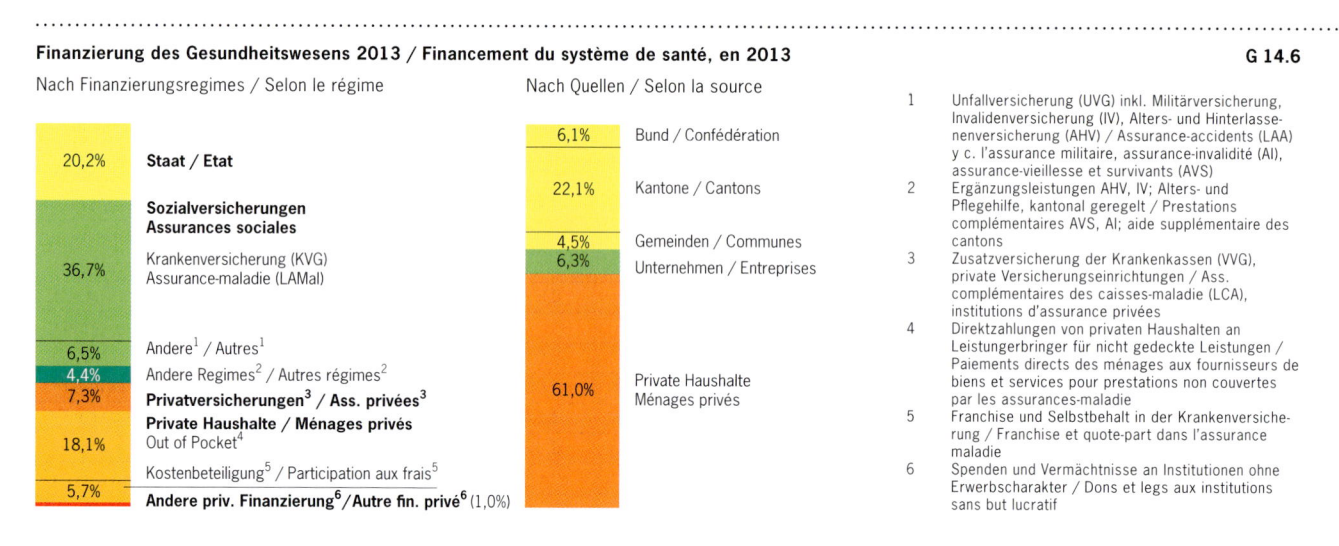

versicherung und durch direkte Bezahlung von Leistungen, die durch die Krankenversicherung nicht gedeckt werden. Die öffentliche Hand trägt – in Form von erbrachten Leistungen oder Subventionen – einen Anteil von 20,2% bei.

Die Verteilung stellt sich anders dar, wenn die drei Finanzierungsquellen (Staat, private Haushalte und Unternehmen) betrachtet werden. Tatsächlich werden die Krankenversicherungen durch Kopfprämien der privaten Haushalte finanziert. Der Anteil der Haushalte steigt daher auf die Höhe von 61,0% der totalen Gesundheitsausgaben. Auf der anderen Seite finanziert der Staat die Prämienverbilligung der obligatorischen Krankenversicherung und die Ergänzungsleistungen anderer Sozialversicherungen (AHV, IV). Sein Anteil steigt daher auf 32,7%. Die Unternehmen tragen schliesslich durch die Beiträge an die Sozialversicherung einen Anteil von 6,3% an der Finanzierung der Gesundheitsausgaben.

La situation est cependant différente si l'on considère les trois sources de financement que sont l'Etat, les ménages privés et les entreprises. En effet, les assurances-maladies sont financées par le biais de primes par tête, versées par les ménages privés. La part de ces derniers bondit ainsi à 61,0% du total des dépenses de santé. De son côté, l'Etat finance les réductions des primes de l'assurance-maladie et les prestations complémentaires aux assurances sociales (AVS/AI): sa part passe ainsi à 32,7% du total. Quant aux entreprises, elles contribuent à hauteur de 6,3% au financement des dépenses de santé, par le biais de cotisations aux assurances sociales.

Erhebungen, Quellen
Enquêtes, sources

Wichtige Erhebungen und Quellen über die Gesundheit der Bevölkerung:
Gesundheitszustand, Einflussfaktoren, Fortpflanzung, Sterblichkeit

M 14.1

Erhebung/Statistik	Verantwortliche Stelle	Erhebungsgegenstand	Erhebungsmethode	Periodizität	Seit	Regionalisierungsgrad
Haushaltserhebungen						
Schweizerische Gesundheitsbefragung	BFS	Soziodemografische und ökonomische Merkmale, Gesundheitszustand, Behinderungen, Einstellungen, Gesundheitsverhalten, Inanspruchnahme von Dienstleistungen des Gesundheitswesens, Krankenversicherung, Präventivmedizin, Lebensbedingungen.	Stichprobenerhebung	5 Jahre	1992	Grossregionen
Betriebserhebungen						
Medizinische Statistik der Krankenhäuser	BFS	Soziodemografische Merkmale sowie Merkmale über den Spitalaufenthalt, Diagnosen; durchgeführte Behandlungen.	Vollerhebung	1 Jahr	1998	Medstat-Regionen
Statistik des Schwangerschaftsabbruchs	BFS	Alter der Frau, Wohnkanton, Dauer der Schwangerschaft vor Abbruch, Datum und verwendete Methode des Abbruchs.	Vollerhebung	1 Jahr	2006	Kanton
Verwaltungsdaten						
Statistik der Geburten	BFS	Geburtsregisterangaben, Gestationsalter, Körperlänge und Gewicht des Kindes; Zivilstand und Konfession der Mutter. Bei Totgeburten zusätzlich: Beruf und berufliche Stellung der Eltern; Ursache(n) der Totgeburt.	Vollerhebung	Laufend	1871	Gemeinden
Statistik der Todesfälle und Todesursachen	BFS	Soziodemografische Merkmale, Todesregisterangaben; Beruf und berufliche Stellung der verstorbenen Person; Todesursache(n).	Vollerhebung	Laufend	1876	Gemeinden
Synthesestatistiken						
Krebsepidemiologie	BFS/NICER/SKKR	Indikatoren zu Stand und Entwicklung der Neuerkrankungen und der Todesfälle nach Krebslokalisation, Geschlecht und Altersklasse	Synthesestatistik	1 Jahr	1983	Sprachregionen

Wichtige Erhebungen und Quellen über das Personal und die Gesundheitsdienste,
ihre Leistungen und Inanspruchnahme sowie über die Kosten und die Finanzierung

M 14.2

Erhebung/Statistik	Verantwortliche Stelle	Erhebungsgegenstand	Erhebungsmethode	Periodizität	Seit	Regionalisierungsgrad
Betriebserhebungen						
Krankenhausstatistik	BFS	Rechtsform, Art der Tätigkeit, Einrichtung und Ausstattung, Ausbildungsmöglichkeiten, Betten, Pflegetage, Konsultationen und Leistungen. Anzahl und Struktur der Beschäftigten und Patienten. Betriebsrechnung und Investitionsrechnung.	Vollerhebung	1 Jahr	1997	Kantone
Statistik der sozialmedizinischen Institutionen	BFS	Rechtsform, Art der Tätigkeit, Einrichtung und Ausstattung. Anzahl und Struktur der Beschäftigten und der Patienten. Betriebsrechnung.	Vollerhebung	1 Jahr	1997	Kantone
Spitex-Statistik	BFS[1]	Rechtsform, Dienstleistungsangebot und Tätigkeitsgebiet, Betriebsrechnung, Anzahl und Struktur der Beschäftigten und der Klientinnen und Klienten.	Vollerhebung	1 Jahr	1997	Kantone
Verwaltungsdaten						
Ärztestatistik	FMH	Geschlecht, Alter, Kanton, Fachgebiet, Art der Tätigkeit.	Vollerhebung	1 Jahr	1923	Kantone
Synthesestatistiken						
Kosten und Finanzierung des Gesundheitswesens	BFS	Gesundheitsausgaben nach Leistungserbringern, nach Leistungen, nach Finanzierungsregimes und Finanzierungsquellen.	Synthesestatistik	1 Jahr	1985	Schweiz

1 Seit 2007, vorher BSV

Principales enquêtes et sources sur la santé de la population: Etat de santé, facteurs influant sur la santé, procréation, mortalité

M 14.1

Enquêtes/statistiques	Institution responsable	Objet de l'enquête	Méthode d'enquête	Périodicité	Introduction	Niveau géographique
Relevés effectués auprès des ménages						
Enquête suisse sur la santé	OFS	Caractéristiques sociodémographiques et économiques, état de santé, incapacités, attitudes et comportements en matière de santé, recours aux prestations des institutions sanitaires, assurance-maladie, médecine préventive, condition de vie.	Enquête par échantillonnage	Tous les 5 ans	1992	Grandes régions
Relevés effectués auprès des établissements						
Statistique médicale des hôpitaux	OFS	Caractéristiques sociodémographiques, données concernant l'hospitalisation et les diagnostics; traitements effectués.	Enquête exhaustive	Annuelle	1998	Régions Medstat
Statistique des interruptions de grossesse	OFS	Age de la femme, canton de domicile, avancement de la grossesse avant son interruption, date de l'interruption, méthode utilisée.	Enquête exhaustive	Annuelle	2006	Cantons
Données administratives						
Statistique des naissances	OFS	Données tirées des registres des naissances, âge gestationnel, taille et poids de l'enfant, état civil et religion de la mère. Autres informations pour les mort-nés: profession et situation dans la profession des parents; cause(s) du décès.	Enquête exhaustive	Permanente	1871	Communes
Statistique des décès et des causes de décès	OFS	Caractéristiques sociodémographiques, données tirées des registres des décès; profession, situation dans la profession de la personne décédée; cause(s) de décès.	Enquête exhaustive	Permanente	1876	Communes
Statistiques de synthèse						
Epidémiologie du cancer	OFS/NICER/ RSCE	Indicateurs d'état et d'évolution de l'incidence et de la mortalité par localisation cancéreuse, sexe et classe d'âge.	Statistique de synthèse	Annuelle	1983	Régions linguistiques

Principales enquêtes et sources sur les personnels de santé et les prestataires de services, leurs prestations et le recours à leur service ainsi que le coût et le financement

M 14.2

Enquêtes/statistiques	Institution responsable	Objet de l'enquête	Méthode d'enquête	Périodicité	Introduction	Niveau géographique
Enquêtes effectuées auprès des entreprises						
Statistique des hôpitaux	OFS	Forme juridique, genre d'activité, infrastructure et équipement, possibilités de formation, lits, journées d'hospitalisation, consultations et prestations. Effectif et structure du personnel et des patients. Compte d'exploitation et compte d'investissements.	Enquête exhaustive	Annuelle	1997	Cantons
Statistique des institutions médico-sociales	OFS	Forme juridique, genre d'activité, infrastructure et équipement. Effectif et structure du personnel et des patients. Compte d'exploitation.	Enquête exhaustive	Annuelle	1997	Cantons
Statistique de l'aide et des soins à domicile (SPITEX)	OFS[1]	Forme juridique, offre de prestations et domaine d'activité, compte d'exploitation, effectif et structure des emplois et de la clientèle.	Enquête exhaustive	Annuelle	1997	Cantons
Données administratives						
Statistique médicale	FMH	Sexe, âge, canton, spécialisation, genre d'activité.	Enquête exhaustive	Annuelle	1923	Cantons
Statistiques de synthèse						
Coût et financement du système de santé	OFS	Dépenses de santé selon les fournisseurs de biens et services, selon les prestations, selon le régime de financement et selon la source de financement.	Statistique de synthèse	Annuelle	1985	Suisse

1   Depuis 2007, avant par l'OFAS

Glossar

Altersstandardisierung
Gesundheit ist vom Alter abhängig. Die Anzahl der Erkrankungen in einer Bevölkerung ist somit abhängig von der Altersstruktur der beobachteten Bevölkerung. Dies kann Vergleiche unterschiedlicher Bevölkerungen deutlich stören. Altersstandardisierung wird verwendet, um zeitliche Entwicklungen in einer Bevölkerung zu beobachten oder um räumliche Vergleiche durchzuführen, unabhängig von demographischen Effekten. Allgemein gesprochen handelt es sich um die Berechnung gewichteter Mittelwerte von altersspezifischen Raten. Es bestehen unterschiedliche Methoden zur Altersstandardisierung, bei genügend grossen Fallzahlen wird in der Regel die direkte Methode verwendet. Dabei wird die Rate bestimmt, die beobachtet werden könnte, wenn die untersuchte Bevölkerung dieselbe Altersstruktur aufweisen würde wie die gewählte Standardbevölkerung.

Ambulante Behandlung
Alle Behandlungen, die nicht stationäre Behandlungen sind. Wiederholte Aufenthalte in Tages- oder Nachtkliniken gelten ebenfalls als ambulante Behandlung.

Lebenserwartung
Siehe Glossar zu Kapitel 1.

Säuglingssterblichkeit
Sterbefälle im ersten Lebensjahr, bezogen auf die Anzahl Lebendgeborener.

Glossaire

Années potentielles de vie perdues
Ce chiffre se réfère à tous les décès de personnes n'ayant pas atteint la septantième année révolue. Il correspond à la somme des différences entre l'âge du décès et la septantième année en tant qu'âge de référence. Ce nombre – il peut aussi être exprimé sous forme de taux – est un indicateur pertinent de la mortalité prématurée, qui pourrait être partiellement évitée dans la mesure où une grande partie de ces décès sont occasionnés par des accidents ou des maladies influencées par le mode de vie (avant tout les maladies cardiovasculaires et les affections cancéreuses).

Causes de décès
On considère comme cause de décès la maladie principalement responsable de la mort d'une personne; on l'indique conformément à la Classification internationale des maladies et des problèmes de santé connexes (10e révision, valable depuis 1995; pour certaines causes de décès, les comparaisons avec les années antérieures à 1995 ne sont possibles que sous certaines réserves).

Espérance de vie
Voir le glossaire du chapitre 1.

Mortalité infantile
Nombre de décès pendant la première année de vie par rapport au nombre des naissances vivantes.

Mortinaissance
Un enfant est désigné en tant que mort-né s'il ne manifeste aucun signe de vie à la naissance et si son poids est d'au moins 500 grammes ou si la gestation a duré au moins 22 semaines entières (24 semaines jusqu'au 31.12.2004).

Sterblichkeitsdefinitionen vor und bei der Geburt sowie im ersten Lebensjahr G 14.7
Définitions concernant la mortalité avant et au moment de la naissance, ainsi que pendant la première année de vie

Früher Abort							Avortement précoce
Später Abort							Avortement tardif
Totgeburt							Mortinaissance
Perinatale Sterblichkeit							Mortalité périnatale
Säuglingssterblichkeit							Mortalité infantile
Neonatale Sterblichkeit							Mortalité néonatale
Frühneonatale Sterblichkeit							Mortalité néonatale précoce
Spätneonatale Sterblichkeit							Mortalité néonatale tardive
Postneonatale Sterblichkeit							Mortalité postnéonatale

Empfängnis / Conception — 12./12e Schwangerschaftswoche / Semaine de grossesse — 22./22e — Geburt / Naissance — 7 Tage / Jours — 28 — 12 Monate / 12 Mois

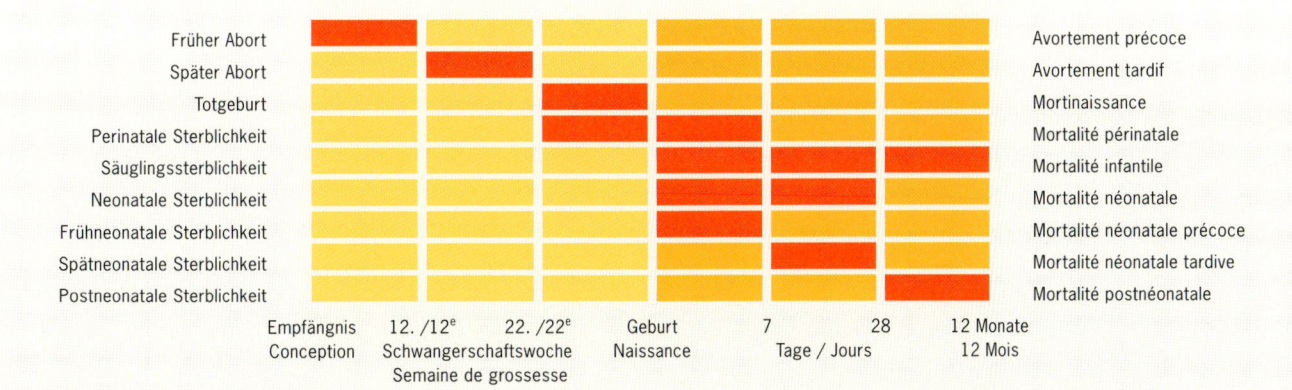

Stationäre Behandlung

Aufenthalte zur Untersuchung, Behandlung und Pflege im Spital oder im Geburtshaus:

a. von mindestens 24 Stunden;
b. von weniger als 24 Stunden, bei denen während einer Nacht ein Bett belegt wird;
c. im Spital bei Überweisung in ein anderes Spital;
d. im Geburtshaus bei Überweisung in ein Spital;
e. bei Todesfällen.

Sterbeziffer (auch Sterberate genannt)

Die Sterbeziffer misst die Zahl der Sterbefälle in einer Bevölkerung innerhalb eines bestimmten Zeitabschnittes (Todesfälle pro 100 000 Einwohner der ständigen Wohnbevölkerung; in der Regel pro Kalenderjahr). Sterbeziffern dürfen mit denjenigen anderer Bevölkerungsgruppen oder anderer Zeitperioden nur dann verglichen werden, wenn die betreffenden Altersstrukturen einander ähnlich sind. Andernfalls müssen für einen Vergleich altersstandardisierte Sterbeziffern benützt werden. Dies gilt ebenso für Erkrankungsziffern bzw. -raten. Für die Altersstandardisierung stehen zwei Methoden zur Verfügung, nämlich die direkte und die indirekte Standardisierung.

Todesursachen

Als Todesursache gilt das für den Tod massgebende Grundleiden nach der internationalen Klassifikation der Krankheiten und verwandter Gesundheitsprobleme (10. Revision, gültig ab 1995; ab diesem Jahr sind bei einigen Todesursachen Vergleiche mit den Jahren bis 1994 nur bedingt möglich).

Totgeburt

Als Totgeburt wird ein Kind bezeichnet, das ohne Lebenszeichen auf die Welt kommt und ein Geburtsgewicht von mindestens 500 Gramm oder ein Gestationsalter von mindestens 22 vollendeten Wochen aufweist (bis 31.12.2004: 24 Wochen).

Verlorene potenzielle Lebensjahre

Die Zahl bezieht sich auf alle Sterbefälle, die in einem bestimmten Jahr vor Erreichen des 70. Lebensjahres erfolgten. Sie entspricht der Summe der Differenzen zwischen dem Todesalter und dem 70. Lebensjahr. Diese Zahl – sie kann auch als Rate ausgedrückt werden – ist ein nützlicher Indikator der frühzeitigen, mindestens partiell vermeidbaren Sterblichkeit, insofern ein grösserer Teil dieser Todesfälle durch Unfälle oder Krankheiten (vor allem Herzkreislauf- und Krebserkrankungen) verursacht werden, welche mit dem Lebensstil zusammenhängen.

Standardisation selon l'âge

L'âge a une influence sur la santé. Le nombre de maladies dans la population varie ainsi selon la structure par âge de celle-ci. La comparaison de populations différentes peut ainsi s'avérer difficile. La standardisation selon l'âge permet d'observer l'évolution d'une population ou de procéder à des comparaisons géographiques, indépendamment des effets démographiques. De manière générale, il s'agit de calculer des moyennes pondérées de taux spécifiques à l'âge. Il existe différentes méthodes de standardisation selon l'âge: la méthode directe est généralement utilisée lorsque le nombre de cas observés est suffisamment important. Elle consiste à déterminer le taux qui pourrait être observé si la structure par âge était la même pour la population considérée et pour la population standard choisie.

Taux de mortalité

Ce taux exprime le nombre de décès pour 100 000 habitants de la population résidante permanente pendant une période donnée (normalement l'année civile). Les taux de mortalité ne peuvent être comparés avec ceux d'autres groupes démographiques ou d'autres périodes que si les sous-populations comparées ont une structure par âge similaire. Dans le cas contraire, il faut utiliser des taux de mortalité standardisés selon l'âge. Le même raisonnement s'applique aux taux de morbidité. Pour la standardisation selon l'âge, on recourt à la méthode directe ou indirecte.

Traitement ambulatoire

Sont réputés traitements ambulatoires les traitements qui ne sont pas hospitaliers. Les séjours répétés dans des cliniques de jour ou de nuit sont également réputés traitement ambulatoire.

Traitement hospitalier

Sont réputés traitements hospitaliers pour des examens, des traitements et soins à l'hôpital ou dans une maison de naissance, les séjours:

a. d'au moins 24 heures
b. de moins de 24 heures au cours desquels un lit est occupé durant une nuit;
c. à l'hôpital, en cas de transfert dans un autre hôpital;
d. dans une maison de naissance en cas de transfert dans un hôpital;
e. en cas de décès.

Daten / Données

Allgemeines
Généralités

Indikatoren zur Gesundheit im Zeitvergleich
Indicateurs de la santé au cours du temps

T 14.0.1

	1980	1990	2000	2010	2011	2012	2013	2014	
Lebenserwartung in Jahren[1]									**Espérance de vie en années**[1]
Frauen, bei Geburt	79,1	80,8	82,6	84,6	84,7	84,7	84,8	85,2	Femmes, à la naissance
Frauen, 65-jährig	18,3	19,4	20,7	22,2	22,2	22,1	22,1	22,4	Femmes, à l'âge de 65 ans
Männer, bei Geburt	72,4	74,0	76,9	80,2	80,3	80,5	80,5	81,0	Hommes, à la naissance
Männer, 65-jährig	14,4	15,3	17,0	18,9	19,0	19,9	19,9	19,4	Hommes, à l'âge de 65 ans
Säuglingssterblichkeit									**Mortalité infantile**
Fälle je 1000 Lebendgeborene	9,1	6,8	4,9	3,8	3,8	3,6	3,9	3,9	Cas pour 1000 enfants nés vivants
Perinatale Mortalität									**Mortalité périnatale**
Fälle je 1000 Geborene	9,5	7,7	6,6	7,0	6,8	6,8	7,6	7,0	Cas pour 1000 naissances
AIDS									**SIDA**
Neue Fälle je 1 Million Einwohner	0,5	91,2	31,5	21,0	16,3	11,8	12,4	7,9	Nouveaux cas pour 1 million d'habitants
Mortalität pro 100 000 Einwohner									**Mortalité pour 100 000 habitants**
Lungenkrebs	35,0	35,1	31,6	28,6	28,5	27,1	26,9	...	Cancer du poumon
Leberzirrhose	10,3	7,8	5,4	5,0	4,4	5,0	4,3	...	Cirrhose du foie
Strassenverkehrsunfälle	18,5	13,2	7,4	3,8	3,3	3,3	2,9	...	Accidents de la route
Selbsttötung	24,9	20,1	17,2	11,1	11,2	11,1	11,2	...	Suicide
Berufskrankheiten									**Maladies professionnelles**
Neuerkrankungen pro 10 000 Vollbeschäftigte	...	...	...	10,0	9,2	7,9	7,5	...	Taux d'incidence pour 10 000 personnes occupées à plein temps
Invalidität									**Invalidité**
Bezüger von Hilflosenentschädigungen der IV	...	16 815	23 570	31 644	32 390	32 900	33 566	34 337	Bénéficiaires d'allocations pour impotents de l'AI
Praktizierende Ärzte									**Médecins en pratique privée**
je 1000 Einwohner	1,2	1,5	1,9	2,0	2,0	2,1	2,2	2,2	pour 1000 habitants
Krankenhäuser									**Hôpitaux**
Betten je 1000 Einwohner[2]	9,3	8,2	6,2	4,9	4,8	4,8	4,6	4,6 p	Lits pour 1000 habitants[2]
Kosten des Gesundheitswesens									**Coûts du système de santé**
in Millionen Franken	13 509	26 870	42 843	62 495	64 566	67 533	69 227	...	en millions de francs
in % des BIP	7,3	7,9	9,3	10,3	10,4	10,8	10,9	...	en % du PIB

1 Quellen: bis und mit 1980: offizielle Sterbetafel; ab 1981: vollständige jährliche Sterbetafeln
2 Anzahl stationärer Betten (ohne teilstationärer Betten)
Quelle: BFS
Stand: November 2015 (AIDS: 5.10.2015)

1 Sources: jusqu'en 1980: tables officielles de mortalité; à partir de 1981: tables de mortalité complètes annuelles
2 Nombre de lits d'hospitalisation (sans semi-hospitalisation)
Source: OFS
Etat: novembre 2015 (SIDA: 5.10.2015)

Indikatoren zur Gesundheit im europäischen Vergleich
Indicateurs de la santé en comparaison européenne

T 14.0.5

	Jahr Année	Schweiz Suisse	Deutsch-land Allemagne	Frank-reich France	Italien Italie	Österreich Autriche	Nieder-lande Pays-Bas	Norwegen Norvège	Vereinigtes Königreich Royaume-Uni	
Lebenserwartung in Jahren										**Espérance de vie en années**
Frauen, bei Geburt	2013	84,8	83,1	85,8	84,9	83,7	83,1	83,6	82,8	Femmes, à la naissance
Frauen, 65-jährig	2013	22,1	21,0	23,9	22,4	21,4	21,2	21,2	20,9	Femmes, à l'âge de 65 ans
Männer, bei Geburt	2013	80,5	78,2	78,8	79,7	78,6	79,4	79,7	79,1	Hommes, à la naissance
Männer, 65-jährig	2013	19,1	17,8	19,4	18,7	18,2	18,2	18,5	18,5	Hommes, à l'âge de 65 ans
Säuglingssterblichkeit										**Mortalité infantile**
Fälle je 1000 Lebendge-borene	2013	3,9	3,3	3,3	3,3	3,2	3,7	2,5	4,1	Cas pour 1000 enfants nés vivants
Perinatale Mortalität										**Mortalité périnatale**
Fälle je 1000 Geborene	2013	7,6	5,5	11,7	4,4	5,4	7,4	5,0	7,5	Cas pour 1000 naissances
AIDS										**SIDA**
Neue Fälle je 1 Million Einwohner	2013	8,8	3,0	6,3	16,9	8,3	11,8	5,5	5,0	Nouveaux cas pour 1 million d'habitants
Mortalität pro 100 000 Einwohner										**Mortalité pour 100 000 habitants**
Lungenkrebs	2013	26,9	33,8	35,1	32,9	30,9	43,7	32,5	38,7[2]	Cancer du poumon
Leberzirrhose	2013	4,3	12,2	9,3	6,9	13,7	3,7	3,2	10,9[2]	Cirrhose du foie
Strassenverkehrsunfälle	2013	2,9	3,4	5,6	6,5	5,2	3,1	2,9	3,1[2]	Accidents de la route
Selbsttötung	2013	11,2	9,9	14,7	5,7	12,4	9,6	9,9	6,7[2]	Suicide
Personen mit gutem Gesundheitszustand										**Population en bonne santé**
in % der Bevölkerung ab 15 Jahren	2013	80,7	64,9	67,2	66,1	68,6	75,6	76,0	73,7	en % de la population âgée de 15 ans et plus
Raucher (regelmässig, täglich)										**Fumeurs (réguliers, chaque jour)**
in % der Bevölkerung ab 15 Jahren	2013	20,4[2]	20,9	24,1[2]	21,1	23,2[2]	18,5	15,0	19,0	en % de la population âgée de 15 ans et plus
Alkoholkonsum										**Consommation d'alcool**
Liter pro Person und Jahr ab 15 Jahren	2013	9,7	10,9	11,4	6,1	11,9[2]	8,9[2]	6,2	9,7[2]	Litres par personne et par année, âgée de 15 ans et plus
Ärzte										**Médecins**
je 1000 Einwohner	2013	4,1	4,1	3,2	3,9	5,0	3,3	4,3	2,8	pour 1000 habitants
Krankenhäuser										**Hôpitaux**
Betten je 1000 Einwohner	2013	4,6	8,3	6,5	3,4[2]	7,6	4,7[2]	3,9	2,8	Lits pour 1000 habitants
Kosten des Gesundheits-wesens										**Coûts du système de santé**
in US$ KKP[1] pro Einwohner	2013	6 187	4 812	4 334	3 126	4 885	5 601	6 308	3 311	en dollars PPA[1] par habitant
in % des BIP	2013	10,9	11,3	11,7	9,1	11,0	12,9	9,6	9,1	en % du PIB

1 Kaufkraftparitäten
2 2012 oder älter

Quellen: BFS; WHO-HFA-DB – OECD-Health Data

1 Parités de pouvoir d'achat
2 2012 ou années précédentes

Sources: OFS; WHO-HFA-DB – OECD-Health Data

Gesundheitsdeterminanten
Déterminants de la santé
Gesundheitsrelevante Einstellungen und Verhaltensweisen T 14.2.1
2002 und 2012. In % der entsprechenden Bevölkerungsgruppe (Wohnbevölkerung ab 15 Jahren)
Attitudes et comportements ayant une influence sur la santé
En 2002 et 2012. En % des groupes respectifs (population résidante de 15 ans et plus)

	Gesundheitsorientierte Lebenseinstellung Attitude favorable à la santé		Ernährungsbewusstsein Attention à l'alimentation		Sportliche Aktivität Activité sportive				Nichtraucher Non fumeurs				
					1–2 mal pro Woche 1 à 2 fois par semaine		3 mal und mehr pro Woche 3 fois ou plus par semaine		nie geraucht jamais fumé		aufgehört arrêté de fumer		
	2002	2012	2002	2012	2002	2012	2002	2012	2002	2012	2002	2012	
Total	88,2	85,6	69,1	67,9	36,1	36,9	27,1	28,0	49,6	50,3	19,9	21,5	Total
Geschlecht													**Sexe**
Weiblich	90,6	87,9	76,1	74,9	35,2	36,1	23,8	23,7	58,2	57,3	16,2	18,6	Féminin
Männlich	85,6	83,2	61,6	60,6	37,1	37,8	30,7	32,5	43,4	43,0	23,9	24,6	Masculin
Alter													**Age**
15–39 Jahre	83,6	79,3	63,9	60,1	40,7	40,4	32,0	34,8	55,2	52,3	10,8	11,2	15–39 ans
40–69 Jahre	90,9	89,3	73,0	72,4	36,5	38,6	25,2	26,4	45,4	46,4	26,4	26,2	40–69 ans
70 Jahre und mehr	93,2	89,3	71,9	72,4	19,8	22,2	18,0	16,3	58,7	58,2	26,2	31,7	70 ans et plus
Sprachgebiet													**Région linguistique**
Deutsche Schweiz	90,5	88,5	73,6	72,5	38,4	39,0	29,2	30,6	50,1	51,2	19,7	21,3	Suisse alémanique
Französische Schweiz	81,2	77,0	54,1	53,4	31,1	32,4	21,3	21,9	47,0	48,2	20,8	21,8	Suisse romande
Italienische Schweiz	88,2	86,7	73,3	73,5	25,8	28,4	23,6	20,2	54,1	46,7	17,9	23,1	Suisse italienne
Bildungsniveau[1]													**Niveau de formation**[1]
Obligatorische Schulbildung	87,1	82,3	64,4	61,5	22,1	22,6	19,6	15,7	52,6	50,7	19,5	22,1	Scolarité obligatoire
Sekundarstufe II	90,2	86,9	72,4	70,5	37,4	36,4	25,2	24,8	47,5	46,3	22,5	25,3	Degré secondaire II
Tertiärstufe	91,5	91,3	74,4	75,1	41,5	43,2	26,8	29,9	45,9	52,0	25,4	23,7	Degré tertiaire
Nationalität													**Nationalité**
Schweizer	88,9	86,4	70,5	68,9	37,2	37,6	27,9	28,0	50,0	51,4	20,3	22,2	Suisse
Ausländer	85,1	82,9	63,3	64,7	31,3	34,6	23,4	28,2	47,8	46,4	18,5	19,3	Etranger

[1] 25-Jährige und Ältere
Quelle: BFS – SGB 2012

[1] 25 ans et plus
Source: OFS – ESS 2012

Konsum von Tabak, Alkohol, Medikamenten und illegalen Drogen nach Geschlecht und Alter
2012. In % der entsprechenden Bevölkerungsgruppe (Wohnbevölkerung ab 15 Jahren)
Consommation de tabac, d'alcool, de médicaments et de drogues illégales selon le sexe et l'âge
En 2012. En % des groupes respectifs (population résidante de 15 ans et plus)

T 14.2.2

	Total	Frauen nach Altersgruppe Femmes, par groupe d'âges				Männer nach Altersgruppe Hommes, par groupe d'âges				
		Total	15–39	40–69	70+	Total	15–39	40–69	70+	
Tabak										**Tabac**
Raucher	28,2	24,2	30,7	24,8	9,0	32,4	42,1	30,0	11,6	Fumeurs
Nichtraucher (nie)	50,3	57,3	57,2	52,2	71,9	43,0	47,6	40,6	38,6	Non-fumeurs (jamais fumé)
Ehemalige Raucher (seit mind. 2 Jahren)	19,7	16,8	9,1	21,8	18,5	22,7	7,6	27,7	49,1	Anciens fumeurs (arrêté depuis 2 ans ou plus)
Ehemalige Raucher (seit weniger als 2 Jahren)	1,7	1,6	2,9	1,2	(0,4)	1,8	2,5	1,6	(0,7)	Anciens fumeurs (arrêté depuis moins de 2 ans)
Alkohol (üblicher Konsum)										**Alcool (consommation habituelle)**
2 mal oder mehr pro Tag	2,6	1,3	–	1,4	3,2	4,0	(0,6)	5,1	9,7	2 fois ou plus par jour
1 mal pro Tag	10,4	7,5	1,3	8,9	16,3	13,4	4,8	15,6	31,6	1 fois par jour
Mehrmals pro Woche	11,7	8,3	6,2	10,7	5,8	15,3	13,5	17,8	10,5	Plusieurs fois par semaine
1–2 mal wöchentlich	32,3	29,1	32,0	31,4	16,8	35,7	44,6	33,0	18,7	1 à 2 fois par semaine
Seltener	26,2	31,9	37,9	28,1	30,0	20,2	23,5	18,4	17,4	Plus rarement
Nie	16,8	21,9	22,4	19,4	27,9	11,5	13,1	10,0	12,1	Jamais
Schlafmittel[1]										**Somnifères**[1]
Täglich	3,0	4,3	0,9	3,8	12,8	1,5	(0,4)	1,6	4,9	Chaque jour
Mehrmals pro Woche	1,3	1,6	(0,5)	1,7	3,5	1,0	(0,3)	1,4	2,2	Plusieurs fois par semaine
Etwa einmal pro Woche	1,0	1,1	(0,4)	1,1	2,6	0,8	(0,2)	0,8	2,8	Environ 1 fois par semaine
Beruhigungsmittel[1]										**Calmants**[1]
Täglich	2,7	3,3	1,1	3,8	6,7	2,0	1,0	2,7	2,2	Chaque jour
Mehrmals pro Woche	0,9	1,0	(0,6)	1,0	1,6	0,8	(0,5)	0,9	(1,3)	Plusieurs fois par semaine
Etwa einmal pro Woche	0,7	0,9	0,8	0,9	(1,2)	0,4	(0,3)	(0,3)	(1,0)	Environ 1 fois par semaine
Cannabis (nur 15–59jährige)										**Cannabis** (seul. les 15–59 ans)
In den letzten 12 Monaten[2]	6,5	4,2	7,0	1,3	…	8,7	14,0	3,2	…	Au cours des 12 derniers mois[2]
Schon einmal genommen	29,5	23,0	28,6	17,6	…	35,7	43,3	27,9	…	A consommé au moins 1 fois
Harte Drogen[3] (nur 15–49jährige)										**Drogues dures**[3] (seulement les 15–49 ans)
In den letzten 12 Monaten[2]	1,5	1,0	1,5	–	…	2,0	2,7	(0,8)	…	Au cours des 12 derniers mois[2]
Schon einmal genommen	6,9	5,1	5,7	4,2	…	8,6	9,5	6,9	…	A consommé au moins 1 fois

1 In den 7 Tagen vor der Befragung
2 In der Erhebung 2012 bezieht sich der Drogenkonsum auf die letzten 12 Monate, währenddem es in den vorangegangenen Erhebungen der aktuelle Zeitraum war.
3 Inbegriffen: Heroin, Kokain, Ecstasy, und andere Drogen (z.B. Speed, LSD, halluzinogene Pilze)

Quelle: BFS – SGB 2012

1 Au cours des 7 jours précédant l'enquête
2 En 2012, la consommation porte sur les 12 derniers mois tandis que dans les enquêtes précédentes, la consommation porte sur la période actuelle.
3 Incluant l'héroïne, la cocaïne, l'ecstasy et d'autres drogues (par exemple speed, LSD, champignons hallucinogènes)

Source: OFS – ESS 2012

Gesundheitszustand
Etat de santé
Sterbefälle wichtiger Todesursachen, nach Alter, Männer. 2013
Nombre de décès selon les principales causes de décès et selon l'âge, hommes. En 2013

T 14.3.4.1.1

	Total	Altersgruppe (Jahre) / Groupe d'âges (années)						
		0	1–14	15–44	45–64	65–84	85+	
Anzahl Sterbefälle								**Nombre de décès**
Alle Todesursachen	31 257	182	62	1 036	4 796	15 262	9 919	Toutes les causes de décès
Infektiöse Krankheiten	352	1	1	18	83	152	97	Maladies infectieuses
davon:								dont:
Tuberkulose	7	0	0	0	2	3	2	Tuberculose
AIDS	23	0	0	4	15	4	0	Sida
Bösartige Tumoren	9 200	1	13	174	1 861	5 485	1 666	Tumeurs malignes
davon:								dont:
Magen	344	0	0	8	91	204	41	Estomac
Dickdarm	584	0	0	12	90	357	125	Gros intestin
Lunge	1 960	0	0	20	499	1 231	210	Poumons
Brust	5	0	0	0	1	2	2	Sein
Prostata	1 356	0	0	2	82	758	514	Prostate
Diabetes mellitus	615	0	0	6	82	330	197	Diabète sucré
Demenz	1 797	0	0	0	19	689	1 089	Démence
Kreislaufsystem	9 719	1	5	109	987	4 451	4 166	Appareil circulatoire
davon:								dont:
Herzkrankheiten insgesamt	7 663	1	5	86	827	3 418	3 326	Cardiopathies, toutes formes
Ischämische Herzkrankheiten	4 097	0	0	43	499	1 931	1 624	Cardiopathies ischémiques
Lungenembolie	125	0	0	1	23	55	46	Embolie, infarctus pulmonaire
Hirngefässkrankheiten	1 465	0	0	15	103	725	622	Maladies cérébro-vasculaires
Atmungsorgane insgesamt	2 167	0	1	17	172	1 147	830	Appareil respiratoire, toutes formes
davon:								dont:
Grippe	26	0	0	1	6	8	11	Grippe
Pneumonie	554	0	0	2	31	215	306	Pneumonie
Chronische Bronchitis	1 152	0	0	2	98	702	350	Bronchite chronique
Asthma	29	0	0	3	5	12	9	Asthme
Alkoholische Leberzirrhose	319	0	0	23	142	147	7	Cirrhose du foie alcoolique
Harnorgane	408	0	0	2	21	173	212	Organes urinaires
Kongenitale Missbildungen	163	66	6	18	47	24	2	Anomalies congénitales
Perinatale Todesursachen	94	94	0	0	0	0	0	Causes de mortalité périnatale
Unfälle und Gewalteinwirkungen	2 177	3	23	467	613	618	453	Accidents et traumatismes
davon:								dont:
Unfälle insgesamt	1 312	1	21	218	257	418	397	Accidents, toutes formes
Strassenverkehrsunfälle	194	0	8	57	65	48	16	Accidents de la route
Selbsttötung	786	0	2	228	326	179	51	Suicides

Quelle: BFS – eCOD

Source: OFS – eCOD

Sterbeziffern wichtiger Todesursachen, nach Alter, Männer. 2013 (Fortsetzung)
Taux de mortalité selon les principales causes de décès et selon l'âge, hommes. En 2013 (suite)

T 14.3.4.1.1

	Total	Altersgruppe (Jahre) / Groupe d'âges (années)						
		0[2]	1–14	15–44	45–64	65–84	85+	
Sterbeziffer (pro 100 000 Personen)[1]								**Taux de mortalité** (pour 100 000 personnes)[1]
Alle Todesursachen	555,0	4,3	10,7	63,8	422,6	2 742,0	16 327,0	**Toutes les causes de décès**
Infektiöse Krankheiten	6,4	0,0	0,2	1,1	7,3	27,3	159,7	Maladies infectieuses
davon:								dont:
Tuberkulose	0,1	–	–	–	0,2	0,5	3,3	Tuberculose
AIDS	0,5	–	–	0,2	1,3	0,7	–	Sida
Bösartige Tumoren	167,0	0,0	2,2	10,7	164,0	985,4	2 742,0	Tumeurs malignes
davon:								dont:
Magen	6,4	–	–	0,5	8,0	36,7	67,5	Estomac
Dickdarm	10,3	–	–	0,7	7,9	64,1	205,8	Gros intestin
Lunge	36,5	–	–	1,2	44,0	221,2	345,7	Poumons
Brust	0,1	–	–	–	0,1	0,4	3,3	Sein
Prostata	22,4	–	–	0,1	7,2	136,2	846,1	Prostate
Diabetes mellitus	10,6	–	–	0,4	7,2	59,3	324,3	Diabète sucré
Demenz	28,5	–	–	–	1,7	123,8	1 793,0	Démence
Kreislaufsystem	164,0	0,0	0,9	6,7	87,0	799,7	6 858,0	Appareil circulatoire
davon:								dont:
Herzkrankheiten insgesamt	130,0	0,0	0,9	5,3	72,9	614,1	5 475,0	Cardiopathies, toutes formes
Ischämische Herzkrankheiten	69,9	–	–	2,6	44,0	346,9	2 673,0	Cardiopathies ischémiques
Lungenembolie	2,2	–	–	0,1	2,0	9,9	75,7	Embolie, infarctus pulmonaire
Hirngefässkrankheiten	24,3	–	–	0,9	9,1	130,3	1 024,0	Maladies cérébro-vasculaires
Atmungsorgane insgesamt	36,4	–	0,2	1,0	15,2	206,1	1 366,0	Appareil respiratoire, toutes formes
davon:								dont:
Grippe	0,5	–	–	0,1	0,5	1,4	18,1	Grippe
Pneumonie	9,2	–	–	0,1	2,7	38,6	503,7	Pneumonie
Chronische Bronchitis	19,3	–	–	0,1	8,6	126,1	576,1	Bronchite chronique
Asthma	0,5	–	–	0,2	0,4	2,2	14,8	Asthme
Alkoholische Leberzirrhose	6,5	–	–	1,4	12,5	26,4	11,5	Cirrhose du foie alcoolique
Harnorgane	6,7	–	–	0,1	1,9	31,1	349,0	Organes urinaires
Kongenitale Missbildungen	4,8	1,5	1,0	1,1	4,1	4,3	3,3	Anomalies congénitales
Perinatale Todesursachen	3,6	2,2	–	–	–	–	–	Causes de mortalité périnatale
Unfälle und Gewalteinwirkungen	44,0	0,1	4,0	28,8	54,0	111,0	745,7	Accidents et traumatismes
davon:								dont:
Unfälle insgesamt	25,3	0,0	3,6	13,4	22,6	75,1	653,5	Accidents, toutes formes
Strassenverkehrsunfälle	4,3	–	1,4	3,5	5,7	8,6	26,3	Accidents de la route
Selbsttötung	16,9	–	0,3	14,0	28,7	32,2	83,9	Suicides

1 Sterbeziffern altersstandardisiert (pro 100 000 Einwohner), direkte Methode, europäische Standardbevölkerung
2 Sterbeziffer pro 1000 Lebendgeburten

Quelle: BFS – eCOD

1 Taux de mortalité standardisé (pour 100 000 habitants), méthode directe, population standard de l'Europe
2 Taux de mortalité pour 1000 enfants nés vivants

Source: OFS – eCOD

Sterbefälle wichtiger Todesursachen, nach Alter, Frauen. 2013
Nombre de décès selon les principales causes de décès et selon l'âge, femmes. En 2013

T 14.3.4.1.2

	Total	Altersgruppe (Jahre) / Groupe d'âges (années)						
		0	1–14	15–44	45–64	65–84	85+	
Anzahl Sterbefälle								**Nombre de décès**
Alle Todesursachen	**33 704**	**138**	**42**	**523**	**2 798**	**12 116**	**18 087**	**Toutes les causes de décès**
Infektiöse Krankheiten	415	0	2	11	50	156	196	Maladies infectieuses
davon:								dont:
Tuberkulose	5	0	0	0	0	3	2	Tuberculose
AIDS	12	0	0	5	7	0	0	Sida
Bösartige Tumoren	7 475	1	9	171	1 512	4 099	1 683	Tumeurs malignes
davon:								dont:
Magen	225	0	0	14	47	113	51	Estomac
Dickdarm	552	0	0	14	84	289	165	Gros intestin
Lunge	1 208	0	0	13	346	719	130	Poumons
Brust	1 329	0	0	46	339	664	280	Sein
Gebärmutterhals	70	0	0	4	25	30	11	Col de l'utérus
Diabetes mellitus	700	0	0	5	23	251	421	Diabète sucré
Demenz	4 110	0	0	0	24	964	3 122	Démence
Kreislaufsystem	11 793	0	2	40	360	3 404	7 987	Appareil circulatoire
davon:								dont:
Herzkrankheiten insgesamt	8 984	0	2	26	240	2 410	6 306	Cardiopathies, toutes formes
Ischämische Herzkrankheiten	3 628	0	0	7	112	1 013	2 496	Cardiopathies ischémiques
Lungenembolie	187	0	0	3	13	67	104	Embolie, infarctus pulmonaire
Hirngefässkrankheiten	2 238	0	0	12	91	781	1 354	Maladies cérébro-vasculaires
Atmungsorgane insgesamt	1 949	1	1	12	103	767	1 065	Appareil respiratoire, toutes formes
davon:								dont:
Grippe	47	0	1	2	4	7	33	Grippe
Pneumonie	709	0	0	6	16	187	500	Pneumonie
Chronische Bronchitis	811	0	0	0	66	421	324	Bronchite chronique
Asthma	66	0	0	1	4	21	40	Asthme
Alkoholische Leberzirrhose	121	0	0	4	51	62	4	Cirrhose du foie alcoolique
Harnorgane	503	0	0	2	10	169	322	Organes urinaires
Kongenitale Missbildungen	132	47	8	18	31	24	4	Anomalies congénitales
Perinatale Todesursachen	70	70	0	0	0	0	0	Causes de mortalité périnatale
Unfälle und Gewalteinwirkungen	1 642	2	8	154	223	456	799	Accidents et traumatismes
davon:								dont:
Unfälle insgesamt	1 285	2	5	63	78	367	770	Accidents, toutes formes
Strassenverkehrsunfälle	84	1	3	21	8	33	18	Accidents de la route
Selbsttötung	284	0	1	73	126	67	17	Suicides

Quelle: BFS – eCOD

Source: OFS – eCOD

Sterbeziffern wichtiger Todesursachen, nach Alter, Frauen. 2013 (Fortsetzung)
Taux de mortalité selon les principales causes de décès et selon l'âge, femmes. En 2013 (suite)

T 14.3.4.1.2

	Total	Altersgruppe (Jahre) / Groupe d'âges (années)						
		0[2]	1–14	15–44	45–64	65–84	85+	
Sterbeziffer (pro 100 000 Personen)[1]								**Taux de mortalité** (pour 100 000 personnes)[1]
Alle Todesursachen	371,0	3,4	7,7	33,0	249,4	1 815,0	13 813,0	**Toutes les causes de décès**
Infektiöse Krankheiten	4,8	–	0,4	0,7	4,5	23,4	149,7	Maladies infectieuses
davon:								dont:
Tuberkulose	–	–	–	–	–	0,4	1,5	Tuberculose
AIDS	0,3	–	–	0,3	0,6	–	–	Sida
Bösartige Tumoren	107,0	0,0	1,6	10,8	134,8	614,2	1 285,0	Tumeurs malignes
davon:								dont:
Magen	3,2	–	–	0,9	4,2	16,9	38,9	Estomac
Dickdarm	7,4	–	–	0,9	7,5	43,3	126,0	Gros intestin
Lunge	19,4	–	–	0,8	30,8	107,7	99,3	Poumons
Brust	20,0	–	–	2,9	30,2	99,5	213,8	Sein
Gebärmutterhals	1,2	–	–	0,3	2,2	4,5	8,4	Col de l'utérus
Diabetes mellitus	6,8	–	–	0,3	2,0	37,6	321,5	Diabète sucré
Demenz	34,5	–	–	–	2,1	144,4	2 384,0	Démence
Kreislaufsystem	109,0	–	0,4	2,5	32,1	510,0	6 100,0	Appareil circulatoire
davon:								dont:
Herzkrankheiten insgesamt	81,3	–	0,4	1,6	21,4	361,1	4 816,0	Cardiopathies, toutes formes
Ischämische Herzkrankheiten	33,4	–	–	0,4	10,0	151,8	1 906,0	Cardiopathies ischémiques
Lungenembolie	1,9	–	–	0,2	1,2	10,0	79,4	Embolie, infarctus pulmonaire
Hirngefässkrankheiten	21,5	–	–	0,8	8,1	117,0	1 034,0	Maladies cérébro-vasculaires
Atmungsorgane insgesamt	20,4	0,0	0,2	0,8	9,2	114,9	813,3	Appareil respiratoire, toutes formes
davon:								dont:
Grippe	0,5	–	0,2	0,1	0,4	1,0	25,2	Grippe
Pneumonie	6,4	–	–	0,4	1,4	28,0	381,8	Pneumonie
Chronische Bronchitis	9,5	–	–	–	5,9	63,1	247,4	Bronchite chronique
Asthma	0,6	–	–	0,1	0,4	3,1	30,5	Asthme
Alkoholische Leberzirrhose	2,3	–	–	0,3	4,5	9,3	3,1	Cirrhose du foie alcoolique
Harnorgane	4,7	–	–	0,1	0,9	25,3	245,9	Organes urinaires
Kongenitale Missbildungen	3,8	1,2	1,5	1,1	2,8	3,6	3,1	Anomalies congénitales
Perinatale Todesursachen	2,9	1,7	–	–	–	–	–	Causes de mortalité périnatale
Unfälle und Gewalteinwirkungen	21,0	0,0	1,5	9,7	19,9	68,3	610,2	Accidents et traumatismes
davon:								dont:
Unfälle insgesamt	13,7	0,0	0,9	4,0	7,0	55,0	588,0	Accidents, toutes formes
Strassenverkehrsunfälle	1,5	0,0	0,5	1,3	0,7	4,9	13,7	Accidents de la route
Selbsttötung	6,0	–	0,2	4,6	11,2	10,0	13,0	Suicides

1 Sterbeziffern altersstandardisiert (pro 100 000 Einwohner), direkte Methode, europäische Standardbevölkerung
2 Sterbeziffer pro 1000 Lebendgeburten

Quelle: BFS – eCOD

1 Taux de mortalité standardisé (pour 100 000 habitants), méthode directe, population standard de l'Europe
2 Taux de mortalité pour 1000 enfants nés vivants

Source: OFS – eCOD

Sterbefälle und Sterbeziffern wichtiger Todesursachen, Männer
Nombre de décès et taux de mortalité selon les principales causes de décès, hommes

T 14.3.4.1.3

	1980		1990		2000		2013		
	Anzahl Nombre	Rate¹ Taux¹	Anzahl Nombre	Rate¹ Taux¹	Anzahl Nombre	Rate¹ Taux¹	Anzahl Nombre	Rate¹ Taux¹	
Alle Todesursachen	**30 847**	**1 069,6**	**32 492**	**943,5**	**30 411**	**750,2**	**31 257**	**555,0**	**Toutes les causes de décès**
Infektiöse Krankheiten	234	8,0	534	15,2	338	8,5	352	6,4	Maladies infectieuses
davon:									dont:
Tuberkulose	103	3,4	63	1,8	22	0,5	7	0,1	Tuberculose
AIDS	*	*	289	7,9	83	2,1	23	0,5	Sida
Bösartige Tumoren	7 758	262,0	9 072	263,3	8 576	213,6	9 200	167,0	Tumeurs malignes
davon:									dont:
Magen	630	21,5	534	15,5	343	8,4	344	6,4	Estomac
Dickdarm	562	19,1	717	20,4	677	16,5	584	10,3	Gros intestin
Lunge	2 111	70,4	2 242	66,7	2 042	52,0	1 960	36,5	Poumons
Brust	3	–	10	0,3	9	0,2	5	0,1	Sein
Prostata	941	32,4	1 478	41,0	1 307	30,8	1 356	22,4	Prostate
Diabetes mellitus	507	16,5	522	14,7	626	15,1	615	10,6	Diabète sucré
Demenz	*	*	*	*	820	18,9	1 797	28,5	Démence
Kreislaufsystem	13 741	485,0	13 068	377,2	11 011	264,8	9 719	164,0	Appareil circulatoire
davon:									dont:
Herzkrankheiten insgesamt	9 673	340,5	9 831	284,3	8 486	204,8	7 663	130,0	Cardiopathies, toutes formes
Ischämische Herzkrankheiten	5 389	183,7	5 657	162,6	5 346	129,1	4 097	69,9	Cardiopathies ischémiques
Lungenembolie	213	7,2	181	5,1	139	3,4	125	2,2	Embolie, infarctus pulmonaire
Hirngefässkrankheiten	2 836	100,1	2 353	67,3	1 758	41,5	1 465	24,3	Maladies cérébro-vasculaires
Atmungsorgane insgesamt	1 951	69,3	2 758	79,6	2 417	57,4	2 167	36,4	Appareil respiratoire, toutes formes
davon:									dont:
Grippe	77	2,8	378	11,3	112	2,7	26	0,5	Grippe
Pneumonie	675	25,7	802	23,4	795	18,8	554	9,2	Pneumonie
Chronische Bronchitis	650	22,2	1 023	28,8	1 100	26,2	1 152	19,3	Bronchite chronique
Asthma	143	4,7	175	5,1	81	2,0	29	0,5	Asthme
Alkoholische Leberzirrhose	544	18,4	405	12,3	308	8,1	319	6,5	Cirrhose du foie alcoolique
Harnorgane	298	10,5	243	7,0	232	5,5	408	6,7	Organes urinaires
Kongenitale Missbildungen	224	9,0	144	5,5	134	4,5	163	4,8	Anomalies congénitales
Perinatale Todesursachen	124	5,3	86	3,3	99	4,0	94	3,6	Causes de mortalité périnatale
Unfälle und Gewalteinwirkungen	3 142	104,0	3 272	94,7	2 375	62,8	2 177	44,0	Accidents et traumatismes
davon:									dont:
Unfälle insgesamt	1 946	64,9	2 019	58,5	1 299	34,3	1 312	25,3	Accidents, toutes formes
Strassenverkehrsunfälle	912	29,1	699	20,1	419	11,6	194	4,3	Accidents de la route
Selbsttötung	1 128	36,8	1 032	29,9	979	25,9	786	16,9	Suicides

1   Sterbeziffern altersstandardisiert (pro 100 000 Einwohner), direkte Methode, europäische Standardbevölkerung

Quelle: BFS – eCOD

1   Taux de mortalité standardisé (pour 100 000 habitants), méthode directe, population standard de l'Europe

Source: OFS – eCOD

Sterbefälle und Sterbeziffern wichtiger Todesursachen, Frauen
Nombre de décès et taux de mortalité selon les principales causes de décès, femmes

T 14.3.4.1.4

	1980		1990		2000		2013		
	Anzahl Nombre	Rate¹ Taux¹	Anzahl Nombre	Rate¹ Taux¹	Anzahl Nombre	Rate¹ Taux¹	Anzahl Nombre	Rate¹ Taux¹	
Alle Todesursachen	**28 250**	**633,6**	**31 247**	**534,9**	**32 134**	**457,0**	**33 704**	**371,0**	**Toutes les causes de décès**
Infektiöse Krankheiten	206	5,1	270	5,7	375	6,2	415	4,8	Maladies infectieuses
davon:									dont:
Tuberkulose	78	1,7	23	0,4	11	0,2	5	0,0	Tuberculose
AIDS	*	*	60	1,6	44	1,1	12	0,3	Sida
Bösartige Tumoren	6 208	151,2	7 302	146,8	6 936	125,9	7 475	107,0	Tumeurs malignes
davon:									dont:
Magen	539	11,9	371	6,5	232	3,8	225	3,2	Estomac
Dickdarm	614	13,4	677	12,5	570	9,4	552	7,4	Gros intestin
Lunge	311	7,9	491	11,1	780	15,9	1 208	19,4	Poumons
Brust	1 308	34,4	1 675	35,8	1 337	26,4	1 329	20,0	Sein
Gebärmutterhals	217	5,9	148	3,3	85	1,7	70	1,2	Col de l'utérus
Diabetes mellitus	816	17,1	840	13,4	932	12,2	700	6,8	Diabète sucré
Demenz	*	*	*	*	1 739	19,4	4 110	34,5	Démence
Kreislaufsystem	14 812	308,2	14 951	224,7	13 899	167,6	11 793	109,0	Appareil circulatoire
davon:									dont:
Herzkrankheiten insgesamt	9 414	196,8	10 320	155,8	10 225	123,2	8 984	81,3	Cardiopathies, toutes formes
Ischämische Herzkrankheiten	3 492	73,4	4 569	70,8	5 360	64,8	3 628	33,4	Cardiopathies ischémiques
Lungenembolie	284	5,9	330	5,2	269	3,8	187	1,9	Embolie, infarctus pulmonaire
Hirngefässkrankheiten	4 055	83,3	3 431	50,7	2 820	34,3	2 238	21,5	Maladies cérébro-vasculaires
Atmungsorgane insgesamt	1 350	29,4	2 422	37,2	2 208	28,1	1 949	20,4	Appareil respiratoire, toutes formes
davon:									dont:
Grippe	116	2,4	640	9,1	175	2,1	47	0,5	Grippe
Pneumonie	743	15,8	1 068	15,6	1 052	12,2	709	6,4	Pneumonie
Chronische Bronchitis	173	3,8	315	5,6	579	8,3	811	9,5	Bronchite chronique
Asthma	106	2,5	131	2,7	100	1,5	66	0,6	Asthme
Alkoholische Leberzirrhose	135	3,7	152	4,2	125	3,0	121	2,3	Cirrhose du foie alcoolique
Harnorgane	427	9,9	296	4,8	354	4,5	503	4,7	Organes urinaires
Kongenitale Missbildungen	165	6,6	122	4,8	139	4,4	132	3,8	Anomalies congénitales
Perinatale Todesursachen	108	4,9	79	3,2	75	3,2	70	2,9	Causes de mortalité périnatale
Unfälle und Gewalteinwirkungen	1 735	44,3	2 022	40,3	1 369	25,0	1 642	21,0	Accidents et traumatismes
davon:									dont:
Unfälle insgesamt	1 183	28,2	1 486	26,0	895	13,9	1 285	13,7	Accidents, toutes formes
Strassenverkehrsunfälle	298	8,3	231	5,9	159	3,7	84	1,5	Accidents de la route
Selbsttötung	493	14,3	435	11,5	399	9,3	284	6,0	Suicides

1 Sterbeziffern altersstandardisiert (pro 100 000 Einwohner), direkte Methode, europäische Standardbevölkerung

Quelle: BFS – eCOD

1 Taux de mortalité standardisé (pour 100 000 habitants), méthode directe, population standard de l'Europe

Source: OFS – eCOD

Verlorene potenzielle Lebensjahre, Männer
Années potentielles de vie perdues, hommes

T 14.3.4.1.6

	2012			2013			
	VPL[1] APVP[1]	%	Rate[2] Taux[2]	VPL[1] APVP[1]	%	Rate[2] Taux[2]	
Alle Todesursachen	108 487	100	2 838,1	109 223	100	2 824,0	**Toutes les causes de décès**
Infektiöse Krankheiten	1 830	1,7	47,0	1 860	1,7	46,7	Maladies infectieuses
davon:							dont:
Tuberkulose	3	0,0	0,1	25	0,0	0,6	Tuberculose
AIDS	563	0,5	14,2	385	0,4	9,7	Sida
Bösartige Tumoren	32 039	29,5	814,0	31 956	29,3	797,8	Tumeurs malignes
davon:							dont:
Magen	1 393	1,3	34,0	1 498	1,4	37,1	Estomac
Dickdarm	1 758	1,6	43,3	1 665	1,5	40,8	Gros intestin
Lunge	7 458	6,9	183,4	7 388	6,8	179,5	Poumons
Brust	13	0,0	0,3	15	0,0	0,4	Sein
Prostata	1 005	0,9	24,2	1 110	1,0	26,6	Prostate
Diabetes mellitus	1 140	1,1	28,2	1 350	1,2	32,9	Diabète sucré
Demenz	188	0,2	4,5	243	0,2	5,8	Démence
Kreislaufsystem	19 010	17,5	474,6	18 124	16,6	448,5	Appareil circulatoire
davon:							dont:
Herzkrankheiten insgesamt	15 828	14,6	394,3	14 936	13,7	370,3	Cardiopathies, toutes formes
Ischämische Herzkrankheiten	9 155	8,4	226,5	8 378	7,7	202,9	Cardiopathies ischémiques
Lungenembolie	285	0,3	7,3	343	0,3	8,5	Embolie, infarctus pulmonaire
Hirngefässkrankheiten	1 960	1,8	50,4	2 103	1,9	51,7	Maladies cérébro-vasculaires
Atmungsorgane insgesamt	2 365	2,2	59,2	3 062	2,8	76,9	Appareil respiratoire, toutes formes
davon:							dont:
Grippe	3	0,0	0,1	120	0,1	3,1	Grippe
Pneumonie	693	0,6	17,4	528	0,5	12,9	Pneumonie
Chronische Bronchitis	1 148	1,1	28,3	1 403	1,3	33,5	Bronchite chronique
Asthma	68	0,1	1,8	183	0,2	4,7	Asthme
Alkoholische Leberzirrhose	2 653	2,4	65,8	2 598	2,4	63,3	Cirrhose du foie alcoolique
Harnorgane	145	0,1	3,6	370	0,3	9,2	Organes urinaires
Kongenitale Missbildungen	1 471	1,4	45,6	1 800	1,6	56,1	Anomalies congénitales
Perinatale Todesursachen	0	–	–	0	–	–	Causes de mortalité périnatale
Unfälle und Gewalteinwirkungen	29 598	27,3	826,0	28 766	26,3	791,2	Accidents et traumatismes
davon:							dont:
Unfälle insgesamt	14 273	13,2	404,7	13 691	12,5	387,6	Accidents, toutes formes
Strassenverkehrsunfälle	4 966	4,6	145,0	3 866	3,5	113,4	Accidents de la route
Selbsttötung	13 640	12,6	374,5	13 793	12,6	369,1	Suicides

1 Verlorene potenzielle Lebensjahre zwischen 1. und 70. Lebensjahr
2 Altersstandardisierte Rate pro 100 000 Einwohner, europäische Standardbevölkerung

Quelle: BFS – eCOD

1 Années potentielles de vie perdues entre la première et la 70e année de vie
2 Taux standardisé selon l'âge pour 100 000 habitants, population standard de l'Europe

Source: OFS – eCOD

Verlorene potenzielle Lebensjahre, Frauen
Années potentielles de vie perdues, femmes

T 14.3.4.1.7

	2012			2013			
	VPL[1] APVP[1]	%	Rate[2] Taux[2]	VPL[1] APVP[1]	%	Rate[2] Taux[2]	
Alle Todesursachen	**61 593**	**100**	**1 616,8**	**60 570**	**100**	**1 575,2**	**Toutes les causes de décès**
Infektiöse Krankheiten	908	1,5	23,9	1 220	2,0	32,6	Maladies infectieuses
davon:							dont:
Tuberkulose	28	0,0	0,7	0	–	–	Tuberculose
AIDS	220	0,4	5,5	285	0,5	7,3	Sida
Bösartige Tumoren	28 820	46,8	729,0	27 294	45,1	682,5	Tumeurs malignes
davon:							dont:
Magen	790	1,3	19,7	1 168	1,9	29,6	Estomac
Dickdarm	1 573	2,6	39,3	1 603	2,6	39,7	Gros intestin
Lunge	5 073	8,2	124,7	4 943	8,2	120,3	Poumons
Brust	6 488	10,5	161,3	6 435	10,6	158,8	Sein
Gebärmutterhals	698	1,1	17,3	533	0,9	13,3	Col de l'utérus
Diabetes mellitus	450	0,7	11,1	533	0,9	13,0	Diabète sucré
Demenz	178	0,3	4,1	290	0,5	6,8	Démence
Kreislaufsystem	6 697	10,9	170,4	6 385	10,5	158,5	Appareil circulatoire
davon:							dont:
Herzkrankheiten insgesamt	4 517	7,3	115,8	4 310	7,1	107,6	Cardiopathies, toutes formes
Ischämische Herzkrankheiten	1 753	2,8	43,2	1 690	2,8	41,2	Cardiopathies ischémiques
Lungenembolie	515	0,8	14,2	323	0,5	8,0	Embolie, infarctus pulmonaire
Hirngefässkrankheiten	1 655	2,7	41,4	1 600	2,6	39,4	Maladies cérébro-vasculaires
Atmungsorgane insgesamt	1 855	3,0	47,4	1 915	3,2	48,2	Appareil respiratoire, toutes formes
davon:							dont:
Grippe	3	0,0	0,1	203	0,3	6,2	Grippe
Pneumonie	398	0,6	10,9	410	0,7	10,4	Pneumonie
Chronische Bronchitis	960	1,6	23,4	878	1,4	20,6	Bronchite chronique
Asthma	98	0,2	2,4	95	0,2	2,4	Asthme
Alkoholische Leberzirrhose	1 333	2,2	33,7	855	1,4	21,0	Cirrhose du foie alcoolique
Harnorgane	188	0,3	4,5	180	0,3	4,4	Organes urinaires
Kongenitale Missbildungen	1 409	2,3	46,6	1 700	2,8	55,3	Anomalies congénitales
Perinatale Todesursachen	0	–	–	0	–	–	Causes de mortalité périnatale
Unfälle und Gewalteinwirkungen	10 061	16,3	286,5	9 853	16,3	276,7	Accidents et traumatismes
davon:							dont:
Unfälle insgesamt	4 269	6,9	129,9	3 918	6,5	113,0	Accidents, toutes formes
Strassenverkehrsunfälle	1 458	2,4	46,6	1 182	2,0	38,0	Accidents de la route
Selbsttötung	4 795	7,8	128,7	4 823	8,0	131,9	Suicides

1 Verlorene potenzielle Lebensjahre zwischen 1. und 70. Lebensjahr
2 Altersstandardisierte Rate pro 100 000 Einwohner, europäische Standardbevölkerung

Quelle: BFS – eCOD

1 Années potentielles de vie perdues entre la première et la 70e année de vie
2 Taux standardisé selon l'âge pour 100 000 habitants, population standard de l'Europe

Source: OFS – eCOD

Behinderungen. 2012, in % der entsprechenden Bevölkerungsgruppe (Wohnbevölkerung ab 15 Jahren)   T 14.3.5.2
Incapacités, handicaps. En 2012, en % des groupes respectifs (population résidante de 15 ans et plus)

	Total	Frauen nach Altersgruppe / Femmes, par groupe d'âges				Männer nach Altersgruppe / Hommes, par groupe d'âges				
		Total	15–39	40–64	65+	Total	15–39	40–64	65+	
Starke Einschränkungen der Alltagstätigkeiten während mindestens 6 Monaten aufgrund eines gesundheitlichen Problems	4,8	5,0	2,2	5,0	9,2	4,5	1,7	5,7	7,4	Fortes limitations depuis au moins 6 mois dans les activités habituelles à cause d'un problème de santé
Behinderung										Limitations fonctionnelles
Einschränkung des Sehvermögens (schweren Grades)	1,5	1,6	(0,6)	1,7	3,0	1,3	(0,8)	1,2	2,6	De la vue (degré important)
Einschränkung des Hörvermögens (schweren Grades)	0,9	0,8	–	0,8	1,6	1,1	(0,7)	0,8	2,8	De l'ouïe (degré important)
Einschränkung des Gehvermögens (Strecke < 200 m)	2,8ʳ	3,5ʳ	(0,7)ʳ	(1,9)ʳ	10,4ʳ	2,0ʳ	(0,6)ʳ	(1,9)ʳ	5,3ʳ	De locomotion (distance de marche < 200 m)
Nicht erwerbstätig aus gesundheitlichen Gründen	3,5	3,8	1,8	5,4	...	3,3	1,1	5,2	...	Pas d'activité professionnelle pour raisons de santé
Einschränkungen in den instrumentellen Alltagsaktivitäten [1, 2, 4]	14,3	17,6	5,8	13,2	43,5	10,8	4,2	9,7	27,2	Limitations dans les activités instrumentales de la vie quotidienne [1, 2, 4]
Einschränkungen bei Alltagsaktivitäten [1, 3, 4]	3,8	4,5	1,4	3,3	11,3	3,2	1,0	3,5	6,8	Limitations dans les activités de la vie quotidienne [1, 3, 4]

---

1 Personen, die zumindest bei einer der nachstehenden Aktivitäten leichte oder grosse Schwierigkeiten haben, diese selbständig auszuführen, oder diese überhaupt nicht ausüben können.
2 Essen zubereiten, telefonieren, einkaufen, Wäsche waschen, leichte Hausarbeit erledigen, schwere Hausarbeit erledigen, sich um Finanzen kümmern, öffentliche Verkehrsmittel benützen (IADL).
3 Sich an- und ausziehen, aus dem Bett steigen oder von einem Sessel aufstehen, sich waschen, essen, zur Toilette gehen, baden oder duschen (ADL).
4 Die Fragestellung ist nicht für alle Erhebungen identisch: 2012 wurden die Fragen an alle Personen ab 65 Jahren gestellt. Bei den Personen unter 65 Jahren wurden sie nur an diejenigen Personen gestellt, die angegeben haben, dass sie entweder seit 6 Monaten starke Einschränkungen bei den Alltagstätigkeiten aufgrund eines gesundheitlichen Problems oder die funktionelle Einschränkungen beim Sehen, Hören, Sprechen oder in der Bewegung aufweisen.

Quelle: BFS – SGB 2012

1 Au moins une activité accomplie avec quelque difficulté, beaucoup de difficultés ou avec aide.
2 Préparer des repas, téléphoner, faire des achats, faire la lessive, faire de petits travaux ménagers, faire de gros travaux ménagers, faire ses comptes, utiliser les transports publics (IADL).
3 Manger, se coucher, sortir du lit, se lever d'un fauteuil, s'habiller et se déshabiller, aller aux toilettes, prendre un bain ou une douche (ADL).
4 La question diffère selon les enquêtes: en 2012, elle est posée uniquement aux personnes dès 65 ans ou aux personnes de moins de 65 ans qui présentent de fortes limitations depuis au moins 6 mois dans les activités habituelles à cause d'un problème de santé ou qui présentent des limitations fonctionnelles de la vue, de l'ouïe, de la parole ou de la locomotion.

Source: OFS – ESS 2012

Anzahl und Rate Schwangerschaftsabbrüche, nach Kanton der Intervention
Nombre et taux d'interruptions de grossesse, selon le canton d'intervention

T 14.3.7.2.10

	Anzahl Schwangerschaftsabbrüche / Nombre d'interruptions de grossesse				Rate[3] der Abbrüche pro 1000 Frauen im gebärfähigen Alter / Taux[3] pour 1000 femmes en âge de procréer			
	2011	2012	2013	2014	2011	2012	2013	2014[p]
Total	11 100	10 907	10 484	10 249	7,1	6,9	6,7	6,5
Région lémanique	3 168	3 183	2 966	2 873	10,3	10,3	9,5	9,1
Vaud[1]	1 554	1 519	1 521	1 524	10,5	10,1	10,0	9,9
Valais[1]	240	275	222	249	3,9	4,5	3,6	4,0
Genève	1 374	1 389	1 223	1 100	14,1	14,3	12,5	11,1
Espace Mittelland	2 067	2 080	1 945	2 092	6,1	6,1	5,7	6,1
Bern[2]	1 235	1 205	1 122	1 180	6,6	6,5	6,0	6,3
Fribourg[1]	233	236	231	287	4,0	4,0	3,9	4,7
Solothurn	226	233	200	244	4,7	4,8	4,2	5,1
Neuchâtel	281	354	328	311	8,3	10,4	9,6	9,0
Jura	92	52	64	70	7,1	4,0	4,9	5,4
Nordwestschweiz	1 157	1 101	1 086	1 041	5,6	5,3	5,2	5,0
Basel-Stadt	351	314	297	241	9,5	8,5	7,9	6,4
Basel-Landschaft	342	357	349	337	6,8	7,2	7,1	6,8
Aargau	464	430	440	463	3,8	3,5	3,6	3,8
Zürich	2 404	2 328	2 339	2 138	8,4	8,1	8,1	7,4
Ostschweiz	1 086	1 054	1 039	1 028	5,0	4,9	4,8	4,8
Glarus	37	33	33	30	5,1	4,6	4,6	4,2
Schaffhausen	98	94	100	108	7,0	6,6	7,1	7,6
Appenzell A. Rh.	61	66	59	52	6,3	6,9	6,2	5,5
Appenzell I. Rh.	4	0	0	0	1,3	–	–	–
St. Gallen	517	473	474	474	5,4	5,0	5,0	5,0
Graubünden	196	209	176	182	5,3	5,7	4,9	5,1
Thurgau	173	179	197	182	3,5	3,7	4,0	3,7
Zentralschweiz	572	631	581	625	3,8	4,2	3,9	4,2
Luzern	333	381	359	386	4,3	4,9	4,6	4,9
Uri	8	11	16	18	1,2	1,7	2,5	2,8
Schwyz	80	95	85	89	2,8	3,3	3,0	3,1
Obwalden	15	16	18	18	2,1	2,3	2,6	2,6
Nidwalden	37	18	18	27	4,8	2,4	2,4	3,6
Zug	99	110	85	87	4,4	4,9	3,8	3,8
Ticino	646	530	528	452	10,5	8,6	8,5	7,3

Bemerkungen:
Die Zahlen beziehen sich auf den Kanton der Intervention und nicht auf den Wohnkanton der Frau.

1 Die Anzahl der ausgeführten Interventionen im Spital Chablais (Waadt-Wallis) und im interkantonalen Spital der Broye (Waadt-Freiburg) sind über den Kanton Waadt verbucht.
2 Der Kanton Bern rechnet, für ein bestimmtes Jahr, die Anzahl der bis zu einem gewissen Termin gemeldeten Fälle. Die später gemeldeten Fälle werden in der Statistik des folgenden Jahres gezählt. Da das BFS die Daten nach Ereignisjahr veröffentlicht, unterscheiden sich die Zahlen von denen, die durch den Kanton Bern veröffentlicht werden.
3 In der Ratenberechnung sind alle Abbrüche enthalten, auch jene der Frauen unter 15 und über 44 Jahren sowie jene der Frauen mit Wohnsitz in einem anderen Kanton oder im Ausland.

Quellen: BFS – StatIVG, STATPOP
Stand: Juni 2015

Remarques:
Les chiffres se réfèrent au lieu de l'intervention et non pas au lieu de domicile.

1 Les interventions effectuées à l'hôpital du Chablais (Vaud-Valais) et à l'Hôpital Intercantonal de la Broye (Vaud-Fribourg) sont comptabilisées sur le canton de Vaud.
2 Le canton de Berne comptabilise, pour une année donnée, le nombre de cas déclarés jusqu'à une certaine date. Les interruptions tardives sont comptabilisées dans les statistiques de l'année suivante. L'OFS publiant des données par cas intervenus dans l'année civile, les chiffres diffèrent donc de ceux publiés par le canton de Berne.
3 Pour le calcul des taux, toutes les interruptions de grossesse ont été prises en compte au numérateur, y compris les interruptions de grossesse pratiquées chez des femmes vivant hors canton ou à l'étranger, de même que les interruptions chez des femmes n'entrant pas dans la catégorie des femmes en âge de procréer (15–44 ans).

Sources: OFS – StatIVG, STATPOP
Etat: juin 2015

Gesundheitswesen
Système de santé
Krankenhäuser. 2014
Hôpitaux. En 2014

T 14.4.1.1

Indikator	Total der Krankenhäuser / Total des hôpitaux	Allgemeine Krankenhäuser / Hôpitaux de soins généraux		Spezialkliniken / Cliniques spécialisées			Indicateur
		Zentrumsversorgung / Prise en charge centralisée	Grundversorgung / Soins de base	Psychiatrische Kliniken / Cliniques psychiatriques	Rehabilitationskliniken / Cliniques de réadaptation	Andere Spezialkliniken / Autres cliniques spécialisées	
Anzahl Betriebe	289	39	69	50	47	84	Nombre d'établissements
Betten	37 636	18 754	6 245	6 168	3 565	2 904	Lits
Beschäftigte[1]	152 433	94 857	24 938	14 386	7 270	10 982	Emplois[1]
davon:							dont:
Ärzte	20 910	14 800	2 716	1 665	485	1 245	Médecins
Pflegepersonal	64 565	40 307	11 227	6 071	2 471	4 490	Personnel du secteur des soins
Ambulante Konsultationen[2]	16 791 861	10 451 408	3 205 534	1 517 979	420 571	1 196 369	Consultations ambulatoires[2]
Stationäre Fälle[3]	1 397 767	862 995	323 240	58 257	50 565	102 710	Cas hospitaliers[3]
Pflegetage[4]	12 857 347	6 620 334	2 081 124	2 079 200	1 198 943	877 746	Journées d'hospitalisation[4]
Bettenbelegung in %	94	97	91	92	92	83	Taux d'occupation des lits, en %
Durchschnittliche Aufenthaltsdauer in Tagen	9,3	7,8	6,5	36,2	24,0	8,7	Durée moyenne de séjour en jours
Betriebsaufwand in Millionen Franken	27 284,9	17 340,4	4 726,4	2 085,9	1 036,3	2 095,8	Charges d'exploitation en millions de francs
Betriebskosten ambulant in Millionen Franken	6 688,9	4 455,7	1 190,7	413,8	88,0	540,8	Coûts d'exploitation des traitements ambulatoires en millions de francs
Betriebskosten stationär							Coûts d'exploitation des traitements hospitaliers
Total in Millionen Franken	17 896,2	11 044,3	3 109,2	1 499,0	858,4	1 385,3	Total, en millions de francs
pro Fall in 1 000 Franken	12,8	12,8	9,6	25,7	17,0	13,5	par cas, en milliers de francs
pro Tag in 1 000 Franken[4]	1,392	1,668	1,494	0,721	0,716	1,578	par jour, en milliers de francs[4]

1 In Vollzeitäquivalenten pro Jahrr	1 En équivalents plein temps sur l'année
2 Alle ambulanten Diagnostik- und Behandlungskontakte inkl. Tageschirurgie, Bestrahlungen, Endoskopien, Bildgebung, usw.	2 Tous les contacts en matière de diagnostics et de traitements ambulatoires, y compris chirurgie de jour, radiothérapies, endoscopies, imagerie, etc.
3 Anzahl Austritte	3 Nombre de sorties
4 Pflegetage aus der Medizinischen Statistik	4 Journées d'hospitalisation de la Statistique médicale des hôpitaux

Quelle: BFS – Krankenhausstatistik
Stand: November 2015

Source: OFS – Statistique des hôpitaux
Etat: novembre 2015

Krankenhäuser: Betten[1] und Hospitalisierungen[2] nach Aktivitätstyp und Kanton. 2014
Hôpitaux: lits[1] et hospitalisations[2] par type d'activité et canton. En 2014

T 14.4.1.2

	Total der Krankenhäuser / Total des hôpitaux		Akutpflege und Geburtshaus / Soins aigus et maison de naissance		Psychiatrie / Psychiatrie		Rehabilitation / Geriatrie / Réadaptation / gériatrie	
	Betten / Lits	Hospitalisierungen / Hospitalisations	Betten / Lits	Hospitalisierungen / Hospitalisations	Betten / Lits	Hospitalisierungen / Hospitalisations	Betten / Lits	Hospitalisierungen / Hospitalisations
Total	37 636	1 397 767	23 586	1 232 606	7 341	72 793	6 709	92 368
Région lémanique	7 341	257 173	4 356	218 590	970	13 111	2 015	25 472
Vaud	3 466	122 950	2 168	106 881	482	5 899	816	10 170
Valais	1 414	49 461	815	41 975	180	2 201	419	5 285
Genève	2 461	84 762	1 373	69 734	308	5 011	779	10 017
Espace Mittelland	7 512	298 328	4 682	263 786	1 679	16 201	1 150	18 341
Bern	4 766	197 983	3 001	177 341	1 142	9 825	622	10 817
Fribourg	896	33 422	546	28 637	170	2 201	180	2 584
Solothurn	791	33 848	607	31 531	156	1 963	28	354
Neuchâtel	714	22 157	390	18 134	187	1 849	136	2 174
Jura	345	10 918	138	8 143	24	363	183	2 412
Nordwestschweiz	6 257	220 024	3 508	187 208	1 196	11 480	1 553	21 336
Basel-Stadt	2 194	75 783	1 291	64 252	375	3 630	528	7 901
Basel-Landschaft	1 134	38 381	740	34 065	273	2 518	121	1 798
Aargau	2 929	105 860	1 477	88 891	548	5 332	904	11 637
Zürich	6 303	250 594	4 488	231 826	1 389	13 059	426	5 709
Ostschweiz	5 804	203 402	3 400	175 842	1 314	11 539	1 090	16 021
Glarus	146	5 463	91	4 806	11	149	44	508
Schaffhausen	288	11 526	194	10 293	62	655	33	578
Appenzell A. Rh.	480	18 238	226	14 811	62	716	192	2 711
Appenzell I. Rh.	44	1 349	26	937	0	0	18	412
St. Gallen	2 244	86 003	1 629	79 676	428	3 690	186	2 637
Graubünden	1 126	39 347	637	34 450	280	2 274	209	2 623
Thurgau	1 475	41 476	597	30 869	471	4 055	407	6 552
Zentralschweiz	2 515	102 945	1 727	95 045	502	4 583	286	3 317
Luzern	1 505	57 700	1 041	53 376	274	2 521	190	1 803
Uri	74	3 711	74	3 711	0	0	0	0
Schwyz	269	15 410	262	15 340	5	52	2	18
Obwalden	78	3 316	53	3 075	25	241	0	0
Nidwalden	77	5 138	77	5 138	0	0	0	0
Zug	512	17 670	220	14 405	198	1 769	94	1 496
Ticino	1 905	65 301	1 424	60 309	291	2 820	190	2 172

1 Anzahl stationärer Betten im Jahresdurchschnitt
2 Stationäre Fälle (Austritte)
Quellen: BFS – Krankenhausstatistik, Medizinische Statistik
Stand: November 2015

1 Nombre moyen de lits d'hospitalisation sur l'année
2 Nombre de cas d'hospitalisation (sorties)
Sources: OFS – Statistique des hôpitaux, Statistique médicale des hôpitaux
Etat: novembre 2015

Spitalbehandlungen[1] nach Alter und Geschlecht. 2014p
Cas d'hospitalisations[1] selon l'âge et le sexe. En 2014p

T 14.4.1.2.1

	Krankenhäuser Hôpitaux Total		Allgemeine Krankenhäuser Hôpitaux de soins généraux				Spezialkliniken Cliniques spécialisées						
			Zentrumsversorgung Prise en charge centralisée		Grundversorgung Soins de base		Psychiatrische Kliniken Cliniques psychiatriques		Rehabilitationskliniken Cliniques de réadaptation		Andere Spezialkliniken Autres cliniques spécialisées		
	Anzahl Austritte Nombre de sorties	Dauer[2] Durée[2]	Anzahl Austritte Nombre de sorties	Dauer[2] Durée[2]	Anzahl Austritte Nombre de sorties	Dauer[2] Durée[2]	Anzahl Austritte Nombre de sorties	Dauer[2] Durée[2]	Anzahl Austritte Nombre de sorties	Dauer[2] Durée[2]	Anzahl Austritte Nombre de sorties	Dauer[2] Durée[2]	
Total	1 376 946	9,4	850 336	7,8	318 348	6,5	57 510	37,0	49 872	24,6	100 880	8,8	**Total**
0–14-jährig	153 331	5,8	96 408	5,5	37 085	4,5	692	77,2	8	32,6	19 138	7,1	0–14 ans
15–39-jährig	287 344	8,0	174 495	5,5	70 128	4,8	22 644	33,9	2 928	33,2	17 149	7,2	15–39 ans
40–69-jährig	508 532	9,5	304 993	7,4	115 928	5,9	27 369	37,2	20 676	25,9	39 566	7,9	40–69 ans
≥70-jährig	427 739	11,6	274 440	10,5	95 207	9,4	6 805	42,1	26 260	22,6	25 027	12,4	≥70 ans
Männer	637 724	9,5	401 091	7,8	137 114	6,4	28 331	36,3	22 739	25,8	48 449	8,5	**Hommes**
0–14-jährig	82 286	5,8	51 797	5,5	19 460	4,5	315	88,0	5	36,6	10 709	7,2	0–14 ans
15–39-jährig	97 747	9,5	56 909	5,7	19 162	4,4	11 858	34,3	1 647	34,7	8 171	6,5	15–39 ans
40–69-jährig	264 741	9,5	164 967	7,6	56 158	5,8	13 496	36,1	10 835	27,2	19 285	8,2	40–69 ans
≥70-jährig	192 950	11,0	127 418	10,1	42 334	8,8	2 662	40,5	10 252	22,9	10 284	12,1	≥70 ans
Frauen	739 222	9,4	449 245	7,8	181 234	6,7	29 179	37,6	27 133	23,6	52 431	9,0	**Femmes**
0–14-jährig	71 045	5,8	44 611	5,5	17 625	4,6	377	68,3	3	26,0	8 429	6,9	0–14 ans
15–39-jährig	189 597	7,2	117 586	5,5	50 966	4,9	10 786	33,6	1 281	31,3	8 978	7,9	15–39 ans
40–69-jährig	243 791	9,4	140 026	7,3	59 770	6,0	13 873	38,2	9 841	24,5	20 281	7,7	40–69 ans
≥70-jährig	234 789	12,2	147 022	10,9	52 873	9,9	4 143	43,2	16 008	22,4	14 743	12,7	≥70 ans

1 Teilergebnisse; siehe Abschnitt «Methoden, Erhebungen» zum vorliegenden Kapitel
2 Durchschnittliche Aufenthaltsdauer. Alle stationären Fälle mit Austritt 2014. Aufenthalte länger als ein Jahr wurden auf 365 Tage begrenzt.

Quelle: BFS – Medizinische Statistik der Krankenhäuser
Stand: November 2015

1 Résultats partiels; voir la partie «Méthodes, enquêtes» du présent chapitre
2 Durée moyenne de séjour. Cas d'hospitalisation avec sortie en 2014. La durée de séjour supérieure à 365 jours est réduite à une année.

Source: OFS – Statistique médicale des hôpitaux
Etat: novembre 2015

Diagnosen bei Hospitalisierungen[1], nach ICD-10-Kapitel, Altersklasse und Geschlecht
2014p, in % von allen stationären Fällen
Diagnostics en cas d'hospitalisation[1], par chapitre de la CIM-10, âge et sexe
En 2014p, en % de toutes les hospitalisations

T 14.4.1.2.6

	Kapitel / Chapitre	Total	Männer nach Altersgruppe / Hommes par groupe d'âges					Frauen nach Altersgruppe / Femmes par groupe d'âges					
			Total	0–14	15–39	40–69	70+	Total	0–14	15–39	40–69	70+	
Bestimmte infektiöse und parasitäre Krankheiten	I	2,4	1,3	3,4	2,5	2,1	3,3	1,2	3,3	1,4	1,8	3,0	Certaines maladies infectieuses et parasitaires
Neubildungen	II	8,3	3,9	1,4	3,0	10,1	12,2	4,4	1,4	3,2	13,7	8,5	Tumeurs
Krankheiten des Blutes und der blutbildenden Organe sowie bestimmte Störungen mit Beteiligung des Immunsystems	III	0,5	0,2	0,4	0,3	0,4	0,8	0,3	0,4	0,2	0,4	0,9	Maladies du sang et des organes hématopoïétiques et certains troubles du système immunitaire
Endokrine, Ernährungs- und Stoffwechselkrankheiten	IV	1,5	0,6	0,6	1,2	1,5	1,4	0,9	0,6	1,5	2,2	1,6	Maladies endocriniennes, nutritionnelles et métaboliques
Psychische und Verhaltensstörungen	V	6,9	3,3	1,1	18,0	8,3	2,8	3,6	1,7	8,8	9,4	3,7	Troubles mentaux et du comportement
Krankheiten des Nervensystems	VI	2,6	1,3	1,2	2,6	3,1	3,6	1,3	1,1	1,3	2,8	3,1	Maladies du système nerveux
Krankheiten des Auges und der Augenanhangsgebilde	VII	0,8	0,4	0,2	0,4	0,9	1,2	0,4	0,2	0,2	0,8	1,4	Maladies de l'oeil et de ses annexes
Krankheiten des Ohres und des Warzenfortsatzes	VIII	0,5	0,2	0,6	0,6	0,6	0,3	0,3	0,4	0,3	0,7	0,5	Maladies de l'oreille et de l'apophyse mastoïde
Krankheiten des Kreislaufsystems	IX	11,2	6,4	0,4	3,5	15,5	22,6	4,7	0,4	1,7	8,4	17,6	Maladies de l'appareil circulatoire
Krankheiten des Atmungssystems	X	5,6	3,1	11,3	7,4	4,6	7,2	2,5	9,3	3,7	3,8	5,2	Maladies de l'appareil respiratoire
Krankheiten des Verdauungssystems	XI	8,4	4,6	3,0	10,9	12,1	9,3	3,8	2,4	5,3	9,0	7,9	Maladies de l'appareil digestif
Krankheiten der Haut und der Unterhaut	XII	1,2	0,7	1,0	3,6	1,2	0,9	0,5	0,9	1,0	1,0	0,9	Maladies de la peau et du tissu cellulaire sous-cutané
Krankheiten des Muskel-Skelett-Systems und des Bindegewebes	XIII	13,3	5,9	1,3	13,2	16,8	11,7	7,5	1,5	5,3	20,2	18,0	Maladies du système ostéo-articulaire, des muscles et du tissu conjonctif
Krankheiten des Urogenitalsystems	XIV	5,8	2,6	1,4	3,9	6,5	7,3	3,2	1,2	5,9	8,3	4,8	Maladies de l'appareil génito-urinaire
Schwangerschaft, Geburt und Wochenbett	XV	7,4	–	–	–	–	–	7,4	0,0	50,4	2,3	–	Grossesse, accouchement et puerpéralité
Bestimmte Zustände, die ihren Ursprung in der Perinatalperiode haben	XVI	2,0	1,1	18,0	0,0	–	0,0	0,9	17,4	–	0,0	–	Certaines affections dont l'origine se situe dans la période périnatale
Angeborene Fehlbildungen, Deformitäten und Chromosomenanomalien	XVII	0,7	0,4	4,8	0,8	0,2	0,0	0,3	3,6	0,6	0,3	0,0	Malformations congénitales et anomalies chromosomiques
Symptome und abnorme klinische und Laborbefunde, die anderenorts nicht klassifiziert sind	XVIII	3,2	1,5	2,6	2,4	2,6	4,6	1,7	3,0	1,9	2,6	4,8	Autres symptômes, signes et résultats anormaux d'examens cliniques et de laboratoire, non classés ailleurs
Verletzungen, Vergiftungen und bestimmte andere Folgen äußerer Ursachen	XIX	12,6	6,3	10,7	25,3	12,9	9,8	6,3	8,8	6,4	11,3	17,4	Lésions traumatiques, empoisonnements et certaines autres conséquences de causes externes
Äußere Ursachen von Morbidität und Mortalität	XX	0,0	–	–	–	–	–	0,0	–	0,0	–	0,0	Causes externes de morbidité et de mortalité
Faktoren, die den Gesundheitszustand beeinflussen und zur Inanspruchnahme des Gesundheitswesens führen	XXI	5,1	2,5	36,9	0,4	0,6	1,0	2,7	42,4	1,1	1,0	0,9	Facteurs influant sur l'état de santé et motifs de recours aux services de santé

1 Stationäre Fälle. Hier wurden nur die A-Fälle (Austritt im Jahr 2014) und C-Fälle gezählt (die Behandlung geht über den 31. Dezember hinaus).
Quelle: BFS – Medizinische Statistik der Krankenhäuser
Stand: November 2015

1 Cas d'hospitalisation. Seuls les cas A (sortie en 2014) et C (traitement se poursuivant au-delà du 31 décembre) sont dénombrés ici.
Source: OFS – Statistique médicale des hôpitaux
Etat: novembre 2015

Sozialmedizinische Institutionen: Anzahl Klienten[1] nach Alter und Geschlecht. 2014
Institutions médico-sociales: nombre de clients[1] selon l'âge et le sexe. En 2014

T 14.4.2.2

	Total	Alter (Jahre) / Age (années)							
		0–19	20–39	40–59	60–69	70–79	80–89	90+	
Total der sozialmedizinischen Institutionen	204 265	10 333	20 118	23 152	13 044	24 895	67 772	44 951	Total des institutions médico-sociales
Männer	78 797	6 591	12 004	13 288	6 855	10 389	19 703	9 967	Hommes
Frauen	125 468	3 742	8 114	9 864	6 189	14 506	48 069	34 984	Femmes
Männer									**Hommes**
Altersheime	310	0	11	27	91	76	79	26	Maisons pour personnes âgées
Pflegeheime	45 584	42	516	1 928	3 873	9 752	19 539	9 934	Homes médicalisés
Institutionen für Behinderte	26 151	5 206	8 962	9 026	2 395	481	74	7	Etablissements pour handicapés
Institutionen für Suchtkranke	3 115	141	1 387	1 292	246	43	6	0	Etablissements pour problèmes de dépendance
Institutionen für Personen mit psychosozialen Problemen	3 637	1 202	1 128	1 015	250	37	5	0	Etablissements pour troubles psychosociaux
Frauen									**Femmes**
Altersheime	373	0	6	26	27	68	149	97	Maisons pour personnes âgées
Pflegeheime	103 000	21	369	1 815	4 118	13 994	47 833	34 850	Homes médicalisés
Institutionen für Behinderte	18 552	2 976	6 515	6 771	1 781	396	77	36	Etablissements pour handicapés
Institutionen für Suchtkranke	1 088	84	520	417	61	5	1	0	Etablissements pour problèmes de dépendance
Institutionen für Personen mit psychosozialen Problemen	2 455	661	704	835	202	43	9	1	Etablissements pour troubles psychosociaux

1   Total während des Jahres
Quelle: BFS – Statistik der sozialmedizinischen Institutionen
Stand: November 2015

1   Total sur l'année
Source: OFS – Statistique des institutions médico-sociales
Etat: novembre 2015

Ärzte, Zahnärzte und Apotheken, Entwicklung des Bestandes
Médecins, médecins-dentistes et pharmacies, évolution de l'effectif

T 14.4.5.1

	Ärzte in freier Praxis[1] / Médecins, en pratique privée[1]	Ärzte insgesamt[2] / Médecins, au total[2]	Zahnärzte in freier Praxis[3] / Médecins-dentistes, en pratique privée[3]	Zahnärzte insgesamt[4] / Médecins-dentistes, au total[4]	Apotheken[5] / Pharmacies[5]
1990	10 398	20 030	3 268	4 303	1 536
2000	13 935	25 216	3 468	3 829	1 658
2005	15 313	28 251	3 764	...	1 672
2010	16 087	30 273	4 109	...	1 733
2011	16 232	30 849	4 123	...	1 743
2012	16 910	31 858	4 181	...	1 740
2013	17 554	33 242	4 208	...	1 743
2014	17 804	34 348	4 217	...	1 764

1   Gemäss Mitglieder-Statistik der Verbindung der Schweizer Ärzte. Einschliesslich Spitalärzte mit Privatpraxis, ausgenommen nicht mehr berufstätige Ärzte und Assistenzärzte. Bestand Jahresende. Ab 2008, Ärzte mit Haupttätigkeit im ambulanten Sektor.
2   Total berufstätige Ärzte (mit Praxistätigkeit + ohne Praxistätigkeit) gemäss Mitglieder-Statistik der Verbindung der Schweizer Ärzte.
3   Gemäss Schweiz. Medizinisches Jahrbuch. Zahnärzte mit eigener Praxis, ohne Assistenten. Ab 2001, Mitglieder der Schweizerischen Zahnärzte-Gesellschaft (SSO) und Nichtmitglieder, die durch die Sozialversicherung anerkannt sind. Bestand Jahresende (2014: Mai 2015).
4   Gemäss Volkszählungen, ausgeübter Beruf
5   Schweiz. Medizinisches Jahrbuch, ohne Spitalapotheken. Ab 2008, Schweiz. Apothekerverband

1   Selon la statistique des membres de la Fédération des médecins suisses. L'effectif inclut les médecins d'hôpitaux ayant une clientèle privée, mais pas les médecins n'exerçant plus ni les médecins-assistants. Situation à la fin de l'année. Dès 2008, médecins avec activité principale dans le secteur ambulatoire.
2   Effectif total des médecins en exercice (en pratique privée + sans pratique privée) selon la statistique des membres de la Fédération des médecins suisses FMH.
3   Selon l'Annuaire médical suisse. Médecins-dentistes avec cabinet privé, sans les assistants. A partir de 2001, membres de la Société suisse d'odonto-stomatologie (SSO) et non-membres reconnus par les assurances sociales. Situation à la fin de l'année (2014: mai 2015).
4   Selon les recensements de la population, profession exercée
5   Annuaire médical suisse, sans les pharmacies d'hôpital. Dès 2008, Société Suisse des Pharmaciens

Kosten, Finanzierung
Coûts, financement
Kosten des Gesundheitswesens nach Leistungserbringer. In Millionen Franken   T 14.5.1.2
Coûts du système de santé selon le fournisseur de biens et services. En millions de francs

	1995	2000	2010	2011	2012	2013	
Total	35 759,4	42 842,9	62 494,9	64 565,8	67 533,0	69 226,7	Total
Krankenhäuser	12 612,0	14 895,5	22 447,7	23 206,7	24 970,6	25 315,3	Hôpitaux
Allgemeine Krankenhäuser	9 387,9	11 401,0	17 222,1	17 780,1	19 409,2	19 440,3	Hôpitaux de soins généraux
Psychiatrische Kliniken	1 494,4	1 469,9	2 117,0	2 197,8	2 080,1	2 266,9	Hôpitaux psychiatriques
Rehabilitationskliniken	449,7	628,5	1 055,2	1 095,0	1 178,1	1 220,3	Hôpitaux de réadaptation
Andere Spezialkliniken	1 280,2	1 396,1	2 053,4	2 133,8	2 303,1	2 387,9	Autres hôpitaux spécialisés
Sozialmedizinische Institutionen	5 626,2	7 041,5	10 768,8	11 311,1	11 780,0	12 040,2	Institutions médico-sociales
Pflegeheime	4 206,9	5 194,8	8 136,6	8 604,2	9 026,7	9 212,3	Homes médicalisés
Institutionen für Behinderte und andere Institutionen	1 419,3	1 846,7	2 632,2	2 706,8	2 753,3	2 827,9	Etablissements pour handicapés et autres
Ambulante Versorger	11 275,1	13 440,7	19 232,2	19 937,2	20 680,5	21 846,0	Prestataires de services ambulatoires
Ärzte	6 123,1	7 654,9	10 930,5	11 313,2	11 706,1	12 491,1	Médecins
Zahnärzte	2 629,6	2 844,6	3 789,7	3 826,8	3 886,0	4 001,2	Dentistes
Physiotherapeuten	490,1	568,9	793,3	810,7	834,1	889,9	Physiothérapeutes
Psychotherapeuten	119,5	149,4	212,3	219,8	228,5	243,8	Psychothérapeutes
Spitexdienste	702,3	889,3	1 585,0	1 733,6	1 847,9	1 950,5	Services de soins à domicile
Andere (paramed.)	113,0	141,3	200,8	207,9	216,0	230,5	Autres (paraméd.)
Medizinische Labors	457,7	588,6	927,2	934,3	1 057,0	1 125,6	Laboratoires d'analyse
Andere	639,9	603,7	793,4	890,9	904,9	913,4	Autres
Detailhandel	3 400,9	4 130,5	5 456,2	5 484,8	5 549,1	5 368,2	Commerce de détail
Apotheken	2 440,0	3 077,9	4 014,3	4 026,4	4 146,9	4 143,1	Pharmacies
Drogerien	267,0	219,6	192,8	177,4	203,6	219,8	Drogueries
Therapeutische Apparate	693,9	833,0	1 249,1	1 280,9	1 198,6	1 005,3	Appareils thérapeutiques
Staat	861,5	886,6	1 211,4	1 122,8	1 098,1	1 135,6	Etat
Bund	139,3	153,9	254,7	227,2	236,9	233,7	Confédération
Kantone	449,8	504,7	642,2	583,4	562,1	565,3	Cantons
Gemeinden	272,4	228,0	314,5	312,2	299,1	336,6	Communes
Versicherer	1 584,5	1 968,0	2 712,8	2 813,5	2 747,6	2 780,2	Assureurs
Krankenversicherer (KVG)	825,1	849,2	1 141,3	1 210,6	1 220,8	1 248,4	Assureurs-maladie (LAMal)
Unfallversicherer (UVG)	219,5	250,9	317,2	315,3	330,0	339,9	Assureurs-accidents (LAA)
IV-AHV	99,8	117,1	293,5	302,5	317,7	323,0	AI-AVS
Private Krankenversicherer (VVG)[1]	440,1	750,8	960,8	985,0	879,2	869,0	Assureurs-maladie privés (LCA)[1]
Organisationen ohne Erwerbscharakter	399,2	480,1	665,8	689,8	707,1	741,1	Institutions sans but lucratif (ISBLSM)

1 KVG-Versicherer (Krankenkassen), für die Zusatzversicherung (VVG) und private Versicherungseinrichtungen

Quelle: BFS – Kosten und Finanzierung des Gesundheitswesens

1 Assureurs-maladie LAMal (caisses-maladie), en ce qui concerne les assurances complémentaires (LCA), et les institutions d'assurance privées

Source: OFS – Coût et financement du système de santé

Kosten und Finanzierung des Gesundheitswesens nach Leistungserbringern und Finanzierungsregimes T 14.5.1.5
2013, in Millionen Franken
Coûts du système de santé selon le fournisseur de biens et services et selon le régime de financement
En 2013, en millions de francs

Leistungs-erbringer	Finanzierungsregime / Régime de financement									Fournisseur de biens et services de santé
	Total	Staat / Etat		Sozialversicherungen / Assurances sociales			Andere Regimes[3] / Autres régimes[3]	Privat-versiche-rung[2] / Assurance privée[2]	Private Haus-halte[4] / Ménages privés[4]	Andere private Fi-nanzierung / Autre finan-cement privé	
		Total	davon Kantone u. Gemeinden / dont cantons et communes	Total	KVG[1] / LAMal[1]	Andere / Autres					
Total	69 226,7	14 006,0	13 837,0	29 894,6	25 409,1	4 485,5	3 076,6	5 067,7	16 490,9	690,9	Total
Krankenhäuser	25 315,3	8 758,8	8 756,2	12 133,8	10 494,1	1 639,6	–	2 178,8	2 244,0	–	Hôpitaux
Allgemeine Krankenhäuser	19 440,3	7 137,5	7 134,9	9 011,7	7 705,1	1 306,6	–	1 677,7	1 613,4	–	Hôpitaux de soins généraux
Psychiatrische Kliniken	2 266,9	828,5	828,5	1 257,3	1 253,0	4,3	–	21,8	159,3	–	Hôpitaux psychiatriques
Rehabilitationskliniken	1 220,3	198,2	198,2	928,0	599,3	328,7	–	43,6	50,5	–	Hôpitaux de réadaptation
Andere Spezialkliniken	2 387,9	594,6	594,6	936,7	936,7	–	–	435,8	420,8	–	Autres hôpitaux spécialisés
Sozialmedizinische Institutionen	12 040,2	3 069,1	3 069,1	2 212,2	1 589,6	622,7	2 901,0	–	3 575,5	282,3	Institutions médico-sociales
Pflegeheime	9 212,3	1 720,9	1 720,9	2 137,4	1 589,6	547,9	1 978,5	–	3 140,0	235,5	Homes médicalisés
Institutionen für Behinderte u. a. Institutionen	2 827,9	1 348,2	1 348,2	74,8		74,8	922,5	–	435,6	46,8	Etablissements pour handicapés et autres
Ambulante Versorger	21 846,0	1 339,7	1 339,7	9 771,2	8 859,8	911,4	175,6	1 606,6	8 898,4	54,6	Prestataires de services ambulatoires
Ärzte	12 491,1	–	–	7 193,7	6 712,9	480,7	–	1 215,3	4 082,2	–	Médecins
Zahnärzte	4 001,2	–	–	170,5	59,9	110,5	102,4	158,6	3 569,8	–	Dentistes
Physiotherapeuten	889,9	–	–	745,7	601,2	144,6	–	–	144,1	–	Physiothérapeutes
Psychotherapeuten	243,8	–	–	24,5		24,5	–	–	219,3	–	Psychothérapeutes
Spitexdienste	1 950,5	925,9	925,9	584,5	577,6	6,9	56,1	51,5	278,1	54,6	Soins à domicile
Andere (paramed.)	230,5	–	–	150,3	66,1	84,2	–	–	80,3	–	Autres (paraméd.)
Medizin. Labors	1 125,6	–	–	732,5	728,3	4,2	–	–	393,1	–	Labo. d'analyse
Andere	913,4	413,8	413,8	169,6	113,9	55,7	17,1	181,4	131,6	–	Autres
Detailhandel	5 368,2	–	–	3 655,0	3 217,2	437,9	–	413,2	1 300,0	–	Commerce de détail
Apotheken	4 143,1	–	–	2 932,9	2 839,5	93,4	–	185,5	1 024,7	–	Pharmacies
Drogerien	219,8	–	–	–		–	–	–	219,8	–	Drogueries
Therapeutische Apparate	1 005,3	–	–	722,2	377,7	344,4	–	227,7	55,5	–	Appareils thérapeutiques
Staat	1 135,6	838,5	672,0	–	–	–	–	–	297,1	–	Etat
Bund	233,7	166,4	–	–	–	–	–	–	67,3	–	Confédération
Kantone	565,3	433,5	433,5	–	–	–	–	–	131,8	–	Cantons
Gemeinden	336,6	238,5	238,5	–	–	–	–	–	98,1	–	Communes
Versicherer	2 780,2	–	–	1 911,2	1 248,4	662,8	–	869,0	–	–	Assureurs
Krankenversicherer (KVG)[1]	1 248,4	–	–	1 248,4	1 248,4	–	–	–	–	–	Assureurs-maladie (LAMal)[1]
Unfallversicherer	339,9	–	–	339,9	–	339,9	–	–	–	–	Assureurs-accidents
AHV / IV	323,0	–	–	323,0	–	323,0	–	–	–	–	AVS / AI
Private Krankenversicherer (VVG)[2]	869,0	–	–	–	–	–	–	869,0	–	–	Assureurs-maladie privés (LCA)[2]
Organisationen ohne Erwerbscharakter	741,1	–	–	211,1		211,1	–	–	175,9	354,1	Institutions sans but lucratif (ISBLSM)

1 Obligatorische Krankenpflegeversicherung KVG (Grundversicherung)
2 KVG-Versicherer (Krankenkassen), für die Zusatzversicherung (VVG), und private Versicherungseinrichtungen
3 Bedarfsabhängige Sozialleistungen: Ergänzungsleistungen AHV / IV, Alters- und Pflegehilfe, kantonal geregelt
4 Direktzahlungen von privaten Haushalten an Leistungerbringer für nicht gedeckte Leistungen («out of pocket») und Kostenbeteiligung in der Krankenversicherung

Quelle: BFS – Kosten und Finanzierung des Gesundheitswesens

1 Assurance obligatoire des soins LAMal (assurance de base)
2 Assureurs-maladie LAMal (caisses-maladie), en ce qui concerne les assurances complémentaires (LCA), et les institutions d'assurance privées
3 Prestations sociales sous condition de ressources: prestations complémentaires AVS et AI, aide supplémentaire des cantons
4 Paiements directs des ménages aux fournisseurs de biens et services pour prestations non couvertes par les assurances-maladie («out of pocket») et participations aux frais des assurances-maladie

Source: OFS – Coût et financement du système de santé

Finanzierung des Gesundheitswesens nach Regimes und nach Quellen. 2013, in Millionen Franken
Financement du système de santé selon le régime et selon la source. En 2013, en millions de francs

T 14.5.2.6

Finanzierungsregimes	Finanzierung nach der Quelle / Sources de financement									Régimes de financement
	Total	Staat / Etat	Unternehmen[3] / Entreprises[3]			Private Haushalte / Ménages privés				
			Total	Kranken- u. Unfallversicherung / Assurance-maladie et accidents	AHV, IV und andere[4] / AVS, AI et autres[4]	Total	Out of pocket[2] und Andere[4] / Out of pocket[2] et autres[4]	Aufwand der Sozialversicherungen / Charges des assurances sociales	Aufwand der Privatversicherungen / Charges des assurances privées	
Total	69 226,7	22 618,9	4 363,4	3 162,3	1 201,1	42 244,3	12 894,0	25 289,4	4 060,8	**Total**
Staat	14 006,0	14 006,0	–	–	–	–	–	–	–	Etat
Bund	169,0	169,0	–	–	–	–	–	–	–	Confédération
Kantone	11 748,5	11 748,5	–	–	–	–	–	–	–	Cantons
Gemeinden	2 088,6	2 088,6	–	–	–	–	–	–	–	Communes
Sozialversicherungen	29 894,6	5 536,3	2 963,9	2 108,2	855,7	21 394,4	–	21 394,4	–	Assurances sociales
Krankenversicherung KVG (Grundvers.)	25 409,1	4 014,7	–	–	–	21 394,4	–	21 394,4	–	Assurance-maladie LAMal (prestations nettes, y c. coûts d'administration)
Unfallversicherung UVG (inkl. Militärversich.)	2 173,0	64,8	2 108,2	2 108,2	–	–	–	–	–	Assurance-accidents LAA (y c. assurance-militaire)
IV[1]	1 675,8	886,9	788,9	–	788,9	–	–	–	–	Assurance-Invalidité (AI)[1]
AHV[1]	636,7	569,9	66,8	–	66,8	–	–	–	–	Assurance-vieillesse (AVS)[1]
Andere Regimes, bedarfsabhängige Sozialleistungen	3 076,6	3 076,6	–	–	–	–	–	–	–	Autres régimes, prestations sociales sous condition de ressources
Ergänzungsleistungen AHV	1 672,4	1 672,4	–	–	–	–	–	–	–	Prestations complémentaires AVS
Ergänzungsleistungen IV	996,6	996,6	–	–	–	–	–	–	–	Prestations complémentaires AI
Alters- und Pflegehilfe, kantonal geregelt	407,7	407,7	–	–	–	–	–	–	–	Aide supplémentaire des cantons
Private Versicherungen	5 067,7	–	1 054,1	1 054,1	–	4 013,6	–	–	4 013,6	Assurances privées
Private Haushalte	16 490,9	–	–	–	–	16 490,9	12 548,6	3 895,1	47,2	Ménages privés
Out of pocket[2]	12 548,6	–	–	–	–	12 548,6	12 548,6	–	–	Out of pocket[2]
Kostenbeteiligung, Sozialversicherung	3 895,1	–	–	–	–	3 895,1	–	3 895,1	–	Participation aux frais, ass. sociales
Kostenbeteiligung, Privatversicherung	47,2	–	–	–	–	47,2	–	–	47,2	Participation aux frais, ass. privées
Andere private Finanzierung	690,9	–	345,5	–	345,5	345,5	345,5	–	–	Autre financement privé

1 Die Hilflosenentschädigungen der AHV und der IV sind gemäss gesetzlichen Bestimmungen zu 100% durch den Bund finanziert (Quelle).
2 Ausgaben für Güter und Gesundheitsdienste der privaten Haushalte, die durch die Versicherungen nicht gedeckt sind.
3 Beiträge und Prämien der Arbeitgeber, der Arbeitnehmer und der Selbständigerwerbenden
4 Spenden und Vermächtnisse an Institutionen ohne Erwerbscharakter (Pflegeheim, Institution für Behinderte, Spitexorganisation, usw.)

Quelle: BFS – Kosten und Finanzierung des Gesundheitswesens

1 Selon les dispositions légales, les allocations pour impotents de l'AVS et de l'AI sont financées à 100% par la Confédération.
2 Dépenses des ménages privés pour des biens et services de santé non couverts par les assurances
3 Entreprises, au sens d'employeurs versant des cotisations sociales, part patronale et part des salariés, ainsi que les versements des indépendants
4 Dons et legs aux institutions sans but lucratif (homes pour personnes âgées, institutions pour handicapés, soins à domicile, etc.)

Source: OFS – Coûts et financement du système de santé

15

Bildung und Wissenschaft

Education et science

Überblick

Bildungswesen in einem föderalistischen Land

In der Schweiz ist das Bildungswesen von der obligatorischen Schule bis zur Tertiärstufe (Hochschulen und höhere Berufsbildung) eine Staatsaufgabe, deren Verantwortung in erster Linie den 26 Kantonen obliegt. Im nachobligatorischen Bereich (allgemeinbildende Schulen, Berufsbildung und Hochschulen) sind Bund und Kantone Partner in der Verantwortung für das öffentliche Bildungswesen.

Öffentliche Bildungsausgaben: 5,6% des BIP

2013 investiert die öffentliche Hand in der Schweiz fast 35,4 Mrd. Fr. für Bildungszwecke, was 5,6% des Bruttoinlandprodukts (BIP) darstellt. Im internationalen Vergleich liegen die Bildungsausgaben der Schweiz 2012 im Verhältnis zum BIP leicht über dem OECD-Durchschnitt. Deutlich über dem Durchschnitt schneidet die Schweiz ab, wenn man die Ausgaben pro lernende Person betrachtet.

Zu den öffentlichen Ausgaben für Bildung kommen private hinzu. Die Betriebe finanzieren die Berufsbildung im Jahr 2013 mit 2,8 Mrd. Fr.

Vue d'ensemble

Le système d'éducation d'un pays fédéraliste

En Suisse, l'éducation est du ressort de l'Etat à partir de l'école obligatoire jusqu'au degré tertiaire (hautes écoles et formation professionnelle supérieure). Elle relève principalement des 26 cantons. Le domaine postobligatoire (formation générale ou professionnelle et hautes écoles) est quant à lui placé sous la responsabilité commune de la Confédération et des cantons.

Dépenses publiques d'éducation: 5,6% du PIB

En 2013, les pouvoirs publics suisses investissent près de 35,4 milliards de francs pour l'éducation, ce qui représente 5,6% du produit intérieur brut (PIB). En comparaison internationale, en 2012, le pourcentage des dépenses d'éducation de la Suisse par rapport au PIB se situe légèrement au dessus de la moyenne de l'OCDE. La position de la Suisse est nettement supérieure si l'on considère les dépenses par apprenant.

Aux investissements publics s'ajoutent les sources privées de financement. En 2013 les entreprises consacrent 2,8 milliards de francs à la formation professionnelle.

Öffentliche Bildungsausgaben — G 15.1
Dépenses publiques d'éducation

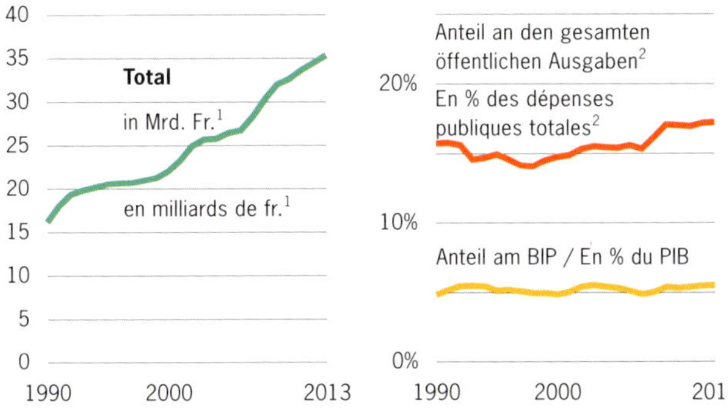

1 Nominalwerte / Valeurs nominales
2 exkl. Ausgaben für Sozialversicherung / sans les dépenses pour les assurances sociales

Öffentliche Bildungsausgaben in div. Ländern 2012 — G 15.2
Dépenses publiques d'éducation dans divers pays, en 2012

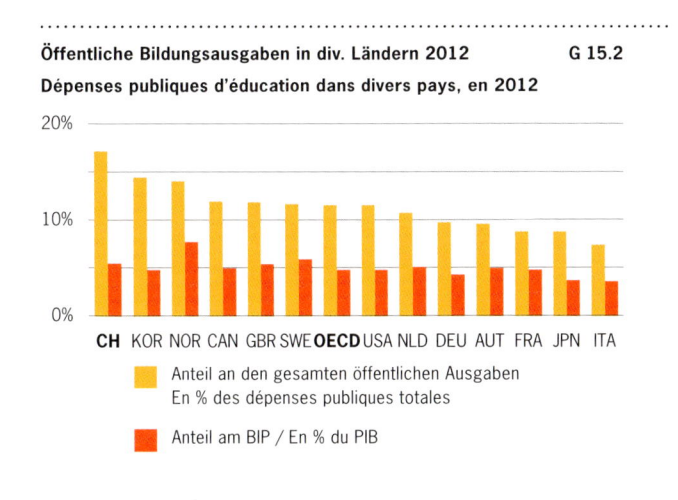

Anteil an den gesamten öffentlichen Ausgaben / En % des dépenses publiques totales

Anteil am BIP / En % du PIB

Obligatorische Schule dauert 11 Jahre

Die Primarstufe inkl. obligatorischer Kindergarten oder Eingangsstufe dauert acht Jahre, die Sekundarstufe I in der Regel drei Jahre. Der Schüleranteil an den nicht subventionierten Privatschulen beträgt auf der Primarstufe knapp 4% und auf der Sekundarstufe I 5%.

Auf der Primarstufe findet der Unterricht im leistungsdurchmischten Klassenverband statt und wird meist durch generalistisch ausgebildete Lehrpersonen erteilt. Auf der Sekundarstufe I unterrichten vermehrt Fachlehrkräfte leistungsdifferenzierte Klassen. Die Leistungsdifferenzierung findet in allen Kantonen statt, ist aber von Kanton zu Kanton unterschiedlich organisiert.

Vorschulstufe wird Teil der Primarstufe

Im Zuge der Harmonisierung der obligatorischen Schule findet eine Ausdehnung der Schulpflicht statt. Bislang war der Besuch der Vorschulstufe fakultativ. In den meisten Kantonen ist der Besuch der zweijährigen Vorschulstufe – sei es in Form des Kindergartens oder einer anderen Eingangsstufe – jetzt obligatorisch. Die Vorschulstufe wird damit Teil der Primarstufe.

Im Schuljahr 2013/14 besuchen insgesamt 162 154 Kinder den Kindergarten oder waren im ersten oder zweiten Jahr der Eingangsstufe eingeschult. Aufgrund der steigenden Anzahl Geburten sowie der Ausdehnung der Schulpflicht könnte dieser Bestand in den nächsten Jahren weiter steigen. 44% der 4-jährigen Kinder nehmen ein öffentliches oder privates Bildungsangebot wahr; von den 5-Jährigen sind es über 97%. Die Kinder auf dieser Stufe werden von gesamthaft 17 792 Lehrkräften betreut, wovon 95% Frauen sind.

2013/14 gibt es 450 350 Primarschülerinnen und -schüler, die nicht mehr den Kindergarten oder die ersten beiden Jahre der Eingangsstufe besuchen. Nach einem Rückgang wird dieser Bestand in den kommenden Jahren voraussichtlich wieder steigen. 48 345 Lehrkräfte (82% davon weiblich) teilen sich 29 155 Vollzeitstellen.

L'école obligatoire dure 11 ans

L'école primaire, comprenant l'école enfantine ou les deux premières années du cycle élémentaire, dure huit ans; l'école obligatoire secondaire I dure, quant à elle, trois ans. La part des enfants qui fréquentent des écoles non subventionnées est à peine de 4% au degré primaire et de 5% au degré secondaire I.

Au degré primaire, l'enseignement est dispensé sans distinction du niveau des élèves, par des généralistes la plupart du temps. Au degré secondaire I, ce sont généralement des spécialistes des matières qui dispensent l'enseignement à des classes aux niveaux homogènes. Tous les cantons dispensent un enseignement différencié selon le niveau des élèves, mais chaque canton le fait selon sa propre réglementation.

Le degré pré-primaire devient partie intégrante de l'école primaire

L'actuelle harmonisation de la scolarité obligatoire donne lieu à une extension de la scolarité obligatoire. Les deux ans de pré-primaires étaient jusque-là facultatifs. Dans une majorité des cantons la fréquentation de l'école enfantine, ou d'une autre forme de cursus pré-primaire, est maintenant obligatoire est fait donc partie intégrante du degré primaire.

162 154 enfants suivent en 2013/14 un programme de l'école enfantine ou les deux premières années du cycle élémentaire. En raison de la reprise démographique et de la prolongation de la scolarité obligatoire, ce nombre pourrait continuer à augmenter au cours des prochaines années. 44% des enfants de quatre ans fréquentent une institution publique ou privée. Parmi les enfants de 5 ans, il s'agit de plus de 97% des enfants. Tous ces enfants reçoivent un enseignement dispensé par 17 792 personnes enseignantes dont 95% sont des femmes.

La Suisse compte 450 350 élèves de primaire en 2013/14, qui ne suivent pas un programme de l'école enfantine ou les deux premières années du cycle élémentaire. Après un recul, les effectifs vont vraisemblablement se remettre à croître au cours des prochaines années. Les 48 345 enseignants (82% de femmes) se partagent 29 155 postes à plein temps.

Bildungsstufen – Überblick TT 15.1
Degrés de formation – survol

	Schüler, Studierende 2013/14 / Elèves et étudiants 2013/14		Lehrkräfte 2013/14 / Enseignants 2013/14		Schulen 2013/14 / Ecoles 2013/14		Öffentliche Ausgaben 2013 / Dépenses publiques 2013	
	Total	Frauen in % / Femmes en %	Total[1]	Frauen in % / Femmes en %	Total[2]	davon privat[3] / dont privées[3]	in Mio. Fr. / en millions de fr.	
Obligatorische Schule[4]	910 285	49,2	90 935[1]	73,7	9 767	837	17 336,8	Ecole obligatoire[4]
Sekundarstufe II (Allgemeinbildende Schulen und Berufsbildung)	361 737	47,9	28 842[1]	41,9	788	315	5 848,3	Degré secondaire II (Ecoles de formation générale et formation professionnelle)
Tertiärstufe (Höhere Berufsbildung, universitäre Hochschulen, Fachhochschulen und Pädagogische Hochschulen)	289 699	49,6	32 749[5,6]	35,3	399	59	7 965,2	Degré tertiaire (Formation professionnelle supérieure, hautes écoles universitaires, hautes écoles spécialisées et pédagogiques)

1	Nur öffentliche Schulen	1	Ecoles publiques uniquement
2	Doppelzählungen sind möglich	2	Les double-comptages sont donc possibles
3	Subventionierte und nicht subventionierte private Schulen	3	Ecoles privées subventionnées et non subventionnées
4	Primarstufe (inkl. Kindergarten, Eingangsstufe), Sekundarstufe I und besonderer Lehrplan	4	Degré primaire (incl. école infantine, cycle élémentaire), degré secondaire I et écoles spécialisées
5	Höhere Berufsbildung: nur öffentliche höhere Fachschulen	5	Formation professionnelle supérieure: uniquement écoles supérieures publiques
6	Stichtag 31.12.2014	6	Compté au 31.12.2014

Anzahl Schüler in der Sekundarstufe II G 15.3
Nombre d'élèves dans le degré secondaire II

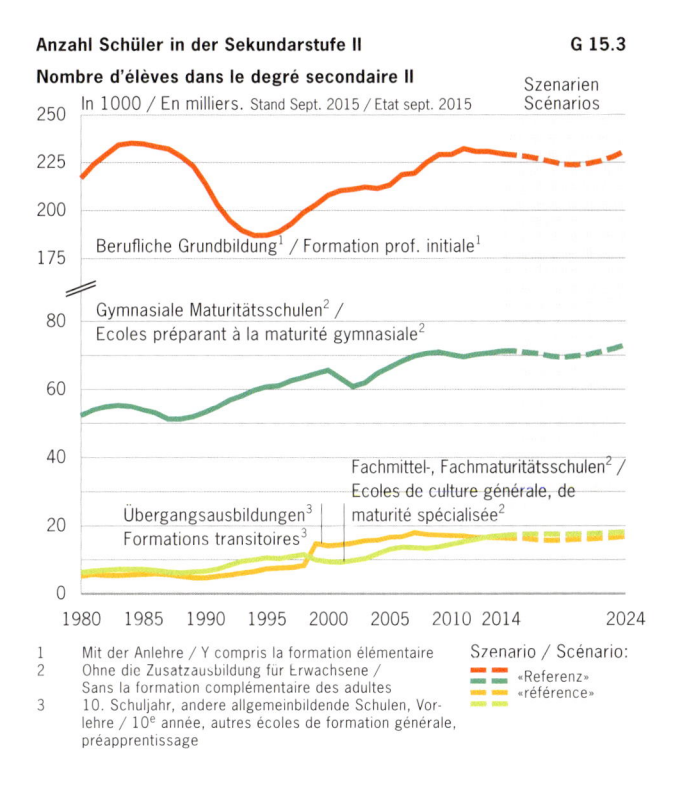

In 1000 / En milliers. Stand Sept. 2015 / Etat sept. 2015 — Szenarien / Scénarios

1 Mit der Anlehre / Y compris la formation élémentaire
2 Ohne die Zusatzausbildung für Erwachsene / Sans la formation complémentaire des adultes
3 10. Schuljahr, andere allgemeinbildende Schulen, Vorlehre / 10ᵉ année, autres écoles de formation générale, préapprentissage

Szenario / Scénario: «Referenz» / «référence»

Eintritte in die berufliche Grundbildung 2013/14 G 15.4
Entrées en formation professionnelle, en 2013/14

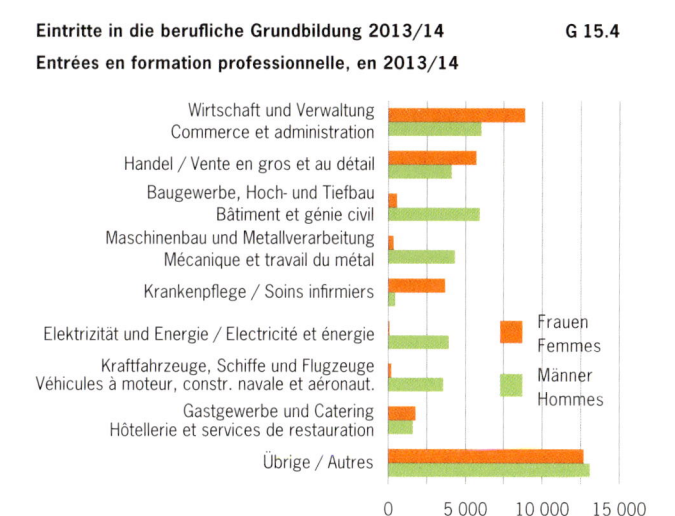

Frauen / Femmes — Männer / Hommes

Selektion auf Sekundarstufe I

Im Schuljahr 2013/14 werden 263 709 Schülerinnen und Schüler auf der Sekundarstufe I gezählt. Ihre Zahl dürfte bis 2016 weiter abnehmen, bevor sie wieder deutlich steigt. Knapp 30% der Schulkinder im vorletzten obligatorischen Schuljahr besuchen den Unterricht in Programmen mit Grundansprüchen – ein Anteil, der sich seit 1990 nicht wesentlich verändert hat. 64% nehmen an Programmen mit erweiterten Ansprüchen und 2% an Programmen ohne Niveauunterscheidung teil. Die 36 522 Lehrpersonen besetzen zusammen 20 940 Vollzeitstellen. Fast die Hälfte der Lehrpersonen sind Männer. Auffallend unter dem Lehrpersonal der obligatorischen Schule ist der proportional grosse Anteil an über 50-Jährigen.

Sonderschulung und integrative Förderung

Nicht alle Schülerinnen und Schüler können dem regulären Lernprogramm (mit Grund- oder erweiterten Ansprüchen) folgen. Sie werden zusätzlich gefördert, sei dies integrativ in einer Regelklasse, in einer Sonderklasse (Kleinklasse) oder einer Sonderschule. 2013/14 folgen in der gesamten Schweiz 34 072 Schulkinder einem besonderen Lehrplan. Das Konzept der integrativen Förderung gewinnt an Boden. Neben den regulären Lehrpersonen übernehmen solche mit heilpädagogischer Ausbildung spezielle Förderaufgaben in den Regelklassen.

Nachobligatorische Ausbildung: Die berufliche Grundbildung ist am bedeutendsten

Die Sekundarstufe II, die auf die obligatorische Schule folgt, gliedert sich in der Schweiz in zwei Hauptstränge: in die berufliche Grundbildung und in die allgemeinbildende Ausbildung an gymnasialen Maturitätsschulen oder Fachmittelschulen. Insgesamt 361 737 Personen besuchen 2013/14 eine solche Ausbildung. Sie werden von 28 842 Lehrkräften unterrichtet, die sich auf

La sélection au degré secondaire I

En 2013/14, on compte au degré secondaire I 263 709 élèves. Leur nombre devrait continuer à diminuer jusqu'en 2016 avant d'augmenter clairement à nouveau. Près de 30% des élèves de dernière année suivent un programme aux exigences élémentaires, une proportion presque inchangée depuis 1990; 64% des élèves reçoivent un enseignement aux exigences étendues et 2% suivent un programme d'enseignement sans distinction de niveau. Quelque 36 522 enseignants, de sexe masculin pour près de la moitié, représentent 20 940 postes à plein temps. Parmi le personnel de l'école obligatoire, on constate une proportion élevée d'enseignants âgés de plus de 50 ans.

Enseignement spécialisé et soutien intégratif

Certains élèves ne sont pas en mesure de suivre le programme d'enseignement normal et ont besoin d'un enseignement spécialisé, soit dans leur classe d'origine, soit dans une classe spéciale ou une école spéciale. En 2013/14, 34 072 écoliers suivaient un enseignement spécialisé. Le concept d'intégrer dans les classes régulières ces élèves tout en les faisant bénéficier d'un enseignement particulier gagne du terrain. Ainsi des enseignants spécialisés en pédagogie curative complètent l'enseignement dispensé par l'enseignant principal.

Formation postobligatoire: la formation professionnelle initiale en première position

La fin de la scolarité obligatoire débouche sur le degré secondaire II qui propose deux voies: les formations professionnelles initiales ainsi que les formations générales dans des écoles préparant à la maturité ou des écoles de culture générale. 361 737 jeunes suivent de telles formations en 2013/14. L'enseignement au niveau du secondaire II est dispensé par 28 842 enseignants, représentant 17 063 postes à plein temps dont 58% occupés par des hommes.

La formation professionnelle initiale est dispensée par 17 894 enseignants, soit 9832 postes à plein temps. Les hommes représentent le 60% des effectifs.

La formation professionnelle initiale (incl. formation élémentaire) est la voie de formation postobligatoire la plus fréquentée en Suisse avec 230 622 apprenants. Environ deux tiers des

17 063 Vollzeitstellen verteilen. Die Männer sind auf dieser Stufe mit 58% in der Mehrheit.

17 894 Lehrpersonen, auf 9832 Vollzeitstellen verteilt, bilden den Lehrkörper der beruflichen Grundbildung. Der Männeranteil beträgt 60%.

Die berufliche Grundbildung (inklusive Anlehre) ist mit 230 622 Lernenden anteilsmässig der wichtigste nachobligatorische Bildungsweg in der Schweiz. Über zwei Drittel der Jugendlichen entscheiden sich nach der obligatorischen Schulzeit für einen solchen. Zwischen 1990 und 2005 – in einer Zeit grösserer konjunktureller Schwankungen – hat die berufliche Grundbildung gegenüber der allgemeinen schulischen Bildung etwas an Bedeutung verloren. Seither ist ihr Anteil stabil. Nach den Szenarien für die kommenden Jahre dürfte dieses Verhältnis weiterhin gleich bleiben. Über 90% der Jugendlichen erreichen einen Abschluss der Sekundarstufe II.

Wachsende Zahl der Maturitäten

Die Jugendlichen in einer beruflichen Grundbildung streben immer häufiger auch die Berufsmaturität an. 2014 erzielen 14,8% (14 177) der Jugendlichen einen solchen Abschluss. Zählt man die Quote der gymnasialen Maturitäten von 20,2% (18 439) und die der Fachmaturitäten von 2,5% (2343) dazu, so erfüllt mehr als ein Drittel der Jugendlichen die Voraussetzungen für einen Hochschulbesuch.

Höhere Berufsbildung:
Eidgenössisch anerkannte Abschlüsse nehmen zu

Im Jahr 2014 wurden im Bereich der Höheren Berufsbildung 27 073 Abschlüsse erfasst. Seit einigen Jahren ist zu beobachten, dass die eidgenössisch reglementierten Abschlüsse einen immer höheren Anteil ausmachen. Das ist unter anderem auf die Tertiarisierung der Bildungsgänge im Gesundheitsbereich zurückzuführen. Gleichzeitig führte dies zu einer Zunahme des Frauenanteils, insbesondere bei den Absolvierenden von Höheren Fachschulen.

Expansion des Hochschulbereichs

Seit 2000 hat sich die Zahl der Studierenden an den schweizerischen Hochschulen mehr als verdoppelt und erreicht 2014 den Stand von 233 617 Studierenden. Davon sind 62% an einer Universitären Hochschule (UH), 30% an einer Fachhochschule (FH) und 8% an einer Pädagogischen Hochschule (PH) eingeschrieben.

Dieser Anstieg ist auf mehrere Faktoren zurückzuführen: immer häufigere Übertritte an Hochschulen nach der Sekundarstufe II aufgrund des Aufbaus der Fachhochschulen und der Pädagogischen Hochschulen, eine zunehmende Internationalisierung der Schweizer Hochschulen mit einem steigenden Anteil ausländischer Studierender und schliesslich die Entwicklung der FH-Master-Studiengänge.

Die Expansion des Hochschulbereichs zeigt sich auch beim Hochschulpersonal: Dieses nahm (in Vollzeitäquivalenten gerechnet) seit 2007 von 42 702 auf 56 124 zu. Auch die Internationalisierung des Hochschulbereichs ist beim Personal zu erkennen: Der Anteil des ausländischen Personals am gesamten Hochschulpersonal erhöhte sich im selben Zeitraum von 28% auf 37%.

Eintritte[1] in Hochschulen (Universität und FH) **2014** G 15.5
Entrées[1] dans une haute école (Université et HES), **en 2014**

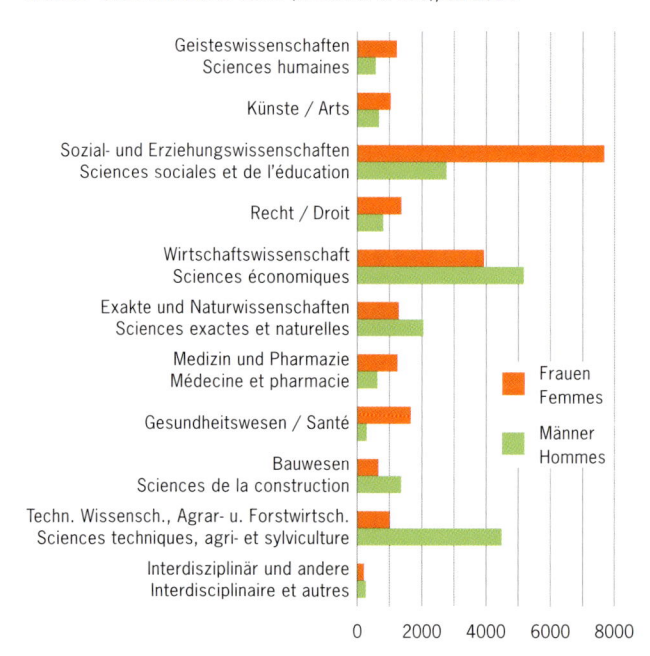

[1] Auf Stufen Lizentiat/Diplom und Bachelor / Aux niveaux licence/diplôme et bachelor

jeunes ayant achevé leur scolarité obligatoire choisissent de commencer une formation professionnelle. Entre 1990 et 2005 – donc dans une période de fluctuations conjoncturelles – la formation professionnelle a perdu de son importance au profit de la formation générale. Depuis, sa part reste stable. Cela ne devrait pas changer selon les scénarios pour les années à venir, plus de 90% des jeunes obtiennent un diplôme au niveau secondaire II.

Croissance du nombre des maturités

Une part croissante des jeunes qui suivent une formation professionnelle optent pour la maturité professionnelle. En 2014, 14,8% (14 177) des jeunes détenaient un tel diplôme. Etant donné que le taux de maturités gymnasiales s'élève à 20,2% (18 439) et le taux des maturités spécialisées à 2,5% (2343), plus d'un tiers du groupe d'âge concerné remplit les conditions pour entrer dans une haute école.

Formation professionnelle supérieure: augmentation des diplômes réglementés au niveau fédéral

En 2014 on compte 27 073 diplômes décernés dans le domaine de la formation professionnelle supérieure. S'il est vrai que la part des diplômes réglementés fédéraux est en croissante augmentation, cela est en grande partie dû au domaine de la santé, où beaucoup de formations font désormais partie du degré tertiaire. Il en résulte également une forte augmentation de la part des femmes diplômées dans les écoles supérieures.

Essor des hautes écoles

Depuis 2000, le nombre d'étudiants des hautes écoles suisses a plus que doublé pour atteindre 233 617 étudiants en 2014, dont 62% sont inscrits dans une haute école universitaire (HEU), 30% dans une haute école spécialisée (HES) et 8% dans une haute école pédagogique (HEP).

Abschlussquoten / Taux de diplôme G 15.6

Sekundarstufe II / Degré secondaire II — Maturitätsquote / Taux de maturité — Hochschulen / Hautes écoles

1 Inklusive der Pädagogischen Hochschulen / Y compris les hautes écoles pédagogiques

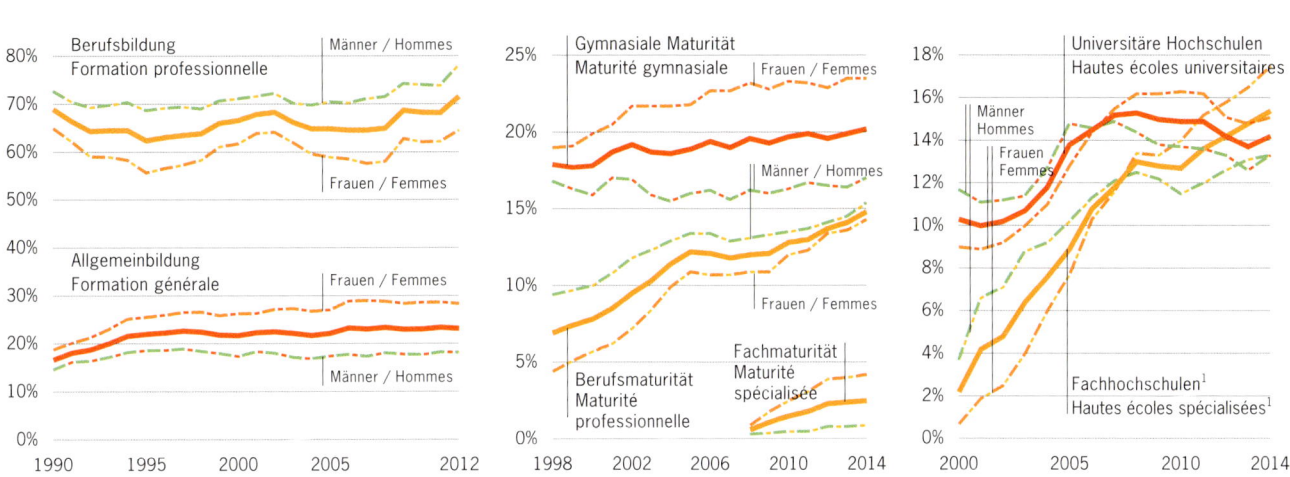

Hochschultypen: Unterschiedliche Kostenstruktur

Im Jahr 2014 beliefen sich die Gesamtkosten der UH der Schweiz auf 7,784 Mrd. Fr. Dieser Betrag verteilt sich folgendermassen auf die vier Leistungsbereiche: 32% auf die Lehre in der Grundausbildung und der vertieften Ausbildung, 57% auf die Forschung und Entwicklung, 8% auf Dienstleistungen und über 3% auf die Weiterbildung. Bei den FH liegen die Kosten bei 2,545 Mrd. Fr., wobei 65% für die Lehre in der Grundausbildung, 24% für die angewandte Forschung und Entwicklung, 7% für die Weiterbildung und 4% für die Dienstleistungen verwendet werden. Die PH kosteten 643,8 Mio. Fr. Die Lehre in der Grundausbildung hat 66% dieser Kosten verursacht, die Forschung und die Weiterbildung je 12% und die Dienstleistungen fast 10%.

Vom Bachelor zum Master

Mittlerweile haben sich die zweistufigen Bologna-Studiengänge etabliert, und fast alle Studierenden sind in entsprechenden Studiengängen eingeschrieben. An den UH ist das Äquivalent zum Lizenziat bzw. zum Diplom der Masterabschluss. Der Übertritt vom Bachelor zum Master ist an den UH mittlerweile die Regel. So beginnen 85% der Studierenden in den zwei Jahren nach ihrem Bachelorabschluss mit einem Masterstudium. Bei den FH stellt der Bachelorabschluss schon eine Berufsqualifikation in sich dar. Daher fällt hier die Übertrittsquote zum Master wesentlich geringer aus als bei den UH, denn nur 16% beginnen in den zwei Jahren nach dem Bachelorabschluss mit einem Masterstudium.

Soziale Herkunft der Studierenden

43% der Studierenden kommen aus einem Elternhaus, in welchem mindestens ein Elternteil einen Hochschulabschluss erworben hat. Während an den Universitären Hochschulen 52% der Studierenden mindestens ein Elternteil mit Hochschulabschluss haben, ist der Anteil an den Fachhochschulen (32%) und an den Pädagogischen Hochschulen (29%) deutlich geringer. Die Eltern der FH- und PH-Studierenden verfügen dagegen häufiger über berufsbildende Abschlüsse als die Eltern der UH-Studierenden.

Die Unterschiede in der Verteilung der elterlichen Bildungsabschlüsse werden bereits vor dem Eintritt in die Hochschule deutlich sichtbar. Sie finden sich bei Bildungsentscheidungen auf

Cette hausse est due à plusieurs facteurs dont une transition toujours plus fréquente vers les hautes écoles après des études du degré secondaire II en raison des nouvelles HES et HEP créées, une internationalisation croissante des hautes écoles suisses avec un nombre croissant d'étudiants étrangers et enfin le développement des masters HES.

L'essor des hautes écoles est aussi visible dans les ressources en personnel. Depuis 2007 le total des équivalents plein-temps (volume de travail converti en emplois à plein temps) est passé de 42 702 à 56 124. Dans la même période, la part des étrangers parmi le personnel des hautes écoles a augmenté de 28% à 37%.

Les hautes écoles se différencient clairement dans la comptabilité analytique

En 2014, le coût total des HEU de Suisse se monte à 7,784 milliards de francs. Ce montant se répartit comme suit entre les quatre prestations proposées: 32% des coûts proviennent de l'enseignement études de base et approfondies, 57% de la recherche et du développement, 8% des prestations de services et plus de 3% proviennent de la formation continue. Pour ce qui est des HES, les coûts s'élèvent à 2,545 milliards de francs dont 65% sont consacrés à l'enseignement de base. La recherche appliquée et développement génère 24% des coûts, la formation continue 7% et les prestations de services 4%. Enfin les HEP ont elles coûté 643,8 millions de francs. L'enseignement de base a engendré 66% de ces coûts, la recherche et la formation continue 12% chacune et les prestations de services près de 10%.

Du bachelor au master

Le système de Bologne à deux niveaux a fait son chemin et presque la totalité des étudiants sont inscrits dans de tels cursus. Le master a remplacé son équivalent, le diplôme ou la licence, dans les HEU. Pour cette raison le passage du bachelor au master dans les HEU est la norme et 85% des étudiants poursuivent au master dans les deux années suivant l'obtention du bachelor. Pour les HES, le diplôme de bachelor représente déjà une qualification professionnelle en soi. Le taux de passage au master est

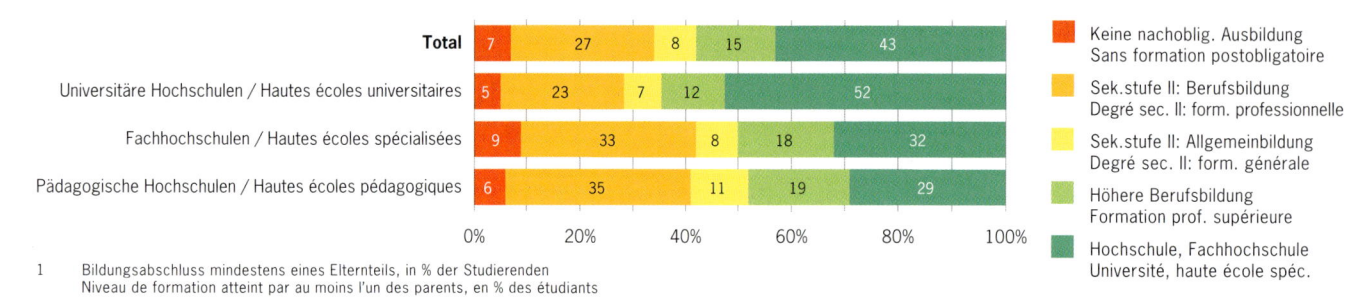

Höchster Bildungsabschluss der Eltern der Studierenden[1] nach Hochschultyp 2013
Plus haut niveau de formation des parents des étudiants[1] selon le type de haute école, en 2013

G 15.7

	Keine nachoblig. Ausbildung / Sans formation postobligatoire	Sek.stufe II: Berufsbildung / Degré sec. II: form. professionnelle	Sek.stufe II: Allgemeinbildung / Degré sec. II: form. générale	Höhere Berufsbildung / Formation prof. supérieure	Hochschule, Fachhochschule / Université, haute école spéc.
Total	7	27	8	15	43
Universitäre Hochschulen / Hautes écoles universitaires	5	23	7	12	52
Fachhochschulen / Hautes écoles spécialisées	9	33	8	18	32
Pädagogische Hochschulen / Hautes écoles pédagogiques	6	35	11	19	29

[1] Bildungsabschluss mindestens eines Elternteils, in % der Studierenden
Niveau de formation atteint par au moins l'un des parents, en % des étudiants

dem Weg zum Erwerb der gymnasialen, Fach- oder Berufsmaturität, welche den Zugang zu den Hochschultypen vorbestimmen.

Übergang vom Studium ins Berufsleben

Die Studie der Hochschulabsolventen aus dem Jahr 2013 zeigt für Personen, die 2012 einen Hochschulabschluss erworben haben, eine Erwerbslosenquote (Definition gemäss dem Internationalen Arbeitsamt ILO) von 3,7%. Diese Quote liegt unter dem gesamtschweizerischen Durchschnitt von 4,4%. Mit zunehmender Verweildauer auf dem Arbeitsmarkt sinkt die Erwerbslosigkeit von Hochschulabsolventen noch weiter ab. So weist der Absolventenjahrgang 2008 im Jahr 2013, fünf Jahre nach dem Hochschulabschluss, eine Erwerbslosenquote von lediglich 1,8% auf.

Geschlechterunterschiede: Die Frauen haben aufgeholt

Von der Bildungsexpansion der letzten Jahrzehnte haben vor allem die Frauen profitiert. Die geschlechtsspezifischen Bildungsunterschiede haben sich laufend verringert. Heute beginnen praktisch gleich viele Frauen wie Männer eine nachobligatorische Ausbildung und schliessen sie auch ab. Weiterhin sind aber Männer länger in Ausbildung als Frauen, und auch ihre Eintrittsquote in die Tertiärstufe ist für den Bereich der höheren Berufsbildung höher.

Deutliche geschlechterspezifische Unterschiede bestehen nach wie vor bei der Wahl der Fachrichtung, und dies sowohl in der Berufsbildung als auch an den Hochschulen.

Guter Ausbildungsstand

In den vergangenen zehn Jahren hat sich der Bildungsstand der Bevölkerung stark verbessert. Die Jugendlichen investieren heute rund 6 Jahre in die postobligatorische Bildung im Vergleich zu 1980 mit nur knapp 4 Jahren. Damit verbunden ist ein Rückgang des Anteils der Personen ohne Abschluss auf der Sekundarstufe II. 2013 verfügen 9% der Bevölkerung zwischen 25 und 34 Jahren über keinen nachobligatorischen Abschluss.

Die Quote der Personen mit einem Hochschulabschluss ist von 12% (2000) auf 33% (2014) gestiegen. Dieser Anstieg hatte folgende Ursachen: den steigenden Anteil an Personen eines Altersjahrgangs mit abgeschlossenem Hochschulstudium, die Verschiebung von Ausbildungen der Sekundarstufe II auf die Tertiärstufe und die Einwanderung gut ausgebildeter Personen.

alors inférieur à celui des HEU et 16% des étudiants poursuivent au master dans les deux années suivant l'obtention du bachelor.

Origine sociale des étudiants

43% des étudiants viennent d'un foyer où au moins un des parents est titulaire d'un diplôme d'une haute école. Alors que dans les universités 52% des étudiants ont un parent détenteur d'un diplôme d'une haute école, la proportion est significativement plus faible dans les hautes écoles spécialisées (32%) et dans les hautes écoles pédagogiques (29%). Les parents des étudiants des HES et des HEP sont plus fréquemment diplômés d'une formation professionnelle que ceux des étudiants des HEU.

Les différents profils de formation des parents selon le type de haute école fréquentée par leurs enfants sont observables bien avant l'entrée dans la haute école. On les retrouve en amont, dans le choix de formation effectué par les élèves en vue de l'acquisition d'une maturité professionnelle, spécialisée ou gymnasiale, laquelle déterminera l'accès à un type donné de haute école.

Passage des études à la vie active

Les enquêtes sur les diplômés de l'année 2013 montrent que le taux de chômage au sens du Bureau international du Travail (BIT) parmi les personnes diplômées d'une haute école en 2012 est de 3,7%. Ce taux est inférieur à la moyenne suisse de 4,4%. En accumulant les années de pratique sur le marché du travail, le taux de chômage des personnes diplômées des hautes écoles diminue. Ainsi, en 2013, cinq ans après l'obtention du diplôme, seul 1,8% des personnes promues en 2008 sont sans emploi.

Les femmes ont largement rattrapé leur retard

Les femmes sont les principales bénéficiaires de l'essor de la formation au cours des dernières décennies. Les différences entre les sexes n'ont cessé de s'estomper. De nos jours, on compte presque autant de femmes que d'hommes qui commencent et qui terminent une formation postobligatoire. Les hommes continuent cependant de suivre des études plus longues et leur taux d'admission au degré tertiaire est plus élevé dans le domaine de la formation professionnelle supérieure.

Le choix des filières fait toutefois apparaître des différences de genre particulièrement nettes aussi bien au niveau de la formation professionnelle qu'au niveau des hautes écoles.

F+E: Ausgaben pro Einwohner, in ^{1} 2012 G 15.8
R-D: dépenses par habitant, en ^{1}, en 2012

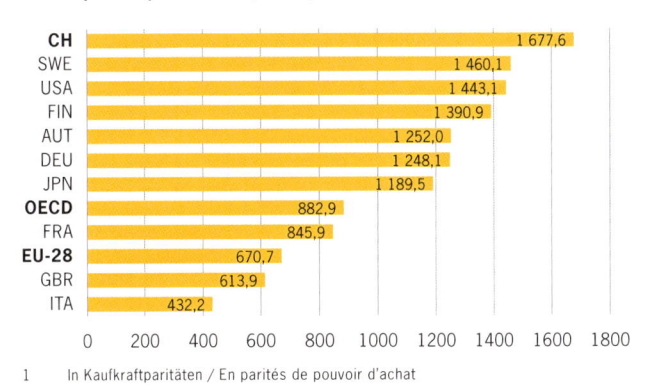

CH	1 677,6
SWE	1 460,1
USA	1 443,1
FIN	1 390,9
AUT	1 252,0
DEU	1 248,1
JPN	1 189,5
OECD	882,9
FRA	845,9
EU-28	670,7
GBR	613,9
ITA	432,2

1 In Kaufkraftparitäten / En parités de pouvoir d'achat

F+E: Finanzierung, Durchführung und Personal 2012 G 15.9
R-D: financement, exécution et personnel, en 2012

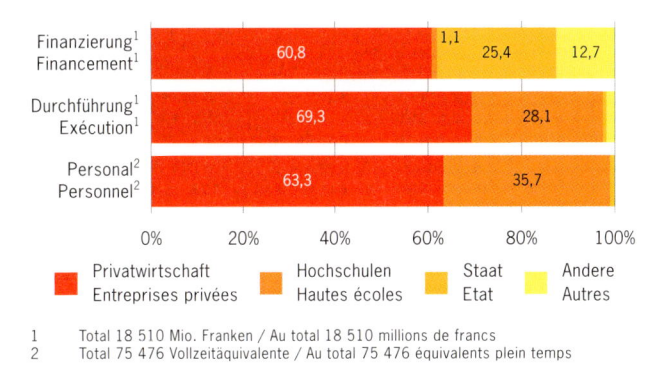

	Privatwirtschaft / Entreprises privées	Hochschulen / Hautes écoles	Staat / Etat	Andere / Autres
Finanzierung[1] / Financement[1]	60,8	1,1	25,4	12,7
Durchführung[1] / Exécution[1]	69,3	28,1		
Personal[2] / Personnel[2]	63,3	35,7		

1 Total 18 510 Mio. Franken / Au total 18 510 millions de francs
2 Total 75 476 Vollzeitäquivalente / Au total 75 476 équivalents plein temps

Gut dotierter Forschungsplatz Schweiz

Bei den Aufwendungen für Forschung und Entwicklung (F+E) in Prozenten des BIP gehört die Schweiz 2012 neben Korea, Israel, Finnland, Schweden, Japan, Deutschland und Dänemark mit 2,96% zur Spitzengruppe unter den OECD-Ländern.

Die gesamten Aufwendungen für F+E sind in der Schweiz von 8,3 Mrd. Fr. im Jahr 1989 auf 18,5 Mrd. Fr. im Jahr 2012 gestiegen.

Dominierende Rolle der Privatwirtschaft in der F+E

Die Privatwirtschaft finanziert auch 2012 mit 61% den grössten Teil der für F+E in der Schweiz insgesamt aufgewendeten 18,5 Mrd. Fr. Auf der Durchführungsseite ist die Privatwirtschaft mit nahezu 13 Mrd. Fr. der aktivste Sektor im Bereich der F+E (69%).

Die Unternehmen der Branchen «Pharma», «Maschinen» sowie «Forschung und Entwicklung» sind die eigentlichen Hauptakteure der industriellen F+E mit 56% der gesamten eingesetzten privatwirtschaftlichen F+E-Mittel. In der Regel handelt es sich dabei um grössere Unternehmen. Am meisten gibt die Pharmabranche aus: 3,7 Mrd. Fr. Dieser Betrag stellt 21% der Gesamtausgaben für die F+E in der Schweiz im Jahr 2012 dar.

In der F+E der Privatwirtschaft arbeiten 2012 in der Schweiz gut 47 750 Personen (Vollzeitäquivalente). Das sind fast doppelt so viele Vollzeitäquivalente wie im Hochschulsektor (26 945).

Der Bund führt wenig eigene F+E durch, spielt jedoch eine wichtige Rolle bei der Finanzierung von F+E (2012: 5,4 Mrd. Fr.); der grösste Teil davon ist für den Hochschulsektor bestimmt.

Forschungsengagement von Privatunternehmen im Ausland

Schweizer Unternehmen haben 2012 in ihren ausländischen Filialen mehr Mittel für F+E eingesetzt als in ihren inländischen Betrieben: 15 Mrd. gegenüber 13 Mrd. Fr.; 1992 entsprachen diese Werte 7,1 Mrd. respektive 6,4 Mrd. Fr. Der Einsatz von F+E multinationaler Unternehmen der Schweiz im Ausland ist motiviert durch die Suche nach neuen Märkten und dem Willen, Kosten zu reduzieren und gut qualifiziertes Personal anzuwerben.

Viele Patente

Patente sind ein wichtiges Mass für den Output des Wissenschafts- und Technologiesystems. Die Zahl der Patentanmeldungen in einem Land ist weniger aussagekräftig als die der

Bon niveau de formation

Ces dix dernières années, le niveau de la formation de la population de la Suisse s'est fortement accru. Les jeunes investissent aujourd'hui 6 ans dans leur formation postobligatoire contre 4 ans en 1980. Il en résulte une diminution du nombre de personnes sans diplôme au niveau secondaire II. A peine 9% de la population entre 25 et 34 ans détient uniquement un diplôme au niveau de l'école obligatoire en 2013.

Les hautes écoles ont pu enregistrer une hausse du taux des diplômes pour cette tranche d'âge de 12% en 2000 à 33% en 2014. Cette progression a plusieurs origines: la proportion croissante de diplômés dans les classes d'âges jeunes, le transfert de formations du degré secondaire II au degré tertiaire et l'immigration en Suisse de personnes bénéficiant d'un bon niveau de formation.

La recherche: un secteur bien doté

En termes de dépenses de recherche et développement (R-D) en pourcentage du PIB, la Suisse figure en 2012 avec un taux de 2,96% dans le groupe de tête parmi les pays de l'OCDE avec la Corée, Israël, la Finlande, la Suède, le Japon, l'Allemagne et le Danemark.

Les dépenses totales engagées en Suisse pour la recherche et le développement sont passées de 8,3 milliards de francs en 1989 à 18,5 milliards de francs en 2012.

Rôle prépondérant de l'économie privée dans la R-D

En 2012, les entreprises privées financent la majeure partie (61%) des 18,5 milliards de francs consacrés à la R-D en Suisse. Avec près de 13 milliards de francs de dépenses de R-D, ce secteur constitue également le principal secteur d'exécution (69%) de la R-D en Suisse.

Les entreprises des branches «Pharmacie», «Machines» et «Recherche et développement» sont – avec 56% des moyens injectés – les leaders de la R-D industrielle. Il s'agit en général d'assez grosses entreprises. L'industrie pharmaceutique est la branche qui investit le plus: 3,7 milliards de francs, soit 21% du total des dépenses de R-D en Suisse en 2012.

Le secteur privé emploie 47 750 personnes (équivalents plein-temps) dans la R-D en Suisse en 2012. Ce chiffre représente près du double des équivalents plein-temps de R-D des hautes écoles (26 945).

Triadische Patentfamilien[1], im internationalen Vergleich 2013 G 15.10
Familles triadiques de brevets[1], comparaison internationale, en 2013

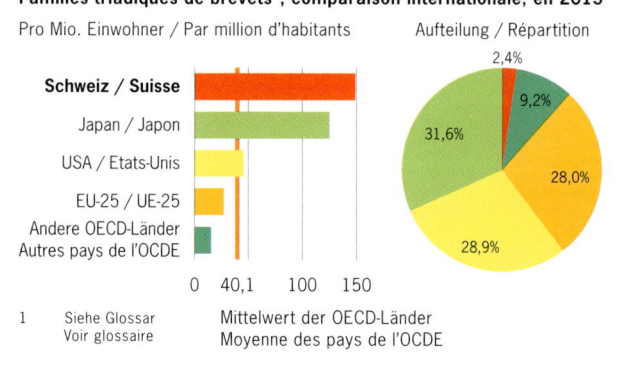

Pro Mio. Einwohner / Par million d'habitants
Aufteilung / Répartition

- Schweiz / Suisse
- Japan / Japon
- USA / Etats-Unis
- EU-25 / UE-25
- Andere OECD-Länder / Autres pays de l'OCDE

0   40,1   100   150

2,4%
9,2%
31,6%
28,0%
28,9%

[1] Siehe Glossar / Voir glossaire
Mittelwert der OECD-Länder / Moyenne des pays de l'OCDE

Technologische Zahlungsbilanz der Schweiz G 15.11
Balance des paiements technologiques de la Suisse

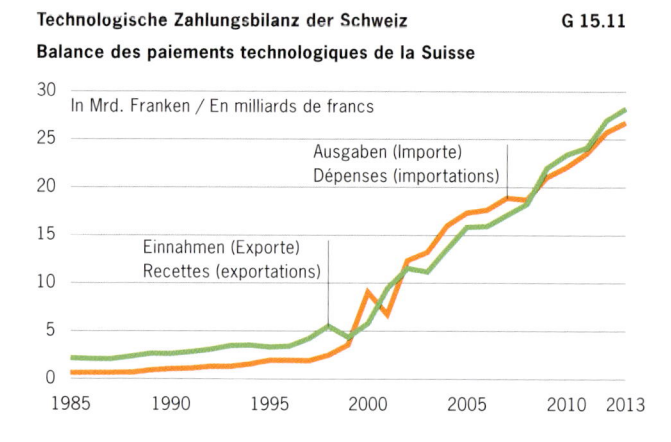

In Mrd. Franken / En milliards de francs

Ausgaben (Importe) / Dépenses (importations)
Einnahmen (Exporte) / Recettes (exportations)

1985 1990 1995 2000 2005 2010 2013

Patentfamilien; eine Patentfamilie umfasst alle Patente, die bei verschiedenen Ländern (d. h. Patentämtern) zum Schutze einer und derselben Erfindung angemeldet worden sind. Die Schweizer Patente sind 2013 bei den drei wichtigsten Patentämtern, dem Europäischen Patentamt (EPA), dem japanischen Patentamt (JPO) und dem US Patent & Trademark Office (USPTO), mit einem Anteil von 2,4% aller aus der OECD stammenden Patentfamilien gut vertreten. Im Verhältnis zu ihrer Einwohnerzahl ist die Schweiz mit rund 149 triadischen Patentfamilien pro Million Einwohner das aktivste Land der OECD nach Japan. Die für Forschung und Innovation eingesetzten Mittel bringen somit exzellente Resultate für die Schweiz hervor.

Technologische Zahlungsbilanz

Die technologische Zahlungsbilanz der Schweiz blieb seit 1985 bis 1999 trotz Fluktuationen immer positiv. Das Land exportierte bis zu diesem Zeitpunkt mehr technologische Kenntnisse und Dienstleistungen (Patente, Lizenzverträge, Markennamen, Know-how sowie technische Hilfsleistungen), als es importierte. Zwischen 2002 und 2008 war der starke Anstieg der Ausgaben bzw. Importe dann verantwortlich für einen negativen Saldo. Seit 2009 steigen die Exporte wieder.

L'Etat n'exécute que peu de R-D mais il joue un rôle important dans le financement de la R-D (5,4 milliards de francs en 2012) dont une grande partie est destinée à la R-D du secteur des hautes écoles.

Engagement de l'économie privée à l'étranger

En 2012, les entreprises suisses ont effectué plus de R-D dans leurs filiales à l'étranger que dans leur pays: 15 milliards de francs contre 13 milliards. En 1992, les sommes correspondantes s'élevaient à 7,1 milliards et 6,4 milliards. Les investissements de R-D à l'étranger des firmes multinationales suisses sont motivés par la recherche de nouveaux marchés, la volonté de réduire les coûts et d'accéder à un réservoir de personnel qualifié.

Augmentation du nombre de brevets

Les brevets constituent une unité de mesure importante de la production du système scientifique et technologique. Le nombre des demandes de brevets déposées dans un pays étant cependant moins significatif que celui des familles de brevets; une famille de brevets est définie par l'ensemble des brevets déposés dans plusieurs pays (c'est-à-dire, offices de brevets) pour protéger une invention unique. Les brevets suisses sont bien représentés dans les trois des principaux offices de brevets, à savoir l'Office européen des brevets (OEB), l'Office japonais des brevets (JPO) et le Patent and Trademark Office des Etats-Unis (USPTO), puisqu'ils formaient en 2013 2,4% de l'ensemble des familles triadiques provenant de l'OCDE. Si l'on relativise ces chiffres avec le nombre d'habitants, la Suisse devient, avec environ 149 familles triadiques de brevets par million d'habitants, le pays de l'OCDE le plus actif en matière de brevets après le Japon. Ces chiffres montrent le dynamisme de la recherche et de l'innovation en Suisse.

Balance des paiements technologiques

En Suisse, malgré quelques fluctuations, le solde de la balance des paiements technologiques est resté positif de 1985 à 1999. La Suisse exportait davantage de connaissances et de services de nature technologique tels que brevets, licences, marques de fabrique, savoir-faire y compris l'assistance technique qu'elle n'en importait. Entre 2002 et 2008, la tendance s'inverse entraînant des soldes négatifs; mais les exportations reprennent le dessus dès 2009.

Erhebungen, Quellen / Enquêtes, sources

Die wichtigsten Erhebungen und Quellen im Bereich Bildung und Wissenschaft — M 15

Erhebung/Statistik	Verantwortliche Stelle	Periodizität	Seit	Methode	Analyseeinheit	Regionale Gliederung
Lernende (SDL) (Schüler/innen und Studierende)	Kantone, BFS	Jährlich	1978	Vollerhebung oder Registererhebung, Bestandeserhebung, Individual- und Gruppendaten	Lernende	Schweiz, Kantone, Gemeinden
Schulpersonal (SSP)	Kantone, BFS	Jährlich	1993	Vollerhebung, Registererhebung, Bestandeserhebung	Personen, Anstellungen, Pensum in Vollzeitäquivalenten	Schweiz, Kantone
Öffentliche Bildungsausgaben (ÖBA)	Gemeinden, Kantone, EFV, BFS	Jährlich	1990	Bund, Kantone, Gemeinden: Schätzungen	Rechnungen von Bund, Kantonen, Gemeinden und speziellen Institutionen	Schweiz, Kantone
Bildungsabschlüsse (SBA) (ohne Hochschulen)	Kantone, Bundesämter	Jährlich	1970[1]	Vollerhebungen, Ereigniszählungen pro Kalenderjahr	Ausgestellte Zertifikate, Diplome	Schweiz, Kantone
Berufliche Grundbildung	BFS und kant. Berufsbildungsämter	Jährlich	1934	Vollerhebung	Lehrlinge	Schweiz, Kantone
Bildungsperspektiven	BFS	Jährlich	2002[2]	Synthesestatistik	Lernende, Studierende, Abschlüsse, Lehrkörper, Bildungsniveau	Schweiz, Kantone, Grossregionen
Längsschnittanalysen im Bildungsbereich	BFS	Jährlich	2015	Synthesestatistik	Lernende, Studierende, Abschlüsse, Lehrkörper	Schweiz, Kantone
Mikrozensus Aus- und Weiterbildung (MZB)	BFS	Alle 5 Jahre	2011	Stichprobenerhebung mittels computergestützten telefonischen Interviews (CATI). Stichprobe 10 000 Personen	Personen	Schweiz, Sprachregionen, Grossregionen
Studierende und Abschlüsse (Hochschulen)	BFS, Hochschulen	Jährlich	1976[1]	Vollerhebung	Studierende und Abschlüsse der Hochschulen	Schweiz, Hochschulen
Hochschulabsolventenstudien	BFS	Alle 2 Jahre	1981	Vollerhebung im Panel-Design. Online-Befragung	Absolvent/innen der universitären Hochschulen, Fachhochschulen und pädagogischen Hochschulen	Schweiz, Hochschulen
Soziale und wirtschaftliche Lage der Studierenden	BFS	Alle 4 Jahre	2005	Onlinebefragung auf der Basis einer Stichprobe	Studierende der universitären Hochschulen, Fachhochschulen und pädagogischen Hochschulen	Schweiz, Hochschulen
Kantonale Stipendien und Darlehen (STIP)	BFS, IKSK, SBFI	Jährlich	2004	Vollerhebung	Stipendien- und Darlehenbezügerinnen und -bezüger, Ausbildungsbeiträge	Schweiz, Kantone
Bildungsinstitutionen	BFS	Jährlich	2010/11	Vollerhebung	Schulen, Lernende	Schweiz, Kantone
Hochschulfinanzen	BFS, SBFI, Hochschulen	Jährlich	2008[3]	Vollerhebungen (Universitäre Hochschulen, Fachhochschulen, pädagogische Hochschulen)	Aufwand, Kosten	Schweiz, Hochschulen
Hochschulpersonal	BFS, Hochschulen	Jährlich	2005[3]	Vollerhebungen (Universitäre Hochschulen, Fachhochschulen, pädagogische Hochschulen)	Personen und Leistungen	Schweiz, Hochschulen
F&E in den Privatunternehmen	BFS, economiesuisse	Alle 4 Jahre	1992[3]	Stichprobenerhebung	Aufwendungen, Personal	Schweiz, Grossregionen
F&E im Hochschulbereich	BFS	Alle 2 Jahre	1992[3]	Vollerhebungen bei Institutionen	Aufwendungen, Personal	Schweiz, Institutionen (Standortkantone)
F&E des Bundes	BFS	Alle 2 Jahre	1986[3]	Vollerhebung	Aufwendungen, Personal	Schweiz

1 Jahr der ersten Durchführung. Die Daten weiterer Bildungsindikatoren sind ab einem späteren Zeitpunkt verfügbar.
2 Ab 2002.
3 Erhebungen gab es schon früher. Ab dem angegebenen Jahr können Zeitreihen erstellt werden.

Les principales enquêtes et sources dans le domaine de l'éducation et de la science — M 15

Relevé/statistique	Institution responsable	Périodicité	Depuis	Méthode	Unité d'analyse	Ventilation régionale
Elèves et étudiants (SDL)	Cantons, OFS	Annuelle	1978	Relevé exhaustif ou relevé fondé sur les registres, relevé des effectifs, données individuelles et données agrégées	Elèves/étudiants	Suisse, cantons, communes
Personnel des écoles (SPE)	Cantons, OFS	Annuelle	1993	Relevé exhaustif ou relevé fondé sur les registres, relevé des effectifs	Personnes, postes, enseignement en équivalents plein temps	Suisse, cantons
Dépenses publiques d'éducation (ÖBA)	Communes, cantons, AFF, OFS	Annuelle	1990	Confédération, cantons, communes: estimations	Les comptes de la Confédération, des cantons, des communes et de certaines institutions	Suisse, cantons
Diplômes (sans les hautes écoles) (SBA)	Cantons, offices fédéraux	Annuelle	1970[1]	Relevés exhaustifs, dénombrement des événements par année civile	Certificats et diplômes délivrés	Suisse, cantons
Formation professionnelle initiale	OFS, offices cantonaux de formation professionnelle	Annuelle	1934	Enquête exhaustive	Apprentis	Suisse, cantons
Perspectives de la formation	OFS	Annuelle	2002[2]	Statistique de synthèse	Elèves, étudiants, diplômes, corps enseignant, niveau de formation	Suisse, cantons, grandes régions
Analyses longitudinales dans le domaine de la formation	OFS	Annuelle	2015	Statistique de synthèse	Elèves, étudiants, diplômes, corps enseignant	Suisse, cantons
Microrecensement formation de base et formation continue (MRF)	OFS	Quinquennale	2011	Enquête par échantillonnage, interviews téléphoniques assistées par ordinateur (CATI). Echantillon 10 000 personnes	Personnes	Suisse, régions linguistiques, grandes régions
Etudiants et examens finals des hautes écoles	OFS, hautes écoles	Annuelle	1976[1]	Enquête exhaustive	Etudiants et examens finaux des hautes écoles	Suisse, hautes écoles
Enquête auprès des personnes diplômées des hautes écoles	OFS	Bisannuelle	1981	Enquête exhaustive par panel. Enquête de eSurvey	Diplômés des hautes écoles universitaires, hautes écoles spécialisées et pédagogiques	Suisse, hautes écoles
Situation sociale et économique des étudiants	OFS	Quadriennale	2005	Enquête en ligne (par Internet) auprès d'un échantillon	Etudiants hautes écoles universitaires, hautes écoles spécialisées et pédagogiques	Suisse, hautes écoles
Bourses et prêts d'études cantonaux (STIP)	OFS, CIBE, SEFRI	Annuelle	2004	Enquête exhaustive	Bénéficiaires des bourses et prêts d'étude, contributions à la formation	Suisse, cantons
Institutions de formation	OFS	Annuelle	2010/11	Enquête exhaustive	Ecoles, élèves, étudiants	Suisse, cantons
Finances des hautes écoles	OFS, SEFRI, hautes écoles	Annuelle	2008[3]	Enquête exhaustive (hautes écoles universitaires, hautes écoles spécialisées, hautes écoles pédagogiques)	Dépenses, coûts	Suisse, hautes écoles
Personnel des hautes écoles	OFS, hautes écoles	Annuelle	2005[3]	Enquêtes exhaustives (hautes écoles universitaires, hautes écoles spécialisées, hautes écoles pédagogiques)	Personnes et prestations	Suisse, hautes écoles
R-D de l'économie privée	OFS, economiesuisse	Quadriennale	1992[3]	Enquête par sondage	Dépenses, personnel	Suisse, grandes régions
R-D des hautes écoles	OFS	Bisannuelle	1992[3]	Relevés exhaustifs auprès d'institutions	Dépenses, personnel	Suisse, institutions (cantons possédant des hautes écoles)
R-D de la Confédération	OFS	Bisannuelle	1986[3]	Relevé exhaustif	Dépenses, personnel	Suisse

1 Année de la première réalisation. D'autres types de formation ont complétés l'enquête ultérieurement.
2 Depuis 2002.
3 Il y a eu des relevés avant cette date, mais c'est depuis cette année-là qu'il est possible d'établir des séries chronologiques.

Glossar

Bildungssystem
Grafik G 15.13 gibt einen Überblick über das Bildungswesen der Schweiz. Sie zeigt die hauptsächlichen Ausbildungsgänge und die ungefähre Dauer der Ausbildungen. Der Gruppierung liegt die ISCED (International Standard Classification of Education) der UNESCO zugrunde.

Forschung und Entwicklung (F&E)
Forschung und experimentelle Entwicklung (F+E) ist systematische, schöpferische, wissenschaftliche Arbeit mit dem Zweck der Erweiterung des Kenntnisstandes, einschliesslich Erkenntnisse über den Menschen, die Kultur und die Gesellschaft, sowie deren Verwendung mit dem Ziel, neue Anwendungsmöglichkeiten zu finden.

ISCED
International Standard Classification of Education. Von der UNESCO definiertes, international verwendetes Klassifikationsschema des Bildungswesens.

Obligatorische Schule
Die obligatorische Schule gliedert sich in acht Jahre Primarstufe (inklusive zwei Jahre Kindergarten bzw. Eingangsstufe) und drei Jahre Sekundarstufe I, dauert also insgesamt elf Jahre. Der Schuleintritt erfolgt frühestens ab erfülltem 4. Lebensjahr.

Die Sekundarstufe I folgt auf die Primarstufe und dient dem Erwerb einer grundlegenden Allgemeinbildung sowie der Vorbereitung auf das Berufsleben oder auf den Übertritt in höhere Schulen. Der Unterricht auf der Sekundarstufe I erfolgt leistungsdifferenziert in geteilten oder kooperativen Modellen mit Grund- und erweiterten Ansprüchen sowie in integrativen Modellen ohne Selektion aufgrund der Schulleistungen. Für die Typen mit Grundansprüchen gibt es keine speziellen Aufnahmekriterien, während Lernende in Schulen mit erweiterten Ansprüchen deren Selektionskriterien erfüllen.

Sekundarstufe II
Die allgemein- und berufsbildenden Ausbildungen der Sekundarstufe II schliessen sich an die obligatorische Schule an. Sie können – als berufliche Grundbildung – den direkten Eintritt ins Berufsleben eröffnen oder aber – wie die allgemeinbildenden Schulen – primär vorbereitend auf die Tertiärstufe ausgerichtet sein. Die Berufsmaturität ermöglicht sowohl den Berufseinstieg wie auch den Zugang zu den Hochschulen.

Technologische Zahlungsbilanz (TZB)
Die TZB misst die Geschäftstätigkeiten im Zusammenhang mit den internationalen Technologietransfers. Sie erfasst die bezahlten oder erhaltenen Gegenleistungen für den Erwerb oder die Verwendung von Patenten, Lizenzen, Warenzeichen, Modellen und Konstruktionen, von Know-how und technischen Dienstleistungen (einschliesslich technischer Hilfe) sowie im Ausland realisierte industrielle Forschung und Entwicklung.

Glossaire

Balance des paiements technologiques (BPT)
La BPT saisit les transactions commerciales relatives aux transferts techniques internationaux. Elle enregistre les contreparties financières versées ou reçues pour l'acquisition ou l'exploitation de brevets, licences, marques, dessins, savoir-faire et services à contenu technique (y compris l'assistance technique), ainsi que pour les activités de R-D à caractère industriel réalisées à l'étranger.

CITE (ISCED en anglais)
Classification Internationale Type de l'Education. Schéma de classification des systèmes d'éducation défini par l'UNESCO et utilisé sur le plan international.

Degré secondaire II
Le degré secondaire II fait suite à l'école obligatoire et comporte deux voies, une formation générale et une formation professionnelle: la formation professionnelle initiale prépare à l'exercice d'un métier alors que la formation générale destine à des études de niveau tertiaire. La maturité professionnelle initie à un métier et permet également l'accès aux hautes écoles.

Degré tertiaire
Le degré tertiaire comprend deux types de formation principaux: la formation professionnelle supérieure et la formation en haute école. Pour accéder à la formation professionnelle supérieure, il faut un titre (certificat, diplôme) du secondaire II ainsi que le bénéfice de quelques années d'expérience dans l'exercice d'une profession. Pour accéder à une haute école, il faut, en principe, un certificat de maturité (maturité gymnasiale, maturité professionnelle, maturité spécialisée). Le domaine des hautes écoles comprend les universités cantonales, les écoles polytechniques fédérales, les hautes écoles spécialisées et les hautes écoles pédagogiques. Depuis les années 2000, les études se déroulent selon le système de crédits (ECTS) pour les niveaux Bachelor et Master, en vertu de la Déclaration de Bologne.

Ecole obligatoire
L'école obligatoire, se composant de huit ans d'école primaire (école enfantine ou les deux premières années du cycle élémentaire y compris) et de trois ans d'école secondaire I, dure onze ans. C'est au plus tôt à l'âge de quatre ans que l'enfant fait son entrée à l'école.

Le degré secondaire I fait suite au degré primaire et donne une formation générale de base, prépare au passage dans la vie professionnelle ou à l'acquisition d'une formation supérieure. Les cours du degré secondaire I sont dispensés en fonction du niveau et sous forme de modèles coopératifs ou séparés pour les exigences de base et étendues et dans des modèles intégrés pour les classes sans sélection de niveau. Si l'admission dans les écoles aux exigences élémentaires est libre, les élèves qui désirent fréquenter une école aux exigences étendues doivent en remplir les conditions de sélection.

Tertiärstufe

Die Tertiärstufe besteht einerseits aus der Höheren Berufsbildung, deren Ausbildungsgänge zu Eidgenössischen Fachausweisen und Diplomen führen. Voraussetzung dafür ist der Abschluss eines Diploms auf der Sekundarstufe II sowie praktische Berufserfahrung. Andererseits sind die Hochschulen ein fester Bestandteil der Tertiärstufe. Zu ihnen gehören die kantonalen Universitäten und die Eidgenössischen Technischen Hochschulen, die Fachhochschulen und Pädagogischen Hochschulen. Seit den 2000er-Jahren sind die Studien gemäss der Bologna-Deklaration zweistufig (Bachelor und Master) und nach dem Kreditsystem (ECTS) aufgebaut. Voraussetzung für die Zulassung zu den Hochschulen ist in der Regel ein Maturitätszeugnis (gymnasiale Matur, Berufsmatur, Fachmatur).

Triadische Patentfamilien

Von triadischen Patentfamilien spricht man, wenn zum Schutz derselben Erfindung Patente bei den drei wichtigsten Patentämtern angemeldet sind: beim Europäischen Patentamt (EPA), beim japanischen Patentamt (JPO) sowie beim US Patent & Trademark Office (USPTO).

Familles triadiques de brevets

Une famille de brevets dits triadiques regroupe tous les brevets déposés auprès des trois offices des brevets les plus importants pour protéger une invention unique: l'Office européen des brevets (OEB), l'Office japonais des brevets (JPO) et l'US Patent & Trademark Office (USPTO).

Recherche et développement (R-D)

La recherche et le développement expérimental (R-D) englobent les travaux de création entrepris de façon systématique en vue d'accroître la somme des connaissances, y compris la connaissance de l'homme, de la culture et de la société, ainsi que l'utilisation de cette somme de connaissances pour de nouvelles applications.

Système éducatif

Le graphique G 15.13 donne un aperçu du système éducatif suisse. Il montre les principales filières et la durée des formations. Sa structure se fonde sur le schéma de classification CITE (Classification Internationale Type de l'Education) de l'UNESCO.

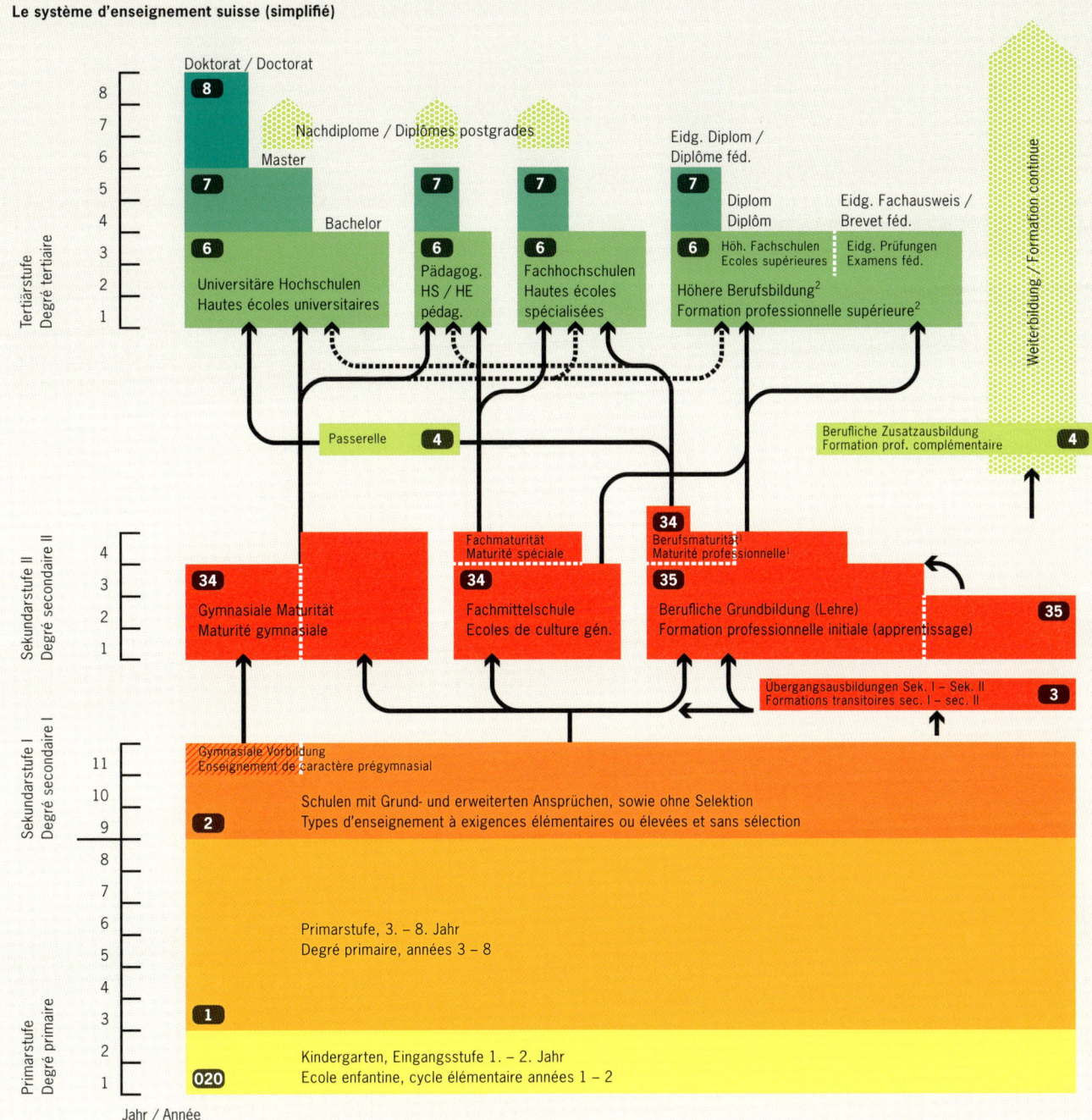

Das Bildungssystem der Schweiz (vereinfacht)
Le système d'enseignement suisse (simplifié)

G 15.12

Tertiärstufe / Degré tertiaire
- Doktorat / Doctorat [8]
- Master [7]
- Bachelor [6]
- Nachdiplome / Diplômes postgrades
- Universitäre Hochschulen / Hautes écoles universitaires
- Pädagog. HS / HE pédag.
- Fachhochschulen / Hautes écoles spécialisées
- Höhere Berufsbildung[2] / Formation professionnelle supérieure[2]
  - Eidg. Diplom / Diplôme féd. [7]
  - Diplom / Diplôm [6]
  - Höh. Fachschulen / Ecoles supérieures
  - Eidg. Fachausweis / Brevet féd.
  - Eidg. Prüfungen / Examens féd.
- Weiterbildung / Formation continue

Passerelle [4]

Berufliche Zusatzausbildung / Formation prof. complémentaire [4]

Sekundarstufe II / Degré secondaire II
- Gymnasiale Maturität / Maturité gymnasiale [34]
- Fachmaturität / Maturité spéciale [34]
- Fachmittelschule / Ecoles de culture gén. [34]
- Berufsmaturität[1] / Maturité professionnelle[1] [34]
- Berufliche Grundbildung (Lehre) / Formation professionnelle initiale (apprentissage) [35]
- [35]
- Übergangsausbildungen Sek. I – Sek. II / Formations transitoires sec. I – sec. II [3]

Sekundarstufe I / Degré secondaire I
- Gymnasiale Vorbildung / Enseignement de caractère prégymnasial
- Schulen mit Grund- und erweiterten Ansprüchen, sowie ohne Selektion / Types d'enseignement à exigences élémentaires ou élevées et sans sélection [2]

Primarstufe / Degré primaire
- Primarstufe, 3. – 8. Jahr / Degré primaire, années 3 – 8 [1]
- Kindergarten, Eingangsstufe 1. – 2. Jahr / Ecole enfantine, cycle élémentaire années 1 – 2 [020]

Jahr / Année

[123] ISCED-Klassifikationsschema 2011 der UNESCO, siehe Glossar
Schéma de classification CITE 2011 défini par l'UNESCO, voir glossaire

→ Direkter Zugang / Accès direct

┈▶ Zusatzqualifikation oder Berufspraxis erforderlich / Qualification supplémentaire ou pratique professionnelle requises

1 Parallel zur drei- oder vierjährigen beruflichen Grundbildung oder ein Jahr im Anschluss an die Lehre
  Parallèlement aux trois ou quatre ans de la formation professionnelle initiale ou une année après l'apprentissage
2 Zu den eidgenössischen Prüfungen gehören die eidg. Berufsprüfungen (BF) und die eidg. höheren Fachprüfungen (HFP).
  Font partie des examens fédéraux les examens prof. fédéraux les examens prof. fédéraux et les examens prof. féd supérieurs.

Daten / Données

Allgemeines / Généralités

Ausgewählte Bildungsindikatoren im internationalen Vergleich. 2013
Quelques indicateurs de la formation en comparaison internationale. En 2013

T 15.1.0.1

	Schweiz / Suisse	Deutschland / Allemagne	Frankreich / France	Italien / Italie	Österreich / Autriche	Niederlande / Pays-Bas	Schweden / Suède	Vereinigtes Königreich / Royaume-Uni	Dänemark / Danemark	OECD Mittel / OCDE (moyenne)	
Input											**Input**
Öffentliche Bildungsausgaben in % des BIP [1,2]	4,9	4,3	4,8	3,6	5,0	5,1	5,9	5,4	7,1	4,8	Dépenses publiques en % du PIB [1,2]
Jährliche Ausgaben pro Studierender auf Tertiärstufe in US$, kaufkraftbereinigt [1]	25 264	17 157	15 281	10 071	15 549	19 276	22 534	24 338	21 254	15 028	Dépenses unitaires annuelles, degré tertiaire, en équivalent dollar EU convertis à l'aide des parités de pouvoir d'achat [1]
Beteiligung											**Participation**
Bildungserwartung für ein fünfjähriges Kind unter gegenwärtigen Bedingungen, in Jahren	17,4	18,1	16,4	16,8	17,1	17,9	19,1	16,7	19,6	17,4	Espérance de scolarité pour un enfant de cinq ans aux conditions actuelles, en nombre d'années
Erwartete Ausbildungsjahre auf Tertiärstufe	2,5	2,7	2,8	2,6	3,6	3,1	3,0	2,5	3,8	3,2	Espérance de scolarité dans l'enseignement tertiaire
Output, Wirkungen											**Output, effets**
Abschlussquote auf Sekundarstufe II, gegenwärtig	95	…	…	78	87	…	79	…	95	85	Taux actuels d'obtention d'un diplôme de fin d'études secondaires (degré sec. II)
Abschlussquote auf Tertiärstufe (Hochschule), gegenwärtig [3]	48	36	…	34	53	45	41	32	62	49	Taux d'obtention d'un premier diplôme tertiaire (hautes écoles) [3]
Einkommensunterschiede zwischen Personen (25–64-jährig) mit Tertiärabschluss und Abschluss auf Sekundarstufe II (= Index 100) [4]											Différence de revenus entre les personnes (25–64 ans) ayant une formation de niveau tertiaire et celles ayant une formation du degré secondaire II (= indice 100) [4]
Frauen	151	172	150	142	147	162	126	169	126	163	Femmes
Männer	146	171	165	154	157	153	133	146	140	166	Hommes

1 Angaben 2012; Angaben 2011 für Dänemark; revidierte BIP
2 Für die Schweiz nur öffentliche Bildungsinstitutionen
3 Aufgrund der Einführung der ISCED 2011, deckt die Abschlussquote ungeachtet der Ausrichtung des Studienprogramms (allgemein oder beruflich) den gesamten Tertiärbereich ab.
4 Angaben 2012 für Deutschland; Angaben 2011 für Frankreich und Italien; Angaben 2010 für die Niederlande

Quelle: OECD

1 Données de 2012; données 2011 pour le Danemark; PIB révisé
2 En Suisse, institutions publiques uniquement.
3 En raison de l'introduction de la CITE 2011, le taux de diplômes couvre l'ensemble du degré tertiaire, indépendamment de l'orientation des programmes (générale ou professionnelle).
4 Données de 2012 pour l'Allemagne; données de 2011 pour la France et l'Italie; données de 2010 pour les Pays-Bas

Source: OCDE

Personen in Ausbildung
Personnes en formation
Lernende nach Bildungsstufe und Bildungstyp. 2013/14
Elèves et étudiants selon le degré et le type de formation. En 2013/14

T 15.2.0.1

	Total	davon dont Frauen Femmes %	Ausländer Etrangers %	Privatschulen[1] Ecoles privées[1] %	
Total	1 568 274	48,6	23,8	6,2	**Total**
Obligatorische Schule	910 285	48,5	25,6	4,2	**Scolarité obligatoire**
Primarstufe I[2]	162 154	48,5	26,6	3,9	Degré primaire I[2]
Primarstufe II[3]	450 350	49,2	25,7	3,8	Degré primaire II[3]
Sekundarstufe I	263 709	49,2	22,6	5,1	Degré secondaire I
Grundansprüche	71 173	44,3	34,4	1,6	Exigences élémentaires
Erweiterte Ansprüche	163 534	51,5	15,9	3,2	Exigences étendues
Ohne Niveauunterscheidung	29 002	47,8	31,1	24,8	Sans distinction de niveau
Besonderer Lehrplan	34 072	35,7	43,9	2,7	Programme d'enseignement spécialisé
Sekundarstufe II	361 737	47,9	18,8	7,2	**Degré secondaire II**
Übergangsausbildungen Sek. I – Sek. II	16 449	52,9	42,4	6,7	Formations transitoires sec I – sec II
Berufliche Grundbildung[4]	230 622	42,3	18,4	2,8	Formation professionnelle initiale[4]
Berufliche Grundbildung mit EFZ	213 214	42,1	17,1	2,7	Formation professionnelle initiale CFC
Berufliche Grundbildung mit EBA	12 056	46,1	38,2	0,7	Formation professionnelle initiale AFP
Nicht BBG-reglementierte berufliche Grundbildung	587	67,1	49,4	85,4	Formation professionnelle initiale non réglementée par la LFPr
Handels- und Informatikmittelschulen	3 633	40,6	15,4	–	Ecoles de commerce et d'informatique
Anlehre	1 132	28,1	40,6	2,9	Formation élémentaire
Berufsmaturität[5]	8 757	49,0	8,6	8,0	Maturité professionnelle[5]
Allgemeinbildende Ausbildungen	93 073	59,2	17,7	9,5	Formations générales
Gymnasiale Maturität	70 641	56,2	12,8	4,8	Maturité gymnasiale
Fachmittelschulen	14 233	74,0	21,3	1,0	Ecole de culture générale
Fachmaturität	2 444	78,3	14,8	0,6	Maturité spécialisée
Andere allgemeinbildende Ausbildungen	778	56,6	17,4	74,8	Autres formations générales
Ausländische allgemeinbildende Ausbildungen	4 977	49,2	77,9	94,5	Formations générales étrangères
Zusatzausbildungen Sekundarstufe II	12 836	60,8	12,9	70,6	Formations complémentaires du sec II
Passerellenlehrgang	992	48,6	6,4	16,4	Passerelles
Andere Übergangsausbildungen Sek. II – Tertiärstufe	918	63,9	10,6	17,0	Autres formations transitoires sec II – tertiaire
Andere Zusatzausbildungen	10 926	61,7	13,6	80,0	Autres formations complémentaires
Tertiärstufe	289 699	49,6	23,0	9,2	**Degré tertiaire**
Höhere Berufsbildung	60 244	44,4	17,3	38,2	Formation professionnelle supérieure
Höhere Fachschulen	27 476	46,7	11,7	31,9	Ecoles supérieures
Vorbereitung auf Berufsprüfung	19 626	37,1	8,7	30,9	Préparation aux examens professionnels
Vorbereitung auf höhere Fachprüfung	3 475	23,9	10,0	31,1	Préparation aux examens supérieurs
Nicht BBG-reglementierte höhere Berufsbildung	9 667	59,9	53,2	73,4	Formation prof. sup. non réglementée par la LFPr
Hochschulen	229 455	50,9	24,5	1,7	Hautes écoles
Fachhochschulen und pädagogische Hochschulen	87 291	52,1	16,9	4,4	Hautes écoles spécialisées et hautes écoles pédagogiques
Universitäre Hochschulen	142 164	50,2	29,2	–	Hautes écoles universitaires
Nicht auf Stufen aufteilbare Ausbildungen	6 553	49,1	86,0	100,0	**Degré non défini**

1 Nicht oder nur teilweise subventionierte Schulen (0–49%)
2 Kindergarten / Eingangsstufe 1. + 2. Jahr
3 3.–8. Jahr
4 Vorbereitung auf die Berufsmaturität während der beruflichen Grundbildung eingeschlossen
5 Vorbereitung auf die Berufsmaturität nach der beruflichen Grundbildung
Quelle: BFS – SDL

1 Ecoles pas du tout ou en partie subventionnées (0–49%)
2 Ecole enfantine, cycle élémentaire années 1–2
3 Années 3–8
4 Y compris les maturités professionnelles pendant la formation professionnelle initiale
5 Préparation à la maturité professionnelle après la formation professionnelle initiale
Source: OFS – SDL

Lernende nach Bildungsstufe und Bildungstyp, Entwicklung
Elèves et étudiants selon le degré et le type de formation, évolution

T 15.2.0.2

	Obligatorische Schule / Scolarité obligatoire		Sekundarstufe II / Degré secondaire II		Tertiärstufe / Degré tertiaire			
	Kindergarten / Eingangsstufe / Ecole enfantine / cycle élémentaire	Primar- und Sekundarstufe I [1] / Degrés primaire et secondaire I [1]	Berufliche Grundbildung / Formation professionnelle initiale	Allgemeinbildende Schulen [2] / Ecoles de formation générale [2]	Höhere Berufsbildung [3] / Formation professionnelle supérieure [3]	Hochschulen / Hautes écoles		
						Universitäre Hochschulen / Hautes écoles universitaires	Fachhochschulen [4] / Hautes écoles spécialisées [4]	
Total								**Total**
2004/05	156 157	755 352	211 425	79 414	39 067	111 100	49 054	2004/05
2005/06	156 129	752 528	213 205	82 119	38 151	112 375	54 140	2005/06
2006/07	153 204	745 762	218 746	84 456	40 338	115 143	57 179	2006/07
2007/08	151 699	737 484	219 394	85 834	46 390	116 910	60 809	2007/08
2008/09	152 919	729 864	225 037	86 316	48 071	120 985	63 746	2008/09
2009/10	147 200	724 715	229 079	87 381	50 858	126 943	69 676	2009/10
2010/11	147 932	715 176	229 116	87 702	51 280	131 497	75 035	2010/11
2011/12	149 101	710 478	232 151	87 793	55 737	134 839	79 018	2011/12
2012/13	154 292	715 431	230 606	91 756	57 377	138 622	84 035	2012/13
2013/14	162 154	714 059	230 622	93 073	60 244	142 164	87 291	2013/14
Davon Frauen in %								**Dont femmes en %**
2004/05	48,6	49,4	42,4	60,0	42,9	48,9	41,6	2004/05
2005/06	48,4	49,4	41,7	60,0	43,6	49,1	44,4	2005/06
2006/07	48,4	49,4	41,7	60,0	44,3	49,4	46,1	2006/07
2007/08	48,6	49,3	40,7	59,7	49,8	49,7	47,9	2007/08
2008/09	48,6	49,2	41,2	59,5	48,4	50,1	49,5	2008/09
2009/10	48,7	49,2	42,1	59,2	45,2	50,1	50,0	2009/10
2010/11	48,7	49,2	42,1	59,3	44,4	50,3	50,8	2010/11
2011/12	48,6	49,2	42,1	59,3	44,6	50,1	51,2	2011/12
2012/13	48,6	49,2	42,3	59,3	45,1	50,1	51,6	2012/13
2013/14	48,5	49,2	42	59	44,4	50,2	52,1	2013/14
Davon Ausländer in %								**Dont étrangers en %**
2004/05	24,5	20,5	16	12,5	9,9	21,8	15,5	2004/05
2005/06	24,3	20,6	16	12,7	10,2	22,5	15,0	2005/06
2006/07	24,0	20,5	15	12,6	11,6	22,8	15,2	2006/07
2007/08	24,1	20,4	15	12,7	12,0	23,6	15,3	2007/08
2008/09	24,8	20,9	16	12,9	10,7	24,9	15,8	2008/09
2009/10	24,5	21,0	16	13,4	10,7	26,0	16,3	2009/10
2010/11	25,3	22,1	17	14,4	14,4	27,1	16,6	2010/11
2011/12	24,9	22,4	16	14,1	19,6	27,6	16,8	2011/12
2012/13	26,0	23,8	17	16,5	17,7	28,5	16,8	2012/13
2013/14	26,6	24,5	18	18	17,3	29,2	16,9	2013/14

1 Ohne besonderen Lehrplan
2 Bis 2009/10: Maturitätsschulen, Schulen für Lehrkräfte, Fachmittelschulen, andere allgemeinbildende Schulen und Berufsmaturitäten (ab 1994/95)
3 Ab 1984/85 inkl. Vorbereitung auf höhere Fach- oder auf Berufsprüfung, ab 1996/97 ohne die höheren Fachschulen, die Fachhochschulstatus erlangt haben
4 Inkl. Pädagogische Hochschulen
Quellen: BFS – SDL, SHIS

1 Programmes d'enseignement spécialisé non compris.
2 Jusqu'en 2009/10: Ecoles préparant à la maturité, écoles normales, écoles de culture générale, maturités professionnelles (dès 1994/95)
3 Dès 1984/85, la préparation à l'examen professionnel supérieur ou à l'examen professionnel est incluse, depuis 1996/97 sans les écoles reconnues comme hautes écoles spécialisées.
4 Hautes écoles pédagogiques comprises
Sources: OFS – SDL, SIUS

Sekundarstufe II, Berufliche Grundbildung: Lernende nach Ausbildungsfeld und Ausbildungsform. 2013/14 — T 15.2.2.1.1
Degré secondaire II, formation professionnelle initiale: élèves et étudiants selon le domaine de formation et le mode d'enseignement. En 2013/14

	Total	davon dont Frauen Femmes %	Ausländer Etrangers %	Privatschulen[1] Ecoles privées[1] %	
Total	230 622	42,3	18,4	2,8	**Total**
Ausbildungsfeld nach ISCED					**Domaine de formation selon ISCED**
Wirtschaft und Verwaltung	43 745	59,9	16,4	2,1	Commerce et administration
Handel	27 264	59,3	26,8	1,5	Vente en gros et au détail
Baugewerbe, Hoch- und Tiefbau	19 076	8,9	19,6	5,4	Bâtiment et génie civil
Maschinenbau und Metallverarbeitung	16 019	6,6	20,0	–	Mécanique et travail du métal
Elektrizität und Energie	12 780	2,0	23,9	0,0	Electricité et énergie
Kraftfahrzeuge, Schiffe und Flugzeuge	12 148	5,1	20,4	–	Véhicules à moteur, construction navale et aéronautique
Krankenpflege	11 209	89,4	18,8	0,0	Soins infirmiers
Gastgewerbe und Catering	9 219	52,7	18,4	0,1	Hôtellerie et services de restauration
Sozialarbeit und Beratung	8 144	86,8	13,7	2,2	Travail social et orientation
Informatik	7 121	7,3	13,2	7,5	Sciences informatiques
Werkstoffe (Holz, Papier, Kunststoff, Glas)	6 243	9,7	10,2	–	Matériaux (bois, papier, plastique, verre)
Elektronik und Automation	6 214	3,5	13,0	0,1	Electronique et automatisation
Übrige Berufsarten	51 440	54,9	15,7	6,4	Autres types de profession
Ausbildungsform					**Mode d'enseignement**
Berufslehre	207 895	41,9	18,0	2,4	Apprentissage
Vollzeit	22 187	45,6	21,2	5,6	Ecole professionnelle à plein temps
Teilzeit	540	73,3	38,5	11,9	Ecole professionnelle à temps partiel

[1] Nicht oder nur teilweise subventionierte Schulen (0–49%)
Quelle: BFS – SDL

[1] Ecoles pas du tout ou en partie subventionnées (0–49%)
Source: OFS – SDL

Sekundarstufe II, allgemeinbildende Ausbildungen und Berufsmaturität: Lernende nach Bildungstyp. 2013/14 — T 15.2.2.2.1
Degré secondaire II, formation générale et maturité professionnelle: élèves et étudiants selon le type de formation. En 2013/14

	Total	davon dont Frauen Femmes %	Ausländer Etrangers %	Privatschulen Ecoles privées %	
Total	101 830	58,3	16,9	9,4	**Total**
Gymnasiale Maturität	70 641	56,2	12,8	4,8	Maturité gymnasiale
Fachmittelschulen	14 233	74,0	21,3	1,0	Ecoles de culture générale
Fachmaturität	2 444	78,3	14,8	0,6	Maturité spécialisée
Andere allgemeinbildende Ausbildungen	778	56,6	17,4	74,8	Autres formations générales
Berufsmaturität	8 757	49,0	8,6	8,0	Maturité professionnelle
Ausländische allgemeinbildende Ausbildungen	4 977	49,2	77,9	94,5	Formations générales étrangères

Quelle: BFS – SDL

Source: OFS – SDL

Tertiärstufe, höhere Berufsbildung: Lernende nach Schultyp und Ausbildungsfeld. 2013/14 T 15.2.3.1
Degré tertiaire, formation professionnelle supérieure: élèves et étudiants selon le type d'enseignement et le domaine de formation. En 2013/14

	Total	davon dont Frauen Femmes	Ausländer Etrangers	
		%	%	
Total	60 244	44,4	17,3	Total
Schultyp				**Type d'enseignement**
Höhere Fachschulen	27 476	46,7	11,7	Ecoles supérieures
Vorbereitung auf Berufsprüfung	19 626	37,1	8,7	Préparation aux examens professionnels
Vorbereitung auf höhere Fachprüfung	3 475	23,9	10,0	Préparation aux examens supérieurs
Nicht BBG-reglementierte höhere Berufsbildung	9 667	59,9	53,2	Formation professionnelle supérieure non reglementée par la LFPr
Ausbildungsfeld nach ISCED				**Domaine de formation selon ISCED**
Management und Verwaltung	9 312	42,6	7,4	Gestion et administration
Krankenpflege	6 997	86,7	17,0	Soins infirmiers
Gastgewerbe und Catering	6 197	56,5	77,1	Hôtellerie et services de restauration
Baugewerbe, Hoch- und Tiefbau	4 459	7,1	8,3	Bâtiment et génie civil
Kredit- und Versicherungswesen	4 057	56,2	9,1	Finance, banque, assurance
Handel	2 412	38,1	9,6	Vente en gros et au détail
Elektrizität und Energie	2 267	2,1	11,6	Electricité et énergie
Informatik	2 259	7,6	13,0	Sciences informatiques
Elektronik und Automation	2 007	3,8	11,4	Electronique et automatisation
Erziehungswissenschaft	1 902	59,6	8,5	Sciences de l'éducation
Medizinische Dienste	1 700	68,1	11,1	Services médicaux
Maschinenbau und Metallverarbeitung	1 647	3,6	13,5	Mécanique et travail du métal
Übrige Berufsarten	15 028	46,8	9,5	Autres types de profession

Quelle: BFS – SDL   Source: OFS – SDL

Tertiärstufe, universitäre Hochschulen: Studierende nach Fachbereich. 2014/15 T 15.2.4.1.1
Degré tertiaire, hautes écoles universitaires: étudiants selon le domaine d'études. En 2014/15

	Total	davon dont Frauen Femmes	Ausländer Etrangers	Veränderungen gegenüber dem Vorjahr Variations par rapport à l'année précédente	
		%	%	%	
Total	143 961	50,4	29,5	1,3	Total
Geistes- und Sozialwissenschaften	44 766	67,8	24,4	0,0	Sciences humaines + sociales
Wirtschaftswissenschaften	21 814	34,3	35,7	0,8	Sciences économiques
Recht	15 908	57,3	17,3	1,6	Droit
Exakte und Naturwissenschaften	25 049	38,4	39,6	2,0	Sciences exactes + naturelles
Medizin und Pharmazie	15 047	60,9	19,0	3,8	Médecine + pharmacie
Technische Wissenschaften	17 235	28,7	42,3	2,2	Sciences techniques
Interdisziplinäre und andere	4 142	44,3	21,6	−1,5	Interdisciplinaire et autres

Quelle: BFS – Studierende und Abschlüsse der Hochschulen   Source: OFS – Etudiants et examens finals des hautes écoles

Tertiärstufe, Fachhochschulen: Studierende nach Fachbereich. 2014/15
Degré tertiaire, hautes écoles spécialisées: étudiants selon le domaine d'études. En 2014/15

T 15.2.4.2.1

	Total	davon dont			Veränderungen gegenüber dem Vorjahr	
		Frauen Femmes	Ausländer Etrangers	Berufs- begleitend En cours d'emploi	Variations par rapport à l'année précédente	
		%	%	%	%	
Total	89 656	52,3	16,7	33,1	2,7	Total
Architektur, Bau- und Planungswesen	4 241	26,7	21,9	19,9	–0,4	Architecture, construction et planific.
Technik und IT	12 173	9,6	14,5	33,5	4,2	Technique et IT
Chemie und life sciences	2 436	42,4	15,5	20,2	–1,9	Chimie et sciences de la vie
Land- und Forstwirtschaft	475	41,9	4,0	–	7,0	Agriculture et économie forestière
Wirtschaft und Dienstleistungen	24 881	42,3	16,5	57,5	1,6	Economie et services
Design	2 881	65,5	29,1	8,2	0,8	Design
Sport	184	25,5	6,0	9,2	28,7	Sport
Musik, Theater und andere Künste	6 211	54,9	48,0	3,7	3,2	Musique, arts de la scène et autres arts
Angewandte Linguistik	443	79,7	13,8	21,9	–1,3	Linguistique appliquée
Soziale Arbeit	7 720	74,4	10,5	39,9	–0,7	Travail social
Angewandte Psychologie	1 475	74,3	9,6	73,5	10,1	Psychologie appliquée
Gesundheit	7 060	84,6	15,1	11,0	2,7	Santé
Lehrkräfteausbildung	19 476	73,6	9,6	22,9	5,3	Formation des enseignants
Weiterbildung nicht zuteilbar	0	*	*	*	*	Formation continue non répartissable

Quelle: BFS – Studierende und Abschlüsse der Hochschulen

Source: OFS – Etudiants et examens finals des hautes écoles

Hochschulen: Soziale und wirtschaftliche Lage der Studierenden nach Hochschultyp. 2013, in %
Hautes écoles: Situation sociale et économique des étudiants selon le type de haute école. En 2013, en %

T 15.2.5.1

	Mindestens ein Elternteil mit Hochschulabschluss Au moins un parent diplômé d'une haute école	Studierende mit Migrationshintergrund Etudiants issus de la migration	Studierende mit Kindern Etudiants avec enfant(s)	Wohnt bei den Eltern Logement parental	Übt eine Erwebstätigkeit aus Exerce une activité rémunérée	Erhält finanzielle Unterstützung von der Familie Bénéfice d'un soutien financier de la famille	Bezieht Ausbildungsbeiträge Benefice d'une contribution à la formation	Hat Schulden im Zusammenhang mit dem Studium A des dettes liées aux études	
Studierende Total	43	28	5	39	75	83	14	13	Etudiants Total
Studierende UH	52	31	4	39	72	90	13	11	Etudiants HEU
Studierende FH	32	27	5	38	79	73	15	16	Etudiants HES
Studierende PH	29	16	15	43	84	78	13	12	Etudiants HEP

Quelle: BFS – Studierende und Abschlüsse der Hochschulen

Source: OFS – Etudiants et examens finals des hautes écoles

Bildungsabschlüsse
Diplômes

Bildungsabschlüsse. 2014
Titres délivrés. En 2014

T 15.3.0.1

Schulstufe/-typ	Ausweise, Diplome Titres, diplômes			Veränderungen gegenüber dem Vorjahr Variations par rapport à l'année précédente	Degré et type d'enseignement
	Total	Männer Hommes	Frauen Femmes		
				%	%
Sekundarstufe II					Degré secondaire II
Gymnasiale Maturitätszeugnisse	18 439	7 934	10 505	57,0	1,2	Certificats de maturité gymnasiale
Berufsmaturitätszeugnisse	14 177	7 491	6 686	47,2	2,2	Certificats de maturité professionnelle
Fachmaturitätszeugnisse	2 343	446	1 897	81,0	3,4	Certificats de maturité spécialisée
Ausweise der Passerellen Berufsmatura - UH	752	426	326	43,4	5,6	Certificats de la Passerelle maturité professionnelle - HEU
Internationales Baccalaureat	607	285	322	53,0	0,2	Baccalauréats internationaux
Eidg. Fähigkeitszeugnisse EFZ	61 128	33 354	27 774	45,4	0,6	Certificats fédéraux de capacité CFC
Eidg. Berufsatteste EBA	5 870	3 094	2 776	47,3	15,2	Attestations fédérales professionnelles AFP
Andere Fähigkeitszeugnisse	104	30	74	71,2	–10,6	Autres certificats de capacité
Handelsmittelschuldiplome	180	103	77	42,8	*	Diplômes des écoles supérieures de commerce
Fachmittelschulabschlüsse	3 861	894	2 967	76,8	11,3	Examens finals des écoles de culture générale
Anlehrausweise	374	318	56	15,0	–100,5	Attestations de formation élémentaire
Tertiärstufe (Diplome)					Degré tertiaire (diplômes)
Höhere Berufsbildung					Formation professionnelle supérieure
Höhere Fachschuldiplome	8 076	4 149	3 927	48,6	5,6	Diplômes des écoles supérieures
Eidg. Diplome	2 635	1 978	657	24,9	–5,7	Diplômes fédéraux
Eidg. Fachausweise	14 537	9 065	5 472	37,6	3,4	Brevets fédéraux
Abschlüsse der übrigen höheren Berufsbildung	1 825	666	1 159	63,5	–16,1	Examens finals des autres formations professionnelles sup.
Hochschulen					Hautes écoles
Fachhochschuldiplome	1 093	567	526	48,1	23,4	Diplômes des hautes écoles spécialisées
Bachelordiplome der Fachhochschulen	15 252	6 734	8 518	55,8	5,8	Diplômes de bachelor des hautes écoles spécialisées
Masterdiplome der Fachhochschulen	3 513	1 607	1 906	54,3	5,4	Diplômes de master des hautes écoles spécialisées
Lizentiate/Diplome der universitären Hochschulen	319	97	222	69,6	–17,6	Licences/diplômes des hautes écoles universitaires
Bachelordiplome der universitären Hochschulen	14 362	6 828	7 534	52,5	4,7	Diplômes de bachelor des hautes écoles universitaires
Masterdiplome der universitären Hochschulen	12 948	6 328	6 620	51,1	9,1	Diplômes de master des hautes écoles universitaires
Berufsorientierte akademische Abschlüsse	2 639	1 127	1 512	57,3	2,2	Examens professionnels académiques
Universitäre Abschlüsse ohne akademischen Grad	49	17	32	65,3	–49,5	Examens finals universitaires non académiques
Tertiärstufe (Nachdiplome)					Degré tertiaire (diplômes postgrades)
Nachdiplome höhere Berufsbildung	1 567	874	693	44,2	18,4	Diplômes postgrades de la formation professionnelle supérieure
Diplome der Weiterbildung der Fachhochschulen	2 693	1 742	951	35,3	–2,5	Diplômes de formation continue des hautes écoles spécialisées
Diplome der universitären Weiterbildung	1 815	1 018	797	43,9	6,2	Diplômes de formation continue universitaire
Diplome des universitären Vertiefungs-/Spezialisierungsstudiums	89	22	67	75,3	–14,4	Diplômes d'études approfondies ou spécialisées universitaires
Doktorate	3 849	2 184	1 665	43,3	5,7	Doctorats

Quellen: BFS – SBA, Bildungsabschlüsse der Hochschulen

Sources: OFS – SBA, Diplômes des hautes écoles

Ausgewählte Bildungsabschlüsse, Entwicklung
Quelques titres délivrés, évolution

T 15.3.0.2

	2010 Total	Frauen Femmes %	2011 Total	Frauen Femmes %	2012 Total	Frauen Femmes %	2013 Total	Frauen Femmes %	2014 Total	Frauen Femmes %	
Sekundarstufe II											**Degré secondaire II**
Gymnasiale Maturitätszeugnisse	18 872	57,7	18 976	57,1	18 085	56,9	18 217	57,6	18 439	57,0	Certificats de maturité gymnasiale
Berufsmaturitätszeugnisse	12 249	46,0	12 947	46,6	13 536	47,7	13 871	47,6	14 177	47,2	Certificats de maturité professionnelle
Abschlüsse berufliche Grundbildung BBG [1]	63 079	44,4	64 305	45,4	64 925	45,6	65 757	45,8	66 998	45,6	Titres délivrés dans la formation professionnelle initiale LFPr [1]
Handelsmittelschuldiplome	2 897	49,9	3 215	51,0	3 218	49,4	2 253	49,7	180	42,8	Diplômes des écoles supérieures de commerce
Tertiärstufe											**Degré tertiaire**
Höhere Berufsbildung											Formation professionnelle supérieure
Höhere Fachschuldiplome	7 337	48,5	7 145	45,5	6 780	46,8	7 627	48,6	8 076	48,6	Diplômes des écoles supérieures
Eidg. Diplome	3 160	20,9	2 969	23,8	2 815	22,9	2 786	24,9	2 635	24,9	Diplômes fédéraux
Eidg. Fachausweise	13 144	38,9	13 141	37,3	13 582	39,5	14 042	38,0	14 537	37,6	Brevets fédéraux
Hochschulen											Hautes écoles
Fachhochschuldiplome	2 024	55,3	1 051	50,8	891	53,1	886	49,4	1 093	48,1	Diplômes des hautes écoles spécialisées
Bachelorabschlüsse der Fachhochschulen	10 565	53,0	12 436	54,7	13 452	54,3	14 420	54,5	15 252	55,8	Diplômes de bachelor des hautes écoles spécialisées
Masterabschlüsse der Fachhochschulen	2 081	59,6	2 699	54,3	3 307	55,9	3 334	58,9	3 513	54,3	Diplômes de master des hautes écoles spécialisées
Lizentiate/Diplome der universitären Hochschulen	3 326	61,0	2 207	61,3	1 011	65,0	387	67,7	319	69,6	Licences/diplômes des hautes écoles universitaires
Bachelorabschlüsse der universitären Hochschulen	11 536	51,8	12 519	52,5	13 309	52,0	13 712	53,1	14 362	52,5	Diplômes de bachelor des hautes écoles universitaires
Masterabschlüsse der universitären Hochschulen	7 961	49,2	9 479	50,3	10 855	51,0	11 863	51,4	12 948	51,1	Diplômes de master des hautes écoles universitaires
Doktorate	3 593	43,4	3 494	43,2	3 652	43,1	3 641	43,7	3 849	43,3	Doctorats

[1] Inkl. Eidg. Berufsatteste
Quellen: BFS – SBA, Bildungsabschlüsse der Hochschulen
Stand: Juni 2015

[1] Attestations fédérales professionnelles incluses
Sources: OFS – SBA, Diplômes des hautes écoles
Etat: juin 2015

Tertiärstufe, höhere Berufsbildung: Abschlüsse. 2014
Degré tertiaire, formation professionnelle supérieure: examens finals. En 2014

T 15.3.3.1

	Diplome Diplômes			Nachdiplome Diplômes postgrades			
	Total	Frauen Femmes	Frauen Femmes %	Total	Frauen Femmes	Frauen Femmes %	
Total	27 073	11 215	41,4	1 567	693	44,2	**Total**
Schultyp							**Type d'enseignement**
Höhere Fachschuldiplome	8 076	3 927	48,6	1 408	592	42,0	Diplômes des écoles supérieures
Eidg. Diplome	2 635	657	24,9	0	0	*	Diplômes fédéraux
Eidg. Fachausweise	14 537	5 472	37,6	0	0	*	Brevets fédéraux
Abschlüsse der nicht auf Bundesebene reglementierten höheren Berufsbildungen	1 825	1 159	63,5	159	101	63,5	Examens finals des formations professionnelles supérieures non réglementées au niveau fédéral
Ausbildungsfeld							**Domaine de formation**
Management und Verwaltung	3 687	1 723	46,7	864	226	26,2	Gestion et administration
Handel	2 076	846	40,8	5	0	*	Vente en gros et au détail
Gastgewerbe und Catering	2 045	1 151	56,3	175	107	61,1	Hôtellerie et services de restauration
Krankenpflege	1 820	1 636	89,9	425	337	79,3	Soins infirmiers
Kredit- und Versicherungswesen	1 757	949	54,0	14	6	42,9	Finance, banque, assurance
Schutz von Eigentum und Personen	1 611	293	18,2	0	0	*	Protection des biens et des personnes
Elektrizität und Energie	1 546	24	1,6	0	0	*	Electricité et énergie
Baugewerbe, Hoch- und Tiefbau	1 251	80	6,4	27	1	3,7	Bâtiment et génie civil
Unterrichten und Ausbilden	1 167	661	56,6	0	0	*	Formation des enseignants
Medizinische Dienste	1 012	696	68,8	4	3	75,0	Services médicaux
Informatik	822	68	8,3	32	1	3,1	Sciences informatiques
Marketing und Werbung	816	524	64,2	9	6	66,7	Marketing et publicité
Elektronik und Automation	744	37	5,0	0	0	*	Electronique et automatisation
Steuer- und Rechnungswesen	670	272	40,6	0	0	*	Comptabilité et fiscalité
Maschinenbau und Metallverarbeitung	580	20	3,4	0	0	*	Mécanique et travail du métal
Erziehungswissenschaft	529	339	64,1	0	0	*	Sciences de l'éducation
Hauswirtschaftliche Dienste	484	159	32,9	0	0	*	Services à domicile
Sozialarbeit und Beratung	457	317	69,4	0	0	*	Travail social et orientation
Pflanzenbau und Tierzucht	407	28	6,9	0	0	*	Production agricole et animale
Kraftfahrzeuge, Schiffe und Flugzeuge	399	5	1,3	0	0	*	Véhicules à moteur, construction navale et aéronautique
Sport	385	122	31,7	0	0	*	Sports
Audiovisuelle Techniken und Medienproduktion	341	138	40,5	0	0	*	Techniques audiovisuelles et production média
Verkehrsdienstleistungen	301	38	12,6	0	0	*	Services de transport
Reisebüros, Fremdenverkehrgewerbe und Freizeitindustrie	270	207	76,7	0	0	*	Voyage, tourisme et loisirs
Gartenbau	257	32	12,5	0	0	*	Horticulture
Kinder- und Jugendarbeit	253	240	94,9	0	0	*	Soins aux enfants et services pour la jeunesse
Design	202	151	74,8	0	0	*	Stylisme / conception
Werkstoffe (Holz, Papier, Kunststoff, Glas)	183	4	2,2	0	0	*	Matériaux (bois, papier, plastique, verre)
Arbeitswelt	167	3	1,8	0	0	*	Vie professionnelle
Ernährungsgewerbe	142	25	17,6	0	0	*	Traitement des produits alimentaires
Zahnmedizin	86	71	82,6	0	0	*	Etudes dentaires
Coiffeurgewerbe und Schönheitspflege	83	78	94,0	0	0	*	Coiffure et soins de beauté
Architektur und Städteplanung	63	6	9,5	0	0	*	Architecture et urbanisme
Umweltschutz	63	14	22,2	0	0	*	Protection de l'environnement
Journalismus und Berichterstattung	56	28	50,0	0	0	*	Journalisme et reportage
Textil, Bekleidung, Schuhe, Leder	54	48	88,9	0	0	*	Textile, vêtement, chaussure, cuir
Sozial- und Verhaltenswissenschaften	49	38	77,6	0	0	*	Sciences sociales et du comportement
Bildende Kunst	42	24	57,1	0	0	*	Beaux-arts
Übrige	196	120	61,2	12	6	50,0	Autres

Quelle: BFS – Bildungsabschlüsse der Hochschulen
Stand: Juni 2015

Source: OFS – Diplômes des hautes écoles
Etat: juin 2015

Tertiärstufe, universitäre Hochschulen: Bildungsabschlüsse nach Fachbereich. 2014 T 15.3.4.1.1
Degré tertiaire, hautes écoles universitaires: titres délivrés selon le domaine d'études. En 2014

	Total	Fachbereich / Domaine d'études							
		Geistes- und Sozialwissenschaften / Sciences humaines + sociales	Wirtschaftswissenschaften / Sciences économiques	Recht / Droit	Exakte und Naturwissenschaften / Sciences exactes + naturelles	Medizin und Pharmazie / Médecine + pharmacie	Technische Wissenschaften / Sciences techniques	Interdisziplinäre und andere / Interdisciplinaire + autres	
Lizenziate und Diplome	319	312	0	0	1	6	0	0	Licences et diplômes
Frauen in %	69,6	70,2	*	*	–	50,0	*	*	Femmes en %
Bachelordiplome	14 362	4 533	2 307	1 846	2 034	1 462	1 675	505	Diplômes de bachelor
Frauen in %	52,5	72,7	31,7	59,9	38,5	63,3	27,7	45,0	Femmes en %
Masterdiplome	12 948	3 400	2 183	1 738	2 231	1 339	1 639	418	Diplômes de master
Frauen in %	51,1	71,4	36,8	61,0	38,4	60,1	26,7	55,0	Femmes en %
Diplome der universitären Weiterbildung	1 815	345	671	224	30	107	212	226	Diplômes de formation continue universitaire
Frauen in %	43,9	75,9	25,8	56,7	16,7	62,6	28,8	45,1	Femmes en %
Diplome des universitären Vertiefungs-/Spezialisierungsstudiums	89	76	0	0	1	12	0	0	Diplômes d'études approfondies et spécialisées universitaires
Frauen in %	75,3	78,9	*	*	–	58,3	*	*	Femmes en %
Doktorate	3 849	610	233	177	1 323	859	614	33	Doctorats
Frauen in %	43,3	58,2	31,8	40,1	39,4	55,8	23,9	54,5	Femmes en %

Quelle: BFS – Studierende und Abschlüsse der Hochschulen
Stand: Juni 2015

Source: OFS – Etudiants et examens finals des hautes écoles
Etat: juin 2015

Tertiärstufe, Fachhochschulen: Bildungsabschlüsse nach Fachbereich. 2014 T 15.3.4.2.1
Degré tertiaire, hautes écoles spécialisées: titres délivrés selon le domaine d'études. En 2014

	FH-Diplome / Diplômes HES	Frauen / Femmes %	Bachelordiplome / Diplômes de bachelor HES	Frauen / Femmes %	Masterdiplome / Diplômes de Master HES	Frauen / Femmes %	Diplome der Weiterbildung / Diplômes de formation continue HES	Frauen / Femmes %	
Total	1 093	48,1	15 252	55,8	3 513	54,3	2 693	35,3	Total
Architektur, Bau- und Planungswesen	0	*	844	29,6	143	29,4	68	16,2	Architecture, construction et planification
Technik und IT	1	–	2 162	8,6	188	6,4	293	6,8	Technique et IT
Chemie und life sciences	0	*	438	40,2	76	48,7	20	45,0	Chimie et sciences de la vie
Land- und Forstwirtschaft	0	*	105	42,9	0	*	0	*	Agronomie et économie forestière
Wirtschaft und Dienstleistungen	0	*	3 850	44,2	545	38,2	1 629	27,9	Economie et services
Design	0	*	614	63,0	189	61,4	31	58,1	Design
Sport	0	*	36	30,6	14	14,3	0	*	Sport
Musik, Theater und andere Künste	0	*	843	55,6	1 158	52,2	68	69,1	Musique, arts de la scène et autres arts
Angewandte Linguistik	0	*	98	84,7	25	84,0	13	53,8	Linguistique appliquée
Soziale Arbeit	0	*	1 519	77,6	120	68,3	189	59,8	Travail social
Angewandte Psychologie	0	*	147	70,1	46	73,9	205	68,3	Psychologie appliquée
Gesundheit	0	*	1 605	88,8	76	84,2	97	84,5	Santé
Lehrkräfteausbildung	1 092	48,2	2 991	83,6	933	73,3	80	62,5	Formation des enseignants
Weiterbildung nicht zuteilbar	0	*	0	*	0	*	0	*	Formation continue non répartissable

Quelle: BFS – Studierende und Abschlüsse der Hochschulen
Stand: Juni 2015

Source: OFS – Etudiants et examens finals des hautes écoles
Etat: juin 2015

Personal von Bildungsinstitutionen
Personnel des institutions de formation
Lehrkräfte nach Schulstufe (2013/14) und Hochschulpersonal (2014) T 15.4.0.1
Corps enseignant selon le degré d'enseignement (2013/14) et personnel des hautes écoles (2014)

	Personen[1] Personnes[1]				Vollzeit-äquivalente[2] Equivalents plein temps[2]	Lernende pro Vollzeit-äquivalent Elèves et étudiants par équivalent plein temps	
	Total	davon / dont Frauen Femmes %		Ausländer Etrangers %			
Obligatorische Schule	90 935	73,7		5,1	59 156	14,0	**Scolarité obligatoire**
Primarstufe I[3]	17 792	94,7		3,0	9 061	17,0	Degré primaire I[3]
Primarstufe II[4]	48 345	81,7		3,7	29 155	15,0	Degré primaire II[4]
Sekundarstufe I	36 522	54,2		8,1	20 940	12,0	Degré secondaire I
Besonderer Lehrplan	...	...		...	...	...	Programme d'enseignement spécial
Sekundarstufe II	28 842	41,9		7,6	17 063	...	**Degré secondaire II**
Allgemeinbildende Ausbildungen	10 948	45,1		8,6	7 231	11,0	Formation générale
Berufliche Grundbildung[5]	17 894	40,0		7,0	9 832	...	Formation professionnelle initiale[5]
Tertiärstufe: Höhere Berufsbildung	2 049	37,8		12,1	674	...	**Degré tertiaire: formation professionnelle supérieure**
Höhere Fachschulen	2 049	37,8		12,1	674	...	Ecoles supérieures
Tertiärstufe (Hochschulen)	86 685	44,5		36,7	56 124	...	**Degré tertiaire (hautes écoles)**
Universitäre Hochschulen	59 722	44,0		43,5	39 781	...	Hautes écoles universitaires
Professoren	4 088	20,4		49,5	3 705	...	Professeurs
Übrige Dozierende	8 867	27,9		34,6	2 786	...	Autres enseignants
Assistenten und wissenschaftliche Mitarbeitende	29 557	43,1		57,4	20 086	...	Assistants et collaborateurs scientifiques
Direktion, admin-techn. Personal	17 210	59,2		22,9	13 204	...	Direction, personnel admin-techn.
Fachhochschulen (inkl. PH)	26 963	45,6		21,7	16 343	...	Hautes écoles spécialisées (y c. HEP)
Dozierende mit Führungsverantwortung	1 786	29,9		26,6	1 578	...	Enseignants avec responsabilité de direction
Übrige Dozierende	12 740	40,7		21,3	5 839	...	Autres enseignants
Assistierende und wissenschaftliche Mitarbeitende	5 813	43,0		28,6	3 891	...	Assistants et collaborateurs scientifiques
Direktion, admin-techn. Personal	6 624	61,5		15,0	5 034	...	Direction, personnel admin-techn.

1 Nicht-Hochschulbereich: Die Zahlen entsprechen allen Personen, die auf der betreffenden Schulstufe unterrichten (Doppelzählungen möglich). Nur öffentliche Schule.
2 Nicht-Hochschulbereich: Die VZÄ werden aufgrund des Beschäftigungsgrades errechnet. Beispiel: eine Anstellung von 50 Prozent ergibt 0,5 Vollzeitäquivalente.
Hochschulbereich: Die VZÄ werden auf der Basis der Beschäftigung im Kalenderjahr berechnet. Beispiel: eine Anstellung von 100 Prozent während sechs Monaten ergibt 0,5 VZÄ.
3 Kindergarten, Eingangsstufe 1. + 2. Jahr
4 3.–8. Jahr
5 Inkl. Übergangsausbildungen Sek. I–Sek. II, Berufsmaturität und Zusatzausbildungen Sekundarstufe II

Quellen: BFS – SSP, Hochschulpersonal
Stand: August 2015

1 Hors domaine haute école: Les chiffres présentés correspondent à l'ensemble des enseignants actifs sur le degré d'enseignement considéré (possibilité que certaines personnes soient comptées deux fois). Ecoles publiques uniquement.
2 Hors domaine haute école: Les EPT sont calculés sur la base du taux d'occupation. Exemple: un poste à 50 % correspond à 0,5 équivalent plein temps (chiffres arrondis).
Domaine haute école: Les EPT sont calculés sur la base de l'activité dans l'année calendaire. Exemple: un poste à 100 % pendant six mois correspond à 0,5 EPT (chiffres arrondis).
3 Ecole enfantine / cycle élémentaire années 1–2
4 Années 3–8
5 Y compris les formations transitoires sec. I–sec. II, les maturités professionnelles et les formations complémentaires du secondaire II

Sources: OFS – SPE, Personnel des hautes écoles
Etat: Août 2015

Personal an universitären Hochschulen nach Fachbereichsgruppe[1]. 2014
Personnel des hautes écoles universitaires selon le groupe de domaines d'enseignement[1]. En 2014

T 15.4.4.1.1

	Professoren / Professeurs		Übrige Dozierende / Autres enseignants		Assist. und wissens. Mitarbeitende / Assistants et collab. scientifiques		Direktion, admin-techn. Personal / Direction, personnel admin-techn.		
	Personen / Personnes	Vollzeitäquivalente[2] / Equivalents plein temps[2]	Personen / Personnes	Vollzeitäquivalente[2] / Equivalents plein temps[2]	Personen / Personnes	Vollzeitäquivalente[2] / Equivalents plein temps[2]	Personen / Personnes	Vollzeitäquivalente[2] / Equivalents plein temps[2]	
Total	4 088	3 705	8 867	2 786	29 557	20 086	17 210	13 204	Total
Geistes- und Sozialwissenschaften	1 046	980	2 201	746	5 796	3 320	1 370	924	Sciences humaines et sociales
Wirtschaftswissenschaften	468	403	780	154	2 159	1 206	548	344	Sciences économiques
Recht	302	245	608	92	1 349	707	340	225	Droit
Exakte und Naturwissenschaften	993	957	1 045	550	9 345	7 191	3 484	2 870	Sciences exactes et naturelles
Medizin und Pharmazie	830	710	3 250	850	4 486	3 150	3 544	2 752	Médecine et pharmacie
Technische Wissenschaften	409	378	706	310	5 611	4 071	1 139	934	Sciences techniques
Interdisziplinäre und andere	31	30	197	59	488	333	240	161	Interdisciplinaires et autres
Zentralbereich	3	3	77	25	297	107	6 493	4 994	Domaine central
Nicht zuteilbar	6	0	3	0	26	0	52	0	Non répartissable

1 Die Zuordnung von Personen wurde anhand der VZÄ vorgenommen. Personen mit gleich hohen Vollzeitäquivalenten in mehreren Fachbereichen befinden sich in der Kategorie «nicht zuteilbar».
2 Die Vollzeitäquivalente stellen den durchschnittlichen Beschäftigungsgrad im Kalenderjahr dar. Beispiel: Eine Anstellung von 100 Prozent während sechs Monaten ergibt 0,5 VZÄ (gerundete Werte).

Quelle: BFS – Hochschulpersonal

1 L'attribution à un domaine d'enseignement se fait sur la base des équivalents plein temps. Les personnes avec le même équivalent plein temps dans plusieurs domaines d'enseignement sont regroupées dans la catégorie «non répartissable».
2 Les équivalents plein temps représentent le taux d'activité moyen sur l'année. Exemple: un poste à 100 % pendant six mois correspond à 0,5 équivalent plein temps (chiffres arrondis).

Source: OFS – Personnel des hautes écoles

Personal an Fachhochschulen und pädagogischen Hochschule nach Fachbereich. 2014
Personnel des hautes écoles spécialisées et hautes écoles pédagogiques selon le domaine d'études. En 2014

T 15.4.4.2.1

	Dozierende mit Führungsverantwortung Enseignants avec resp. de direction		Übrige Dozierende Autres enseignants		Assistierende und wiss. Mitarbeitende Assistants et collab. scientifiques		Direktion, admin-techn. Personal Direction, personnel admin-techn.		
	Personen[1] Personnes[1]	Vollzeit-äquivalente[2] Equivalents plein temps[2]	Personen[1] Personnes[1]	Vollzeit-äquivalente[2] Equivalents plein temps[2]	Personen[1] Personnes[1]	Vollzeit-äquivalente[2] Equivalents plein temps[2]	Personen[1] Personnes[1]	Vollzeit-äquivalente[2] Equivalents plein temps[2]	
Total	1 786	1 578	12 740	5 839	5 813	3 891	6 624	5 034	Total
Architektur, Bau- und Planungswesen	86	74	635	312	428	303	185	151	Architecture, construction et planification
Technik und IT	294	292	1 234	862	1 712	1 355	583	477	Technique et IT
Chemie und Life Sciences	104	92	229	131	540	381	207	160	Chimie et sc. de la vie
Land- und Forstwirtschaft	3	4	47	41	109	71	8	8	Agronomie et économie forestière
Wirtschaft und Dienstleist.	314	285	2 656	946	693	479	742	569	Economie et services
Design	74	59	396	197	248	132	143	108	Design
Sport	6	3	177	7	20	12	5	3	Sport
Musik, Theater und andere Künste	220	154	1 570	647	369	170	351	221	Musique, arts de la scène et autres arts
Angewandte Linguistik	20	17	23	18	25	10	41	31	Linguistique appliquée
Soziale Arbeit	54	53	1 487	417	278	161	290	200	Travail social
Angewandte Psychologie	18	17	49	52	94	59	71	50	Psychologie appliquée
Gesundheit	136	114	1 160	491	243	133	350	252	Santé
Lehrkräfteausbildung	385	347	2 834	1 574	825	482	1 473	1 075	Formation des enseignants
nicht zuteilbar	72	65	243	143	229	144	2 175	1 728	Non répartissable

1 Doppelzählungen sind nur möglich, wenn eine Person gleichzeitig an zwei FH oder Teilschulen tätig ist.
2 Die Vollzeitäquivalente werden aufgrund der im Kalenderjahr geleisteten Stunden berechnet. Beispiel: eine Anstellung von 100 Prozent während sechs Monaten ergibt 0,5 Vollzeitäquivalente (gerundete Werte).

Quelle: BFS – Hochschulpersonal

1 Les doubles comptages ne sont possibles que dans les cas où une personne est active simultanément dans deux HES ou deux écoles membres.
2 Les équivalents plein temps sont calculés sur la base des heures accomplies sur l'année. Exemple: un poste à 100 % pendant six mois correspond à 0,5 EPT (chiffres arrondis).

Source: OFS – Personnel des hautes écoles

Bildungsfinanzen
Finances du système de formation

Öffentliche Bildungsausgaben nach Bildungsstufe, Verwaltungsebene und Ausgabenart T 15.6.1.2
In Millionen Franken, 2013
Dépenses publiques d'éducation selon le degré de formation, le niveau administratif et la nature de la dépense
En millions de francs, en 2013

	Total		Träger / Source de financement						
			Bund Confédération		Kantone Cantons		Gemeinden Communes		
		%		%		%		%	
Total [1]	35 380,6	100	3 594,0	10,2	22 559,1	63,8	9 227,5	26,1	Total [1]
Bildungsstufe [2]									**Degré de formation** [2]
Obligatorische Schule (inkl. Vorschule)	15 443,6	43,6	20,8	0,1	6 886,0	44,6	8 536,7	55,3	Scolarité oblig. (préscolarité incluse)
Sonderschulen	1 893,2	5,4	–	–	1 442,2	76,2	451,0	23,8	Ecoles spéciales
Berufliche Grundbildung	3 518,3	9,9	76,4	2,2	3 284,4	93,4	157,5	4,5	Formation professionnelle initale
Allgemeinbildende Schulen	2 330,0	6,6	1,5	0,1	2 324,9	99,8	3,6	0,2	Ecoles de formation générale
Höhere Berufsbildung	339,0	1,0	46,3	13,6	292,7	86,3	0,0	0,0	Formation professionnelle supérieure
Hochschulen	7 626,2	21,6	1 038,2	13,6	6 555,0	86,0	32,9	0,4	Hautes écoles
Forschung	3 658,7	10,3	2 403,3	65,7	1 253,5	34,3	1,9	0,1	Recherche
Übriges Bildungswesen	571,6	1,6	7,5	1,3	520,4	91,0	43,8	7,7	Non répartissable
Ausgabenart									**Nature de la dépense**
Laufende Ausgaben	32 618,9	92,2	3 171,5	88,2	21 575,4	95,6	7 872,1	85,3	Dépenses de fonctionnement
davon Besoldung	23 556,7	66,6	1 901,9	52,9	16 104,9	71,4	5 549,8	60,1	dont rémunérations
Investitionsausgaben	2 761,6	7,8	422,5	11,8	983,7	4,4	1 355,4	14,7	Dépenses d'investissement

[1] 1 Die öffentlichen Ausgaben für die Grundlagenforschung und «F&E in Bildung» sind Teil der öffentlichen Bildungsausgaben. Um zu vermeiden, dass Transferzahlungen zwei Mal gezählt werden, berücksichtigt die Statistik der öffentlichen Bildungsausgaben des BFS ausschliesslich die Transferzahlungen, welche die betrachtete Einheit eingenommen hat und nicht jene die sie ausgezahlt hat. Die öffentlichen Bildungsausgaben werden ohne den Betrag von 17 035 806 Fr. in den Gemeinden des Kantons Neuenburg welcher unter «Ausserordentliche Personalausgaben» verbucht ist und ohne den Betrag von 200 007 Fr. welcher vom Bund unter «Ausserordentliche Sach- und Betriebsausgaben» verbucht ist, berechnet.
[2] Bildungsstufen gemäss Harmonisiertem Rechnungslegungsmodell HRM2. «Forschung» umfasst die Grundlagenforschung und «F&E in Bildung». «Nicht aufteilbare Ausgaben» entspricht der HRM2 Kategorie «Übriges Bildungswesen».

Quellen: BFS – ÖBA ; EFV – Finanzstatistik

[1] Les dépenses publiques consacrées à la recherche fondamentale et à «R&D formation» sont incluses dans la statistique des dépenses publiques d'éducation. Pour éviter que les montants transférés d'une collectivité publique à une autre soient comptés deux fois, la statistique des dépenses publiques d'éducation de l'OFS tient compte uniquement des montants qu'une collectivité a reçus et non des montants qu'elle a versés. Le total des dépenses publiques d'éducation ne tient pas compte du montant de 17 035 806 de francs comptabilisé sous «Dépenses de personnel extraordinaires» dans les communes du canton de Neuchâtel, ni du montant de 200 007 de francs comptabilisé sous «Dépenses de biens et services et dépenses d'exploitation extraordinaires» par la Confédération.
[2] Degrés de formation selon le modèle comptable harmonisé MCH2. La «recherche» comprend la recherche fondamentale et «R&D formation». «Non répartissable» correspond à la catégorie «Autres systèmes éducatifs» du MCH2.

Sources: OFS – ÖBA; AFF – Statistique financière

Öffentliche Bildungsausgaben nach Verwaltungsebene, Entwicklung. In Millionen Franken T 15.6.1.3
Dépenses publiques d'éducation selon le niveau administratif, évolution. En millions de francs

	Total [1]				Träger / Source de financement					
					Bund Confédération		Kantone und Konkordate Cantons et concordats		Gemeinden Communes	
	Nominalwerte [1] Valeurs nominales [1]	in % des BIP en % du PIB	in % der gesamten öffentlichen Ausgaben en % des dép. publiques tot.	Veränderungsrate in % [2] Variations en % [2]	Nominalwerte [1] Valeurs nominales [1]	Veränderungsrate in % [2] Variations en % [2]	Nominalwerte [1] Valeurs nominales [1]	Veränderungsrate in % [2] Variations en % [2]	Nominalwerte [1] Valeurs nominales [1]	Veränderungsrate in % [2] Variations en % [2]
1995	21 053,1	5,2	15,0	–0,5	2 022,4	–0,5	12 092,1	–1,0	6 938,6	0,5
2000	22 617,3	4,9	14,8	2,0	2 316,5	6,0	13 057,4	1,8	7 243,4	1,1
2005	27 360,3	5,4	15,4	0,7	3 081,9	–0,2	15 965,1	1,1	8 313,3	0,3
2010	32 693,9	5,4	17,1	1,3	3 163,7	2,9	20 724,8	1,8	8 805,4	–0,5
2013	35 380,6	5,6 p	17,3	2,7	3 594,0	5,2	22 559,1	2,1	9 227,5	3,1

[1] Siehe Fussnoten der Tabelle T15.6.1.2
[2] Veränderungsraten der realen Bildungsausgaben (teuerungsbereinigt) im Vergleich zum Vorjahr

Quellen: BFS – ÖBA ; EFV – Finanzstatistik

[1] Voir notes du tableau T15.6.1.2
[2] Variations des valeurs réelles par rapport à l'année précédente

Sources: OFS – ÖBA; AFF – Statistique financière

Weiterbildung
Formation continue
Beteiligungsquote an nichtformalen Weiterbildungsaktivitäten[1]. 2011 in %   T 15.7.1.1
Taux de participation à des activités non formelles de formation continue[1]. En 2011, en %

Sozio-demographische Merkmale		Total	Orientierung / Orientation		Caractéristiques socio-démographiques	
			Beruflich professionnelle	Allgemein générale		
Wohnbevölkerung 25–64 Jahre		**63,1**	**53,4**	**26,3**	**Population rés. permanente âgée de 25 à 64 ans**	
Geschlecht	Männer	62,2	56,8	18,0	Hommes	Sexe
	Frauen	64,0	50,2	34,4	Femmes	
Bildungsniveau	Obligatorische Schule	30,7	23,9	9,8	Ecole obligatoire	Niveau de formation
	Sek. II: Berufsbildung	59,7	48,5	24,8	Deg. sec. II: profession.	
	Sek. II: Allgemeinbildung	67,9	56,3	34,3	Deg. sec. II: général	
	Höhere Berufsbildung	79,3	71,2	31,4	Form. prof. supérieure	
	Hochschule	79,4	70,9	33,5	Haute école	
Sprachregion	Deutschschweiz	65,7	56,2	27,9	Suisse germanophone	Région linguistique
	Französische Schweiz	57,0	47,5	21,8	Suisse francophone	
	Italienische Schweiz	53,5	39,7	25,2	Suisse italophone	
Herkunft	Schweizer	66,4	56,2	29,1	Suisses	Origine
	Ausländer mit Schule in der Schweiz	43,4	38,2	8,3	Etrangers scolarisés en Suisse	
	Ausländer mit Schule im Ausland	53,4	44,8	19,5	Etrangers non scolarisés en Suisse	
Arbeitsmarktstatus	Erwerbstätige	68,2	60,7	26,6	Actifs occupés	Statut sur le marché du travail
	Erwerbslose	57,1	43,3	23,0	Sans-emplois	
	Nichterwerbstätige	33,3	11,1	25,4	Non-actifs	

1   Revidierte Werte   1   Valeurs révisées
Quelle: BFS – MZB 2011   Source: OFS – MRF 2011

Bildungsstand und Kompetenzen
Niveau de formation et compétences

Bildungsstand[1] der Wohnbevölkerung nach Alter und Geschlecht. 2014, in %
Niveau de formation[1] de la population résidante selon l'âge et le sexe. En 2014, en %

T 15.8.2.1

	Alter (Jahre) / Age (ans)							
	25–64	25–34	35–44	45–54	55–64	65–74	≥75	
Total								**Total**
Obligatorische Schule	12,0	9,0	11,2	12,6	15,7	20,5	32,0	Ecole obligatoire
Sekundarstufe II (Berufsbildung)[2]	39,3	34,2	36,0	42,1	45,3	47,3	44,9	Degré secondaire II (formation professionnelle)[2]
Sekundarstufe II (Allgemeinbildung)	8,5	10,9	8,0	7,2	7,9	7,1	6,5	Degré secondaire II (formation générale)
Tertiärstufe (höhere Berufsbildung)	14,3	12,7	15,4	15,6	13,2	11,8	7,8	Degré tertiaire (formation professionnelle supérieure)
Tertiärstufe (Hochschulen)[3]	25,9	33,3	29,4	22,5	17,9	13,3	8,9	Degré tertiaire (hautes écoles)[3]
Männer								**Hommes**
Obligatorische Schule	10,3	8,9	10,8	10,2	11,4	12,0	17,7	Ecole obligatoire
Sekundarstufe II (Berufsbildung)[2]	37,4	35,2	32,6	39,4	42,7	45,7	47,8	Degré secondaire II (formation professionnelle)[2]
Sekundarstufe II (Allgemeinbildung)	6,5	9,7	6,1	5,1	5,2	5,0	4,9	Degré secondaire II (formation générale)
Tertiärstufe (höhere Berufsbildung)	17,9	14,2	18,7	20,2	18,2	19,1	14,6	Degré tertiaire (formation professionnelle supérieure)
Tertiärstufe (Hochschulen)[3]	28,0	32,0	31,9	25,1	22,6	18,3	15,0	Degré tertiaire (hautes écoles)[3]
Frauen								**Femmes**
Obligatorische Schule	13,8	9,1	11,6	15,1	20,0	27,9	42,0	Ecole obligatoire
Sekundarstufe II (Berufsbildung)[2]	41,3	33,1	39,3	44,9	48,0	48,8	42,9	Degré secondaire II (formation professionnelle)[2]
Sekundarstufe II (Allgemeinbildung)	10,5	12,1	10,0	9,4	10,7	8,8	7,5	Degré secondaire II (formation générale)
Tertiärstufe (höhere Berufsbildung)	10,7	11,2	12,1	10,9	8,3	5,5	3,0	Degré tertiaire (formation professionnelle supérieure)
Tertiärstufe (Hochschulen)[3]	23,8	34,6	27,0	19,8	13,1	9,0	4,6	Degré tertiaire (hautes écoles)[3]

1	Höchste abgeschlossene Ausbildung	1	Formation achevée la plus élevée
2	Berufsbildung: inkl. Anlehre	2	Formation professionnelle: y compris formation professionnelle élémentaire
3	Inkl. Höhere Fachschule HWV, HFG, HFS, Ingenieurschule HTL	3	Y inclus les écoles prof. supérieures ESCEA, ESAA, ESTS, école technique supérieure ETS

Quelle: BFS – SAKE

Source: OFS – ESPA

Szenarien für das Bildungssystem
Scénarios pour le système de formation

Szenarien 2015–2024 für das Bildungssystem: Lernende, Studierende und Abschlüsse (Referenzszenario A) — T 15.9.0.1
Bestände in Tausend

Scénarios 2015–2024 pour le système de formation: élèves, étudiants et titres (scénario A de «référence»)
Effectifs en milliers

	Erhobene Bestände / Effectifs relevés			Erhobene oder erwartete Bestände [1] / Effectifs relevés ou attendus [1]	Erwartete Bestände (Stand: September 2015) / Effectifs attendus (état: septembre 2015)				
	2011	2012	2013	2014	2015	2016	2019	2024	
Vorschule und obligat. Schule: Lernende									**Préscolarité et école obligatoire: élèves**
Primarstufe, 1. bis 2. Klasse (öffentlich und privat subventioniert)	144,3	148,2	155,8	160,6	163,6	165,2	173,0	183,2	Degré primaire, 1re à 2e année (public et privé subventionné)
Primarstufe, 3. bis 8. Klasse	457,8	457,1	457,7	462,8	469,8	478,1	501,9	535,1	Degré primaire, 3e à 8e année
Sekundarstufe I, 9. bis 11. Klasse	250,6	248,0	246,1	242,6	239,2	237,2	242,9	265,0	Degré secondaire I, 9e à 11e année
Sekundarstufe II: Lernende									**Degré secondaire II: élèves**
Übergangsausbildungen Sek.I-Sek.II	17,0	16,4	16,5	16,4	16,3	16,1	15,7	16,8	Formations transitoires sec.I-sec.II
Berufliche Grundbildung	232,2	230,6	230,6	229,5	228,8	228,1	223,9	231,0	Formation professionnelle initiale
Gymnasiale Maturitätsschulen	69,6	70,3	70,6	71,2	71,2	70,9	69,4	73,1	Ecoles de maturité gymnasiale
Fachmittel-/Fachmaturitätsschulen	15,2	15,9	16,7	17,1	17,3	17,6	17,4	18,1	Ecoles de cult. générale / de maturité spécialisée
Sekundarstufe II: Abschlüsse									**Degré secondaire II: titres**
Eidgenössische Fähigkeitszeugnisse EFZ und Berufsatteste EBA (mit den Anlehrausweisen)	69,5	69,4	69,0	67,7	69,4	68,2	67,8	67,3	Certificats fédéraux de capacité CFC et attestations de formation professionnelle AFP (avec les attestations de formation élémentaire)
Berufsmaturitätszeugnisse	12,8	13,5	13,9	14,2	14,3	14,3	14,4	14,3	Certificats de maturité professionnelle
Gymnasiale Maturitätszeugnisse	18,9	18,1	18,2	18,4	18,7	19,0	18,6	18,7	Certificats de maturité gymnasiale
Fachmittelschulausweise	3,4	3,5	3,4	3,9	3,8	4,0	4,1	4,1	Certificats des écoles de culture générale
Fachmaturitätszeugnisse	1,7	2,2	2,3	2,3	2,6	2,5	2,7	2,7	Certificats de maturité spécialisée
Berufsmaturitätsquote in % [2,4]	13,0	13,7	14,1	14,8	14,9	14,9	15,4	16,1	Taux de maturités professionnelles en % [2,4]
Gymnasiale Maturitätsquote in % [2,4]	19,9	19,6	19,9	20,2	20,3	21,0	20,6	21,3	Taux de maturités gymnasiales en % [2,4]
Hochschulen: Studierende auf Niveau Diplom, Bachelor und Master									**Hautes écoles: étudiants de niveau diplôme, bachelor et master**
Universitäre Hochschulen (UH)	106,4	109,2	111,7	113,1	114,3	115,6	117,1	116,6	Hautes écoles universitaires (HEU)
Fachhochschulen (FH)	56,7	59,6	61,6	63,2	64,5	65,8	68,9	70,6	Hautes écoles spécialisées (HES)
Pädagogische Hochschulen (PH)	14,9	16,3	17,4	18,3	19,1	19,7	21,1	22,5	Hautes écoles pédagogiques (HEP)
Hochschulen: Gesamtzahl der Studierenden									**Hautes écoles: nombre total d'étudiants**
Universitäre Hochschulen (UH)	134,8	138,6	142,2	144,0	145,3	146,8	148,8	149,0	Hautes écoles universitaires (HEU)
Fachhochschulen (FH)	63,9	67,0	68,9	70,3	71,5	73,0	76,3	78,2	Hautes écoles spécialisées (HES)
Pädagogische Hochschulen (PH)	15,1	16,6	17,7	18,7	19,5	20,2	21,6	23,0	Hautes écoles pédagogiques (HEP)
Hochschulen: Erstabschlüsse									**Hautes écoles: premiers titres**
Universitäre Hochschulen (UH) [3]	11,6	11,7	12,1	13,0	13,6	13,8	14,4	14,9	Hautes écoles universitaires (HEU) [3]
Fachhochschulen (FH) [3]	10,3	11,2	11,8	12,2	12,8	12,9	13,8	14,4	Hautes écoles spécialisées (HES) [3]
Pädagogische Hochschulen (PH) [3]	3,1	3,0	3,4	3,9	4,0	4,2	4,4	4,7	Hautes écoles pédagogiques (HEP) [3]
Abschlussquote UH in % [4,5]	14,9	14,2	13,7	14,2	14,1	14,0	14,4	15,1	Taux de diplômes HEU en % [4,5]
Abschlussquote FH in % [4,5]	10,5	11,2	11,5	11,7	12,2	12,2	13,0	14,0	Taux de diplômes HES en % [4,5]
Abschlussquote PH in % [4,5]	3,1	3,0	3,3	3,7	3,8	4,0	4,2	4,6	Taux de diplômes HEP en % [4,5]

Bermerkung:
Die Alternativszenarien «hoch» und «tief» weisen auf die Unsicherheiten des Szenarios «Referenz» hin.

1 Lernende der obligatorischen Schule und der Sekundarstufe II: erwartete Bestände; Abschlüsse der Sekundarstufe II, Studierende und Abschlüsse der Hochschulen: erhobene Bestände
2 Anteil der Maturanden an der gleichaltrigen Wohnbevölkerung
3 UH: Erstabschlüsse auf Niveau Diplom oder Master; FH+PH: Erstabschlüsse auf Niveau Bachelor oder Diplom
4 Wohnbevölkerung gemäss dem Szenario BFS, AR-00-2010/2015
5 Abschlüsse auf Niveau Bachelor oder Diplom

Quelle: BFS – Bildungsperspektiven

Remarque:
Les scénarios alternatifs «haut» et «bas» donnent une mesure de l'incertitude associée au scénario «référence».

1 Elèves de l'école obligatoire et du degré secondaire II: effectifs attendus; titres du degré secondaire II, étudiants et titres des hautes écoles: effectifs relevés
2 Proportion de maturants dans la population résidante du même âge
3 HEU: premiers titres de niveau diplôme ou master; HES+HEP: premiers titres de niveau bachelor ou diplôme
4 Population résidante selon le scénario OFS, AR-00-2010/2015
5 Premiers titres de niveau bachelor ou diplôme

Source: OFS – Perspectives de la formation

Übertritte und Verläufe
Transitions et études longitudinales
Berufliche Situation der Hochschulabsolventen[1]. 2013
Situation professionnelle des personnes diplômées des hautes écoles[1]. En 2013

T 15.10.3.1

	Erwerbslosenquote gemäss ILO[2] Taux de chômage au sens du BIT[2]		Standardisiertes Bruttoerwerbseinkommen (Median)[3] Revenu professionnel brut standardisé (médiane)[3]		Angemessene Qualifikation[4] Adéquation de la qualification[4]		
	%	+/−[5]	in Franken en francs	+/−[5]	%	+/−[5]	
Universitäre Hochschulen	**3,9**	**0,3**	**78 600**	**0,5**	**62,6**	**0,8**	**Hautes écoles universitaires**
Geistes- und Sozialwissenschaften	4,6	0,6	78 000	0,3	54,0	1,4	Sciences humaines et sociales
Wirtschaftswissenschaften	4,4	0,9	84 500	0,3	59,4	2,1	Sciences économiques
Recht	3,8	0,9	60 000	4,0	72,1	2,1	Droit
Exakte und Naturwissenschaften	4,5	0,7	72 000	0,7	65,5	1,7	Sciences exactes + naturelles
Medizin und Pharmazie	1,3	0,6	86 000	0,6	76,3	2,0	Médecine + pharmacie
Technische Wissenschaften	2,6	0,8	78 000	0,0	65,0	2,2	Sciences techniques
Interdisziplinäre und andere	5,5	2,2	80 000	1,8	50,1	4,3	Interdisciplinaire + autres
Fachhochschulen[6]	**3,6**	**0,3**	**78 000**	**0,0**	**57,2**	**0,8**	**Hautes écoles spécialisées[6]**
Architektur, Bau- und Planungswesen	2,7	1,2	76 200	1,2	63,5	2,9	Architecture, construction et planification
Technik und IT	3,8	0,6	80 600	0,4	52,5	1,7	Technique et IT
Chemie und life sciences	5,4	1,6	78 000	0,9	50,4	3,7	Chimie et sciences de la vie
Land- und Forstwirtschaft	3,7	3,4	78 000	1,1	57,4	7,4	Agriculture et économie forestière
Wirtschaft und Dienstleistungen	4,4	0,6	80 000	0,5	49,5	1,5	Economie et services
Design	6,8	2,0	62 400	1,9	48,0	3,9	Design
Musik, Theater und andere Künste	8,9	4,1	60 000	7,1	51,7	7,0	Musique, arts de la scène et autres arts
Angewandte Linguistik	7,3	4,3	72 000	3,2	55,2	8,6	Linguistique appliquée
Soziale Arbeit	2,1	0,6	81 100	0,3	66,0	1,8	Travail social
Angewandte Psychologie	0,0	0,0	85 500	2,5	42,8	9,5	Psychologie appliquée
Gesundheit	1,1	0,5	70 200	0,2	73,9	1,8	Santé
Pädagogische Hochschulen[7]	**0,7**	**0,2**	**87 700**	**0,4**	**72,5**	**1,0**	**Hautes écoles pédagogiques[7]**

1 Für die universitären Hochschulen: die Inhaber/innen eines Lizenziat/Diplom/Master für die Fachhochschulen: die Inhaber/innen eines Bachelor/Diplom; bei den pädagogischen Hochschulen wurden sämtliche Absolventen erfasst.
2 Ein Jahr nach Studienabschluss
3 Das dargestellte Einkommen ist eine Schätzung und beruht auf den selbstberichteten Angaben der Neuabsolvent/innen.
4 Übereinstimmung zwischen erworbenen und im Beruf angewandten Kompetenzen der UH, FH- und PH-Absolvent/innen ein Jahr nach Studienabschluss. Anteil der Personen, die der Meinung sind, dass die in ihrer derzeitigen Erwerbstätigkeit benötigten fachlichen Qualifikationen den im Studium gelernten Qualifikationen sehr entsprechen.
5 Grenzen des 95%-Vertrauensintervalls
6 Der Fachbereich Sport wird aufgrund zu tiefer Fallzahlen nicht dargestellt.
7 Lehrkräfteausbildung

Quelle: BFS – Absolventenstudien Hochschulen

1 Pour les hautes écoles universitaires: les titulaires d'un diplôme/licence/master; pour les hautes écoles spécialisées: les titulaires d'un bachelor/diplôme; pour hautes écoles pédagogiques: l'ensemble des diplômés et diplômées.
2 Une année après l'obtention du diplôme.
3 Le revenu représenté est estimé sur la base des indications des personnes nouvellement diplômées.
4 Adéquation entre les compétences acquises et celles utilisées professionnellement par les titulaires d'un diplôme (HEU, HES ou HEP) une année après l'obtention du diplôme. Pourcentage des personnes qui estiment que les qualifications spécialisées nécessaires à leur activité professionnelle correspondent fortement à leur formation.
5 Limites de l'intervalle de confiance à 95%
6 Le domaine d'études Sport n'est pas représenté en raison de la faiblesse des effectifs.
7 Formation des enseignants

Source: OFS – Enquête auprès des personnes diplômées des hautes écoles

Wissenschaft und Technologie
Science et technologie

F+E-Personal nach Sektor und Tätigkeit
Personnel de R-D selon le secteur d'activité et la fonction

T 15.15.2.1.2

Ausbildung	Total		Privatwirtschaft Entreprises privées		Bund Confédération		Hochschulen Hautes écoles		Formation
	2008	2012	2008	2012	2008	2012	2008	2012	
Total in Personen	100 164	117 457	45 623	51 715	1 576	1 560	52 965	64 182	**Total en personnes physiques**
davon Frauen	31 661	41 015	9 381	12 924	551	577	21 729	27 514	dont femmes
Total in Vollzeitäquivalenten	62 066	75 476	39 832	47 750	809	781	21 425	26 945	**Total en équival. plein temps**
Forscher/innen	25 142	35 785	10 332	16 595	488	430	14 322	18 760	Chercheurs
Technisches Personal	21 763	21 484	20 480	20 210	220	233	1 063	1 041	Techniciens
Anderes F+E-Personal	15 161	18 208	9 020	10 945	102	118	6 039	7 145	Autres personnel de soutien

Quelle: BFS – F+E in der Privatwirtschaft, im Hochschulbereich und beim Bund

Source: OFS – R-D dans les entreprises privées, dans le domaine des hautes écoles et dans l'administration fédérale

Intramuros-F+E-Aufwendungen nach Sektor. In Millionen Franken, zu laufenden Preisen
Dépenses intra-muros de R-D selon le secteur d'activité. En millions de francs à prix courants

T 15.15.2.1.3

	2000	2004	2008	2012	
Total	10 675	13 100	16 300	18 510	Total
Privatwirtschaft	7 890	9 660	11 980	12 820	**Entreprises privées**
Nahrungsmittel	390	500	125	60	Alimentation
Chemie, Pharma	2 475	4 250	5 200	4 310	Chimie, pharmacie
Metall, Maschinen	2 055	1 550	1 570	2 015	Métallurgie, machines
Hochtechnologieinstrumente	295	440	585	1 020	Instruments haute technologie
Informations- und Kommunikationstechnologie	1 000	1 190	1 590	1 385	Technologie de l'information et de la communication
Forschung und Entwicklung	875	1 385	1 080	1 850	Recherche et développement
Andere Wirtschaftszweige	800	345	1 830	2 180	Autres non répartis
Bund	140	140	120	140	**Confédération**
Eidg. Departement des Innern	15	25	20	15	Département fédéral de l'intérieur
Eidg. Departement für Verteidigung, Bevölkerungsschutz und Sport	10	10	10	15	Département fédéral de la défense, de la protection de la population et des sports
Eidg. Departement für Wirtschaft, Bildung und Forschung	70	75	70	90	Département fédéral de l'économie, de la formation et de la recherche
Andere	45	30	20	20	Autres
Hochschulen	2 440	3 000	3 940	5 210	**Hautes écoles**
Universitäre Hochschulen	1 935	2 385	3 085	4 095	Hautes écoles universitaires
Forschungsanstalten des ETH-Bereichs	415	440	505	615	Etablissements de recherche du domaine des EPF
Fachhochschulen	90	175	350	500	Hautes écoles spécialisées
Private Organisationen ohne Erwerbszweck und übrige	205	300	260	340	**Institutions privées sans but lucratif et autres**

Quelle: BFS – F+E in der Privatwirtschaft, im Hochschulsektor und beim Bund

Source: OFS – R-D dans les entreprises privées, dans le domaine des hautes écoles et dans l'administration fédérale

16

Kultur, Medien und Informationsgesellschaft

Culture, médias et société de l'information

Überblick

Vue d'ensemble

Das Medienangebot in der Informationsgesellschaft

Nach dem Radio in den 1930er- und dem Fernsehen in den 1960er- und 1970er-Jahren ist es heute das Internet, welches eine rasante Entwicklung erlebt: Die Zahl der Personen ab 14 Jahren, die das Internet regelmässig nutzen (mehr als einmal pro Woche), ist von 0,7 Mio. im Jahr 1998 auf 5,4 Mio. im ersten Quartal 2015 gestiegen. Im Jahr 2014 hatten 83% der Haushalte einen Internetanschluss, wobei fast alles Breitbandanschlüsse waren. Ende 2014 gab es in der Schweiz 3,5 Mio. Abonnenten mit festem Breitbandanschluss (ADSL, Kabelmodem oder Glasfasertechnik). Die explosionsartige Zunahme der mobilen Internetnutzung stellt die zentrale Entwicklung der letzten Jahre dar. In den Haushalten haben Laptops die Desktop-Computer verdrängt, und die Zahl der Smartphones hat sich vervielfacht. Im Jahr 2014 nutzten 79% der Haushalte den Laptop, 79% das Smartphone,

La palette des médias dans la société de l'information

Après la radio dans les années 1930 puis la télévision dans les années 1960 et 1970, c'est aujourd'hui internet qui connaît une progression fulgurante: le nombre de personnes de 14 ans et plus utilisant régulièrement internet (plus d'une fois par semaine) est passé de 0,7 million en 1998 à 5,4 millions au premier trimestre 2015. En 2014, 83% des ménages avaient un accès à internet, la quasi-totalité à haut débit. A fin 2014, on comptait 3,5 millions d'abonnés au haut débit avec une connexion fixe (ADSL, câble-modem ou fibre optique). L'explosion des connexions mobiles représente l'évolution marquante de ces dernières années. Au sein des ménages, les ordinateurs portables ont supplanté les ordinateurs fixes et les smartphones se sont multipliés. En 2014, 79% des ménages utilisent l'ordinateur portable pour se connecter à internet, 79% le smartphone, 57% l'ordinateur fixe et 47% la tablette numérique.

A l'inverse, l'offre de journaux payants n'a cessé de se réduire depuis le milieu des années 1980, en raison de fusions et de rachats, ou par simple disparition de titres. Ce mouvement a

Radio und Fernsehen / Radio et télévision   G 16.1

Anteil Haushalte, welche Empfangsgebühren bezahlen
Part des ménages payant une redevance

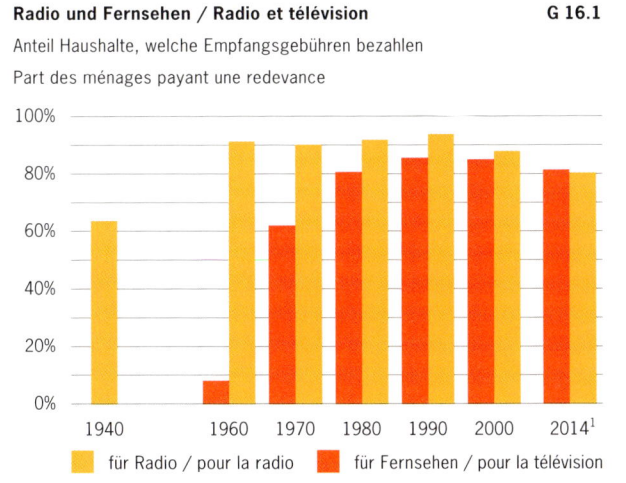

[1] Unter Berücksichtigung der von der Gebührenpflicht befreiten Haushalte (Bezüger von Ergänzungsleistungen zur AHV/IV) verfügen 2014 90% der Haushalte über eine Fernseh- und 89% über eine Radio-Empfangskonzession. / En considérant les ménages dispensés de l'obligation de verser la redevance (bénéficiaires de prestations complémentaires à l'AVS ou AI), en 2014, 90% des ménages disposent d'une concession de réception pour la TV et 89% pour la radio.

IKT[1]-Haushaltsaustattung / Equipement en biens TIC[1]   G 16.2

Anteil Haushalte 2013
Part des ménages, en 2013

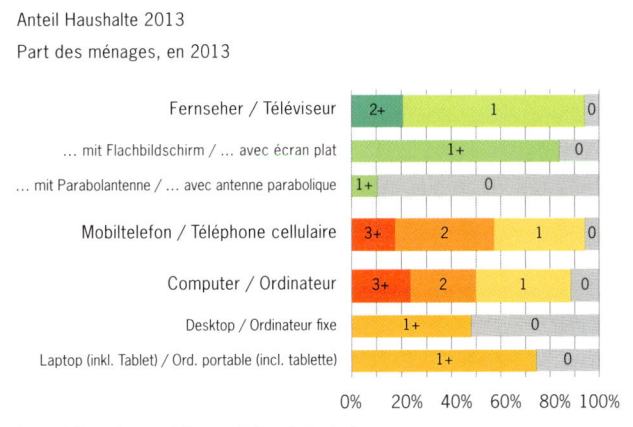

[1] Informations- und Kommunikationstechnologien
Technologies de l'information et de la communication

Entwicklung der Kaufzeitungen[1]   G 16.3
Evolution des journaux payants[1]

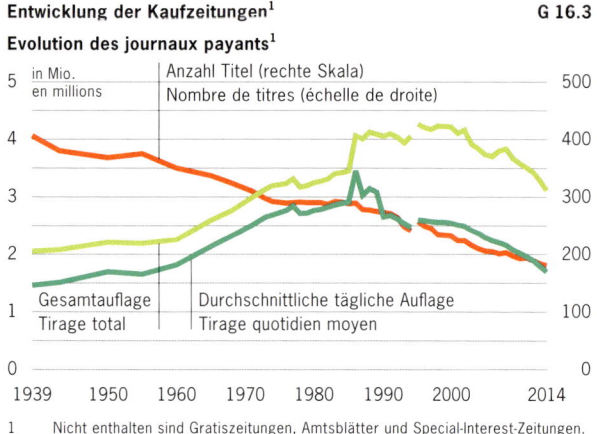

1 Nicht enthalten sind Gratiszeitungen, Amtsblätter und Special-Interest-Zeitungen.
Ne sont pas compris les journaux gratuits, les feuilles d'annonces officielles et les journaux spécialisés.
Definitionen: s. Tabelle 16.3.4 / Définitions: voir le tableau 16.3.4

Buchproduktion / Production de livres   G 16.4
In der Schweiz produzierte und im Buchhandel erschienene Titel
Ouvrages édités en Suisse et parus en librairie

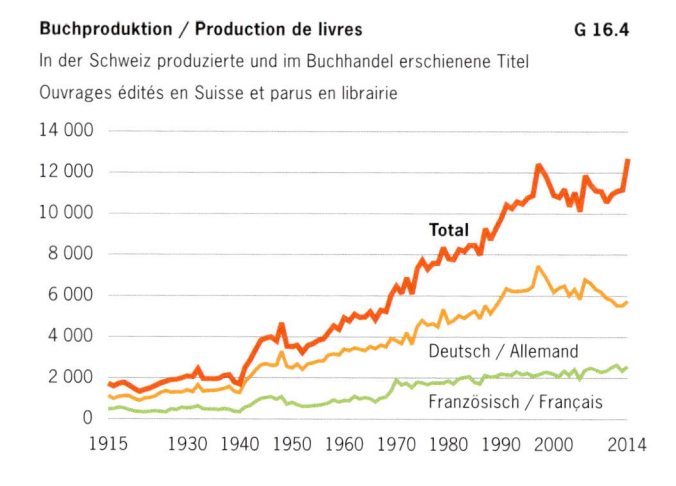

57% den Desktop-Computer und 47% das Tablet, um auf das Internet zuzugreifen.

Demgegenüber hat sich seit Mitte der 1980er-Jahre das Angebot an Kaufzeitungen durch Fusionen, Übernahmen sowie das Sterben einzelner Titel laufend verringert. Im Gegenzug traten ab Anfang der 1990er-Jahre vermehrt Sonntags- und ab 1999 gratis verteilte Tageszeitungen in den Markt ein. Als Ergänzung zu den gedruckten Titeln wird auch vermehrt das Internet als Informationsquelle genutzt.

Trotz des gestiegenen Angebots der elektronischen Medien hat sich die Anzahl der in der Schweiz erschienenen Bücher (ohne E-Books) seit den 1960er-Jahren mit knapp 13 000 Titeln mehr als verdoppelt.

Mediennutzung

Aufgrund des breiten Angebots an elektronischen Medien ist auch eine Zunahme der Mediennutzungszeit zu verzeichnen: Im langjährigen Vergleich nimmt vor allem die Fernsehnutzung zu. Zwischen 1985 und 2012 stieg sie in der Deutschschweiz von 123 Minuten pro Tag auf 136, in der französischen Schweiz von 129 auf 151 und in der italienischen von 149 auf 166 Minuten.

Seit 2013 werden auch die zeitversetzte Nutzung und der Fernsehkonsum am Computer berücksichtigt. Die Mess- und Erhebungsmethode ist jedoch anders; die Zahlen sind deshalb nicht direkt vergleichbar. 2014 wurde in der Deutschschweiz 128 Minuten, in der französischen Schweiz 143 Minuten und in der italienischen Schweiz 177 Minuten ferngesehen.

Demgegenüber ist die Nutzung des Radios seit 2001 rückläufig. 2014 wurden in der Deutschschweiz pro Tag durchschnittlich 105 (2009: 119), in der französischen Schweiz 86 (106) und in der italienischen Schweiz 102 (108) Minuten Radio gehört. 2014 hörten Personen ab 60 Jahren in der Deutschschweiz 2,8-, in der italienischen Schweiz 2,3- und in der französischen Schweiz sogar knapp 4-mal länger Radio als die 15- bis 29-Jährigen.

Das Internet als Informationsmedium gewinnt immer mehr an Bedeutung. Der Anteil der Personen, die sich im Internet informieren, wächst: 76% (2010: 73%) der Internetnutzerinnen und -nutzer (d. h. Personen, die das Internet in den letzten drei Monaten verwendet haben) lesen Online-Nachrichten oder besuchen die Webseiten von Zeitungen und 50% hören Web-Radio oder sehen Web-Fernsehen (2010: 37%).

été contrebalancé par la multiplication des éditions dominicales à partir des années 1990 et par la prolifération des journaux gratuits depuis 1999. Internet est devenu dans l'intervalle un concurrent de la presse écrite en tant que source d'informations.

Malgré l'arrivée en force des médias électroniques, le nombre des livres parus en Suisse (sans E-Books) a plus que doublé depuis les années 1960, atteignant aujourd'hui près de 13 000 titres par an.

Utilisation des médias

L'expansion de l'offre de médias électroniques a entraîné un allongement du temps consacré à ces derniers. A long terme, c'est surtout la durée d'utilisation de la télévision qui a progressé: de 1985 à 2012, le temps consacré chaque jour à cette dernière est passé de 123 à 136 minutes en Suisse alémanique, de 129 à 151 minutes en Suisse romande et de 149 à 166 minutes en Suisse italienne.

Depuis 2013, il est également tenu compte de l'utilisation de la télévision en différé et à l'ordinateur. La méthode de relevé et de mesure étant différente, les chiffres ne sont toutefois pas directement comparables. En 2014, la durée moyenne d'utilisation de la télévision était de 128 minutes par jour en Suisse alémanique, contre 143 minutes en Suisse romande et 177 minutes en Suisse italienne.

En revanche, le temps passé à écouter la radio a diminué depuis 2001. En 2014, il s'est élevé en moyenne quotidienne à 105 minutes (2009: 119) en Suisse alémanique, à 86 minutes (106) en Suisse romande et à 102 minutes (108) en Suisse italienne. En 2014, les personnes de 60 ans et plus écoutaient la radio 2,8 fois plus longtemps que les 15–29 ans en Suisse alémanique, en Suisse italienne 2,3 fois plus et en Suisse romande même presque 4 fois plus.

Internet, comme média d'information, prend toujours plus d'importance. La proportion de personnes qui s'informent sur internet progresse: 76% des internautes (2010: 73%), c'est-à-dire des personnes qui ont utilisé internet au cours des 3 derniers mois, lisent les nouvelles ou consultent les journaux sur internet et 50% écoutent la radio ou regardent la télévision en ligne (2010: 37%).

Internetnutzung / Utilisation d'internet   G 16.5

Anteil der regelmässigen Nutzer[1], nach Altersgruppen
Part des utilisateurs réguliers[1], selon les groupes d'âges

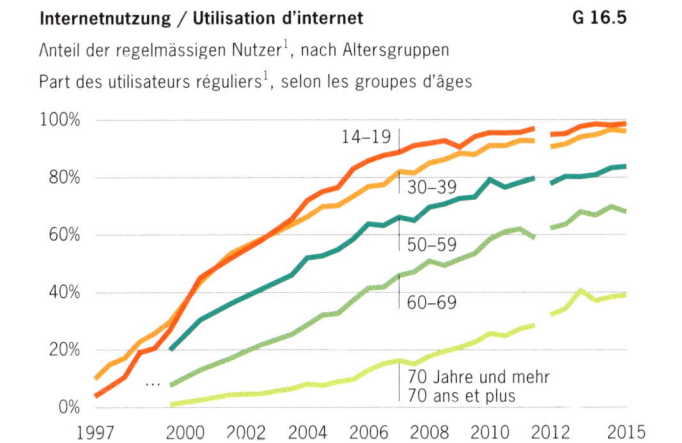

1   Benutzen das Internet mehrmals wöchentlich
     Personnes utilisant internet plusieurs fois par semaine

Internet im Alltag

In weniger als 20 Jahren ist das Internet zu einem festen Bestandteil unseres täglichen Lebens geworden. Im Jahr 1997 surften nur gerade 7% der Bevölkerung ab 14 Jahren mehrmals pro Woche im Netz (regelmässige Internetnutzerinnen und -nutzer), im Frühling 2015 waren es bereits 83%.

Es bestehen weiterhin deutliche Unterschiede in der Internetnutzung, insbesondere nach Alter, Bildungsstand und Einkommen. 98% der unter 30-Jährigen, 68% der 60-Jährigen und 39% der Personen ab 70 Jahren nutzen das Internet regelmässig. Nach Bildungsstand steigt die regelmässige Internetnutzung von 65% (obligatorische Schule) auf 96% (Tertiärstufe). Während die regelmässigen Internetnutzerinnen und -nutzer in Haushalten mit tiefem Einkommen (bis 4000 Fr. pro Monat) 50% ausmachten, waren es 96% bei jenen mit einem Einkommen von 10 000 Fr. oder mehr.

Internet dans la vie quotidienne

En moins de 20 ans, internet s'est imposé dans notre vie quotidienne. En 1997, seulement 7% de la population âgée de 14 ans et plus surfait plusieurs fois par semaine (utilisateurs réguliers), contre 83% au printemps 2015.

Il existe toujours de fortes disparités d'utilisation d'internet selon l'âge, le niveau de formation et le revenu. 98% des personnes de moins de 30 ans, 68% des sexagénaires et 39% des personnes de 70 ans et plus utilisent régulièrement internet. En fonction du niveau de formation, l'utilisation régulière d'internet passe de 65% (école obligatoire) à 96% (degré tertiaire). Pour les bas revenus (jusqu'à 4000 fr. par mois), la proportion d'utilisateurs réguliers franchit la barre des 50%, alors qu'elle atteint 96% pour les revenus de 10 000 fr. et plus.

L'utilisation mobile d'internet représente un des principaux aspects de l'évolution récente des usages. En 2014, 66% des internautes utilisent internet hors de la maison ou du travail. Cette proportion n'était que de 43% en 2010.

Les activités en ligne se multiplient et se diversifient. La communication par courrier électronique (94% des internautes) reste la première raison d'utilisation privée d'internet en 2014. Le e-commerce (67%), la recherche d'information en relation avec la santé (64%) et les réseaux sociaux (47%) gagnent en importance. Dans le cadre des activités culturelles et de loisirs, 60% des internautes regardent des films ou des vidéos en ligne et le téléchargement ou l'écoute de la musique est pratiqué par 50% des internautes.

Les pratiques culturelles en général

La fréquentation de concerts, la visite de monuments (châteaux, palais, églises, jardins, etc.) et aller au cinéma sont les trois activités culturelles les plus pratiquées (environ les deux tiers de la population). L'offre culturelle, et plus particulièrement le cinéma

Online-Aktivitäten, in den letzten drei Monaten, in % der Internetnutzerinnen und -nutzer   G 16.6
Activités effectuées sur Internet, durant les trois derniers mois, en % des internautes

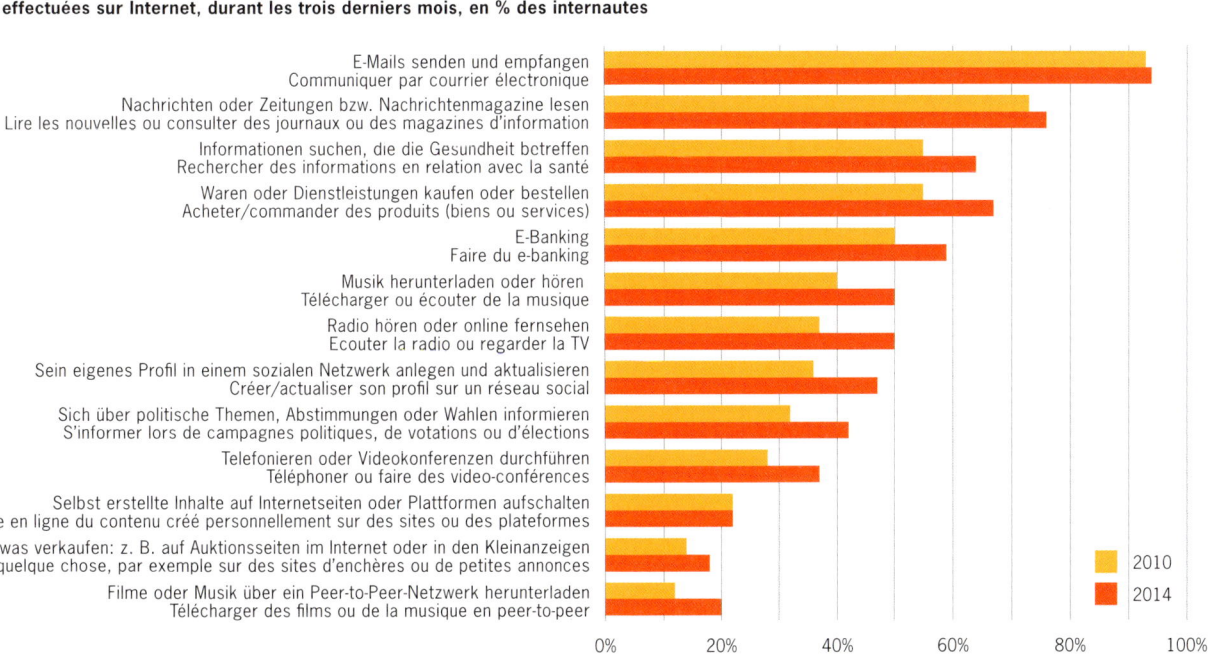

Die mobile Internetnutzung ist einer der Hauptaspekte der jüngsten Entwicklung dieser Nutzungsarten. 2014 nutzten 66% der Internetnutzerinnen und -nutzer das Internet außerhalb von zuhause oder des Arbeitsplatzes. Im Jahr 2010 betrug dieser Anteil erst 43%.

Das Angebot der Online-Aktivitäten wird immer grösser und vielfältiger. Die E-Mail-Kommunikation (94% der Internetnutzerinnen und -nutzer) war auch im Jahr 2014 der wichtigste Grund für die private Internetnutzung. E-Commerce (67%), die Suche nach gesundheitsrelevanten Informationen (64%) und die sozialen Netzwerke (47%) gewinnen an Bedeutung. Im Bereich Internetnutzung für Kultur und Freizeit schauten 60% der Internetnutzerinnen und -nutzer Filme oder Videos online an. Beim Herunterladen oder Hören von Musik sowie beim Fernsehschauen oder Radiohören beträgt dieser Anteil 50%.

Kulturverhalten allgemein

Der Besuch von Konzerten, historischen Denkmälern (Schlösser, Burgen, Kirchen, Gärten usw.) und Kinos gehört zu den am häufigsten ausgeübten kulturellen Aktivitäten (rund zwei Drittel der Bevölkerung). Junge Leute nutzen das kulturelle Angebot häufiger als ältere – bei den Kinos und Festivals ist die Jugenddominanz ausgeprägt. Personen mit hohem Ausbildungsniveau sind kulturell aktiver. Auch das Einkommen spielt bei den meisten Aktivitäten eine grosse Rolle. In städtischen Gebieten werden kulturelle Aktivitäten öfter ausgeübt als auf dem Land.

Auf der Grundlage der Erhebung 2013 zum Einkommen und zu den Lebensbedingungen in der Schweiz (SILC) wurde nach möglichen Zusammenhängen zwischen Kulturverhalten und Lebensqualität gesucht. Die Analyse hat gezeigt, dass der Besuch klassischer Darbietungen (Theater, Klassik-Konzerte, Ballett) sowie von volkstümlichen Kulturveranstaltungen (Volksmusik-Konzerte, Volks- oder Laientheater) mit der Chance, zu den Personen zu gehören, die mit ihrem Leben sehr zufrieden sind, zusammenhängt. Gleichzeitig zeigt sich auch, dass Aspekte wie Einkommen, Arbeits- und Wohnsituation, Gesundheit sowie das Alter bei der Lebenszufriedenheit eine entscheidendere Rolle spielen.

Bibliotheken

Das Angebot an Dokumenten, welche über Schweizer Bibliotheken verfügbar sind, ist sehr gross. Die zehn angebotsstärksten Bibliotheken besitzen 2014 mehr als 54 Mio. Dokumente. Die grösste Bibliothek ist die Universitätsbibliothek Basel (mit rund 8,5 Mio. Dokumenten), gefolgt von der Bibliothek der ETH Zürich (7,9 Mio.) und der Bibliothèque cantonale et universitaire de Lausanne (7,8 Mio.).

Die Schweizer Kinolandschaft

Beinahe zwei Drittel der Wohnbevölkerung gehen mindestens einmal pro Jahr ins Kino. Alter, Ausbildung und Einkommen haben einen wesentlichen Einfluss auf die Zahl der Kinobesuche: Am häufigsten ins Kino gehen die 15- bis 24-Jährigen. Im Jahr 2008 besuchten 24% der Personen mit höherer Ausbildung mehr als 6-mal pro Jahr ein Kino, während es bei jenen mit Abschluss der Sekundarstufe I nur 6% waren. Weiter gilt auch: Je höher das Haushaltseinkommen, desto mehr geht man ins Kino.

Im Jahr 1931 gab es in der Schweiz 325 (Einsaal-)Kinos. Das Maximum wurde 1963 und 1964 mit 646 Betrieben (und

et les festivals, attire davantage les jeunes. Les personnes ayant un niveau de formation élevé sont plus actives sur le plan culturel. Le revenu a aussi une influence importante sur la plupart des activités culturelles. Celles-ci sont davantage pratiquées en ville qu'à la campagne.

Sur la base de l'enquête 2013 sur les revenus et conditions de vie en Suisse (SILC), le lien entre pratiques culturelles et qualité de vie a été exploré. Cette analyse a montré que la fréquentation de spectacles de culture classique (théâtre, musique classique, ballet) et de manifestations de culture populaire (musique folklorique, théâtre populaire ou amateur) est liée aux chances de faire partie des personnes très satisfaites dans la vie. Il en ressort en même temps que des aspects comme le revenu, la situation de travail ou d'habitation, la santé ainsi que l'âge jouent un rôle plus décisif dans la satisfaction dans la vie.

Bibliothèques

Le volume des documents accessibles par les bibliothèques en Suisse est très important. En 2014, les dix bibliothèques les plus grandes en terme d'offre en totalisent plus de 54 millions. La plus grande bibliothèque est la Bibliothèque universitaire de Bâle (avec près de 8,5 millions de documents) suivie par la Bibliothèque de l'Ecole polytechnique fédérale de Zurich (7,9 millions) et la Bibliothèque cantonale et universitaire de Lausanne (7,8 millions).

Le paysage cinématographique suisse

Près des deux tiers de la population résidante vont au cinéma au moins une fois par année. L'âge, la formation et le revenu sont des paramètres qui ont une incidence importante sur la fréquentation des salles obscures. Les 15 à 24 ans sont les plus assidus à aller au cinéma. Parmi les personnes ayant un niveau de formation supérieur, 24% sont allées plus de 6 fois au cinéma en 2008, alors que la proportion correspondante est de 6% seulement chez les personnes diplômées du degré secondaire I. Et plus le revenu du ménage est élevé, plus on va au cinéma.

En 1931, la Suisse comptait 325 cinémas (monosalles). Le «pic» a été atteint en 1963 et 1964 avec 646 établissements (et près de 40 millions d'entrées). Vient ensuite un déclin jusqu'au début des années 1990, avec un premier «creux» en 1992 (302 cinémas, soit 382 salles, et 15 millions d'entrées). L'implantation de complexes et multiplexes cinématographiques a permis d'accroître à nouveau le nombre de salles, mais pas le nombre des spectateurs (2014: 557 salles et 12,9 millions d'entrées).

Suite à la digitalisation, l'offre de films a beaucoup changé. Au début des années 2000, environ 1300 films étaient exploités en Suisse chaque année (aujourd'hui: autour de 1700). Alors que la part des films projetés en première vision a constamment représenté environ un quart de tous les films projetés, la part des films suisses a globalement augmentée et est passée depuis 2000 de 10% à 16% environ (138 de 1328 films en 2000 contre 262 de 1683 films en 2014). Au cours de la même période, la part de films européens est passée de 39% à 46% et ce principalement aux dépens des films américains, dont la proportion a diminué de 40% à 27%. Ces glissements dans l'offre cinématographique ne se reflètent cependant que modérément dans la répartition des entrées: la part des entrées pour des films américains se monte en 2014 toujours à près de 62%.

rund 40 Mio. Eintritten) erreicht. Danach nahm die Zahl der Säle und Eintritte bis Anfang der 1990er-Jahre kontinuierlich ab und erreichte 1992 einen ersten Tiefpunkt (302 Kinos bzw. 382 Säle und 15 Mio. Eintritte). Mit dem Entstehen von Kinokomplexen und Multiplexkinos hat die Zahl der Säle wieder zugenommen, nicht aber die der Eintritte (2014: 557 Säle und 12,9 Mio. Eintritte).

Das Filmangebot hat sich unter dem Einfluss der Digitalisierung stark verändert. Zu Beginn der 2000er-Jahre wurden in der Schweiz jährlich gegen 1300 Filme vorgeführt, heute bewegt sich diese Zahl um 1700. Während der Anteil der Erstaufführungen konstant bei rund einem Viertel aller vorgeführten Filme geblieben ist, hat der Anteil an Schweizer Filmen seit 2000 tendenziell zugenommen und ist von rund 10% auf knapp 16% angestiegen (138 von 1328 Filmen im Jahr 2000 gegenüber 262 von 1683 Filmen 2014). Im gleichen Zeitraum stieg auch der Anteil an europäischen Filmen von 39% auf 46%, und dies hauptsächlich auf Kosten amerikanischer Filme, deren Anteil von 40% auf 27% sank. Diese Verschiebungen im Filmangebot spiegeln sich allerdings nur bedingt in der Verteilung der Eintrittszahlen: Der Anteil Eintritte für amerikanische Filme liegt 2014 immer noch bei knapp 62%.

Filmproduktion in der Schweiz

Im Jahr 2013 generierten insgesamt 715 hauptsächlich in der Filmproduktion tätige Unternehmen mit über 14 000 Auftragsfilmen (Commercials, Unternehmensfilme usw.) und freien Filmen (Kinofilme, Fernsehfilme usw.) einen Brutto-Jahresumsatz von rund 361 Mio. Fr.

Die Branche der Filmproduktion beschäftigte 2013 rund 1500 Festangestellte – ungefähr ein Drittel waren Frauen – und gab über 77 Mio. Fr. für deren Löhne aus. Weiter wurden 73 Mio. Fr. an freie Mitarbeitende ausbezahlt und für 93 Mio. Fr. Aufträge an externe Firmen vergeben.

Kulturfinanzierung

Von 1990 (1,55 Mrd. Fr.) bis 2013 (2,72 Mrd. Fr.) stieg die öffentliche Kulturfinanzierung um 75%. Inflationsbereinigt entsprach dies einem realen Zuwachs von 34%. Der Betrag entsprach 2013 0,43% des Bruttoinlandprodukts. Von den Kulturfinanzierungsbeiträgen über 2,72 Mrd. Fr. wurden 50,7% von den Gemeinden (der ersten Ebene der Kulturförderung), 38,3% von den Kantonen und 11,0% vom Bund übernommen. Der Bereich «Konzert und Theater» war dabei mit insgesamt 693 Mio. Fr. der grösste Empfänger.

Die Gemeinden, die Kantone und der Bund setzen ihre Kulturausgaben unterschiedlich ein. So erbringen die Gemeinden hauptsächlich Leistungen im unmittelbaren Umfeld der Bevölkerung wie beispielsweise in den Bereichen Bibliotheken sowie Konzert und Theater. Die Kantone sind parallel und als Ergänzung zu den Gemeinden beispielsweise in der Denkmalpflege und im Heimatschutz aktiv. Der Bund engagiert sich seinerseits am stärksten für Kulturbereiche, die speziell zu seinen Aufgaben gehören oder von gesamtschweizerischer Bedeutung sind, wie die Bereiche «Massenmedien» und «Film und Kino».

Deutlich mehr als die öffentliche Hand geben die privaten Haushalte in der Schweiz für die Kultur aus. Im Jahr 2013 wendeten sie insgesamt 10,1 Mrd. Fr. für den Kulturbereich (inkl. Me-

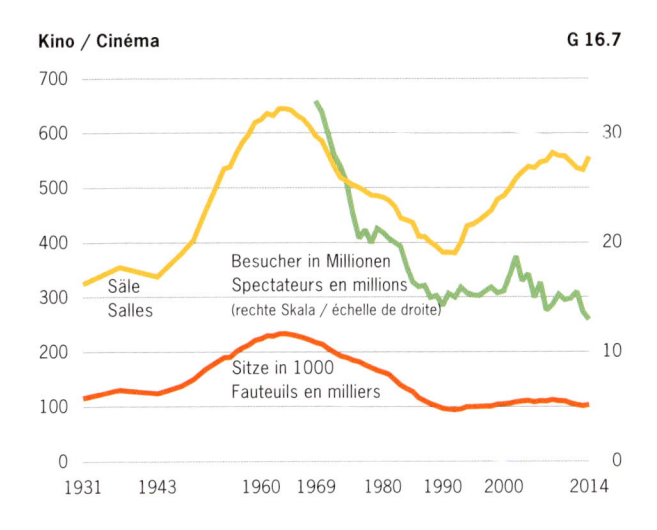

Kino / Cinéma G 16.7

Production des films en Suisse

En 2013, 715 entreprises principalement actives dans la production de films ont généré un chiffre d'affaires annuel brut global d'environ 361 millions de fr. avec plus de 14 000 films de commande (films publicitaires, films d'entreprise etc.) et films indépendants (films de cinéma, téléfilms etc.).

La branche de la production cinématographique a occupé en 2013 environ 1500 employés fixes – dont un tiers était des femmes – et a dépensé plus de 77 millions de fr. pour leurs salaires. De plus, ces entreprises ont payé 73 millions de fr. à des collaborateurs indépendants et attribué des commandes pour 93 millions de fr. à des entreprises externes.

Financement de la culture

De 1990 à 2013, les dépenses publiques en faveur de la culture se sont accrues de 75%, passant de 1,55 milliard à 2,72 milliards de fr. La hausse est de 34% en termes réels (chiffres corrigés de l'inflation). Le montant alloué à la culture en 2013 correspond à 0,43% du produit intérieur brut. Sur les 2,72 milliards dépensés pour la culture, 50,7% ont été pris en charge par les communes (premier échelon de la promotion culturelle), 38,3% par les cantons et 11,0% par la Confédération. Le domaine «Concerts et théâtre» en a été le principal bénéficiaire (693 millions de fr. en tout).

Les communes, les cantons et la Confédération financent la culture de manière différenciée. Les premières investissent avant tout dans une culture de proximité, soutenant notamment les bibliothèques, les concerts et le théâtre. Les cantons interviennent en parallèle ou en complément des communes, en contribuant par exemple à la conservation des monuments historiques et à la protection du paysage. La Confédération, de son côté, s'engage avant tout en faveur de domaines culturels qui entrent spécifiquement dans ses attributions ou qui sont d'importance nationale, comme les médias de masse ainsi que le film et le cinéma.

Les dépenses pour la culture (y compris les médias) des ménages privés sont nettement plus élevées que celles des pouvoirs publics. En 2013, ils ont dépensé 10,1 milliards de fr. pour la culture, ce qui correspond à 238 fr. par mois et ménage, respectivement à 4,3% des dépenses de consommation totales des ménages privés. Avec 11,4 milliards de fr., respectivement 283 fr. par mois et ménage, les dépenses culturelles

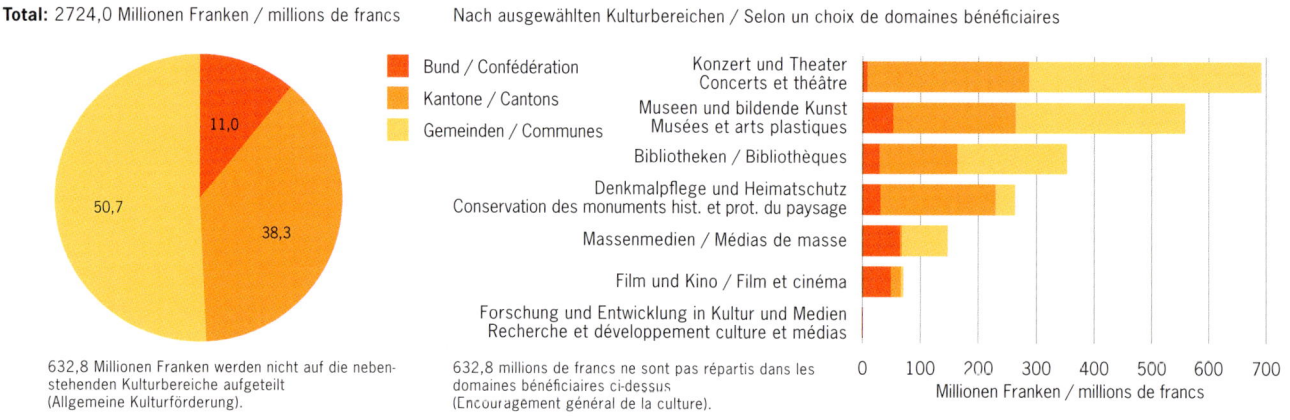

Kulturfinanzierung durch die öffentliche Hand 2013
Financement de la culture par les collectivités publiques, en 2013

G 16.8

Total: 2724,0 Millionen Franken / millions de francs   Nach ausgewählten Kulturbereichen / Selon un choix de domaines bénéficiaires

- Bund / Confédération: 11,0
- Kantone / Cantons: 38,3
- Gemeinden / Communes: 50,7

632,8 Millionen Franken werden nicht auf die nebenstehenden Kulturbereiche aufgeteilt (Allgemeine Kulturförderung).

632,8 millions de francs ne sont pas répartis dans les domaines bénéficiaires ci-dessus (Encouragement général de la culture).

Konzert und Theater / Concerts et théâtre
Museen und bildende Kunst / Musées et arts plastiques
Bibliotheken / Bibliothèques
Denkmalpflege und Heimatschutz / Conservation des monuments hist. et prot. du paysage
Massenmedien / Médias de masse
Film und Kino / Film et cinéma
Forschung und Entwicklung in Kultur und Medien / Recherche et développement culture et médias

Millionen Franken / millions de francs

---

dien) auf, was einem Betrag von 238 Fr. pro Haushalt und Monat sowie einem Anteil von 4,3% an den gesamten Konsumausgaben der privaten Haushalte entspricht. Mit 11,4 Mrd. Fr. pro Jahr beziehungsweise 283 Fr. pro Monat waren die Kulturausgaben 2010 deutlich höher als in den Jahren 2011, 2012 und 2013. Bei der Detailanalyse der Kulturausgaben (Durchschnittswerte 2009–2011) ist ersichtlich, dass die privaten Haushalte am meisten für Medien ausgeben. Für Inhalte und Dienstleistungen im audiovisuellen Bereich beispielsweise, welche unter anderem Ausgaben für Fernseh- und Radioangebote sowie für das Kino zusammenfassen, wurden durchschnittlich 2,6 Mrd. Fr. pro Jahr ausgegeben. Je rund ein Fünftel der jährlichen Kulturausgaben machen die Aufwendungen für Abspiel- und Empfangsgeräte (TV, Radio, DVD-Player, Computer usw.) sowie für gedruckte Inhalte (Zeitungen, Zeitschriften, Bücher usw.) aus. Die Ausgaben für den Zugang zum Internet sind mit 1,3 Mrd. auch unter den vier grössten Ausgabeposten des Kulturbereichs. Wird der Medienbereich ausgeklammert, geben die privaten Haushalte mit 745 Mio. Fr. am meisten für Theater und Konzerte aus.

en 2010 étaient nettement plus élevés qu'en 2011, 2012 et 2013. L'analyse détaillée des dépenses culturelles (moyenne 2009–2011) montre que les ménages privés dépensent le plus pour les médias. Pour les contenus et services audio-visuels par exemple, qui comprennent entre autres les dépenses pour la radio, la télévision et le cinéma, les ménages privés ont dépensé en moyenne 2,6 milliards de fr. par an. Un cinquième du montant total concerne les appareils de réception et de lecture de contenus médiatiques (TV, radio, lecteur DVD, ordinateurs etc.), un autre cinquième les contenus imprimés (journaux, magazines, livres etc.). Les dépenses pour l'accès à internet sont aussi parmi les quatre postes culturels les plus importants, avec 1,3 milliards de fr. Si l'on fait abstraction des médias, les dépenses les plus élevées sont celles pour le théâtre et les concerts, avec 745 millions de fr.

Erhebungen, Quellen
Enquêtes, sources

Die wichtigsten Erhebungen und Quellen zum Bereich Kultur, Medien   M 16

Statistik	Verantwortliche Stelle	Periodizität	Seit	Methode	Regionalisierungsgrad
Bibliotheken	BFS	Jährlich	2003	Vollerhebung für 4 Bibliothekskategorien seit 2003, für 5 seit 2005, für 6 seit 2013. Rund 750 Erhebungseinheiten.	Schweiz
Öffentliche Kulturfinanzierung	BFS	Jährlich	1990	Vollerhebung auf Bundes- und Kantonsebene, Stichprobenerhebung auf Gemeindeebene, für welche die EFV Hochrechnungen vornimmt.	Kantone und Gemeinden
Kulturausgaben der privaten Haushalte	BFS	Jährlich	2006	Stichprobenerhebung (Haushaltsbudgeterhebung HABE).	Grossregionen
Kino und Film	BFS	Jährlich	2003	Vollerhebung (Kinobetrieb).	Gemeinden
Hörerforschung	Mediapulse (bis 2000: Forschungsdienst SRG SSR)	Jährlich	1975	1975–2000 repräsentative Stichprobenerhebung. Ab 2001 Messverfahren (Radiocontrol) über ein Repräsentativpanel (Bevölkerung ab 15 Jahren). Ab 2013 inkl. DAB und Internet-Streaming.	Sprachregionen
Zuschauerforschung	Mediapulse (bis 2000: Forschungsdienst SRG SSR)	Jährlich	1985	Messverfahren (Telecontrol) über ein Repräsentativpanel (Bevölkerung ab 3 Jahren). Ab 2013 neues TV-Panel (Kantar Media), inkl. zeitversetzte Nutzung und Konsum am Computer.	Sprachregionen
Presse: Titel, publizistische Einheiten	Verband Schweizerischer Werbegesellschaften (VSW)	Jährlich	1980	Vollerhebung.	Kantone
Presse: Auflage, Leserinnen und Leser	WEMF	Jährlich	1980	Erfasst werden alle Zeitungen, welche die Kontrolle ihrer Auflage verlangen. Ab 2013 neu konzipierte Erhebung, inkl. digitale Presseerzeugnisse mit statischem, dynamischem oder zielgerichtetem Inhalt.	Kantone
Buchproduktion	Schweiz. Nationalbibliothek	Jährlich	1915	Vollerhebung. Erfasst werden alle in der Schweiz neu herausgegebenen und im Buchhandel erschienenen Bücher.	Schweiz
Internetnutzung (MA-Net)	WEMF	2-mal jährlich	1997	Stichprobenerhebung (bis 2006).	Kantone
Internetnutzung (Net-Metrix-Base)	Net-Metrix AG	2-mal jährlich	2007	Stichprobenerhebung (folgt MA-Net).	Kantone
IKT-Ausstattung und -Ausgaben der privaten Haushalte	BFS	Jährlich	2000	Stichprobenerhebung bei ca. 3000 Haushalten (Haushaltsbudgeterhebung HABE).	Grossregionen
Kulturverhalten in der Schweiz	BFS	5 Jahre	2008	Stichprobenerhebung.	Sprachregionen
Internetzugang und -nutzung der Haushalte (Omnibus IKT)	BFS	2010, 2014	2010	Stichprobenerhebung.	Grossregionen

Les principales enquêtes et sources dans le domaine de la culture et des médias — M 16

Statistique	Institution responsable	Périodicité	Depuis	Méthode	Degré de régionalisation
Bibliothèques	OFS	Annuelle	2003	Relevé exhaustif pour 4 catégories de bibliothèques depuis 2003, pour 5 depuis 2005, pour 6 depuis 2013. Environ 750 unités d'enquête.	Suisse
Financement public de la culture	OFS	Annuelle	1990	Relevé exhaustif aux niveaux fédéral et cantonal et par échantillonnage au niveau communal où l'AFF procède à des extrapolations.	Cantons et communes
Dépenses culturelles des ménages privés	OFS	Annuelle	2006	Enquête par échantillonnage (Enquête sur le budget des ménages EBM).	Grandes régions
Cinéma et film	OFS	Annuelle	2003	Relevé exhaustif (exploitation).	Communes
Utilisation radio	Mediapulse (jusqu'en 2000: service de la recherche SRG SSR)	Annuelle	1975	1975–2000: Enquête par sondage. Dès 2001, système de mesure (Radiocontrol) par un panel représentatif (population dès 15 ans). Dès 2013 y compris DAB et internet en streaming.	Régions linguistiques
Recherche sur les télé-spectateurs	Mediapulse (usqu'en 2000: service de la recherche SRG SSR)	Annuelle	1985	Système de mesure (Telecontrol) par un panel représentatif (population dès 3 ans). Dès 2013, un nouveau panel (Kantar Media), y compris une utilisation en différé et à l'ordinateur.	Régions linguistiques
Presse: titres, unités de publication	Association des sociétés suisses de publicité	Annuelle	1980	Relevé exhaustif.	Cantons
Presse: tirages, lecteurs	REMP	Annuelle	1980	Journaux demandant le contrôle de leur tirage. Dès 2013 nouvelle formule de relevé, y compris presse numérique avec un contenu statique, dynamique ou ciblé.	Cantons
Livres	Bibliothèque nationale suisse	Annuelle	1915	Relevé exhaustif. Livres édités en Suisse et parus en librairie.	Suisse
Utilisation d'Internet (MA-Net)	REMP	Bisannuel	1997	Enquête par sondage (jusqu'en 2006).	Cantons
Utilisation d'Internet (Net-Metrix-Base)	Net-Metrix SA	Bisannuel	2007	Enquête par sondage (suite de MA-Net).	Cantons
Equipement et dépenses TIC des ménages privés	OFS	Annuelle	2000	Enquête par échantillonnage d'environ 3000 ménages (Enquête sur le budget des ménages EBM).	Grandes régions
Pratiques culturelles en Suisse	OFS	5 ans	2008	Enquête par échantillonnage.	Régions linguistiques
Accès des ménages et utilisation d'Internet (Omnibus TIC)	OFS	2010, 2014	2010	Enquête par échantillonnage.	Grandes régions

Glossar

ADSL (Asymmetrical Digital Subscriber Line)
Hochgeschwindigkeitstechnologie (Breitband), die die herkömmliche zweiadrige Kupferleitung des Telefons zur Übertragung nutzt. Es gibt mehrere Varianten dieser abonnierten digitalen Verbindungstechnik (Digital Subscriber Line), wobei die bekannteste Version ADSL ist. Als asymmetrisch wird die Verbindung deshalb bezeichnet, weil der ausgehende Datentransfer (vom Netz zum Rechner) eine höhere Kapazität besitzt als der eingehende.

Auflage (Zeitungen)
Anzahl Exemplare einer Zeitung, die je Ausgabe verkauft und/oder verteilt werden. Das Zählverfahren ist über eine Vereinbarung der Branchenverbände geregelt.

Film
Ein **Film im Sinne der Film- und Kinostatistik** ist ein zur Vorführung im Kinosaal produziertes audiovisuelles Werk (freie Produktion für das Kino). Ein Film kann zudem am Fernsehen ausgestrahlt, als Video, DVD oder BluRay herausgegeben oder über das Internet und Video-on-Demand-Dienste (VoD) zugänglich gemacht werden. Er kann durch verschiedene Attribute definiert werden, so beispielsweise durch den Titel, den Regisseur, den Produzenten, die Schauspieler usw.

In der Erhebung zur Filmproduktion 2013 in der Schweiz wurden allerdings auch andere freie Produktionen (z.B. TV-Fernsehfilme) und Auftragsfilme (z.B. Commercials oder Unternehmensfilme) einbezogen, um das wirtschaftliche Gewicht der gesamten Filmproduktionsbranche zu messen.

Eine **Erstaufführung** ist ein Film, dessen Filmstart im aktuellen Berichtsjahr stattfand. **Reprisen** werden in Abgrenzung zu Erstaufführungen als Filme definiert, die ihren offiziellen Filmstart im Vorjahr hatten und weiterhin aufgeführt wurden oder – im eigentlichen Sinne einer Reprise – die nach einer Unterbrechung wieder in ein Kinoprogramm aufgenommen worden sind. Die Erstaufführungen und die Reprisen ergeben zusammen die Gesamtzahl der pro Jahr vorgeführten Filme. **Kurzfilme** dauern weniger als 60 Minuten, **Langfilme** 60 Minuten oder länger.

Die Nationalität eines Films geht aus dem Ursprungszeugnis hervor, das von der Kinoinstanz des betreffenden Landes ausgestellt wird. Bei einer Koproduktion muss bestimmt werden, welches der Länder den grössten finanziellen Beitrag geleistet hat, damit die Nationalität des Films festgelegt werden kann. Man spricht auch von der **Herkunft** eines Films. Das Bundesamt für Kultur ist die Anerkennungsinstanz für Koproduktionen zwischen der Schweiz und dem Ausland. Die Anerkennung wird durch die internationalen Koproduktionsabkommen geregelt.

Hochgeschwindigkeits-Internetanschlüsse (Breitband)
Es gibt keine allgemeine Definition von Breitbandanschlüssen. Generell gilt eine Verbindung als Breitband, wenn sie eine Übertragungsrate von mehr als 256 Kbit/s aufweist. Die bekanntesten Breitbandverbindungen sind ADSL und Kabelmodem (CATV). Andere Breitbandtechnologien umfassen u.a. Internetanschlüsse via Satellit oder via Glasfaserleitungen,

Glossaire

ADSL (Asymmetrical Digital Subscriber Line)
Technologie d'accès à Internet à haut débit (large bande) par les deux fils de cuivre du téléphone. Il existe plusieurs variantes de ligne d'abonné numérique (Digital Subscriber Line). La plus répandue est l'ADSL. Cette technologie est qualifiée d'asymétrique parce que le flux de données descendant dispose de plus de capacité que le flux montant.

Cinéma
Un **cinéma** est un établissement spécialement équipé dans lequel ont lieu des projections, privées ou publiques, de films. Un cinéma peut regrouper une ou plusieurs salles. Un **complexe** cinématographique est un établissement regroupant de deux à sept salles de cinéma sur un même site. Un **multiplexe** cinématographique est un établissement regroupant au moins huit salles de cinéma sur un même site.

Une **salle de cinéma** est un lieu de projection public de films, avec des fauteuils et un équipement de projection et audio. Chaque salle doit obligatoirement être enregistrée auprès de l'Office fédéral de la culture. Selon les cantons, une salle doit obtenir une autorisation administrative pour projeter des films.

Une salle de cinéma «commerciale» est une salle exploitant des films à des fins purement commerciales et qui est soumise à un décompte strict des entrées et recettes envers un distributeur ainsi qu'à un devoir d'annonce envers les autorités (fiscales, commerciales, culturelles, …). Les ciné-clubs, cinémathèques ainsi que la plupart des festivals n'entrent pas dans cette catégorie.

Dépenses culturelles des ménages privés
Dépenses des ménages privés en Suisse pour des contenus, services, biens et appareils dans le domaine de la culture. La source pour les dépenses culturelles des ménages privés est l'Enquête sur le budget des ménages (EBM). Les postes de l'EBM relevant de la culture ont été définis selon les recommandations d'Eurostat. Ils comprennent aussi les dépenses dans le domaine des médias.

Diffusion (journaux)
Nombre d'exemplaires d'un journal vendus et/ou distribués par édition. Les associations de la branche ont défini la méthode de relevé dans un accord.

Film
Un **film dans le sens de la statistique du film et du cinéma** est une œuvre cinématographique produite pour la projection en salle de cinéma (film indépendant pour le cinéma). Un film peut aussi être diffusé à la télévision, reproduit en vidéo, DVD ou BluRay et rendu accessible sur internet ou via des services de vidéo à la demande (VoD, ou VàD). Un film peut être défini par un certain nombre d'attributs comme: le titre, le réalisateur, le producteur, les acteurs, etc.

Dans l'enquête sur la production des films en 2013 en Suisse, d'autres types de films indépendants (p.ex. des téléfilms) et les films de commande (p.ex. films publicitaires, films d'entreprise) ont aussi

via Stromnetz (PLC – Powerline Communications), LAN (Local Area Network) Ethernet sowie via Hertz-Dienste (WiMAX, UMTS).

IKT
Informations- und Kommunikationstechnologien.

Kaufzeitungen
Gebührenpflichtige Zeitungen, die Informationen von allgemeinem Interesse enthalten, sich an die breite Öffentlichkeit richten und mindestens einmal wöchentlich erscheinen.

Kino
Ein **Kino** ist ein speziell ausgestatteter Ort mit einem oder mehreren Kinosälen, an welchem private oder öffentliche Filmvorführungen stattfinden. Ein **Kinokomplex** ist ein Kino, das zwischen zwei und sieben Kinosäle an einem Ort umfasst, während ein **Multiplexkino** mindestens acht Kinosäle an einem Ort umfasst.

Ein **Kinosaal** ist ein Ort für die öffentliche Vorführung von Filmen, der über Sitzgelegenheiten und über eine Projektions- und Tonausstattung verfügt. Jeder Saal muss beim Bundesamt für Kultur registriert sein. Je nach Kanton braucht ein Saal für die Filmvorführung eine Bewilligung.

Ein kommerzieller Saal ist ein Kinosaal, in welchem Filme aus rein kommerziellen Gründen vorgeführt werden. Kommerzielle Säle unterliegen einer Meldepflicht gegenüber den Behörden (Steuer-, Handels-, Kulturbehörden usw.) und müssen den Filmverleihern eine genaue Abrechnung der Eintritte und Einnahmen vorlegen. Kinoclubs, Kinotheken sowie die meisten Festivals gehören nicht zu dieser Kategorie.

Kulturausgaben der privaten Haushalte
Ausgaben der privaten Haushalte in der Schweiz für Inhalte, Dienstleistungen, Güter und Geräte im Bereich der Kultur. Die Kulturausgaben der privaten Haushalte stammen aus der Haushaltsbudgeterhebung (HABE) des BFS. Die kulturrelevanten Posten der HABE wurden gemäss den Empfehlungen von Eurostat ausgewählt und schliessen Ausgaben im Bereich der Medien ein.

Kulturverhalten
Der Begriff «Kultur» lässt sich unterschiedlich weit fassen bis hin zu Lebensweisen oder zu Wertesystemen. Für die Statistik des Kulturverhaltens wurde zunächst ein Kulturbegriff im engeren Sinne gewählt. Danach versteht man unter **Kulturverhalten** einerseits Aktivitäten wie den Besuch von Konzerten, von Kinos, von Festivals oder von historischen Stätten. Andrerseits umfasst dieser Kulturbegriff auch Aktivitäten, die man selber – als engagierter Amateur – betreibt (z.B. ein Instrument spielen, malen) wie auch die Nutzung von Schrift- sowie audiovisuellen Medien (Bücher, Comics, Fernsehen, Radio usw.). Breitere Freizeitaktivitäten können zudem punktuell ebenfalls in die Analysen einbezogen werden.

Öffentliche Kulturfinanzierung
Summe der konsolidierten Ausgaben der Gemeinden, der Kantone und des Bundes – nach Abzug aller kulturrelevanten Transferzahlungen zwischen den Staatsebenen auf der Empfängerseite – für folgende Bereiche: Bibliotheken, Museen und bildende Kunst, Konzert und Theater, allgemeine Kulturförderung, Denkmalpflege und Heimatschutz, Film und Kino, Massenmedien sowie Forschung und Entwicklung in Kultur und Medien.

été considérés, ceci dans le but de mesurer le poids économique de l'ensemble de la branche de production cinématographique.

Le film de **première vision** est celui dont la sortie sur les écrans a eu lieu dans l'année en cours. Le film de **reprise** est défini de façon complémentaire aux premières visions comme un film dont la projection en salles a commencé l'année d'avant et a continué ou – au sens plus classique d'une reprise – comme un film qui, après une interruption, a à nouveau été intégré dans la programmation d'une salle. L'ensemble des films exploités sur une année comprend les films de première vision et les films de reprise. Un film de moins de 60 minutes est un court-métrage. Dès 60 minutes, on parle de **long-métrage**.

La nationalité d'un film résulte des certificats d'origine délivrés par les instances cinématographiques des pays concernés. En cas de coproduction, c'est le pays majoritaire en termes financiers qui définit la nationalité d'un film. On parle aussi de **l'origine** d'un film. L'Office fédéral de la culture est l'instance de reconnaissance des coproductions entre la Suisse et l'étranger. Les accords de coproductions internationaux régissent cette reconnaissance.

Financement public de la culture
Total des dépenses consolidées des communes, des cantons et de la Confédération pour les domaines culturels suivants (après déduction des transferts en provenance d'un autre niveau administratif): bibliothèques, musées et arts plastiques, théâtres/concerts, encouragement général de la culture, conservation des monuments historiques, protection du paysage, film et cinéma, mass media ainsi que recherche et développement dans la culture et les médias.

Internet haut débit (connexion large bande)
Il n'existe pas de définition uniforme; généralement on considère comme large bande un débit de transmission supérieur à 256 Kbit/s. Les technologies «large bande» les plus répandues sont l'ADSL et le câble-modem (CATV). Les autres techniques de connexion à haut débit comprennent les connexions Internet par satellite, par fibre optique, par le réseau électrique (PLC: Powerline Communications), les LAN (Local Area Network) Ethernet et les services hertziens (WiMAX, UMTS).

Journaux mis en vente
Journaux payants contenant des informations d'intérêt général, destinés au grand public et paraissant au moins une fois par semaine.

Pratiques culturelles
Le terme «**culture**» peut renvoyer à des phénomènes plus ou moins larges jusqu'à englober les modes de vie et croyances. La culture est définie ici de manière restreinte. On entend par **pratiques culturelles** la fréquentation d'une série de lieux, d'institutions et d'événements (aller au concert, au théâtre, au cinéma, à des festivals, visiter le patrimoine, etc.), des activités propres pratiquées en amateur (jouer d'un instrument, peindre, etc.) et l'utilisation des médias écrits et audiovisuels (livres, bandes dessinées, TV, radio, etc.). Des activités de loisirs plus larges peuvent ponctuellement être intégrées aux analyses.

TIC
Technologies de l'information et de la communication.

Daten / Données

Kultur / Culture

Indikatoren zur Schweizer Film- und Kinolandschaft
Indicateurs du paysage cinématographique suisse

T 16.2.1.1

	1985	1990	1995	2000	2010	2013	2014	
Total Kinoeintritte in 1000	16 408,4	14 230,6	14 796,6	15 564,1	14 763,9	13 676,5	12 941,0	**Total entrées de cinéma** en milliers
davon Kinoeintritte Schweizer Filme	574,9	409,9	218,7	371,5	800,0	849,2	562,1	dont pour les films suisses
Deutschschweiz	10 549,3	8 984,7	9 576,2	10 318,1	9 787,9	9 219,2	8 535,7	Suisse alémanique
Französische Schweiz	5 285,9	4 759,3	4 784,6	4 808,5	4 462,2	4 070,1	4 090,0	Suisse romande
Italienische Schweiz	573,2	486,5	435,8	437,5	513,8	387,2	315,3	Suisse italienne
Marktanteil der Schweizer Filme, in %	3,5	2,9	1,5	2,4	5,4	6,2	4,3	**PDM (part du marché) des films suisses**, en %
Durchschnittliche Anzahl Kinoeintritte pro Einwohner	2,5	2,1	2,1	2,2	1,9	1,7	1,6	**Nombre d'entrées de cinéma (moyenne)** par habitant
Deutschschweiz	2,2	1,9	1,9	2,0	1,8	1,6	1,5	Suisse alémanique
Französische Schweiz	3,4	2,9	2,8	2,7	2,3	2,1	2,1	Suisse romande
Italienische Schweiz	2,1	1,7	1,5	1,4	1,6	1,1	0,9	Suisse italienne
Einnahmen, in Millionen Franken	144,6	146,0	189,7	208,5	228,7	212,9	201,0	**Recettes**, en millions de francs
Durchschnittlicher Preis eines Kinobillets, in Franken	8,8	10,3	12,8	13,4	15,5	15,6	15,5	**Prix moyen d'un billet de cinéma**, en francs
Deutschschweiz	...	...	13,3	13,6	15,9	15,8	15,9	Suisse alémanique
Französische Schweiz	...	...	11,8	12,9	14,7	15,0	14,8	Suisse romande
Italienische Schweiz	...	...	13,1	13,4	14,8	15,3	15,3	Suisse italienne

Quelle: BFS – Film- und Kinostatistik
Source: OFS – Statistique du film et du cinéma

Kinoinfrastruktur nach Vorführtechnik[1]
Infrastructures cinématographiques selon la technologie de projection[1]

T 16.2.1.2

	1995	2005	2009	2010	2011	2012	2013	2014	
Anzahl Kinos	322	323	302	299	288	278	272	275	Nombre de cinémas
Anzahl Säle	434	537	559	558	547	536	533	557	Nombre de salles
Anzahl Sitze	100 456	109 213	110 911	110 420	106 642	103 717	101 797	103 796	Nombre de fauteuils
Anzahl Kinosäle mit digitaler Technik	*	5	54	143	315	493	521	546	Nombre de salles de cinéma digitales
Anzahl Kinosäle mit 3D-Technik	*	5	53	134	216	247	272	286	Nombre de salles de cinéma avec 3D

1 Ohne Open-Air-, Cine-Club- oder Erotik-Kinos
1 Cinémas open air, ciné-clubs et cinémas érotiques non inclus

Quelle: BFS – Film- und Kinostatistik
Source: OFS – Statistique du film et du cinéma

Anzahl vorgeführte Filme und Erstaufführungen, nach Herkunftsland der Filme
Nombre de films exploités et de premières visions, par pays d'origine des films

T 16.2.1.3

	1995	2000	2009	2010	2011	2012	2013	2014	
Vorgeführte Filme, Total	1 190	1 328	1 523	1 566	1 565	1 688	1 695	1 683	**Films exploités, total**
Herkunftsländer									Pays d'origine
Schweiz	112	138	213	238	244	266	234	262	Suisse
USA	496	525	428	448	423	438	475	446	Etats-Unis
EU-28-Staaten	440	518	676	680	698	785	761	767	Pays de l'UE-28
Deutschland	89	83	126	118	133	154	139	152	Allemagne
Frankreich	164	212	260	280	279	292	335	313	France
Itallien	47	65	73	62	81	75	65	77	Italie
Vereinigtes Königreich	80	80	84	83	68	106	90	102	Royaume-Uni
Andere EU-28-Staaten	60	78	133	137	136	158	132	123	Autres pays de l'UE-28
Lateinamerika	25	34	55	48	51	41	53	41	Amériques latine et sud
Asien	36	55	62	73	62	71	79	81	Asie
Andere Länder	81	58	89	79	87	87	93	86	Autres pays
Gezeigte Erstaufführungen, Total	**273**	**322**	**410**	**419**	**404**	**414**	**446**	**451**	**Films en première vision, total**
Herkunftsländer									Pays d'origine
Schweiz	21	26	59	75	66	63	77	67	Suisse
USA	112	131	117	110	105	112	121	118	Etats-Unis
EU-28-Staaten	117	134	192	189	195	193	200	212	Pays de l'UE-28
Deutschland	22	22	34	32	38	34	43	43	Allemagne
Frankreich	54	77	95	87	88	86	96	99	France
Itallien	9	15	17	23	22	16	18	21	Italie
Vereinigtes Königreich	21	13	16	18	17	26	18	21	Royaume-Uni
Andere EU-28-Staaten	11	7	30	29	30	31	25	28	Autres pays de l'UE-28
Lateinamerika	3	8	7	7	6	7	5	6	Amériques latine et sud
Asien	6	17	15	11	6	18	14	20	Asie
Andere Länder	14	6	20	27	26	21	29	28	Autres pays

Quelle: BFS – Film- und Kinostatistik

Source: OFS – Statistique du film et du cinéma

Die zehn grössten Bibliotheken der Schweiz gemäss Angebot. 2014
Les dix plus grandes bibliothèques suisses en termes d'offre. En 2014

T 16.2.2.1

	Gesamtes Medienangebot[1] / Offre totale[1]	Jährlicher Zuwachs gesamtes Medienangebot / Accroissement annuel de l'offre totale	Aktive Benutzer / Utilisateurs actifs	Ausleihe[2] / Prêts[2]
Total	54 085 429	901 735	227 135	4 797 366
Universitätsbibliothek Basel	8 447 004	79 567	33 342	626 568
Bibliothek der Eidg. Technischen Hochschule Zürich	7 905 956	203 393	29 356	497 671
Bibliothèque cantonale et universitaire de Lausanne	7 828 697	172 733	24 744	642 716
Bibliothèque de Genève	7 093 747	103 490	7 212	128 445
Zentralbibliothek Zürich	6 640 900	79 958	51 372	980 845
Schweizerische Nationalbibliothek / Bibliothèque nationale suisse	5 729 124	57 406	4 305	76 121
Universitätsbibliothek Bern	4 109 598	82 121	23 520	725 857
Bibliothèque cantonale et universitaire de Fribourg	3 714 375	53 248	14 275	521 562
Zentral- und Hochschulbibliothek Luzern	1 346 656	33 852	24 818	382 078
Bibliothèques de l'Université de Genève	1 269 372	35 967	14 191	215 503

1 Gesamtes Mediengebot (Anzahl Dokumente): Bücher, Zeitschriften, Manuskripte, Mikroformen, Tonaufnahmen, Bilddokumente, Karten und Pläne, Datenträger, Audiovisuelle Dokumente, andere Medien
2 Ausleihen insgesamt (Lesesaal, Direktversand, interbibliothekarischer Leihverkehr – Versand und Bezug – und Verlängerungen)

Quelle: BFS – Schweizerische Bibliothekenstatistik

1 Offre totale (nombre de documents): livres, périodiques, manuscrits, microcopies, documents iconographiques et cartographiques, enregistrements sonores, supports magnétiques, documents audiovisuels, autres médias
2 Total des prêts (en salle de lecture, par envoi direct, entre bibliothèques – envoyés et reçus – et prolongations)

Source: OFS – Statistique suisse des bibliothèques

Teilnehmen an kulturellen Aktivitäten. In %, 2008[1]
Fréquentation des activités culturelles. En %, en 2008[1]

T 16.2.3.1

	1 bis 6 Mal 1 à 6 fois	7 Mal und + 7 fois et +	nein non	
An Konzerte gehen	56,1	10,9	33,0	Aller à des concerts
Denkmäler, historische Stätten besuchen	51,8	14,2	33,6	Visiter des monuments ou sites (historiques, archéologiques)
Ins Kino gehen	45,7	17,3	36,8	Aller au cinéma
Historische, technische u.a. Museen/Ausstellungen besuchen	46,6	2,4	50,8	Visiter des musées ou expositions historiques, techniques, etc.
Übrige Vorstellungen besuchen (z.B. Zirkus usw.)	43,3	0,4	56,3	Aller à d'autres spectacles (p.ex. cirque, etc.)
Kunstmuseen, -austellungen oder Galerien besuchen	37,9	5,3	56,5	Visiter des musées, des expositions ou des galeries d'art
Ins Theater gehen	37,7	4,1	58,1	Aller au théâtre
In die Bibliothek oder Mediathek gehen (Freizeit)	18,5	17,4	64,0	Aller à la bibliothèque et médiathèque (pour les loisirs)
Festivals (jeglicher Art) besuchen	34,1	0,4	65,5	Aller à des festivals (tous genres)
In die Bibliothek oder Mediathek gehen (Arbeit, Ausbildung)	10,8	9,8	79,3	Aller à la bibliothèque et médiathèque (travail, formation)
Ballett-/Tanzauffuhrungen besuchen	18,9	0,7	80,3	Aller à des spectacles de ballet/danse

1 Die Ergebnisse basieren auf einer repräsentativen Befragung, die bei einer Stichprobe der ständigen Wohnbevölkerung in der Schweiz (n = 4346) zu den kulturellen Aktivitäten 2008 durchgeführt wurde. Das Total pro Zeile kann von 100% abweichen, weil die Antwort «weiss nicht» nicht aufgeführt ist und weil es Rundungsdifferenzen geben kann.

Quelle: BFS – Kulturverhalten in der Schweiz (2008)

1 Résultats basés sur une enquête représentative menée auprès d'un échantillon de la population résidante en Suisse (n = 4346), portant sur les activités effectuées en 2008. Le total par ligne peut diverger de 100%, vu que les «ne sait pas» ne sont pas représentés et qu'il peut y avoir des fluctuations liées aux arrondis.

Source: OFS – Pratiques culturelles en Suisse (2008)

Kulturfinanzierung durch die öffentliche Hand nach Kulturbereichen. In Millionen Franken
Financement de la culture par les collectivités publiques selon les domaines bénéficiaires. En millions de francs

T 16.2.4.2

	Total	Konzert und Theater Concerts et théâtre	Bibliotheken Bibliothèques	Denkmalpflege und Heimatschutz Conservation des monuments historiques et protection du paysage	Museen und bildende Kunst Musées et arts plastiques	Film und Kino Film et cinéma	Massenmedien Médias de masse	Allgemeine Kulturförderung Encouragement général de la culture	Forschung und Entwicklung in Kultur und Medien Recherche et développement culture et médias	
Gesamte öffentliche Hand[1]										**Ensemble des collectivités publiques**[1]
2011	2 593,9	557,1	340,1	261,7	471,4	63,4	119,7	776,6	3,9	2011
2012	2 732,3	584,3	343,5	269,5	553,1	63,8	151,7	762,7	3,7	2012
2013	2 724,0	692,8	353,4	263,7	559,4	72,0	148,1	632,8	1,8	2013
Bund[2]										**Confédération**[2]
2011	266,9	7,8	30,6	21,4	54,9	43,7	44,7	59,9	3,9	2011
2012	295,8	8,8	29,5	31,5	48,6	46,6	65,1	62,0	3,7	2012
2013	299,2	8,8	29,8	32,0	53,4	49,8	65,6	58,0	1,8	2013
Kantone[1,3]										**Cantons**[1,3]
2011	997,3	259,8	122,5	194,2	192,1	14,4	6,7	207,6	–	2011
2012	1 072,2	272,4	122,0	203,2	236,9	11,6	5,4	220,6	–	2012
2013	1 042,7	278,3	134,4	197,9	210,5	16,9	3,2	201,5	–	2013
Gemeinden[3]										**Communes**[3]
2011	1 329,7	289,5	187,1	46,1	224,3	5,3	68,3	509,2	–	2011
2012	1 364,3	303,0	192,0	34,8	267,6	5,6	81,2	480,2	–	2012
2013	1 382,0	405,7	189,2	33,8	295,5	5,3	79,2	373,2	–	2013

1 Die Beiträge aus den Lotterien sind in den Ausgaben der Kantone enthalten.
2 Ohne Transferzahlungen von den Kantonen und Gemeinden
3 Ohne Transferzahlungen vom Bund, den Kantonen und Gemeinden

Quellen: BFS – Statistik der Kulturfinanzierung durch die öffentliche Hand in der Schweiz; EFV

1 Les montants provenant des loteries sont intégrés aux dépenses des cantons.
2 Sans les transferts des cantons et des communes
3 Sans les transferts de la Confédération, des cantons et des communes

Sources: OFS – Statistique du financement de la culture par les collectivités publiques en Suisse; AFF

Kulturfinanzierung durch die öffentliche Hand nach Wirtschaftsindikatoren   T 16.2.4.4
Financement de la culture par les collectivités publiques selon différents indicateurs économiques

	In % der gesamten öffentlichen Kulturfinanzierung En % du total du financement public de la culture			In % der Gesamtausgaben der öffentlichen Gemeinwesen En % des dépenses totales des collectivités publiques			In Franken pro Einwohner En francs par habitant			In % des BIP En % du PIB
	Gemeinden Communes	Kantone[1] Cantons[1]	Bund Confédération	Gemeinden Communes	Kantone[1] Cantons[1]	Bund Confédération	Gemeinden Communes	Kantone[1] Cantons[1]	Bund Confédération	
2011	51,3	38,4	10,3	3,5	1,8	0,4	168	126	34	0,42
2012	49,9	39,2	10,8	3,5	1,9	0,5	171	134	37	0,44
2013	50,7	38,3	11,0	3,4	1,8	0,5	171	129	37	0,43

1 Die Beträge aus den Lotterien sind in den Ausgaben der Kantone enthalten.
Quellen: BFS – Statistik der Kulturfinanzierung durch die öffentliche Hand in der Schweiz, ESPOP, STATPOP, VGR; EFV

1 Les montants provenant des loteries sont intégrés aux dépenses des cantons.
Sources: OFS – Statistique du financement de la culture par les collectivités publiques en Suisse, ESPOP, STATPOP, CN; AFF

Kulturausgaben der privaten Haushalte. 2013   T 16.2.4.10
Dépenses culturelles des ménages privés. En 2013

	Beträge in Franken pro Monat und Haushalt		
Kulturausgaben	238	c	Dépenses culturelles
Inhalte und Dienstleistungen	**172**	**b**	**Contenus et services**
Audiovisuelle Inhalte und Dienstleistungen	60	b	Contenus et services audiovisuels
Film und Video	4	e	Film et vidéo
Musik und Ton	3	e	Musique et son
Miete von Film- und Tonträgern	( )	*	Loc. de supports audio et vidéo
Fernsehen und Radio	49	b	Télévision et radio
Kino	4	d	Cinéma
Gedruckte Inhalte	49	c	Imprimés
Bücher und Brochschüren	18	d	Livres et brochures
Zeitungen und Zeitschriften	31	c	Journaux et périodiques
Internet	19	c	Internet
Museen, Ausstellungen, Bibliotheken, zoologische Gärten u.ä.	5	d	Musées, expositions, bibliothèques, jardins zoologiques, etc.
Theater und Konzerte	18	d	Théâtre et concerts
Musik- und Tanzkurse	13	d	Cours de musique et de danse
Beiträge an kulturelle Vereinigungen	2	d	Contributions à des associations culturelles
Sonstige Dienstleistungen im Bereich Kultur und Unterhaltung	5	e	Autres services dans le domaine de la culture et des divertissements

	Montants en francs par mois et ménage		
Geräte und Güter	**66**	**d**	**Matériel et biens**
Abspiel- und Empfangsgeräte	41	d	Appareils de lecture et de réception
Computer und Modem	19	d	Ordinateurs et modems
Fernseh- und Videogeräte, inkl. Zubehör	14	d	Téléviseurs et appareils vidéo, y compris les accessoires
Radio- und Audiogeräte	7	e	Appareils radio et audio
Güter zur kreativen Betätigung	18	d	Biens destinés à une activité créative
Foto- und Filmapparate, inkl. Zubehör	6	e	Appareils photo et caméras, y compris les accessoires
Musikinstrumente	5	e	Instruments de musique
Schreib- und Zeichenmaterial	7	c	Matériel d'écriture et de dessin
Reparaturen	( )	*	Réparations
Kunstwerke	( )	*	Œuvres d'art

Qualität der Schätzwerte: Variationskoeffizient (Vk) / Qualité des estimateurs: coefficient de variation (cv)
a: Sehr gut – Vk < 1%.   Très bon – cv < 1%.
b: Gut – Vk von ≥ 1% bis < 2%.   Bon – cv de ≥ 1% à < 2%.
c: Recht – Vk von ≥ 2% bis < 5%.   Moyen – cv de ≥ 2% à < 5%.
d: Genügend – Vk von ≥ 5% bis < 10%. Suffisant – cv de ≥ 5% à < 10%.
e: Schlecht – Vk ≥ 10%.   Mauvais – cv ≥ 10%.

Quellen: BFS – Statistik der Kulturausgaben der privaten Haushalte in der Schweiz, HABE
Stand: November 2015

Sources: OFS – Statistique des dépenses culturelles des ménages privés en Suisse, EBM
Etat: novembre 2015

Medien
Médias

T 16.3.1
Fernsehen: Nutzung nach Sprachregionen. In Minuten pro Tag [1]
Télévision: utilisation selon la région linguistique. En minutes par jour [1]

	1985	1990	1995	2000	2010	2012	2013 [2]	2014	
Deutsche Schweiz	123	113	128	137	143	136	129	128	Suisse alémanique
Französische Schweiz	129	129	149	159	162	151	141	143	Suisse romande
Italienische Schweiz	149	128	157	171	186	166	166	177	Suisse italienne

1 Messsystem: Telecontrol; Basis: Bevölkerung ab 3 Jahren, Mittelwert pro Tag (Montag–Sonntag)
2 Ab 2013 kein Rückwärtsvergleich möglich (Einführung eines neuen Messsystems). Neben der Live-Nutzung werden seither auch die zeitversetzte Nutzung und der Fernsehkonsum am Computer gemessen.
3 Stichprobe 2014: Deutschschweiz: 1 058 Haushalte – Französische Schweiz: 632 Haushalte – Italienische Schweiz: 295 Haushalte

Quellen: Mediapulse AG (Telecontrol, 1983–2012), Kantar Media (seit 2013)

1 Système de mesure: Telecontrol; Univers: population de 3 ans et plus, moyenne par jour (lundi–dimanche)
2 Une comparaison des données de 2013 avec les données des années précédentes n'est pas possible en raison de l'introduction en 2013 d'un nouveau système pour mesurer l'utilisation télé. Outre la mesure de la consommation en direct, sont également mesurées l'utilisation différée et la consommation télévisuelle à l'ordinateur.
Echantillon 2014: Suisse alémanique: 1 058 ménages – Suisse romande: 632 ménages – Suisse italienne: 295 ménages

Sources: Mediapulse SA (Télécontrol, 1983–2012), Kantar Media (à partir de 2013)

T 16.3.2
Radio: Nutzung nach Sprachregionen. In Minuten pro Tag [1]
Radio: utilisation selon la région linguistique. En minutes par jour [1]

	2007	2008	2009	2010	2011	2012	2013 [2]	2014	
Deutsche Schweiz	105	109	119	117	113	110	109	105	Suisse alémanique
Französische Schweiz	98	99	106	103	98	93	89	86	Suisse romande
Italienische Schweiz	99	99	108	106	106	105	104	102	Suisse italienne

1 Bevölkerung ab 15 Jahren. Mittelwert pro Tag (Montag–Sonntag)
2 Per 1. Januar 2013 wurde im Mediapulse Radiopanel eine Erweiterung der Messmethodik umgesetzt, welche nun die Erfassung von Radionutzungen mit bis hin zu 60 Sekunden Verzögerung gegenüber dem schnellsten Verbreitungsweg erlaubt. Damit wurde die Messung insbesondere um die Nutzung von Live Webstreaming (Webradio) erweitert. Bei der Interpretation der Unterschiede zu den Vorjahren gilt es diesen Umstand zu beachten.
Stichprobe 2014: Deutschschweiz: 28 776 Personen mit 198 925 Messtagen – Französische Schweiz: 11 141 Personen mit 77 015 Messtagen – Italienische Schweiz: 4 382 Personen mit 30 295 Messtagen.

Quelle: Mediapulse AG (Radiocontrol)

1 Population de 15 ans et plus. Moyenne par jour (lundi–dimanche)
2 Au 1er janvier 2013, la méthodologie de mesure a été étendue au niveau du panel radio de Mediapulse. Il est possible, désormais, d'enregistrer l'utilisation radio avec un retard allant jusqu'à 60 secondes par rapport au canal de diffusion le plus rapide. De ce fait, la mesure a été étendue, en particulier concernant l'audience pour les programmes diffusés sur le web par streaming. Pour l'interprétation des différences comparé aux années précédentes, il est important de respecter ce fait.
Echantillon 2014: Suisse alémanique: 28 776 personnes avec 198 925 jours de mesure – Suisse romande: 11 141 personnes avec 77 015 jours de mesure – Suisse italienne: 4 382 personnes avec 30 295 jours de mesure

Source: Mediapulse SA (Télécontrol)

T 16.3.4
Printmedien: Entwicklung der Titelzahl und der Auflage von Kaufzeitungen [1,2]
Les médias imprimés: évolution du nombre de titres et du tirage des journaux payants [1,2]

	1985	1990	1995	2000	2010	2012	2013	2014	
Anzahl Titel	288	273	257	232	193	189	184	181	Nombre de titres
Durchschnittliche tägliche Auflage [3], in 1000	2 914,0	2 652,0	2 597,8	2 544,0	2 022,1	1 893,2	1 790,6	1 699,0	Tirage quotidien moyen [3], en milliers
Gesamtauflage [3], in 1000	3 450,9	4 054,3	4 262,0	4 214,3	3 580,7	3 429,4	3 285,9	3 111,9	Tirage total [3], en milliers

1 Enthalten sind Zeitungen mit universellen Inhalten, welche wöchentlich mindestens 1× unter einem eigenständigen Namen erscheinen (Einzeltitel, Kopfblätter, sowie Splitausgaben; nicht enthalten sind Gratiszeitungen, Amtsblätter und Special-Interest-Zeitungen).
2 Durch eine veränderte Zählsystematik sind die Jahre ab 1995 nicht direkt mit den Vorjahren vergleichbar.
3 Die Gesamtauflage meint die Summe der Auflage aller Zeitungstitel, unabhängig von der Zahl der Ausgaben pro Woche. Die durchschnittliche tägliche Auflage bezeichnet die Anzahl der Zeitungen, welche an einem Wochentag durchschnittlich verkauft werden (entsprechend fallen Zeitungen mit nur einer Ausgabe pro Woche weniger ins Gewicht als Tageszeitungen).

Quellen: Verband Schweizer Medien, WEMF

1 Sont compris tous les journaux payants contenant des informations générales et paraissant au moins une fois par semaine sous un nom propre (titre individuel), les éditions secondaires ainsi que les éditions séparées; ne sont pas considérés les journaux gratuits, les feuilles d'annonces officielles et les journaux spécialisés.
2 En raison d'une modification des critères de comptage, les années dès 1995 ne sont pas directement comparables avec les années qui précèdent.
3 Le tirage total représente la somme de tous les titres, indépendamment du nombre d'éditions par semaine. Le tirage quotidien moyen désigne le nombre de journaux vendus en moyenne au cours d'un jour de la semaine (les journaux ne paraissant qu'une fois par semaine ont donc ici moins de poids que les quotidiens).

Sources: Association des médias suisses, REMP

Printmedien: In der Schweiz herausgegebene und im Buchhandel erschienene Bücher (Titel)[1] nach Sprachen　T 16.3.5
Les médias imprimés: ouvrages édités en Suisse et parus en librairie[1] selon la langue

	1985	1990	1995	2000	2010	2011	2012	2013	2014[2]	
Total	8 458	9 781	10 790	10 904	10 568	10 972	11 119	11 182	12 711	Total
Sprache										**Langue**
Deutsch	5 264	5 883	6 299	6 186	5 910	5 806	5 546	5 544	5 768	Allemand
Französisch	1 794	2 197	2 235	2 201	2 355	2 530	2 654	2 355	2 587	Français
Italienisch	158	188	275	376	301	391	347	301	280	Italien
Andere	1 242	1 513	1 981	2 141	2 002	2 245	2 572	2 982	4 076	Autres
davon:										dont:
Rätoromanisch	49	56	56	63	23	31	36	36	41	Romanche
Englisch	...	1 020	1 172	1 547	1 262	1 316	1 342	1 910	2 178	Anglais

1　Auch Neudrucke sind berücksichtigt; die Jahrbücher hingegen werden nur beim ersten Erscheinen gezählt.
2　Seit 2014 werden alle mehrsprachigen Werke systematisch der Kategorie «Andere» zugeteilt
Quellen: BAK, NB

1　Y compris les rééditions: les annuaires ne sont comptés que s'il s'agit de la première parution.
2　Depuis 2014, tous les ouvrages multilingues sont systématiquement attribués à la catégorie «Autres»
Sources: OFC, BN

Printmedien: Auflage- und Leserzahlen ausgewählter Tages- und Sonntagszeitungen nach Sprachregionen[1]. In 1000　T 16.3.7
Les médias imprimés: tirage et nombre de lecteurs de certains quotidiens et journaux dominicaux selon la région linguistique[1]. En milliers

Titel / Titre	Auflage[1] / Tirage[1]	Leserschaft[2] / Nombre de lecteurs[2]	Verlag[3] / Editeur[3]
Deutschschweiz			**Suisse alémanique**
Tageszeitungen[4]			Quotidiens[4]
20 Minuten (gratis)	477	1 507	Tamedia AG
Blick am Abend (gratis)	285	696	Ringier AG
Blick	164	647	Ringier AG
Tages-Anzeiger	173	466	Tamedia AG
Die Nordwestschweiz[5]	165	375	AZ Medien AG und weitere
Berner Zeitung & Der Bund	153	348	Tamedia AG
Neue Zürcher Zeitung	114	263	NZZ-Gruppe
Die Südostschweiz	81	157	Südostschweiz und weitere
Neue Luzerner Zeitung	124	305	NZZ-Gruppe
St. Galler Tagblatt	129	286	NZZ-Gruppe
Basler Zeitung	53	130	Basler Zeitung Medien
Sonntagszeitungen[6]			**Journaux dominicaux**[6]
Sonntags Blick	188	714	Ringier AG
Sonntags Zeitung	202	635	Tamedia AG
Schweiz am Sonntag[7]	197	372	AZ Medien AG und weitere
NZZ am Sonntag	136	421	NZZ-Gruppe
Zentralschweiz am Sonntag	100	207	NZZ-Gruppe

Titel / Titre	Auflage[1] / Tirage[1]	Leserschaft[2] / Nombre de lecteurs[2]	Verlag[3] / Editeur[3]
Französiche Schweiz			**Suisse romande**
Tageszeitungen[4]			Quotidiens[4]
20 Minutes (gratuit)	199	535	Tamedia AG
24 Heures	66	183	Tamedia AG
Le Matin	48	310	Tamedia AG
Tribune de Genève	44	119	Tamedia AG
Le Temps[8]	37	89	Ringier AG
Le Nouvelliste	39	123	Ed. Suisse Holding (Hersant)
La Liberté	40	96	Imprimerie St-Paul
L'Express	18	51	Ed. Suisse Holding (Hersant)
Sonntagszeitungen[6]			**Journaux dominicaux**[6]
Le Matin Dimanche	136	474	Tamedia AG
Italienische Schweiz			**Suisse italienne**
Tageszeitungen[4]			Quotidiens[4]
Corriere del Ticino Plus[9]	...	129	Società editrice del CdT SA
La Regione Ticino	35	100	La Regione Ticino
20 Minuti	34	93	Tamedia AG
Sonntagszeitungen[6]			**Journaux dominicaux**[6]
Il Caffè della Domenica (gratis/gratuit)	57	95	Rezzonico Editore (45% Ringier AG)
Il Mattino della Domenica (gratis/gratuit)	...	67	Meutel 2000 SA (Lega)

1　Auflagenbulletin 2014; Erhebungszeitraum: 01.07.2013–30.06.2014
2　MACH Basic 2015-1; Erhebungszeitraum: 06.10.2013–29.09.2014; Stichprobe: Bevölkerung ab 14 Jahren; Deutschschweiz: 14 086 Personen – Französische Schweiz: 4 601 Personen – Italienische Schweiz: 886 Personen
3　Stand der Daten: 10.04.2015
4　Erscheint mindestens 4-mal pro Woche. Enthält universelle Informationen über Aktualitäten, Politik, Wirtschaft, Sport. Richtet sich regelmässig an breite Bevölkerungsschichten und ist jedermann zugänglich.
5　Neue Titelbezeichnung: vorher Aargauer Zeitung
6　Wird erstmals am Sonntag vertrieben.
7　Inklusive ehemaliger Südostschweiz am Sonntag
8　Im März 2014 an Ringier verkauft.
9　Corriere del Ticino und Giornale del Popolo werden neu zusammen unter dem Titel Corriere del Ticino plus publiziert.
Quelle: WEMF AG – Auflagenbulletin 2014 / MACH Basic 2015-1

1　Bulletin des tirages 2014; période de l'enquête: 01.07.2013–30.06.2014
2　MACH Basic 2015-1; période de l'enquête: 06.10.2013–29.09.2014; échantillon: population dès 14 ans; Suisse alémanique: 14 086 personnes – Suisse romande: 4 601 personnes – Suisse italienne: 886 personnes
3　Etats des données: 10.04.2015
4　Journaux qui paraissent au moins 4 fois par semaine, avec des informations universelles et d'actualité, dans le domaine de la politique, de l'économie et du sport. Journaux qui s'adressent régulièrement à de larges secteurs de la population et qui sont accessibles à tout le monde.
5　Nouveau titre: avant Aargauer Zeitung
6　Est distribué en primeur le dimanche.
7　Y compris ancien Südostschweiz am Sonntag
8　En mars 2014 vendu à Ringier.
9　Corriere del Ticino et Giornale del Popolo sont nouvellement publiés sous le titre Corriere del Ticino plus.
Source: REMP – Bulletin des tirages 2014 / MACH Basic 2015-1

Informationsgesellschaft
Société de l'information
Internetnutzung in der Schweiz, Entwicklung. In % der Bevölkerung ab 14 Jahren
Utilisation d'Internet en Suisse, évolution. En % de la population âgée de 14 ans et plus

T 16.4.1

Perioden / Périodes	Engerer Nutzerkreis (ENK)[1] Cercle restreint des utilisateurs (CRU)[1]	Weitester Nutzerkreis (WNK)[2] Cercle le plus large des utilisateurs (CLU)[2]	Perioden / Périodes	Engerer Nutzerkreis (ENK)[1] Cercle restreint des utilisateurs (CRU)[1]	Weitester Nutzerkreis (WNK)[2] Cercle le plus large des utilisateurs (CLU)[2]	Perioden / Périodes	Engerer Nutzerkreis (ENK)[1] Cercle restreint des utilisateurs (CRU)[1]	Weitester Nutzerkreis (WNK)[2] Cercle le plus large des utilisateurs (CLU)[2]
10.2004–03.2005	55,6	68,0	04.2008–09.2008	70,9	79,2	10.2011–03.2012	79,3	85,0
04.2005–09.2005	57,3	70,1	10.2008–03.2009	71,8	79,7	04.2012–09.2012[3]	78,1	85,2
10.2005–03.2006	60,6	71,8	04.2009–09.2009	73,2	81,3	10.2012–03.2013	79,0	85,0
04.2006–09.2006	64,1	75,7	10.2009–03.2010	74,5	82,1	04.2013–09.2013	81,1	86,7
10.2006–03.2007	65,6	75,6	04.2010–09.2010	77,4	83,9	10.2013–03.2014	81,1	86,6
04.2007–09.2007	67,4	77,2	10.2010–03.2011	77,5	84,1	04.2014–09.2014	82,6	87,5
10.2007–03.2008	68,0	77,2	04.2011–09.2011	78,5	85,2	10.2014–03.2015	82,7	87,4

1 Engerer Nutzerkreis (ENK): Zum engeren Nutzerkreis gehören die Personen, die angaben, Internet mehrmals pro Woche zu nutzen.
2 Weitester Nutzerkreis (WNK): Zum weitesten Nutzerkreis gehören die Personen, die angaben, Internet mindestens einmal in den letzten 6 Monaten genutzt zu haben.
3 Aufgrund der methodischen Anpassungen können die Studienergebnisse ab Herbst 2012 nicht mehr direkt mit früheren Studien verglichen werden, ein Vergleich mit den Folgejahren ist hingegen möglich.

Quellen: BFS – MA-Net, Net-Metrix-Base

1 Cercle restreint des utilisateurs (CRU): font partie du cercle restreint des utilisateurs les personnes qui ont indiqué utiliser Internet plusieurs fois par semaine.
2 Cercle le plus large des utilisateurs (CLU): font partie du cercle le plus large des utilisateurs les personnes qui ont indiqué avoir utilisé Internet au moins une fois au cours des 6 derniers mois.
3 Pour des raisons méthodologiques, les résultats dès l'automne 2012 ne peuvent être comparés à ceux des études antérieures, la comparaison avec les années à venir est par contre possible.

Sources: OFS – MA-Net, Net-Metrix-Base

IKT-Ausstattung[1] der Haushalte. In % der Haushalte
Equipement TIC[1] des ménages. En % des ménages

T 16.4.2

	Ausgestattete Haushalte (mind. 1 Gut) Ménages équipés (au moins un bien)							
	1990	2000	2009	2010	2011	2012	2013	
Handy (Natel) für Privatgebrauch	...	57,6	91,3	91,7	93,1	94,8	94,3	Téléphone cellulaire privé
Fernseher (jeder Typ)	85,8	92,5	92,5	92,7	92,4	93,5	94,1	Téléviseur (tous types)
Personalcomputer (Desktop, Laptop, Tablett)	14,5	57,7	82,5	83,6	84,9	86,6	88,6	Ordinateur personnel (fixe, portable, tablette)
LCD, PLASMA oder DLP Fernsehgerät	...	...	50,0	62,0	68,3	80,4	83,9	Poste de télévision haute définition, LCD, Plasma, DLP
Drucker	...	54,8	74,1	75,1	77,1	72,3	79,0	Imprimante
DVD-Brenner (integriert im PC oder nicht)	...	...	71,6	72,1	71,5	59,1	63,1	Graveur DVD (intégré ou non au PC)
Stereoanlage (ohne DVD)	...	84,3	74,2	73,9	71,0	67,2	63,1	Chaîne stéréo (sans DVD)
Decoder TV	...	...	22,9	27,9	37,5	44,4	53,4	Décodeur TV numérique
GPS Navigationshilfe	...	...	25,1	31,7	34,5	41,7	44,2	Appareil GPS
MP3 / Multimedia player	...	...	37,7	37,9	37,0	38,9	37,5	Lecteur MP3 / multimedia
Spielkonsole	...	16,5	23,0	25,0	26,1	27,5	28,4	Console de jeux
Videorecorder	37,7	66,2	40,3	38,4	31,7	25,9	24,0	Magnétoscope
Videokamera (analog oder digital)	7,5	23,4	20,5	20,2	18,1	18,1	19,4	Caméscope (analogique ou digital)
Scanner	...	18,7	21,4	20,4	17,6	13,9	17,4	Scanner
Satellitenempfangsanlagen	...	...	14,6	14,7	13,2	12,4	10,5	Antenne satellite
Faxgerät	...	17,3	8,2	7,4	6,8	6,2	6,2	Télécopieur (fax)
Digitale Agendas, Planer (Palmtop, Psion usw.)	...	...	6,8	5,3	4,2	3,0	4,4	Agenda électronique (PDA)

1 Informations- und Kommunikationstechnologien
Quelle: BFS – HABE

1 Technologies de l'information et de la communication
Source: OFS – EBM

Online-Aktivitäten
Activités effectuées sur Internet

T 16.4.5

	In % der Bevölkerung ab 15 Jahre / En % de la population âgée de 15 ans et plus		In % der Internetnutzerinnen und -nutzer[1] / En % des internautes[1]		
	2010	2014	2010	2014	
E-Mails senden und empfangen	72	79	93	94	Communiquer par courrier électronique
Informationen suchen über Güter oder Dienstleistungen	57	66	73	79	Chercher des informations sur biens ou services
Nachrichten oder Zeitungen bzw. Nachrichtenmagazine lesen	57	63	73	76	Lire les nouvelles ou consulter des journaux ou des magazines d'information
Internet mit der Absicht nutzen, etwas zu lernen	57	65	73	78	Consulter Internet dans le but d'apprendre
Informationen suchen, die die Gesundheit betreffen	42	53	55	64	Rechercher des informations en relation avec la santé
Waren oder Dienstleistungen kaufen oder bestellen	43	56	55	67	Acheter / commander des produits (biens ou services)
Dienstleistungen im Bereich Reisen und Unterkunft nutzen	42	48	54	58	Utiliser des services en relation avec des voyages
E-Banking	39	49	50	59	Faire du e-banking
Filme und Videos herunterladen oder schauen	34	50	44	60	Télécharger ou regarder des films ou des vidéos
Informationen im Ausbildungsbereich suchen	32	*[2]	41	*[2]	Chercher des offres de formation
Musik herunterladen oder hören	31	42	40	50	Télécharger ou écouter de la musique
Radio hören oder online fernsehen	29	42	37	50	Ecouter la radio ou regarder la TV
Sein eigenes Profil in einem sozialen Netzwerk anlegen und aktualisieren	28	39	36	47	Créer / actualiser son profil sur un réseau social
Sich über politische Themen, Abstimmungen oder Wahlen informieren	25	35	32	42	S'informer lors de campagnes politiques, de votations ou d'élections
Nachrichten senden via Chat, Forum, Newsgroup	24	*[2]	31	*[2]	Chatter ou poster des messages sur un réseau social, un blog, forum, etc.
Software herunterladen	23	*[2]	30	*[2]	Télécharger des logiciels
Telefonieren oder Videokonferenzen	22	31	28	37	Téléphoner ou faire des video-conférences
Selbst erstellte Inhalte auf Internetseiten oder Plattformen aufschalten	17	18	22	22	Mettre en ligne du contenu créé personnellement sur des sites ou des plateformes
Eine Stelle suchen	13	*[2]	17	*[2]	Rechercher un emploi
Computerspiele online spielen oder herunterladen	13	19	16	23	Jouer en ligne ou télécharger des jeux
Etwas verkaufen: z. B. auf Auktionsseiten im Internet oder in den Kleinanzeigen	11	15	14	18	Vendre quelque chose, par exemple sur des sites d'enchères ou de petites annonces
Filme oder Musik über ein Peer-to-Peer-Netzwerk herunterladen	10	16	12	20	Télécharger des films ou de la musique en peer-to-peer
Eine Meinung zu politischen Themen äussern	7	7	9	8	S'exprimer lors de campagnes politiques
Online einen Kurs besuchen	3	*[2]	4	*[2]	Suivre des cours en ligne

1 Internetnutzerinnen und -nutzer : Nutzung in den letzten drei Monaten
2 Die Fragen von 2010 werden im 2014 nicht wiederholt.
Quelle: BFS – Omnibus IKT 2010 und 2014

1 Internautes : utilisation d'internet durant les trois derniers mois
2 Questions de 2010 non reprises en 2014
Source: OFS – Omnibus TIC 2010 et 2014

Telekommunikation, Entwicklung der Infrastruktur. Stand am 31.12.
Télécommunication, évolution des infrastructures. Etat au 31.12

T 16.4.11

	1990	1995	2000	2010	2012	2013	2014ᴾ	
Wireline								**Wireline**
Anschlüsse								Raccordements
in 1000	3 943	4 318	4 108	3 261	2 990	2 848	2 742	en milliers
ISDN in 1000	...	69	727	695	602	557	507	RNIS en milliers
PSTN in 1000	...	4 249	3 382	2 566	2 387	2 291	2 235	RTPC en milliers
pro 100 Einwohner	58,4	62,1	57,0	41,5	37,2	35,0	33,7	pour 100 habitants
Breitbandzugänge Internet[1]								Accès Internet large bande[1]
in 1000[2]	...	...	56	2 912	3 211	3 438	3 515	en milliers[2]
DSL[3] in 1000	...	...	4	2 076	2 188	2 209	2 204	Accès DSL[3] en milliers
Kabelmodem in 1000	...	...	52	818	978	1 107	1 129	Accès câble-modem en milliers
Glasfaser	...	...	...	13	38	120	180	Fibre optique
Andere	...	...	...	4	7	2	2	Autres
pro 100 Einwohner	...	...	0,8	36,9	39,9	42,2	42,7	pour 100 habitants
CATV-Abonnenten[4]								Abonnés au CATV[4]
in Millionen	1,84	2,38	2,63	2,85	2,79	2,69	2,64	en millions
je 100 Einwohner	27,3	33,8	36,5	36,2	34,7	33,1	32,1	pour 100 habitants
Internetabonnenten[5]								Abonnés à Internet[5]
in Millionen	...	...	1,67	2,99	3,24	3,47	3,53	en millions
je 100 Einwohner	...	...	23,1	37,9	40,4	42,6	42,8	pour 100 habitants
Publifone								Publiphones
in 1000	48,9	58,1	45,06	16,90	12,28	10,58	9,57	en milliers
je 1000 Einwohner	7,0	8,0	6,3	2,1	1,5	1,3	1,2	pour 1000 habitants
Wireless								**Wireless**
Mobilfunkabonnenten								Abonnés à la téléphonie mobile
in 1000	125	446	4 639	9 644	10 561	10 829	11 365	en milliers
je 100 Einwohner	2,0	6,3	64,4	122,5	131,4	133,0	138,0	pour 100 habitants

1 Abonnemente für den (kostenlosen oder kostenpflichtigen) Internetzugang für Endnutzer am 31.12. (ab 2004: Endnutzer 1.10.–31.12.)
2 Ohne die Endnutzer, für die die Bandbreite unbekannt ist (4% der Endnutzer im Jahre 2006).
3 Definition vor 2004: xDSL-Verbindungen
4 Fernsehabonnenten mit Koaxial- oder Glasfaser/Koaxial-Infrastruktur
5 Definition vor 2004: Anzahl Abonnemente nach Abschlussart; ab 2004 Endnutzer 1.10.–31.12.

Stand: Dezember 2015

Quellen: BFS; BAKOM – Amtliche Fernmeldestatistik

1 Usagers à Internet (gratuit ou payant); nombre d'usagers finaux le 31.12 (dès 2004: usagers finaux 1.10–31.12)
2 Jusqu'en 2006, sans tenir compte des usagers pour lesquels on ne peut pas définir la largeur de bande (4% des usagers en 2006).
3 Définition avant 2004: liaisons xDSL
4 Abonnées à la télévision recourant à une infrastructure de type coaxial ou fibre optique-coaxial
5 Définition avant 2004: nombre d'abonnements selon le type de raccordements; dès 2004 clients finaux 1.10–31.12

Etat: décembre 2015

Sources: OFS; OFCOM – Statistique officielle des télécommunications

17

Politik

Politique

Überblick

Nationalratswahlen 2015:
SVP und FDP als Wahlsiegerinnen

Bei den Nationalratswahlen 2015 gab es zwei Siegerinnen: die SVP, welche sich um 2,8 Prozentpunkte auf 29,4% steigerte, und die «FDP.Die Liberalen» (im Folgenden FDP genannt), die 1,3 Punkte zulegten (auf 16,4%). Für die SVP gab es damit 11 zusätzliche Mandate (auf 65 Mandate) und für die FDP 3 zusätzliche Mandate (auf 33).

Auf der Verliererseite standen mit Stimmenverlusten von 1,4 bzw. 1,3 Prozentpunkten die Grünen und die BDP (–4 bzw. –2 Mandate). Die GLP büsste 0,8 Punkte ein (–5 Mandate) und die CVP 0,7 (–1 Mandat).

Damit wurde der Trend der Nationalratswahlen 2011, wonach die aufstrebenden neuen Mitteparteien (GLP, BDP) die parteipolitische Polarisierung dämpften, gestoppt und teilweise gewendet.

Die SVP konnte mit ihren aktuellen Stimmengewinnen nicht nur die Verluste von 2011 wettmachen, sie erreichte mit 29,4% die höchste Parteistärke, die seit den ersten Proporzwahlen von

Vue d'ensemble

Elections au Conseil national 2015:
l'UDC et le PLR sont les deux gagnants des élections

Deux partis sont sortis grands vainqueurs des élections au Conseil national de 2015: l'UDC a progressé de 2,8 points à 29,4% et le «PLR.Les Libéraux-Radicaux» (ci-après PLR) a gagné 1,3 point (à 16,4%). Ainsi, l'UDC a décroché 11 mandats supplémentaires (pour un total de 65), le PLR 3 mandats supplémentaires (33).

Du côté des perdants, on trouve les Verts, avec –1,4 point (–4 mandats), et le PBD, qui a perdu 1,3 point (–2 mandats). Le PVL a reculé de 0,8 point (–5 mandats), le PDC de 0,7 point (–1 mandat).

Ainsi, la tendance observée lors des élections au Conseil national 2011, à savoir un affaiblissement de la polarisation politique due à l'émergence de nouveaux partis du centre (PVL, PBD), a été stoppée et en partie inversée.

Avec les gains de voix engrangés cette année, l'UDC a plus que compensé les pertes subies lors des élections de 2011. Recueillant 29,4% des suffrages, elle a atteint la force de parti

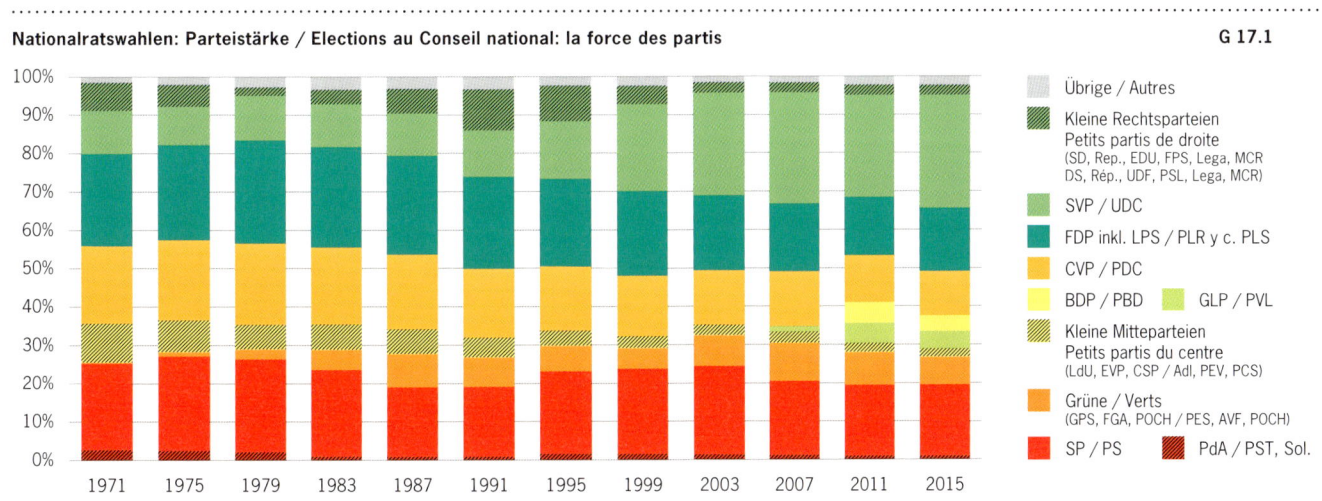

Nationalratswahlen: Parteistärke / Elections au Conseil national: la force des partis   G 17.1

Vollständige Bezeichnung der Parteien siehe Glossar / Voir le glossaire pour les désignations complètes des partis

Nationalrat: Mandatsverteilung nach Parteien 2015 G 17.2
Conseil national: répartition des mandats selon les partis, en 2015

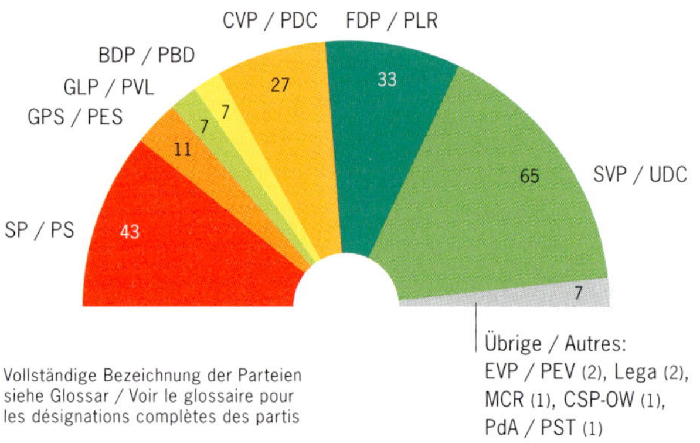

- CVP / PDC: 27
- FDP / PLR: 33
- BDP / PBD: 7
- GLP / PVL: 7
- GPS / PES: 11
- SP / PS: 43
- SVP / UDC: 65
- Übrige / Autres: 7

Vollständige Bezeichnung der Parteien siehe Glossar / Voir le glossaire pour les désignations complètes des partis

Übrige / Autres:
EVP / PEV (2), Lega (2), MCR (1), CSP-OW (1), PdA / PST (1)

Ständerat: Mandatsverteilung nach Parteien G 17.3
Conseil des Etats: répartition des mandats selon les partis

Vollständige Bezeichnung der Parteien siehe Glossar
Voir le glossaire pour les désignations complètes des partis

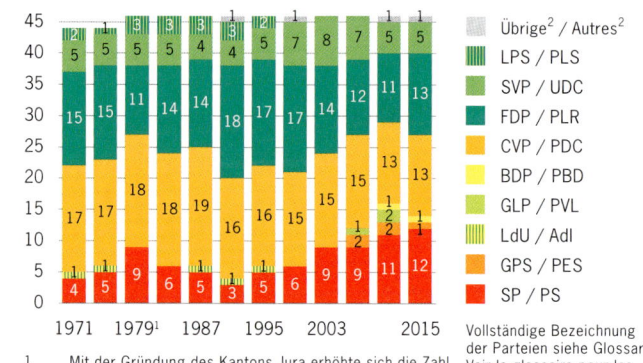

1 Mit der Gründung des Kantons Jura erhöhte sich die Zahl der Sitze auf 46. / A la suite de la création du canton du Jura, le nombre des sièges a été porté à 46.
2 1991: 1 Lega; 1999, 2011, 2015: 1 Parteiloser / sans parti

1919 je eine Partei erreicht hatte. Mit ihrem Stimmenzuwachs von 1,3 Prozentpunkten konnte die FDP – sie fusionierte 2009 mit der LPS – erstmals seit 1979 bei den Nationalratswahlen wieder gewinnen. Hingegen halten bei der CVP die Stimmenverluste bereits seit 1979 weitgehend an und erreichten 2015 mit 11,6% einen weiteren Tiefpunkt.

Die SP vermochte ihr Ergebnis der letzten Wahlen nur leicht zu verbessern (+0,1 Prozentpunkte auf 18,8%). Die Grünen (GPS) fuhren ihre zweite Niederlage in Folge ein und erreichten noch einen Wähleranteil von 7,1%.

Die so genannten neuen Mitteparteien GLP und BDP, die beiden Siegerinnen der Wahlen von 2011, verloren beide an Wähleranteilen und erreichten eine Parteistärke von 4,6% bzw. 4,1%.

Frauen in der Politik: Frauenanteil im Nationalrat erstmals über 30%, Rückgang im Ständerat hält an

Die Frauen – 53% der Wahlberechtigten – sind im 200-köpfigen Nationalrat mit 32% vertreten. Damit stieg der Frauenanteil im Vergleich zu den letzten Wahlen deutlich an und übertraf die 30%-Marke erstmals seit der Einführung des Frauenstimm- und -wahlrechts (+6 Frauen auf 64). Im 46-köpfigen Ständerat sind die Frauen deutlich schlechter vertreten. 2015 nehmen nur noch 7 Frauen Einsitz in der kleinen Kammer (2 weniger als 2011). Mit 15,2% ist der Frauenanteil im Ständerat bloss noch halb so gross wie jener im Nationalrat.

la plus élevée jamais enregistrée par un parti depuis les premières élections à la proportionnelle de 1919. En progression de 1,3 point, le PLR – qui a fusionné en 2009 avec le PLS – a amélioré son résultat aux élections au Conseil national pour la première fois depuis 1979. Les pertes de suffrages essuyées par le PDC sont par contre continues depuis 1979; elles ont atteint un nouveau fond en 2015 avec une part de 11,6%.

Le PS n'a progressé que de manière négligeable depuis les élections de 2011 (+0,1% à 18,8%). Les Verts (PES) ont subi leur deuxième défaite de suite et leur part de suffrages n'atteint plus que 7,1%.

Les nouveaux partis du centre, le PVL et le PBD, soit les deux partis gagnants des élections de 2011, ont tout deux perdu des parts de suffrages pour atteindre une force de parti de 4,6% pour le premier et de 4,1% pour le second.

Les femmes en politique: leur part pour la première fois à plus de 30% au Conseil national, alors qu'elle continue de reculer au Conseil des Etats

Les femmes – qui représentent 53% des électeurs inscrits – atteignent une part de 32% au Conseil national, formé de 200 députés. De la sorte, la part des femmes a nettement augmenté par rapport aux élections précédentes et a dépassé la barre des 30% pour la première fois depuis l'introduction du droit de vote et d'éligibilité des femmes (+6 femmes pour un total de 64). Les

---

Frauen im Nationalrat nach Parteien[1] G 17.4
Femmes représentées au Conseil national selon les partis[1]

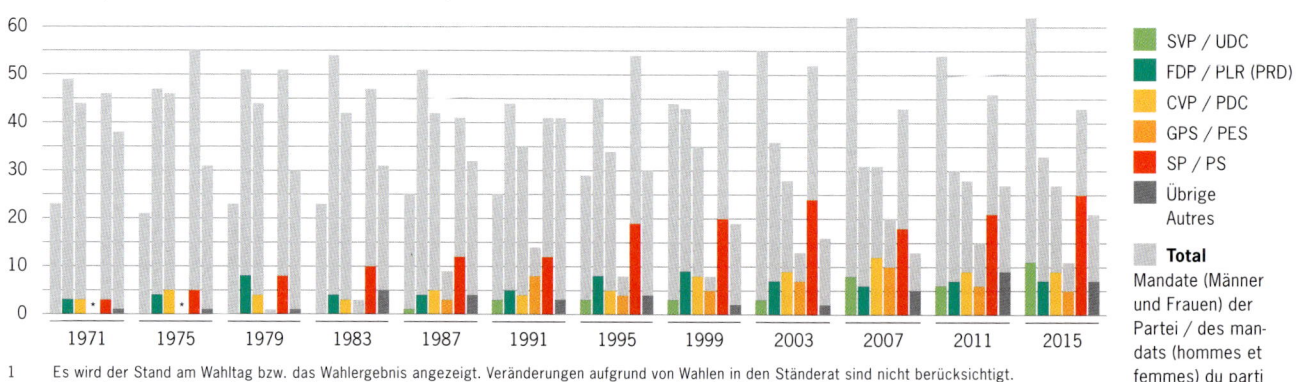

1 Es wird der Stand am Wahltag bzw. das Wahlergebnis angezeigt. Veränderungen aufgrund von Wahlen in den Ständerat sind nicht berücksichtigt.
Etat au jour du scrutin ou résultat de l'élection respectivement. Les changements intervenus suite à des élections au Conseil des Etats n'ont pas été considérés.
* Keine Kandidatur / Aucune candidature

Angenommene und verworfene Initiativen und Referenden G 17.5
Initiatives et référendums acceptés et rejetés

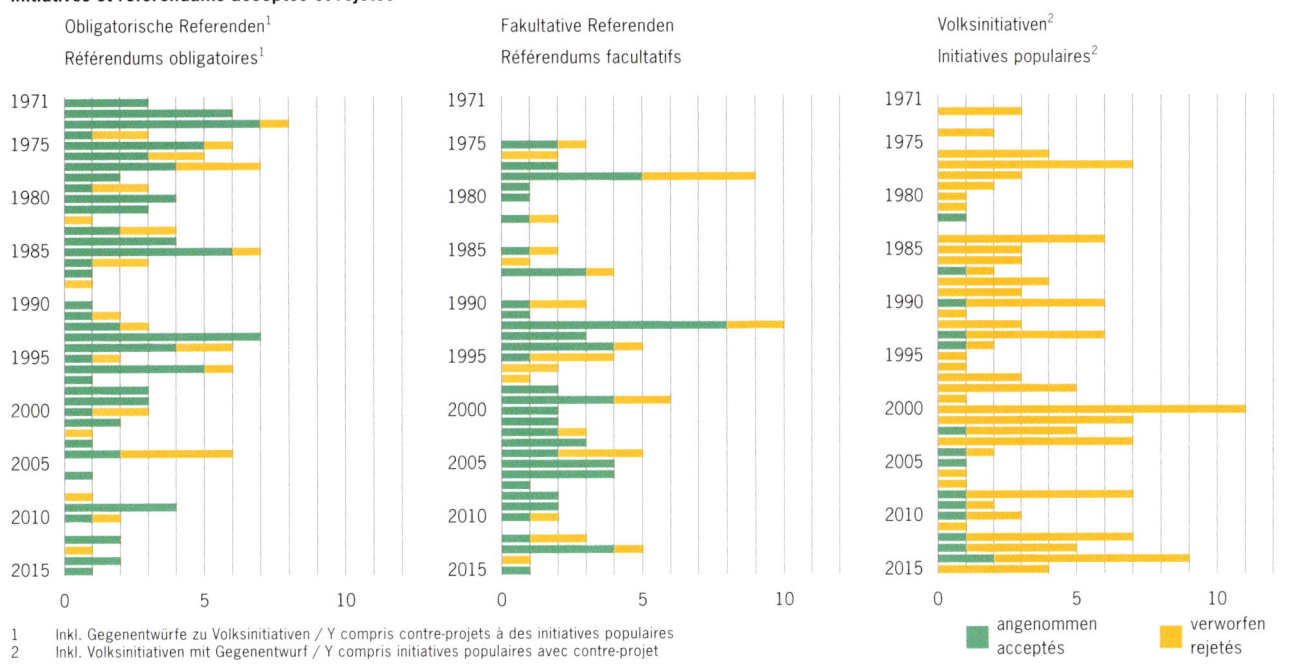

| Obligatorische Referenden[1] | Fakultative Referenden | Volksinitiativen[2] |
| Référendums obligatoires[1] | Référendums facultatifs | Initiatives populaires[2] |

■ angenommen / acceptés   ■ verworfen / rejetés

1 Inkl. Gegenentwürfe zu Volksinitiativen / Y compris contre-projets à des initiatives populaires
2 Inkl. Volksinitiativen mit Gegenentwurf / Y compris initiatives populaires avec contre-projet

---

In den Bundesrat wurde erstmals 1984 eine Frau gewählt. Nach einem Unterbruch zwischen 1989 und 1993 war stets mindestens 1 Frau im Bundesrat vertreten. 2010 erreichten die Frauen erstmals die Mehrheit in der Landesregierung: Sie besetzten 4 der 7 Sitze, 2011 sank die Zahl der Frauen wieder auf 3 und 2015 auf 2.

Gewählte Frauen: SP erstmals mit Frauenmehrheit, Steigerung auch bei SVP, Grünen und GLP

Bei der Steigerung des Frauenanteils im Nationalrat hat sich die parteipolitische Herkunft der gewählten Frauen verändert: In den 1970er-Jahren gehörte die Mehrheit einer der grossen bürgerlichen Bundesratsparteien FDP oder CVP an. Zwischen 1983 und 2003 waren die Frauen aus dem linksgrünen Lager in der Mehrzahl und stellten zeitweise bis zu zwei Drittel der gewählten Frauen.

Ab 2007 holten die bürgerlichen Frauen auf: Die CVP hat 2015 mit einem Drittel den höchsten Frauenanteil, die FDP-Frauen verloren leicht an Terrain (21%), dafür legten die Frauen in der SVP deutlich zu und sind nun mit einen Anteil von 17% vertreten.

Am grössten war die Steigerung des Frauenanteils bei der SP: Erstmals verfügt eine grosse Partei über eine deutliche Frauenmehrheit in ihrer Nationalratsdeputation (58%). Damit stellt die SP fast gleich viele Frauen wie FDP, CVP und SVP zusammen (25 gegenüber 27).

Daneben vermochten sich auch die Frauen bei den Grünen und der GLP zu steigern. In der GLP finden sich 3 Frauen (43%). Die Grünen verfügen über 5 Nationalrätinnen (45,5%). Zwei weitere Frauen gehören der EVP an, je 1 Frau der BDP und der Lega.

Im Ständerat stellt wie schon seit 2007 die SP (4) die meisten Frauen. 2 Ständerätinnen gehören der CVP und eine der FDP an.

femmes sont nettement plus faiblement représentées au Conseil des Etats, formé de 46 membres. En 2015, seules 7 femmes siègent à la petite Chambre (2 de moins qu'en 2011). Leur part au Conseil des Etats atteint 15,2%, soit la moitié de celle des femmes au Conseil national.

La première élection d'une femme au Conseil fédéral remonte à 1984. A part une parenthèse de quatre ans (de 1989 à 1993), ce dernier a depuis lors toujours compté parmi ses membres au moins une femme. Si les femmes sont pour la première fois devenues majoritaires en 2010, (4 sièges sur 7), leur nombre est retombé à 3 en 2011 et à 2 en 2015.

Femmes élues: pour la première fois une majorité de femmes au PS, députation féminine en hausse à l'UDC, chez les Verts et au PVL

L'appartenance politique des femmes élues au Conseil national a évolué au fur et à mesure que leur nombre augmentait. Dans les années 1970, la majorité d'entre elles appartenaient au PLR (PRD) ou au PDC. Entre 1983 et 2003, la majorité des conseillères nationales appartenaient au camp rose-vert et représentaient par moments jusqu'à deux tiers des femmes élues.

A partir de 2007, les femmes des partis bourgeois ont gagné du terrain: En 2015, elles représentent un tiers au PDC, soit la part la plus importante dans le camp bourgeois; la part des femmes a par contre un peu reculé au PLR (21%) et a nettement progressé à l'UDC (17%).

Mais la part des femmes a augmenté le plus fortement au PS: pour la première fois, un grand parti compte une majorité de femmes dans sa députation au Conseil national (58%). Ainsi, le PS dispose de presque autant de députées que le PLR, le PDC et l'UDC réunis (25 contre 27).

La nombre de représentantes a aussi augmenté chez les Verts et au PVL. Le PVL compte 3 femmes (43%). Les Verts disposent de 5 conseillères nationales (45,5%). Deux autres

Entwicklung der Stimm- und Wahlbeteiligung G 17.6
Evolution de la participation aux votations et aux élections

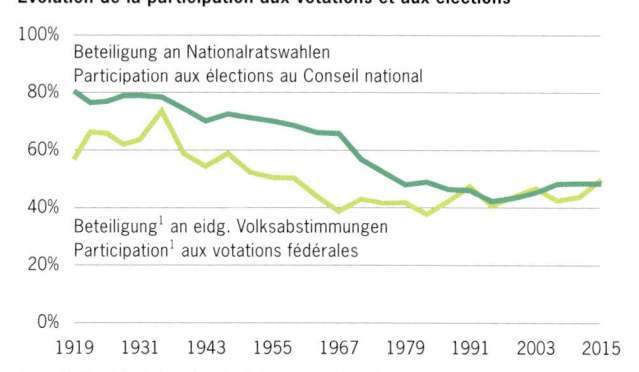

1 Es handelt sich um Durchschnittswerte für die Urnengänge, welche im Zeitraum von zwei Jahren vor bis zwei Jahre nach den jeweiligen Nationalratswahlen stattfanden. Bis 1931 eineinhalb vor bis eineinhalb Jahre nach den Wahlen, entsprechend dem damals üblichen dreijährigen Rhythmus. / Il s'agit de moyennes établies pour les votations qui ont eu lieu au cours des deux ans précédant et suivant les élections au Conseil national. Jusqu'en 1931, la période considérée est de deux fois une année et demie, car les élections avaient alors lieu tous les trois ans.

Steigende Erfolgsquote der Volksinitiativen

Von 1848 bis 2015 wurde in Volksabstimmungen auf eidgenössischer Ebene über 595 Vorlagen entschieden. Dabei zeigt sich eine starke Häufung in den letzten Jahrzehnten: Die Abstimmungen zu rund der Hälfte aller Vorlagen fanden in den letzten 35 Jahren statt. Die meisten Abstimmungen betrafen obligatorische Referenden, nämlich 218; rund 75% davon wurden angenommen. Von den 177 fakultativen Referendumsvorlagen wurde eine Mehrheit gutgeheissen. Weit weniger erfolgreich waren die 200 Volksinitiativen: Nur gerade 22 wurden angenommen (3 davon gegen einen Gegenvorschlag). Allerdings ist seit der Jahrtausendwende die Erfolgsquote von Volksinitiativen angestiegen; 10 von 62 Volksinitiativen wurden gutgeheissen.

Wahlbeteiligung auf niedrigem Niveau stabilisiert

Die Beteiligung an den Nationalratswahlen hat im 20. Jahrhundert stetig abgenommen. Am massivsten war der Rückgang nach 1967: Innert dreier Legislaturperioden fiel die Wahlbeteiligung um fast 18 Punkte auf 48% (1979) – eine Entwicklung, die nicht zuletzt auf die Einführung des Frauenstimm- und -wahlrechts (1971) zurückzuführen ist. Seither bewegen sich die Werte zwischen 42% und 49%.

In der Schweiz ist damit die Beteiligung an Wahlen niedriger als in jedem anderen demokratischen Land. Mögliche Ursachen dafür sind die Volksabstimmungen zu Sachthemen oder der im Vergleich zu anderen Ländern geringere Stellenwert der eidgenössischen Parlamentswahlen.

Stark variierende Stimmbeteiligung

Die Beteiligung an den eidgenössischen Volksabstimmungen ist fast durchwegs niedriger als bei den Nationalratswahlen; doch verläuft der Rückgang weit weniger gleichmässig und ist von starken Ausschlägen geprägt. So betrugen seit 1990 die Extremwerte 28% und 79%. Der Abwärtstrend hat sich jedoch zu Beginn des 21. Jahrhunderts nicht fortgesetzt. Die durchschnittliche Stimmbeteiligung ist sogar wieder leicht angestiegen (von 42% in den 1980er-/1990er-Jahren auf 45%).

conseillères nationales font partie du PEV, alors que le PBD et la Lega ont chacun une députée à la Chambre du peuple.

Au Conseil des Etats, les députées sont en majorité membres du PS (4), comme en 2007. Le PDC comptent deux représentantes et le PLR en a une.

Taux de succès croissant des initiatives populaires:

De 1848 à 2015, des votations ont été organisées au plan fédéral sur 595 objets. Les votations se sont multipliées au cours des dernières décennies: la moitié des objets ont été soumis au peuple au cours des 35 dernières années. La majeure partie des votations ont eu lieu en vertus de référendums obligatoires (218 objets); environ 75% de ces objets ont été acceptés. Une majorité des 177 votations sur référendum facultatif ont été acceptés. Les initiatives populaires ont eu moins de succès: 22 seulement sur 200 ont été acceptées (dont trois au détriment d'un contre-projet). Cependant, depuis la fin du dernier millénaire, le taux de succès des initiatives populaires a augmenté; 10 des 62 initiatives ont été acceptées.

La participation aux élections se stabilise à un bas niveau

La participation aux élections au Conseil national a constamment diminué au cours du 20e siècle. La chute de la participation a été particulièrement brutale après 1967: en trois législatures, elle a baissé de près de 18 points pour tomber à 48% (1979) – une évolution qui est due notamment à l'introduction du droit de vote et d'éligibilité des femmes (1971). Depuis, les valeurs varient entre 42% et 49%.

La participation aux élections est plus faible en Suisse que dans tout autre pays démocratique. Les causes possibles de cette situation sont les votations populaires en Suisse sur les objets les plus divers et la faible importance que l'on accorde aux élections fédérales par rapport à d'autres pays.

Participation très variable aux élections

La participation aux élections fédérales est presque toujours plus faible que la participation aux élections au Conseil national, mais son recul est moins constant et il est marqué de forts soubresauts. Ainsi, dès 1990, les valeurs extrêmes étaient de 28% à 79%. La tendance à la baisse ne s'est cependant pas poursuivie au début du 21e siècle. La participation moyenne aux votations a même légèrement augmenté (de 42% dans les années 1980/1990 à 45%).

Erhebungen, Quellen

Statistiken zu Wahlen und Volksabstimmungen

Das Bundesamt für Statistik (BFS) führt Statistiken zu den Nationalratswahlen, den Ständeratswahlen, den kantonalen Wahlen und zu den eidgenössischen Volksabstimmungen.

Für die **Nationalratswahlen** sind die kantonalen Ergebnisse ab 1919, dem Jahr mit den ersten Proporzwahlen, und seit 1947 auf Bezirksebene verfügbar. Folgende Daten sind auch auf Gemeindeniveau elektronisch erfasst: die Ergebnisse der Kandidierenden und der Wahllisten (seit 1971) sowie die Panaschierstatistik auf Listen- bzw. Personenebene (seit 1983 bzw. 1999). Die Gemeindeergebnisse werden vom BFS von den Kantonen (deren statistischen Ämtern oder deren Staatskanzleien) in elektronischer Form übernommen und plausibilisiert, allenfalls bereinigt und komplettiert.

Die Ergebnisse der **Ständeratswahlen sowie der kantonalen Regierungs- und Parlamentswahlen** werden vom BFS gemeinsam mit dem Zentrum für Demokratie Aarau von den kantonalen Staatskanzleien übernommen und aufbereitet.

Die Ergebnisse der **eidgenössischen Volksabstimmungen** sind auf kantonalem Niveau seit 1848 und auf Gemeindeniveau seit 1981 in elektronischer Form verfügbar.

Enquêtes, sources

Statistiques des élections et des votations populaires

L'Office fédéral de la statistique (OFS) produit des statistiques sur les élections au Conseil national et au Conseil des Etats, sur les élections cantonales et sur les votations fédérales.

Pour les **élections au Conseil national**, les résultats cantonaux sont disponibles à partir de 1919, année de l'introduction du scrutin proportionnel. Ils sont disponibles au niveau du district à partir de 1947. Certains résultats communaux sont disponibles sous forme électronique: résultats des candidats et des listes électorales (depuis 1971), statistique du panachage au niveau des listes et des personnes (resp. depuis 1983 et 1999). Les résultats communaux sont transmis électroniquement par les cantons (offices statistiques cantonaux ou chancelleries cantonales) à l'OFS, qui les plausibilise et les corrige ou complète si nécessaire.

Les résultats des **élections au Conseil des Etats, aux gouvernements cantonaux et aux parlements cantonaux** sont saisis par l'OFS à partir des documents officiels, en collaboration avec le Centre d'études sur la démocratie Aarau.

Les résultats des **votations fédérales** sont disponibles sous forme électronique (résultats cantonaux depuis 1848, résultats communaux depuis 1981).

Glossar

Bundesrat
Gemäss Art. 174 der Bundesverfassung ist der siebenköpfige Bundesrat «die oberste leitende und vollziehende Behörde des Bundes»; seine Aufgabe besteht zum einen im Leiten der Bundesverwaltung und zum andern in der Regierungstätigkeit. In der Leitung der Bundesverwaltung untersteht jedem Mitglied des Bundesrates ein Departement. In der Regierungstätigkeit handelt der Bundesrat dagegen als Gesamtbehörde, d.h. er fällt alle wichtigen politischen Entscheide kollektiv und nach dem Mehrheitsprinzip. Die Schweiz kennt weder einen verantwortlichen Ministerpräsidenten noch verantwortliche Fachminister. Der für die Dauer eines Jahres gewählte Bundespräsident ist nur der Vorsitzende des Bundesrates und hat vor allem repräsentative Funktionen. Der Bundesrat wird jeweils nach der Gesamterneuerung des Nationalrates von der Bundesversammlung auf vier Jahre gewählt, und zwar nach dem Majorzsystem, wobei für die Bestellung jedes Sitzes ein eigener Wahlgang durchgeführt wird. Während der Legislaturperiode kann der Bundesrat nicht zum Rücktritt gezwungen werden – es gibt kein parlamentarisches Misstrauensvotum. Zur Wahl in den Bundesrat kann jede stimmberechtigte Schweizerin bzw. jeder stimmberechtigte Schweizer vorgeschlagen werden. 1999 wurde die Verfassungsbestimmung, dass pro Kanton nicht mehr als ein Bundesrat gewählt werden darf, ersetzt durch die Bestimmung, dass die Landesteile und Sprachgemeinschaften angemessen im Bundesrat berücksichtigt sein müssen (Art. 175 BV). Nachdem die Regelung der parteipolitischen Zusammensetzung des Bundesrates, die so genannte «Zauberformel» (2 FDP, 2 CVP, 2 SP und 1 SVP), über 40 Jahre lang Bestand hatte, wurde sie nach den Nationalratswahlen 2003 umgeändert zunächst in 2 FDP, 2 SVP, 2 SP und 1 CVP und 2009 bis 2015 in 2 FDP, 2 SP, 1 CVP, 1 SVP, 1 BDP. Ab 2016 besteht die Landesregierung aus 2 FDP, 2 SP, 2 SVP und 1 CVP Bundesräten.

Initiative
Siehe Volksabstimmungen.

Majorzwahl
Siehe Wahlsysteme.

Nationalrat
Siehe Parlament.

Parlament
In der Schweiz gilt – nach dem Vorbild der USA – das so genannte Zweikammersystem. Der Nationalrat repräsentiert das Volk; der Ständerat die Kantone. Die beiden Räte sind gleichberechtigt; sie tagen jeweils gleichzeitig, aber getrennt. Zur «Vereinigten Bundesversammlung» treten sie nur für Wahlen und ausserordentliche Geschäfte zusammen.

Der **Nationalrat** besteht aus 200 Mitgliedern und wird alle vier Jahre neu gewählt. Gemäss Artikel 149 der Bundesverfassung bildet jeder Kanton einen Wahlkreis. Je nach Grösse der Wohnbevölkerung haben die Wahlkreise mehr oder weniger Sitze im Nationalrat zugute. Jedem Wahlkreis steht jedoch mindestens einer zu; in Kantonen mit nur einem Sitz wird nach dem Majorzsystem gewählt (UR, OW, NW, GL, AI und seit

Glossaire

Conseil des Etats
Voir parlement.

Conseil fédéral
Le Conseil fédéral est «l'autorité directoriale et exécutive suprême de la Confédération» (article 174 de la constitution fédérale). Il se compose de sept membres. Ses tâches consistent d'une part à diriger l'administration fédérale, d'autre part à gouverner le pays. Chaque conseiller fédéral dirige un département de l'administration fédérale, mais l'exercice du gouvernement est collégial. Toutes les décisions politiques importantes du Conseil fédéral sont prises collectivement, à la majorité des voix. La Suisse n'a ni premier ministre, ni ministres responsables. Le président de la Confédération, élu pour un an, dirige les séances du Conseil fédéral et exerce certaines fonctions de représentation. Le Conseil fédéral est élu pour quatre ans par l'Assemblée fédérale, après chaque renouvellement intégral du Conseil national. On procède à une élection séparée pour chaque siège, selon le système majoritaire. Le Conseil fédéral ne peut pas être contraint à démissionner durant la législature – le vote de confiance n'existe pas dans le système parlementaire suisse. Toute citoyenne et tout citoyen suisse ayant le droit de vote est éligible au Conseil fédéral. En 1999, la disposition constitutionnelle interdisant l'élection de plus d'un conseiller fédéral par canton a été remplacée par une disposition nouvelle demandant que les diverses régions et les communautés linguistiques soient équitablement représentées au Conseil fédéral. Enfin, une règle non écrite, appelée «formule magique», qui fixait depuis plus de 40 ans la composition politique du Conseil fédéral (2 PLR, 2 PDC, 2 PS et 1 UDC) a été modifiée après les élections au Conseil national de 2003 (2 PLR, 2 PS, 2 UDC et 1 PDC) et de nouveau en 2009 (2 PLR, 2 PS, 1 PDC, 1 UDC, 1 PBD). A partir de 2016 le Conseil fédéral compte 2 PLR, 2 PS, 2 UDC et 1 PDC.

Conseil national
Voir parlement.

Force des partis
Part des suffrages obtenus par un parti sur l'ensemble des suffrages valables exprimés. Cette formule permet de calculer la force des partis à l'intérieur d'une circonscription électorale (canton), mais non la force des partis au plan national ni la structure de leur implantation cantonale. Pour obtenir ces deux dernières informations, on ne peut pas se baser sur la somme des voix, car le nombre de voix que les électeurs peuvent attribuer varie d'un canton à l'autre en raison du fait que les cantons ne disposent pas du même nombre de sièges au Conseil national. Il faut donc convertir les suffrages exprimés sur le plan cantonal en une valeur comparable sur le plan suisse, à savoir un nombre d'électeurs fictifs.

Le nombre d'électeurs fictifs s'obtient, pour le dire simplement, en divisant le nombre de voix obtenues par chaque parti par le nombre de sièges dont la circonscription électorale (canton) dispose.

Initiative
Voir votations populaires.

2003 AR). In den 20 Kantonen mit zwei oder mehr Sitzen erfolgt die Sitzverteilung nach dem Proporzsystem.

Der **Ständerat** besteht aus 46 Mitgliedern. Gemäss Artikel 150 der Bundesverfassung ist jeder Kanton mit zwei Mitgliedern vertreten; die Halbkantone (OW, NW, BS, BL, AI und AR) mit je einem. Die Wahl in den Ständerat untersteht kantonalem Recht und erfolgt somit nicht einheitlich. Mit Ausnahme der Kantone Jura und – seit 2011 – Neuenburg, wo das Proporzsystem zur Anwendung kommt, bestimmen alle Kantone ihre Ständerätinnen und Ständeräte nach dem Majorzsystem. Nur in Appenzell Innerrhoden wird die Abordnung in den Ständerat an der Landsgemeinde gewählt, und zwar am letzten Aprilwochenende ein halbes Jahr vor den Nationalratswahlen. Alle anderen Kantone führen die Ständeratswahlen inzwischen gleichzeitig wie die Nationalratswahlen durch.

Parteien: Verzeichnis der Abkürzungen

FDP	FDP.Die Liberalen
	2009: Fusion von Freisinnig-Demokratischer Partei der Schweiz (FDP) und Liberaler Partei der Schweiz (LPS) auf nationaler Ebene unter der Bezeichnung «FDP.Die Liberalen»
CVP	Christlichdemokratische Volkspartei der Schweiz
SP	Sozialdemokratische Partei der Schweiz
SVP	Schweizerische Volkspartei
	Bis 1971: Bauern-, Gewerbe- und Bürgerpartei (BGB)
Dem.	Demokraten (1905–1971)
LPS	Liberale Partei der Schweiz
	2009 auf nationaler Ebene mit der FDP fusioniert
LdU	Landesring der Unabhängigen (1936–1999)
EVP	Evangelische Volkspartei der Schweiz
CSP	Christlichsoziale Partei
	Seit 2014: Mitte Links CSP Schweiz
DSP	Demokratisch-Soziale Partei
GLP	Grünliberale Partei
	2004 von der GP Zürich abgespalten und 2007 als nationale Partei gegründet
BDP	Bürgerlich-Demokratische Partei
	2008 von der SVP abgespalten
PdA	Partei der Arbeit der Schweiz
PSA	Partito socialista autonomo (TI) 1970–1988
	Nach der Fusion mit Teilen der SP-TI: Partito socialista unitario (1988–1992); seit 1992: Mitglied der SP Schweiz
PSA-SJ	Parti socialiste autonome du Sud du Jura
POCH	Progressive Organisationen der Schweiz (1973–1993)
GPS	Grüne / Grüne Partei der Schweiz
FGA	Feministische und grün-alternative Gruppierungen (Sammelbezeichnung, 1975–2010), Alternative Linke
Sol.	Solidarität
SD	Schweizer Demokraten (1961–1990: Nationale Aktion)
Rep.	Republikaner (1971–1989)
	Für Genf werden die Mandate und Stimmen der Vigilance (1965–1990) unter Rep. aufgeführt.
EDU	Eidgenössisch-Demokratische Union
FPS	Freiheits-Partei der Schweiz (1985–1994 und seit 2009: Schweizer Auto-Partei, AP)
Lega	Lega dei ticinesi
MCR	Mouvement Citoyens Romands
Übrige	Splittergruppen

Parlement

Dans le système bicaméral suisse, conçu à l'image de celui des Etats-Unis, le Conseil national représente le peuple et le Conseil des Etats les cantons. Les deux Chambres ont les mêmes compétences; elles siègent simultanément mais séparément. L'Assemblée fédérale (réunion des deux Chambres) ne siège que pour procéder à des élections et pour traiter de questions extraordinaires.

Le **Conseil national** se compose de 200 députés, élus tous les quatre ans. Chaque canton forme une circonscription électorale (article 149 de la constitution fédérale). Les sièges sont répartis entre les circonscriptions proportionnellement à leur population, mais chacune dispose d'un siège au moins. L'élection se fait au scrutin majoritaire dans les cantons qui disposent d'un seul siège (UR, OW, NW, GL, AI et, depuis 2003, AR) et au scrutin proportionnel dans les 20 cantons qui disposent de deux sièges ou plus.

Le **Conseil des Etats** se compose de 46 députés. Chaque canton y est représenté par deux députés, chaque demi-canton (OW, NW, BS, BL, AI et AR) par un député (article 150 de la constitution fédérale). L'élection des conseillers aux Etats est réglée par le droit cantonal. A l'exception du canton du Jura et, à partir de 2011, de celui de Neuchâtel qui utilisent le scrutin proportionnel, tous les cantons élisent leurs députés au scrutin majoritaire. Le canton d'Appenzell Rhodes-Intérieures reste une exception. Ses représentants à la chambre des cantons sont élus lors d'une landsgemeinde qui a lieu le dernier dimanche d'avril, six mois avant les élections au Conseil national. Dans tous les cantons, les élections au Conseil des Etats coïncident maintenant avec les élections au Conseil national.

Partis: liste des abréviations

PLR	PLR.Les Libéraux-Radicaux
	En 2009, fusion du parti radical-démocratique suisse (PRD) avec le parti libéral suisse (PLS) au plan national sous la dénomination de «PLR.Les Libéraux-Radicaux»
PDC	Parti démocrate-chrétien suisse
PS	Parti socialiste suisse
UDC	Union démocratique du centre
	Jusqu'en 1971: parti des paysans, artisans et bourgeois (PAB)
Dém.	Démocrats (1905–1971)
PLS	Parti libéral suisse
	2009: fusion avec le PRD au plan national
AdI	Alliance des indépendants (1936–1999)
PEV	Parti évangélique populaire suisse
PCS	Parti chrétien-social
	Depuis 2014: Centre Gauche PCS Suisse
PSD	Parti social-démocrate
PVL	Parti vert-libéral
	2004: scission du PE zurichois; en 2007 établi comme parti national
PBD	Parti Bourgeois-Démocratique
	2008: scission de l'UDC
PST	Parti suisse du travail / Parti ouvrier et populaire (POP)
PSA	Partito socialista autonomo (TI) 1970–1988
	Après la fusion avec une partie du PS tessinois: partito socialista unitario (PSU); depuis 1992: membre du PS suisse
PSA-SJ	Parti socialiste autonome du Sud du Jura
POCH	Organisations progressistes suisses (1973–1993)
PES	Verts / Parti écologiste suisse

Parteistärke

Anteil Wählerstimmen, die eine Partei erhalten hat, am Total aller abgegebenen gültigen Stimmen. Diese Formel gilt für die Berechnung der Parteistärke innerhalb eines Wahlkreises, nicht jedoch für die Berechnung der Parteistärke einer Einheit mit unterschiedlich grossen Wahlkreisen. Bei solchen Berechnungen kann nicht von der Summe der Stimmen ausgegangen werden, da den Wählenden je nach Wahlkreis eine unterschiedliche Zahl von Stimmen – entsprechend der Anzahl Sitze im Parlament – zur Verfügung stehen. Um kantonale oder gesamtschweizerische Werte zu erhalten, müssen daher die abgegebenen Stimmen – wahlkreisweise – in eine über alle Wahlkreise hinweg vergleichbare Grösse umgerechnet werden: in die sogenannten fiktiven Wählenden.

Die Zahl der fiktiven Wählenden wird ermittelt, indem, vereinfacht gesagt, die Anzahl der erhaltenen Stimmen durch die Anzahl der zu vergebenden Sitze des entsprechenden Wahlkreises geteilt wird.

Proporzwahl

Siehe Wahlsysteme.

Referendum

Siehe Volksabstimmungen.

Ständerat

Siehe Parlament.

Volksabstimmungen (eidgenössische)

In der Volksabstimmung können den Stimmberechtigten folgende Typen von Vorlagen zur Entscheidung vorgelegt werden: Obligatorische und fakultative Referenden sowie Volksinitiativen (gelegentlich mit einem Gegenentwurf der Bundesversammlung).

Bereits seit 1848 gilt die Regelung, dass sämtliche Verfassungsänderungen in einer Volksabstimmung genehmigt werden müssen (**obligatorisches Verfassungsreferendum**). Eine Verfassungsänderung ist erst rechtskräftig, wenn sie die Mehrheit der Stimmenden («Volksmehr») sowie der Kantone («Ständemehr») gutheisst. Obligatorisch von Volk und Ständen genehmigt werden müssen, gemäss Artikel 140 der Bundesverfassung, auch der Beitritt zu Organisationen für kollektive Sicherheit oder zu supranationalen Gemeinschaften sowie dringlich erklärte Bundesgesetze, die keine Verfassungsgrundlage haben und deren Geltungsdauer ein Jahr übersteigt. Seit 1874 gilt ferner auch, dass Bundesgesetze und für dringlich erklärte Bundesgesetze, deren Geltungsdauer ein Jahr übersteigt, dem Volk zur Entscheidung vorgelegt werden müssen, sofern dies 50 000 (bis 1977 30 000) Stimmberechtigte oder acht Kantone innerhalb von 100 Tagen verlangen (**fakultatives Referendum**). Artikel 141 der Bundesverfassung sieht vor, dass völkerrechtliche Verträge, die unbefristet und unkündbar sind, den Beitritt zu einer internationalen Organisation vorsehen oder eine multilaterale Rechtsvereinheitlichung herbeiführen, dem fakultativen Referendum unterstehen. Im Gegensatz zum obligatorischen Referendum, welches Verfassungsänderungen betrifft und daher des Volks- und des Ständemehrs bedarf, ist beim fakultativen Referendum nur die Mehrheit der Stimmenden, nicht aber der Kantone erforderlich.

Bereits seit 1848 kann das Volk eine Totalrevision der Bundesverfassung verlangen. 1891 wurde diese Bestimmung auf Teilrevisionen der Bundesverfassung mittels **Volksinitiative** erweitert. Anders als beim Referendum, bei dem die Stimmenden – quasi als Notbremse – nur Stellung zu bereits von Parlament oder Regierung getroffenen Beschlüssen nehmen können, gibt die Verfassungsinitiative auf Teilrevision den Stimmberechtigten das Recht, selber eine allgemeine Anregung oder einen

AVF	Alternative socialiste verte et groupements féministes (étiquette commune, 1975–2010), Gauche alternative
Sol.	SolidaritéS
DS	Démocrates suisses (1961–1990: Action nationale)
Rép.	Républicains (1971–1989) Les mandats et les voix de Vigilance à Genève (1965–1990) sont placés sous Rép.
UDF	Union démocratique fédérale
PSL	Parti suisse de la liberté (1985–1994 et depuis 2009: Parti suisse des automobilistes, PA)
Lega	Lega dei ticinesi
MCR	Mouvement Citoyens Romands
Autres	Groupes épars

Référendum

Voir votations populaires.

Systèmes électoraux

Les élections au Conseil national et au Conseil des Etats ainsi que les élections aux exécutifs et aux parlements cantonaux se font en général au scrutin majoritaire ou au scrutin proportionnel.

Dans le **système majoritaire**, les candidats se présentent à titre individuel, mais ils sont le plus souvent nommés et soutenus par les partis. Sont élus les candidats qui obtiennent le plus de voix. On distingue entre «majorité absolue» et «majorité relative»: pour avoir la majorité absolue, il faut obtenir la moitié des voix (ou bulletins) valables plus une; pour atteindre la majorité relative, il suffit de recueillir le plus grand nombre de voix. Dans ce système, les petits partis n'ont que peu de chances d'obtenir des sièges, tous ces derniers étant généralement attribués aux grands partis. La plupart des élections aux gouvernements cantonaux et au Conseil des Etats se déroulent selon le scrutin majoritaire.

Dans le **système proportionnel**, les sièges sont répartis entre les différentes listes proportionnellement au nombre de voix obtenues. Dans une circonscription électorale donnée, la proportionnalité sera d'autant plus précise que le nombre de sièges à pourvoir est élevé. Dans ce système, on commence par répartir les sièges entre les différentes listes (d'après le nombre de voix obtenues par chacune d'elles), puis on attribue ces sièges aux candidats arrivés en tête de chaque liste.

En Suisse, la plupart des élections parlementaires obéissent au système proportionnel. Pour la répartition des sièges au Conseil national ainsi que dans la plupart des parlements cantonaux, on a recours à la méthode Hagenbach-Bischoff. De plus en plus, la méthode dite du «diviseur doublement proportionnel» est également utilisée, appelé aussi «double Pukelsheim», du nom du mathématicien Friedrich Pukelsheim (dans les cantons ZH, NW, ZG, SH, AG). Les sièges du Parlement cantonal sont attribués aux partis en fonction de leur part de suffrages dans l'ensemble du canton et les effets dus à la différence de taille des divers arrondissements électoraux sont éliminés.

Système majoritaire

Voir systèmes électoraux.

Système proportionnel

Voir systèmes électoraux.

Taux de participation (élections)

Le taux de participation est obtenu en divisant le nombre de votants (soit les bulletins électoraux déposés) par le nombre d'électeurs. Sont

ausgearbeiteten Entwurf für eine Verfassungsänderung zu formulieren, welche sodann dem Souverän zur Stellungnahme unterbreitet werden muss. Bedingung ist das Einreichen von 100 000 (bis 1977 50 000) Unterschriften von Stimmberechtigten innert einer Sammelfrist von 18 Monaten. Da die Volksinitiative eine Verfassungsänderung anstrebt, tritt sie gemäss Artikel 139 der Bundesverfassung nur in Kraft, wenn sie von der Mehrheit der Stimmenden und der Kantone gutgeheissen wird.

Die Bundesversammlung (National- und Ständerat) hat laut Artikel 139 der Bundesverfassung das Recht, bei Volksinitiativen eine Abstimmungsempfehlung an die Stimmberechtigten zu richten. Empfiehlt sie Ablehnung, so kann sie der Volksinitiative einen eigenen Vorschlag entgegenstellen **(Gegenentwurf)**. Kommen Volksinitiative und Gegenentwurf zur Abstimmung, so ist auch eine doppelte Zustimmung möglich (bis 1987 konnte nur eine der beiden Vorlagen angenommen, wohl aber beide abgelehnt werden). Mittels der **Stichfrage** wird bei gleichzeitiger Annahme von Volksinitiative und Gegenentwurf eruiert, welche der beiden Verfassungsänderungen in Kraft treten soll.

Wahlbeteiligung

Die Wahlbeteiligung wird berechnet, indem die Zahl der Wählenden (das sind die eingelegten Wahlzettel) durch die Zahl der Wahlberechtigten dividiert wird. Dabei werden sämtliche Wählende berücksichtigt, auch jene, die einen leeren oder ungültigen Wahlzettel in die Urne gelegt haben.

Wahlsysteme

Bei den Wahlen in den National- und den Ständerat sowie den kantonalen Parlaments- und Regierungswahlen kommt das Majorzsystem oder das Proporzsystem zur Anwendung.

Beim **Majorzwahlsystem** treten die Kandidierenden als Einzelpersonen an; meistens werden sie jedoch von den Parteien nominiert und unterstützt. Gewählt ist grundsätzlich, wer eine Mehrheit der Stimmen (oder Wahlzettel) erhält. Dabei wird zwischen einem «absoluten Mehr» und einem «relativen Mehr» unterschieden: Das «absolute Mehr» beträgt die Hälfte der gültigen Stimmen +1, während das «relative Mehr» von denjenigen Kandidierenden erreicht wird, die am meisten Stimmen erhalten haben. Im Majorzsystem haben die kleinen Parteien kaum Wahlchancen, und die stärksten Parteien erhalten normalerweise alle Sitze zugeteilt. Nach dem Majorzsystem werden die meisten Wahlen in die Kantonsregierungen und in den Ständerat durchgeführt.

Das **Proporzwahlsystem** unterscheidet sich vom Majorzsystem dadurch, dass es die Sitze möglichst proportional zu den erhaltenen Stimmen auf die Wahllisten verteilt. Der Proporzeffekt ist umso genauer, je grösser die Zahl der im Wahlkreis zu vergebenden Sitze ist. Bei Proporzwahlen werden die Mandate auf Grund der erhaltenen Stimmen auf die Wahllisten verteilt, erst anschliessend werden die gewählten Personen bestimmt (aufgrund ihrer erhaltenen Stimmenzahl).

In der Schweiz werden Parlamentswahlen überwiegend nach Proporz durchgeführt, wobei bei den Nationalratswahlen und den meisten kantonalen Parlamentswahlen die Sitzverteilung mit dem Verteilungsverfahren nach Hagenbach-Bischoff erfolgt. Vermehrt kommt auch die doppelt-proportionale Divisormethode – nach dem Mathematiker Friedrich Pukelsheim auch «Doppelter Pukelsheim» genannt – zum Einsatz (in den Kantonen ZH, NW, ZG, SH, AG). Dabei werden die Sitze der Parteien gemäss ihrem gesamtkantonalen Stimmenanteil zugeteilt und dabei die Effekte unterschiedlich grosser Wahlkreise ausgeschaltet.

considérés comme votants tous les électeurs qui ont glissé un bulletin dans l'urne, ce bulletin fût-il blanc ou nul.

Votations populaires (fédérales)

Lors des votations populaires, les citoyens peuvent être appelés à se prononcer soit sur des objets qui leur sont soumis en vertu du référendum obligatoire ou facultatif, soit sur une initiative populaire (éventuellement accompagnée d'un contre-projet de l'Assemblée fédérale).

Depuis 1848, toute modification de la constitution doit être approuvée en votation populaire **(référendum constitutionnel obligatoire)**. Une modification de la constitution n'entre en vigueur que si elle reçoit la majorité du peuple et des cantons. Doivent également être acceptés par le peuple et les cantons les projets d'adhésion à des organisations de sécurité collective ou à des communautés supranationales, ainsi que les lois fédérales déclarées urgentes qui sont dépourvues de bases constitutionnelles et dont la durée de validité dépasse une année (article 140 de la constitution fédérale).

Depuis 1874, les lois fédérales et les lois fédérales déclarées urgentes dont la durée de validité dépasse un an doivent être soumises au vote du peuple si 50 000 citoyens (30 000 avant 1977) ou huit cantons le demandent dans les 100 jours **(référendum facultatif)**. L'article 141 de la constitution fédérale dispose en outre que les traités internationaux qui sont d'une durée indéterminée et ne sont pas dénonçables, qui prévoient l'adhésion à une organisation internationale ou qui entraînent une unification multilatérale du droit, sont soumis au référendum facultatif. Contrairement au référendum obligatoire, qui concerne les révisions constitutionnelles et qui requiert la majorité du peuple et des cantons, le référendum facultatif ne requiert que la majorité du peuple.

Depuis 1848, le peuple peut demander une révision totale de la constitution. En 1891, cette disposition a été étendue aux révisions partielles de la constitution par voie d'**initiative populaire.** A la différence du référendum, qui ne donne aux citoyens la possibilité de se prononcer que sur des décisions déjà arrêtées par le Parlement ou le gouvernement, l'initiative constitutionnelle tendant à la révision partielle leur donne le droit de formuler eux-mêmes – en des termes généraux ou sous la forme d'un projet rédigé – une demande de révision de la constitution, laquelle doit ensuite être soumise au vote du souverain. Pour lancer une initiative constitutionnelle, il faut réunir les signatures de 100 000 citoyens (50 000 avant 1977) dans un délai de 18 mois. Comme l'initiative populaire vise à modifier la constitution, elle n'entre en vigueur que si elle est approuvée par le peuple et les cantons (article 139 de la constitution fédérale).

L'Assemblée fédérale (Conseil national et Conseil des Etats) peut adresser aux citoyens une recommandation d'acceptation ou de rejet de l'initiative populaire (article 139 de la constitution fédérale). Elle peut opposer un **contre-projet** aux initiatives dont elle recommande le rejet. Quand l'initiative et le contre-projet sont mis au vote, les citoyens peuvent les accepter tous les deux (jusqu'en 1987, ils ne pouvaient accepter que l'un des deux ou les rejeter tous les deux). Lorsqu'une initiative populaire est accompagnée d'un contre-projet, une **question subsidiaire** est ajoutée pour déterminer laquelle des deux modifications constitutionnelles proposées doit entrer en vigueur, en cas d'acceptation de l'initiative et du contre-projet.

Daten / Données

Wahlen / Elections

Bundesrat: Parteipolitische Zusammensetzung
Conseil fédéral: représentation des partis

T 17.2.1.1

Partei	Periode / Période												Parti
	1848 –1891	1891 –1919	1919 –1929	1929 –1943	1943 –1953	1953 –1954	1954 –1959	1959 –2003	2004 –2008	2008[2]	2009 –2015	Ab/Depuis 2016	
FDP[1]	7	6	5	4	3	4	3	2	2	2	2	2	PLR (PRD)[1]
CVP	0	1	2	2	2	2	3	2	1	1	1	1	PDC
SVP[2]	*	*	0	1	1	1	1	1	2	0	1	2	UDC[2]
SP	*	0	0	0	1	0	0	2	2	2	2	2	PS
BDP[2]	*	*	*	*	*	*	*	*	*	2	1	0	PBD[2]

1 Davon 1917–1919: 1 Liberaler. 2009: Fusion von FDP und LPS auf nationaler Ebene unter der Bezeichnung «FDP.Die Liberalen».
2 Gesamterneuerungswahl des Bundesrates 2007: Die beiden Bundesräte waren zum Zeitpunkt der Wahl Mitglied ihrer entsprechenden SVP-Kantonalsektion (BE, GR), wurden von der SVP-Bundeshausfraktion jedoch nicht unterstützt. Mitte 2008 aus der SVP ausgeschlossen bzw. ausgetreten und der neu gegründeten BDP (Bürgerlich-Demokratische Partei) beigetreten.

Vollständige Bezeichnungen der Parteien siehe Glossar
* = keine Kandidatur

Quellen: BFS, Bundeskanzlei

1 De 1917 à 1919: 1 libéral. En 2009, fusion du PRD avec le PLS au plan national sous la dénomination de «PLR.Les Libéraux-Radicaux».
2 Elections du Conseil fédéral en 2007: les deux Conseillers fédéraux étaient membres des sections cantonales respectives de l'UDC (BE, GR), mais n'étaient pas reconnus par le groupe parlementaire de l'UDC. Mi-2008: exclusion et départ de l'UDC suisse et adhésion au PBD (Parti bourgeois démocrate) nouvellement fondé.

Voir le glossaire pour les désignations complètes des partis
* = aucune candidature

Sources: OFS, Chancellerie fédérale

Ständeratswahlen: Mandatsverteilung nach Parteien
Elections au Conseil des Etats: répartition des mandats par parti

T 17.2.2.1

Partei[1]	1951	1971	1975	1979[2]	1983	1987	1991	1995	1999	2003	2007	2011	2015	Parti[1]
Total	44	44	44	46	46	46	46	46	46	46	46	46	46	Total
FDP[3]	12	15	15	11	14	14	18	17	17	14	12	11	13	PLR (PRD)[3]
CVP	18	17	17	18	18	19	16	16	15	15	15	13	13	PDC
SP	4	4	5	9	6	5	3	5	6	9	9	11	12	PS
SVP	3	5	5	5	5	4	4	5	7	8	7	5	5	UDC
Dem.	2	*	*	*	*	*	*	*	*	*	*	*	*	Dém.
LPS[3]	3	2	1	3	3	3	3	2	0	0	0	*	*	PLS[3]
LdU	0	1	1	0	0	1	1	1	0	*	*	*	*	AdI
GLP	*	*	*	*	*	*	*	*	*	*	1	2	0	PVL
BDP	*	*	*	*	*	*	*	*	*	*	*	1	1	PBD
GPS	*	*	*	*	0	0	0	0	0	0	2	2	1	PES
Lega	*	*	*	*	*	*	1	0	0	0	0	0	0	Lega
Übrige	2	0	0	0	0	0	0	0	1	0	0	0	1	Autres

1 Massgebend für die parteipolitische Zuordnung der Mandate sind die Listen, auf denen die Abgeordneten gewählt wurden, und nicht der nach der Wahl eventuell erfolgte Beitritt zur Fraktion.
2 Mit der Gründung des Kantons Jura erhöhte sich die Zahl der Sitze im Ständerat auf 46.
3 2009: Fusion von FDP und LPS auf nationaler Ebene unter der Bezeichnung «FDP.Die Liberalen». Fusion von FDP und LP im Kanton Genf im Jahr 2010 und im Kanton Waadt im Jahr 2012. Im Kanton Basel-Stadt haben FDP und LP nicht fusioniert. Da die LP-BS Mitglied der «FDP.Die Liberalen Schweiz» ist, wird die LP-BS auf gesamtschweizerischer Ebene der FDP zugeteilt.

Vollständige Bezeichnungen der Parteien siehe Glossar
* = keine Kandidatur

Quellen: BFS, Parlamentsdienste

1 Pour la répartition des mandats par parti, on a tenu compte de la liste sur laquelle le candidat s'était inscrit et non pas du groupe parlementaire auquel il s'est éventuellement rattaché par la suite.
2 A la suite de la création du canton du Jura, le nombre des sièges du Conseil des Etats est passé à 46.
3 En 2009, fusion du PRD avec le PLS au plan national sous la dénomination de «PLR.Les Libéraux-Radicaux» (PLR). La fusion du PRD avec le PL s'est faite en 2010 dans le canton de Genève et en 2012 dans celui de Vaud. Le PRD et le PL n'ont pas fusionné dans le canton de Bâle-Ville. Comme le PL-BS est membre du «PLR.Les Libéraux-Radicaux Suisses», il est attribué au PLR au niveau national.

Voir le glossaire pour les désignations complètes des partis
* = aucune candidature

Sources: OFS, Services du Parlement

Nationalratswahlen: Wahlbeteiligung seit 1919
Elections au Conseil national: taux de participation depuis 1919

T 17.2.3.2.2

Wahljahr Année électorale	Wahlbeteiligung in % Participation en %	Wahljahr Année électorale	Wahlbeteiligung in % Participation en %	Wahljahr Année électorale	Wahlbeteiligung in % Participation en %	Wahljahr Année électorale	Wahlbeteiligung in % Participation en %
1919	80,4	1943	70,0	1971	56,9	1999	43,3
1922	76,4	1947	72,4	1975	52,4	2003	45,2
1925	76,8	1951	71,2	1979	48,0	2007	48,3
1928	78,8	1955	70,1	1983	48,9	2011	48,5
1931	78,8	1959	68,5	1987	46,5	2015	48,5
1935	78,3	1963	66,1	1991	46,0		
1939	74,3	1967	65,7	1995	42,2		

Quelle: BFS – Statistik der Wahlen und Abstimmungen

Source: OFS – Statistique des élections et des votations

Nationalratswahlen: Stärke der Parteien [1]
Elections au Conseil national: force des partis [1]

T 17.2.3.3.1

Partei	1951	1971	1975	1979	1983	1987	1991	1995	1999	2003	2007	2011	2015	Parti
FDP [2]	24,0	21,8	22,2	24,0	23,3	22,9	21,0	20,2	19,9	17,3	15,8	15,1	16,4	PLR (PRD) [2]
CVP	22,5	20,3	21,1	21,3	20,2	19,6	18,0	16,8	15,9	14,4	14,5	12,3	11,6	PDC
SP	26,0	22,9	24,9	24,4	22,8	18,4	18,5	21,8	22,5	23,3	19,5	18,7	18,8	PS
SVP	12,6	11,1	9,9	11,6	11,1	11,0	11,9	14,9	22,5	26,7	28,9	26,6	29,4	UDC
Dem.	2,2	*	*	*	*	*	*	*	*	*	*	*	*	Dém.
LPS [2]	2,6	2,2	2,4	2,8	2,8	2,7	3,0	2,7	2,3	2,2	1,9	*	*	PLS [2]
LdU	5,1	7,6	6,1	4,1	4,0	4,2	2,8	1,8	0,7	*	*	*	*	AdI
EVP	1,0	2,1	2,0	2,2	2,1	1,9	1,9	1,8	1,8	2,3	2,4	2,0	1,9	PEV
CSP	*	0,3	0,1	*	0,4	0,3	0,4	0,3	0,4	0,4	0,4	0,3	0,2	PCS
GLP	*	*	*	*	*	*	*	*	*	*	1,4	5,4	4,6	PVL
BDP	*	*	*	*	*	*	*	*	*	*	*	5,4	4,1	PBD
PdA	2,7	2,6	2,4	2,1	0,9	0,8	0,8	1,2	1,0	0,7	0,7	0,5	0,4	PST
PSA	*	0,3	0,3	0,4	0,5	0,6	0,6	*	*	*	*	*	*	PSA
POCH	*	0,1	1,0	1,7	2,2	1,3	0,2	*	*	*	*	*	*	POCH
GPS	*	*	0,1	0,6	1,9	4,9	6,1	5,0	5,0	7,4	9,6	8,4	7,1	PES
FGA	*	*	*	0,2	1,0	2,4	1,3	1,5	0,3	0,5	0,2	*	*	AVF
Sol.	*	*	*	*	*	*	*	0,3	0,5	0,5	0,4	0,3	0,5	Sol.
SD	*	3,2	2,5	1,3	2,9	2,5	3,4	3,1	1,8	1,0	0,5	0,2	0,1	DS
Rep.	*	4,3	3,0	0,6	0,5	0,3	*	*	*	*	*	*	*	Rép.
EDU	*	*	0,3	0,3	0,4	0,9	1,0	1,3	1,3	1,3	1,3	1,3	1,2	UDF
FPS	*	*	*	*	*	2,6	5,1	4,0	0,9	0,2	0,1	*	*	PSL
Lega	*	*	*	*	*	*	1,4	0,9	0,9	0,4	0,6	0,8	1,0	Lega
MCR	*	*	*	*	*	*	*	*	*	*	0,1	0,4	0,3	MCR
Übrige	1,3	1,2	1,7	2,3	2,8	2,6	2,7	2,4	2,4	1,6	1,7	2,2	2,4	Autres
Total	100	100	100	100	100	100	100	100	100	100	100	100	100	Total

1 Parteistärke: siehe Glossar
2 2009: Fusion von FDP und LPS auf nationaler Ebene unter der Bezeichnung «FDP.Die Liberalen». Fusion von FDP und LP im Kanton Genf im Jahr 2010 und im Kanton Waadt im Jahr 2012. Im Kanton Basel-Stadt haben FDP und LP nicht fusioniert. Da die LP-BS Mitglied der «FDP.Die Liberalen Schweiz» ist, wird die LP-BS auf gesamtschweizerischer Ebene der FDP zugeteilt.

Vollständige Bezeichnungen der Parteien siehe Glossar
* = keine Kandidatur

Quelle: BFS – Statistik der Wahlen und Abstimmungen

1 Force des partis: voir glossaire
2 En 2009, fusion du PRD avec le PLS au plan national sous la dénomination de «PLR.Les Libéraux-Radicaux» (PLR). La fusion du PRD avec le PL s'est faite en 2010 dans le canton de Genève et en 2012 dans celui de Vaud. Le PRD et le PL n'ont pas fusionné dans le canton de Bâle-Ville. Comme le PL-BS est membre du «PLR.Les Libéraux-Radicaux Suisse», il est attribué au PLR au niveau national.

Voir le glossaire pour les désignations complètes des partis
* = aucune candidature

Source: OFS – Statistique des élections et des votations

Nationalratswahlen: Mandatsverteilung nach Parteien
Elections au Conseil national: répartition des mandats par parti

T 17.2.3.4.1

Partei[1]	1951	1971	1975	1979	1983	1987	1991	1995	1999	2003	2007	2011	2015	Parti[1]
Total	196	200	200	200	200	200	200	200	200	200	200	200	200	Total
FDP[2]	51	49	47	51	54	51	44	45	43	36	31	30	33	PLR (PRD)[2]
CVP	48	44	46	44	42	42	35	34	35	28	31	28	27	PDC
SP	49	46	55	51	47	41	41	54	51	52	43	46	43	PS
SVP	23	23	21	23	23	25	25	29	44	55	62	54	65	UDC
Dem.	4	*	*	*	*	*	*	*	*	*	*	*	*	Dém.
LPS[2]	5	6	6	8	8	9	10	7	6	4	4	*	*	PLS[2]
LdU	10	13	11	8	8	8	5	3	1	*	*	*	*	AdI
EVP	1	3	3	3	3	3	3	2	3	3	2	2	2	PEV
CSP	*	0	0	*	0	0	1	1	1	1	1	0	0	PCS
GLP	*	*	*	*	*	*	*	*	*	*	3	12	7	PVL
BDP	*	*	*	*	*	*	*	*	*	*	*	9	7	PBD
PdA	5	5	4	3	1	1	2	3	2	2	1	0	1	PST
PSA	*	0	1	1	1	1	1	*	*	*	*	*	*	PSA
POCH	*	0	0	2	3	3	0	*	*	*	*	*	*	POCH
GPS	*	*	0	1	3	9	14	8	8	13	20	15	11	PES
FGA[3]	*	*	*	*	*	1	1	2	1	1	0	*	*	AVF[3]
Sol.[4]	*	*	*	*	*	*	*	0	1	1	0	0	0	Sol.[4]
SD	*	4	2	2	4	3	5	3	1	1	0	0	0	DS
Rep.[5]	*	7	4	1	1	0	*	*	*	*	*	*	*	Rép.[5]
EDU	*	*	0	0	0	0	1	1	1	2	1	0	0	UDF
FPS	*	*	*	*	*	2	8	7	0	0	0	*	*	PSL
Lega	*	*	*	*	*	*	2	1	2	1	1	2	2	Lega
MCR												1	1	MCR
Übrige	0	0	0	2	2	1	2	0	0	0	0	1	1	Autres

1 Massgebend für die parteipolitische Zuordnung der Mandate sind die Listen, auf denen die Abgeordneten gewählt wurden, und nicht der nach der Wahl eventuell erfolgte Beitritt zu einer Fraktion.
2 2009: Fusion von FDP und LPS auf nationaler Ebene unter der Bezeichnung «FDP.Die Liberalen». Fusion von FDP und LP im Kanton Genf im Jahr 2010 und im Kanton Waadt im Jahr 2012. Im Kanton Basel-Stadt haben FDP und LP nicht fusioniert. Da die LP-BS Mitglied der «FDP.Die Liberalen Schweiz» ist, wird die LP-BS auf gesamtschweizerischer Ebene der FDP zugeteilt.
3 1999: Der Gewählte kandidierte auf der Wahlliste «Alliance de Gauche (SolidaritéS – Indépendants)».
4 1999: Die Gewählte kandidierte auf einer gemeinsamen Liste FGA/GPS.
5 Inklusive Vigilance/GE

Vollständige Bezeichnungen der Parteien siehe Glossar
* = keine Kandidatur

Quelle: BFS – Statistik der Wahlen und Abstimmungen

1 Pour la répartition des mandats par parti, on a tenu compte de la liste sur laquelle le candidat s'était inscrit et non pas du groupe parlementaire auquel il s'est éventuellement rattaché par la suite.
2 En 2009, fusion du PRD avec le PLS au plan national sous la dénomination de «PLR.Les Libéraux-Radicaux» (PLR). La fusion du PRD avec le PL s'est faite en 2010 dans le canton de Genève et en 2012 dans celui de Vaud. Le PRD et le PL n'ont pas fusionné dans le canton de Bâle-Ville. Comme le PL-BS est membre du «PLR.Les Libéraux-Radicaux Suisses», il est attribué au PLR au niveau national.
3 1999: l'élu est issu de la liste «Alliance de Gauche (SolidaritéS – Indépendants)».
4 1999: l'élue est issue d'une liste commune AVF/PES.
5 Y compris Vigilance/GE

Voir le glossaire pour les désignations complètes des partis
* = aucune candidature

Source: OFS – Statistique des élections et des votations

Abstimmungen
Votations
Ergebnisse von Volksinitiativen, fakultativen und obligatorischen Referenden
Résultats des votations sur les initiatives populaires et les référendums facultatifs et obligatoires

T 17.3.2.1

Periode[1] / Période[1]	Obligatorische Referenden / Référendums obligatoires		Fakultative Referenden / Référendums facultatifs		Volksinitiativen / Initiatives populaires		Initiativen mit Gegenentwurf / Initiatives populaires avec contre-projet				Total		Total Abstimmungen[2] / Total des votations[2]
							Initiative[2] / Initiative[2]		Gegenentwurf[2] / Contre-projet[2]				
	A	V/R	A	V/R	A	V/R	A	V/R	A	V/R	A	V/R	
Total	163	55	99	78	19	165	3	13	6	10	290	321	595
1848–1870	2	8	0	0	0	0	0	0	0	0	2	8	10
1871–1880	2	2	3	5	0	0	0	0	0	0	5	7	12
1881–1890	3	1	2	6	0	0	0	0	0	0	5	7	12
1891–1900	6	3	3	7	1	4	0	0	0	0	10	14	24
1901–1910	4	1	3	1	1	2	0	0	0	0	8	4	12
1911–1920	8	0	2	1	1	1	1	0	0	1	12	3	14
1921–1930	7	2	1	4	2	10	0	1	1	0	11	17	27
1931–1940	7	0	2	7	0	5	0	1	1	0	10	13	22
1941–1950	4	3	4	3	1	6	0	0	0	0	9	12	21
1951–1960	13	7	4	7	0	7	0	2	1	1	18	24	40
1961–1970	12	2	4	4	0	7	0	0	0	0	16	13	29
1971–1980	33	8	11	7	0	16	0	6	3	3	47	40	81
1981–1990	18	5	6	6	2	25	1	1	0	2	27	39	64
1991–2000	28	7	25	11	2	31	0	1	0	1	55	51	105
2001–2010	11	5	23	5	5	29	1	1	0	2	40	42	80
2011–2015[3]	5	1	6	4	4	22	0	0	0	0	15	27	42

1 Jahr der Abstimmung
2 Die Volksinitiativen mit Gegenentwurf werden zusammen als eine Abstimmung gezählt.
3 Stand: Juni 2015

A = Angenommen / V = Verworfen

Quelle: BFS – Statistik der Wahlen und Abstimmungen

1 Année de la votation
2 Les initiatives populaires avec contre-projet sont comptées comme une seule votation
3 Etat: juin 2015

A = acceptés / R = rejetés

Source: OFS – Statistique des élections et des votations

Aktuelle Volksabstimmungen vom 14. Juni 2015, nach Bezirken
Votations populaires actuelles du 14 juin 2015, selon les districts

K 17.1

Fortpflanzungsmedizin und Gentechnologie im Humanbereich
Procréation médicalement assistée et génie génétique dans le domaine humain

Ja-Stimmenanteil /
Proportion de «oui»:
61,9%

Stimmbeteiligung /
Participation: 43,5%

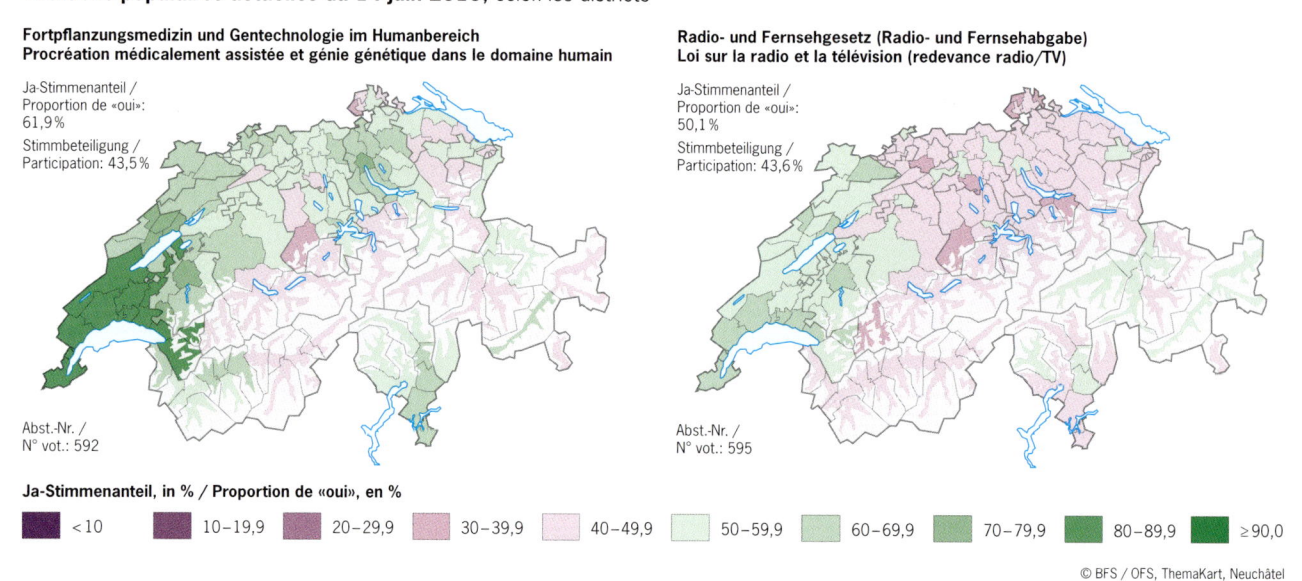

Abst.-Nr. /
N° vot.: 592

Radio- und Fernsehgesetz (Radio- und Fernsehabgabe)
Loi sur la radio et la télévision (redevance radio/TV)

Ja-Stimmenanteil /
Proportion de «oui»:
50,1%

Stimmbeteiligung /
Participation: 43,6%

Abst.-Nr. /
N° vot.: 595

Ja-Stimmenanteil, in % / Proportion de «oui», en %

| <10 | 10–19,9 | 20–29,9 | 30–39,9 | 40–49,9 | 50–59,9 | 60–69,9 | 70–79,9 | 80–89,9 | ≥90,0 |

© BFS / OFS, ThemaKart, Neuchâtel

Ausgewählte Volksabstimmungen zur Familienpolitik, nach Bezirken
Sélection de votations populaires sur la politique familiale, selon les districts

K 17.2

Familienzulagen
Allocations familiales — 26.11.2006

Ja-Stimmenanteil /
Proportion de «oui»:
68,0%

Stimmbeteiligung /
Participation: 45,0%

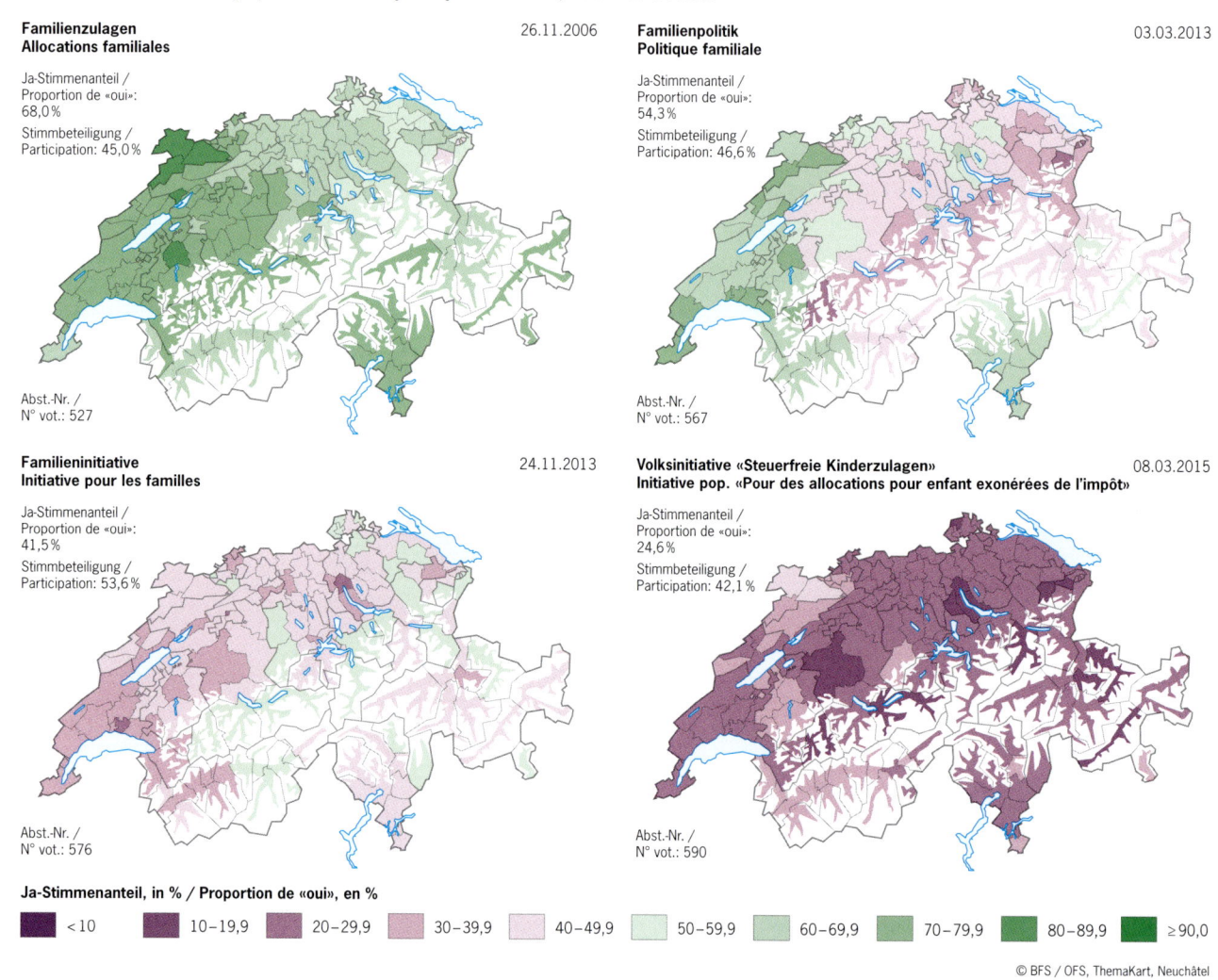

Abst.-Nr. /
N° vot.: 527

Familienpolitik
Politique familiale — 03.03.2013

Ja-Stimmenanteil /
Proportion de «oui»:
54,3%

Stimmbeteiligung /
Participation: 46,6%

Abst.-Nr. /
N° vot.: 567

Familieninitiative
Initiative pour les familles — 24.11.2013

Ja-Stimmenanteil /
Proportion de «oui»:
41,5%

Stimmbeteiligung /
Participation: 53,6%

Abst.-Nr. /
N° vot.: 576

Volksinitiative «Steuerfreie Kinderzulagen»
Initiative pop. «Pour des allocations pour enfant exonérées de l'impôt» — 08.03.2015

Ja-Stimmenanteil /
Proportion de «oui»:
24,6%

Stimmbeteiligung /
Participation: 42,1%

Abst.-Nr. /
N° vot.: 590

Ja-Stimmenanteil, in % / Proportion de «oui», en %

| <10 | 10–19,9 | 20–29,9 | 30–39,9 | 40–49,9 | 50–59,9 | 60–69,9 | 70–79,9 | 80–89,9 | ≥90,0 |

© BFS / OFS, ThemaKart, Neuchâtel

Eidgenössische Volksabstimmungen 2015, detaillierte Ergebnisse
Les votations populaires fédérales en 2015, résultats détaillés

T 17.3.2.2

Nr. / No	Datum / Date	Gegenstand / Objet	Art[1] / Genre[1]	Stimmbe-rechtigte / Electeurs inscrits	Abge-gebene Stimmen / Bulletins rentrés	Betei-ligung in % / Partici-pation en %	Abge-gebene gültige Stimmen / Bulletins valables	JA-Stimmen / OUI	JA in %[2] / OUI en %[2]	NEIN-Stimmen / NON	Anneh-mende Stände[3] / Cantons accep-tants[3]
590	08/03/15	Volksinitiative «Familien stärken! Steuerfreie Kinder- und Ausbildungszulagen» Initiative populaire «Aider les familles! Pour des allocations pour enfant et des allocations de formation professionnelle exonérées de l'impôt»	I.	5 254 965	2 210 891	42,1	2 187 904	537 795	24,6	1 650 109	0
591	08/03/15	Volksinitiative «Energie- statt Mehrwertsteuer» Initiative populaire «Remplacer la taxe sur la valeur ajoutée par une taxe sur l'énergie»	I.	5 254 965	2 210 121	42,1	2 185 731	175 405	8,0	2 010 326	0
592	14/06/15	Bundesbeschluss über die Änderung der Verfassungsbestimmung zur Fortpflanzungsmedizin und Gentechnologie im Humanbereich Arrêté fédéral concernant la modification de l'article constitutionnel relatif à la procréation médicalement assistée et au génie génétique dans le domaine humain	Obl.	5 265 120	2 290 993	43,5	2 224 478	1 377 613	61,9	846 865	17 3/2
593	14/06/15	Volksinitiative «Stipendieninitiative» Initiative populaire «Initiative sur les bourses d'études»	I.	5 265 120	2 287 555	43,4	2 222 195	610 284	27,5	1 611 911	0
594	14/06/15	Volksinitiative «Millionen-Erbschaften besteuern für unsere AHV (Erbschaftssteuerreform)» Initiative populaire «Imposer les successions de plusieurs millions pour financer notre AVS (Réforme de la fiscalité successorale)»	I.	5 265 120	2 301 320	43,7	2 271 833	657 851	29,0	1 613 982	0
595	14/06/15	Bundesgesetz über Radio und Fernsehen Loi fédérale sur la radio et la télévision	Fak./Fac.	5 265 120	2 297 963	43,6	2 253 395	1 128 522	50,1	1 124 873	*

1   Obl. = Dem obligatorischen Referendum unterstehende Verfassungsvorlagen des Bundes
    Fak. = Gesetze und Bundesbeschlüsse, gegen die erfolgreich das fakultative Referendum ergriffen wurde
    I. = Verfassungsvorlagen aufgrund von Volksbegehren (Initiativen)
    GE = Gegenentwürfe der Bundesversammlung zu einem Volksbegehren
2   der gültigen Stimmen (mit Ausnahme der Initiativen mit Gegenentwurf: in % der Summe von Ja- und Nein-Stimmen)
3   Total 23 Stände. Beim fakultativen Referendum ist nur das Volksmehr nötig, bei obligatorischen Referenden und Volksinitiativen sind Volks- und Ständemehr notwendig.

Quelle: BFS – Statistik der Wahlen und Abstimmungen

1   Obl. = Projets constitutionnels émanant de l'Assemblée fédérale soumis au référendum obligatoire
    Fac. = Lois fédérales et arrêtés fédéraux contre lesquels le référendum facultatif a abouti
    I. = Projets constitutionnels émanant de l'initiative populaire
    CP = Contre-projet de l'Assemblée fédérale en opposition à une initiative populaire
2   par rapport aux bulletins valables (sauf pour les initiatives avec contre-projet: par rapport à la somme des Oui et Non)
3   23 cantons au total. Lors des référendums facultatifs, la majorité du peuple suffit; lors des référendums obligatoires et des initiatives populaires, la majorité du peuple et celle des cantons sont nécessaires.

Source: OFS – Statistique des élections et des votations

Empfehlungen der Parteien bei den eidgenössischen Abstimmungsvorlagen 2015
Recommandations des partis pour les votations fédérales de 2015

T 17.3.3.1

Partei[1]	2015[2] 8. März / 8 mars			14. Juni / 14 juin			Parti[1]
	Nr./No 590	Nr./No 591	Nr./No 592	Nr./No 593	Nr./No 594	Nr./No 595	
FDP	2	2	1	2	2	2	PLR
CVP	1	2	1	2	2	1	PDC
SP	2	2	5	1	1	1	PS
SVP	1	2	2	2	2	2	UDC
BDP	2	2	1	2	2	1	PBD
EVP	1	2	2	1	1	1	PEV
CSP	2	2	1	1	1	1	PCS
GLP	2	1	1	2	2	2	PVL
PdA	2	2	2	1	1	1	PST
GPS	2	1	1	1	1	1	PES
SD	2	2	2	1	5	2	DS
EDU	1	2	2	2	2	2	UDF
Lega	2	2	5	2	2	2	Lega
MCR	1	2	1	1	2	2	MCR

Erläuterungen:
1 = ja
2 = nein
5 = Stimmfreigabe

1 Vollständige Bezeichnungen der Parteien siehe Glossar
2 Abstimmungsthemen: siehe T 17.3.2.2

Quelle: BFS – Statistik der Wahlen und Abstimmungen

Explications:
1 = oui
2 = non
5 = liberté de vote

1 Voir le glossaire pour les désignations complètes des partis
2 Objets des votations: voir le tableau 17.3.2.2

Source: OFS – Statistique des élections et des votations

Entwicklung der Stimmbeteiligung[1] bei eidgenössischen Volksabstimmungen
Evolution de la participation[1] aux votations populaires fédérales

T 17.3.4.1

Jahr / Année	Anzahl Urnengänge / Nombre de votations	Stimmbeteiligung / Participation	Jahr / Année	Anzahl Urnengänge / Nombre de votations	Stimmbeteiligung / Participation	Jahr / Année	Anzahl Urnengänge / Nombre de votations	Stimmbeteiligung / Participation	Jahr / Année	Anzahl Urnengänge / Nombre de votations	Stimmbeteiligung / Participation	Jahr / Année	Anzahl Urnengänge / Nombre de votations	Stimmbeteiligung / Participation
1966	1	48,0	1976	4	38,1	1986	3	40,1	1996	3	36,4	2006	3	40,6
1967	1	38,0	1977	4	46,2	1987	2	45,0	1997	2	38,1	2007	2	41,1
1968	2	39,4	1978	4	45,6	1988	2	47,4	1998	3	43,7	2008	3	43,7
1969	2	33,4	1979	2	43,6	1989	2	52,6	1999	3	39,9	2009	4	46,1
1970	4	50,8	1980	2	38,3	1990	2	40,7	2000	4	44,3	2010	3	44,7
1971	2	47,8	1981	3	34,7	1991	2	32,3	2001	3	45,3	2011	1	49,1
1972	4	37,1	1982	2	34,1	1992	4	52,0	2002	4	48,2	2012	4	38,4
1973	3	34,3	1983	2	34,1	1993	4	48,0	2003	2	39,2	2013	4	46,6
1974	2	55,0	1984	4	43,6	1994	4	44,3	2004	4	46,8	2014	4	52,4
1975	3	32,1	1985	4	37,2	1995	2	39,1	2005	3	51,1	2015	2	42,8

1 Durchschnittswerte aller Urnengänge eines Jahres

Quelle: BFS – Statistik der Wahlen und Abstimmungen

1 Moyenne pour toutes les votations d'une année

Source: OFS – Statistique des élections et des votations

18

Öffentliche Finanzen

Finances publiques

Überblick

Neue internationale Finanzstatistikrichtlinien

Ende September 2015 hat die Finanzstatistik der Eidgenössischen Finanzverwaltung (EFV) erstmals Daten und Kennziffern nach dem neuen Government Finance Statitics Manual (GFSM 2014) des Internationalen Währungsfonds publiziert. Zusammen mit der Umstellung auf das GFSM 2014 wurden die Daten des internationalen GFS-Modells mit denjenigen der Volkswirtschaftlichen Gesamtrechnung (VGR) der Schweiz des Bundesamts für Statistik (BFS) weitgehend abgeglichen. Noch ausstehend sind Fragen im Zusammenhang mit der Erfassung, Abgrenzung und Bewertung der Beiträge, die für die Sanierung und Ausfinanzierung der öffentlichen Pensionskassen geleistet werden, sowie der Höhe der damit einhergehenden Vorsorgeverbindlichkeiten. Der Abgleich mit der VGR, die auf dem Europäischen System Volkswirtschaftlicher Gesamtrechnungen 2010 basiert, hat zusätzlich zu Anpassungen im nationalen FS-Modell geführt.

Nebst den methodisch-konzeptionellen Neuerungen (zum Beispiel die geänderte Sichtweise der Verbuchung von Ausgaben für Forschung und Entwicklung sowie für militärische Waffensysteme) hat die Finanzstatistik externe Reihen aus der VGR der Schweiz übernommen und Reihenbrüche in den Daten behoben. Derart umfassende Revisionen finden etwa alle 15 bis 25 Jahre statt und zielen darauf ab, den veränderten wirtschaftlichen Gegebenheiten und Fragestellungen gerecht zu werden.

Sanierungsbeiträge an Pensionskassen belasten die öffentlichen Haushalte weiter

Für die nationale Sicht der Finanzstatistik gemäss FS-Modell werden die Rechnungsabschlüsse der öffentlichen Haushalte in eine einheitliche Struktur gebracht, basierend auf dem harmonisierten Rechnungslegungsmodell für die Kantone und Gemeinden (HRM 2). Diese Darstellung dient der Vergleichbarkeit der öffentlichen Haushalte innerhalb der Schweiz. Tabelle 18.2.1.1.1 (S. 440) zeigt die Ergebnisse der Finanzierungsrechnung gemäss dem nationalen FS-Modell. Dabei entspricht das ordentliche Finanzierungsergebnis dem Saldo aus ordentlichen Einnahmen und

Vue d'ensemble

Nouvelles directives internationales

Fin septembre 2015, la statistique financière (SF) de l'Administration fédérale des finances (AFF) a publié pour la première fois des données et des chiffres selon le nouveau Manuel de statistique des finances publiques (MSFP 2014) du Fonds monétaire international (FMI). En sus du passage au MSFP 2014, les données du modèle SFP ont été largement harmonisées avec celles des comptes nationaux (CN) de l'Office fédéral de la statistique (OFS). Il reste à régler des questions liées à la saisie, à la délimitation et à l'évaluation des contributions qui sont versées pour l'assainissement et le refinancement des caisses de pensions publiques ainsi qu'au niveau des obligations de prévoyance en découlant. L'harmonisation avec les CN, qui sont basés sur le Système européen des comptes nationaux 2010, a entraîné en sus des adaptations dans le modèle SF.

Outre les innovations méthodologiques et conceptuelles (par exemple la perception modifiée de la comptabilisation des dépenses pour la recherche et le développement ainsi que pour les systèmes d'armes militaires), la statistique financière a repris des séries externes des CN de la Suisse et supprimé une rupture de séries dans les données. Des révisions aussi complètes ont lieu tous les 15 à 25 ans et visent à tenir compte dans les évolutions des conditions et problématiques économiques.

Les contributions d'assainissement aux caisses de pensions grèvent les ménages publics

Dans la statistique financière établie selon le modèle SF national, les soldes des comptes des administrations publiques sont présentés selon une structure uniforme qui se fonde sur le modèle comptable harmonisé pour les cantons et les communes (MCH 2). Cette présentation assure la comparabilité des comptes des administrations publiques de toute la Suisse. Le tableau 18.2.1.1.1 (p. 440) présente les résultats du compte de financement selon le modèle national SF. Le solde de financement ordinaire correspond au solde des recettes et des dépenses ordinaires; le solde de financement, quant à lui, tient compte en plus des transac-

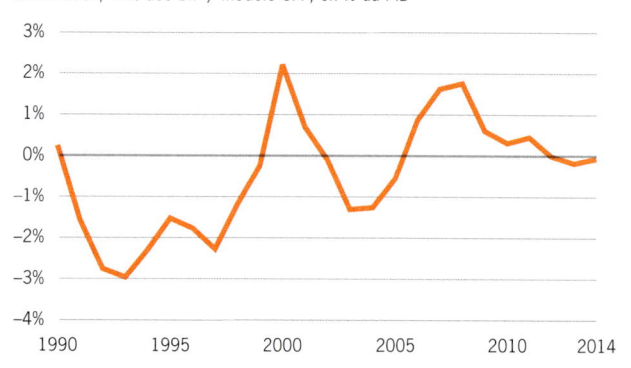

Defizit-/Überschussquote[1] Sektor Staat   G 18.1
Quote-part du déficit/de l'excédent[1] des administrations publiques
GFS-Modell, in % des BIP / Modèle SFP, en % du PIB

[1] Total, bereinigt um Doppelzählungen zwischen den öffentlichen Haushalten
Après suppression des doubles comptabilisations entre les administrations publiques

Ausgaben; das Finanzierungsergebnis berücksichtigt zusätzlich auch ausserordentliche Transaktionen und entspricht damit dem Gesamtergebnis der Finanzierungsrechnung. Konjunkturelle Aspekte lassen sich deshalb besser anhand des ordentlichen Finanzierungsergebnisses beschreiben. Die Aufteilung in ordentliche und ausserordentliche Effekte ist im Prinzip dieselbe, wie sie in den Rechnungen von Bund, Kantonen und Gemeinden gemäss ihren jeweiligen rechtlichen Grundlagen verwendet wird.

Die Finanzen der öffentlichen Haushalte sind weiterhin solid. Das **ordentliche Finanzierungsergebnis** des Staates hat sich 2013 zwar weiter verschlechtert, weist aber dennoch einen Überschuss von rund 1,4 Mrd. Fr. auf. Mit 1,2 Mrd. ist der ordentliche Saldo des Bundes 2013 um 217 Mio. höher als 2012. Die Kantone weisen das zweite Jahr in Folge einen negativen ordentlichen Saldo aus. Das Defizit von 741 Mio. im Jahr 2013 fällt jedoch um 648 Mio. besser aus als im Vorjahr. Auch die Gemeinden schliessen das Jahr 2013 mit einem defizitären ordentlichen Saldo von fast 1,2 Mrd, ab, was in erster Linie den Gemeinden im Kanton Zürich zuzuschreiben ist. Während bei den Zürcher Gemeinden die ordentlichen Einnahmen zum zweiten Mal in Folge rückläufig sind (–1,4%), nehmen die ordentlichen Ausgaben mit 2,7% überdurchschnittlich stark zu. Allein für die Städte Zürich und Winterthur ergibt sich aufgrund höherer Investitionsausgaben ein Defizit von 665 Mio. Die Rechnung der Sozialversicherungen hingegen liegt 2013 mit 2,1 Mrd. im Plus, was hauptsächlich auf die positiven Rechnungsabschlüsse von Alters- und Hinterlassenenversicherung (AHV), Arbeitslosenversicherung (ALV) und Invalidenversicherung (IV) zurückzuführen ist.

2013 beträgt das **Finanzierungsergebnis** des Staates 1,1 Mrd. Fr. Obwohl die Differenz zwischen dem ordentlichen Finanzierungssaldo und dem Finanzierungsergebnis bei den öffentlichen Haushalten relativ klein ist, kann sie in einzelnen Teilsektoren signifikanter ausfallen. Diese Differenz ist auf verschiedene ausserordentliche Ausgaben oder Einnahmen zurückzuführen. Beim Finanzierungsergebnis des Bundes beruht sie weitgehend auf der Reduktion der Bundesbeteiligung an der Swisscom AG. Der Verkaufserlös der Aktien beläuft sich auf 1,2 Mrd. Die restliche Differenz stammt aus der Gewinneinziehung bei einer Bank durch die Eidgenössische Finanzmarktaufsicht (FINMA). Bei den Kantonen ist die Differenz von 1,3 Mrd. auf ausserordentliche Rekapitalisierungen mehrerer kantonaler Pensionskassen, vor

tions extraordinaires et équivaut de ce fait au résultat total du compte de financement. Pour décrire des aspects conjoncturels, il est par conséquent préférable de s'appuyer sur le solde de financement ordinaire. La répartition entre les effets ordinaires et les effets extraordinaires est en principe identique à celle qui est opérée dans les comptes de la Confédération, des cantons et des communes conformément à leurs bases légales.

Les finances des administrations publiques restent solides. Si le **solde de financement ordinaire** de l'Etat a continué de se détériorer en 2013, il présente tout de même encore un excédent de quelque 1,4 milliard. Avec 1,2 milliard, le solde de financement ordinaire de la Confédération est supérieur de 217 millions à celui observé en 2012. Le solde ordinaire des cantons est déficitaire pour la deuxième année consécutive. Mais le déficit de 741 millions en 2013 est inférieur de 648 millions à celui atteint en 2012. Les communes bouclent elles aussi l'année 2013 avec un solde déficitaire, qui se monte à presque 1,2 milliard. Il est dû principalement aux communes zurichoises. Si les recettes ordinaires des communes zurichoises reculent pour la deuxième fois de suite (–1,4%), les dépenses enregistrent une hausse supérieure à la moyenne (+2,7%). Les villes de Zurich et de Winterthour présentent à elles seules un déficit de 665 millions en raison de dépenses plus élevées dans les investissements. Les comptes 2013 des assurances sociales ont bouclé sur un excédent de 2,1 milliards, dû principalement aux résultats positifs de l'assurance-vieillesse et survivants (AVS), de l'assurance chômage (AC) et de l'assurance-invalidité (AI).

En 2013, le **solde de financement** de l'Etat se monte à 1,1 milliard. Bien que la différence entre le solde ordinaire et le solde de financement dans les ménages publics soit relativement modeste, elle peut être assez significative dans certains secteurs. Cette différence est due à différentes dépenses ou recettes extraordinaires. Dans le solde de financement de la Confédération, cette différence repose largement sur la réduction de la participation de la Confédération à Swisscom SA. Le produit de la vente des actions se montre à 1,2 milliard. La différence restante provient d'une confiscation de gain auprès d'une banque par l'Autorité fédérale de surveillance des marchés financiers (FINMA). Dans le solde de financement des cantons, la différence de 1,3 milliard est due à des recapitalisations extraordinaires de plusieurs caisses de pensions cantonales, notamment dans les cantons de Vaud (788 millions), du Tessin (470 millions) et de Neuchâtel (223 millions).

Premières perspectives pour 2014

Les premiers résultats comptables de la Confédération et des assurances sociales, les prévisions effectuées à l'aide des données comptables actuelles disponibles pour les cantons ainsi que les estimations établies pour les communes permettent de définir les perspectives pour l'année 2014. Des exploitations plus détaillées selon la classification par nature et la classification fonctionnelle ne seront disponibles qu'avec les résultats annuels 2014 définitifs, une fois que les cantons et les communes seront aussi pris en compte intégralement et que les transferts entre cantons et communes auront été compensés.

Le solde ordinaire de financement de l'Etat devrait atteindre environ 1 milliard. Ce montant se compose d'un nouveau important excédent de près de 2,2 milliards dans les assurances

allem in den Kantonen Waadt (788 Mio.), Tessin (470 Mio.) und Neuenburg (223 Mio.), zurückzuführen.

Ein erster Ausblick auf das Jahr 2014

Erste Rechnungsergebnisse des Bundes und der Sozialversicherungen, Prognosen anhand aktuell vorliegender Rechnungsdaten für die Kantone sowie Schätzungen für die Gemeinden erlauben einen Ausblick auf das Jahr 2014. Detaillierte Auswertungen nach Sachgruppen und Aufgabengebieten des Staates werden erst mit den definitiven Jahresergebnissen 2014 erhältlich sein, nachdem auch die Kantone und Gemeinden vollständig erfasst und die Transfers zwischen Kantonen und Gemeinden ausgeglichen worden sind.

Das **ordentliche Finanzierungsergebnis** des Sektors Staat dürfte sich im Jahr 2014 auf rund 1 Mrd. Fr. belaufen. Der Gewinn setzt sich aus einem erneut kräftigen Überschuss bei den Sozialversicherungen von fast 2,2 Mrd. und defizitären Ergebnissen der übrigen Teilsektoren zusammen. Das ordentliche Finanzierungsergebnis des Bundes fällt leicht negativ (–19 Mio.) aus. Bei leicht wachsenden Ausgaben entsteht der Rückgang hauptsächlich durch rückläufige Einnahmen aus der direkten Bundessteuer und aus dem Ausbleiben der Gewinnausschüttung der Schweizerischen Nationalbank (SNB). Bei den Rechnungen der Kantone zeichnet sich aufgrund der verfügbaren Daten eine leichte Verbesserung ab, trotzdem dürfte der ordentliche Saldo aufgrund fehlender Gewinnausschüttung der SNB negativ ausfallen (–491 Mio.).

Bedingt durch ausserordentliche Geschäftsvorfälle beim Bund und bei den Kantonen liegt das **Finanzierungsergebnis** des Sektors Staat rund 1,6 Mrd. unter dem ordentlichen Saldo. Die ausserordentlichen Ausgaben ergeben sich hauptsächlich aus Rekapitalisierungen von Pensionskassen in den Kantonen Basel-Landschaft (rund 1 Mrd.), St.Gallen (287 Mio.) und Genf (203 Mio.). Sie belasten das ausserordentliche Finanzierungsergebnis der Kantone. Beim Bund ergibt sich hingegen ein leicht grösserer Finanzierungssaldo dank ausserordentlicher Einnahmen aus Gewinneinziehungen der FINMA bei mehrerer Banken (145 Mio.) und aus dem Verkauf von Swisscom-Aktien (68 Mio.).

Geringfügige Defizite in den Jahren 2013 und 2014

Die finanzstatistischen Kennzahlen werden anhand des internationalen GFS-Modells der Finanzstatistik nach den Richtlinien des Internationalen Währungsfonds (IWF) ausgewiesen. Eine Ausnahme bildet die Schuldenquote, welche zusätzlich in Anlehnung an die Maastricht-Kriterien der EU berechnet wird. So wird sichergestellt, dass die Kennzahlen international vergleichbar sind. Analog zu den Daten des FS-Modells liegen diesen Quoten die Rechnungsergebnisse 2013 für den Bund, die Kantone, die Gemeinden und die Sozialversicherungen, die Rechnungen 2014 des Bundes und der Sozialversicherungen sowie zusätzlich Prognosen anhand aktuell vorliegender Rechnungsdaten des Jahres 2014 für die Kantone und Schätzungen für die Gemeinden zugrunde.

In den 1970er- und 1980er-Jahren waren die Defizite der öffentlichen Haushalte meist niedrig. Gegen Ende der genannten Periode wurden gar Überschüsse verzeichnet. Mit dem Platzen der Immobilienblase und der dadurch bedingten wirtschaftlichen Flaute in den 1990er-Jahren begann eine neue defizitäre Periode,

Staatsquote[1] Sektor Staat   G 18.2
Quote-part de l'Etat[1] des administrations publiques
GFS-Modell, in % des BIP / Modèle SFP, en % du PIB

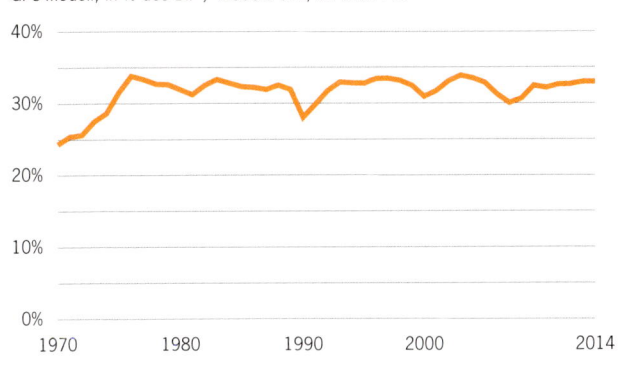

[1] Total, bereinigt um Doppelzählungen zwischen den öffentlichen Haushalten
Après suppression des doubles comptabilisations entre les administrations publiques

sociales et de résultats déficitaires dans les autres secteurs. Le solde ordinaire de la Confédération est légèrement négatif (–19 million). En sus des dépenses en légère augmentation, le recul est principalement le fait des recettes en baisse dans l'impôt fédéral direct et de la non-distribution des bénéfices de la Banque nationale suisse (BNS). Sur la base des données disponibles, une légère amélioration se dessine dans les comptes des cantons, mais malgré cela, le solde ordinaire devrait être négatif en raison de la non-distribution des bénéfices de la BNS (–491 millions).

Suite à des opérations extraordinaires à la Confédération et dans les cantons, le **solde de financement** du secteur étatique est supérieur d'environ 1,6 milliard de francs au solde ordinaire. Les dépenses extraordinaires résultent principalement de recapitalisations de caisses de pensions dans les cantons de Bâle-Campagne (env. 1 milliard), de Saint-Gall (287 millions) et de Genève (203 millions). Elles pèsent sur le solde de financement extraordinaire des cantons. A la Confédération, le solde de financement est par contre en légère hausse grâce à des recettes extraordinaires provenant de confiscations de gains par la FINMA auprès de plusieurs banques (154 millions) et à la vente d'actions Swisscom (68 millions).

Légers déficits dans les années 2013 et 2014

Les chiffres clés des finances du secteur étatique sont présentés selon les directives du Fonds monétaire international (FMI) à l'aide du modèle SFP de la statistique financière. Le taux d'endettement fait exception, puisqu'il est aussi calculé en référence aux critères de Maastricht de l'UE. Ainsi, les chiffres clés sont comparables au niveau international. Comme les données du modèle SF, ces quotes-parts se fondent sur les résultats comptables 2013 de la Confédération, des cantons, des communes et des assurances sociales, sur les résultats 2014 de la Confédération et des assurances sociales ainsi que sur les prévisions établies à l'aide des données comptables existantes de 2014 pour les cantons et d'estimations pour les communes.

Dans les années 1970 et 1980, les déficits des administrations publiques sont restés généralement bas. Vers la fin des années 1980, les comptes de ces dernières ont même été excédentaires. L'éclatement de la bulle immobilière et le marasme économique qu'elle a engendré dans les années 1990

Schulden der öffentlichen Haushalte / Dettes des administrations publiques G 18.3
FS-Modell, in Milliarden Franken / Modèle SF, en milliards de francs   In % des BIP / En % du PIB

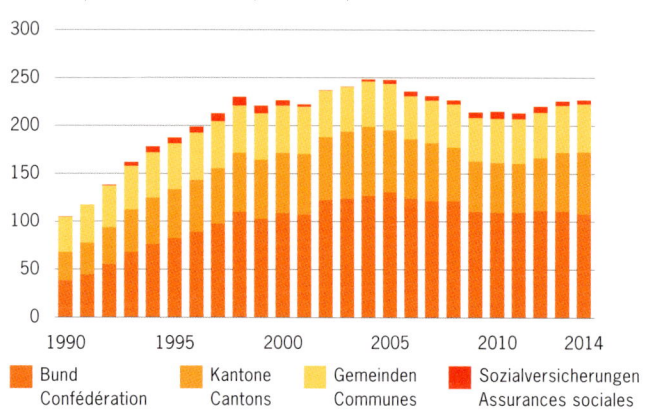

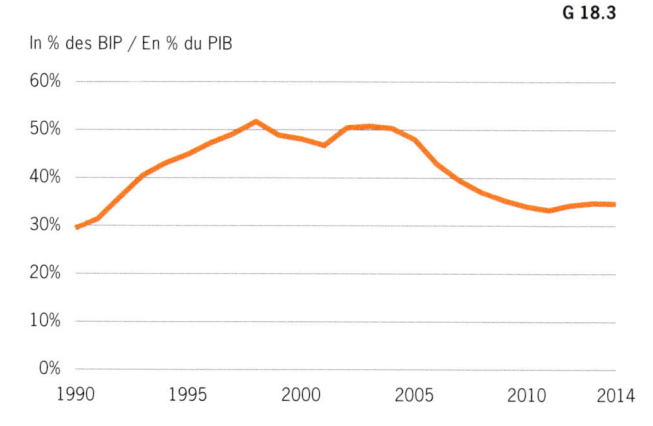

- Bund / Confédération
- Kantone / Cantons
- Gemeinden / Communes
- Sozialversicherungen / Assurances sociales

die mit einer Defizitquote von 3,0% im Jahr 1993 ihren Höhepunkt erreichte. Durch umfassende Sparmassnahmen auf allen Haushaltsebenen erholten sich die Finanzen anschliessend. Das Defizit der öffentlichen Haushalte wurde schrittweise abgebaut, so dass im Jahr 2000, als das reale Wirtschaftswachstum mit 3,9% deutlich über seinem langfristigen Potential lag, ein Überschuss von 2,2% des BIP erwirtschaftet wurde. Nach diesem Zwischenhoch verschlechterte sich die Haushaltslage. Dies war vor allem auf den Einnahmeneinbruch infolge des Platzens der Börsenblase zurückzuführen. Die Einführung der Schuldenbremse auf Bundesebene im Jahr 2003 sowie zwei Entlastungsprogramme beseitigten das strukturelle Defizit des Bundes. Ab 2006 bis 2011 resultierten für den Gesamtstaat durchwegs Überschüsse.

Die Defizit-/Überschussquote der öffentlichen Haushalte fällt 2013 ins Minus; sie liegt bei –0,2% des nominalen BIP. Beim Bund wachsen die Ausgaben stärker als die Einnahmen, weshalb sich sein Finanzierungssaldo gegenüber dem Vorjahr leicht verschlechtert. Die Überschuss-/Defizitquote des Bundes bleibt jedoch ausgeglichen bei 0% des BIP, nachdem sie 2012 bereits auf 0,1% gesunken war. Bei den Kantonen bleibt die Quote mit –0,3% des BIP im negativen Bereich. Dies ist in erster Linie auf Rekapitalisierungen mehrerer öffentlich-rechtlicher Pensionskassen zurückzuführen. Auch für die Gemeinden resultiert erneut eine negative Quote, im Jahr 2013 beträgt sie –0,2% des BIP. Die Quote der öffentlichen Sozialversicherungen sinkt zwar, bleibt jedoch mit 0,3% des BIP im positiven Bereich.

Nach einer ersten Schätzung dürfte sich die Saldoquote des Gesamtstaats im Jahr 2014 verbessern, aber negativ bleiben. Der Saldo der Sozialversicherungen wird mit 0,3% weiterhin positiv und derjenige des Bundes ausgeglichen ausfallen. Beim Bund werden die Mindereinnahmen durch Minderausgaben kompensiert. Da im Jahr 2014 keine Gewinnausschüttung der SNB an Bund und Kantone erfolgt ist, dürfte unter anderem darum bei den Kantonen die Quote 2014 negativ bleiben. Weitere Pensionskassensanierungen belasten ferner zusätzlich das Ergebnis. Bei den Gemeinden dürfte sich die Defizit-/Überschussquote leicht verbessern, jedoch voraussichtlich negativ bleiben.

ont conduit à une nouvelle période déficitaire, dont le pic a été atteint en 1993 avec une quote-part du déficit de 3,0%. Suite aux mesures d'épargne prises à tous les échelons de l'Etat, les finances se sont ensuite améliorées. Le déficit des administrations publiques a été progressivement réduit et un excédent équivalant à 2,2% du PIB a même été enregistré en 2000, alors que la croissance économique en termes réels se situait à 3,9%, soit bien au-dessus de son potentiel à long terme. Après cette embellie temporaire, la situation des administrations publiques s'est à nouveau détériorée. Cette évolution négative était due avant tout au recul des recettes liés à l'éclatement de la bulle financière. La mise en place du frein à l'endettement au niveau fédéral en 2003 et de deux programmes d'allègement budgétaire ont permis d'éliminer le déficit structurel de la Confédération. A partir de 2006 et jusqu'en 2011, les comptes ont alors été tous excédentaires pour l'ensemble de l'Etat.

La quote-part du déficit/de l'excédent des ménages publics est négative en 2013: elle représente –0,2% du PIB en termes nominaux. A la Confédération, les dépenses augmentent plus fortement que les recettes, raison pour laquelle le solde de financement s'est légèrement amoindri par rapport à l'année d'avant. La quote-part du déficit/de l'excédent reste cependant équilibrée à 0% du PIB après avoir déjà baissé à 0,1% en 2012. Dans les cantons, la quote-part reste dans le rouge avec –0,3% du PIB. Cette situation est due en premier lieu aux recapitalisations de plusieurs caisses de pensions de droit public. La quote-part est aussi de nouveau négative pour les communes, avec –0,2% du PIB en 2013. La quote-part des assurances sociales publiques a certes diminué, mais elle reste positive avec 0,3% du PIB.

Selon une première estimation, le solde de financement de l'ensemble des administrations publiques s'améliore en 2014 mais reste négatif. Le solde des assurances sociales demeure positif avec 0,3% et celui de la Confédération est équilibré. A la Confédération, la diminution des recettes est compensée par celle des dépenses. Comme la BNS n'a pas distribué ses bénéfices à la Confédération et aux cantons en 2014, la quote-part 2014 devrait rester négative notamment pour les cantons. En outre, d'autres assainissements de caisses de pensions affaiblissent encore le résultat. Pour les communes, la quote-part du déficit / de l'excédent devait s'améliorer mais probablement rester négative.

Ausgaben der öffentlichen Haushalte 2013 / Dépenses des administrations publiques, en 2013 G 18.4

Gliederung nach Sachgruppen / Classification par nature

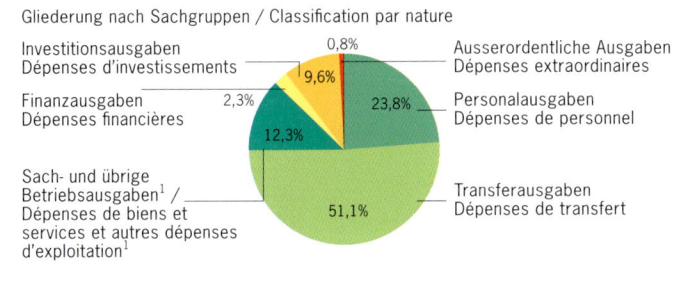

- Investitionsausgaben / Dépenses d'investissements: 0,8%
- Ausserordentliche Ausgaben / Dépenses extraordinaires: 9,6%
- Finanzausgaben / Dépenses financières: 2,3%
- Personalausgaben / Dépenses de personnel: 23,8%
- Sach- und übrige Betriebsausgaben[1] / Dépenses de biens et services et autres dépenses d'exploitation[1]: 12,3%
- Transferausgaben / Dépenses de transfert: 51,1%

[1] inkl. Rüstungsausgaben / y c. dépenses d'armement (0,5%)

Gliederung nach Funktionen / Classification par fonction

- Soziale Sicherheit / Prévoyance sociale: 39,3%
- Bildung / Formation: 17,3%
- Verkehr und Nachrichtenübermittlung / Trafic et télécommunications: 8,2%
- Allgemeine Verwaltung / Administration générale: 7,9%
- Öff. Ordnung und Sicherheit, Verteidigung / Ordre et sécurité publique, défense: 7,8%
- Gesundheit / Santé: 6,7%
- Volkswirtschaft / Economie publique (3,9%)
- Finanzen und Steuern / Finances et impôts (3,3%)
- Umweltschutz und Raumordnung / Protection de l'environnement et aménagement du territoire (3,0%)
- Kultur, Sport und Freizeit, Kirche / Culture, sport et loisirs, église (2,5%)

Seit 2011 wieder eine leicht anziehende Staatsquote

Die Staatsquote entspricht den nach dem GFS-Modell der Finanzstatistik ermittelten Ausgaben der öffentlichen Haushalte in Prozent des nominalen BIP. Seit den 1970er-Jahren stieg die Staatsquote kontinuierlich an und erreichte 2003 mit 33,8% einen Höchstwert, nachdem sie 1990 noch 28,0% betragen hatte. In den Jahren 2003 bis 2007 war die Entwicklung dieser Quote von der sehr guten konjunkturellen Lage sowie diversen Entlastungsmassnahmen gezeichnet und konnte bis auf 30,0% deutlich reduziert werden.

Demgegenüber erfolgte 2009 ein markanter Anstieg der Staatsquote, da die schlechte Wirtschaftslage in allen Sektoren von Mehrausgaben begleitet war. 2013 erreicht die Staatsquote 32,9% des BIP und verzeichnet gegenüber dem Vorjahr einen geringfügigen Zuwachs. Der Anstieg beim Bund erklärt sich primär durch Mehrausgaben in den Bereichen «militärische Verteidigung» und «Grundlagenforschung». In den Kantonen wachsen die Ausgaben langsamer als das BIP, was zu einer leicht rückläufigen Quote führt. In den Gemeinden steigt die Quote leicht auf 7,2% des BIP, was sich durch Mehrausgaben in den Funktionsgruppen «Bildung und Erziehung» sowie «Gesundheit» erklärt. In den Folgejahren dürfte sie sich die Staatsquote bei 34% des BIP bewegen.

Während die Ausgabenquote des Bundes seit 1992 relativ stabil bei rund 10,5% des BIP verharrt, fluktuiert jene der öffentlichen Sozialversicherungen verzögert antizyklisch zur Konjunktur. Während der wirtschaftlichen Flaute in den 1990er-Jahren stieg sie bei den Sozialversicherungen von 6,7% im Jahr 1990 kontinuierlich bis auf 10,2% im Jahr 1997. Nach der zwischenzeitlichen Erholung um die Jahrtausendwende erreichte sie, als Nachwirkung der wirtschaftlichen Schwäche aufgrund des Platzens der Börsenblase, in den Jahren 2003/04 nochmals die 10%-Marke. Im Jahr 2011 beträgt die Quote 8,9% des BIP, und 2013 erhöht sie sich als Folge der gestiegenen Arbeitslosigkeit auf 9,2%.

Im internationalen Vergleich ist die Schweiz, trotz einem beträchtlichen Anstieg seit 1970, weiterhin gut positioniert: Sie hat eine der niedrigsten Staatsquoten aller OECD-Länder. So weisen die meisten europäischen Länder eine deutlich höhere, nahe bei oder über 50% liegende Quote auf. Problematisch ist allerdings nicht eine hohe Staatsquote per se, sondern das Auseinanderklaffen von Staats- und Fiskalquote.

La quote-part de l'Etat à nouveau en légère hausse depuis 2011

La quote-part de l'Etat équivaut aux dépenses des administrations publiques, établies selon le modèle SFP de la statistique financière, en pour cent du PIB en termes nominaux. Depuis les années 1970, la quote-part de l'Etat a continuellement augmenté pour atteindre une valeur record en 2003, avec 33,8%, alors qu'elle se situait encore à 28,0% en 1990. Dans les années 2003 à 2007, la très bonne conjoncture et plusieurs mesures d'allègement ont influencé l'évolution de cette quote-part, la faisant baisser à 30,0%.

En 2009, la quote-part de l'Etat a fortement progressé, la mauvaise conjoncture ayant touché tous les secteurs et s'étant accompagnée de dépenses supplémentaires. En 2013, la quote-part de l'Etat atteignait 32,9% du PIB, soit une modeste hausse par rapport à 2012. L'augmentation observée pour la Confédération s'explique en premier lieu par les dépenses supplémentaires consacrées aux domaines «Défense militaire» et «Recherche fondamentale». Dans les cantons, les dépenses progressent plus lentement que le PIB, d'où un léger recul de la quote-part. Dans les communes, la quote-part a légèrement progressé à 7,2% du PIB, ce qui s'explique par des dépenses plus importantes dans les groupes de fonction «Formation» et «Santé». Dans les années suivantes, la quote-part devrait se situer autour de 34% du PIB.

Si la quote-part des dépenses de la Confédération est relativement stable depuis 1992 et se situe à environ 10,5% du PIB, celle des assurances sociales publiques fluctue selon la conjoncture et de manière anticyclique. Pendant le marasme économique des années 1990, celle des assurances sociales est remontée progressivement de 6,7% en 1990 à 10,2% en 1997. Après un rétablissement provisoire au début du nouveau millénaire, elle a à nouveau atteint la barre des 10% dans les années 2003/04, sous l'effet de la faiblesse économique liée à l'éclatement de la bulle boursière. En 2011, cette quote-part représentait 8,9% du PIB et est passée à 9,2% en 2013 sous l'effet de la hausse du chômage.

Malgré une forte progression depuis 1970, la Suisse reste bien classée en comparaison internationale, puisqu'elle a l'une des quotes-parts les plus basses de tous les pays de l'OCDE. La plupart des pays européens affichent des quotes-parts nettement plus élevées, proches de 50% ou supérieures. Ce n'est toutefois pas tant une quote-part de l'Etat élevée qui est problématique que l'écart entre cette quote-part et la quote-part fiscale.

Fiskalquoten im internationalen Vergleich 2014[1]
Quote-part fiscale en comparaison internationale, en 2014[1]

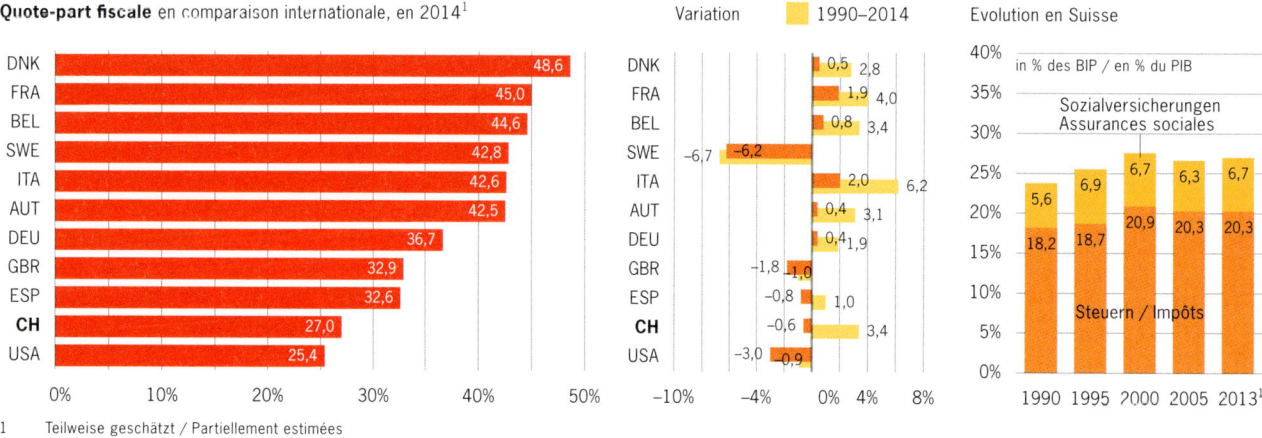

Veränderung 2000–2014
Variation 1990–2014

Entwicklung in der Schweiz G 18.5
Evolution en Suisse

Land	Fiskalquote 2014 (%)	Veränderung 2000–2014	Variation 1990–2014
DNK	48,6	0,5	2,8
FRA	45,0	1,9	4,0
BEL	44,6	0,8	3,4
SWE	42,8	−6,2	−6,7
ITA	42,6	2,0	6,2
AUT	42,5	0,4	3,1
DEU	36,7	0,4	1,9
GBR	32,9	−1,8	−1,0
ESP	32,6	−0,8	1,0
CH	27,0	−0,6	3,4
USA	25,4	−3,0	−0,9

Entwicklung in der Schweiz / Evolution en Suisse (in % des BIP / en % du PIB)

Jahr	Steuern / Impôts	Sozialversicherungen / Assurances sociales
1990	18,2	5,6
1995	18,7	6,9
2000	20,9	6,7
2005	20,3	6,3
2013[1]	20,3	6,7

1 Teilweise geschätzt / Partiellement estimées

Moderate Fiskalquote im internationalen Vergleich

Die Fiskalquote misst den gesamten Fiskalertrag (Steuern und Sozialversicherungsabgaben) im Verhältnis zum nominalen BIP. Sie drückt den Anteil des BIP aus, den der Staat zur Finanzierung seiner Aufgaben über Steuern und Abgaben eintreibt. Ein starkes Auseinanderklaffen von Staats- und Fiskalquote deutet auf einen schuldenfinanzierten Haushalt hin. Nach dem Anstieg der 1990er-Jahre hat sich die Fiskalquote der öffentlichen Haushalte seit der Jahrtausendwende zwischen 26% und 28% des BIP stabilisiert.

2013 fällt das Wachstum der Fiskalerträge höher als dasjenige des BIP aus, was die Fiskalquote der öffentlichen Haushalte leicht um 0,1 Prozentpunkte auf 27,0% steigen lässt. Die Steuereinnahmen des Bundes steigen aufgrund höherer Einnahmen aus der Verrechnungs- und Mehrwertsteuer. Die Fiskalquoten der anderen Teilsektoren verharren demgegenüber auf dem Vorjahresniveau.

Die Fiskalquote der Schweiz ist im internationalen Vergleich weiterhin relativ gut positioniert, denn unter den OECD-Mitgliedsländern gehört sie zu den niedrigsten. 2014 dürfte sich die Quote nur wenig verändern und in den Folgejahren auf 28% des BIP ansteigen.

Schuldenquote der Kantone tendenziell steigend

Die Haushaltsabschlüsse des öffentlichen Sektors widerspiegeln sich auch in der Entwicklung der Staatsschulden. Die Schuldenquote der öffentlichen Haushalte wird in der Finanzstatistik in Anlehnung an die Maastricht-Kriterien der EU ermittelt.

Die ausgeprägten Defizite in den 1990er-Jahren führten zu einem spektakulären Anstieg des öffentlichen Schuldenstandes. Dieser verdoppelte sich innert eines Jahrzehnts und erreichte Ende 2004 mit 245,9 Mrd. einen Höchstwert (50,3% des BIP). Die Schuldenquote erreichte ihr Maximum von 51,6% bereits 1998, nachdem sie 1990 noch 29,3% betragen hatte. Sowohl der Bund als auch die Kantone und Gemeinden trugen zum Anstieg der Verschuldung bei. Am stärksten war jedoch der Anstieg beim Bund, dessen Bruttoschuld von 38,1 Mrd. (10,6% des BIP) im Jahr 1990 auf 130,4 Mrd. (25,7% des BIP) im Jahr 2005 kletterte.

Quote-part fiscale modeste en comparaison internationale

La quote-part fiscale mesure les revenus fiscaux effectifs (impôts et cotisations aux assurances sociales) par rapport au PIB en termes nominaux. Elle exprime la part du PIB que l'Etat encaisse via les impôts et les taxes pour financer ses dépenses. Un écart important entre la quote-part de l'Etat et la quote-part fiscale caractérise une administration publique qui a recours à l'endettement pour se financer. Après avoir progressé dans les années 1990, la quote-part fiscale des administrations publiques s'est stabilisée entre 26% et 28% du PIB depuis le début du millénaire.

En 2013, l'augmentation des revenus fiscaux a été plus forte que celle du PIB, ce qui a fait progresser la quote-part fiscale des ménages publics de 0,1 point à 27,0% du PIB. Les recettes fiscales de la Confédération ont augmenté en raison d'une hausse des recettes provenant de l'impôt anticipé et de la taxe sur la valeur ajoutée. Les quotes-parts des autres sous-secteurs sont en revanche restées à leur niveau de 2012.

La quote-part fiscale de la Suisse compte parmi les plus basses de l'OCDE et permet à notre pays d'occuper une position enviable en comparaison internationale. Elle ne devrait que peu changer en 2014 et augmenter à 28% du PIB les années suivantes.

Le taux d'endettement des cantons tend à augmenter

Les comptes des administrations publiques se reflètent aussi dans l'évolution de la dette publique. Le taux d'endettement de ces administrations est déterminé dans la statistique financière en référence aux critères de Maastricht de l'UE.

Les déficits importants qui se sont succédé dans les années 1990 ont gonflé la dette publique de manière spectaculaire. Celle-ci a doublé en une décennie et atteint la valeur record de 245,9 milliards de francs à la fin de 2004, soit l'équivalent de 50,3% du PIB. Le taux d'endettement avait atteint son maximum en 1998 (51,6%), alors qu'il se situait encore à 29,3% du PIB en 1990. Tant la Confédération que les cantons et les communes ont participé à l'augmentation de la dette. Cependant, la progression la plus forte était celle de la Confédération, dont la dette brute était passée de 38,1 milliards de francs (10,6% du PIB) en 1990 à 130,4 milliards (25,7% du PIB) en 2005.

Dank der Einführung der Schuldenbremse beim Bund, der vergangenen konjunkturellen Erholung und den damit einhergehenden, zum Teil hohen Überschüssen sowie der Ausschüttung der überschüssigen Goldreserven der Schweizerischen Nationalbank konnte seit 2003 die Bruttoschuldenquote der einzelnen Sektoren und somit auch diejenige des Gesamtstaates bis 2011 kontinuierlich gesenkt werden. Die Bruttoschuldenquote liegt seit 2007 unter 40% des BIP und sank bis 2011 auf 33,2%.

Dieser rückläufige Trend wurde 2012 gebrochen. 2012 stieg die Schuldenquote der öffentlichen Haushalte auf 34,2% des BIP und 2013 auf 34,6% des BIP an. Die Schuldenquote der Kantone erhöhte sich 2013 um 0,8 Prozentpunkte, hauptsächlich aufgrund der Entwicklung in den Kantonen Genf, Basel-Stadt, Zürich und Tessin.

Gemäss den Konvergenzkriterien der EU darf der gesamte Bruttoschuldenstand des Staates 60% des BIP nicht überschreiten. Die Gesamtschuld der öffentlichen Haushalte der Schweiz hat diesen Wert noch nie erreicht. Verglichen mit der Schuldenquote der Europäischen Union (28 Länder) von 85,5% im Jahre 2013 liegt jene der Schweiz markant tiefer. Sie dürfte ab 2014 für den Gesamtstaat relativ stabil bleiben, sich jedoch in den einzelnen Teilsektoren unterschiedlich entwickeln. Die Schuldenquote des Bundes dürfte bis 2016 sinken. Nach den derzeit verfügbaren Daten ist in mehreren Kantonen mit einem Schuldenanstieg zu rechnen, zum einen wegen des Wechsels einiger öffentlicher Haushalte zum Harmonisierten Rechnungslegungsmodell HRM2 und zum andern wegen der Verschlechterung ihrer Finanzlage in den letzten Jahren. Bei den öffentlichen Sozialversicherungen dürfte die Schuldenquote 2015 und 2016 hauptsächlich wegen der Schulden der Arbeitslosenversicherung gegenüber dem Bund bei 0,5% des BIP verharren. Aufgrund der aktuellen Daten ist für die öffentlichen Haushalte im Jahr 2016 mit einer Bruttoschuldenquote von 34,5% des BIP zu rechnen.

Grâce à l'introduction du frein à l'endettement au niveau de la Confédération, à la reprise conjoncturelle et aux excédents parfois élevés qui en ont résulté, ainsi qu'à la distribution des réserves d'or excédentaires de la Banque nationale suisse, le taux d'endettement des différents secteurs et, partant, celui des administrations publiques, a pu continuellement être abaissé depuis 2003 jusqu'en 2011. Passé sous la barre des 40% du PIB depuis 2007, il a encore diminué pour atteindre 33,2% en 2011.

Cette tendance à la baisse a été interrompue en 2012. Le taux d'endettement des ménages publics a progressé à 34,2% du PIB en 2012 puis à 34,6% en 2013. Le taux d'endettement des cantons s'est accru de 0,8 point en 2013, principalement en raison de l'évolution dans les cantons de Genève, de Bâle-Ville, de Zurich et du Tessin.

Selon les critères de convergence de l'UE, l'endettement brut de l'Etat ne doit pas dépasser 60% du PIB. Les dettes totales des administrations publiques de Suisse n'ont jamais atteint cette valeur. Comparé à l'endettement moyen des 28 pays de l'Union européenne (85,5% en 2013), celui de la Suisse est sensiblement plus faible. En 2014, il devrait rester relativement stable pour le secteur étatique dans son ensemble, mais l'évolution sera variable selon les sous-secteurs. Le taux d'endettement de la Confédération devrait baisser jusqu'en 2016. Selon les données actuellement disponibles, il faudra compter sur une augmentation des dettes dans plusieurs cantons, d'une part en raison du passage de certains ménages publics au modèle comptable harmonisé NMC2, d'autre part en raison de la détérioration de la situation financière de ces cantons ces dernières années. Au niveau des assurances sociales publiques, le taux d'endettement 2015 et 2016 devrait rester à 0,5% du PIB, principalement à cause des dettes de l'assurance chômage vis-à-vis de la Confédération. Selon les données actuelles, on peut tabler pour 2016 sur un taux d'endettement brut de 34,5% du PIB.

Erhebungen, Quellen

Finanzstatistik

Die Finanzstatistik gibt einen Gesamtüberblick über die finanzielle Lage der öffentlichen Haushalte (Bund, Kantone, Gemeinden und öffentliche Sozialversicherungen). Sie wurde in den Jahren 2010 und 2015 rückwirkend bis zum Rechnungsjahr 1990 vollständig revidiert und an die neuen nationalen und internationalen Standards angepasst.

Das **nationale Finanzstatistikmodell (FS-Modell)** beruht in seiner Struktur auf der Empfehlung der kantonalen Finanzdirektoren für ein «Harmonisiertes Rechnungslegungsmodell der Kantone und Gemeinden» (HRM2) aus dem Jahr 2008 und dient vor allem der nationalen Vergleichbarkeit der Haushaltsdaten. Die **internationale** Vergleichbarkeit der Staatsfinanzen wird mit dem **GFS-Modell** sichergestellt. Dieses richtet sich nach dem Finanzstatistikstandard des Internationalen Währungsfonds (GFSM 2014). Dieser Standard ist mit den Richtlinien des Europäischen Systems Volkswirtschaftlicher Gesamtrechnungen kompatibel.

Die Finanzstatistik bietet eine Übersicht zur Ertrags-, Finanz- und Vermögenslage der öffentlichen Haushalte, welche den staatlichen Sektor bilden. Zudem werden Ausweise über die Struktur der Ausgaben nach den Aufgabengebieten des Staates (funktionale Gliederung) erstellt.

Die Finanzstatistik beruht auf Erhebungen der Staatsrechnungen des Bundes und der Kantone sowie der Jahresrechnungen von etwas mehr als 900 Gemeinden. Deren Auswahl wird anhand eines Stichprobenplans getroffen, der die Repräsentativität der Ergebnisse und der darauf bauenden Hochrechnungen auf kantonaler und nationaler Ebene sicherstellt.

Die Finanzstatistik folgt für die Abgrenzung des Sektors Staat dem Sektorisierungskonzept der Volkswirtschaftlichen Gesamtrechnung. Seit der Reform der Finanzstatistik, d.h. ab dem Rechnungsjahr 2008, werden bei den Kantonen die Konkordate separat ausgewiesen. Zu den öffentlichen Sozialversicherungen zählen die Alters- und Hinterlassenenversicherung (AHV), die Invalidenversicherung (IV), die Erwerbsersatzordnung (EO) inkl. Mutterschaftsversicherung, die Familienzulagen in der Landwirtschaft, die Arbeitslosenversicherung (ALV) und die Mutterschaftsversicherung des Kantons Genf. Ab 2008 werden in der Finanzstatistik insbesondere die Spitäler und andere Institutionen des Gesundheitswesens, deren Ausgaben mehrheitlich ohne staatliche Unterstützung durch Gebühren und Abgaben oder den Verkauf von Dienstleistungen finanziert werden, nicht mehr in der Finanzstatistik erfasst. Dies führt in den Daten des nationalen Modells zu einem Strukturbruch zwischen den Jahren 2007 und 2008. Im internationalen Modell hingegen entfällt ein solcher Bruch, da die Finanzstatistik im Jahr 2015 ihre GFS-Daten mit der Übernahme der Richtlinien des GFSM 2014 rückwirkend ab dem Rechnungsjahr 1990 revidiert und den geltenden Sektorisierungsregeln angepasst hat.

Steuerstatistik

Für die Finanzierung der öffentlichen Aufgaben sind die Steuern die wichtigste Quelle. Die Steuerstatistik spielt deshalb für die öffentlichen Haushalte eine zentrale Rolle. Als Datenquellen dienen ihr die Grundlagen der Steuerveranlagung der natürlichen und der juristischen Personen, die Abrechnungen der steuerpflichtigen Betriebe (indirekte Steuern) sowie die Steuergesetze (für die Bemessungsgrundlage, Abzüge, Tarife) und die Steuerfüsse. Die Steuerstatistik ist – wie die Haushaltsstatistik – eine Sekundärstatistik, die sich aus der Tätigkeit der Steuerbehörden ableitet. Wichtige Statistiken im Bereich der Steuern sind: die Statistik der direkten Bundessteuer, die Mehrwertsteuerstatistik und die Statistik der Steuerbelastung.

Enquêtes, sources

Statistique financière

La statistique financière donne une vue d'ensemble de la situation financière des administrations publiques (Confédération, cantons, communes et assurances sociales publiques). Elle a été entièrement révisée en 2010 et en 2015 avec effet rétroactif jusqu'à l'exercice 1990, et adaptée aux nouvelles normes nationales et internationales.

Le **modèle national de la statistique financière (modèle SF)** repose dans sa structure sur le «modèle comptable harmonisé des cantons et des communes (MCH2)» de 2008, recommandé par les directeurs cantonaux des finances. La comparabilité **internationale** des finances du secteur étatique est assurée par **le modèle SFP** de la statistique financière. Ce dernier est aligné sur la norme de statistique financière du Fonds monétaire international (MSFP 2014). Cette norme est compatible avec les directives du Système européen des comptes.

La statistique financière offre une vue d'ensemble de l'état des revenus, des finances et de la fortune des collectivités publiques formant le secteur étatique. En outre, elle présente des données sur la structure des dépenses par groupe de tâches de l'Etat (classification fonctionnelle).

La statistique financière repose sur les chiffres du compte d'Etat de la Confédération et des cantons ainsi que sur les comptes annuels de plus de 900 communes. Ces dernières sont sélectionnées à l'aide d'un plan d'échantillonnage assurant la représentativité des résultats ainsi que des extrapolations réalisées à partir de ces derniers aux niveaux cantonal et national.

La délimitation du secteur des administrations publiques dans la statistique financière se fonde sur le concept de sectorisation des Comptes nationaux. Depuis la réforme de la statistique financière, entrée en vigueur pour l'exercice 2008, les concordats figurent séparément des cantons. Font partie des assurances sociales publiques l'assurance-vieillesse et survivants (AVS), l'assurance-invalidité (AI), les allocations pour perte de gain (APG), assurance-maternité incluse, les allocations familiales dans l'agriculture, l'assurance-chômage (AC) et l'assurance-maternité du canton de Genève. A partir de 2008, les hôpitaux et d'autres institutions de la santé notamment ne sont plus considérés dans la statistique financière, car leurs dépenses sont généralement financées principalement sans le soutien de l'Etat par des redevances et des taxes ou par la vente de prestations de service. Il en est résulté une rupture dans la structure des données du modèle national entre 2007 et 2008. Dans le modèle international, en revanche, il n'y a pas de rupture, la statistique financière ayant révisé ses données SFP en 2015 en reprenant les directives du MSFP 2014 avec effet rétroactif jusqu'en 1990 et les ayant adaptées aux règles de sectorisation en vigueur.

Statistique fiscale

Les impôts sont la principale source de financement des tâches publiques. La statistique fiscale joue de ce fait un rôle essentiel pour les collectivités publiques. Les sources de données utilisées pour établir cette statistique sont les bases de taxation des personnes physiques et des personnes morales, les décomptes des entreprises assujetties (impôts indirects), ainsi que les lois fiscales (pour l'assiette, les déductions, les barèmes) et les taux d'imposition. La statistique fiscale, comme la statistique financière, est une statistique secondaire, qui découle de l'activité des autorités fiscales. Dans le domaine des impôts, les principales statistiques sont la statistique de l'impôt fédéral direct, la statistique de la taxe sur la valeur ajoutée et la statistique de la charge fiscale.

Glossar

Abschreibungen
Planmässige Abschreibungen (GFS-Modell) messen den Wertverzehr von Sachvermögen während einer Periode durch den Verschleiss, d. h. nach der wirtschaftlichen Nutzungsdauer. Im FS-Modell kommen noch die ausserplanmässigen (und eventuell zusätzlichen) Abschreibungen hinzu.

Aktiven
Die Aktiven sind Teil der Bilanz und geben an, wofür die verfügbaren Mittel verwendet wurden. Die Reihenfolge der einzelnen Positionen auf der Aktivseite entspricht zumeist ihrer Liquidierbarkeit. Im FS-Modell werden sie nach Finanz- und Verwaltungsvermögen aufgeteilt. Das GFS-Modell unterteilt die Aktiven in Vermögensgüter und Forderungen.

Anlagerechnung
Die Anlagerechnung (GFS-Modell) zeigt den Zu- und Abgang von Vermögensgütern aus der operativen Tätigkeit. Aufgezeigt werden der Erwerb und die Veräusserung von Vermögensgütern sowie der Wertverzehr von Sachvermögen (Hoch-,Tiefbauten und Ausrüstungsgüter sowie substantielle Investitionen in Grund und natürliche Ressourcen).

Aufwand
Der Aufwand ist eine monetäre Bewertung der in einer Rechnungsperiode verbrauchten oder verzehrten Güter und Dienstleistungen. Zusätzlich zu den finanzierungswirksamen Ausgaben werden im GFS-Modell die volkswirtschaftlichen, geplanten Abschreibungen berücksichtigt. Im FS-Modell kommen zusätzlich die ungeplanten Abschreibungen, Wertberichtigungen sowie weitere nicht finanzierungswirksame Vorgänge hinzu.

Ausgaben
Eine Ausgabe ist definiert als die Verwendung von Finanzvermögen (FS-Modell) resp. finanzieller Vermögenswerte (GFS-Modell) zur Erfüllung öffentlicher Aufgaben. Sie bedarf einer Rechtsgrundlage und eines Kredits.

Bilanz
Die Bilanz gibt Auskunft über die Mittelverwendung (Aktiven) und Mittelherkunft (Passiven).

Defizit-/Überschussquote
Die Defizit-/Überschussquote des Sektors Staat entspricht dem Finanzierungssaldo gemäss dem GFS-Modell in % des Bruttoinlandproduktes (BIP).

Eigenkapital
Das Eigenkapital im FS-Modell ist der um das Fremdkapital reduzierte Teil der Passivseite der Bilanz.

Einnahmen
Einnahmen sind Zahlungen Dritter, die das Vermögen vermehren resp. die finanziellen Vermögenswerte erhöhen.

Glossaire

Acquisitions nettes d'actifs non financiers
Dans le modèle SFP, les acquisitions nettes d'actifs non financiers correspondent aux acquisitions d'actifs non financiers après déduction des cessions d'actifs non financiers et de la consommation de capital fixe.

Actif
L'actif fait partie du bilan et indique dans quel but les ressources ont été utilisées. L'ordre dans lequel apparaissent les différentes positions du côté de l'actif est généralement celui des liquidités. Dans le modèle SF, l'actif est divisé en patrimoine financier et patrimoine administratif. En revanche dans le modèle SFP on opère une distinction entre actifs non financiers et créances.

Actifs non financiers
Les actifs non financiers (modèle SFP) comprennent toutes les valeurs patrimoniales produites (immobilisations, stocks et objets de valeur), non produites (terrains) et incorporelles (logiciels, brevets et autres droits d'utilisation).

Amortissements
Les amortissements planifiés (modèle SFP) permettent de mesurer la dépréciation due à l'usure du capital fixe durant une période déterminée, soit la dépréciation en fonction de la durée de vie économique du capital fixe. Dans le modèle SF viennent encore s'ajouter les amortissements non planifiés (et éventuellement les amortissements supplémentaires).

Bilan
Le bilan présente l'utilisation (actif) et l'origine (passif) du capital.

Capital propre
Dans le modèle SF, le capital propre correspond à la partie passive du bilan après déduction des capitaux de tiers.

Capitaux de tiers
Les capitaux de tiers se composent en général d'obligations de remboursement légalement exigibles.

Charges
Une charge est une évaluation monétaire des biens ou des prestations de service utilisés ou consommés au cours d'une période comptable. Dans le modèle SFP sont par ailleurs pris en compte, outre les dépenses avec incidences financières, les amortissements économiques et planifiés. Dans le modèle SF viennent encore s'ajouter les réévaluations, les amortissements non planifiés ainsi que d'autres processus sans incidences financières.

Compensations
Revenus de prestations et de livraisons fournies à des tiers par une unité d'administration publique; elles comprennent en outre les taxes d'exemption de l'obligation de servir, les revenus provenant d'amendes et des remboursements de la part du secteur privé.

Compte de financement
Le compte de financement sert à évaluer le besoin total de financement résultant de la différence entre les dépenses et les recettes. Il présente ainsi pour

Entgelte
Erträge aus Leistungen und Lieferungen, die ein öffentlicher Haushalt für Dritte erbringt; ferner die Ersatzabgaben, die Erträge aus Bussen und Rückerstattungen von Privaten.

Erfolgsrechnung
Die Erfolgsrechnung zeigt den in einer Rechnungsperiode anfallenden Wertzuwachs (Ertrag) und Wertverzehr (Aufwand). Das Ergebnis der Erfolgsrechnung, Erfolg genannt, gibt Aufschluss über die Veränderung des Eigenkapitals (FS-Modell) resp. des Reinvermögens (GFS-Modell).

Ertrag
Als Ertrag gilt der gesamte Wertzuwachs innerhalb einer bestimmten Periode. Im GFS-Modell ist er mit den Einnahmen identisch.

Finanzierungsrechnung
Die Finanzierungsrechnung dient der Ermittlung des gesamten Finanzierungsbedarfs, welcher aus der Differenz zwischen Ausgaben und Einnahmen erwächst. Sie weist damit alle Zahlungsvorgänge eines Rechnungsjahres aus, die sich unmittelbar aus der Aufgabenerfüllung ergeben.

Finanzierungssaldo
Der Finanzierungssaldo des GFS-Modells ergibt sich aus dem operativen Saldo abzüglich des Nettozugangs an Sachvermögen. Gesamtwirtschaftlich entspricht dies der Differenz aus Staatseinnahmen und Staatsausgaben.

Finanzstatistik
Die Finanzstatistik ist eine Synthesestatistik und stellt die Ausweise der Ertrags-, Finanz- und Vermögenslage öffentlicher Haushalte (Bund, Kantone, Gemeinden und öffentliche Sozialversicherungen) sowie die Struktur ihrer Ausgaben nach Aufgabengebieten auf eine vergleichbare Grundlage. Davon abgeleitet werden gesamtwirtschaftliche Kennziffern wie die Staats-, Defizit-, Fiskal- und Schuldenquote des Sektors Staat.

Finanzvermögen
Das Finanzvermögen im FS-Modell umfasst jene Vermögenswerte, die ohne Beeinträchtigung der öffentlichen Aufgabenerfüllung veräussert werden können.

Fiskalertrag
Der Fiskalertrag setzt sich aus den verschiedenen Steuern und weiteren Abgaben, insbesondere Sozialversicherungsabgaben, zusammen, die von öffentlichen Haushalten erhoben werden.

Fiskalquote
Die Fiskalquote ist gleich den effektiven Fiskaleinnahmen des Sektors Staat in % des BIP gemäss GFS-Modell und entspricht ebenfalls den Richtlinien der Organisation für wirtschaftliche Zusammenarbeit und Entwicklung (OECD).

Fremdkapital
Das Fremdkapital besteht im Allgemeinen aus rechtlich einforderbaren Rückzahlungsverpflichtungen.

un exercice donné tous les processus de paiement découlant directement de l'exécution des tâches.

Compte de résultats
Le compte de résultats présente les diminutions (charges) et les augmentations (revenus) de valeur pour un exercice comptable. Le résultat du compte de résultats ou solde, fournit des informations sur les variations du capital propre (modèle SF) ou du patrimoine net (modèle SFP).

Compte des immobilisations
Le compte des immobilisations (modèle SFP) présente les entrées et sorties d'actifs non financiers provenant de l'activité opérationnelle. Il met en évidence les acquisitions et les cessions d'actifs non financiers, ainsi que la consommation de capital fixe (bâtiments et ouvrages de génie civil, biens d'équipement et investissements substantiels en terrains et ressources naturelles).

Compte des investissements
Dans le modèle SF, le compte des investissements juxtapose les dépenses d'investissement et les recettes d'investissement. Aux dépenses destinées à des investissements, soit à des biens et immobilisations dont la durée d'utilité est de plusieurs années, s'ajoutent également les prêts au patrimoine administratif d'autres unités d'administration publique, ainsi que les participations dans ce patrimoine. Les remboursements ainsi que les ventes du patrimoine administratif sont également comprises dans les recettes d'investissement.

Consolidation
Par consolidation on entend le regroupement et l'apurement des bilans individuels de plusieurs unités en un bilan global (bilan consolidé): pour obtenir des résultats consolidés, on déduit les transferts entre les unités à consolider. Cela permet d'éviter le double comptage de ces transferts «internes» dans les dépenses et recettes consolidés.

Contributions à des investissements (propres et à redistribuer)
Dans le modèle SF, il s'agit de contributions destinées au cofinancement de propres investissements, ou de contributions provenant d'autres unités d'administration publique et à redistribuer.

Dépenses
Une dépense est définie comme une utilisation du patrimoine financier (modèle SF) ou des valeurs du patrimoine financier (modèle SFP) dans le but de réaliser des tâches publiques. Elle nécessite une base légale et un crédit.

Dépenses du secteur des administrations publiques
Dans le modèle SFP, les dépenses du secteur des administrations publiques résultent de la somme des charges et des acquisitions nettes d'actifs non financiers.

Dette
Dans le modèle SF, la dette, soit la dette brute, se compose des engagements courants ainsi que des engagements financiers à court et à long terme (sans les instruments financiers dérivés ni les contributions à des investissements inscrites au passif).

Impôts
Versements obligatoires versés sans contrepartie aux administrations publiques autre que les cotisations sociales.

Fremdkapitalquote
Die Fremdkapitalquote ist gleich dem Fremdkapital des GFS-Modells (ohne Finanzderivate) in % des BIP. Sie entspricht der Quote der Bruttoschulden gemäss Definition des Internationalen Währungsfonds.

FS-Modell
Das FS-Modell der Finanzstatistik dient der nationalen Vergleichbarkeit der Finanzen öffentlicher Haushalte. Es beruht auf der Empfehlung der kantonalen Finanzdirektoren für ein «Harmonisiertes Rechnungslegungsmodell der Kantone und Gemeinden» (HRM2) aus dem Jahr 2008, ergänzt um Elemente des Rechnungslegungsmodells des Bundes (NRM).

GFS-Modell
Das GFS-Modell der Finanzstatistik dient der internationalen Vergleichbarkeit der Staatsfinanzen und richtet sich nach dem Finanzstatistikstandard des Internationalen Währungsfonds (Government Finance Statistics Manual 2014). Dieser Standard ist mit dem Europäischen Systems Volkswirtschaftlicher Gesamtrechnungen (ESVG 2010) kompatibel.

Investitionsbeiträge (eigene und durchlaufende)
Beiträge im FS-Modell, die zur Mitfinanzierung eigener Investitionen bestimmt sind oder von anderen öffentlichen Haushalten stammen und weitergeleitet werden.

Investitionsrechnung
Die Investitionsrechnung im FS-Modell stellt die Investitionsausgaben den Investitionseinnahmen gegenüber. Nebst Ausgaben für Güter und Anlagen mit mehrjähriger Nutzungsdauer gehören dazu auch Darlehen und Beteiligungen am Verwaltungsvermögen eines anderen öffentlichen Haushaltes. Rückerstattung und Veräusserungen des Verwaltungsvermögens werden als Investitionseinnahmen verbucht.

Konsolidierung
Unter Konsolidierung versteht man die Zusammenfassung und Bereinigung von Einzelabschlüssen mehrerer Einheiten zu einem Gesamtabschluss (konsolidierter Abschluss): Für konsolidierte Ergebnisse werden die Transfers zwischen den zu konsolidierenden Einheiten abgezogen. Damit wird sichergestellt, dass die konsolidierten Ausgaben und Einnahmen nicht um diese «internen» Transfers (Doppelzählungen) zu hoch ausgewiesen werden.

Nettozugang an Vermögensgütern
Der Nettozugang an Vermögensgütern im GFS-Modell entspricht dem Erwerb abzüglich der Veräusserungen von Vermögensgütern und abzüglich des Wertverzehrs von Sachvermögen.

Öffentlicher Haushalt
Die konsolidierte, um interne Geschäftsvorgänge bereinigte Rechnung eines öffentlichen Haushaltes setzt sich aus seiner eigenen Rechnung (Stammhaus) und den Sonderrechnungen aller zu konsolidierenden institutionellen Einheiten zusammen, die der Kontrolle der Exekutive und Legislative dieses öffentlichen Haushalts unterstellt sind.

Ordentliches Ergebnis
Das ordentliche Ergebnis im FS-Modell ist gleich der Differenz von ordentlichem Ertrag abzüglich ordentlichem Aufwand. Es entspricht der Summe aus dem Ergebnis aus betrieblicher Tätigkeit und dem Ergebnis aus Finanzierung. Es bildet das Ergebnis der regelmässigen Betriebstätigkeit eines öffentlichen Haushalts ab.

Modèle SF
Le modèle SF de la statistique financière est utilisé afin de garantir la comparabilité des finances des unités d'administration publique au niveau national. Il repose sur la recommandation émise en 2008 par les directeurs cantonaux des finances en faveur d'un «modèle comptable harmonisé des cantons et des communes» (MCH2), ainsi que sur certains éléments du nouveau modèle comptable de la Confédération (NMC).

Modèle SFP
Le modèle SFP de la statistique financière est utilisé afin de garantir la comparabilité des finances des administrations publiques au niveau international. Il se fonde sur les normes en matière de statistique des finances établies par le Fonds monétaire international (Manuel de statistiques de finances publiques 2014), qui sont compatibles avec le système européen des comptes nationaux et régionaux (SEC 2010).

Passif
Le passif figure dans la partie droite du bilan. Il indique la manière dont s'est fait l'approvisionnement en capital. Il se décompose en capital propre et capitaux de tiers.

Patrimoine administratif
Le patrimoine administratif (modèle SF) regroupe les valeurs du patrimoine qui servent directement à accomplir les tâches publiques et qui ne peuvent être cédées sans compromettre cet accomplissement.

Patrimoine financier
Dans le modèle SF, le patrimoine financier comprend les actifs qui peuvent être vendus sans entraver l'exécution des tâches publiques.

Patrimoine net
Dans le modèle SFP, le patrimoine net correspond à la partie passive du bilan, déduction faite des capitaux de tiers.

Quote-part de l'Etat
Selon le modèle SFP, la quote-part de l'Etat désigne la part des dépenses totales du secteur des administrations publiques, en pour-cent du produit intérieur brut (PIB).

Quote-part des capitaux étrangers
La quote-part des capitaux étrangers équivaut aux capitaux étrangers selon le modèle SFP (sans les produits financiers dérivés) en pour-cent du PIB. Elle correspond à la part des dettes brutes conformément à la définition du Fonds monétaire international.

Quote-part du déficit ou de l'excédent
La quote-part du déficit ou de l'excédent du secteur des administrations publiques correspond au solde de financement selon le modèle SFP en pour-cent du produit intérieur brut (PIB).

Quote-part fiscale
La quote-part fiscale est égale aux recettes fiscales effectives du secteur des administrations publiques exprimés en % du PIB selon le modèle SFP et les directives de l'Organisation de coopération et de développement économiques (OCDE).

Recettes
Les recettes sont des paiements de tiers qui accroissent le patrimoine ou qui augmentent les valeurs du patrimoine financier.

Passiven
Die Passiven befinden sich auf der rechten Seite der Bilanz. Sie geben Auskunft, auf welche Weise die Mittel beschafft wurden. Die Passiven unterteilen sich in Fremdkapital und Eigenkapital.

Reinvermögen
Das Reinvermögen im GFS-Modell ist der um das Fremdkapital reduzierte Teil der Passivseite der Bilanz.

Vermögensgüter
Die Vermögensgüter (GFS-Modell) umfassen alle produzierten (Anlagen, Vorräte und Wertsachen), nichtproduzierten (Grund und Boden) und immateriellen (Software, Patente und sonstige Nutzungsechte) Vermögenswerte.

Schulden
Die Schulden im FS-Modell resp. die Bruttoschulden setzen sich zusammen aus den laufenden Verbindlichkeiten sowie den kurz- und langfristigen Finanzverbindlichkeiten, jedoch ohne derivative Finanzinstrumente und ohne die passivierten Investitionsbeiträge.

Schuldenquote
Bruttoschulden des Sektors Staat in % des BIP gemäss dem FS-Modell in Anlehnung an die Maastricht-Definition.

Sektorisierung
In der Volkswirtschaftlichen Gesamtrechnung (VGR) und in der Finanzstatistik werden die wirtschaftlichen Entscheidungsträger in so genannte institutionelle Sektoren unterteilt. Diese Abgrenzung wird als Sektorisierung bezeichnet.

Sektor Staat
Der Wirtschaftssektor Staat setzt sich aus den konsolidierten Teilsektoren Bund, Kantone, Gemeinden und öffentliche Sozialversicherungen zusammen.

Staatsausgaben
Die Staatsausgaben im GFS-Modell ergeben sich aus der Summe von Aufwand und Nettozugang an Vermögensgütern des Sektors Staat.

Staatsquote
Die Staatsquote bezeichnet den Anteil der gesamten Staatsausgaben in % des BIP gemäss dem GFS-Modell.

Steuern
Öffentliche Abgaben ohne eine bestimmte Gegenleistung.

Transfers
Transfers zwischen den öffentlichen Haushalten des Sektors Staat sind im FS-Modell Zahlungen in Form von Beiträgen und Entschädigungen. Hingegen gelten im GFS-Modell nur die Beiträge als öffentliche Transfers resp. Übertragungen.

Verwaltungsvermögen
Das Verwaltungsvermögen (FS-Modell) umfasst jene Vermögenswerte, die unmittelbar der öffentlichen Aufgabenerfüllung dienen und die ohne diese zu beeinträchtigen nicht veräussert werden können.

Résultat ordinaire
Dans le modèle SF, le résultat ordinaire équivaut à l'écart entre les revenus ordinaires et les charges ordinaires. Il s'agit de la somme du résultat provenant de l'activité d'exploitation et du résultat provenant de l'activité de financement. Le résultat ordinaire représente le résultat de l'activité d'exploitation régulière d'une unité d'administration publique.

Revenus
Par revenus, on entend l'augmentation totale de valeur enregistrée durant une période déterminée. Dans le modèle SFP, les revenus correspondent aux recettes.

Revenus fiscaux
Les revenus fiscaux se composent des différents impôts ainsi que d'autres taxes (notamment cotisations aux assurances sociales) prélevés par les unités d'administration publique.

Secteur des administrations publiques
Le secteur économique des administrations publiques se compose des sous-secteurs consolidés de la Confédération, des cantons, des communes ainsi que des assurances sociales publiques.

Sectorisation
Dans le domaine des comptes nationaux (CN) et dans la statistique des finances, les instances décisionnelles de l'économie sont subdivisées en secteurs dits institutionnels. Cette subdivision est appelée sectorisation.

Solde de financement
Dans le modèle SFP, le solde de financement correspond à la différence entre le solde opérationnel et les acquisitions nettes d'actifs non financiers. Globalement, le solde de financement représente la différence entre les recettes et les dépenses du secteur des administrations publiques.

Statistique financière
La statistique financière est une statistique de synthèse qui présente sur une base comparable l'état des revenus, des finances et du patrimoine des unités d'administration publique (Confédération, cantons, communes et assurances sociales publiques) ainsi que la structure de leurs dépenses, classées par groupe de tâches. C'est sur cette base que sont établis les indicateurs macro-économiques tels que la quote-part de l'Etat ou du déficit, la quote-part fiscale et le taux d'endettement du secteur étatique.

Taux d'endettement
Dette brute du secteur des administrations publiques, exprimée en pour cent du PIB et calculée dans le modèle SF en référence à la définition de Maastricht.

Transferts
Les transferts entre les administrations publiques du secteur étatique représentent, dans le modèle SF, des paiements sous forme de contributions et de dédommagements.

Unité d'administration publique
Les comptes consolidés d'une unité d'administration publique, corrigés au niveau des imputations internes, sont composés de ses propres comptes (administration générale) ainsi que des comptes spéciaux consolidés de toutes les unités institutionnelles contrôlées par le pouvoir exécutif et législatif de cette unité d'administration publique.

Daten

Données

Allgemeines
Généralités
Kennzahlen der öffentlichen Finanzen. GFS-Modell[1], in % des BIP
Indicateurs des finances publiques. Modèle SFP[1], en % du PIB

T 18.1.1

	2007	2008	2009	2010	2011	2012	2013	2014[3]	
Defizit- / Überschussquote									**Quote-part du déficit / de l'excédent**
Sektor Staat	1,6	1,8	0,6	0,3	0,5	–0,0	–0,2	–0,1	Administrations publiques
Bund	–0,5	0,8	0,5	0,5	0,2	0,1	–0,0	0,0	Confédération
Kantone	0,5	0,6	0,4	0,2	–0,2	–0,4	–0,3	–0,3	Cantons
Gemeinden	0,4	0,0	–0,1	–0,1	–0,0	–0,1	–0,2	–0,1	Communes
Sozialversicherungen	1,3	0,3	–0,2	–0,3	0,5	0,5	0,3	0,3	Assurances sociales
Fiskalquote (IWF / OECD)									**Quote-part fiscale (FMI / OCDE)**
Sektor Staat	26,2	26,5	27,1	26,5	27,1	26,9	27,0	27,1	Administrations publiques
Bund	9,4	9,9	9,9	9,7	9,9	9,5	9,6	9,5	Confédération
Kantone	6,6	6,5	6,6	6,5	6,5	6,6	6,6	6,7	Cantons
Gemeinden	4,1	4,1	4,2	4,0	4,1	4,1	4,1	4,1	Communes
Sozialversicherungen	6,1	6,1	6,5	6,3	6,6	6,7	6,7	6,7	Assurances sociales
Staatsquote									**Quote-part de l'Etat**
Sektor Staat	30,0	30,6	32,4	32,1	32,6	32,6	32,9	33,0	Administrations publiques
Bund	10,8	10,2	10,4	10,3	10,7	10,4	10,6	10,4	Confédération
Kantone	12,3	12,4	12,9	12,8	13,4	13,6	13,5	13,7	Cantons
Gemeinden	6,6	6,9	7,3	7,1	7,0	7,1	7,2	7,1	Communes
Sozialversicherungen	9,0	8,3	9,3	9,1	8,9	9,0	9,2	9,2	Assurances sociales
Schuldenquote[2]									**Taux d'endettement[2]**
Sektor Staat	39,4	36,9	35,2	33,9	33,2	34,2	34,6	34,5	Administrations publiques
Bund	21,1	20,3	18,7	18,0	17,7	17,8	17,4	16,8	Confédération
Kantone	10,6	9,4	9,0	8,7	8,3	8,8	9,7	10,1	Cantons
Gemeinden	7,7	7,5	7,7	7,6	7,5	7,6	7,7	7,8	Communes
Sozialversicherungen	0,9	0,7	1,0	1,2	1,0	1,0	0,7	0,7	Assurances sociales

---

1 Konsolidierte, um Doppelzählungen bereinigte Aggregate
2 In Anlehnung an die Definition von Maastricht
3 Teilweise geschätzte Zahlen

Quelle: Eidgenössische Finanzverwaltung
Stand: September 2015

1 Agrégats consolidés, après suppression des doubles comptabilisations
2 En référence à la définition de Maastricht
3 Chiffres fondés en partie sur des estimations

Source: Administration fédérale des finances
Etat: septembre 2015

Finanzlage
Situation financière
Finanzierungsrechnung der öffentlichen Haushalte. FS-Modell[1], in Millionen Franken
Compte de financement des administrations publiques. Modèle SF[1], en millions de francs

T 18.2.1.1.1

	2007	2008	2009	2010	2011	2012	2013	2014[3]	
Sektor Staat									**Administrations publiques**
Einnahmen	193 440	192 088	197 808	193 821	200 427	200 736	205 902	207 068	Recettes
ordentliche Einnahmen	192 686	191 828	190 952	193 820	200 115	199 996	204 558	206 855	Recettes ordinaires
Ausgaben	184 570	188 683	187 165	191 407	198 428	200 534	204 803	207 673	Dépenses
ordentliche Ausgaben	181 634	179 128	186 864	190 770	194 337	198 064	203 176	205 826	Dépenses ordinaires
Finanzierungsergebnis	8 870	3 405	10 643	2 413	1 999	202	1 100	–605	Solde de financement
ordentliches Finanzierungsergebnis	11 052	12 700	4 088	3 050	5 778	1 932	1 382	1 029	Solde de financement ordinaire
Bund									**Confédération**
Einnahmen	58 739	64 424	68 527	63 460	65 193	64 410	67 004	64 914	Recettes
ordentliche Einnahmen	57 985	64 360	61 720	63 460	64 903	63 672	65 698	64 701	Recettes ordinaires
Ausgaben	62 178	64 414	59 053	60 330	64 489	62 725	64 534	64 720	Dépenses
ordentliche Ausgaben	54 159	57 532	59 044	60 329	63 340	62 725	64 534	64 719	Dépenses ordinaires
Finanzierungsergebnis	–3 438	11	9 474	3 129	704	1 685	2 470	194	Solde de financement
ordentliches Finanzierungsergebnis	3 826	6 828	2 675	3 131	1 563	947	1 164	–19	Solde de financement ordinaire
Kantone									**Cantons**
Einnahmen	78 594	76 482	76 353	77 244	79 291	79 752	81 355	82 744	Recettes
ordentliche Einnahmen	78 594	76 286	76 303	77 244	79 275	79 752	81 325	82 744	Recettes ordinaires
Ausgaben	75 384	72 973	74 017	76 053	81 043	83 185	83 424	85 082	Dépenses
ordentliche Ausgaben	73 920	70 490	74 017	75 435	78 147	81 140	82 065	83 235	Dépenses ordinaires
Finanzierungsergebnis	3 210	3 509	2 335	1 191	–1 753	–3 433	–2 068	–2 338	Solde de financement
ordentliches Finanzierungsergebnis	4 674	5 796	2 286	1 810	1 128	–1 388	–741	–491	Solde de financement ordinaire
Gemeinden									**Communes**
Einnahmen	49 106	41 744	42 549	42 691	44 082	44 195	44 568	45 500	Recettes
ordentliche Einnahmen	49 106	41 744	42 549	42 691	44 077	44 193	44 561	45 500	Recettes ordinaires
Ausgaben	46 536	41 342	43 094	43 227	43 988	45 142	46 016	46 119	Dépenses
ordentliche Ausgaben	46 536	41 153	42 801	43 208	43 942	44 717	45 748	46 119	Dépenses ordinaires
Finanzierungsergebnis	2 569	402	–545	–536	94	–947	–1 449	–619	Solde de financement
ordentliches Finanzierungsergebnis	2 569	592	–252	–517	134	–524	–1 187	–619	Solde de financement ordinaire
Sozialversicherungen[2]									**Assurances sociales[2]**
Einnahmen	60 833	51 815	53 887	54 449	58 619	59 563	60 814	61 960	Recettes
ordentliche Einnahmen	52 325	51 815	53 887	54 448	58 617	59 563	60 814	61 960	Recettes ordinaires
Ausgaben	53 890	52 332	54 508	55 821	55 664	56 666	58 668	59 802	Dépenses
ordentliche Ausgaben	51 928	52 332	54 508	55 821	55 664	56 666	58 668	59 802	Dépenses ordinaires
Finanzierungsergebnis	6 943	–517	–621	–1 372	2 954	2 897	2 146	2 157	Solde de financement
ordentliches Finanzierungsergebnis	396	–516	–621	–1 373	2 953	2 897	2 146	2 157	Solde de financement ordinaire

1 Konsolidierte, um Doppelzählungen bereinigte Aggregate
2 AHV, IV, EO, ALV sowie Familienzulagen in der Landwirtschaft und Mutterschaftsversicherung Kt. Genf
3 Provisorische Schätzergebnisse

Quelle: Eidgenössische Finanzverwaltung
Stand: September 2015

1 Agrégats consolidés, après suppression des doubles comptabilisations
2 AVS, AI, APG, AC ainsi que les allocations familiales dans l'agricututure et l'assurance maternité du canton de Genève
3 Données provisoires

Source: Administration fédérale des finances
Etat: septembre 2015

Steuern und Einnahmen
Fiscalité et recettes

Einnahmen – Sektor Staat. FS-Modell[1], in Millionen Franken T 18.3.1.1.1
Recettes – Secteur des administrations publiques. Modèle SF[1], en millions de francs

	2007	2008	2009	2010	2011	2012	2013	
Gesamteinnahmen	193 440	192 088	197 808	193 821	200 427	200 736	205 902	**Recettes totales**
Ordentliche Einnahmen	192 686	191 828	190 952	193 820	200 115	199 996	204 558	Recettes ordinaires
Betriebliche Einnahmen	182 768	180 537	180 018	182 954	188 880	189 547	194 114	Recettes d'exploitation
Fiskaleinnahmen	150 154	159 590	158 901	161 529	166 792	168 404	172 294	Recettes fiscales
Regalien und Konzessionen	4 021	3 821	3 898	3 921	3 990	2 692	2 642	Patentes et concessions
Entgelte	27 486	16 280	16 403	16 664	17 198	17 444	18 168	Compensations
Verschiedene Einnahmen	163	295	269	315	369	414	341	Recettes diverses
Transfereinnahmen	945	550	547	524	532	591	669	Recettes de transfert
Finanzeinnahmen	7 986	8 973	9 042	8 796	8 693	8 237	8 282	Recettes financières
Investitionseinnahmen	1 932	2 318	1 891	2 071	2 542	2 212	2 162	Recettes d'investissement
Übertragung von Sachanlagen in das Finanzvermögen	297	672	263	394	323	323	489	Transfert d'immobilisations corporelles dans le patrimoine financier
Rückerstattungen	236	205	241	241	278	372	168	Remboursements
Abgang immaterielle Sachanlagen	–	0	0	0	–	1	0	Sortie d'immobilisations incorporelles
Rückzahlung von Darlehen und Beteiligungen n.a.g.	702	160	162	177	190	168	121	Remboursement de prêts et participations n.c.a.
Rückzahlung von Darlehen	–	291	325	319	430	388	510	Remboursement de prêts
Übertragung von Beteiligungen	–	129	35	21	374	5	5	Transfert de participations
Rückzahlung eigener Investitionsbeiträge	39	39	31	26	50	28	17	Remboursement de propres contributions à des investissements
Investitionsbeiträge	658	821	834	893	897	927	851	Contributions à des investissements
Ausserordentliche Einnahmen	754	260	6 856	0	312	740	1 344	Recettes extraordinaires
Ausserordentliche Einnahmen	630	260	1 477	0	21	740	97	Recettes extraordinaires
Ausserordentliche Investitionseinnahmen	124	–	5 380	–	290	0	1 247	Recettes d'investissement extraordinaires

[1] Konsolidierte, um Doppelzählungen bereinigte Aggregate
Quelle: Eidgenössische Finanzverwaltung
Stand: September 2015

[1] Agrégats consolidés, après suppression des doubles comptabilisations
Source: Administration fédérale des finances
Etat: septembre 2015

Einnahmen – Bund. FS-Modell[1], in Millionen Franken T 18.3.1.2.1
Recettes – Confédération. Modèle SF[1], en millions de francs

	2007	2008	2009	2010	2011	2012	2013	2014	
Gesamteinnahmen	58 739	64 424	68 527	63 460	65 193	64 410	67 004	64 914	**Recettes totales**
Ordentliche Einnahmen	57 985	64 360	61 720	63 460	64 903	63 672	65 698	64 701	Recettes ordinaires
Betriebliche Einnahmen	56 557	62 385	59 864	61 891	62 766	62 168	63 889	63 187	Recettes d'exploitation
Fiskaleinnahmen	53 117	59 164	56 647	58 710	59 542	59 339	61 008	60 618	Recettes fiscales
Regalien und Konzessionen	1 345	1 099	1 108	1 148	1 140	671	681	355	Patentes et concessions
Entgelte	2 074	1 787	1 784	1 675	1 649	1 685	1 786	1 790	Compensations
Verschiedene Einnahmen	22	165	147	193	248	253	179	183	Recettes diverses
Transfereinnahmen	–	170	178	166	187	220	235	241	Recettes de transfert
Finanzeinnahmen	1 062	1 723	1 558	1 160	1 534	1 276	1 512	1 231	Recettes financières
Investitionseinnahmen	366	252	298	409	603	228	297	283	Recettes d'investissement
Ausserordentliche Einnahmen	754	64	6 807	0	290	738	1 307	213	Recettes extraordinaires
Ausserordentliche Einnahmen	630	64	1 427	0	0	738	60	145	Recettes extraordinaires
Ausserordentliche Investitionseinnahmen	124	–	5 380	–	290	–	1 246	68	Recettes d'investissement extraordinaires

[1] Konsolidierte, um Doppelzählungen bereinigte Aggregate
Quelle: Eidgenössische Finanzverwaltung
Stand: September 2015

[1] Agrégats consolidés, après suppression des doubles comptabilisations
Source: Administration fédérale des finances
Etat: septembre 2015

Einnahmen – Kantone. FS-Modell[1], in Millionen Franken
Recettes – Cantons. Modèle SF[1], en millions de francs

T 18.3.1.3.1

	2007	2008	2009	2010	2011	2012	2013	
Gesamteinnahmen	**78 594**	**76 482**	**76 353**	**77 244**	**79 291**	**79 752**	**81 355**	**Recettes totales**
Ordentliche Einnahmen	78 594	76 286	76 303	77 244	79 275	79 752	81 325	Recettes ordinaires
Betriebliche Einnahmen	72 601	70 295	71 013	71 766	73 735	74 293	75 871	Recettes d'exploitation
Fiskaleinnahmen	38 288	39 214	39 461	39 921	41 052	41 669	42 348	Recettes fiscales
Regalien und Konzessionen	2 551	2 448	2 531	2 483	2 527	1 695	1 615	Patentes et concessions
Entgelte	11 481	6 524	6 464	6 498	6 727	6 729	7 128	Compensations
Verschiedene Einnahmen	86	85	73	65	59	101	105	Recettes diverses
Transfereinnahmen	20 196	22 024	22 484	22 798	23 370	24 099	24 675	Recettes de transfert
Finanzeinnahmen	2 749	3 164	2 873	2 956	2 902	2 694	2 783	Recettes financières
Investitionseinnahmen	3 244	2 827	2 417	2 522	2 638	2 765	2 670	Recettes d'investissement
Ausserordentliche Einnahmen	–	196	49	–0	16	0	31	Recettes extraordinaires
Ausserordentliche Einnahmen	–	196	49	–0	16	0	30	Recettes extraordinaires
Ausserordentliche Investitionseinnahmen	–	–	–	–	–	–	1	Recettes d'investissement extraordinaires

[1] Konsolidierte, um Doppelzählungen bereinigte Aggregate
Quelle: Eidgenössische Finanzverwaltung
Stand: September 2015

[1] Agrégats consolidés, après suppression des doubles comptabilisations
Source: Administration fédérale des finances
Etat: septembre 2015

Einnahmen – Gemeinden. FS-Modell[1], in Millionen Franken
Recettes – Communes. Modèle SF[1], en millions de francs

T 18.3.1.4.1

	2007	2008	2009	2010	2011	2012	2013	
Gesamteinnahmen	**49 106**	**41 744**	**42 549**	**42 691**	**44 082**	**44 195**	**44 568**	**Recettes totales**
Ordentliche Einnahmen	49 106	41 744	42 549	42 691	44 077	44 193	44 561	Recettes ordinaires
Betriebliche Einnahmen	44 617	37 165	37 876	38 140	39 323	39 450	40 077	Recettes d'exploitation
Fiskaleinnahmen	23 526	24 266	24 571	24 531	25 220	25 438	26 074	Recettes fiscales
Regalien und Konzessionen	125	274	259	290	322	326	346	Patentes et concessions
Entgelte	13 424	7 423	7 624	7 963	8 151	8 203	8 224	Compensations
Verschiedene Einnahmen	55	44	47	54	58	57	52	Recettes diverses
Transfereinnahmen	7 487	5 158	5 375	5 303	5 572	5 426	5 381	Recettes de transfert
Finanzeinnahmen	3 166	3 195	3 273	3 166	3 215	3 220	3 138	Recettes financières
Investitionseinnahmen	1 324	1 385	1 400	1 385	1 539	1 522	1 346	Recettes d'investissement
Ausserordentliche Einnahmen	–	–	–	–	5	2	7	Recettes extraordinaires
Ausserordentliche Einnahmen	–	–	–	–	5	2	7	Recettes extraordinaires
Ausserordentliche Investitionseinnahmen	–	–	–	–	–	0	–	Recettes d'investissement extraordinaires

[1] Konsolidierte, um Doppelzählungen bereinigte Aggregate
Quelle: Eidgenössische Finanzverwaltung
Stand: September 2015

[1] Agrégats consolidés, après suppression des doubles comptabilisations
Source: Administration fédérale des finances
Etat: septembre 2015

Mehrwertsteuer nach Wirtschaftssektoren
Taxe sur la valeur ajoutée selon les secteurs d'activités économiques

T 18.3.2.2.1

	2007	2008	2009	2010	2011	2012	2013	
Anzahl Mehrwertsteuerpflichtige	326 343	336 489	331 838	339 326	347 081	354 561	360 718	Nombre d'assujettis à la TVA
Sektor 1	6 797	7 227	4 209	4 659	4 750	5 081	5 462	Secteur 1
Sektor 2	87 565	90 013	89 498	89 887	90 919	93 016	93 935	Secteur 2
Sektor 3	231 981	239 249	238 131	244 780	251 412	256 464	261 321	Secteur 3
Gesamtumsatz in Millionen Franken	3 233 907	3 529 496	2 886 200	3 555 587	3 527 837	3 591 538	3 635 584	Chiffre d'affaires total, en millions de francs
Sektor 1	5 947	6 230	3 761	3 926	3 932	4 174	4 512	Secteur 1
Sektor 2	676 652	702 248	656 962	709 758	735 132	747 214	743 969	Secteur 2
Sektor 3	2 551 308	2 821 018	2 225 477	2 841 903	2 788 773	2 840 150	2 887 103	Secteur 3
Steuerbarer Umsatz in Millionen Franken	782 803	824 379	783 632	830 815	843 931	849 433	857 956	Chiffre d'affaires imposable, en millions de francs
Sektor 1	5 715	5 989	3 567	3 710	3 690	3 918	4 191	Secteur 1
Sektor 2	250 447	269 875	253 754	275 010	279 185	283 416	281 981	Secteur 2
Sektor 3	526 641	548 515	526 311	552 095	561 056	562 099	571 784	Secteur 3
Total Forderungen in Millionen Franken	19 733	20 421	20 106	20 595	22 012	22 198	10 317	Total des créances, en millions de francs
MWST-Forderungen	7 671	8 128	9 928	9 600	10 239	10 285	10 316	Créances de TVA
Sektor 1	135	142	51	47	49	49	57	Secteur 1
Sektor 2	−1 297	−910	345	158	−92	144	−173	Secteur 2
Sektor 3	8 834	8 896	9 532	9 395	10 282	10 092	10 432	Secteur 3
Eidgenössische Zollverwaltung	12 062	12 293	10 178	10 995	11 773	11 913	12 226	Administration fédérale des douanes

Quelle: Eidgenössische Steuerverwaltung

Source: Administration fédérale des contributions

Steuerliche Ausschöpfung nach Kantonen
Exploitation du potentiel fiscal selon les cantons

T 18.3.2.3.1

	Referenzjahr: 2014 / Année de référence: 2014 Bemessungsjahre: 2008–2010 / Années de calcul: 2008–2010		Referenzjahr: 2015 / Année de référence: 2015 Bemessungsjahre: 2009–2011 / Années de calcul: 2009–2011		Referenzjahr: 2016 / Année de référence: 2016 Bemessungsjahre: 2010–2012 / Années de calcul: 2010–2012		
	%	Index / Indice	%	%	%	Index / Indice	Rang
Total	**26,7**	**100**	**26,4**	**100**	**25,5**	**100**	
Zürich	23,9	89,5	24,1	91,2	23,3	91,4	14
Bern	31,9	119,5	31,6	119,6	30,3	118,9	5
Luzern	24,7	92,5	23,9	90,4	21,5	84,5	18
Uri	22,1	82,8	19,8	75,1	18,5	72,8	22
Schwyz	12,1	45,4	11,3	42,9	10,5	41,2	26
Obwalden	19,2	71,9	18,9	71,7	17,8	69,8	23
Nidwalden	16,3	61,0	15,6	58,9	13,5	53,2	24
Glarus	23,6	88,5	23,1	87,3	20,8	81,8	19
Zug	13,5	50,6	12,5	47,4	11,6	45,7	25
Fribourg	28,6	107,2	28,1	106,4	27,2	106,6	8
Solothurn	27,7	103,9	27,8	105,1	26,8	105,3	10
Basel-Stadt	30,7	114,9	30,7	116,2	30,2	118,7	6
Basel-Landschaft	25,0	93,8	25,3	95,6	25,4	99,9	11
Schaffhausen	20,8	77,8	20,9	79,0	20,5	80,4	20
Appenzell A. Rh.	23,1	86,8	23,6	89,3	22,3	87,5	15
Appenzell I. Rh.	20,1	75,3	20,5	77,7	20,0	78,7	21
St. Gallen	25,6	96,1	24,8	93,8	23,5	92,2	13
Graubünden	27,6	103,6	27,1	102,4	25,4	99,7	12
Aargau	23,0	86,0	22,3	84,5	21,9	85,9	16
Thurgau	23,8	89,2	23,3	88,2	21,9	85,9	17
Ticino	26,3	98,6	27,0	102,0	27,0	106,0	9
Vaud	31,7	119,0	31,9	120,8	31,2	122,6	3
Valais	29,5	110,7	30,5	115,3	29,7	116,6	7
Neuchâtel	31,5	118,1	32,0	121,0	30,9	121,3	4
Genève	35,5	133,0	34,9	132,0	34,2	134,2	1
Jura	34,7	129,9	34,2	129,6	32,8	128,8	2

Erläuterung zur Tabelle:
Die steuerliche Ausschöpfung ergibt sich aus dem Verhältnis zwischen den effektiven Steuereinnahmen eines Kantons und seinem Ressourcenpotenzial, welches das Steuersubstrat des Kantons widerspiegelt. Das Steuersubstrat berechnet sich aus den steuerbaren Einkommen, Vermögen und Gewinnen in einem Kanton.
Die Daten zur Berechnung des Ressourcenpotenzials werden bei den Steuerverwaltungen der Kantone erhoben. Sie liegen jedoch erst mit einer gewissen Verzögerung in genügend guter Qualität vor. Ausserdem ist das Steuersubstrat starken Schwankungen unterworfen. Deshalb werden für die Berechnung des Ressourcenpotenzials dreijährige Durchschnittswerte herangezogen (z.B. für das Referenzjahr 2015 der Durchschnitt der Jahre 2009 bis 2011).
Der Steuerausschöpfungsindex eines Kantons wird wie folgt berechnet:

$$\text{Steuerausschöpfungsindex Kanton X} = \frac{\text{Steuerliche Ausschöpfung Kanton}}{\text{Steuerliche Ausschöpfung Gesamtheit der Kantone}} \times 100$$

Aufgrund seiner Berechnungsmethode ist der Steuerausschöpfungsindex nicht mit dem früher von der Eidgenössischen Steuerverwaltung publizierten Gesamtindex der Steuerbelastung vergleichbar. Der Index ist ähnlich zu interpretieren wie die Fiskalquote, welche in der Schweiz auf nationaler Ebene berechnet wird.

Quelle: Eidgenössische Finanzverwaltung

Explication du tableau:
L'exploitation du potentiel fiscal correspond au rapport entre les recettes fiscales effectives d'un canton et son potentiel de ressources, qui est le reflet de la substance fiscale. Cette substance fiscale est calculée à partir des revenus imposables, des fortunes et des gains dans un canton.
Les données entrant dans le calcul du potentiel de ressources sont recueillies auprès des administrations fiscales cantonales. Des données d'une qualité suffisante ne sont toutefois disponibles qu'avec un certain retard; par ailleurs, la substance fiscale fluctue fortement. Pour ces raisons, le calcul du potentiel de ressources s'effectue à l'aide de moyennes triennales (par exemple moyenne des années 2009–2011 pour l'année de référence 2015).
L'indice de l'exploitation du potentiel fiscal d'un canton est calculé de la manière suivante:

$$\text{Indice de l'exploitation du potentiel fiscal du canton X} = \frac{\text{Exploitation du potentiel fiscal du canton}}{\text{Exploitation du potentiel fiscal de l'ensemble des cantons}} \times 100$$

Etant donné la manière dont il est calculé, l'indice de l'exploitation du potentiel fiscal n'est pas comparable avec l'indice global de la charge fiscale publié précédemment par l'Administration fédéral des contributions. Il convient d'interpréter l'indice de l'exploitation du potentiel fiscal de manière analogue à la quote-part fiscale, qui est calculée pour l'ensemble de la Suisse.

Source: Administration fédérale des finances

Ausgaben und Schulden
Dépenses et dettes
Schulden des Sektors Staat[1,2]. FS-Modell
Dettes des administrations publiques[1,2]. Modèle SF

T 18.4.1

	2007	2008	2009	2010	2011	2012	2013	2014[4]	
Sektor Staat, in Millionen Franken	226 014	220 646	206 766	205 768	205 302	213 373	219 770	221 847	**Administrations publiques,** en millions de francs
Bund	120 873	121 087	109 763	108 924	109 147	111 043	110 449	107 696	Confédération
Kantone	60 798	56 068	52 845	52 460	51 310	55 166	61 332	64 758	Cantons
Gemeinden	44 177	44 886	45 308	45 784	46 420	47 345	48 935	49 911	Communes
Sozialversicherungen	4 966	4 193	5 762	7 405	6 070	6 313	4 757	4 192	Assurances sociales
Pro Einwohner[3], in Franken	29 764	28 648	26 557	26 145	25 809	26 542	27 000	26 931	**Par habitant[3]**, en francs
In % des Bruttoinlandproduktes	39,4	36,9	35,2	33,9	33,2	34,2	34,6	34,5	**En % du produit intérieur brut**

1 Konsolidierte, um Doppelzählungen bereinigte Aggregate	1 Agrégats consolidés, après suppression des doubles comptabilisations
2 Schulden in Anlehnung an die Definition von Maastricht	2 Dettes en référence à la définition de Maastricht
3 Ständige Wohnbevölkerung per 31. Dezember	3 Population résidante permanente au 31 décembre
4 Teilweise geschätzte Zahlen	4 Chiffres fondés en partie sur des estimations

Quelle: Eidgenössische Finanzverwaltung
Stand: September 2015

Source: Administration fédérale des finances
Etat: septembre 2015

Ausgaben nach Funktionen – Sektor Staat. FS-Modell[1], in Millionen Franken
Dépenses par fonction – Secteur des administrations publiques. Modèle SF[1], en millions de francs

T 18.4.1.1.1

	2007	2008	2009	2010	2011	2012	2013	
Gesamtausgaben	184 570	188 683	187 165	191 407	198 428	200 534	204 803	Dépenses totales
Allgemeine Verwaltung	12 742	14 504	13 342	13 944	18 160	16 570	16 218	Administration générale
Öffentliche Ordnung und Sicherheit, Verteidigung	13 225	13 956	14 289	14 459	15 174	15 161	15 927	Ordre et sécurité publique, défense
Bildung	28 384	31 643	32 061	32 694	33 740	34 595	35 398	Formation
Kultur, Sport und Freizeit, Kirche	4 503	4 800	4 841	4 984	5 115	5 120	5 196	Culture, sport et loisirs, église
Gesundheit	21 072	10 615	11 255	11 345	12 116	13 703	13 748	Santé
Soziale Sicherheit	70 609	67 663	73 134	75 241	75 986	77 832	80 504	Sécurité sociale
Verkehr und Nachrichtenübermittlung	14 312	15 830	16 544	16 599	16 727	16 806	16 880	Trafic et télécommunications
Umweltschutz und Raumordnung	5 266	5 731	5 762	5 877	5 960	6 108	6 212	Protection de l'environnement et aménagement du territoire
Volkswirtschaft	6 096	13 026	8 042	7 738	7 748	7 843	7 979	Economie publique
Finanzen und Steuern	8 361	10 914	7 895	8 527	7 700	6 798	6 742	Finances et impôts

1 Konsolidierte, um Doppelzählungen bereinigte Aggregate
Quelle: Eidgenössische Finanzverwaltung
Stand: September 2015

1 Agrégats consolidés, après suppression des doubles comptabilisations
Source: Administration fédérale des finances
Etat: septembre 2015

Ausgaben nach Funktionen – Bund. FS-Modell[1], in Millionen Franken
Dépenses par fonction – Confédération. Modèle SF[1], en millions de francs

T 18.4.1.2.1

	2007	2008	2009	2010	2011	2012	2013	2014	
Gesamtausgaben	62 178	64 414	59 053	60 330	64 489	62 725	64 534	64 720	Dépenses totales
Allgemeine Verwaltung	4 467	5 535	4 992	5 032	6 804	5 415	5 710	6 021	Administration générale
Öffentliche Ordnung und Sicherheit, Verteidigung	5 126	5 421	5 501	5 380	5 564	5 472	5 935	5 530	Ordre et sécurité publique, défense
Bildung	4 487	4 713	5 119	5 396	5 831	5 936	6 139	6 151	Formation
Kultur, Sport und Freizeit, Kirche	458	430	396	402	418	440	490	478	Culture, sport et loisirs, église
Gesundheit	272	376	394	371	354	354	372	287	Santé
Soziale Sicherheit	22 720	17 654	18 224	18 628	20 723	20 837	21 268	21 521	Sécurité sociale
Verkehr und Nachrichtenübermittlung	7 542	8 667	8 899	8 910	9 038	9 082	8 944	8 916	Trafic et télécommunications
Umweltschutz und Raumordnung	834	780	877	863	953	1 065	1 065	1 069	Protection de l'environnement et aménagement du territoire
Volkswirtschaft	4 305	10 269	4 846	4 825	4 896	4 860	4 933	5 251	Economie publique
Finanzen und Steuern	11 966	10 569	9 804	10 525	9 906	9 263	9 680	9 497	Finances et impôts

1 Konsolidierte, um Doppelzählungen bereinigte Aggregate
Quelle: Eidgenössische Finanzverwaltung
Stand: September 2015

1 Agrégats consolidés, après suppression des doubles comptabilisations
Source: Administration fédérale des finances
Etat: septembre 2015

Ausgaben nach Funktionen – Kantone. FS-Modell[1], in Millionen Franken
Dépenses par fonction – Cantons. Modèle SF[1], en millions de francs

T 18.4.1.3.1

	2007	2008	2009	2010	2011	2012	2013	
Gesamtausgaben	75 384	72 973	74 017	76 053	81 043	83 185	83 424	Dépenses totales
Allgemeine Verwaltung	4 567	4 944	3 987	4 694	7 110	6 501	5 858	Administration générale
Öffentliche Ordnung und Sicherheit, Verteidigung	6 052	6 352	6 580	6 792	7 260	7 290	7 534	Ordre et sécurité publique, défense
Bildung	18 545	21 743	21 411	21 874	22 543	23 139	23 474	Formation
Kultur, Sport und Freizeit, Kirche	1 390	1 539	1 560	1 573	1 534	1 604	1 583	Culture, sport et loisirs, église
Gesundheit	13 845	9 027	9 632	9 737	10 339	11 802	11 904	Santé
Soziale Sicherheit	14 804	13 328	14 125	14 953	15 804	16 462	16 746	Sécurité sociale
Verkehr und Nachrichtenübermittlung	6 742	6 208	6 376	6 439	6 409	6 314	6 399	Trafic et télécommunications
Umweltschutz und Raumordnung	1 382	1 298	1 343	1 371	1 436	1 492	1 509	Protection de l'environnement et aménagement du territoire
Volkswirtschaft	3 981	4 247	4 748	4 474	4 505	4 468	4 441	Economie publique
Finanzen und Steuern	4 076	4 286	4 255	4 147	4 104	4 112	3 975	Finances et impôts

1 Konsolidierte, um Doppelzählungen bereinigte Aggregate
Quelle: Eidgenössische Finanzverwaltung
Stand: Septembre 2015

1 Agrégats consolidés, après suppression des doubles comptabilisations
Source: Administration fédérale des finances
Etat: septembre 2015

Ausgaben der Gemeinden nach Funktionen. FS-Modell[1], in Millionen Franken
Dépenses des communes par fonction. Modèle SF[1], en millions de francs

T 18.4.1.4.1

	2007	2008	2009	2010	2011	2012	2013	
Gesamtausgaben	46 536	41 342	43 094	43 227	43 988	45 142	46 016	Dépenses totales
Allgemeine Verwaltung	3 983	4 322	4 689	4 481	4 554	4 965	4 990	Administration générale
Öffentliche Ordnung und Sicherheit, Verteidigung	2 413	2 546	2 600	2 619	2 700	2 801	2 874	Ordre et sécurité publique, défense
Bildung	9 776	10 423	10 772	10 808	10 851	11 369	11 702	Formation
Kultur, Sport und Freizeit, Kirche	2 758	2 941	2 996	3 069	3 222	3 142	3 190	Culture, sport et loisirs, église
Gesundheit	9 422	1 418	1 454	1 477	1 820	1 936	1 942	Santé
Soziale Sicherheit	7 795	7 115	7 458	7 778	7 957	8 248	8 496	Sécurité sociale
Verkehr und Nachrichtenübermittlung	3 543	4 185	4 479	4 531	4 491	4 536	4 532	Trafic et télécommunications
Umweltschutz und Raumordnung	3 629	4 179	4 180	4 217	4 237	4 252	4 337	Protection de l'environnement et aménagement du territoire
Volkswirtschaft	675	1 427	1 749	1 627	1 585	1 708	1 788	Economie publique
Finanzen und Steuern	2 542	2 785	2 717	2 620	2 572	2 184	2 166	Finances et impôts

1 Konsolidierte, um Doppelzählungen bereinigte Aggregate
Quelle: Eidgenössische Finanzverwaltung
Stand: Septembre 2015

1 Agrégats consolidés, après suppression des doubles comptabilisations
Source: Administration fédérale des finances
Etat: septembre 2015

Ausgaben – Sektor Staat. FS-Modell[1], in Millionen Franken
Dépenses – Secteur des administrations publiques. Modèle SF[1], en millions de franc

T 18.4.2.1.1

	2007	2008	2009	2010	2011	2012	2013	
Gesamtausgaben	184 570	188 683	187 165	191 407	198 428	200 534	204 803	Dépenses totales
Ordentliche Ausgaben	181 634	179 128	186 864	190 770	194 337	198 064	203 176	Dépenses ordinaires
Betriebliche Ausgaben	158 947	151 909	161 451	165 309	168 677	173 618	178 737	Dépenses d'exploitation
Personalausgaben	52 566	42 096	44 197	45 320	46 496	47 629	48 767	Dépenses de personnel
Sach- und übriger Betriebsausgaben	25 347	21 370	22 381	22 350	22 768	23 500	24 288	Dépenses de biens et services et autres dépenses d'exploitation
Rüstungsausgaben	–	1 228	1 095	1 001	1 163	997	968	Dépenses d'armement
Transferausgaben	81 034	87 214	93 778	96 638	98 250	101 492	104 714	Dépenses de transfert
Finanzausgaben	6 901	9 356	6 153	6 044	5 579	4 703	4 705	Dépenses financières
Investitionsausgaben	15 786	17 863	19 260	19 417	20 081	19 743	19 734	Dépenses d'investissement
Ausserordentliche Ausgaben	2 936	9 555	301	637	4 090	2 470	1 626	Dépenses extraordinaires
Ausserordentliche Ausgaben	2 936	3 627	301	637	4 090	2 470	1 626	Dépenses extraordinaires
Ausserordentliche Investitionsausgaben	–	5 928	–	–	–	–	0	Dépenses d'investissement extraordinaires

1 Konsolidierte, um Doppelzählungen bereinigte Aggregate
Quelle: Eidgenössische Finanzverwaltung
Stand: September 2015

1 Agrégats consolidés, après suppression des doubles comptabilisations
Source: Administration fédérale des finances
Etat: septembre 2015

Ausgaben – Bund. FS-Modell[1], in Millionen Franken
Dépenses – Confédération. Modèle SF[1], en millions de franc

T 18.4.2.2.1

	2007	2008	2009	2010	2011	2012	2013	2014	
Gesamtausgaben	62 178	64 414	59 053	60 330	64 489	62 725	64 534	64 720	Dépenses totales
Ordentliche Ausgaben	54 159	57 532	59 044	60 329	63 340	62 725	64 534	64 719	Dépenses ordinaires
Betriebliche Ausgaben	43 748	46 386	48 047	49 711	52 542	53 186	54 612	54 902	Dépenses d'exploitation
Personalausgaben	6 014	6 230	6 668	6 802	6 936	7 128	7 612	7 594	Dépenses de personnel
Sach- und übriger Betriebsausgaben	4 431	3 738	4 035	4 055	4 175	4 454	4 649	4 633	Dépenses de biens et services et autres dépenses d'exploitation
Rüstungsausgaben	–	1 228	1 095	1 001	1 163	997	968	801	Dépenses d'armement
Transferausgaben	33 304	35 189	36 250	37 854	40 268	40 608	41 382	41 875	Dépenses de transfert
Finanzausgaben	3 853	3 814	3 265	2 994	2 622	1 920	2 182	1 968	Dépenses financières
Investitionsausgaben	6 558	7 332	7 732	7 624	8 176	7 618	7 740	7 849	Dépenses d'investissement
Ausserordentliche Ausgaben	8 019	6 882	8	2	1 150	0	0	0	Dépenses extraordinaires
Ausserordentliche Ausgaben	8 019	954	8	2	1 150	0	0	0	Dépenses extraordinaires
Ausserordentliche Investitionsausgaben	–	5 928	–	–	–	–	–	–	Dépenses d'investissement extraordinaires

1 Konsolidierte, um Doppelzählungen bereinigte Aggregate
Quelle: Eidgenössische Finanzverwaltung
Stand: September 2015

1 Agrégats consolidés, après suppression des doubles comptabilisations
Source: Administration fédérale des finances
Etat: septembre 2015

Ausgaben – Kantone. FS-Modell[1], in Millionen Franken
Dépenses – Cantons. Modèle SF[1], en millions de franc

T 18.4.2.3.1

	2007	2008	2009	2010	2011	2012	2013	
Gesamtausgaben	**75 384**	**72 973**	**74 017**	**76 053**	**81 043**	**83 185**	**83 424**	**Dépenses totales**
Ordentliche Ausgaben	73 920	70 490	74 017	75 435	78 147	81 140	82 065	Dépenses ordinaires
Betriebliche Ausgaben	65 174	62 673	66 005	67 051	69 470	72 510	74 131	Dépenses d'exploitation
Personalausgaben	27 501	22 792	23 949	24 618	25 315	26 277	26 714	Dépenses de personnel
Sach- und übriger Betriebsausgaben	9 931	8 030	8 439	8 400	8 423	8 587	8 934	Dépenses de biens et services et autres dépenses d'exploitation
Rüstungsausgaben	–	–	–	–	–	–	–	Dépenses d'armement
Transferausgaben	27 741	31 851	33 618	34 033	35 732	37 647	38 484	Dépenses de transfert
Finanzausgaben	1 543	1 524	1 271	1 191	1 133	1 076	1 043	Dépenses financières
Investitionsausgaben	7 204	6 292	6 741	7 193	7 544	7 554	6 891	Dépenses d'investissement
Ausserordentliche Ausgaben	1 464	2 483	–	618	2 896	2 045	1 358	Dépenses extraordinaires
Ausserordentliche Ausgaben	1 464	2 483	–	618	2 896	2 045	1 358	Dépenses extraordinaires
Ausserordentliche Investitionsausgaben	–	–	–	–	–	–	–	Dépenses d'investissement extraordinaires

[1] Konsolidierte, um Doppelzählungen bereinigte Aggregate
Quelle: Eidgenössische Finanzverwaltung
Stand: September 2015

[1] Agrégats consolidés, après suppression des doubles comptabilisations
Source: Administration fédérale des finances
Etat: septembre 2015

Ausgaben – Gemeinden. FS-Modell[1], in Millionen Franken
Dépenses – Communes. Modèle SF[1], en millions de franc

T 18.4.2.4.1

	2007	2008	2009	2010	2011	2012	2013	
Gesamtausgaben	**46 536**	**41 342**	**43 094**	**43 227**	**43 988**	**45 142**	**46 016**	**Dépenses totales**
Ordentliche Ausgaben	46 536	41 153	42 801	43 208	43 942	44 717	45 748	Dépenses ordinaires
Betriebliche Ausgaben	39 798	33 232	34 344	34 955	35 990	36 582	37 328	Dépenses d'exploitation
Personalausgaben	18 756	12 772	13 259	13 527	13 875	13 845	14 043	Dépenses de personnel
Sach- und übriger Betriebsausgaben	10 116	8 651	9 062	9 182	9 368	9 646	9 694	Dépenses de biens et services et autres dépenses d'exploitation
Rüstungsausgaben	–	–	–	–	–	–	–	Dépenses d'armement
Transferausgaben	10 926	11 809	12 023	12 246	12 746	13 091	13 592	Dépenses de transfert
Finanzausgaben	1 363	1 536	1 447	1 409	1 354	1 261	1 165	Dépenses financières
Investitionsausgaben	5 375	6 384	7 010	6 845	6 598	6 874	7 254	Dépenses d'investissement
Ausserordentliche Ausgaben	–	189	293	19	46	425	268	Dépenses extraordinaires
Ausserordentliche Ausgaben	–	189	293	19	46	425	268	Dépenses extraordinaires
Ausserordentliche Investitionsausgaben	–	–	–	–	–	–	0	Dépenses d'investissement extraordinaires

[1] Konsolidierte, um Doppelzählungen bereinigte Aggregate
Quelle: Eidgenössische Finanzverwaltung
Stand: September 2015

[1] Agrégats consolidés, après suppression des doubles comptabilisations
Source: Administration fédérale des finances
Etat: septembre 2015

19 Kriminalität und Strafrecht / Criminalité et droit pénal

Überblick

Kriminalitätszahlen sind nur bedingt ein direkter Ausdruck der Verhaltensrealität: Zum einen unterliegen strafrechtliche Normen und Massnahmen dem gesellschaftlichen Wandel. Zum anderen werden die Kriminalitätszahlen auch beeinflusst durch personelle Ressourcen, Verfolgungsprioritäten, die Effizienz von Polizei und Justiz und die Anzeigebereitschaft der Bevölkerung. Wie weit Veränderungen in den Kriminalitätszahlen durch welche Ursachen bedingt sind, ist in der Regel schwer zu ermitteln.

Verzeigungen

Die modernisierte Polizeiliche Kriminalstatistik (PKS) stellt für die Jahre 2009 bis 2014 sehr detaillierte Informationen zur polizeilich registrierten Kriminalität für die ganze Schweiz zur Verfügung (für Details zur PKS siehe Glossar, «Verzeigungen»).

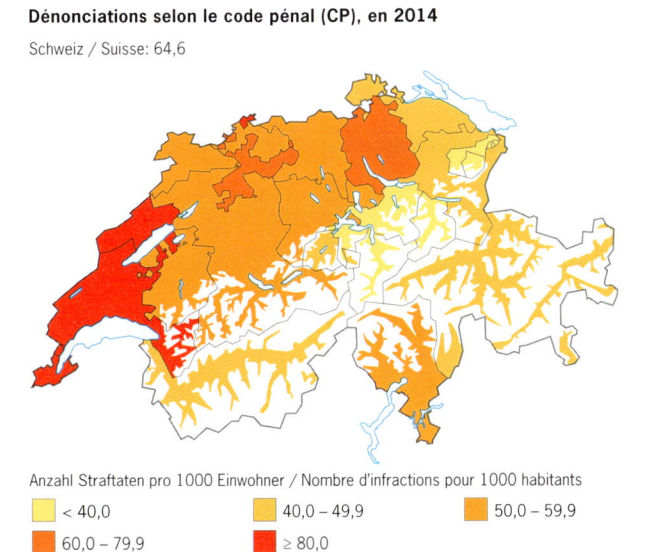

Vue d'ensemble

Dans le domaine de la criminalité, les chiffres ne reflètent que partiellement la réalité des comportements. Il y a principalement deux raisons à cela: d'une part, les normes pénales et les sanctions sont en léger décalage par rapport à l'évolution de la société, d'autre part, la mesure de la criminalité dépend du personnel, des priorités et de l'efficacité de la police et de la justice, et de la propension de la population à dénoncer les actes délictueux. Il est en général difficile de déterminer les facteurs à l'origine des variations enregistrées en matière de criminalité.

Dénonciations

La statistique policière de la criminalité (SPC) modernisée met à disposition des informations très détaillées sur la criminalité enregistrée par la police au niveau national pour les années 2009

Verzeigungen nach dem Strafgesetzbuch (StGB) 2014   G 19.1
Dénonciations selon le code pénal (CP), en 2014

Schweiz / Suisse: 64,6

Anzahl Straftaten pro 1000 Einwohner / Nombre d'infractions pour 1000 habitants
- < 40,0
- 40,0 – 49,9
- 50,0 – 59,9
- 60,0 – 79,9
- ≥ 80,0

Verzeigungen nach dem Betäubungsmittelgesetz (BetmG) 2014   G 19.2
Dénonciations selon la loi sur les stupéfiants (LStup), en 2014

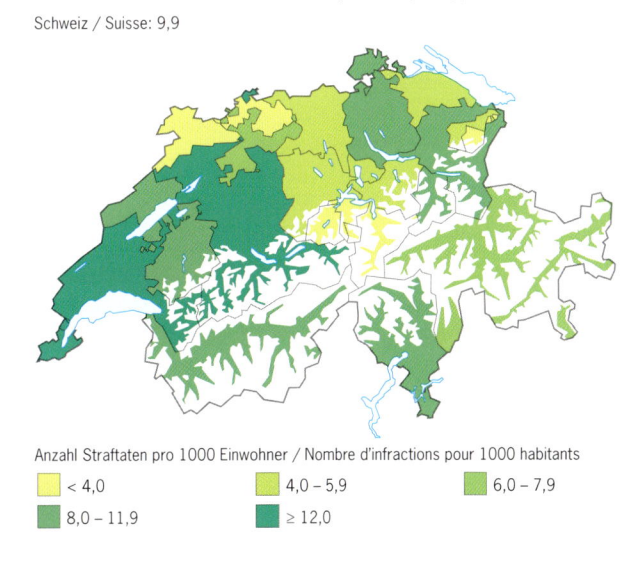

Schweiz / Suisse: 9,9

Anzahl Straftaten pro 1000 Einwohner / Nombre d'infractions pour 1000 habitants
- < 4,0
- 4,0 – 5,9
- 6,0 – 7,9
- 8,0 – 11,9
- ≥ 12,0

Im Jahr 2014 wurden gesamthaft 526 066 Straftaten gegen das Strafgesetzbuch (StGB), 80 986 gegen das Betäubungsmittelgesetz (BetmG), 39 544 gegen das Ausländergesetz (AuG) und 12 521 gegen weitere strafrechtlich relevante Bundesnebengesetze an die polizeiliche Kriminalstatistik (PKS) übermittelt. Die Aufklärungsquote bei Tötungsdelikten lag bei 95%, bei Vermögensstraftaten bei 18%.

Es stehen auch detaillierte Daten zu den beschuldigten Personen und zu den Geschädigten von Straftaten zur Verfügung. 2014 wurden 79 069 Beschuldigte wegen Zuwiderhandlungen gegen das StGB registriert, wovon 8994 oder 11% minderjährig waren; für Betäubungsmitteldelikte waren es 33 880 Beschuldigte mit 5503 oder 16% Minderjährigen. Der Männeranteil ist hoch und liegt für StGB-Straftaten bei 76%, für BetmG-Delikte bei 88%. Insgesamt wurden 32 722 Personen als Geschädigte von Gewaltstraftaten gezählt, davon 1322 als Geschädigte von schweren Gewaltstraftaten.

Die Aufschlüsselung der Beschuldigten nach Nationalität und Aufenthaltsstatus zeigt, dass im StGB-Bereich 47%, im BetmG-Bereich 55% und bei den übrigen Bundesnebengesetzen 59% schweizerischer Staatszugehörigkeit waren. Ausländer mit Wohnsitz in der Schweiz machten 30%, 21% und 23% der Beschuldigten aus. Die nicht wohnhaften Ausländer hatten Anteile von 23% (StGB), 24% (BetmG) und 18% (übrige Bundesnebengesetze). Im Bereich des Ausländergesetzes machten die nicht wohnhaften Beschuldigten 82% aus. Berücksichtigt man nur die Beschuldigten aus der ständigen Wohnbevölkerung, dann besitzen 61% der Beschuldigten im Bereich des Strafgesetzbuches die schweizerische Staatszugehörigkeit, und 39% sind Ausländer.

Vorjahresvergleich

Die Anzahl der verzeigten Straftaten ist gegenüber 2013 für alle drei wesentlichen Gesetze zurückgegangen: um 9% für das StGB, um 17% für das BetmG und um 5% für das AuG. Bei den Widerhandlungen gegen das StGB wurde der tiefste Wert seit der Revision der Statistik im Jahr 2009 verzeichnet. Beim BetmG ist die Abnahme hauptsächlich auf die Einführung von Ordnungsbussen für den Konsum von Betäubungsmitteln des Wirkungstyps Cannabis durch Erwachsene zurückzuführen. Im Jahr 2014 wurden 14 861 solche Ordnungsbussen registriert, während 22 083 Verzeigungen wegen Konsums von Hanfprodukten gezählt wurden. Dies entspricht gegenüber 2013 einer Abnahme um 8852 Straftaten (−29%).

Verurteilungen von Erwachsenen

Ein weiteres Mittel, die Entwicklung der Kriminalität zu beobachten, stellt die Strafurteilsstatistik dar, deren Quelle das Strafregister ist. Die Entwicklung kann über 30 Jahre beobachtet werden.

Wurden Mitte der 1980er-Jahre etwas über 45 000 Verurteilungen gegen Erwachsene gezählt, so hat sich deren Zahl bis heute mehr als verdoppelt und liegt 2014 bei rund 110 100.

Strafgesetzbuch: Anstieg der Verurteilungen im Jahr 2012. Bei den Verurteilungen nach dem StGB blieben die Zahlen bis 2001 praktisch stabil; bezogen auf die Wohnbevölkerung waren sie sogar rückläufig. Von 2002 bis 2004 war ein starker Anstieg zu beobachten, erstmals auch relativ zur Wohnbevölkerung. Bis zum Jahr 2011 bleiben die Verurteilungszahlen dann wieder stabil

à 2014 (pour plus de précisions sur cette statistique, voir sous «Dénonciations» dans le glossaire).

En 2014, la statistique policière de la criminalité a recensé un total de 526 066 infractions relevant du Code pénal (CP), 80 986 infractions de la loi sur les stupéfiants (LStup), 39 544 infractions de la loi sur les étrangers (LEtr) et 12 521 infractions des lois fédérales annexes. Le taux d'élucidation a atteint 95% pour les homicides et 18% pour les infractions contre le patrimoine.

On dispose également de données détaillées sur les auteurs présumés et sur les personnes lésées. Celles-ci font état de 79 069 auteurs présumés d'infractions au code pénal, dont 8994 ou 11% étaient mineurs, et de 33 880 auteurs présumés d'infractions à la loi sur les stupéfiants, parmi lesquels on dénombre 5503 mineurs (16%). Les hommes sont nettement majoritaires, aussi bien pour les infractions au CP (76%) que pour les infractions à la LStup (88%). Par ailleurs, 32 722 personnes lésées ont subi des actes de violence, dont 1322 ont été victimes d'actes de violence graves.

La ventilation des prévenus selon la nationalité et le type d'autorisation de séjour montre que les personnes de nationalité suisse représentaient 47% des prévenus d'infraction au CP, 55% des prévenus d'infraction à la LStup et 59% des prévenus d'infraction à une autre loi fédérale annexe. Les étrangers domiciliés en Suisse représentent respectivement 30%, 21% et 23% des prévenus dans ces trois catégories d'infractions, contre 23%, 24% et 18% pour les étrangers non résidents. 82% des prévenus d'infraction à la loi sur les étrangers ne résident pas en Suisse. Si l'on ne considère que les prévenus faisant partie de la population résidante, on constate que 61% de ceux ayant commis une infraction au CP sont de nationalité suisse et 39% de nationalité étrangère.

Evolution

Le nombre d'infractions dénoncées a diminué par rapport à 2013 dans les 3 principales lois, à savoir de 9% pour le CP, 17% pour la LStup et 5% pour la LEtr. Pour les infractions au CP, on atteint le niveau le plus bas depuis la révision de la statistique en 2009. Concernant la LStup, la diminution est principalement due à l'entrée en vigueur le 1er octobre 2013 de la modification de la loi sur les stupéfiants avec l'introduction des amendes d'ordre pour la consommation de stupéfiants par des adultes ayant des effets de type cannabique. En 2014, on a ainsi dénombré 14 861 amendes d'ordre alors que du côté des dénonciations pour la consommation de produits du chanvre, on en dénombre 22 083, soit une diminution de 8852 infractions (−29%) par rapport à 2013.

Condamnations d'adultes

La statistiques des condamnations pénales, dont la source est le casier judiciaire, offre un autre moyen de suivre l'évolution de la criminalité. Ses données couvrent une période de plus de 30 ans.

Au milieu des années 1980, on dénombrait chaque année un peu plus de 45 000 condamnations d'adultes. Ce chiffre a plus que doublé et se situe à environ 110 000 en 2014.

Code pénal: augmentation du nombre de condamnations en 2012. Le nombre de condamnations prononcées en vertu

Anzahl der Verurteilungen aufgrund der wichtigsten Gesetze G 19.3
Nombre de condamnations d'après les principales lois

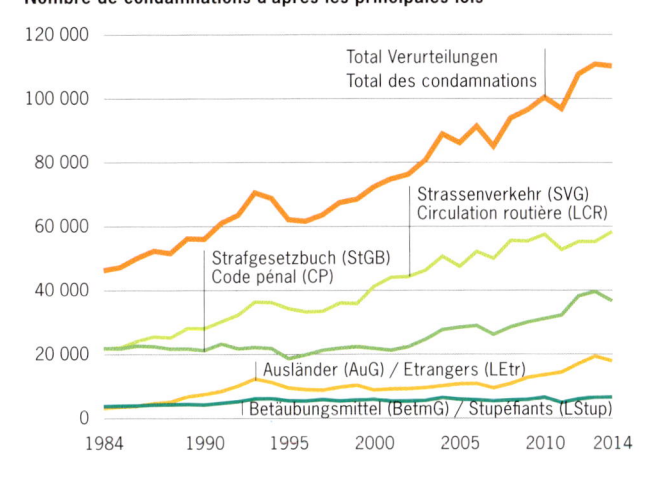

Straftaten gegen das Strassenverkehrsgesetz (Verurteilungen) G 19.4
Infractions à la loi sur la circulation routière (condamnations)

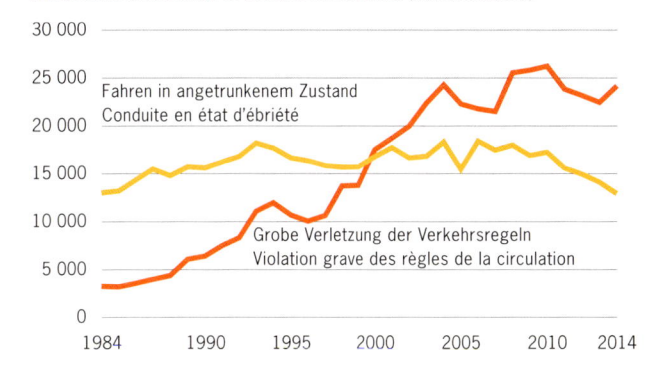

– rund 32 000 Verurteilungen pro Jahr. Die Verurteilungszahlen stiegen im Jahr 2012 um 19% auf 38 000 und haben sich seither nicht massgeblich verändert. Die Vermögensdelikte bilden nach wie vor die weitaus grösste Gruppe der StGB-Straftaten, mit rund der Hälfte aller Verurteilungen. Bei den Gewaltstraftaten haben in den letzten Jahren vor allem die weniger schwer wiegenden Straftaten zugenommen. Bei den schweren Gewaltstraftaten waren es hauptsächlich die versuchten Straftaten, die einen Anstieg zu verzeichnen hatten.

Strassenverkehrsgesetz: Stabilisierung der Verurteilungen. Die Zahl der Verurteilungen wegen Verstössen gegen das Strassenverkehrsgesetz (SVG) hat sich seit 1984 bis 2014 um mehr als das Zweieinhalbfache auf 58 300 erhöht.

Betäubungsmittelgesetz: stabile Lage. Die Verurteilungen wegen Handels mit Betäubungsmitteln sind nach deutlichem Anstieg bis Mitte der 1990er-Jahre stabil.

Ausländergesetz: Steter Anstieg seit 2007. Nach dem Spitzenjahr 1993, welches mit den politischen Umbrüchen und den Balkankriegen im Zusammenhang stand, hatte sich die Anzahl der registrierten Verurteilungen wegen Verstössen gegen das Ausländergesetz stabilisiert. Seit 2007 steigen die Verurteilungszahlen, haben sich bis 2013 verdoppelt und gingen dann bis 2014 um 7% auf 17 900 Verurteilungen zurück.

Delinquenten: besonders häufig junge Männer

Die Kriminalstatistiken zeigen deutlich, dass Frauen viel seltener strafrechtlich in Erscheinung treten als Männer. Bei den Verzeigungen liegt der Frauenanteil bei 23% (2014), wobei je nach Straftaten beträchtliche Unterschiede bestehen. Besonders tief liegt der Anteil bei sexueller Nötigung (2014: 2%), relativ hoch bei Ladendiebstahl (37%). Bei den verurteilten Personen ist die durchschnittliche Frauenquote (17%) etwas niedriger als bei den Verzeigungen. Auch hier bestehen je nach Deliktart beträchtliche Unterschiede.

Überdurchschnittlich häufig werden jüngere Erwachsene ins Strafregister eingetragen. Die Verurteiltenrate ist bei den 20- bis 22-Jährigen am höchsten und sinkt dann mit zunehmendem Alter.

du CP est resté pratiquement constant jusqu'en 2001; il a même reculé par rapport à l'effectif de la population résidante. Les années 2002 à 2004 ont été marquées par une forte progression du nombre de condamnations, qui s'est pour la première fois traduite par une hausse en termes relatifs. Jusqu'en 2011, ce nombre est resté stable, se maintenant à environ 32 000 condamnations par année. Avec 38 000, le nombre de condamnations a en revanche connu une augmentation de 19% en 2012 et s'est ensuite stabilisé dans une large mesure. Les infractions contre le patrimoine représentent toujours le principal groupe des infractions au CP (près de la moitié des condamnations). Pour ce qui est des actes de violence, ce sont surtout les infractions de peu de gravité qui ont augmenté. Quant aux actes de violence graves, ce sont principalement les tentatives qui ont progressé.

Loi sur la circulation routière: stabilisation des condamnations. On a dénombré 58 3000 condamnations pour infraction à la loi sur la circulation routière (LCR) en 2014, soit un nombre plus de deux fois et demie plus élevé qu'en 1984.

Loi sur les stupéfiants: stabilité du nombre de condamnations. Le nombre de condamnations pour trafic de stupéfiants a fortement augmenté jusqu'au milieu des années 1990, pour se stabiliser ensuite.

Loi sur les étrangers: hausse constante depuis 2007. Le nombre de condamnations pour infraction à la loi sur les étrangers était stable depuis 1993, année où il avait atteint un niveau record, en raison des bouleversements politiques liés à la guerre dans les Balkans. Depuis 2007, les chiffres des condamnations ont doublé jusqu'en 2013 et ont ensuite reculé de 7% en 2014 pour se situer à 17 900 condamnations.

Délinquants: les hommes jeunes surreprésentés

Les statistiques de la criminalité montrent clairement que les femmes commettent beaucoup moins d'actes délictueux que les hommes: seulement 23% des dénonciations concernaient des femmes en 2014. Ce pourcentage varie cependant considérablement selon les infractions. On trouve ainsi très peu de femmes (2%) parmi les personnes dénoncées pour contrainte sexuelle, alors que leur part atteint 37% pour les dénonciations pour vol à l'étalage. La part des femmes est encore plus faible (17%) parmi

Straftaten gegen das Vermögen (Verurteilungen) G 19.5
Infractions contre le patrimoine (condamnations)

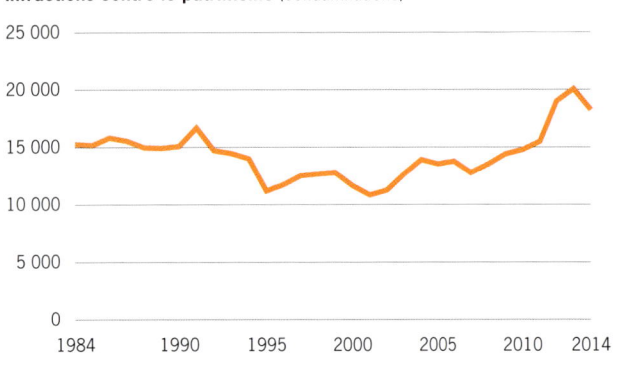

Straftaten gegen Leib und Leben (Verurteilungen) G 19.6
Infractions contre la vie et l'intégrité corporelle (condamnations)

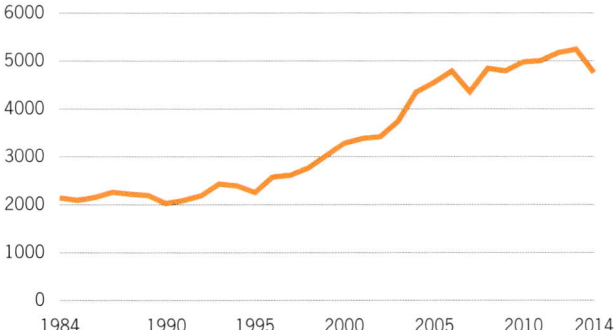

Jugenddelinquenz

2014 betrug der Anteil der minderjährigen Beschuldigten bei den StGB-Fällen 11%. Nach dem BetmG waren es 16% und nur 2% wegen eines Verstosses gegen das Ausländergesetz.

2014 wurden 12 800 Urteile gegen Minderjährige ausgesprochen. 34% betrafen Straftaten gegen das Vermögen und 45% Betäubungsmitteldelikte. 11% der Urteile (rund 1400) wurden wegen Gewaltdelikten gefällt. Seit 2010 kann ein stetiger Rückgang bei den Jugendstrafurteilen festgestellt werden (insgesamt bis zum Jahr 2014 –18%). Dieser Rückgang ist mit –47% bei den Urteilen mit Gewaltstraftaten besonders ausgeprägt. Sehr häufig sind in diesem Bereich Straftaten wie Tätlichkeiten, einfache Körperverletzung oder Raub. Auch die Polizeiliche Kriminalstatistik hat seit dem Jahr 2010 einen Rückgang der Gewaltstraftaten bei Jugendlichen festgestellt.

Sanktionspraxis

Das am 1. Januar 2007 in Kraft getretene, revidierte Sanktionsrecht sieht bei den Erwachsenen – neben den bisherigen Sanktionsformen Freiheitsstrafe und Busse – auch Geldstrafe und gemeinnützige Arbeit (GA) vor.

Am häufigsten wurden im Jahr 2014 Geldstrafen, d. h. monetäre, nach Tagessätzen berechnete Strafen, ausgesprochen. Sie betrafen 84% der 110 100 Verurteilungen von erwachsenen Personen. 82% dieser Geldstrafen wurden bedingt ausgesprochen. Bei 13% der Verurteilungen wurden als Hauptstrafe eine Freiheitsstrafe und bei 2% eine gemeinnützige Arbeit verhängt. 2006 waren Freiheitsstrafen (62%) am häufigsten gewesen, und zwar knapp zu drei Vierteln bedingt ausgesprochene. Die restlichen 38% entfielen auf Busse als alleiniger Sanktion.

Die mit der Revision des Sanktionsrechts möglich gewordenen teilbedingten Strafen wurden selten ausgesprochen (bei Freiheitsstrafen: 5,7%; bei GA: 1,7%; bei Geldstrafen: 1,4%).

Aufgrund des starken Rückgangs der kurzen Freiheitsstrafen ist die mediane Dauer der Freiheitsstrafen insgesamt stark angestiegen, bei den unbedingten Freiheitsstrafen von 40 auf 70 Tage und bei den bedingten von 20 auf 365 Tage.

Bei den Jugendlichen sind aufgrund der sinkenden Anzahl Verurteilungen auch die stationär und ambulant ausgesprochenen Massnahmen von 2007 bis 2014 sehr stark zurückgegangen (–92% resp. –90%). Dieser Rückgang manifestiert sich auch bei den als stationäre Massnahme vollzogenen Fremdplatzierungen von 2010 bis 2014 um 43%.

les personnes condamnées, même si on observe là encore des différences importantes selon le genre d'infraction.

Les jeunes adultes sont surreprésentés dans le casier judiciaire. Les taux de condamnés sont les plus élevés chez les 20 à 22 ans, puis baissent avec l'augmentation de l'âge.

Délinquance des mineurs

En 2014, les mineurs représentaient 1% de l'ensemble des prévenus d'infraction au code pénal. La proportion est de 16% pour les infractions à la LStup et de 2% pour les infractions à la loi sur les étrangers.

En 2014, 12 800 condamnations ont été prononcées à l'encontre de mineurs. 34% des jugements concernaient des infractions contre le patrimoine et 45% des infractions liées aux stupéfiants. La part des jugements rendus pour des infractions de violence était de 11% (environ 1400). Depuis 2010, une baisse continue du nombre de jugements pénaux rendus à l'encontre de mineurs peut être constatée (–18% entre 2010 et 2014). Celle-ci s'élève à –47% pour les jugements rendant compte d'une infraction de violence. Les voies de fait, les lésions corporelles simples et les brigandages sont parmi les infractions de violence les plus fréquentes. La statistique policière de la criminalité fait elle aussi apparaître une diminution des infractions de violence chez les jeunes depuis 2010.

Pratiques en matière de sanctions

Le droit de sanctions révisé, en vigueur depuis le 1er janvier 2007, est venu compléter l'ancien régime des sanctions chez les adultes, qui comptait jusque-là la peine privative de liberté et l'amende, en y ajoutant la peine pécuniaire et le travail d'intérêt général (TIG).

Les peines pécuniaires (ou jours-amendes) ont été les sanctions les plus répandues en 2014. 84% des 110 100 condamnations prononcées à l'encontre d'adultes ont ainsi donné lieu à une telle peine. 82% de peines pécuniaires prononcées étaient assorties d'un sursis. 13% des condamnations ont débouché sur une peine privative de liberté et 2% sur un travail d'intérêt général. En 2006, les peines privatives de liberté représentaient la sanction la plus fréquente (62%). Elles étaient assorties d'un sursis pour un peu moins des trois quarts d'entre elles. Dans les 38% des cas restants, les condamnés étaient punis uniquement d'une amende.

Sanktionspraxis 2014: Verurteilungen[1] von Erwachsenen   G 19.7
Pratique des sanctions, en 2014: condamnations[1] d'adultes

Geldstrafe: bedingt / **Peine pécuniaire** avec sursis	69,3
… un- und teilbedingt / … sans sursis et sursis partiel	15,1
Freiheitsstrafe: bedingt / **Peine privative de liberté** avec sursis	2,4
… un- und teilbedingt / … sans sursis et sursis partiel	10,7
Gemeinnützige Arbeit: bedingt / **Travail d'intérêt général** avec sursis	1,3
… un- und teilbedingt / … sans sursis et sursis partiel	1,2
Busse als Hauptstrafe / **Amende** comme peine principale	0,1

1 für ein Verbrechen oder Vergehen, nach Hauptstrafe / pour crime ou délit selon la peine principale

Sanktionenvollzug nach Vollzugsart   G 19.8
Exécution des sanctions selon la forme de l'exécution de la peine

(Gemeinnützige Arbeit / Travail d'intérêt général; EM[1]; Halbgefangenschaft / Semi-détention; Normalvollzug / Détention normale; 1984–2014)

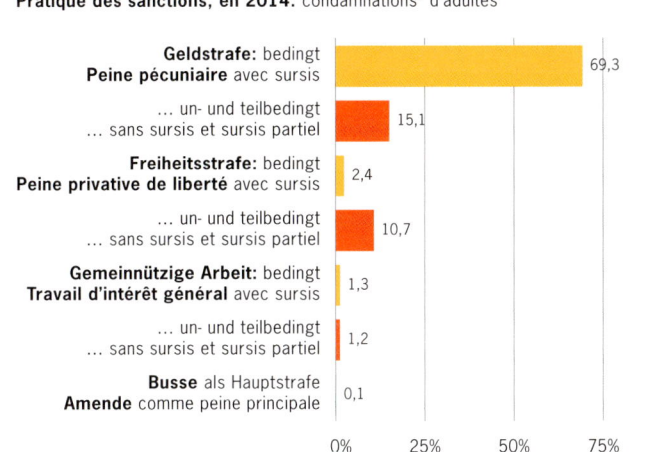

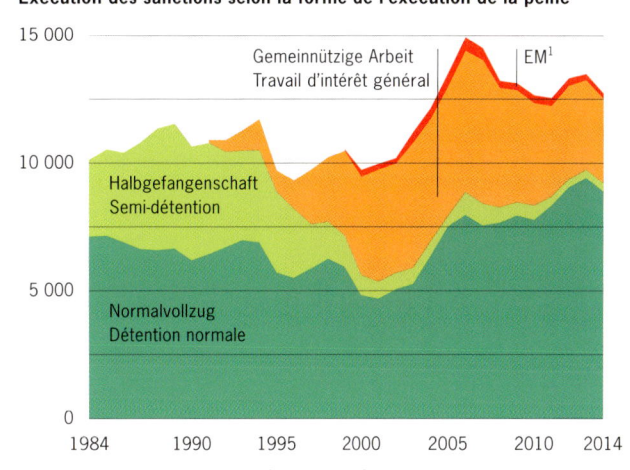

1 EM: Elektronisch überwachter Strafvollzug / Surveillance électronique

Freiheitsentzug: Einrichtungen, Einweisungen, Insassen

In der Schweiz gab es 2014 114 Einrichtungen des Freiheitsentzugs (2013: 110) mit insgesamt 7235 Plätzen. Am Stichtag, dem 3. September 2014, waren 6923 (2013: 7072) Plätze belegt. Die Belegungsrate betrug 96%. Von den 6923 Insassen waren 65% im Strafvollzug, 27% in Untersuchungshaft, 5% wegen Zwangsmassnahmen nach dem Ausländergesetz und die übrigen 3% aus anderen Gründen inhaftiert.

Die Insassen im Strafvollzug sind vorwiegend männlich (92%), ausländischer Nationalität (69%) und mehrheitlich wegen einer unbedingten Freiheitsstrafe im Strafvollzug; ihr Alter beträgt im Durchschnitt 34 Jahre. Die Dauer des Aufenthalts im Vollzug stieg zwischen 1984 und 2001 von 103 auf 202 Tage an, um seither wieder auf 166 Tage abzufallen. Der durchschnittliche Bestand im Straf- und Massnahmenvollzug hat 2014 einen Höchststand von 4991 Inhaftierten erreicht.

Bis 2006 waren gemeinnützige Arbeit und elektronisch überwachter Strafvollzug Vollzugsformen von unbedingten Freiheitsstrafen, welche die Halbgefangenschaft zunehmend verdrängt hatten. Bis zum Jahr 2007 wurden jährlich 5500 unbedingte Freiheitsstrafen oder umgewandelte Bussen in Form der gemeinnützigen Arbeit vollzogen. Durchschnittlich wurden 54 Stunden gearbeitet (ein Hafttag entsprach einem 4-stündigen Einsatz). Die elektronische Fussfessel – die bisher nur in 7 Kantonen zur Anwendung kommt – wurde dagegen jährlich nur rund 203 Mal an Stelle des Strafvollzugs eingesetzt. Seit 2007 ist die gemeinnützige Arbeit eine eigene Sanktion, die vom Richter ausgesprochen wird. Die Zahl der GA-Vollzüge nahm in der Folge auf 3317 Einsätze ab.

Wiederverurteilungsraten stabil

Die Rückfallhäufigkeit ist seit jeher ein Indikator für die Effizienz des Strafvollzugs wie für die Wirkung von Strafverfolgung. In der Schweiz werden bisher zur Betrachtung der Rückfälle nur Wiederverurteilungen und Wiedereinweisungen berücksichtigt. Die Wiederverurteilungsrate der wegen Verbrechen und Vergehen verurteilten Erwachsenen lag 2010, bei einem Beobachtungszeitraum von 3 Jahren, bei 24%, diejenige von Jugendlichen bei

Les peines avec sursis partiel introduites lors de la révision du droit des sanctions ont rarement été prononcées (peines privatives de liberté: 5,7%; TIG: 1,7%; peines pécuniaires: 1,4%).

En raison du fort recul du nombre de peines privatives de liberté de courte durée, la durée médiane des peines privatives de liberté s'est nettement allongée dans l'ensemble, passant de 40 à 70 jours pour les peines sans sursis et de 20 à 365 jours pour celles sans sursis.

Chez les mineurs, la diminution du nombre de condamnations a fait aussi chuter le nombre de mesures institutionnelles et ambulatoires prononcées entre 2007 et 2014 (respectivement −92% et −90%). Ce recul se manifeste également au niveau des placements exécutés comme mesure institutionnelle, dont le nombre a baissé de 43% entre 2010 et 2014.

Privation de liberté: établissements d'exécution des peines, incarcérations, population carcérale

En 2014, il y avait en Suisse 114 établissements d'exécution des peines et des mesures (2013: 110) comptant 7235 places au total. Le jour de référence (le 3 septembre 2014), 6923 places étaient occupées (2013: 7072), ce qui représentait un taux d'occupation de 96%. Sur les 6923 personnes incarcérées, 65% exécutaient une peine, 27% se trouvaient en détention préventive, 5% étaient détenues pour des mesures de contrainte (loi sur les étrangers), les 3% restants l'étaient pour d'autres raisons.

Les personnes incarcérées sont principalement des hommes (92%), des personnes de nationalité étrangère (69%), et purgent en majorité une peine privative de liberté sans sursis. Elles sont âgées de 34 ans en moyenne. La durée de détention moyenne a passé de 103 à 202 jours de 1984 à 2001. Elle est depuis lors retombée à 166 jours. La population carcérale moyenne en exécution des peines et des mesures a atteint un niveau record de 4991 personnes incarcérées en 2014.

Le travail d'intérêt général (TIG) sans sursis et la détention sous surveillance électronique ont progressivement gagné du terrain sur la semi-détention jusqu'en 2006. Quelque 5500 peines privatives de liberté sans sursis ou amendes converties en TIG ont été effectuées chaque année jusqu'en 2007. La durée des peines accomplies sous forme de TIG était de 54 heures en

Freiheitsentzug, Insassenbestand nach Haftform G 19.9
Privation de liberté, effectif selon le motif de détention

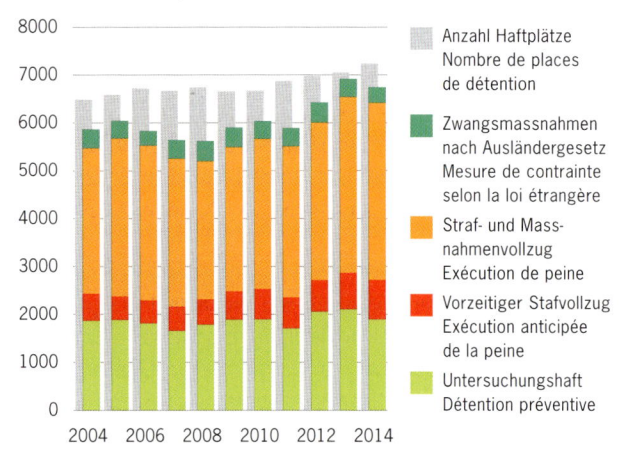

- Anzahl Haftplätze / Nombre de places de détention
- Zwangsmassnahmen nach Ausländergesetz / Mesure de contrainte selon la loi étrangère
- Straf- und Massnahmenvollzug / Exécution de peine
- Vorzeitiger Stafvollzug / Exécution anticipée de la peine
- Untersuchungshaft / Détention préventive

Fürsorgliche Freiheitsentziehung und andere Haftgründe sind nicht dargestellt. / Privation de liberté à des fins d'assistance et autres motifs de détention ne sont pas pris en considération.

Vollzugsform nach Staatszugehörigkeit 2014 G 19.10
Forme de l'éxecution selon la nationalité, en 2014
Einweisungen und Einsätze / Incarcérations et travaux engagés

Strafvollzug / Exécution des peines

| 2879 | 2740 | 2727 | 852 |

Gemeinnützige Arbeit / Travail d'intérêt général

| 2070 | 595 | 322 | 288 |

Elektronisch überwachter Strafvollzug / Exécution des peines sous surveillance électronique

| 111 | 61 | 13 | 18 |

- Schweiz / Suisse
- Europa / Europe
- Afrika / Afrique
- Amerika u. Asien / Amérique et Asie

32%. Damit hat es auch nach der Revision des Sanktionssystems keine Veränderung bei den Rückfällen gegeben. Die höchsten Wiederverurteilungsraten hatten bei den erwachsenen Personen diejenigen mit zwei und mehr Vorstrafen, nämlich 61%. Bei Jugendlichen mit nur einer Vorstrafe liegt die Rückfallquote bei 50%. Von Jugendlichen mit zwei und mehr Vorstrafen werden 61% rückfällig.

Von den 1472 im Jahr 2009 aus dem Straf- und Massnahmenvollzug entlassenen Schweizerinnen und Schweizern wurden innerhalb von drei Jahren 43% mindestens ein weiteres Mal wegen eines Vergehens oder Verbrechens wiederverurteilt.

moyenne (une journée de détention correspondait à 4 heures de TIG). Le bracelet électronique, qui n'est jusqu'ici utilisé que dans 7 cantons, remplace chaque année quelque 203 incarcérations. Depuis 2007, le travail d'intérêt général fait partie à part entière de l'éventail des sanctions à la disposition du juge. Si celui-ci y a eu fortement recours au départ, le nombre de TIG a considérablement reculé par la suite, pour se stabiliser autour de 3317 cas par an.

Taux de recondamnations stable

La récidive est un bon indicateur de l'efficacité des mesures appliquées pour poursuivre et réprimer les infractions pénales. A l'heure actuelle, seuls les taux de recondamnations et de réincarcérations permettent de mesurer la récidive en Suisse. Sur une période d'observation de 3 ans, le taux de condamnations des adultes déjà condamnées pour crimes et délits se situait à 24% en 2010; il était de 32% chez les condamnés mineurs. Ainsi, même après la révision du système de sanctions, il n'y a pas eu de changement majeur sur le taux de récidive. Les personnes adultes ayant deux antécédents judiciaires ou plus sont celles qui présentaient les taux de recondamnations les plus élevés: 61%. Chez les mineurs avec un antécédent judiciaire, le taux de recondamnation se situe à 50%. Parmi les mineurs avec deux antécédents ou plus, 61% sont recondamnés.

43% des 1472 Suisses libérés d'un établissement d'exécution de peine ou de mesure en 2009 ont subi une nouvelle condamnation pour un délit ou un crime au cours des 3 années suivantes

Erhebungen, Quellen

Enquêtes, sources

Die wichtigsten Erhebungen und Quellen zu Kriminalität und Strafrecht — M 19

Erhebung/Statistik	Verantwortliche Stelle	Periodizität	Seit	Erhebungsmethode	Grundeinheiten	Regionalisierungsgrad
Opferhilfestatistik (OHS)	BFS	1 Jahr	2000	Vollerhebung	Beratungen, Entschädigungen, Genugtuungen	Kantone
Polizeiliche Kriminalstatistik (PKS)	BFS	1 Jahr	2009	Vollerhebung aller polizeilich registrierten Straftaten	Straftaten, Beschuldigte und Geschädigte	Kantone
Statistik polizeilicher Verkehrskontrollen (SPV)	BFS	1 Jahr	2000/2001	Vollerhebung zu Geschwindigkeits- und Alkoholkontrollen	Ressourcen, Kontrollen, Straftaten	Schweiz
Statistik des Freiheitsentzugs (FHE)	BFS	1 Jahr	1988	Vollerhebung aggregierter Daten für einen Stichtag	Bestände	Einrichtungen
Statistik der Jugendstrafurteile (JUSUS)	BFS	1 Jahr	1999	Vollerhebung einzelner Gesetze	Urteile, Personen	Kantone
Stichtagserhebung Jugendsanktionen (SJS)	BFS	1 Jahr	2010	Vollerhebung aggregierter Daten seit einem Stichtag	Sanktionen und vorsorgliche Schutzmassnahmen	Kantone
Strafurteilsstatistik (SUS)	BFS	1 Jahr	1984	Vollerhebung aller im Strafregister eingetragenen Verurteilungen	Verurteilungen, Personen	Kantone
Strafvollzugsstatistik (SVS)	BFS	1 Jahr	1982	Vollerhebung	Einweisungen, Entlassungen, Personen	Kantone
Statistik der gemeinnützigen Arbeit (SGA)	BFS	1 Jahr	1996	Vollerhebung	Einsatz, Personen	Kantone
Statistik des elektronisch überwachten Strafvollzugs (SES)	BFS	1 Jahr	1999	Vollerhebung	Hausarrest, Personen	Kantone

Principales enquêtes et sources dans le domaine de la criminalité et du droit pénal — M 19

Enquête/statistique	Institution responsable	Périodicité	Depuis	Méthode d'enquête	Unités statistiques	Degré de régionalisation
Statistique de l'aide aux victimes (OHS)	OFS	Annuelle	2000	Enquête exhaustive	Consultations, indemnisations, réparations morales	Cantons
Statistique policière de la criminalité (SPC)	OFS	Annuelle	2009	Enquête exhaustive sur toutes les infractions enregistrées par la police	Infractions, prévenu(e)s et lésé(e)s	Cantons
Statistique des contrôles policiers de la circulation routière (SCP)	OFS	Annuelle	2000/2001	Enquête exhaustive sur les contrôles de vitesse et l'alcoolémie	Ressources, contrôles, infractions	Suisse
Statistique de la privation de liberté (FHE)	OFS	Annuelle	1988	Enquête exhaustive sur les données agrégées d'un jour de référence	Effectifs	Etablissements
Statistique des jugements pénaux de mineurs (JUSUS)	OFS	Annuelle	1999	Enquête exhaustive pour certaines lois	Jugements, personnes	Cantons
Relevé au jour de référence des sanctions des mineurs (SJS)	OFS	Annuelle	2010	Enquête exhaustive sur les données d'un jour de référence	Sanctions et mesures provisoires	Cantons
Statistique des condamnations pénales (SUS)	OFS	Annuelle	1984	Enquête exhaustive des condamnations inscrites au casier judiciaire	Condamnations, personnes	Cantons
Statistique de l'exécution des peines (SVS)	OFS	Annuelle	1982	Enquête exhaustive	Incarcérations, libérations, personnes	Cantons
Statistique du travail d'intérêt général (STIG)	OFS	Annuelle	1996	Enquête exhaustive	Travail, personnes	Cantons
Statistique de l'exécution des peines sous surveillance électronique (SES)	OFS	Annuelle	1999	Enquête exhaustive	Arrêts domiciliaires, personnes	Cantons

Glossar

Abkürzungen
StGB   Schweizerisches Strafgesetzbuch
SVG   Bundesgesetz über den Strassenverkehr
BetmG   Bundesgesetz über die Betäubungsmittel
AuG   Bundesgesetz über die Ausländerinnen und Ausländer
MStG   Militärstrafgesetz

Anstalten des Freiheitsentzugs
Unter Anstalten des Freiheitsentzuges versteht man alle Einrichtungen, die dem Vollzug von Freiheitsstrafen und Massnahmen dienen sowie der Durchführung von Polizei-, Sicherheits-, Untersuchungshaft und Zwangsmassnahmen nach AuG. In der Schweiz sind die Kantone für den Strafvollzug zuständig.

Freiheitsstrafen
Siehe Strafen.

Insassenbewegungen/-bestände
Insassenbewegungen bezeichnen die Gesamtheit der Einweisungen und Entlassungen; Bestände werden als durchschnittliche Jahresbestände oder als Bestände an Stichtagen ermittelt.

Jugendstrafrecht
Per 1.1.2007 wurden die im Strafgesetzbuch von 1942 integrierten Bestimmungen zu Kindern und Jugendlichen zu einem eigenständigen Jugendstrafrecht zusammengefasst. Gleichzeitig wurde das Alter der Strafmündigkeit von 7 auf 10 Jahre angehoben.

Jugendstrafurteile
Die auf Grundlage des Jugendstrafgesetzes, der Strafbestimmungen des StGB und einzelner Bundesnebengesetze durch Jugendanwaltschaften und -gerichte gefällten Rechtsentscheide (eingeschlossen sind die Strafbefreiung oder nach altem Recht das Absehen von Strafe und der Aufschub des Entscheids).

Massnahmen
Unterbegriff von Sanktionen. Ambulante oder stationäre Massnahmen können bei bestimmten Persönlichkeitsdefiziten des Straftäters verhängt werden (zum Beispiel bei psychischen Störungen, Alkoholsucht, Drogenabhängigkeit).

Sanktionen
Rechtsfolgen von Delikten. Man unterscheidet zwischen Strafen und Massnahmen.

Strafen
Unterbegriff von Sanktionen. Die Strafen gegenüber Erwachsenen sollen schuldhaft begangenes Unrecht ausgleichen. Das Jugendstrafrecht dagegen versteht sie vorwiegend als Erziehungsmittel.
    Als Strafen gelten neben Freiheitsentzug und Busse bei den Minderjährigen der Verweis und die persönliche Leistung und bei den Erwachse-

Glossaire

Abréviations
CP   Code pénal suisse
LCR   Loi fédérale sur la circulation routière
LStup   Loi fédérale sur les stupéfiants et les substances psychotropes
LEtr   Loi fédérale sur les étrangers
CPM   Code pénal militaire

Casier judiciaire
Condamnations d'adultes: Alors que toutes les condamnations pour crime ou délit font l'objet d'une inscription au casier judiciaire, ce n'est le cas des contraventions qu'à certaines conditions: jusqu'en 1960, toutes les contraventions passibles d'une amende de 50 fr. ou plus faisaient l'objet d'une inscription; la limite a ensuite été portée à 100 fr. de 1961 à 1973, puis à 200 fr. à partir de 1974 et à 500 fr. dès 1982. Depuis 1992, n'ont plus fait l'objet d'une inscription que les contraventions passibles des arrêts ainsi que celles passibles d'une amende supérieure à 500 fr. et pour lesquelles un durcissement de la peine était prévu en cas de récidive. Depuis le 1er janvier 2007, seules sont inscrites au casier judiciaire les amendes de plus de 5000 francs ou les travaux d'intérêt général de plus de 180 heures sanctionnant des infractions au CP, au CPM ou à toute autre loi fédérale. La règle concernant les cas de récidives reste inchangée.

Condamnations
Ce terme recouvre tous les jugements prononcés par les tribunaux en vertu du code pénal, d'une autre loi pénale fédérale ou du code pénal militaire, et entraînant des sanctions (les acquittements ne sont pas pris en considération). Les statistiques ne tiennent compte que des jugements inscrits dans le casier judiciaire; les décisions postérieures au jugement telles que l'annulation d'un sursis pour une peine privative de liberté sont également prises en considération, mais ne sont pas comptées comme de nouvelles condamnations.

Contraventions
Voir sous infractions.

Crimes
Voir sous infractions.

Délits
Voir sous infractions.

Dénonciations
Ce terme englobe l'ensemble des cas d'infractions au Code pénal et à d'autres lois accessoires importantes (loi sur les stupéfiants, loi sur les étrangers, etc.) enregistrés qui sont traités par la police et transmis aux autorités de poursuite pénale (statistique des sorties). Les informations enregistrées portent sur la nature des infractions et sur le lieu et le moment de leur commission. Sont également saisis des caractères démographiques et juridiques concernant les lésés et les prévenus, ainsi que, pour les délits de violence et les actes d'ordre sexuel, des informations sur la nature des rapports entre l'auteur et sa victime.

nen seit 1.1.2007 auch neben Freiheitsstrafe und Busse die Geldstrafe und die gemeinnützige Arbeit (GA).

Freiheitsentzug und Bussen können für die Minderjährigen können unbedingt, teilbedingt oder bedingt ausgesprochen werden. Die persönliche Leistung wird in Tages- oder Halbtagessätzen ausgesprochen. Ein Tagessatz entspricht 4 Stunden. Der Verweis drückt die Missbilligung der Tat aus und kann, wenn sie bedingt ausgesprochen wird, bei Nicht-Bewährung durch eine andere, schwerwiegendere Strafe ausgetauscht werden.

Die GA bei den Erwachsenen wird wie bei den Jugendlichen in Tagessätzen zu jeweils 4 Stunden pro Tag verhängt. Bei den Erwachsenen setzt diese Art Strafe aber das Einverständnis des Verurteilten voraus. Auch die Geldstrafe wird in Tagen ausgesprochen. Die Anzahl Tage hängt vom Verschulden des Täters ab. Die Tage werden sodann mit einem Tagessatz in Franken multipliziert, der sich an der wirtschaftlichen Situation der verurteilten Person orientiert. So ergibt sich der zu zahlende Geldbetrag. Diese beiden neuen Sanktionen für Erwachsene können wie auch der Freiheitsentzug unbedingt, teilbedingt oder bedingt ausgesprochen werden. Nur die Busse ist weiterhin immer zu vollstrecken.

Strafrecht

Die strafrechtliche Hauptkodifikation ist das schweizerische Strafgesetzbuch (StGB). Es definiert einen grossen Teil der eigentlichen und vor allem der schweren Kriminalität. Daneben gibt es die sogenannten strafrechtlichen Nebengesetze des Bundes, nach denen spezielle Straftaten geahndet werden; von Bedeutung (in Bezug auf die Häufigkeit entsprechender Verurteilungen) sind vor allem das Bundesgesetz über den Strassenverkehr (SVG), das Bundesgesetz über die Betäubungsmittel (BetmG) sowie das Bundesgesetz über die Ausländerinnen und Ausländer (AuG, früher Gesetz über den Aufenthalt und die Niederlassung der Ausländer, ANAG). Schliesslich gibt es das Militärstrafgesetz (MStG), dem die Dienstpflichtigen unterstehen. Minderjährige werden nach Jugendstrafgesetzbuch (JStG) abgeurteilt.

Im Jahr 2007 trat die seit den 1980er Jahren vorbereitete Revision des Allgemeinen Teils des Strafgesetzbuches in Kraft. Gleichzeitig wurden die Eintragungsregeln von Urteilen ins Strafregister neu bestimmt. Diese Veränderungen bewirken, dass in der Gesamtdarstellung der Verurteilungen von Erwachsenen nur noch die Entscheide zu den Verbrechen und Vergehen berücksichtigt werden können. Alle Auswertungen und alle Zeitreihen seit 1984 wurden deshalb angepasst. Die heutigen Ergebnisse können deshalb nicht mehr direkt mit den in den früheren Jahrbüchern veröffentlichten verglichen werden. Die Zeitreihen nach Verbrechen und Vergehen bringen zum Teil neue Trends zum Vorschein, so dass auch die Beschreibungen der Ergebnisse mit den Vorjahren nicht notwendigerweise übereinstimmen. Die in früheren Jahrbüchern beobachtbaren markanten Rückgänge der Anzahl Verurteilungen sind unter anderem auf Änderungen der Eintragungspflicht von Verurteilungen in das Strafregister (1961, 1974, 1982 und 1992) und Änderungen des Gesetzes (Vermögensdelikte im Jahr 1995) zurückzuführen. Durch die Beschränkung auf die Verbrechen und Vergehen kann die Vergleichbarkeit der Fallzahlen über die Zeit gewährleistet werden.

Strafregister

Verurteilungen von erwachsenen Personen: Während alle Verurteilungen wegen Verbrechen und Vergehen ins Strafregister eingetragen werden, sind für Übertretungen Eintragungsgrenzen festgelegt: Bis einschliesslich 1960 alle Übertretungen, sofern sie mit einer Busse ab 50 Fr. geahndet wurden, ab 1961 bis 1973 war die Grenze 100 Fr., ab 1974 200 Fr.

Droit pénal

L'essentiel de notre législation pénale est contenue dans le code pénal suisse (CP), qui traite de la plupart des crimes et délits. Au code pénal s'ajoutent plusieurs lois pénales fédérales: loi fédérale sur la circulation routière (LCR), loi fédérale sur les stupéfiants (LStup), loi fédérale sur les étrangers (LEtr, autrefois loi sur le séjour et l'établissement des étrangers, LSEE). Enfin, il y a le code pénal militaire (CPM), auquel sont soumises les personnes qui accomplissent un service militaire. Les mineurs sont jugés selon le droit pénal des mineurs (DPMin).

La révision, préparée depuis les années 1980, de la partie générale du code pénal est entrée en vigueur en 2007. Parallèlement, les règles d'inscription des condamnations au casier judiciaire ont été redéfinies. Ces changements font que seules les décisions relatives à des crimes et à des délits peuvent encore être considérées dans la présentation générale des condamnations de personnes adultes. Toutes les exploitations et toutes les séries chronologiques depuis 1984 ont en conséquence été adaptées. Les résultats actuels ne peuvent donc plus être comparés directement avec ceux publiés dans les annuaires précédents. Les séries chronologiques ventilées en fonction des crimes et des délits mettent parfois en lumière de nouvelles tendances, de sorte que les descriptions de résultats ne correspondent plus nécessairement avec celles présentées ces dernières années. Les reculs marquants du nombre de condamnations observés dans les annuaires précédents s'expliquent notamment par des changements dans le mode d'inscription des condamnations au casier judiciaire (1961, 1974, 1982 et 1992) et à des changements dans la loi (infractions contre le patrimoine en 1995). La limitation aux condamnations pour crimes et délits permet d'assurer la comparabilité des nombres de cas au fil du temps.

Droit pénal des mineurs

Les dispositions concernant les enfants et les jeunes intégrées au code pénal en 1942 ont été regroupées pour former un droit pénal propre aux mineurs le 1er janvier 2007. En même temps, l'âge de la majorité pénale a passé de 7 à 10 ans.

Etablissements de privation de liberté

Par établissements de privation de liberté, on entend tous les établissements destinés à l'exécution de peines et de mesures ainsi qu'à des formes de détention telles que la garde à vue, la détention de sûreté, la détention préventive, et les mesures de contrainte selon LEtr. En Suisse, l'exécution des peines relève de la compétence des cantons.

Infractions

Les infractions sont des actes punissables. Le droit pénal distingue trois catégories d'infractions en fonction de la gravité de l'acte (et par conséquent de la peine): les crimes, les délits et les contraventions (dans l'ordre de gravité décroissant).

Jugements pénaux de mineurs

Il s'agit de décisions prononcées sur la base du code pénal et de certaines lois fédérales annexes par le juge ou par le tribunal des mineurs (y compris l'exemption de peine ou, selon l'ancien droit, l'ajournement des sanctions et la renonciation à toute peine).

Mesures

L'une des deux formes de sanction. Des mesures de traitement ambulatoire ou d'hospitalisation peuvent être ordonnées si le délinquant souffre de certains troubles de la personnalité (par exemple en cas de troubles psychiques, d'alcoolisme, de toxicomanie).

und ab 1982 500 Fr. Seit 1992 wurden Übertretungen nur noch eingetragen, wenn sie mit einer Haftstrafe geahndet wurden oder wenn eine Busse von mehr als 500 Fr. verhängt wurde und für den Wiederholungsfall eine Strafverschärfung vorgesehen war. Seit 1.1.2007 gelten für Übertretungen des StGB, des MStG oder anderer Bundesgesetze, dass nur eine Busse von mehr als 5000 Franken oder eine gemeinnützige Arbeit von mehr als 180 Stunden eingetragen werden muss. Die Regel zum Wiederholungsfall bleibt bestehen.

Straftaten
Straftaten sind strafbare Handlungen. Das Strafrecht führt drei Kategorien von Straftaten auf, die sich in Bezug auf die Schwere der Straftat (und damit auch der Strafe) unterscheiden: Verbrechen, Vergehen und Übertretungen (wobei die Verbrechen die am stärksten und die Übertretungen die am wenigsten ins Gewicht fallenden Taten bezeichnen).

Übertretungen
Siehe Straftaten.

Verbrechen
Siehe Straftaten.

Vergehen
Siehe Straftaten.

Verurteilungen
Der Begriff Verurteilungen umfasst alle auf Grundlage der Strafbestimmungen des StGB und der Bundesnebengesetze sowie des Militärstrafgesetzes durch richterliche Instanzen gefällten Rechtsentscheide, die eine Sanktionierung zur Folge haben (Freisprüche sind nicht berücksichtigt). Statistisch erfasst werden nur die im Strafregister eingetragenen Rechtsentscheide.

Verzeigungen
Der Begriff Verzeigungen umfasst alle auf Grundlage des Strafgesetzbuches und wichtiger Bundesnebengesetze (Betäubungsmittelgesetz, Ausländergesetz usw.) registrierten, von den Polizeibehörden behandelten Kriminalfälle und die darin enthaltenen Straftaten, welche den Strafverfolgungsbehörden weitergeleitet wurden (Ausgangsstatistik). Registriert werden zahlreiche Beschreibungen zu Vorgehen, zu Tatzeit und -ort. Ebenfalls erfasst werden demographisch und juristisch relevante Merkmale zu Geschädigten und Beschuldigten sowie, im Bereich von Gewalt- und Sexualdelikten, deren Beziehung.

Mouvements/effectifs des détenus
Par mouvements des détenus, on entend l'ensemble des incarcérations et des élargissements. Les effectifs sont déterminés sous forme de moyenne annuelle ou à un moment précis de l'année (jour de référence).

Peines
L'une des deux formes de sanction. Les peines prononcées à l'encontre d'adultes remplissent une fonction expiatoire visant à compenser le tort commis. A l'inverse, le droit pénal des mineurs a avant tout une fonction éducative.

Chez les mineurs, la peine peut prendre la forme d'une privation de liberté, d'une amende, d'une réprimande ou d'une prestation personnelle. Chez les adultes, elle peut signifier la privation de liberté, une amende ainsi que, depuis le 1er janvier 2007, une peine pécuniaire ou un travail d'intérêt général (TIG).

La privation de liberté et l'amende peuvent être prononcées, chez les mineurs, avec sursis, sans sursis ou sous forme d'une peine semi-conditionnelle. La prestation personnelle est fixée en jours-amendes ou en demi-jours-amendes. Un jour-amende correspond à 4 heures de travail. La réprimande exprime la réprobation de l'acte commis; si elle est prononcée avec sursis, elle peut en cas d'échec de la mise à l'épreuve être commutée en une autre peine plus lourde.

Le TIG, chez les adultes, est défini en jours-amendes, à l'instar de la prestation personnelle chez les mineurs. Un jour-amende correspond ici aussi à 4 heures de travail. Cette forme de sanction n'est possible qu'avec l'accord de l'adulte condamné. Les peines pécuniaires sont également fixées en jours-amendes. Le nombre de ces derniers dépend de la culpabilité de la personne condamnée. Il est multiplié par le montant en francs calculé en fonction de la situation économique de cette personne. Le résultat correspond au montant à payer pour s'acquitter de la peine. Ces deux nouvelles sanctions pour les adultes peuvent être prononcées, comme la privation de liberté, avec sursis, sans sursis ou sous forme de peine conditionnelle. En revanche, les amendes doivent toujours être exécutées en tant que telles.

Peines privatives de liberté
Voir sous peines.

Sanctions
La conséquence judiciaire des délits. On fait la distinction entre les peines et les mesures.

Daten / Données

Kriminalität und Strafvollzug
Criminalité et exécution des peines

Verurteilungen von Erwachsenen für ein Verbrechen oder Vergehen[1], nach ausgewählten Straftaten[2] T 19.3.1.2.2.1.1
Condamnations d'adultes pour crime ou délit[1], selon un choix d'infractions[2]

	Verstösse gegen das Strassenverkehrsgesetz (SVG) / Infractions à la loi sur la circulation routière (LCR)		Verstösse gegen das Strafgesetzbuch (StGB)[3] / Infractions au code pénal (CP)[3]							
	Schwere Verletzung der Verkehrsregeln Art. 90 Abs. 2 und 3 SVG / Violation grave des règles de la circulation art.90 al.2 et 3 LCR	Fahren in angetrunkenem Zustand mit qualifizierter Blutalkoholkonzentration Art. 91 Abs.1 2er Satz SVG / Conduite en état d'ébriété qualifié d'un véhicule automobile art.91 al.1 2e ph. LCR	Einfacher Diebstahl Art. 139 StGB (137 aStGB) / Vol simple art.139 CP (137 aCP)	Raub Art. 140 StGB (139 aStGB) / Brigandage art.140 CP (139 aCP)	Sexuelle Handlungen mit Kindern Art. 187 StGB / Actes d'ordre sexuel avec des enfants art.187 CP	Vergewaltigung Art. 190 StGB / Viol art.190 CP	Einfache Körperverletzung Art. 123 StGB / Lésions corporelles simples art.123 CP	Schwere Körperverletzung Art. 122 StGB / Lésions corporelles graves art.122 CP	Vorsätzliche Tötung Art. 111 StGB / Homicide intentionnel art.111 CP	Mord Art. 112 StGB / Assassinat art.112 CP
1990	6 400	15 603	9 089	339	310	83	832	23	35	16
1995	10 677	16 654	6 289	346	273	92	969	47	56	27
2000	17 520	16 775	5 916	462	371	106	1 498	70	82	18
2005	22 264	16 615	6 586	498	416	110	2 469	95	73	27
2010	26 217	20 843	7 370	600	334	130	2 706	150	77	17
2011	23 831	19 121	7 857	444	275	87	2 759	127	70	12
2012	23 154	18 628	10 389	517	294	108	2 890	180	94	18
2013[4]	22 485	17 673	11 049	661	318	98	2 876	178	83	32
2014[4]	24 412	17 221	9 502	526	289	77	2 651	197	85	14

1 Für die Auswertung wurden nur die Verbrechen und Vergehen gegen die wichtigsten Gesetze berücksichtigt. Da nicht alle Übertretungen im Strafregister eingetragen werden, wurden die Übertretungen in dieser Analyse nicht berücksichtigt. Die Bestimmungen über die Eintragung ins Strafregister wurden seit 1984 zweimal revidiert (1992 und 2007). Die Nomenklatur der Straftaten erlaubt die Unterscheidung zwischen Übertretungen, Verbrechen und Vergehen nur für die vier wichtigsten Gesetze: das Strafgesetzbuch (StGB), das Betäubungsmittelgesetz (BetmG), das Ausländergesetz (AuG) und das Strassenverkehrsgesetz (SVG). Aus diesem Grund wurden für die Basisanalysen nationale Nebengesetze aus der Grundgesamtheit ausgeschlossen.
2 Urteile, in denen mindestens ein Delikt der hier aufgeführten Artikel zitiert wird.
3 Die Revision des Strafgesetzbuches über die Delikte gegen das Vermögen ist am 1.1.1995 in Kraft getreten. Dabei wurde die Nummerierung der Artikel stark geändert. Wenn sich Urteile auf frühere Artikel beziehen, steht die ehemalige Nummerierung in Klammern.
4 Die Strafurteilsstatistik der Erwachsenen (SUS) basiert auf den im Strafregister eingetragenen Urteilen. Die Verurteilungen werden im Register erfasst, sobald das Urteil in Kraft tritt. Die Behandlung von möglichen Rekursen kann Jahre in Anspruch nehmen. Aus diesem Grund dauert es mehrere Jahre, bis alle in einem Jahr gefällten Urteile im Strafregister eingetragen sind und in der Statistik erscheinen. Demzufolge sind bei der Interpretation der Entwicklung der Urteilszahlen in den jüngsten Erhebungsjahren Vorsicht und Zurückhaltung geboten.

Quelle: BFS – SUS
Stand: 30.04.2015

1 Les seuls types d'infraction retenus pour les exploitations sont les crimes et les délits, et uniquement les infractions aux lois principales. Les contraventions n'étant pas toutes inscrites au casier judiciaire, elles ont été exclues pour les analyses. Depuis 1984, les conditions d'inscription des contraventions au casier judiciaire ont été modifiées à deux reprises, en 1992 et en 2007. La nomenclature des infractions enregistrées ne permet une distinction entre les contraventions, les crimes et les délits, que pour les quatre lois principales: code pénal (CP), loi sur les stupéfiants (LStup), lois sur les étrangers (LEtr) et loi sur la circulation routière (LCR). De ce fait, les infractions aux lois fédérales annexes ont été retirées de l'univers de référence pour les analyses de base.
2 Jugements dans lesquels au moins une infraction aux articles en question est citée.
3 La révision du droit pénal concernant les infractions au patrimoine est entré en vigueur le 1.1.1995. La numérotation des articles a été fortement changée. Comme les jugements se réfèrent parfois aux anciens articles, l'ancienne numérotation est indiquée en parenthèse.
4 La statistique des condamnations pénales des adultes (SUS) est basée sur les jugements inscrits au casier judiciaire. Les données concernant un jugement ne sont saisies que lorsque le jugement entre en force, c'est-à-dire lorsque tous les éventuels recours ont été rejetés. Le traitement des recours peut nécessiter plusieurs années. Pour cette raison, il faut plusieurs années aussi pour que l'ensemble des jugements prononcés une année donnée soient inscrits au casier judiciaire et apparaissent dans la statistique. Prudence et recul sont par conséquent nécessaires pour toute tentative d'interprétation de l'évolution du nombre de jugements des années les plus récentes.

Source: OFS – SUS
Etat: 30.04.2015

Strafurteile von Minderjährigen: Straftatenstruktur. 2014
Jugements pénaux des mineurs: structure des infractions. En 2014

T 19.3.1.3.2.1.1

Straftatengruppen	Total	Geschlecht / Sexe		Altersgruppe bei Verurteilung / Groupe d'âges lors de la condamnation		Staatszugehörigkeit der Verurteilten / Nationalité des condamnés			Groupes d'infractions
		männlich / masculin	weiblich / féminin	unter 15 Jahre / moins de 15 ans	ab 15 Jahre / 15 ans et plus	Schweizer / Suisses	Ausländer mit Schweizer Wohnsitz / Etrangers domiciliés en Suisse	Übrige[3] / Autres[3]	
Total[1]	12 804	10 103	2 701	2 253	10 551	8 661	3 492	651	Total[1]
SVG[2]	**1 358**	**1 223**	**135**	**212**	**1 146**	**971**	**362**	**25**	**LCR[2]**
Entwendung zum Gebrauch	480	444	36	61	419	307	161	12	Vol d'usage
Fahren ohne Führerausweis	917	823	94	167	750	639	262	16	Circuler sans permis de conduire
ANAG[2]	**326**	**242**	**84**	**47**	**279**	**1**	**199**	**126**	**LSEE[2]**
BetmG[2]	**5 389**	**4 574**	**815**	**322**	**5 067**	**4 193**	**1 069**	**127**	**LStup[2]**
Konsum	4 900	4 156	744	291	4 609	3 869	939	92	Consommation
Handel	848	737	111	54	794	590	218	40	Trafic
StGB[2]	**6 621**	**4 849**	**1 772**	**1 707**	**4 914**	**3 959**	**2 184**	**478**	**CP[2]**
Leib und Leben	994	850	144	217	777	551	413	30	Vie et intégrité corporelle
einfache Körperverletzung	388	341	47	64	324	212	168	8	Lésions corporelles simples
Tätlichkeiten	376	299	77	112	264	205	157	14	Voies de fait
Vermögen	4 344	3 117	1 227	1 129	3 215	2 525	1 401	418	Patrimoine
Diebstahl	2 722	1 708	1 014	763	1 959	1 443	918	361	Vol
Raub	237	219	18	20	217	129	99	9	Brigandage
Sachbeschädigung	1 652	1 466	186	401	1 251	1 114	437	101	Dommages à la propriété
Hehlerei	176	150	26	25	151	89	70	17	Recel
Freiheit	1 288	1 058	230	268	1 020	757	418	113	Liberté
Drohung	257	194	63	49	208	150	99	8	Menaces
Nötigung	138	113	25	37	101	94	40	4	Contrainte
Hausfriedensbruch	952	801	151	189	763	557	292	103	Violation de domicile
Sexuelle Integrität	417	337	80	167	250	270	142	5	Intégrité sexuelle
Handlungen mit Kindern	63	60	3	23	40	35	26	2	Actes avec des enfants
Sexuelle Nötigung	58	58	0	28	30	35	20	3	Contrainte sexuelle
Gemeingefährliche Verbrechen	189	166	23	69	120	149	39	1	Délits créant un danger collectif
Brandstiftung	142	119	23	53	89	111	30	1	Incendie
Andere StGB	1 294	897	397	203	1 091	829	413	52	Autres CP

1 Die Summe übersteigt die Gesamtzahl, da in einem Urteil mehrere Straftaten aufgeführt werden können.
2 Vollständige Bezeichnungen der Abkürzungen siehe Glossar
3 Weder Schweizer noch Aufenthalt B oder C

Quelle: BFS – JUSUS
Stand: 27.04.2015

1 Un jugement pouvant mentionner plusieurs infractions, la somme est supérieure au total.
2 Voir le glossaire pour les désignations complètes des abréviations
3 Ni Suisse, ni personne étrangère avec permis B ou C

Source: OFS – JUSUS
Etat: 27.04.2015

Auswahl von polizeilich registrierten Straftaten
Choix d'infractions enregistrées par la police

T 19.3.2.1.1

Tatbestands-Art	Artikel / Article	Angaben zu den Straftaten / Informations sur les infractions						Type d'infractions
		Total		davon / dont : versucht / tenté		aufgeklärt / élucidé		
		2013	2014	2013	2014	2013	2014	
Total Strafgesetzbuch (StGB)		**575 138**	**526 066**	**31 405**	**28 514**	**166 373**	**160 262**	**Total Code pénal (CPS)**
Total Leib und Leben	111–136	25 727	24 286	494	494	21 869	20 985	Total vie et intégrité corporelle
Tötungsdelikte	111–116	209	173	152	132	195	165	Homicides
Körperverletzungen	122/123	9 095	8 391	315	325	7 548	6 972	Lésions corporelles
Tätlichkeiten	126	12 223	11 593	0	0	10 809	10 431	Voies de fait
Total Vermögen	137–172	413 166	370 445	27 228	24 362	71 019	68 193	Total patrimoine
Diebstahl (ohne Fahrzeugentwendung)	139	217 978	186 708	23 418	21 040	35 306	33 248	Vol (sans le vol de véhicule)
davon Einbruchdiebstahl		56 930	52 338	18 372	17 119	6 854	7 337	dont vol par effraction
Fahrzeugdiebstahl (inkl. SVG-Entwendungen)	139	44 079	47 762	599	577	1 282	1 802	Vol de véhicule (incl. LCR)
Raub	140	3 196	2 367	378	369	1 079	876	Brigandage
Sachbeschädigung	144	48 151	46 951	3	11	8 241	8 357	Dommage à la propriété
Sachbeschädigung bei Diebstahl	144	70 715	61 032	15	43	8 639	8 663	Dommage à la propriété lors d'un vol
Betrug	146	9 304	9 563	1 508	1 250	6 171	6 482	Escroquerie
Erpressung	156	647	773	241	290	249	279	Extorsion et chantage
Total Freiheit	180–186	81 504	76 265	3 137	3 101	26 104	25 830	Total liberté
Drohung	180	11 167	10 328	18	6	10 183	9 460	Menaces
Nötigung	181	2 266	2 204	197	206	2 047	1 984	Contrainte
Freiheitsberaubung u. Entführung	183	316	353	26	12	255	297	Séquestration et enlèvement
Hausfriedensbruch	186	4 629	4 666	13	13	3 482	3 453	Violation de domicile
Hausfriedensbruch bei Diebstahl	186	63 057	58 666	2 881	2 864	10 077	10 600	Violation de domicile lors d'une effraction
Total sexuelle Integrität	187–200	7 239	6 484	200	183	6 020	5 246	Total intégrité sexuelle
Sexuelle Handlungen mit Kindern	187	1 330	1 300	67	64	1 144	1 057	Actes d'ordre sexuel avec enfants
Sexuelle Nötigung	189	600	690	38	30	491	563	Contrainte sexuelle
Vergewaltigung	190	571	556	67	73	443	451	Viol
Andere Straftaten StGB		47 502	48 586	346	374	41 361	40 008	Autres infract. du CPS
Brandstiftung	221	965	1 081	90	84	294	306	Incendie
Gewalt und Drohung gegen Beamte	285	2 776	2 567	4	3	2 569	2 443	Violence ou menace contre les autorités/fonct.
Total BetmG		**97 289**	**80 986**	**79**	**103**	**94 561**	**78 242**	**Total Lstup**
Besitz/Sicherstellung		40 524	31 195	7	7	38 067	28 696	Possession/saisie
Konsum		45 905	37 602	10	14	45 845	37 546	Consommation
Handel		7 718	8 629	45	55	7 564	8 504	Trafic

Quelle: BFS – PKS
Stand: 12.02.2015

Source: OFS – SPC
Etat: 12.02.2015

Polizeilich registrierte Beschuldigte für ausgewählte Straftaten. 2014
Prévenus enregistrés par la police selon un choix d'infractions. En 2014

T 19.3.2.1.3

Tatbestands-Art	Artikel Article	Angaben zu den Beschuldigten Informations sur les prévenus								Type d'infractions
		Total[1]	davon dont Männer Hommes	Altersgruppen Groupes d'âge			Ausländer nach Aufenthaltsgruppen Etrangers selon le statut de séjour			
				<18	18–24	25+	Total	Wohnb.[2] Popul. résid.[2]	Asyl[3] I + II	Übrige[4] Autres[4]	
Total Strafgesetzbuch (StGB)		**79 069**	**60 538**	**8 994**	**14 720**	**55 355**	**41 583**	**23 604**	**3 609**	**14 370**	**Total Code pénal (CPS)**
Total Leib und Leben	111–136	18 798	15 122	1 819	3 615	13 364	9 502	7 336	694	1 473	Total vie et intégrité corporelle
Tötungsdelikte	111–116	203	173	21	40	142	118	67	13	38	Homicides
Körperverletzungen	122/123	7 181	6 115	723	1 644	4 814	3 829	2 819	322	688	Lésions corporelles
Tätlichkeiten	126	10 055	7 713	822	1 515	7 718	5 032	4 123	331	578	Voies de fait
Total Vermögen	137–172	38 748	29 324	5 861	7 998	24 889	22 344	9 758	2 469	10 117	Total patrimoine
Diebstahl (ohne Fahrzeugentwendung)	139	21 849	15 780	3 370	4 705	13 774	14 178	4 676	2 037	7 466	Vol (sans le vol de véhicule)
davon Einbruchdiebstahl		4 273	3 940	662	1 216	2 395	3 123	654	293	2 176	dont vol par effraction
Fahrzeugdiebstahl	139	1 474	1 383	494	395	585	817	368	67	382	Vol de véhicule
Raub	140	1 242	1 162	341	438	463	736	368	83	285	Brigandage
Sachbeschädigung	144	7 606	6 556	1 953	1 853	3 800	2 877	1 952	246	679	Dommage à la propriété
Sachbeschädigung bei Diebstahl	144	5 204	4 764	926	1 443	2 835	3 635	876	391	2 368	Dommage à la propriété lors d'un vol
Betrug	146	4 153	2 939	114	626	3 413	2 389	1 401	44	944	Escroquerie
Erpressung	156	361	289	63	69	229	202	130	15	57	Extorsion et chantage
Total Freiheit	180–186	19 735	16 564	2 008	3 622	14 105	10 850	5 924	1 066	3 860	Total liberté
Drohung	180	9 110	7 624	641	1 254	7 215	4 802	3 828	322	652	Menaces
Nötigung	181	2 032	1 712	165	290	1 577	867	671	56	140	Contrainte
Freiheitsberaubung u. Entführung	183	316	275	26	62	228	166	113	8	45	Séquestration et enlèvement
Hausfriedensbruch	186	3 620	2 933	448	729	2 443	1 611	754	287	570	Violation de domicile
Hausfriedensbruch bei Diebstahl	186	6 545	5 672	918	1 642	3 985	4 312	1 126	531	2 655	Violation de domicile lors d'une effraction
Total sexuelle Integrität	187–200	3 961	3 335	708	721	2 532	1 949	1 192	139	618	Total intégrité sexuelle
Sexuelle Handlungen mit Kindern	187	829	801	186	173	470	287	215	25	47	Actes d'ordre sexuel avec enfants
Sexuelle Nötigung	189	556	544	120	88	348	283	214	26	43	Contrainte sexuelle
Vergewaltigung	190	463	462	46	91	326	284	197	43	44	Viol
Andere Straftaten StGB		29 424	22 240	2 062	4 920	22 442	14 118	9 470	875	3 773	Autres infract. du CPS
Brandstiftung	221	342	294	132	63	147	114	81	11	22	Incendie
Gewalt und Drohung gegen Behörden und Beamte	285	1 940	1 683	126	533	1 281	833	455	138	240	Violence ou menace contre les autorités/fonct.
Total BetmG		**33 880**	**29 876**	**5 503**	**10 517**	**17 860**	**15 124**	**7 213**	**1 595**	**6 316**	**Total Lstup**
Besitz/Sicherstellung		22 791	20 304	3 780	6 782	12 229	10 388	4 557	1 126	4 705	Possession/saisie
Konsum		28 523	25 088	5 042	8 854	14 627	11 708	6 335	1 145	4 228	Consommation
Handel		7 417	6 736	626	2 561	4 230	4 366	1 393	676	2 297	Trafic

1 Im Total Beschuldigte sind die juristischen Personen nicht enthalten, das wären 168 juristische Personen betreffend StGB und 5 juristische Personen betreffend BetmG.
2 Ständige ausländische Wohnbevölkerung (Ausweis B, C und Ci)
3 Asyl I: Asylbevölkerung I (Ausweis F, N und S); Asyl II: Asylbevölkerung II (Personen mit Nichteintretensentscheid oder rechtskräftig abgewiesene Asylsuchende, deren Ausreisefrist definitiv abgelaufen ist).
4 Übrige ausländische Tatverdächtige, die sich – sei es legal oder illegal – nur temporär in der Schweiz aufhalten (inkl. Ausweis G und L); inkl. ohne Angabe.

Quelle: BFS – PKS
Stand: 12.02.2015

1 Le total des prévenus ne comprend pas les personnes morales, soit 168 personnes morales en relation avec le CP, respectivement 5 personnes morales avec la Lstup.
2 Population résidente permanente (permis B, C et Ci)
3 Asyl I: personnes dans le processus d'asile I (permis F, N et S); Asyl II: personnes dans le processus d'asile II (personnes avec des décisions de non entrée en matière ou requérants dont la requête a définitivement été rejetée et dont le droit de séjour a définitivement expiré).
4 Tous les autres prévenus qui se trouvaient, légalement ou illégalement, à titre temporaire en Suisse (y compris permis G et L); y compris «sans indication».

Source: OFS – SPC
Etat: 12.02.2015

Verurteilungen von Erwachsenen und Verurteilte für ein Vergehen oder Verbrechen[1] nach Geschlecht und Nationalität
Condamnations d'adultes et personnes condamnées pour un délit ou un crime[1] selon le sexe et la nationalité

T 19.3.2.2.2.1.2

	Verurteilungen Condamnations	Verurteilte Personnes condamnés							
			Geschlecht Sexe		Nationalität Nationalité				
			Männer Hommes	Frauen Femmes	Schweizer Suisses	Ausländer Etrangers			
							Mit B-, C- und Ci-Ausweis Avec permis B, C, Ci	Andere Ausländer Autres étrangers	Mit unbekanntem Aufenthaltstatus Avec statut inconnu
1990	56 074	52 832	45 587	7 245	30 206	22 626	*	*	*
1995	62 166	58 891	50 742	8 149	32 227	26 664	*	*	*
2000	72 271	68 218	57 843	10 375	35 734	32 484	*	*	*
2005	86 248	79 417	67 516	11 901	39 765	39 652	*	*	*
2010	100 376	93 207	78 631	14 576	43 998	49 209	22 431	22 850	3 928
2012	107 639	96 839	81 641	15 198	42 263	54 576	22 556	27 509	4 511
2013	110 730	99 258	83 460	15 798	41 634	57 624	23 227	29 270	5 127
2014	110 124	99 593	83 014	16 579	42 289	57 304	24 067	28 515	4 722

1 Für die Auswertung werden nur Vergehen und Verbrechen des StGB, SVG, MStGB, BetmG und AuG berücksichtigt, da nicht alle Übertretungen im Strafregister eingetragen werden.

Quelle: BFS – SUS
Stand: 30.04.2015

1 Pour l'exploitation, seuls les délits et les crimes du CP, CPM, LCR, LStup, LEtr sont pris en compte, toutes les contraventions n'étant pas inscrites au casier judiciaire.

Source: OFS – SUS
Etat: 30.04.2015

Verurteilungen von Erwachsenen für ein Vergehen oder Verbrechen[1], nach Gesetz
Condamnations d'adultes pour crime ou délit[1], selon la loi

T 19.3.2.2.2.2.1

	Total[2]	Strafgesetzbuch (StGB) Code pénal (CP)		Strassenverkehrsgesetz (SVG) Loi sur la circulation routière (LCR)		Betäubungsmittelgesetz (BetmG) Loi sur les stupéfiants (LStup)		Ausländergesetz (AuG)[3] Loi sur les étrangers (LEtr)[3]	
			%		%		%		%
1990	56 074	21 218	37,8	28 044	50,0	4 176	7,4	7 472	13,3
1995	62 166	18 634	30,0	34 212	55,0	5 442	8,8	9 488	15,3
2000	72 271	21 768	30,1	41 242	57,1	5 840	8,1	8 820	12,2
2005	86 248	28 389	32,9	47 438	55,0	5 869	6,8	10 747	12,5
2010	100 376	31 040	30,9	57 490	57,3	6 430	6,4	13 505	13,5
2012	107 639	38 188	35,5	55 215	51,3	5 992	5,6	17 043	15,8
2013[4]	110 730	39 550	35,7	55 240	49,9	6 439	5,8	19 283	17,4
2014[4]	110 124	36 596	33,2	58 279	52,9	6 544	5,9	17 882	16,2

1 Für die Auswertung wurden nur die Verbrechen und Vergehen gegen die wichtigsten Gesetze berücksichtigt. Da nicht alle Übertretungen im Strafregister eingetragen werden, wurden die Übertretungen in dieser Analyse nicht berücksichtigt. Die Bestimmungen über die Eintragung ins Strafregister wurden seit 1984 zweimal revidiert (1992 und 2007). Die Nomenklatur der Straftaten erlaubt die Unterscheidung zwischen Übertretungen, Verbrechen und Vergehen nur für die vier wichtigsten Gesetze: das Strafgesetzbuch (StGB), das Betäubungsmittelgesetz (BetmG), das Ausländergesetz (AuG) und das Strassenverkehrsgesetz (SVG). Aus diesem Grund wurden für die Basisanalysen nationale Nebengesetze aus der Grundgesamtheit ausgeschlossen.
2 Da sich ein Urteil auf mehrere Gesetze beziehen kann, ist die Summe der Verurteilungen nach den verschiedenen Gesetzen höher als das Total der Verurteilungen.
3 Das Ausländergesetz (AuG) ist am 1. Januar 2008 in Kraft getreten. Es ersetzt das Gesetz über Aufenthalt und Niederlassung der Ausländer (ANAG).
4 Die Strafurteilstatistik der Erwachsenen (SUS) basiert auf den im Strafregister eingetragenen Urteilen. Die Verurteilungen werden im Register erfasst, sobald das Urteil in Kraft tritt. Die Behandlung von möglichen Rekursen kann Jahre in Anspruch nehmen. Aus diesem Grund dauert es mehrere Jahre, bis alle in einem Jahr gefällten Urteile im Strafregister eingetragen sind und in der Statistik erscheinen. Demzufolge sind bei der Interpretation der Entwicklung der Urteilszahlen in den jüngsten Erhebungsjahren Vorsicht und Zurückhaltung geboten.

Quelle: BFS – SUS
Stand: 30.04.2015

1 Les seuls types d'infraction retenus pour les exploitations sont les crimes et les délits, et uniquement les infractions aux lois principales. Les contraventions n'étant pas toutes inscrites au casier judiciaire, elles ont été exclues pour les analyses. Depuis 1984, les conditions d'inscription des contraventions au casier judiciaire ont été modifiées à deux reprises, en 1992 et en 2007. La nomenclature des infractions enregistrées ne permet une distinction entre les contraventions, les crimes et les délits, que pour les quatre lois principales: code pénal (CP), loi sur les stupéfiants (LStup), lois sur les étrangers (LEtr) et loi sur la circulation routière (LCR). De ce fait, les infractions aux lois fédérales annexes ont été retirées de l'univers de référence pour les analyses de base.
2 Etant donné qu'une condamnation peut se rapporter à plusieurs lois, l'addition des jugements selon les différentes lois donne un nombre qui est supérieur à celui du total des condamnations.
3 La loi sur les étrangers (LEtr) est entrée en vigueur le 1er janvier 2008. Elle remplace la loi sur le séjour et l'établissement des étrangers (LSEE).
4 La statistique des condamnations pénales des adultes (SUS) est basée sur les jugements inscrits au casier judiciaire. Les données concernant un jugement ne sont saisies que lorsque le jugement entre en force, c'est-à-dire lorsque tous les éventuels recours ont été rejetés. Le traitement des recours peut nécessiter plusieurs années. Pour cette raison, il faut plusieurs années aussi pour que l'ensemble des jugements prononcés une année donnée soient inscrits au casier judiciaire et apparaissent dans la statistique. Prudence et recul sont par conséquent nécessaires pour toute tentative d'interprétation de l'évolution du nombre de jugements des années les plus récentes.

Source: OFS – SUS
Etat: 30.04.2015

Verurteilungen von Erwachsenen zu Freiheitsstrafen für ein Verbrechen oder Vergehen[1], nach Art des Vollzugs und Dauer der Hauptstrafe[2]

Condamnations d'adultes à une peine privative de liberté pour un délit ou un crime[1], selon le type de sursis et la durée de la peine principale[2]

T 19.3.3.2.2.1.2

Art des Vollzugs und Strafdauer	1990		2000		2010		2012		2013		2014[3]		Type de sursis et durée des peines
		%		%		%		%		%		%	
Bedingte Freiheitsstrafe	28 788	100	35 289	100	2 584	100	2 203	100	2 472	100	2 599	100	**Peine privative de liberté avec sursis**
≤ 15 Tage	17 609	61,2	16 528	46,8	13	0,5	13	0,6	7	0,3	6	0,2	≤ 15 jours
> 15 Tage bis 1 Monat	5 692	19,8	9 078	25,7	17	0,7	18	0,8	20	0,8	15	0,6	> 15 jours à 1 mois
> 1 bis 6 Monate	3 811	13,2	7 713	21,9	537	20,8	698	31,7	801	32,4	757	29,1	> 1 à 6 mois
> 6 bis 12 Monate	880	3,1	955	2,7	831	32,2	485	22,0	546	22,1	630	24,2	> 6 à 12 mois
> 12 bis 24 Monate	796	2,8	1 015	2,9	1 186	45,9	989	44,9	1 098	44,4	1 191	45,8	> 12 à 24 mois
Mediane Dauer (Tage)	14		20		365		365		365		365		Durée médiane (jours)
Unbedingte Freiheitsstrafe	10 651	100	10 675	100	6 573	100	9 795	100	12 102	100	10 945	100	**Peine privative de liberté sans sursis**
≤ 15 Tage	2 859	26,8	2 289	21,4	392	6,0	687	7,0	657	5,4	603	5,5	≤ 15 jours
> 15 Tage bis 1 Monat	2 504	23,5	2 347	22,0	874	13,3	1 771	18,1	1 999	16,5	2 000	18,3	> 15 jours à 1 mois
> 1 bis 6 Monate	3 286	30,9	3 744	35,1	3 458	52,6	5 746	58,7	7 782	64,3	6 857	62,6	> 1 à 6 mois
> 6 bis 12 Monate	553	5,2	564	5,3	609	9,3	417	4,3	463	3,8	398	3,6	> 6 à 12 mois
> 1 bis 3 Jahre	1 084	10,2	1 186	11,1	747	11,4	645	6,6	693	5,7	640	5,8	> 1 à 3 ans
> 3 bis 5 Jahre	238	2,2	337	3,2	334	5,1	361	3,7	350	2,9	328	3,0	> 3 à 5 ans
> 5 Jahre	127	1,2	208	1,9	159	2,4	168	1,7	158	1,3	119	1,1	> 5 ans
Mediane Dauer (Tage)	30		45		90		90		90		70		Durée médiane (jours)
Teilbedingte Freiheitsstrafe	*	*	*	*	649	100	678	100	768	100	822	100	**Peine privative de liberté avec sursis partiel**
12–18 Monate	*	*	*	*	124	19,1	119	18	120	16	153	19	12 à 18 mois
>18–24 Monate	*	*	*	*	96	14,8	74	10,9	122	15,9	120	14,6	>18 à 24 mois
>24–30 Monate	*	*	*	*	203	31,3	217	32,0	242	31,5	235	28,6	>24 à 30 mois
>30–36 Monate	*	*	*	*	226	34,8	268	39,5	284	37,0	314	38,2	>30 à 36 mois
Mediane Dauer (Tage)	*		*		913		913		913		913		Durée médiane (jours)

1 Für die Auswertung werden nur Vergehen und Verbrechen berücksichtigt, da nicht alle Übertretungen im Strafregister eingetragen werden.

2 Pro Urteil wird eine «Hauptstrafe» festgelegt. Dafür wurde eine Hierarchisierung der Strafen nach ihrem Schweregrad erstellt und immer nur die schwerste Strafe berücksichtigt. Die als am schwersten erachtete Strafe ist die Freiheitsstrafe (FS), gefolgt von der Geldstrafe (GS), der gemeinnützigen Arbeit (GA) und als Letztes die Busse.

3 Die Strafurteilsstatistik der Erwachsenen (SUS) basiert auf den im Strafregister eingetragenen Urteilen. Die Verurteilungen werden im Register erst erfasst, wenn das Urteil rechtskräftig wird. Die Behandlung von möglichen Rekursen kann Jahre in Anspruch nehmen. Wird das erstinstanzliche Urteil bestätigt, dann wird es im Strafregister mit dem erstinstanzlichen Entscheiddatum registriert. Aus diesem Grund kann es vor allem bei schweren Straftaten mehrere Jahre dauern, bis alle in einem Jahr gefällten Urteile im Strafregister eingetragen sind und in der Statistik erscheinen. Demzufolge ist die Entwicklung der Zeitreihen in den jüngsten Erhebungsjahren bei Urteilen mit schweren Straftaten nicht aussagekräftig. Es kann nicht davon ausgegangen werden, dass die Zahlen bereits vollständig sind.

Quelle: BFS – SUS
Stand: 30.04.2015

1 Pour l'exploitation, seuls les délits et les crimes sont pris en compte, toutes les contraventions n'étant pas inscrites au casier judiciaire.

2 Par jugement, une «peine principale» est établie. Pour cela, une hiérarchisation des peines en fonction de leur degré de gravité a été élaborée et seule la peine la plus grave a été prise en considération. Il a été considéré que la peine la plus grave est la peine privative de liberté (PPL), suivie de la peine pécuniaire (PPec), du travail d'intérêt général (TIG) et de l'amende.

3 La statistique des condamnations pénales des adultes (SUS) se base sur les jugements inscrits au casier judiciaire. Les condamnations ne sont inscrites que lorsque le jugement est entré en force. Le traitement des éventuels recours peut cependant nécessiter plusieurs années et, si la condamnation est confirmée, elle est inscrite dans le casier judiciaire avec la date de décision de première instance. Pour cette raison, avant tout pour les infractions graves, il se peut que plusieurs années soient nécessaires pour que l'ensemble des jugements prononcés une année donnée soient inscrits au casier judiciaire et apparaissent dans la statistique. Aussi, la conception des séries chronologiques à l'aune des années les plus récentes n'est pas pertinente en ce qui concerne les infractions graves; on ne peut pas partir du principe que les chiffres sont déjà complets.

Source: OFS – SUS
Etat: 30.04.2015

Verurteilungen von Erwachsenen für ein Verbrechen oder Vergehen[1], nach Hauptstrafe[2]
Condamnations d'adultes pour crime ou délit[1] selon la peine principale[2]

T 19.3.3.2.2.4.1

	Total	Freiheitsstrafe / Peine privative de liberté			Geldstrafe / Peine pécuniaire			Gemeinnützige Arbeit / Travail d'intérêt général			Busse als Hauptstrafe / Amende comme peine principale
		Unbedingt / Sans sursis	Teilbedingt / Sursis partiel	Bedingt / Avec sursis	Unbedingt / Sans sursis	Teilbedingt / Sursis partiel	Bedingt / Avec sursis	Unbedingt / Sans sursis	Teilbedingt / Sursis partiel	Bedingt / Avec sursis	
1990	56 074	10 651	*	28 788	*	*	*	*	*	*	16 598
1995	62 166	10 299	*	30 781	*	*	*	*	*	*	21 024
2000	72 271	10 675	*	35 289	*	*	*	*	*	*	26 261
2005	86 248	13 960	*	39 547	*	*	*	*	*	*	32 672
2010	100 376	6 573	649	2 584	11 764	1 061	73 277	2 164	101	2 023	120
2012	107 639	9 795	678	2 203	13 932	1 240	76 694	1 309	56	1 553	116
2013[3]	110 730	12 102	768	2 472	14 643	1 194	76 509	1 265	42	1 537	127
2014[3]	110 124	10 945	822	2 599	15 314	1 283	76 298	1 277	46	1 389	92

1 Für die Auswertung wurden nur die Verbrechen und Vergehen gegen die wichtigsten Gesetze berücksichtigt. Da nicht alle Übertretungen im Strafregister eingetragen werden, wurden die Übertretungen in dieser Analyse nicht berücksichtigt. Die Bestimmungen über die Eintragung ins Strafregister wurden seit 1984 zweimal revidiert (1992 und 2007). Die Nomenklatur der Straftaten erlaubt die Unterscheidung zwischen Übertretungen, Verbrechen und Vergehen nur für die vier wichtigsten Gesetze: das Strafgesetzbuch (StGB), das Betäubungsmittelgesetz (BetmG), das Ausländergesetz (AuG) und das Strassenverkehrsgesetz (SVG). Aus diesem Grund wurden für die Basisanalysen nationale Nebengesetze aus der Grundgesamtheit ausgeschlossen.

2 Damit die Summe der verschiedenen Urteile nach Sanktionen der Gesamtzahl aller ausgesprochenen Urteile entspricht, wurde pro Urteil eine «Hauptstrafe» festgelegt. Um pro Urteil eine einzige «Hauptstrafe» zu erhalten, wurde eine Hierarchisierung der Sanktionen nach ihrem Schweregrad eingeführt.

3 Die Strafurteilsstatistik der Erwachsenen (SUS) basiert auf den im Strafregister eingetragenen Urteilen. Die Verurteilungen werden im Register erfasst, sobald das Urteil in Kraft tritt. Die Behandlung von möglichen Rekursen kann Jahre in Anspruch nehmen. Aus diesem Grund dauert es mehrere Jahre, bis alle in einem Jahr gefällten Urteile im Strafregister eingetragen sind und in der Statistik erscheinen. Demzufolge sind bei der Interpretation der Entwicklung der Urteilszahlen in den jüngsten Erhebungsjahren Vorsicht und Zurückhaltung geboten.

Quelle: BFS – SUS
Stand: 30.04.2015

1 Les seuls types d'infraction retenus pour les exploitations sont les crimes et les délits, et uniquement les infractions aux lois principales. Les contraventions n'étant pas toutes inscrites au casier judiciaire, elles ont été exclues pour les analyses. Depuis 1984, les conditions d'inscription des contraventions au casier judiciaire ont été modifiées à deux reprises, en 1992 et en 2007. La nomenclature des infractions enregistrées ne permet une distinction entre les contraventions, les crimes et les délits, que pour les quatre lois principales: code pénal (CP), loi sur les stupéfiants (LStup), lois sur les étrangers (LEtr) et loi sur la circulation routière (LCR). De ce fait, les infractions aux lois fédérales annexes ont été retirées de l'univers de référence pour les analyses de base.

2 Un jugement peut contenir plusieurs sanctions. Afin que l'addition des différents jugements selon les sanctions corresponde au total des jugements prononcés, une hiérarchie des sanctions selon leur sévérité a été adoptée de façon à ne retenir qu'une seule «peine principale» par jugement.

3 La statistique des condamnations pénales des adultes (SUS) est basée sur les jugements inscrits au casier judiciaire. Les données concernant un jugement ne sont saisies que lorsque le jugement entre en force, c'est-à-dire lorsque tous les éventuels recours ont été rejetés. Le traitement des recours peut nécessiter plusieurs années. Pour cette raison, il faut plusieurs années aussi pour que l'ensemble des jugements prononcés une année donnée soient inscrits au casier judiciaire et apparaissent dans la statistique. Prudence et recul sont par conséquent nécessaires pour toute tentative d'interprétation de l'évolution du nombre de jugements des années les plus récentes.

Source: OFS – SUS
Etat: 30.04.2015

Sanktionsvollzug nach Vollzugsart, Entwicklung
Exécution des sanctions selon la forme de l'exécution, évolution

T 19.3.5.2.1

	Total	Strafvollzug / Incarcération			Gemeinnützige Arbeit / Travail d'intérêt général	Elektronisch überwachter Strafvollzug / Exécution de peine sous surveillance électronique
		Total	davon/ dont Normalvollzug Détention normale	Halbgefangenschaft Semi-détention		
1990	10 688	10 688	6 199	4 466	...	...
1995	9 733	8 886	5 720	3 154	847	...
2000	9 756	5 626	4 834	782	3 857	273
2005	13 527	7 931	7 531	396	5 081	515
2010	12 674	8 350	7 791	550	4 009	315
2011	12 581	8 706	8 338	346	3 557	318
2012	13 337	9 377	9 058	309	3 668	292
2013	13 503	9 746	9 428	313	3 507	250
2014	12 744	9 224	8 894	320	3 317	203

Quelle: BFS – FHE
Stand: 20.07.2015

Source: OFS – FHE
Etat: 20.07.2015

Strafvollzug: Einweisungen, mittlerer Bestand, Aufenthaltstage
Exécution des peines: incarcérations, effectif moyen, journées de détention

T 19.3.5.2.2

	Einweisungen Incarcérations	Mittlerer Bestand Effectif moyen	Aufenthaltstage Journées de détention in 1000 en milliers	Entlassungen Elargissements	Aufenthaltsdauer Durée de séjour Mittel Moyenne	Median Médiane
1990	10 688	3 421	1 220	10 685	110	30
1995	8 886	3 564	1 287	9 065	139	32
2000	5 626	3 225	1 171	5 710	193	58
2005	7 931	3 637	1 327	7 755	154	47
2010	8 350	3 917	1 417	8 312	151	35
2011	8 706	3 960	1 439	8 406	152	35
2012	9 377	4 265	1 552	9 203	147	41
2013	9 746	4 700	1 707	9 253	152	47
2014	9 224	4 991	1 799	9 426	166	56

Quelle: BFS – SES
Stand: 20.07.2015

Source: OFS – SESE
Etat: 20.07.2015

20

Wirtschaftliche und soziale Situation der Bevölkerung

Situation économique et sociale de la population

Überblick

Haushaltseinkommen und seine Bestandteile

Das Bruttohaushaltseinkommen umfasst alle Einkommen eines privaten Haushalts und seiner Mitglieder. Zieht man davon die obligatorischen Ausgaben ab, die der Haushalt beispielsweise für die Sozialversicherungen, die Steuern oder die Krankenkassenprämien der Grundversicherung ausgibt, resultiert das verfügbare Haushaltseinkommen.

In der Periode von 2009 bis 2011 betrug das verfügbare Einkommen der privaten Haushalte in der Schweiz durchschnittlich 6740 Franken pro Monat.

Die Erwerbseinkommen stellen mit 76% die Hauptkomponente des Bruttoeinkommens dar. Eine zweite Einkommenskomponente sind die Transfereinkommen (beinahe 20%); diese umfassen beispielsweise die Leistungen der Sozialversicherungen oder der Sozialhilfe. Die Einkommen aus Vermögen und Vermietung bilden die dritte Komponente mit einem Anteil von 4%.

Haushaltsausgaben und ihre Bestandteile

Die Haushaltsausgaben umfassen Konsum- und Transferausgaben, aber zum Beispiel keine Geschäftsausgaben, Spareinlagen oder Investitionen.

Zu den Transferausgaben werden die obligatorischen Ausgaben wie Sozialversicherungsbeiträge, Steuern und die Krankenkassengrundversicherung, aber auch die monetären Transfers an andere Haushalte gezählt. Die obligatorischen Ausgaben machen mit 2790 Franken pro Monat insgesamt 29% des Bruttoeinkommens aus.

Die Konsumausgaben entsprechen 57% des Bruttoeinkommens. Die Ausgaben für Wohnen und Energie bilden dabei mit rund 1490 Franken pro Monat den grössten Posten (16% des Bruttoeinkommens). Für Nahrungsmittel geben die Haushalte mit rund 655 Franken weniger aus als für Verkehr (750 Franken). Weitere wichtige Posten sind die Ausgaben für Unterhaltung, Erholung und Kultur mit 625 Franken sowie für Gast- und Beherbergungsstätten mit 545 Franken.

Vue d'ensemble

Revenu des ménages et ses composantes

Le revenu brut des ménages comprend tous les revenus d'un ménage privé et de ses membres. Si l'on déduit de ce revenu brut les dépenses obligatoires que le ménage consacre par exemple aux assurances sociales, aux impôts ou aux primes de l'assurance-maladie de base, on obtient ce qu'on appelle le revenu disponible des ménages.

Ce revenu disponible moyen des ménages privés en Suisse a atteint 6740 francs par mois pour la période de 2009 à 2011.

Avec une part de 76%, les revenus du travail sont la principale composante du revenu brut. La deuxième composante provient des revenus de transfert avec près de 20%. Ces revenus comprennent par exemple les prestations des assurances sociales ou de l'aide sociale. La troisième composante est constituée des revenus de la fortune et de la location, qui représentent 4% du revenu brut des ménages.

Dépenses des ménages et leurs composantes

Les dépenses des ménages comprennent les dépenses de consommation et les dépenses de transfert, mais n'incluent par exemple pas les dépenses à des fins professionnelles, l'épargne et les investissements.

Les dépenses de transfert comprennent les dépenses obligatoires comme les cotisations aux assurances sociales, les impôts, les primes d'assurances-maladie de base, mais aussi les transferts monétaires à d'autres ménages. Ces dépenses obligatoires se montent à 2790 francs par mois, soit 29% du revenu brut.

Les dépenses de consommation représentent 57% du revenu brut. Les dépenses pour le logement et l'énergie constituent le poste le plus important, avec environ 1490 francs par mois (16% du revenu brut). Pour l'alimentation, les ménages ont dépensé environ 655 francs, soit moins que pour les transports (750 francs). Les autres postes importants sont les dépenses pour les loisirs et la culture avec 625 francs, ainsi que les dépenses pour la restauration et l'hôtellerie avec 545 francs.

Haushaltseinkommen 2009–2011 / Revenus des ménages, en 2009–2011 G 20.1

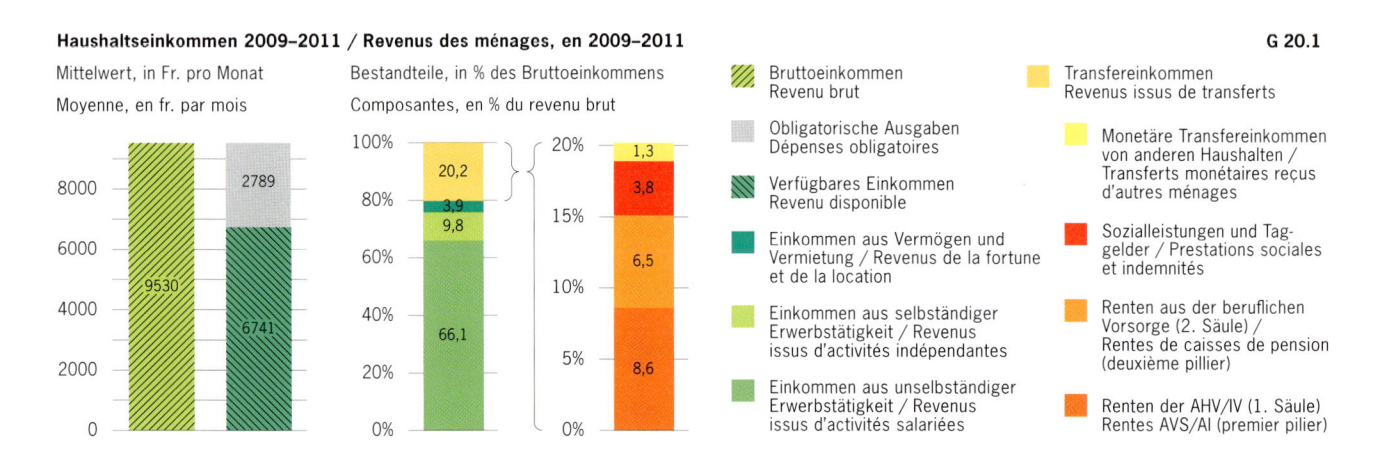

Mittelwert, in Fr. pro Monat / Moyenne, en fr. par mois
- 9530 (Bruttoeinkommen)
- 2789 (Obligatorische Ausgaben)
- 6741 (Verfügbares Einkommen)

Bestandteile, in % des Bruttoeinkommens / Composantes, en % du revenu brut
- 20,2 Obligatorische Ausgaben / Dépenses obligatoires
- 3,9 Einkommen aus Vermögen und Vermietung / Revenus de la fortune et de la location
- 9,8 Einkommen aus selbständiger Erwerbstätigkeit / Revenus issus d'activités indépendantes
- 66,1 Einkommen aus unselbständiger Erwerbstätigkeit / Revenus issus d'activités salariées

Transfereinkommen / Revenus issus de transferts (20 %):
- 1,3 Monetäre Transfereinkommen von anderen Haushalten / Transferts monétaires reçus d'autres ménages
- 3,8 Sozialleistungen und Taggelder / Prestations sociales et indemnités
- 6,5 Renten aus der beruflichen Vorsorge (2. Säule) / Rentes de caisses de pension (deuxième pilier)
- 8,6 Renten der AHV/IV (1. Säule) / Rentes AVS/AI (premier pilier)

Haushaltsbudget 2009–2011 / Budget des ménages, en 2009–2011 G 20.2

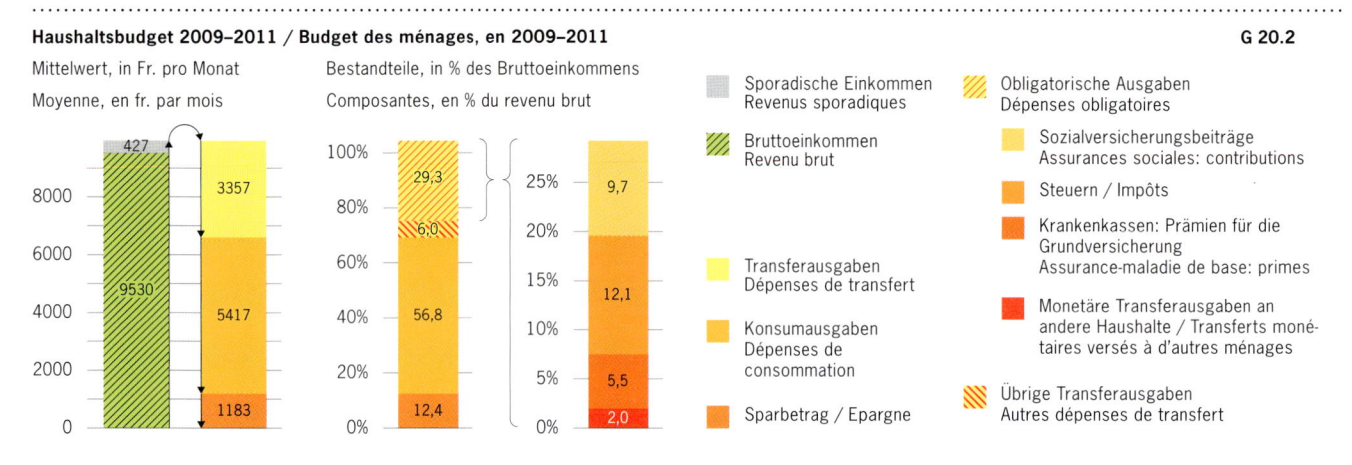

Mittelwert, in Fr. pro Monat / Moyenne, en fr. par mois
- 9530 Bruttoeinkommen
- 427 Sporadische Einkommen
- 3357 (oberer Block)
- 5417 Konsumausgaben
- 1183 Sparbetrag

Bestandteile, in % des Bruttoeinkommens / Composantes, en % du revenu brut
- 29,3 Obligatorische Ausgaben / Dépenses obligatoires
- 6,0 Übrige Transferausgaben / Autres dépenses de transfert
- 56,8 Konsumausgaben / Dépenses de consommation
- 12,4 Sparbetrag / Epargne

Obligatorische Ausgaben (détail):
- 9,7 Sozialversicherungsbeiträge / Assurances sociales: contributions
- 12,1 Steuern / Impôts
- 5,5 Krankenkassen: Prämien für die Grundversicherung / Assurance-maladie de base: primes
- 2,0 Monetäre Transferausgaben an andere Haushalte / Transferts monétaires versés à d'autres ménages

---

Unterschiede nach Einkommensklassen

In der höchsten Einkommensklasse stellen die Arbeitseinkommen mit 87% des Bruttoeinkommens deutlich die wichtigste Quelle dar, während im Gegensatz dazu bei der tiefsten Klasse die Renten und Sozialleistungen mit 65% zum Einkommen beitragen.

Die obligatorischen Abzüge werden zu einem grossen Teil aus den Sozialversicherungsbeiträgen und den Steuern gebildet. Daher nehmen sie bei den höheren Einkommensklassen zu. Diese Zunahme stellt man sowohl bei den Absolutbeträgen als auch relativ zum Bruttoeinkommen fest.

Dagegen zeigt der relative Anteil der Ausgaben für die Krankenkassengrundversicherung einen gegenläufigen Trend. Bei den Haushalten mit den tiefsten Einkommen stellen diese Prämien 2009 – 2011 mit 12% einen Posten dar, der noch gewichtiger ist als die Steuern (10%). Bei den Haushalten mit den höchsten Einkommen sind diese Prämien mit 3% hingegen anteilsmässig deutlich weniger hoch im Vergleich zu den Steuern mit 15% des Bruttoeinkommens. Zu bemerken ist indes, dass die Ausgaben für die Krankenkassengrundversicherung als Absolutbeträge in den oberen Einkommensklassen sehr wohl höher ausfallen, weil dort die Haushalte im Mittel mehr Personen umfassen.

Bei den Konsumausgaben der fünf Einkommensklassen zeigen sich ebenfalls Unterschiede. Die Ausgaben für Gesundheitspflege, Wohnen, Energie und Nahrungsmittel belasten Haushalte mit kleinem Budget prozentual stärker als wohlhabende Haushalte. Diese geben umgekehrt mehr für Unterhaltung, Erholung, Kultur und Verkehr aus.

Différences selon la classe de revenu

Dans la classe avec les revenus les plus élevés, les revenus issus du travail prédominent puisqu'ils représentent 87% du revenu brut. Dans la classe la moins aisée, en revanche, les rentes et les transferts sociaux représentent la principale source de revenus avec 65% du revenu brut.

Les déductions obligatoires se composent pour une large part des cotisations aux assurances sociales et des impôts. Elles augmentent par conséquent avec le revenu, et ce tant en termes absolus qu'en termes relatifs (par rapport au revenu brut).

Les primes d'assurance-maladie de base suivent par contre la tendance inverse en termes relatifs. Pour les ménages avec les revenus les plus bas, ces primes représentent pour la période 2009 à 2011 une part plus importante (12%) que celle consacrée aux impôts (10%). Dans le groupe des ménages les plus aisés, le poids de ces primes est comparativement faible; il s'élève à 3% alors que le poids des impôts est de 15% du revenu brut. Notons qu'en termes absolus, les dépenses moyennes pour l'assurance-maladie de base sont plus élevées dans les classes de revenu supérieures car ces ménages sont composés en moyenne d'un plus grand nombre de personnes.

On observe aussi des différences dans les dépenses de consommation des cinq classes de revenu. Les dépenses pour la santé, le logement, l'énergie et les produits alimentaires chargent proportionnellement plus fortement les ménages disposant d'un petit budget que les ménages à hauts revenus. A l'inverse, les ménages de cette dernière catégorie dépensent plus pour les loisirs, la culture et les transports.

Haushaltseinkommen nach Einkommensklasse[1] 2009–2011 / Revenus des ménages selon la classe de revenu[1], en 2009–2011   G 20.3

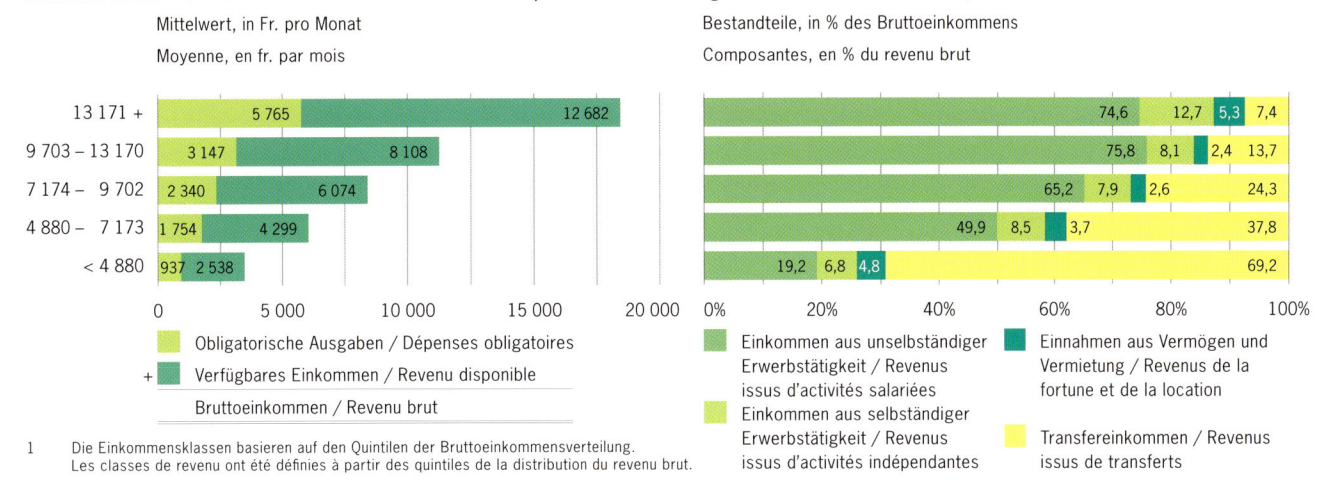

Mittelwert, in Fr. pro Monat / Moyenne, en fr. par mois

Klasse	Obligatorische Ausgaben	Verfügbares Einkommen	Bruttoeinkommen
13 171 +	5 765	12 682	
9 703 – 13 170	3 147	8 108	
7 174 – 9 702	2 340	6 074	
4 880 – 7 173	1 754	4 299	
< 4 880	937	2 538	

Bestandteile, in % des Bruttoeinkommens / Composantes, en % du revenu brut

Klasse	Einkommen unselbst.	Einkommen selbst.	Vermögen/Vermietung	Transfers
13 171 +	74,6	12,7	5,3	7,4
9 703 – 13 170	75,8	8,1	2,4	13,7
7 174 – 9 702	65,2	7,9	2,6	24,3
4 880 – 7 173	49,9	8,5	3,7	37,8
< 4 880	19,2	6,8	4,8	69,2

- Obligatorische Ausgaben / Dépenses obligatoires
- + Verfügbares Einkommen / Revenu disponible
- Bruttoeinkommen / Revenu brut

- Einkommen aus unselbständiger Erwerbstätigkeit / Revenus issus d'activités salariées
- Einkommen aus selbständiger Erwerbstätigkeit / Revenus issus d'activités indépendantes
- Einnahmen aus Vermögen und Vermietung / Revenus de la fortune et de la location
- Transfereinkommen / Revenus issus de transferts

1 Die Einkommensklassen basieren auf den Quintilen der Bruttoeinkommensverteilung.
Les classes de revenu ont été définies à partir des quintiles de la distribution du revenu brut.

Obligatorische Ausgaben nach Einkommensklasse[1] 2009–2011   G 20.4
Dépenses obligatoires selon la classe de revenu[1], en 2009–2011
In % des Bruttoeinkommens / En % du revenu brut

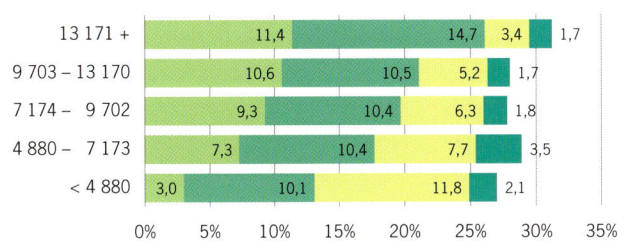

Klasse	Sozialvers.	Krankenkassen	Steuern	Transfers
13 171 +	11,4		14,7	3,4	1,7
9 703 – 13 170	10,6		10,5	5,2	1,7
7 174 – 9 702	9,3		10,4	6,3	1,8
4 880 – 7 173	7,3		10,4	7,7	3,5
< 4 880	3,0		10,1	11,8	2,1

- Sozialversicherungsbeiträge / Assurances sociales: contributions
- Krankenkassen: Prämien für die Grundversicherung / Assurance-maladie de base: primes
- Steuern / Impôts
- Monetäre Transferausgaben an andere Haushalte / Transferts monétaires versés à d'autres ménages

1 Die Einkommensklassen basieren auf den Quintilen der Bruttoeinkommensverteilung.
Les classes de revenu ont été définies à partir des quintiles de la distribution du revenu brut.

Konsumausgaben nach Einkommensklasse[1] 2009–2011   G 20.5
Dépenses de consommation selon la classe de revenu[1], en 2009–2011
In % des Bruttoeinkommens / En % du revenu brut

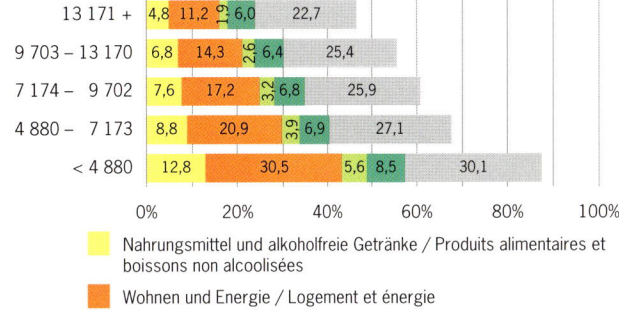

Klasse	Nahrungsmittel	Wohnen/Energie	Gesundheit	Unterhaltung	Andere
13 171 +	4,8	11,2	1,9	6,0	22,7
9 703 – 13 170	6,8	14,3	2,6	6,4	25,4
7 174 – 9 702	7,6	17,2	3,2	6,8	25,9
4 880 – 7 173	8,8	20,9	3,9	6,9	27,1
< 4 880	12,8	30,5	5,6	8,5	30,1

- Nahrungsmittel und alkoholfreie Getränke / Produits alimentaires et boissons non alcoolisées
- Wohnen und Energie / Logement et énergie
- Gesundheitspflege / Dépenses de santé
- Unterhaltung, Erholung und Kultur / Loisirs et culture
- Andere Waren und Dienstleistungen / Autres biens et services

1 Die Einkommensklassen basieren auf den Quintilen der Bruttoeinkommensverteilung.
Les classes de revenu ont été définies à partir des quintiles de la distribution du revenu brut.

Was bleibt übrig?

Nach allen Ausgaben bleibt zum Sparen ein durchschnittlicher Betrag von rund 1180 Franken oder 12% des Bruttoeinkommens übrig. Bei den Haushalten der untersten Einkommensklasse bleibt im Durchschnitt kein Sparbetrag übrig. Diese Haushalte geben mehr Geld aus, als sie einnehmen. Dies steht nicht zuletzt im Zusammenhang mit dem verhältnismässig hohen Anteil von fast 62% Rentnerhaushalten in dieser Kategorie, bei denen der Vermögensverzehr einen Teil des Haushaltsbudgets finanziert.

Lebensstandard und soziale Situation

Was bedeutet die soeben dargestellte wirtschaftliche Situation der Haushalte für den Lebensstandard der Bevölkerung? Welche Gruppen sind bezüglich der betrachteten Dimensionen privilegiert resp. benachteiligt?

Das einkommensschwächste Fünftel der Bevölkerung gibt im Vergleich zum einkommensstärksten Fünftel im Durchschnitt rund halb so viel Geld für Güter und Dienstleistungen aus. Welcher Betrag zur Deckung des täglichen Bedarfs und kurzfristig anfallender Bedürfnisse übrig bleibt, hängt wesentlich vom Anteil

Que reste-t-il?

Après déduction de l'ensemble des dépenses, il reste en moyenne aux ménages un montant de 1180 francs à épargner, soit 12% du revenu brut. Les ménages de la classe de revenu la plus basse dépensent souvent davantage que ce dont ils disposent, ils ne peuvent donc en général pas épargner. Ce constat doit être mis en parallèle avec le fait que près de 62% des ménages de cette catégorie de revenus sont des ménages de rentiers, qui financent une partie de leurs dépenses en puisant dans leur fortune.

Niveau de vie et situation sociale

Qu'implique la situation économique des ménages décrite ci-dessus pour le niveau de vie de la population? Quels sont les groupes de population privilégiés ou au contraire défavorisés quant aux dimensions considérées?

Le cinquième de la population ayant les revenus les plus faibles dépense en moyenne environ la moitié moins pour des biens et des services que le cinquième ayant les revenus les plus élevés. Le montant restant à disposition pour couvrir les

der Wohnkosten am Bruttoeinkommen ab. Die Wohnkosten machen im Durchschnitt rund 16% des Bruttohaushaltseinkommens aus. Beim einkommensschwächsten Fünftel beträgt der Anteil 31%, beim einkommensstärksten Fünftel 11%. Dieser Unterschied ist in Miethaushalten wesentlich grösser als in Eigentümerhaushalten. Angesichts dieser Ergebnisse erstaunt es wenig, dass 26,3% des einkommensschwächsten Fünftels nach eigenen Angaben Schwierigkeiten haben, mit dem Haushaltseinkommen zurechtzukommen (wohlhabendstes Fünftel: 1,4%).

Ungleichheiten bei der Einkommensverteilung

Die Ungleichheiten bei der Einkommensverteilung werden aufgrund des verfügbaren Äquivalenzeinkommens ermittelt. Dieses wird wie folgt berechnet: Die obligatorischen Ausgaben werden vom Bruttoeinkommen des Haushalts abgezogen, und der sich daraus ergebende Saldo wird durch die Äquivalenzgrösse des Haushalts geteilt. Die Äquivalenzgrösse des Haushalts ermöglicht es, die Skaleneinsparung zu berücksichtigen (eine vierköpfige Familie hat nicht viermal höhere Ausgaben als eine alleinlebende Person, um denselben Lebensstandard zu erreichen). Damit dient das verfügbare Äquivalenzeinkommen unabhängig vom Haushaltstyp als Mass für den Lebensstandard der betrachteten Personen.

2013 hatten die wohlhabendsten 20% der Bevölkerung ein durchschnittlich 4,0-mal höheres verfügbares Äquivalenzeinkommen als die einkommensschwächsten 20%.

Entwicklung der mittleren Einkommensgruppe

Insgesamt betrachtet blieb der Bevölkerungsanteil in der mittleren Einkommensgruppe von 1998 bis 2012 weitgehend stabil. Anteilmässig am stärksten vertreten war sie 2009 mit 61,3% der Bevölkerung, am schwächsten 1998 mit 57,0% der Bevölkerung. 2012 erreicht der Anteil der mittleren Einkommensgruppe mit 57,1% der Bevölkerung knapp wieder den Stand von 1998. Auch wenn die «Mitte» zwischen diesen drei einzeln betrachteten Jahren anteilmässig zu- und seit 2009 wieder abgenommen hat, kann über den gesamten Beobachtungszeitraum hinweg nicht von einer deutlichen Veränderung dieser Gruppe gesprochen werden.

Gewisse Tendenzen sind dennoch auszumachen. So ist von 1998 bis 2001 eine leichte Zunahme des Bevölkerungsanteils in der mittleren Einkommensgruppe zu beobachten, während diese von 2003 bis 2007/08 fast kontinuierlich abnimmt. Nach einer erneuten Zunahme im Jahr 2009 ist nun wieder ein Rückgang der mittleren Einkommensgruppe erkennbar.

Finanzielle Armut und Armutsgefährdung

Um ein möglichst umfassendes Bild der Situation in der Schweiz zu erhalten, werden verschiedene Konzepte und Schwellenwerte zur Bestimmung der finanziellen Armut herangezogen: das absolute Armutskonzept (nachfolgend «Armut»), welches auf einer Armutsgrenze in Höhe des sozialen Existenzminimums basiert, und das relative Armutskonzept («Armutsgefährdung»). Die Armutsgefährdungsgrenze wird gemäss internationalen Standards bei 60% des medianen verfügbaren Äquivalenzeinkommens der Bevölkerung angesetzt und erlaubt somit internationale Vergleiche. Dabei gilt es zu beachten, dass in beiden verwendeten Konzepten die Armut auf Basis der Einkommen bestimmt wird, ohne allfällige Vermögensbestände der Haushalte zu berücksichtigen.

besoins quotidiens et les besoins à court terme dépend essentiellement de la part représentée par les coûts du logement dans le revenu brut du ménage. Les coûts du logement représentent environ 16% du revenu brut des ménages en moyenne. Cette même part se monte à 31% pour le cinquième le moins favorisé, et à 11% pour le cinquième ayant les revenus les plus élevés. Cette différence est beaucoup plus marquée pour les locataires que pour les propriétaires. Compte tenu de ces résultats, on ne s'étonne pas de constater que 26,3% des personnes faisant partie du cinquième de la population ayant les revenus les plus faibles affirment avoir des difficultés à s'en sortir avec le revenu du ménage (cinquième de la population ayant les revenus les plus élevés: 1,4%).

Inégalités de répartition des revenus

Les inégalités de répartition des revenus sont évaluées sur la base du revenu disponible équivalent. Ce dernier se calcule en retirant les dépenses obligatoires du revenu brut du ménage et en divisant le solde par la taille d'équivalence du ménage. La taille d'équivalence du ménage permet de tenir compte des économies d'échelle (une famille de quatre personnes ne doit pas dépenser quatre fois plus qu'une personne seule pour assurer le même niveau de vie). Ainsi, le revenu disponible équivalent est un indice du niveau de vie des personnes, indépendamment du type de ménage dans lequel elles vivent.

En 2013, les 20% les plus riches disposent d'un revenu disponible équivalent moyen 4,0 fois supérieur à celui des 20% les plus pauvres.

Evolution du groupe à revenus moyens

Dans l'ensemble, la part de la population appartenant à la classe moyenne est restée stable au cours de la période 1998 à 2012. Elle était la plus grande (61,3%) en 2009 et la plus petite (57,0%) en 1998. En 2012, elle arrive à peine à son niveau de 1998, avec 57,1% de la population. Même si la classe moyenne a vu sa part progresser en 2009 par rapport à 1998 pour ensuite diminuer à nouveau, on ne peut pas parler d'une évolution nette de ce groupe sur la totalité de la période considérée.

On décèle toutefois certaines tendances. C'est ainsi qu'on observe une légère augmentation entre 1998 et 2001 de la part de la population appartenant au groupe à revenus moyens, puis une baisse presque continue de 2003 à 2007/08. Après une augmentation en 2009, on observe à nouveau une diminution proportionnelle de la classe moyenne.

Pauvreté monétaire et risque de pauvreté

La pauvreté monétaire est définie selon diverses approches et à l'aide de différents seuils afin de fournir une image la plus complète possible de la situation en Suisse. On distingue la pauvreté selon le concept absolu (ci-après «pauvreté»), qui s'appuie sur un seuil de pauvreté correspondant au minimum vital social, et la pauvreté selon le concept relatif («risque de pauvreté»). Le seuil de risque de pauvreté est fixé d'après des normes internationales à 60% du revenu disponible équivalent médian de la population, ce qui permet des comparaisons avec d'autres pays. Il convient de prendre en compte que dans les deux concepts utilisés, la pauvreté est déterminée sur la base du revenu, sans considérer les éventuelles fortunes des ménages.

Armutsindikatoren nach verschiedenen soziodemografischen Merkmalen G 20.6
Indicateurs de pauvreté selon différentes caractéristiques sociodémographiques

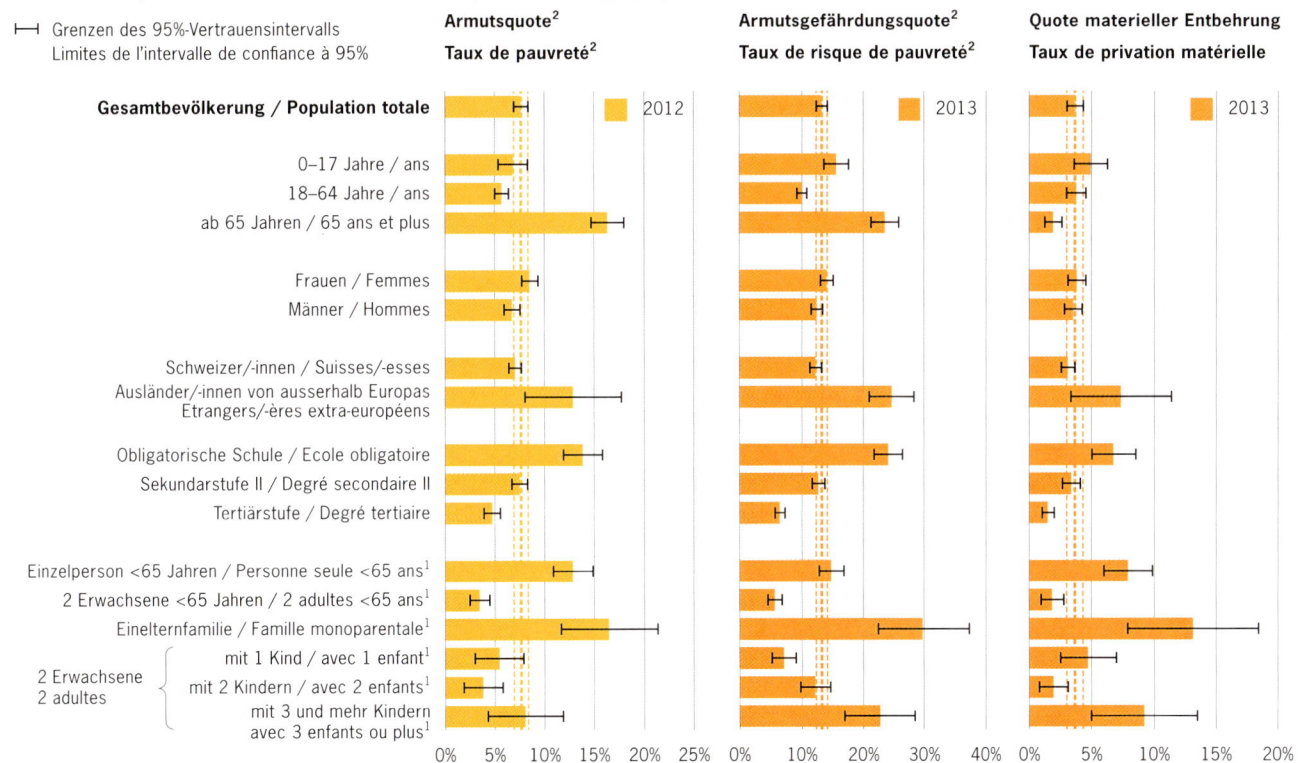

[1] Personen, die in einem solchen Haushalt leben / Personnes vivant dans un ménage qui présente ces caractéristiques
[2] Die Armuts- und Armutsgefährdungsquoten basieren auf den Einkommen ohne Berücksichtigung allfälliger Vermögensbestände. / Le taux de pauvreté et le taux de risque de pauvreté sont calculés sur la base des revenus, sans prise en compte de la fortune éventuelle.

In der Schweiz waren im Jahr 2012 7,7% der ständigen Wohnbevölkerung in Privathaushalten von Einkommensarmut betroffen. Dies entspricht rund 590 000 Personen. Die durchschnittliche Armutsgrenze betrug für eine Einzelperson rund 2200 Franken pro Monat und für einen Zweipersonenhaushalt mit zwei Kindern rund 4050 Franken. Als besondere Risikogruppen werden nach diesem Konzept Alleinerziehende, allein lebende Erwachsene, Personen ohne nachobligatorische Bildung, Nichterwerbstätige (inkl. Rentnerinnen und Rentner) sowie Personen in Haushalten mit geringer Arbeitsmarktpartizipation identifiziert.

Im Jahr 2013 waren nach dem relativen Armutsgefährdungskonzept (60% des Medianeinkommens) 13,3% (2012: 15,5%) oder rund 1 035 000 Personen armutsgefährdet. Die entsprechende Armutsgefährdungsschwelle lag mit rund 2550 Franken pro Monat für eine Einzelperson resp. rund 5400 Franken für zwei Erwachsene mit zwei Kindern über der absoluten Armutsgrenze (2012: 2500 resp. 5250 Franken). Risikogruppen sind hier zusätzlich kinderreiche Familien sowie Ausländerinnen und Ausländer aus dem aussereuropäischen Raum, nicht jedoch alleinlebende Erwachsene unter 65 Jahren.

Armut der Erwerbstätigen

Personen in Haushalten mit hoher Erwerbspartizipation weisen generell die tiefsten Armutsquoten auf. Eine erfolgreiche Integration in den Arbeitsmarkt bietet in der Regel einen wirksamen Schutz vor Armut. So betrug die Armutsquote der erwerbstätigen Bevölkerung im Jahr 2012 mit 3,5% nur etwa ein Viertel

En 2012, 7,7% de la population résidante permanente vivant en ménage privé était touché par la pauvreté en termes de revenu, soit 590 000 personnes. Le seuil de pauvreté moyen était d'environ 2200 francs par mois pour une personne seule et d'environ 4050 francs par mois pour un ménage de deux personnes avec deux enfants. Les groupes particulièrement à risque, selon cette définition de la pauvreté, sont les personnes élevant seules leurs enfants, les adultes vivant seuls, les personnes sans formation postobligatoire, les personnes non actives (y c. les retraités) et les personnes vivant dans un ménage dont la participation au marché du travail est faible.

Selon le concept relatif, en 2013, la part de la population touchée par le risque de pauvreté (60% du revenu médian) était de 13,3% (15,5% en 2012), ce qui représente environ 1 035 000 personnes. Le seuil de risque de pauvreté était, pour une personne seule, de quelque 2550 francs par mois et, pour deux adultes avec deux enfants, d'environ 5400 francs (2500 et 5250 francs en 2012). Il était donc supérieur au seuil de pauvreté absolu. Les groupes à risque comprennent ici, outre ceux mentionnés précédemment, les familles nombreuses, les étrangers extra-européens, mais pas les adultes seuls de moins de 65 ans.

La pauvreté des personnes actives occupées

Les personnes vivant dans un ménage à forte participation au marché du travail présentent en général les taux de pauvreté les plus faibles. Le fait d'être bien intégré dans la vie active offre généralement une protection efficace contre la pauvreté. En 2012, le taux de pauvreté de la population active occupée se

von derjenigen der nicht erwerbstätigen Personen (15,7%).[1] Rund 130 000 Personen waren trotz Erwerbsarbeit von Armut betroffen. Der Anteil der Erwerbstätigen an allen Armen in der Bevölkerung ab 18 Jahren lag im selben Zeitraum bei 25,6%, d. h. rund drei Viertel aller armen Personen waren 2012 nicht erwerbstätig.

Armut von Erwerbstätigen lässt sich vor allem im Hinblick auf die (längerfristige) Sicherheit und Unsicherheit der Erwerbssituation beschreiben: Sofern Arbeitsbedingungen und Arbeitsformen eindeutig oder tendenziell als unsicher einzustufen sind (z. B. befristeter Vertrag, kleines Unternehmen, Selbständigkeit ohne Angestellte), ist auch die Armutsbetroffenheit grösser. Bezogen auf die soziodemografischen Merkmale sind, wie auch in der Gesamtbevölkerung, Personen ohne nachobligatorische Ausbildung und Alleinerziehende am stärksten betroffen.

Materielle Entbehrungen

Anhand der materiellen Entbehrungen aus finanziellen Gründen lässt sich die soziale Ausgrenzung in absoluten Zahlen beschreiben. Die häufigste materielle Entbehrung im Jahr 2013 wurde durch mangelnde finanzielle Reserven verursacht: 19,6% der Bevölkerung waren nicht in der Lage, unerwartete Ausgaben in der Höhe von 2500 Franken zu tätigen. Es folgen die Entbehrungen, welche die wahrgenommenen Beeinträchtigungen bezüglich der Wohnumgebung betreffen: 15,8% der Bevölkerung sehen sich Lärmbelästigungen durch Nachbarn oder von der Strasse ausgesetzt, 14,5% sind mit Problemen der Kriminalität, Gewalt oder Vandalismus konfrontiert und 11,6% mit Feuchtigkeitsproblemen. Ausserdem konnten sich 8,7% der Bevölkerung nicht jedes Jahr eine Woche Ferien weg von zu Hause leisten.

Die Quote der materiellen Entbehrung wird beschrieben als finanziell bedingter Mangel von mindestens drei von neun Elementen[2]. Gemäss dieser Definition waren 3,7% der Bevölkerung in der Schweiz 2013 von materieller Entbehrung betroffen.

Subjektive Einschätzung der Lebensqualität

Die Zufriedenheit mit dem eigenen Leben im Allgemeinen sowie mit verschiedenen Lebensbereichen ist ein umfassendes Mass für die subjektive Lebensqualität der Bevölkerung. Hier geht es um die Anteile der Bevölkerung (ab 16 Jahren) mit einer hohen Zufriedenheit (Wert von 8, 9 oder 10 auf einer Skala von 0 «gar nicht zufrieden» bis 10 «vollumfänglich zufrieden»), aufgeschlüsselt nach verschiedenen Lebensbereichen und soziodemografischen Kategorien.

Die allgemeine Lebenszufriedenheit der Bevölkerung in der Schweiz ist hoch. Im Jahr 2013 waren drei von vier Personen (72,3%) mit ihrem Leben sehr zufrieden. Am zufriedensten zeigte sich die Bevölkerung im Hinblick auf Beziehungsaspekte wie das Zusammenleben oder persönliche Beziehungen (über 80% der Bevölkerung ab 16 Jahren sind mit diesen Aspekten sehr zufrieden). Der geringste Zufriedenheitsgrad wurde hingegen im Zu-

---

1 Erwerbstätige sind hier definiert als Personen ab 18 Jahren, die im Jahr vor dem Interview in mehr als der Hälfte aller Monate einer selbstständigen oder unselbstständigen Erwerbstätigkeit nachgingen (häufigster Erwerbsstatus).
2 Dieser europaweit koordinierte Indikator umfasst die folgenden neun materiellen Elemente: nicht in der Lage sein, unerwartete Ausgaben in der Höhe von 2500 Franken zu tätigen; nicht in der Lage sein, eine Woche Ferien pro Jahr weg von zuhause zu finanzieren; keine Zahlungsrückstände; nicht in der Lage sein, jeden zweiten Tag eine fleisch- oder fischhaltige Mahlzeit (oder vegetarische Entsprechung) zu haben; nicht in der Lage sein, die Wohnung ausreichend zu heizen; kein Zugang zu einer Waschmaschine; nicht im Besitz eines Farbfernsehers sein; nicht im Besitz eines Telefons sein; nicht im Besitz eines Autos sein.

---

chiffrait à 3,5% et ne représentait qu'un quart environ du taux de pauvreté de la population non active occupée (15,7%).[1] Quelque 130 000 personnes étaient touchées par la pauvreté alors qu'elles avaient un emploi. La part des actifs occupés parmi les pauvres, dans la population de 18 ans et plus, s'élevait à 25,6% à la même date. En d'autres termes, trois quarts environ des personnes pauvres n'étaient pas actives occupées en 2012.

La pauvreté des actifs occupés peut s'analyser surtout en termes de sécurité et d'insécurité professionnelle (à long terme): la pauvreté est plus fréquente lorsque les conditions de travail et les formes d'emploi sont nettement ou tendanciellement peu sûres (contrat à durée limitée, petite entreprise, activité indépendante en solo, par ex.). Du point de vue sociodémographique, les personnes les plus touchées sont, comme dans la population totale, les personnes sans formation postobligatoire et les personnes élevant seules leurs enfants.

Privations matérielles

L'analyse des privations matérielles consenties pour raisons financières permet de mesurer l'exclusion sociale en termes absolus. En 2013, les privations les plus fréquentes sont liées à l'absence de réserves financières: 19,6% de la population n'a pas les moyens de faire face à une dépense imprévue d'un montant de 2500 francs. Viennent ensuite les privations liées aux nuisances perçues par rapport au logement et ses alentours: 15,8% de la population considère subir des nuisances sonores provenant des voisins ou de la voie publique, 14,5% des problèmes de délinquance, de violence ou de vandalisme et 11,6% des problèmes d'humidité. En outre, 8,7% de la population n'a pas les moyens de s'offrir chaque année une semaine de vacances hors de son domicile.

Le taux de privation matérielle se définit comme l'absence, pour des raisons financières, d'au moins trois éléments parmi neuf[2]. Selon cette définition, 3,7% de la population vivant en Suisse se trouve en situation de privation matérielle en 2013.

Evaluation subjective de la qualité de vie

La satisfaction par rapport à sa propre vie ainsi que sur différentes dimensions est une mesure globale de la qualité de vie subjective de la population. Nous analysons ici le pourcentage de la population (âgée de 16 ans ou plus) ayant un degré de satisfaction élevé (score de 8, 9 ou 10 sur une échelle allant de 0 «pas du tout satisfait» à 10 «tout à fait satisfait») selon différentes dimensions de satisfaction et caractéristiques sociodémographiques.

Le degré de satisfaction dans la vie en général au sein de la population vivant en Suisse est élevé. En 2013, trois personnes sur quatre (72,3%) se disent très satisfaites de leur vie. L'examen de la satisfaction relative à certains domaines de vie montre que les aspects relationnels comme le fait de vivre en commun ou les relations personnelles sont ceux pour lesquels le pourcentage

---

1 Par personnes actives occupées, on entend ici les personnes de 18 ans et plus qui, l'année précédant l'enquête, ont exercé une activité dépendante ou indépendante durant plus de la moitié des mois (statut d'activité le plus fréquent).
2 Coordonnées au niveau européen, les neuf privations matérielles qui composent cet indicateur touchent les domaines suivants: incapacité à faire face à une dépense imprévue d'un montant de 2500 francs; incapacité à s'offrir chaque année une semaine de vacances hors de son domicile, arriérés de paiements, incapacité à s'offrir un repas composé de viande, de poulet ou de poisson (ou équivalent végétarien) tous les deux jours au moins, incapacité à chauffer convenablement son domicile, pas d'accès à un lave-linge, non-possession d'un téléviseur couleur, non-possession d'un téléphone, non-possession d'une voiture.

Kennzahlen zur Gleichstellung von Frau und Mann / Chiffres clés concernant l'égalité des sexes G 20.7
Frauenanteil in % / Part des femmes en % Stand / Etat

Bildung / Formation

Wert	Beschreibung	Jahr
57,4	Höchster Bildungsabschluss: obligatorische Schule[1] / Formation achevée la plus élevée: école obligatoire[1]	2014
45,9	Höchster Bildungsabschluss: Hochschule[1] / Formation achevée la plus élevée: haute école[1]	2014
37,8	Dozierende an universitären Hochschulen[2] / Enseignantes dans les hautes écoles universitaires[2]	2014
40,4	Dozierende an Fachhochschulen[2] / Enseignantes dans les hautes écoles spécialisées[2]	2014

Erwerbstätigkeit / Activité professionnelle

Wert	Beschreibung	Jahr
29,5	Vollzeiterwerbstätige (90%+)[3] / Travail à plein temps (90%+)[3]	2014
76,3	Teilzeiterwerbstätige (<90%)[3] / Travail à temps partiel (< 90%)[3]	2014
35,0	In Unternehmensleitung oder mit Vorgesetztenfunktion[4] / Membres d'une direction ou avec fonction dirigeante[4]	2014
64,4	Monatlicher Nettolohn ≤ 3000 Fr. (Total: 2,3%)[5] / Salaire mensuel net ≤ 3000 CHF (total: 2,3%)[5]	2010
15,4	Monatlicher Nettolohn > 8000 Fr. (Total: 19,5%)[5] / Salaire mensuel net > 8000 CHF (total: 19,5%)[5]	2010

Vertretung in der Politik / Représentation dans la politique

Wert	Beschreibung	Datum
28,6	Bundesrat / Conseil fédéral	2016
32,0	Nationalrat / Conseil National	18.10.2015
15,2	Ständerat / Conseil des Etats	22.11.2015
24,0	Kantonale Exekutiven / Exécutifs cantonaux	8.11.2015
25,9	Kantonale Parlamente / Parlements cantonaux	18.10.2015

1 25- bis 64-jährige Wohnbevölkerung / Population résidante de 25 à 64 ans
2 Professorinnen, übrige Dozentinnen, Assistentinnen und wiss. Mitarbeiterinnen / Professeures, autres enseignantes, assistantes et collaboratrices scientifiques
3 Personen ab 15 Jahren / Personnes dès 15 ans
4 Arbeitnehmende ab 15 Jahren / Salarié·e·s dès 15 ans
5 Vollzeitarbeitnehmende, privater und öffentlicher Sektor (Bund) / Salarié·e·s occupé·e·s à plein temps, secteur privé et public (Confédération)

---

sammenhang mit der finanziellen Situation, dem Einkommen aus dem Haupterwerb, dem Alleinleben und der vorhandenen Freizeit festgestellt (ca. 50% oder weniger sind sehr zufrieden).

Auch die familiäre Situation hat einen Einfluss auf die Einschätzung der Lebensqualität. Familien mit Kindern sind im Vergleich zu Paaren unter 65 Jahren ohne Kinder weniger zufrieden mit ihrer finanziellen Situation (48,4% gegenüber 57,8%), mit dem Zusammenleben (82,8% gegenüber 90,9%), ihrer vorhandenen Freizeit (34,0% gegenüber 44,9%), den Freizeitaktivitäten (53,8% gegenüber 62,1%), den Hausarbeiten (59,7% gegenüber 67,3%) und der Aufteilung der Hausarbeiten (63,5% gegenüber 70,4%). Paare unter 65 Jahren ohne Kinder und Familien mit Kindern sind sowohl mit ihrem Leben im Allgemeinen als auch mit ihren persönlichen Beziehungen, ihrem Gesundheitszustand und ihren Aufgaben im Haushalt deutlich zufriedener als alleinlebende Personen unter 65 Jahren.

Gleichstellung von Frau und Mann

Seit 1981 ist die Gleichberechtigung von Frau und Mann in der schweizerischen Verfassung verankert. 1988 wurde das Eidgenössische Büro für die Gleichstellung von Frau und Mann eingerichtet. Seit Juli 1996 ist das Gleichstellungsgesetz in Kraft. Obwohl die rechtliche Gleichstellung in der Schweiz weitgehend realisiert ist, bestehen in zahlreichen Lebensbereichen weiterhin beträchtliche geschlechtsspezifische Unterschiede.

Zwar haben die Bildungsunterschiede zwischen den Geschlechtern im Laufe der Zeit abgenommen. Dies zeigt sich am Bildungsstand der 25- bis 34-Jährigen. Über die gesamte Wohnbevölkerung zwischen 25 und 64 Jahren gesehen, bleiben aber nach wie vor mehr Frauen als Männer ohne nachobligatorische Bildung und verfügen mehr Männer als Frauen über einen Hochschulabschluss. Die Wahl der Fachrichtung ist stark geschlechts-

de personnes très satisfaites est le plus élevé (plus de 80% de la population de 16 ans et plus se déclare très satisfaite de ces aspects). A l'opposé, c'est pour la situation financière personnelle, le revenu de l'emploi actuel, le fait de vivre seul ou la durée du temps libre que le niveau de satisfaction est le plus faible (environ 50% ou moins de très satisfaits).

La situation familiale a une influence sur l'évaluation subjective de la qualité de vie. Par rapport aux couples de moins de 65 ans sans enfant, les familles avec enfants sont moins satisfaites de leur situation financière (48,4% de très satisfaits contre 57,8%), du fait de vivre en commun (82,8% contre 90,9%), de la durée de temps libre (34,0% contre 44,9%), des activités de loisirs (53,8% contre 62,1%), des tâches dans le ménage (59,7% contre 67,3%) et de la répartition du travail domestique (63,5% contre 70,4%). En revanche, les couples de moins de 65 ans sans enfants et les familles avec enfants sont significativement plus satisfaites que les personnes de moins de 65 ans vivant seules tant au niveau de leur vie en général, de leurs relations personnelles, de leur état de santé que des tâches dans le ménage.

L'égalité entre femmes et hommes

L'égalité des droits entre les sexes est garantie par la Constitution fédérale depuis 1981. Le Bureau fédéral de l'égalité entre femmes et hommes a été institué en 1988. La loi sur l'égalité est entrée en vigueur en juillet 1996. Même si l'égalité juridique est réalisée en Suisse dans une large mesure, des différences considérables entre les sexes subsistent dans de nombreux domaines.

Les différences entre les sexes sur le plan de la formation ont certes diminué au fil du temps, comme le montre le niveau de formation des personnes de 25 à 34 ans. Toutefois, parmi la

spezifisch geprägt, und die Frauen im Lehrkörper sind in der Minderheit.

Im Erwerbsleben sind die Unterschiede weiterhin ausgeprägt. Die Erwerbsquote von Frauen ab 15 Jahren liegt tiefer als diejenige der Männer (2014: 62,6% bzw. 75,0%). Die Erwerbslosenquote gemäss ILO ist hingegen bei Frauen höher (2014: 4,7%, Männer 4,4%). Viel mehr Frauen als Männer arbeiten Teilzeit, dementsprechend arbeiten Männer deutlich häufiger Vollzeit als Frauen. Nur ein Drittel der Kaderstellen ist von Frauen besetzt.

Frauen verdienen im privaten Sektor 15,1% weniger als Männer (2014; 1994: 23,8%; Unterschied im Medianlohn). Im öffentlichen Sektor beträgt der Unterschied 2012 13,6%. Von den Personen mit Tieflohn, d.h. mit einem monatlichen Bruttolohn von weniger als 4126 Fr. im Jahr 2014, sind 67% Frauen.

Frauen leisten deutlich mehr unbezahlte Arbeit als Männer (Näheres dazu im Kapitel 3).

Die Frauenvertretung in der Politik ist sehr unterschiedlich. Auf Bundesebene beträgt sie im Ständerat 15,2%, im Nationalrat 32,0% und im Bundesrat 28,6% (2 von 7). In den Kantonsregierungen bewegt sich der Frauenanteil zwischen 14,3% (SZ, ZG, BS, AI, SG, GE) und 60,0% (TG) und in den Kantonsparlamenten zwischen 13,3% (TI) und 37,8% (BL).

population résidante de 25 à 64 ans, les femmes sont toujours plus nombreuses que les hommes à ne pas avoir suivi de formation postobligatoire et moins nombreuses que les hommes à détenir un diplôme d'une haute école. On observe de nettes différences entre les sexes quant au choix de la branche d'études et les femmes dans le corps enseignant sont minoritaires.

Les différences restent aussi marquées dans l'activité professionnelle. Le taux d'activité des femmes à partir de 15 ans est plus bas que celui des hommes (2014: 62,6% contre 75,0%). Le taux de chômage au sens du BIT est par contre plus élevé chez les femmes (2014: 4,7%, hommes: 4,4%). Les femmes sont bien plus nombreuses que les hommes à travailler à temps partiel, ces derniers exerçant en conséquence nettement plus souvent une activité professionnelle à plein temps que les femmes. Seul un tiers des postes de cadre est occupé par des femmes.

Dans le secteur privé, les femmes gagnent 15,1% de moins que les hommes (2014; 1994: 23,8%; différence basée sur le salaire médian). Dans le secteur public, la différence est de 13,6% en 2012. Parmi les personnes occupant un poste à bas salaire, soit un niveau de rémunération inférieur à 4126 francs bruts par mois en 2014, 67% sont des femmes,

Les femmes consacrent nettement plus de temps au travail non rémunéré que les hommes (voir le chapitre 3 pour de plus amples informations).

La représentation féminine dans les instances politiques est très variable. Au niveau fédéral la proportion de femmes est de 15,2% au Conseil des Etats, 32,0% au Conseil national et 28,6% au Conseil fédéral (2 sur 7). Dans les gouvernements cantonaux elle se situe entre 14,3% (SZ, ZG, BS, AI, SG, GE) et 60,0% (TG), dans les parlements cantonaux entre 13,3% (TI) et 37,8% (BL).

Erhebungen, Quellen

Enquêtes, sources

Die wichtigsten Erhebungen und Quellen zum Bereich Wirtschaftliche und soziale Situation der Bevölkerung — M 20

Erhebung/Statistik	Verantwortliche Stelle	Periodizität	Seit	Methode	Regionalisierungsgrad	Erfasste Themen
Haushaltsbudgeterhebung (HABE)	BFS	Jährlich	2000	Stichprobenerhebung bei ca. 3300 Haushalten	Grossregionen, Sprachregionen	Unter dem Hauptthema «Haushaltsbudget» werden die Ausgaben und Einnahmen sehr detailliert erfasst. Daneben liefert die HABE auch Angaben zu weiteren Themen wie z.B. Mengenverbrauch, Biokonsum oder Ausstattung der Haushalte mit dauerhaften Konsumgütern.
Erhebung über die Einkommen und die Lebensbedingungen (SILC)	BFS	Jährlich	2007	Stichprobenerhebungen bei ca. 7000 Haushalten (17 000 Personen)	Grossregionen, Sprachregionen	Daten über die finanzielle Situation und die Lebensbedingungen: z.B. Einkommen, materielle Entbehrung, Ausbildung, Arbeit, Kinderbetreuung, Wohnsituation, Gesundheit, subjektive Einschätzung der Lebensqualität usw.
Gesamtschweizerische Vermögensstatistik der natürlichen Personen	ESTV	Jährlich	1993	Vollerhebung	Kantone	Reinvermögen der Steuerpflichtigen.

Les principales enquêtes et sources dans le domaine de la situation économique et sociale de la population — M 20

Enquête/statistique	Institution responsable	Périodicité	Depuis	Méthode de relevé	Degré de régionalisation	Contenus
Enquête sur le budget des ménages (EBM)	OFS	annuelle	2000	Enquête par échantillonnage auprès d'environ 3300 ménages	Grandes régions, régions linguistiques	Les données concernant le budget des ménages sont saisies d'une façon très détaillée autant dans le domaine des dépenses que des revenus. D'autres thèmes sont également relevés comme par exemple les quantités consommées, les produits bio ou l'équipement des ménages en biens de consommation durables.
Enquête sur les revenus et les conditions de vie (SILC)	OFS	annuelle	2007	Enquête par échantillonnage auprès d'environ 7000 ménages (17 000 personnes)	Grandes régions, régions linguistiques	Données sur la situation financière et les conditions de vie des ménages: revenus, privations matérielles, éducation, travail, prise en charge des enfants, conditions de logement, santé, évaluation subjective de la qualité de vie, etc.
Statistique de la fortune des personnes physiques pour l'ensemble de la Suisse	AFC	annuelle	1993	Enquête exhaustive dans tous les cantons	Cantons	Fortune nette des contribuables.

Glossar

Äquivalenzeinkommen
Das Äquivalenzeinkommen wird ausgehend vom Haushaltseinkommen berechnet. Dabei wird die Haushaltsgrösse über die Äquivalenzskala des Haushalts berücksichtigt.

Um die Skaleneffekte zu berücksichtigen (eine vierköpfige Familie muss nicht vier Mal so viel ausgeben wie eine Einzelperson, um denselben Lebensstandard zu erreichen), werden die Personen im Haushalt gewichtet: Die älteste Person mit 1,0, Personen von 14 Jahren und mehr mit 0,5 und mit 0,3 jedes Kind unter 14 Jahren (Werte entsprechen der neuen OECD-Äquivalenzskala). Die äquivalente Haushaltsgrösse entspricht der Summe der Personengewichte.

Armut
Armut kann allgemein beschrieben werden als Unterversorgung in wichtigen Lebensbereichen (materiell, kulturell und sozial), die zur Folge hat, dass die betroffenen Personen nicht den minimalen Lebensstandard erreichen, der im Land, in dem sie leben, als annehmbar empfunden wird. In der Regel wird Armut finanziell definiert, wobei üblicherweise zwei Ansätze angewendet werden: der absolute und der relative Ansatz.

Die **Armutsquote** basiert auf einer «absoluten» Schwelle: Als arm gelten demnach Personen, die nicht über die finanziellen Mittel verfügen, um die für ein gesellschaftlich integriertes Leben notwendigen Güter und Dienstleistungen zu erwerben. Eine so definierte Armutsquote eignet sich als sozialpolitische Zielgrösse, da sich die finanzielle Unterstützung armer Personen oder Haushalte direkt in einer messbaren Reduktion der Armut niederschlägt. Die verwendete Armutsgrenze leitet sich von den Richtlinien der Schweizerischen Konferenz für Sozialhilfe (SKOS) ab, welche in der Schweiz als Bemessungsgrundlage für den Sozialhilfebezug breite Verwendung finden. Sie setzt sich zusammen aus einem Pauschalbetrag für den Lebensunterhalt, den individuellen Wohnkosten sowie monatlich 100 Fr. pro Person ab 16 Jahren für weitere Auslagen. Liegt das verfügbare Einkommen eines Haushaltes unterhalb der Armutsgrenze, werden alle Haushaltsmitglieder als arm eingestuft.

Die **Armutsgefährdungsquote** basiert auf einer «relativen» Schwelle: Als armutsgefährdet gelten Personen in Haushalten mit einem Einkommen, das deutlich unter dem üblichen Einkommensniveau des betreffenden Landes liegt. Armut wird somit als eine Form der Ungleichheit betrachtet: Ob eine Person als armutsgefährdet gilt, hängt also nicht allein von ihrer eigenen wirtschaftlichen Situation ab (resp. derjenigen ihres Haushalts), sondern auch vom landesspezifischen Wohlstandsniveau. Da dieser Indikator unabhängig von länderspezifischen Faktoren wie z.B. der Sozialgesetzgebung überall gleich berechnet werden kann, eignet er sich für internationale Vergleiche. Vereinbarungsgemäss setzt die Europäische Union die Armutsgefährdungsschwelle bei 60% des Medians des verfügbaren Äquivalenzeinkommens an.

In **beiden Konzepten** werden die verschiedenen Einkommensquellen der Haushalte berücksichtigt, nicht jedoch allfällige Vermögensbestände (Einkommensarmut).

Glossaire

Classe moyenne, groupe à revenus moyens
La classe moyenne – ou groupe à revenus moyens – comprend toutes les personnes vivant dans un ménage qui dispose d'un revenu brut équivalent (→ Revenu équivalent) compris entre 70% et 150% du revenu brut équivalent médian de l'année d'observation en question.

Dépenses de transfert
Les dépenses de transfert comprennent les cotisations à l'AVS/AI et aux caisses de pension, les impôts, les primes d'assurance-maladie et d'autres assurances, les transferts à d'autres ménages, les dons et les autres transferts.

Epargne
L'épargne est obtenue de manière indirecte en additionnant tous les revenus (revenus brut et sporadique) d'un ménage auxquels toutes les dépenses (dépenses de consommation et de transfert) sont soustraites. Les dépôts sur un compte épargne, les paiements pour le 3ème pilier, les achats d'actions et d'obligations, les investissements, les amortissements, etc. ne sont pas comptés dans les dépenses, ces éléments font donc partie de l'épargne des ménages.

Ménage
Les ménages considérés dans ce chapitre sont toujours des ménages privés (voir le glossaire du chapitre 1, Population). Les membres d'un ménage partagent le même logement, mettent ensemble l'intégralité ou une partie de leurs revenus ou de leur fortune et consomment en commun certains biens et services, notamment les denrées alimentaires.

Nomenclature COICOP
Classification of Individual Consumption According to Purpose (classification de la consommation individuelle selon le but d'utilisation).

Pauvreté
D'une manière générale, la pauvreté peut être définie comme une insuffisance de ressources (matérielles, culturelles et sociales) telle que les personnes sont exclues du niveau de vie minimal reconnu comme acceptable dans le pays où elles vivent. On définit généralement la pauvreté en termes monétaires. Dans ce cadre, deux types d'approches sont usuelles: l'approche absolue et l'approche relative.

Le **taux de pauvreté** se réfère à un seuil «absolu»: sont considérées comme pauvres les personnes qui n'ont pas les moyens financiers d'acquérir les biens et services nécessaires à une vie sociale intégrée. Un taux de pauvreté ainsi défini est un ordre de grandeur approprié pour la politique sociale, car le soutien financier octroyé aux personnes ou aux ménages se traduit directement par une réduction mesurable de la pauvreté. Le seuil de pauvreté utilisé a été calculé d'après les normes de la Conférence suisse des institutions d'action sociale (CSIAS), couramment utilisées pour mesurer le droit à l'aide sociale en Suisse. Il se compose d'un montant forfaitaire pour l'entretien et les frais individuels de logement ainsi que de 100 francs par mois et par personne à partir de 16 ans pour d'autres dépenses. Lorsque le revenu disponible du ménage

Bruttohaushaltseinkommen
Das Bruttohaushaltseinkommen umfasst alle Einkommen, die zum Budget des Haushalts beitragen: allen voran die Löhne und die dazugehörigen Zulagen, die AHV- und Pensionskassen-Renten, dann aber auch Einkommen aus Vermögen und Vermietung sowie Übertragungen von anderen Haushalten. Zum Haushaltseinkommen können mehrere Personen beitragen.

COICOP-Nomenklatur
Classification of Individual Consumption According to Purpose (Klassifikation des Individualverbrauchs nach Verwendungszweck).

Häufigster Erwerbsstatus (Armutsstatistik)
In der Armutsstatistik sind Erwerbstätige definiert als alle Personen ab 18 Jahren, die während des Kalenderjahres vor dem Interview (= Referenzperiode der Einkommen in SILC) mehrheitlich, d.h. in mindestens der Hälfte aller Monate, angestellt oder selbständig erwerbend waren.

Haushalt
In diesem Kapitel gilt «Haushalt» immer als Privathaushalt (siehe auch Glossar von Kapitel 1). Die Personen eines Haushalts teilen nicht nur denselben Wohnsitz, sie legen auch den Gesamtbetrag oder einen Teilbetrag ihres Einkommens oder Vermögens zusammen und konsumieren gemeinsam gewisse Güter und Dienstleistungen, insbesondere die Nahrungsmittel.

Lohn
Zur Definition von Lohn, Bruttolohn und Nettolohn siehe «Lohn» im Glossar des Kapitels 3. Beim standardisierten Bruttomonatslohn handelt es sich um die Umrechnung auf ein Vollzeitäquivalent von $4\,1/3$ Wochen zu 40 Arbeitsstunden.

Materielle Entbehrungen
Materielle Entbehrung ist definiert als der Nichtbesitz von Gebrauchsgütern bzw. das Fehlen elementarer Lebensgrundlagen aufgrund mangelnder finanzieller Ressourcen. Von materieller Entbehrung wird gesprochen, wenn mindestens drei von neun Elementen aus den nachfolgend geschilderten Kategorien aus finanziellen Gründen fehlen. Diese europaweit koordinierten neun Kategorien von Entbehrungen betreffen folgende Bereiche:

Finanzielle Schwierigkeiten:
- nicht in der Lage sein, unerwartete Ausgaben in der Höhe jenes Betrages zu tätigen, der 1/12 der Armutsgefährdungsschwelle (bei 60%) für Einpersonenhaushalte entspricht (in der Schweiz: 2500 Fr. innerhalb eines Monats),
- nicht in der Lage sein, eine Woche Ferien pro Jahr weg von zuhause zu finanzieren,
- Zahlungsrückstände,
- nicht in der Lage sein, sich jeden zweiten Tag eine fleisch- oder fischhaltige Mahlzeit (oder vegetarische Entsprechung) zu leisten,
- nicht in der Lage sein, die Wohnung ausreichend zu heizen.

Nichtbesitz von langlebigen Gebrauchsgütern:
- keinen Zugang zu einer Waschmaschine,
- Nicht-Besitz eines Farbfernsehers,
- Nicht-Besitz eines Telefons oder
- Nicht-Besitz eines Autos.

Diese Fragen werden nur einem Haushaltsmitglied gestellt; die Antworten werden für sämtliche Haushaltsmitglieder übernommen. Von schwerer materieller Entbehrung wird gesprochen, wenn mindestens vier von neun Elementen aus finanziellen Gründen fehlen.

se situe en dessous du seuil de pauvreté, l'ensemble des personnes du ménage est considéré comme pauvre.

Le **taux de risque de pauvreté** se réfère à un seuil «relatif»: sont considérées comme à risque de pauvreté les personnes vivant dans un ménage dont le revenu est sensiblement inférieur au niveau habituel des revenus dans le pays considéré. La pauvreté est donc envisagée comme une forme d'inégalité. En effet, le fait qu'une personne soit considérée comme à risque de pauvreté ne dépend pas uniquement de sa situation économique propre (respectivement de celle du ménage), mais également de celle des autres personnes vivant dans le pays concerné. Comme cet indicateur peut être calculé partout de la même manière, indépendamment de facteurs propres à un pays, telle que la législation sociale, il est approprié pour les comparaisons internationales. Par convention, le seuil de risque de pauvreté est fixé par l'Union Européenne à 60% de la médiane du revenu disponible équivalent.

Les **deux concepts** tiennent compte des différentes sources de revenu des ménages, mais pas de la fortune éventuelle (pauvreté en termes de revenu).

Personne de référence
La personne de référence du ménage est définie comme étant celle qui contribue le plus aux revenus du ménage et qui, de ce fait, détermine le plus fortement le mode de vie du ménage.

Privation matérielle
La privation matérielle est définie par la non-possession de biens de consommation durables ou l'absence de conditions d'existence minimales imputables à un manque de ressources financières. La privation matérielle se définit comme l'absence, pour des raisons financières, d'au moins trois éléments parmi neuf. Coordonnés au niveau européen, les neuf items considérés touchent les domaines suivants:

Difficultés économiques:
- incapacité à faire face à une dépense imprévue d'un montant correspondant au 1/12 du seuil de risque de pauvreté (à 60%) pour une personne seule (2500 francs, dans un délai d'un mois pour la Suisse),
- incapacité à s'offrir chaque année une semaine de vacances hors de son domicile,
- arriérés de paiements,
- incapacité à s'offrir un repas composé de viande, de poulet ou de poisson (ou équivalent végétarien) tous les deux jours au moins,
- incapacité à chauffer convenablement son domicile.

Privation de biens de consommation durables:
- pas d'accès à un lave-linge,
- non-possession d'un téléviseur couleur,
- non-possession d'un téléphone,
- non-possession d'une voiture.

Ces questions sont posées à un seul membre du ménage et les réponses sont attribuées à l'ensemble des membres du ménage. La privation matérielle sévère se définit comme l'absence, pour des raisons financières, d'au moins quatre éléments parmi neuf.

Revenu brut du ménage
Le revenu brut du ménage comprend tous les revenus qui, d'une manière ou d'une autre, alimentent le budget du ménage: les salaires et leurs suppléments, les rentes AVS et de caisses de pensions, mais également les revenus de la fortune et de la location, ainsi que les transferts pro-

Medianlohn

Der Zentralwert oder Median ist der Wert, welcher die berücksichtigte Gesamtheit, nach zunehmender Lohnhöhe geordnet, in zwei gleich grosse Gruppen teilt: Für die eine Hälfte (50%) der Arbeitsstellen liegt der standardisierte Lohn über, für die andere Hälfte dagegen unter diesem Wert.

Mittlere Einkommensgruppe, Einkommensmitte

Die Einkommensmitte – oder mittlere Einkommensgruppe – umfasst Personen aus Haushalten mit einem Bruttoäquivalenzeinkommen (→ Äquivalenzeinkommen) zwischen 70% und 150% des medianen Bruttoäquivalenzeinkommens des jeweiligen Beobachtungsjahrs.

Referenzperson

Diejenige Person im Haushalt, welche am meisten zum Haushaltseinkommen beiträgt und somit auch die Lebensweise des Haushaltes entscheidend prägt.

Sparbetrag

Der Sparbetrag wird indirekt berechnet, indem alle Einkommen (Bruttoeinkommen und sporadische Einkommen) eines Haushalts zusammengezählt werden und davon alle Ausgaben (Konsum- und Transferausgaben) abgezogen werden. Spareinlagen, Einzahlungen in die 3. Säule, Wertschriftenkäufe, Investitionen, Amortisationen u.ä. werden nicht als Ausgaben betrachtet und sind somit im Sparbetrag enthalten.

Sporadische Einkommen

Zu den sporadischen Einkommen gehören erhaltene Naturalgeschenke, Verkäufe und Rückerstattungen. Die sporadischen Einkommen sind nicht im Bruttoeinkommen enthalten, werden aber zur Berechnung des Sparbetrages verwendet.

Transferausgaben

Die Transferausgaben setzen sich zusammen aus Sozialversicherungsbeiträgen für die AHV/IV und die Pensionskassen, Steuern, Prämien für die Krankenkassen und andere Versicherungen, Übertragungen an andere Haushalte, Spenden und sonstige Übertragungen.

Transfereinkommen

Als Transfereinkommen bezeichnet werden Renten der AHV/IV und der Pensionskassen, Taggelder der ALV und der SUVA, private Zusatzrenten aller Art, Alimente und andere regelmässige Überweisungen von anderen Haushalten.

Verfügbares Einkommen

Das verfügbare Einkommen wird berechnet, indem man vom Bruttoeinkommen die obligatorischen Ausgaben abzieht. Diese setzen sich zusammen aus den Sozialversicherungsbeiträgen (AHV-/IV-Beiträge, berufliche Vorsorge usw.), den Steuern, den Prämien für die Krankenkassengrundversicherung und den regelmässigen Transferzahlungen an andere Haushalte (z.B. Alimente).

venant d'autres ménages. Plusieurs personnes peuvent contribuer au revenu du ménage.

Revenu disponible

Le revenu disponible est obtenu à partir du revenu brut auquel on soustrait les dépenses obligatoires, à savoir: les cotisations aux assurances sociales (cotisations à l'AVS/AI, prévoyance professionnelle, etc.), les impôts, les primes pour l'assurance-maladie de base et les transferts réguliers à d'autres ménages (par exemple les pensions alimentaires).

Revenu équivalent

Le revenu équivalent est calculé à partir du revenu du ménage, en tenant compte du nombre de personnes qui le composent par le biais de l'échelle d'équivalence du ménage. Pour tenir compte des économies d'échelle (une famille de quatre personnes ne doit pas dépenser quatre fois plus qu'une personne seule pour assurer le même niveau de vie), un poids de 1,0 est assigné à la personne la plus âgée du ménage, un poids de 0,5 toute autre personne de 14 ans ou plus et un poids de 0,3 à chaque enfant de moins de 14 ans (ces valeurs correspondent à la nouvelle échelle d'équivalence de l'OCDE); la taille équivalente du ménage correspond à la somme des poids attribués aux personnes.

Revenus issus de transferts

Sont nommés revenus de transferts les rentes de l'AVS/AI et des caisses de pension, les indemnités de l'assurance-chômage et de l'assurance-accidents, les rentes supplémentaires privées en tout genre, les pensions alimentaires et les autres transferts réguliers en provenance d'autres ménages.

Revenus sporadiques

Les revenus sporadiques comprennent les cadeaux reçus en nature, les ventes et les remboursements. De part leur nature, ces revenus ne sont pas compris dans le revenu brut des ménages, mais sont pris en compte dans le calcul de l'épargne.

Salaire

Concernant la définition de salaire, salaire brut et salaire net voir «salaire» dans le glossaire du chapitre 3 (Travail et rémunération). Le salaire mensuel brut standardisé est calculé sur la base d'un équivalent plein temps de $4\frac{1}{3}$ semaines à 40 heures de travail.

Salaire médian

La valeur centrale ou médiane est la valeur qui divise l'ensemble considéré, ventilé dans l'ordre croissant des salaires, en deux groupes de taille égale: pour une moitié des postes de travail (50%), le salaire standardisé se situe au-dessus de la valeur centrale, alors que pour l'autre moitié, le salaire s'inscrit au-dessous.

Statut d'activité le plus fréquent (statistique de la pauvreté)

Dans la statistique de la pauvreté, sont considérées comme personnes actives occupées les personnes de 18 ans ou plus qui ont exercé une activité salariée ou indépendante pendant la plus grande partie de l'année civile précédant l'interview (période de référence pour les revenus dans SILC), c.-à-d. durant plus de la moitié des mois.

Daten | Données

Einkommen, Vermögen und Verbrauch der privaten Haushalte
Revenus, fortune et consommation des ménages privés
Haushaltseinkommen und -ausgaben sämtlicher Haushalte. 2009–2011 T 20.2.1.1
Revenus et dépenses des ménages de l'ensemble des ménages. 2009–2011

Budgetstruktur	Beträge in Franken pro Monat pro Haushalt (Mittelwert) und Prozentverteilung (100%: Bruttoeinkommen) / Montant mensuel en francs par ménage (moyenne) et répartition en pour cent (100%: revenu brut)		Structure du budget
	Fr.	%	
Erwerbseinkommen [1]	7 227 b	75,8	Revenus du travail [1]
Einkommen aus unselbständiger Erwerbstätigkeit	6 294 b	66,1	Revenus issus d'activités salariées
Einkommen aus selbständiger Erwerbstätigkeit	933 c	9,8	Revenus issus d'activités indépendantes
Einkommen aus Vermögen und Vermietung	373 c	3,9	Revenus de la fortune et de la location
Primäreinkommen [1]	7 600 b	79,8	Revenu primaire [1]
Renten und Sozialleistungen	1 805 b	18,9	Rentes et transferts sociaux
Renten der AHV/IV (1. Säule)	821 b	8,6	Rentes AVS/AI (premier pilier)
Renten aus der beruflichen Vorsorge (2. Säule)	623 c	6,5	Rentes de caisses de pension (deuxième pillier)
Sozialleistungen und Taggelder	361 c	3,8	Prestations sociales et indemnités
Monetäre Transfereinkommen von anderen Haushalten	124 c	1,3	Transferts monétaires reçus d'autres ménages
Bruttoeinkommen	**9 530 a**	**100**	**Revenu brut**
Obligatorische Transferausgaben	–2 600 b	–27,3	Dépenses de transfert obligatoires
Sozialversicherungsbeiträge	–926 b	–9,7	Assurances sociales: contributions
Steuern	–1 149 c	–12,1	Impôts
Krankenkassen: Prämien für die Grundversicherung	–525 a	–5,5	Assurance-maladie de base: primes
Monetäre Transferausgaben an andere Haushalte	–189 d	–2,0	Transferts monétaires versés à d'autres ménages
Verfügbares Einkommen	**6 741 a**	**70,7**	**Revenu disponible**
Übrige Versicherungen, Gebühren und Übertragungen	–568 b	–6,0	Autres assurances, taxes et transferts
Krankenkassen: Prämien für Zusatzversicherungen	–137 b	–1,4	Assurances-maladie complémentaires: primes
Übrige Versicherungsprämien	–189 a	–2,0	Autres assurances: primes
Gebühren	–72 c	–0,8	Taxes
Spenden, gemachte Geschenke und Einladungen	–170 c	–1,8	Dons, cadeaux offerts et invitations
Konsumausgaben	–5 417 a	–56,8	Dépenses de consommation
Nahrungsmittel und alkoholfreie Getränke	–654 a	–6,9	Produits alimentaires et boissons non alcoolisées
Alkoholische Getränke und Tabakwaren	–108 c	–1,1	Boissons alcoolisées et tabacs
Gast- und Beherbergungsstätten	–543 b	–5,7	Restauration et services d'hébergement
Bekleidung und Schuhe	–234 b	–2,5	Vêtements et chaussures
Wohnen und Energie	–1 489 a	–15,6	Logement et énergie
Wohnungseinrichtung und laufende Haushaltsführung	–277 b	–2,9	Ameublement, équipement et entretien du ménage
Gesundheitsausgaben	–266 b	–2,8	Dépenses de santé
Verkehr	–750 b	–7,9	Transports
Nachrichtenübermittlung	–178 a	–1,9	Communications
Unterhaltung, Erholung und Kultur	–624 b	–6,5	Loisirs et culture
Andere Waren und Dienstleistungen	–295 c	–3,1	Autres biens et services
Sporadische Einkommen	427 d	4,5	Revenus sporadiques
Sparbetrag	**1 183 c**	**12,4**	**Epargne**

1 Inklusive Sozialversicherungsbeiträge der Arbeitnehmer, aber ohne diejenigen der Arbeitgeber

Qualität der Schätzwerte: Variationskoeffizient (Vk)
a: Sehr gut – Vk < 1%
b: Gut – Vk von ≥ 1% bis < 2%
c: Recht – Vk von ≥ 2% bis < 5%.
d: Genügend – Vk von ≥ 5% bis < 10%
e: Schlecht – Vk von ≥ 10%

Quelle: BFS – HABE

1 Avec les cotisations des employés aux assurances sociales, mais sans celles des employeurs

Qualité des estimateurs: coefficient de variation (cv)
a: Très bon – cv < 1%
b: Bon – cv de ≥ 1% à < 2%
c: Moyen – cv de ≥ 2% à < 5%
d: Suffisant – cv de ≥ 5% à < 10%
e: Mauvais – cv de ≥ 10%

Source: OFS – EBM

Haushaltseinkommen und -ausgaben nach Einkommensklasse[1]. 2009–2011
Revenus et dépenses selon la classe de revenu[1]. 2009–2011

T 20.2.1.12

Budgetstruktur	Beträge in Franken pro Monat pro Haushalt (Mittelwert) und Prozentverteilung (100%: Bruttoeinkommen) / Montant mensuel en francs par ménage (moyenne) et répartition en pour cent (100%: revenu brut)										Structure du budget
	Einkommensklasse in Franken pro Monat / Classe de revenu mensuel en francs										
	<4880		4880–7173		7174–9702		9703–13170		≥13171		
	Fr.	%	Fr.	%	Fr.	%	Fr.	%	Fr.	%	
Erwerbseinkommen[2]	904	26,0	3 540	58,5	6 147	73,1	9 443	83,9	16 099	87,3	Revenus du travail[2]
Einkommen aus unselbständiger Erwerbstätigkeit	669	19,2	3 023	49,9	5 482	65,2	8 534	75,8	13 761	74,6	Revenus issus d'activités salariées
Einkommen aus selbständiger Erwerbstätigkeit	235	6,8	517	8,5	664	7,9	909	8,1	2 338	12,7	Revenus issus d'activités indépendantes
Einkommen aus Vermögen und Vermietung	167	4,8	227	3,7	220	2,6	275	2,4	975	5,3	Revenus de la fortune et de la location
Primäreinkommen[2]	1 072	30,8	3 767	62,2	6 367	75,7	9 718	86,3	17 074	92,6	Revenu primaire[2]
Renten und Sozialleistungen	2 270	65,3	2 153	35,6	1 941	23,1	1 441	12,8	1 221	6,6	Rentes et transferts sociaux
Renten der AHV/IV (1. Säule)	1 580	45,5	1 052	17,4	726	8,6	451	4,0	296	1,6	Rentes AVS/AI (premier pilier)
Renten aus der beruflichen Vorsorge (2. Säule)	386	11,1	775	12,8	839	10,0	573	5,1	542	2,9	Rentes de caisses de pension (deuxième pillier)
Sozialleistungen und Taggelder	304	8,8	326	5,4	376	4,5	418	3,7	383	2,1	Prestations sociales et indemnités
Monetäre Transfereinkommen von anderen Haushalten	134	3,9	132	2,2	106	1,3	96	0,9	153	0,8	Transferts monétaires reçus d'autres ménages
Bruttoeinkommen	**3 475**	**100**	**6 053**	**100**	**8 414**	**100**	**11 255**	**100**	**18 448**	**100**	**Revenu brut**
Obligatorische Transferausgaben	–865	–24,9	–1 542	–25,5	–2 188	–26,0	–2 957	–26,3	–5 447	–29,5	Dépenses de transfert obligatoires
Sozialversicherungsbeiträge	–104	–3,0	–444	–7,3	–781	–9,3	–1 193	–10,6	–2 107	–11,4	Assurances sociales: contributions
Steuern	–350	–10,1	–630	–10,4	–879	–10,4	–1 184	–10,5	–2 705	–14,7	Impôts
Krankenkassen: Prämien für die Grundversicherung	–411	–11,8	–469	–7,7	–528	–6,3	–580	–5,2	–636	–3,4	Assurance-maladie de base: primes
Monetäre Transferausgaben an andere Haushalte	–72	–2,1	–211	–3,5	–152	–1,8	–190	–1,7	–318	–1,7	Transferts monétaires versés à d'autres ménages
Verfügbares Einkommen	2 538	73,0	4 299	71,0	6 074	72,2	8 108	72,0	12 682	68,7	Revenu disponible
Übrige Versicherungen, Gebühren und Übertragungen	–315	–9,1	–446	–7,4	–552	–6,6	–630	–5,6	–897	–4,9	Autres assurances, taxes et transferts
Krankenkassen: Prämien für Zusatzversicherungen	–79	–2,3	–111	–1,8	–140	–1,7	–150	–1,3	–205	–1,1	Assurances-maladie complémentaires: primes
Übrige Versicherungsprämien	–99	–2,9	–150	–2,5	–185	–2,2	–230	–2,0	–281	–1,5	Autres assurances: primes
Gebühren	–36	–1,0	–52	–0,9	–70	–0,8	–80	–0,7	–124	–0,7	Taxes
Spenden, gemachte Geschenke und Einladungen	–101	–2,9	–134	–2,2	–157	–1,9	–171	–1,5	–287	–1,6	Dons, cadeaux offerts et invitations
Konsumausgaben	–3 038	–87,4	–4 089	–67,6	–5 105	–60,7	–6 246	–55,5	–8 604	–46,6	Dépenses de consommation
Nahrungsmittel und alkoholfreie Getränke	–444	–12,8	–530	–8,8	–638	–7,6	–768	–6,8	–891	–4,8	Produits alimentaires et boissons non alcoolisées
Alkoholische Getränke und Tabakwaren	–68	–2,0	–81	–1,3	–100	–1,2	–129	–1,1	–159	–0,9	Boissons alcoolisées et tabacs
Gast- und Beherbergungsstätten	–226	–6,5	–358	–5,9	–495	–5,9	–659	–5,9	–975	–5,3	Restauration et services d'hébergement
Bekleidung und Schuhe	–96	–2,8	–150	–2,5	–197	–2,3	–290	–2,6	–436	–2,4	Vêtements et chaussures
Wohnen und Energie	–1 061	–30,5	–1 266	–20,9	–1 448	–17,2	–1 611	–14,3	–2 061	–11,2	Logement et énergie
Wohnungseinrichtung und laufende Haushaltsführung	–120	–3,5	–185	–3,1	–253	–3,0	–307	–2,7	–522	–2,8	Ameublement, équipement et entretien du ménage
Gesundheitsausgaben	–194	–5,6	–234	–3,9	–266	–3,2	–290	–2,6	–344	–1,9	Dépenses de santé
Verkehr	–298	–8,6	–528	–8,7	–701	–8,3	–942	–8,4	–1 279	–6,9	Transports
Nachrichtenübermittlung	–109	–3,1	–152	–2,5	–181	–2,1	–210	–1,9	–237	–1,3	Communications
Unterhaltung, Erholung und Kultur	–294	–8,5	–418	–6,9	–574	–6,8	–722	–6,4	–1 113	–6,0	Loisirs et culture
Andere Waren und Dienstleistungen	–127	–3,7	–186	–3,1	–253	–3,0	–319	–2,8	–588	–3,2	Autres biens et services
Sporadische Einkommen	252	7,2	433	7,2	393	4,7	378	3,4	682	3,7	Revenus sporadiques
Sparbetrag	**–564**	**–16,2**	**197**	**3,3**	**810**	**9,6**	**1 609**	**14,3**	**3 864**	**20,9**	**Epargne**

1 Die Einkommensklassen basieren auf den Quintilen der Bruttoeinkommensverteilung.
2 Inklusive Sozialversicherungsbeiträge der Arbeitnehmer, aber ohne diejenigen der Arbeitgeber

Quelle: BFS – HABE

1 Les classes de revenu ont été définies à partir des quintiles de la distribution du revenu brut.
2 Avec les cotisations des employés aux assurances sociales, mais sans celles des employeurs

Source: OFS – EBM

Lebensstandard, soziale Situation und Armut
Niveau de vie, situation sociale et pauvreté

Wohnkosten[1] in % des Bruttohaushaltseinkommens nach soziodemografischen Merkmalen T 20.3.1.2
2009–2011 (zusammengelegte Stichproben)
Coût du logement[1] en % des revenus bruts des ménages, selon différentes caractéristiques sociodémographiques. 2009–2011 (échantillons cumulés)

	Total		Miethaushalte Locataires		Eigentümer-haushalte Propriétaires		
Sämtliche Haushalte	15,6	a	18,7	a	12,2	b	Ensemble des ménages
Einkommensklassen, in Franken pro Monat							**Classe de revenus mensuels, en francs**
1. Fünftel der Bruttoeinkommensverteilung (< 4 880)	30,5	b	34,0	b	22,1	c	1er quintile de la distribution du revenu brut (< 4 880)
2. Fünftel (4 880–7 173)	20,9	b	22,7	b	17,0	c	2e quintile (4 880–7 173)
3. Fünftel (7 174–9 702)	17,2	a	19,0	b	14,3	c	3e quintile (7 174–9 702)
4. Fünftel (9 703–13 170)	14,3	b	15,9	b	12,5	b	4e quintile (9 703–13 170)
5. Fünftel (≥ 13 171)	11,2	b	13,4	c	9,7	b	5e quintile (≥ 13 171)
Haushaltstyp[2]							**Type de ménage[2]**
Einpersonenhaushalte unter 65	18,6	b	19,8	b	14,3	c	Personnes seules jusqu'à 64 ans
Einpersonenhaushalte ab 65	24,4	b	29,8	b	16,4	c	Personnes seules dès 65 ans
Paarhaushalte unter 65 Jahren[3] ohne Kinder	13,9	b	15,5	b	11,6	c	Couples jusqu'à 64 ans[3] sans enfant
Paarhaushalte ab 65 Jahren[3] ohne Kinder	16,8	c	23,4	c	13,8	c	Couples dès 65 ans[3] sans enfant
Paare mit Kindern[4]	14,9	b	17,9	c	12,5	b	Couples avec enfants[4]
Alleinerziehende mit Kindern[4]	22,8	c	25,2	c	15,9	d	Parents seuls avec enfants[4]
Paare mit erwachsenen Kindern[5]	10,9	c	15,0	c	9,0	c	Couples avec enfants adultes[5]
Grossregion							**Grandes régions**
Genferseeregion (VD, VS, GE)	16,0	b	18,8	c	12,4	c	Région lémanique (VD, VS, GE)
Espace Mittelland (BE, FR, SO, NE, JU)	15,1	b	17,9	b	12,5	c	Espace Mittelland (BE, FR, SO, NE, JU)
Nordwestschweiz (BS, BL, AG)	15,3	b	18,3	b	12,4	c	Suisse du Nord-Ouest (BS, BL, AG)
Zürich	16,5	b	19,2	b	11,9	c	Zurich
Ostschweiz (GL, SH, AR, AI, SG, GR, TG)	14,8	b	18,2	b	11,9	c	Suisse orientale (GL, SH, AR, AI, SG, GR, TG)
Zentralschweiz (LU, UR, SZ, OW, NW, ZG)	15,6	b	18,9	c	11,8	c	Suisse centrale (LU, UR, SZ, OW, NW, ZG)
Tessin	15,8	c	20,9	c	11,7	c	Tessin

1 Neben der Nettomiete oder den Hypothekarzinsen werden in den Wohnkosten verschiedene Nebenkosten sowie Ausgaben für Energie und kleinere Reparaturen subsumiert, jeweils für den Hauptwohnsitz und eventuell vorhandene Nebenwohnsitze, wobei Letztere nur etwas über 5% der Haushalte betreffen. Fiktive Mieten werden hier nicht dazu gezählt. Ebenso wenig gehören Amortisationen der Hypothek sowie allfällige grössere Renovationen und Ausbauten des Wohnsitzes bzw. der Hauskauf in diesen Posten, sondern werden gemäss internationalen Normen als Investition betrachtet.
2 Die übrigen Haushaltstypen sind in dieser Tabelle nicht dargestellt, weil deren Anzahl in der Stichprobe ungenügend ist.
3 Die Altersangabe bezieht sich auf die Referenzperson. Die Referenzperson ist dasjenige Haushaltsmitglied, das am meisten zum Gesamteinkommen des Haushalts beiträgt.
4 Als Kinder gelten alle unter 18-jährigen Haushaltsmitglieder sowie Haushaltsmitglieder zwischen 18 und 24 Jahren, die sich in der Ausbildung befinden.
5 Als erwachsene Kinder gelten alle leiblichen Kinder und Stiefkinder der Referenzperson oder des Partners sofern sie nicht der Definition unter [4] entsprechen. In diesen Haushalten befinden sich nebst den erwachsenen Kindern allenfalls auch jüngere Kinder.

Qualität der Schätzwerte: Variationskoeffizient (Vk)
a: Sehr gut – Vk < 1%
b: Gut – Vk von ≥ 1% bis < 2%
c: Recht – Vk von ≥ 2% bis < 5%.
d: Genügend – Vk von ≥ 5% bis < 10%
e: Schlecht – Vk von ≥ 10%

Quelle: BFS – HABE

1 Outre le loyer net ou les intérêts hypothécaires, les coûts de logement comprennent divers frais accessoires ainsi que le coût de l'énergie et des petites réparations, aussi bien pour le domicile principal que les résidences secondaires éventuelles, ces dernières ne concernant que 5 % des ménages. Les loyers fictifs ne sont pas pris en compte. Sont également exclus l'amortissement de l'hypothèque, les rénovations importantes et l'agrandissement du domicile ou l'achat d'un immeuble, ces postes étant considérés comme des investissements, conformément aux normes internationales.
2 Les autres types de ménage ne sont pas représentés dans ce tableau, ces ménages étant trop peu nombreux dans l'échantillon.
3 Par rapport à l'âge de la personne de référence. La personne de référence est celle qui contribue le plus au revenu global du ménage.
4 Sont considérés comme «enfants» tous les membres du ménage âgés de moins de 18 ans, ainsi que les membres du ménage âgés de 18 à 24 ans qui sont en formation.
5 Sont considérés comme «enfants adultes» tous les enfants de la personne de référence ou de son/sa partenaire qui ne sont pas «enfants» selon la définition [4]. A côté des enfants adultes, des enfants plus jeunes peuvent aussi se trouver dans ces ménages.

Qualité des estimateurs: coefficient de variation (cv)
a: Très bon – cv < 1%
b: Bon – cv de ≥ 1% à < 2%
c: Moyen – cv de ≥ 2% à < 5%
d: Suffisant – cv de ≥ 5% à < 10%
e: Mauvais – cv de ≥ 10%

Source: OFS – EBM

Armutsindikatoren nach verschiedenen soziodemografischen Merkmalen [1] — T 20.3.1.21
Indicateurs de pauvreté selon différentes caractéristiques sociodémographiques [1]

	Armutsquote [2] / Taux de pauvreté [2]		Armutsgefährdungsquote bei 60% des Medians [2] / Taux de risque de pauvreté à 60 % de la médiane [2]				Quote der materiellen Entbehrung [3] / Taux de privation matérielle [3]				
	2012	+/- [4]	2012	+/- [4]	2013	+/- [4]	2012	+/- [4]	2013 [8]	+/- [4]	
Gesamtbevölkerung	7,7	0,7	15,5	0,9	13,3	0,9	3,6	0,6	3,7	0,7	**Population totale**
Altersgruppe											**Classe d'âge**
0–17 Jahre	6,8	1,5	18,0	2,0	15,7	2,0	4,8	1,3	4,9	1,3	0–17 ans
18–64 Jahre	5,7	0,7	11,9	0,8	10,0	0,8	3,8	0,7	3,8	0,8	18–64 ans
Ab 65 Jahren und älter	16,4	1,6	26,8	2,3	23,5	2,3	1,7	0,6	1,9	0,7	65 ans et plus
Geschlecht und Nationalität											**Sexe et nationalité**
Frauen	8,6	0,8	16,7	1,0	14,1	1,0	3,9	0,7	3,8	0,7	Femmes
Schweizerinnen	8,2	0,7	14,8	1,1	13,1	1,1	3,1	0,6	3,4	0,7	Suissesses
Ausländerinnen	9,9	2,5	23,5	2,4	17,7	2,1	6,7	2,6	5,3	1,9	Etrangères
Männer	6,8	0,8	14,3	0,9	12,5	0,9	3,4	0,6	3,5	0,7	Hommes
Schweizer	5,9	0,7	12,2	1,0	11,5	1,1	2,6	0,5	2,8	0,6	Suisses
Ausländer	9,4	2,2	20,4	2,0	15,6	1,9	5,9	1,9	5,7	2,2	Etrangers
Nationalität											**Nationalité**
Schweizer/innen	7,1	0,6	13,6	1,0	12,3	1,0	2,9	0,5	3,1	0,5	Suisses
Ausländer/innen	9,7	2,1	21,9	2,0	16,6	1,8	6,3	2,1	5,5	1,8	Etrangers
Nord- und Westeuropa	6,3	2,0	11,4	2,3	9,1	2,0	2,8	1,5	3,1	1,5	Europe du Nord et de l'Ouest
Südeuropa	9,8	3,4	19,0	3,3	15,8	3,0	5,4	2,8	6,1	2,9	Europe du Sud
Übrige Länder	12,9	4,8	35,2	4,3	24,7	3,7	10,5	5,2	7,4	4,0	Autres pays
Bildungsstand [8] (Personen ab 18 Jahre)											**Niveau de formation [8]** (pers. de 18 ans ou +)
Obligatorische Schule	13,9	2,0	30,4	2,4	24,1	2,4	7,2	1,9	6,8	1,7	Ecole obligatoire
Sekundarstufe II	7,5	0,8	14,1	1,0	12,7	1,0	3,3	0,7	3,4	0,7	Degré secondaire II
Tertiärstufe	4,7	0,8	6,9	0,8	6,4	0,8	1,2	0,5	1,5	0,5	Degré tertiaire
Haushaltstyp [5,6]											**Type de ménage [5,6]**
Haushalte ohne Kinder	9,1	0,8	14,6	1,0	12,9	1,0	3,2	0,6	2,8	0,5	Ménages sans enfant
Einzelperson unter 65 Jahren	12,9	2,0	15,6	1,9	14,9	2,0	7,4	1,7	7,9	1,9	Personne seule de moins de 65 ans
Einzelperson ab 65 Jahren	25,8	2,9	34,8	3,7	31,9	3,9	3,2	1,3	3,1	1,2	Personne seule de 65 ans ou +
2 Erwachsene unter 65 Jahren	3,5	1,0	6,2	1,2	5,6	1,1	2,9	1,2	1,9	0,9	2 adultes de moins de 65 ans
2 Erwachsene, wovon mindestens 1 ab 65 Jahren	12,3	2,0	22,7	2,9	20,1	2,8	0,9	0,7	1,3	0,8	2 adultes dont au moins 1 de 65 ans ou +
Übrige Haushalte ohne Kinder	3,0	1,7	8,8	2,4	5,2	2,1	2,9	2,0	1,9	1,4	Autres ménages sans enfant
Haushalte mit Kindern [7]	6,1	1,2	16,4	1,6	13,7	1,6	4,2	1,1	4,6	1,2	Ménages avec enfant(s) [7]
Alleinerziehende/r mit Kind(ern)	16,5	4,9	29,9	7,4	29,8	7,4	11,5	4,0	13,2	5,3	Parent seul avec enfant(s)
2 Erwachsene mit 1 Kind	5,5	2,4	11,5	2,4	7,1	2,0	2,9	1,8	4,7	2,2	2 adultes avec 1 enfant
2 Erwachsene mit 2 Kindern	3,8	1,9	11,3	2,3	12,2	2,4	2,8	1,6	2,0	1,2	2 adultes avec 2 enfants
2 Erwachsene mit 3 und mehr Kindern	8,1	3,8	25,2	5,8	22,8	5,8	7,2	3,8	9,2	4,2	2 adultes avec 3 enfants et plus
Übrige Haushalte mit Kindern	5,7	2,8	19,9	4,1	11,7	3,5	3,1	3,3	3,2	3,7	Autres ménages avec enfant(s)

1 Ergebnisse aus einer Personenverteilung
2 Die Armuts- und Armutsgefährdungsquoten basieren auf den Einkommen ohne Berücksichtigung allfälliger Vermögensbestände.
3 Die Quote der materiellen Entbehrung entspricht der Entbehrung von mindestens 3 der 9 Kategorien. Die europäische Definition wird angewendet, d.h. Zahlungsrückstände bei den Krankenkassenprämien sind nicht berücksichtigt.
4 Grenzen des 95%-Vertrauensintervalls
5 Die Gruppe «übrige Haushaltstypen» ist in dieser Tabelle nicht aufgeführt, da ihre Zahl in der Stichprobe zu klein war.
6 Personen in einem Haushalt, der diese Merkmale aufweist.
7 Als Kinder gelten alle Personen unter 18 Jahren sowie nichterwerbstätige Personen im Alter von 18–24 Jahren, die bei ihrem Vater und/oder ihrer Mutter leben.
8 Daten teilweise revidiert

Quelle: BFS – SILC (2012–2013)

1 Ces résultats se basent sur une distribution de personnes.
2 Le taux de pauvreté et le taux de risque de pauvreté sont calculés sur la base des revenus, sans prise en compte de la fortune éventuelle.
3 Le taux de privation matérielle correspond à la privation de 3 éléments sur 9. La définition européenne, sans les arriérés de paiements sur les primes d'assurance maladie s'applique.
4 Limites de l'intervalle de confiance à 95%
5 Le groupe «autres types de ménages» n'est pas représenté dans ce tableau, ces ménages étant trop peu nombreux dans l'échantillon.
6 Personnes vivant dans un ménage qui présente ces caractéristiques.
7 Sont considérés comme des enfants toutes les personnes âgées de moins de 18 ans ainsi que les personnes de 18 à 24 ans qui sont économiquement inactives et qui vivent avec leur père et/ou leur mère.
8 Données partiellement révisées

Source: OFS – SILC (2012–2013)

Gleichstellung von Frau und Mann
Egalité entre les sexes

Gleichstellung von Frau und Mann im internationalen Vergleich. In %
Egalité entre femmes et hommes en comparaison internationale. En %

T 20.5.1.1.1

	Frauenanteil bei den Studierenden im Tertiärbereich[1] / Proportion de femmes parmi les étudiants au niveau tertiaire[1]	Erwerbstätigenquote von Frauen[2] / Taux d'actifs occupés des femmes[2]	Geschlechtspezifisches Verdienstgefälle in Industrie und Dienstleistungen[3] / Ecart de rémunération entre hommes et femmes dans l'industrie et les services[3]	Frauenanteil in nationalen Parlamenten / Représentation des femmes au sein des parlements nationaux	
	2012	2014	2013	09/2015	
Schweiz	49,3	75,1	19,3	30,5	Suisse
EU-28-Staaten	...	59,6	16,3p	26,9[4]	**Pays de l'UE-28**
Belgien	55,5	57,9	9,8	39,3	Belgique
Bulgarien	54,6	58,2	13,5	20,4	Bulgarie
Tschechische Republik	57,2	60,7	22,1	20,0	République tchèque
Dänemark	57,4	69,8	16,4	37,4	Danemark
Deutschland	50,1	69,5	21,6p	36,5	Allemagne
Estland	59,2	66,3	29,9	23,8	Estonie
Irland	50,9	56,7	...	16,3	Irlande
Griechenland	49,1	41,1	...	23,0	Grèce
Spanien	53,6	51,2	19,3p	41,1	Espagne
Frankreich	54,8	60,9	15,1	26,2	France
Kroatien	...	50,0	7,4p	25,8	Croatie
Italien	57,5	46,8	7,3	31,0	Italie
Zypern	53,1	58,6	15,8	12,5	Chypre
Lettland	59,6	64,3	14,4	18,0	Lettonie
Litauen	58,4	64,9	13,3	23,4	Lituanie
Luxemburg	52,1	60,5	8,6p	28,3	Luxembourg
Ungarn	55,5	55,9	18,4	10,1	Hongrie
Malta	56,1	49,3	5,1	12,9	Malte
Niederlande	51,4	68,1	16,0	37,3	Pays-Bas
Österreich	53,4	66,9	23,0	30,6	Autriche
Polen	59,9	55,2	6,4p	24,1	Pologne
Portugal	53,5	59,6	13,0	31,3	Portugal
Rumänien	54,3	53,3	9,1p	13,7	Roumanie
Slowenien	57,7	60,0	3,2	36,7	Slovénie
Slowakei	59,6	54,3	19,8	18,7	Slovaquie
Finnland	53,7	68,0	18,7p	41,5	Finlande
Schweden	59,7	73,1	15,2	43,6	Suède
Vereinigtes Königreich	56,3	67,1	19,7	29,4	Royaume-Uni

1 ISCED-Stufen 5 und 6
2 In % der Frauen im erwerbsfähigen Alter (15–64 Jahre)
3 Das Verdienstgefälle ohne Anpassungen bezieht sich auf den Unterschied zwischen dem durchschnittlichen Bruttostundenlohn der Männer und jenem der Frauen in % des Lohnes der Männer. Die Zahlen für 2013 sind Schätzungen basierend auf den Ergebnissen der Lohnstrukturerhebung. Sie entsprechen der revidierten statistischen Systematik der Wirtschaftszweige in der Europäischen Gemeinschaft (NACE Rev. 2). Die Population umfasst alle Arbeitnehmenden, unabhängig von Alter und Wochenarbeitsstunden.
4 Die Zahlenangaben zu EU-28 sind ein Durchschnitt der Prozentanteile der entsprechenden Mitgliedstaaten.

Quellen: Eurostat; Inter-Parliamentary Union (IPU)
Stand: November 2015

1 Niveaux ISCED 5 et 6
2 En % de la population féminine en âge de travailler (de 15 à 64 ans)
3 L'écart de rémunération non ajusté se réfère à la différence entre la rémunération horaire moyenne brute des hommes et celle des femmes en % de la rémunération des hommes. Les données 2013 se basent sur des estimations à partir des résultats de l'enquête sur la structure des salaires. Elles correspondent à la nomenclature révisée des branches économiques de la Communauté européenne (NACE, rév. 2). La population de référence regroupe l'ensemble des salariés indépendamment de l'âge et du nombre d'heures de travail par semaine.
4 Les chiffres pour l'UE-28 sont une moyenne des pourcentages des pays membres correspondants.

Sources: Eurostat; Inter-Parliamentary Union (IPU)
Etat: novembre 2015

21a

Nachhaltige Entwicklung

Développement durable

Nachhaltige Entwicklung als Grundsatz

Nachhaltige Entwicklung fordert, dass die gegenwärtigen Bedürfnisse gedeckt werden, ohne dass dadurch kommenden Generationen die Möglichkeiten zur Deckung ihrer Bedürfnisse verbaut werden. Dies bedingt auch den umfassenden Schutz der als Lebensgrundlage unverzichtbaren biologischen Vielfalt. Mit der Annahme der Agenda 21 und der Erklärung von Rio von 1992 hat sich die Schweiz verpflichtet, eine derartige Politik der Nachhaltigen Entwicklung zu verfolgen. Die Zielsetzung wurde auch in der Bundesverfassung verankert (Artikel 2 und 73). Die Schweiz fördert die Umsetzung durch verschiedenste Aktivitäten. Dazu gehört auch eine Strategie des Bundesrats.

Mit der politischen Zielsetzung entsteht auch das Bedürfnis nach einem Instrument zur Beurteilung, inwieweit sich die Schweiz in der gewünschten Richtung entwickelt und ob die ergriffenen Anstrengungen ausreichen. Ein entsprechendes Messinstrument wurde mit dem «Monitoring der Nachhaltigen Entwicklung (MONET)» entwickelt.

Ein Indikatorsystem als Messinstrument

Voraussetzung für eine Nachhaltige Entwicklung ist nicht nur ein verantwortungsvoller Umgang mit den natürlichen Ressourcen, sondern auch die Förderung der wirtschaftlichen Leistungsfähigkeit und der gesellschaftlichen Solidarität. Die generelle Zielsetzung muss somit für unterschiedlichste Themenbereiche konkretisiert werden. In MONET geschieht dies in Form von Prinzipien. Für jedes Prinzip, zum Beispiel «Kinder und Jugendliche sollen in einem offenen, motivierenden und zukunftsgerichteten Umfeld leben können», muss dann mittels spezifisch dafür ausgewählten Indikatoren überprüft werden, ob sich die Schweiz in der gewünschten Richtung entwickelt. MONET hat in einem mehrstufigen Auswahlverfahren gegen 75 Indikatoren ausgewählt und aufbereitet. Sie zeigen, wie sich der Bestand an wirtschaftlichem, sozialem oder ökologischem Kapital verändert, wodurch dies verursacht wird, wie effizient und sozial gerecht die Ressourcen genutzt werden und wie die Gesellschaft auf problematische Entwicklungen reagiert.

Le développement durable comme principe

Le développement durable consiste à satisfaire les besoins des générations présentes sans compromettre la possibilité pour les générations à venir de satisfaire leurs propres besoins. Le développement durable exige aussi que la diversité biologique soit préservée dans sa globalité, en tant que condition d'existence indispensable. En acceptant l'Agenda 21 et la Déclaration de Rio de 1992, la Suisse s'est engagée à mener une telle politique de développement durable. Cet objectif a été inscrit dans la Constitution fédérale (art. 2 et 73). La Suisse prend les mesures les plus diverses pour encourager la mise en œuvre d'une politique de développement durable. En fait notamment partie une stratégie du Conseil fédéral.

La définition du développement durable comme objectif politique implique aussi que l'on dispose d'un instrument pour évaluer si la Suisse évolue dans la direction souhaitée et si les efforts fournis sont suffisants. Un tel instrument de mesure a été développé: il porte le nom de Monitoring du développement durable (MONET).

Un système d'indicateurs comme instrument de mesure

Le développement durable ne présuppose pas seulement une exploitation responsable des ressources naturelles; il implique également que l'efficacité économique et la solidarité sociale soient encouragées. L'objectif général doit être concrétisé de façon à pouvoir être appliqué aux thèmes les plus variés. A cette fin, le système MONET a défini des principes. Pour chaque principe – par exemple, «Les enfants et les jeunes doivent pouvoir vivre dans une environnement ouvert, motivant, qui leur offre des perspectives d'avenir» –, il faut vérifier à l'aide d'indicateurs spécifiquement choisis si la Suisse évolue dans la direction souhaitée. Dans le cadre du système MONET, une sélection en plusieurs étapes a permis de retenir et de calculer près de 75 indicateurs. Ces indicateurs montrent les changements que subit le capital économique, social ou écologique, quelles en sont les causes, si les ressources sont exploitées de manière efficace et équitable et comment la société réagit aux évolutions problématiques.

Angestrebte Entwicklung
↗ Zunahme ↘ Abnahme → Stabilisierung

Beobachtete Entwicklung
↗ Zunahme ↘ Abnahme → Keine wesentliche Veränderung

Zusammenfassung: beobachtete Entwicklung seit 1992 im Vergleich zur angestrebten Entwicklung
✓ Positiv (in Richtung Nachhaltigkeit)
✗ Negativ (weg von der Nachhaltigkeit)
≈ Unverändert

Evolution visée
↗ Augmentation ↘ Diminution ↘ Stabilisation

Evolution observée
↗ Augmentation ↘ Diminution → Pas de modification notable

Qualification de l'évolution observée depuis 1992 par rapport à l'évolution visée
✓ positive (vers le développement durable)
✗ négative (contraire au développement durable)
≈ indifférente

Schlüsselindikatoren

17 Indikatoren wurden als besonders aussagekräftige «Schlüsselindikatoren» ausgewählt, mit welchen leicht erste Einschätzungen gewonnen werden können. 13 dieser Schlüsselindikatoren werden nachfolgend gezeigt. Die Analyse der einzelnen Indikatoren vermittelt kein eindeutiges Bild. In einigen Bereichen wird die Schweiz nachhaltiger, in anderen zeigt sich Handlungsbedarf.

Indicateurs-clés

Dix-sept indicateurs, particulièrement significatifs, ont été désignés «indicateurs-clés». Ils permettent de procéder facilement à de premières estimations. 13 d'entre eux sont présentés ci-après. L'analyse de ces indicateurs ne fournit pas une image claire et univoque. Dans certains domaines, la Suisse a fait des progrès en matière de développement durable, dans d'autres elle doit encore agir.

↗ ↗ ✓ Die Lebenserwartung in guter Gesundheit steigt

Dem Indikator liegt ein Prinzip zu den objektiven Lebensbedingungen zugrunde:
- *Gesundheitsförderung:* Die Gesundheit des Menschen soll geschützt und gefördert werden.

Der Gesundheitszustand beeinflusst in besonderem Masse die Lebensqualität jedes Menschen sowie seines Umfelds und ist ein wichtiger Faktor für die wirtschaftliche Leistungsfähigkeit. Die Lebenserwartung ist ein typischer Indikator für den allgemeinen Gesundheitszustand einer Bevölkerung. Zusammen mit einer Einschätzung der eigenen Gesundheit gibt er Auskunft über die Lebensjahre mit potentiell hoher Qualität des Daseins. Der Indikator zeigt, wie viele Lebensjahre Neugeborene erwarten können, in denen die Gesundheit als gut eingeschätzt wird. Er wird aus der Lebenserwartung für jede Altersklasse und dem Anteil an Personen, die sich in jeder Altersklasse gesund oder krank fühlen, berechnet.

In der Schweiz ist die Lebenserwartung in guter Gesundheit besonders hoch und nimmt zu. Die Ausweitung der krankheits- und behinderungsfreien Lebenserwartung lässt sich einerseits auf Verbesserungen der sozialen und wirtschaftlichen Lage der Rentnerinnen und Rentner zurückführen. Anderseits gab es in den letzten Jahrzehnten vermehrte Fortschritte in der Behandlung und Rehabilitation von (chronischen) Krankheiten, wodurch sich die Gesundungschancen oder zumindest die Chancen zur Beibehaltung eines selbständigen Alltags erhöht haben. 2012 betrug die Lebenserwartung in guter Gesundheit bei Frauen 67,9 und bei Männern 67,7 Jahre.

↗ ↗ ✓ L'espérance de vie en bonne santé augmente

L'indicateur se fonde sur le principe concernant les conditions de vie objectives.
- *Promotion de la santé:* La santé de l'être humain doit être préservée et favorisée.

L'état de santé influe considérablement sur la qualité de la vie de l'être humain et de son entourage et joue également un rôle important dans l'efficacité économique d'un pays. L'espérance de vie est un indicateur typique de l'état de santé général d'une population. Associé à une appréciation par les individus de leur propre état de santé, cet indicateur renseigne sur le nombre d'années d'existence durant lesquelles la qualité de vie est potentiellement élevée. L'indicateur montre combien les nouveau-nés peuvent espérer d'années de vie pendant lesquelles la santé peut être qualifiée de bonne. Il est calculé à partir de l'espérance de vie de chaque classe d'âges et de la part des personnes qui, dans chaque classe d'âges, se sentent en bonne santé ou malades.

L'espérance de vie en bonne santé est particulièrement élevée en Suisse et s'améliore. Deux faits expliquent l'allongement de l'espérance de vie sans maladie et sans handicap. D'une part, la situation sociale, économique et sanitaire des rentiers s'est améliorée. D'autre part, de grands progrès ont été réalisés ces dernières décennies dans le traitement de maladies (chroniques) et la réadaptation; ils ont contribué à augmenter les chances de guérison ou du moins les chances de maintien d'une vie quotidienne autonome. En 2012, l'espérance de vie en bonne santé était de 67,9 ans pour les femmes et de 67,7 pour les hommes.

Verurteilungen wegen vollendeter schwerer Gewaltdelikte[1] G 21a.1
Condamnations pour infractions de violence grave consommées[1]

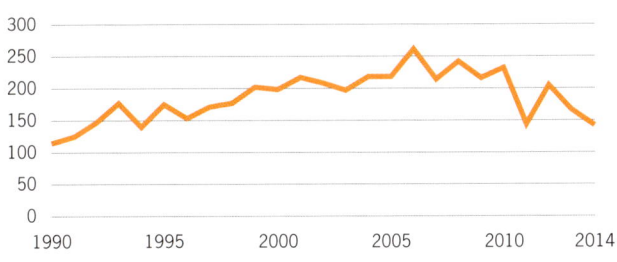

[Line chart showing values from ~115 in 1990 rising to ~260 around 2006, then declining to ~142 in 2014, x-axis 1990–2014]

1 Tötungsdelikte, schwere Körperverletzung, Vergewaltigung, schwerer Raub und Geiselnahme
   Homicides, lésions corporelles graves, viols, brigandages violents et prises d'otages

Erwerbslosenquote[1] gemäss ILO G 21a.2
Taux de chômage[1] au sens du BIT

[Line chart showing values from ~2% in 1991 rising with fluctuations to ~4,2% in 2015, y-axis 0%–10%]

1 Anteil der Erwerbslosen gemäss ILO an den Erwerbspersonen
   Part des chômeurs au sens du BIT dans la population active

---

Die Verurteilungen wegen schwerer Gewaltstraftaten nehmen zu

Der Kriminalitätsindikator (G 21a.1) leitet sich von zwei Prinzipien zu den objektiven Lebensbedingungen ab:

- *Bedürfnisdeckung:* Die Deckung der Grundbedürfnisse der Bevölkerung ist langfristig sicherzustellen.
- *Gesundheitsförderung:* Die Gesundheit des Menschen soll geschützt und gefördert werden.

Der Indikator zeigt die Anzahl der Verurteilungen wegen schwerer Gewaltdelikte. Die Anzahl der Verurteilungen gibt einen Hinweis über die Gewaltdelikte in der Schweiz und illustriert, inwieweit das Bedürfnis nach physischer Sicherheit gedeckt wird.

Die Anzahl der Verurteilungen wegen schwerer Gewaltdelikte hat seit 1990 zugenommen. Im Jahr 2014 wurden 142 Verurteilungen registriert, gegenüber 115 im Jahr 1990. Die Entwicklung dieser Tendenz steht in Zusammenhang mit den Veränderungen des strafrechtlichen Kontextes (beispielsweise gilt häusliche Gewalt seit 2004 als Offizialdelikt) sowie mit der Entwicklung des Verhaltens des Einzelnen bei Anzeigen von kriminellen Handlungen. Der Anstieg könnte darauf zurückzuführen sein, dass Gewalttaten heute vermehrt angezeigt werden, wenn auch bei häuslicher Gewalt und Vergewaltigungen immer noch von einer hohen Dunkelziffer ausgegangen werden muss.

Die Erwerbslosenquote gemäss ILO nimmt zu

Das Prinzip zur Erwerbslosigkeit (G 21a.2) bezieht sich auf die wirtschaftliche Leistungsfähigkeit:

- *Sinnstiftende und existenzsichernde Beschäftigung:* Das wirtschaftliche System soll Personen, welche eine Erwerbstätigkeit wünschen, eine sinnstiftende Arbeit ermöglichen, mit der sie ihren Lebensunterhalt bestreiten können.

In den Industrieländern gehört Erwerbslosigkeit zu den Hauptgründen für Armut und soziale Ausgrenzung. Der Indikator zeigt, in welchem Mass es dem wirtschaftlichen System gelingt, erwerbswilligen Personen eine Beschäftigung zu bieten.

Von 1991 bis 2015 steigt die Erwerbslosenquote gemäss ILO (International Labor Office) insgesamt an, jedoch mit erheblichen Schwankungen. 2015 erreichte sie 4,2% (bzw. mehr als 200 000 Personen). Mehr als 37,4% der Erwerbslosen sind bereits seit einem Jahr oder länger auf Arbeitssuche. Bei den Jugendlichen ist die Erwerbslosenquote gemäss ILO mit 6,4% überdurchschnittlich hoch.

Les condamnations pour infractions de violence augmentent

L'indicateur de criminalité (G 21a.1) découle de deux principes sur les conditions de vie objectives:

- *Satisfaction des besoins:* La satisfaction des besoins existentiels de la population doit être assurée à long terme.
- *Promotion de la santé:* La santé de l'être humain doit être préservée et favorisée.

Cet indicateur montre le nombre de condamnations pour des infractions de violence grave réalisée. Les chiffres des condamnations donnent un aperçu de l'évolution de la criminalité violente en Suisse et illustrent dans quelle mesure le besoin de sécurité physique de la population est satisfait.

Le nombre de condamnations pour des infractions de violence grave est en hausse depuis 1990. En 2014, on a dénombré 142 condamnations contre 115 en 1990. L'évolution de la tendance est liée aux transformations du contexte pénal (la violence domestique est, par exemple, poursuivie d'office depuis 2004) ainsi qu'à l'évolution du comportement des individus en matière de dénonciation des actes criminels. Une prise de conscience croissante du problème pourrait avoir augmenté la propension des individus à dénoncer les actes de violence ainsi qu'à poursuivre pénalement l'auteur de ceux-ci. Cela étant, on suppose qu'un grand nombre d'actes de violence corporelle commis par des proches et de viols ne fait toujours pas l'objet de plaintes.

Le taux de chômage au sens du BIT augmente

Le principe concernant le chômage (G 21a.2) se réfère à l'efficacité économique:

- *Emploi valorisant et permettant de gagner sa vie:* Le système économique doit permettre aux personnes qui souhaitent exercer une activité professionnelle de trouver un travail valorisant grâce auquel elles subviendront à leurs besoins.

Dans les pays développés, le chômage est l'une des principales causes de pauvreté et d'exclusion sociale. Cet indicateur montre dans quelle mesure le système économique est capable de procurer un emploi aux personnes qui souhaitent travailler.

De 1991 à 2015, le taux de chômage au sens du BIT (Bureau international du Travail) a globalement augmenté en connaissant d'importantes fluctuations. En 2015, il s'élevait à 4,2% (ce qui représente plus de 200 000 personnes sans emploi). Plus de 37,4% des personnes sans emploi sont à la recherche d'un travail depuis un an ou plus. Chez les jeunes, le taux de chômage au sens du BIT est supérieur à la moyenne (6,4%).

Öffentliche Entwicklungshilfe G 21a.3
Aide publique au développement

Im Verhältnis zum Bruttonationaleinkommen (früher Bruttosozialprodukt)
Par rapport au revenu national brut (précédemment produit national brut)

Quelle: DEZA; BFS, SECO – VGR / Source: DDC; OFS, SECO – CN

Lohnunterschiede zwischen Frauen und Männern G 21a.4
Disparités salariales selon le sexe

Im Verhältnis zum monatlichen Bruttolohn der Männer, privater Sektor
Par rapport au salaire mensuel brut des hommes, secteur privé

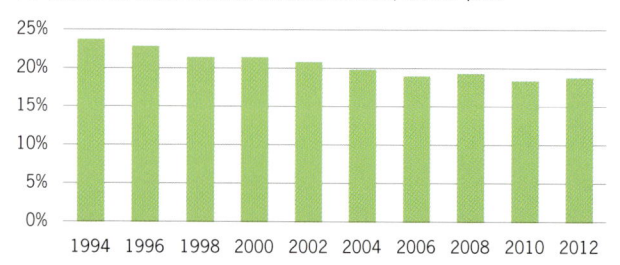

Die öffentliche Entwicklungshilfe nimmt zu

Die öffentliche Entwicklungshilfe (G 21a.3) bezieht sich auf ein Prinzip zur internationalen Solidarität:

- *Entwicklungszusammenarbeit:* Eine weltweit gerechte Entwicklung soll gefördert werden. Dies beinhaltet den Abbau von Ungleichheiten auf globaler Ebene. Zentral sind die Armutsbekämpfung und die Unterstützung der benachteiligsten Länder, Regionen und Bevölkerungsgruppen.

Der Indikator zeigt, wie viel Geld die Schweiz für die Entwicklungszusammenarbeit ausgibt, wobei die Ausgaben ins Verhältnis zum Reichtum der Schweiz – repräsentiert durch das Bruttonationaleinkommen – gesetzt werden.

Der Anteil der Entwicklungshilfe am Bruttovolkseinkommen nimmt gemäss den Angaben der Direktion für Entwicklung und Zusammenarbeit (DEZA) zu. 2014 wurden für die Entwicklungshilfe 0,51% des Bruttovolkseinkommens ausgegeben, was weit unter dem von der UNO geforderten Wert von 0,7% liegt.

Die Löhne von Frauen und Männern gleichen sich an

Der Vergleich der Löhne von Männern und Frauen (G 21a.4) illustriert zwei Prinzipien zur gesellschaftlichen Solidarität:

- *Chancengleichheit und Verteilungsgerechtigkeit:* Jedes Mitglied der Gesellschaft soll dieselben Rechte und Chancen haben. Eine gerechtere Verteilung der Ressourcen ist anzustreben.
- *Integration Benachteiligter:* Die Integration benachteiligter Bevölkerungsgruppen und Regionen ins wirtschaftliche, soziale, kulturelle und politische Leben soll gefördert werden.

Wenn Menschen für die gleiche Arbeit unterschiedlichen Lohn erhalten, verletzt dies den Anspruch auf gleiche Rechte und Chancen. Eine Benachteiligung von Frauen beim Lohn weist ausserdem oft auf weitere Ungleichheiten hin wie beispielsweise einen erschwerten Zugang zu einflussreichen Positionen. Der Indikator zeigt die Lohnunterschiede auf Basis des Medianlohns zwischen Männern und Frauen im privaten Sektor auf.

Zwischen 1994 und 2012 haben die Lohnunterschiede im privaten Sektor zwischen Frauen und Männern leicht abgenommen. Im Jahr 2012 bekamen Frauen 18,9% weniger Lohn als Männer. Der Unterschied ist zum einen darauf zurückzuführen, dass Frauen häufiger in niedrig bezahlten Berufen arbeiten. Doch auch bei gleicher Ausbildung und beruflicher Stellung liegt der Lohn von Männern im Allgemeinen höher.

Les dépenses pour l'aide au développement augmentent

L'aide publique au développement (G 21a.3) se réfère à un principe sur la solidarité internationale:

- *Coopération au développement*: Un développement mondial juste doit être encouragé. Cela implique de combattre les inégalités existant à l'échelle de la planète. Dans cette perspective, il est primordial de lutter contre la pauvreté et de soutenir, en particulier, les pays, régions et groupes de populations les plus défavorisés.

Cet indicateur montre combien la Suisse est disposée à dépenser pour l'aide au développement. L'aide que la Suisse consacre au développement des autres pays est mise en relation avec sa richesse, exprimée en termes de revenu national brut.

La part de l'aide au développement dans le revenu national brut progresse selon la Direction du développement et de la coopération (DDC). En 2014, 0,51% du revenu national brut a été consacré à l'aide au développement. Cette part se situe bien au-dessous de la valeur préconisée par l'ONU (0,7%).

Les salaires des femmes se rapprochent de ceux des hommes

La comparaison salariale entre les hommes et les femmes (G 21a.4) illustre deux principes ayant trait à la solidarité sociale:

- *Egalité des chances et répartition équitable:* Chaque individu doit avoir les mêmes droits et les mêmes chances. Il s'agit de viser une répartition plus équitable des ressources conduisant au bien-être.
- *Intégration des défavorisés:* L'intégration de groupes de population ou de régions défavorisés dans la vie économique, sociale, culturelle et politique doit être encouragée.

Si des personnes reçoivent des salaires différents pour le même travail, il y a là une situation d'inégalité des droits et des chances. Les inégalités salariales envers les femmes peuvent aussi s'accompagner d'autres inégalités, telles qu'un accès plus difficile à des positions professionnelles influentes. Cet indicateur renseigne sur les différences salariales (salaire médian) entre les hommes et les femmes dans le secteur privé.

Entre 1994 et 2012, les disparités salariales entre femmes et hommes dans le secteur privé ont légèrement diminué. En 2012, les femmes gagnaient 18,9% de moins que des hommes. Cette différence entre les sexes s'explique en partie par le fait que les femmes travaillent plus souvent dans des professions où les salaires sont bas. Mais à formation et à fonction équivalentes, les hommes continuent de gagner en général davantage que les femmes.

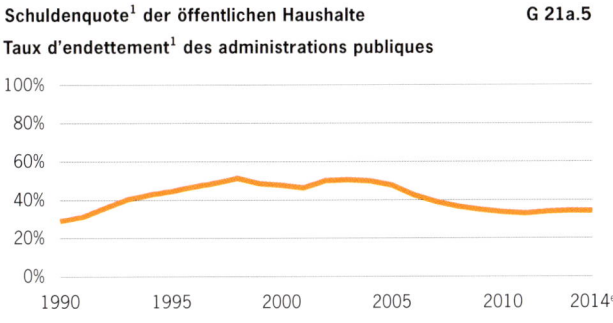

Schuldenquote[1] der öffentlichen Haushalte G 21a.5
Taux d'endettement[1] des administrations publiques

[1] Kumulierte Bruttoschulden von Bund, Kantonen und Gemeinden (ohne Sozialversicherungen) im Verhältnis zum Bruttoinlandprodukt / Dette brute de la Confédération, des cantons et des communes (sans les assurances sociales) par rapport au produit intérieur brut

In W+T ausgebildete und aktive Personen G 21a.6
Personnes formées et actives en S-T

Anteil an den Erwerbstätigen
Part dans la population active occupée

Die Lesefähigkeit der Jugendlichen verbessert sich

Der Lesefähigkeit von Jugendlichen liegen ein Prinzip zur gesellschaftlichen Solidarität und eines zur wirtschaftlichen Leistungsfähigkeit zugrunde:

- *Förderung der Lernfähigkeit:* Die Fähigkeit zur Aufnahme und Verarbeitung von Information soll gefördert werden.
- *Förderung der wirtschaftlichen Leistungsfähigkeit:* Die ökonomische Leistungsfähigkeit einer Gesellschaft und ihr Produktiv-, Sozial- und Humankapital müssen über die Zeit zumindest erhalten werden. Sie sollen nicht bloss quantitativ vermehrt, sondern vor allem auch qualitativ ständig verbessert werden.

Jugendliche, die geschriebene Texte schlecht verstehen, sind oft weniger in der Lage, konstruktiv mit gesellschaftlichen Veränderungen umzugehen, was auch die Innovationskraft und Wettbewerbsfähigkeit der Wirtschaft beeinflusst. Der Indikator gibt Auskunft über die in der PISA-Studie erreichten Kompetenzniveaus. Das Niveau 2 wird als Mindestmass für die Bewältigung des modernen Lebensalltags angesehen.

Zwischen 2000 und 2012 ist die Anzahl der Jugendlichen, die im Lesen mindestens das Kompetenzniveau 2 erreichen, von 79,6% auf 85,9% angestiegen. 3,4% der Schülerinnen und Schüler erreichten dagegen 2012 das Kompetenzniveau 1a nicht, das heisst sie waren nicht in der Lage, das Hauptthema eines Textes zu benennen und einzelne Informationen daraus wiederzugeben.

Die Schuldenquote ist nach einem Anstieg wieder unter dem Niveau von 1992

Der Verschuldungsindikator (G 21a.5) bezieht sich auf ein Prinzip zur wirtschaftlichen Leistungs- und Wettbewerbsfähigkeit:

- *Grenzen der öffentlichen Verschuldung:* Die Verschuldung der öffentlichen Haushalte darf nur soweit erfolgen, als sie die Möglichkeiten künftiger Generationen, individuelle und gesellschaftliche Bedürfnisse zu decken, nicht gefährdet.

Der Indikator misst den Anteil der öffentlichen Bruttoschulden am BIP (Bruttoverschuldungsquote). Sie beschreibt die Schuldenlast im Vergleich zum wirtschaftlichen Leistungspotential.

Die öffentliche Schuldenquote hat sich nach Zunahme in den 1990er-Jahren zwischen 2003 und 2011 wieder verringert und ist seit 2012 um 34,5% stabil geblieben.

Die Anzahl Beschäftigter in Wissenschaft und Technologie nimmt zu

Der Indikator (G 21a.6) betrifft ein Prinzip für eine leistungsfähige Wirtschaft:

Les compétences en lecture des jeunes s'améliorent

Les compétences en lecture des jeunes sont en rapport avec un principe sur la solidarité sociale et avec un autre sur l'efficacité économique:

- *Encouragement de la capacité d'apprendre:* La capacité à communiquer et à traiter des informations doit être encouragée.
- *Promotion de l'efficacité économique:* L'efficacité économique d'une société et son capital productif, social et humain doivent être à tout le moins préservés au fil du temps. Ce capital ne devrait pas seulement croître quantitativement, sa qualité devrait aussi constamment être améliorée.

Les jeunes qui ne comprennent pas ou que difficilement les textes écrits sont souvent moins en mesure de faire face à des mutations sociales de manière constructive, ce qui a un impact sur la faculté d'innover et la compétitivité de l'économie. Cet indicateur renseigne sur le niveau de compétences atteint dans le cadre de l'étude PISA. Le niveau 2 est considéré comme le minimum requis pour maîtriser la vie quotidienne moderne.

Entre 2000 et 2012, la part des élèves ayant au moins atteint le niveau 2 en lecture a progressé de 79,6% à 85,9%. En 2012, 3,4% des élèves n'atteignent par contre pas le niveau 1a, c'est-à-dire qu'ils ne sont pas capables de désigner le thème central d'un texte et d'en restituer certaines informations.

La dette publique, après une période d'augmentation, revient en-dessous du niveau de 1992

L'indicateur d'endettement (G 21a.5) se réfère à un principe sur l'efficacité et la compétitivité économiques:

- *Limitation de l'endettement public:* L'endettement des ménages publics ne doit être possible que dans la mesure où il ne met pas en péril la possibilité, pour les générations futures, de couvrir les besoins des individus et de la société.

Cet indicateur mesure la part de la dette publique brute dans le PIB (taux d'endettement brut). Il décrit la charge de la dette par rapport au potentiel économique.

Le taux d'endettement public a augmenté dans les années 1990. Il est en baisse entre 2003 et 2011 et se stabilise autour de 34,5% depuis 2012.

Le nombre de personnes travaillant dans les domaines scientifiques et technologiques augmente

Cet indicateur (G 21a.6) se fonde sur un principe d'efficacité économique:

- *Förderung der wirtschaftlichen Leistungsfähigkeit:* Die ökonomische Leistungsfähigkeit einer Gesellschaft und ihr Produktiv-, Sozial- und Humankapital müssen über die Zeit zumindest erhalten werden. Sie sollen vor allem qualitativ ständig verbessert werden.

Hochqualifizierte Arbeitskräfte sind ein wichtiger Faktor, um die Wettbewerbsfähigkeit eines Landes zu erhalten. Dies erfordert gute Ausbildungsmöglichkeiten und Arbeitsplätze, an denen das erworbene Wissen zweckmässig eingesetzt werden kann. Der Indikator zeigt den Anteil der Beschäftigten in Wissenschaft und Technik an der erwerbstätigen Bevölkerung, die in ihrer beruflichen Tätigkeit mit der Entstehung, Verbreitung und Anwendung von wissenschaftlichem und technologischem Wissen zu tun haben.

Der Anteil der Personen, die in Wissenschaft und Technik (W+T) ausgebildet und aktiv sind, ist seit Anfang der 1990er-Jahre gestiegen (von 13,7% 1993 auf 25,4% 2014). Diese Entwicklung wird auf den verschärften Wettbewerb im zunehmend globalisierten wirtschaftlichen Umfeld zurückgeführt, der die einzelnen Länder mehr und mehr von wissenschaftlichem und technologischem Wissen und Know-how abhängig werden lässt.

Die Brutvogelbestände nehmen zu

Die Biodiversität ist ein Schlüsselthema der Nachhaltigen Entwicklung und in folgenden Prinzipien zur ökologischen Verantwortung verwurzelt:
- *Erhaltung der Biodiversität:* Die Natur muss in ihrer dynamischen Vielfalt erhalten werden.
- *Ökologischer Ausgleich:* Jede Beeinträchtigung der Natur soll soweit kompensiert werden, dass die Erhaltung der ökologischen Vielfalt sowie die Qualität und Kontinuität der Ökosysteme gewährleistet bleiben.
- *Rücksicht auf das Zeitmass natürlicher Prozesse:* Das Zeitmass anthropogener Eingriffe in die Natur muss im ausgewogenen Verhältnis zum Zeitmass der für das Reaktions- und Regenerationsvermögen der Umwelt relevanten natürlichen Prozesse stehen.

Zur Biodiversität gehört unter anderem die Artenvielfalt von Tieren, Pflanzen und Mikroorganismen. Die Anzahl der Arten ist in hohem Masse abhängig von der Vielfalt und Qualität der Lebensräume. Brutvögel gelten als Gradmesser für die Biodiversität eines Gebiets. Der Indikator bildet die Bestandsveränderung der regelmässig in der Schweiz vorkommenden Brutvogelarten ab. Dies sind Arten, die zwischen 1981 und 1990 mindestens in neun Jahren in der Schweiz als Brutvögel auftraten (eingeführte und aus Gefangenschaft entwichene Arten ausgeschlossen).

Für die Gesamtheit der 173 beurteilbaren der 176 regelmässig in der Schweiz brütenden Vogelarten lässt sich ein positiver Trend erkennen.

Die Siedlungsfläche pro Kopf nimmt zu

Die relevanten Prinzipien zum Thema Bodenverbrauch sind Teil der ökologischen Verantwortung:
- *Verbrauchsbegrenzung für nicht erneuerbare Ressourcen:* Der Verbrauch nicht erneuerbarer Ressourcen ist unter dem Entwicklungspotential von erneuerbaren Ressourcen zu halten.
- *Erhaltung der natürlichen Lebensgrundlagen:* Die natürlichen Lebensgrundlagen sollen langfristig erhalten werden.

Besonders in einem Land wie der Schweiz, wo die nutzbaren Böden aufgrund der topographischen Bedingungen knapp sind, ist

- *Promotion de l'efficacité économique:* L'efficacité économique d'une société et son capital productif, social et humain doivent être à tout le moins préservés au fil du temps. La qualité de ce capital devrait être constamment améliorée.

Une main-d'œuvre hautement qualifiée constitue un important facteur de préservation de la compétitivité d'un pays. Cela nécessite d'une part de bonnes possibilités de formation, d'autre part des emplois permettant de mettre en œuvre le savoir acquis. Cet indicateur montre le nombre de scientifiques qui travaillent à la création, à la diffusion et à l'application des connaissances scientifiques et technologiques, par rapport à la population active occupée.

La part des personnes formées et actives dans les domaines scientifiques et technologiques (S-T) a augmenté depuis le début des années 1990 (de 13,7% en 1993 à 25,4% en 2014). Cette évolution est due à une concurrence de plus en plus âpre dans un contexte de mondialisation croissante, qui rend tous les pays toujours plus dépendants des connaissances et du savoir-faire scientifiques et technologiques.

Les populations d'oiseaux nicheurs augmentent

La biodiversité est un thème central du développement durable. Elle est ancrée dans plusieurs principes concernant la responsabilité écologique:
- *Sauvegarde de la biodiversité:* La nature doit être sauvegardée dans sa diversité dynamique.
- *Compensation écologique:* Chaque atteinte à la nature doit être compensée par des mesures préservant la diversité biologique ainsi que la qualité des biotopes et les liaisons entre eux.
- *Respect de la durée des processus naturels:* Les atteintes anthropogènes sur la nature doivent laisser assez de temps à l'environnement pour y réagir par des processus naturels.

Font notamment partie de la biodiversité, la diversité des espèces animales, végétales et des microorganismes. Le nombre des espèces dépend dans une large mesure de la diversité et de la qualité des habitats. Les oiseaux forment un instrument de mesure pertinent de la biodiversité d'un territoire. L'indicateur fait état des changements observés dans les peuplements d'oiseaux nicheurs que l'on trouve en Suisse. Sont prises en compte les espèces ayant niché en Suisse au moins pendant neuf années entre 1981 et 1990 (les espèces introduites ou échappées de captivité n'ont pas été considérées).

Si l'on considère les 173 espèces évaluables parmi les 176 espèces d'oiseaux nichant régulièrement en Suisse, une tendance positive peut être constatée.

Les surfaces d'habitat et d'infrastructure par habitant augmentent

Les principes pertinents en matière d'utilisation du sol relèvent de la responsabilité écologique:
- *Limitation de l'utilisation des ressources non renouvelables:* L'utilisation des ressources non renouvelables doit être maintenue à un niveau ne dépassant pas celui du potentiel de développement des ressources renouvelables.
- *Sauvegarde des ressources naturelles:* Les ressources naturelles doivent être sauvegardées durablement.

Transportleistungen im Güterverkehr G 21a.7
Prestations de transport de marchandises

Strasse und Schiene, im Verhältnis zum BIP[1] / Route et rail, par rapport au PIB[1]

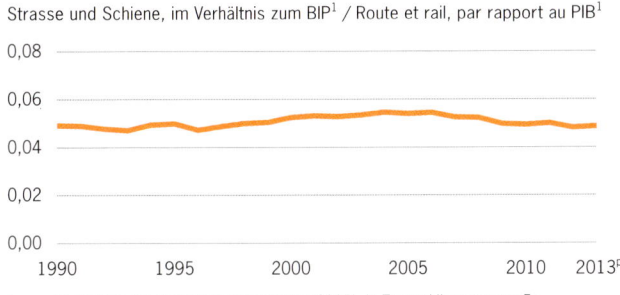

1 Zu Preisen des Vorjahres (Referenzjahr 2005), in Tonnenkilometer pro Fr.
   Aux prix de l'année précédente (année de référence 2005), en tonnes-kilomètres par franc

Endenergieverbrauch pro Person G 21a.8
Consommation finale d'énergie par personne

In / En MWh

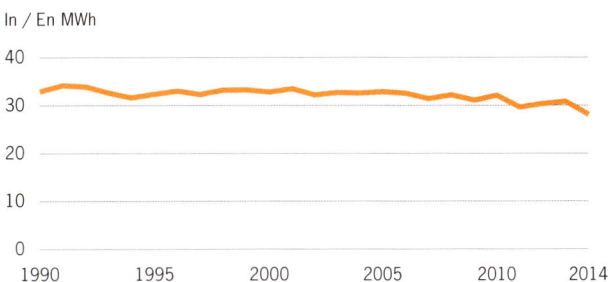

---

ein haushälterischer Umgang mit dem Boden unerlässlich. Dies bedeutet in erster Linie, dass nicht unbegrenzt Kulturland für Siedlungszwecke verbraucht werden darf.

Die Siedlungsfläche pro Einwohner/-in hat seit 1979/85 um 5,3% zugenommen und liegt im Erhebungszeitraum 2004/09 bei knapp 407 m² (das entspricht zwei Tennisfeldern pro Person). Insbesondere für Wohnzwecke wird ein immer grösserer Flächenanteil genutzt. Gründe dafür liegen in der Änderung der Bevölkerungsstruktur und der Wohlstandssteigerung.

Es gibt keine signifikante Veränderung der Intensität des Güterverkehrs

Transportleistungen pro BIP (G 21a.7) betreffen Produktions- und Konsumprinzipien:
- *Umweltgerechter Konsum:* Der Konsum von Gütern und Dienstleistungen soll möglichst umweltverträglich sein.
- *Umweltgerechte Produktion:* Die von Produktionsbetrieben ausgehenden Umweltbelastungen und -risiken sollen minimiert, die Energie- und Materialflüsse optimiert werden.

Der Transport von Gütern ist für eine funktionierende, auf Arbeitsteilung basierende Wirtschaft eine wichtige Voraussetzung, jedoch mit Lärm, Luftschadstoffen, Ressourcenverbrauch oder Treibhausgasemissionen verbunden. Das Verhältnis zwischen Umfang der Gütertransporte und der wirtschaftlichen Produktion muss deshalb gesenkt werden. Der Indikator zeigt die Transportleistungen im Güterverkehr (Schiene und Strasse) im Vergleich zum Bruttoinlandprodukt (BIP).

Zwischen 1990 und 2013 hat das Verhältnis der Güterverkehrsleistungen zum BIP um 1% abgenommen.

Der Energieverbrauch pro Kopf sinkt

Dieser Indikator (G 21a.8) basiert auf Prinzipien zu Ressourcenverbrauch und Umweltrisiken:
- *Verbrauchsbegrenzung für erneuerbare und nicht erneuerbare Ressourcen:* Der Verbrauch von erneuerbaren Ressourcen ist unter dem Regenerationsniveau zu halten, der Verbrauch nicht erneuerbarer Ressourcen unter dem Entwicklungspotential von erneuerbaren Ressourcen.

Energie gehört zu den wichtigsten Ressourcen für das Funktionieren unserer Gesellschaft. Die Produktion und der Konsum von erneuerbaren und nicht erneuerbaren Energien verursachen

---

Une gestion saine du sol est nécessaire pour assurer le développement durable, particulièrement dans un pays comme la Suisse, où la surface utilisable est limitée par les caractéristiques topographiques du territoire. Il faut par conséquent éviter de construire à l'excès sur les terres cultivables.

La surface d'habitat et d'infrastructure par habitant a augmenté de 5,3% depuis 1979/85. Elle atteint sur la période de relevé 2004/09 près de 407 m² par personne (soit l'équivalent de deux courts de tennis). La part de la superficie utilisée à des fins de logement ne cesse d'augmenter. Cette augmentation est due à l'évolution de la structure de la population et à la hausse du niveau de vie.

Il n'y a pas de modification notable de l'intensité du transport de marchandises

Les prestations de transport rapportées au PIB (G 21a.7) se réfèrent à des principes de production et de consommation:
- *Consommation compatible avec l'environnement:* La consommation de biens et de services doit répondre à des critères de respect de l'environnement.
- *Production compatible avec l'environnement:* Les charges et risques environnementaux des entreprises doivent être minimisés, leurs flux de matière et d'énergie doivent être optimisés.

Les transports de marchandises sont nécessaires au bon fonctionnement d'une économie basée sur la division du travail, mais ils sont synonymes de bruit, de pollution atmosphérique, de consommation de ressources naturelles et d'émissions de gaz à effet de serre. Il faut donc réduire le rapport entre le volume des transports des marchandises et la production économique. Le présent indicateur montre le rapport entre les prestations de transport de marchandises (rail et route) et le produit intérieur brut (PIB).

De 1990 à 2013, les prestations de transport rapportées au PIB ont diminué de 1%.

La consommation d'énergie par habitant diminue

Cet indicateur (G 21a.8) repose sur des principes concernant l'utilisation des ressources et les risques environnementaux:
- *Limitation de l'utilisation des ressources renouvelables et non renouvelables:* L'utilisation des ressources renouvelables doit être maintenue en deçà de leur niveau de régénération, l'utilisation des ressources non renouvelables à un niveau ne dépassant pas celui du potentiel de développement des ressources renouvelables.

L'énergie est une des ressources essentielles au fonctionnement de notre société. Toutefois, la production et la consommation

jedoch auch Belastungen: Es werden Treibhausgase oder Luftschadstoffe ausgestossen, nicht abbaubare Abfälle erzeugt oder Einwirkungen auf Fliessgewässer und die Landschaft verursacht. Dieser Indikator misst, wie viel Energie jede in der Schweiz wohnhafte Person pro Jahr verbraucht. Der Endenergieverbrauch beinhaltet dabei alle Verbrauchergruppen (Haushalte, Industrie, Dienstleistungen und Verkehr).

Der Pro-Kopf-Endenergieverbrauch ist seit 1990 gesunken. Als Folge des Bevölkerungswachstums ist der absolute Endenergieverbrauch jedoch seit 1990 entgegen den Erfordernissen der Nachhaltigen Entwicklung um 4,0% gestiegen.

↘ ↘ ✓ Die Materialintensität nimmt ab

Die Materialintensität (G 21a.9) stutzt sich auf zwei Prinzipien zur wirtschaftlichen Leistungsfähigkeit:
- *Umweltgerechte Produktion:* Die von Produktionsbetrieben ausgehenden Umweltbelastungen und -risiken sollen minimiert, die Energie- und Materialflüsse optimiert werden.
- *Umweltgerechter Konsum:* Der Konsum von Gütern und Dienstleistungen soll möglichst umweltverträglich sein.

Die Entkoppelung der wirtschaftlichen Entwicklung vom Materialverbrauch ist ein entscheidender Faktor auf dem Weg zu einer Nachhaltigen Entwicklung. Der globale Materialaufwand TMR (Total Material Requirement) eines Landes misst das Gesamtvolumen der Materialien, die aus der Natur entnommen werden (ausgenommen Wasser und Luft) und für die wirtschaftlichen Aktivitäten des Landes notwendig sind. Er entspricht der Summe aller direkten Flüsse (genutzte inländische Gewinnung und Importe), welche in die Wirtschaft eintreten, sowie aller indirekten Flüsse, d.h. der ungenutzten inländischen Gewinnung und der Flüsse, welche in den Importen versteckt sind. Die Materialintensität ist der Anteil des Materialaufwandes am Bruttoinlandprodukt.

Die Materialintensität der Schweiz war zwischen 1992 und 2013 Schwankungen ausgesetzt und zeigt im Allgemeinen eine sinkende Tendenz. In Folge der Weltwirtschaftskrise kann 2009 ein Rückgang von TMR und BIP beobachtet werden. Da der TMR verhältnismässig stärker zurückgegangen ist als das BIP, ist die Materialintensität gesunken. Eine relative Entkoppelung von wirtschaftlicher Entwicklung und Ressourcennutzung hat stattgefunden. 2013 belief sich der gesamte Materialbedarf auf insgesamt 341 Millionen Tonnen bzw. 42 Tonnen pro Person.

d'énergie, renouvelable ou non renouvelable, engendrent aussi des nuisances, que ce soit par l'émission de gaz à effet de serre ou de polluants de l'air, par la génération de déchets non dégradables, ou par l'impact exercé sur les cours d'eau ou les paysages. Cet indicateur mesure la quantité d'énergie consommée par habitant en Suisse chaque année. Il prend en compte tous les groupes de consommateurs (ménages, industrie, services et transports).

La consommation finale d'énergie par personne a diminué depuis 1990. En raison de l'accroissement de la population, la consommation finale absolue d'énergie a par contre augmenté de 4,0% depuis 1990, ce qui est contraire aux exigences du développement durable.

↘ ↘ ✓ L'intensité matérielle diminue

La mesure de l'intensité matérielle (G 21a.9) se fonde sur deux principes d'efficacité économique:
- *Production compatible avec l'environnement:* Les charges et risques environnementaux des entreprises doivent être minimisés, leurs flux de matière et d'énergie doivent être optimisés.
- *Consommation compatible avec l'environnement:* La consommation de biens et de services doit répondre à des critères de respect de l'environnement.

Découpler la croissance des activités économiques de la consommation de ressources constitue un enjeu déterminant sur la voie du développement durable. L'ensemble des besoins matériels d'un pays (TRM pour Total Material Requirement) mesure le volume total de matières extraites dans la nature (sans l'eau et l'air) nécessaires aux activités économiques du pays. Il représente la somme de tous les flux directs entrants (extraction indigène utilisée et importations) ainsi que des flux indirects, soit l'extraction indigène non-utilisée et les flux cachés liés aux importations. L'intensité matérielle est la part de l'ensemble des besoins matériels d'un pays dans le produit intérieur brut.

L'intensité matérielle de la Suisse a fluctué entre 1992 et 2013 et suit une tendance générale à la baisse. En 2009, suite à la crise économique mondiale, on observe une baisse du TMR et du PIB. Le TMR ayant proportionnellement baissé plus que le PIB, l'intensité matérielle a diminué. Un découplage relatif a donc eu lieu. En 2013, l'ensemble des besoins matériels atteignait 341 millions de tonnes au total ou 42 tonnes par personne.

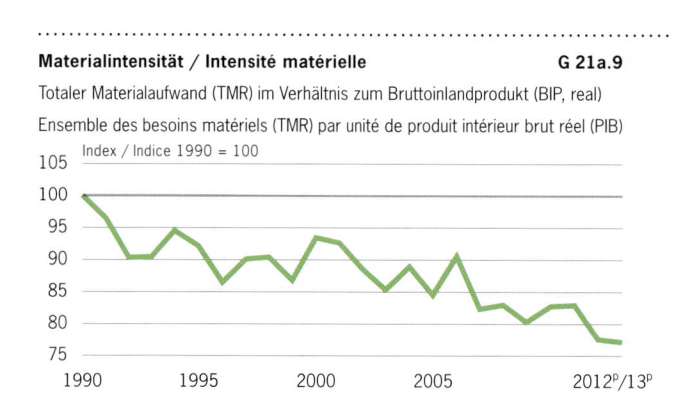

Materialintensität / Intensité matérielle G 21a.9
Totaler Materialaufwand (TMR) im Verhältnis zum Bruttoinlandprodukt (BIP, real)
Ensemble des besoins matériels (TMR) par unité de produit intérieur brut réel (PIB)
Index / Indice 1990 = 100

MONET (Monitoring Nachhaltige Entwicklung)

MONET ist ein Indikatorensystem, das zu messen erlaubt, inwieweit in der Schweiz eine Nachhaltige Entwicklung umgesetzt wird. Das Monitoring wurde nach folgenden Grundsätzen aufgebaut:

- **Referenzrahmen:** Angesichts der vielfältigen Interpretationen des Begriffs Nachhaltige Entwicklung und um nicht dem Vorwurf der Beliebigkeit ausgesetzt zu sein, wurden auf der Basis der einschlägigen Literatur und einer international anerkannten Definition 45 Prinzipien formuliert, die sich in die drei Zieldimensionen gesellschaftliche Solidarität, wirtschaftliche Leistungsfähigkeit, ökologische Verantwortung gliedern. Mit den Indikatoren soll beobachtet werden können, ob sich die Schweiz im Sinne dieser Prinzipien entwickelt.
- **Indikatortypen:** Um die Hauptprozesse abbilden zu können, beziehen sich die Indikatoren auf das Ausmass der Bedürfnisdeckung (Level), den Zustand und das Potential der Ressourcen (Kapitalstock), die Aufwertung oder Beeinträchtigung des Kapitals (Input/Output), die Effizienz der Ressourcenverwendung, auf ihre Aufteilung «hier» und «anderswo» sowie die ergriffenen Massnahmen (Reaktionen).
- **Selektionsverfahren:** In Expertengruppen mit Vertretern aus verschiedensten Bundesämtern wurden aus einer langen Liste mit Vorschlägen jene Indikatoren ausgewählt, mit denen die Erreichung der mit den Prinzipien beschriebenen Ziele am zweckmässigsten beobachtet werden kann. Als Vorgabe galt zudem, dass sämtliche 5 Indikatortypen sowie 26 verschiedene Themenfelder abgedeckt werden.

Entstanden ist ein System mit über 120 Indikatoren, welche ergänzt mit Kommentaren und Hinweisen seit 2003 online abrufbar sind (www.monet.admin.ch). 17 dieser Indikatoren wurden als besonders wichtig eingestuft und daher als so genannte Schlüsselindikatoren ausgewählt. Im Jahr 2009 wurde das Indikatorensystem revidiert und auf die aussagekräftigsten rund 75 Indikatoren reduziert. Das System beruht ausnahmslos auf bereits vorhandenen Daten. Quellen von MONET sind daher verschiedenste Erhebungen des BFS, anderer Bundesämter sowie weiterer Institutionen.

MONET ist ein Gemeinschaftswerk des Bundesamts für Statistik, des Bundesamts für Raumentwicklung, des Bundesamts für Umwelt und der Direktion für Entwicklung und Zusammenarbeit. Es erfüllt eine der 22 vom Bundesrat im Jahr 2002 in seiner «Strategie Nachhaltige Entwicklung 2002» beschlossenen Massnahmen.

Nachhaltige Entwicklung – die in MONET verwendete Definition

1. Nachhaltige Entwicklung ist eine Entwicklung, welche die gegenwärtigen Bedürfnisse zu decken vermag, ohne gleichzeitig späteren Generationen die Möglichkeit zur Deckung der ihren zu verbauen.
2. Nachhaltige Entwicklung bedeutet die Gewährung von menschenwürdigen Lebensbedingungen im Sinne der Menschenrechte durch Schaffung und Aufrechterhaltung möglichst vieler Optionen zur freien Gestaltung der Lebensentwürfe. Bei der Nutzung der ökologischen, ökonomischen und sozialen Ressourcen soll der Grundsatz der Fairness unter und zwischen gegenwärtigen und zukünftigen Generationen in der Schweiz und gegenüber dem Ausland berücksichtigt werden.
3. Die Verwirklichung dieses Anspruchs bedingt den umfassenden Schutz der als Lebensgrundlage unverzichtbaren biologischen Vielfalt im Sinne von Ökosystemvielfalt, Artenvielfalt und genetischer Vielfalt.
4. Zieldimensionen sind gesellschaftliche Solidarität, wirtschaftliche Leistungsfähigkeit und ökologische Verantwortung. Es gilt das Prinzip der Gleichrangigkeit der drei Zieldimensionen: Ökologische, ökonomische und soziale Ziele dürfen langfristig nicht auf Kosten der jeweils anderen Ziele erreicht werden.

MONET (Monitoring du développement durable)

MONET est un système d'indicateurs qui permet de mesurer à quel point le développement durable est mis en œuvre en Suisse. Ce monitoring repose sur les principes suivants:

- **Référentiel:** compte tenu des nombreuses interprétations de la notion de développement durable et pour éviter de se voir reprocher un choix arbitraire, 45 principes ont été formulés, articulés selon les trois objectifs qualitatifs que sont la solidarité sociale, l'efficacité économique et la responsabilité écologique. Ces principes sont fondés sur la littérature publiée à ce sujet, ainsi que sur une définition largement reconnue au plan international. Les indicateurs, quant à eux, doivent permettre de vérifier si la Suisse évolue dans le sens de ces principes.
- **Types d'indicateurs:** afin de reproduire les principaux processus, ces indicateurs se rapportent au degré de satisfaction des besoins (niveau), à l'état et au potentiel des ressources (stock de capitaux), aux appréciations et dépréciations du capital (input/output), à l'efficience de l'utilisation des ressources, à leur répartition «ici» et «ailleurs» ainsi qu'aux mesures prises (réactions).
- **Mode de sélection:** des groupes d'experts composés de représentants de plusieurs offices fédéraux ont sélectionné, parmi les nombreuses propositions qui leur étaient soumises, les indicateurs qui permettent le mieux de vérifier la réalisation des objectifs décrits par le biais des principes. Il fallait en outre que les 5 types d'indicateurs et 26 thèmes soient représentés.

Cette procédure de sélection a débouché sur plus de 120 indicateurs, qui sont accessibles en ligne depuis 2003, accompagnés de commentaires (www.monet.admin.ch). 17 d'entre eux, jugés particulièrement importants, ont été qualifiés d'indicateurs-clés. En 2009 le système MONET a été révisé. La série initiale d'indicateurs a été réduite à quelque 75 indicateurs, ne conservant que les indicateurs les plus pertinents. Le système MONET repose entièrement sur des données déjà disponibles. Celles-ci proviennent d'enquêtes de l'OFS, d'autres offices fédéraux et institutions.

MONET est l'œuvre commune de l'Office fédéral de la statistique, de l'Office fédéral du développement territorial, de l'Office fédéral de l'environnement et de la Direction du développement et de la coopération. Il concrétise une des 22 actions décidées par le Conseil fédéral dans sa «Stratégie 2002 pour le développement durable».

Développement durable – la définition utilisée par le système MONET

1. Le développement durable satisfait les besoins des générations présentes sans compromettre la possibilité pour les générations à venir de satisfaire leurs propres besoins.
2. Le développement durable consiste à assurer une dignité humaine au sens des droits humains, en garantissant la palette la plus large possible d'options pour aménager librement des projets de vie. L'utilisation des ressources écologiques, économiques et sociales doit tenir compte du principe d'équité entre les générations présentes et à venir et au sein même de ces générations, en Suisse et envers l'étranger.
3. Pour assurer un développement durable, il faut protéger dans sa globalité la diversité biologique en tant que condition d'existence indispensable, c'est-à-dire préserver la diversité des écosystèmes, des espèces végétales et animales et des ressources génétiques.
4. Les objectifs qualitatifs sont la solidarité sociale, l'efficacité économique et la responsabilité écologique. Ces objectifs ont un caractère transversal et sont traités sur un pied d'égalité: à long terme un objectif, qu'il soit écologique, économique ou social, ne peut être réalisé aux dépens de l'un ou des autres.

Regionale Disparitäten

Disparités régionales

Überblick

Regionale Disparitäten in der Versorgung der Bevölkerung mit Dienstleistungen

Die Schweiz ist vielfältig, und regionale Disparitäten sind allgegenwärtig – sie sind ein Merkmal jeder arbeitsteiligen Wirtschaft. Wichtige Faktoren für regionalen Disparitäten sind Standortfaktoren wie etwa die Erreichbarkeit, Ressourcenverfügbarkeit oder Ausgestaltung der Finanz-, Güter- und Dienstleistungsmärkte, aber auch die Lebensqualität am Wohn- und Arbeitsort. Für letztere ist eine ausreichende Grundversorgung mit im Alltag benötigten Gütern und Dienstleistungen von grosser Bedeutung. Nachfolgend werden die räumliche Verteilung und die Erreichbarkeit solcher Dienstleistungen dargestellt[1].

Grundversorgung wichtig für Lebensqualität und Standortattraktivität

Die meisten Menschen wünschen, ihre Konsumbedürfnisse mit wenig zeitlichem oder physischem Aufwand decken zu können. Einerseits lassen verbesserte Verkehrsangebote Distanzen kleiner werden und Online-Dienstleistungen solche gar verschwinden. Andererseits können wirtschaftliche oder gesellschaftliche Rahmenbedingungen dazu führen, dass sich Wohnorte und Standorte für Leistungserbringer immer weiter entfernen. Je nach Region zeigen sich daher unterschiedliche Erreichbarkeiten wichtiger Dienstleistungen. Besonders für Menschen, welche keinen oder einen erschwerten Zugang zu individuell nutzbaren Verkehrsmitteln haben, sich diese nicht leisten können oder im Umgang mit neuen Kommunikationsmitteln Mühe zeigen, sind nahe gelegene Versorgungsmöglichkeit wichtig. Dies gilt insbesondere für Kinder, Menschen mit Behinderungen und Betagte. Leichte Erreichbarkeit ist zudem ein wichtiger Faktor für die Standortattraktivität und damit für die Entwicklungschancen einer Region. Wenn sich die Versorgungslage in einzelnen Gebieten verschlechtert, das heisst die regionalen Disparitäten in der Grundversorgung zunehmen, könnte dies daher die nationale Kohäsion gefährden.

[1] Siehe BFS Aktuell «Regionale Disparitäten in der Versorgung der Bevölkerung mit Dienstleistungen», BFS, Januar 2016

Vue d'ensemble

Disparités régionales dans l'accès de la population aux services

La Suisse est un pays pluriel où les disparités régionales sont omniprésentes. Ces disparités sont une caractéristique de toute économie fondée sur la division du travail. Elles s'expliquent par différents facteurs dont notamment les facteurs de localisation classiques que sont l'accessibilité et la disponibilité des ressources, la gestion des marchés financiers et des marchés de biens et de services, mais aussi la qualité de vie au lieu de domicile ou de travail. Une offre suffisante en biens et services d'usage quotidien joue un rôle essentiel pour la qualité de vie. La répartition territoriale ainsi que l'accessibilité d'une trentaine de ces services sont présentées ci-après[1].

L'équipement en services courants, facteur de qualité de vie et d'attractivité d'un site

La plupart des personnes souhaitent pouvoir faire leurs achats sans y consacrer beaucoup de temps ni devoir parcourir de grandes distances. L'amélioration de l'offre de transports réduit certes les distances et la vente en ligne va jusqu'à les abolir. Cependant, certaines conditions économiques ou sociales peuvent accroître l'éloignement entre le lieu de domicile et celui où sont implantés les commerces et autres services. L'accessibilité des principaux services varie donc selon la région. Or, la proximité des commerces et services courants est particulièrement importante pour les personnes qui ne peuvent pas utiliser un moyen de transport individuel, ou seulement difficilement, qui n'en n'ont pas les moyens ou qui n'ont pas l'habitude des nouveaux moyens de communication. C'est le cas notamment des enfants, des personnes en situation de handicap et des personnes âgées. Une bonne accessibilité contribue en outre largement à l'attractivité d'un lieu et, partant, aux chances de développement de la région tout entière. Si cette accessibilité se détériore dans certains espaces, autrement dit si les disparités régionales en matière

[1] Voir Actualités OFS «Disparités régionales dans l'accès de la population aux services», OFS, janvier 2016

Vier Fünftel der Gemeinden mit Lebensmittelgeschäft

Mit der räumlichen Verteilung von Dienstleistungsbetrieben kann gezeigt werden, welche Bevölkerungsanteile entsprechende Angebote innerhalb ihres Gemeindegebiets in Anspruch nehmen können. Ein grundlegendes Bedürfnis des menschlichen Daseins ist eine ausreichende Ernährung, dem Zugang zu Lebensmittelgeschäften dürfte daher wohl eine besonders grosse Bedeutung zugemessen werden. Im Jahr 2011 verfügten 79% der Gemeinden über mindestens ein Lebensmittelgeschäft. Allerdings lebten in diesen 97% Prozent der Bevölkerung. Dies bedeutet, dass es sich bei den Gemeinden ohne eigenes «Konsum» um vergleichsweise bevölkerungsschwache handelt. Besser als bei den Lebensmitteln ist die Abdeckung mit Gastrobetrieben oder obligatorischen Schulen, wobei Letztere für den Zuzug respektive Verbleib junger Familien eine besonders wichtige Rolle spielen. Obschon Coiffeursalons und Garagen/Tankstellen wahrscheinlich seltener aufgesucht werden, sind diese ähnlich häufig vorzufinden wie Lebensmittelgeschäfte. Kulturangebote wie Bibliotheken, Kinos, Museen oder Theatersäle sind umgekehrt stark konzentriert, meist in regionalen Zentren mit grossen Einzugsgebieten. Dies ist auch bei den Schulen der Sekundarstufe II der Fall: Sie sind in 12% der Gemeinden vorzufinden, so dass rund der Hälfte der Schülerinnen und Schüler eine Reise in benachbarte Gemeinden zugemutet wird.

Der Anteil der Gemeinden mit mindestens einem Gastrobetrieb oder einer obligatorischen Schule ist in städtischen Kernräumen (siehe «Methoden, Quellen») nur leicht höher als in Gebieten ausserhalb des Einflusses solcher Kerne (G 21b.1). Bei den Lebensmittelläden und Banken beträgt die Differenz hingegen bereits gut einen Drittel. Gar doppelt so viele Gemeinden des städtischen Kernraums wie Gemeinden ausserhalb des Einflusses städtischer Kerne verfügen über mindestens eine Arztpraxis und sechsmal so viele über eine Schule der Sekundarstufe II.

de services de base augmentent, la cohésion nationale pourrait en pâtir.

Un magasin d'alimentation dans quatre cinquièmes des communes

La répartition territoriale de l'offre en services montre quelles parts de la population peuvent avoir recours à ces services sur le territoire de leur commune. Disposer d'une alimentation suffisante est un des besoins fondamentaux de l'être humain. L'accès aux magasins d'alimentation revêt dès lors une importance particulière. En 2011, 79% des communes comptaient au moins un magasin d'alimentation. Elles totalisaient 97% de la population. Cela signifie que les communes sans magasin d'alimentation sont relativement peu peuplées. Les cafés et restaurants sont plus répandus que les magasins d'alimentation, tout comme les écoles obligatoires, dont la présence joue un rôle particulièrement important pour attirer ou garder de jeunes familles. Bien que leurs clients s'y rendent vraisemblablement moins souvent, les salons de coiffure ainsi que les garages et stations d'essence sont tout aussi répandus que les magasins d'alimentation. L'offre culturelle – bibliothèques, cinémas, musées ou théâtres – se concentre en revanche la plupart du temps dans les centres régionaux de grands bassins de population. Il en va de même des écoles du degré secondaire II, que l'on trouve dans 12% des communes. Cela signifie que la moitié environ des élèves dans le secondaire II doivent se rendre dans une commune voisine.

Dans les centres urbains (voir «Méthodes, sources»), la proportion de communes dotées d'au moins un établissement de restauration ou d'une école obligatoire n'est que légèrement supérieure à celle enregistrée dans les espaces hors influence de ces centres (G 21b.1). Pour ce qui est des magasins d'alimentation et des banques, la différence est en revanche d'un peu plus d'un tiers. Deux fois plus de communes des centres urbains que de communes des espaces hors influence de ces centres disposent d'au moins un cabinet médical et six fois plus d'une école du degré secondaire II.

Dienstleistungsbetriebe im Einflussgebiet städtischer Kerne untervertreten

Verglichen mit dem schweizerischen Durchschnitt weisen kundennahe und daher häufige Dienstleistungen wie zum Beispiel (allenfalls selten bediente) Haltestellen des öffentlichen Verkehrs, Poststellen, obligatorische Schulen, Lebensmittelläden oder Banken in den Gebieten ausserhalb des Einflusses städtischer Kerne eine deutlich höhere Dichte auf (G 21b.2). Umgekehrt sind seltenere Angebote wie Einkaufszentren, Kulturstätten oder die Gesundheitsdienste Apotheken, Zahnarzt- und Arztpraxen in städtischen Kernen übervertreten. Die Allgemeinspitäler weisen in Räumen ausserhalb des Einflusses städtischer Kerne eine ähnlich hohe Dichte auf wie in den städtischen Kernen selbst, sind im Mittel aber weiter entfernt.

Im Einflussgebiet städtischer Kerne weisen die meisten Dienste eine geringere Dichte auf als im schweizerischen Durchschnitt. Offensichtlich besteht dort eine Tendenz, benötigte Dienstleistungen in den – oft nahe gelegenen und als Arbeitsort gewählten – Kerngemeinden zu beziehen, während sich in Ge-

Sous-représentation des services dans les espaces sous influence des centres urbains

Par rapport à la moyenne suisse, les services de proximité, qui par définition sont fréquents, tels que les arrêts des transports publics (parfois rarement desservis), les bureaux de poste, les écoles obligatoires, les magasins d'alimentation ou les banques, présentent une plus forte densité dans les espaces hors influence des centres urbains (G 21b.2). Inversement, des offres de services moins répandues, comme les centres commerciaux, les institutions culturelles ou les services de santé – pharmacies, cabinets médicaux et dentaires – sont surreprésentées dans les centres urbains. On trouve une densité similaire d'hôpitaux de soins généraux dans les espaces hors influence des centres urbains que dans ces derniers, mais les distances à parcourir pour s'y rendre sont en moyenne plus grandes.

Dans les espaces sous influence des centres urbains, la plupart des services présentent une plus faible densité qu'en moyenne suisse. De toute évidence, les personnes qui y habitent ont tendance à se procurer les services dont elles ont besoin

Versorgung der Gemeinden mit Dienstleistungen, 2011 G 21b.1
Equipement des communes en services, en 2011

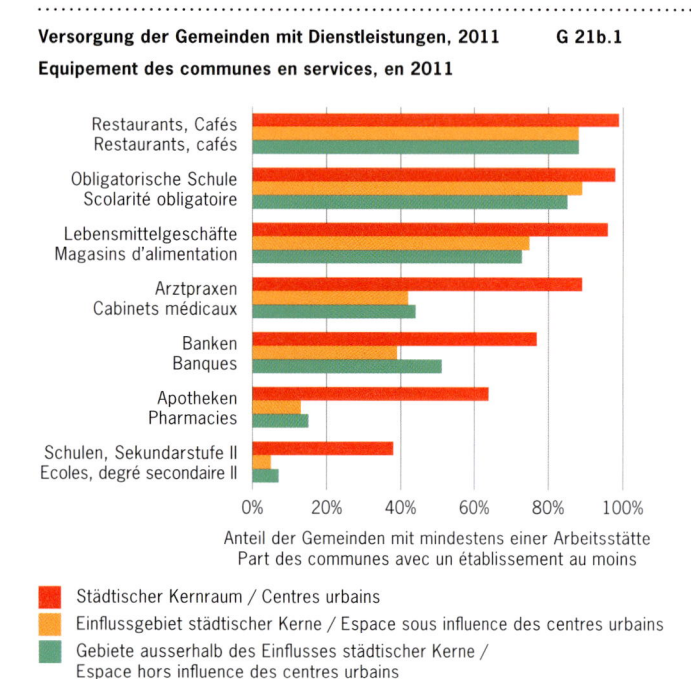

Anteil der Gemeinden mit mindestens einer Arbeitsstätte
Part des communes avec un établissement au moins

- Städtischer Kernraum / Centres urbains
- Einflussgebiet städtischer Kerne / Espace sous influence des centres urbains
- Gebiete ausserhalb des Einflusses städtischer Kerne / Espace hors influence des centres urbains

Dichte der Dienstleistungsbetriebe, 2011 G 21b.2
Densité des services, en 2011

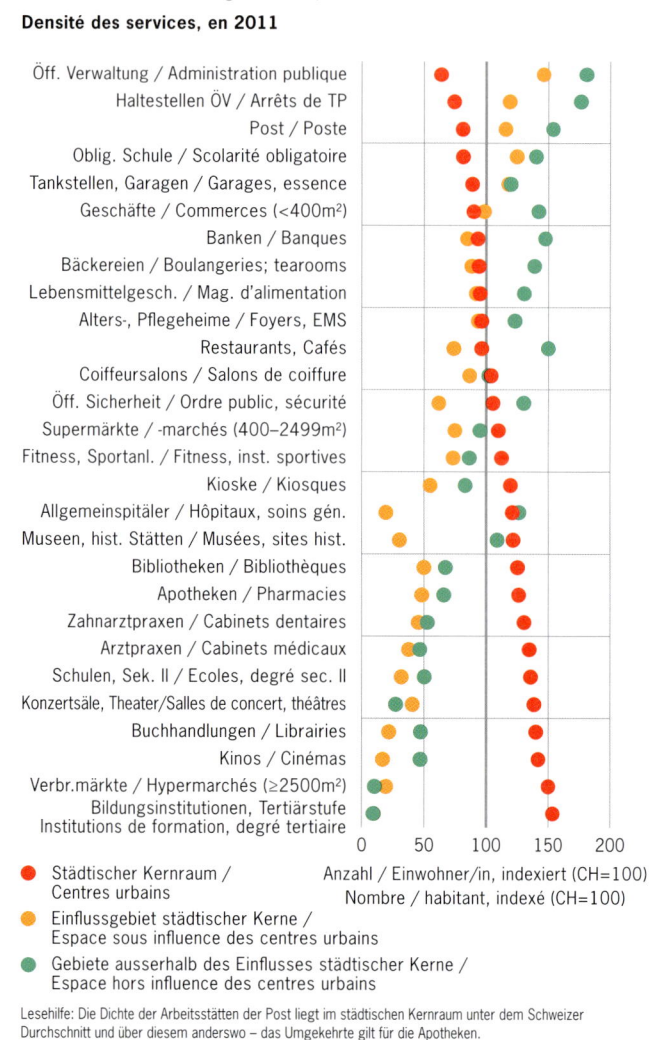

Anzahl / Einwohner/in, indexiert (CH=100)
Nombre / habitant, indexé (CH=100)

- Städtischer Kernraum / Centres urbains
- Einflussgebiet städtischer Kerne / Espace sous influence des centres urbains
- Gebiete ausserhalb des Einflusses städtischer Kerne / Espace hors influence des centres urbains

Lesehilfe: Die Dichte der Arbeitsstätten der Post liegt im städtischen Kernraum unter dem Schweizer Durchschnitt und über diesem anderswo – das Umgekehrte gilt für die Apotheken.
Aide à la lecture: la densité des établissements postaux se situe au-dessous de la moyenne suisse dans les centres urbains et au-dessus dans les autres types d'espace; c'est le contraire pour les pharmacies.

bieten ausserhalb des Einflusses städtischer Kerne Dienstleister eher behaupten konnten.

In der Peripherie für alle Dienstleistungsarten überdurchschnittlich lange Wege

Nachfolgend wird die Distanz betrachtet, welche ausgehend vom Wohnort auf der Strasse zurückgelegt werden muss, um bestimmte Dienstleister aufzusuchen (siehe «Methoden, Quellen»). Am nächsten liegen die Haltestellen des öffentlichen Verkehrs, wobei eine Qualifizierung hinsichtlich Häufigkeit und Schnelligkeit der Verbindungen unterbleibt. Ebenfalls besonders gut erreichbar sind wiederum häufig aufgesuchte Betriebe wie Gaststätten sowie obligatorische Schulen oder Lebensmittelläden. Auch Coiffeursalons und Garagen/Tankstellen sind nahe gelegen. Allerdings sind die Distanzen zu den zuvor genannten Dienstleistern in städtischen Kernräumen rund halb so lang wie in Gebieten ausserhalb des Einflusses dieser Kerne (G 21b.3). Noch grösser werden diese Disparitäten bei den – in der Regel seltener aufgesuchten – Angeboten im Kultur- oder Gesundheitsbereich.

dans les communes-centres, souvent proches et où elles ont leur lieu de travail. Dans les espaces hors influence des centres urbains, il semble que les prestataires de services réussissent mieux à se maintenir.

Des distances supérieures à la moyenne en périphérie, quel que soit le service

Nous considérerons ci-après la distance qu'un habitant doit parcourir par la route pour se rendre de son domicile à un prestataire de services donné (voir «Méthodes, sources»). Les arrêts des transports publics arrivent en tête des services les plus proches, mais ce résultat ne dit rien sur la fréquence ni sur la rapidité des liaisons. Des établissements souvent fréquentés, comme les cafés et restaurants, les écoles obligatoires ou les magasins d'alimentation, sont aussi particulièrement accessibles. Les salons de coiffure et les garages et stations d'essence se situent également dans un rayon proche. Les distances d'accès aux services précédemment mentionnés sont toutefois deux fois plus courtes dans les centres urbains que dans les espaces hors influence de

Mittlere Distanz zur nächstgelegenen Dienstleistung, 2011 G 21b.3
Distance moyenne jusqu'au service le plus proche, en 2011

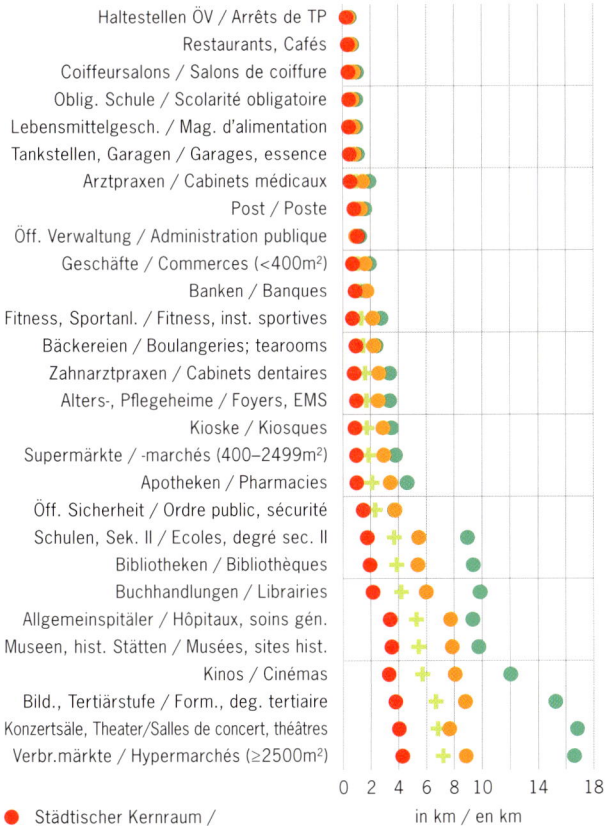

Summenhäufigkeit der Wegdistanzen zur Schule, 2011 G 21b.4
Fréquence cumulée des distances d'accès aux écoles, en 2011

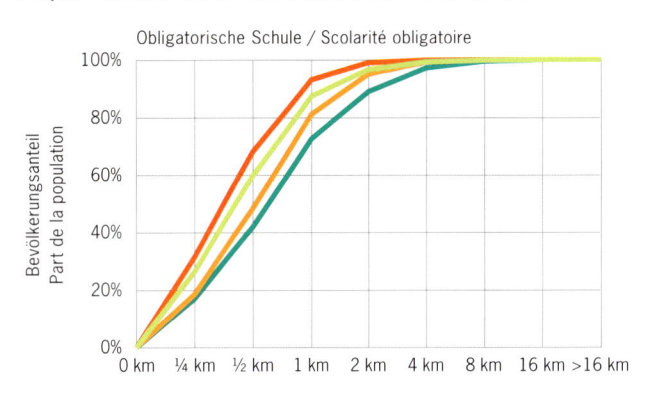

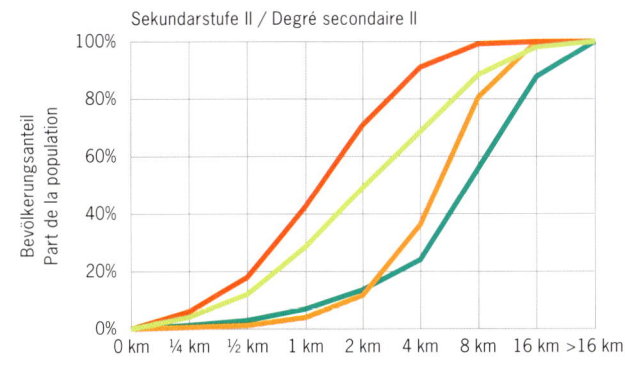

Lesehilfe – Beispiel der obligatorischen Schulen: in den städtischen Kernräumen wohnen 68% der Bevölkerung maximal 500m von der nächsten obligatorischen Schule entfernt, 93% maximal 1km, 99% maximal 2km. In den Gebieten ausserhalb des Einflusses dieser Kerne fallen diese Werte auf 42%, 73% und 89%.
Aide à la lecture – exemple de la scolarité obligatoire: dans les centres urbains, 68% de la population réside à 500 m au plus de la prochaine école obligatoire, 93% à 1km, 99% à 2km au plus. Dans les espaces hors influence des centres, ces valeurs passent à 42%, 73% et 89%

Und um eine Schule der Sekundarstufe II besuchen zu können, müssen Personen aus Gebieten ausserhalb des Einflusses städtischer Kerne gar fünfmal so lange Wege zurücklegen wie solche aus städtischen Kernräumen.

Breite der Verteilung von Wegstrecken

Während vorgängig durchschnittliche Distanzen analysiert wurden, kann auch gezeigt werden, wie sich unterschiedliche Wegdistanzen auf einzelne Bevölkerungsteile verteilen (G 21b.4). Besonders deutlich wird dies bei den Schulwegen: Obligatorische Schulen können von 90% der Bevölkerung in weniger als 2 Kilometern erreicht werden, selbst wenn diese in peripheren Zonen ausserhalb des Einflusses städtischer Kerne wohnhaft ist. Auf Sekundarstufe II beträgt die Distanz für 90% der Personen aus städtischen Kernräumen weniger als 4 Kilometer. Wenn sie hingegen in Gebieten ausserhalb des Einflusses städtischer Kerne wohnen, beträgt der Schulweg für nur gerade einen Viertel weniger als 4 Kilometer, die Hälfte muss mit bis 8 Kilometern und ein Zehntel gar mit über 16 Kilometern Schulweg rechnen.

ces derniers (G 21b.3). Les disparités sont encore plus grandes dans le cas de l'offre culturelle et des services de santé, en général moins fréquentés. Quant à la distance à parcourir pour se rendre à une école du degré secondaire II, elle est cinq fois plus grande pour les habitants des espaces hors influence des centres urbains que pour les personnes domiciliées dans ces centres.

Répartition de la population selon les distances d'accès

Après avoir analysé les distances moyennes à parcourir, on peut étudier la répartition de la population selon les distances d'accès et les types d'espace (G 21b.4). Le cas des trajets pour se rendre à l'école est particulièrement révélateur: pour 90% de la population, l'école obligatoire se situe dans un rayon de moins de 2 kilomètres, y compris pour les habitants des espaces hors influence des centres urbains. 90% des personnes vivant dans un centre urbain ont moins de 4 kilomètres à parcourir pour se rendre à une école du degré secondaire II. Si elles habitent dans un espace hors influence des centre urbains, seules un quart d'entre elles sont domiciliées à moins de 4 kilomètre d'une telle école, alors que la moitié ont jusqu'à 8 kilomètres à parcourir et un dixième plus de 16 kilomètres.

Methoden und Quellen

Zu den ausgewählten Dienstleistungen zählen markt- und nichtmarktbestimmte, öffentliche und private Dienstleistungen und Infrastruktureinrichtungen, welche die Bevölkerung bei ihren alltäglichen oder gelegentlichen Aktivitäten in Anspruch nimmt. Die Analyse berücksichtigt nur den Standort von Dienstleistern, jedoch weder die Attraktivität oder sonstige Qualitätsmerkmale des Angebots noch die tatsächliche Inanspruchnahme. Hauslieferdienste und Online-Dienste bleiben unberücksichtigt, ebenso der schriftliche oder elektronische Verkehr mit Banken oder Verwaltungsstellen.

Die räumliche Verteilung der Dienstleistungen wird durch Betriebsdichten sowie durch den Anteil der versorgten Gemeinden analysiert. Ob ein bestimmtes Angebot in einer Gemeinde vorzufinden ist, hängt nicht zuletzt auch von der Grösse des Gemeindeperimeters ab. Zudem können sich in einer Gemeinde fehlende Dienstleistungsangebote nahe gelegen in einer Nachbargemeinde befinden.

Die Erreichbarkeiten werden auf der Basis des Schweizer Strassennetzes gemessen. Massgebend ist die Distanz zwischen dem Zentrum jeder bewohnten Hektare und dem Standort des nächstgelegenen Dienstleisters. Die Distanz wird mit der Wohnbevölkerung gewichtet. Das Schienennetz und die Verkehrsverbindungen über ausländisches Territorium werden aus methodischen Gründen nicht berücksichtigt.

Die Analyse stützt sich auf die Typologie des BFS «Raum mit städtischem Charakter 2012». Diese unterscheidet zwischen folgenden Kategorien:
- städtische Kernräume (Gemeinden mit einer hohen Bevölkerungs- und Arbeitsplatzdichte),
- Einflussgebiete städtischer Kerne (Gemeinden mit starken Pendlerströmen in die städtischen Zentren),
- Gebiete ausserhalb des Einflusses städtischer Kerne (Gemeinden mit schwachen Pendlerströmen in die städtischen Zentren).

Datengrundlagen

Um die Statistik der Dienstleistungen für die Bevölkerung zu produzieren, werden Daten aus folgenden Quellen benutzt:
- Dienstleistungen[1]: BFS – Statistik der Unternehmensstruktur STATENT. Unternehmen, die der AHV-Beitragspflicht nicht unterstehen (Unselbstständig- und Selbstständigerwerbende mit einem Jahreseinkommen kleiner als Fr. 2300.–), werden in STATENT nicht erfasst, was zum Beispiel bei Theatern, Museen oder Bibliotheken der Fall sein könnte. Unterschiede zu anderen amtlichen Statistiken sind nicht ausgeschlossen.
- Bevölkerung: BFS – Statistik der Bevölkerung und der Haushalte STATPOP
- Haltestellen des öffentlichen Verkehrs: ARE – elektronischer Fahrplan der Schweizerischen Transportunternehmungen (HAFAS); BAV – Didok-Liste; ohne Gewichtung mittels Bedienungshäufigkeit
- Strassen- und Wegnetz: Swisstopo – topographisches Landschaftsmodell (swissTLM3D)

---

[1] Abgrenzung der Dienstleistungen gemäss der NOGA: Siehe BFS Aktuell «Regionale Disparitäten in der Versorgung der Bevölkerung mit Dienstleistungen», BFS, Januar 2016

Méthodes, sources

Font partie des services à la population, les commerces, services et infrastructures marchands et non marchands, publics et privés, auxquels la population recourt quotidiennement ou occasionnellement. Seul est considéré l'emplacement de l'établissement de services. L'attractivité ou d'autres facteurs de qualité de l'offre ne sont pas pris en compte, pas plus que son utilisation effective. Les services de livraison à domicile et les services en ligne, de même que les opérations bancaires et les démarches administratives, écrites ou électroniques, ne font pas non plus l'objet de l'étude.

La présence ou non d'une offre de services dans une commune dépend notamment de sa superficie. De même, les services manquants peuvent se trouver dans les communes voisines. La répartition de ces services est analysée du point de vue de la densité (par rapport à la population) des établissements qui les fournissent et des emplois de ces derniers, et de la proportion de communes équipées.

L'accessibilité a été mesurée sur la base du réseau des routes. Les distances ont été calculées entre le centre de chaque hectare habité et l'établissement de services le plus proche. Elles ont ensuite été pondérées à l'aide de la population résidante. Pour des raisons méthodologiques, il n'a pas été tenu compte du réseau ferroviaire ni des liaisons hors du territoire national.

L'analyse s'appuie sur la typologie de l'OFS «Espace à caractère urbain 2012», qui différencie les catégories d'espace suivantes:
- centres urbains (communes ayant une forte densité de population et d'emplois);
- espaces sous influence des centres urbains (communes ayant des flux élevés de pendulaires vers les centres urbains);
- espaces hors influence des centres urbains (communes ayant peu de flux de pendulaires vers les centres urbains).

Bases de données

Les bases de données suivantes sont utilisées pour produire la statistique des services à la population:
- Services[1]: OFS – Statistique structurelle des entreprises STATENT; les entreprises non soumises à une cotisation AVS obligatoire (salariés et indépendants dont le revenu annuel minimum se monte à moins de CHF 2300.–) ne sont pas comptées dans la STATENT. Certains prestataires, en particulier dans le domaine culturel (p. ex. théâtres, musées, bibliothèques), peuvent ainsi ne pas être pris en compte. Des divergences par rapport à d'autres statistiques officielles ne sont pas exclues.
- Population: OFS – Statistique de la population et des ménages STATPOP
- Arrêts de transport public: ARE – horaire électronique des entreprises suisses de transport (HAFAS); OFT – Liste Didok; non pondéré par la fréquence de desserte
- Réseau des routes et chemins: Swisstopo – Modèle topographique du paysage (swissTLM3D)

---

[1] Délimitation des services selon la NOGA: voir Actualités OFS «Disparités régionales dans l'accès de la population aux services», OFS, janvier 2016

Daten / Données

Ausgewählte Indikatoren im regionalen Vergleich   T 21.3.2

	Jahre Années	Schweiz Suisse	ZH	BE	LU	UR	SZ	OW	NW	GL	ZG	FR	SO	BS
Bevölkerung														
Einwohner in 1000	2014	8 237,7	1 446,4	1 009,4	394,6	36,0	152,8	36,8	42,1	39,8	120,1	303,4	263,7	190,6
Veränderung in %	2010–14	4,7	5,3	3,0	4,5	1,7	4,1	3,5	2,6	3,1	6,2	8,9	3,3	3,0
pro km²	2014	206,0	870,8	172,8	276,1	34,1	179,4	76,6	174,4	58,5	579,6	190,4	333,6	5 157,8
Altersverteilung in %	2014													
0–19		20,2	19,6	19,1	20,8	20,6	20,3	20,9	18,7	19,4	20,3	23,1	19,3	16,6
20–64		62,0	63,6	60,9	62,4	60,2	63,3	62,0	62,8	61,7	63,5	62,2	61,9	63,0
65 und mehr		17,8	16,8	19,9	16,8	19,2	16,4	17,1	18,6	18,8	16,2	14,8	18,8	20,4
Städtische[1] Bevölkerung in %	2014	84,5	99,3	74,4	64,0	88,1	81,8	27,8	50,6	75,5	100,0	74,0	86,1	100,0
Ausländer in %	2014	24,3	25,8	15,0	17,6	11,5	19,9	14,2	13,6	22,6	26,3	21,4	20,8	34,8
Bevölkerungsbewegung in ‰	2014													
Rohe Geburtenziffer		10,4	11,8	9,7	10,6	9,0	10,2	10,8	9,0	9,5	10,8	11,2	9,2	10,5
Rohe Sterbeziffer		7,8	7,3	9,1	7,4	8,9	7,0	7,0	7,1	9,4	6,2	6,7	8,9	11,3
Privathaushalte in 1000	2014	3 585	645	454	167	15	64	15	18	17	51	122	116	96
Durchschnittliche Haushaltsgrösse in Personen	2014	2,3	2,2	2,2	2,3	2,4	2,3	2,4	2,3	2,3	2,3	2,4	2,2	1,9
Hauptsprache in %[2,3]	2013													
Deutsch		64,5	83,5	85,1	89,8	93,0	90,2	92,5	92,7	87,8	83,9	28,7	89,6	79,3
Französisch		22,6	3,2	10,4	1,6	(0,9)	1,9	(1,1)	(2,4)	(0,5)	3,2	68,7	2,4	4,9
Italienisch		8,3	5,7	3,1	2,8	(2,3)	3,1	(1,6)	(3,2)	5,9	4,2	2,3	5,0	5,7
Rätoromanisch		0,5	0,3	(0,1)	(0,2)	X	(0,4)	X	X	X	(0,2)	X	(0,2)	(0,2)
Englisch		4,7	6,6	2,9	2,9	(1,8)	4,7	(1,7)	(4,0)	(2,3)	9,0	3,0	2,7	8,4
Religionszugehörigkeit in %[2]	2013													
Römisch-katholisch		38,0	27,7	16,3	63,2	79,8	62,8	74,2	68,7	34,6	52,9	62,5	35,5	18,9
Evangelisch-reformiert		26,1	31,1	53,9	10,9	5,6	11,9	7,8	11,7	34,7	14,3	12,9	23,8	17,1
Konfessionslos		22,2	25,0	16,9	15,5	8,6	14,2	10,7	13,4	15,9	20,1	14,9	27,3	45,5
Fläche[4] **in km²**	2004/09	41 290	1 729	5 959	1 493	1 076	908	491	276	685	239	1 671	790	37
Siedlungsflächen in %		7,5	21,9	6,9	9,6	1,9	6,1	3,8	5,4	2,9	13,8	8,4	13,9	71,1
Landwirtschaftsflächen in %		35,9	41,7	42,6	53,4	24,2	40,5	36,9	37,0	30,0	43,4	56,3	42,3	12,0
Wald und Gehölze in %		31,3	30,4	31,3	29,9	20,1	33,7	40,7	33,3	30,8	27,4	26,9	42,7	12,4
Unproduktive Flächen in %		25,3	6,1	19,2	7,0	53,9	19,7	18,6	24,3	36,2	15,4	8,4	1,1	4,5
Arbeit und Wirtschaft														
Nettoerwerbsquote (15–64-Jährige)[2]	2013	81,0	83,3	83,6	82,8	80,0	82,5	82,2	84,4	82,5	82,3	81,0	82,7	77,9
Arbeitslosenquote (gemäss SECO)	2015	3,3	3,5	2,6	2,1	1,1	1,7	0,9	1,1	2,2	2,3	3,0	2,7	3,8
Beschäftigte, in 1000	2013p	4 962,6	978,5	620,9	239,2	18,1	78,1	21,5	23,2	21,5	105,4	144,3	136,5	190,1
Sektor 1	2013p	164,4	11,6	34,2	14,1	1,6	4,5	1,8	1,4	1,1	1,8	8,8	4,4	0,1
Sektor 2	2013p	1 093,8	145,1	132,8	56,6	5,3	20,7	7,2	6,8	8,3	21,8	36,5	39,5	35,9
Sektor 3	2013p	3 704,4	821,7	453,8	168,5	11,2	52,9	12,6	15,1	12,2	81,7	99,0	92,6	154,0
Arbeitsstätten, in 1000	2013p	654,8	112,4	78,8	30,9	2,8	14,5	3,7	4,0	3,2	17,2	20,7	18,0	17,1
Sektor 1	2013p	56,7	3,8	11,6	4,9	0,6	1,7	0,7	0,5	0,4	0,6	3,0	1,6	0,0
Sektor 2	2013p	95,4	13,4	11,9	4,6	0,4	2,4	0,6	0,6	0,6	1,6	3,4	3,1	1,6
Sektor 3	2013p	502,7	95,3	55,3	21,4	1,7	10,3	2,4	3,0	2,2	15,0	14,3	13,3	15,5

1 Gemäss BFS-Typologie «Raum mit städtischem Charakter, 2012»
2 Diese Angaben sind Schätzungen. Sie stammen aus der Strukturerhebung, die als Stichprobe durchgeführt wird. Die Vertrauensintervalle können in dieser Tabelle nicht angegeben werden.
3 In der Erhebung konnten mehrere Sprachen angegeben werden, das Total kann also 100% übersteigen.
4 Administrative Grenzen: 1.1.2014, swissBOUNDARIES3D © swisstopo

Quelle: BFS

Choix d'indicateurs en comparaison régionale — T 21.3.2

BL	SH	AR	AI	SG	GR	AG	TG	TI	VD	VS	NE	GE	JU	
														Population
281,3	79,4	54,1	15,9	495,8	195,9	645,3	263,7	350,4	761,4	331,8	177,3	477,4	72,4	Habitants en milliers
2,5	4,0	2,0	1,1	3,5	1,7	5,5	6,2	5,0	6,8	6,1	3,0	4,3	3,4	Variation en %
543,4	266,4	222,6	91,9	254,1	27,6	462,5	305,5	127,8	269,9	63,6	247,4	1 942,2	86,4	par km²
														Répartition par âge en %
19,3	18,9	20,5	22,5	20,9	18,5	20,4	20,7	18,5	22,2	20,2	21,6	21,1	21,9	0–19
59,7	60,8	60,9	59,5	61,9	61,9	62,9	62,8	59,9	61,6	61,3	60,0	62,4	58,4	20–64
21,0	20,2	18,6	18,1	17,2	19,6	16,6	16,4	21,6	16,2	18,5	18,4	16,5	19,6	65 ou plus
97,5	89,9	76,6	–	82,6	44,5	85,1	67,2	92,0	89,6	75,1	89,7	100,0	53,0	Population urbaine [1] en %
21,3	25,0	15,4	10,6	23,3	18,1	23,9	23,8	27,6	33,1	22,7	25,2	40,9	14,0	Etrangers en %
														Mouvement de la population en ‰
9,1	9,2	10,0	10,5	10,2	9,2	10,4	10,2	8,3	11,1	9,7	10,2	11,2	9,4	Taux brut de natalité
8,5	9,8	8,9	8,3	7,7	8,7	7,0	7,5	8,4	7,0	7,6	9,2	6,7	9,2	Taux brut de mortalité
124	36	23	6	211	89	275	112	159	328	140	80	191	30	Ménages privés en milliers
2,2	2,2	2,3	2,5	2,3	2,2	2,3	2,3	2,2	2,3	2,3	2,2	2,4	2,4	Taille moyenne des ménages en personnes
														Langue principale en % [2,3]
88,0	87,6	92,2	93,2	89,3	75,1	88,1	89,9	10,6	6,5	26,2	5,5	5,0	7,0	Allemand
3,3	(1,6)	(1,5)	(1,6)	1,3	1,5	2,0	1,2	5,1	83,8	67,3	87,6	80,8	91,4	Français
5,1	4,1	(2,2)	X	3,3	12,7	4,9	3,8	88,2	5,2	3,8	6,2	6,9	3,2	Italien
(0,1)	X	X	X	(0,3)	14,9	0,2	(0,3)	(0,1)	(0,0)	X	X	(0,0)	X	Romanche
4,7	3,9	(3,0)	X	2,7	2,5	3,7	2,5	3,1	7,5	2,6	3,3	10,6	1,3	Anglais
														Appartenance à une religion en % [2]
28,6	23,1	31,3	76,4	46,7	43,4	34,2	32,9	68,7	31,2	74,3	23,9	35,4	69,4	Catholiques romains
33,2	37,1	38,0	(11,5)	22,6	34,4	26,8	34,9	4,6	25,6	5,8	22,4	9,4	8,9	Evangéliques réformés
25,4	22,5	18,3	(6,4)	15,4	14,7	23,5	17,7	17,2	27,9	11,7	40,1	37,5	12,7	Sans confession
518	**298**	**243**	**172**	**2 031**	**7 105**	**1 404**	**992**	**2 812**	**3 212**	**5 225**	**802**	**282**	**839**	Surface [4] en km²
17,4	11,4	9,2	4,7	9,6	2,0	17,0	12,3	5,6	9,3	3,5	8,4	33,4	6,7	Surf. d'habit. et d'infrastr. en %
40,5	43,9	54,8	53,7	46,5	28,8	44,1	51,9	12,9	42,4	19,0	41,7	39,5	48,7	Surfaces agricoles en %
41,3	43,4	34,5	32,0	30,5	27,6	36,4	21,4	50,7	32,1	24,0	38,5	12,4	43,5	Surfaces boisées en %
0,7	1,4	1,5	9,6	13,4	41,6	2,6	14,4	30,7	16,1	53,5	11,5	14,7	1,1	Surfaces improductives en %
														Travail et économie
79,7	81,8	81,8	84,3	82,0	82,2	82,2	82,3	72,9	78,4	79,1	78,9	75,0	78,9	Taux d'activité net (15–64 ans) [2]
2,8	3,4	1,9	1,1	2,4	1,8	3,1	2,5	3,8	5,0	4,3	5,5	5,6	4,2	Taux de chômage en % (selon le SECO)
143,9	45,4	25,9	8,5	289,3	126,6	328,5	131,0	217,9	422,0	168,3	104,4	331,9	41,8	Emplois, en milliers
3,3	1,9	1,7	1,1	11,6	7,0	10,6	8,7	3,3	13,2	9,4	2,4	1,7	3,1	Secteur 1
39,0	13,7	7,7	2,7	88,5	26,6	98,1	40,6	51,7	73,4	38,0	35,6	46,1	15,8	Secteur 2
101,7	29,9	16,6	4,7	189,2	93,0	219,8	81,6	163,0	335,4	120,9	66,4	284,0	22,9	Secteur 3
19,1	6,5	5,1	1,8	37,2	20,3	44,1	20,1	34,4	57,3	28,1	13,4	37,7	6,3	Etablissements, en milliers
1,0	0,6	0,8	0,5	4,3	2,6	3,6	2,8	1,2	4,0	3,5	0,9	0,4	1,1	Secteur 1
3,1	1,0	0,8	0,3	6,7	3,0	7,3	3,6	5,1	8,0	4,3	2,5	4,3	1,2	Secteur 2
15,0	4,9	3,5	1,0	26,2	14,7	33,2	13,7	28,1	45,3	20,4	10,0	33,1	4,0	Secteur 3

1 Selon la typologie de l'OFS «L'espace à caractère urbain, 2012»
2 Ces indications sont des estimations, elle proviennent du relevé structurel, qui est une enquête par échantillonage. Les intervalles de confiance ne sont pas indiqués dans ce tableau.
3 Plusieurs langues pouvaient être indiquées dans le relevé, le total peut de fait dépasser les 100%.
4 Limites administratives: 1.1.2014, swissBOUNDARIES3D © swisstopo

Source: OFS

Ausgewählte Indikatoren im regionalen Vergleich (Fortsetzung) T 21.3.2

	Jahre Années	Schweiz Suisse	ZH	BE	LU	UR	SZ	OW	NW	GL	ZG	FR	SO	BS
Landwirtschaft	2014													
Anteil Biofläche an der gesamten landwirtschaftlichen Nutzfläche in %		12,7	10,6	10,6	7,8	13,7	11,4	31,2	17,1	24,8	14,1	5,3	11,2	22,0
Landwirtschaftliche Nutzfläche pro Betrieb in ha		19,4	20,2	17,4	16,2	11,2	14,8	11,9	13,2	18,1	18,4	25,7	22,4	34,9
Bau- und Wohnungswesen														
Leerwohnungsziffer	2015	1,19	0,78	1,47	0,93	1,25	0,89	0,54	1,40	2,12	0,46	0,96	2,33	0,34
Wohneigentumsquote [1]	2013	37,5	28,6	40,0	34,5	46,1	42,7	50,3	41,9	50,0	33,0	44,6	49,6	15,3
Durchschnittliche Wohnfläche pro Bewohner in m²	2013	45,0	44,3	44,7	45,1	44,2	47,6	45,9	47,8	48,8	46,6	43,9	48,9	42,0
Neu gebaute Wohnungen pro 1000 Einwohner	2013	6,2	6,7	4,4	7,6	6,4	9,7	6,4	6,4	3,6	6,3	7,8	5,6	1,0
Tourismus und Mobilität														
Ankünfte in Hotels und Kurbetrieben in 1000	2014	17 162	2 770	2 453	1 089	134	318	341	124	62	157	289	199	616
Logiernächte in Hotels und Kurbetrieben in 1000	2014	35 934	4 813	4 963	1 920	244	593	625	203	129	337	470	380	1 163
Personenwagen pro 1000 Einwohner	2014	538,7	497,4	511,4	523,3	530,3	623,9	587,7	613,7	570,1	633,2	578,7	575,1	354,0
Soziale Sicherheit														
Sozialhilfequote	2014	3,2	3,2	4,3	2,2	1,2	1,5	1,1	0,9	2,1	1,7	2,6	3,6	5,9
Gesundheit														
Ärzte mit Praxistätigkeit pro 100 000 Einwohner	2014	216	254	217	162	92	139	109	124	153	204	131	169	425
Krankenhäuser	2013													
Betten pro 1000 Einwohner		4,6	4,4	4,9	3,9	2,1	1,7	2,1	1,8	3,5	4,3	3,1	3,0	11,6
Hospitalisierungsrate der Akutpflege (pro 1000 Einwohner)		126,9	135,2	151,5	107,5	101,5	90,5	75,9	84,4	117,8	97,6	104,1	95,6	156,6
Durchschnittliche Spitalaufenthaltsdauer bei der Akutpflege in Tagen		6,0	6,3	5,4	6,2	5,9	5,0	5,1	5,3	6,1	5,0	6,0	6,4	6,4
Bildungsstand (ab 25 Jahren) in % [1]	2013													
Ohne nachobligatorische Ausbildung		22,1	17,1	19,4	22,0	33,9	22,6	23,9	19,4	26,1	15,9	29,1	21,8	22,2
Sekundarstufe II		47,0	44,9	52,8	48,8	49,7	49,7	50,6	53,1	51,6	45,5	43,6	52,9	38,3
Tertiärstufe		30,9	37,9	27,8	29,2	16,3	27,7	25,5	27,4	22,3	38,7	27,4	25,2	39,4
Wähleranteile der Parteien in % (NR-Wahlen)	2015													
FDP		16,4	15,3	9,3	18,5	*	20,6	*	*	*	17,6	14,2	21,2	21,4
CVP		11,6	4,2	1,8	23,9	26,8	19,5	*	*	*	26,4	22,7	14,8	6,4
SP		18,8	21,4	19,7	13,6	*	13,1	*	*	45,0	13,8	24,2	20,0	33,3
SVP		29,4	30,7	33,1	28,5	44,1	42,6	34,5	82,8	*	30,5	25,9	28,8	17,6
EVP/CSP		2,1	3,1	4,3	0,6	*	*	*	*	*	*	2,5	1,2	2,3
GLP		4,6	8,2	6,0	5,8	*	2,8	*	*	*	3,6	3,2	3,5	4,8
BDP		4,1	3,6	11,8	1,4	*	*	*	*	51,5	*	1,3	3,4	1,1
PdA/Sol.		0,9	0,2	0,5	*	*	*	*	*	*	*	*	*	*
GPS		7,1	6,9	8,5	7,1	26,3	1,4	*	*	*	7,2	5,3	5,6	11,2
Kleine Rechtsparteien		2,6	2,2	3,3	0,1	*	*	*	*	*	*	0,8	0,5	0,5

1 Diese Angaben sind Schätzungen. Sie stammen aus der Strukturerhebung, die als Stichprobe durchgeführt wird. Die Vertrauensintervalle können in dieser Tabelle nicht angegeben werden.

Quelle: BFS

Choix d'indicateurs en comparaison régionale (suite) T 21.3.2

BL	SH	AR	AI	SG	GR	AG	TG	TI	VD	VS	NE	GE	JU	
														Agriculture
14,2	4,7	18,6	5,3	11,1	61,3	8,2	10,7	15,7	5,3	19,7	6,4	6,5	11,5	Part des surfaces bio dans la surface agricole utile totale en %
22,8	26,7	16,2	14,9	17,2	22,8	17,6	18,4	12,8	29,0	11,5	38,8	28,9	39,2	Surface agricole utile par exploitation en ha
														Construction, logement
0,39	1,36	1,96	0,83	1,79	1,36	1,98	1,68	1,01	0,68	2,04	1,28	0,41	2,35	Taux de logements vacants
45,4	43,4	49,5	52,2	41,5	44,7	49,1	46,5	38,7	31,5	57,4	30,6	17,9	54,8	Taux de logements occupés par leur propriétaire [1]
47,1	50,0	49,3	45,6	46,3	45,3	49,2	50,1	46,5	42,4	43,3	43,4	37,3	44,4	Surface moyenne par habitant en m²
3,9	6,6	6,5	3,5	7,0	11,7	6,8	8,2	6,6	6,4	8,2	3,3	2,7	6,2	Nouveaux logements construits pour 1000 habitants
														Tourisme et mobilité
154	78	63	95	466	1 745	319	209	1 075	1 259	1 516	133	1 432	65	Arrivées dans les hôtels et établis. de cure en milliers
309	140	127	168	1 031	5 052	686	437	2 313	2 656	3 887	241	2 939	106	Nuitées dans les hôtels et établis. de cure en milliers
515,3	555,8	564,6	567,3	546,5	552,2	583,4	612,9	631,5	530,5	627,1	539,6	467,9	577,6	Voitures de tourisme pour 1000 habitants
														Protection sociale
2,7	2,4	2,1	0,8	2,2	1,2	2,1	1,7	2,6	4,9	1,7	7,1	5,4	2,6	Taux d'aide sociale
														Santé
235	190	159	120	186	176	161	158	214	244	158	205	371	144	Médecins en pratique privée pour 100 000 hab.
														Hôpitaux
4,1	3,7	9,3	2,8	4,5	6,8	4,5	5,5	5,5	4,8	4,0	3,9	5,2	5,3	Lits pour 1000 habitants
92,7	116,5	94,2	37,8	124,3	132,9	119,5	103,5	166,0	133,2	109,0	112,2	147,6	119,1	Taux d'hospitalisation en soins aigus (pour 1000 habitants)
5,9	6,4	5,5	6,1	6,5	5,8	5,3	6,3	7,0	6,4	6,1	5,8	5,9	5,9	Durée moyenne d'hospitalisation en soins aigus en jours
														Niveau de formation (dès 25 ans) en % [1]
18,6	20,7	20,4	23,4	22,8	23,4	19,6	19,8	26,3	25,6	31,1	29,4	27,0	32,1	Sans formation postobligatoire
53,0	51,8	52,3	54,8	51,2	53,0	51,6	53,5	45,4	39,4	45,7	41,6	32,2	47,1	Degré secondaire II
28,4	27,6	27,3	21,8	26,1	23,5	28,8	26,7	28,3	35,0	23,2	29,0	40,8	20,9	Degré tertiaire
														Partis politiques en % (élections au CN)
15,8	12,9	33,6	*	14,3	13,3	15,1	13,0	23,7	26,8	18,1	24,4	20,5	16,8	PLR
9,1	*	*	76,3	16,6	16,8	8,6	13,1	20,1	4,1	39,8	3,6	12,1	27,6	PDC
22,2	28,8	28,6	18,1	14,2	17,6	16,1	12,7	15,9	22,2	13,3	23,7	19,9	23,7	PS
29,8	45,3	36,1	*	35,8	29,7	38,0	39,9	11,3	22,6	22,1	20,4	17,6	12,8	UDC
2,2	*	*	*	1,8	*	3,3	2,3	*	1,1	1,4	*	0,6	6,6	PEV/PCS
2,7	*	*	*	4,9	7,9	5,2	6,2	0,8	3,9	*	3,4	2,3	*	PVL
2,8	*	*	*	3,6	14,5	5,1	3,8	*	1,8	*	1,0	1,0	*	PBD
*	*	*	*	*	*	*	*	0,5	2,9	*	12,2	6,1	3,8	PST/Sol.
14,2	3,4	*	*	5,7	*	5,5	5,4	3,5	11,3	4,9	9,3	11,5	7,3	PES
0,4	5,1	*	*	1,2	*	1,1	3,4	21,7	0,8	*	*	8,1	*	Petits partis de droite

1 Ces indications sont des estimations, elle proviennent du relevé structurel, qui est une enquête par échantillonage. Les intervalles de confiance ne sont pas indiqués dans ce tableau.

Source: OFS

21c

Internationale Vergleiche und Entwicklungszusammenarbeit

Comparaisons internationales et coopération au développement

Einleitung

Die Lebensbedingungen für die Menschen der Erde unterscheiden sich neben der Zugehörigkeit zu bestimmten gesellschaftlichen Gruppen auch stark nach den Regionen, in denen sie leben. Der Wohnort beeinflusst beispielsweise die Lebenserwartung und die Wahrscheinlichkeit, ein bestimmtes Einkommen zu erreichen oder Zugang zu natürlichen Ressourcen zu haben.

Diese Unterschiede in den Lebensbedingungen werden oft als räumliche oder regionale Disparitäten bezeichnet. In vielen Fällen werden sie als nicht erwünschte Ungleichheiten angesehen. Sie treten in verschiedenen Bereichen (z. B. Wirtschaft, Infrastruktur, Bildung, Umwelt) sowie auf lokaler, nationaler, europäischer und globaler Ebene auf. In Europa nahmen die Disparitäten in den letzten Jahren tendenziell ab, während sie auf globaler Ebene zwischen Industrie- und Entwicklungsländern gross geblieben sind.

Um der ungleichen Verteilung von Chancen und Ressourcen entgegenzuwirken, werden diverse politische Massnahmen ergriffen. Auf europäischer Ebene geschieht dies beispielsweise im Rahmen der Kohäsionspolitik der Europäischen Union. Für den Abbau der weltweiten Disparitäten ist die Entwicklungszusammenarbeit von hoher Bedeutung.

Introduction

Les conditions de vie des êtres humains sur la Terre varient selon le groupe auquel ils appartiennent dans la société mais aussi fortement selon la région dans laquelle ils vivent. Le lieu de domicile a par exemple une influence sur l'espérance de vie et sur la probabilité d'accéder à un certain revenu ou à des ressources naturelles.

Ces différences dans les conditions de vie sont souvent désignées par le terme de disparités spatiales ou régionales. Elles sont souvent considérées comme des inégalités non souhaitées. Elles se présentent dans différents domaines (par ex. l'économie, l'infrastructure, la formation, l'environnement) ainsi qu'au niveau local, national, européen et global. En Europe, les disparités ont eu tendance à diminuer ces dernières années, alors qu'elles sont restées importantes au niveau global entre les pays industrialisés et ceux en développement.

Différentes mesures politiques sont prises contre la répartition inégale des chances et des ressources. Au plan européen, elles sont définies par exemple dans le cadre de la politique de cohésion de l'Union européenne. La coopération au développement a un rôle très important à jouer pour l'élimination des disparités à l'échelle planétaire.

Lebensqualität in den Städten des Urban Audit

Mit dem Projekt «Urban Audit»[1] werden anhand von verschiedenen Kennzahlen die Lebensbedingungen in den europäischen Städten aufgezeigt. 2014 wurde das OECD-Konzept der Lebensqualität[2] für die zehn Schweizer Städte des Urban Audit angewendet und auf städtischer Ebene mit einer Taschenstatistik[3] präsentiert. Um den speziellen Gegebenheiten dieser Städte Rechnung zu tragen und die Standortattraktivität besser abzubilden, wurden die acht OECD-Dimensionen der Lebensqualität mit Infrastruktur, Mobilität und Kultur erweitert sowie mit Angaben über den städtischen Kontext ergänzt (G 21c.1). Die Lebensqualität ist ein mehrdimensionales Konzept, so kann zum Beispiel eine gute Ausbildung zu einem höheren Einkommen führen und so die Wohnsituation positiv beeinflussen.

Diese insgesamt elf Dimensionen werden durch vorläufig 24 Indikatoren dargestellt. Davon werden zwei Indikatoren hier als Beispiele präsentiert.

Leerwohnungsziffer

Der Indikator «Leerwohnungen» gehört zur Dimension *Wohnsituation*. Diese Dimension ermöglicht es die Wohnbedingungen als grundlegendes Bedürfnis der Menschen nach Sicherheit, Geborgenheit und Privatsphäre zu messen. Die Kosten für Wohnen können einen Grossteil des Haushaltsbudgets einnehmen und die Ausgaben in anderen Bereichen wie Freizeit, Ferien und Ausbildung einschränken.

---

1 www.urbanaudit.ch oder http://epp.eurostat.ec.europa.eu
2 OECD (2011), How's Life?: Measuring well-being, OECD Publishing
3 www.urbanaudit.ch → Lebensqualität

Dimensionen der Lebensqualität G 21c.1
Dimensions de la qualité de vie

- Einkommen & Arbeit / Revenu et travail
- Wohnsituation / Logement
- Gesundheit / Santé
- Bildung / Formation
- Qualität der Umwelt / Qualité de l'environnement
- Persönliche Sicherheit / Sécurité personnelle
- Bürgerbeteiligung / Engagement civique
- Work-Life-Balance / Equilibre vie professionnelle–vie privée
- Infrastruktur & Dienstleistungen / Infrastructure et services
- Mobilität / Mobilité
- Kultur & Freizeit / Culture et loisirs

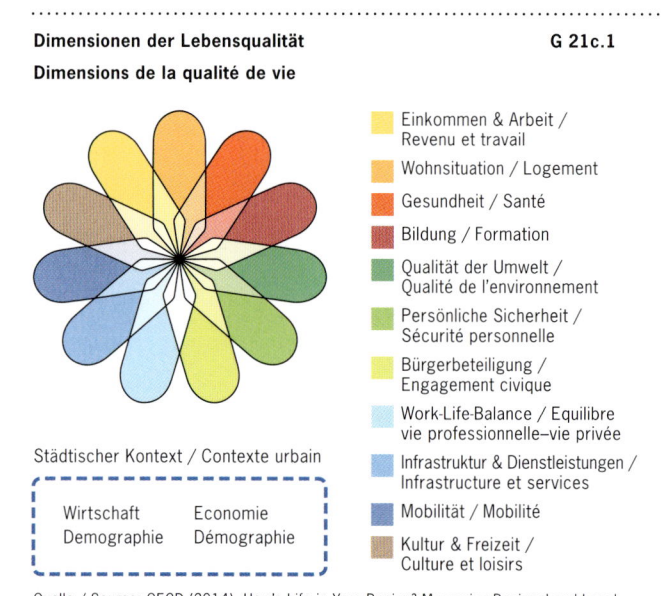

Städtischer Kontext / Contexte urbain
- Wirtschaft / Economie
- Demographie / Démographie

Quelle / Source: OECD (2014), How's Life in Your Region? Measuring Regional and Local Well-being for Policy Making; OECD, Paris;
Design adaptiert durch das BFS / Graphique adapté par l'OFS

La qualité de vie dans les villes de l'Audit urbain

Dans le projet «Audit urbain»[1], plusieurs chiffres-clés montrent les conditions de vie dans les villes d'Europe. En 2014, le concept de l'OCDE de la qualité de vie[2] a été appliqué pour les dix villes suisses de l'Audit urbain et a ensuite été présenté dans une statistique de poche[3]. Trois dimensions supplémentaires – infrastructure, mobilité et culture – ont été ajoutées aux huit dimensions de l'OCDE de la qualité de vie pour tenir compte des spécificités des villes suisses et pour décrire au mieux leur attractivité (G 21c.1). La qualité de vie est un concept pluridimensionnel comportant plusieurs dimensions interdépendantes. Une bonne formation, par exemple, peut procurer un revenu élevé et influer positivement sur le logement.

Pour l'instant, ces onze dimensions sont illustrées par 24 indicateurs. Deux indicateurs sont présentés ici à titre d'exemple.

Logements vacants

L'indicateur «logements vacants» fait partie de la dimension *logement*. De bonnes conditions de logement couvrent les besoins fondamentaux des personnes en ce qui concerne leur sécurité, leur tranquillité et leur sphère privée. Les frais de logement peuvent peser lourd dans le budget du ménage et entraîner des réductions de dépenses dans d'autres domaines comme les loisirs, les vacances et la formation.

Un taux élevé de logements vacants facilite la recherche d'un appartement et influe sur les loyers. La recherche d'un logement requiert souvent beaucoup de temps au détriment de la vie de famille et des loisirs. Une offre limitée peut obliger à choisir un logement plus cher, à changer de quartier ou à s'installer en périphérie, ce qui peut prolonger le trajet pour se rendre au travail et grever le budget du ménage.

Vol par effraction

L'indicateur «vol par effraction» fait partie de la dimension *sécurité personnelle*. La sécurité est une dimension importante du bien-être et d'une vie en bonne santé. La sécurité personnelle dépend en grande partie de la criminalité, des risques d'accident de la route et des dangers naturels. La criminalité peut entraîner des dommages à la propriété, des douleurs physiques, du stress et de la peur.

Les vols par effraction causent des dégâts matériels et engendrent souvent la perte du sentiment de sécurité des victimes dans leur foyer. Ils exercent donc une influence directe sur la qualité de la vie.

---

1 http://www.urbanaudit.ch ou http://epp.eurostat.ec.europa.eu
2 OCDE (2011), Comment va la vie? Mesurer le bien-être, éditions OCDE
3 http://www.urbanaudit.ch → Qualité de vie

Leerwohnungsziffer / Taux de logements vacants G 21c.2

Anteil der leer stehenden Wohneinheiten am Total der Wohneinheiten
Part des logements vacants dans le nombre total de logements

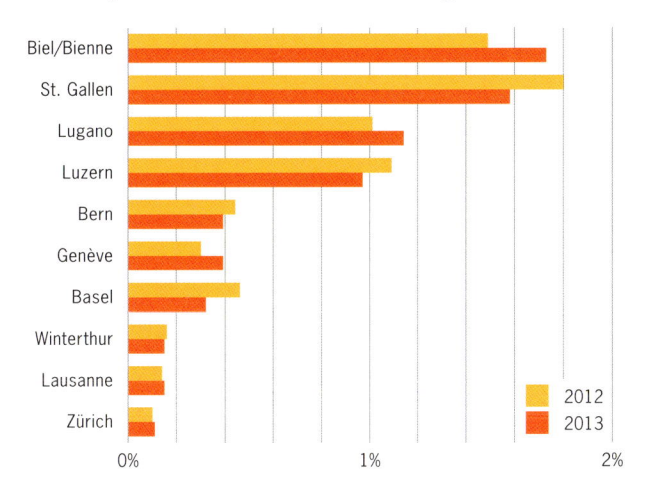

Einbruchdiebstähle / Vols par effraction G 21c.3

Anzahl Einbruchdiebstähle[1] in Wohneinheiten, pro 1000 Einwohner/innen
Nombre de vols par effraction[1] dans les logements pour 1000 habitants

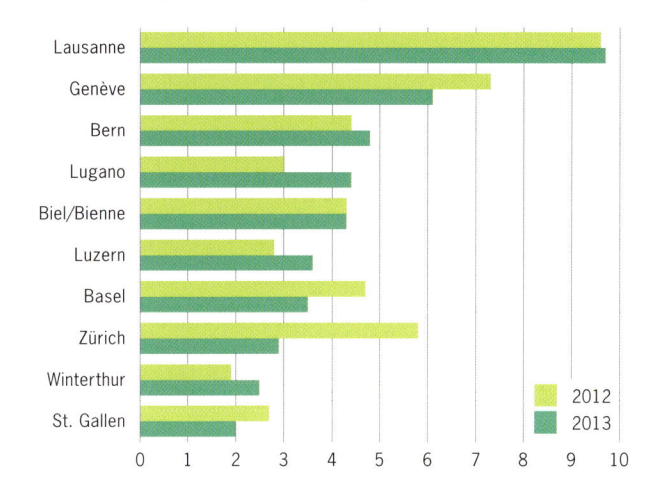

1 inklusive Einbrüche in Keller, Speicher und in andere Anlagen (ohne Versuche).
inclus les vols dans les caves, galetas et autres locaux annexes (tentatives non incluses).

Eine hohe Leerwohnungsziffer erleichtert die Wohnungssuche und beeinflusst die Preise des Wohnungsangebots. Die Suche nach einer passenden Wohnung kann viel Zeit in Anspruch nehmen, welche ansonsten für Familie und Freizeit zur Verfügung stehen würde. Ein knappes Angebot kann dazu führen, dass teurere Wohnungen gewählt werden müssen oder in andere Quartiere und Vororte ausgewichen wird. Dies kann unter Umständen den täglichen Arbeitsweg verlängern und das Haushaltsbudget belasten.

Einbruchdiebstähle

Der Indikator «Einbruchdiebstähle» gehört zur Dimension *Persönliche Sicherheit.* Sicherheit ist eine wichtige Voraussetzung für Wohlbefinden und den Erhalt einer guten Gesundheit. Die persönliche Sicherheit wird hauptsächlich durch Kriminalität, das verkehrsbedingte Unfallrisiko und Naturgefahren beeinflusst. Kriminalität kann zum Verlust von Besitz, zu körperlichen Schmerzen, Stress und Angstzuständen führen.

Einbruchdiebstähle haben nicht nur materielle Schäden für die Opfer zur Folge, sondern bedeuten häufig auch einen Verlust des Sicherheitsgefühls im eigenen Zuhause. Sie haben somit einen direkten Einfluss auf die Lebensqualität.

Der ökologische Fussabdruck

Der ökologische Fussabdruck ist eine «Ressourcenbuchhaltung», die aufzeigt, inwieweit der Mensch die Regenerationsfähigkeit der natürlichen Umwelt ausschöpft[1]. Die Methode rechnet unseren Verbrauch an natürlichen Ressourcen (z. B. für die Nahrungsmittelproduktion, die Energiegewinnung und als Siedlungsfläche) in produktive Flächeneinheiten um, die notwendig wären, um diese Ressourcen zu regenerieren. Der ökologische Fussabdruck zeigt auf, ob und um wie viel die Nutzung der Natur die regenerative Fähigkeit der Biosphäre (Biokapazität) übersteigt. Die Biokapazität ist die Fähigkeit der Natur, Rohstoffe zu erzeugen, Platz für Gebäude und Strassen zur Verfügung zu stellen, Schadstoffe abzubauen und Abfall zu absorbieren. Nachhaltig wäre die Nutzung der natürlichen Umwelt dann, wenn Fussabdruck und Biokapazität übereinstimmten.

Der ökologische Fussabdruck der Schweiz misst 2011 5 globale Hektaren (gha) pro Person (G 21c.5). Die Biokapazität unseres Landes beträgt indes pro Person bloss 1,4 gha. Somit ist der Fussabdruck der Schweiz fast viermal so gross wie ihre Biokapazität.

Die Hauptkomponente des Fussabdrucks ist der Verbrauch an Fossilenergie: Er macht 66% des ökologischen Fussabdrucks aus. Wichtig ist auch unser Bedarf an Acker-, Wald- und Grünflächen mit einem Anteil von insgesamt 30% am gesamten Fussabdruck.

Das Missverhältnis zwischen ökologischem Fussabdruck und Biokapazität besteht in der Schweiz schon seit einigen Jahrzehnten und nimmt stetig zu. Dieser nicht nachhaltige Konsum ist – ohne das eigene Naturkapital deutlich zu übernutzen – nur dank des Imports von natürlichen Ressourcen und der Übernutzung der globalen Güter (wie die Atmosphäre) möglich. Wir leben also auf Kosten anderer Erdteile und künftiger Generationen.

Um zu verstehen, ob die Schweizer Lebensart weltweit reproduzierbar ist, kann der ökologische Fussabdruck der Schweiz mit der weltweiten Biokapazität verglichen werden. Weltweit gibt es pro Kopf etwa 20% mehr Biokapazität als in der Schweiz. Trotzdem ist auch das nicht genug, um den durschnittlichen Schweizer Konsum zu decken. Dieser Vergleich zeigt, dass schon zu Beginn der 1960er-Jahre der Schweizer Fussabdruck pro Person grösser ist als die auf der Erde pro Person verfügbare Biokapazität (G 21c.5). Die Schweiz verbraucht pro Kopf fast dreimal so viele Umweltleistungen und Ressourcen, wie es pro Kopf auf der Welt gibt.

Im Jahr 2011 liegt der schweizerische Fussabdruck im Durchschnitt der westeuropäischen Länder. Die Vereinigten Staaten, Kanada, Australien, Kasachstan, einige Golfstaaten und einige europäische Länder verbrauchen über dreimal mehr Ressourcen, als was weltweit an Biokapazität verfügbar ist. In

[1] Dieser Abschnitt basiert auf: INFRAS, Der ökologische Fussabdruck der Schweiz. Ein Beitrag zur Nachhaltigkeitsdiskussion. Herausgegeben von Bundesamt für Raumentwicklung, Bundesamt für Statistik, Direktion für Entwicklung und Zusammenarbeit, Bundesamt für Umwelt. In Zusammenarbeit mit Global Footprint Network und Locher, Schmill, Van Wezemael & Partner. Neuenburg, 2006

L'empreinte écologique

L'empreinte écologique est une «comptabilité des ressources» qui montre dans quelle mesure l'être humain épuise la capacité de régénération de l'environnement[1]. La méthode de l'empreinte écologique consiste à convertir notre consommation de ressources naturelles (p.ex. par la production de biens alimentaires, la production d'énergie ou l'urbanisation) en la superficie qui serait nécessaire pour que les ressources naturelles puissent se renouveler. Elle permet de savoir dans quelle mesure l'exploitation de la nature dépasse la capacité de régénération de la biosphère (biocapacité). La biocapacité désigne la capacité de la nature à produire des matières premières, à offrir la place nécessaire à la construction de bâtiments et de routes, à neutraliser les polluants et à absorber les déchets. L'exploitation de l'environnement naturel est durable si l'empreinte écologique et la biocapacité coïncident.

L'empreinte écologique de la Suisse est en 2011 de 5 hectares globaux par habitant (G 21c.5). Or, la biocapacité de notre pays ne dépasse pas 1,4 hectare global par habitant. L'empreinte écologique de la Suisse est donc près de quatre fois supérieure à sa biocapacité.

Environ 66% de cette forte empreinte écologique est imputable à notre consommation d'énergie fossile, qui dépasse de loin tous les autres facteurs. Un autre facteur de taille réside dans notre consommation de champs, de forêts et de prairies, qui représente 30% de l'empreinte écologique totale.

Le déséquilibre entre l'empreinte et la biocapacité de la Suisse existe depuis plusieurs décennies, et il ne cesse d'augmenter. C'est grâce aux importations de ressources naturelles étrangères, ainsi qu'en exploitant des biens communs globaux (comme l'atmosphère) que cette surconsommation ne s'est pas accompagnée d'une surexploitation excessive de notre propre capital naturel. Nous vivons donc aux dépens d'autres régions du monde et des générations futures.

Afin d'évaluer si le mode de vie suisse peut (ou non) être reproduit à plus large échelle, l'empreinte écologique de la Suisse peut être comparée à la biocapacité mondiale. Bien que, au niveau mondial, la biocapacité par personne soit environ 20% plus élevée qu'en Suisse, celle-ci ne suffirait pas non plus à couvrir la consommation actuelle de notre pays. Cette comparaison montre que, déjà au début des années 1960, l'empreinte écologique de la Suisse est plus importante que la biocapacité globale moyenne disponible par personne (G 21c.5). Par personne, la Suisse consomme près de trois fois plus de prestations environnementales et de ressources que ce qui est disponible par personne à l'échelle du globe.

En 2011 l'empreinte par personne de la Suisse se situe dans la moyenne des pays d'Europe occidentale. Les Etats-Unis,

[1] Ce paragraphe se base sur: INFRAS 2006: L'empreinte écologique de la Suisse. Une contribution au débat sur la durabilité. Mandaté et édité par l'Office fédéral du développement territorial, l'Office fédéral de la statistique, la Direction du développement et de la coopération et l'Office fédéral de l'environnement. En collaboration avec Global Footprint Network et Locher, Schmill, Van Wezemael & Partner. Neuchâtel, 2006

Globale Verteilung des ökologischen Fussabdrucks 2011 / Répartition globale de l'empreinte écologique, en 2011 G 21c.4

Ökologischer Fussabdruck[1] im Verhältnis zur durchschnittlich verfügbaren globalen Biokapazität[2] pro Kopf, in %
Empreinte écologique[1] par rapport à la biocapacité[2] mondiale moyenne disponible par personne, en %

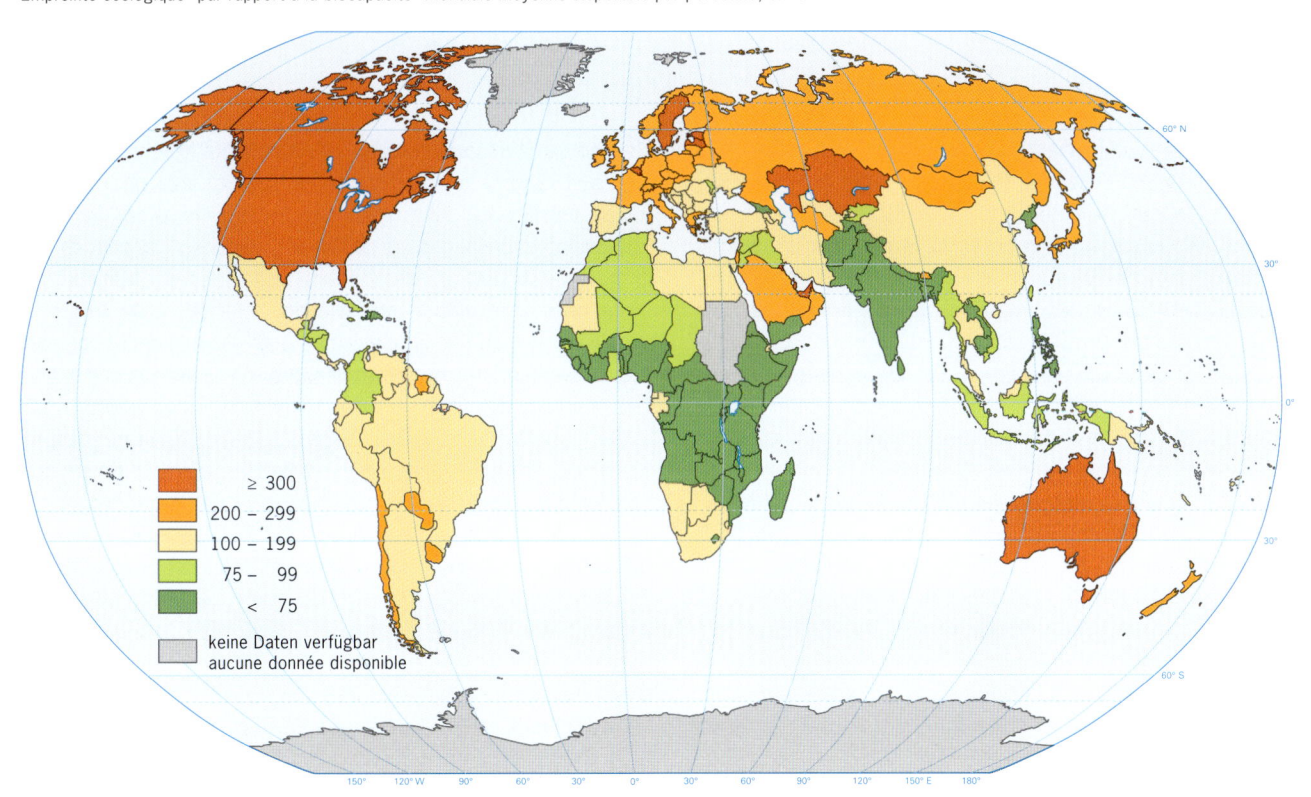

- ≥ 300
- 200 – 299
- 100 – 199
- 75 – 99
- < 75
- keine Daten verfügbar / aucune donnée disponible

1   Der ökologische Fussabdruck misst unseren Verbrauch von natürlichen Ressourcen und rechnet ihn in produktive Flächeneinheiten (globale Hektaren) um.
    L'empreinte écologique mesure notre consommation des ressources naturelles et la traduit en unité de surface productive (hectares globaux).
2   Die Biokapazität ist der biologische Ertrag einer produktiven Fläche. Sie wird in globalen Hektaren (gha) ausgedrückt.
    La biocapacité est le rendement biologique d'une surface productive. Elle est exprimée en hectares globaux (gha).

Ökologischer Fussabdruck in globalen ha pro Person / **Empreinte écologique** en ha globaux par personne   G 21c.5

Schweiz / Suisse — Ökologischer Fussabdruck / Empreinte écologique; Biokapazität / Biocapacité (1961–2011)

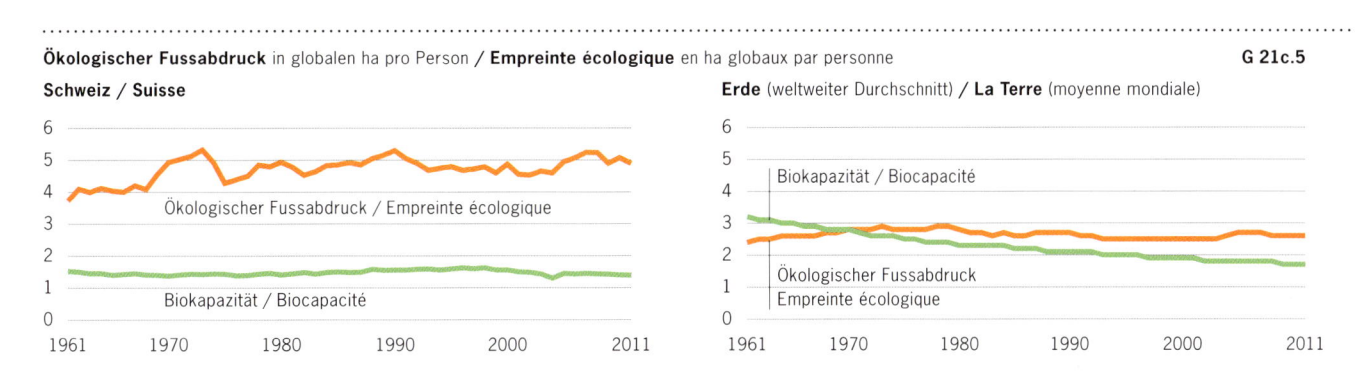

Erde (weltweiter Durchschnitt) / La Terre (moyenne mondiale) — Biokapazität / Biocapacité; Ökologischer Fussabdruck / Empreinte écologique (1961–2011)

vielen Ländern des indischen Subkontinents, Südostasiens und Afrikas liegt der Verbrauch deutlich unter dem Weltdurchschnitt (G 21c.4).

Die wirtschaftliche Entwicklung ist oft mit zunehmendem Umwelt- und Ressourcenverbrauch verbunden. Das heisst: je höher das Volkseinkommen eines Landes, desto grösser dessen Fussabdruck.

Betrachtet man den Fussabdruck und die Biokapazität der ganzen Erde, fällt die Bilanz auch negativ aus: Die Pro-Kopf-Biokapazität der Erde ist 2011 um 0,9 gha kleiner als der weltweite Durchschnitt des Pro-Kopf-Fussabdrucks; die Menschen verbrauchen die natürlichen Ressourcen der Erde also schneller, als diese sich zu regenerieren vermögen.

le Canada, l'Australie, le Kazakhstan, certains pays du Golfe et quelques pays d'Europe consomment plus de 3 fois plus que la biocapacité mondiale disponible, alors que les pays du sous-continent indien, d'Asie du Sud-est et africains en consomment nettement moins (G 21c.4).

Le développement économique passe souvent par une consommation accrue de ressources environnementales. Autrement dit, plus le revenu national d'un pays est élevé, plus l'empreinte écologique de ce dernier est grande.

Si l'on considère l'empreinte écologique et la biocapacité de la terre entière, le bilan est aussi négatif: en 2011 la biocapacité de la Terre est, par habitant, inférieure de 0,9 hectare global à l'empreinte écologique mondiale par habitant. En bref, le capital naturel de la Terre est absorbé par l'être humain plus rapidement qu'il ne se régénère.

Der Index der menschlichen Entwicklung (HDI)

L'indice de développement humain (IDH)

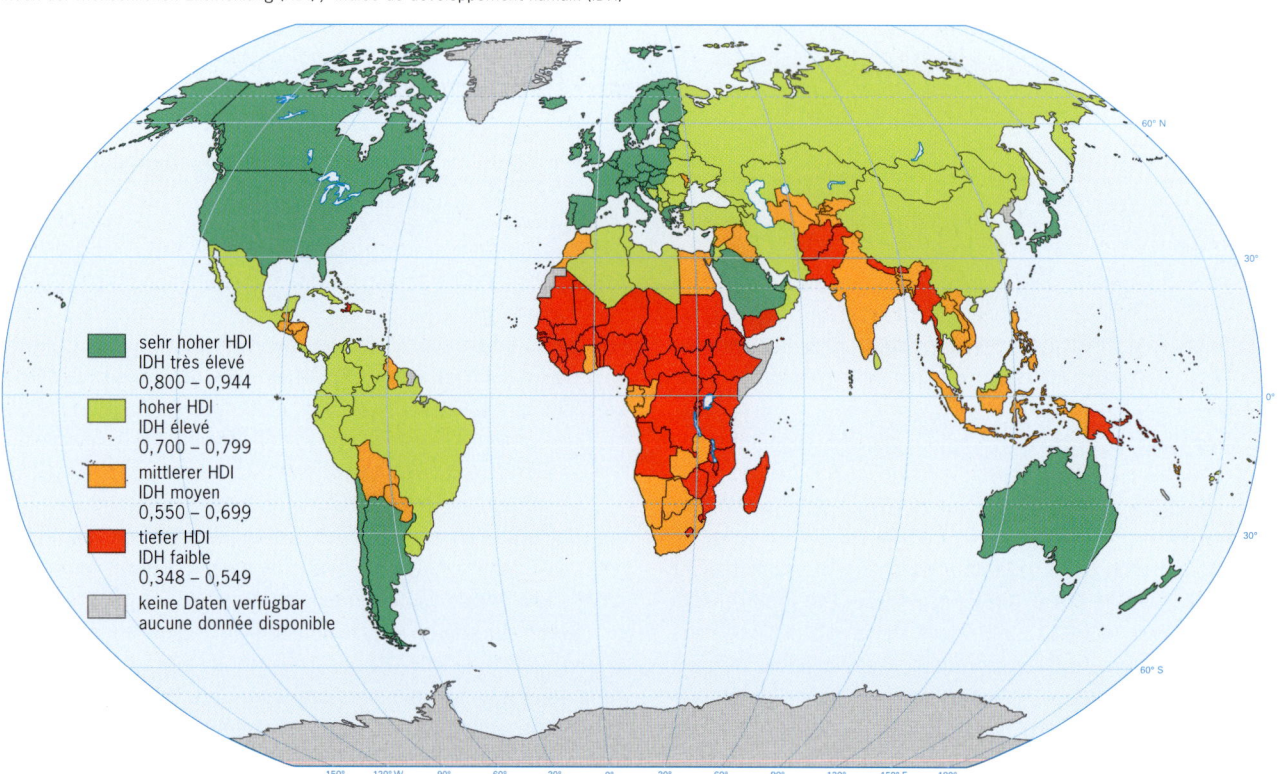

Der Index der menschlichen Entwicklung (HDI, Human Development Index) wurde zu Beginn der 1990er-Jahre vom Entwicklungsprogramm der Vereinten Nationen (UNDP) erarbeitet, um die wirtschaftliche und soziale Entwicklung der Länder messen zu können. Der Index berücksichtigt drei wichtige Dimensionen der menschlichen Entwicklung: die Gesundheit (gemessen an der Lebenserwartung bei der Geburt), die Bildung (gemessen an der durchschnittlichen Schulbesuchsdauer der 25-Jährigen in Kombination mit der voraussichtlichen Schulbesuchsdauer der Kinder im Schuleintrittsalter) und den Lebensstandard (gemessen am Bruttonationaleinkommen [BNE] pro Einwohner).

Mit einer Lebenserwartung von 83 Jahren, einem Bildungsindex von 14,3 und einem BNE pro Einwohner von 56 431 US-$ KKP entspricht der HDI der Schweiz im Jahr 2014 0,930. Damit liegt sie auf Rang 3 der 188 untersuchten Länder. Die höchsten HDI-Werte weisen Norwegen und Australien auf (G 21c.6).

Es sind mehrheitlich afrikanische Länder, die einen sehr tiefen HDI-Wert aufweisen, und dies für alle drei Komponenten des Indexes. Sieben dieser Länder sind Schwerpunktländer der Direktion für Entwicklung und Zusammenarbeit (DEZA) der Schweiz. Es handelt sich dabei um Benin, Burkina Faso, Mali, Mosambik, Niger, Tansania und Tschad. Nepal und Haiti (zwei andere Schwerpunktländer der DEZA) weisen ebenfalls niedrige Werte auf.

L'indice de développement humain (IDH) a été créé au début des années 1990 par le Programme des Nations Unies pour le Développement (PNUD), afin d'offrir une mesure du niveau de développement économique et social des nations. Cet indice rend compte de la position des nations dans trois dimensions centrales pour le développement humain: la santé, l'éducation et le niveau de vie matériel des populations. Ces trois dimensions sont respectivement mesurées par: l'espérance de vie à la naissance, une combinaison entre la durée moyenne de scolarisation des adultes de 25 ans et la durée attendue de scolarisation des enfants d'âge scolaire, et le revenu national brut (RNB) par habitant.

Avec une espérance de vie de 83 ans, un indice d'éducation de 14,3 et un RNB par habitant de 56 431 US-$ PPA la Suisse obtient, en 2014, un IDH de 0,930, la plaçant en troisième position des 188 pays examinés. La Norvège et l'Australie possèdent les IDH aux valeurs les plus élevées (G 21c.6).

La majorité des pays présentant un très faible indice de développement humain sont des pays africains, réunissant de faibles valeurs dans chacun des trois indicateurs composant l'IDH. Sept d'entre eux figurent dans la liste des pays prioritaires pour la coopération bilatérale de la Direction du développement et de la coopération (DDC) suisse. Il s'agit du Bénin, du Burkina Faso, du Mali, du Mozambique, du Niger, de la Tanzanie et du

Länder nach menschlicher Entwicklung, 2014 / Pays selon leur développement humain, en 2014   G 21c.6

Index der menschlichen Entwicklung (HDI) / Indice de développement humain (IDH)

- sehr hoher HDI / IDH très élevé 0,800 – 0,944
- hoher HDI / IDH élevé 0,700 – 0,799
- mittlerer HDI / IDH moyen 0,550 – 0,699
- tiefer HDI / IDH faible 0,348 – 0,549
- keine Daten verfügbar / aucune donnée disponible

HDI und ökologischer Fussabdruck 2011 / IDH et empreinte écologique, en 2011 G 21c.7

Ökologischer Fussabdruck in globalen Hektaren pro Person / Empreinte écologique en hectares globaux par personne

Legende: Afrika / Afrique; Asien, Pazifik / Asie, Pacifique; Europäische Union / Union européenne; Schweiz / Suisse; Übriges Europa / Autres pays européens; Lateinamerika und Karibik / Amérique latine et Caraïbes; Naher Osten und Zentralasien / Proche Orient et Asie centrale; Nordamerika / Amérique du nord; Schwerpunktländer der DEZA / Pays prioritaires de la DDC

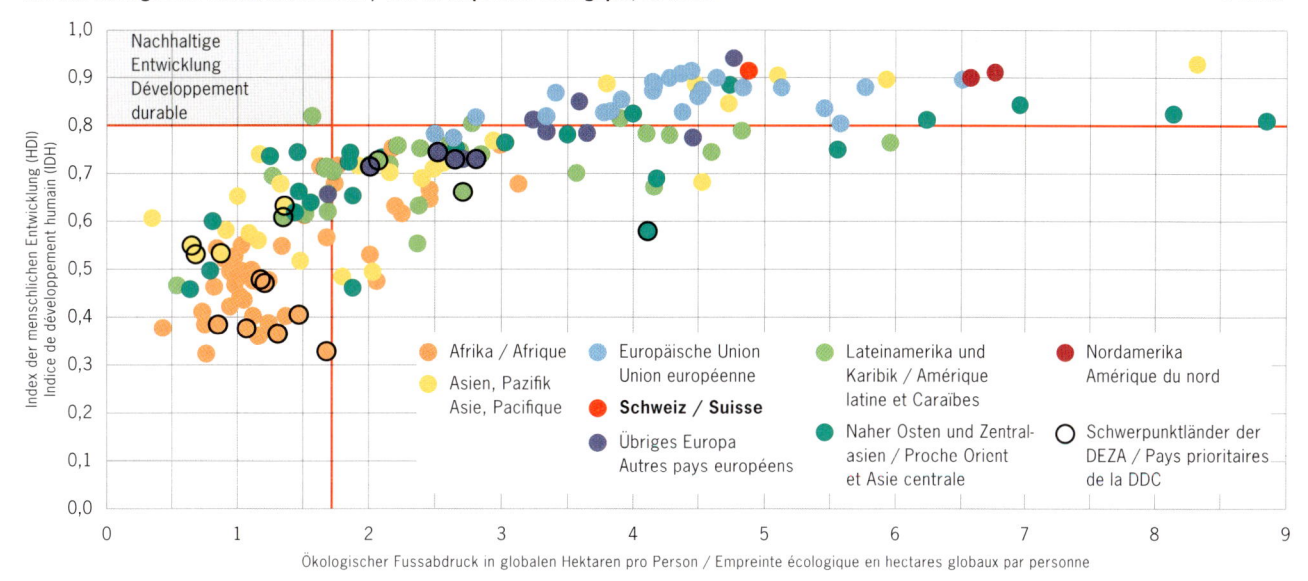

Die übrigen Schwerpunktländer der DEZA werden als Länder mit durchschnittlicher (Bolivien, Bangladesch) und hoher (Kuba, Mongolei) menschlicher Entwicklung eingestuft, was häufig auf den tiefen BNE-Wert pro Einwohner zurückzuführen ist.

HDI und ökologischer Fussabdruck

Die Umwelt ist ebenfalls eine wichtige Komponente für das Wohlbefinden der Bevölkerung. Umweltbelastungen können sich langfristig äusserst negativ auf die menschliche Entwicklung auswirken; diese Dimension wird bei der Berechnung des HDI jedoch nicht berücksichtigt.

Für eine nachhaltige Entwicklung, die global reproduzierbar ist, braucht es einen sehr hohen HDI, d. h. 0,8 oder höher (Werte des ersten Quartils der Rangliste aller Länder im Jahr 2011), sowie einen ökologischen Fussabdruck, der unter 1,7 globalen Hektaren pro Person liegt (Schwelle der weltweiten Biokapazität pro Person im Jahr 2011). In der Realität weist mit Kuba jedoch nur ein Land gleichzeitig einen hohen HDI und einen tiefen ökologischen Fussabdruck auf. Am ehesten werden diese Kriterien von einigen weiteren lateinamerikanischen sowie zentralasiatischen Ländern erfüllt (G 21c.7).

Es zeigt sich, dass die Länder mit den höchsten HDI auch am meisten Ressourcen verbrauchen. Ihr hoher ökologischer Fussabdruck hängt mit dem hohen Niveau der wirtschaftlichen Aktivitäten zusammen, der einen grösseren Energie- und Ressourcenverbrauch generiert.

Im Jahr 2011 wies die Schweiz einen Pro-Kopf-Fussabdruck von 5 globalen Hektaren und einen HDI von 0,9 auf. Damit ist sie weit entfernt von dem Bereich, der als nachhaltig bezeichnet werden könnte. In den meisten europäischen Ländern sowie in den Vereinigten Staaten, in Kanada, in Australien und in Singapur sieht die Situation ähnlich aus.

Tchad. Le Népal et Haïti, deux autres pays prioritaires pour la DDC, présentent eux aussi un faible indice de développement humain.

Les autres pays prioritaires pour la DDC sont classés parmi les pays au développement humain moyen (Bolivie, Bangladesh) et élevé (Cuba, Mongolie), bien souvent en raison de la faible valeur de leur RNB par habitant.

IDH et empreinte écologique

L'environnement est également une composante essentielle du bien-être des populations, et sa dégradation peut, à terme, porter de graves préjudices au développement humain. Cette dimension n'est toutefois pas prise en considération dans le calcul de l'IDH.

Un IDH très élevé, c'est-à-dire supérieur ou égal à 0,8 (valeurs situées dans le premier quartile de la distribution en 2011), associé à une empreinte écologique inférieure à 1,7 hectares globaux par personne (seuil représentant la biocapacité mondiale par personne en 2011), constitueraient les conditions nécessaires pour un développement durable, reproductible à large échelle. En réalité, la mise en relation de l'IDH avec l'empreinte écologique montre qu'il n'existe qu'un seul pays conciliant un IDH élevé et une faible empreinte écologique (Cuba). Les autres pays qui se rapprochent le plus de cette position sont quelques pays d'Amérique latine et d'Asie centrale (G 21c.7).

Les pays présentant des indices de développement humain élevés sont ceux dont la consommation de ressources est la plus importante. Leur forte empreinte écologique est liée à leur haut niveau de développement économique, engendrant une utilisation accrue d'énergie et de ressources.

En 2011, avec une empreinte écologique de 5 hectares globaux par habitant, et un IDH de 0,9 la Suisse se trouve loin du secteur que l'on pourrait qualifier de durable. Il en est de même pour la plupart des pays européens, les Etats-Unis, le Canada, l'Australie et Singapour.

Die Entwicklungszusammenarbeit

La coopération au développement

Entwicklungszusammenarbeit ist ein grundlegendes Element zur Verringerung der internationalen Disparitäten und zur Schaffung von mehr Gerechtigkeit weltweit.

In der Schweiz ist die Entwicklungszusammenarbeit als Aufgabe des Staates in der Verfassung verankert. Sie verfolgt drei wichtige Ziele: die Armutsbekämpfung, die Verbesserung der menschlichen Sicherheit sowie die Mitgestaltung einer entwicklungsfördernden Globalisierung.

Die Hauptakteure auf Bundesebene sind dabei die Direktion für Entwicklung und Zusammenarbeit (DEZA) und das Staatssekretariat für Wirtschaft (SECO).

Entwicklung der Finanzhilfe

Die öffentliche Entwicklungshilfe umfasst alle Finanzströme des öffentlichen Sektors an Entwicklungsländer und -regionen oder an multilaterale Organisationen, die im Entwicklungsbereich tätig sind.

1990 brachte die Schweiz für die öffentliche Entwicklungshilfe 1041 Mio. Franken auf, was 0,28% des Bruttonationaleinkommens (BNE) entspricht. Seit 2011 hat sich der Anteil der öffentlichen Entwicklungshilfe am BNE über dem Wert von 0,4% stabilisiert, (G 21c.8) entspricht jedoch bei Weitem nicht dem 1970 von der UNO formulierten Ziel. Dieses sieht vor, dass die Industrieländer 0,7% ihres BNE für die öffentliche Entwicklungshilfe aufwenden.

Die Schweiz im internationalen Vergleich

2014 wendete die Schweiz 0,49% ihres BNE für die öffentliche Entwicklungshilfe auf und lag damit auf Rang 8 der 28 Mitgliedsländer des Ausschusses für Entwicklungshilfe (DAC, Development Assistance Committee) der OECD (G 21c.9). Im selben Jahr blieb der geleistete Beitrag der DAC-Länder an die öffentliche Entwicklungshilfe insgesamt stabil und erreichte einen Rekordwert von 135,2 Mrd. US-$. Verglichen mit 2000 ist dieser Betrag (real) um

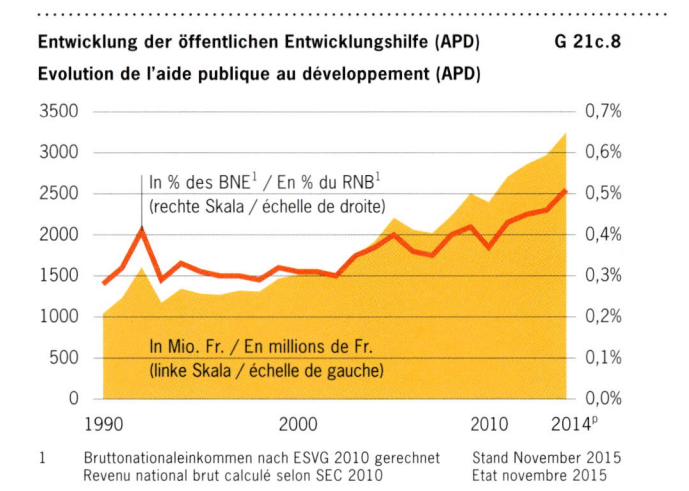

La coopération au développement représente une action cruciale en vue de réduire les disparités internationales et de créer un monde plus équitable.

En Suisse, elle constitue une mission de l'Etat, ancrée dans la Constitution. Les trois grands objectifs de la politique de développement de la Confédération sont: la lutte contre la pauvreté, l'amélioration de la sécurité humaine, ainsi que l'instauration d'une mondialisation propice au développement.

Sur le plan fédéral, la Direction du développement et de la coopération (DDC) et le Secrétariat d'Etat à l'économie (SECO) sont les principaux acteurs de la coopération au développement.

Evolution des contributions financières

L'aide publique au développement (APD) est constituée par l'ensemble des flux financiers provenant du secteur public, destinés à des pays ou régions en développement ou à des organisations multilatérales actives dans le domaine du développement.

En 1990, l'APD de la Suisse s'élève à 1041 millions de francs, soit 0,28% de son revenu national brut (RNB). Depuis 2011 la part de l'APD dans le RNB s'est stabilisée au-dessus de 0,4% (G 21c.8). Ce pourcentage reste encore très éloigné de l'objectif formulé par l'ONU en 1970, visant à ce que les pays développés consacrent 0,7% de leur RNB à l'aide publique au développement.

Entwicklung der öffentlichen Entwicklungshilfe (APD) G 21c.8
Evolution de l'aide publique au développement (APD)

1 Bruttonationaleinkommen nach ESVG 2010 gerechnet
Revenu national brut calculé selon SEC 2010
Stand November 2015
Etat novembre 2015

APD der Mitgliedsländer des DAC,[1] **in % des BNE 2014**p   G 21c.9
APD des pays membres du CAD,[1] **en % de leur RNB en 2014**p

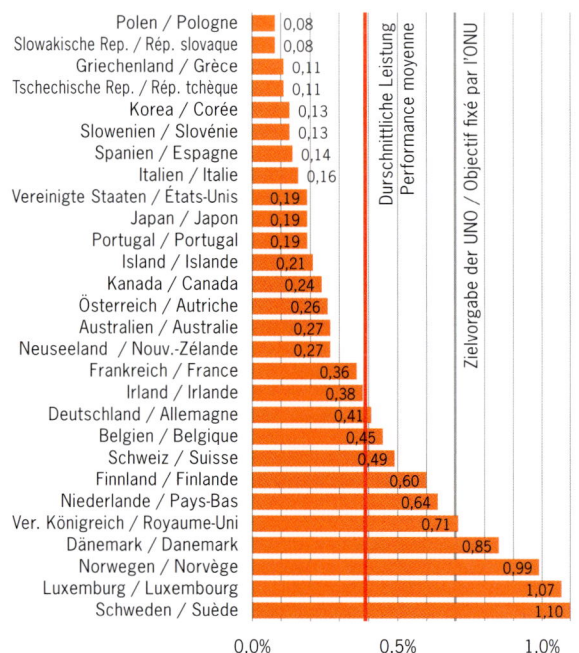

Land	%
Polen / Pologne	0,08
Slowakische Rep. / Rép. slovaque	0,08
Griechenland / Grèce	0,11
Tschechische Rep. / Rép. tchèque	0,11
Korea / Corée	0,13
Slowenien / Slovénie	0,13
Spanien / Espagne	0,14
Italien / Italie	0,16
Vereinigte Staaten / États-Unis	0,19
Japan / Japon	0,19
Portugal / Portugal	0,19
Island / Islande	0,21
Kanada / Canada	0,24
Österreich / Autriche	0,26
Australien / Australie	0,27
Neuseeland / Nouv.-Zélande	0,27
Frankreich / France	0,36
Irland / Irlande	0,38
Deutschland / Allemagne	0,41
Belgien / Belgique	0,45
Schweiz / Suisse	0,49
Finnland / Finlande	0,60
Niederlande / Pays-Bas	0,64
Ver. Königreich / Royaume-Uni	0,71
Dänemark / Danemark	0,85
Norwegen / Norvège	0,99
Luxemburg / Luxembourg	1,07
Schweden / Suède	1,10

Durchschnittliche Leistung / Performance moyenne
Zielvorgabe der UNO / Objectif fixé par l'ONU

1 DAC: Development Assistance Committee, Entwicklungsausschuss der OECD
CAD: Comité d'aide au développement de l'OCDE
Stand April 2015 / Etat avril 2015

Entwicklungzusammenarbeit der DEZA 2014   G 21c.10
Coopération au développement de la DDC, en 2014
Nach Schwerpunktländer und -regionen, in Mio. Fr.
Par pays et régions prioritaires, en millions de Fr.

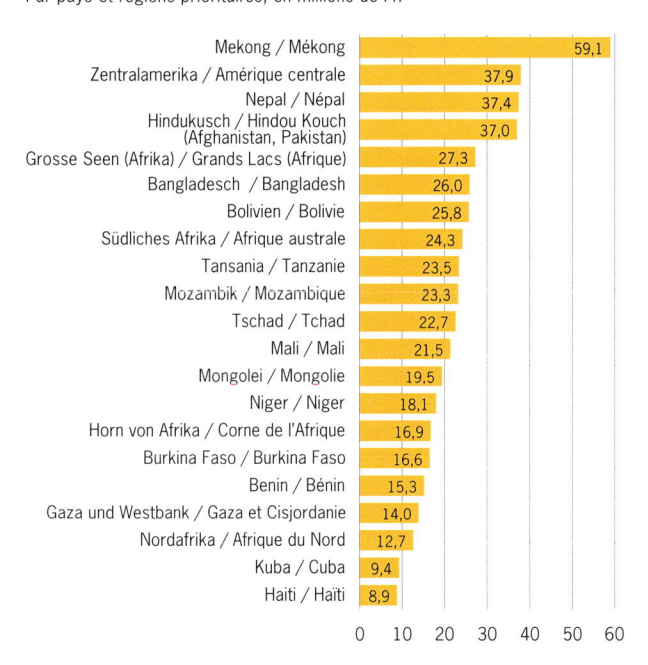

Land / Region	Mio. Fr.
Mekong / Mékong	59,1
Zentralamerika / Amérique centrale	37,9
Nepal / Népal	37,4
Hindukusch / Hindou Kouch (Afghanistan, Pakistan)	37,0
Grosse Seen (Afrika) / Grands Lacs (Afrique)	27,3
Bangladesch / Bangladesh	26,0
Bolivien / Bolivie	25,8
Südliches Afrika / Afrique australe	24,3
Tansania / Tanzanie	23,5
Mozambik / Mozambique	23,3
Tschad / Tchad	22,7
Mali / Mali	21,5
Mongolei / Mongolie	19,5
Niger / Niger	18,1
Horn von Afrika / Corne de l'Afrique	16,9
Burkina Faso / Burkina Faso	16,6
Benin / Bénin	15,3
Gaza und Westbank / Gaza et Cisjordanie	14,0
Nordafrika / Afrique du Nord	12,7
Kuba / Cuba	9,4
Haiti / Haïti	8,9

Bilaterale Entwicklungzusammenarbeit der DEZA 2014   G 21c.11
Coopération au développement bilatérale de la DDC, en 2014
Nach Themen[1], in Mio. Fr.
Par thèmes[1], en millions de Fr.

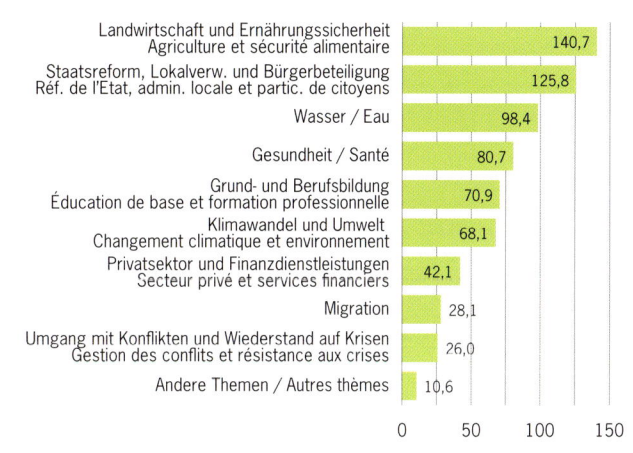

Thema / Thème	Mio. Fr.
Landwirtschaft und Ernährungssicherheit / Agriculture et sécurité alimentaire	140,7
Staatsreform, Lokalverw. und Bürgerbeteiligung / Réf. de l'Etat, admin. locale et partic. de citoyens	125,8
Wasser / Eau	98,4
Gesundheit / Santé	80,7
Grund- und Berufsbildung / Éducation de base et formation professionnelle	70,9
Klimawandel und Umwelt / Changement climatique et environnement	68,1
Privatsektor und Finanzdienstleistungen / Secteur privé et services financiers	42,1
Migration	28,1
Umgang mit Konflikten und Wiederstand auf Krisen / Gestion des conflits et résistance aux crises	26,0
Andere Themen / Autres thèmes	10,6

[1] Ohne Programmbeiträge an schweizerische NGOs, multisektorielle Aktivitäten und Betriebskosten. / Non compris les contributions de programme aux ONG suisses, les activités multisectorielles et les coûts de fonctionnement.

66% angestiegen. 2014 wendeten lediglich fünf Länder mehr als die von der UNO geforderten 0,7% des BNE für die öffentliche Entwicklungshilfe auf.

Regionale und thematische Schwerpunkte

Seit einigen Jahren fokussiert die DEZA ihre Entwicklungszusammenarbeit auf bestimmte Themenbereiche und Schwerpunktländer. Dieses Vorgehen soll die Aktivitäten «konzentrieren» und basiert auf der Annahme, dass eine grosse thematische und geografische Verteilung der Projekte zu Effizienzverlusten führt.

2014 fokussierte sie die Entwicklungszusammenarbeit auf 21 Schwerpunktländer sowie -regionen (G 21c.10). Die DEZA definiert darüber hinaus Themenbereiche (G 21c.11) sowie zwei Transversalthemen, die in allen Entwicklungsprogrammen berücksichtigt werden; es handelt sich bei letzteren um Gender-Gleichberechtigung und Gouvernanz.

Die Schweizer NGO

Eine wichtige Rolle in der Schweizer Entwicklungszusammenarbeit spielen auch die Nichtregierungsorganisationen (NGO) und die Initiativen aus der Zivilbevölkerung. Die Spenden dieser privaten Organisationen betrugen 2013 insgesamt 466,1 Mio. Franken, das sind 1,7-mal mehr als noch im Jahr 2000. Der Anteil am BNE stieg von 0,06% im Jahr 2000 auf 0,07% seit Jahr 2009. Die DEZA arbeitet häufig mit einigen dieser Organisationen zusammen, unterstützt sie finanziell oder mandatiert sie mit Projekten in den Partnerländern.

Die Direktinvestitionen im Ausland

Die Direktinvestitionen im Ausland sind ein starker Antrieb für das Wirtschaftswachstum, die Schaffung von Arbeitsplätzen und die Modernisierung in den Entwicklungsländern. Sie sind auch

La Suisse en comparaison internationale

En consacrant 0,49% de son revenu national brut à l'aide publique au développement, la Suisse se situe, en 2014, au 8e rang des 28 pays membres du Comité d'aide au développement (CAD) de l'OCDE (G 21c.9). Cette même année, le total des montants attribués à l'APD par les pays du CAD est resté, de manière générale, stable au niveau record de 135,2 milliards d'US-$. Ce montant, en valeur réelle, augmente de 66% par rapport à 2000. En 2014, seuls 5 pays dépassent l'objectif des 0,7% du RNB, préconisé par l'ONU.

Accents régionaux et thématiques

La DDC focalise, depuis quelques années, sa coopération au développement de terrain sur certains thèmes-clés ainsi que sur quelques pays prioritaires. Cette démarche atteste d'une volonté de «concentrer» les activités de coopération de terrain et repose sur l'idée qu'un morcellement thématique et géographique des projets mène à une perte d'efficacité de ceux-ci.

En 2014, la DDC concentrait sa coopération au développement sur 21 pays et régions prioritaires (G 21c.10). La DDC définit également des thématiques d'intervention prioritaires (G 21c.11). A celles-ci viennent s'ajouter deux thématiques transversales, intégrées dans l'ensemble des programmes de développement: le genre et la gouvernance.

Les ONG suisses

Certaines organisations non gouvernementales (ONG) et initiatives émanant de la société civile ont également une influence marquante sur l'évolution de la coopération suisse. En 2013, les dons de ces organismes privés se sont élevés à 466,1 millions de francs, soit 1,7 fois plus qu'en 2000. Leur part dans le RNB est, quant à elle, passée de 0,06% en 2000 à 0,07% depuis 2009. La DDC collabore souvent avec certaines de ces organisations, en participant à leur financement ou en les mandatant pour réaliser certains projets dans les pays partenaires.

Direktinvestitionen[1] in Entwicklungsländern   G 21c.12
Investissements directs[1] dans les pays en développement

In Mrd. Fr. / En milliards de Fr.

Industrie- und Entw.länder mit hohem Einkommen
Pays industriels et pays en dév. à haut revenu

Entw.länder mit mittlerem Eink. / Pays en dév. à revenu intermédiaire

Entw.länder mit niedrigem Einkommen / Pays en dév. à faible revenu
Am wenigsten entwickelte Länder / Pays les moins avancés

1   Kapitalexporte der Schweiz nach Einkommenskategorien der Länder
     Exportations de capitaux suisses selon les catégories de revenu des pays

Geldüberweisungen von Migranten und Migrantinnen   G 21c.13
Fonds envoyés par des migrants

In Mrd. Fr. / En milliards de Fr.

1   Summe der offiziellen privaten Geldüberweisungen von Arbeitsmigrant/innen aus
     der Schweiz in ihre Herkunftsländer / Somme des fonds envoyés par des migrants
     travaillant en Suisse dans leur pays d'origine
2   Seit 2009 wird die neue Ausgabe des Zahlungsbilanzhandbuchs des Internationalen
     Währungsfonds verwendet (BPM6) / Dès 2009, utilisation de la nouvelle édition du
     manuel de la balance des paiements du FMI (BPM6)

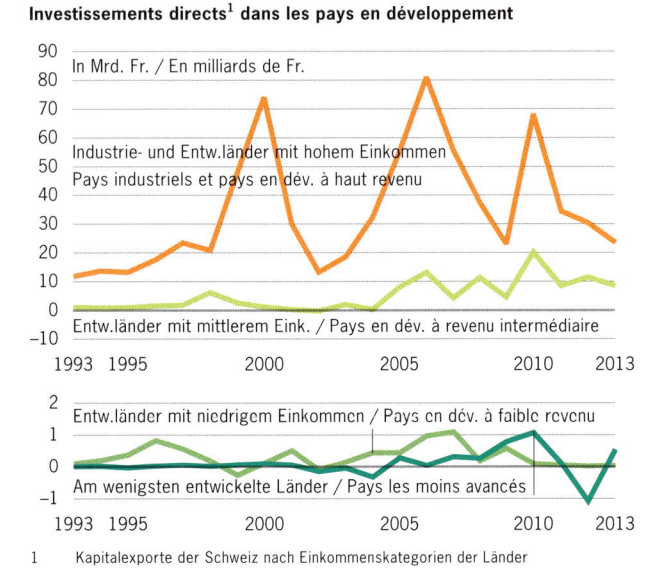

ein wichtiger Träger des Wissens- und Technologietransfers. Mit der Globalisierung der Wirtschaft haben die Direktinvestitionen in Entwicklungsländern stark zugenommen. Gemäss den Daten der Schweizerischen Nationalbank lagen die Schweizer Kapitalexporte 2013 bei mehr als 32 Mrd. Franken (G 21c.12). Mehr als 72% dieser Investitionen gingen jedoch an Länder mit hohem Einkommen.

Geldüberweisungen von Migrantinnen und Migranten in ihre Herkunftsländer

Zahlreiche Migrantinnen und Migranten in der Schweiz überweisen privat einen Teil ihres Einkommens an Verwandte oder Bekannte in ihren Herkunftsländern. Gemäss Angaben der Weltbank wurden im Jahr 2013 rund 6,5 Mrd. Franken in die Herkunftsländer überwiesen (G 21c.13). Dies ist nach den Direktinvestitionen der zweitgrösste Geldstrom in die Entwicklungsländer.

Les investissements directs à l'étranger

Les investissements directs à l'étranger (IDE) constituent un puissant moteur pour la croissance économique, la création d'emplois et la modernisation des pays en développement. Ils sont également un important vecteur de transfert de technologies et de savoir-faire. La mondialisation de l'économie a entraîné un accroissement très rapide des IDE dans les pays en développement. En 2013, selon les données de la Banque nationale suisse, les exportations de capitaux suisses ont atteint plus de 32 milliards de francs (G 21c.12). Toutefois, plus de 72% de ces investissements ont bénéficié à des pays à revenu élevé.

Les envois de fonds des migrants dans leur pays d'origine

De nombreux migrants établis en Suisse envoient, à titre privé, une partie de leurs revenus à des parents ou connaissances restés dans leur pays d'origine. D'après la Banque mondiale, en 2013, ceux-ci auraient versé près de 6,5 milliards de francs dans leur pays d'origine (G 21c.13). Après les IDE, ces transferts constituent le deuxième plus important flux financier vers les pays en développement.

Glossar

Ausländische Direktinvestitionen
Mit ausländischen Direktinvestitionen ist eine strategische, langfristige Beziehung zum Unternehmen im Ausland beabsichtigt. Dies kann z. B. die Eröffnung einer unselbständigen Zweigstelle, die Gründung von Tochtergesellschaften oder eine Fusion sein. Die schweizerischen Direktinvestitionen im Ausland (Kapitalexporte der Schweiz) werden jährlich von der Schweizerischen Nationalbank erhoben.

Disparität
Disparität lässt sich als ein «Bestehen von Ungleichheiten» übersetzen. Unter räumlichen oder regionalen Disparitäten versteht man Unterschiede zwischen Regionen, die sich in verschiedenen Lebensbedingungen oder Entwicklungen äussern.

Geldüberweisungen von Migrantinnen und Migranten
Diese Finanzflüsse sind Geldüberweisungen von Arbeitsmigranten und -migrantinnen, die über ein Jahr im Gastland wohnhaft sind, an Personen in ihren Herkunftsländern. Sie werden jährlich von der Weltbank basierend auf Statistiken des Payments Statistics Yearbook des Internationalen Währungsfonds (IWF) geschätzt. Die Statistiken der Weltbank berücksichtigen nur über offizielle Kanäle getätigte Geldüberweisungen.

NUTS (Nomenclature des Unités Territoriales Statistiques)
Die Systematik der Gebietseinheiten für die Statistik (NUTS) (Nomenclature des Unités Territoriales Statistiques) wurde 1981 durch Eurostat erarbeitet. Sie hat zum Ziel, die Aufgliederung der Gebietseinheiten zur Erstellung von Regionalstatistiken für die Europäische Union zu vereinheitlichen und soweit wie möglich untereinander vergleichbar zu machen.

Für die Durchschnittsgrösse der NUTS-Regionen werden in der NUTS-Verordnung die folgenden Unter- und Obergrenzen festgesetzt:
- NUTS 1: zwischen 3 und 7 Millionen Einwohner
- NUTS 2: zwischen 800 000 und 3 Millionen Einwohner
- NUTS 3: zwischen 150 000 und 800 000 Einwohner

Die Grossregionen und die Kantone der Schweiz sind mit dieser räumlichen Struktur kompatibel und entsprechen der NUTS 2 respektiv der NUTS 3 der Europäischen Union. Die nationale Stufe der Schweiz entspricht der NUTS 0 und der NUTS 1.

Öffentliche Entwicklungshilfe (APD)
Die öffentliche Entwicklungshilfe (Aide publique au développement, APD) umfasst alle Finanzströme an Entwicklungsländer und -regionen (zurzeit 146) sowie an multilaterale Entwicklungsorganisationen, die
- aus dem öffentlichen Sektor stammen;
- vorrangig auf die Erleichterung der wirtschaftlichen Entwicklung und die Verbesserung der Lebensbedingungen abzielen;
- zu Vorzugskonditionen gewährt werden.

Die APD-Leistungen der Schweiz umfassen im Wesentlichen die Ausgaben der Direktion für Entwicklung und Zusammenarbeit (DEZA) und des Staatssekretariats für Wirtschaft (SECO). Weitere Bundesämter sowie die 26 Kantone und rund 200 Gemeinden beteiligen sich an der internationalen Zusammenarbeit der Schweiz.

Glossaire

Aide publique au développement (APD)
L'aide publique au développement (APD) englobe tous les flux financiers vers des pays ou des régions en développement (146 actuellement) et des organisations de développement multilatérales. Ces flux présentent les caractéristiques suivantes:
- ils proviennent du secteur public;
- ils ont avant tout pour buts de faciliter le développement économique et d'améliorer les conditions de vie;
- ils bénéficient de conditions préférentielles.

Les prestations d'APD de la Suisse englobent principalement les dépenses de la Direction du développement et de la collaboration (DDC) et du Secrétariat d'Etat à l'économie (SECO). D'autres offices fédéraux ainsi que les 26 cantons et quelque 200 communes environ participent à la coopération internationale de la Suisse.

Disparité
La disparité est définie comme une inégalité entre plusieurs éléments. Par disparités spatiales ou régionales on entend les différences entre des régions qui se traduisent par des conditions de vie ou des évolutions différentes.

Fonds envoyés par des personnes migrantes
Il s'agit de l'argent que les personnes migrantes domiciliées pendant plus d'un an dans le pays d'accueil où elles travaillent envoient à des personnes dans leur pays d'origine. Ces fonds versés par les personnes migrantes sont estimés chaque année par la Banque mondiale sur la base des statistiques du Payments Statistics Yearbook du Fonds monétaire international (FMI). Les statistiques de la Banque mondiale ne prennent en compte que les versements effectués par les voies officielles.

Investissement directs étrangers
Les investissements directs étrangers doivent permettre d'entretenir des rapports stratégiques à long terme avec des entreprises établies à l'étranger. De tels investissements peuvent se traduire par l'ouverture d'une succursale, par la création d'une filiale ou par une fusion. La Banque nationale relève en rythme annuel les investissements directs suisses à l'étranger (exportation de capitaux suisses).

NUTS (Nomenclature des Unités Territoriales Statistiques)
La Nomenclature des Unités Territoriales Statistiques (NUTS) a été élaborée en 1981 par Eurostat. Elle a pour but d'uniformiser le découpage des unités régionales utilisées pour les statistiques régionales de l'Union européenne, afin d'améliorer la comparabilité de celles-ci.

Les niveaux NUTS sont donnés par les limites inférieures et supérieures définies comme suit dans le règlement y relatif de l'UE:
- NUTS 1: entre 3 et 7 millions d'habitants
- NUTS 2: entre 800 000 et 3 millions d'habitants
- NUTS 3: entre 150 000 et 800 000 habitants

Les grandes régions et les cantons de Suisse sont compatibles avec cette structure géographique; ils correspondent respectivement aux niveaux NUTS 2 et NUTS 3 définis par l'Union européenne. L'échelon national de la Suisse correspond au niveau NUTS 0 et NUTS 1.

Daten / Données

Ausgewählte Indikatoren im internationalen Vergleich T 21.3.3

	Einheit / Unité	Jahre / Années	Schweiz / Suisse	EU-27 / UE-27	BEL	DNK	DEU	IRL	GRC	ESP	FRA
Bevölkerung											
Wohnbevölkerung	In 1000	2014[3]	8 140	502 601	11 204	5 627	80 767	4 606	10 927	46 512	65 836
Bevölkerungsdichte pro km² Gesamtfläche	Einwohner pro km²	2013[3]	202	117	369	131	230	67	84	93	104
Anteil Altersgruppe 0–19 Jahre	%	2014[3]	20,3	21,0	22,6	23,6	18,1	28,0	19,6	19,8	24,6
Anteil Altersgruppe 65+ Jahre	%	2014[3]	17,6	18,5	17,8	18,2	20,8	12,6	20,5	18,1	18,0
Anteil der ausländischen Wohnbevölkerung	%	2014[3]	23,8	...	11,3	7,1	8,7	11,8	7,8	10,1	6,3
Lebendgeburten pro 1000 Einwohner	‰	2013	10,3	10,0	11,3	10,0	8,3	15,0	8,6	9,1	12,4
Anteil nicht-ehelicher Geburten	%	2013	21,1	...	...	51,5	34,8	...	7,0	40,9	...
Lebenserwartung der Frauen bei Geburt	Jahre	2013	85,0	83,3	83,2	82,4	83,2	83,1	84,0	86,1	85,6
Lebenserwartung der Männer bei Geburt	Jahre	2013	80,7	77,8	78,1	78,3	78,6	79,0	78,7	80,2	79,0
Raum, Umwelt											
Gesamtfläche	km²	2009[4]	41 285	...	30 666	42 853	357 113	69 882	120 168	493 501	548 763
Anteil der Siedlungs- und Infrastrukturflächen	%	2009[4]	7,5	...	19,3	12,4	9,9	8,2	7,2	7,5	9,4
Anteil der Landwirtschaftsflächen	%	2009[4]	36,9	...	52,4	64,2	51,7	73,2	35,4	52,9	54,2
Anteil der bestockten Flächen (Wald und Gehölze)	%	2009[4]	30,8	...	26,5	18,4	33,9	11,7	33,4	31,9	31,7
Einnahmen aus umweltbezogenen Steuern im Verhältnis zum Total der Einnahmen aus Steuern und Sozialabgaben	%	2013[4]	6,2	6,1[5]	4,3	8,7	5,2	8,3	7,8	5,5	4,3
Inländischer Materialkonsum (DMC)	Tonnen je Einwohner	2013[4]	12,1	13,2[5]	13,6	20,7	16,0	26,2	12,4	8,4	11,9
Treibhausgasemissionen in CO_2-Äquivalenten	Tonnen je Einwohner	2013[4]	6,5	8,8[5]	10,7	9,8	11,6	12,8	9,6	6,9	7,5
Arbeit											
Erwerbstätigenquote (15–64)	%	2014	79,8	64,9	61,9	72,8	73,8	61,7	49,4	56,0	64,3
Frauen	%	2014	75,1	59,7	57,9	69,8	69,5	56,7	41,1	51,2	60,9
Männer	%	2014	84,4	70,2	65,8	75,8	78,1	66,9	58,0	60,7	67,7
Erwerbslosenquote (15–74) gemäss ILO[1]	%	2014	4,5	10,2	8,5	6,6	5,0	11,3	26,5	24,5	10,3
Frauen	%	2014	4,7	10,3	7,9	6,8	4,6	9,4	30,2	25,4	10,0
Männer	%	2014	4,4	10,1	9,0	6,4	5,3	12,9	23,7	23,6	10,5
15–24 Jahre	%	2014	8,6	22,0	23,2	12,6	7,7	23,9	52,4	53,2	24,2
Langzeiterwerbslosigkeit (15–74) gemäss ILO	%	2014	35,2	49,4	49,9	25,2	44,3	59,2	73,5	52,8	42,8
Wirtschaft											
Bruttoinlandprodukt pro Einwohner	KKS[2]	2013	40 600	25 800	30 500	32 100	32 000	32 500	...	24 500	27 800
Durchschnittliches jährliches reales Wachstum des Bruttoinlandproduktes pro Einwohner	%	2000–2013	3,7	2,9	2,3	2,4	3,6	2,5	...	2,7	2,2
Preis											
Harmonisierter Verbraucherpreisindex (HVPI)	%	2014	–	0,6	0,5	0,3	0,8	0,3	–1,4	–0,2	0,6

1 Erwerbslose gemäss ILO: Definition des Internationalen Arbeitsamtes
2 Kaufkraftstandard
3 Am 1. Januar
4 Am 31. Dezember
5 EU-28

Quelle: Eurostat

Für alle Variablen wurde nur eine Quelle verwendet: Eurostat. Abweichungen von Daten anderer Publikationen des Bundesamtes für Statistik sind möglich.

Choix d'indicateurs en comparaison internationale

T 21.3.3

ITA	LUX	NLD	AUT	POL	PRT	FIN	SWE	GBR	NOR	ISL	Einheit / Unité	
												Population
60 783	550	16 829	8 507	38 018	10 427	5 451	9 645	64 308	5 108	326	En milliers	Population résidante
199	210	498	103	122	113	18	24	264	17	3	Habitants par km^2	Densité de la population par km^2 de surface totale
18,6	22,7	22,9	19,9	20,6	19,8	22,2	22,7	23,6	24,6	27,4	%	Part du groupe d'âge 0–19 ans
21,4	14,1	17,3	18,3	14,9	19,9	19,4	19,4	17,5	15,9	13,2	%	Part du groupe d'âge 65+ ans
8,1	45,3	4,4	12,4	0,3	3,8	3,8	7,1	7,8	9,4	7,0	%	Part de la population étrangère
8,6	11,4	10,2	9,4	9,7	7,9	10,7	11,9	12,2	11,7	13,4	‰	Naissances vivantes pour 1000 habitants
26,9	37,8	47,4	...	23,4	47,6	42,1	54,4	...	55,2	...	%	Part des naissances hors mariage
85,2	83,9	83,2	83,8	81,2	84,0	84,1	83,8	82,9	83,8	83,7	Années	Espérance de vie à la naissance: femmes
80,3	79,8	79,5	78,6	73,0	77,6	78,0	80,2	79,2	79,8	80,5	Années	Espérance de vie à la naissance: hommes
												Espace, environnement
301 392	2 596	37 357	83 920	311 925	88 840	335 766	449 159	244 436	323 759	103 000	km^2	Surface totale
11,0	5,0	25,1	7,2	7,4	8,0	15,2	14,6	13,5	...	...	%	Part des surfaces d'habitat et d'infrastructure
51,4	52,4	55,0	38,2	50,9	37,0	7,4	8,1	65,1	...	...	%	Part des surfaces agricoles
33,2	35,7	11,9	47,0	34,5	46,0	68,1	66,0	14,8	...	...	%	Part des surfaces boisées
7,8	5,5	8,9	5,5	7,3	5,9	6,7	5,4	7,1	...	...	%	Recettes des impôts liés à l'environnement par rapport au total des recettes fiscales et contributions sociales
8,9	19,2	9,4	21,4	17,3	14,1	34,4	22,6	9,2	29,2	...	Tonnes par habitant	Consommation intérieure de matières (DMC)
7,3	20,7	11,7	9,4	10,4	6,2	11,6	5,8	9,0	...	14,2	Tonnes par habitant	Emissions de gaz à effet de serre en équivalent CO_2
												Travail
55,7	66,6	73,1	71,1	61,7	62,6	68,7	74,9	71,9	75,2	81,7	%	Taux d'actifs occupés (15–64)
46,8	60,5	68,1	66,9	55,2	59,6	68,0	73,1	67,1	73,4	79,3	%	Femmes
64,7	72,6	78,1	75,2	68,2	65,8	69,5	76,5	76,8	77,0	84,0	%	Hommes
12,7	6,0	7,4	5,6	9,0	14,1	8,7	7,9	6,1	3,5	5,0	%	Taux de chômage (15–74) au sens du BIT[1]
13,8	6,3	7,8	5,4	9,6	14,5	8,0	7,7	5,8	3,3	4,9	%	Femmes
11,9	5,8	7,2	5,9	8,5	13,8	9,3	8,2	6,4	3,7	5,1	%	Hommes
42,7	22,3	12,7	10,3	23,9	34,7	20,5	22,9	16,9	7,9	10,0	%	15–24 ans
61,4	27,4	40,0	27,2	42,7	59,6	22,4	18,9	35,8	23,1	12,0	%	Chômeurs de longue durée (15–74) au sens du BIT
												Economie
25 200	67 900	32 600	33 200	17 500	19 400	28 700	32 700	27 200	49 200	30 000	SPA[2]	Produit intérieur brut par habitant
1,1	3,8	2,3	2,7	7,5	2,2	2,4	2,9	1,6	4,7	1,7	%	Croissance réelle moyenne annuelle du produit intérieur brut par habitant
												Prix
0,2	0,7	0,3	1,5	0,1	–0,2	1,2	0,2	1,5	1,9	1,0	%	Indice des prix à la consommation harmonisé (IPCH)

1 Chômeurs au sens du BIT: définition du Bureau international du Travail
2 Standard de pouvoir d'achat
3 Au 1er janvier
4 Au 31 décembre
5 UE-28

Source: Eurostat

Une source unique est utilisée pour toutes les variables: Eurostat. Il est possible que les données varient de celles publiées par l'Office fédéral de la statistique dans d'autres publications.

Ausgewählte Indikatoren im internationalen Vergleich (Fortsetzung) T 21.3.3

	Einheit Unité	Jahre Années	Schweiz Suisse	EU-27 UE-27	BEL	DNK	DEU	IRL	GRC	ESP	FRA
Energie											
Bruttoenergieverbrauch	TRÖE[1] je Einwohner	2013[4]	3,4	3,3[5]	5,1	3,2	4,0	3,0	2,2	2,6	3,9
Anteil von Roh- und Mineralöl am Bruttoenergieverbrauch	%	2013[4]	43,2	33,4[5]	40,7	37,3	33,9	49,2	46,6	42,4	30,1
Anteil erneuerbarer Energien am Bruttoenergieverbrauch	%	2013[4]	19,0	11,8[5]	6,2	24,2	10,3	6,2	10,7	14,7	9,0
Anteil der Kernenergie am Bruttoenergieverbrauch	%	2013[4]	23,3	13,6[5]	19,4	–	7,7	–	–	12,3	42,2
Tourismus											
Betten in Hotels und Kurbetrieben	Betten pro 1000 Einwohner	2014	33,5	26,9	11,4	16,1	21,8	32,8	73,2	40,3	19,4
Logiernächte in Hotels und Kurbetrieben	Nächte pro Einwohner	2014	4,4	...	1,7	2,4	3,3	5,2	6,8	6,3	3,1
Mobilität											
Motorisierungsgrad pro 1000 Einwohner	Personenwagen	2013[4]	531	...	490	...	538	431	...	474	490
Strassenverkehrsunfälle: Getötete pro 1 Mio Einwohner	Tote	2009[4]	46	78	88	74	54	63	139	68	67
Länge des Strassennetzes	km	2013[4]	71 527	...	...	...	...	95 999	...	...	...
Länge des Schienennetzes	km	2013[4]	...	...	...	...	41 328	2 421	...	...	...
Soziale Sicherheit											
Ausgaben Soziale Sicherheit	% des BIP	2013	25,5	...	29,7	...	28,6	...	...	25,4	32,6
Gesundheit											
Krankenhausbetten pro 100 000 Einwohner	Betten	2013[4]	468	...	...	...	...	...	...	...	629
Ausgaben Gesundheitswesen	% des BIP	2012	11,4	...	10,9	...	10,9	...	9,2	9,2	11,2
Säuglingssterblichkeit[2]	‰	2013	3,9	...	3,5	3,5	3,3	3,5	3,7	2,7	3,6
Bildung und Wissenschaft											
Jugendliche (18–24) ohne nachobligatorische Ausbildung	%	2014	28,7	27,0	22,3	42,4	35,6	18,5	16,2	39,3	17,1
Personen (25–64) mit höchstem Bildungsabschluss auf Tertiärstufe	%	2014	40,2	29,3	36,9	36,1	27,1	41,0	28,1	34,7	33,2
Ausgaben für Forschung und Entwicklung	% des BIP	2014	...	...	2,5	3,1	2,8	1,6	0,8	1,2	2,3
Wirtschaftliche und soziale Situation der Bevölkerung											
Armutsgefährdungsquote in % aller Erwerbstätigen	%	2014	...	9,6	4,8	4,8	9,9	5,2	13,2	12,6	8,0
Personen mit materiellen Entbehrungen	%	2014	...	8,9	5,9	3,2	5,0	8,4	21,5	7,1	4,8
Median des verfügbaren Äquivalenzeinkommens	KKS[3]	2014	...	...	19 591	19 929	19 299	16 315	8 610	14 195	19 307
Wohnkosten in % des verfügbaren Haushaltseinkommens	%	2014	...	22,6	20,8	28,2	27,3	15,4	42,5	19,1	18,3
Gleichstellung: Geschlechtsspezifisches Verdienstgefälle (2. und 3. Sektor)	%	2013	19,3	16,4	9,8	16,4	21,6	...	...	19,3	15,1
Frauenanteil in nationalen Parlamenten	%	2015	30,5	...	39,3	37,4	36,5	16,3	23,0	41,1	26,2

1 Tonnen Rohöläquivalente
2 Gestorbene Säuglinge im ersten Lebensjahr je 1000 Lebendgeburten
3 Kaufkraftstandard
4 Am 31. Dezember
5 EU-28

Quelle: Eurostat

Für alle Variablen wurde nur eine Quelle verwendet: Eurostat. Abweichungen von Daten anderer Publikationen des Bundesamtes für Statistik sind möglich.

Choix d'indicateurs en comparaison internationale (suite)

T 21.3.3

ITA	LUX	NLD	AUT	POL	PRT	FIN	SWE	GBR	NOR	ISL	Einheit / Unité	
												Energie
2,6	7,9	4,8	4,0	2,6	2,2	6,2	5,1	3,1	6,6	...	TEP[1] par habitant	Consommation brute d'énergie
35,9	64,1	41,1	36,0	23,3	46,4	24,7	24,4	33,7	43,9	...	%	Part du pétrole brut et des produits pétroliers dans la consommation d'énergie brute
16,5	3,6	4,2	29,6	8,7	23,5	29,2	34,8	5,0	37,4	...	%	Part des énergies renouvelables dans la consom. d'énergie brute
–	–	0,9	–	–	–	18,0	34,9	9,1	–	...	%	Part de l'énergie nucléaire dans la consommation d'énergie brute
												Tourisme
36,9	26,9	15,0	70,4	7,7	29,7	24,5	24,8	...	36,3	76,8	Lits pour 1000 habitants	Lits dans les hôtels et établissements de cure
4,2	3,1	2,4	10,0	0,9	4,6	2,9	3,2	...	4,0	10,1	Nuitées par habitant	Nuitées dans les hôtels et établissements de cure
												Mobilité
608	...	471	546	510	415	574	...	442	486	...	Voitures de tourisme	Taux de motorisation pour 1000 habitants
79	72	41	81	143	83	65	43	43	...	...	Personnes décédées	Nombre de personnes décédées dans des accidents de la route, pour 1 mio. d'habitants
...	...	...	124 591	416 615	...	107 570	...	...	...	...	km	Longueur du réseau routier
...	...	...	...	36 939	...	8 523	...	...	...	...	km	Longueur du réseau ferroviaire
												Protection sociale
29,5	23,2	31,6	29,8	...	26,8	31,8	30,5	29,9	24,9	...	% du PIB	Dépenses protection sociale
												Santé
...	505	...	765	658	340	486	259	276	386	322	Lits	Lits d'hôpitaux pour 100 000 habitants
...	6,8	11,8	10,4	6,3	...	8,7	9,1	...	9,0	...	% du PIB	Coût système de santé
2,9	3,9	3,8	3,1	4,6	2,9	1,8	2,7	3,8	2,4	1,8	‰	Mortalité infantile [2]
												Education et science
32,1	40,9	30,5	18,4	25,5	35,3	29,3	26,5	16,3	35,1	52,7	%	Jeunes (18–24) sans formation postobligatoire
16,9	45,9	34,4	29,9	27,0	21,7	41,8	38,7	40,5	42,3	37,0	%	Personnes (25–64) avec une formation achevée la plus élevée: degré tertiaire
1,3	1,2	2,0	3,0	0,9	1,3	3,2	3,2	1,7	1,7	1,9	% du PIB	Dépenses pour la recherche et le développement
												Situation économique et sociale de la population
11,1	11,1	5,3	7,2	10,7	10,7	3,7	7,8	8,7	5,2	4,7	%	Taux de risque de pauvreté en % de tous les actifs occupés
11,6	1,4	3,2	4,0	10,4	10,6	2,8	0,7	7,3	1,2	1,4	%	Personnes souffrant de privations matérielles
15 274	28 271	18 805	21 662	9 560	10 125	19 248	20 614	16 933	27 859	20 413	SPA[3]	Médiane du revenu disponible équivalent
17,1	14,0	29,4	18,3	22,5	19,3	18,0	22,0	25,1	19,1	21,3	%	Coût du logement en % du revenu disponible des ménages
7,3	8,6	16,0	23,0	6,4	13,0	18,7	15,2	19,7	16,0	20,5	%	Egalité: différences salariales entre les sexes (secteurs 2 et 3)
31,0	28,3	37,3	30,6	24,1	31,3	41,5	43,6	29,4	...	...	%	Représentation des femmes au sein des parlements nationaux

1 Tonnes d'équivalent de pétrole
2 Enfants décédés dans leur première année de vie pour 1000 naissances vivantes
3 Standard de pouvoir d'achat
4 Au 31 décembre
5 UE-28

Source: Eurostat

Une source unique est utilisée pour toutes les variables: Eurostat. Il est possible que les données varient de celles publiées par l'Office fédéral de la statistique dans d'autres publications.

Netto-Finanzflüsse der Schweiz an Entwicklungsländer
Flux financiers nets de la Suisse vers les pays en développement

T 21.4.1

	1980	1990	2000	2009	2010	2011	2012	2013	2014	
Finanzflüsse an Entwicklungsländer										**Flux financiers vers les pays en développement**
Öffentliche Entwicklungshilfe (APD)[1]										Aide publique au développement (APD)[1]
Total, in Millionen Franken	423,1	1 041,4	1 510,9	2 503,9	2 398,0	2 706,7	2 861,4	2 965,2	3 222,6	Total, en millions de francs
Bund	416,7	1 025,6	1 488,6	2 460,0	2 350,4	2 664,5	2 797,1	2 910,6r	3 171,3	Confédération
Kantone	2,7	7,7	14,2	29,3	32,1	27,7	46,2	35,4	34,2	Cantons
Gemeinden	3,6	8,1	8,1	14,6	15,5	14,6	18,1	19,2r	17,2	Communes
in % des Bruttonationaleinkommen (BNE)[2]										en % du revenu national brut (RNB)[2]
Zeitreihe BFS[3]	...	0,285	0,309	0,418	0,373	0,434	0,449	0,458	0,505	Série temporelle OFS[3]
Zeitreihe DAC-OECD[4]	0,239	0,300	0,326	0,442	0,393	0,458	0,468	0,458r	0,505	Série temporelle CAD-OCDE[4]
in % des Bundesausgaben[5]	2,4	3,3	3,2	4,3	4,0r	4,3	4,6	4,7	5,0	en % des dépenses de la Confédération[5]
Private Entwicklungshilfe[6]										Aide privée au développement[6]
Total, in Millionen Franken	106,6	148,6	272,0	380,9	431,6	413,3	443,1	466,1	516,8	Total, en millions de francs
in % des BNE[2]										en % du RNB[2]
Zeitreihe BFS[3]	...	0,041	0,056	0,064	0,067	0,066	0,069	0,072	0,081	Série temporelle OFS[3]
Zeitreihe DAC-OECD[4]	0,060	0,043	0,059	0,067	0,071	0,070	0,072	0,072r	0,081	Série temporelle CAD-OCDE[4]
Privatbeiträge zu Marktbedingungen[7]										Apports du secteur privé aux conditions du marché[7]
Total, in Millionen Franken	3 984	3 680	1 194	6 705	21 611	8 305	10 141	8 440r	8 093	Total, en millions de francs
Direktinvestitionen	591	4 151	1 426	5 764	21 230	8 551	10 323	8 194r	7 556	Investissements directs
Exportkredite	276	–800	844	–499	56	–176	–174	–32	589	Crédits à l'exportation
Portfolio-Investitionen	3 117	329	–1 076	1 584	356	–	–	278	–52	Investissements de portefeuille
in % des BNE[2]										en % du RNB[2]
Zeitreihe BFS[3]	...	1,01	0,24	1,12	3,36	1,33	1,59	1,30	1,27	Série temporelle OFS[3]
Zeitreihe DAC-OECD[4]	2,25	1,06	0,26	1,18	3,54	1,41	1,66	1,30r	1,27	Série temporelle CAD-OCDE[4]

1 Die Öffentliche Entwicklungshilfe (APD) umfasst nach Definition der OECD alle Finanzströme, die
 – aus dem öffentlichen Sektor stammen (Bund, Kantone, Gemeinden);
 – vorrangig auf die Erleichterung der wirtschaftlichen und sozialen Entwicklung der Empfängerländer abzielen;
 – zu Vorzugskonditionen gewährt werden (Schenkungen und Darlehen zu günstigen Konditionen);
 – für Entwicklungsländer und -regionen bestimmt sind (zurzeit 148) sowie für multilaterale Organisationen, die auf der OECD-Liste aufgeführt sind.
2 Die Volkswirtschaftliche Gesamtrechnung wurde gemäss dem Europäischen System Volkswirtschaftlicher Gesamtrechnungen (ESVG) 2010 revidiert. Aufgrund dieser Revision wurde die ganze Zeitreihe des Indikators neu berechnet. Die Werte bis und mit 2012 sind im Durchschnitt um 0,02% tiefer, da die Revision einen Anstieg des BNE zur Folge hatte. Das DAC-OECD hat entschieden, dass die Zahlen der Vergangenheit nicht angepasst werden. Die DEZA hat deshalb die Zeitreihe nicht vollständig zurückgerechnet: bis und mit dem Jahr 2012 verwendet sie das BNE gemäss ESVG 1995 und ab 2013 jenes gemäss ESVG 2010. Die vom BFS publizierten Daten für die Jahre 1990–2012 weichen daher leicht von jenen der DEZA ab.
3 Die Anteile in % des BNE wurden auf Basis des ESVG 2010 berechnet. Die Werte 1990-1994 wurden vom SECO berechnet, jene ab 1995 vom BFS. BNE 2013 und 2014: Schätzungen des BFS (27.8.2015).
4 BNE seit 1990, zuvor BSP. Die Prozentanteile am BNE 1995–2012 wurden auf der Grundlage ESVG 1995 berechnet und werden nicht mehr revidiert. BNE 2013 und 2014: Schätzung des BFS (27.8.2015) auf Basis des ESVG 2010.
5 Basis: ordentliche Ausgaben des Bundes
6 Private Spenden der Schweiz. NGO gemäss jährlicher Datenabfrage (rund 400 in der Entwicklungszusammenarbeit und in der humanitären Hilfe tätigen NGO).
7 Beiträge des Privatsektors zu langfristigen marktüblichen Konditionen (mehr als ein Jahr). Darunter werden folgende Leistungen verstanden:
 – Direktinvestitionen: Kapitalexport in Form von Erwerb, Gründung von oder strategischer Beteiligung an Unternehmen, inklusive reinvestierter Erträge und Kapitalrückführungen; Angaben SNB definitiv bis 2011, provisorisch für 2012 und 2013.
 – Portfolio-Investitionen: Kauf und Rückübernahme von Anleihen, Rückzahlungen und Emissionen, die ursprünglich von Entwicklungsorganisationen auf dem schweizerischen Kapitalmarkt ausgegeben worden waren.
 – Exportkredite: Nettoveränderungen von Krediten zur mittel- bis langfristigen Finanzierung von Exportlieferungen. Diese Kredite werden von der Schweizerischen Exportrisikoversicherung (SERV) garantiert, um Forderungen aus Exportgeschäften sicherzustellen. Im Total der Privatbeiträge sind auch Gegenbuchungen zwecks Schuldenerlass gemäss statistischen Direktiven der OECD/DAC enthalten. Der seit 2003 geführte Betrag wird nicht separat ausgewiesen.

Quellen: DEZA (Eidg. Departement für auswärtige Angelegenheiten EDA) – Direktionsstab/Statistik; Bundesamt für Statistik BFS; Staatssekretariat für Wirtschaft SECO
Stand der Datenbank: 23.12.2015

1 L'Aide publique au développement (APD) est définie par l'OCDE par l'ensemble des flux financiers qui
 – proviennent du secteur public (Confédération, cantons et communes);
 – ont pour but essentiel de faciliter le développement économique et social des pays destinataires;
 – sont accordés à des conditions de faveur (dons et prêts à taux bonifié);
 – sont destinés à des pays ou territoires en développement (actuellement 148) ainsi qu'à des organismes multilatéraux figurant dans la liste établie par l'OCDE.
2 Les comptes nationaux ont été révisés selon le Système Européen des Comptes (SEC) 2010. Suite à cette révision, toute la série chronologique de l'indicateur a été recalculée. Les valeurs jusqu'à 2012 inclus sont en moyenne plus basses de 0,02%, la révision ayant abouti à un relèvement du RNB. Le CAD (OCDE) a décidé de ne pas modifier les données déjà publiées. La DDC a suivi ce principe et n'a pas recalculé toute la série chronologique: elle utilise le RNB calculé selon le SEC 1995 jusqu'à l'année 2012, et le RNB calculé selon le SEC 2010 à partir de 2013. Les données 1990–2012 de l'OFS peuvent donc légèrement différer de celles de la DDC.
3 Les pourcentages par rapport au RNB ont été calculés sur la base du SEC 2010. Les valeurs entre 1990 et 1994 sont calculées par le SECO, celles à partir de 1995 par l'OFS. RNB 2013 et 2014: estimations de l'OFS (27.8.2015).
4 RNB à partir de 1990, PNB pour les années précédentes. Les pourcentages par rapport au RNB 1995–2012 ont été calculés sur la base du SEC 1995 et ne seront plus révisés. RNB 2013 et 2014 : estimations de l'OFS (27.8.2015) sur la base du SEC 2010.
5 Base: dépenses ordinaires de la Confédération
6 Dons privés de quelque 400 ONG suisses actives dans le développement et l'aide humanitaire (récoltes de fonds auprès de la population et du secteur privé suisses), selon enquêtes annuelles
7 Apports du secteur privé aux conditions usuelles du marché à long terme (plus d'un an). En font partie les prestations suivantes:
 – Investissements directs: exportations de capitaux sous forme d'acquisition ou de création d'entreprises ou de prise de participation dans des entreprises situées dans les pays en développement, y c. les bénéfices réinvestis et nets de rapatriements de capitaux. Chiffres mis à jour rétroactivement par la BNS sur deux ans (2011 définitifs, 2012 et 2013, provisoires).
 – Investissements de portefeuille: achat et reprise d'emprunts, de remboursements et de titres, émis à l'origine par des organisations de développement sur le marché suisse des capitaux.
 – Crédits à l'exportation: variations nettes des crédits destinés au financement à moyen et long terme d'exportations; ces crédits sont garantis par l'office de gestion de l'assurance suisse contre les risques à l'exportation (SERV) afin d'assurer les créances nées des exportations. Dans le total des apports du secteur privé sont comprises les contre-écritures pour les réaménagements de dettes, selon les directives statistiques du CAD. Ce montant, introduit à partir de 2003, n'est pas montré séparément.

Sources: DDC (Département fédéral des affaires étrangères DFAE) – Etat-Major de direction/Statistiques; Office fédéral de la statistique OFS; Secrétariat d'Etat à l'économie SECO
Etat de la banque de données au 23.12.2015

Die eidgenössischen Wahlen 2015

Die kartographische Darstellung von Wahlen und Abstimmungen hat in der Schweiz eine lange Tradition. Im BFS führt diese bis zum «Graphisch-statistischen Atlas der Schweiz» von 1897 zurück, als zum ersten Mal Stimmbeteiligungen bei sechs Volksabstimmungen ins Kartenbild gesetzt wurden. Ein Jahrhundert lang blieb der Träger kartographischer Veröffentlichungen – wie auch von Texten und Tabellen – dann das Papier. Seit den neunziger Jahren des letzten Jahrhunderts nun verlagern sich die Produktion und die Veröffentlichung auch von Karten zunehmend auf digitale Medien und immer mehr zu ausgebauten elektronischen Atlanten mit Funktionen, die es den Benutzern erlauben, Regionalisierungsstufen und Zeitstände auf derselben thematischen Karte selber zu wählen und zu verändern oder interaktiv Werte abzufragen. Das BFS führt eine Reihe solcher interaktiver Atlanten, von denen hier zwei erwähnt werden sollen: zum einen der «Statistische Atlas der Schweiz», der über 3000 (Stand 2015) stets aktuelle elektronische Karten zu allen Beobachtungsfeldern der öffentlichen Statistik bietet; zum anderen der «Politische Atlas der Schweiz 1866–2016», in dem auf über 2700 Kantons-, Bezirks- und Gemeindekarten die Ergebnisse der Nationalratswahlen seit 1919 und der eidgenössischen Abstimmungen seit 1866 regional visualisiert werden.

Trotz dieses Wechsels des zentralen Verbreitungsmediums haben **gedruckte** Karten weiterhin als **dauerhafte** Präsentation bestimmter Zeitstände und Entwicklungen ihre Berechtigung und nicht zuletzt ihren ästhetischen Reiz. 2015 war in der Schweiz ein eidgenössisches Wahljahr. Das BFS nimmt dies zum Anlass, hier im «Statistischen Jahrbuch der Schweiz 2016» eine Reihe von Kantons- und Bezirkskarten zur Stärke der wichtigsten politischen Parteien sowie zur Wahlbeteiligung inklusive Veränderungen im Vergleich zu ausgewählten früheren Wahljahren für die Leserschaft zu präsentieren.

Alle Informationen zum Karten- und Atlantenangebot des BFS sind online zu finden unter: www.statistik.admin.ch → Regional → Karten und Atlanten.

Les élections fédérales 2015

La représentation cartographique des élections et des votations a une longue tradition en Suisse. A l'OFS, elle remonte à l'«Atlas graphique et statistique de la Suisse» édité en 1897, qui présentait pour la première fois sous forme de cartes la participation des citoyens suisses à six votations populaires. Pendant un siècle, le papier a servi de seul support aux présentations cartographiques, tout comme d'ailleurs aux textes et aux tableaux. Mais depuis les années 1990, la production et la publication recourent de manière accrue à des supports numériques, également pour les cartes, et prennent de plus en plus souvent la forme de vastes atlas électroniques avec des fonctions permettant aux utilisateurs de sélectionner et de modifier eux-mêmes les degrés de régionalisation et les périodes considérées sur la même carte thématique, ou de consulter des données de manière interactive. L'OFS gère une série de tels atlas, parmi lesquels deux méritent d'être évoqués ici: l'«Atlas statistique de la Suisse», qui propose plus de 3000 cartes électroniques actuelles sur tous les champs d'observation de la statistique publique (état 2015), et l'«Atlas politique de la Suisse 1866–2016», dans lequel les résultats des élections au Conseil national depuis 1919 et les votations fédérales depuis 1866 sont visualisés sur plus de 2700 cartes de cantons, de districts et de communes.

Malgré le passage au numérique, les cartes **imprimées** ont encore toute leur raison d'être comme présentation **permanente** de certaines périodes et évolutions, sans oublier bien sûr leur attrait esthétique. 2015 était une année d'élections fédérales en Suisse. L'OFS profite de l'occasion pour montrer aux lecteurs, dans l'«Annuaire statistique de la Suisse 2016», une série de cartes des cantons et des districts sur la force des principaux partis politiques ainsi que sur les taux de participation, y compris les changements par rapport à une sélection d'élections précédentes.

Toutes les informations sur l'offre de cartes et d'atlas de l'OFS sont disponibles en ligne sous www.statistique.admin.ch → Les Régions → Cartes et atlas.

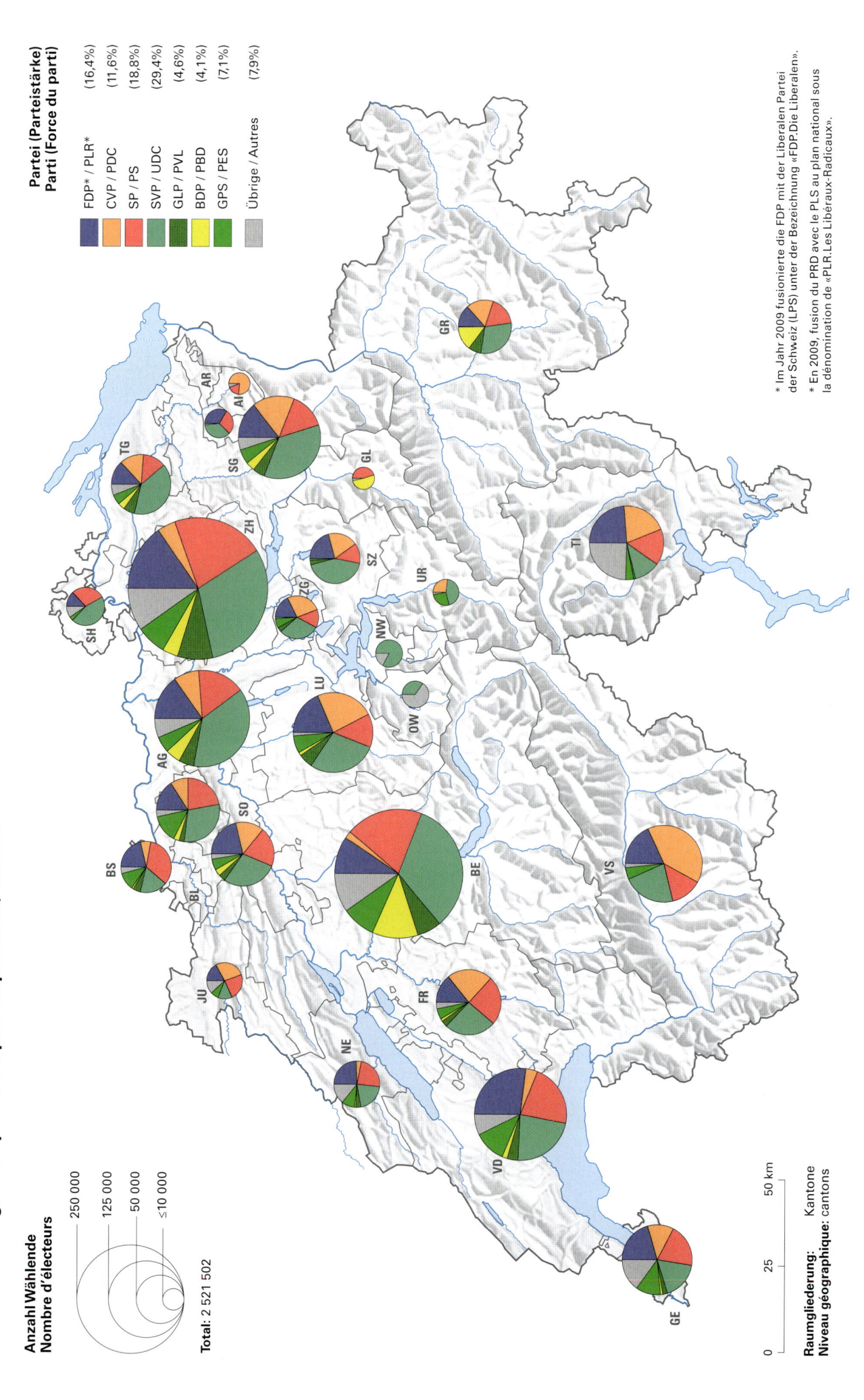

Wähleranteile der wichtigsten Parteien, 2015
Part des suffrages des partis les plus importants, en 2015

Partei (Parteistärke)
Parti (Force du parti)

- FDP* / PLR* (16,4%)
- CVP / PDC (11,6%)
- SP / PS (18,8%)
- SVP / UDC (29,4%)
- GLP / PVL (4,6%)
- BDP / PBD (4,1%)
- GPS / PES (7,1%)
- Übrige / Autres (7,9%)

Anzahl Wählende
Nombre d'électeurs

- 250 000
- 125 000
- 50 000
- ≤10 000

Total: 2 521 502

* Im Jahr 2009 fusionierte die FDP mit der Liberalen Partei der Schweiz (LPS) unter der Bezeichnung «FDP.Die Liberalen».
* En 2009, fusion du PRD avec le PLS au plan national sous la dénomination de «PLR.Les Libéraux-Radicaux».

Raumgliederung: Kantone
Niveau géographique: cantons

OFS • ANNUAIRE STATISTIQUE 2016

Mandatsverteilung 2015
Répartition des mandats, en 2015

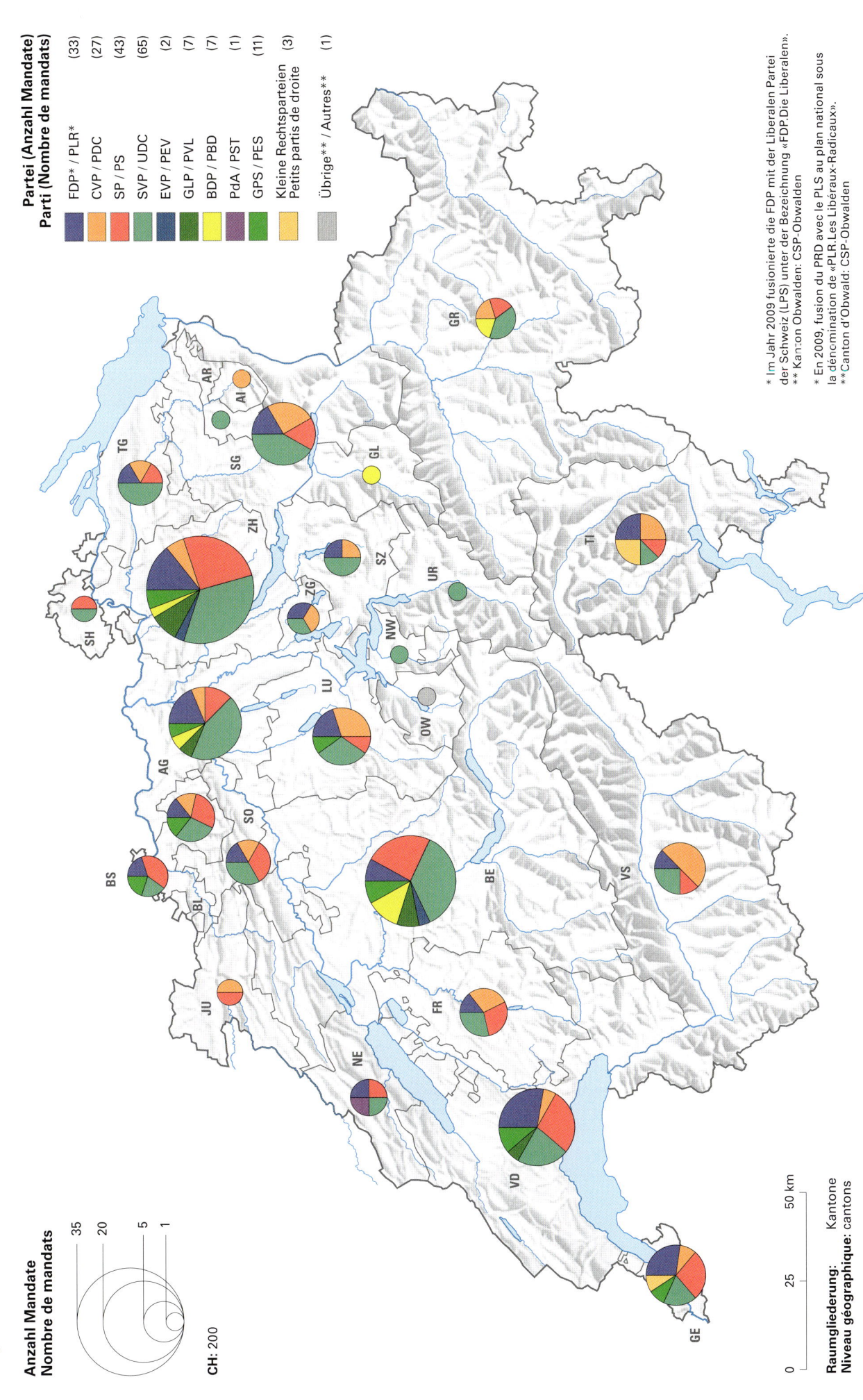

Anzahl Mandate
Nombre de mandats

35
20
5
1

CH: 200

Partei (Anzahl Mandate)
Parti (Nombre de mandats)

- FDP* / PLR* (33)
- CVP / PDC (27)
- SP / PS (43)
- SVP / UDC (65)
- EVP / PEV (2)
- GLP / PVL (7)
- BDP / PBD (7)
- PdA / PST (1)
- GPS / PES (11)
- Kleine Rechtsparteien / Petits partis de droite (3)
- Übrige** / Autres** (1)

* Im Jahr 2009 fusionierte die FDP mit der Liberalen Partei der Schweiz (LPS) unter der Bezeichnung «FDP.Die Liberalen».
** Kanton Obwalden: CSP-Obwalden

* En 2009, fusion du PRD avec le PLS au plan national sous la dénomination de «PLR.Les Libéraux-Radicaux».
**Canton d'Obwald: CSP-Obwalden

Raumgliederung: Kantone
Niveau géographique: cantons

0 25 50 km

Parteistärke der «FDP.Die Liberalen» (FDP)*, 2015
Force du «PLR.Les Libéraux-Radicaux» (PLR)*, en 2015

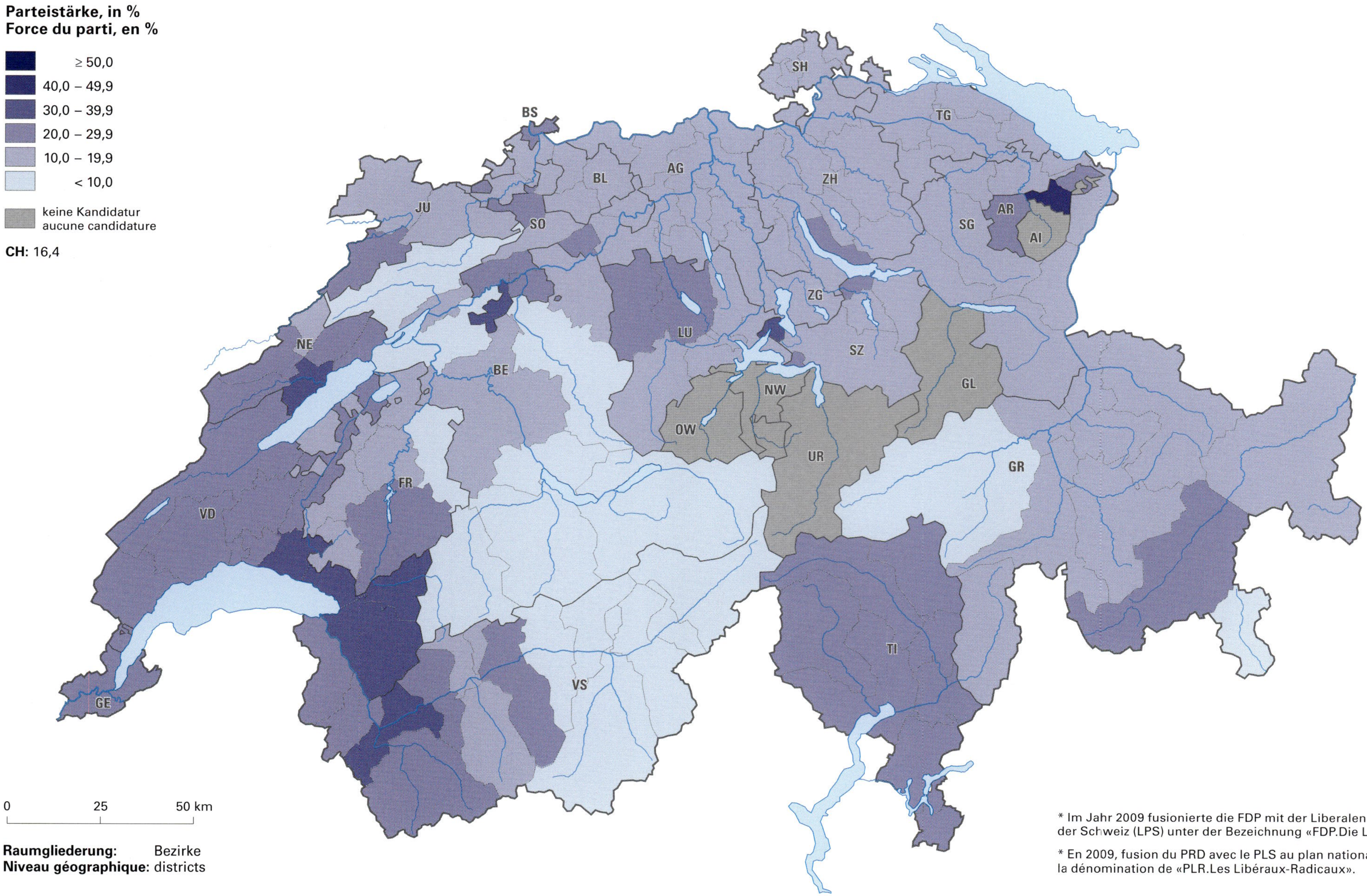

Parteistärke, in %
Force du parti, en %

- ≥ 50,0
- 40,0 – 49,9
- 30,0 – 39,9
- 20,0 – 29,9
- 10,0 – 19,9
- < 10,0
- keine Kandidatur / aucune candidature

CH: 16,4

Raumgliederung: Bezirke
Niveau géographique: districts

* Im Jahr 2009 fusionierte die FDP mit der Liberalen Partei der Schweiz (LPS) unter der Bezeichnung «FDP.Die Liberalen».
* En 2009, fusion du PRD avec le PLS au plan national sous la dénomination de «PLR.Les Libéraux-Radicaux».

Veränderung der Parteistärke der «FDP.Die Liberalen» (FDP)*
Variation de la force du «PLR.Les Libéraux-Radicaux» (PLR)*

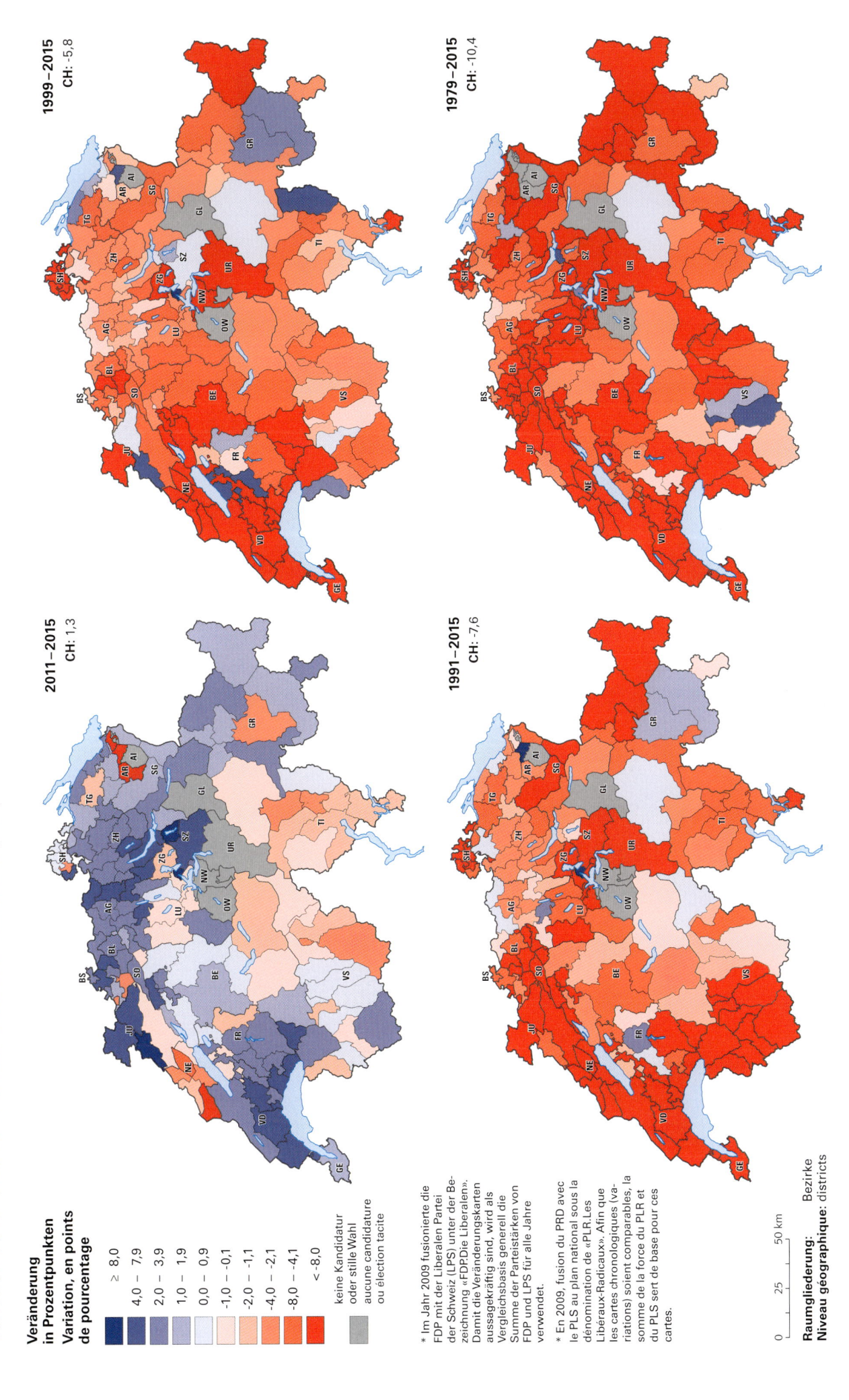

Veränderung in Prozentpunkten
Variation, en points de pourcentage

- ≥ 8,0
- 4,0 – 7,9
- 2,0 – 3,9
- 1,0 – 1,9
- 0,0 – 0,9
- -1,0 – -0,1
- -2,0 – -1,1
- -4,0 – -2,1
- -8,0 – -4,1
- < -8,0

keine Kandidatur oder stille Wahl
aucune candidature ou élection tacite

2011–2015 CH: 1,3

1999–2015 CH: -5,8

1991–2015 CH: -7,6

1979–2015 CH: -10,4

* Im Jahr 2009 fusionierte die FDP mit der Liberalen Partei der Schweiz (LPS) unter der Bezeichnung «FDP.Die Liberalen». Damit die Veränderungskarten aussagekräftig sind, wird als Vergleichsbasis generell die Summe der Parteistärken von FDP und LPS für alle Jahre verwendet.

* En 2009, fusion du PRD avec le PLS au plan national sous la dénomination de «PLR.Les Libéraux-Radicaux». Afin que les cartes chronologiques (variations) soient comparables, la somme de la force du PLR et du PLS sert de base pour ces cartes.

0 25 50 km

Raumgliederung: Bezirke
Niveau géographique: districts

Parteistärke der Christlichdemokratischen Volkspartei (CVP), 2015
Force du parti démocrate-chrétien suisse (PDC), en 2015

Parteistärke, in %
Force du parti, en %

- ≥ 50,0
- 40,0 – 49,9
- 30,0 – 39,9
- 20,0 – 29,9
- 10,0 – 19,9
- < 10,0
- keine Kandidatur / aucune candidature

CH: 11,6

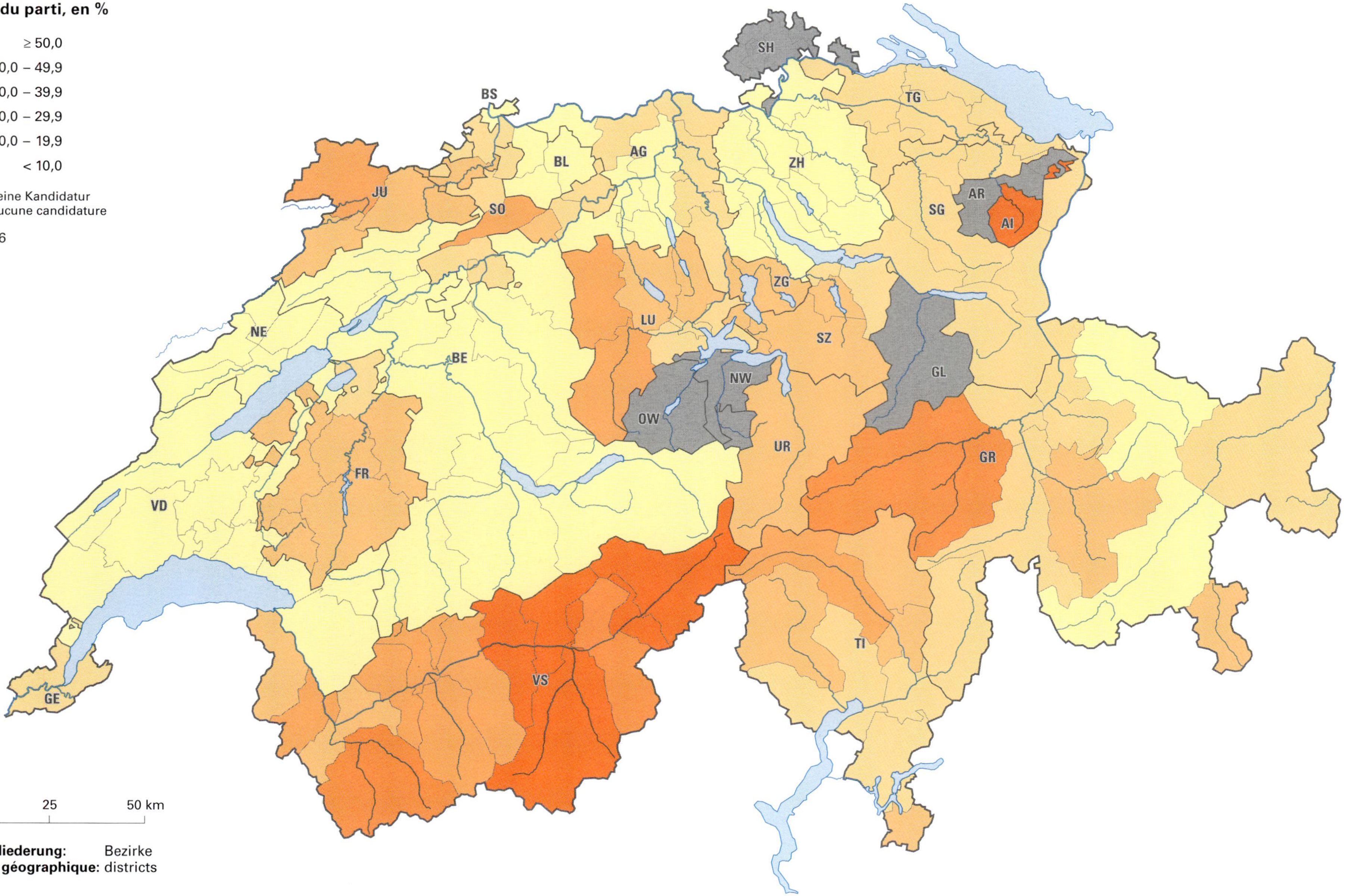

Raumgliederung: Bezirke
Niveau géographique: districts

OFS • ANNUAIRE STATISTIQUE 2016

Veränderung der Parteistärke der Christlichdemokratischen Volkspartei (CVP)
Variation de la force du parti démocrate-chrétien suisse (PDC)

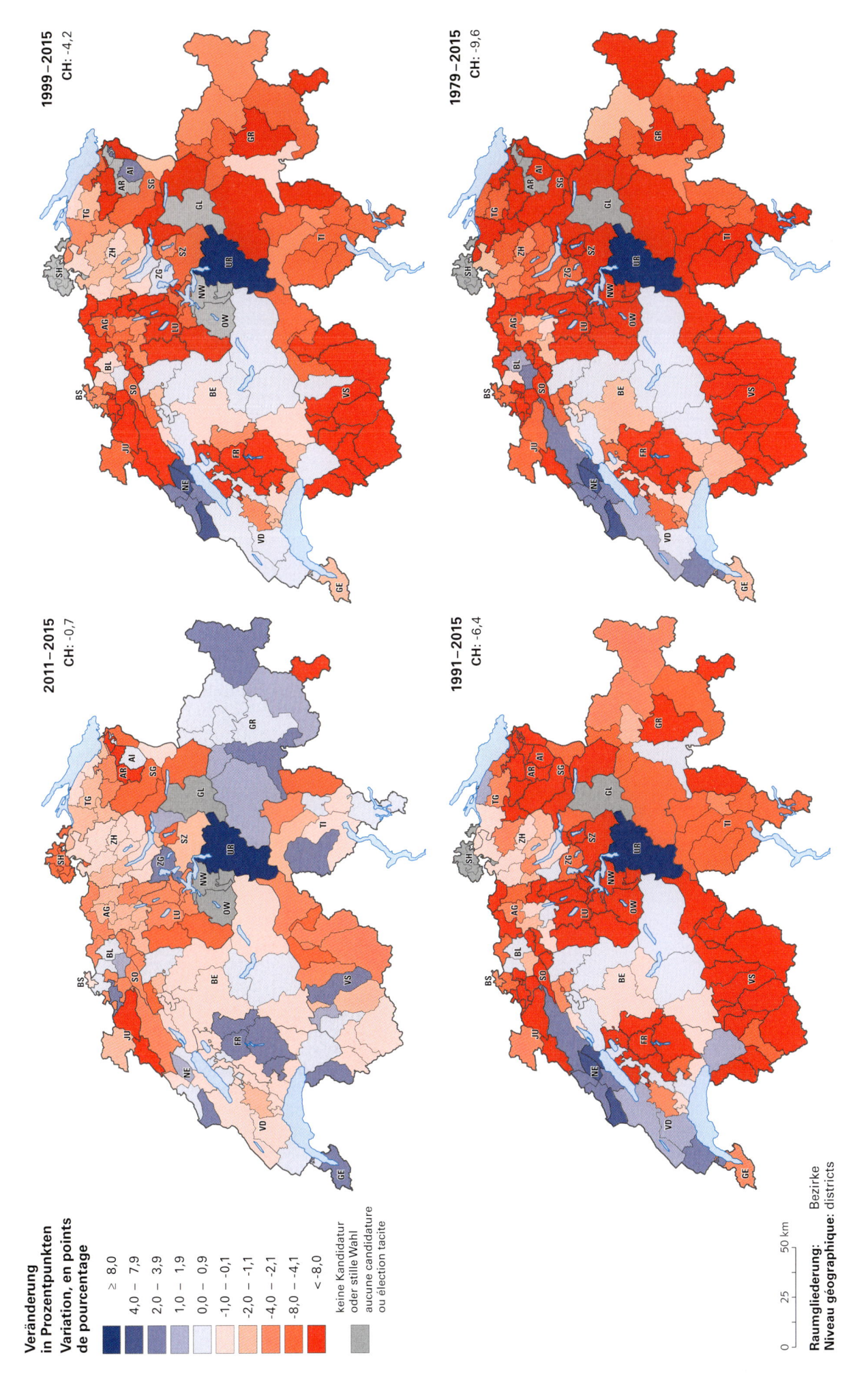

Veränderung in Prozentpunkten
Variation, en points de pourcentage

- ≥ 8,0
- 4,0 – 7,9
- 2,0 – 3,9
- 1,0 – 1,9
- 0,0 – 0,9
- −1,0 – −0,1
- −2,0 – −1,1
- −4,0 – −2,1
- −8,0 – −4,1
- < −8,0

keine Kandidatur oder stille Wahl
aucune candidature ou élection tacite

2011–2015 CH: −0,7

1999–2015 CH: −4,2

1991–2015 CH: −6,4

1979–2015 CH: −9,6

Raumgliederung: Bezirke
Niveau géographique: districts

Parteistärke der Sozialdemokratischen Partei der Schweiz (SP), 2015
Force du parti socialiste suisse (PS), en 2015

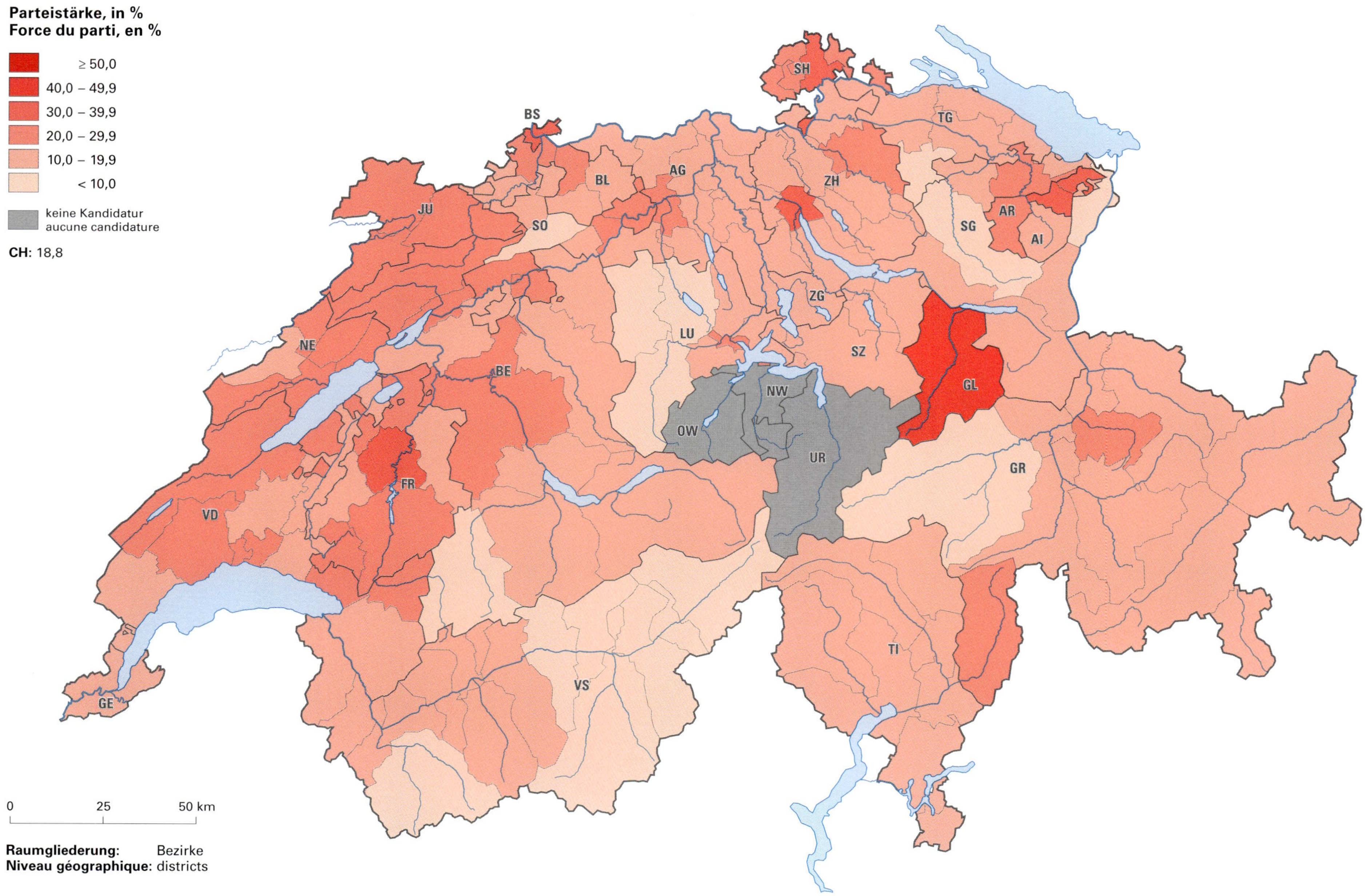

Parteistärke, in %
Force du parti, en %

- ≥ 50,0
- 40,0 – 49,9
- 30,0 – 39,9
- 20,0 – 29,9
- 10,0 – 19,9
- < 10,0
- keine Kandidatur / aucune candidature

CH: 18,8

Raumgliederung: Bezirke
Niveau géographique: districts

OFS • ANNUAIRE STATISTIQUE 2016

Veränderung der Parteistärke der Sozialdemokratischen Partei der Schweiz (SP)
Variation de la force du parti socialiste suisse (PS)

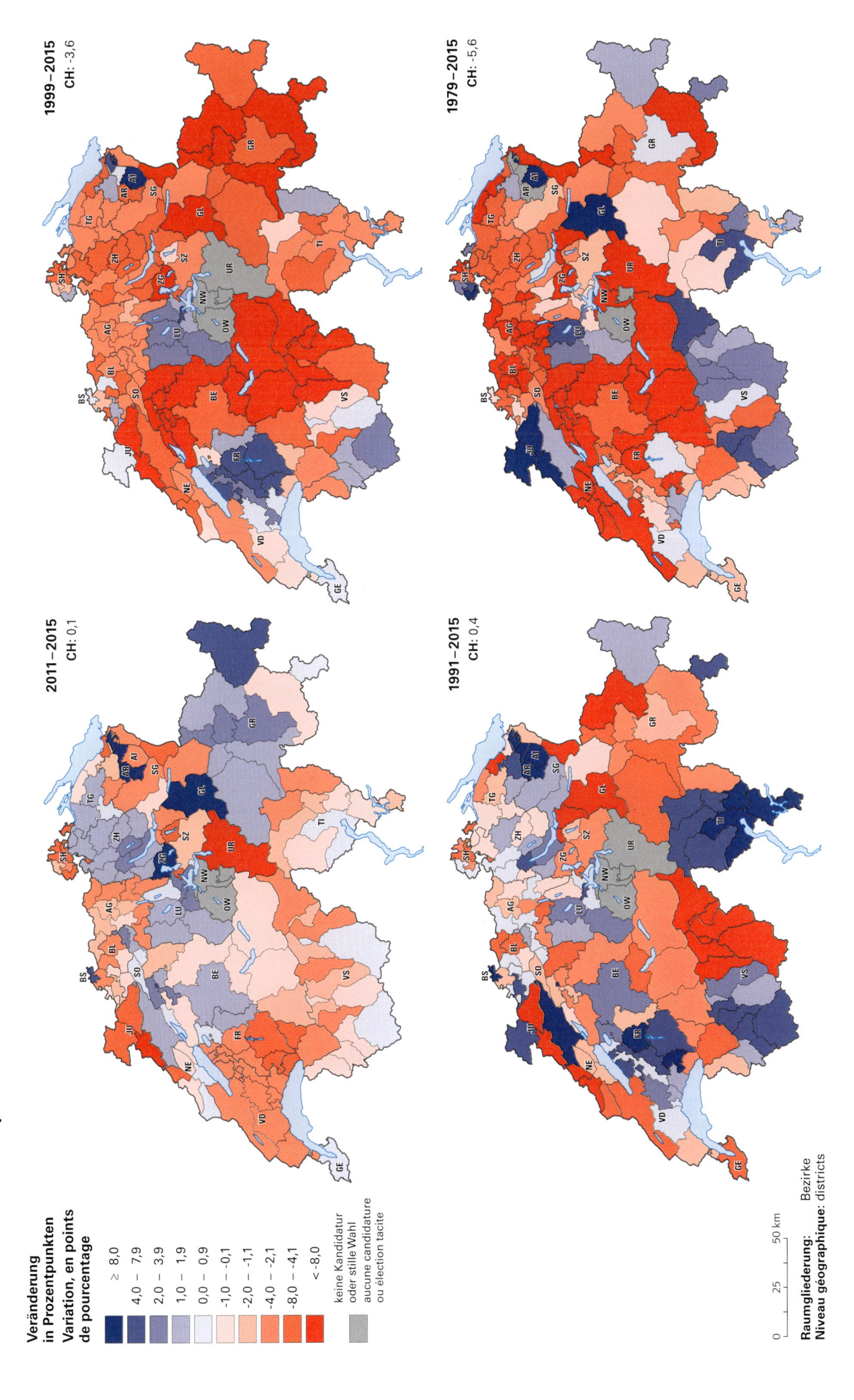

Veränderung in Prozentpunkten
Variation, en points de pourcentage

- ≥ 8,0
- 4,0 – 7,9
- 2,0 – 3,9
- 1,0 – 1,9
- 0,0 – 0,9
- –1,0 – –0,1
- –2,0 – –1,1
- –4,0 – –2,1
- –8,0 – –4,1
- < –8,0

keine Kandidatur oder stille Wahl
aucune candidature ou élection tacite

2011–2015 CH: 0,1

1999–2015 CH: –3,6

1991–2015 CH: 0,4

1979–2015 CH: –5,6

Raumgliederung: Bezirke
Niveau géographique: districts

Parteistärke der Schweizerischen Volkspartei (SVP), 2015
Force de l'Union démocratique du centre (UDC), en 2015

Parteistärke, in %
Force du parti, en %

- ≥ 50,0
- 40,0 – 49,9
- 30,0 – 39,9
- 20,0 – 29,9
- 10,0 – 19,9
- < 10,0
- keine Kandidatur / aucune candidature

CH: 29,4

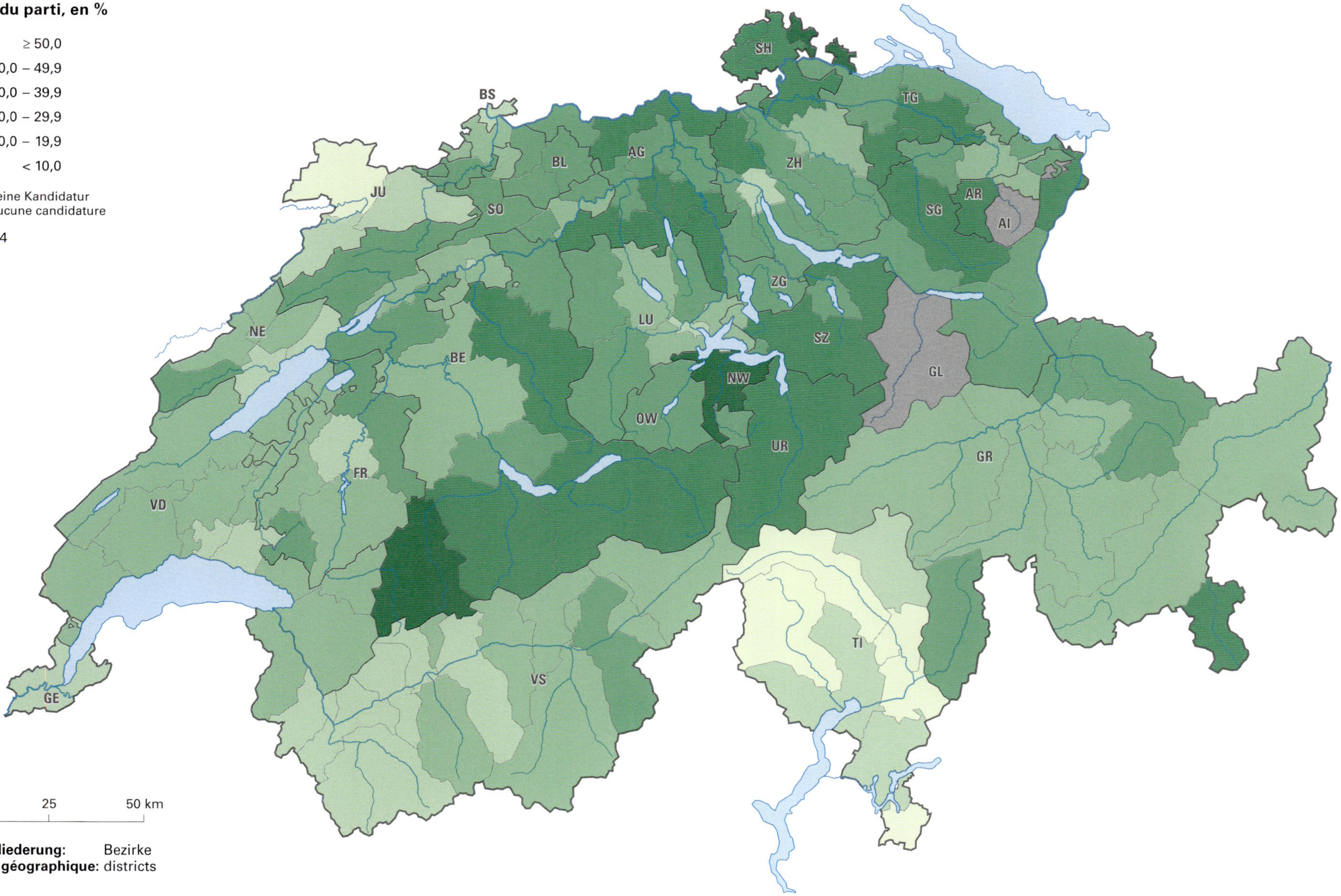

Raumgliederung: Bezirke
Niveau géographique: districts

Veränderung der Parteistärke der Schweizerischen Volkspartei (SVP)
Variation de la force de l'Union démocratique du centre (UDC)

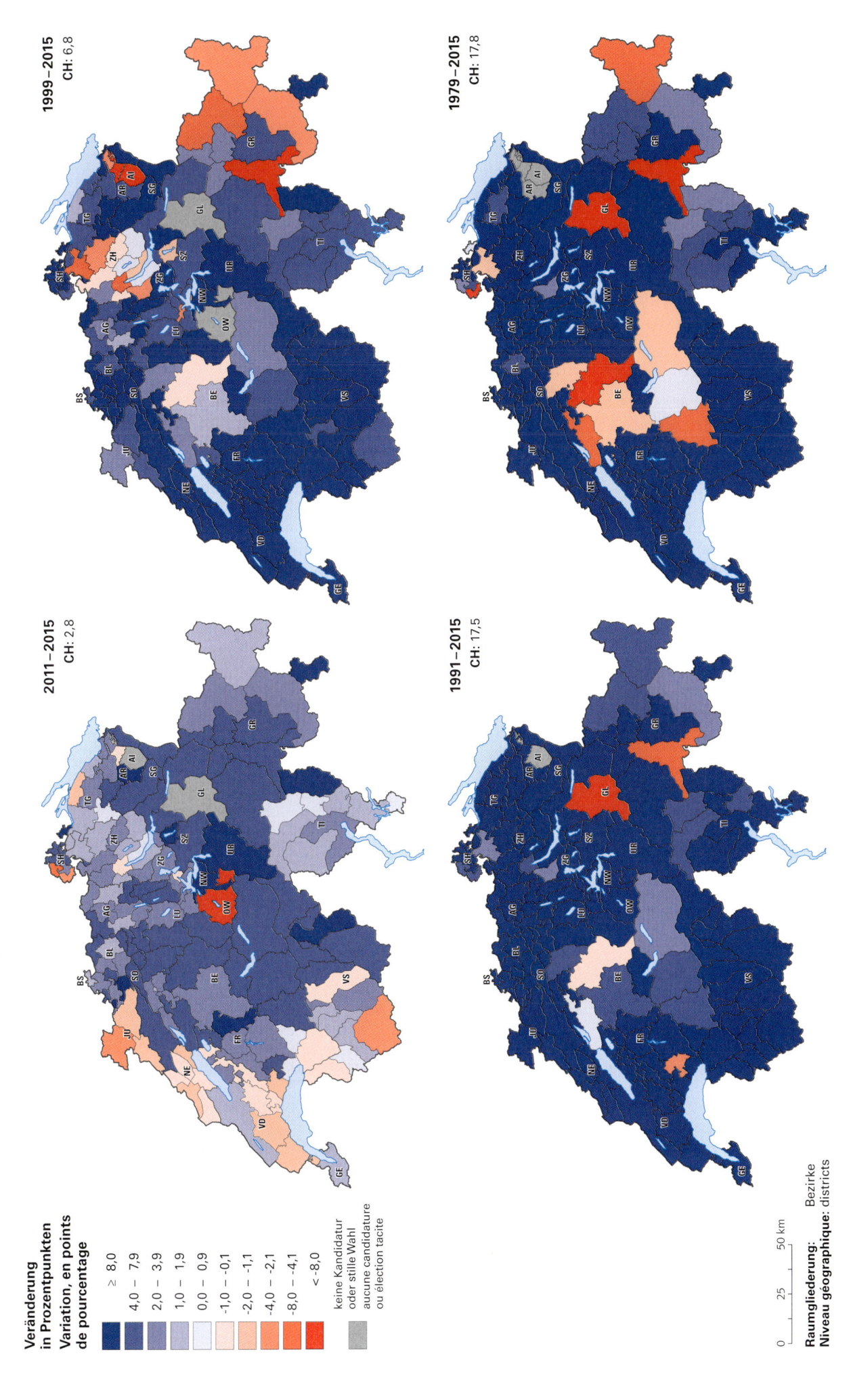

Veränderung in Prozentpunkten
Variation, en points de pourcentage

- ≥ 8,0
- 4,0 – 7,9
- 2,0 – 3,9
- 1,0 – 1,9
- 0,0 – 0,9
- −1,0 – −0,1
- −2,0 – −1,1
- −4,0 – −2,1
- −8,0 – −4,1
- < −8,0

keine Kandidatur oder stille Wahl
aucune candidature ou élection tacite

2011–2015 CH: 2,8

1999–2015 CH: 6,8

1991–2015 CH: 17,5

1979–2015 CH: 17,8

0   25   50 km

Raumgliederung: Bezirke
Niveau géographique: districts

Parteistärke der Grünen Partei der Schweiz (GPS), 2015
Force du parti écologiste suisse (PES), en 2015

Parteistärke, in %
Force du parti, en %

- ≥ 20,0
- 15,0 – 19,9
- 10,0 – 14,9
- 5,0 – 9,9
- 2,5 – 4,9
- < 2,5
- keine Kandidatur / aucune candidature

CH: 7,1

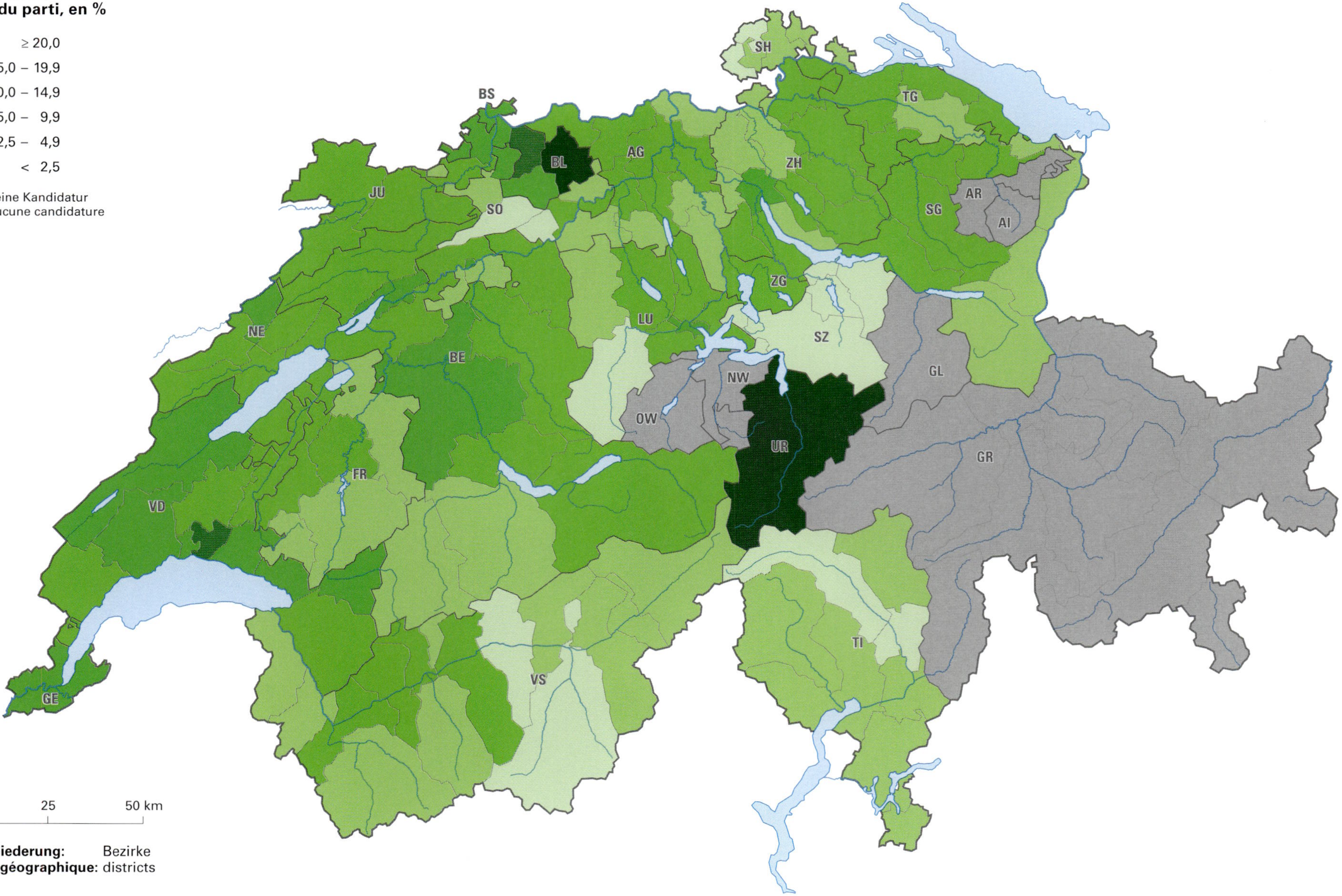

Raumgliederung: Bezirke
Niveau géographique: districts

OFS • ANNUAIRE STATISTIQUE 2016

Veränderung der Parteistärke der Grünen Partei der Schweiz (GPS)*
Variation de la force du parti écologiste suisse (PES)*

Veränderung in Prozentpunkten
Variation, en points de pourcentage

- ≥ 8,0
- 4,0 – 7,9
- 2,0 – 3,9
- 1,0 – 1,9
- 0,0 – 0,9
- −1,0 – −0,1
- −2,0 – −1,1
- −4,0 – −2,1
- −8,0 – −4,1
- < −8,0

keine Kandidatur oder stille Wahl
aucune candidature ou élection tacite

2011–2015 CH: −1,4

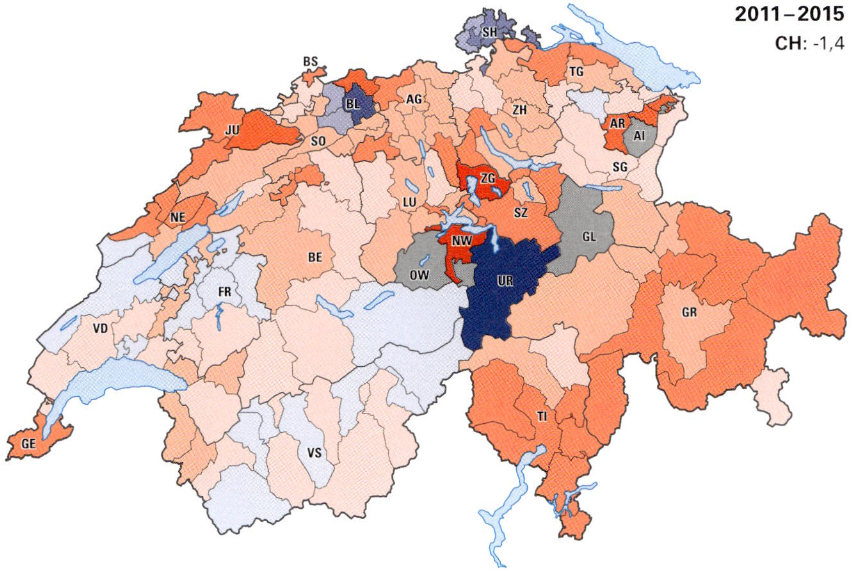

1999–2015 CH: 1,8

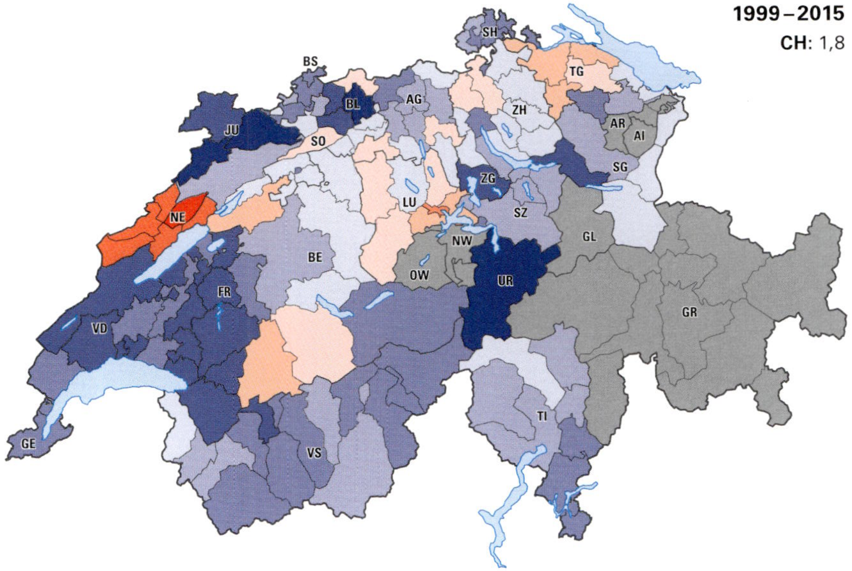

1991–2015 CH: −0,5

1979–2015 CH: 4,6

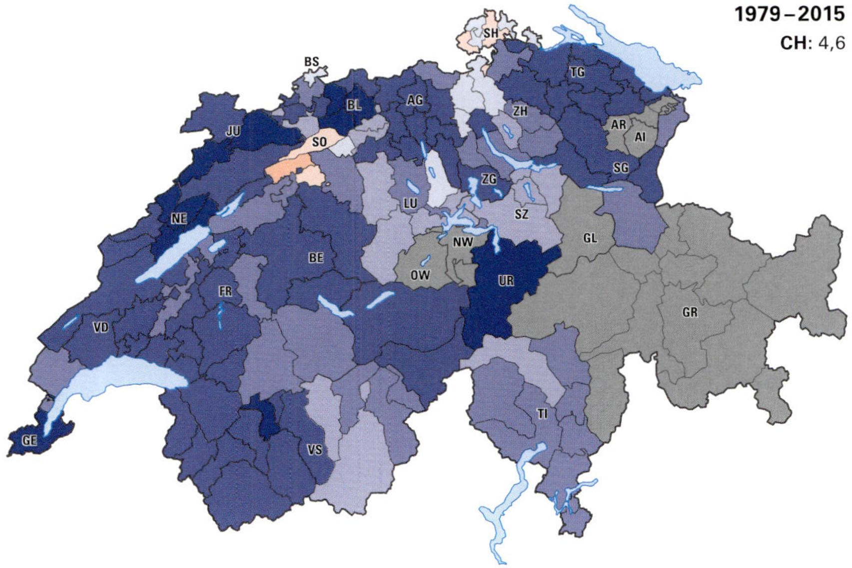

* 2015, 2011: GPS
1999: Grüne (FGA, GPS)
1991, 1979: Grüne (POCH, FGA, GPS)

* En 2015 et 2011: PES
En 1999: verts (AVF, PES)
En 1991 et 1979: verts (POCH, AVF, PES)

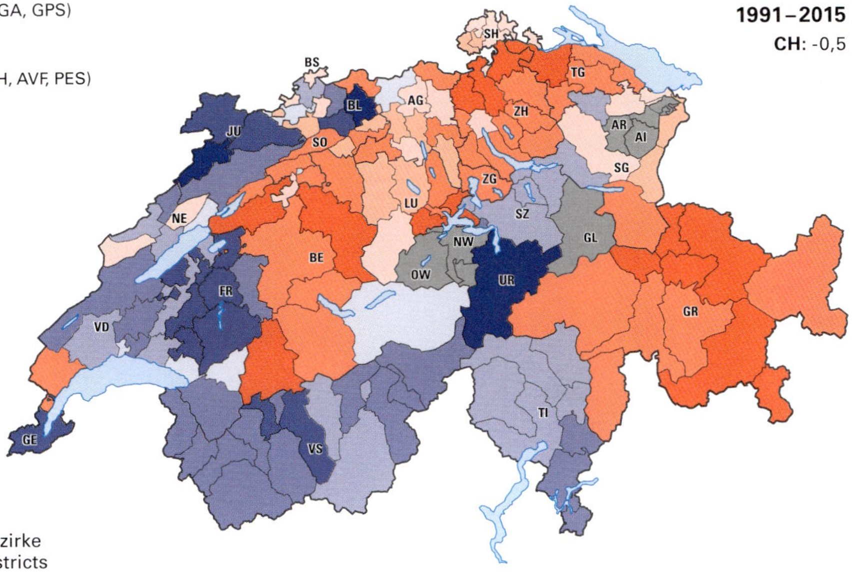

Raumgliederung: Bezirke
Niveau géographique: districts

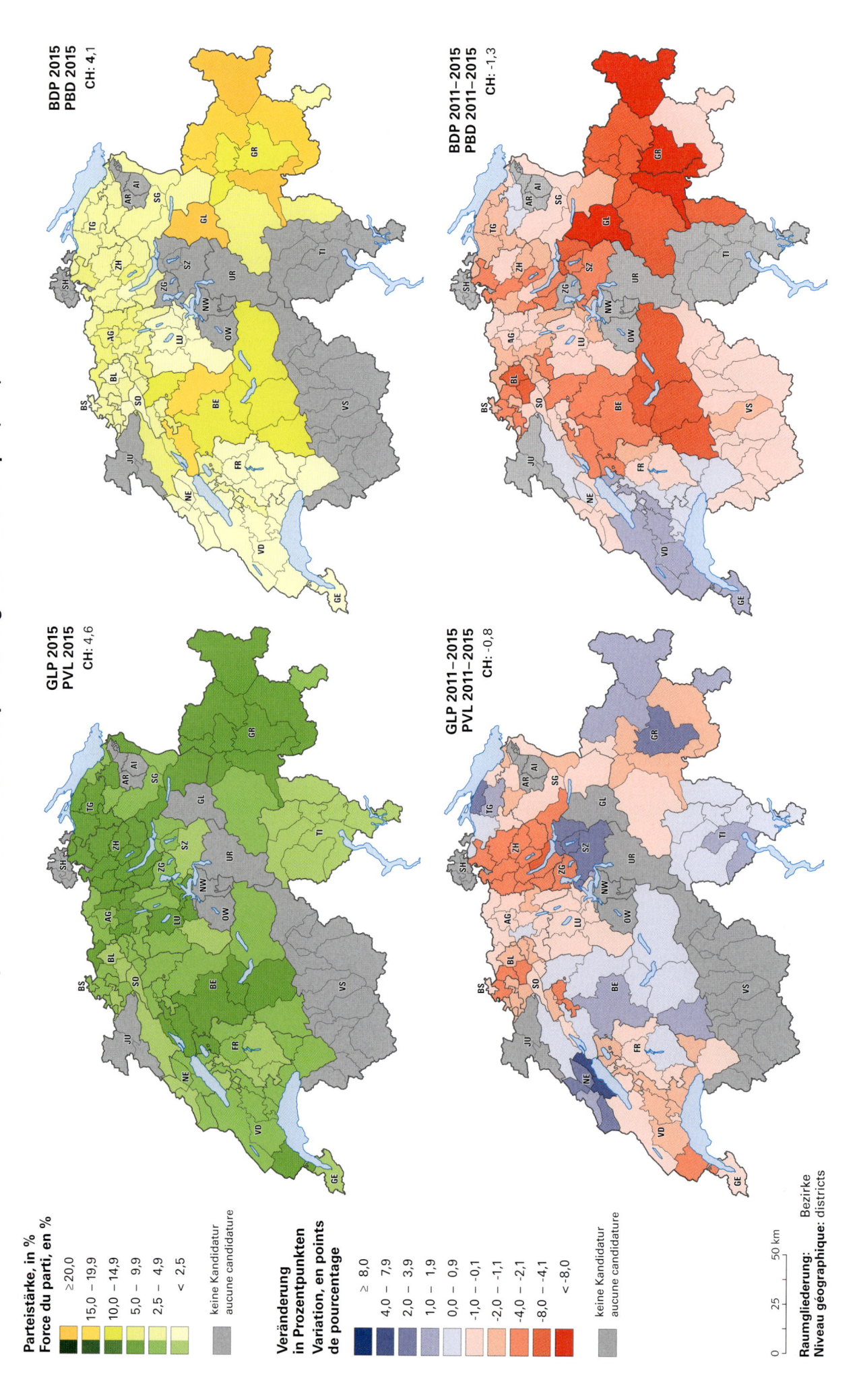

Parteistärke und Veränderung der Parteistärke der Grünliberalen Partei (GLP) und der Bürgerlich-Demokratischen Partei (BDP)
Force du parti et variation de la force du parti vert-libéral (PVL) et du parti bourgeois-démocratique (PBD)

Parteistärke, in %
Force du parti, en %

- ≥ 20,0
- 15,0 – 19,9
- 10,0 – 14,9
- 5,0 – 9,9
- 2,5 – 4,9
- < 2,5

keine Kandidatur
aucune candidature

Veränderung in Prozentpunkten
Variation, en points de pourcentage

- ≥ 8,0
- 4,0 – 7,9
- 2,0 – 3,9
- 1,0 – 1,9
- 0,0 – 0,9
- -1,0 – -0,1
- -2,0 – -1,1
- -4,0 – -2,1
- -8,0 – -4,1
- < -8,0

keine Kandidatur
aucune candidature

GLP 2015 / PVL 2015 — CH: 4,6
BDP 2015 / PBD 2015 — CH: 4,1
GLP 2011–2015 / PVL 2011–2015 — CH: -0,8
BDP 2011–2015 / PBD 2011–2015 — CH: -1,3

Raumgliederung: Bezirke
Niveau géographique: districts

OFS • ANNUAIRE STATISTIQUE 2016

Parteistärke und Veränderung der Parteistärke der kleinen Mitteparteien (LdU/EVP/CSP)*
Force du parti et variation de la force des petits partis du centre (AdI/PEV/PCS)*

Parteistärke, in %
Force du parti, en %

- ≥ 20,0
- 15,0 – 19,9
- 10,0 – 14,9
- 5,0 – 9,9
- 2,5 – 4,9
- < 2,5
- keine Kandidatur / aucune candidature

Veränderung in Prozentpunkten
Variation, en points de pourcentage

- ≥ 8,0
- 4,0 – 7,9
- 2,0 – 3,9
- 1,0 – 1,9
- 0,0 – 0,9
- -1,0 – -0,1
- -2,0 – -1,1
- -4,0 – -2,1
- -8,0 – -4,1
- < -8,0
- keine Kandidatur oder stille Wahl / aucune candidature ou élection tacite

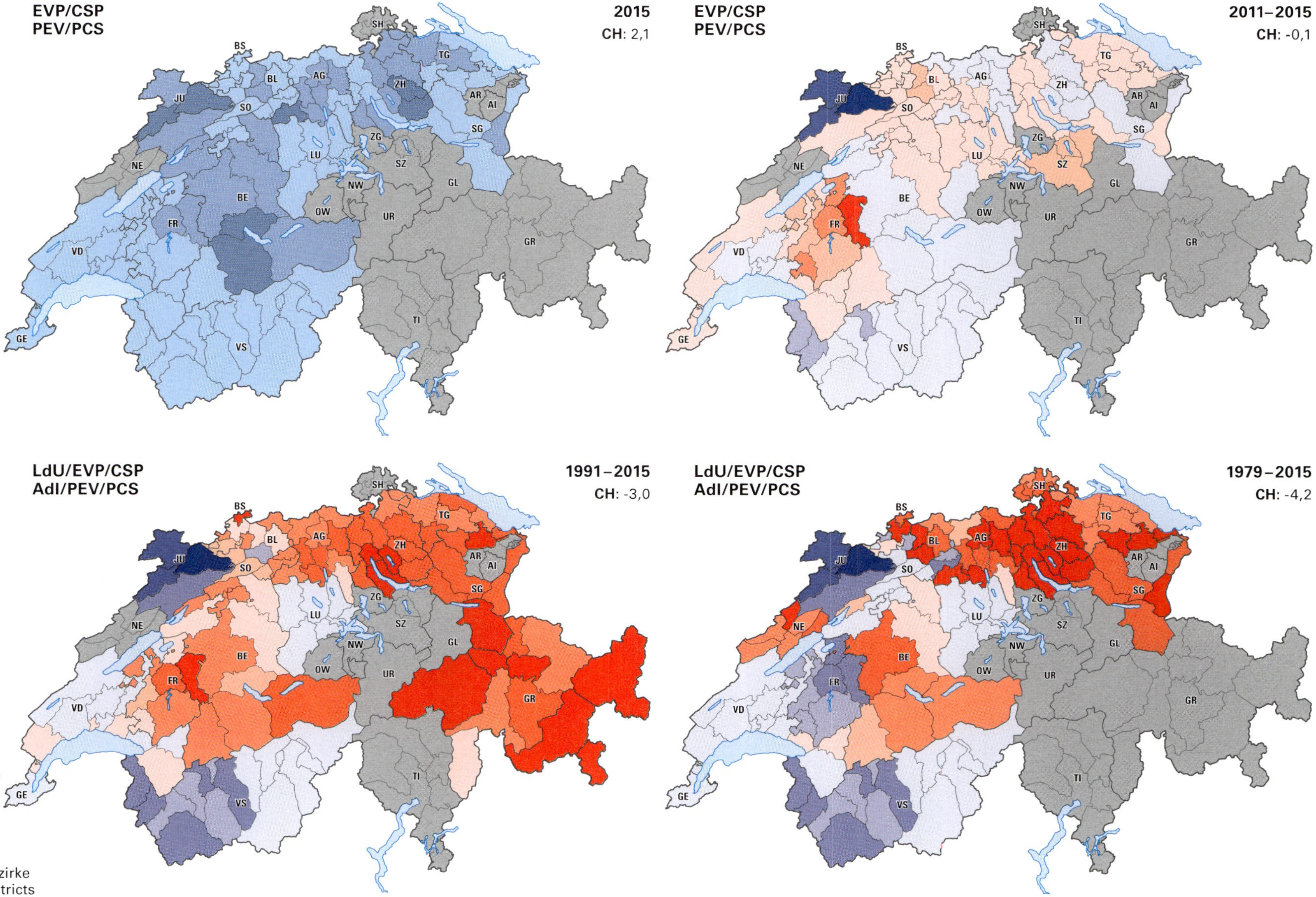

EVP/CSP – PEV/PCS — 2015 — CH: 2,1

EVP/CSP – PEV/PCS — 2011–2015 — CH: -0,1

LdU/EVP/CSP – AdI/PEV/PCS — 1991–2015 — CH: -3,0

LdU/EVP/CSP – AdI/PEV/PCS — 1979–2015 — CH: -4,2

* Namen der Parteien: siehe Kapitel 17, «Politik», Teil «Glossar»
* Noms des partis: voir chapitre 17, «Politique», partie «Glossaire»

Raumgliederung: Bezirke
Niveau géographique: districts

0   25   50 km

Parteistärke und Veränderung der Parteistärke der Partei der Arbeit/Solidarität (PdA/Sol.)
Force du parti et variation de la force du parti suisse du travail et des Solidarités (PST/Sol.)

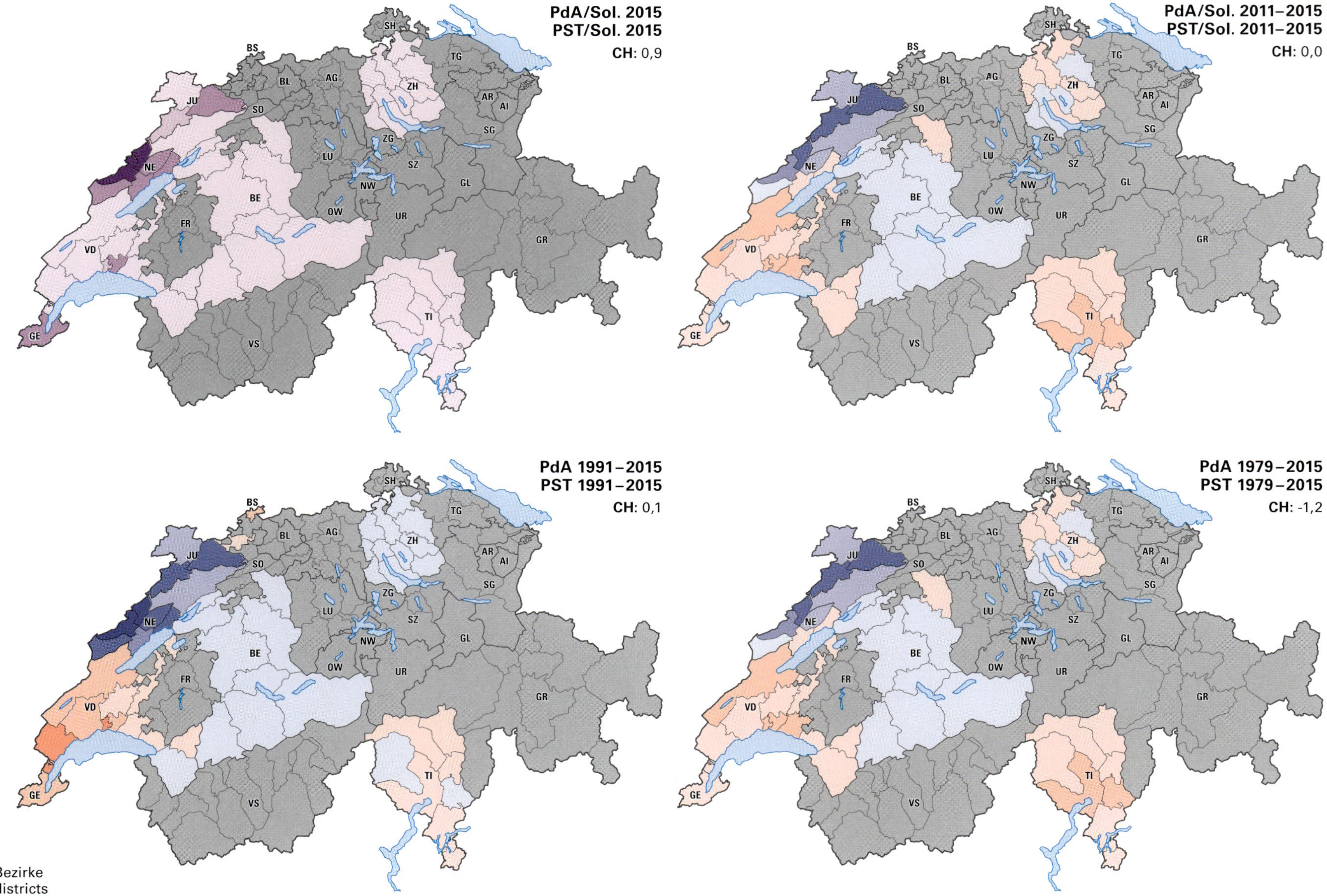

PdA/Sol. 2015
PST/Sol. 2015
CH: 0,9

PdA/Sol. 2011–2015
PST/Sol. 2011–2015
CH: 0,0

PdA 1991–2015
PST 1991–2015
CH: 0,1

PdA 1979–2015
PST 1979–2015
CH: -1,2

Parteistärke, in %
Force du parti, en %
- ≥ 20,0
- 15,0 – 19,9
- 10,0 – 14,9
- 5,0 – 9,9
- 2,5 – 4,9
- < 2,5
- keine Kandidatur / aucune candidature

Veränderung, in Prozentpunkten
Variation, en points de pourcentage
- ≥ 8,0
- 4,0 – 7,9
- 2,0 – 3,9
- 1,0 – 1,9
- 0,0 – 0,9
- -1,0 – -0,1
- -2,0 – -1,1
- -4,0 – -2,1
- -8,0 – -4,1
- < -8,0
- keine Kandidatur oder stille Wahl / aucune candidature ou élection tacite

Raumgliederung: Bezirke
Niveau géographique: districts

0 25 50 km

OFS • ANNUAIRE STATISTIQUE 2016

Parteistärke und Veränderung der Parteistärke der kleinen Rechtsparteien (SD, Rep., EDU, FPS, Lega, MCR)*
Force du parti et variation de la force des petits partis de droite (DS, Rép., UDF, PSL, Lega, MCR)*

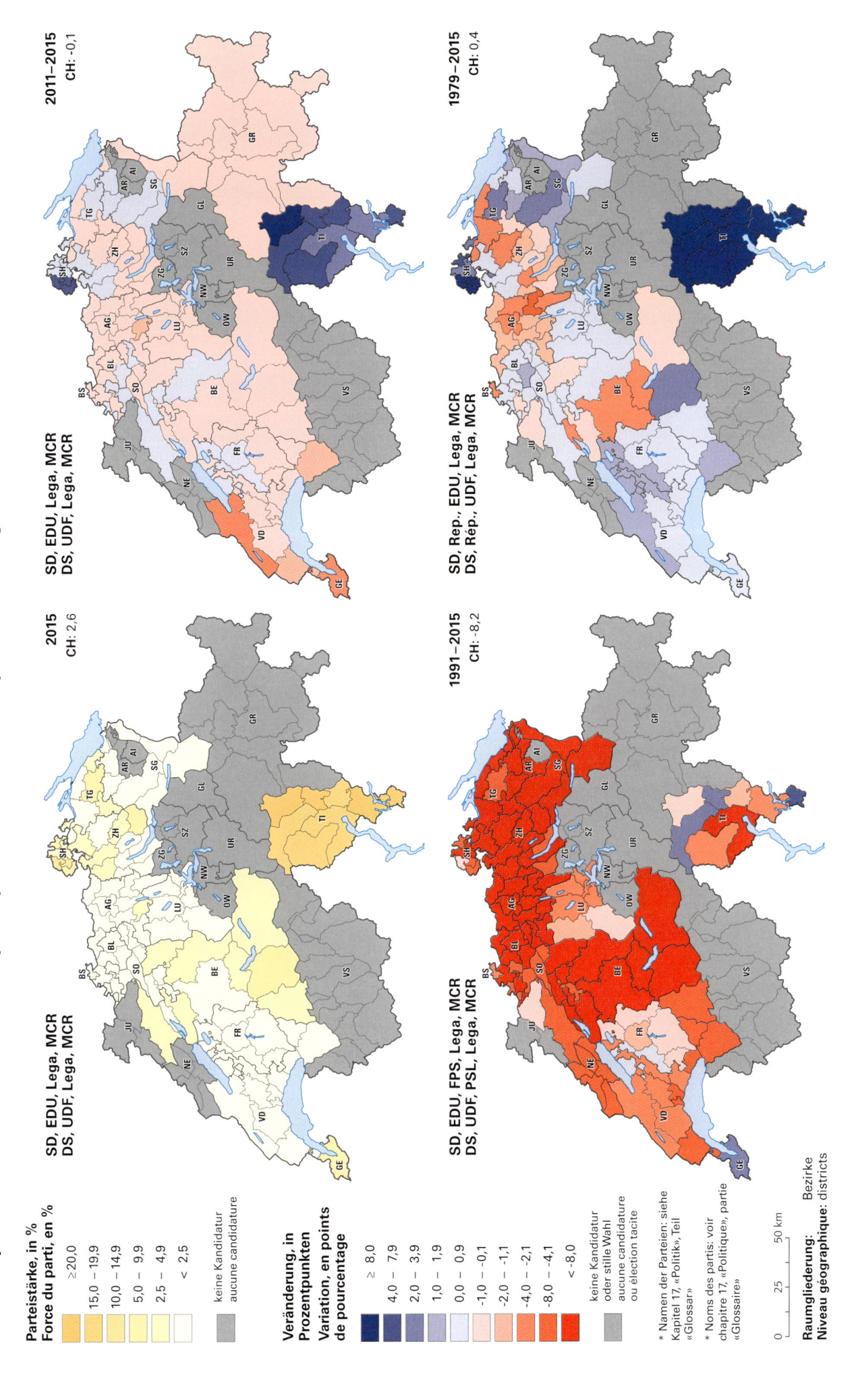

2015
CH: 2,6

SD, EDU, Lega, MCR
DS, UDF, Lega, MCR

2011–2015
CH: -0,1

SD, EDU, Lega, MCR
DS, UDF, Lega, MCR

1991–2015
CH: -8,2

SD, EDU, FPS, Lega, MCR
DS, UDF, PSL, Lega, MCR

1979–2015
CH: 0,4

SD, Rep., EDU, Lega, MCR
DS, Rép., UDF, Lega, MCR

Parteistärke, in %
Force du parti, en %

- ≥ 20,0
- 15,0 – 19,9
- 10,0 – 14,9
- 5,0 – 9,9
- 2,5 – 4,9
- < 2,5

keine Kandidatur
aucune candidature

Veränderung, in Prozentpunkten
Variation, en points de pourcentage

- ≥ 8,0
- 4,0 – 7,9
- 2,0 – 3,9
- 1,0 – 1,9
- 0,0 – 0,9
- -1,0 – -0,1
- -2,0 – -1,1
- -4,0 – -2,1
- -8,0 – -4,1
- < -8,0

keine Kandidatur oder stille Wahl
aucune candidature ou élection tacite

* Namen der Parteien: siehe Kapitel 17, «Politik», Teil «Glossar»
* Noms des partis: voir chapitre 17, «Politique», partie «Glossaire»

0 25 50 km

Raumgliederung: Bezirke
Niveau géographique: districts

Wahlbeteiligung
Participation

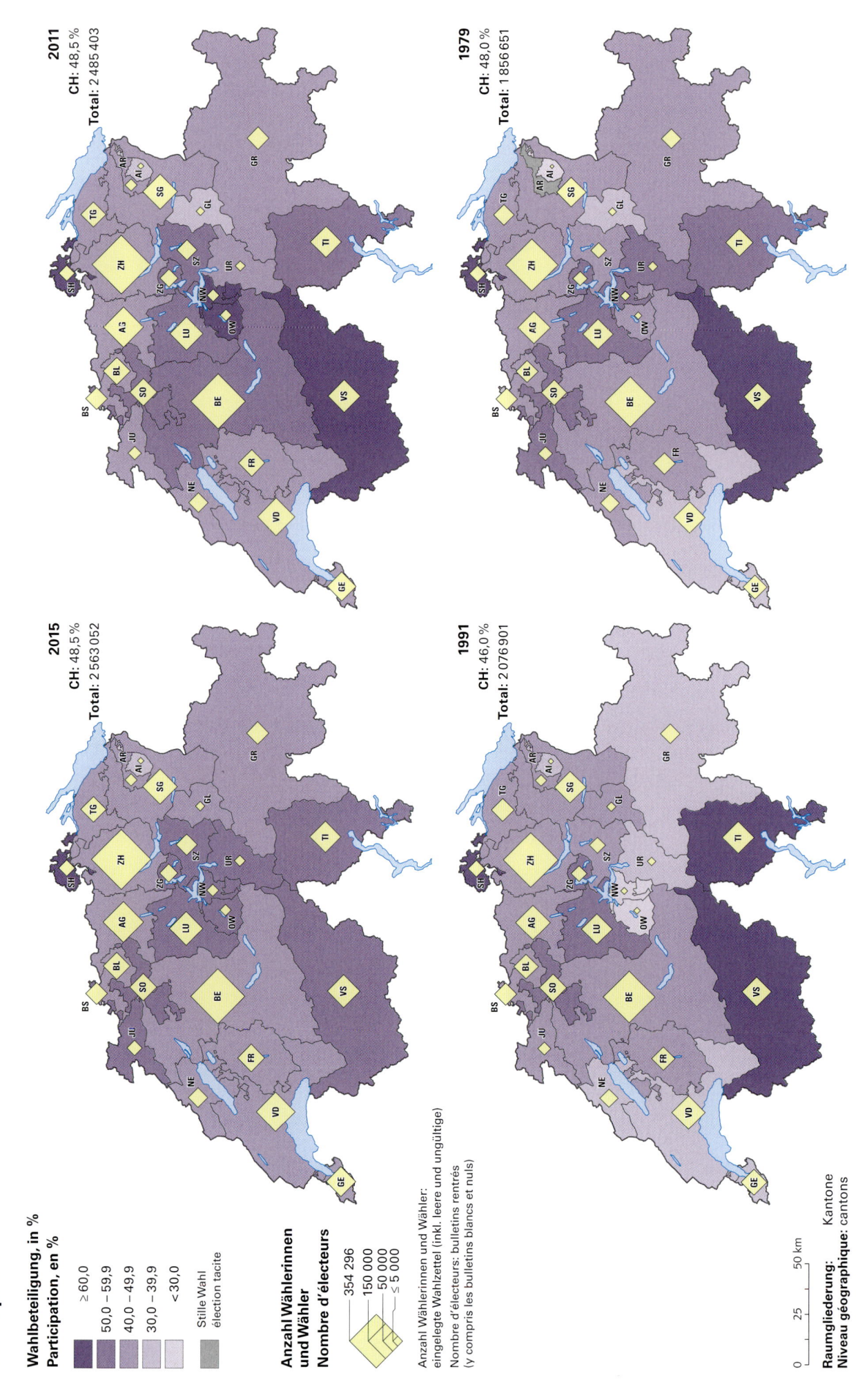

Wahlbeteiligung, in %
Participation, en %

- ≥ 60,0
- 50,0 – 59,9
- 40,0 – 49,9
- 30,0 – 39,9
- < 30,0
- Stille Wahl / élection tacite

Anzahl Wählerinnen und Wähler
Nombre d'électeurs

- 354 296
- 150 000
- 50 000
- ≤ 5 000

Anzahl Wählerinnen und Wähler: eingelegte Wahlzettel (inkl. leere und ungültige)
Nombre d'électeurs: bulletins rentrés (y compris les bulletins blancs et nuls)

2015 — CH: 48,5 % — Total: 2 563 052
2011 — CH: 48,5 % — Total: 2 485 403
1991 — CH: 46,0 % — Total: 2 076 901
1979 — CH: 48,0 % — Total: 1 856 651

0   25   50 km

Raumgliederung: Kantone
Niveau géographique: cantons

540   OFS • ANNUAIRE STATISTIQUE 2016

Dati statistici della Svizzera

Il presente capitolo riassume, nella terza lingua nazionale, i principali risultati statistici sullo stato e sull'evoluzione della popolazione e della società, dell'economia e dell'ambiente in Svizzera. Per quanto concerne l'organizzazione tematica, la suddivisione adottata segue quella impiegata dall'ufficio statistico dell'Unione Europea (Eurostat).

La Svizzera nel contesto internazionale	542	
Sviluppo sostenibile	544	
1 Economia	546	
Conti economici nazionali	546	
Finanze pubbliche	547	
Prezzi e salari	548	
Bilancia dei pagamenti	549	
2 Popolazione	550	
3 Salute	552	
4 Formazione	553	
5 Mercato del lavoro	554	
6 Economie domestiche e sicurezza sociale	555	
Economie domestiche	555	
Sicurezza sociale	556	
Tenore di vita, situazione sociale e povertà	557	

7 Industria, commercio e servizi	558	
Struttura delle imprese	559	
Industria, costruzioni e commercio	560	
Mercati finanziari	561	
Turismo	562	
8 Agricoltura, selvicoltura e pesca professionale	563	
9 Commercio estero	565	
10 Trasporti	566	
11 Ambiente	567	
12 Energia	569	
13 Scienza e tecnologia	570	

UST • ANNUARIO STATISTICO 2016

La Svizzera nel contesto internazionale

In Svizzera, su una superficie di 41 000 km² vivono 8,237 milioni di abitanti (31 dicembre 2014). Il Paese si trova al centro dell'Europa occidentale e le Alpi costituiscono una frontiera geografica naturale tra il nord e il sud del territorio nazionale. Il Paese si contraddistingue per la sua diversità culturale e linguistica: le quattro lingue nazionali ufficiali sono il tedesco, il francese, l'italiano e il romancio.

La Confederazione svizzera (o Confoederatio Helvetica) è uno Stato federale dal 1848. Si suddivide in 26 Cantoni di grandezza molto diversa, formatisi nel corso della storia, che godono di un'ampia autonomia nel confronto internazionale. Dal 1959, i quattro partiti più forti (Partito liberale radicale, Partito socialista, Partito popolare democratico e Unione democratica di centro) formano congiuntamente il governo federale (Consiglio federale), composto da sette membri, eletti dal Parlamento per un periodo di quattro anni. Il Parlamento è formato da due Camere: il Consiglio nazionale (che rappresenta il popolo, 200 seggi) e il Consiglio degli Stati (che rappresenta i Cantoni, 46 seggi). Il sistema politico della Svizzera si contraddistingue inoltre per i diritti popolari molto estesi (diritto di iniziativa e di referendum) e le votazioni popolari su questioni specifiche più volte all'anno.

Dal profilo economico, e cioè in base al prodotto interno lordo (PIL), la Svizzera fa parte delle nazioni medio-forti. Il PIL pro capite la proietta addirittura tra i Paesi più ricchi del mondo. Ciò nonostante, dal 1990 il ritmo di crescita dell'economia è nettamente più lento rispetto alla maggior parte degli altri Paesi dell'OCSE. Dopo il crollo, all'inizio del nuovo millennio l'economia svizzera ha ripreso a crescere e da allora continua a prosperare con vigore (ad eccezione del 2009 per via della crisi finanziaria). Nel raffronto internazionale, la disoccupazione rimane bassa e il tasso d'attività alto.

Come in tutte le società moderne, in Svizzera domina il settore dei servizi. I suoi pilastri sono il settore finanziario e il turismo. Nel settore secondario, la mancanza di materie prime ha favorito lo sviluppo di industrie di trasformazione specializzate (meccanica, farmaceutica, orologeria). Nel 2014 il settore primario contribuiva al valore aggiunto dell'economia svizzera in percentuale pari solo allo 0,7%. La Svizzera ha forti legami economici con l'estero: i volumi d'importazione e d'esportazione pro capite come pure i tassi d'importazione e d'esportazione (quote percentuali sul prodotto interno lordo) sono tra i più alti del mondo.

Struttura politica KI 0.1

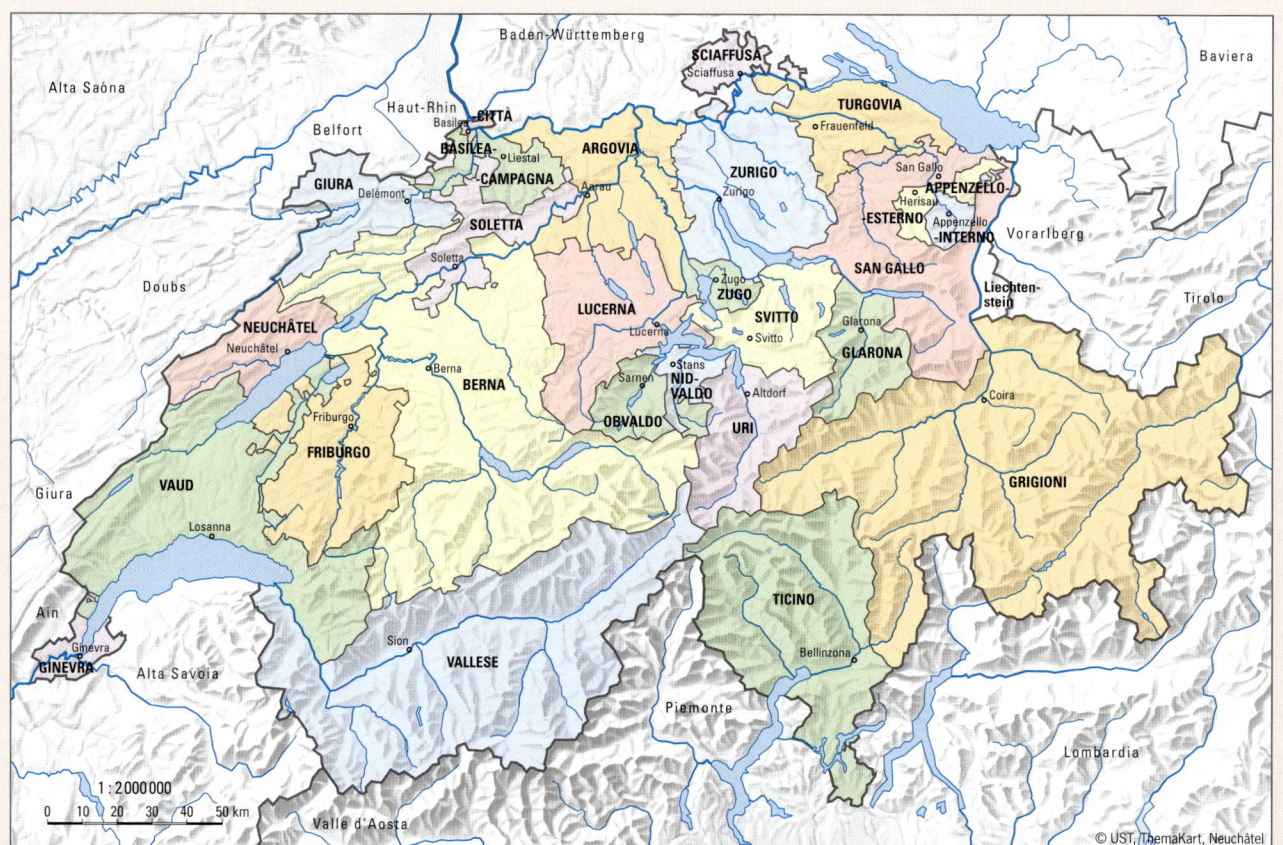

La Svizzera nel raffronto internazionale

	Anno	Svizzera	Germania	Francia	Italia	Paesi Bassi	Austria	Svezia	Regno Unito
Conti economici nazionali, prezzi e salari									
Prodotto interno lordo (PIL) per abitante in SPA[1]	2013	40 600	32 000	27 800	25 200	32 600	33 200	32 700	27 200
Crescita reale media annua del PIL per abitante, in %	2000 –2013	3,7	3,6	2,2	1,1	2,3	2,7	2,9	1,6
Indice dei prezzi al consumo armonizzato (IPCA)	2014	0,0	0,8	0,6	0,2	0,3	1,5	0,2	1,5
Parità: differenze salariali tra i sessi (settori 2 e 3) in %	2013	19,3	21,6	15,1	7,3	16,0	23,0	15,2	19,7
Popolazione									
Numero di abitanti in migliaia	2014[3]	8 140	80 767	65 836	60 783	16 829	8 507	9 645	64 308
Abitanti per km²	2013[3]	202	230	104	199	498	103	24	264
Persone di età inferiore a 20 anni in %	2014[3]	20,3	18,1	24,6	18,6	22,9	19,9	22,7	23,6
Persone di età superiore a 64 anni in %	2014[3]	17,6	20,8	18,0	21,4	17,3	18,3	19,4	17,5
Quota di stranieri in % della popolazione	2014[3]	23,8	8,7	6,3	8,1	4,4	12,4	7,1	7,8
Nati vivi, ogni 1000 abitanti	2013	10,3	8,3	12,4	8,6	10,2	9,4	11,9	12,2
Speranza di vita delle donne alla nascita in anni	2013	85,0	83,2	85,6	85,2	83,2	83,8	83,8	82,9
Speranza di vita degli uomini alla nascita in anni	2013	80,7	78,6	79,0	80,3	79,5	78,6	80,2	79,2
Salute									
Letti negli ospedali, ogni 100 000 abitanti	2013[4]	468	...	629	...	...	765	259	276
Costo del sistema sanitario in % del prodotto interno lordo (PIL)	2012	11,4	10,9	11,2	...	11,8	10,4	9,1	...
Mortalità infantile ogni 1000 nascite (nati vivi)	2013	3,9	3,3	3,6	2,9	3,8	3,1	2,7	3,8
Formazione									
Giovani (18–24) senza formazione post-obbligatoria in %	2014	28,7	35,6	17,1	32,1	30,5	18,4	26,5	16,3
Persone (25–64) con un diploma di grado terziario in %	2014	40,2	27,1	33,2	16,9	34,4	29,9	38,7	40,5
Spese pubbliche per la formazione in % del PIL	2011	5,3	5,0	5,7	4,3	5,9	5,8	6,8	6,0
Mercato del lavoro									
Tasso di donne occupate	2014	75,1	69,5	60,9	46,8	68,1	66,9	73,1	67,1
Tasso di uomini occupati	2014	84,4	78,1	67,7	64,7	78,1	75,2	76,5	76,8
Tasso di disoccupati (15–74) ai sensi ILO[2]	2014	4,5	5,0	10,3	12,7	7,4	5,6	7,9	6,1
Donne, 15 anni e più	2014	4,7	4,6	10,0	13,8	7,8	5,4	7,7	5,8
Uomini, 15 anni e più	2014	4,4	5,3	10,5	11,9	7,2	5,9	8,2	6,4
15–24 anni	2014	8,6	7,7	24,2	42,7	12,7	10,3	22,9	16,9
Sicurezza sociale									
Spese per la protezione sociale in % del PIL	2013	25,5	28,6	32,6	29,5	31,6	29,8	30,5	29,9
Turismo, agricoltura e selvicoltura									
Letti negli alberghi e stabilimenti di cura ogni 1000 abitanti	2014	33,5	21,8	19,4	36,9	15,0	70,4	24,8	...
Superficie agricola, in % della superficie totale	2009[4]	36,9	51,7	54,2	51,4	55,0	38,2	8,1	65,1
Superficie forestale, in % della superficie totale	2009[4]	30,8	33,9	31,7	33,2	11,9	47,0	66,0	14,8
Territorio e ambiente									
Numero di automobili ogni 1000 abitanti	2013[4]	531	538	490	608	471	546	...	442
Incidenti stradali, morti ogni 1milioni abitanti	2009[4]	46,3	54,0	67,0	79,0	41,0	81,0	43,0	43,0
Superficie complessiva in km²	2009[4]	41 285	357 113	548 763	301 392	37 357	83 920	449 159	244 436
Quota di superfici d'insediamento e d'infrastruttura in %	2009[4]	7,5	9,9	9,4	11,0	25,1	7,2	14,6	13,5
Emissioni di gas serra in CO_2 equivalenti, tonnellate per abitante	2013[4]	6,5	11,6	7,5	7,3	11,7	9,4	5,8	9,0
Consumo lordo di energia, tonnellate equivalente di petrolio per abitante	2013[4]	3,4	4,0	3,9	2,6	4,8	4,0	5,1	3,1

1 Standard di potere d'acquisto
2 Disoccupazione come definita dall'Ufficio internazionale del lavoro
3 Al 1° gennaio
4 Al 31 dicembre

Fonte: Eurostat
Per tutte le variabile è utilizzata un'unica fonte. Si può che i dati differiscano da quelli pubblicati dall'Ufficio federale di statistica in altre pubblicazioni.

Sviluppo sostenibile

Lo sviluppo sostenibile è uno sviluppo in grado di garantire il soddisfacimento dei bisogni attuali, senza compromettere la capacità delle generazioni future di far fronte ai loro bisogni. Nello sfruttamento delle risorse naturali, economiche e sociali si deve tenere presente il principio dell'equità inter- e intragenerazionale sia in Svizzera che nei confronti dell'estero. Lo sviluppo sostenibile significa anche la garanzia di condizioni di vita dignitose, nel rispetto dei diritti umani, attraverso la creazione e il mantenimento del maggior numero possibile di opzioni per poter disegnare liberamente il proprio progetto di vita. Per soddisfare in maniera equilibrata i bisogni sono indispensabili solidarietà sociale, efficienza economica e responsabilità ecologica, e a lungo termine questi obiettivi qualitativi non devono essere raggiunti a scapito l'uno dell'altro.

Il sistema MONET è stato concepito per fornire informazioni sulla situazione della Svizzera in materia di sviluppo sostenibile. Si basa su una serie di principi, che indicano la direzione da seguire per creare e mantenere una società sostenibile. Questi 45 principi rappresentano una cornice di riferimento che permette di collocare gli sviluppi osservati nell'ottica della sostenibilità. Tutti i principi sono in rapporto diretto con la definizione e gli obiettivi qualitativi «solidarietà sociale», «efficienza economica» e «responsabilità ecologica». Ciascuno dei 76 indicatori MONET si riferisce ad almeno un principio.

Allo scopo di consentire un'informazione chiara e concisa a colpo d'occhio, è stata elaborata una serie di 17 indicatori chiave, tutti estratti dal sistema MONET. La seguente presentazione di cinque di questi 17 indicatori mira a dare un'idea di come gli indicatori possono illustrare il modo in cui si è sviluppata finora la sostenibilità e – con l'aiuto dei principi – a valutare la sostenibilità dal punto di vista della direzione da seguire.

Evoluzione auspicata
↗ Incremento   ↘ Calo   → Stabilizzazione

Evoluzione osservata
↗ Incremento   ↘ Calo   → Nessuna variazione di rilievo

Valutazione dell'evoluzione dal 1992:
✓ Positiva (verso la sostenibilità)
✗ Negativa (contraria alla sostenibilità)
≈ Nessun cambiamento sostanziale

↗ ↗ ✓ La salute della popolazione migliora
Principio: Promozione della salute

Chi si sente sano è spesso più contento di chi è malato o disabile. Al tempo stesso, è anche più produttivo. A trarre profitto di una lunga vita in buona salute non sono soltanto le persone direttamente interessate, ma anche l'economia e la società.

Speranza di vita in buona salute
Speranza di vita alla nascita, in anni

Anno	Uomini	Donne
1992	63,9	65,3
1997	65,2	64,7
2002	67,5	68,7
2007	69,4	70,3
2012[1]	67,7	67,9

1 Revisione del questionario, i dati non possono essere confrontati con quelli degli anni precedenti.

↘ ↗ ✗ Il tasso di disoccupati ai sensi dell'ILO[1] aumenta
Principio: Impiego valorizzante e che permette di guadagnarsi la vita

Nei Paesi sviluppati la disoccupazione è una delle principali cause di povertà e di esclusione sociale. Una disoccupazione elevata può inoltre sfociare in agitazioni sociali.

Tasso di disoccupati ai sensi dell'ILO
Quota di disoccupati rispetto alla popolazione attiva

1 ILO: International Labour Office (Ufficio internazionale del lavoro)

Le capacità di lettura dei giovani aumentano
Principi: Incoraggiamento della capacità d'imparare; promozione dell'efficienza economica

L'istruzione assicura un'economia innovativa e competitiva al tempo stesso, mentre la capacità di assimilare ed elaborare l'informazione è essenziale per consentire al singolo individuo di adattarsi in modo costruttivo ai cambiamenti che investono la società.

Competenza in lettura dei quindicenni
Quota dei quindicenni che raggiungono almeno il livello di competenza 2 in lettura (su una scala da <1 a 6)[1]

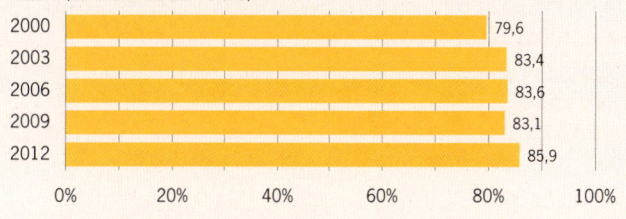

Anno	%
2000	79,6
2003	83,4
2006	83,6
2009	83,1
2012	85,9

1 2009: cambiamento dei profili di competenza

Le superfici d'insediamento occupate pro capite aumentano
Principi: Limitazione dell'utilizzazione delle risorse non rinnovabili; salvaguardia delle risorse naturali

Il suolo costituisce una delle principali risorse vitali sia per l'uomo che per animali e piante. La costruzione d'insediamenti, di strade e d'impianti industriali comporta inevitabilmente una perdita di superfici agricole – processo difficilmente reversibile e pertanto con conseguenze sulle generazioni future.

Surperfici d'insediamento[1] pro capite
In m² / abitante

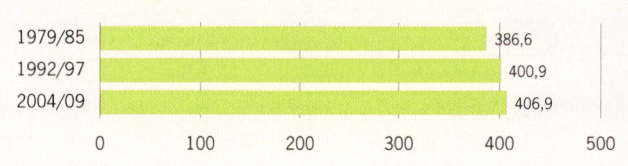

Periodo	m²
1979/85	386,6
1992/97	400,9
2004/09	406,9

1 Aree edificate, aree industriali, superfici d'insediamento speciali, zone verdi e di riposo, superfici del traffico

L'intensità materiale diminuisce
Principi: Produzione compatibile con l'ambiente; consumo sociale e compatibile con l'ambiente

Una dematerializzazione della nostra società, e di conseguenza una diminuzione delle pressioni ambientali esercitate dalle attività economiche e umane, costituisce un traguardo importante sulla via dello sviluppo sostenibile. Bisogna ottimizzare i flussi di materiali e di energia, in modo da poter conservare le risorse naturali a lungo termine.

Intensità materiale. Volume totale di materiale che entra nel circolo economico rispetto al prodotto interno lordo, indice 1990=100

L'impronta ecologica della Svizzera è quasi quattro volte superiore alla sua biocapacità

Gli indicatori chiave segnalano se lo sviluppo è sostenibile. Oltre a questa indicazione di tendenza, l'impronta ecologica quantifica in quale misura il consumo delle risorse naturali è sostenibile.[1]

L'impronta ecologica esprime diverse forme di consumo in un ipotetico fabbisogno di superficie (ettari globali) e indica se e in quale misura lo sfruttamento delle risorse naturali supera la capacità rigenerativa della biosfera (biocapacità). L'utilizzazione è sostenibile se l'impronta ecologica e la biocapacità coincidono. Se il consumo è superiore alla biocapacità significa che o le risorse naturali vengono sovrasfuttate oppure che esse vengono importate da altri Paesi. In questo caso viviamo a spese di altre parti del mondo o delle generazioni future.

Impronta ecologica e biocapacità della Svizzera
In ettari globali pro capite

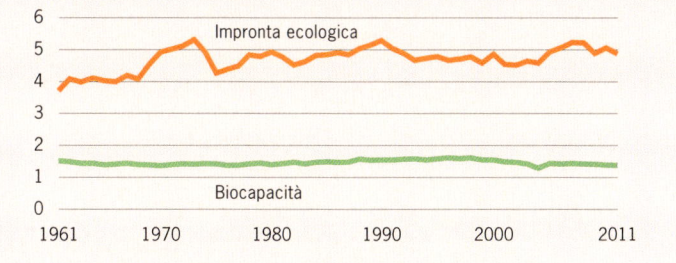

---

1 Cfr. INFRAS 2006: L'impronta ecologica della Svizzera. Contributo al dibattito sulla sostenibilità. Editori: Ufficio federale dello sviluppo territoriale (ARE), Ufficio federale di statistica (UST), Direzione dello sviluppo e della cooperazione (DSC), Ufficio federale dell'ambiente (UFAM) in collaborazione con Global Footprint Network e Locher, Schmill, Van Wezemael und Partner. Neuchâtel, settembre 2006

Gli indicatori, gli indicatori chiave, i principi, l'impronta ecologica come pure numerose pubblicazioni possono essere consultati sul sito: http://www.monet.admin.ch

1 Economia

Conti economici nazionali

Prodotto interno lordo secondo le componenti [1]
In milioni di franchi, ai prezzi correnti e secondo le variazioni annuali

Genere d'utilizzo	Prezzi correnti					Variazione rispetto all'anno precedente, in %, ai prezzi correnti			
	2010	2011	2012	2013p	2014p	2011	2012	2013p	2014p
Spese di consumo	**395 235**	**399 802**	**407 695**	**414 333**	**418 828**	**1,2**	**2,0**	**1,6**	**1,1**
Economie domestiche e OPsSL [2]	330 592	333 417	338 882	344 505	348 059	0,9	1,6	1,7	1,0
Stato	64 643	66 385	68 813	69 828	70 769	2,7	3,7	1,5	1,3
Investimenti lordi	**145 892**	**166 124**	**151 167**	**143 552**	**150 702**	**13,9**	**–9,0**	**–5,0**	**5,0**
Investimenti fissi lordi	138 430	144 596	147 803	149 281	152 286	4,5	2,2	1,0	2,0
Investimenti in beni d'equipaggiamento	86 397	90 059	91 456	90 842	91 910	4,2	1,6	–0,7	1,2
Investimenti nell'edilizia	52 033	54 537	56 347	58 439	60 375	4,8	3,3	3,7	3,3
Variazioni di stock	1 507	4 385	74	8 535	5 204	...	...	...	...
Entrate nette di valori	5 956	17 142	3 290	–14 264	–6 788	...	...	...	...
Esportazioni	**389 443**	**406 706**	**419 946**	**459 057**	**413 063**	**4,4**	**3,3**	**9,3**	**–10,0**
Esportazione di beni	288 010	306 871	311 952	346 436	300 117	6,5	1,7	11,1	–13,4
Esportazione di servizi	101 433	99 834	107 994	112 622	112 946	–1,6	8,2	4,3	0,3
Detrazioni: importazioni	**324 425**	**354 306**	**354 865**	**382 089**	**340 337**	**9,2**	**0,2**	**7,7**	**–10,9**
Importazione di beni	252 351	280 762	274 280	296 641	250 771	11,3	–2,3	8,2	–15,5
Importazione di servizi	72 074	73 544	80 585	85 448	89 566	2,0	9,6	6,0	4,8
Prodotto interno lordo	**606 146**	**618 325**	**623 943**	**634 854**	**642 256**	**2,0**	**0,9**	**1,7**	**1,2**
pro capite	77 160	78 146	78 023	78 480	78 432	1,3	–0,2	0,6	–0,1

1 Valori revisionati
2 OPsSL: organizzazioni private senza scopi di lucro ai servizi delle economie domestiche

Fonte: UST – Conti economici nazionali

Tasso di crescita del PIL
A prezzi dell'anno precedente

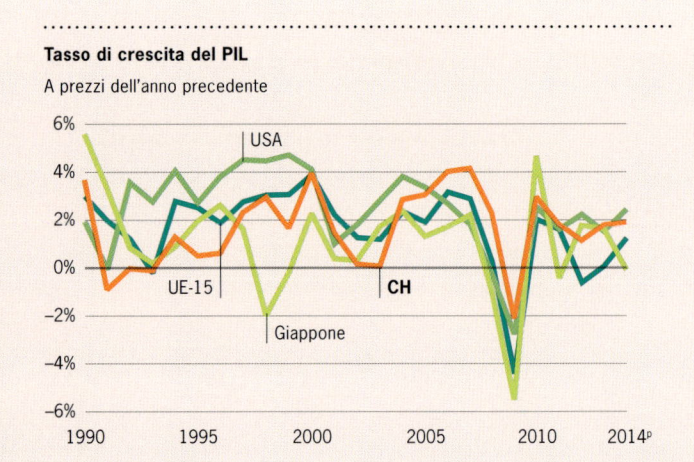

PIL per abitante a parità del potere d'acquisto (PPA)
Rispetto alla media dei 30 Paesi OCSE = 100

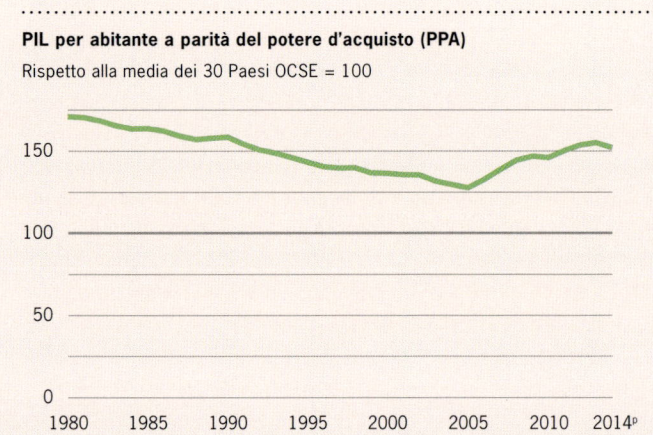

Finanze pubbliche

Indicatori delle finanze pubbliche [1]
In % del PIL

	2005	2006	2007	2008	2009	2010	2011	2012	2013	2014 [2]
Quota d'incidenza della spesa pubblica										
Settore pubblico	32,8	31,2	30,0	30,6	32,4	32,1	32,6	32,6	32,9	33,0
Confederazione	10,4	10,0	10,8	10,2	10,4	10,3	10,7	10,4	10,6	10,4
Cantoni	13,1	12,5	12,3	12,4	12,9	12,8	13,4	13,6	13,5	13,7
Comuni	7,2	7,0	6,6	6,9	7,3	7,1	7,0	7,1	7,2	7,1
Assicurazioni sociali	10,0	9,4	9,0	8,3	9,3	9,1	8,9	9,0	9,2	9,2
Saldo di finanziamento										
Settore pubblico	–0,6	0,9	1,6	1,8	0,6	0,3	0,5	–0,0	–0,2	–0,1
Confederazione	0,0	0,6	–0,5	0,8	0,5	0,5	0,2	0,1	–0,0	0,0
Cantoni	–0,0	0,4	0,5	0,6	0,4	0,2	–0,2	–0,4	–0,3	–0,3
Comuni	0,0	0,2	0,4	0,0	–0,1	–0,1	–0,0	–0,1	–0,2	–0,1
Assicurazioni sociali	–0,5	–0,2	1,3	0,3	–0,2	–0,3	0,5	0,5	0,3	0,3
Quota d'indebitamento										
Settore pubblico	48,0	42,9	39,4	36,9	35,2	33,9	33,2	34,2	34,6	34,5
Confederazione	25,7	23,0	21,1	20,3	18,7	18,0	17,7	17,8	17,4	16,8
Cantoni	12,7	11,5	10,6	9,4	9,0	8,7	8,3	8,8	9,7	10,1
Comuni	9,5	8,3	7,7	7,5	7,7	7,6	7,5	7,6	7,7	7,8
Assicurazioni sociali	0,8	0,9	0,9	0,7	1,0	1,2	1,0	1,0	0,7	0,7
Aliquota fiscale (OCSE)										
Settore pubblico	26,6	26,5	26,2	26,5	27,1	26,5	27,1	26,9	27,0	27,1
Confederazione	9,5	9,6	9,4	9,9	9,9	9,7	9,9	9,5	9,6	9,5
Cantoni	6,6	6,6	6,6	6,5	6,6	6,5	6,5	6,6	6,6	6,7
Comuni	4,2	4,2	4,1	4,1	4,2	4,0	4,1	4,1	4,1	4,1
Assicurazioni sociali	6,3	6,2	6,1	6,1	6,5	6,3	6,6	6,7	6,7	6,7

1 Valori revisionati
2 Dati in parte stimati

Fonte: Amministrazione federale delle finanze (AFF)

Debito pubblico

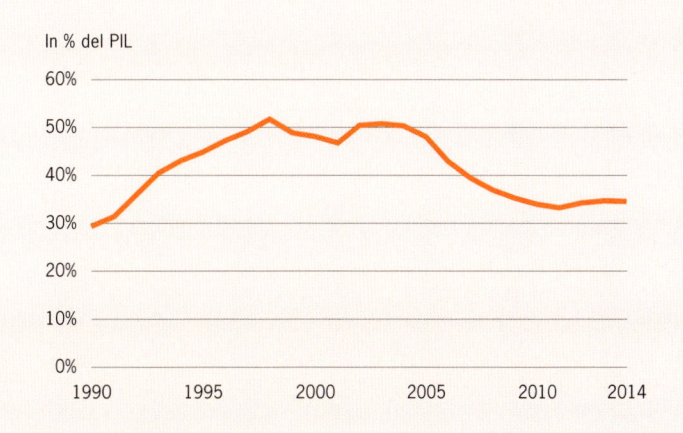

In miliardi di franchi

In % del PIL

Prezzi e salari

Evoluzione generale dei prezzi al consumo in Svizzera. Variazione delle medie annue, in %

	2011	2012	2013	2014	2015
Totale	0,2	−0,7	−0,2	0,0	−1,1
Prodotti alimentari, bevande analcoliche	−3,3	−1,0	1,2	0,9	−0,8
Bevande alcoliche e tabacchi	1,7	1,1	1,3	1,0	0,0
Indumenti e calzature	1,4	−6,0	−3,7	−1,3	0,3
Abitazione ed energia	2,4	0,8	0,1	1,0	−0,6
Mobili, articoli et servizi per la casa	−1,3	−1,9	−1,6	−1,0	−2,1
Sanità	−0,2	−0,3	−0,9	−0,9	−0,4
Trasporto	1,1	−2,2	−0,9	−1,2	−4,4
Comunicazioni	0,1	−0,6	−2,3	−2,3	−0,9
Tempo libero e cultura	−3,3	−2,8	0,0	0,1	−2,0
Insegnamento	1,4	1,7	1,7	1,6	1,2
Ristoranti e alberghi	1,5	0,7	0,7	0,7	0,0
Altri beni e servizi	0,2	0,1	0,6	−0,8	−0,8

Fonte: Ufficio federale di statistica, IPC

Indice nazionale dei prezzi al consumo
Indice dicembre 2010 = 100

Indici dei prezzi nel raffronto internazionale. 2014[p], EU-28 = 100

	Svizzera	Germania	Spagna	Francia	Italia	Paesi Bassi	Austria	Svezia	Regno Unito	Danimarca	Norvegia
Prodotto interno lordo	146	104	90	110	101	109	109	132	117	135	150
Consumi effettivi individuali	156	101	93	107	103	113	109	136	122	140	158
Prodotti alimentari, bevande analcoliche	155	104	93	110	110	99	120	125	105	145	166
Bevande alcoliche e tabacchi	118	93	88	106	97	108	89	130	166	124	238
Indumenti e calzature	123	102	87	102	105	104	96	123	102	123	132
Abitazione ed energia	173	105	93	115	100	119	98	119	153	150	123
Mobili, articoli et servizi per la casa	123	98	99	105	105	110	109	122	110	122	128
Sanità	188	101	105	105	115	127	118	175	118	137	201
Trasporto	113	104	93	102	99	111	102	116	110	133	143
Comunicazioni	122	103	107	97	119	114	91	90	125	86	108
Tempo libero e cultura	139	105	97	107	101	102	114	130	107	139	159
Insegnamento	239	110	85	110	94	122	151	195	147	153	217
Ristoranti e alberghi	153	98	88	109	109	111	107	144	114	150	177
Altri beni e servizi	156	97	91	106	98	115	108	144	113	141	176
Consumi effettivi collettivi	171	119	85	126	113	118	114	121	110	149	172
Investimenti fissi lordi	136	114	81	113	89	105	108	135	101	131	149

Fonte: Eurostat

Evoluzione dei salari

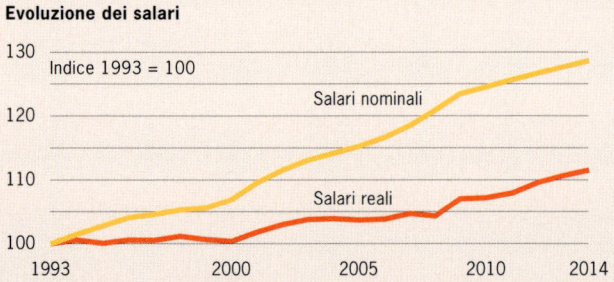

Indice 1993 = 100
- Salari nominali
- Salari reali

Bilancia dei pagamenti

Componenti della bilancia dei pagamenti[1]. In milioni di franchi, ai prezzi correnti[2]

	2005	2006	2007	2008	2009	2010	2011	2012	2013	2014
Bilancia degli utili, saldo	71 250	80 477	61 724	17 750	47 083	89 935	47 369	64 346	70 776	46 909
Beni, saldo	14 104	18 816	29 596	30 043	16 066	35 659	26 111	37 789	49 931	49 499
Entrate	190 160	214 540	246 966	271 018	234 944	288 010	306 872	311 952	346 436	300 117
Uscite	176 056	195 724	217 370	240 975	218 877	252 350	280 761	274 164	296 505	250 618
Servizi, saldo	24 335	28 133	34 694	35 473	28 845	26 634	22 056	21 507	20 369	18 289
Entrate	82 535	89 301	102 483	104 631	99 889	98 841	95 578	102 337	106 015	108 469
Uscite	58 199	61 167	67 788	69 158	71 044	72 208	73 522	80 830	85 646	90 180
Redditi primari, saldo	43 814	41 864	5 042	−37 444	11 419	36 723	7 028	13 218	12 169	−3 919
Entrate	129 420	139 244	151 103	96 218	103 434	130 070	97 704	113 390	110 981	118 090
Uscite	85 606	97 380	146 061	133 662	92 014	93 347	90 675	100 172	98 812	122 009
Redditi secondari, saldo	−11 003	−8 337	−7 608	−10 322	−9 248	−9 081	−7 827	−8 167	−11 693	−16 960
Entrate	20 740	23 598	29 209	32 156	30 229	26 784	28 634	33 980	33 989	35 863
Uscite	31 743	31 936	36 817	42 479	39 476	35 865	36 461	42 148	45 682	52 823
Trasferimenti in conto capitale, saldo	−2 856	−5 442	−5 048	−3 798	−3 788	−4 641	−8 407	−2 203	675	−10 108
Entrate	584	335	486	1 096	144	359	483	345	1 694	445
Uscite	3 441	5 776	5 533	4 894	3 932	5 000	8 890	2 548	1 019	10 553
Movimenti di capitale, saldo	100 297	88 692	44 029	−2 783	6 518	114 685	27 739	87 626	101 523	54 082
Investimenti diretti, saldo	63 983	40 004	21 679	31 024	−4 019	58 723	17 500	25 616	30 397	−4 688
Investimenti di portafoglio, saldo	59 151	56 263	34 951	35 168	27 863	−32 522	12 810	−16 896	15 770	6 172
Altri investimenti, saldo	−4 030	−8 920	−17 782	−69 087	−71 232	−49 574	−44 708	−94 200	43 194	18 780
Riserve monetarie, totale	−21 906	393	4 057	4 146	52 219	137 802	42 628	174 591	12 943	33 961
Prodotti derivati e strutturati, saldo	3 098	952	1 125	−4 033	1 688	257	−491	−1 485	−779	−143
Altre voci	31 903	13 657	−12 647	−16 734	−36 777	29 391	−11 223	25 482	30 072	17 281

1 Nella bilancia degli utili e trasferimenti in conto capitale, i valori negativi indicano un'eccedenza delle uscite sulle entrate, in tutte le altre posizioni un'importazione di capitale.
2 Valori revisionati

Fonte: Banca Nazionale Svizzera (BNS)

Saldo della bilancia degli utili
In miliardi di franchi

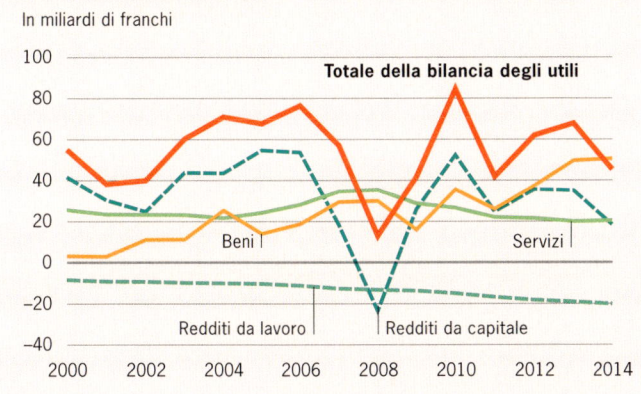

2 Popolazione

Crescita demografica e stato della popolazione

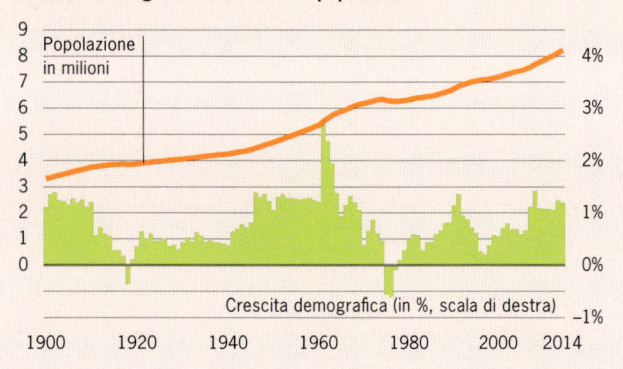

Popolazione in milioni

Crescita demografica (in %, scala di destra)

Speranza di vita

Anni

Alla nascita: Donne / Uomini

A 65 anni: Donne / Uomini

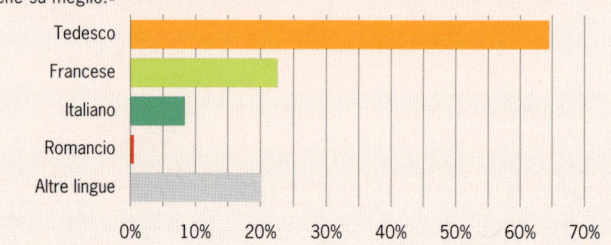

Più alta formazione conseguita, 2014

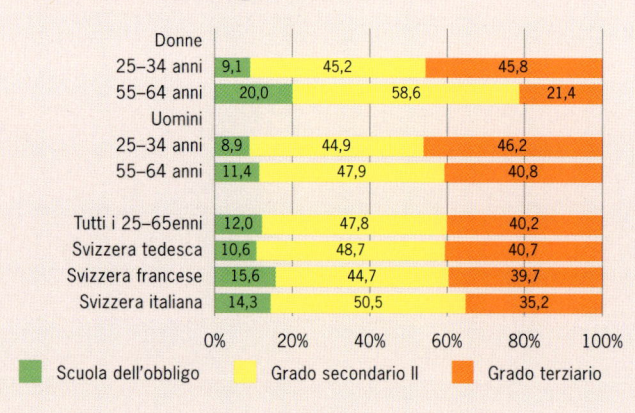

Donne
- 25–34 anni: 9,1 | 45,2 | 45,8
- 55–64 anni: 20,0 | 58,6 | 21,4

Uomini
- 25–34 anni: 8,9 | 44,9 | 46,2
- 55–64 anni: 11,4 | 47,9 | 40,8

- Tutti i 25–65enni: 12,0 | 47,8 | 40,2
- Svizzera tedesca: 10,6 | 48,7 | 40,7
- Svizzera francese: 15,6 | 44,7 | 39,7
- Svizzera italiana: 14,3 | 50,5 | 35,2

■ Scuola dell'obbligo ■ Grado secondario II ■ Grado terziario

Occupati[1] in migliaia

- Settore III (servizi)
- Settore II (industria e artigianato)
- Settore I (agricoltura, selvicoltura)

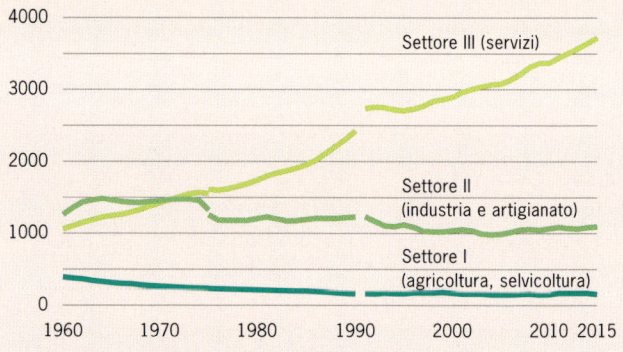

[1] A partire dal 1975/1991 nuovo metodo di calcolo

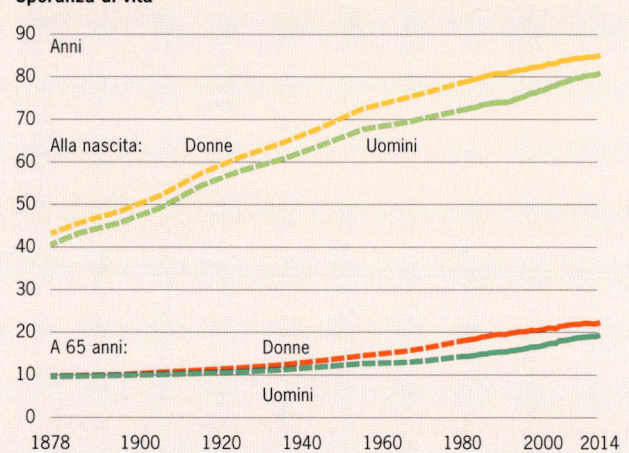

Le lingue principali in Svizzera 2013

Domanda: «Qual è la Sua lingua principale, ovvero la lingua in cui pensa e che sa meglio?»

- Tedesco
- Francese
- Italiano
- Romancio
- Altre lingue

Saldo migratorio ed eccedenza delle nascite (in migliaia)

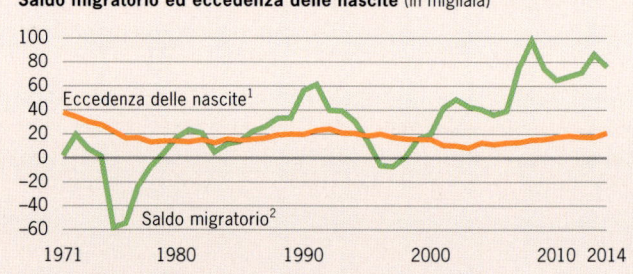

- Eccedenza delle nascite[1]
- Saldo migratorio[2]

[1] Nati vivi meno decessi
[2] Cambio di permesso incluso: passaggio da un permesso di soggiorno di durata inferiore a 12 mesi a un permesso di soggiorno di 12 mesi più.

UST • ANNUARIO STATISTICO 2016

Dati scelti

	1950	1960	1970	1980	1990	2000	2010[1]	2011	2012	2013	2014
Popolazione residente permanente in migliaia	4 717	5 360	6 193	6 335	6 751	7 204	7 870	7 955	8 039	8 140	8 238
Popolazione straniera	285	514	1 002	914	1 127	1 424	1 766	1 816	1 870	1 937	1 998
Popolazione urbana	...	...	...	5 341	5 675	6 033	6 637	6 712	6 786	6 874	6 959
Popolazione rurale	...	...	...	995	1 076	1 171	1 233	1 243	1 253	1 266	1 279
Classi d'età in %											
0–19 anni	30,6	31,8	31,0	27,5	23,4	23,1	20,9	20,6	20,4	20,3	20,2
20–64 anni	59,8	57,9	57,5	58,6	62,0	61,5	62,2	62,2	62,2	62,1	62,0
65 e più anni	9,6	10,3	11,5	13,9	14,6	15,4	16,9	17,2	17,4	17,6	17,8
Eccedenza di nascite ogni 1000 abitanti	8,0	7,9	6,8	2,3	3,0	2,2	2,3	2,4	2,2	2,2	2,6
Saldo migratorio, ogni 1000 abitanti	2,5	4,2	−2,9	2,7	8,4	2,8	8,3	8,6	8,9	10,8	9,3
Nati vivi ogni 1000 abitanti	18,1	17,7	16,1	11,7	12,5	11,0	10,3	10,2	10,3	10,2	10,4
Da madri nubili, in %	3,8	3,8	3,8	4,8	6,1	10,7	18,6	19,3	20,2	21,1	21,7
Età media delle madri alla nascita del 1° figlio	26,8	26,0	25,3	26,3	27,6	28,7	30,2	30,4	30,4	30,6	30,7
Quoziente generico di fecondità	2,40	2,44	2,10	1,55	1,59	1,50	1,52	1,52	1,53	1,52	1,54
Decessi ogni 1000 abitanti	10,1	9,8	9,2	9,4	9,5	8,7	8,0	7,8	8,0	8,0	7,8
Mortalità infantile nel 1° anno di vita, ogni 1000 nati vivi	31,2	21,1	15,1	9,1	6,8	4,9	3,8	3,8	3,6	3,9	3,9
Matrimoni ogni 1000 abitanti	7,9	7,8	7,6	5,7	6,9	5,5	5,5	5,3	5,3	4,9	5,1
Età media al primo matrimonio delle donne	25,8	24,9	24,1	25,0	26,7	27,9	29,4	29,5	29,5	29,6	29,6
Quoziente generico di nuzialità delle donne nubili (< 50 anni), in %	92	96	87	66	75	64	65	63	64	59	61
Divorzi ogni 1000 abitanti	0,9	0,9	1,0	1,7	2,0	1,5	2,8	2,2	2,2	2,1	2,0
Tasso sintetico di divorzialità, in %	12	13	15	27	33	26	54	43	43	42	41

1 Dal 2010, cambiamento del concetto di popolazione residente permanente: essa comprende ormai le persone nel processo d'asilo in Svizzera da 12 mesi o più.

Fonti: UST – Censimento federale della popolazione (CFP), Statistica dello stato annuale della popolazione (ESPOP, STATPOP), Statistica del movimento naturale della popolazione (BEVNAT)

Una vasta popolazione straniera

La quota di stranieri nella popolazione residente permanente è del 24,3% (2014). Oltre la metà degli abitanti senza passaporto svizzero vive da più di 15 anni in Svizzera o vi è addirittura nata. Nel 2014, hanno acquisito la nazionalità svizzera 32 800 persone, una cifra modesta nel raffronto europeo. La maggioranza della popolazione residente permanente straniera in Svizzera è di nazionalità europea e proviene più specificamente da un Paese dell'UE o dell'AELS. La popolazione straniera più importante rimane quella degli italiani (15,3%), seguita dai tedeschi (14,9%), dai portoghesi (13,1%), dai francesi (5,8%).

Una società che invecchia

Oggigiorno, gli anziani sono molto più numerosi di 50 anni fa. Dal 1950, il numero di persone di oltre 64 anni è più che raddoppiato e quello degli ultraottantenni è addirittura più che quadruplicato. Il numero di giovani di meno di 20 anni è invece aumentato in misura molto più modesta e sta diminuendo dall'inizio degli anni Settanta. L'invecchiamento della società è dovuto al prolungamento della speranza di vita e al calo delle nascite. Come emerge dagli scenari demografici dell'UST, questo processo proseguirà anche nei prossimi decenni.

3 Salute

Indicatori scelti

	1950	1960	1970	1980	1990	2000	2010	2012	2013	2014
Speranza di vita in anni[1]										
Donne, alla nascita	70,9	74,1	76,2	79,1	80,8	82,6	84,6	84,7	84,8	85,2
Donne, 65 anni	14,0	15,2	16,3	18,3	19,4	20,7	22,2	22,1	22,1	22,4
Uomini, alla nascita	66,4	68,7	70,3	72,4	74,0	76,9	80,2	80,5	80,5	81,0
Uomini, 65 anni	12,4	12,9	13,3	14,4	15,3	17,0	18,9	19,9	19,9	19,4
Mortalità infantile, decessi ogni 1000 nati vivi	31,0	21,1	15,1	9,1	6,8	4,9	3,8	3,6	3,9	3,9
Mortalità perinatale, decessi ogni 1000 nascite	34,7	25,6	18,1	9,5	7,7	6,6	7,0	6,8	7,6	7,0
AIDS, nuovi casi ogni milione di abitanti	...	...	...	0,5	91,2	31,5	21,0	11,8	12,4	7,9
Mortalità ogni 100 000 abitanti										
Tumore dei polmoni	15,7	22,0	28,9	35,0	35,1	31,6	28,6	27,1	26,9	...
Cirrosi epatica	9,1	10,0	12,5	10,3	7,8	5,4	5,0	5,0	4,3	...
Incidenti della circolazione	16,7	25,2	26,5	18,5	13,2	7,4	3,8	3,3	2,9	...
Suicidi	23,0	19,0	19,5	24,9	20,1	17,2	11,1	11,1	11,2	...
Malattie del lavoro, nuovi malati ogni 10 000 addetti a tempo pieno	...	...	28,8	...	...	...	10,0	7,9	7,5	...
Invalidità, beneficiari degli assegni per grandi invalidi dell'AI	...	...	...	...	16 815	23 570	31 644	32 900	33 566	34 337
Medici praticanti, ogni 1000 abitanti	0,9	0,9	0,9	1,2	1,5	1,9	2,0	2,1	2,2	2,2
Ospedali, posti letto ogni 1000 abitanti	14,6	11,6	10,0	9,3	8,2	6,2	4,9	4,8	4,6	4,6p
Costi del sistema sanitario										
in milioni di franchi	...	1 925	5 316	13 509	26 870	42 843	62 495	67 533	69 227	...
in % del PIL	...	4,8	5,4	7,3	7,9	9,3	10,3	10,8	10,9	...

1 Fonti: fino al 1980: tavole di mortalità ufficiali; dal 1990: tavole di mortalità annuali complete

Fonte: UST

Stato di salute

L'83% della popolazione (84% degli uomini e 81% delle donne) dichiara di essere in buona od ottima salute (2012). La percentuale di persone che si ritiene in buona (od ottima) salute cala con l'avanzare dell'età ed è più contenuta tra le persone il cui livello di formazione non supera la scuola dell'obbligo rispetto a quelle che hanno conseguito una formazione di grado terziario (62% contro 90%). Nell'arco di cinque anni, la percentuale di persone che si ritenevano in buona (ottima) salute è diminuita (87% nel 2007, 83% nel 2012); il calo ha interessato tutte le classi di età, ma è particolarmente marcato tra i 55 e i 74 anni.

Nel 2012, il 41% della popolazione è in sovrappeso od obesa: di questa percentuale, il 51% erano uomini e il 32% donne. Tra il 2002 e il 2007 il numero di persone in sovrappeso od obese si era quasi stabilizzato e dal 2007 ha ricominciato a salire.

L'89% degli uomini e il 78% delle donne consumano alcol, di cui il 17% degli uomini e il 9% delle donne con cadenza giornaliera. Con il crescere dell'età aumenta anche la regolarità del consumo di alcol: il 38% degli uomini e il 20% delle donne dai 65 anni in su consumano quotidianamente alcol. Dal 1992 la percentuale di uomini che consumano alcol ogni giorno è passata dal 31% al 17%.

Il 28% della popolazione fuma, tra cui il 32% degli uomini e il 24% delle donne. La maggioranza dei fumatori regolari si trova per gli uomini nella fascia di età 25–34 anni (43%), per le donne nella fascia 15–24 anni (32%).

Aumento dei costi della salute

Nel 2013 è stato destinato al sistema sanitario il 10,9% del prodotto interno lordo, contro l'8,1% nel 1990. Una delle ragioni di questo aumento è l'evoluzione dell'offerta: si pensi per esempio all'estensione delle prestazioni, alla crescente specializzazione e tecnicizzazione, al maggiore comfort. Per contro, l'invecchiamento della popolazione e l'estensione delle prestazioni delle assicurazioni sociali svolgono un ruolo meno importante.

Costi della salute (in % sul PIL)

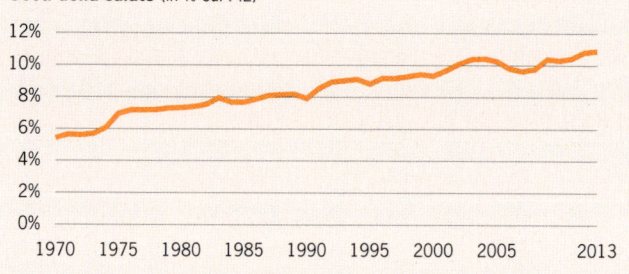

4 Formazione

Indicatori scelti

	2010	2011	2012	2013	2014
Spese pubbliche per la formazione di Confederazione, Cantoni e Comuni, quota del PIL in %	5,4	5,5	5,5	...	...
Aspettative di formazione[1], in anni					
Totale	16,7	16,7	16,9	17,0	...
Grado prescolare	1,5	1,5	1,5	1,5	...
Scuola dell'obbligo	9,4	9,4	9,5	9,4	...
Grado secondario II	3,6	3,6	3,7	3,7	...
Grado terziario	2,1	2,1	2,2	2,3	...
Quota di diplomi di grado secondario II rilasciati	91,3	91,5	94,7	...	...
Abbandoni precoci della scuola[2]	7,6	7,3	6,4	6,3	6,3
Grado di formazione più elevato conseguito, dai 25 ai 64 anni					
almeno grado secondario II	85,8	85,6	86,3	87,2	88,0
grado terziario	35,3	35,2	36,6	38,9	40,2

1 Per bambini di cinque anni a condizioni correnti
2 Quota di persone dai 18 ai 24 anni con formazione di grado secondario I che non si trovano in formazione, in %.

Fonti: UST – Statistica degli allievi e degli studenti, statistica dei titoli rilasciati, statistica delle spese pubbliche per la formazione

Allievi e studenti[1]

	2010/11	2011/12	2012/13	2013/14
Grado prescolare (ISC 0)	148 573	149 660	158 241	165 633
Grado primario (ISC 1)	487 436	483 466	453 858	483 886
Grado secondario I (ISC 2)	286 907	284 217	296 903	265 200
Grado secondario II (ISC 3)	318 093	321 945	349 337	348 182
Grado post-secondario non terziario (ISC 4)	17 122	18 817	13 511	9 658
Grado terziario: Bachelor/Master o equivalente (ISC 5–7)[2]	236 743	247 561	256 903	231 678
Grado terziario: Doctorato di ricerca o equivalente (ISC 8)	20 953	22 012	22 716	23 237
Non ripartibile	12 730	13 202	...	...

1 Gradi d'istruzione in base alla nomenclatura ISCED. Fino a 2011/12: ISCED 1997 da 2012/13 ISCED 2011
2 Include istruzione terziaria non universitaria

Fonte: UST – Statistica degli allievi e degli studenti

In Svizzera il sistema formativo dal grado prescolastico («scuola materna») al grado terziario (scuole universitarie e formazione professionale superiore) rientra nella sfera di competenza dello Stato, che delega la propria responsabilità ai 26 Cantoni. Nel grado post-obbligatorio (licei, formazione professionale e scuole universitarie), la responsabilità è affidata a Confederazione e Cantoni, che collaborano per il sistema formativo pubblico.

Nel 2013 sono stati investiti 35,4 miliardi di denaro pubblico per scopi formativi. Nel raffronto internazionale, le spese sostenute dalla Svizzera per la formazione nel 2009 sul totale del PIL erano leggermente inferiori alla media dell'OCSE. Significativamente più elevata della media, invece, la spesa pro studente a carico dello Stato.

Le spese pubbliche a favore della formazione includono anche fondi privati. Nel 2013 le aziende hanno versato un contributo al sistema formativo pari a 2,8 miliardi di franchi.

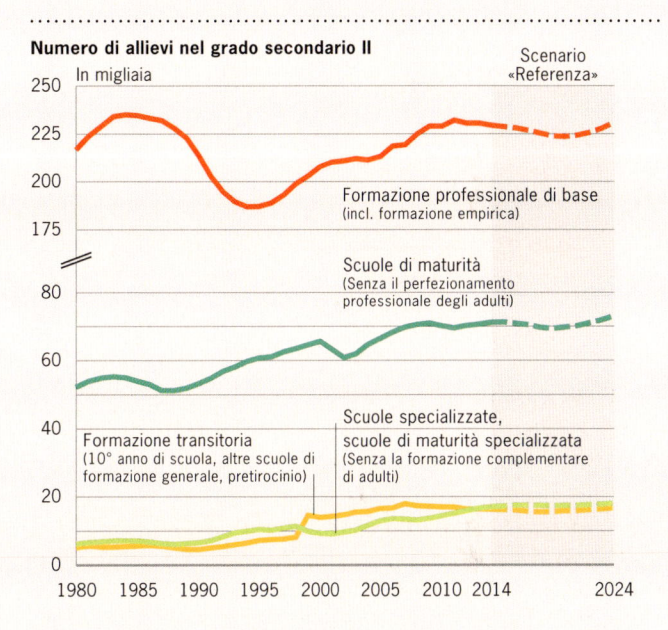

Numero di allievi nel grado secondario II

Tasso di inoccupati secondo il grado di formazione

5 Mercato del lavoro

Selezione di indicatori

	2006	2007	2008	2009	2010	2011	2012	2013	2014	2015
Occupati, in migliaia[1]	**4 306**	**4 419**	**4 533**	**4 572**	**4 592**	**4 707**	**4 755**	**4 816**	**4 903**	**4 977**
Uomini	2 383	2 454	2 491	2 499	2 530	2 588	2 620	2 636	2 672	2 703
Donne	1 923	1 965	2 042	2 073	2 062	2 119	2 136	2 180	2 231	2 273
Svizzeri	3 212	3 273	3 335	3 330	3 340	3 392	3 398	3 418	3 436	3 482
Stranieri	1 094	1 146	1 198	1 242	1 252	1 315	1 357	1 398	1 467	1 494
Settore 1	151	157	161	152	153	172	173	171	172	157
Settore 2	1 017	1 049	1 059	1 048	1 068	1 086	1 072	1 067	1 083	1 094
Settore 3	3 137	3 213	3 313	3 372	3 371	3 448	3 510	3 578	3 648	3 726
Disoccupati ai sensi dell'ILO[2], in migliaia[1]	**169**	**157**	**148**	**183**	**190**	**162**	**170**	**193**	**208**	**200**
Tasso di attività standardizzato[1,3]	**67,4**	**67,6**	**68,2**	**68,2**	**67,7**	**67,9**	**67,8**	**68,0**	**68,5**	**68,6**
Uomini	75,4	75,8	75,5	75,2	75,2	75,3	75,0	74,8	74,8	74,7
Donne	59,8	59,9	61,3	61,6	60,6	60,7	60,8	61,5	62,4	62,7
Svizzeri	65,8	66,1	66,6	66,4	66,0	66,0	65,7	66,0	66,3	66,5
Stranieri	73,5	73,6	74,4	74,9	74,2	74,4	75,0	74,9	75,8	75,4
Tasso di disoccupati ai sensi dell'ILO[2], in %[1]	**4,1**	**3,7**	**3,4**	**4,1**	**4,2**	**3,6**	**3,7**	**4,2**	**4,4**	**4,2**

1 Dati al secondo trimestre
2 ILO: Ufficio internazionale del lavoro
3 Occupati in % dalla popolazione residente permanente (15 e più anni)

Fonti: UST – Statistica delle persone occupate (SPO), Rilevazione sulle forze di lavoro in Svizzera (RIFOS), Indice svizzero dei salari (ISS)

Disoccupazione

La disoccupazione è intimamente legata all'andamento congiunturale. Dopo il record del 1997 (5,2%), è scesa fino all'1,7% nel 2001 per risalire al 3,9% nel 2004. Da allora è calata (2008: 2,6%) ma, nel 2009, è nuovamente cresciuta (3,7%). Nel 2015 si è attestata al 3,2%. I vari gruppi della popolazione ne sono colpiti in misura differente: il tasso di disoccupazione è relativamente elevato tra i lavoratori poco qualificati e gli stranieri (il cui livello di qualificazione, in media, è relativamente basso), nonché nella Svizzera latina. Da alcuni anni anche le persone dai 15 ai 24 anni presentano tassi sopra la media.

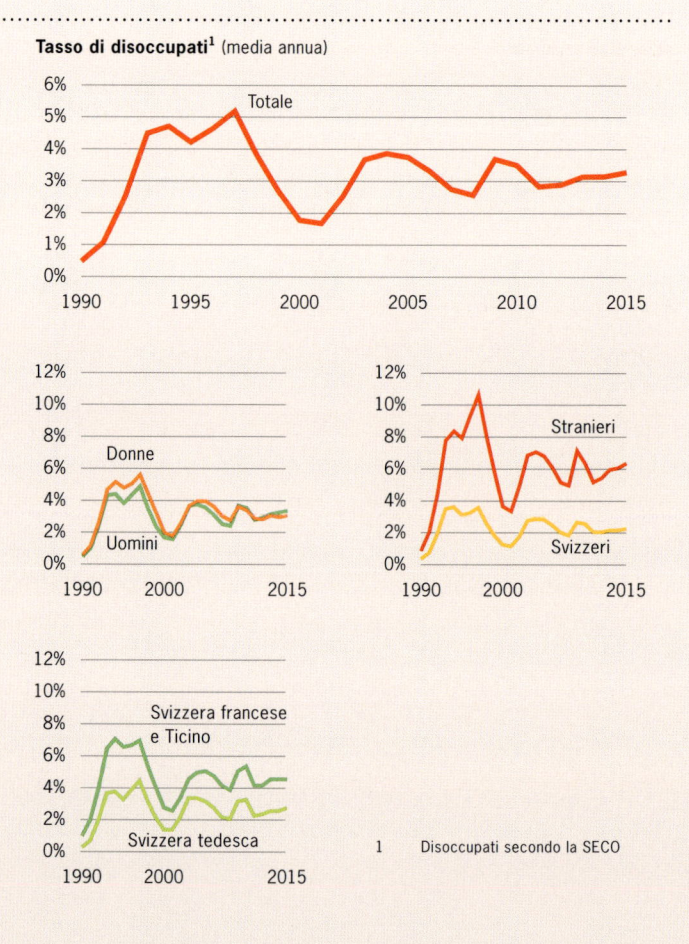

Tasso di disoccupati[1] (media annua)

1 Disoccupati secondo la SECO

6 Economie domestiche e sicurezza sociale

Economie domestiche

Tipo di economia domestica
2013, in migliaia

	Numero di economie domestiche[1]	Intervallo di confidenza ± (in %)[2]
Totale	3 532,6	0,2
Economie domestiche di una persona	1 240,6	0,8
Coppie senza figli	975,2	0,6
Coppie con figlio/i	1 019,7	0,6
Genitore con figlio/i	203,3	1,8
Economie domestiche di più famiglie	23,6	5,6
Economie domestiche non familiari di più persone	70,3	3,4

1 La rilevazione strutturale tiene conto di tutte le economie domestiche nella popolazione residente permanente.
2 La rilevazione strutturale é un'indagine campionaria. L'intervallo di confidenza indica la precisione del risultato.

Fonte: UST – Rilevazione strutturale

Struttura delle spese delle economie domestiche
In % rispetto alle spese di consumo

	2009	2010	2011	2012	2013
Prodotti alimentari e bevande analcoliche	7,0	6,8	6,8	6,3	6,4
Bevande alcoliche e tabacchi	1,1	1,1	1,2	1,1	1,1
Alberghi e ristoranti	5,8	5,8	5,5	5,4	5,8
Abbigliamento e calzature	2,4	2,5	2,5	2,3	2,2
Abitazione ed energia	16,0	15,6	15,4	14,9	15,1
Arredamento e manutenzione corrente	3,0	3,0	2,7	2,8	2,7
Sanità	2,9	2,9	2,7	2,7	2,6
Trasporti	7,7	7,9	8,0	8,0	7,8
Comunicazioni	1,9	1,9	1,8	1,8	1,9
Tempo libero, svago e cultura	6,7	6,6	6,4	6,4	6,0
Altre merci e servizi	2,9	3,1	3,3	2,9	2,9

Fonte: UST – Indagine sul budget delle economie domestiche (IBED)

Distribuzione dei redditi

Nel periodo 2009–2011 il reddito lordo medio delle economie domestiche in Svizzera ammontava a 9565 franchi al mese. In proporzione, le componenti principali del reddito lordo erano i redditi da attività lavorativa dipendente e le rendite e prestazioni sociali. Le differenze dell'ammontare del reddito erano considerevoli tra i vari gruppi: nel periodo 2009–2011, per esempio, il reddito lordo del quintile a reddito più elevato ammontava a 16 227 franchi, ovvero quattro volte superiore a quello del quintile a reddito più basso (4201 franchi).

Dotazione di alcuni beni di consumo scelti, 2013

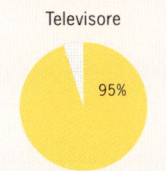

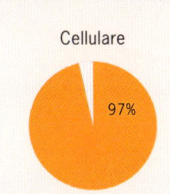

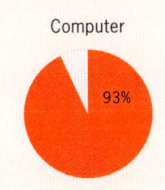

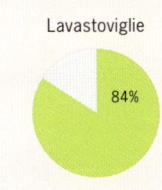

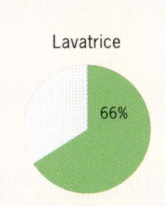

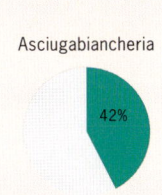

Televisore	Cellulare	Computer	Lavastoviglie	Lavatrice	Asciugabiancheria
95%	97%	93%	84%	66%	42%

UST • ANNUARIO STATISTICO 2016

Sicurezza sociale

Sicurezza sociale: uscite complessive, prestazioni ed entrate. Senza doppi conteggi

	1990	2000	2010	2012	2013ᴾ
Prezzi correnti, in milioni di franchi					
Uscite complessive	62 065	107 117	154 359	163 874	170 875
Prestazioni sociali	55 137	96 613	139 923	148 080	153 567
Entrate	86 209	130 321	176 499	190 863	197 743
Quote sociali in rapporto al PIL, in %					
Uscite complessive	17,4	23,3	25,5	26,2	26,9
Prestazioni sociali	15,4	21,1	23,1	23,7	24,2
Entrate	24,1	28,4	29,1	30,6	31,1

Fonte: UST – Conto globale della sicurezza sociale

Sicurezza sociale: prestazioni sociali secondo la funzione
In %

	2000	2010	2011	2012	2013ᴾ
Malattia / cure sanitarie	26,4	27,6	28,1	29,1	29,9
Invalidità	11,7	10,5	10,5	9,9	9,5
Età	43,0	43,0	43,7	43,2	42,8
Superstiti	5,8	5,3	5,3	5,2	5,1
Famiglia / figli	6,3	5,9	5,9	5,9	5,9
Disoccupazione	3,1	4,7	3,4	3,4	3,7
Abitazione	0,7	0,5	0,5	0,5	0,5
Esclusione sociale	2,9	2,6	2,6	2,7	2,7

Fonte: UST – Conto globale della sicurezza sociale

Sicurezza sociale: uscite secondo la tipologia[1]
Senza doppi conteggi, in % delle uscite complessive

	2000	2010	2011	2012	2013ᴾ
Prestazioni sociali	90,2	90,6	90,8	90,4	89,9
Prestazioni non legate al bisogno	83,7	84,3	84,3	83,8	83,4
Prestazioni in denaro	60,9	59,8	59,4	58,6	57,9
Prestazioni in natura	22,7	24,5	24,8	25,2	25,5
Prestazioni legate al bisogno	6,5	6,3	6,6	6,6	6,5
Altre uscite	9,8	9,4	9,2	9,6	10,1
Spese di gestione	5,1	5,7	5,9	5,9	5,8
Altre spese[1]	4,7	3,6	3,3	3,7	4,3

[1] Principalmente pagamenti netti della PP ad altre assicurazioni

Fonte: UST – Conto globale della sicurezza sociale

Sicurezza sociale: entrate secondo la tipologia
Senza doppi conteggi, in % delle entrate complessive

	2010	2011	2012	2013ᴾ
Contributi sociali	65,5	64,7	64,6	66,4
di cui datori di lavoro	30,5	29,8	29,8	31,8
Contributi pubblici	23,6	24,3	24,5	24,1
Confederazione	10,5	11,1	10,9	10,7
Cantoni e Comuni	13,1	13,2	13,7	13,4
Altre entrate	10,9	10,9	10,9	9,5
Redditi da capitale	10,3	10,3	10,2	8,9
Altre entrate	0,7	0,6	0,7	0,6

Fonte: UST – Conto globale della sicurezza sociale

Forte crescita delle prestazioni sociali dal 1950

Dall'introduzione dell'AVS federale, nel 1948, le entrate, le prestazioni e le uscite per la sicurezza sociale hanno registrato un'impennata, sia in cifre assolute che a prezzi costanti per abitante. Le cause sono da un lato il graduale ampliamento dello stato sociale e dall'altro però anche il fatto che in tempi economicamente difficili sono di più le persone che dipendono da sussidi finanziari. Per questo motivo, nella seconda metà del Ventesimo secolo, il tasso delle spese sociali in relazione al PIL (=quota della spesa sociale) è passato dal 6,5% (1950) al 26,9% (2013).

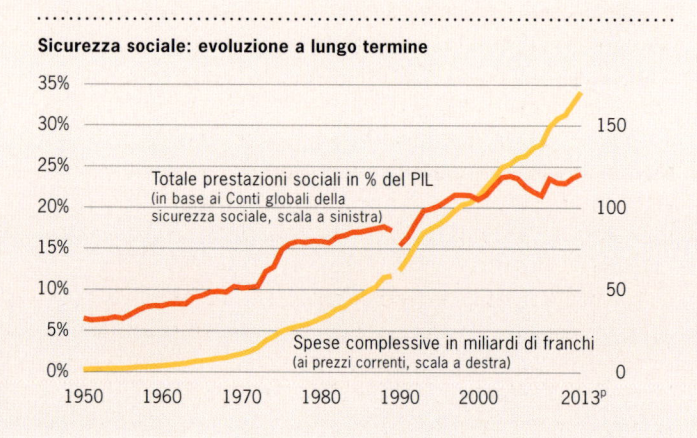

Sicurezza sociale: evoluzione a lungo termine

Tenore di vita, situazione sociale e povertà

Redditi e condizioni di vita in Europa nel 2013

	UE-28	Svizzera	Germania	Austria	Francia	Italia	Spagna	Portogallo	Grecia	Norvegia
Percentuale della popolazione che vive in un'economia domestica ...										
non avente i mezzi finanziari per andare in vacanza una settimana[1]	39,5	8,8	22,4	21,1	28,0	51,0	48,0	59,8	49,0	7,0
non avente i mezzi finanziari per affrontare spese impreviste di 2500 fr.[2]	39,8	19,3	32,9	23,2	33,9	40,4	42,1	43,2	47,1	11,2
non avente i mezzi finanziari per offrirsi un pasto completo ogni due giorni[3]	10,5	1,6	8,4	8,3	7,4	14,2	3,5	3,3	13,8	2,5
non avente i mezzi finanziari per riscaldare sufficientemente il domicilio	10,8	0,4	5,3	2,7	6,8	19,1	8,0	27,9	29,5	0,9
con almeno un arretrato di pagamento	11,9	6,0	5,1	7,0	9,2	14,2	11,9	11,8	45,3	5,6
Percentuale della popolazione che vive in un'economia domestica non avente i mezzi finanziari per offrirsi ...										
un telefono[4]	0,6	0,0	0,2	0,1	0,1	0,1	0,2	0,9	0,4	0,1
una lavatrice[5]	1,2	0,1	0,5	0,4	0,6	0,2	0,3	1,5	1,3	0,3
un'auto	8,6	3,9	7,4	5,9	3,0	1,9	6,2	9,6	9,7	4,4
un televisore a colori	0,3	0,3	0,3	0,6	0,2	0,2	0,1	0,3	0,3	0,4
Tasso di deprivazione materiale (3 e più)	**19,6**	**3,7**	**11,6**	**9,9**	**12,3**	**24,0**	**16,9**	**25,5**	**37,3**	**4,8**
Tasso di deprivazione materiale grave (4 e più)	**9,6**	**0,7**	**5,4**	**4,2**	**5,1**	**12,4**	**6,2**	**10,9**	**20,3**	**1,9**

1 Impossibilità di permettersi ogni anno una settimana di vacanza al di fuori del domicilio
2 Incapacità di sostenere una spesa imprevista per un ammontare pari a 1/12 della soglia di rischio di povertà (al 60%) per una persona sola (2500 franchi, nell'arco di un mese per la Svizzera)
3 Non avente i mezzi finanziari per offrirsi un pasto a base di carne, pollo o pesce (o equivalente vegetariano) almeno ogni due giorni
4 Poiché in Svizzera l'indagine è stata condotta per telefono, il tasso di deprivazione è nullo per questo oggetto
5 Né lavatrice nella propria abitazione né accesso a una lavanderia in comune

Fonte: UST – Redditi e condizioni di vita (SILC)

Deprivazioni materiali

Le deprivazioni materiali permettono di misurare l'esclusione sociale in termini più assoluti che non per esempio il rischio di povertà, calcolato sulla base di una soglia relativa. Si parla di deprivazione materiale quando il mancato possesso di beni di consumo durevoli o l'assenza di condizioni di esistenza minime sono imputabili ad una mancanza di risorse finanziarie (difficoltà economiche). La deprivazione materiale vien definita come l'assenza, per ragioni finanziarie, di almeno tre elementi su nove presentati nella tabella di cui sopra, quattro per la deprivazione materiale grave.

Secondo questa definizione, nel 2013, il 0,7% della popolazione residente in Svizzera si trovava in una situazione di deprivazione materiale grave, situazione che a livello di Unione europea interessava il 9,6% delle persone. La Svizzera era il Paese meno colpito, seguito di poco dalla Svezia (1,4%) e dal Lussemburgo (1,8%). Fra i Paesi più sfavoriti si trovavano la Bulgaria, dove la deprivazione materiale grave raggiungeva il 43,0% della popolazione, e la Romania (28,5%).

Tasso di deprivazione materiale grave in Europa nel 2013

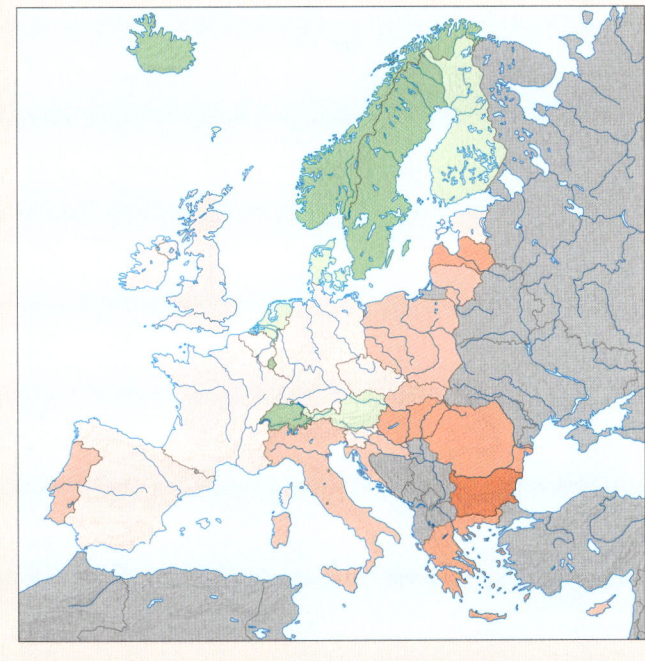

Parte delle persone toccate da deprivazione materiale grave, in % della popolazione residente

- < 2,5
- 2,5 – 4,9
- 5,0 – 9,9
- 10,0 – 19,9
- 20,0 – 39,9
- ≥ 40,0
- Senza indicazione

7 Industria, commercio e servizi

Grandezza delle imprese[1], 2013

Imprese per classe di grandezza[2]

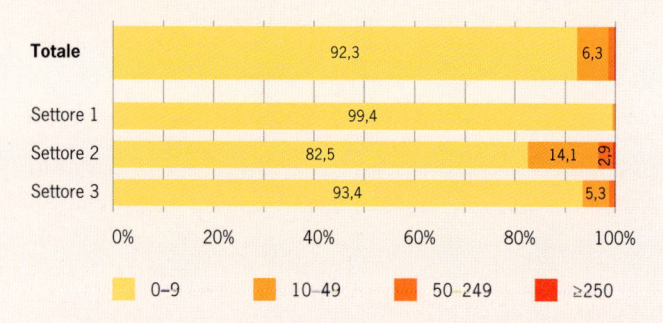

Totale	92,3 / 6,3
Settore 1	99,4
Settore 2	82,5 / 14,1 / 2,9
Settore 3	93,4 / 5,3

Legenda: 0–9 | 10–49 | 50–249 | ≥250

Addetti per classe di grandezza[2]

Totale	30,6 / 20,3 / 19,1 / 30,0
Settore 1	94,2 / 4,6
Settore 2	19,6 / 26,3 / 25,3 / 28,9
Settore 3	31,2 / 19,0 / 17,8 / 31,9

1 Solo imprese di mercato
2 La grandezza delle impresa è calcolata sulla base degli equivalenti a tempo pieno (conversione dei posti a tempo parziale in posti a tempo pieno).

Produzione e cifre d'affari nel settore secondario
Evoluzione indicizzata dei risultati trimestrali, media annua 2010 = 100

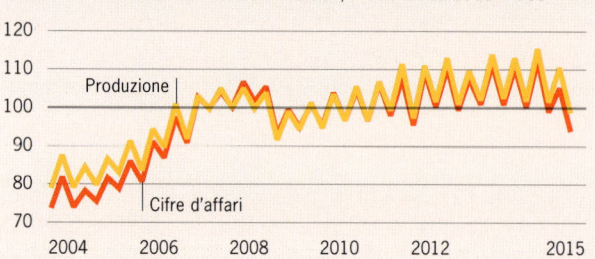

Entrate del turismo
In miliardi di franchi

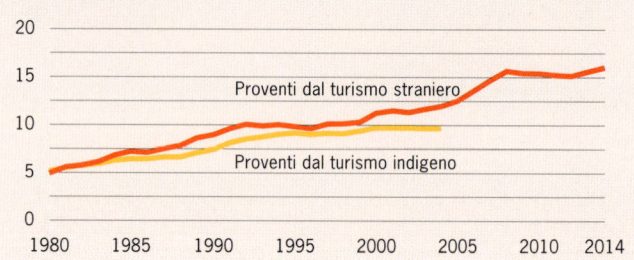

- Proventi dal turismo straniero
- Proventi dal turismo indigeno

Trasporto merci transalpino[1] in milioni di tonnellate nette

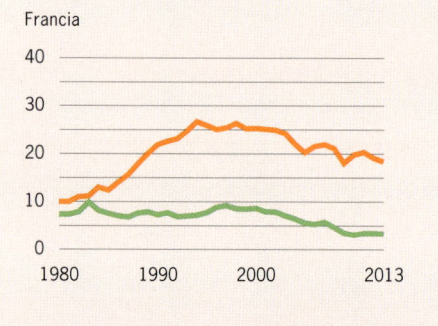

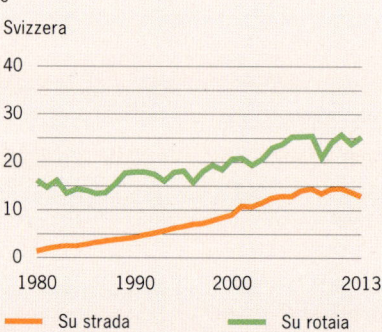

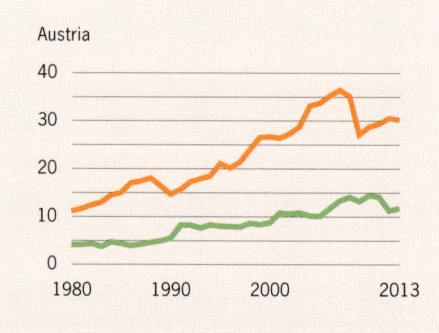

Francia | Svizzera | Austria

Legenda: Su strada | Su rotaia

1 Segmento alpino considerato: dal Mt. Cenis/Fréjus al Brennero

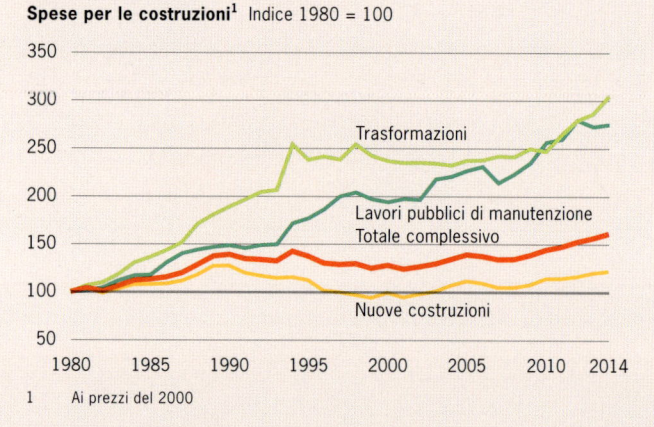

Spese per le costruzioni[1] Indice 1980 = 100

- Trasformazioni
- Lavori pubblici di manutenzione
- Totale complessivo
- Nuove costruzioni

1 Ai prezzi del 2000

Consumo energetico finale per categorie di consumatori
In migliaia di TJ

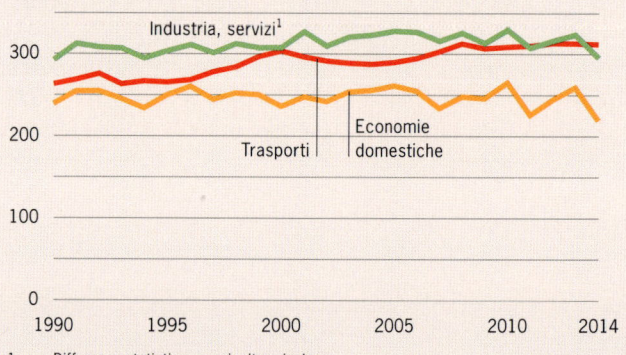

- Industria, servizi[1]
- Trasporti
- Economie domestiche

1 Differenza statistica e agricoltura incluse

UST • ANNUARIO STATISTICO 2016

Struttura delle imprese

Aziende[1] e addetti per attività economica. 2013p

Attività economica (NOGA 2008)	Imprese	Addetti
Totale	563 178	4 303 320
Settore 1	55 302	159 923
Settore 2	89 986	1 098 391
di cui:		
Attività estrattive	284	4 703
Industrie alimentari e del tabacco	3 767	93 364
Fabbricazione di tessili e abbigliamento	2 847	16 153
Industria del legno, industria della carta e stampa	10 166	73 451
Industria farmaceutica	258	42 720
Fabbricazione di prodotti in metallo	8 091	101 300
Fabbricazione di computer e prodotti di elettronica; orologi	2 203	113 352
Fabbricazione di apparecchi elettrici	866	36 983
Fornitura di energia elettrica	728	30 049
Construzioni di edifici	8 236	110 328
Settore 3	417 890	3 045 006
di cui:		
Commercio all'ingrosso	24 328	234 636
Commercio al dettaglio	37 109	351 986
Servizi di alloggio	5 612	76 995
Attività di servizi di ristorazione	23 190	161 369
Attività informatiche e altri servizi informativi	16 066	92 292
Prestazione di servizi finanziari	5 598	137 089
Attività degli studi di architettura e d'ingegneria	24 032	118 328
Attività amministrative e di servizi di supporto	19 746	174 933
Attività dei servizi sanitari	51 636	358 591

1 Solo imprese di mercato

Fonte: UST – Statistica strutturale delle imprese (STATENT)

Prosegue il cambiamento strutturale con la predominanza delle PMI

Dal 1995, l'economia svizzera sta attraversando un cambiamento di struttura. Soprattutto alcuni rami del settore secondario, come le costruzioni, l'industria tessile e del cuoio, l'industria della carta, l'editoria e la stampa nonché la fabbricazione di macchine e apparecchi meccanici, hanno subito un considerevole calo dell'impiego. Viceversa, attività del settore terziario, come i servizi alle imprese, le attività IT, la ricerca e lo sviluppo nonché la sanità e i servizi sociali, hanno avuto una forte espansione.

Nel 2013 in Svizzera sono state censite circa 563 000 imprese commerciali, oltre 417 000 delle quali attive nel settore dei servizi, più di 89 000 in quello industriale e circa 55 000 nel settore primario. Più del 99% di tutte le imprese della Svizzera sono PMI, ovvero piccole e medie imprese con meno di 250 addetti (calcolati in equivalenti a tempo pieno); più del 92% di esse sono microimprese, ovvero con meno di 10 addetti. Fra il 2005 e il 2013 la ripartizione delle imprese in fasce di dimensioni è cambiata solo di poco. Nello stesso lasso di tempo, la dimensione media delle aziende (circa otto addetti) è rimasta pressoché invariata.

Nuove imprese. 2013

Attività economica (NOGA 2008)	Totale creazioni d'imprese	Posti creati	Posti a tempo pieno creati	Posti a tempo parziale creati
Totale	12 440	22 281	13 829	8 452
Settore 2	2 156	4 712	3 611	1 101
Industria e energia	663	1 188	825	363
Costruzioni	1 493	3 524	2 786	738
Settore 3	10 284	17 569	10 218	7 351
Commercio e riparazione	2 281	3 691	2 123	1 568
Trasporti e magazzinaggio	342	581	376	205
Servizi di alloggio e di ristorazione	273	786	381	405
Informazioni e comunicazioni	951	1 668	1 120	548
Attività finanziarie e assicurazioni	659	1 200	855	345
Attività immobiliari e servizi	1 212	2 097	1 102	995
Attività professionali e scientifiche	3 200	4 877	3 044	1 833
Istruzione	238	342	140	202
Sanità e assistenza sociale	500	1 267	559	708
Attività artistiche e divertimento	237	428	203	225
Altre attività di servizi	391	632	315	317

Fonte: UST – Demografia delle imprese

Industria, costruzioni e commercio

Indici annuali settore secondario. Media annua 2010=100

	2012	2013	2014
Produzione settore 2 (Attività economiche)	**105,6**	**106,6**	**108,1**
B-E Industria	106,3	107,1	108,6
B Attività estrattive	96,5	97,7	95,5
C Attività manifatturiere	106,5	107,0	109,2
D Fornitura di energia elettrica	104,2	107,6	103,0
E Fornitura di acqua, trattamento dei rifiuti	...	...	...
F Costruzioni	102,1	103,6	105,3
Cifre d'affari settore 2 (Attività economiche)	**103,7**	**104,7**	**105,8**
B-E Industria	103,5	104,3	105,2
B Attività estrattive	96,4	97,4	94,6
C Attività manifatturiere	102,8	103,4	104,8
D Fornitura di energia elettrica	108,1	110,6	107,0
E Fornitura di acqua, trattamento dei rifiuti	...	...	...
F Costruzioni	104,7	107,0	108,9

Osservazioni: Dati corretti per i giorni lavorativi

Fonti: UST – Statistica della produzione, delle ordinazioni e delle cifre d'affari dell'industria (INDPAU), Statistica della produzione, delle ordinazioni e delle cifre d'affari delle costruzioni (BAPAU)

Commercio al dettaglio
Variazioni rispetto all'anno precedente, in %

	2012	2013	2014
Cifre d'affari nominali del commercio al dettaglio			
Totale	**1,0**	**0,4**	**0,1**
Totale senza carburante	**0,7**	**0,3**	**0,4**
Prodotti alimentari, bevande, tabacchi	1,7	2,3	1,8
Abbigliamento, calzature	–2,3	–2,0	–1,1
Insieme degli altri gruppi (senza carburante)	0,5	–0,3	0,0
Carburante	6,9	1,9	–5,7
Cifre d'affari reali del commercio al dettaglio			
Totale	**3,4**	**1,6**	**1,0**
Totale senza carburante	**3,2**	**1,3**	**1,0**
Prodotti alimentari, bevande, tabacchi	2,4	1,1	0,9
Abbigliamento, calzature	4,0	1,9	0,2
Insieme degli altri gruppi (senza carburante)	3,6	2,0	1,8
Carburante	2,5	4,2	–2,6

Fonte: UST – Statistica delle cifre d'affari del commercio al dettaglio

Spese nelle costruzioni. In milioni di franchi, ai prezzi del 2000 [1]

	2012	2013
Totale	**52 096**	**53 416**
Spese sostenute dai committenti pubblici [2]	**17 031**	**17 233**
Genio civile	10 280	10 309
di cui strade	4 698	4 432
Edilizia	6 750	6 924
di cui edifici con abitazioni [3]	533	569
Investimenti dei committenti privati [4]	**35 065**	**36 183**
Infrastruttura [5]	3 566	3 794
Abitazioni	24 124	24 842
Agricoltura e selvicoltura	539	596
Industria, artigianato, servizi	6 836	6 950

1 Deflatori delle costruzioni in base ai conti economici nazionali dell'UST
2 Spese per le costruzioni di Confederazione, Cantoni, Comuni e delle rispettive imprese pubbliche, inclusi i lavori pubblici di manutenzione
3 Lavori pubblici di manutenzione esclusi
4 Lavori privati di manutenzione esclusi
5 Infrastruttura: approvvigionamento, smaltimento, trasporto stradale, altri trasporti e comunicazioni; formazione, ricerca; salute; tempo libero, cultura; altra infrastruttura

Fonte: UST – Statistica annuale delle costruzioni e dell'edilizia abitativa

Mercati finanziari

Attivi e passivi delle banche

Fine esercizio	2012	2013	2014
In milioni di franchi			
Attivi			
Svizzera	1 492 590	1 566 708	1 612 981
Estero	1 285 694	1 282 449	1 428 738
Passivi			
Svizzera	1 363 792	1 521 855	1 578 365
Estero	1 414 492	1 327 302	1 463 354
Totale del bilancio	**2 778 284**	**2 849 157**	**3 041 719**
In % rispetto al totale del bilancio			
Attivi			
Svizzera	53,7	55,0	53,0
Estero	46,3	45,0	47,0
Passivi			
Svizzera	49,1	53,4	51,9
Estero	50,9	46,6	48,1

Fonte: Banca Nazionale Svizzera (BNS)

Premi incassati da parte degli istituti assicurativi
In Svizzera e all'estero, in milioni di franchi

Ramo assicurativo	2012	2013	2014
Totale	**115 854**	**119 716**	**122 374**
Vita	33 413	35 063	34 831
Infortuni e danni	48 743	49 644	49 422
Istituti di riassicurazione	33 698	35 009	38 120

Fonte: Ufficio federale delle assicurazioni private

Prestazioni assicurative degli istituti d'assicurazione
In Svizzera e all'estero in milioni di franchi

Istituti assicurativi	2012	2013	2014
Totale	**76 901**	**82 106**	**81 936**
Istituti d'assicurazione sulla vita	27 395	29 532	29 546
Istituti d'assicurazione contro gli infortuni e i danni	30 621	30 558	30 745
Istituti di riassicurazione	18 885	22 016	21 644

Fonte: Ufficio federale delle assicurazioni private

Rendimento delle obbligazioni della Confederazione e interessi medi. In %

Fine esercizio	2012	2013	2014
Obbligazioni della Confederazione	0,56	1,25	0,38
Impegni interni sotto forma di risparmi e investimenti, denominati in franchi svizzeri	0,53	0,43	0,37
Obbligazioni e buoni di cassa	1,68	1,52	1,37
Crediti ipotecari	2,18	2,02	1,89

Fonte: Banca Nazionale Svizzera (BNS)

Personale negli istituti assicurativi
Solo addetti in Svizzera, fine esercizio

	2012	2013	2014
Totale	**38 309**	**38 622**	**37 412**
Assicuratori sulla vita	4 866	6 163	6 049
Assicuratori contro i danni	28 826	27 543	26 182
Riassicuratori	4 617	4 916	5 181

Fonte: Ufficio federale delle assicurazioni private

Personale nelle banche [1]

Fine esercizio	2012	2013	2014
Tutte le banche	128 904	127 133	125 289
Svizzera	105 156	105 763	104 053
Estero	23 748	21 370	21 237
Grandi banche	58 431	54 771	53 410
Svizzera	39 275	37 320	36 083
Estero	19 156	17 451	17 326

1 Equivalenti a tempo pieno

Fonte: Banca Nazionale Svizzera (BNS)

Turismo

Indicatori del turismo scelti

	2012	2013	2014
Offerta (posti letto)[1]			
Alberghi e stabilimenti di cura	271 168	271 298	272 636
Domanda: arrivi in migliaia			
Alberghi e stabilimenti di cura	16 298	16 831	17 162
Campeggi	917	891	836
Ostelli per la gioventù	459	480	485
Domanda: pernottamenti in migliaia			
Alberghi e stabilimenti di cura	34 766	35 624	35 934
di cui ospiti stranieri	19 076	19 735	19 907
Campeggi	2 964	2 864	2 673
di cui ospiti stranieri	1 202	1 165	1 046
Ostelli per la gioventù	917	947	951
di cui ospiti stranieri	380	399	403
Durata di soggiorno (numero di pernottamenti)			
Alberghi e stabilimenti di cura	2,1	2,1	2,1
Campeggi	3,2	3,2	3,2
Ostelli per la gioventù	2,0	2,0	2,0
Tasso di occupazione degli alberghi e stabilimenti di cura			
in % dei posti letto disponibili	35,0	36,0	36,1
Bilancia turistica in milioni di franchi			
Proventi da turisti stranieri in Svizzera	15 099,7 r	15 552,2 r	15 976,4 p
Spese dei turisti svizzeri all'estero	14 256,4	14 970,0 r	15 681,0 p
Saldo	843,3 r	582,2 r	295,4 p

1 Posti letto disponibili: numero totale dei posti letto nei stabilimenti censiti

Fonte: UST – Statistiche dei pernottamenti turistici

Principali Paesi di provenienza dei turisti stranieri, 2013

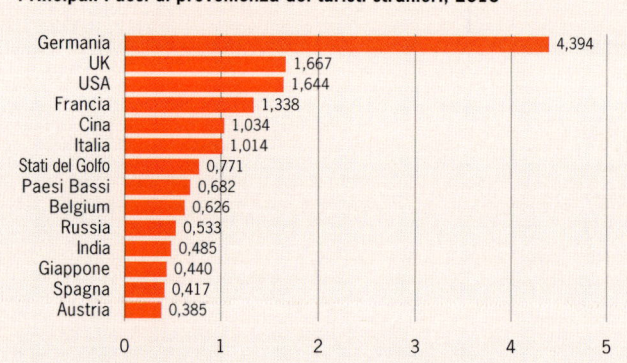

Paese	Pernottamenti (milioni)
Germania	4,394
UK	1,667
USA	1,644
Francia	1,338
Cina	1,034
Italia	1,014
Stati del Golfo	0,771
Paesi Bassi	0,682
Belgium	0,626
Russia	0,533
India	0,485
Giappone	0,440
Spagna	0,417
Austria	0,385

1 Pernottamenti in milioni, settore paralberghiero escluso

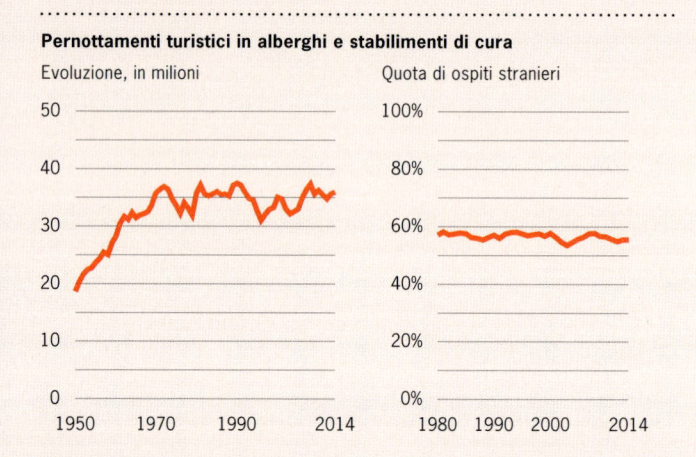

Pernottamenti turistici in alberghi e stabilimenti di cura

Evoluzione, in milioni

Quota di ospiti stranieri

8 Agricoltura, selvicoltura e pesca professionale

Indicatori agricoli

	2000	2005	2010	2014
Aziende agricole				
Numero di aziende, in migliaia	70,5	63,6	59,1	54,0
Superficie agricola (SA), 1000 ha	1 072	1 065	1 052	1 051
Dimensioni aziendali, ha SA/azienda	15,2	16,7	17,8	19,5
Quota aziende con SA <5 ha, in %	19,5	16,7	17,0	15,6
Quota aziende con SA ≥50 ha, in %	1,7	2,5	3,3	4,5
Allevamento di bestiame				
Allevamento di vacche				
Aziende, in migliaia	48	42	38	34
Capi di vacche, in migliaia	714	699	700	705
Allevamento suino				
Aziende, in migliaia	15	12	9	7
Capi di suini, in migliaia	1 498	1 609	1 589	1 498
Utilizzazione del suolo				
Terreno coltivato, in migliaia di ha	408	405	404	399
in % della superficie agricola totale	38	38	38	38
Colture cerealicole, in migliaia di ha	183	168	152	143
in % della superficie agricola totale	17	16	14	14
Pascoli permanenti, in migliaia di ha	629	625	612	613
in % della superficie agricola totale	59	59	58	58
Forze di lavoro				
Totale, persone/azienda	2,9	2,8	2,8	2,9
Indici dei prezzi				
Indice dei prezzi alla produzione dei prodotti agricoli (dicembre 2010 = 100)	114,0	104,6	100,7	106,5
Indice dei prezzi d'acquisto dei mezzi di produzione agricoli (dicembre 2010 = 100)	92,3	95,2	100,0	100,0
Conti economici dell'agricoltura (a prezzi correnti)				
Valore totale della produzione ai prezzi base (in mio. di franchi)	11 077	10 108	10 047	10 678 p

Fonte: UST

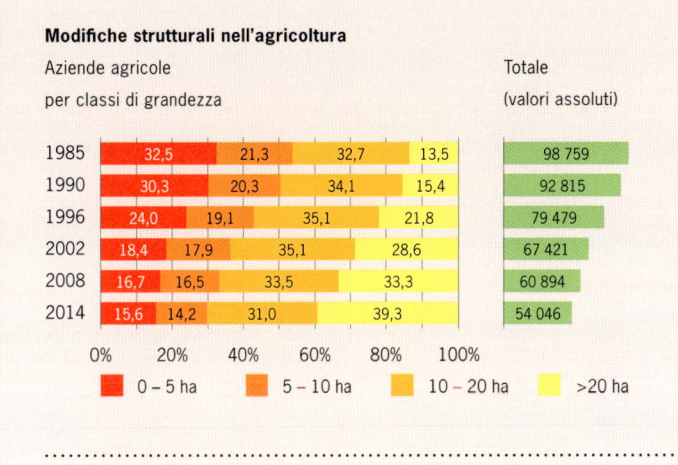

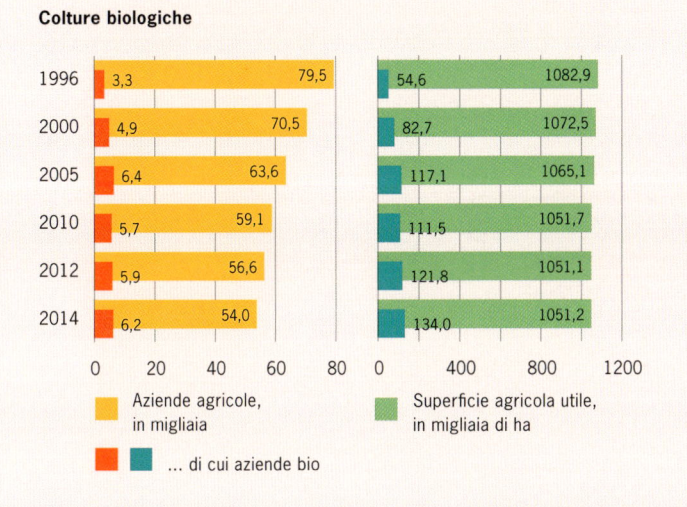

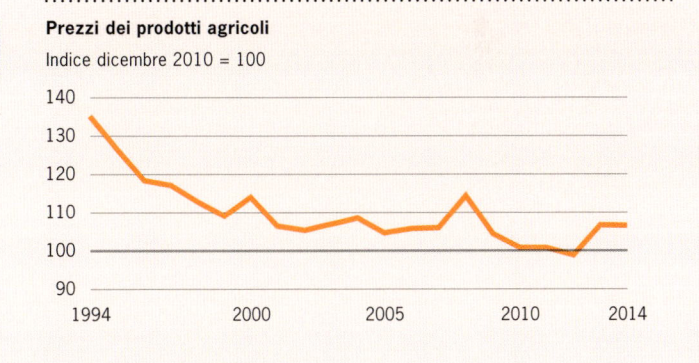

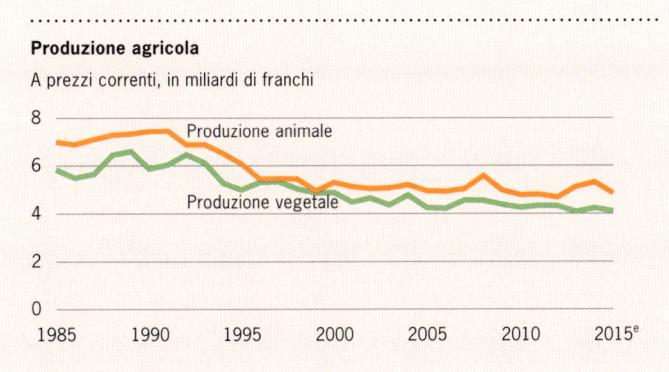

Modifiche strutturali nell'agricoltura

Aziende agricole per classi di grandezza — Totale (valori assoluti)

Anno	0–5 ha	5–10 ha	10–20 ha	>20 ha	Totale
1985	32,5	21,3	32,7	13,5	98 759
1990	30,3	20,3	34,1	15,4	92 815
1996	24,0	19,1	35,1	21,8	79 479
2002	18,4	17,9	35,1	28,6	67 421
2008	16,7	16,5	33,5	33,3	60 894
2014	15,6	14,2	31,0	39,3	54 046

Colture biologiche

Anno	Aziende agricole, in migliaia	... di cui aziende bio	Superficie agricola utile, in migliaia di ha	... di cui aziende bio
1996	79,5	3,3	1082,9	54,6
2000	70,5	4,9	1072,5	82,7
2005	63,6	6,4	1065,1	117,1
2010	59,1	5,7	1051,7	111,5
2012	56,6	5,9	1051,1	121,8
2014	54,0	6,2	1051,2	134,0

Prezzi dei prodotti agricoli

Indice dicembre 2010 = 100

Produzione agricola

A prezzi correnti, in miliardi di franchi — Produzione animale, Produzione vegetale

Indicatori forestali

	2011	2012	2013	2014
Superficie boschiva in ha	1 257 294	1 258 658	1 258 210	1 260 398
Utilizzazione in m³	5 075 084	4 658 379	4 778 328	4 913 214
Genere di legno in %				
Conifere	67,0	65,9	64,8	64,7
Latifoglie	32,7	33,8	35,2	35,3
Gruppo di assortimento in %				
Legname in tronchi	55,7	53,0	51,7	52,5
Legname da industria	10,5	10,8	10,2	10,7
Legna da ardere	33,5	35,9	37,9	36,6
Altro	0,3	0,3	0,2	0,3

Economia forestale
Evoluzione dell'utilizzazione interna, in milioni di m³

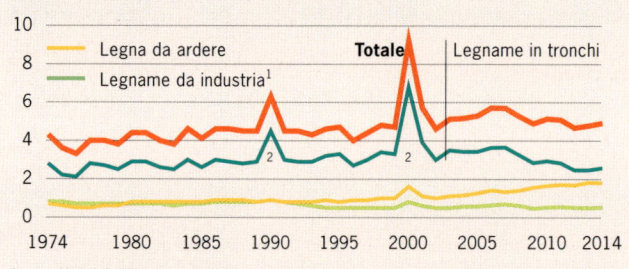

1 Altri tipi di legname inclusi
2 Eventi tempestosi: Vivian (25.–27.2.1990), Lothar (26.12.1999)

Fonte: UST – Statistica forestale

Pesca professionale. Pescato in kg

	Superficie in km²	2007	2008	2009	2010	2011	2012
Total	**1 232,3**	**1 376 878**	**1 606 554**	**1 684 697**	**1 651 243**	**1 642 150**	**1 571 563**
Lago Lemano[1]	345,4	210 482	291 028	346 939	346 200	472 378	434 124
Lago di Neuchâtel	215,0	265 526	289 483	287 463	296 841	256 865	351 558
Lago di Costanza[2]	172,6	213 682	288 629	294 977	262 152	251 043	269 291
Lago dei Quattro Cantoni	113,7	119 422	118 057	121 362	111 969	112 818	114 810
Lago di Zurigo[3]	88,1	208 050	254 892	278 817	279 218	198 791	155 436
Lago di Thun	47,7	35 922	40 427	29 405	27 402	28 947	33 736
Lago Maggiore[1]	40,8	43 734	45 674	39 631	43 619	42 713	35 456
Lago di Bienne	39,4	108 398	107 594	140 128	132 626	102 559	70 354
Lago di Zugo	38,4	34 349	31 714	34 771	35 600	38 945	35 715
Altri[4]	131,2	137 313	139 056	111 204	115 616	137 091	71 083

1 Superficie lacustre utilizzata dalla riva svizzera
2 Incluso Lago Inferiore
3 ncluso Lago Superiore
4 Lago di Lugano, Brienzersee, Lago di Walenstadt, Lago di Morat, Hallwilersee e Sempachersee

Fonti: Ufficio federale dell'ambiente (UFAM); Superficie lacustre: GG25 © 2009, Ufficio federale di topografia swisstopo

9 Commercio estero

Importazioni ed esportazioni per spazi economici e gruppi di merci. In milioni di franchi

	Importazioni				Esportazioni			
	1990	2000	2010	2014	1990	2000	2010	2014
Totale	96 610,9	139 402,2	183 436,2	252 505,0	88 256,9	136 014,9	203 483,8	285 179,0
Spazi economici								
Europa	77 575,2	110 918,5	144 544,1	174 077,0	60 811,9	86 838,8	126 096,1	137 948,0
UE-28	76 098,5	106 158,0	142 175,8	166 786,0	57 906,8	83 925,2	119 556,0	128 449,0
AELS	645,1	364,8	354,6	382,0	490,7	553,6	770,5	1 007,0
Resto d'Europa	831,6	4 395,7	2 013,7	6 909,0	2 414,4	2 360,0	5 769,6	8 492,0
Africa	1 684,1	2 356,1	2 213,5	9 746,0	1 842,4	2 081,2	3 432,2	3 967,0
Asia	8 964,8	12 467,2	23 113,7	36 474,0	14 839,7	22 748,6	41 956,3	101 131,0
di cui:								
Cina (Repubblica popolare)	418,7	2 300,5	6 085,6	12 172,0	415,0	1 402,7	7 467,0	16 859,0
Hongkong	902,1	894,7	1 636,4	2 836,0	2 264,7	3 841,5	6 534,9	22 157,0
Giappone	4 246,0	3 925,5	3 680,9	3 660,0	4 206,3	5 767,2	6 734,6	6 394,0
America	8 234,8	13 355,9	13 151,5	31 555,0	9 889,2	23 123,7	29 561,6	39 349,0
di cui:								
Canada	304,1	578,9	945,8	1 478,0	709,3	1 251,0	2 891,2	3 428,0
Stati Uniti d'America	5 920,6	10 288,4	9 827,8	19 597,0	6 977,4	17 426,6	20 558,1	28 834,0
Oceania	152,0	304,5	413,4	653,0	873,8	1 222,6	2 437,5	2 784,0
Gruppi di merci								
Prodotti agricoli e di selvicoltura	8 094,5	9 924,9	13 398,0	14 062,2	2 997,7	4 428,0	8 498,0	9 414,8
Tessili, abbigliamento, calzature	8 806,1	8 905,2	8 956,3	9 247,0	4 984,3	3 890,8	3 386,1	3 172,6
Prodotti chimici	10 624,5	21 898,5	37 786,7	42 945,4	18 421,7	35 891,7	75 909,4	85 322,7
Metalli	9 025,3	10 735,1	14 378,7	14 395,3	7 536,7	10 891,9	12 738,5	12 480,6
Macchine, elettronica	19 793,5	31 583,2	31 437,7	30 347,2	25 527,2	37 136,9	36 435,0	33 341,3
Veicoli	10 230,4	14 903,2	16 581,1	16 151,2	1 485,3	3 054,0	4 013,3	5 681,5
Strumenti, orologi	5 785,9	8 030,6	18 619,9	20 071,7	13 329,6	20 516,2	36 971,2	47 076,0

Fonte: Amministrazione federale delle dogane (AFD)

Principali partner commerciali, 2014 (Quota delle importazioni / esportazioni in valore, in %)

Paese	Importazioni	Esportazioni
Germania	21,6	15,2
Stati Uniti	7,8	10,1
GB	4,4	12,2
Italia	8,2	5,7
Francia	6,6	6,1
Cina	4,8	5,9
Austria	3,5	2,7
Paesi Bassi	2,2	1,8
Spagna	1,9	2,1
Giappone	1,4	2,2
Altri Paesi	29,7	43,7

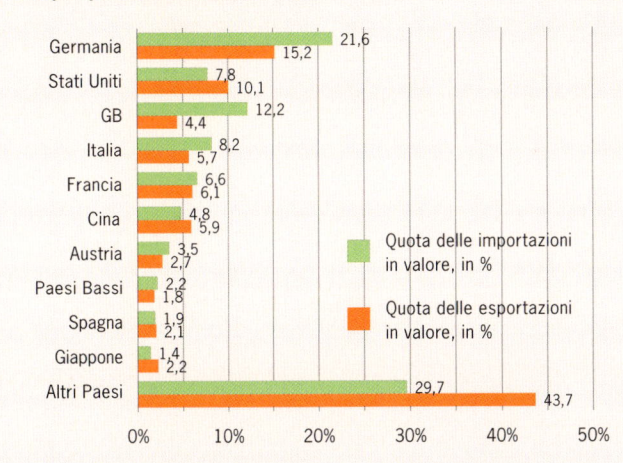

Commercio estero della Svizzera nel 2014: merci principali (Quota delle importazioni / esportazioni in valore, in %)

Merce	Importazioni	Esportazioni
Metalli preziosi, pietre e gemme preziose	28,6	26,1
Prodotti chimici	17,0	29,9
Apparecchi di precisione, orologi	7,9	16,5
Macchine, apparecchi elettronici	12,0	11,7
Metalli	5,7	4,4
Agricoltura e selvicoltura	5,6	3,3
Veicoli	6,4	2,0
Energia	4,7	1,1
Prodotti tessili, abbigliamento, calzature	3,7	1,1
Altri prodotti	8,4	3,9

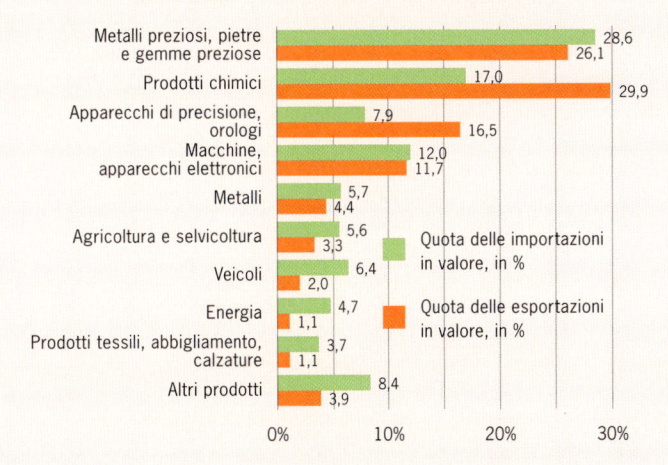

La Svizzera fa parte dei paesi in cui il commercio estero contribuisce di più al prodotto interno lordo. I principali partenari commerciali della Svizzera sono i paesi industrializzati, che nel 2014 hanno assorbito 60% delle esportazioni svizzere di merci e da dove provenivano 76% delle importazioni. A questo riguardo, l'UE occupa un posto essenziale (45% delle esportazioni, 66% delle importazioni).

10 Trasporti

Dati scelti

	1990	2000	2010	2014
Rete viaria in km				
Rotaia	5 049	5 032	5 124	...
Strada [1,2]	70 970	71 132	71 452	71 553
di cui strade nazionali	1 495	1 638	1 790	1 823
Parco veicoli [3]				
Automobili	2 985 397	3 545 247	4 075 825	4 384 490
Motoveicoli	299 264	493 781	651 202	699 219
Veicoli adibiti al trasporto di cose	252 136	278 518	335 200	382 281
di cui camioncini	196 845	227 316	283 458	329 206
Prestazioni di traffico [4]				
Trasporto persone su rotaia [5]	12 678	12 620	19 177	20 010
Trasporto persone su strada [6]	77 759	79 142	88 702	94 985
Trasporto merci su rotaia [5]	9 045	11 080	11 074	12 313p
Trasporto merci su strada	11 524	13 609r	16 906r	17 541
Incidenti della circolazione stradale				
Incidenti della circolazione con persone infortunate	23 834	23 737	19 609	17 803
Persone decedute	954	592	327	243
Persone ferite	29 243	30 058	24 237	21 521
gravemente	11 182	6 191	4 458	4 043
leggermente	18 061	23 867	19 779	17 478

Traffico passeggeri
Uso dei mezzi di trasporto 2010, mobilità annua in % [1]

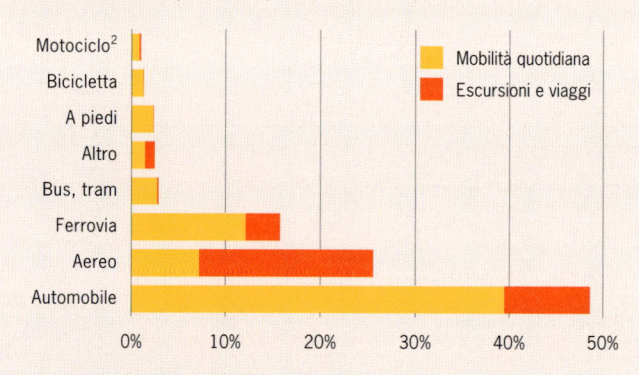

Scopo del trasporto 2010, mobilità annua in % [1]
- Lavoro: 16,7%
- Formazione: 3,6%
- Acquisti: 10,2%
- Tempo libero: 53,7%
- Viaggi di servizio: 8,7%
- Altro: 7,0%

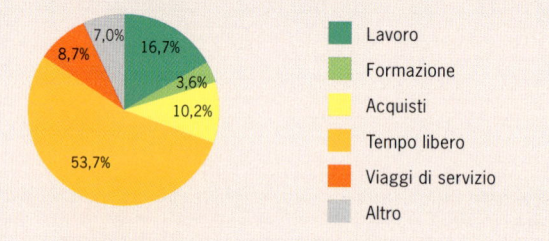

1 Percentuale sulle distanze annue in Svizzera e all'estero, popolazione a partire dai 6 anni
2 Ciclomotori e motoleggere inclusi

1 Si tiene in considerazione la suddivisione tra strade cantonali e strade comunali (anno: 2010)
2 Strade comunali: stato 1984
3 Strada
4 In milioni di passeggeri-chilometro / in milioni di tonnellate-chilometro
5 Solo ferrovie
6 Traffico privato

Fonti: UST; Ufficio federale dei trasporti (UFT)

Trasporto di merci attraverso le Alpi
2013 [1], in milioni di tonnellate nette

	Rotaia			Strada		
	Totale	Transito	Variazione [2]	Totale	Transito	Variazione [2]
		%	%		%	%
Totale	40,1	83,8	14,2	61,2	60,1	2,2
Francia	3,2	*	−61,9	18,3	14,2	−27,1
Svizzera	25,2	86,9	37,0	12,8	60,9	52,4
di cui S. Gottardo	15,0	81,3	0,7	9,3	66,7	32,9
Austria	11,7	100,0	41,0	30,1	87,7	14,0

1 Su rotaia: arco alpino Mt Cenis–Brennero; su strada: arco alpino Fréjus–Brennero
2 Variazione (totale) rispetto al 1999

Fonte: Ufficio federale dei trasporti (UFT)

11 Ambiente

Indicatori ambientali scelti [1]

	2000	2010	2011	2012	2013	2014
Densità di popolazione zone urbane (abitanti/km^2)	578	636	643	650	659	667
Densità di popolazione zone rurali (abitanti/km^2)	63	67	68	69	69	70
Dotazione idrica giornaliera pro capite degli stabilimenti idrici (in litri)	405	325	325	316	309	300
Consumo di combustili e carburanti fossili (in gigajoule pro capite)	83,4	77,2	70,1	72,2	73,1	65,4
Bilancio azotato [2] in superficie agricola utile (in kg N/ha superficie agricola utile)	62	65	61	58	61	....
Quota superficie destinata all'agricoltura biologica sulla superficie agricola utile (in %)	7,7	10,6	11,0	11,6	12,2	12,7
Gas a effetto serra: totale emissioni in equivalenti CO$_2$ (in milioni di tonnellate)	52,3	54,3	50,3	51,7	52,6	....
PM10, valore medio annuo centro urbano (strada in µg/m^3) [3]	28,7	23,5	24,1	21,3	23,7	17,5
NO$_2$, valore medio annuo centro urbano (strada in µg/m^3) [4]	47,3	42,2	42,4	41,4	42,7	40,1
Quota di energie rinnovabili sul consumo energetico finale (in %)	16,9	19,6	19,1	21,0	21,1	21,4
Rifiuti urbani detratto il riciclaggio (in kg/abitante)	361	349	344	347	344	339
Coefficiente di peso della raccolta separata [5] sul totale dei rifiuti (in %)	45	50	50	50	51	54
Spese pubbliche per la protezione dell'ambiente (in milioni di franchi)	3 405	4 035	4 129	4 279	4 431	....

1 Dati in parte aggiornati
2 Calcolato da: Input (fertilizzanti, escrementi di bestiame, altra entrata d'azoto) – Output (granaglie, altre piante, foraggio grezzo pascolo escluso, foraggio di pascolo) in base al metodo OECD
3 Valore limite = 20 µg/m^3
4 Valore limite = 30 µg/m^3
5 Carta, cartone, rifiuti verdi, vetro, lamiera stagnata, alluminio, PET, batterie

Fonti: UST; Ufficio federale dell'ambiente (UFAM); Ufficio federale dell'energia (UFE)

Utilizzazione delle risorse ed emissioni, indice 1990 = 100

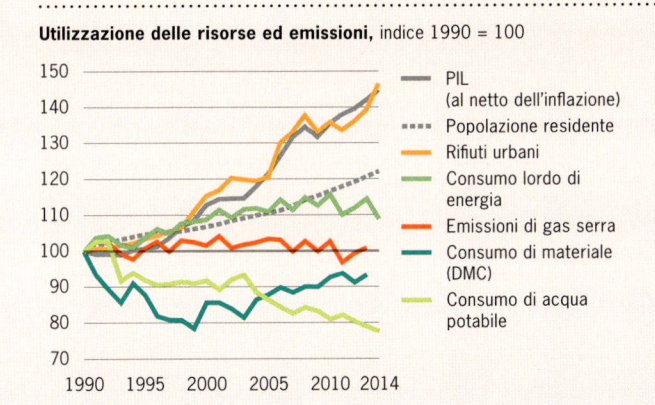

- PIL (al netto dell'inflazione)
- Popolazione residente
- Rifiuti urbani
- Consumo lordo di energia
- Emissioni di gas serra
- Consumo di materiale (DMC)
- Consumo di acqua potabile

In generale, la crescita demografica ed economica vanno di pari passo con un maggior consumo di risorse naturali e un aumento delle emissioni, tranne nel caso in cui, ad esempio, cambiano i comportamenti o migliora l'efficienza grazie al progresso tecnologico. Pertanto, il consumo di energia e l'utilizzazione del suolo seguono più o meno lo sviluppo della popolazione. Lo stesso dicasi per la quantità di rifiuti urbani prodotti, che corrisponde all'andamento del prodotto interno lordo (PIL). La situazione è diversa per quanto riguarda le emissioni di gas serra, che dal 1990 sono rimaste più o meno costanti. Per quanto riguarda il consumo di acqua potabile e il consumo di materiale, i bisogni della popolazione e dell'economia in crescita sono stati soddisfatti persino con minori impieghi di risorse.

Utilizzazione del suolo
Periodo di rilevazione 2004 – 2009

- Boschi e boschetti: 31,3%
- Superfici agricole: 23,4%
- Alpeggi: 12,4%
- Superfici d'insediamento: 7,5%
- Laghi e corsi d'acqua: 4,3%
- Altri spazi naturali: 21,0%

Evoluzione dell'utilizzazione del suolo
in metri quadrati al secondo

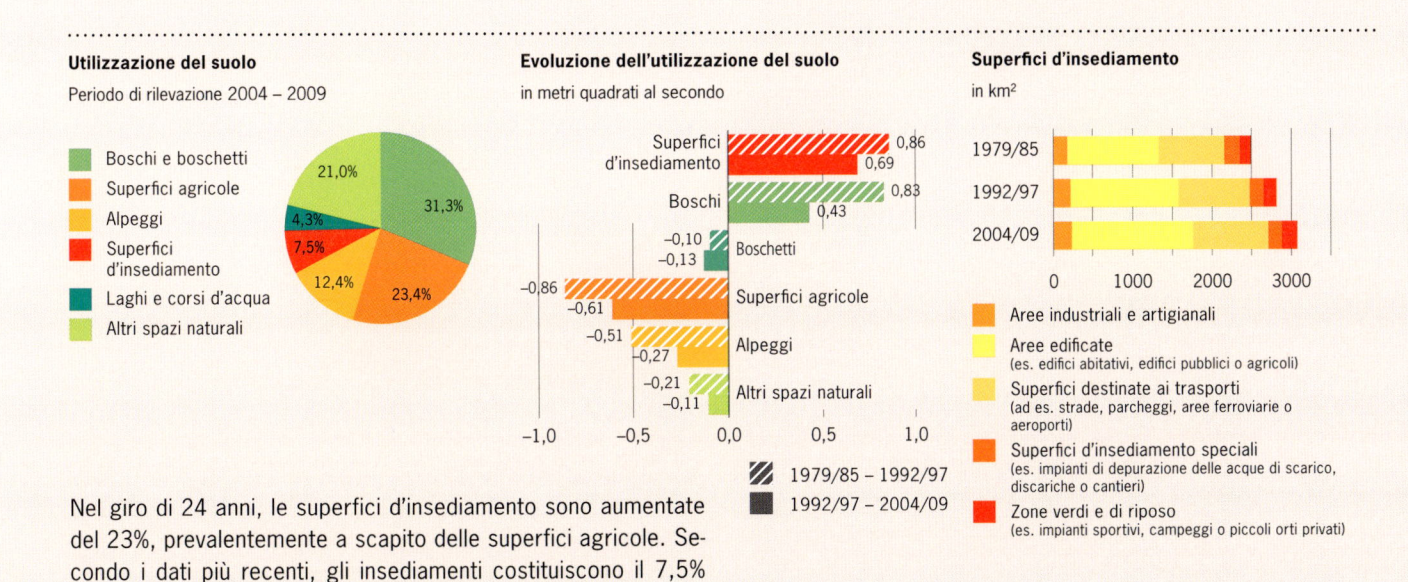

	1979/85 – 1992/97	1992/97 – 2004/09
Superfici d'insediamento	0,86	0,69
Boschi	0,83	0,43
Boschetti	–0,10	–0,13
Superfici agricole	–0,86	–0,61
Alpeggi	–0,51	–0,27
Altri spazi naturali	–0,21	–0,11

Superfici d'insediamento
in km^2

Periodi: 1979/85, 1992/97, 2004/09

- Aree industriali e artigianali
- Aree edificate (es. edifici abitativi, edifici pubblici o agricoli)
- Superfici destinate ai trasporti (ad es. strade, parcheggi, aree ferroviarie o aeroporti)
- Superfici d'insediamento speciali (es. impianti di depurazione delle acque di scarico, discariche o cantieri)
- Zone verdi e di riposo (es. impianti sportivi, campeggi o piccoli orti privati)

Nel giro di 24 anni, le superfici d'insediamento sono aumentate del 23%, prevalentemente a scapito delle superfici agricole. Secondo i dati più recenti, gli insediamenti costituiscono il 7,5% del territorio nazionale e il 4,7% del suolo è impermeabilizzato.

Temperatura media annua
Deviazione rispetto al valore medio di lungo periodo 1961–1990, in °C

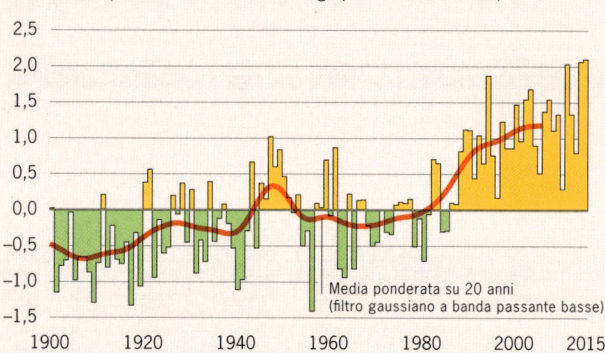

Media ponderata su 20 anni (filtro gaussiano a banda passante basse)

La temperatura dell'aria varia di anno in anno e può essere caratterizzata da periodi più freddi come pure da periodi più caldi. In Svizzera 10 degli 11 anni più caldi mai registrati dall'inizio della misurazione nel 1864 sono stati registrati nel 21° secolo e il 2015 è stato l'anno più caldo.

Animali e piante minacciati (liste rosse)
Stato: 1994–2014 secondo il gruppo di specie

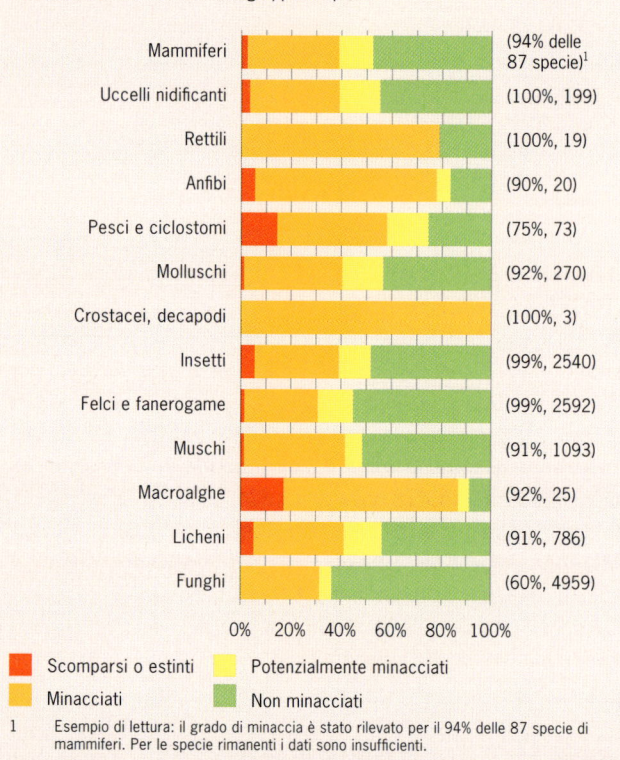

- Mammiferi (94% delle 87 specie)[1]
- Uccelli nidificanti (100%, 199)
- Rettili (100%, 19)
- Anfibi (90%, 20)
- Pesci e ciclostomi (75%, 73)
- Molluschi (92%, 270)
- Crostacei, decapodi (100%, 3)
- Insetti (99%, 2540)
- Felci e fanerogame (99%, 2592)
- Muschi (91%, 1093)
- Macroalghe (92%, 25)
- Licheni (91%, 786)
- Funghi (60%, 4959)

- Scomparsi o estinti
- Potenzialmente minacciati
- Minacciati
- Non minacciati

[1] Esempio di lettura: il grado di minaccia è stato rilevato per il 94% delle 87 specie di mammiferi. Per le specie rimanenti i dati sono insufficienti.

In Svizzera esistono attualmente 46 000 specie di piante, funghi e animali noti. Delle specie analizzate, il 36% si trova sulla lista rossa, ovvero sono considerate minacciate, scomparse o estinte.

Percezione delle condizioni ambientali nei dintorni di casa, 2015
Parte della popolazione

- Rumore del traffico con le finestre aperte
- Inquinamento dell'aria attorno a casa
- Irradiazione causata dalle linee ad alta tensione e antenne per la telefonia mobile nei dintorni di casa

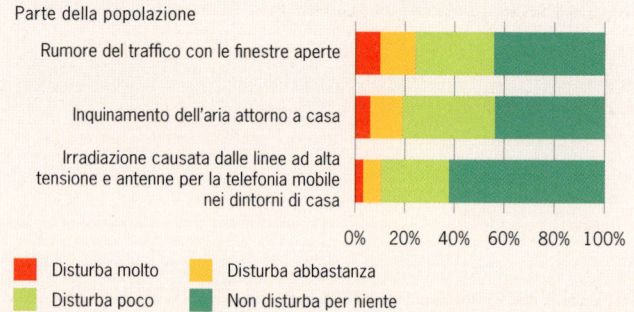

- Disturba molto
- Disturba abbastanza
- Disturba poco
- Non disturba per niente

Nel 2015, il 24% della popolazione riteneva che il rumore del traffico proveniente dalle finestre aperte disturbasse abbastanza o molto. Per quanto riguarda l'inquinamento dell'aria attorno a casa, il 19% della popolazione era di questa opinione e il 10% era colpito dalle radiazioni dei cavi dell'alta tensione o delle antenne telefoniche. Queste percezioni corrispondono grossomodo a quelle osservate nel 2011.

Gettito delle imposte legate all'ambiente
Miliardi di franchi, a prezzi correnti

- Imposte su inquinamento
- Imposte su trasporti
- Imposte su energia (uso stazionario)
- Imposte su energia (mobilità)

Le imposte legate all'ambiente rendono più cari i beni e i servizi dannosi per l'ambiente, incitando i consumatori e i produttori a considerare le conseguenze delle loro decisioni. Nel 2014, le imposte legate all'ambiente corrispondevano al 6,1% del totale di imposte e contributi sociali.

UST • ANNUARIO STATISTICO 2016

12 Energia

Produzione di elettricità. In GWh

	1970	1980	1990	2000	2010	2013	2014
Centrale idroelettrica	31 273	33 542	30 675	37 851	37 450	39 572	39 308
Centrale nucleare	1 850	13 663	22 298	24 949	25 205	24 871	26 370
Centrale termica convenzionale	1 763	957	1 013	2 372	3 123	2 721	2 447
Diverse fonti rinnovabili	...	...	88	176	474	1 148	1 508
Produzione lorda	34 886	48 162	54 074	65 348	66 252	68 312	69 633
Energia assorbita dalle pompe di accumulazione	965	1 531	1 695	1 974	2 494	2 132	2 355
Produzione netta	33 921	46 631	52 379	63 374	63 758	66 180	67 278

Fonte: Ufficio federale dell'energia (UFE) – Statistica dell'elettricità

Consumi finali per vettore energetico. In Terajoule [1]

	1990	2000	2010	2014
Totale	794 320	847 020	902 520	825 770
Prodotti petroliferi	496 820	501 800	485 490	425 810
Combustibili	243 600	208 430	190 410	127 550
Carburanti	253 220	293 370	295 080	298 260
Elettricità	167 680	188 540	215 230	206 880
Gas	63 670	93 180	115 940	107 100
Carbone e coke	14 360	5 770	6 210	5 910
Legno, carbone di legno [2]	28 600	27 780	38 070	34 500
Calore a distanza	10 420	13 180	17 240	16 290
Rifiuti urbani e industriali	8 680	10 440	10 040	11 830
Altre energie rinnovabili [3]	4 090	6 330	14 300	17 450

1 1 Terajoule (TJ) corrisponde a circa 24 t di combustibile o carburante fossile, rispettivamente a circa 0,28 mio. kWh
2 Dal 1990 nuovo metodo di rilevazione
3 Sole, biogas, biocarburante, calore ambientale

Fonte: Ufficio federale dell'energia (UFE) – Statistica globale svizzera dell'energia

Utilizzazione totale di energia e consumo finale, 2014

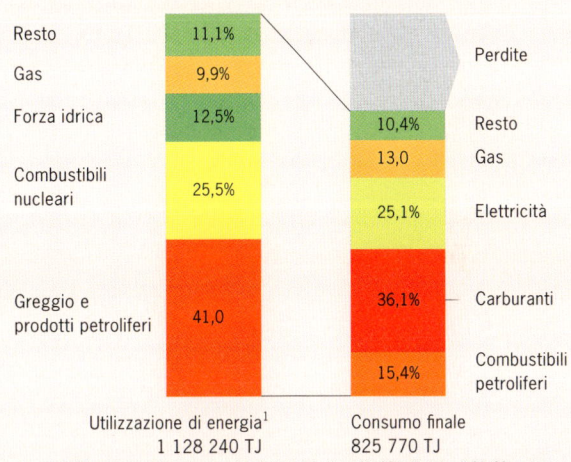

Utilizzazione di energia [1]: 1 128 240 TJ
- Resto: 11,1%
- Gas: 9,9%
- Forza idrica: 12,5%
- Combustibili nucleari: 25,5%
- Greggio e prodotti petroliferi: 41,0

Consumo finale: 825 770 TJ
- Perdite
- Resto: 10,4%
- Gas: 13,0
- Elettricità: 25,1%
- Carburanti: 36,1%
- Combustibili petroliferi: 15,4%

1 Saldo exportativo di energia elettrica incluso (1,8%), Totale: 101,8%

13 Scienza e tecnologia

Ricerca e sviluppo (R-S): finanziamenti interni lordi
In % del PIL

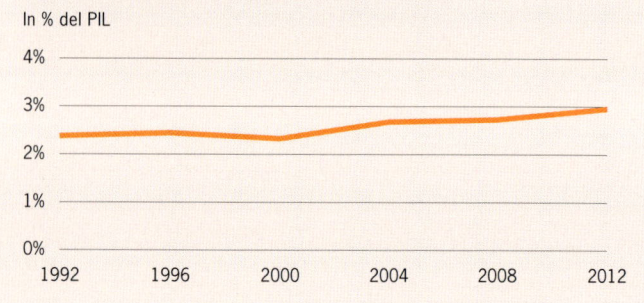

Brevetti depositati secondo il trattato di cooperazione in materia di brevetti (PCT)

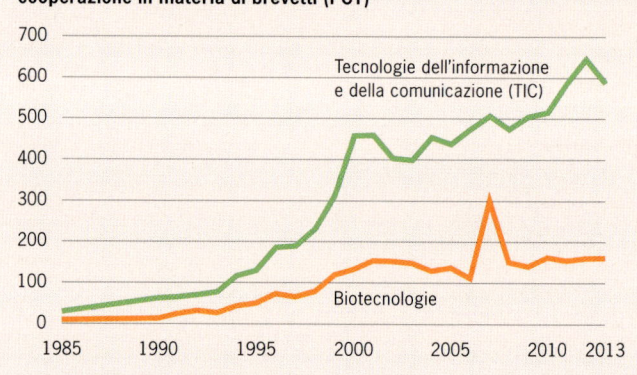

Tecnologie dell'informazione e della comunicazione (TIC)

Biotecnologie

Finanziamenti R-S intramuros per settore, 2012

- Scuole universitarie: 28%
- Confederazione: 1%
- Istituzioni private senza scopo di lucro e altre attività non ripartibili: 2%
- Economia privata (assicurazioni incluse): 69%

Utilizzazione di internet
Cerchia ristretta di utenti[1] secondo le classi d'età

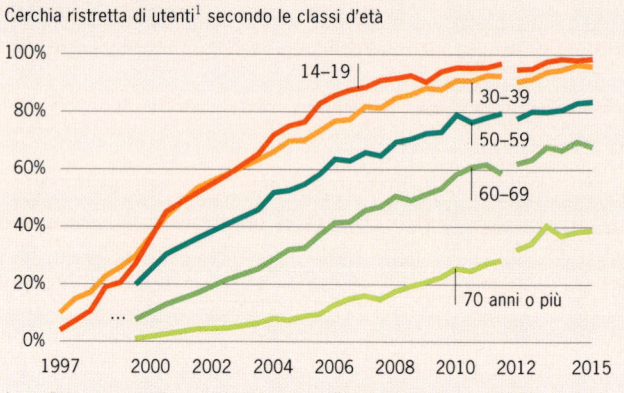

- 14–19
- 30–39
- 50–59
- 60–69
- 70 anni o più

[1] Persone che utilizzano internet più volte la settimana.

Ricerca e sviluppo (R-S): personale
In 1000 equivalenti a tempo pieno

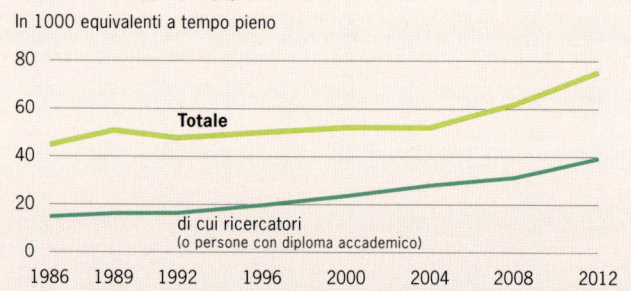

Totale

di cui ricercatori (o persone con diploma accademico)

UST • ANNUARIO STATISTICO 2016

Spese per attività R-S (intra-muros) in Svizzera
In milioni di franchi

	2008	2012
Totale	**16 300**	**18 510**
Economia privata	11 980	12 820
di cui:		
Industria farmaceutica e chimica	5 200	4 310
Industria metalmeccanica	1 570	2 015
Confederazione	120	140
di cui Dipartimento federale dell'economia	70	90
Scuole universitarie	3 940	5 210
Università e politecnici	3 085	4 095
Istituti di ricerca dei Politecnici federali	505	615
Scuole universitarie professionali	350	500
Organizzazioni private senza scopo di lucro ed altri	260	340

Fonte: UST – Rilevazioni sulle attività di R-S nell'economia privata, nelle scuole universitarie e presso la Confederazione

Famiglie di brevetti triadiche nel raffronto internazionale [1]

	1990	2000	2010	2013
Totale OCSE	**32 393**	**55 020**	**47 362**	**50 604**
In % sul totale dell'OCSE				
Svizzera	2,4	1,8	2,2	2,4
Giappone	29,6	32,6	33,9	31,6
Stati Uniti	34,8	28,5	27,1	28,9
EU-28 [2]	30,9	32,2	28,6	28,0

1 Le famiglie di brevetti dette «triadiche» sono i gruppi di brevetti depositati contemporaneamente presso l'Ufficio europeo dei brevetti (UEB), l'Ufficio brevetti giapponese (JPO), e l'Ufficio statunitense dei brevetti e dei marchi (USPTO) a protezione della stessa invenzione.
2 Prima del 2004 l'Unione europea era costituita da 15 Stati membri (UE-15). Estesa a ulteriori 10 Stati entro la fine del 2006 (UE-25), nel 2007 ha accolto anche la Bulgaria e la Romania. La Croazia entra nell'Unione europea (UE-28) nel 2013.

Fonte: OCSE

Personale impiegato nelle attività di R-S in Svizzera secondo la formazione e il settore. 2012

	Totale	Economia privata	Confederazione	Università
Totale in persone fisiche	**117 457**	**51 715**	**1 560**	**64 182**
di cui:				
Donne	41 015	12 924	577	27 514
Stranieri	46 174	20 111	179	25 884
Grado terziario università	63 189	22 039	1 114	40 036
di cui:				
Donne	19 449	4 608	370	14 471
Stranieri	31 242	10 358	155	20 729
Totale in equivalenti a tempo pieno	**75 476**	**47 750**	**781**	**26 945**
Grado terziario, università e politecnici	39 386	20 225	485	18 676
Grado terziario, formazione prof. sup.	10 190	9 343	33	815
Altra formazione	25 900	18 183	263	7 454

Fonte: UST – Rilevazione sulle attività R-S nell'economia privata, nell'ambito delle scuole universitarie e della Confederazione

Infrastruttura delle telecomunicazioni. Stato al 31.12.

	2009	2010	2011	2012	2013	2014p
Wireline						
Connessione						
in migliaia	3 494	3 261	3 141	2 990	2 848	2 742
ogni 100 abitanti	44,9	41,5	39,5	37,2	35,0	33,7
Canali d'accesso						
in migliaia	4 644	4 360	4 208	3 960	3 754	3 586
ogni 100 abitanti	59,6	55,6	52,9	49,3	46,1	43,5
Accessi a banda larga						
in migliaia	2 739	2 912	3 076	3 211	3 438	3 515
ogni 100 abitanti	35,2	36,9	38,7	39,9	42,2	42,7
Abbonamenti TV via cavo [1]						
in milioni	2,9	2,9	2,8	2,8	2,7	2,6
ogni 100 abitanti	37,0	36,2	35,1	34,7	33,1	32,1
Abbonamenti Internet						
in milioni	2,85	2,99	3,15	3,24	3,47	3,53
ogni 100 abitanti	36,6	37,9	39,6	40,4	42,6	42,8
Telefoni pubblici						
in migliaia	19,3	16,9	14,5	12,3	10,6	9,6
ogni 100 abitanti	2,5	2,1	1,8	1,5	1,3	1,2
Wireless						
Abbonamenti cellulari						
in migliaia	9 323	9 644	10 083	10 561	10 829	11 365
ogni 100 abitanti	119,6	122,5	126,8	131,4	133,0	138,0

1 Abbonamenti TV con infrastruttura coassiale o a fibre ottiche/infrastruttura coassiale

Fonte: Ufficio federale delle comunicazioni (UFCOM) – Statistica delle telecomunicazioni

Utilizzo di internet. In % della popolazione a partire dai 14 anni

	Cerchia stretta d'utenti Internet (CSU) [1]	Cerchia larga d'utenti Internet (CLU) [2]
04.2007–09.2007	67,4	77,2
10.2007–03.2008	68,0	77,2
04.2008–09.2008	70,9	79,2
10.2008–03.2009	71,8	79,7
04.2009–09.2009	73,2	81,3
10.2009–03.2010	74,5	82,1
04.2010–09.2010	77,4	83,9
10.2010–03.2011	77,5	84,1
04.2011–09.2011	78,5	85,2
10.2011–03.2012	79,3	85,0
04.2012–09.2012 [3]	78,1	85,2
10.2012–03.2013	79,0	85,0
04.2013–09.2013	81,1	86,7
10.2013–03.2014	81,1	86,6
04.2014–09.2014	82,6	87,5
10.2014–03.2015	82,7	87,4

1 Cerchia stretta d'utenti Internet (CSU): fanno parte della cerchia stretta d'utenti le persone che, secondo le loro dichiarazione, utilizzano internet più volte la settimana.
2 Cerchia larga d'utenti (CLU): fanno parte della cerchia larga d'utenti le persone che, secondo le loro indicazioni, hanno utilizzato internet almeno una volta negli ultimi 6 mesi.
3 Per ragioni metodologiche, i risultati dell'autunno 2012 non possono essere confrontati con quelli degli studi precedenti.

Fonti: UST; MA-Net; Net-Metrix-Base

Statistical Data on Switzerland

This chapter presents the main statistical findings in English for our international readers. Statistics reveal the current status of Swiss demographics and society as well as the Swiss economy and the environment. They also reveal how things have changed over time. The content structure is based on the one used by the Statistical Office of the European Union (Eurostat).

Switzerland in an international context	574
Sustainable development	576

1 Economy and finance	578	
National accounts	578	
Public finance	579	
Prices and income	580	
Balance of payments	581	
2 Population	582	
3 Health	584	
4 Education	585	
5 Labour Market	586	
6 Living conditions and social protection	587	
Living conditions	587	
Social protection	588	
Standard of living, social situation and poverty	589	
7 Industry, trade and services	590	
Company structure	591	
Industry, construction and trade	592	
Financial markets	593	
Tourism	594	
8 Agriculture, forestry and fisheries	595	
9 International trade	597	
10 Transport	598	
11 Environment	599	
12 Energy	601	
13 Science and technology	602	

Switzerland in an international context

Switzerland has a population of 8.237 million people (31 December 2014) for a territory of 41 000 km². The country lies in Central Western Europe with the Alps forming a natural boundary between its northern and southern parts. With four official languages (German, French, Italian and Romansh), Switzerland is characterized by cultural and linguistic diversity.

The Swiss Confederation (in Latin Confoederatio Helvetica, whence the international ISO abbreviation "CH") was created in 1848 by formally bringing together 26 historically close but very politically and geographically distinct cantons into a common political entity that still guarantees wide autonomy to each of its members. Ever since 1959, the seven-member Swiss cabinet (Federal Council) has been made up of representatives from Switzerland's four leading political parties: the Radical Democratic Party (FDP), the Socialist Party (SP), the Christian Democratic Party (CVP) and the Swiss People's Party (SVP). Cabinet members (Federal Councillors) are elected every four years in a joint session of the two freshly elected houses of the Swiss Parliament: the National Council (200 members representing the people) and the Council of States (46 members representing the Cantons). The Swiss people wield considerable power in the Swiss political system: voting privileges are wide-ranging and it is relatively easy for the people to submit popular initiatives and call for referendums. Swiss citizens are therefore called to the ballot box several times a year.

Compared to other countries, Switzerland has a fairly robust economy in terms of gross domestic product (GDP). If we consider GDP per capita, it is among the richest countries in the world. That said, the Swiss economy has grown at a slower rate than other OECD countries since 1990. Following this slump, the Swiss economy recovered again after the turn of the millennium. Since then it has been growing more strongly (with the exception of 2009 in the wake of the financial crisis). By international comparison, the Swiss unemployment rate remains low and employment rate high.

As in all modern societies, the tertiary sector dominates the Swiss economy. Important branches include financial services and tourism. As for the secondary sector, Switzerland's lack of raw materials has led to the development of specialised manufacturing industries such as the machinery manufacture, pharmaceuticals production and watchmaking. In 2014, the primary sector's share in the value added of the Swiss economy was only 0.7%. Foreign trade is extremely important to the Swiss economy; the value of total imports and exports per capita as well as the share of imports and exports to GDP are among the highest in the world.

Political structure

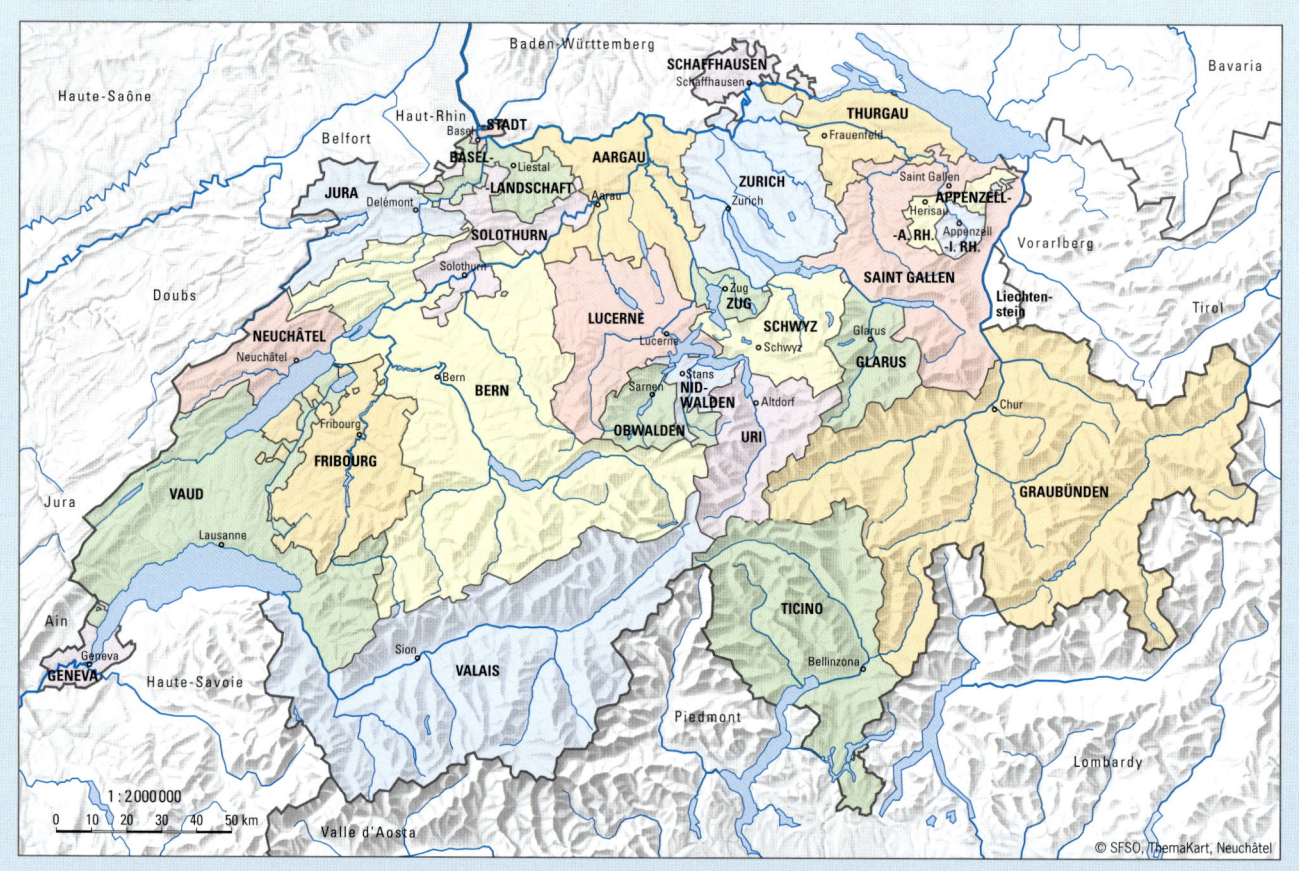

Switzerland in comparison with other countries

	Year	Switzerland	Germany	France	Italy	Netherland	Austria	Sweden	United Kingdom
National accounts, prices and income									
Gross domestic product (GDP) per inhabitant, in PPS [1]	2013	40 600	32 000	27 800	25 200	32 600	33 200	32 700	27 200
Average annual real growth in the GDP per inhabitant, in %	2000 –2013	3.7	3.6	2.2	1.1	2.3	2.7	2.9	1.6
Harmonized Index of Consumer Prices (HICP)	2014	0.0	0.8	0.6	0.2	0.3	1.5	0.2	1.5
Equality: Gender-specific pay gaps (sectors 2 and 3) in %	2013	19.3	21.6	15.1	7.3	16.0	23.0	15.2	19.7
Population									
Number of inhabitants in '000	2014 [4]	8 140	80 767	65 836	60 783	16 829	8 507	9 645	64 308
Inhabitants per km^2 of the total area	2013 [4]	202	230	104	199	498	103	24	264
People under 20 years of age in %	2014 [4]	20.3	18.1	24.6	18.6	22.9	19.9	22.7	23.6
People age 65 and over in %	2014 [4]	17.6	20.8	18.0	21.4	17.3	18.3	19.4	17.5
Foreigners as percentage of the total population	2014 [4]	23.8	8.7	6.3	8.1	4.4	12.4	7.1	7.8
Live births per 1000 inhabitants	2013	10.3	8.3	12.4	8.6	10.2	9.4	11.9	12.2
Female life expectancy at birth in years	2013	85.0	83.2	85.6	85.2	83.2	83.8	83.8	82.9
Male life expectancy at birth in years	2013	80.7	78.6	79.0	80.3	79.5	78.6	80.2	79.2
Health									
Hospital beds per 100 000 inhabitants	2013 [5]	468	...	629	...	...	765	259	276
Health care expenditure as % of GDP	2012	11.4	10.9	11.2	...	11.8	10.4	9.1	...
Infant mortality per 1000 birth (live births)	2013	3.9	3.3	3.6	2.9	3.8	3.1	2.7	3.8
Education									
Young people (18–24) without post-compulsory education in %	2014	28.7	35.6	17.1	32.1	30.5	18.4	26.5	16.3
Persons (25–64) with highest educational attainment at tertiary level in %	2014	40.2	27.1	33.2	16.9	34.4	29.9	38.7	40.5
Education expenditure in % of GDP	2011	5.3	5.0	5.7	4.3	5.9	5.8	6.8	6.0
Employment									
Employment rate for women	2014	75.1	69.5	60.9	46.8	68.1	66.9	73.1	67.1
Employment rate for men	2014	84.4	78.1	67.7	64.7	78.1	75.2	76.5	76.8
Unemployment rate (15–74), ILO-based [2]	2014	4.5	5.0	10.3	12.7	7.4	5.6	7.9	6.1
Women	2014	4.7	4.6	10.0	13.8	7.8	5.4	7.7	5.8
Men	2014	4.4	5.3	10.5	11.9	7.2	5.9	8.2	6.4
15–24 year-olds	2014	8.6	7.7	24.2	42.7	12.7	10.3	22.9	16.9
Social Security									
Social security expenditure as % of GDP	2013	25.5	28.6	32.6	29.5	31.6	29.8	30.5	29.9
Tourism, agriculture and forestry									
Beds in hotels and health establishments per 1000 inhabitants	2014	33.5	21.8	19.4	36.9	15.0	70.4	24.8	...
Agricultural area, as % of the total area	2009 [5]	36.9	51.7	54.2	51.4	55.0	38.2	8.1	65.1
Wooded areas, as % of the total area	2009 [5]	30.8	33.9	31.7	33.2	11.9	47.0	66.0	14.8
Transport, environment and energy									
Number of passenger cars per 1000 inhabitants	2013 [5]	531	538	490	608	471	546	...	442
Road accidents, fatalities per 1 million inhabitants	2009 [5]	46.3	54.0	67.0	79.0	41.0	81.0	43.0	43.0
Total land area in km^2	2009 [5]	41 285	357 113	548 763	301 392	37 357	83 920	449 159	244 436
Percentage of settlement and urban areas in %	2009 [5]	7.5	9.9	9.4	11.0	25.1	7.2	14.6	13.5
Greenhouse gas emissions in CO_2 equivalents, tonnes per person	2013 [5]	6.5	11.6	7.5	7.3	11.7	9.4	5.8	9.0
Gross energy consumption, TOE [3] per inhabitant	2013 [5]	3.4	4.0	3.9	2.6	4.8	4.0	5.1	3.1

1 Purchasing Power Standards
2 Unemployment figures based on the International Labour Organisation's definitions
3 Tonnes of crude oil equivalent
4 At 1 January
5 At 31 December

Source: Eurostat
Only one source has been used for all variables: Eurostat. It is possible that the data vary from those published by the Swiss Federal Statistical Office in other publications.

Sustainable development

Sustainable Development is development that meets the needs of the present without compromising the ability of future generations to meet their own needs. When using natural, economic and social resources, consideration should be given to the principle of fairness among and between present and future generations, both in Switzerland and in relation to foreign countries. Sustainable development also means enabling people to live in conditions that are adequate for them in terms of human rights, by creating and maintaining the maximum range of options to ensure that individuals are free to develop their designs for living. Meeting needs in a balanced manner requires social solidarity, economic efficiency and ecological responsibility, and none of these three qualitative objectives must be attained at the long-term detriment of any of the other objectives.

The MONET system was created to show where Switzerland is on the path to sustainable development. It is based on a set of principles that indicate the direction to be taken in order to create and maintain a sustainable society. These principles ultimately form the frame of reference that is used to assess the sustainability of observed developments. All the principles have a clear and direct relation to the definition of sustainable development and the three qualitative objectives of social solidarity, economic efficiency and ecological responsibility. Each of the 76 MONET indicators refers to at least one principle.

With the purpose of facilitating clear and concise information at a glance, a set of seventeen key indicators were developed, all taken from the MONET indicator system. The following presentation of five out of the seventeen is intended to give the reader an idea of how indicators can illustrate how sustainability has developed so far; and – with the support of principles – to assess sustainability in terms of the direction that should be taken.

Targeted trends
↗ Growth   ↘ Decrease   → Stabilisation

Observed trends
↗ Growth   ↘ Decrease   → No marked change

Assessment of the observed trend in relation to targeted trend since 1992:
✓ Positive (toward sustainability)
✗ Negative (away from sustainability)
≈ Unchanged

↗ ↗ ✓ People's health is improving
Principle: Promoting health

People who feel healthy are often more contented than those who are ill or disabled. At the same time, they are also more productive. The benefits of living a long and healthy life are mainly felt by people themselves. However, the goal of a healthy lifestyle is also worth pursuing in the interests of the economy and society as a whole.

Life expectancy in good health
Life expectancy at birth in years

Year	Men	Women
1992	63.9	65.3
1997	65.2	64.7
2002	67.5	68.7
2007	69.4	70.3
2012[1]	67.7	67.9

1 Revision of questionnaire, data cannot be compared to previous years.

↘ ↗ ✗ The unemployment rate based on ILO[1] definition is rising
Principle: Employment that is morally worthwhile and provides a decent living

In developed countries, unemployment is one of the main causes of poverty and social exclusion. In addition, high unemployment can result in social unrests.

Unemployment rate based on ILO definition
Percentage of unemployed in relation to total working population

1 ILO: International Labour Office

Teenage reading skills are improving
Principles: Encouraging learning; Promotion of economic efficiency

Education ensures that the economy is both innovative and competitive, while the ability to retain and process information is essential for individuals to constructively adapt to changes taking place in society.

Teenage reading skills
Share of 15-year-olds reaching at least reading skills level 2 (scale <1 to 6)[1]

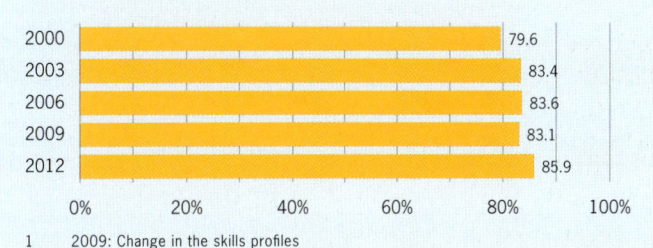

Year	%
2000	79.6
2003	83.4
2006	83.6
2009	83.1
2012	85.9

1 2009: Change in the skills profiles

The settlement area required per person is increasing
Principles: Limits for consumption of non-renewable resources; Preservation of natural resources

Soils are an important life support system for humans, animals and plants. Constructions of buildings, roads and factories inevitably result in a loss of farmland. It is very difficult to reverse the degradation process once it has been set in motion and this change affects future generations.

Per capita settlement area[1]
In m² / inhabitant

Period	m²
1979/85	386.6
1992/97	400.9
2004/09	406.9

1 Building areas, industrial areas, special urban areas, recreational facilities, parks and transportation areas

Material intensity is decreasing
Principles: Ecologically acceptable production; Ecologically and socially acceptable consumption

One of the main goals of sustainable development is to bring about a gradual dematerialisation of the economy so as to lessen the environmental impact of human and economic activities. Material and energy flows must be optimised so that natural resources can be maintained in the long run.

Material intensity
Total Material Requirement to GDP ratio, index 1990 = 100

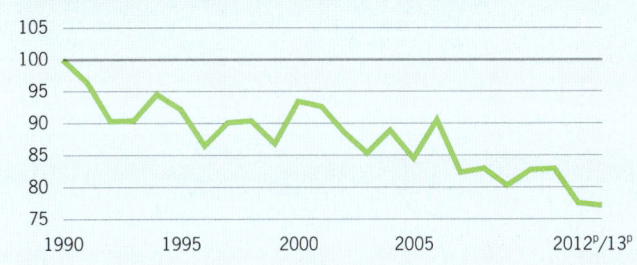

Switzerland's ecological footprint is almost four times as great as its biocapacity

The key indicators show whether or not development is sustainable whereas the ecological footprint measures sustainability from the standpoint of consumption of natural resources.[1]

The ecological footprint expresses consumption in terms of how much surface area (in global hectares) is required to sustain this consumption. It shows whether and to what extent our use of natural resources exceeds the regenerative capacities of the biosphere (i.e. our biocapacity). Consumption of natural resources is considered sustainable when the ecological footprint of our consumption matches our biocapacity. When consumption exceeds our biocapacity, natural resources at home become depleted or have to be imported from other countries. In such cases, we end up living at the expense of other regions of the planet or of future generations.

Switzerland's ecological footprint and biocapacity
In global hectares per capita

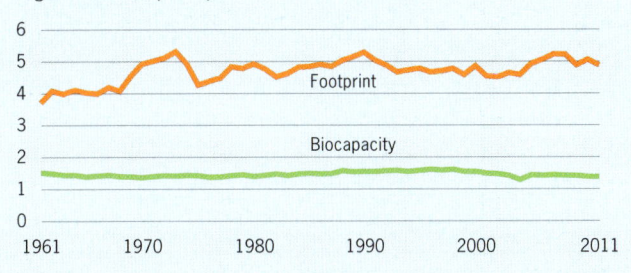

---

1 See INFRAS 2006: Switzerland's Ecological Footprint. A Contribution to the Sustainability Debate. Commissioned and published by the Federal Office for Spatial Development, the Federal Statistical Office, the Agency for Development and Cooperation and the Federal Office for the Environment. In cooperation with Global Footprint Network and Locher, Schmill, Van Wezemael & Partner. Neuchâtel, September 2006.

All MONET indicators, key indicators, principles and publications as well as the ecological footprint can be found at: http://www.monet.admin.ch

FSO • STATISTICAL YEARBOOK 2016

1 Economy and finance

National accounts

Gross domestic product by expenditure approach [1]
In CHF million, at current prices, % changes over time

Expenditure approach	At current prices					Change with respect to previous year, in %, at current prices			
	2010	2011	2012	2013p	2014p	2011	2012	2013p	2014p
Consumer spending	395 235	399 802	407 695	414 333	418 828	1.2	2.0	1.6	1.1
Private households and NPISH [2]	330 592	333 417	338 882	344 505	348 059	0.9	1.6	1.7	1.0
Public sector	64 643	66 385	68 813	69 828	70 769	2.7	3.7	1.5	1.3
Gross investment	145 892	166 124	151 167	143 552	150 702	13.9	–9.0	–5.0	5.0
Gross fixed capital formation	138 430	144 596	147 803	149 281	152 286	4.5	2.2	1.0	2.0
Machinery and equipment	86 397	90 059	91 456	90 842	91 910	4.2	1.6	–0.7	1.2
Buildings and structures	52 033	54 537	56 347	58 439	60 375	4.8	3.3	3.7	3.3
Changes in inventories	1 507	4 385	74	8 535	5 204	...	...	...	...
Acquisitions less disposals of valuables	5 956	17 142	3 290	–14 264	–6 788	...	...	...	...
Exports	389 443	406 706	419 946	459 057	413 063	4.4	3.3	9.3	–10.0
Goods	288 010	306 871	311 952	346 436	300 117	6.5	1.7	11.1	–13.4
Services	101 433	99 834	107 994	112 622	112 946	–1.6	8.2	4.3	0.3
Less: Imports	324 425	354 306	354 865	382 089	340 337	9.2	0.2	7.7	–10.9
Goods	252 351	280 762	274 280	296 641	250 771	11.3	–2.3	8.2	–15.5
Services	72 074	73 544	80 585	85 448	89 566	2.0	9.6	6.0	4.8
GDP	606 146	618 325	623 943	634 854	642 256	2.0	0.9	1.7	1.2
Per capita	77 160	78 146	78 023	78 480	78 432	1.3	–0.2	0.6	–0.1

1 Revised figures
2 NPISH: Non-profit institutions serving households

Source: FSO – National Accounts

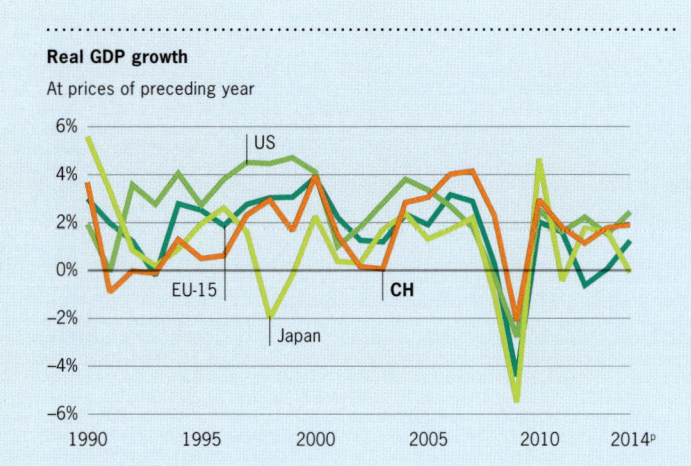

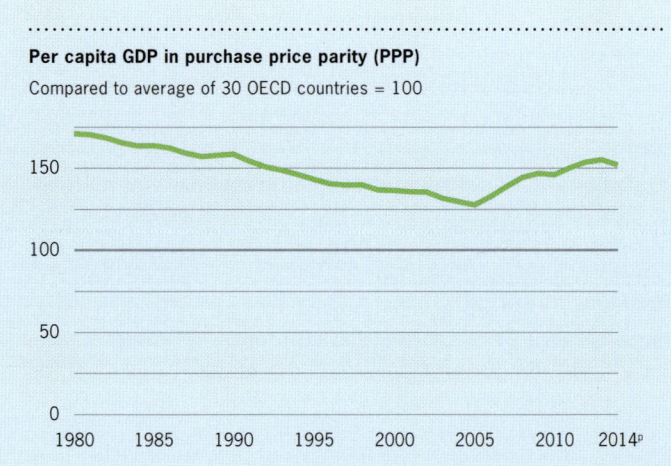

Real GDP growth
At prices of preceding year

Per capita GDP in purchase price parity (PPP)
Compared to average of 30 OECD countries = 100

Public finance

Key public finance figures[1]
In % of GDP

	2005	2006	2007	2008	2009	2010	2011	2012	2013	2014[2]
Public spending to GDP ratio										
Public sector	32.8	31.2	30.0	30.6	32.4	32.1	32.6	32.6	32.9	33.0
Confederation	10.4	10.0	10.8	10.2	10.4	10.3	10.7	10.4	10.6	10.4
Cantons	13.1	12.5	12.3	12.4	12.9	12.8	13.4	13.6	13.5	13.7
Municipalities	7.2	7.0	6.6	6.9	7.3	7.1	7.0	7.1	7.2	7.1
Social insurance	10.0	9.4	9.0	8.3	9.3	9.1	8.9	9.0	9.2	9.2
Financial balance										
Public sector	–0.6	0.9	1.6	1.8	0.6	0.3	0.5	–0.0	–0.2	–0.1
Confederation	0.0	0.6	–0.5	0.8	0.5	0.5	0.2	0.1	–0.0	0.0
Cantons	–0.0	0.4	0.5	0.6	0.4	0.2	–0.2	–0.4	–0.3	–0.3
Municipalities	0.0	0.2	0.4	0.0	–0.1	–0.1	–0.0	–0.1	–0.2	–0.1
Social insurance	–0.5	–0.2	1.3	0.3	–0.2	–0.3	0.5	0.5	0.3	0.3
Debt to GDP ratio										
Public sector	48.0	42.9	39.4	36.9	35.2	33.9	33.2	34.2	34.6	34.5
Confederation	25.7	23.0	21.1	20.3	18.7	18.0	17.7	17.8	17.4	16.8
Cantons	12.7	11.5	10.6	9.4	9.0	8.7	8.3	8.8	9.7	10.1
Municipalities	9.5	8.3	7.7	7.5	7.7	7.6	7.5	7.6	7.7	7.8
Social insurance	0.8	0.9	0.9	0.7	1.0	1.2	1.0	1.0	0.7	0.7
Tax to GDP ratio (OECD)										
Public sector	26.6	26.5	26.2	26.5	27.1	26.5	27.1	26.9	27.0	27.1
Confederation	9.5	9.6	9.4	9.9	9.9	9.7	9.9	9.5	9.6	9.5
Cantons	6.6	6.6	6.6	6.5	6.6	6.5	6.5	6.6	6.6	6.7
Municipalities	4.2	4.2	4.1	4.1	4.2	4.0	4.1	4.1	4.1	4.1
Social insurance	6.3	6.2	6.1	6.1	6.5	6.3	6.6	6.7	6.7	6.7

1 Revised figures
2 Some data are estimates.

Source: Federal Finance Administration (FFA)

Public debt

In CHF billion — Confederation, Cantons, Communes, Social insurances (1990–2014)

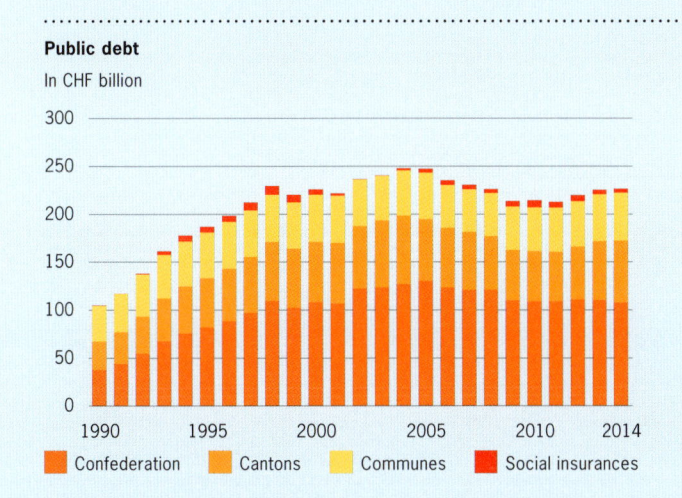

As % of GDP (1990–2014)

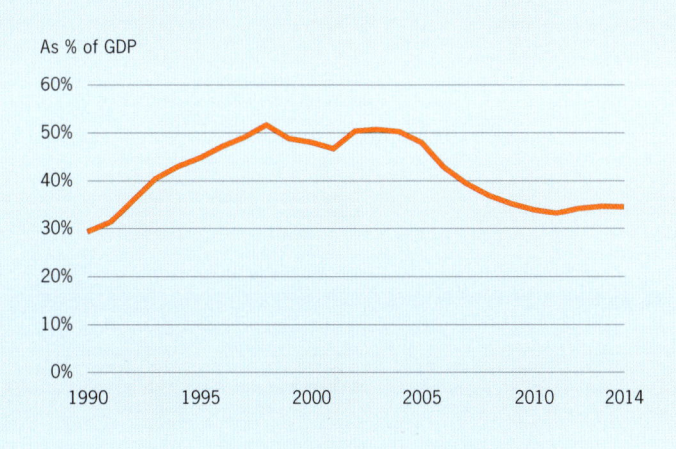

Prices and income

General fluctuations in Swiss consumer prices
Average % changes over time

	2011	2012	2013	2014	2015
Total	0.2	–0.7	–0.2	0.0	–1.1
Food and non-alcoholic beverages	–3.3	–1.0	1.2	0.9	–0.8
Alcoholic beverages and tobacco	1.7	1.1	1.3	1.0	0.0
Clothing and footwear	1.4	–6.0	–3.7	–1.3	0.3
Housing and energy	2.4	0.8	0.1	1.0	–0.6
Household furniture and furnishings and routine maintenance	–1.3	–1.9	–1.6	–1.0	–2.1
Health	–0.2	–0.3	–0.9	–0.9	–0.4
Transport	1.1	–2.2	–0.9	–1.2	–4.4
Communications	0.1	–0.6	–2.3	–2.3	–0.9
Recreation and culture	–3.3	–2.8	0.0	0.1	–2.0
Education	1.4	1.7	1.7	1.6	1.2
Restaurants and hotels	1.5	0.7	0.7	0.7	0.0
Other goods and services	0.2	0.1	0.6	–0.8	–0.8

Source: FSO – Consumer Price Index (CPI)

Consumer Price Index (CPI)
Index December 2010 = 100

International comparison of price level indices. 2014p, EU-28 = 100

	Switzerland	Germany	Spain	France	Italy	Netherlands	Austria	Sweden	United Kingdom	Danemark	Norway
Gross Domestic Product	146	104	90	110	101	109	109	132	117	135	150
Actual individual consumption	156	101	93	107	103	113	109	136	122	140	158
Food and non-alcoholic beverages	155	104	93	110	110	99	120	125	105	145	166
Alcoholic beverages and tobacco	118	93	88	106	97	108	89	130	166	124	238
Clothing and footwear	123	102	87	102	105	104	96	123	102	123	132
Housing and energy	173	105	93	115	100	119	98	119	153	150	123
Furnishings, household equipment and routine maintenance of the house	123	98	99	105	105	110	109	122	110	122	128
Health	188	101	105	105	115	127	118	175	118	137	201
Transport	113	104	93	102	99	111	102	116	110	133	143
Communication	122	103	107	97	119	114	91	90	125	86	108
Recreation and culture	139	105	97	107	101	102	114	130	107	139	159
Education	239	110	85	110	94	122	151	195	147	153	217
Restaurants and hotels	153	98	88	109	109	111	107	144	114	150	177
Miscellaneous goods and services	156	97	91	106	98	115	108	144	113	141	176
Actual collective consumption	171	119	85	126	113	118	114	121	110	149	172
Gross fixed capital formation	136	114	81	113	89	105	108	135	101	131	149

Source: Eurostat

Wage growth

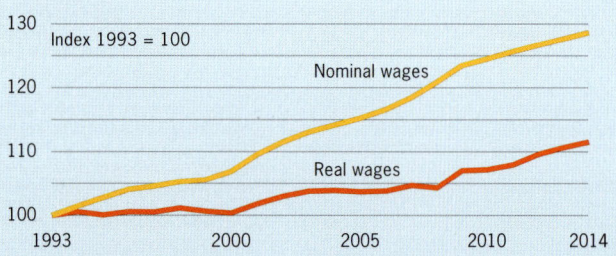

Index 1993 = 100
Nominal wages
Real wages

Balance of payments

Swiss Balance of Payments (BoP).[1] In CHF million, at current prices [2]

	2005	2006	2007	2008	2009	2010	2011	2012	2013	2014
Current Account, net	71 250	80 477	61 724	17 750	47 083	89 935	47 369	64 346	70 776	46 909
Goods, net	14 104	18 816	29 596	30 043	16 066	35 659	26 111	37 789	49 931	49 499
Receipts	190 160	214 540	246 966	271 018	234 944	288 010	306 872	311 952	346 436	300 117
Expenses	176 056	195 724	217 370	240 975	218 877	252 350	280 761	274 164	296 505	250 618
Services, net	24 335	28 133	34 694	35 473	28 845	26 634	22 056	21 507	20 369	18 289
Receipts	82 535	89 301	102 483	104 631	99 889	98 841	95 578	102 337	106 015	108 469
Expenses	58 199	61 167	67 788	69 158	71 044	72 208	73 522	80 830	85 646	90 180
Primary income, net	43 814	41 864	5 042	-37 444	11 419	36 723	7 028	13 218	12 169	-3 919
Receipts	129 420	139 244	151 103	96 218	103 434	130 070	97 704	113 390	110 981	118 090
Expenses	85 606	97 380	146 061	133 662	92 014	93 347	90 675	100 172	98 812	122 009
Secondary income, net	-11 003	-8 337	-7 608	-10 322	-9 248	-9 081	-7 827	-8 167	-11 693	-16 960
Receipts	20 740	23 598	29 209	32 156	30 229	26 784	28 634	33 980	33 989	35 863
Expenses	31 743	31 936	36 817	42 479	39 476	35 865	36 461	42 148	45 682	52 823
Capital Transfers, net	-2 856	-5 442	-5 048	-3 798	-3 788	-4 641	-8 407	-2 203	675	-10 108
Receipts	584	335	486	1 096	144	359	483	345	1 694	445
Expenses	3 441	5 776	5 533	4 894	3 932	5 000	8 890	2 548	1 019	10 553
Financial Account, net	100 297	88 692	44 029	-2 783	6 518	114 685	27 739	87 626	101 523	54 082
Direct investment, net	63 983	40 004	21 679	31 024	-4 019	58 723	17 500	25 616	30 397	-4 688
Portfolio investment, net	59 151	56 263	34 951	35 168	27 863	-32 522	12 810	-16 896	15 770	6 172
Other investment, net	-4 030	-8 920	-17 782	-69 087	-71 232	-49 574	-44 708	-94 200	43 194	18 780
Reserve assets, total	-21 906	393	4 057	4 146	52 219	137 802	42 628	174 591	12 943	33 961
Derivatives and structured products, net	3 098	952	1 125	-4 033	1 688	257	-491	-1 485	-779	-143
Net Errors and Omissions	31 903	13 657	-12 647	-16 734	-36 777	29 391	-11 223	25 482	30 072	17 281

1 The minus sign (–) indicates a surplus of expenses over receipts in the current account and the capital transfer, and an import of capital in the financial account.
2 Revised figures

Source: Swiss National Bank (SNB)

Current Account balance
In CHF billion

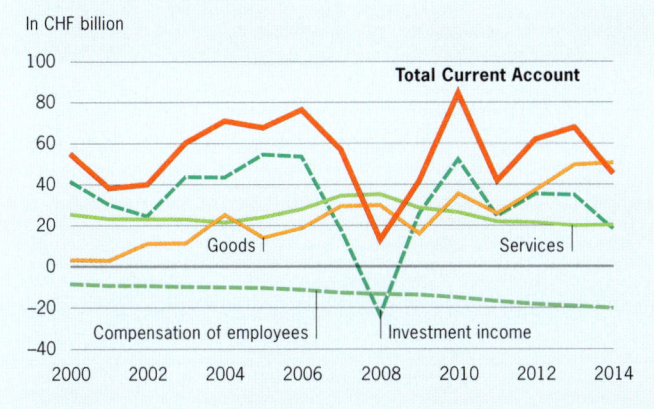

2 Population

Population and population growth

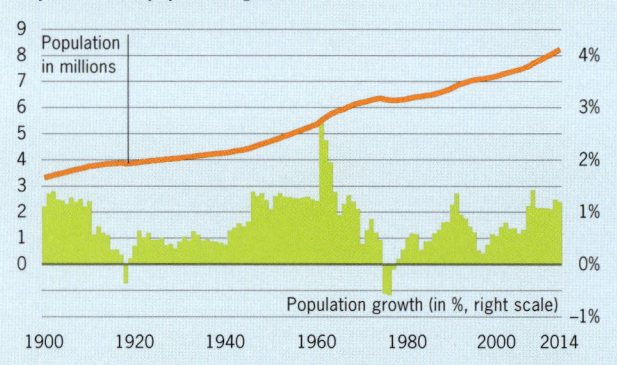

Population in millions (left scale, 1900–2014): rises from ~3.3 to ~8.
Population growth (in %, right scale): fluctuates between roughly -1% and 4%.

Persons in employment[1], in thousands

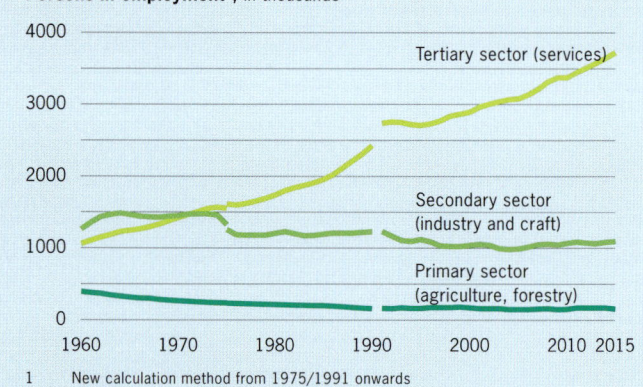

- Tertiary sector (services): rises from ~1200 (1960) to ~3700 (2015)
- Secondary sector (industry and craft): ~1300 declining to ~1000
- Primary sector (agriculture, forestry): declining from ~400 to near 0

1 New calculation method from 1975/1991 onwards

Life expectancy

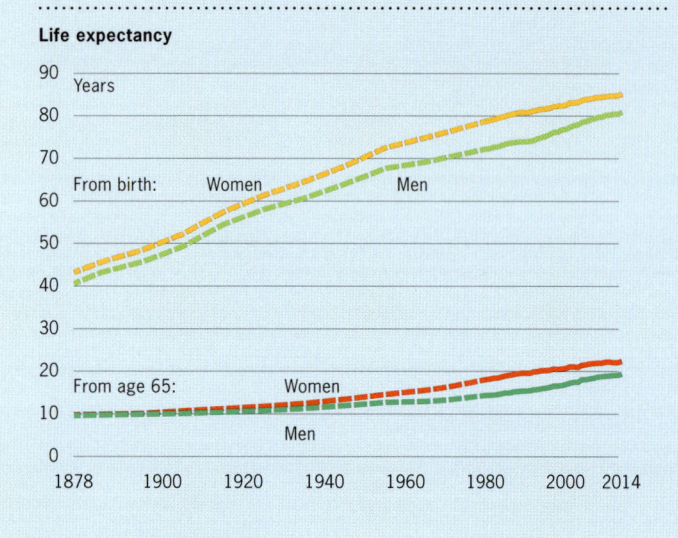

Years, 1878–2014.
From birth: Women and Men rising from ~43 to ~85/80.
From age 65: Women and Men rising from ~10 to ~22/20.

The main languages in Switzerland 2013

Question: "What is your main language, i.e. the language you think in and know best?"

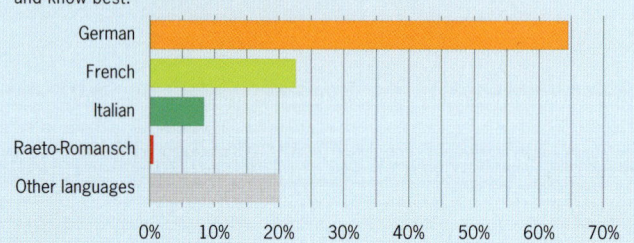

- German: ~65%
- French: ~23%
- Italian: ~8%
- Raeto-Romansch: ~0.5%
- Other languages: ~21%

Educational attainment 2014

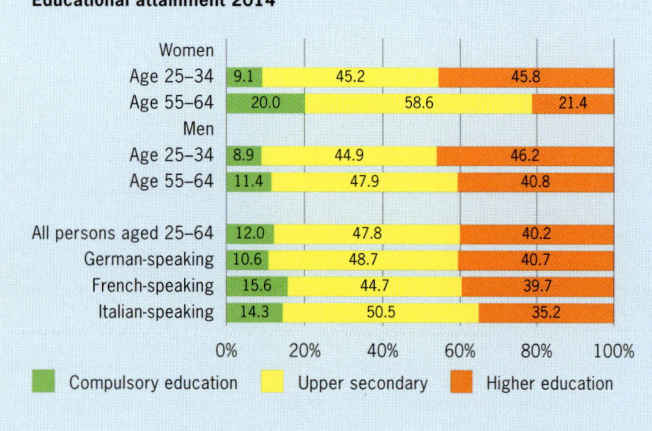

	Compulsory education	Upper secondary	Higher education
Women Age 25–34	9.1	45.2	45.8
Women Age 55–64	20.0	58.6	21.4
Men Age 25–34	8.9	44.9	46.2
Men Age 55–64	11.4	47.9	40.8
All persons aged 25–64	12.0	47.8	40.2
German-speaking	10.6	48.7	40.7
French-speaking	15.6	44.7	39.7
Italian-speaking	14.3	50.5	35.2

Net migration and excess of births over deaths, in thousands

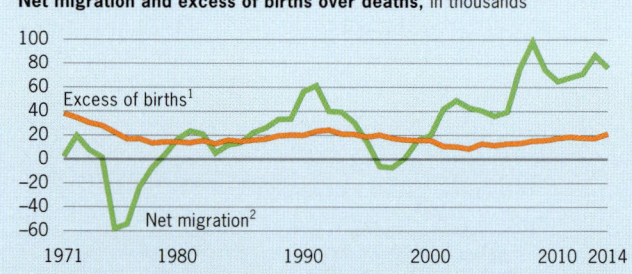

Excess of births[1] and Net migration[2], 1971–2014.

1 Live births minus deaths
2 Incl. change of status: change from residence permit valid for less than 12 months to residence permit valid 12 months or longer.

Selected criteria

	1950	1960	1970	1980	1990	2000	2010[1]	2011	2012	2013	2014
Permanent resident population in '000	4 717	5 360	6 193	6 335	6 751	7 204	7 870	7 955	8 039	8 140	8 238
Foreigners	285	514	1 002	914	1 127	1 424	1 766	1 816	1 870	1 937	1 998
Urban	...	...	...	5 341	5 675	6 033	6 637	6 712	6 786	6 874	6 959
Rural	...	...	...	995	1 076	1 171	1 233	1 243	1 253	1 266	1 279
Age groups, in %											
Age 0–19	30.6	31.8	31.0	27.5	23.4	23.1	20.9	20.6	20.4	20.3	20.2
Age 20–64	59.8	57.9	57.5	58.6	62.0	61.5	62.2	62.2	62.2	62.1	62.0
Age 65+	9.6	10.3	11.5	13.9	14.6	15.4	16.9	17.2	17.4	17.6	17.8
Excess of births over deaths, per 1000 inhabitants	8.0	7.9	6.8	2.3	3.0	2.2	2.3	2.4	2.2	2.2	2.6
Migration balance, per 1000 inhabitants	2.5	4.2	–2.9	2.7	8.4	2.8	8.3	8.6	8.9	10.8	9.3
Live births per 1000 inhabitants	18.1	17.7	16.1	11.7	12.5	11.0	10.3	10.2	10.3	10.2	10.4
Infant born out of wedlock, in %	3.8	3.8	3.8	4.8	6.1	10.7	18.6	19.3	20.2	21.1	21.7
Age of mother at birth of first child	26.8	26.0	25.3	26.3	27.6	28.7	30.2	30.4	30.4	30.6	30.7
Total birth rate	2.40	2.44	2.10	1.55	1.59	1.50	1.52	1.52	1.53	1.52	1.54
Deaths per 1000 inhabitants	10.1	9.8	9.2	9.4	9.5	8.7	8.0	7.8	8.0	8.0	7.8
Deaths before age 1, per 1000 live births	31.2	21.1	15.1	9.1	6.8	4.9	3.8	3.8	3.6	3.9	3.9
Marriages per 1000 inhabitants	7.9	7.8	7.6	5.7	6.9	5.5	5.5	5.3	5.3	4.9	5.1
Average age of woman at marriage	25.8	24.9	24.1	25.0	26.7	27.9	29.4	29.5	29.5	29.6	29.6
Total marriage rate for single women under the age of 50, in %	92	96	87	66	75	64	65	63	64	59	61
Divorces per 1000 inhabitants	0.9	0.9	1.0	1.7	2.0	1.5	2.8	2.2	2.2	2.1	2.0
Total divorce rate, in %	12	13	15	27	33	26	54	43	43	42	41

1   From 2010, new definition of the permanent resident population, which also includes asylum seekers with a total length of stay of at least 12 months.

Sources: FSO – Federal Population Census, Annual Population Statistics (ESPOP, STATPOP), Vital Statistics (BEVNAT)

A large foreign population

Foreigners account for 24.3% of the permanent resident population (2014). More than half of the residents without a Swiss passport have been living in Switzerland for more than 15 years or were born here. In 2014, 32 800 persons obtained Swiss citizenship. The majority of Switzerland's foreign permanent resident population are of European origin, the most of whom are nationals of an EU or EFTA member state. The largest group of foreigners are Italian (15.3%), followed by nationals of Germany (14.9%), Portugal (13.1%) and France (5.8%).

An aging society

There are now many more elderly people than 50 years ago. The number of over 64-year-olds has more than doubled since 1950, while the number of 80+ year-olds has even quadrupled. In contrast, the number of under twenties has increased much less and has actually declined since the early Seventies. This aging process is the result of longer life expectancy and fewer births. According to FSO population scenarios, this trend will continue over the next few decades.

3 Health

Selected indicators

	1950	1960	1970	1980	1990	2000	2010	2012	2013	2014
Life expectancy in years[1]										
Women, at birth	70.9	74.1	76.2	79.1	80.8	82.6	84.6	84.7	84.8	85.2
Women, at age 65	14.0	15.2	16.3	18.3	19.4	20.7	22.2	22.1	22.1	22.4
Men, at birth	66.4	68.7	70.3	72.4	74.0	76.9	80.2	80.5	80.5	81.0
Men, at age 65	12.4	12.9	13.3	14.4	15.3	17.0	18.9	19.9	19.9	19.4
Infant mortality, deaths per 1000 live births	31.0	21.1	15.1	9.1	6.8	4.9	3.8	3.6	3.9	3.9
Perinatal deaths per 1000 live births	34.7	25.6	18.1	9.5	7.7	6.6	7.0	6.8	7.6	7.0
AIDS, new cases per million inhabitants	...	...	...	0.5	91.2	31.5	21.0	11.8	12.4	7.9
Deaths per 100 000 inhabitants										
Lung cancer	15.7	22.0	28.9	35.0	35.1	31.6	28.6	27.1	26.9	...
Cirrhosis of the liver	9.1	10.0	12.5	10.3	7.8	5.4	5.0	5.0	4.3	...
Road accidents	16.7	25.2	26.5	18.5	13.2	7.4	3.8	3.3	2.9	...
Suicides	23.0	19.0	19.5	24.9	20.1	17.2	11.1	11.1	11.2	...
Occupational diseases, new cases of illness per 10 000 FTEs	...	...	28.8	...	...	...	10.0	7.9	7.5	...
Disability, recipients of disability benefits	...	...	...	...	16 815	23 570	31 644	32 900	33 566	34 337
Practising physicians per 1000 inhabitants	0.9	0.9	0.9	1.2	1.5	1.9	2.0	2.1	2.2	2.2
Hospitals, beds per 1000 inhabitants	14.6	11.6	10.0	9.3	8.2	6.2	4.9	4.8	4.6	4.6p
Healthcare costs										
in CHF million	...	1 925	5 316	13 509	26 870	42 843	62 495	67 533	69 227	...
in % of GDP	...	4.8	5.4	7.3	7.9	9.3	10.3	10.8	10.9	...

1   Figures up to and including 1980: based on Official Mortality Tables; figures from 1990 onwards: based on complete Annual Mortality Tables

Source: FSO

State of health

83% of the population (84% of men and 81% of women) perceived their general state of health as good or very good (2012). The percentage of people who consider their health to be (very) good steadily drops with age. This proportion is also lower among people whose level of education does not exceed compulsory schooling than among people with tertiary level education (62% compared to 90%). The percentage of people who rated themselves as being in (very) good health has decreased within five years (2007: 87%; 2012: 83%). This decline is valid for all age groups but is particularly pronounced for men aged between 55 and 74.

41% of the population are overweight or obese; 51% of men and 32% of women. The percentage of overweight or obese people almost stabilised between 2002 and 2007. Since then, it has increased again.

89% of men and 78% of women consume alcohol; 17% of men and 9% of women consume alcohol on a daily basis. The frequency of alcohol consumption increases with age: 38% of men and 20% of women aged 65 years and older consume alcohol on a daily basis. The percentage of daily consumers among men has fallen from 31% to 17% since 1992.

28% of the Swiss population smoke; 32% of men and 24% of women. The largest proportion of smokers among men are between 25 and 34 years (43%) and among women between 15 and 24 years (32%). While compared to 1992 the percentage of male smokers fell from 37% to 32% in 2012, this percentage remained stable among females.

Health care costs

In 2013, 10.9% of the GDP went on health (1990: 8.1%). Development of supply is a fundamental factor in this increase: e.g. expanded facilities, growing specialization and greater use of technology, greater comfort. The impact of the aging population and the escalation of social insurance benefits are not so significant.

Healthcare costs, in % of GDP

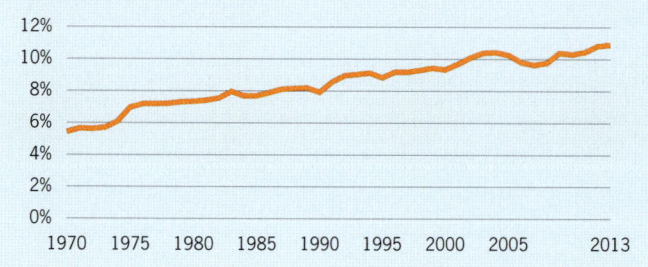

4 Education

Selected indicators

	2010	2011	2012	2013	2014
Share of public expenditures for education at federal, cantonal and municipal levels, in % of GDP	5.4	5.5	5.5	...	...
Education expectancy[1], in years					
Total	16.7	16.7	16.9	17.0	...
Pre-school	1.5	1.5	1.5	1.5	...
Compulsory education	9.4	9.4	9.5	9.4	...
Upper secondary education	3.6	3.6	3.7	3.7	...
Tertiary education	2.1	2.1	2.2	2.3	...
Completion rate for upper secondary education	91.3	91.5	94.7	...	...
Dropout rate[2]	7.6	7.3	6.4	6.3	6.3
Highest level of education attained, persons aged 25–64					
At least upper secondary education	85.8	85.6	86.3	87.2	88.0
Tertiary education	35.3	35.2	36.6	38.9	40.2

1 For a five-year-old child under current conditions
2 Share of persons aged 18–24, who have only completed lower secondary education and are not currently attending any training or continuing education courses, in %.

Sources: FSO – Student Statistics, Statistics on Completed Education and Diplomas, Statistics on Public Expenditures for Education

Students[1]

	2010/11	2011/12	2012/13	2013/14
Pre-primary (ISC 0)	148 573	149 660	158 241	165 633
Primary (ISC 1)	487 436	483 466	453 858	483 886
Lower secondary (ISC 2)	286 907	284 217	296 903	265 200
Upper secondary (ISC 3)	318 093	321 945	349 337	348 182
Post-secondary but non-tertiary (ISC 4)	17 122	18 817	13 511	9 658
Tertiary : Bachelor/Master or equivalent (ISC 5–7)[2]	236 743	247 561	256 903	231 678
Tertiary: Doctorate or equivalent (ISC 8)	20 953	22 012	22 716	23 237
Unclassifiable	12 730	13 202	...	...

1 Education levels according to ISCED. Till 2011/12: ISCED 1997 from 2012/13 ISCED 2011
2 Including short cycle tertiary

Source: FSO – Student Statistics

In Switzerland, the education system from the pre-school level (nursery school) to the tertiary level (higher education institutions and higher vocational education) is a task of the state whose primary responsibility lies with the 26 cantons. In the post-compulsory sector (grammar schools, vocational education and training and higher educational institutions), the Confederation and the cantons share joint responsibility for public education.

In 2013, the public sector invested CHF 35.4 billion in education. In international comparison, Switzerland's education expenditures in relation to GDP are slightly below the OECD average. Switzerland ranks significantly higher if one considers expenditure per student or vocational trainee.

In addition to public expenditure on education there is also private expenditure. In 2013, private enterprises invested CHF 2.8 billion in education.

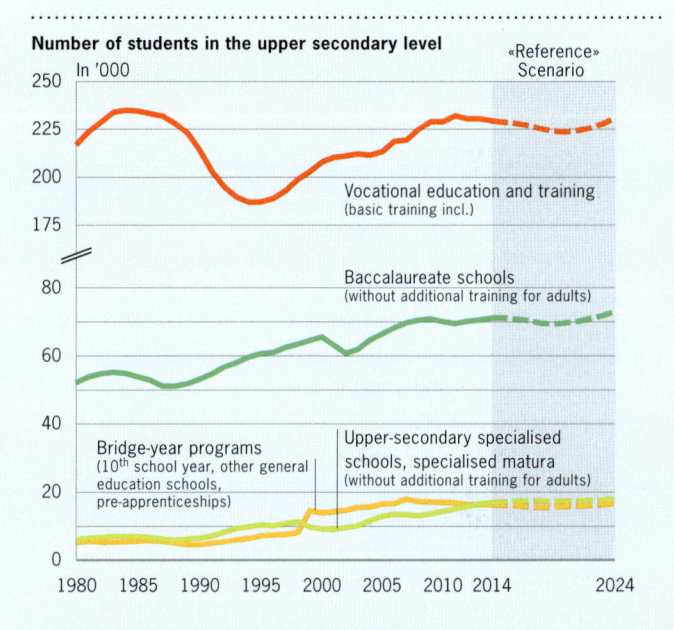

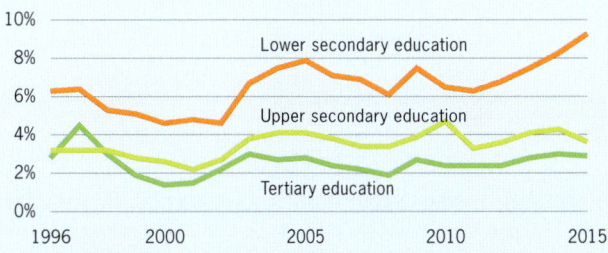

Number of students in the upper secondary level

Unemployment rate by level of education

5 Labour Market

Selected indicators

	2006	2007	2008	2009	2010	2011	2012	2013	2014	2015
Persons in employment, in '000[1]	4 306	4 419	4 533	4 572	4 592	4 707	4 755	4 816	4 903	4 977
Men	2 383	2 454	2 491	2 499	2 530	2 588	2 620	2 636	2 672	2 703
Women	1 923	1 965	2 042	2 073	2 062	2 119	2 136	2 180	2 231	2 273
Swiss nationals	3 212	3 273	3 335	3 330	3 340	3 392	3 398	3 418	3 436	3 482
Foreigners	1 094	1 146	1 198	1 242	1 252	1 315	1 357	1 398	1 467	1 494
Sector 1	151	157	161	152	153	172	173	171	172	157
Sector 2	1 017	1 049	1 059	1 048	1 068	1 086	1 072	1 067	1 083	1 094
Sector 3	3 137	3 213	3 313	3 372	3 371	3 448	3 510	3 578	3 648	3 726
Unemployed (ILO-based)[2] in '000[1]	169	157	148	183	190	162	170	193	208	200
Standardised activity rate[1,3]	67.4	67.6	68.2	68.2	67.7	67.9	67.8	68.0	68.5	68.6
Men	75.4	75.8	75.5	75.2	75.2	75.3	75.0	74.8	74.8	74.7
Women	59.8	59.9	61.3	61.6	60.6	60.7	60.8	61.5	62.4	62.7
Swiss nationals	65.8	66.1	66.6	66.4	66.0	66.0	65.7	66.0	66.3	66.5
Foreigners	73.5	73.6	74.4	74.9	74.2	74.4	75.0	74.9	75.8	75.4
Unemployment rate (ILO-based)[2], in %[1]	4.1	3.7	3.4	4.1	4.2	3.6	3.7	4.2	4.4	4.2

1 Data for the second quarter
2 ILO: International Labour Organisationn
3 Persons in employment in % of permanent resident population (age 15+)

Sources: FSO – Employment Statistics (ES), Swiss Labour Force Survey (SLFS), Swiss Wage Index (SWI)

Unemployment

Unemployment is closely linked to economic developments. After reaching a historic "high" in 1997 (5.2%), the unemployment rate fell back to 1.7% in 2001, only to start rising again until 2004 (3.9%). After several years of steady decrease (2008: 2.6%), it rose again to 3.7% in 2009. In 2015 it reached 3.2%. Different segments of the population are affected to varying degrees. Unemployment figures are comparatively high among unskilled workers, foreign aliens (who display on average a comparatively low level of qualification) and in French- and Italian-speaking Switzerland. In recent years, we have seen higher than average levels of unemployment among the 15–24 age group.

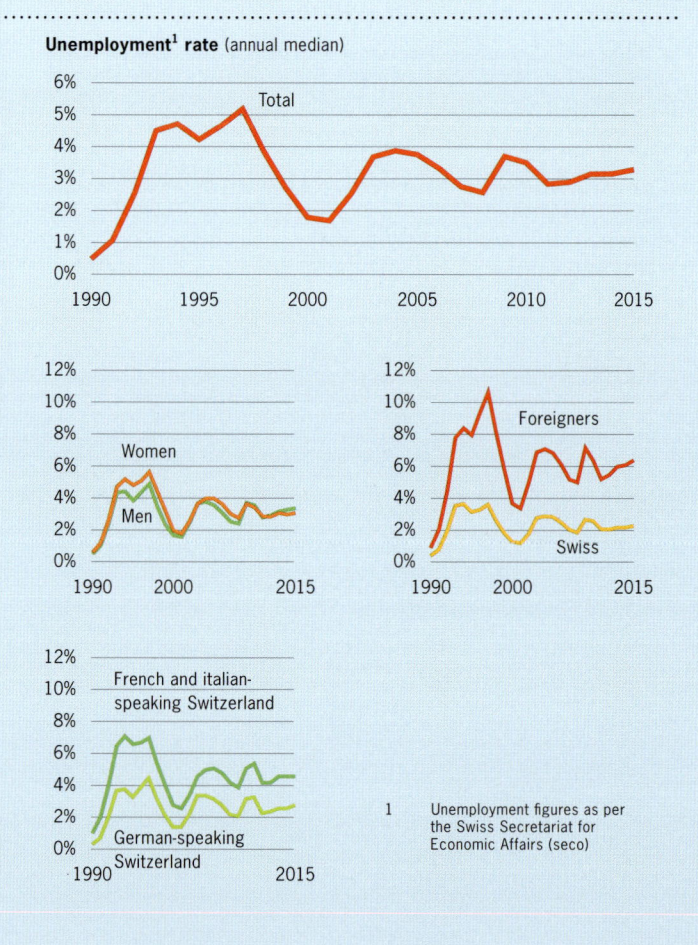

Unemployment[1] rate (annual median)

1 Unemployment figures as per the Swiss Secretariat for Economic Affairs (seco)

6 Living conditions and social protection

Living conditions

Private households according to type
2013, in thousand

	Number of households[1]	Confidence interval ± (in %)[2]
Total	3 532.6	0.2
One-person households	1 240.6	0.8
Couples without children	975.2	0.6
Couples with children	1 019.7	0.6
Lone parents with children	203.3	1.8
Multi-family households	23.6	5.6
Non-family households with several persons	70.3	3.4

1 The Structural Survey includes all the private households of the permanent resident population.
2 The Structural Survey is a sample survey. The confidence interval indicates the precision of the results.

Source: FSO – Structural Survey

Expenditure among private households
In % of consumer expenditure

	2009	2010	2011	2012	2013
Food and non-alcoholic beverages	7.0	6.8	6.8	6.3	6.4
Alcoholic beverages and tobacco	1.1	1.1	1.2	1.1	1.1
Restaurants and holiday accommodation	5.8	5.8	5.5	5.4	5.8
Clothing and footwear	2.4	2.5	2.5	2.3	2.2
Housing and energy	16.0	15.6	15.4	14.9	15.1
Furniture and fittings, daily expenses	3.0	3.0	2.7	2.8	2.7
Healthcare	2.9	2.9	2.7	2.7	2.6
Transport	7.7	7.9	8.0	8.0	7.8
Telecommunications	1.9	1.9	1.8	1.8	1.9
Entertainment, recreation and cultural pasttimes	6.7	6.6	6.4	6.4	6.0
Other goods and services	2.9	3.1	3.3	2.9	2.9

Source: FSO – Household Budget Survey (HBS)

Income distribution

In 2009 – 2011, the average gross income of private households in Switzerland was CHF 9565 per month. Employee income, pensions and social benefits made up the largest proportion of gross income. There were very considerable differences in income between the income groups. In 2009 – 2011, the average gross income of the quintile with the highest-income at CHF 16,277 was almost four times that of the lowest income quintile (CHF 4201).

Availability of selected consumer goods, 2013

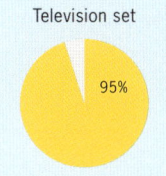

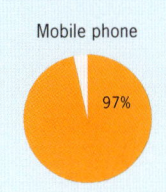

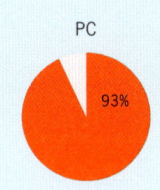

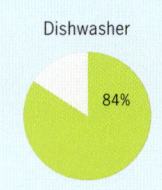

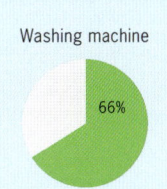

- Television set: 95%
- Mobile phone: 97%
- PC: 93%
- Dishwasher: 84%
- Washing machine: 66%
- Clothes' drier: 42%

Social protection

Social security: Total expenditure, benefits and revenues
Double counting eliminated from calculation

	1990	2000	2010	2012	2013p
At current prices, in CHF million					
Total expenditure	62 065	107 117	154 359	163 874	170 875
Social security benefits	55 137	96 613	139 923	148 080	153 567
Revenues	86 209	130 321	176 499	190 863	197 743
In relation to GDP, in %					
Total expenditure	17.4	23.3	25.5	26.2	26.9
Social security benefits	15.4	21.1	23.1	23.7	24.2
Revenues	24.1	28.4	29.1	30.6	31.1

Source: FSO – Total Social Security Accounts

Social security: Benefits according to intended purpose
In %

	2000	2010	2011	2012	2013p
Illness/healthcare	26.4	27.6	28.1	29.1	29.9
Disability	11.7	10.5	10.5	9.9	9.5
Old-age	43.0	43.0	43.7	43.2	42.8
Surviving dependants	5.8	5.3	5.3	5.2	5.1
Family / children	6.3	5.9	5.9	5.9	5.9
Unemployment	3.1	4.7	3.4	3.4	3.7
Housing	0.7	0.5	0.5	0.5	0.5
Social marginalisation	2.9	2.6	2.6	2.7	2.7

Source: FSO – Total Social Security Accounts

Social security: Expenditure according to type
Double counting eliminated from calculation, in % of total expenditure

	2000	2010	2011	2012	2013p
Social security benefits	90.2	90.6	90.8	90.4	89.9
Not means-tested	83.7	84.3	84.3	83.8	83.4
Cash benefits	60.9	59.8	59.4	58.6	57.9
Benefits in kind	22.7	24.5	24.8	25.2	25.5
Means-tested	6.5	6.3	6.6	6.6	6.5
Other expenditure	9.8	9.4	9.2	9.6	10.1
Implementation costs	5.1	5.7	5.9	5.9	5.8
Other expenditure [1]	4.7	3.6	3.3	3.7	4.3

[1] Mainly net payments from occupational pension plans for other types of insurance coverage

Source: FSO – Total Social Security Accounts

Social security: Revenues according to type
Double counting eliminated from calculation, in % of total revenues

	2010	2011	2012	2013p
National insurance contributions	65.5	64.7	64.6	66.4
of whom Employer-paid	30.5	29.8	29.8	31.8
State contributions	23.6	24.3	24.5	24.1
Confederation	10.5	11.1	10.9	10.7
Cantons and communes	13.1	13.2	13.7	13.4
Other revenues	10.9	10.9	10.9	9.5
Asset income	10.3	10.3	10.2	8.9
Other revenues	0.7	0.6	0.7	0.6

Source: FSO – Total Social Security Accounts

Marked increase in social benefits since 1950

Since the introduction of the federal old-age and survivors' pension scheme in 1948, revenues, benefits and expenditure for social security have risen enormously, both in absolute terms and in constant rates per inhabitant. This can be explained by both the gradual expansion of the welfare state and the fact that more people are forced to seek financial support from the state when the economy is not doing well. In the second half of the 20th century, the social expenditure to GDP ratio consequently rose from 6.5% in 1950 to 26.9% in 2013.

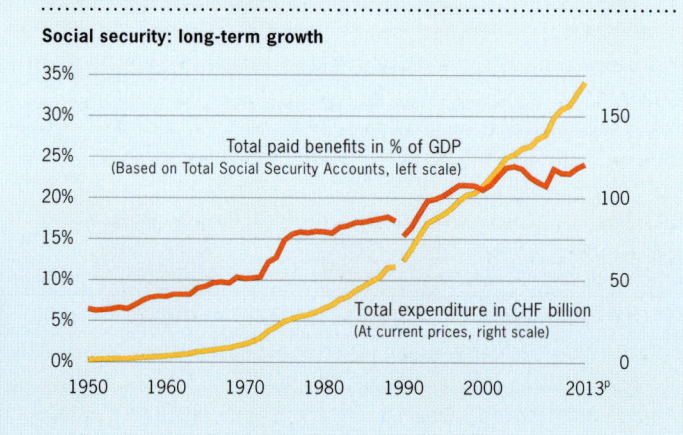

Social security: long-term growth

Total paid benefits in % of GDP (Based on Total Social Security Accounts, left scale)

Total expenditure in CHF billion (At current prices, right scale)

Standard of living, social situation and poverty

Income and living conditions in Europe, in 2013

	EU-28	Switzerland	Germany	Austria	France	Italy	Spain	Portugal	Greece	Norway
Percentage of people living in a household who ...										
cannot afford paying for one week holiday [1]	39.5	8.8	22.4	21.1	28.0	51.0	48.0	59.8	49.0	7.0
cannot face unexpected financial expenses [2]	39.8	19.3	32.9	23.2	33.9	40.4	42.1	43.2	47.1	11.2
cannot afford a full meal every second day [3]	10.5	1.6	8.4	8.3	7.4	14.2	3.5	3.3	13.8	2.5
cannot keep home adequately warm for financial reasons	10.8	0.4	5.3	2.7	6.8	19.1	8.0	27.9	29.5	0.9
has arrears	11.9	6.0	5.1	7.0	9.2	14.2	11.9	11.8	45.3	5.6
Percentage of people living in a household who do not own for financial reasons ...										
a telephone [4]	0.6	0.0	0.2	0.1	0.1	0.1	0.2	0.9	0.4	0.1
a washing machine [5]	1.2	0.1	0.5	0.4	0.6	0.2	0.3	1.5	1.3	0.3
a car	8.6	3.9	7.4	5.9	3.0	1.9	6.2	9.6	9.7	4.4
a colour television	0.3	0.3	0.3	0.6	0.2	0.2	0.1	0.3	0.3	0.4
Material deprivation rate (3 items and more)	19.6	3.7	11.6	9.9	12.3	24.0	16.9	25.5	37.3	4.8
Severe material deprivation rate (4 items and more)	9.6	0.7	5.4	4.2	5.1	12.4	6.2	10.9	20.3	1.9

1 Cannot afford paying for a one week annual holiday away from home
2 Cannot face unexpected financial expenses equal to 1/12 of the at-risk-of-poverty threshold (set at 60%) for a person living alone (CHF 2500, within one month in Switzerland)
3 Cannot afford a meal with meat, chicken, fish (or vegetarian equivalent) every second day
4 As the survey in Switzerland was carried out by telephone, the deprivation rate for this object is zero.
5 No washing machine in the dwelling for personal use or no access to a communal laundry room in the building.

Source: FSO – Statistics on Income and Living Conditions (SILC)

Material deprivation

Material deprivation is a more absolute measure of social exclusion than for example the risk of poverty which is calculated on the basis of a relative threshold. Material deprivation is the fact of not possessing durable consumer goods or the absence of the conditions of a minimal existence due to lack of financial resources (financial difficulties). Material deprivation is defined as the absence, for financial reasons, of at least three out of nine factors in the table above, severe material deprivation by the absence of four.

According to this definition, 0.7% of the population living in Switzerland suffered severe material deprivation in 2013. This affects 9.6% of people in the European Union. Switzerland is the least affected country just ahead of Sweden (1.4%) and Luxemburg (1.8%). The most disadvantaged countries included Bulgaria – where severe material deprivation affects 43.0% of the population – and Romania (28.5%).

Severe material deprivation rate in Europe, in 2013

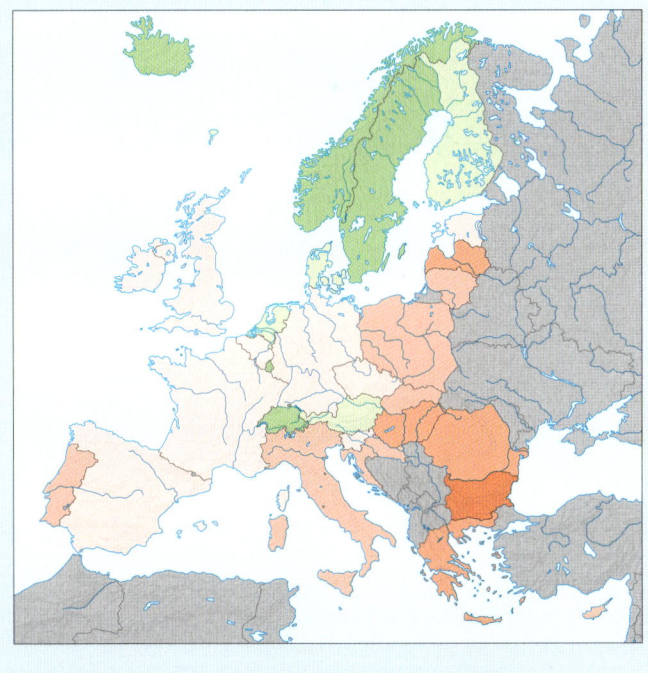

Severely materially deprived people, percentage of the resident population
- < 2.5
- 2.5 – 4.9
- 5.0 – 9.9
- 10.0 – 19.9
- 20.0 – 39.9
- ≥ 40.0
- Data not available

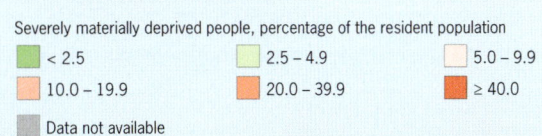

7 Industry, trade and services

Company[1] size 2013

Breakdown of size categories[2]

	0–9	10–49	50–249	≥250
Total	92.3			6.3
Sector 1	99.4			
Sector 2	82.5	14.1	2.9	
Sector 3	93.4			5.3

Jobs per size cateogory[2]

	0–9	10–49	50–249	≥250
Total	30.6	20.3	19.1	30.0
Sector 1	94.2			4.6
Sector 2	19.6	26.3	25.3	28.9
Sector 3	31.2	19.0	17.8	31.9

1 Only commercial companies
2 The size of the companies is measured according to its number of full time jobs (part-time employment is converted into full-time employment).

Secondary sector production and turnover
Indexed quarterly results, yearly average 2010 = 100

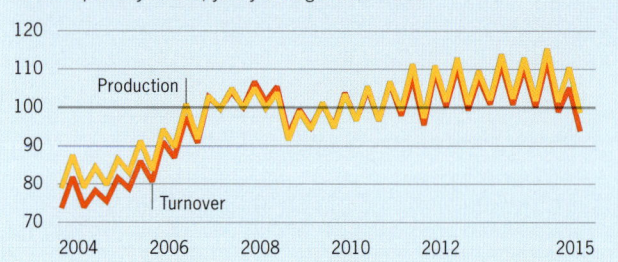

Tourism income
In CHF billion

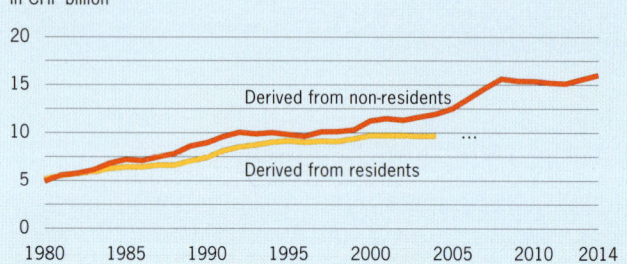

– Derived from non-residents
– Derived from residents

Trans-Alpine freight traffic[1] in millions of net tonnes

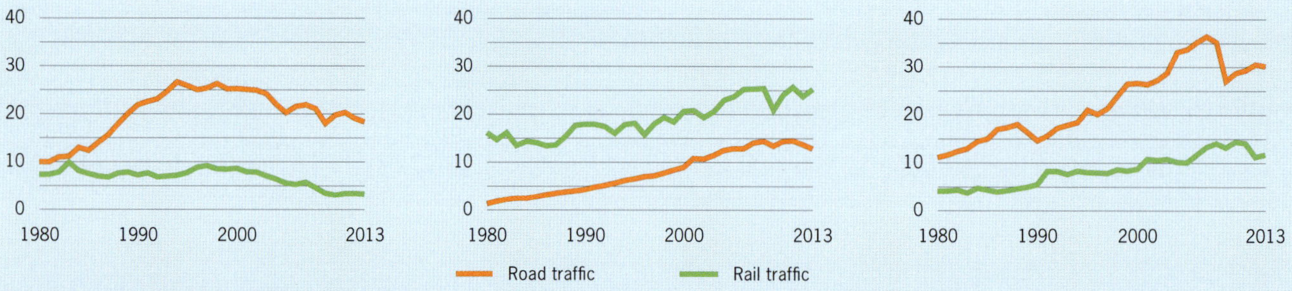

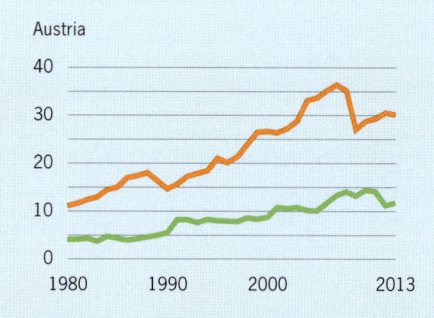

France — Switzerland — Austria

— Road traffic   — Rail traffic

1 Alpine route considered: From Mt Cenis/Fréjus to Brenner

Construction expenditure[1] Index 1980 = 100

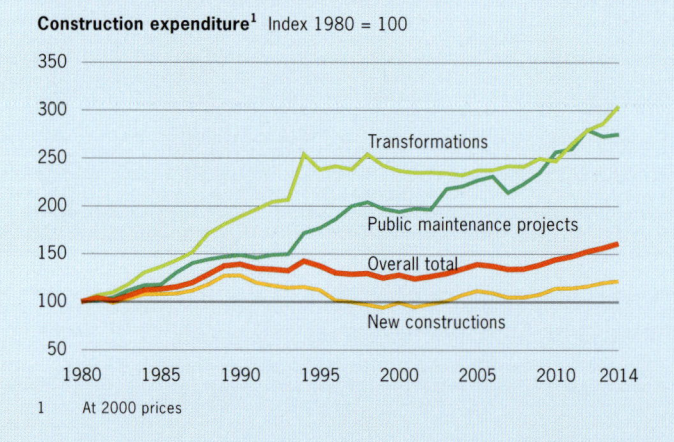

Transformations
Public maintenance projects
Overall total
New constructions

1 At 2000 prices

Final energy consumption by user category, in thousand TJ

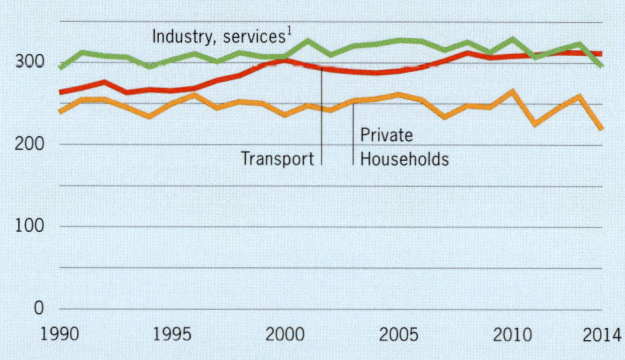

Industry, services[1]
Transport
Private Households

1 Incl. statistical difference and agriculture

FSO • STATISTICAL YEARBOOK 2016

Company structure

Companies[1] and jobs according to economic branch. 2013p

Branch of economic activity (NOGA 2008)	Companies	Jobs
Total	**563 178**	**4 303 320**
Sector 1	**55 302**	**159 923**
Sector 2	**89 986**	**1 098 391**
of wich:		
Mining and quarrying	284	4 703
Manufacture of food and tobacco products	3 767	93 364
Manufacture of textiles and apparel	2 847	16 153
Manufacture of wood and paper products, and printing	10 166	73 451
Manufacture of pharmaceutical products	258	42 720
Manufacture of metal products	8 091	101 300
Manuf. of computer, elec., optical prod.; watches, clocks	2 203	113 352
Manufacture of electrical equipment	866	36 983
Electricity, gas, steam and air-conditioning supply	728	30 049
Construction of buildings and Civil engineering	8 236	110 328
Sector 3	**417 890**	**3 045 006**
of wich:		
Wholesale trade	24 328	234 636
Retail trade	37 109	351 986
Accommodation	5 612	76 995
Food and beverage service activities	23 190	161 369
IT and other information services	16 066	92 292
Financial service activities	5 598	137 089
Architectural and engineering activities	24 032	118 328
Administrative and support service activities	19 746	174 933
Human health activities	51 636	358 591

1 Only commercial companies

Source: FSO – Statistics on enterprise structure (SES)

Ongoing structural change with SMEs continuing to predominate

The structure of branches in the Swiss economy has changed steadily since 1995. The most striking examples relate to the economic branches within the secondary sector such as construction, textile, leatherworks, paper, cardboard, printing and publishing and engine building where companies have had to lay off workers. In contrast, economic branches within the tertiary sector such as business services, IT services, R&D, healthcare and social services have grown sharply.

In 2013, some 563,000 private enterprises were counted in Switzerland. More than 417,000 enterprises are active in the service sector. Over 89,000 enterprises are active in the industrial sector and roughly 55,000 in the primary sector. More than 99% of all enterprises in Switzerland are small and medium-sized enterprises, i.e. enterprises with fewer than 250 employees (calculated as full-time equivalents); more than 92% are micro-enterprises, i.e. with fewer than 10 employees. The distribution of enterprises by enterprise size changed only slightly between 2005 and 2012. At 8 employees, the average enterprise size remained almost stable between 2005 and 2013.

New companies. 2013

Branch of economic activity (NOGA 2008)	Total new companies	Created jobs	Created jobs (full-time)	Created Jobs (part-time)
Total	**12 440**	**22 281**	**13 829**	**8 452**
Sector 2	**2 156**	**4 712**	**3 611**	**1 101**
Industry and Energy	663	1 188	825	363
Construction	1 493	3 524	2 786	738
Sector 3	**10 284**	**17 569**	**10 218**	**7 351**
Trade and repair sector	2 281	3 691	2 123	1 568
Transport and warehousing	342	581	376	205
Accommodation, food and beverage service activities	273	786	381	405
Information and communication	951	1 668	1 120	548
Banking and insurance	659	1 200	855	345
Real estate activities and services	1 212	2 097	1 102	995
Professional and scientific activities	3 200	4 877	3 044	1 833
Education	238	342	140	202
Health and social services	500	1 267	559	708
Arts and recreation	237	428	203	225
Other service activities	391	632	315	317

Source: FSO – Swiss Business Demographics (BDEMO)

Industry, construction and trade

Annual indices secondary sector. Annual average 2010=100

	2012	2013	2014
Production sector 2 (economic activities)	**105.6**	**106.6**	**108.1**
B-E Industry	106.3	107.1	108.6
B Mining and quarrying	96.5	97.7	95.5
C Manufacturing	106.5	107.0	109.2
D Electricity supply	104.2	107.6	103.0
E Water supply, waste management	...	...	...
F Construction	102.1	103.6	105.3
Turnover sector 2 (economic activities)	**103.7**	**104.7**	**105.8**
B-E Industry	103.5	104.3	105.2
B Mining and quarrying	96.4	97.4	94.6
C Manufacturing	102.8	103.4	104.8
D Electricity supply	108.1	110.6	107.0
E Water supply, waste management	...	...	...
F Construction	104.7	107.0	108.9

Remarks: Working day adjusted

Sources: FSO – Industry Production, Orders and Turnover Statistics (INDPAU), Construction Industry Production, Orders and Turnover Statistics (BAPAU)

Turnover in retail sector
Average % change compared to previous year

	2012	2013	2014
Nominal turnover in retail sector			
Total	**1.0**	**0.4**	**0.1**
Total excluding fuel	**0.7**	**0.3**	**0.4**
Food, beverages and tobacco	1.7	2.3	1.8
Clothing, footwear	–2.3	–2.0	–1.1
Remaining classes of goods (excluding fuel)	0.5	–0.3	0.0
Automotive fuel	6.9	1.9	–5.7
Real turnover in retail sector			
Total	**3.4**	**1.6**	**1.0**
Total excluding fuel	**3.2**	**1.3**	**1.0**
Food, beverages and tobacco	2.4	1.1	0.9
Clothing, footwear	4.0	1.9	0.2
Remaining classes of goods (excluding fuel)	3.6	2.0	1.8
Automotive fuel	2.5	4.2	–2.6

Source: FSO – Retail Sales Statistics

Construction expenditures. In CHF million, at year 2000 prices [1]

	2012	2013
Total	**52 096**	**53 416**
Government-funded projects [2]	**17 031**	**17 233**
Civil engineering	10 280	10 309
of which roads	4 698	4 432
Building construction	6 750	6 924
of which residential buildings [3]	533	569
Privately-funded projects [4]	**35 065**	**36 183**
Infrastructure [5]	3 566	3 794
Housing	24 124	24 842
Agriculture and forestry	539	596
Industry, small business, services	6 836	6 950

1 Construction deflators based on FSO National Accounts
2 Construction expenditure of the Confederation, the cantons, the municipalities and corresponding public enterprises, including public maintenance work
3 Without public maintenance work
4 Without private maintenance work
5 Infrastructure: provision, disposal, road transport, other transport and communication; education, research; health; leisure, culture; other infrastructure

Source: FSO – Annual Construction and Housing Statistics

Financial markets

Assets and liabilities of Swiss banks

Year end	2012	2013	2014
In CHF million			
Assets			
Domestic	1 492 590	1 566 708	1 612 981
Foreign	1 285 694	1 282 449	1 428 738
Liabilities			
Domestic	1 363 792	1 521 855	1 578 365
Foreign	1 414 492	1 327 302	1 463 354
Balance sheet total	**2 778 284**	**2 849 157**	**3 041 719**
As % of balance sheet total			
Assets			
Domestic	53.7	55.0	53.0
Foreign	46.3	45.0	47.0
Liabilities			
Domestic	49.1	53.4	51.9
Foreign	50.9	46.6	48.1

Source: Swiss National Bank (SNB)

Yield on Confederation bonds and mean interest rates. In %

Year end	2012	2013	2014
Confederation bonds	0.56	1.25	0.38
Domestic liabilities in the form of savings and deposits, denominated in CHF	0.53	0.43	0.37
Medium-term transferable coupon-bearing bonds and cash vouchers	1.68	1.52	1.37
Mortgage accounts payable	2.18	2.02	1.89

Source: Swiss National Bank (SNB)

No. of bank employees[1]

Year end	2012	2013	2014
All banks	128 904	127 133	125 289
in Switzerland	105 156	105 763	104 053
Abroad	23 748	21 370	21 237
Major banks	58 431	54 771	53 410
in Switzerland	39 275	37 320	36 083
Abroad	19 156	17 451	17 326

1 Full-time equivalents

Source: Swiss National Bank (SNB)

Insurance companies' revenue from premiums
In Switzerland and abroad, in CHF million

Insurance branch	2012	2013	2014
Total	**115 854**	**119 716**	**122 374**
Life insurance	33 413	35 063	34 831
Accident and indemnity	48 743	49 644	49 422
Reinsurance	33 698	35 009	38 120

Source: Federal Office of Private Insurance (FOPI)

Compensation paid out by insurance companies
In Switzerland and abroad, in CHF million

Type of insurance	2012	2013	2014
Total	**76 901**	**82 106**	**81 936**
Life insurance	27 395	29 532	29 546
Accident and indemnity insurance	30 621	30 558	30 745
Reinsurance	18 885	22 016	21 644

Source: Federal Office of Private Insurance (FOPI)

No. of people working for insurance companies
In Switzerland only, year end

	2012	2013	2014
Total	**38 309**	**38 622**	**37 412**
Life insurance	4 866	6 163	6 049
Indemnity insurance	28 826	27 543	26 182
Reinsurance	4 617	4 916	5 181

Source: Federal Office of Private Insurance (FOPI)

Tourism

Selected tourism indicators

	2012	2013	2014
Supply (beds) [1]			
Hotels and health establishments	271 168	271 298	272 636
Demand: arrivals in '000			
Hotels and health establishments	16 298	16 831	17 162
Campsites	917	891	836
Youth hostels	459	480	485
Demand: overnight stays in '000			
Hotels and health establishments	34 766	35 624	35 934
of which foreign guests	19 076	19 735	19 907
Campsites	2 964	2 864	2 673
of which foreign guests	1 202	1 165	1 046
Youth hostels	917	947	951
of which foreign guests	380	399	403
Length of stay average number of nights			
Hotels and health establishments	2.1	2.1	2.1
Campsites	3.2	3.2	3.2
Youth hostels	2.0	2.0	2.0
Gross occupancy rate: hotels and health establishments			
expressed as a % of available beds	35.0	36.0	36.1
Tourism account CHF millions			
Receipts from foreign visitors to Switzerland	15 099.7 r	15 552.2 r	15 976.4 p
Expenditure by Swiss nationals abroad	14 256.4	14 970.0 r	15 681.0 p
Balance	843.3 r	582.2 r	295.4 p

1 Beds available: total beds in registered establishments
Source: FSO – Accommodation Statistics

Main countries of origin of foreign guests [1] **2014**

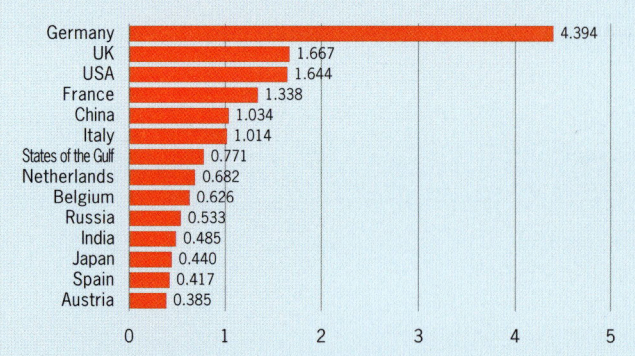

Country	Overnight stays (millions)
Germany	4.394
UK	1.667
USA	1.644
France	1.338
China	1.034
Italy	1.014
States of the Gulf	0.771
Netherlands	0.682
Belgium	0.626
Russia	0.533
India	0.485
Japan	0.440
Spain	0.417
Austria	0.385

1 Overnight stays in millions, excl. supplementary accomodation

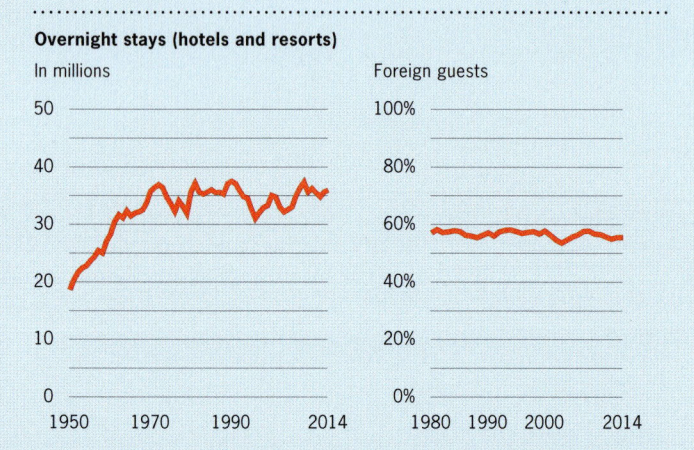

Overnight stays (hotels and resorts)

In millions (1950–2014)

Foreign guests (1980–2014)

8 Agriculture, forestry and fisheries

Key agricultural figures

	2000	2005	2010	2014
Agricultural holdings				
Number of agricultural holdings, in '000	70.5	63.6	59.1	54.0
Agricultural area, in '000 ha	1 072	1 065	1 052	1 051
Agricultural area per holding, in ha	15.2	16.7	17.8	19.5
Holdings with agricultural area <5 ha, in %	19.5	16.7	17.0	15.6
Holdings with agricultural area ≥50 ha, in %	1.7	2.5	3.3	4.5
Cattle-raising				
Agricultural holdings with cows				
Number of holdings, in '000	48	42	38	34
Number of cows, in '000	714	699	700	705
Agricultural holdings with pigs				
Number of holdings, in '000	15	12	9	7
Number of pigs, in '000	1 498	1 609	1 589	1 498
Land use				
Area under arable, in '000 ha	408	405	404	399
% of total agricultural area	38	38	38	38
Area under cereals, in '000 ha	183	168	152	143
% of total agricultural area	17	16	14	14
Area under grass, in '000 ha	629	625	612	613
% of total agricultural area	59	59	58	58
Labour force				
Total labour force per agricultural holding	2.9	2.8	2.8	2.9
Price indexes				
Producer Price Index – Agriculture (December 2010 = 100)	114.0	104.6	100.7	106.5
Purchase Price Index – Agriculture (December 2010 = 100)	92.3	95.2	100.0	100.0
Economic Accounts for Agriculture (at current prices)				
Total value of output at basic prices (in CHF million)	11 077	10 108	10 047	10 678 p

Source: FSO

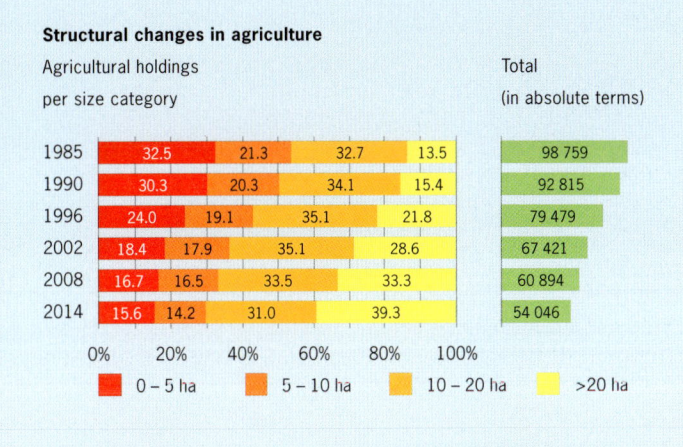

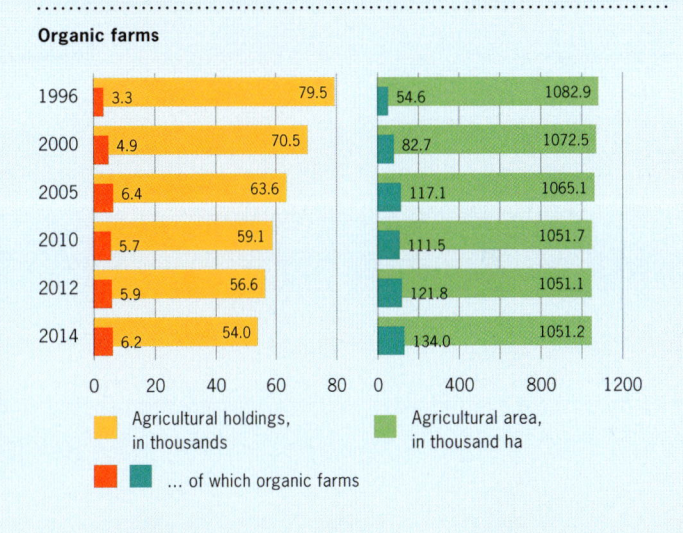

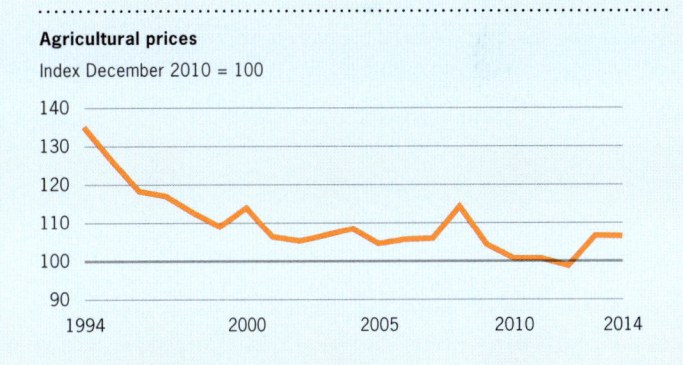

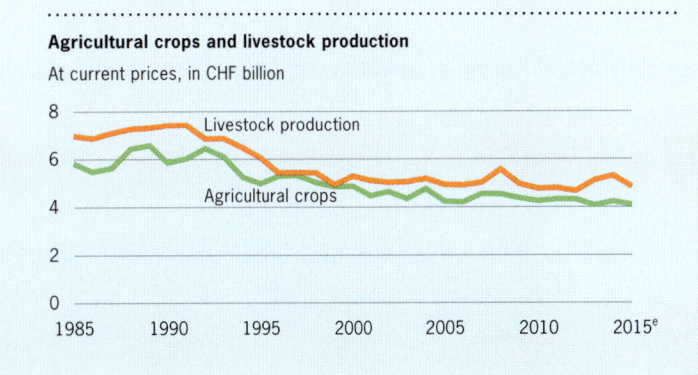

Structural changes in agriculture

Agricultural holdings per size category / Total (in absolute terms)

Year	0–5 ha	5–10 ha	10–20 ha	>20 ha	Total
1985	32.5	21.3	32.7	13.5	98 759
1990	30.3	20.3	34.1	15.4	92 815
1996	24.0	19.1	35.1	21.8	79 479
2002	18.4	17.9	35.1	28.6	67 421
2008	16.7	16.5	33.5	33.3	60 894
2014	15.6	14.2	31.0	39.3	54 046

Organic farms

Year	Agricultural holdings, in thousands	... of which organic farms	Agricultural area, in thousand ha	... of which organic farms
1996	79.5	3.3	1082.9	54.6
2000	70.5	4.9	1072.5	82.7
2005	63.6	6.4	1065.1	117.1
2010	59.1	5.7	1051.7	111.5
2012	56.6	5.9	1051.1	121.8
2014	54.0	6.2	1051.2	134.0

Agricultural prices

Index December 2010 = 100

Agricultural crops and livestock production

At current prices, in CHF billion

Key forestry figures

	2011	2012	2013	2014
Forest area in hectares	1 257 294	1 258 658	1 258 210	1 260 398
Operations in m³	5 075 084	4 658 379	4 778 328	4 913 214
Type of wood in %				
Softwood	67.0	65.9	64.8	64.7
Hardwood	32.7	33.8	35.2	35.3
Agglomerated wood in %				
Trunk wood	55.7	53.0	51.7	52.5
Pulpwood	10.5	10.8	10.2	10.7
Firewood	33.5	35.9	37.9	36.6
Other	0.3	0.3	0.2	0.3

Source: FSO – Forestry Statistics

Timber industry
Variations in domestic use, in millions m³

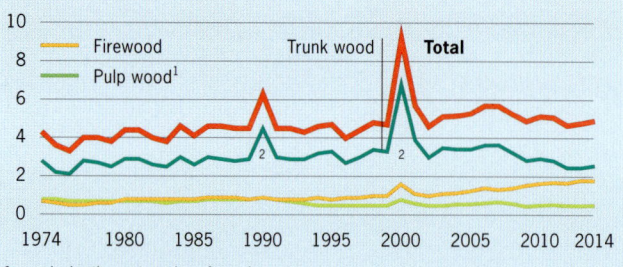

1 Incl. other categories of wood
2 Storms: Vivian (25.–27.2.1990), Lothar (26.12.1999)

Professional fishing. Yield in kg

	Area in km²	2007	2008	2009	2010	2011	2012
Total	**1 232.3**	**1 376 878**	**1 606 554**	**1 684 697**	**1 651 243**	**1 642 150**	**1 571 563**
Lake Geneva[1]	345.4	210 482	291 028	346 939	346 200	472 378	434 124
Lake Neuchâtel	215.0	265 526	289 483	287 463	296 841	256 865	351 558
Lake Constance[2]	172.6	213 682	288 629	294 977	262 152	251 043	269 291
Lake Lucerne	113.7	119 422	118 057	121 362	111 969	112 818	114 810
Lake Zurich[3]	88.1	208 050	254 892	278 817	279 218	198 791	155 436
Lake Thun	47.7	35 922	40 427	29 405	27 402	28 947	33 736
Lake Maggiore[1]	40.8	43 734	45 674	39 631	43 619	42 713	35 456
Lake Biel	39.4	108 398	107 594	140 128	132 626	102 559	70 354
Lake Zug	38.4	34 349	31 714	34 771	35 600	38 945	35 715
Other[4]	131.2	137 313	139 056	111 204	115 616	137 091	71 083

1 Lake area fished from Switzerland
2 Including Untersee
3 Including Obersee
4 Lake Lugano, Lake Brienz, Lake Walen, Lake Murten, Lake Hallwil and Lake Sempach

Sources: Federal Office for the Environment (FOEN); lake area: GG25 © 2009 Federal Office of Topography swisstopo

9 International trade

Imports and exports according to economic areas and type of goods. In CHF million

	Imports				Exports			
	1990	2000	2010	2014	1990	2000	2010	2014
Total	96 610.9	139 402.2	183 436.2	252 505.0	88 256.9	136 014.9	203 483.8	285 179.0
Economic area								
Europe	77 575.2	110 918.5	144 544.1	174 077.0	60 811.9	86 838.8	126 096.1	137 948.0
EU-28	76 098.5	106 158.0	142 175.8	166 786.0	57 906.8	83 925.2	119 556.0	128 449.0
EFTA	645.1	364.8	354.6	382.0	490.7	553.6	770.5	1 007.0
Other areas of Europe	831.6	4 395.7	2 013.7	6 909.0	2 414.4	2 360.0	5 769.6	8 492.0
Africa	1 684.1	2 356.1	2 213.5	9 746.0	1 842.4	2 081.2	3 432.2	3 967.0
Asia	8 964.8	12 467.2	23 113.7	36 474.0	14 839.7	22 748.6	41 956.3	101 131.0
of which:								
China (People's Republic)	418.7	2 300.5	6 085.6	12 172.0	415.0	1 402.7	7 467.0	16 859.0
Hong Kong	902.1	894.7	1 636.4	2 836.0	2 264.7	3 841.5	6 534.9	22 157.0
Japan	4 246.0	3 925.5	3 680.9	3 660.0	4 206.3	5 767.2	6 734.6	6 394.0
America	8 234.8	13 355.9	13 151.5	31 555.0	9 889.2	23 123.7	29 561.6	39 349.0
of which:								
Canada	304.1	578.9	945.8	1 478.0	709.3	1 251.0	2 891.2	3 428.0
United States of America	5 920.6	10 288.4	9 827.8	19 597.0	6 977.4	17 426.6	20 558.1	28 834.0
Australasia	152.0	304.5	413.4	653.0	873.8	1 222.6	2 437.5	2 784.0
Type of goods								
Agricultural and forestry products	8 094.5	9 924.9	13 398.0	14 062.2	2 997.7	4 428.0	8 498.0	9 414.8
Textiles, clothing, footwear	8 806.1	8 905.2	8 956.3	9 247.0	4 984.3	3 890.8	3 386.1	3 172.6
Chemicals	10 624.5	21 898.5	37 786.7	42 945.4	18 421.7	35 891.7	75 909.4	85 322.7
Metals	9 025.3	10 735.1	14 378.7	14 395.3	7 536.7	10 891.9	12 738.5	12 480.6
Machines, electronic products	19 793.5	31 583.2	31 437.7	30 347.2	25 527.2	37 136.9	36 435.0	33 341.3
Motor vehicles	10 230.4	14 903.2	16 581.1	16 151.2	1 485.3	3 054.0	4 013.3	5 681.5
Technical instruments, watches	5 785.9	8 030.6	18 619.9	20 071.7	13 329.6	20 516.2	36 971.2	47 076.0

Source: Federal Customs Administration

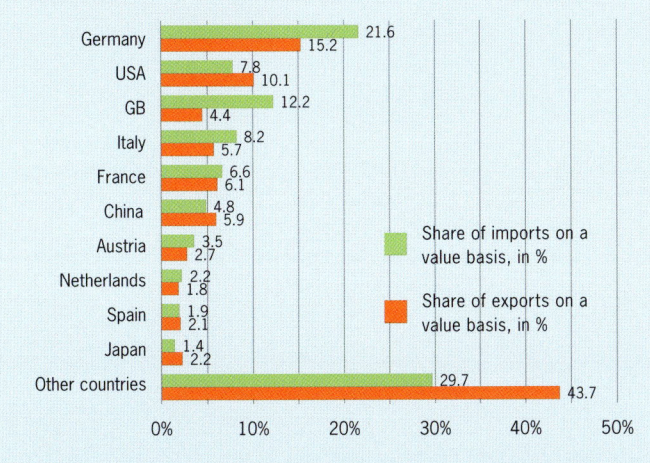

Key trading partners 2014

Country	Share of imports on a value basis, in %	Share of exports on a value basis, in %
Germany	21.6	15.2
USA	7.8	10.1
GB	4.4	12.2
Italy	8.2	5.7
France	6.6	6.1
China	4.8	5.9
Austria	3.5	2.7
Netherlands	2.2	1.8
Spain	1.9	2.1
Japan	1.4	2.2
Other countries	29.7	43.7

Swiss foreign trade in 2014: Main goods

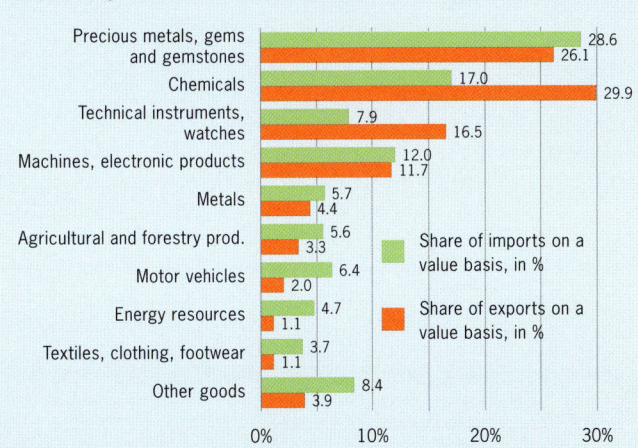

Goods	Share of imports on a value basis, in %	Share of exports on a value basis, in %
Precious metals, gems and gemstones	28.6	26.1
Chemicals	17.0	29.9
Technical instruments, watches	7.9	16.5
Machines, electronic products	12.0	11.7
Metals	5.7	4.4
Agricultural and forestry prod.	5.6	3.3
Motor vehicles	6.4	2.0
Energy resources	4.7	1.1
Textiles, clothing, footwear	3.7	1.1
Other goods	8.4	3.9

Switzerland is among those countries with the highest share of foreign trade in the gross domestic product. Switzerland's main trade partners are the industrialised countries, with whom 60% of exports and 76% of imports were transacted in 2014. The EU is of particular importance (45% of exports, 66% of imports).

10 Transport

Selected criteria

	1990	2000	2010	2014
Length of network, in km				
Rail	5 049	5 032	5 124	…
Road [1,2]	70 970	71 132	71 452	71 553
of which motorways	1 495	1 638	1 790	1 823
No. of vehicles [3]				
Private motor vehicles	2 985 397	3 545 247	4 075 825	4 384 490
Motorcycles	299 264	493 781	651 202	699 219
Commercial vehicles	252 136	278 518	335 200	382 281
of which delivery vehicles	196 845	227 316	283 458	329 206
Transport [4]				
Passenger transport, rail [5]	12 678	12 620	19 177	20 010
Passenger transport, road [6]	77 759	79 142	88 702	94 985
Freight traffic, rail [5]	9 045	11 080	11 074	12 313p
Freight traffic, road	11 524	13 609r	16 906r	17 541
Transport accidents				
Road accidents involving injury to persons	23 834	23 737	19 609	17 803
Deaths	954	592	327	243
Injured persons	29 243	30 058	24 237	21 521
serious injuries	11 182	6 191	4 458	4 043
minor injuries	18 061	23 867	19 779	17 478

1 Breakdown into cantonal and secondary roads taken into account (year: 2010)
2 Secondary roads: as at 1984
3 Road
4 In million passenger-km or million tonne-km.
5 Railways only
6 Private transport

Sources: FSO; Federal Office of Transport (FOT)

Passenger transport
Use of transport 2010, annual travel in % [1]

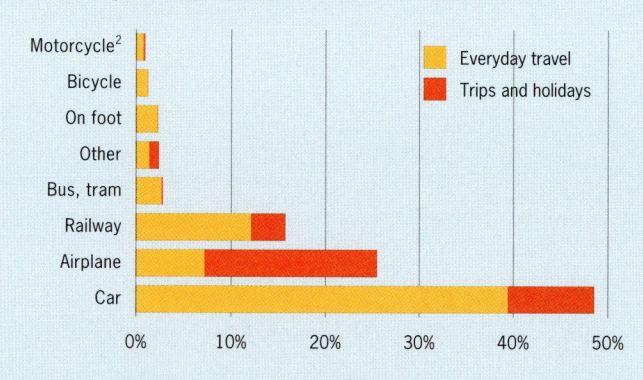

Purpose of travel 2010, annual travel in % [1]

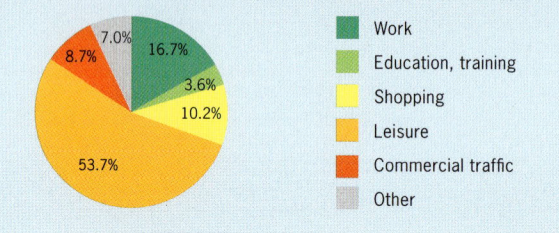

- Work 16.7%
- Education, training 3.6%
- Shopping 10.2%
- Leisure 53.7%
- Commercial traffic 8.7%
- Other 7.0%

1 Percentages based on the annual distances travelled in Switzerland and abroad by people from the age of 6
2 Includes small motorcycles and mopeds

Trans-Alpine freight traffic. 2013 [1], in million net tonnes

	Rail			Road		
	Total	Transit	Variation [2] %	Total	Transit	Variation [2] %
		%			%	
Total	40.1	83.8	14.2	61.2	60.1	2.2
France	3.2	*	–61.9	18.3	14.2	–27.1
Switzerland	25.2	86.9	37.0	12.8	60.9	52.4
of which via the Gotthard Pass	15.0	81.3	0.7	9.3	66.7	32.9
Austria	11.7	100.0	41.0	30.1	87.7	14.0

1 Rail: Alpine arc Mt Cenis–Brenner; road: Alpine arc Fréjus–Brenner
2 Variation (total) compared to 1999

Source: Federal Office of Transport (FOT)

11 Environment

Selected environmental indicators[1]

	2000	2010	2011	2012	2013	2014
Population density in urban areas (inhabitants per km²)	578	636	643	650	659	667
Population density in rural areas (inhabitants per km²)	63	67	68	69	69	70
Water consumption per inhabitant per day (in litres)	405	325	325	316	309	300
Consumption of fossil fuels (in gigajoules per inhabitant)	83.4	77.2	70.1	72.2	73.1	65.4
Nitrogen balance[2] on farmlands (in kg N/ha farmland)	62	65	61	58	61	....
Share of organic farmland in total farmland (in %)	7.7	10.6	11.0	11.6	12.2	12.7
Total emissions of greenhouse gases in CO_2 equivalents (in millions of tonnes)	52.3	54.3	50.3	51.7	52.6	....
Particulate matter (PM10) concentration yearly average in city centres (in µg/m³)[3]	28.7	23.5	24.1	21.3	23.7	17.5
NO_2 concentration, yearly average in city centres (in µg/m³)[4]	47.3	42.2	42.4	41.4	42.7	40.1
Share of renewable energy in final energy consumption (in %)	16.9	19.6	19.1	21.0	21.1	21.4
Municipal waste excl. recycled waste (in kg/inhabitant)	361	349	344	347	344	339
Share of separately collected waste[5] in total waste (in %)	45	50	50	50	51	54
Public expenditure for environmental protection (in CHF million)	3 405	4 035	4 129	4 279	4 431	....

1 Some data revised
2 Basis for calculations: Input (fertilizer, manure, other nitrogen input) – Output (cereals, plants, roughage, pasture forage) by method OECD
3 Threshold value = 20 µg/m³
4 Threshold value = 30 µg/m³
5 Paper, cardboard, plant waste, glass, tinplate, aluminium, polyethylene terephthalate (PET), batteries

Sources: FSO; Swiss Federal Office for the Environment (FOEN); Swiss Federal Office of Energy (SFOE)

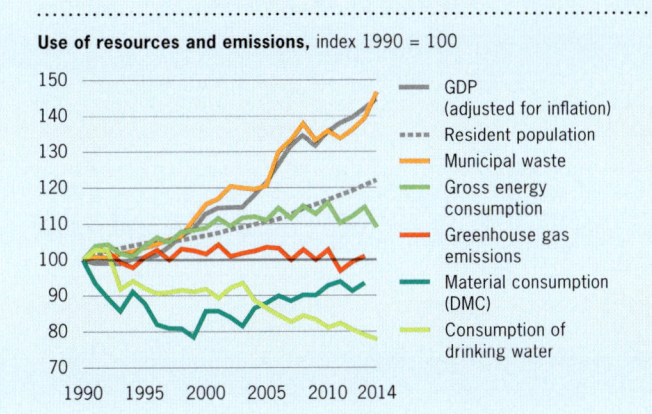

Use of resources and emissions, index 1990 = 100

A growing population and economy are usually accompanied by a rise in the consumption of natural resources and an increase in emissions – unless behaviours change or technological advances lead to improved efficiency. Energy and land consumption, for example, tend to grow at roughly the same rate as the population in the same way that the volume of municipal waste keeps step with GDP. Greenhouse gas emissions, on the other hand, have remained more or less constant since 1990. Water consumption and material consumption have even decreased despite the needs of a growing population and economy.

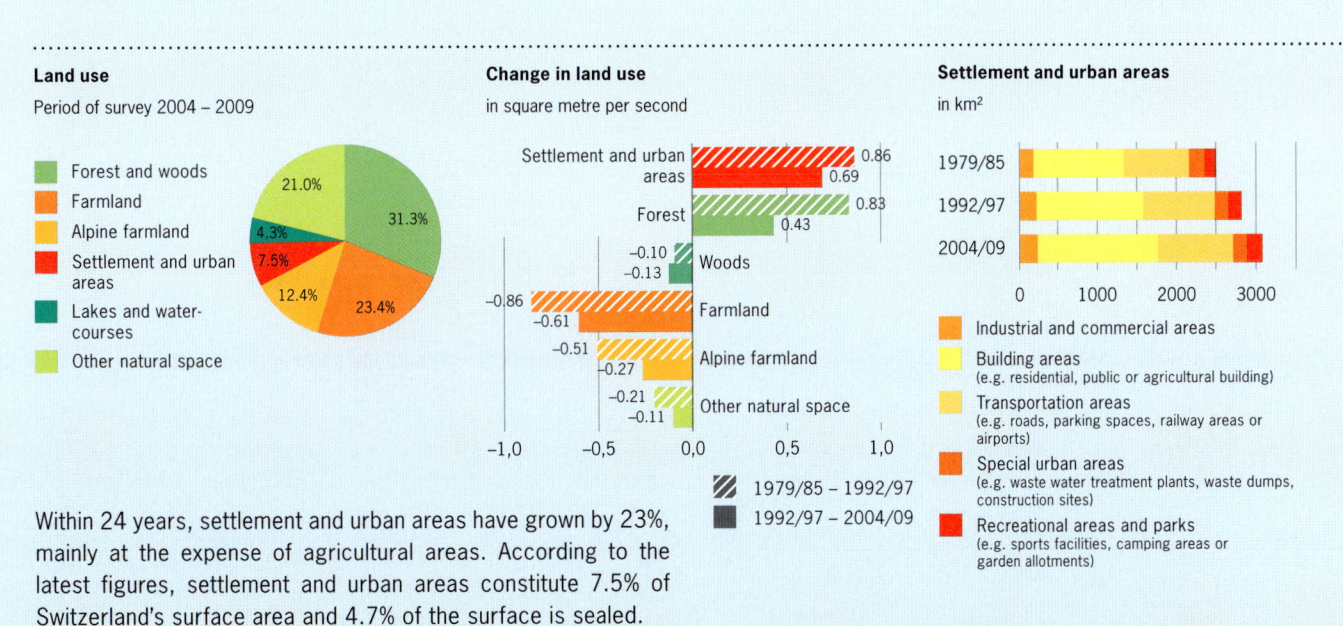

Land use
Period of survey 2004 – 2009

- Forest and woods: 31.3%
- Farmland: 23.4%
- Alpine farmland: 12.4%
- Settlement and urban areas: 7.5%
- Lakes and watercourses: 4.3%
- Other natural space: 21.0%

Change in land use
in square metre per second

	1979/85 – 1992/97	1992/97 – 2004/09
Settlement and urban areas	0.86	0.69
Forest	0.83	0.43
Woods	–0.10	–0.13
Farmland	–0.86	–0.61
Alpine farmland	–0.51	–0.27
Other natural space	–0.21	–0.11

Settlement and urban areas
in km²

- 1979/85
- 1992/97
- 2004/09

Legend:
- Industrial and commercial areas
- Building areas (e.g. residential, public or agricultural building)
- Transportation areas (e.g. roads, parking spaces, railway areas or airports)
- Special urban areas (e.g. waste water treatment plants, waste dumps, construction sites)
- Recreational areas and parks (e.g. sports facilities, camping areas or garden allotments)

Within 24 years, settlement and urban areas have grown by 23%, mainly at the expense of agricultural areas. According to the latest figures, settlement and urban areas constitute 7.5% of Switzerland's surface area and 4.7% of the surface is sealed.

Temperature fluctuations
Deviations from long-term mean value 1961–1990, in °C

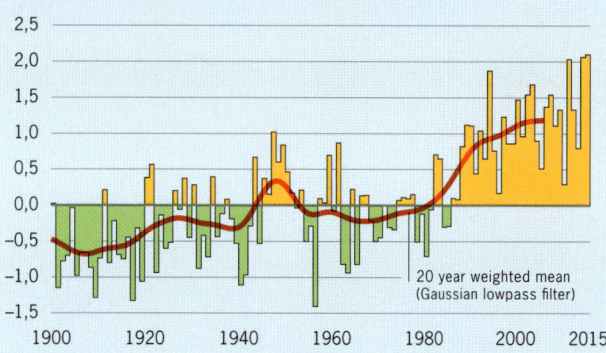

The air temperature varies from year to year and is characterised by colder and warmer periods. 10 out of 11 of the warmest years in Switzerland since records began in 1864 have been in the 21st century and 2015 was the warmest year so far.

Endangered animals and plants (red lists)
Status 1994–2014, depending on the species group

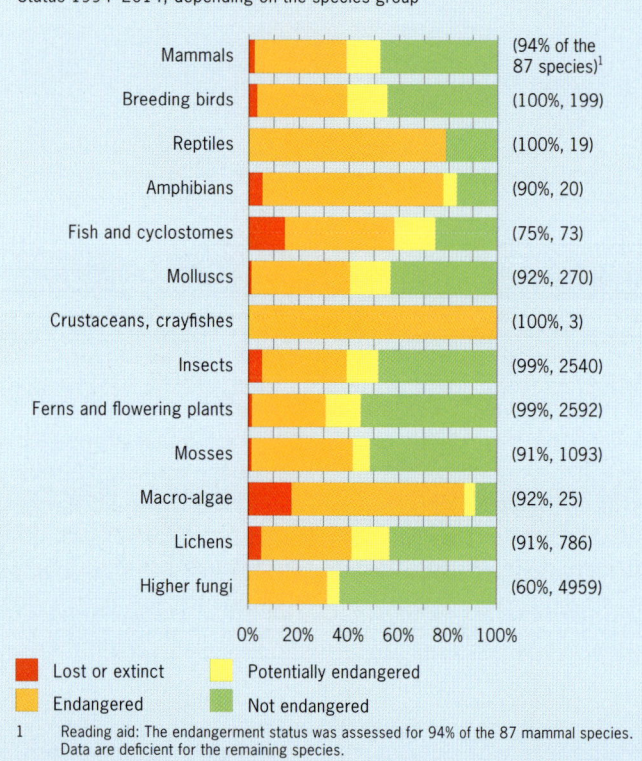

Species group	Coverage
Mammals	(94% of the 87 species)[1]
Breeding birds	(100%, 199)
Reptiles	(100%, 19)
Amphibians	(90%, 20)
Fish and cyclostomes	(75%, 73)
Molluscs	(92%, 270)
Crustaceans, crayfishes	(100%, 3)
Insects	(99%, 2540)
Ferns and flowering plants	(99%, 2592)
Mosses	(91%, 1093)
Macro-algae	(92%, 25)
Lichens	(91%, 786)
Higher fungi	(60%, 4959)

- Lost or extinct
- Endangered
- Potentially endangered
- Not endangered

[1] Reading aid: The endangerment status was assessed for 94% of the 87 mammal species. Data are deficient for the remaining species.

There are around 46 000 known species of flora, fauna and fungi in Switzerland. Of the species examined, 36% are on the red list, i.e. they are considered endangered, missing or extinct.

Perception of environmental conditions in the place of residence, 2015
Share of population

- Traffic noise at home when windows opened
- Air pollution surrounding the place of residence
- Radiation from mobile phone antennae/ high-voltage power lines surrounding the place of residence

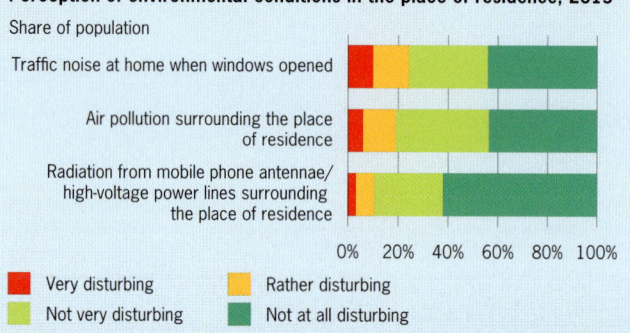

- Very disturbing
- Rather disturbing
- Not very disturbing
- Not at all disturbing

In 2015, 24% of the population found traffic noise at home with open windows to be very or rather disturbing. 19% were of this opinion with regard to air pollution surrounding the house and 10% with regard to radiation from power lines or mobile telephony antennas. These perceptions approximately correspond to those observed in 2011.

Environmentally related taxes revenue
CHF billion, at current prices

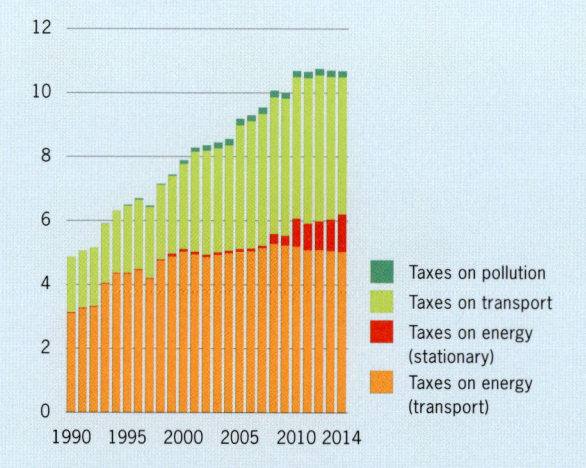

- Taxes on pollution
- Taxes on transport
- Taxes on energy (stationary)
- Taxes on energy (transport)

Environmentally related taxes make environmentally damaging goods and services more expensive and encourage consumers and producers to think about the consequences of their decisions. In 2014, environmentally related taxes revenue corresponded to 6.1% of the total tax and social contributions.

12 Energy

Electricity production. In GWh

	1970	1980	1990	2000	2010	2013	2014
Hydropower plants	31 273	33 542	30 675	37 851	37 450	39 572	39 308
Nuclear power stations	1 850	13 663	22 298	24 949	25 205	24 871	26 370
Conventional thermal power stations	1 763	957	1 013	2 372	3 123	2 721	2 447
Various renewable	...	...	88	176	474	1 148	1 508
Gross production	34 886	48 162	54 074	65 348	66 252	68 312	69 633
Minus storage pump consumption	965	1 531	1 695	1 974	2 494	2 132	2 355
Net production	33 921	46 631	52 379	63 374	63 758	66 180	67 278

1 One terajoule (TJ) corresponds to roughly 24 tonnes of crude oil or around 0.28 million kWh
2 Figures from 1990 onwards are based on new survey methodology.
3 Solar power, biogas, biofuel, ambient heat

Source: Swiss Federal Office of Energy (SFOE) – National Energy Statistics

Breakdown of final consumption according to energy resource. In terajoules[1]

	1990	2000	2010	2014
Total	**794 320**	**847 020**	**902 520**	**825 770**
Crude oil	496 820	501 800	485 490	425 810
Used for combustion	243 600	208 430	190 410	127 550
Used as fuel	253 220	293 370	295 080	298 260
Electricity	167 680	188 540	215 230	206 880
Natural gas	63 670	93 180	115 940	107 100
Coal and coke	14 360	5 770	6 210	5 910
Wood, charcoal[2]	28 600	27 780	38 070	34 500
District heating	10 420	13 180	17 240	16 290
Household and industrial waste	8 680	10 440	10 040	11 830
Other renewable energy sources[3]	4 090	6 330	14 300	17 450

Source: Swiss Federal Office of Energy (SFOE) – Electricity statistics

Total energy use and final consumption, 2014

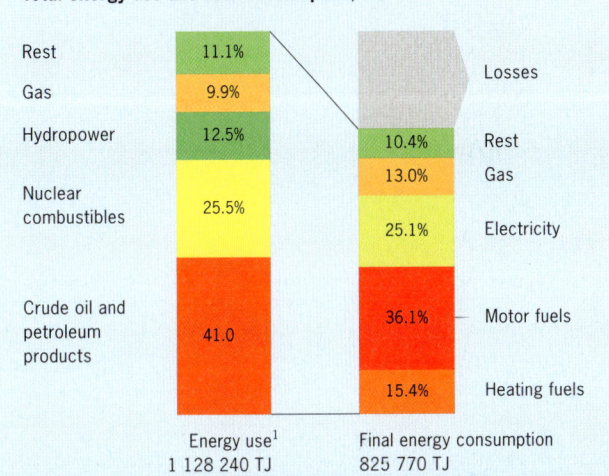

Energy use[1]: 1 128 240 TJ
- Rest: 11.1%
- Gas: 9.9%
- Hydropower: 12.5%
- Nuclear combustibles: 25.5%
- Crude oil and petroleum products: 41.0

Final energy consumption: 825 770 TJ
- Losses
- Rest: 10.4%
- Gas: 13.0%
- Electricity: 25.1%
- Motor fuels: 36.1%
- Heating fuels: 15.4%

1 Incl. export surplus of electricity (1.8%), Total: 101.8%

13 Science and technology

Gross domestic expenditure on R&D (GERD)
In % of GDP

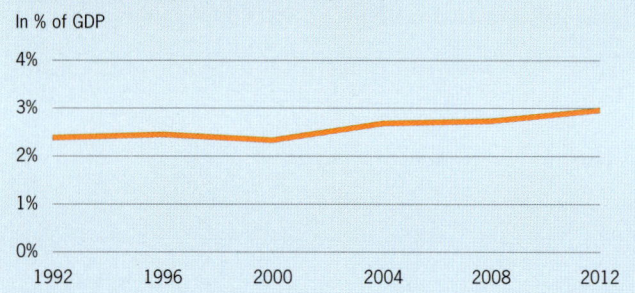

Patent applications filed under the Patent Cooperation Treaty (PCT)

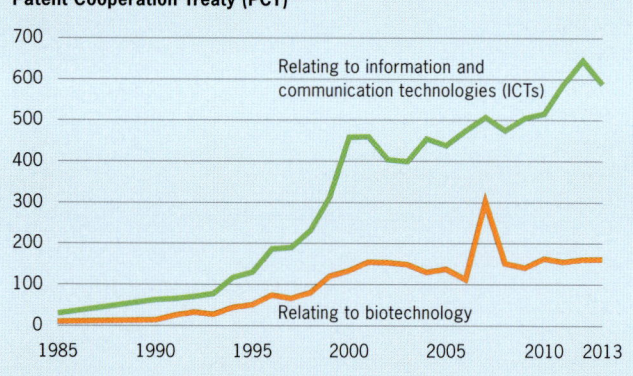

Total intramural expenditure on R&D by category 2012

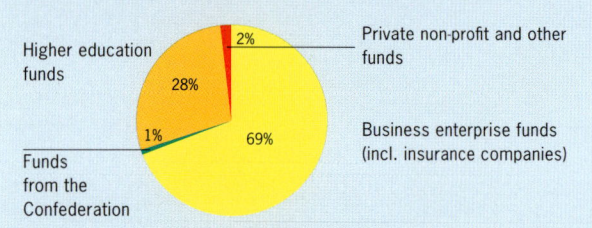

- Higher education funds: 28%
- Funds from the Confederation: 1%
- Private non-profit and other funds: 2%
- Business enterprise funds (incl. insurance companies): 69%

Internet usage
Regular Internet users[1] by age groups

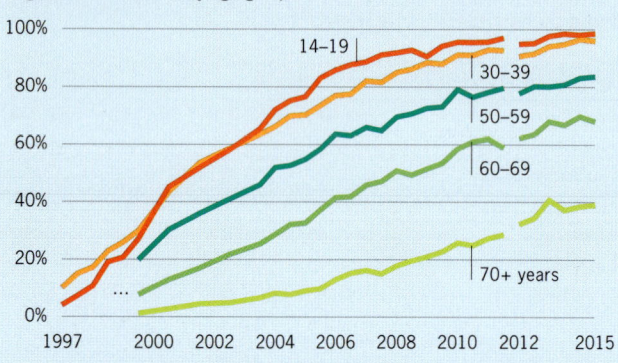

1 Respondents who stated that they use the internet several times per week.

R&D personnel
In thousand full-time equivalents

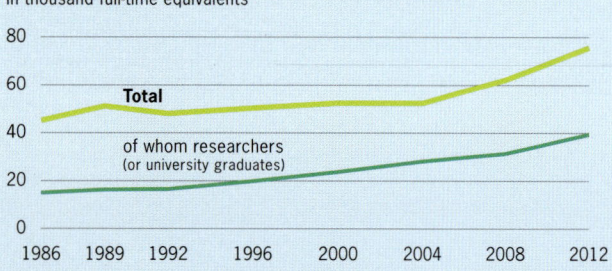

Total
of whom researchers (or university graduates)

Company intramural R&D expenditure in Switzerland
In CHF million

	2008	2012
Total	16 300	18 510
Private companies	11 980	12 820
of which:		
Pharmaceutical and chemical companies	5 200	4 310
Machinery manufacture and metal processing companies	1 570	2 015
Confederation	120	140
of which Federal Department of Economic Affairs (DEA)	70	90
University-level institutions	3 940	5 210
Universities	3 085	4 095
Research laboratories run by Swiss fed. instit. of technology	505	615
Universities of applied sciences	350	500
Private non-profit organisations and other institutions	260	340

Source: FSO – Surveys of R&D activities of private companies, university-level institutions and the Confederation

Triadic patent families in international comparison [1]

	1990	2000	2010	2013
Total OECD	32 393	55 020	47 362	50 604
As % of OECD total				
Switzerland	2.4	1.8	2.2	2.4
Japan	29.6	32.6	33.9	31.6
United States	34.8	28.5	27.1	28.9
EU-28 [2]	30.9	32.2	28.6	28.0

1 A triadic patent family is when a single invention is protected by patents in the three main economies (European Patent Office (EPO), Japanese Patent Office (JPO), US Patent & Trademark Office (USPTO)).
2 Prior to 2004 the EU comprised 15 Member States (EU-15). Up until 31 December 2006, 25 Member States belonged to the European Union. In 2007 Bulgaria and Rumania joined the EU. In 2013 Croatia join the EU-28.

Source: OECD

R&D personnel by educational background and type of employer in Switzerland. 2012

	Total	Private company	Confederation	University-level institution
Total number of people	117 457	51 715	1 560	64 182
of whom:				
Women	41 015	12 924	577	27 514
Foreigners	46 174	20 111	179	25 884
Tertiary level, university	63 189	22 039	1 114	40 036
of whom:				
Women	19 449	4 608	370	14 471
Foreigners	31 242	10 358	155	20 729
Total, in full-time equivalents	75 476	47 750	781	26 945
Tertiary level, university	39 386	20 225	485	18 676
Tertiary level, higher vocational education	10 190	9 343	33	815
Other training	25 900	18 183	263	7 454

Source: FSO – Surveys of R&D activities of private companies, university-level institutions and the Confederation

Telecommunications infrastructure. Status on 31 December

	2009	2010	2011	2012	2013	2014p
Wireline						
Connection						
in '000	3 494	3 261	3 141	2 990	2 848	2 742
per 100 inhabitants	44.9	41.5	39.5	37.2	35.0	33.7
Access channels						
in '000	4 644	4 360	4 208	3 960	3 754	3 586
per 100 inhabitants	59.6	55.6	52.9	49.3	46.1	43.5
Broadband access						
in '000	2 739	2 912	3 076	3 211	3 438	3 515
per 100 inhabitants	35.2	36.9	38.7	39.9	42.2	42.7
Cable TV subscribers [1]						
in millions	2.9	2.9	2.8	2.8	2.7	2.6
per 100 inhabitants	37.0	36.2	35.1	34.7	33.1	32.1
Internet subscribers						
in millions	2.85	2.99	3.15	3.24	3.47	3.53
per 100 inhabitants	36.6	37.9	39.6	40.4	42.6	42.8
Public phones						
in '000	19.3	16.9	14.5	12.3	10.6	9.6
per 100 inhabitants	2.5	2.1	1.8	1.5	1.3	1.2
Wireless						
Cellphone subscribers						
in '000	9 323	9 644	10 083	10 561	10 829	11 365
per 100 inhabitants	119.6	122.5	126.8	131.4	133.0	138.0

1 Television subscribers with coaxial cable-based or fibre optic/coaxial cable-based infrastructure

Source: Federal Office of Communications (OFCOM) – Telecommunications Statistics

Internet usage. In % of the population aged 14 and over

	Regular Internet users [1]	Occasional Internet users [2]
04.2007–09.2007	67.4	77.2
10.2007–03.2008	68.0	77.2
04.2008–09.2008	70.9	79.2
10.2008–03.2009	71.8	79.7
04.2009–09.2009	73.2	81.3
10.2009–03.2010	74.5	82.1
04.2010–09.2010	77.4	83.9
10.2010–03.2011	77.5	84.1
04.2011–09.2011	78.5	85.2
10.2011–03.2012	79.3	85.0
04.2012–09.2012 [3]	78.1	85.2
10.2012–03.2013	79.0	85.0
04.2013–09.2013	81.1	86.7
10.2013–03.2014	81.1	86.6
04.2014–09.2014	82.6	87.5
10.2014–03.2015	82.7	87.4

1 Respondents who stated that they use the internet several times per week.
2 Respondents who stated that they have used the internet at least once in the past six months
3 Due to changes in the methodology, the results from autumn 2012 onwards cannot be compared with those of previous surveys.

Sources: FSO; MA-Net; Net-Metrix-Base

Quellenangaben zu den Grafiken

In blauer Schrift aufgeführte Tabellen sind nur online verfügbar: http://www.lexikon-stat.admin.ch. Die erste Zahl entspricht jeweils dem Thema, die nachfolgenden den Sub-Themen – ohne die Nullen und den Buchstaben, welche die Sprache codieren.

Grafik / Graphique	Basis-Tabelle / Tableau de base	Quelle / Source
G 1.1	je 1.2.4.6	BFS / OFS – ESPOP, STATPOP (ab / dès 2011)
G 1.2	T 1.1.1	BFS / OFS – ESPOP, STATPOP (ab / dès 2011)
G 1.3	je 1.2.3.2	BFS – VZ, STATPOP / OFS – RFP, STATPOP
G 1.4	je 1.3.1.5	BFS – Bevölkerungsszenarien / OFS – Scénarios démographiques
G 1.5	je 1.2.3.5	BFS – VZ (1900–1990), ESPOP, PETRA (ab 1995) / OFS – RFP (1900–1990), ESPOP, PETRA (dès 1995)
G 1.6	T 1.5.1.1	BFS / OFS – PETRA
G 1.7	su 1.2.2.1	BFS – SE / OFS – RS
G 1.8	T 1.4.1.1	BFS / OFS – BEVNAT, ESPOP, STATPOP
G 1.9	T 1.6.2.1.2	BFS / OFS – BEVNAT
G 2.1	…	BFS – GEOSTAT
G 2.2	…	BFS – Arealstatistik / OFS – Stat. de la superficie
G 2.3	T 2.3.4.4	Schweizerischer Verein des Gas- und Wasserfaches / Société Suisse de l'Industrie du Gaz et des Eaux
G 2.4	je 2.4.11	BFS – Umweltgesamtrechnung / OFS – Comptabilité environnementale
G 2.5	T 2.4.7	
G 2.6	T 2.3.3.2	BAFU / OFEV
G 2.7	T 2.3.5.2	BAFU / OFEV
G 2.8	T 2.3.3.5	BAFU / OFEV
G 2.9	…	MeteoSchweiz / MeteoSuisse
G 2.10	je 2.3.4.3	BAFU / OFEV
G 2.11	T 2.3.1.1	Agroscope Reckenholz-Tänikon; NABO
G 2.12	T 2.3.7.1	BAFU – Rote Listen / OFEV – Listes rouges
G 2.13–G 2.14	je 2.3.10.1 & 2	BFS / OFS – Omnibus 2015
G 2.15	T 2.4.5	BFS – Umweltgesamtrechnung / OFS – Comptabilité environnementale
G 2.16	T 2.4.1	
G 2.17	…	BAFU / OFEV
G 2.18	…	BFS – HABE / OFS – EBM
G 2.19	T 2.3.5.3	BAFU / OFEV
G 2.20	je 2.3.10.5	BFS / OFS – Omnibus 2015
G 3.1	T 3.2.1.8	BFS – ETS / OFS – SPAO
G 3.2	je 3.1.2.1	BFS – ETS, SAKE / OFS – SPAO, ESPA
G 3.3	je 3.2.1.16 & 18	BFS – ETS, SAKE / OFS – SPAO, ESPA
G 3.4	T 3.2.1.6	BFS – ETS, VGR / OFS – SPAO, CN
G 3.5	T 3.3.1.1 – 2, je 3.3.2.7 & 12, T 3.3.2.14, T 4.2.1.1	BFS – SAKE; seco – Arbeitslosenstatistik / OFS – ESPA; seco – Statistique du chômage BFS – VGR / OFS – CN
G 3.6	je 3.4.2.1.1	BFS – Lohnindex / OFS – Indice des salaires
G 3.7	T 3.6.2.1	BFS – SAKE / OFS – ESPA
G 3.8	*	BFS / OFS
G 3.9	T 3.3.2.27	BFS – SAKE; seco – Arbeitslosenstatistik / OFS – ESPA; seco – Statistique du chômage
G 4.1	T 4.2.1.1	BFS – VGR / OFS – CN
G 4.2	je 4.2.3.3	BFS – VGR / OFS – CN
G 4.3	T 4.2.1.2	BFS – VGR / OFS – CN
G 4.4	T 4.2.1.6	BFS / OFS
G 4.5	T 4.2.1.7	BFS – VGR / OFS – CN
G 5.1	su 5.2.10, cc 5.2.22, T 5.4.1.1, T 5.4.1.2	BFS – LIK, Produzenten- und Importpreisindex / OFS – IPC, Ind. des prix à la production et à l'importation
G 5.2	T 5.2.1, su 5.2.69	BFS – LIK / OFS – IPC
G 5.3	T 5.1.1, T 5.2.1	BFS – LIK, Produzenten- und Importpreisindex / OFS – IPC, Ind. des prix à la production et à l'importation

Sources des données des graphiques

Les tableaux répertoriés en bleu sont uniquement disponibles en ligne à l'adresse http://www.encyclopedie-stat.admin.ch. Le premier chiffre du tableau indique le thème auquel il appartient, les suivants aux sous-thèmes alors que la lettre codifiant la langue du tableau est omise ici.

Grafik / Graphique	Basis-Tabelle / Tableau de base	Quelle / Source
G 5.4	T 5.5.2	BFS – Baupreisindex / OFS – Indice des prix de la construction
G 5.5	T 5.7.1	Eurostat
G 6.1, G 6.2, G 6.3–G 6.5	T 6.2.1.1	BFS / OFS – STATENT
G 6.6, G 6.7	je 6.3.1.4	BFS – Produktions-, Auftrags-, Umsatz- und Lagerstatistik / OFS – Statistique de la production, des commandes, des chiffres d'affaires et des stocks
G 6.8	T 6.5.2 – T 6.5.5	EZV / AFD
G 6.9	je 6.1.2	Eurostat
G 7.1	je 7.1.9.1	Eurostat
G 7.2	je 7.2.1.1, T 7.2.1.2	BFS – Landwirtschaftliche Betriebszählungen / OFS – Recensement des entreprises agricoles
G 7.3	T 7.2.4.4	SBV / USP
TT 7.1	T 7.4.2.2	BFS – Landwirtschaftliche Gesamtrechnung (LGR) / OFS – Comptes économiques de l'agriculture (CEA)
G 7.4	T 7.6.1	SBV / USP
G 7.5	T 7.2.5.5	BLW / OFAG
G 7.6	je 7.2.1.1, T 7.2.1.3	BFS – Landw. Betriebszählungen, Betriebsstrukturerh. OFS – Entreprises agricoles, structures agricoles
G 7.7	T 7.2.5.3	Agroscope Reckenholz-Tänikon
G 7.8	T 7.2.5.1	SBV / USP
G 7.9	je 7.3.2.2, T 7.3.2.6	BAFU; BFS – Schweizerische Forststatistik / OFEV; OFS – Statistique forestière suisse
G 8.1	T 8.2.1.1, T 8.3.1.1	BFE – Schweiz. Gesamtenergiestatistik / OFEN – Statistique globale suisse de l'énergie
G 8.2	…	BFS/OFS – ESPOP, STATPOP; BFE – Gesamtenergiestatistik / OFEN – Statistique globale de l'énergie
G 8.3	T 8.3.1.1	BFE – Schweiz. Gesamtenergiestatistik / OFEN – Statistique globale suisse de l'énergie
G 8.4	T 8.3.2.1, je 8.3.2.2	
G 8.5	su 5.2.69	BFS – LIK / OFS – IPC
G 9.1	T 9.4.3.1.2	BFS – Jährliche Bau- und Wohnbaustatistik / OFS – Statistique annuelle de la construction et des logements
G 9.2	je 9.2.2.1.1 & 3 & 4, T 9.2.2.1.2 & 6	BFS – GWS / OFS – StatBL
G 9.3	…	BFS – GWS / OFS – StatBL
G 9.4	T 9.4.1.2	BFS – Jährliche Bau- und Wohnbaustatistik / OFS – Statistique annuelle de la construction et des logements
G 9.5	T 9.2.2.3.1	BFS – Leerwohnungszählung / OFS – Recensement des logements vacants
G 10.1	T 10.1.1.2	BFS / OFS – HESTA, Fremdenverk.bilanz / Balance tour.
G 10.2	T 10.1.1.2	BFS / OFS – HESTA
G 10.3	je 10.4.2.1.1	BFS – Erhebung zum Reiseverhalten / OFS – Enquête sur le comportement en matière de voyages
G 11.1–3	…	BFS, ARE – Mikrozensus Verkehr / OFS, ARE – Microrecensement «Transports»
G 11.4–5	je 11.4.4.2	BFS – SE / OFS – RS
G 11.6	je 11.3.2.1.1	BFS – Strassenfahrzeuge; ASTRA – MOFIS / OFS – Véhicules routiers en Suisse; OFROU – MOFIS
G 11.7	T 11.4.1.2, T 11.5.1.2	BFS – Schweizerische Verkehrsstatistik / OFS – Statistique suisse des transports
G 11.8	je 11.5.4.3	BFS – Schweizerische Verkehrsstatistik / OFS: Statistique suisse des transports

Grafik / Graphique	Basis-Tabelle / Tableau de base	Quelle / Source
G 11.9	T 11.6.1.1	BFS – Mobilität und Verkehr; BAV; Büro für Flugunfalluntersuchungen / OFS – Mobilité et transports; OFT; Bureau d'enquêtes sur les accidents d'aviation
G 11.10	T 11.2.1.1	BFS – Kosten und Finanzierung des Verkehrs (KFV) / OFS – Coûts et financement des transports (CFT)
G 12.1	je 12.2.3	SNB / BNS
G 12.2	T 12.4.4	SNB / BNS
G 12.3	T 12.4.6	SNB / BNS
TT 12.1	T 12.5.4	FINMA
G 12.4	T 12.5.3	FINMA
G 12.5	T 12.5.9	FINMA
G 12.6	je 12.3.4	SNB / BNS
G 13.1	T 13.2.3.1–2	BFS – GRSS / OFS – CGPS
G 13.2	T 13.2.3.11	BFS – GRSS / OFS – CGPS
G 13.3	T 13.2.3.8	BFS – GRSS / OFS – CGPS
G 13.4	T 13.2.2.1–2	BFS – GRSS / OFS – CGPS; Eurostat
G 13.5	T 13.3.2.1	BSV – Schweiz. Sozialversicherungsstatistik / OFAS – Statistique des assurances sociales suisses
G 13.6	T 13.3.4.1	
G 13.7	T 13.4.2.2	BFS – GRSS / OFS – CGPS
G 13.8	...	BFS – Pensionskassenstatistik / OFS – Statistique des caisses de pensions
G 13.9	T 13.3.5.4	BSV; BAG – Statistik über die Krankenversicherung / OFAS; OFSP – Statistique de l'assurance-maladie
G 13.10	T 13.3.7.1	BSV – Schweiz. Sozialversicherungsstatistik / OFAS – Statistique des assurances sociales suisses
G 13.11	je 13.4.3.3.1	BFS – Sozialhilfestatistik, VZ / OFS – Statistique de l'aide sociale, RFP
G 13.12	T 13.4.1.2	BFS – Finanzstatistik der bedarfsabh. Sozialleistungen / OFS – Statistique financière de prestations sociales sous condition de ressources
G 13.13	*	BFS / OFS
G 14.1	je 14.3.1.1	BFS – Schweizerische Gesundheitsbefragung / OFS – Enquête suisse sur la santé
G 14.2	T 1.4.2.3.1	BFS – BEVNAT, ESPOP / OFS – BEVNAT, ESPOP
G 14.3	T 14.3.4.1.1 & 2	BFS – Statistik der Todesursachen / OFS – Statistique des causes de décès
G 14.4	T 14.4.5.2	Mitglieder-Statistik der Verbindung der Schweizer Ärzte (FMH) / Statistique des membres de la Fédération des médecins suisses (FMH)
G 14.5	je 14.5.1.1	BFS – Kosten und Finanzierung des Gesundheitswesens / OFS – Coût et financement du système de santé
G 14.6	je 14.5.2.1–2	
G 14.7	*	BFS / OFS
G 15.1	T 15.6.1.3	BFS – Öffentliche Bildungsausgaben / OFS – Dépenses publiques d'éducation
G 15.2	je 15.6.1.1	BFS – Öffentliche Bildungsausgaben; OECD / OFS – Dépenses publiques d'éducation; OCDE
TT 15.1	je 15.1.0.3	BFS – Statistik der Schüler und Studierenden, Statistik der Lehrkräfte und des Personals im Bildungswesen, Statistik der Finanzen und Kosten im Bildungswesen / OFS – Statistique des élèves et des étudiants, Statistique des enseignants et du personnel de l'éducation, Statistique des dépenses publiques d'éducation
G 15.3	je 15.9.0.1	BFS – Bildungsprognosen / OFS – Prévisions dans le domaine de l'éducation
G 15.4	je 15.2.2.1.4	BFS – Statistik der Schüler und Studierenden / OFS: Statistique des élèves et étudiants
G 15.5	...	BFS – SHIS / OFS – SIUS
G 15.6	... je 15.3.2.1	BFS – Statistik der Schüler und Studierenden, Statistik der Abschlüsse und Diplome, Schweizerischen Hochschulinformationssystems (SHIS), ESPOP / OFS – Statistique des élèves et des étudiants, Statistique des examens finaux et des diplômes, Système d'information universitaire suisse (SIUS), ESPOP
G 15.7	...	BFS – Soziale und wirtschaftliche Lage der Studierenden / OFS – Situation sociale et économique des étudiant·e·s
G 15.8	je 15.15.2.1.1	OECD / OCDE
G 15.9	je 15.15.2.1.4	BFS – Erhebungen über F+E / OFS – Relevés sur la R-D
G 15.10	je 15.15.3.3.4	OECD (Berechnungen BFS) / OCDE (calcul OFS)
G 15.11	je 15.15.3.3.1	OECD / OCDE
G 15.12	*	BFS; EDK / OFS; CDIP

Grafik / Graphique	Basis-Tabelle / Tableau de base	Quelle / Source
G 16.1	...	PTT; Billag AG / SA
G 16.2	T 16.4.2	BFS – HABE / OFS – EBM
G 16.3	T 16.3.4	Verb. Schw. Presse, WEMF / Ass. Presse Suisse; REMP
G 16.4	T 16.3.5	BAK; Schweizerische Nationalbibliothek (NB) / OFC; Bibliothèque nationale suisse (BN)
G 16.5	T 16.4.1	BFS; WEMF / OFS; REMP
G 16.6	T 16.4.5	BFS – Omnibus IKT / OFS – Omnibus TIC
G 16.7	T 16.2.1.1–2	BFS / OFS; Cinéblitz; ProCinéma
G 16.8	je 16.2.4.1	BFS – Statistik der Kulturfinanzierung; EFV / OFS – Statistique du financement de la culture; AFF
G 17.1	T 17.2.3.3.1 je 17.2.3.3.2	BFS – Statistik der Nationalratswahlen / OFS – Statistique des élections au Conseil national
G 17.2	T 17.2.3.4.1	BFS – Statistik der Nationalratswahlen / OFS – Statistique des élections au Conseil national
G 17.3	T 17.2.2.1	BFS; Parlamentsdienste / OFS; Services du Parlement
G 17.4	je 17.2.3.4.2	BFS – Statistik der Nationalratswahlen / OFS – Statistique des élections au Conseil national
G 17.5	T 17.3.2.2	BK / CF
G 17.6	je 17.2.3.2.1 T 17.3.4.1	BFS – Statistik der Nationalratswahlen / OFS – Statistique des élections au Conseil national
G 18.1–2	T 18.1.1	EFV / AFF
G 18.3	T 18.4.1	EFV / AFF
G 18.4	T 18.4.1.1.1 T 18.4.2.1.1	EFV / AFF
G 18.5	T 18.1.1 je 18.1.2	EFV; OECD / AFF; OCDE
G 19.1–2	...	BFS – Polizeiliche Kriminalstatistik (PKS) / OFS – Statistique policière de la criminalité (SPC)
G 19.3	T 19.3.2.2.2.2.1	BFS – Strafurteilsstatistik (SUS) / OFS – Statistique des condamnations pénales
G 19.4	cc 19.3.3.1.11	
G 19.5–6	je 19.3.1.2.4.1.2	
G 19.7	T 19.3.3.2.2.4.1	
G 19.8	T 19.3.5.2.1	BFS – Strafvollzugsstatistiken (SVS) / OFS – Statistiques de l'exécution des peines
G 19.9	je 19.3.5.1.1	
G 20.1–2	T 20.2.1.1	BFS – HABE / OFS – EBM
G 20.3–5	T 20.2.1.12	BFS – HABE / OFS – EBM
G 20.6	T 20.3.1.21 je 20.3.1.23	BFS – Erhebung über die Einkommen und die Lebensbedingungen (SILC) / OFS – Enquête sur les revenus et les conditions de vie (SILC)
G 20.7	...	BFS – SAKE, Hochschulpersonalstatistik, Statistik der Wahlen (mit UniBE – Institut für Politikwissenschaft) / OFS – ESPA, Statistique du personnel des hautes écoles, Statistique des élections (avec l'UniBE – Institut de science politique)
G 21a.1	...	MONET – fedpol; BFS / OFS
G 21a.2	...	MONET – BFS / OFS
G 21a.3	...	MONET – DEZA; seco / DDC; seco
G 21a.4	...	MONET – BFS / OFS
G 21a.5	T 18.1.1	MONET – EFV / AFF
G 21a.6	...	MONET – BFS / OFS
G 21a.7	...	MONET – BFS / OFS
G 21a.8	...	MONET – BFE; BFS / OFEN; OFS
G 21a.9	...	MONET – BFS / OFS
G 21b.1–4	...	BFS – Dienstleistungen für die Bevölkerung / OFS – Services à la population
G 21c.1–3	...	BFS / OFS – Urban Audit
G 21c.4–5	...	Global Footprint Network
G 21c.6–7	...	Global Footprint Network, UN Development Programme
G 21c.8	T 21.4.1	DEZA / DDC; seco
G 21c.9	...	OECD; DAC / OCDE; CAD
G 21c.10	...	DEZA / DDC
G 21c.11	...	DEZA / DDC
G 21c.12	je 21.4.2	SNB / BNS
G 21c.13	je 21.4.2	Weltbank / Banque mondiale

Schlagwortverzeichnis

Index

A

Abbrüche (Bauten) 231f.
Abfall 214, 510
Abfälle 61, 66f., 79, 82f., 216, 221
Abfallverwertung 83, 220
Abfallwirtschaft 85
Abort 335, 350
Abschlüsse 363, 378–381, 388
Abschlussquote 363, 372, 388
Abschreibungen 435
Abstimmungen 423f.
Abwasser 66, 220
Abwasserreinigung 181, 183
Abwasserwirtschaft 85
Ackerflächen 510
Ackerland 197, 199
Adoptionen 41, 48, 53
Agglomerationen 16, 26f., 31, 37
Aggregat 132
Agrar- und Fortswirtschaft 362
Agrarimporte 191
AHV 293f., 303f., 312, 314, 322, 324, 356–358, 425, 429, 481f.
AIDS 329, 338, 341–348
Akademische Berufe 116, 118
Aktiengesellschaften 174
Aktiven 435
Alkohol 329f., 338, 340
Alkohol am Steuer 453
Alkoholfreie Getränke 153, 159, 481f.
Alkoholhaltige Getränke 153, 159, 191, 211, 481f.
Alleinerziehende 325, 483f.
Alleinstehende 120f., 324, 484
Allgemeinbildung 363, 373–375, 382, 385, 387
Alpen 59f., 192, 251f., 205, 271
Alpenpässe 271
Alpenquerender Güterverkehr 252, 271
Alpwirtschaftliche Nutzflächen 60
Alter 14, 25, 116, 292
Alters- und Hinterlassenenversicherung, siehe AHV
Altersgruppen 24f., 35, 38f., 43f., 46, 48, 51, 53, 102, 309, 312, 314, 320, 324, 462
Altersheime 355, 498f.
Altersrenten 312, 314–316
Altersstruktur 24f.
Altersvorsorge 292, 312
Alterungsprozess 25
Altlasten 70
Aluminium 67, 83
Ambulante Behandlungen 295, 356f.
Ambulante Versorgung 351, 356f.
Ameisen 84
Amphibien 64, 84
Anerkennungen 41
Angewandte Linguistik 377, 381, 384, 389
Angewandte Psychologie 377, 381, 384, 389
Ankünfte 239–241, 243, 245, 248, 504
Anlagerechnung 435
Anlehrausweise 388
Anlehre 373, 378

Anleihen 284
Antiquitäten 186–188
Apotheken 319f., 355–357, 498f.
ARA 73, 77
Arbeitsproduktivität 125, 137, 141
Arbeit 87–100, 315, 319, 321
Arbeitgeber 315, 319, 321–323
Arbeitnehmer 103, 315, 321
Arbeitskosten 165, 167, 185
Arbeitskräfte 125
Arbeitslosenquote 97f., 109f., 295, 502
Arbeitslosenversicherung 295f., 303, 312, 322, 429
Arbeitslosigkeit 90f., 97, 109f., 114, 292, 309, 312, 321f., 518
Arbeitsmarkt 101–103, 119f.
Arbeitsnachfrage 98
Arbeitspendler 257, 269
Arbeitsproduktivität 133, 141
Arbeitsstätten 167, 502
Arbeitsstunden 141, 185
Arbeitsverleih 157
Arbeitsvolumen 107
Arbeitsweg 251
Arbeitszeit 104–108
Architektur 153, 157, 179f., 182, 184
Architektur, Bau- und Planungswesen 377, 381, 384, 389
Armut 472–479, 483f., 520
Armutsgefährdungsquote 484, 520
Armutsgrenze 473, 479
Armutsquote 472–474, 478, 484
Artengefährdung 64, 73, 84
Ärzte 319f., 331, 337f., 351, 355, 498f., 504
Assistenten 382–384
Asthma 341–348
Asylpolitik 312
Asylsuchende 25, 50, 298, 323
Atheismus 25, 57
Atmungsorgane, Krankheiten 341–348
Atomenergie 520
Audiovisuelle Techniken und Medienproduktion 380
Aufenthaltsdauer (Gefängnisse) 468
Aufenthaltsdauer (Spitäler) 351, 504
Aufenthaltsdauer (Tourismus) 243, 245f.
Aufgelöste Partnerschaften 38, 46
Auflage 406
Aufträge (Index) 167
Auftragsbestände 169
Aufwand 435
Ausbildung 359–371, 390
Ausbildung, nachobligatorische 361, 364
Ausfuhr 165, 167–169, 186, 188, 219, 221
Ausgaben 245–247, 309f., 313–315, 317, 319, 321, 323f.
Ausgrenzung 292

Ausland, siehe internationale Vergleiche
Ausländer/Schweizer 27, 35, 38f., 43, 45, 101–105, 107, 109f., 112f., 120, 339, 373–377, 385, 465, 484
Ausländergesetz 453, 456, 458, 465
Ausländerinnen und Ausländer
Adoptionen, 48
Anteil, 518
Arbeitslosigkeit, 90, 109f., 112f.
Armut, 473, 484
auf dem Arbeitsmarkt, 88f., 101–105, 107
Aufenthaltsdauer, 53
Aufenthaltsstatus, 50, 89, 105, 465
Bildung, 373–377
Demografie, 23f., 26f., 34, 38f., 42, 45, 49, 51
Einbürgerungen, 42, 51, 53
Erwerbsquote, 101f.
Erwerbsstatus, 103
Erwerbstätige, 101, 105
Freiwilligenarbeit, 120
Geldüberweisungen, 516
Gesundheit, 339
Kriminalität, 452, 455f., 458, 465
Löhne, 118
nach Kanton, 39, 52, 502
Religion, 57
Sozialleistungen, 248
Sprachen, 56
Staatsangehörigkeit, 42, 49, 51
Tourismus, 248
Weiterbildung, 386
zukünftige Entwicklung, 43, 104
Auslandsabhängigkeit 61
Auslandvermögen 143
Auslandvermögen der Schweiz 143
Auslastung (Tourismus) 243, 245
Ausrüstungsinvestitionen 123, 136
Aussenhandel 165, 167–169, 186–188
Aussenwirtschaft 165
Aussperrungen 119
Auswanderung 32, 42, 51f.
Auto 249f., 252
Autobahnen 264
Autobahnvignette 263
Autobusse 267f.
Autocar 265
Automobilsteuer 263

B

Bachelor 363, 378f., 381, 388
Bäckereien 498f.
Bahn 249–252, 258f., 265f., 268
Banken 273–286, 498f.
Banken, Personalbestand 275
Batterien 62, 67, 83
Bauausgaben 224f., 227, 236f.
Baugewerbe 107f., 115, 117, 119, 158f., 170–174, 176f., 179f.

A

abattages 200
abeilles 84
accès de la population aux services 496–500
accidents 252–254, 257, 261, 272, 321, 328s., 337, 341–348
accidents de la route 252s., 257, 272, 337s., 341–348, 521
accidents professionnels 321
accords salariaux 97, 119
accouchements 45
accouchements multiples 45
accroissement naturel 23s., 40, 42
actifs 435
actifs occupés 101
action sociale 107s., 115, 117, 119, 170–174, 179s.
activité à temps partiel 87s.
activité physique 329, 339
activités financières 107s., 115, 117, 119, 170–174, 282–286
activités professionnelles 93, 103
adaptation des rentes 303
administration publique 107s., 115, 117, 119, 136, 170–173, 427–449
adolescents 462
adoptions 41, 48, 53
adultes 320
AELE 42, 49, 51, 169, 187s.
âge 14, 24, 35s., 38, 320, 337
agences de voyage 182, 184
agents énergétiques 186, 221, 224
agglomérations 16, 26s., 31, 37
agrégats monétaires 279
agriculteurs 116, 118
agriculture 79, 107, 115, 119, 155s., 189–196, 212
agriculture biologique 66s., 191s., 194, 198, 505
agriculture et économie forestière 377, 389
agriculture et sylviculture 362
agriculture, améliorations 203
agriculture, capital fixe 208
agriculture, compte d'exploitation 202, 209
agriculture, compte de capital 209
agriculture, compte de patrimoine 209
agriculture, compte de production 209
agriculture, compte du revenu d'entreprise 209
agriculture, comptes économiques 209
agriculture, consommation intermédiaire 208
agriculture, dépenses de la Confédération 203s.
agriculture, équipement technique 198, 201
agriculture, exploitations 192, 195, 197s., 202

agriculture, exploitations en montagne 197–199, 202
agriculture, exploitations en plaine 197–199, 202
agriculture, frais de main-d'œuvre 202
agriculture, main-d'œuvre 198
agriculture, paiements directs 202–204
agriculture, prix 192, 201
agriculture, production 201, 207s.
agriculture, résultats comptables 202
agriculture, revenu du travail 192, 195, 202
agriculture, structure des exploitations 202
agriculture, valeur de production totale 196
agriculture, véhicules 198, 201
agriculture, zones 196, 198
agronomie et économie forestière 381, 384
AI 293–295, 297s., 305s., 356–358, 428, 481s.
aide à domicile 330s.
aide privée au développement 522
aide publique au développement 515–517, 522
aide sociale 297–299, 303, 308, 312, 323–325, 469–471
air 62s., 85
air, comptes des émissions 86
air, qualité 63
air, température 63
aires de bâtiments 60, 70
aires industrielles 60
alcool 329s., 338, 340, 461
alcool au volant 453, 461
alimentation 153, 164, 178, 211s., 329, 339
alimentation, dépenses de la Confédération 203
aliments 208, 510
allocations familiales 296–299, 304, 312, 424s.
allocations pour enfant 424s.
allocations pour impotents 314, 317, 337
allocations pour perte de gain 296, 304
allocations pour perte de gains 323
alpages 60
Alpes 59s., 192, 205, 251s., 271
Alpes, trafic de marchandises 251s., 271
aluminium 67, 83
aménagement du territoire 446s.
amendes 455, 467
ameublement 159, 481s.
amidons 211
amphibiens 64, 84
animaux 64, 84, 208
animaux de rente 199
animaux, nourriture pour 201
années potentielles de vie perdues 347s.
anomalies congénitales 341–348
antennes de téléphonie mobile 65, 77, 409
antiquités 186–188

apothèques 355
appareil respiratoire 341–348
appareils électriques 83, 164
appareils photos et caméras 404, 407
appartements de vacances 247
apprentis 103
apprentissages 375
arbres 77
arbres fruitiers 77
architecture 157, 179s., 182, 184
architecture et urbanisme 380
architecture, construction et planification 377, 381, 384, 389
argent 273–289
arrêts de transport public 498s.
artisans 116, 118
arts 107s., 115, 117, 119, 170–174, 179s., 182, 184, 362
arts plastiques 396, 403
asile 50, 298, 312, 323
asile, requérants d' 26
assassinats 461
assistance sociale 323, 325
assistants 382–384
assurance contre les accidents et les dommages 287–289
assurance contre les accidents non professionnels 322
assurance de base 154, 320
assurance militaire 306, 358
assurance obligatoire des soins 295, 312, 319, 321
assurance vieillesse et survivants 312, 314, 322, 324
assurance-accidents 276s., 287–289, 304, 312, 321, 356s.
assurance-chômage 296, 305, 312, 322, 428
assurance-invalidité 293–295, 297s., 312, 317s., 322
assurance-maladie 154, 276s., 288, 305s., 309, 312, 320s., 323, 332, 356–358
assurance-maladie, primes 469–471
assurance-maladie, réduction des primes 323
assurance-maternité 306
assurance-vie 276, 287–289
assurances 107s., 115, 117, 119, 170–174, 276–281, 287–289, 315, 317, 319–321, 323
assurances privées 287–289, 332, 358
assurances responsabilités civiles 287s.
assurances sociales 291–308, 313–315, 319, 321, 324s., 332, 358, 432, 439s., 445, 469–471
assurances, personnel 277
assurés 319–321
assureurs vie 289
asthme 341–348

Baugewerbe, Hoch- und
    Tiefbau 361, 375f., 380
Bauinvestitionen 136, 227,
    236f.
Baukosten 227
Bäume 77
Baupreise 158
Baupreisindex 145, 147,
    158
Bautätigkeit 223–238
Bauwesen 193, 223–238,
    362
Bauwirtschaft 224f.
Bedarfsabhängige
    Sozialleistungen 296f.,
    358
Beeren 207
Beherbergung 170–174,
    179f., 182, 184
Beherbergungsformen 247
Beherbergungsstätten 481f.
Behinderte 312, 355
Behinderungen 349
Beiträge (öffentliche
    Finanzen) 315, 319, 321
Bekleidung 153, 155f.,
    159, 164, 170, 172f.,
    176–180, 187f., 481f.
Beratung 157
Bergbau 108, 115, 117,
    119, 170, 172f., 176f.,
    179–181, 183
Berggebiet 197–199
Berufe 321, 337
Berufliche Grundbildung
    361f., 373–375, 379,
    382, 385, 388
Berufliche Situation der
    Hochschulabsolventen
    389
Berufliche Vorsorge 294f.,
    304, 312, 315f., 481f.
Berufssatteste 378
Berufsbildung 360f., 363,
    373, 378, 380, 387
Berufsbildung, höhere
    373f., 376, 378, 380,
    382, 385
Berufsgruppen 116
Berufskrankheiten 321, 337
Berufslehre 375
Berufsmaturität 363, 373,
    375, 378f., 388
Berufsprüfungen 373, 376
Berufsunfälle 321
Beruhigungsmittel 340
Beschäftigte 161–165, 170,
    286, 289, 502
Beschäftigungsgrad 107
Beschuldigte 464
Besonderer Lehrplan 382
Bestockte Flächen 70,
    75f., 518
Betäubungsmittelgesetz
    451–454, 458, 461–465
Betonprodukte 155f.
Betreibungshandlungen 175
Betriebsaufwand 180
Betriebe 245, 321
Betriebsgrösse 198
Betriebsüberschuss 132
Betrug 316, 321, 461, 463f.
Betten 245, 337, 351f.
Bevölkerung 23–56, 502,
    518
Bevölkerung, Wirtschaftliche
    und soziale Situation
    469–485
Bevölkerungsbewegung 41
Bevölkerungsdichte 73f.,
    502, 518
Bevölkerungsszenarien 43
Bevölkerungswachstum 23f.
Bezirke 16f.
Bibliotheken 394, 396,
    402–404, 498f.
Bienen 84
Bilanz 181f., 435
Bildende Kunst 380, 396
Bildungsfinanzen 385
Bildung 446f., 512
Bildung und Armut 484

Bildung und Einkommen 372
Bildung und Wissenschaft
    359–390
Bildungsabschlüsse
    378–381
Bildungsausgaben 359,
    372, 385
Bildungserwartung 372
Bildungsinstitutionen,
    Personal 382–385
Bildungsniveau 120f., 367,
    386, 394
Bildungsstand 364f., 387,
    484, 504
Bildungsstufe 373f.
Bildungssystem 359–371
Bildungssystem, Szenarien
    388
Bildungstyp 373f.
Bildungswesen 359–371
Binnentourismus 245, 248
Binnenwanderung 32, 52
Biodiversität 64
Biofläche 504
Biogas 214, 220
Biokapazität 510f.
Biolandwirtschaft 192, 198
Biologischer Landbau 66f.,
    191f., 195, 198
Biosphäre 510s.
Biotreibstoffe 214
BIP 123–143, 147, 273,
    275, 309, 337f., 427,
    518
BIP, Kantone 141
Blei 64, 78
Blumen 207
Böden 60, 64
Bodenbelastung 78
Bodennutzung 60, 70, 75f.
Bodenverschmutzung 64f.,
    78, 190
Bologna-Studiengänge 363
Börse 283
Brände 462
Brandstiftung 462–464
Brennstoffe 159, 214
Bronchitis 329, 341–348
Brustkrebs 341–348
Bruttoanlageinvestitionen
    132, 136, 159
Bruttoeinkommen 138, 389,
    469–471, 479
Bruttoenergieverbrauch 73,
    217, 221, 520
Bruttohaushaltseinkommen
    469–471, 479, 481–483
Bruttoinlandprodukt, siehe
    BIP
Bruttoinvestitionen 136
Bruttonationaleinkommen
    137, 512, 514
Brutvögel 84, 492
Bücher 315, 392, 394, 396,
    402, 404, 406
Buchhandel 406
Buchhandlungen 498f.
Buchproduktion 392
Bund 356–358, 385, 390,
    396, 403f., 439–441,
    445f., 448, 522
Bundesaugaben für die
    Landwirtschaft und die
    Ernährung 203
Bundesaugaben für
    Direktzahlungen 204
Bundesrat 412f., 416, 420,
    475–477, 487, 495
Bürogebäude 158
Bürokräfte 116, 118
Bus 249, 265
Busse 455
Bussen 265, 467
Butter 190f., 200, 212

C

Cadmium 64, 78
Campingplätze 241
Cannabis 330, 340
Chemie und Life Sciences
    377, 381, 384, 389
Chemikalien 187f.

Chemische Industrie 170,
    172f., 176f., 179–181,
    183, 390
Chemische Produkte 155f.,
    164
Chrom 78
CO_2 61f., 70, 74, 86, 215,
    518
Coiffeurgewerbe und
    Schönheitspflege 380
Coiffeursalons 497–499
Computer 391, 404, 407f.

D

Datenverarbeitungsgeräte
    164, 170–173, 176f.,
    179f.
Defizit 428–430, 432, 439
Defizitquote 435, 439
Deflation 150
Deflationierung 150
Delikte 461f.
Delinquenz 453f.
Demenz 329, 341–348
Demografie 23–56
Denkmäler 403
Denkmalpflege 396, 403
Deponie 83
Depositen 285
Design 377, 380f., 384,
    389
Desinflation 150
Detailhandel 179f., 182, 184
Detailhandelsumsatz 168,
    178
Devisen 279
Devisenkurse 283
Devisenmarkt 283
Diabetes 329
Diabetes mellitus 341–348
Diagnosen 354
Dickdarmkrebs 341–348
Diebstahl 461–464
Dienstleistungen 87–100,
    153, 157, 161–165,
    188, 283
Dienstleistungsberufe 116,
    118
Dienstleistungsgesellschaft
    87f.
Diplomaten 50
Diplome 378f.
Direktinvestitionen im
    Ausland 515–517, 522
Direktzahlungen 195
Direktzahlungen
    (Landwirtschaft) 203f.
Disparitäten 517
Dividenden 283
Doktorate 378f.
Drogen 340, 451–454,
    461f.
Drogen, harte 340
Drogendelikte 461–464
Drogenhandel 463f.
Drogenkonsum 463f.
Drogerien 356f.
Drohung 462–464
Druckereierzeugnisse 164
Druckerzeugnisse 155f.,
    170, 172f., 176f.,
    179–181, 183
Druckgewerbe 164
Düngemittel 190, 201, 208

E

E-Mail 393, 408
Edelmetalle 186–188
Edelsteine 186–188
EFTA 42, 49, 51, 169, 187f.
Ehepaarrenten 314, 324
Eidg. Diplome 371,
    378–380
Eidg. Fachausweise
    378–380
Eidg. technische
    Hochschulen (ETH) 390
Eier 191, 201, 207, 211f.
Eigenkapital 435
Einbruchdiebstahl 463f., 508
Einbürgerungen 42, 51, 53
Einelternfamilie 28

athéisme 25, 57
attestations de formation
    élémentaire 378
attractivité d'un site 496
auberges de jeunesse 240s.,
    247
audiovisuel 179s.
Audit urbain 508s.
autobus 267s.
autocar 265
avions 249
avortements 335, 350
AVS 293–295, 297s.,
    312, 314, 322, 324,
    356–358, 425, 428,
    481s.
azote 62, 74, 81, 190

B

bachelor 363s., 378s.,
    381, 388
balance commerciale 167,
    169
balance des paiements
    130–132, 142s.
balance des paiements
    technologiques 366, 369
balance touristique 240,
    245–247
ballet 403
Banque Nationale Suisse
    273–275, 282, 285, 428
banques 273–286, 462,
    498s.
banques, personnel 275
bateaux 265s.
bateaux à moteur 265
bateaux à vapeur 265
bâtiment et génie civil 158,
    361, 375s., 380
bâtiments 158, 182, 184,
    223–238, 510
bâtiments transformés 238
batteries 62, 67, 83
baux à ferme 234s.
beaux-arts 380
bénéficiaires de l'aide sociale
    324s.
bénévolat 94, 100, 120
besoins matériels 61, 70s.
bétail 199, 207
béton 155s.
betteraves sucrières 190,
    207
beurre 190, 200, 212
bibliothèques 394, 396,
    402–404, 498s.
bicyclettes 265, 268
biens d'équipement 124,
    136, 186
biens de consommation 186
bilan du bois 193, 205
bilan, structure du 181s.
billets de banque 279
biocapacité 510s.
biocarburants 214
biodiversité 64
biogaz 220
biosphère 510s.
blé 190
BNS 273–275, 282
bœufs 200, 212
bois 164, 193, 205, 214,
    216, 219, 224, 230
bois, bilan 205
bois, industrie du 155s.,
    164, 170, 172s., 176s.,
    179s., 205, 221
boissons 153, 155s., 164,
    178, 181, 183
boissons alcoolisées 159,
    191, 211, 481s.
boissons non-alcoolisées
    159, 481s.
boîtes de conserve 83
Bologne, système de 363s.
boulangeries 498s.
bourse 283
bourses d'étude 312, 425
bovins 190, 199, 201
brevets 366, 370
brevets fédéraux 378–380

brigandage 461–464
bronchite 329, 341–348
bruit 65s.
bruit, lutte contre le 261
bruit, parois antibruit 158
bus 249, 265

C

cadeaux 481s.
cadmium 64, 78
cadres moyens 117s.
cadres supérieurs 93,
    116–118
cadres, salaire des 93,
    116–118
caisses de chômage 322
caisses de pensions 315s.,
    427, 481s.
calmants 340
camions 266
camping 247
cancer 328s., 337,
    341–348
cancer de l'estomac
    341–348
cancer de la prostate 341s.,
    345, 347
cancer du col de l'utérus
    343s., 346, 348
cancer du gros intestin
    341–348
cancer du poumon 337s.,
    341–348
cancer du sein 341–348
cannabis 330, 340
cantons 16s., 39–41, 52,
    75s., 232, 236–238,
    269, 350, 352,
    356–358, 385, 396,
    404, 439s., 442, 444s.,
    447, 449, 461, 503,
    522
caoutchouc 155s., 170,
    172s., 176s., 179–181,
    183, 187s.
caoutchouc, industrie du
    164, 170, 172s., 176s.,
    179–181, 183
capital 133
capital propre 435
capitaux étrangers 437
caprins 207
caravaning 247
carburants 178, 201, 208,
    213–215, 221
cardiopathies 329, 341–348
cars postaux 266
carton 67, 83, 181, 183,
    193
casier judiciaire 458
catholicisme 25, 57
causes de décès 328, 335,
    341–348
célibataires 35s., 45, 54
centrales hydrauliques 219,
    221
centrales nucléaires 219,
    221
centrales thermiques 219
centres urbains 498s., 503
céramique 155s.
céréales 190s., 197, 201,
    207s., 211s.
céréales fourragères 190
certificats 378
certificats de capacité 378
certificats de fin
    d'apprentissage 378
certificats de maturité
    gymnasiale 378
certificats de maturité
    professionnelle 378
certificats de maturité
    spécialisée 378
chaleur à distance 220s.,
    230
champignons 64, 84
champs 510
changements climatiques 79
chantage 463s.
charbon 214, 216, 221,
    230

charbon de bois 214, 219,
    221
charges 435
charges d'exploitation 180
charges de matériel 179
charges de personnel 180
chauffage 224, 230
chauffage à distance 62,
    214, 216, 221
chaussures 153, 155s.,
    159, 178, 181, 183,
    187s., 481s.
chauves-souris 84
chemins de fer 252,
    257–259, 265s.
chemins de fer à crémaillère
    257, 268
chercheurs 390
chevaux 199s., 207, 212
chèvres 199s., 207, 212
chiffre d'affaires du
    commerce de détail
    167, 178
chiffres d'affaires 169,
    176–184
chimie 164
chimie et sciences de la vie
    377, 381, 384, 389
chômage 89–91, 97,
    109–114, 292, 309,
    312, 322, 489, 503
chômeurs 101, 321
chômeurs de longue durée
    90, 519
chrome 78
ciment 155s.
cinéma 394–396, 399–404
cinéma, écrans 395, 400s.
cinéma, fauteuils 395, 401
cinéma, fréquentation 401
cinéma, parts de marché
    401
cinéma, salles 395, 399,
    401
cinéma, spectateurs 395,
    401
cinémas 498s.
circulation routière 461s.
cirques 403
cirrhose du foie 329, 337s.,
    341–348
CITE/ISCED 370
classe moyenne 472, 478
classes de revenus 460s.,
    483
climat 60, 78–80, 261
cliniques 351, 353, 356s.
cliniques de réadaptation
    351–353, 356s.
cliniques gériatriques 352
cliniques psychiatriques
    351–353, 356s.
cliniques spécialisées 351,
    353, 356s.
CO_2 62, 70, 74, 86, 215,
    519
code pénal 451–453, 458s.,
    461–466
code pénal militaire 458
coiffeurs 497–499
coiffure et soins de beauté
    380
coke et cokéfaction 170,
    172s., 176s., 179s.
collaborateurs familiaux
    103, 118
collaborateurs scientifiques
    382–384
collectivités publiques 404
cols alpins 271
combustibles 159
combustibles nucléaires
    213s., 219
combustibles pétroliers
    213–215, 219, 221, 510
commandements de payer
    175
commandes en portefeuille
    169
commandes, entrées de 169
commerce 107, 115, 119,
    170–174

Einfamilienhäuser 158, 223f., 234, 238
Einfuhr 165, 167–169, 186f., 191, 219, 221
Eingetragene Partnerschaften 28, 38, 41, 46
Einkommen 133, 472, 480
Einkommen aus Vermietung 481f.
Einkommen aus Vermögen 481f.
Einkommen, verfügbares 138, 469–471
Einkommensentstehungskonto 139
Einkommensklassen 470f., 483
Einkommensverteilung, Ungleichheit 472
Einkommensverteilungskonto, primäres 139
Einnahmen 310f., 313–315, 317, 319, 321, 323f.
Einnahmen (Tourismus) 245–247, 315, 319, 321
Einnahmen, öffentliche 441f.
Einpersonenhaushalte 234, 324, 483
Einrichtungen des Freiheitsentzugs 455, 458
Einwanderung 32, 42, 51f.
Einweisungen 455f., 468
Eisenbahn 252, 257–259, 265f., 268, 270, 272
Elektrische Ausrüstungen 155f., 164, 170, 172f., 176f., 179–181, 183
Elektrizität 159, 213–216, 219–221, 224, 230
Elektrizität und Energie 361, 375f., 380
Elektrogeräte 83, 155f.
Elektronik 187f.
Elektronik und Automation 375f., 380
Elektronisch überwachter Strafvollzug 468
Emissionen 61f., 70, 73
Energie 59, 61, 79, 153f., 174, 213–222, 230, 425, 481f., 510
Energie, erneuerbare 217, 219
Energieausfuhr 219, 221
Energieeinfuhr 219, 221
Energieeinsatzkonto 86
Energiefluss 213
Energien, erneuerbare 74, 220f., 520
Energieproduktion 510
Energieträger 186–188, 224
Energieverbrauch 61, 213–215, 217, 221f., 493f., 510, 513
Energieversorgung 107f., 115, 117, 119, 155f., 164, 170, 172f., 176f., 179–181, 183, 219
Energievorkommen 213
Entbehrung, materielle 474, 479, 484
Entführung 463f.
Entgelte 436
Entwendung von Fahrzeugen 461
Entwicklungshilfe 490, 514, 522
Entwicklungsländer 169, 514–516, 522
Entwicklungszusammenarbeit 505, 514–522
Erbschaftsteuer 425
Erden 108, 115, 117, 119, 170, 172f., 176f., 179–181, 183, 187f.
Erdgas 216, 230, 510
Erdölbrennstoffe 221
Erdölprodukte 154, 213f., 216, 219, 221, 510
Erdöltreibstoffe 213f.
Erfolgsrechnungen 183f., 285, 436

Ergänzungsleistungen 294, 304, 312, 324, 358
Erholung 108, 115, 117, 119, 170–174, 179f., 182, 184, 481f.
Erholungsanlagen 60
Ernährung 211f., 329f.
Ernährung, Bundesausgaben 203
Ernährungsbewusstsein 339
Ernährungsgewerbe 380
Erneuerbare Energien 73f., 217, 219, 220f., 520
Erpressung 463f.
Ersparnis 132, 138, 481f.
Ertrag 436
Erwachsene 320
Erwerb 87–100
Erwerbsarbeit 93, 103
Erwerbsbevölkerung 103f.
Erwerbseinkommen 115–118, 469–471, 481f.
Erwerbsersatzordnung 295, 304f., 323
Erwerbsleben 476
Erwerbslose 101, 111–114
Erwerbslosenquote 98, 101, 110f., 389, 489
Erwerbslosigkeit 90f., 103, 110–114, 309, 312, 322, 489, siehe auch Arbeitslosigkeit
Erwerbspersonen 98, 103
Erwerbsquote 98, 102, 104, 502
Erwerbsstatus 103, 386, 479
Erwerbstätige 98, 101, 105f., 118, 189, 251
Erwerbstätigenquote 99, 101, 485, 518
Erwerbstätigkeit 104–108
Erziehung 108, 115, 117, 119, 153, 159, 170–173, 179f., 182, 184
Erziehungswissenschaften 376, 380
Euro 146f., 160, 274
Europäische Union 26, 42, 49, 51, 147, 169, 185, 187f., 251, 432f., 485
Exakte und Naturwissenschaften 362, 376, 381, 383, 389
Exporte 136
Exportindustrie 127, 165

F
Fachausweise 378f.
Fachhochschuldiplome 378f., 381
Fachhochschulen 360, 363f., 373f., 377–379, 381f., 384, 388–390
Fachmaturität 363, 373, 375, 378, 388
Fachmittelschulen 375, 378, 388
Fachprüfungen, höhere 373, 376
Fachschuldiplome, höhere 379f.
Fachschulen, höhere 373, 376, 378
Fähigkeitszeugnisse 378
Fahren in angetrunkenem Zustand 461
Fahrleistung 257
Fahrräder 265, 267f.
Fahrzeugbau 155f., 164, 170, 172f., 176f., 179–184
Fahrzeugdiebstahl 463f.
Fahrzeuge 164, 187f., 265f.
Fahrzeuge, Entwendung 461
Fahrzeugprüfung 157
Faktoreinkommen 195
Familie/Kinder 48, 120f., 234, 316, 320, 484

Familien 27, 31, 35, 44f., 234, 292, 309, 312, 424f.
Familienarbeit 93, 121
Familienhaushalte 27, 234
Familienkern 31
Familienmitglieder, mitarbeitende 103, 118
Familienpolitik 424f.
Familienstand 325
Familienväter 27f.
Familienzulage 296, 305, 312, 424f.
Feinstaub 62f.
Ferienwohnungen 247
Fernsehen 391, 404f., 408, 424f.
Fernseher 404, 407
Fernwärme 62, 214, 216, 221, 230
Festivals 403
Fette, pflanzliche 211
Fette, tierische 211
Fichten 64
Film 396, 399f., 403f.
Filme 401f.
Filmproduktion 395
Finanz 108, 115, 117, 119, 170–174
Finanzen, öffentliche 427–449
Finanzflüsse 522
Finanzhilfe 514
Finanzierung 313f., 317, 322f.
Finanzierungsergebnis 428f., 440
Finanzierungsrechnung 436, 440
Finanzierungssaldo 436
Finanzmärkte 285
Finanzsektor 123, 285
Finanzstatistik 434, 436
Finanzvermögen 436
Fische 64, 84, 191, 211f.
Fischerei 116, 118f., 192
Fischzucht 192
Fiskalertrag 436
Fiskalquote 431f., 436, 439
Fläche 59
Fledermäuse 84
Fleisch 191, 200, 211f.
Flüchtlinge 50, 323
Flugverkehr 61, 79, 253, 258f., 266, 272
Flugzeuge 249, 266
Fluor 78
Flüsse 59f.
Föderalismus 359
Forscher 390
Forschung und Entwicklung 179f., 182, 184, 365f., 369, 385, 390, 396, 403, 520
Forschungsplatz Schweiz 365f., 390
Forstwirtschaft 79, 107, 115, 189–196, 205
Forstwirtschaft, Einkommensentstehungskonto 210
Forstwirtschaft, Produktionskonto 210
Forstwirtschaft, Unternehmensgewinnkonto 210
Forstwirtschaft, Vermögensbildungskonto 210
Forstwirtschaft, Vermögenskonto 210
Forstwirtschaftliche Gesamtrechnung 210
Forstwirtschaftliche Produkte 187f.
Forstwirtschaft 119
Forstwirtschaft, Fachkräfte 116, 118
Foto- und Filmapparate 404, 407
Franken 123–127, 145, 147, 273–281

commerce de détail 167, 178–180, 182, 184
commerce de gros 179s., 182, 184
commerce et administration 361, 375
commerce extérieur 165, 167, 169, 186–188
communes 16, 311, 319, 356–358, 385, 396, 404, 439s., 442, 445, 447, 449, 498s., 522
communications 153, 159, 481s.
comparaisons internationales 36, 42, 49, 51, 159s., 164s., 169, 185, 189, 241,248, 283, 292s., 309, 338, 359, 365s., 402, 432, 485, 505–522
compensation écologique 191
compensations 435
compétences 387
compétences en lecture 491
compétences, niveau de 92, 115s., 491
comportement en matière de voyages 241
comportements en matière de santé 329
composés organiques volatils (COV) 70
compost 62, 73
comptabilité environnementale 61, 69, 85s.
comptabilité nationale 427
compte d'affectation des revenus primaires, économie nationale 139
compte d'exploitation de l'économie nationale 139
compte d'infrastructure routière 263
compte de financement 435s., 440
compte de production de l'économie nationale 139
compte de résultats 183s., 436
compte des flux financiers, transports 262
compte des immobilisations 436
compte des investissements 436
comptes de l'utilisation d'énergie 86
comptes de résultat 285
comptes des émissions dans l'air 86
comptes économiques de l'agriculture 191s., 209
comptes économiques de la sylviculture 210
comptes économiques et satellites du secteur primaire 206–210
comptes globaux de la protection sociale 300–302, 310–312
comptes nationaux 128–131, 135–141
concerts 396, 403s., 498s.
concurrence internationale 163s.
condamnations 452–454, 458, 461s., 465–467, 489
conditions de logement 234s.
Confédération 356–358, 385, 390, 396, 404, 439–441, 445s., 448, 522
Confédération, dépenses en paiements directs 204
Confédération, dépenses pour l'agriculture et l'alimentation 203
conflits collectifs de travail 97s.

conseil de gestion 179s., 182, 184
Conseil des États 412, 416s., 420
conseil en gestion d'entreprises 157
Conseil fédéral 412s., 416, 420, 475s., 487, 495
Conseil national 411s., 416–418, 421s., 505, 523–540
conseils en relation publiques 157
consolidation 436
consommation 153s., 159, 191, 211s., 462, 469–471
consommation brute d'énergie 73, 217, 221, 521
consommation d'énergie 61, 213–215, 217, 221s., 493s., 513
consommation de vin 212
consommation finale 132, 136, 159
consommation intermédiaire 132, 135
consommation, prix à la 153s.
construction 107s., 115, 117, 119, 153, 158, 170–174, 176s., 179–181, 183, 193, 223–238, 510
construction de logements 158, 223–238
construction, coûts 158, 227
construction, dépenses 227
construction, investissements 136, 227
construction, prix de la 145, 147, 158
consultations ambulatoires 351
contrainte 463s.
contrainte sexuelle 463s.
contraventions 458
contributions 319, 321
contributions écologiques et éthologiques à l'agriculture 191
conventions collectives de travail 98, 119s.
coopération au développement 491, 505, 514–522
coopératives d'habitation 234s.
corps enseignant 382
cotisations sociales 292, 311, 313, 315, 319, 321
couples 120s., 234, 325, 483s.
couples avec enfant 120s., 325, 483s.
couples sans enfant 120s., 325, 483s.
couriels 393, 408
cours d'eau 82
cours de change 279
cours des devises 283
coûts de la construction 158, 227
coûts de la main-d'œuvre 164s., 168, 185
coûts des transports 253
coûts du logement 483
création d'entreprises 163, 174
création de valeur ajoutée 124
crème 200
crimes 458, 465–467
crimes violents 454, 489
criminalité 451–468
croissance démographique 23s.
crustacés 64, 84, 191, 211
cuir 155s., 181, 183, 187s.

cuivre 64, 78
culture 153, 159, 391–409, 446s., 481s.
culture extensive 191
culture, financement 395s., 400, 404
cultures biologiques 191s., 198
cure, établissements de 245, 247s.
cyclomoteurs 253, 265

D
danse 403s.
décès 35s., 40–42, 46, 341–348, 521
décharges 83
déchets 62, 66, 70, 79, 82s., 214, 216, 220s., 510
déchets spéciaux 70, 83
déchets urbains 62, 70, 73s., 82s.
défense nationale 446s.
déficit 437
déficit public 428–430, 432s.
déflation 150
degré primaire 360, 373s., 382, 388
degré secondaire I 112, 120s., 360s., 369, 373s., 382, 388
degré secondaire II 112, 120s., 360s., 363, 369, 373–375, 378s., 382, 387s., 498s.
degré tertiaire 112, 120s., 360, 369, 373s., 376–382, 387s., 498s.
degrés de formation 373s.
délinquance au volant 461
délinquance des mineurs 453s., 456
délinquance juvénile 462
délinquants 461s.
délits 458, 461s., 465–467
délits liés à la drogue 461–464
demande de travail 98
demande intérieure 124
demandeurs d'asile 298
demandeurs d'emploi 114
démence 329, 341–348
démographie 23–56
démolitions 231s.
dénonciations 451s., 458
denrées alimentaires 191, 211s., 510
denrées alimentaires animales 191, 211
denrées alimentaires végétales 191, 211
densité de la population 36, 73s., 503, 519
dentistes 355–357, 498s.
départ à la retraite 299
dépendance de l'étranger 61
dépenses 236s., 310, 315, 317, 319, 321, 323s., 446–449
dépenses (tourisme) 245–247, 315, 319, 321
dépenses culturelles des ménages privés 404
dépenses d'éducation 372, 385
dépenses dans la construction 225, 227
dépenses de consommation 124, 136, 138, 246, 481s.
dépenses des ménages 469–471, 481s.
dépenses obligatoires 469–471
dépenses publiques 309, 311, 313s., 446–449
dépenses publiques de protection de l'environnement 66s., 74, 85

Frau und Mann, Gleichstellung 475f., 485, 490, 520
Frauen 44, 329, 343f., 346, 348, 362–364, 485, 490
Frauen in der Politik 412f., 476, 485
Frauen/Männer 24f., 27f., 38f., 46f., 51, 53f., 87–90, 92f., 101–107, 109–112, 115, 117f., 120, 198, 314, 318, 320–322, 339f., 353–355, 373–380, 385f., 464f., 484
Freiheitsberaubung 463f.
Freiheitsentzug 455f., 458
Freiheitsstrafen 455f., 458, 466f.
Freiwilligenarbeit 94, 99, 120
Freizeit 153, 159, 249, 446f.
Freizeitverkehr 249
Freizügigkeitsleistungen 315
Fremdenverkehr 246
Fremdenverkehrsbilanz 240, 245–247
Fremdkapital 436
Fremdkapitalquote 437
Fruchtbarkeit 44
Früchte 191, 211f.
Frühpensionierung 298f.
FS-Modell 437
Führungskräfte 116, 118, 182, 184
Fussgänger 249
Fussverkehr 249f., 268
Futtergetreide 190
Futtermittel 190, 201, 208
Futterpflanzen 190, 201, 207f.
Futterrüben 199

G

Gartenbau 182, 184, 190, 208, 380
Gas 159, 213–216, 219, 221, 224
Gastbetten 246
Gastgewerbe 107f., 115, 117, 119, 170–174
Gastgewerbe und Catering 361, 375f., 380
Gastronomie 119, 170–173, 179f., 182, 184
Gaststätten 159, 481f.
Gebärmutterhalskrebs 343f., 346, 348
Gebäude 223–238, 510
Gebäudeareal 60, 70
Gebäudereinigung 157
Gebietsansässig, gebietsfremd 132
Gebühren 481f.
Geburten 23f., 27f., 32, 35, 40–42, 44f., 337f., 518
Geburten, nichteheliche 518
Geburtenhäufigkeit 25, 28
Geburtenüberschuss 23f., 35, 40, 42f.
Geburtenziffer 27, 31, 35, 44, 502
Geburtshaus 352
Gefängnisse 455
Geflügel 199–201, 207, 212
Gehölze 60, 502, 518
Geisteswissenschaften 362, 376, 381, 383, 389
Geld 273–289, 320f.
Geldmarkt 273–275, 279, 285
Geldmenge 282
Geldmengen 279
Geldpolitik 273–275, 279
Geldstrafe 455, 467
Geldüberweisungen von Migranten 516f.
Gemeinden 16, 311, 319, 356–358, 385, 396, 403f., 439f., 442, 445, 447, 449, 497–499, 522

Gemeindestrassen 264
Gemeinnützige Arbeit 455f., 467f.
Gemüse 190, 199, 201, 207f., 211f.
Genossenschaften 174
Gentechnologie 424f.
Gepäckwagen 266
Geriatrische Kliniken 352
Gesamtarbeitsverträge 99, 119f.
Gesamtproduktionswert der Landwirtschaft 195
Gesamtrechnung der sozialen Sicherheit 300–302, 310–312, 315
Gesamtrechnungen und Satellitenkonten des Primärsektors 206–210
Gesamtwirtschaft 132, 139f.
Gesamtwirtschaft, Kontensequenz 139f.
Geschäftsreise 246
Geschenke 481f.
Geschlecht 35, 314, 318, 320, 322, 337f., 461f.
Geschlechtsspezifisches Verdienstgefälle 485
Geschützte Flächen 66
Gesundheit 153, 320f., 327–358, 377, 381, 384, 389, 446f., 481f., 488, 504, 512
Gesundheitspflege 153, 309, 312, 317
Gesundheitsverhalten 329f., 339
Gesundheitsversorgung 292, 330
Gesundheitswesen 107f., 115, 117, 119, 159, 170–174, 312, 337f., 351–355, 362
Gesundheitswesen, Berufe und Beschäftigung 331
Gesundheitswesen, Finanzierung 331f., 356–358
Gesundheitswesen, Kosten 331f., 356–358
Gesundheitszustand 327, 341–350
Getränke 153, 155f., 164, 178, 181, 183
Getreide 190, 199, 201, 207f., 212
Getreideanbau 197
Getreideprodukte 191, 211
Gewaltdelikte 454, 463f., 489
Gewalteinwirkungen 341–348
Gewässer 59–61, 63, 65
Gewässerschutz 85
Gewerbe 107f., 115, 117, 119
Gewicht 329f.
Gewürze 211
GFS-Modell 437
Giroguthaben 279
Glas 67, 83, 155f., 181, 183
Gleichstellung von Frau und Mann 475f., 485, 490, 520
Gletscher 60
Gletscher- und Firnflächen 60
Globalisierung 26
GmbH 174
GPS 407
Grenzgänger 50, 89, 105, 246, 322
Grippe 341–348
Grössenklasse (Unternehmen) 161f., 172f.
Grosshandel 179f., 182, 184
Grossregionen 16, 18, 39f., 52, 75f., 111, 117, 171, 174, 232, 350, 352, 483

Grossvieheinheit 195f.
Grünanlagen 60
Grünflächen 510
Gruppenunterkunft 247
Gummistoffprodukte 155f., 164, 170, 172f., 176f., 179–181, 183
Güter nach Verwendungsart (Index) 168
Güterverkehr 153, 157, 251, 254, 266, 270f., 493
Güterverkehr, alpenquerender 252
Gymnasiale Maturität 363, 373, 375, 378f., 388
Gymnasiale Maturitätsschulen 361, 388

H

Haftpflichtversicherung 287f.
Halbfabrikate 186
Halbgefangenschaft 468
Haltestellen ÖV 498f.
Handel 107f., 115, 117, 119, 170–174, 179f., 361, 375f., 380, 462
Handelsgewächse 201, 208
Handelsbilanzsaldo 169
Handelsmittelschuldiplome 373, 379
Handwerksberufe 116, 118
Harmonisierter Verbraucherpreisindex 151, 518
Harnorgane 341–348
Harte Drogen 340
Haus- und Familienarbeit 27, 99
Hausarbeit 93, 121
Hausfriedensbruch 462–464
Haushalt 479
Haushalte 26f., 32, 37, 138, 159, 234, 321, 481–483
Haushalte, Kulturausgaben 404
Haushalte, Private 32, 502
Haushaltsausgaben 469–471, 481f.
Haushaltseinkommen 138, 469–471, 479–483
Haushaltsführung 153, 159, 481f.
Haushaltsgrösse 26f., 37, 502
Haushaltstypen 27, 234, 483f.
Hauswart 153
Hauswirtschaftliche Dienste 380
Hehlerei 462
Heilungskosten 321
Heimatschutz 396, 403
Heiraten 27, 31, 35, 38, 41, 46, 54f.
Heiratsalter 35
Heiratsziffer 31
Heizöl 214f., 224, 230
Heizung 61, 66, 224, 230
Herz-Kreislauf-Krankheiten 341–348
Herzkrankheiten 329, 341–348
Heuschrecken 84
Hilflosenentschädigung 314, 317, 337
Hilfsarbeitskräfte 116, 118
Hinterbliebene 292
Hinterlassenenrenten 315, 321
Hirngefässkrankheiten 329, 341–348
Historische Stätten 403, 498f.
Hochbau 158, 170, 172f., 176f., 179–181, 183, 227, 236
Hochschulabsolventen, berufliche Situation 389
Hochschulen 360, 362f., 373f., 377–379, 385, 387f., 390
Hochspannungsleitungen 65

dépôts 285
design 377, 381, 384, 389
désinflation 150
détention 468
détenus 455s., 460
dette 436
dette publique 427, 429s., 432s., 445, 491
développement durable 487–495, 513
développement humain, index du 512s.
devises 280, 283
diabète 329, 341–348
diagnostics 354
diffusion 179s.
dioxyde d'azote 81
dioxyde de carbone 62
dioxyde de soufre 81
diplomates 50
diplômes 363, 372, 378–381
diplômes des écoles supérieures 378, 380
diplômes fédéraux 378, 380
diplômes HES 378
diplômes postgrades 378
disparités 517
disparités régionales 496–505
disparités salariales 92, 491
distribution d'énergie 170, 172s., 176s., 179s.
districts 16s.
dividendes 283
divisions économiques 170–174, 179–184
divorces 32, 35s., 38, 41, 46, 54s.
doctorats 378s.
dommages à la propriété 462–464
dons 481s.
drogueries 356s.
drogues 330, 340, 451–454, 461–464
drogues, consommation 463s.
drogues, trafic 463s.
droit 362, 376, 381, 383, 389, 467
droit pénal 451–468
droit pénal des mineurs 459
durée du séjour (hôpital) 351, 505
durée du séjour (prison) 468
durée du séjour (tourisme) 243
durée du travail 104–108

E

eau 59–61, 63–65, 74, 82, 85, 159, 265
eau potable 60s., 82
eau, qualité 63
eaux usées 66, 220
écart de rémunération entre hommes et femmes 485
échanges économiques extérieurs 165
école enfantine 374
école obligatoire 360, 369, 373, 387
écoles de culture générale 375, 378, 388
écoles de formation générale 385
écoles privées 375
écoles professionnelles 375
écoles professionnelles supérieures 378s.
écoles spéciales 385
écoles supérieures 373, 376, 378s., 382
écoles supérieures de commerce 373, 378s.
écologie 59–86, 191, 501s., 504
économie et services 377, 381, 384, 389
économie forestière 192s.

économie nationale 123–143
économie nationale, compte d'affectation des revenus primaires 139
économie nationale, compte d'exploitation 139
économie nationale, compte de production 139
économie nationale, revenu national net 139
économie nationale, séquence de comptes 139s.
économie publique 446s.
écrans de cinéma 395, 400s.
écrevisses 64, 84
édition 179s., 182, 184
éducation 503
éducation et pauvreté 484
éducation et revenus 372
éducation et sciences 359–390
effet de serre 61s., 70, 73s., 79, 86, 215, 519
égalité entre femmes et hommes 475s., 485, 490, 521
église 446s.
élections 411s., 417–422, 505
élections fédérales 523–540
élections, systèmes électoraux 418
électricité 155s., 159, 181, 183, 213s., 216, 219–221, 224, 230
électricité et énergie 361, 375s., 380
électricité, production 219s.
électronique 164, 187s.
électronique et automatisation 375s., 380
élevage 203
élèves 373–376, 388
emballages 193
embolie 341–348
émigration 42, 51s.
émissions 62, 70, 73s., 80s.
émissions polluantes 80s.
emplois 161–165, 286, 289, 503
emplois à temps partiel 87s.
employés 315, 321
employeurs 315, 319, 321–323
empreinte écologique 510s., 513
emprisonnement 455s.
emprunts 284
endettement 438
énergie 59–61, 79, 153s., 164, 174, 187s., 213–223, 230, 425, 481s., 510, 513
énergie éolienne 220
énergie hydraulique 213–215, 219, 221
énergie nucléaire 73, 219, 221, 521
énergie solaire 214, 220, 230
énergie, approvisionnement 219
énergie, comptes de l'utilisation 86
énergie, consommation 61, 74, 213–215, 217, 221s., 493s., 513
énergie, distribution 164, 170, 172s., 176s., 179s.
énergie, exportations 219, 221
énergie, importations 219, 221
énergie, production 164, 170, 172s., 176s., 179s.

énergie, ressources 213, 513
énergies renouvelables 73s., 217, 219–221, 521
enfants 27s., 45, 48, 120s., 234, 292, 309, 312, 316–318, 320, 337, 462, 477, 484, 512
enfants nés vivants 337s.
enfants, violence sexuelle 463s.
engrais 63, 190, 201, 208
enseignement 108, 117, 153, 159, 170–174, 179s., 182, 184, 359–371
enseignement spécial 382
enseignement spécialisé 361, 373
ensoleillement 78s.
entreprises 161–165, 168, 170–175
entreprises marchandes 172s.
entreprises privées 365s., 390
entreprises, conseil en gestion d' 157
entreprises, création 163
entreprises, formes juridiques 173s.
entreprises, taille des 161s., 172s.
environnement 59–86, 510, 513
environnement, qualité 65
environnement, qualité de l' 510, 513
envois de fonds des migrants 516s.
épargne 126, 133, 138, 284, 478, 481s.
épices 211
épuration des eaux usées 181, 183
équipement 153
équipement ménager 153, 159
équipement TIC des ménages 407
escargots 84
escroqueries 461, 463s.
espace 59–86
espaces naturels 60
espaces verts 60
espèces menacées 64, 73, 84
espérance de scolarité 372
espérance de vie 31, 35s., 47, 328, 335, 337s., 488, 512, 519
estomac, cancer 341–348
établissements 168, 245, 320
établissements d'exécution des peines 455, 459
établissements de cure 241, 243, 245, 248, 521
établissements non médicalisés pour personnes âgées 355, 498s.
établissements pour troubles psychosociaux 355
état civil 38, 45s., 54s.
état de santé 327, 341–350
États 19
étrangères et étrangers actifs occupés, 101
adoptions, 48
aide sociale, 248
autorisation de résidence, 50, 89, 105, 465
criminalité, 452, 455s., 458
démographie, 23s., 26s., 34, 38s., 42, 45, 49, 51
durée du séjour, 53
envois de fonds, 516
évolution future, 43, 104
formation continue, 465
formation, 373–377

Hochschulpersonal 382, 385
Höhere Berufsbildung 362, 373f., 376, 378, 380, 382, 385
Höhere Fachprüfungen 373, 376
Höhere Fachschuldiplome 378–380
Höhere Fachschulen 373, 376, 382
Holz 193, 205, 214, 216, 219, 221, 224, 230
Holzbilanz 193, 205
Holzgewerbe 164
Holzindustrie 181, 183, 193, 205
Holzkohle 214, 219, 221
Holzprodukte 155f., 170, 172f., 176f., 179f.
Honig 212
Hospitalisierungen 351–354, 504
Hotellerie 239–248
Hotels 153, 159, 239–241, 243, 245, 247f., 504, 520
Hühner 199–201, 207, 212
Hülsenfrüchte 211
Human Development Index 512f.
Hypothekarzins 283
Hypotheken 283f.
IKT-Ausstattung der Haushalte 407

I

Immissionen 70, 81
Immobilien 107
Import 136, 153, 510
Importpreise 145–147, 153, 155f.
Importpreisindex 145–147
Index der menschlichen Entwicklung 512f.
Individualverkehr, motorisierter 252
Indizes 15
Industrie 79, 87–100, 161–165, 188, 283
Industrie, chemische 181, 183
Industrie, Kunststoff- 164, 181, 183
Industrie, Maschinen- 171, 181, 183
Industrie, Nahrungsmittel- 164, 181, 183
Industrie, Uhren- 164, 171
Industrieareal 60
Industriefahrzeuge 253
Industriegesellschaft 87–89
Industrieländer 169
Infektionskrankheiten 341–348
Inflation 150, 154, 274f.
Informatik 375f., 380
Information und Kommunikation 107f., 115, 117, 119, 170–174, 179f., 182, 184, 390
Informationsgesellschaft 391–409
Infrastrukturflächen 518
Ingenieure 153, 157, 179f., 182, 184
Inlandnachfrage 123
Insassenbestände 455f., 458
Insekten 60, 64, 84
Institutionen für Behinderte 355–357
Institutionen für Personen mit psychosozialen Problemen 355
Institutionen für Suchtkranke 355
Instrumente 187f., 390
Integration 361
Interdisziplinäre Ausbildung 362, 383, 389

Internationale Vergleiche 36, 42, 49, 51, 73, 154, 159f., 164f., 169, 185, 187f., 189, 241, 245f., 248, 271, 283, 293, 309, 315, 338, 359, 365f., 372, 402, 432, 456, 462, 485, 505–522
Internationaler Wettbewerb 164f.
Internet 393f., 399f., 404, 407–409
Invalidenrenten 315–318, 321
Invalidenversicherung, siehe IV
Invalidität 292, 309, 312, 320, 337
Investitionen 176–184
Investitionsbeiträge 437
Investitionseinnahmen (öffentliche Finanzen) 441f.
Investitionsgüter 186
Investitionsrechnung 437
ISCED 369
Islam 25, 57
IV 293f., 304f., 312, 317f., 322, 356–358, 429, 481f.

J

Jogurt 200, 212
Journalismus und Berichterstattung 380
Judentum 25, 57
Jugend 24f., 462
Jugenddelinquenz 453f.
Jugendherbergen 241, 247
Jugendkriminalität 462
Jugendliche 453f., 462, 491
Jugendschutz 312
Jugendstrafrecht 458
Jugendstrafurteile 458, 462
Junge/Alte 24f., 38f., 43, 46, 91f.
Jura 59, 63, 81, 205

K

Kader 117f.
Kaderlöhne 93, 117f.
Käfer 84
Kälber 200, 212
Kaninchen 200
Kantonales BIP 126f.
Kantone 16f., 39–41, 52, 75f., 141, 232, 236–238, 269, 350, 352, 356–358, 385, 396, 403f., 439f., 442, 444f., 447, 449, 461, 502, 522
Kantonssteuern 444
Kantonsstrassen 264
Kapitalanlagen 289
Kapitalgesellschaften 174
Kapitalmarkt 280
Kapitalproduktivität 133
Kartoffeln 190f., 199, 201, 207f., 211f.
Karton 67, 83, 193
Käse 190, 200, 211f.
Katholizismus 25, 57
Kaufkraft 150, 159, 185
Kaufkraftparität 150, 159
Kautschuk 187f.
Keramik 155f., 181, 183
Kernbrennstoffe 213f., 221
Kernenergie 73, 520
Kernkraftwerke 219
Kettenindex 150
Kinder 27f., 35, 44f., 48, 234, 292, 309, 312, 316f., 320, 462, 484, 512
Kinder- und Jugendarbeit 380
Kinderbetreuung 477
Kindergarten 373f.
Kinderrenten 316, 318
Kinderzulagen 424f.

Kino 394–396, 401–404, 498f.
Kino, Marktanteil 401
Kino, Sitzplätze 395, 401
Kinobesucher 395, 401
Kinosäle 399, 401
Kioske 498f.
Kirche 446f.
Kleinbus 265
Klima 78–80, 261
Klimaschutz 85
Klimawandel 79
Kliniken 246, 351, 353, 356f.
KMU 163
Kohle 214–216, 221, 230
Kohlendioxid, siehe CO2
Kokerei 170, 172f., 176f., 179f.
Koks 214
Kollektive Arbeitsstreitigkeit 99
Kompetenzen 387
Kompetenzniveau 92, 115f., 491
Kompost 62, 73, 83
Kongenitale Missbildungen 341–348
Konkursverfahren 175
Konsolidierung 437
Konsum 153, 462
Konsumausgaben 136, 138, 159, 246, 469–471, 481f.
Konsumenten 153, 246, 462
Konsumentenpreise 145–147, 153f., 214f.
Konsumentenpreisindex 151
Konsumgüter 186
Kontensequenz der Gesamtwirtschaft 139f.
Konzerte 396, 403f., 498f.
Kopfprämien 311
körperliche Aktivität 329f.
Körperverletzung 462–464
Kosten 320, 337f.
Kosten des Verkehrs 253
Kraftfahrzeuge, Schiffe und Flugzeuge 170–173, 361, 375, 380
Krankenhäuser 330f., 337f., 351–353, 356f., 504, 520
Krankenkassenprämien 469–471
Krankenpflege 320, 361, 375f., 380
Krankenpflegeversicherung 154, 295, 312, 319–321
Krankenversicherung 288, 305f., 309, 312, 320f., 323, 332, 356–358
Krankenversicherungsprämien 154, 323, 481f.
Krankheiten 292, 321, 337, 354
Krankheitsversicherung 276
Krebs 328f., 337, 341–348
Krebstiere 64, 84
Kredit- und Versicherungswesen 376, 380
Kreditgewerbe 107, 282–286
Kreislaufsystem, Krankheiten 341–348
Kriminalität 451–468
Kühe 190, 199f.
Kultur 153, 159, 391–409, 446f., 481f.
Kulturausgaben der privaten Haushalte 412–414, 476, 485
Kulturfinanzierung 395f., 400, 404
Kulturförderung 395f., 400, 403
Kulturverhalten 394, 400
Kunst 107f., 115, 117, 119, 170–174, 179f., 182, 184, 403f.
Künste 362
Kunstgegenstände 186–188

langues, 56
nationalité, 42, 49, 51
naturalisations, 42, 51, 53
par canton, 39, 52, 503
part de la population, 519
pauvreté, 465, 473
religions, 57
salaires, 118
santé, 339
statut d'activité, 103
sur le marché du travail, 88s., 101–105, 107
taux d'activité, 101s.
taux de chômage, 90, 109s., 112s.
touristes, 248
travail bénévole, 118
étrangers/Suisses 27, 35, 38s., 43, 45, 101–105, 107, 109s., 112s., 120, 314s., 339, 373–377, 385, 462, 465, 484
études de marché 157
études dentaire 380
études interdisciplinaires 362, 383, 389
études longitudinales 389
étudiants 373–376, 388
étudiants, niveau de formation des parents 364
étudiants, origine sociale 364
étudiants, situation sociale et économique 377
Euro 146, 148, 160, 274
évolution des prix 153s.
examens professionnels 376, 380
examens supérieurs 376, 380
excédent des naissances 23s., 43
excédents 319
excédents d'exploitation 133
exclusion 292
exclusion sociale 309, 312
exécution des peines 468
expertise de véhicules 157
exploitations agricoles 190, 192, 194, 197
exportations 127, 136, 165, 167, 169, 188, 219
extorsions 463s.
extraction de minéraux 108, 117, 170, 172s., 176s., 179–181, 183

F

fabrication de machines 164, 170–173, 176s., 179s.
fabrication de véhicules 155s., 164
faillites 175
familles 31s., 48, 103, 120s., 234, 292, 309, 312, 325, 424s.
familles monoparentales 28, 325
familles recomposées (patchwork) 28
fécondité 25, 27, 33, 35s., 44
fédéralisme 359
femmes 44, 329, 343s., 346, 348, 362–364, 485, 490s.
femmes en politique 412–414, 476, 485
femmes et hommes, écart de rémunération 485
femmes et hommes, égalité 475s., 485, 490, 521

femmes/hommes 24s., 27s., 35s., 38s., 46s., 51, 53s., 87–90, 92s., 101–107, 109–112, 115, 117s., 198, 314, 318, 320–322, 339s., 353–355, 373–379, 385–387, 484
festivals 403
filles/garçons 45
films 395s., 399, 401–404
finance, banque, assurance 376, 380
financement 313s., 317, 322s., 440
financement de la culture 395s., 404
finances publiques 427–449, 491
fiscalité 427–449
fleurs 84, 207
fleuves 60
fluor 78
flux énergétique 213
flux financiers 522
flux migratoires 26, 31s.
foie, cirrhose 329, 337s., 341–348
force des partis 411s., 416, 505, 524
forêts 60, 71, 73, 77, 192s., 205, 510
formation 359–390, 446s.
formation brute de capital 133, 136
formation continue 378, 381, 386, 408
formation de capital 124
formation des enseignants 377, 380s., 384
formation élémentaire 373s., 378
formation générale 363, 373–375, 382, 387
formation post-obligatoire 361s.
formation professionnelle 360–363, 373, 387
formation professionnelle initiale 360–363, 373–375, 379, 382, 385, 388
formation professionnelle supérieure 362, 374, 376, 378, 380, 382, 385, 387
formation, degrés 373s.
formation, niveau de 120s., 339, 367, 386, 394, 396, 484, 505
formation, types 373s.
fortune 315, 481s.
fourmis 84
fourrage 190, 200, 207
frais de guérison 321
Franc suisse 123–127, 145–147, 273–281
fromage 190, 200, 211s.
frontaliers 50, 89, 105, 322
fruits 60, 191, 201, 207s., 211s.
fumeurs 338–340
funiculaires 257, 268

G

galeries d'art 403
garde des enfants 477
gaz 155s., 159, 213s., 219, 221, 224
gaz à effet de serre 61s., 70, 73s., 79, 86, 215, 519
gaz naturel 216, 230
gemmes 186–188
génie civil 158, 170, 172s., 176s., 179–181, 183, 227, 236
génie génétique 424s.
génisses 200

gestion des déchets 85, 108, 117, 170, 172s., 176s., 179–181, 183
gestion des eaux usées 66, 85, 181, 183
gestion et administration 376, 380
gibier 200
glaciers 60
globalisation 26
GPS 407
graisses animales 191, 211s.
graisses végétales 191, 211s.
grandes régions 16, 18, 39–41, 52, 75s., 111, 117, 171, 174, 232, 350, 352, 483
grèves 119
grippe 341–348
gros intestin, cancers 341–348
grossesse 335

H

habillement 153, 159, 164, 187s.
habillement, industrie de l' 155s., 164, 170, 172s., 176s., 179s.
habitation 230–235, 238
habitation, surface d' 230
habitudes alimentaires 191
handicapés 312, 349, 355
hautes écoles 360, 362s., 373s., 377–379, 385, 387s., 390
hautes écoles pédagogiques 364, 373, 378, 384, 388s.
hautes écoles spécialisées 363s., 373s., 377–379, 382, 384, 388s.
hautes écoles universitaires 363s., 373s., 378s., 381–383, 388
hebdomadaires 392, 406
hébergement, modes d' 247
hébergements collectifs 247
heures de travail 141, 185
homes médicalisés 355–357
homicides 461, 463s.
hommes 329, 341s., 345, 347, 453s.
hôpitaux 320, 330, 336–338, 351–354, 356s., 498s., 505, 521
horlogerie 155s., 164, 170–173, 176s., 179s., 187s.
horticulture 190, 208, 380
hospitalisations 320, 351, 353s., 505
hôtellerie 107s., 115, 117, 119, 170–174, 179s., 182, 184, 239–241, 243, 245–247, 481s.
hôtellerie et services de restauration 361, 375s., 380
hôtels 153, 159, 239–241, 243, 245, 247s., 505, 521
huiles 212
hydroélectricité 219, 221
hypothèques 283s.

I

immigration 23s., 26, 42, 51s.
immissions 71
immissions polluantes 81
immobilier 107s., 115, 117, 119, 170–174, 179s., 182, 184
importation, prix à l' 153
importations 136, 153, 165, 167, 169, 186s., 219, 510
importations agricoles 191

Kunststoffindustrie 164, 170, 172f., 176f., 179–181, 183
Kunststoffprodukte 155f., 164, 187f.
Kunststoffverarbeitung 164
Kupfer 64, 78
Kurbetriebe 241, 243, 245, 247f., 520
Kurzaufenthalter 50, 105, 246

L

Land- und Forstwirtschaft 377, 381, 384, 389
Landesindex der Konsumentenpreise 145–148, 153f.
Landessprachen 25f., 56, 502
Ländliche Gebiete 31
Landschaft 77
Landschaftsbau 182, 184
Landschaftsbild 65
Landverkehr 179f., 182, 184, 251
Landwirte 197
Landwirtschaft 79, 107, 119, 189–197, 212
Landwirtschaft, Abschlüsse 198
Landwirtschaft, Abschreibungen 208
Landwirtschaft, Arbeitsverdienst 192, 195
Landwirtschaft, Ausrüstung 198, 201
Landwirtschaft, Beschäftigte 198
Landwirtschaft, Betriebsstruktur 202
Landwirtschaft, Buchhaltungsergebnisse 202
Landwirtschaft, Bundesausgaben 203
Landwirtschaft, Direktzahlungen 202–204
Landwirtschaft, Einkommen 202
Landwirtschaft, Einkommensentstehungskonto 209
Landwirtschaft, Erfolgsrechnung 202
Landwirtschaft, Fachkräfte 116, 118
Landwirtschaft, Fahrzeuge 198, 201
Landwirtschaft, Personalkosten 202
Landwirtschaft, Pflanzenschutz 203, 208
Landwirtschaft, Preise 192, 201
Landwirtschaft, Produktionskonto 209
Landwirtschaft, Unternehmensgewinnkonto 209
Landwirtschaft, Vermögenskonto 209
Landwirtschaft, Vorleistungen 208
Landwirtschaft, Zonen 196, 198, 202
Landwirtschaftliche Gesamtrechnung 191f., 209
Landwirtschaftliche Nutzfläche 197f., 196, 504
Landwirtschaftliche Produkte 187f., 201, 207f.
Landwirtschaftliche Produktion 155f., 201, 207f.
Landwirtschaftsbetriebe 190, 192, 196–198, 202
Landwirtschaftsfahrzeuge 253, 266
Landwirtschaftsflächen 60, 73, 75f., 192, 502, 518
Langsamverkehr 250, 252, 257, 260

Langsamverkehr, Kosten 260
Langzeitarbeitslosigkeit 90, 518
Lärmbelastung 65, 261
Lärmschutz 85
Lärmschutzwand 158
Laspeyres-Index 150f.
Lastwagen 266
Lebendgeburten 32, 42, 337f., 518
Lebenserwartung 32, 35, 47, 328, 335, 337f., 488, 512, 518
Lebensgemeinschaft, nichteheliche 28
Lebenshaltungskostenindex 151
Lebensmittel 153
Lebensmittelgeschäft 497–499
Lebensqualität 474f., 496, 508
Lebensstandard 471, 483, 512
Lebensversicherung 276, 287–289
Leberzirrhose 329, 337f., 341–348
Leder 155f., 181, 183
Lederwaren 181, 183, 187f.
Ledige 35, 45f., 54
Leerwohnungen 225, 227, 233
Leerwohnungsziffer 225, 227, 504, 508
Lehrkräfte 382
Lehrkräfteausbildung 377, 381, 384
Lehrlinge 103
Lernende 373–375, 388
Lesefähigkeit 491
Libellen 84
Libor 273, 275, 280, 283
LIK, siehe Landesindex der Konsumentenpreise
Linguistik, angewandte 384
Lizentiate 378f., 381
Logiernächte 239–241, 244–248, 504, 520
Lohnabschlüsse 119
Lohndisparitäten 490
Löhne 92, 100, 115–118, 479, 490
Lohnfortzahlungen 312
Lohngefälle 92
Lohnindex 100f., 117
Lohnvereinbarungen 100
Luft 60–63
Luftemissionskonten 86
Luftqualität 63
Luftreinhaltung 85
Luftschadstoffe 62, 80f., 215, 510
Luftseilbahnen 259, 268
Lufttemperatur 63
Luftverkehr 252, 260, 264, 266f.
Luftverkehr, Kosten 260
Luftverschmutzung 62, 65, 80f., 190, 215, 252, 261
Lungenembolie 341–348
Lungenentzündung 329
Lungenkrebs 337f., 341–348

M

Mädchen/Knaben 45
Magenkrebs 341–348
Mais 199
Majorzwahl 416, 419
Management und Verwaltung 376, 380
Mandatsverteilung 525
Männer 329, 341f., 345, 347, 453f.
Marketing und Werbung 380
Marktforschung 157
Marktwirtschaftliche Unternehmen 172f.
Maschinen 155f., 159, 187f.

Maschinenbau 164, 170–173, 176f., 179f.
Maschinenbau und Metallverarbeitung 361, 375f., 380
Maschinenindustrie 171, 181, 183
Master 363, 378f., 381, 388
Materialaufwand 61, 71, 179
Materialintensität 494, 518
Materielle Entbehrung 484
Maturität, gymnasiale 378f.
Maturitäten 361f.
Maturitätsquote 363
Maturitätsschulen 361
Median 15
Mediatheken 403
Medien 179f., 391–409
Medienangebot 391, 402
Mediennutzung 392
Medikamente 201, 208, 320, 330, 340
Medizin 424f.
Medizin und Pharmazie 362, 376, 381, 383, 389
Medizinische Dienste 376, 380
Medizinische Labors 356f.
Mehrfamilienhäuser 158, 238
Mehrlingsgeburt 45
Mehrsprachigkeit 25f.
Mehrwertsteuer 311, 314, 425, 443
Meinungsforschung 157
Metalle 155f., 187f.
Metallindustrie 390
Metallprodukte 155f., 164, 170–173, 176f., 179–181, 183
Miete 158, 324
Mieter 234f.
Mietpreisindex 158
Mikrounternehmen 161
Milch 190f., 200f., 203, 207f., 211f.
Militärstrafgesetz 458
Militärversicherung 306, 358
Mineralölprodukte 73, 155f., 164, 520
Mineralölsteuern 263
Mineralölverarbeitung 164, 170, 172f., 176f., 179f.
Missbildungen 341–348
Mittelklasse 472
Mittelland 59
Mittelwerte 16
Mittlere Wohnbevölkerung 32f.
Möbel 155f., 181, 183, 193
Mobilfunkantennen 65, 77, 409
Mobilität 249–272, 504
Mobiltelefon 391, 407, 409
MONET 495
Montageberufe 116, 118
Moose 64, 84
Mortalität 337f.
Motorfahrräder 253, 267
Motorfahrzeugsteuern 263
Motorisierter Individualverkehr 252
Motorisierungsgrad 520
Motorräder 249, 253, 265, 267
MS-Regionen 16, 18
Muscheln 84
Museen 396, 403f., 498f.
Musik 393, 404, 408
Musik, Theater und andere Künste 377, 381, 384, 389
Mutterschaftsversicherung 306

N

Nachdiplome 378
Nachhaltige Entwicklung 487–495, 513
Nachhaltigkeit 487–495, 510

impôt sur les successions 425
impotence 314, 317
impôts 67, 135, 311, 424s., 436, 441s., 444, 446s., 469–471, 481s.
impôts cantonaux 444
impôts liés à l'environnement 73, 86, 519
impôts sur les automobiles 263
impôts sur les huiles minérales 263
impôts sur les véhicules à moteur 263
imprimerie 164, 170, 172s., 176s., 179–181, 183
incapacités 349
incarcérations 455s., 467s.
incendies volontaires 463s.
indemnités journalières 320–322, 481s.
indépendants 88s., 103, 118, 321, 481s.
index du développement humain 512s.
indicateur conjoncturel de fécondité 44
indice de la production 164
indice de Laspeyres 150
indice des chiffres d'affaire 168
indice des commandes 168
indice des loyers 158
indice des prix 151
indice des prix à l'importation 145–147
indice des prix à la consommation 145–148, 151, 153s., 160, 519
indice des prix à la consommation harmonisé 519
indice des prix à la production 145–147, 157
indice des prix de la construction 145, 147, 158
indice des salaires 98, 101
indice du coût de la vie 151
indice du niveau des prix 151, 159
indice-chaîne 150
indices 15
indices de la production 168
industrie 79, 87–100, 107, 115, 119, 161–165, 188, 283
industrie alimentaire 164, 170, 172s., 176s., 179–181, 183, 390
industrie automobile 170–173, 179–184
industrie chimique 164, 170, 172s., 176s., 179–181, 183, 390
industrie des machines 155s., 164, 170–173, 176s., 179s., 390
industrie du bois 155s., 170, 172s., 176s., 179–181, 183
industrie du papier 155s., 164, 170 172s., 176s., 179–181, 183
industrie du plastique 155s., 164, 170, 172s., 176s., 179s.
industrie du textile 164
industrie horlogère 164
industrie métallurgique 181, 183, 390
industrie pharmaceutique 164, 170, 172s., 176s., 179–181, 183, 390
industrie textile 164
inflation 151, 154
information et communication 107s., 115, 117, 119, 170–174, 390

informatique 171, 179s., 182, 184, 375s., 380
infractions 451–454, 459, 462–464
infrastructure des transports 264
ingénieurs 153, 157, 179s., 182, 184
initatives populaires 413s., 416, 419
initiatives populaires 423–425
insectes 60, 64, 84
insecticides 201, 208
installations photovoltaïques 220
institutions de formation, personnel 382–385
institutions de prévoyance 316
institutions médico-sociales 182, 184, 320, 330, 355–357
institutions pour handicapés 355–357
institutions pour toxicodépendants 355
instruments 187s., 390
intégration 361
intempéries 80
intensité matérielle 494
intérêts 283, 285, 313, 315
intérêts passifs (finances publiques) 315
internet 393, 399s., 404, 407–409
interruptions de grossesse 350
invalidité 292, 294, 309, 312, 315–318, 320s., 337
investissements 124, 176–184, 436
investissements dans la construction 136, 227, 236s.
investissements directs à l'étranger 515–517, 522
investissements en biens d'équipement 136
islam 25, 57

J

jeunes 24s., 453s., 456, 459s.
jeunes/vieux 24s., 36, 38s., 43, 46, 91s.
jeunesse 312
journalisme et reportage 380
journaux 392, 399s., 404–406
judaïsme 25, 57
jugements 462
jugements pénaux des mineurs 459s., 462
jumeaux 45
Jura 59s., 63, 81, 205
justice 461s.

K

kiosques 498s.

L

laboratoires d'analyse 356s.
lacs 60s., 63, 82
lait 190s., 200s., 203, 207, 211s.
langues 25s., 31, 56, 503
langues nationales 25s., 503
lapins 200
lecture 491
légumes 190, 201, 205s., 211s.
légumineuses 211
lésions corporelles 462–464
lettres de gage 284
libellules 84
Libor 273, 275, 280, 283
librairies 406, 498s.
licences 378s., 381
lichens 64, 84
lieux de détente 60

lignes à haute tension 65
linguistique appliquée 377, 381, 384, 389
liste rouge 64, 71
lits d'hôpitaux 351s.
livre, productions 392
livres 392, 394, 396, 402, 404, 406
locataires 234s.
location 481s.
lock-out 119
logement 158s., 292, 481s.
logement, coûts 483
logements 153s., 158, 223–238, 309, 312
logements vacants 225, 228, 233, 505
logements, taille 223
logements, taux de propriété 224, 505
loi sur l'asile 312
loi sur la circulation routière 453, 458, 461, 465
loi sur le partenariat 28
loi sur les étrangers 453, 456, 458, 465
loi sur les stupéfiants 451–454, 458, 461–465
lois fédérales 462
loisirs 107s., 115, 117, 119, 153, 159, 170–174, 179s., 182, 184, 246, 249, 446s., 481s.
loisirs, mobilité de 249
loyers 154, 158, 324
lubrifiants 201, 208

M

machines 155s., 164, 171, 187s.
magasins d'alimentation 497s.
main d'œuvre 125
maisons à plusieurs logements 158, 238
maisons de construction récente 158, 232
maisons de naissance 352
maisons individuelles 158, 223s., 238
maladies 292, 319–321, 337, 354
maladies cardio-vasculaires 341–348
maladies cérébro-vasculaires 329, 341–348
maladies de l'appareil circulatoire 341–348
maladies des organes urinaires 341–348
maladies infectieuses 341–348
maladies professionnelles 321, 337
mammifères 64, 73, 84
mandats, répartition 525
marchandises 153, 252
marché des capitaux 280
marché des devises 283
marché du travail 87, 101–103, 119s.
marché monétaire 273–275, 280
marchés des changes 145s.
marchés financiers 273–275, 285
mariages 27, 33, 35s., 38, 41, 46, 54s.
marketing et publicité 380
masse monétaire 282
master 363s., 378s., 381, 388
matériaux (bois, papier, plastique, verre) 375, 380
matières premières 186, 511
maturité 361s., 378
maturité gymnasiale 363, 373, 375, 378s., 388

Nachobligatorische Ausbildung 361f., 364
Nachrichtenübermittlung 153, 159, 446f., 481f.
Nahrungsmittel 153, 159, 164, 211f., 481f., 510
Nahrungsmittelindustrie 164, 170, 172f., 176–181, 183, 390
Nahrungsmittelproduktion 155f., 510
Nahrungsmittelverbrauch 191, 211f., 510
Nationalität 38, 49, 51
Nationalrat 411f., 416f., 421f., 523–540
Nationalratswahlen 411f., 414, 504, 523–540
Nationalstrassen 264
Natur 59–86, 510
Natürliche Ressourcen 59f., 510f., 513
Naturschutz 66, 85
Nettonationaleinkommen 139
Nettozugang an Vermögensgütern 437
Neubauten 231f., 238
Neugeborene, Gesundheit 329
NGO 515
Nichtberufsunfallversicherung 322
Nichteheliche Geburten 518
Nichtraucher 339f.
Nickel 78
Niederlassungen 462
Niederschläge 63, 78–80
NOGA 20–22, 107f., 115, 117
Nominallohnindex 117
Notenbankgeldmenge 280, 282
Notenumlauf 280
Nötigung 462–464
Nüsse 211
NUTS 517
Nutzflächen, landwirtschaftliche 197, 504
Nutztiere 199

O

Obligationen 283s.
Obligatorische Schule 360f., 373f., 382, 385, 387f., 484, 497–499
Obst 190, 201, 207f.
Obstbau 60, 199
Ochsen 200
Offene Stellen 171
Öffentliche Ausgaben 309–311, 313f., 317, 323f., 372, 446–449
Öffentliche Einnahmen 441f.
Öffentliche Entwicklungshilfe 514, 517, 522
Öffentliche Finanzen 427–449
Öffentliche Finanzen, Schulden 445
Öffentliche Ordnung und Sicherheit 446f., 498f.
Öffentliche Rechnungsabschlüsse 427–429
Öffentliche Verwaltung 107f., 115, 117, 119, 136, 170–173, 446f., 498f.
Öffentliche Verwaltung 427–449
Öffentlicher Haushalt 427–449, 491
Öffentlicher Strassenverkehr, Finanzflussrechnung 262
Öffentlicher Verkehr, siehe ÖV
Öko- und Ethobeiträge an die Landwirtschaft 191
Öko-Qualitätsverordnung 191
Ökologie 59–86, 191, 510f., 513
Ökologische Ausgleichsflächen 191

Ökologischer Fussabdruck 510f., 513
Ökologischer Leistungsnachweis 196
Öle 191, 211f.
Ölfrüchte 207, 211
Ölsaaten 207
Online-Aktivitäten 393
Ordentliches Ergebnis 437
ÖV 250, 252f., 257f., 268
ÖV, Haltestelllen 498f.
Ozon 70, 81

P

Paar mit Kind 120f., 234, 325, 483f.
Paar ohne Kind 120f., 234, 325, 483f.
Paare 120f., 234, 483f.
Pächter 234f.
Pädagogische Hochschulen 364, 373, 384, 388f.
Papier 67, 83, 155f., 164, 187f., 193
Papiergewerbe 164, 170, 172f., 176f., 179–181, 183
Parahotellerie 239–241, 244f., 247
Parlament 416f.
Parlament, Frauenanteil 412f., 485, 520
Parteien 411f., 417, 420–422, 426, 504, 524f.
Parteistärke 411f., 418, 421, 504, 524f.
Partnerschaften, aufgelöste 38, 46
Partnerschaften, eingetragene 28, 38, 41, 46
Partnerschaftsgesetz 28
Passivzinsen (öffentliche Finanzen) 315
Patchworkfamilien 28
Patente 366, 370
Pendler 250f., 259, 269
Pendlersaldo 251, 504
Pendlerverkehr 250f., 257, 259, 269
Pensionskassen 427
Perinatale Mortalität 337f., 341–348
Personalcomputer 391
Personalkosten 180
Personengesellschaften 174
Personentransportfahrzeuge 253
Personenverkehr 249, 254, 265, 267–269
Personenwagen 73, 249–253, 265, 267, 504
PET 83
Pfandbriefe 284
Pfändungsvollzüge 175
Pferde 199f., 207, 212
Pflanzen 64, 84, 203, 207
Pflanzenbau und Tierzucht 380
Pflanzenschutz 203, 208
Pflanzgut 201, 208
Pflanzliche Erzeugnisse 207f.
Pflanzliche Fette 191, 211f.
Pflanzliche Nahrungsmittel 191, 211
Pflegeheime 320, 355–357, 498f.
Pflegepersonal 351
Pharmaindustrie 155f., 164, 170, 172f., 176f., 179–181, 183, 390
Phosphor 62f., 190
Photovoltaikanlagen 220
Physiotherapeuten 320, 356f.
Pilze 64, 84
PM10 63, 70, 74, 80f.
Pneumonie 341–348
Politik 411–426, 504

Politik, Frauen in der 412f., 476
Polizei 463f.
Post 498f.
Prämien 154, 287–289, 319, 321
Prämienverbilligung (Krankenversicherung) 154, 319, 321, 323
Preise 145–160, 315, 319, 321, 324
Preisentwicklung 153
Preisniveau 147f., 152, 159
Preisniveauindizes 152, 159
Primäres Einkommensverteilungskonto 139
Primärsektor 86, 161–165, 189–196, 206, 212, 443, 502
Primärsektor, Branchenkonten 206
Primärsektor, Einkommensentstehungskonto 206
Primärsektor, Gesamtrechnungen und Satellitenkonten 206–210
Primärsektor, Produktionskonto 206
Primärsektor, Unternehmensgewinnkonto 206
Primarstufe 360, 373f., 382, 388
Printmedien 405f.
Private Entwicklungshilfe 522
Private Haushalte 32, 136, 325, 502
Privatschulen 375
Privatsektor 93
Privatversicherungen 287–289, 332, 358
Privatwirtschaft 365f., 390
Pro Infirmis 317
Pro Juventute 314
Pro Senectute 314
Produktion 133, 176–184, 238
Produktionsindex 164f., 168
Produktionskonto 139
Produktivität 125, 133, 141
Produzentenpreise 145–147, 153, 155f.
Produzentenpreisindex 145–147, 157
Professoren 382–384
Proporzwahl 418f.
Prostatakrebs 341f., 345, 347
Protestantismus 25, 57
Psychiatrische Kliniken 351–353, 356f.
Psychologie, angewandte 384
Psychosoziale Probleme 355
Psychotherapeuten 356f.

Q

Quecksilber 78

R

Radio 391, 393, 404f., 408, 424f.
Rahm 200
Rätoromanisch 406
Raub 461–464
Raucher 339–340
Raum 59–86
Räumliche Gliederungen 16
Raumordnung 446f.
Reallöhne 92
Reallohnindex 117
Rebland 199
Recht 362, 376, 381, 383, 389
Rechtsberatung 179f., 182, 184
Rechtspflege 461
Recycling 62, 67, 73f., 83, 155f., 181, 183
Referenden 413f., 418
Referendum 423f.
Regen 78–80

maturité professionnelle 361s., 373, 375, 378s.
maturité spécialisée 363, 373, 375, 378, 388
mazout 214s., 224, 230
mécanique et travail du métal 361, 375s., 380
médecine 424s.
médecine et pharmacie 362, 376, 381, 383, 389
médecins 319s., 331, 337s., 351, 355–357, 498s., 505
média, utilisations 392
médiane 15
médias 391–409
médias électroniques 391
médias imprimés 405s.
médiathèques 403
médicaments 201, 320, 329, 340
menaces 463s.
ménages 26s., 31, 37, 153, 234, 321, 325, 478, 481–483
ménages à une personne 234, 324, 483s.
ménages collectifs 234
ménages familiaux 27, 234
ménages privés 31, 234, 325, 481s., 503
ménages privés, dépenses culturelles 399, 404
ménages, dépenses 469–471, 481–483
ménages, revenus 469–471, 479–483
ménages, taille des 26s., 37, 235, 503
ménages, types de 27, 234, 483s.
mercure 78
métallurgie 181, 183
métaux 155s., 187s.
métaux lourds 64, 71
métaux précieux 186–188
météo 59, 63, 78–80
métiers 116, 118
meubles 155s., 181, 183, 193
meurtres 463s.
micro-entreprises 161
miel 212
migrations 31s., 35s., 40, 42, 51s.
migrations intérieures 52
migrations internationales 31s.
migrations internes 31s.
minibus 265
mobilité 249–272, 505
mobilité de loisirs 249
mobilité douce 250, 252, 258, 260, 268
mobilité douce, coûts 260
mobilité professionnelle 388
modes d'hébergement 247
mollusques 64
MONET 495
monnaie 273–281
monnaie centrale 282
montres 155s., 187s.
monuments 403
monuments, protection 396, 403
mortalité 35, 44, 337, 341–348
mortalité infantile 335, 337s., 521
mortalité périnatale 337s., 341–348
mortalité, définitions 335
mortinaissance 335
motocycles 249, 253
motocyclettes 249, 253
motorisation 521
mousses 64, 84
moutons 199–201, 207, 212
mouvement de la population 41
moyenne 15

multilinguisme 25s.
musées 396, 403s., 498s.
musique 404, 408
musique, arts de la scène et autres arts 377, 381, 384, 389

N

naissances 23s., 27, 32, 35s., 40–42, 44s., 337s., 503, 519
naissances hors mariage 519
naissances vivantes 32, 35s., 44s., 338, 519
naissances, excédent 23s.
nationalité 19, 42, 45, 48–51
naturalisations 42, 51, 53
nature 59–86
navigation 258, 266
navigation aérienne 257
nettoyage de bâtiments 157
nickel 78
niveau de compétences 92, 115s., 119
niveau de formation 120s., 339, 365, 367, 386s., 394, 396, 484, 505
niveau de vie 471, 483, 503
niveau des prix 147s., 159
niveau tertiaire 485
niveaux géographiques 16
NOGA 20–22, 107s., 115, 117, 119
noix 211
nombre de logements 230–232
non fumeurs 339s.
nouveaux nés, santé des 328
noyau familial 32
nuisances sonores 65
nuitées 239–241, 243, 245–248, 505, 521
numéraire 279
NUTS 517

O

objets d'art 186–188
obligations 283s.
œufs 191, 201, 207, 211s.
œuvres d'art 404
offre de travail 98
oiseaux 64, 73, 84
oiseaux nicheurs 64, 84, 492
oléagineux 207, 211
oléoducs 264, 270
ONG 515
opérations fiduciaires 276
ordinateurs 391, 404, 407s.
ordonnance sur la qualité écologique 191
ordre et sécurité publique 446s., 498s.
organes urinaires, maladies des 341–348
origine sociale des étudiants 364
orphelins 314, 316, 324
ovins 201, 207
oxydes d'azote 62, 71, 73
ozone 71, 81

P

paiements directs (agriculture) 202–204
paiements directs 195
panier-type 152
papier 67, 83, 164, 187s., 193
papier, industrie du 155s., 164, 170, 172s., 176s., 179–181, 183
papillons 84
parahôtellerie 239–241, 243, 245–247
parlement 417s.
parlement, représentation des femmes 485, 521
parois antibruit 158

part des suffrages 524
partenariats dissous 38, 46
partenariats enregistrés 28, 38, 41, 46
participation aux élections 414, 421
participation aux votations 414, 426
partis politiques 411s., 417s., 420–422, 426, 505, 524
partis politiques, force des 421
passages inférieurs 158
passif 437
patrimoine 462
patrimoine administratif 437
patrimoine net 437
pauvreté 472–479, 483s., 521
pays en développement 169, 522
pays en transformation 169
pays étrangers, voir comparaisons internationales
pays industrialisés 169
pays nouvellement industrialisés 169
paysage 65, 77, 85, 182, 184
pêche 116, 118, 192
peines 460, 467
peines de prison 467
peines pécuniaires 455, 467
peines privatives de liberté 455s., 466–468
pendulaires 250s., 259, 269, 505
pères de famille 27s.
périodiques 404–406
personnel des services et vente 116, 118
personnel soignant 351
personnel, charges de 180
personnes actives 105
personnes actives occupées 98s., 103, 105s.
personnes actives occupés 189
personnes âgées 25, 38s., 314, 355
personnes occupées 337
personnes seules 120s., 234, 324s., 483s.
PET 83
pétrole 73, 155s., 219, 221, 501
pétrole brut 213–215, 219, 221, 521
pharmacies 319s., 355–357, 498s.
phosphore 62s., 190
physiothérapeutes 320, 356s.
PIB 123–143, 309, 337s., 427, 519
PIB cantonaux 126, 141
PIB régionaux 127
pierres 108, 117, 170, 172s., 176s., 179–181, 183, 187s.
pierres précieuses 186–188
piétons 249s., 268
piles, voir batteries
pipelines 264, 270
pisciculture 192
placements de capitaux 289
places vacantes 171
plantes 64, 84, 190, 203, 207s.
plantes fourragères 190, 201, 207s.
plantes industrielles 201, 208
plastique 187s.
plastique, industrie du 155s., 164, 170, 172s., 176s., 179s.
plomb 64, 78
pluie 78–80
pluies acides 71
PM10 63, 71, 74, 80s.

Regionale Disparitäten 496–505
Regionales BIP 126f.
Regress 314, 317
Rehabilitationskliniken 351–353, 356f.
Reinvermögen 438
Reise, Geschäfts- 246
Reisebüros 182, 184
Reisebüros, Fremdenverkehrsgewerbe und Freizeitindustrie 380
Reiseverhalten 241
Reiseverkehr 246f.
Religion 25, 32, 57, 502
Renovationen 158
Renten 306, 314–318, 321, 324, 481f.
Rentenanpassung 306
Rentner 314–316, 321
Reparaturgewerbe 107, 174, 182, 184
Reptilien 64, 84
Restaurants 153, 497–499
Rinder 200, 212
Rindvieh 190, 199, 201, 207
Rohöl 73, 213f., 219, 221, 520
Rohrleitungen 264, 270
Rohstoffe 186, 510
Rote Liste 64, 70
Rückstellungen 321
Rücktrittsalter 298f.
Rückversicherungen 287–289
Ruderboote 265

S

Saatgut 201, 208
Sachbeschädigungen 462–464
Sachentransportfahrzeuge 253
Saisonniers 50, 105
Sanktionen 454f., 458
Sanktionenvollzug 455f., 466, 468
Säugetiere 64, 73, 84
Säuglingssterblichkeit 335, 337f., 520
Saurer Regen 71
Schadensversicherungen 287–289
Schadstoff-Emissionen 80
Schadstoffe 80f., 510
Schadstoffimmissionen 81
Schafe 199–201, 207, 212
Schalentiere 191, 211f.
Scheidungen 28, 32, 35, 38, 41, 46, 54f., 315
Schiene 264f., 267f.
Schienen 258, 260, 268, 272, 520
Schienenverkehr 251–253, 260, 266, 268, 270f.
Schienenverkehr, Finanzflussrechnung 262
Schienenverkehr, Kosten 260
Schiffe 265f.
Schifffahrt 266
Schiffsverkehr 79
Schlachthäuser 200
Schlafmittel 340
Schmierstoffe 201, 208
Schmucksteine 186–188
Schnecken 84
Schuhe 153, 155f., 159, 178, 181, 183, 187f., 481f.
Schulden 427–430, 432f., 438, 445, 491
Schuldenquote 427–430, 432f., 438f., 491
Schüler 361
Schutz von Eigentum und Personen 380
Schwangerschaften 335
Schwangerschaftsabbruch 335, 350
Schwefeldioxid 81
Schweine 190, 199–201, 207, 212
Schweizerfranken 283
Schweizerische Nationalbank, siehe SNB
Schweizerische Sozialhilfestatistik 324
Schwellenländer 169
Schwermetalle 64, 71
Schwerverkehr 266, 270
Schwerverkehrsabgabe 263
Seen 60f., 63, 82
Seilbahnen 259, 268
Sektor Staat 439–441, 445f., 448
Sekundärsektor 86, 161–165, 283, 443, 502
Sekundarstufe I 112, 120f., 360f., 369, 373f., 382, 388
Sekundarstufe II 112, 120f., 360f., 363, 373–375, 378f., 382, 387f., 484, 498f.
Selbständige 89, 103, 118, 321, 481f.
Selbsttötung 329, 337f., 341–348
Sexuelle Gewalt 461–464
Sexuelle Handlungen mit Kindern 463f.
Sexuelle Integrität 462–464
Sicherheitsdienste 157
Siedlungsabfälle 62, 71, 73f., 82f.
Siedlungsflächen 60, 71, 75f., 492f., 502, 510, 518
SNB 273–275, 282f., 285, 428
Software 159
Sonderabfälle 62, 71, 83
Sonderschulung 361, 385
Sonnenenergie 214, 220, 230
Sonnenschein 78f.
Sozial- und Erziehungswissenschaften 362
Sozial- und Verhaltenswissenschaften 380
Sozialarbeit und Beratung 375, 380
Sozialbeiträge 292, 311, 313–315, 319, 321
Soziale Arbeit 377, 381, 384, 389
Soziale Ausgrenzung 309, 312
Soziale Herkunft der Studierenden 363
Soziale Sicherheit 291–312, 315, 325, 446f.
Soziale Sicherheit, Ausgaben 293–297
Soziale Sicherheit, Einnahmen 292–297
Soziale Sicherheit, Gesamtrechnung 310–312
Soziale und wirtschaftliche Lage der Studierenden 377
Sozialhilfe 297–299, 307, 312, 323–325, 469–471
Sozialhilfeempfänger 324f.
Sozialhilfequote 297f., 307, 504
Sozialleistungen 291–315, 317–319, 321, 323f., 481f.
Sozialleistungen, bedarfsabhängige 296f.
Sozialmedizinische Institutionen 331, 355–357
Sozialquoten 307f.
Sozialversicherungen 291–308, 312–315, 319, 321, 324f., 332, 358, 432, 439f., 445, 469–471
Sozialversicherungsbeiträge 481f.
Sozialwesen 107f., 115, 117, 119, 170–174, 179f.
Sozialwissenschaften 376, 381, 383, 389
Sparen 126, 284
Sparquote 126
Spenden 481f.
Spezialkliniken 351, 353, 356f.
Spielkonsolen 407
Spitalbehandlungen 353
Spitäler 320, 330f., 338, 498f.
SPITEX 331, 356f.
Sport 339, 377, 380f., 384, 389, 446f.
Sprachen 25f., 31, 56, 502
Sprachregionen 19, 90, 113, 339, 386, 401, 405f.
Staatsangehörigkeit 19, 42, 45, 48–51
Staatsausgaben 136, 438, 446–449
Staatsquote 430f., 438f.
Stadt/Land 24, 35, 39, 74, 81
Städte 24, 26f., 31, 37, 40f., 63, 251, 498f., 502, 508
Städte, Lebensqualität 508
Ständerat 412, 417f., 420
Ständige Wohnbevölkerung 32f., 35, 38–40, 42, 51
Standortattraktivität 496
Stationäre Versorgung 351
Steine 108, 115, 117, 119, 170, 172f., 176f., 179–181, 183, 187f.
Stellensuchende 114
Sterbefälle 40–42, 46, 341–348
Sterbehäufigkeit 24
Sterberate 336
Sterberaten 336
Sterbeziffer 336, 342, 344–348, 502
Sterblichkeit 44, 335, 337
Sterblichkeitsdefinitionen 335
Steuer- und Rechnungswesen 380
Steuerberatung 179f., 182, 184
Steuern 66, 135, 311, 424f., 427–449, 469–471, 481f.
Steuern, umweltbezogene 73, 86, 518
Stickoxide 62, 70f., 73
Stickstoffe 62, 71, 74, 81, 190
Stiere 200
Stiftungen 462
Stimmbeteiligung 414, 419, 426
Stipendien 312, 425
Stockwerkeigentum 234f.
Strafen 459, 461f.
Strafgesetzbuch 451–453, 458–466
Strafrecht 451–468
Strafregister 459f.
Straftaten 451–454, 460–464
Strafvollzug 456, 466, 468
Strahlung 65
Strasse 158, 249–253, 258, 264, 267f.
Strassen 265f., 337, 510, 520
Strassenfahrzeugbestand 252f.
Strassenfahrzeuge 252f.
Strassengüterverkehr 266
Strasseninfrastruktur, Finanzflussrechnung 262
Strasseninfrastrukturrechnung 263

PME 162
pneumonie 329, 341–348
poids corporel 329
poids lourds 266
poissons 64, 84, 191, 211s.
police 463s.
politique 401–426, 505
politique familiale 424s.
politique monétaire 273–275
politique, femmes en 412–414, 424f., 476
polluants 501
pollution 62, 85, 252s., 501, 504
pollution de l'air 62, 65s., 80s., 190, 215, 252s., 261
pollution de l'eau 63–65, 190
pollution du sol 64s., 78, 190
pommes de terre 190s., 201, 207s., 211s.
pompes à chaleur 216, 220, 224, 230
pondérations 152
population 23–56, 319, 321, 503
population active 99, 103s.
population carcérale 455s., 460
population résidante 32, 35s., 38–43, 46, 49–51, 321, 519
population résidante moyenne 32, 321
population résidante permanente 32, 35, 38–40, 42, 51
population urbaine 24, 503
population, situation économique et sociale 469–485
porcs 190, 199–201, 207, 212
poste 498s.
position extérieure de la Suisse 143
poules 199–201, 207, 212
poumons, cancer 338, 341–348
poursuites 175
poussières fines 62s.
pouvoir d'achat 150, 159, 185
prairies 501
pratiques culturelles 393s., 400, 403s.
pré-primaire 360
précipitations 63, 78–80
précision statistique 15
préscolarité 360, 388
prestations complémentaires 294, 306, 312, 323s., 358
prestations de libre passage 315
prestations du transport 252, 268
prestations écologiques requises 195
prestations sociales 291–315, 317–319, 321, 323s., 481s.
prestations sociales sous condition de ressources 297–299, 358
prévention 321
prévenus 464
prévoyance professionnelle 295, 307, 312, 315s., 322
primes d'assurance 154, 287–289, 481s.
primes de l'assurance-maladie 154, 323, 469–471, 481
prisons 455s., 459
privation de liberté 455s., 459
privation matérielle 479, 484, 521

prix 145–160, 315, 319, 321
prix à l'importation 145–147, 153, 155s.
prix à la consommation 141–144, 153s., 160, 214s.
prix à la production 145–147, 153, 155–157
prix de la construction 145, 147, 158
prix des loyers 158, 324
prix, évolution 153
Pro Infirmis 317
Pro Juventute 314
Pro Senectute 314
procédures de faillites 175
procréation 424s.
production 133, 153, 176–184, 238
production agricole 207s.
production agricole et animale 380
production agricole, prix 201
production animale 203, 207s.
production d'énergie 108, 117, 164, 170, 172s., 176s., 179s.
production végétale 190, 203, 207s.
production, prix à la 153
productivité 133
productivité du capital 133
productivité du travail 125, 133, 137
produit intérieur brut 123–143, 309, 338, 427, 519
produit intérieur brut, cantons 141
produits agricoles 187s., 207s.
produits alimentaires 155s., 159, 481s.
produits animaux 201
produits chimiques 155s., 164, 187s.
produits de la sylviculture 187s.
produits électronique 155s., 164, 170–173, 176s., 179s., 187s.
produits en caoutchouc 155s.
produits maraîchers 190
produits métalliques 155s., 164, 170–173, 176s., 179s.
produits pétroliers 73, 154–156, 213s., 216, 219, 221, 501, 521
produits pharmaceutiques 155s.
produits semi-finis 186
professeurs 382–384
professions 116, 118
professions administratives 116, 118
professions élémentaires 116, 118
professions intellectuelles 116, 118
professions intermédiaires 116, 118
professions scientifiques 107, 115s., 118s.
programmation 182, 184
propriété par étage 234s.
prostate, cancer 341s., 345, 347
protection contre le bruit 85
protection de l'air 85
protection de l'environnement 66, 70, 85, 380, 446s.
protection de la nature 85
protection des biens et des personnes 85
protection des eaux 85
protection des espèces 85

protection des monuments 396, 403
protection du paysage 396, 403
protection sociale 291–312, 325, 505
protection sociale, dépenses 292–295, 297
protection sociale, recettes 292, 294s., 297
protestantisme 25, 57
psychologie appliquée 377, 381, 384, 389
psychothérapeutes 356s.

Q

qualité de l'environnement 65
qualité de vie 474s., 496, 508
quote-part de l'État 431–433, 437, 439
quote-part de l'excédent 437, 439
quote-part des capitaux étrangers 437
quote-part du déficit 437, 439
quote-part fiscale 432s., 437, 439
quotidiens 392, 406

R

radio 391, 404s., 408, 424s.
raffineries 164, 170, 172s., 176s., 179s.
rail 249–253, 257–259, 265–268
raisins 207
rayonnements 65
réalisations 175
réassurance 287–289
recel 462
recettes 437
recettes (finances publiques) 315, 319, 321, 441s.
recettes (tourisme) 245–247, 315, 319, 321
recettes d'investissements (finances publiques) 441s.
recettes fiscales 441s.
recettes publiques 310s., 313s., 317, 323s., 441s.
réchauffement climatique 79
recherche 385
recherche et développement 179s., 182, 184, 365s., 370, 390, 396, 403, 521
récidive 456
reconnaissances 41
recours 314, 317
récupération des déchets 83, 181, 183
recyclage 62, 67, 73s., 83, 155s.
redevance poids lourds 263
redevance radio et télévision 424s.
réduction de primes 323
référendums 413s., 418s., 423–425
réfugiés 50, 312, 323
régions linguistiques 19, 90, 113, 386, 405s.
régions MS 16, 18
régions rurales 31
régions touristiques 244, 246
régions urbaines 24, 31
règles de la circulation 453
relations publiques 157
religions 25, 31, 57, 503
remorques 265
rémunérations 87–100
renchérissement 145, 321
rénovations 158
rénovations de logements 158

Strassenverkehr 249–253, 258, 260, 266, 270f., 462
Strassenverkehrsgesetz 453, 458, 461, 465
Strassenverkehrsunfälle 252f., 257–259, 272, 337f., 341–348, 520
Streckennetz 264
Streiks 119
Strom 230
Studierende 388
Studierende, höchster Bildungsabschluss der Eltern 364
Studierende, soziale Herkunft 363
Studierende, soziale und wirtschaftliche Lage 377
Subventionen 135, 312f.
Suchtkranke 355
Suizid 341–348
Supermärkte 498f.
SUVA 321
Swiss Performance Index 283
Szenarien für das Bildungssystem 388

T
Tabak 153, 155f., 159, 164, 170, 172f., 176–180, 207, 330, 338, 340, 481f.
Tabaksteuern 311
Tageszeitungen 392, 406
Taggelder 321f.
Talgebiet 197–199
Tankstellen 497–499
Tanz 403f.
Tätlichkeiten 463f.
Technik und IT 377, 381, 384, 389
Techniker 116, 118, 390
Technische Wissenschaften 362, 376, 381, 383, 389
Technologische Zahlungsbilanz 366, 369f.
Teilzeitbeschäftigte 87–89
Teilzeiterwerbstätigkeit 87–89
Telekommunikation 179f., 409
Temperatur 78f.
Tertiärsektor 86–89, 161–165, 283, 443, 502
Tertiärstufe 112, 120f., 360, 370, 373f., 376–382, 387, 484f., 498f.
Teuerung 321
Textil, Bekleidung, Schuhe, Leder 380
Textilien 155f., 164, 181, 183, 187f.
Textilindustrie 164, 170, 172f., 176f., 179f.
Theater 396, 403f., 498f.
Thermische Kraftwerke 219
Tiefbau 158, 170, 172f., 176f., 179–181, 183, 228, 236
Tierärzte 201, 208
Tiere 64, 84, 190, 208
Tierfütterung 190, 200
Tierische Erzeugnisse 190, 201, 207f.
Tierische Fette 191, 211
Tierische Nahrungsmittel 191
Tierische Produkte 190
Todesfälle 35, 40–42, 46
Todesursachen 328f., 336, 341–348
Totgeburten 335f.
Tötungen 337, 461, 463f.
Tourismus 239–248, 504
Tourismusregionen 244, 246
Touristische Zonen 248
Tram 249, 267f.
Trambahnen 265
Transaktion 133

Transferausgaben 481f.
Transformationsländer 169
Transitverkehr 246, 258
Transport 79, 179f., 182, 184, 265
Transportleistungen 258, 493
Trauben 190, 207
Treibhausgase 61f., 71, 73f., 79, 86, 518
Treibhausgasemissionen 61f., 71, 74, 79, 518
Treibstoffe 178, 201, 208, 213–215, 221
Treuhandgeschäfte 275f., 286
Trinkwasser 60f., 82
Trolleybusse 265, 267f.
Tuberkulose 320, 341–348

U
Übergewicht 153
Übernachtungen 245–248
Übernutzung 510
Überschussquote 435
Übertretungen 460
Übertritte und Verläufe 389
Uhren 155f., 187f.
Uhrenindustrie 170–173, 176f., 179f.
Umsätze (Index) 168
Umsätze 169, 176–184
Umwelt 59–86, 510, 513
Umweltbelastung 190, 252, 510, 513
Umweltbezogene Steuern 86, 518
Umweltgesamtrechnung 61, 68, 85f.
Umweltkosten des Verkers 261
Umweltqualität 65
Umweltschutz 67, 72, 85, 380, 446f.
Umweltschutzausgaben 66f., 72, 74, 85
Unbezahlte Arbeit 93f., 100, 120f.
Unfälle 35, 252–254, 257–259, 261, 272, 315, 321, 328f., 337, 341–348
Unfälle, Kosten 261
Unfallversicherung 276, 287–289, 308, 312, 321, 356–358
Ungleichheit der Einkommensverteilung 472
Universitäre Hochschulen 363f., 373f., 378, 381–383, 388–390, 402
Unproduktive Flächen 75s., 502
Unterführungen 158
Unterhaltung 107f., 115, 117, 119, 170–174, 179f., 182, 184, 481f.
Unternehmen 161–165, 168, 170–175
Unternehmen, marktwirtschaftliche 172f.
Unternehmen, Neugründungen 163, 174
Unternehmen, Rechtsform 173
Unternehmensberatung 157, 179f., 182, 184
Unterricht 153, 170–173
Unterrichten und Ausbilden 380
Unterrichtswesen 108, 115, 117, 119, 159, 174, 179f., 182, 184
Untersuchungshaft 456
Unwetterschäden 80
Urban Audit 508f.
Urteile 461f.

V
Velo 249f.
Verbrauch 510

Verbraucherpreisindex 151, 160, 518
Verbrechen 460, 465–467
Verfügbares Einkommen 133, 138, 469–471
Vergehen 460, 465–467
Vergewaltigungen 461–464
Verkaufsberufe 116, 118
Verkehr 79, 107f., 115, 117, 119, 153, 159, 170–174, 182, 184, 245–247, 249–272, 337, 446f., 481f.
Verkehr, Finanzierung 260
Verkehr, Flug- 266
Verkehr, Freizeit- 249
Verkehr, Güter- 153, 266
Verkehr, Kosten 253, 260
Verkehr, Langsam- 252, 260
Verkehr, Luft- 260, 266
Verkehr, motorisierter Individual- 252
Verkehr, Personen- 265
Verkehr, Schienen- 252, 260, 266
Verkehr, Schwer- 266
Verkehr, Strassen- 252, 266
Verkehr, Strassengüter- 266
Verkehr, Transit- 246
Verkehr, Umweltkosten 261
Verkehr, Wasser- 264, 266
Verkehrsdelinquenz 461
Verkehrsdienstleistungen 380
Verkehrsflächen 60
Verkehrsinfrastruktur 264
Verkehrsleistung 252, 268
Verkehrsregeln 453
Verkehrsunfälle 252–254, 257–259, 272, 337
Verlagswesen 179f., 182, 184
Verlorene potentielle Lebensjahre 347f.
Vermietung 469–471, 481f.
Vermögen 462, 469–471, 481f.
Vermögenserträge 311, 319, 321
Vermögensgüter 438
Verpackung 193
Versicherte 319–321
Versicherungen 108, 115, 117, 119, 154, 170–174, 268–273, 281, 287–289, 315, 317, 319–321, 323
Versicherungen, Personalbestand 277
Versicherungsgewerbe 107
Versicherungsprämien 287–289, 481f.
Versorgung der Bevölkerung mit Dienstleistungen 496–500
Verteidigung 446f.
Verurteilungen 452–454, 460–462, 465–467, 489
Verwaltung 427–449
Verwaltung, öffentliche 136, 446f., 498f.
Verwaltungsvermögen 438
Verwertungen 175
Verwitwungen 38, 46, 54
Verzeigungen 451f., 460
Viehhaltung 199, 203
Vögel 64, 73, 84, 492
Volatile Organic Compounds (VOC) 72
Volksabstimmungen 413f., 418, 423–426
Volkseinkommen 134
Volksinitiativen 413f., 416, 418, 423f.
Volkswirtschaft 123–143, 446f.
Volkswirtschaftliche Gesamtrechnung 128–131, 135–141, 427
Vorleistungen 134f., 208
Vorschule 360, 388
Vorsorgeeinrichtungen 316

rentes 303, 314–318, 321, 324, 481s.
rentes complémentaires 314
rentes d'invalidité 315–318, 321
rentes d'orphelin 314
rentes de veuf/veuve 314
rentes de vieillesse 314–316
rentes pour couple 314, 324
rentiers 314, 321
réparation, métiers de la 107, 115, 119, 174, 182, 184
répartition des mandats 525
reptiles 64, 84
requérants d'asile 26, 50, 312, 323
réseau ferroviaire 264, 521
réseau routier 264, 521
ressources énergétiques 213
ressources naturelles 60, 501s., 504
restaurants 153, 159, 497–499
restauration 107s., 115, 117, 119, 170–174, 179s., 182, 184, 247, 481s.
retraite anticipée 299
retraités 314
revenu des ménages 138, 469–471, 479–483
revenu disponible 134, 138, 481s., 521
revenu du travail 115–118
revenu national 134
revenu national brut 137, 503, 506
revenu national net 139
revenus 87–100, 118, 319, 321, 472
revenus de la fortune 481s.
revenus de la location 481s.
revenus des biens 311
revenus des ménages 483
revenus du travail 118, 481s.
revenus fiscaux 438
revenus, classes de 470s., 483
revenus, inégalités 472
revenus, structure des 118
rivières 60
romanche 406
routes 158, 249–253, 264–268, 270
routes cantonales 264
routes communales 264
routes nationales 264
routes, compte d'infrastructure 263
routes, compte des flux financier 262
routies 259

S
saisies 175
saisonniers 50, 105
salaires 87–100, 115–118, 469–471
salaires des cadres 116–118
salaires réels 91s.
salaires, disparités 491
salariés 103
sanctions 454–456, 460, 468
sans-emploi 103, 312, 322
santé 107s., 115, 117, 119, 153, 159, 170–174, 179s., 320s., 327–358, 362, 377, 381, 384, 389, 446s., 481s., 488, 503, 505, 521
santé publique 320s.
santé, attitudes et comportements 339
Sàrl 174
sauterelles 84
scénarios démographiques 43

scénarios pour le système de formation 388
sciences 170–174, 179s.
sciences de l'éducation 376, 380
sciences de la construction 362
sciences économiques 362, 376, 381, 383, 389
sciences et technologie 390, 491s.
sciences exactes et naturelles 362, 376, 381, 383, 389
sciences humaines 362, 376, 381, 383, 389
sciences sociales 376, 381, 383, 389
sciences sociales et de l'éducation 362
sciences sociales et du comportement 380
sciences techniques 362, 376, 381, 383, 389
scolarité obligatoire 360, 369, 373, 382, 385, 388, 498s.
secteur de la construction 224s.
secteur des administrations publiques 438
secteur financier 123, 285
secteur primaire 86, 161–165, 189–196, 206, 443, 503
secteur primaire, compte d'exploitation 206
secteur primaire, compte de production 206
secteur primaire, compte du revenu d'entreprise 206
secteur primaire, comptes économiques et satellites 206–210
secteur privé 93
secteur secondaire 86, 161–165, 283, 443, 503
secteur tertiaire 86–100, 161–165, 283, 443, 503
secteurs économiques 106, 161–165, 443
sectorisation 438
sécurité sociale 446s.
sécurité, services de 157
sein, cancer 341–348
semences 201, 208
semi-détention 468
séquence de comptes de l'économie nationale 139s.
séquestration 463s.
services 153, 161–165, 188, 283
services à domicile 380
services ambulatoires 356s.
services de transport 380
services médicaux 376, 380
seuil de pauvreté 473, 479
sexes 314, 318, 320–322, 337s., 461s.
sexuelle, intégrité 462
SIDA 329, 337s., 341–348
sites contaminés 71
sites historiques et archéologiques 403, 498s.
situation économique et sociale de la population 469–485
situation professionnelle des diplômés des hautes écoles 389
situation sociale et économique des étudiants 377
société de l'information 391–409
société des services 87
société industrielle 87
sociétés anonymes 174
sociétés coopératives 174
sociétés de capitaux 174

sociétés de personnes 174
soins à domicile 330s., 356s.
soins aux enfants et services pour la jeunesse 380
soins de santé 309, 312, 317
soins infirmiers 361, 375s., 380
sol 78
solde migratoire 23s., 35s., 40, 42s., 51s.
solde ordinaire de financement 428s., 440
solde pendulaire 251, 269, 505
sols 60, 64
somnifères 340
sondages 157
sons de santé 292
spectacles 179s., 182, 184, 403
sports 339, 377, 380s., 384, 389, 446s.
stations d'épuration 73, 77
stations météorologiques 78s.
stations service 497–499
statut d'activité 103, 386
structure d'âge de la population 24
stupéfiants 461s.
stylisme / conception 380
subventions 135
subventions publiques 312s.
successions, impôt 425
sucre 191, 211s.
suffrages reçus 524
suicide 329
suicides 338, 341–348
Suisse/pays étrangers 36, 73, 159s., 185, 187s.
surconsommation 501
surexploitation 501
surface par habitant 505
surfaces agricoles 60, 73, 75s., 190, 197s., 503, 505, 519
surfaces agricoles utiles 196s.
surfaces bio 505
surfaces boisées 60, 71, 73, 75s., 205, 503, 519
surfaces d'habitat 230
surfaces d'habitat et d'infrastructure 60, 71s., 75s., 498, 503, 519
surfaces d'infrastructure 60
surfaces de transport 60
surfaces forestières 73, 77, 192s.
surfaces improductives 75s., 503
surfaces protégées 66
sursis 455s., 466
surveillance électronique de l'exécution des peines 468
surveillance, services de 157
survie 292
Swiss Performance Index 283
sylviculture 79, 107, 115s., 118s., 155s., 189–196, 205
sylviculture, compte d'exploitation 210
sylviculture, compte de capital 210
sylviculture, compte de patrimoine 210
sylviculture, compte de production 210
sylviculture, compte du revenu d'entreprise 210
système d'éducation 359–371
système d'éducation, dépenses 359
système d'enseignement 369–371

W

Wachdienste 157
Wahlbeteiligung 414, 419, 421
Wahlen 411f., 414, 417–422, 523–540
Wähleranteile 524
Wahlsysteme 419
Waisenrenten 314, 324
Wald 60, 73, 77, 205, 502, 510, 518
Waldfläche 60, 73, 77, 205
Wanderungen 32, 35, 40, 42, 51f.
Wanderungssaldo 35, 40, 42f., 51f.
Waren 153, 321
Warenkorb 152
Wärmepumpe 216, 220, 224, 230
Wasser 59–61, 63f., 74, 82, 159, 266
Wasserkraft 213, 215, 219, 221
Wasserqualität 63
Wasserverkehr 259, 264–268
Wasserverschmutzung 63–65, 190
Wasserversorgung 82, 108, 115, 117, 119, 170, 172f., 176f., 179–181, 183
Wasserwerke 74
Wechselkurse 280, 283
Weichtiere 64
Weiden 199
Wein 190, 201, 207f., 212
Weinkonsum 212
Weinproduktion 190
Weissblech 83
Weiterbildung 381, 386, 408
Weizen 190
Werkstoffe (Holz, Papier, Kunststoff, Glas) 375, 380
Wertschöpfung 124, 134, 176–184
Wertschriften 285
Wettbewerb 164
Wetter 78–80
Wetterstationen 78f.
Wiederverurteilungen 455f.
Wiesen 199
Wild 200
Wind 153, 320
Windenergie 220
Wirtschaft 123–143, 239
Wirtschaft und Dienstleistungen 377, 381, 384, 389
Wirtschaft und Verwaltung 361, 375
Wirtschaftliche und soziale Situation der Bevölkerung 469–485
Wirtschaftsabteilungen 170–174, 176f., 179–184
Wirtschaftsprüfung 179f., 182, 184
Wirtschaftssektoren 106, 161–165, 443
Wirtschaftswissenschaften 362, 376, 381, 383, 389
Wissenschaft 107f., 115, 117, 119, 170–174, 179f.
Wissenschaft und Technologie 390, 491f.
Wissenschaftliche Mitarbeitende 382–384
Witterung 59, 63, 78–80
Witwen/Witwer 38, 46, 54, 314, 316
Witwenrenten 314, 316
Wochenzeitungen 392, 406
Wohnbaugenossenschaften 234f.
Wohnbautätigkeit 223–238
Wohnbevölkerung 32f., 35, 38–43, 46, 49–51, 319, 321
Wohnbevölkerung, mittlere 32f.
Wohnbevölkerung, ständige 32f., 35, 38–40, 42, 51
Wohndichte 234, 502
Wohneigentum 235
Wohneigentumsquote 224, 234f., 504
Wohnen 153, 229–235, 238, 292, 309, 312, 481f.
Wohnfläche 230
Wohnfläche pro Bewohner 504
Wohngebäude 228
Wohnkosten 483
Wohnungen 223–238, 312
Wohnungsbestand 229–233
Wohnungseinrichtung 481f.
Wohnungsgrösse 223
Wohnungsmiete 154, 324
Wohnungsrenovation 158
Wohnungswesen 108, 115, 117, 119, 159, 170–173, 179f., 182, 184, 223–238
Wohnverhältnisse 234f.
Wohnwagenplätze 247

Z

Zahlungsbefehle 175
Zahlungsbilanz 130f., 142f.
Zahnärzte 355–357, 498f.
Zahnmedizin 380
Zahnradbahnen 259, 268
Zeitschriften 404–406
Zeitungen 392, 399f., 404–406
Zeltplätze 247
Zement 155f.
Zentralbank 281
Ziegen 199f., 207, 212
Zink 64, 78
Zinsen 283, 285, 313, 315
Zirkus 403
Zivilstand 38, 45f., 54f.
Zoos 404
Zucker 191, 211f.
Zuckerrüben 190, 199, 207
Zusatzrenten 314
Zuwanderung 23f., 26, 32, 51
Zwillinge 45

---

système de formation, scénarios 388
système de santé 327–355, 358
système de santé, coûts 331s., 356–358
système de santé, financement 331s., 356–358
système de santé, professions et emplois 331
systèmes électoraux 418

T

tabac 159, 164, 170, 172s., 176–180, 207, 330, 338, 340, 481s.
tabac, impôt sur le 311
taille des entreprises 172s.
taille des logements 223
taille des ménages 26s., 37, 503
taureaux 200
taux d'actifs occupés 99, 485, 519
taux d'activité 99, 101s., 104, 503
taux d'aide sociale 297–299, 308, 505
taux d'endettement 438s.
taux d'épargne 126
taux d'intérêt 273–275, 285
taux d'occupation (tourisme) 245s.
taux d'occupation 107, 245s.
taux de change 283
taux de chômage 99–101, 109–112, 489, 503, 519
taux de diplômes 363, 372
taux de logements vacants 225, 227, 505
taux de maturité 363
taux de mortalité 24, 336, 338, 342–348, 503
taux de motorisation 521
taux de natalité 27, 31, 35, 44, 502s.
taux de participation 418, 426
taux de pauvreté 472–474, 478s., 484
taux de privation matérielle 484
taux de propriété de son logement 224, 505
taux de renchérissement 145
taux de risque de pauvreté 484, 521
taux hypothécaires 283
taux sociaux 308
taxe sur la valeur ajoutée 311, 314
taxes 481s.
techniciens 390
technique et IT 377, 381, 384, 389
techniques audiovisuelles et production média 380
techniques, métiers 116, 118
technologie 390
télécommunications 179s., 409, 446s.
téléphériques 257, 268
téléphones cellulaires 391, 407
téléphones mobiles 409
téléphonie mobile 65
téléviseurs 391, 404, 407
télévision 391, 404s., 408
température 78s.
terrains de camping 240s., 243
terres 108, 117, 170, 172s., 176s., 179–181, 183, 187s.
textile, industrie du 155s., 164, 170, 172s., 176s., 179s.
textile, vêtement, chaussure, cuir 380
théâtre 396, 403s., 498s.
tirages 406
titres délivrés 378–381, 388
titres financiers 285
tourisme 239–248, 505
tourisme interne 245, 248
toxicodépendants 355
trafic 246, 446s., 462
trafic aérien 79, 253, 264, 266, 272
trafic de marchandises à travers les Alpes 251s., 271
trafic de stupéfiants 461
trafic de transit 259
trafic ferroviaire 257s., 266, 272
trafic individuel motorisé 252
trafic marchandises 252, 254
trafic maritime 79
trafic poids lourds 266, 270
trafic routier 249–253, 266, 272
trafic routier motorisé 252
trains 249–251, 253, 257s., 266, 270
trains, compte des flux financier 262
traitement des produits alimentaires 380
trajet pour se rendre au travail 251
tramways 249, 265, 267s.
transport 79, 107s., 115, 117, 119, 153, 159, 170–174, 179–184, 249–272, 481s.
transport aérien 257, 260, 264, 267
transport aérien, coûts 260
transport, coûts 253, 260
transport de loisir 249
transport de marchandises 153, 157, 251s, 254, 266, 270s., 493
transport de personnes 249, 265, 267–269
transport ferroviaire 260, 267
transport ferroviaire, coûts 260
transport, financement 260
transport, infrastructure 264
transport public 250, 252, 259, 265, 268, 498s.
transport public routier, compte des flux financiers 262
transport routier 267
transport fluvial 267s
traumatismes 341–348
travail 87–100, 133
travail à temps partiel 87s.
travail bénévole 94, 100, 120
travail domestique 27, 93, 100, 121
travail familial 93, 100, 121
travail non rémunéré 93s., 100, 120s.
travail social 375, 377, 380s., 384, 389
travail temporaire 157
travaux d'intérêt général 455s., 467s.
trolleybus 265, 267s.
troubles psychosociaux 355
tuberculose 320, 341–348
TVA 314, 425, 443
types de formations 373s.
types de ménage 27, 234, 484

U

Union Européenne 26, 42, 49, 51, 147s., 169, 185, 187s., 432s., 485
unité de gros bétail 196
universités 363s., 378, 402
urbanisation 501
utérus, cancer du col de l' 343s., 346, 348
utilisation du sol 72, 75s.

V

vaches 190, 200, 207
valeur ajoutée 124, 134, 176–184
vapeur 265
veaux 200, 212
véhicules 187s., 252s., 265s.
véhicules à moteur, construction navale et aéronautique 361, 375, 380
véhicules agricoles 253
véhicules de transport de passagers 252s.
véhicules industriels 253
véhicules marchandises 253
véhicules poids lourds 252s., 266, 270
véhicules, effectif des 252s.
véhicules, expertise 157
vélos 249s.
vente en gros et au détail 361, 375s., 380
vente, métiers de la 116, 118
verre 83, 155s.
vêtements 178, 481s.
vétérinaires 201, 208
veufs/veuves 46, 54, 314, 316
veuves, veufs 38
viande 190s., 200, 211s.
vie active 87–100, 305, 476
vie professionnelle 380
vieillesse 292, 309, 312, 314–316
vieillissement démographique 25
vignette autoroutière 263
ville/campagne 24, 35, 39, 74, 81
villes 24, 26s., 37, 40s., 63, 498s., 503, 508
villes, qualité de vie 508
vin 190, 201, 207s., 212
violation de domicile 463s.
violence 454, 463s., 489
violence sexuelle 461–464
violence sexuelle envers les enfants 463s.
viols 461–464
voies de fait 463s.
voies ferrées 266, 270
voies fluviales 264, 266–268
voitures 249s., 265s.
voitures de tourisme 73, 243–253, 267, 505
volailles 199–201, 207, 212
vols 461–464
vols de véhicules 463s.
vols par effraction 463s., 508s.
volume du travail 107
votations populaires 413s., 419
votations populaires fédérales 423–426
voyage, tourisme et loisirs 380
voyages d'affaires 246
voyages, comportement en matière de 241

W

wagons de marchandises 266
wagons postaux 266
working poor 473s.

Y

yoghourts 200, 212

Z

zinc 64, 78
zones touristiques 248
zoos 404